FRAGMENTS D'UN JOURNAL INTIME

아미엘 인생일기

앙리 프레데릭 아미엘/이희영 옮김

아미엘이 즐겨찾던 휴양지

아미엘의 거실 일부

아미엘이 살던 집

아미엘이 살던 시절의 제네바

아미엘의 어머니 캐롤린 아미엘
(Caroline Amiel, 1802~1832)

앙리 프레데릭 아미엘

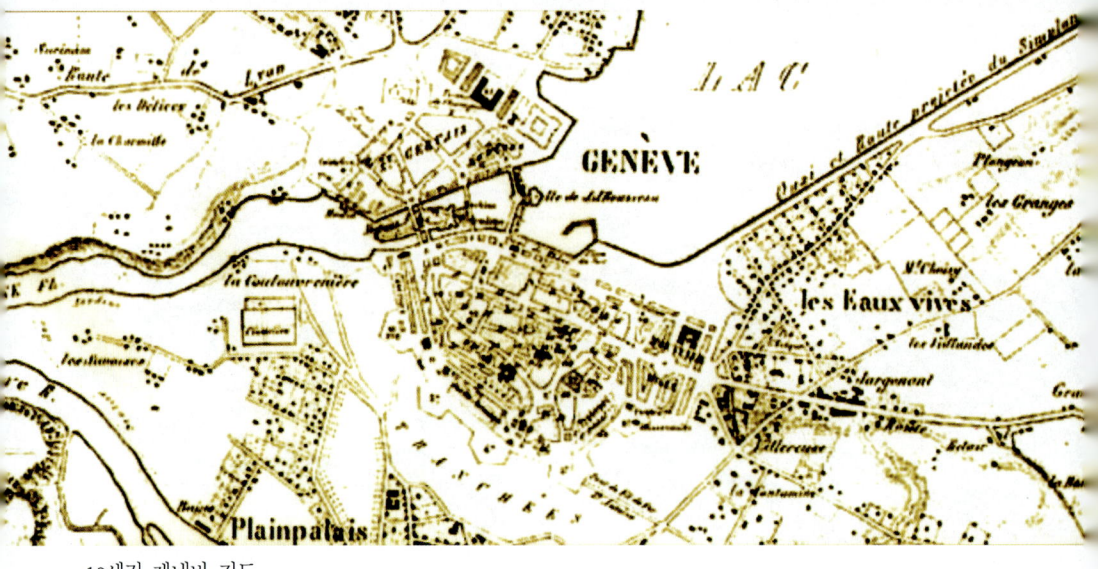

19세기 제네바 지도

아미엘과 그의 가족들

아미엘의 초상화와 조각들

랑기다(Languida)　　우라니아(Urania)　　필린(Philine)　　페를린(Perline)

엘리자(Elisa) 　　　　세리오사(Seriosa)　　　　　　룰루(Loulou)

아미엘의 친구들

칼뱅대학, 1810년경

아르노 트리페의 《아미엘, 그 신의 나날들》

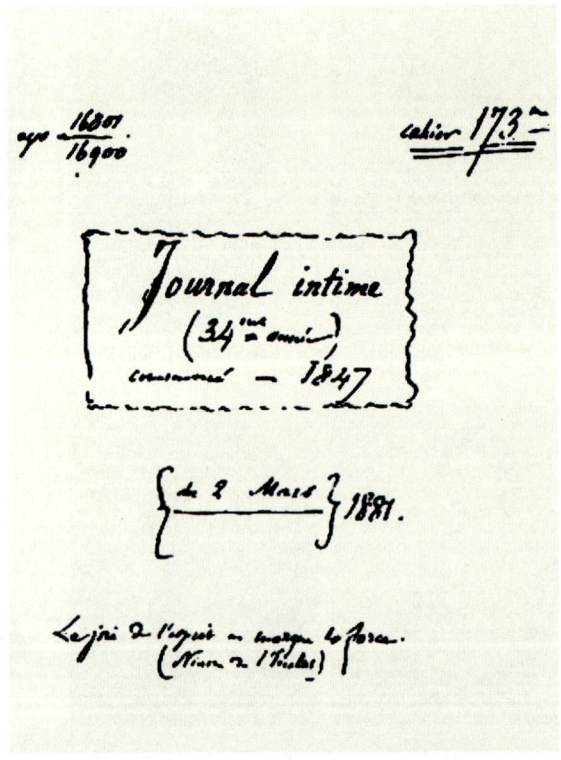
〈저널 엥팀〉의 표지

19세기 제네바 칼뱅대학의 도서관

아미엘에 대한 참고 문헌들

아미엘의 작품 및 서신문과 문서들

〈저널 엥팀〉에 실린 아미엘

베르트 바디에(Berthe Vadier)의
《아미엘 참고문헌 연구》

모리스 베른의 《최고 작품원고 및 저널 엥팀
프랑스어판 고찰》─아미엘 작품의 발췌

출간되지 않은 아미엘의 원고

국제도시 제네바

민속의상을 입고 알펜호른을 부는 남자들

빈 혁명의 주역들 – 학생들은 마음에 들지 않는 사람에게 몰려가 피리나 북, 냄비나 프라이팬을 두드려 '민중적 제재'를 가하였다.

보편적, 민주적, 사회주의적 공화국

아이들에게 밥을 주는 농부 밀레, 1860년

암살당한 마라 다비드, 1793년

불타는 6월 프레드릭 레이통, 1895년

가을의 낙엽 밀레스, 1856년

투르네의 페스트 연대기 질 리 뮤이지스

전차 위에서 단테에게 말을 거는 베아트리체 윌리엄 브레이크, 1824~27년

민중을 이끄는 자유의 여신 들라크루아, 1830년

FRAGMENTS D'UN JOURNAL INTIME
1846~1881
Henri-Frédéric Amiel

세계인생론
아미엘 인생일기
앙리 프레데릭 아미엘/이희영 옮김

동서문화사

맑고 순수한 영혼과의 대화
피천득

내가 이 자리에서 소개하고 싶은 책은 《아미엘의 일기(Amiel's Journal)》입니다.
이 책은 내가 가지고 있는 책 중에서 가장 오래된 책으로, 프랑스계 집안에서 태어난 문학자이며 철학자인 앙리 프레데릭 아미엘이라는 사람이 쓴, 수양서 성격을 띠고 있는 일종의 사적인 에세이입니다. 책 안에 담긴 내용은 참으로 소박하고 정겹기 그지없습니다. 아미엘이라는 사람은 세속적인 욕망으로부터 벗어나 영혼의 안식과 평화를 추구했던 사람입니다. 그는 순수한 마음으로 아무것도 아닌 일에도 기뻐하고, 나날을 한가로운 사색과 독서로 소일했던 사람입니다. 책 속에는 이런 말이 나옵니다.
"우리 자신을 지키는 두 개의 날개가 있다. 하나는 단순함(Simplicity)이고 또 하나는 순수함(Purity)이다."
나는 이 책에 담긴 청빈과 소박함의 철학이 내가 살고자 하는 삶의 모습과 맞닿아 있다는 걸 깨달았습니다. 나는 이 책을 책상에 올려두고 아침에 읽기도 하고 시시때때로 읽기도 합니다. 그러면 나 자신이 아이처럼 순수해지는 걸 느낍니다. 중요한 대목은 밑줄을 긋고 노트에 기록해 두면서 거듭 읽습니다.

공교롭게도 책 속에는 이런 내용이 나옵니다.

"이른 아침 홀로 등불을 켜고 책을 읽기 위해 책상으로 가는 것은 마치 신부가 서 있는 제단에 나아가는 것과 같다. 사는 동안 이 순간이 내가 가장 순수해지는 순간이다."

이 책은 서울대학에 같이 근무했던 친구이자 문우인 장익봉 선생이 영국에서 구입해 한국에 있던 내게 선물로 보내준 것입니다. 책 앞 간지에 그 친구가 쓴 1940년 5월 16일이라는 서명이 있습니다. 그 친구는 평생 독신으로 살면서 무위와 청빈의 삶을 실천했던 사람인데, 예순 무렵에 그만 세상을 뜨고 말았습니다.

이 책은 낮은 목소리로 말합니다.

"육체적 욕망을 이기는 정신의 승리, 다시 말해 병과 고독과 죽음의 공포를 초월하는 것이야말로 진정으로 영웅적인 것이다."

저자 아미엘은 한 권의 책을 읽는 것은 고귀한 영혼과 두 시간 동안 대화를 나누는 것과 같다고 말합니다. 경쟁이 치열한 요즘 시대에 나름대로 의미가 있는 책이라고 생각합니다.

앙리 프레데릭 아미엘

베르나르 부비에

　세상을 떠난 뒤에 비로소 공개된 《일기》에 의해 명성을 얻게 된 앙리 프레데릭 아미엘(Henri-Frédéric Amiel)은, 1821년 9월 27일 제네바에서 태어나 1881년 5월 11일 같은 곳에서 세상을 떠났다. 그의 생애의 외면과 내면은 매우 두드러진 대립양상을 띤다. 제네바 및 로망계 스위스 시민, 친구, 동료들이 보는 아미엘은, 조상이 남프랑스의 도시 카스트르(Castres)에 거주하다 종교상의 이유로 보(Vaud) 지방(레만 호 북안의 주)으로 옮긴 뒤, 다시 제네바로 피신한 평민 상인 집안의 아들이었다. 성적이 우수한 동시에 친구들과도 즐겨 이야기를 나누는 학생이었다.

　28세 때 하이델베르크 및 베를린 대학에서 풍부한 학술적 교양을 익히고 귀국한 뒤, 제네바 대학에서 처음에는 문학 및 미학 강의를 했고, 이어서 철학교수가 되었다. '이류시인(二流詩人)'으로서 애국적 시가와 문예평론을 쓰기도 했다. 좁은 교우관계에서는 좌담에 능하고, 몸차림이 항상 단정하며, 용의주도하고, 답답할 정도로 빈틈이 없으며, 재치 있는 착상이 무궁무진한 교제가요, 거의 여성적이라 할 정도로 섬세하고 부드러운 성격에 순수한 감수성을 겸비한 사교가였다. 전공분야에서 최고의 자리에 있으면서도 항상 일정한 간격을 유지하며 자신의 열의를 적당히 통제할 줄 알았고, 웅변이나 서정적인 감정표현은 가능한 한 피하며, 준비한 강의안에서 벗어나 청중의 마음을 직접 파고들지 못하는 양심적인 교수였다. 사람들은 감탄하고 존중했지만, 그 이상은 아니었다. 아미엘 자신도 소수의 교우, 젊었을 때는 남자친구, 나이를 먹은 뒤에는 여자 친구에게 신뢰를 보내는 것에 머문다.

　그는 열두 살 때(1832년 12월 20일) 어머니를 여의고, 열네 살 때(1834년 11월 28일) 아버지를 잃었다. 때문에 숙부와 숙모 밑에서 자랐고(1834~1841년), 나중에는 결혼한 누이동생의 집에서 함께 지냈다. 일생을 독신으로 일관하며 자신이 선택한 고독한 생활에 점점 빠져들었다. 그는 살아 있을 때에는 세상에 거의 알려지지 않은 사람이었으며, 동료들에게서도 인정을 받지 못했다.

아미엘이 스스로 공개한 저작 가운데 가장 중요하다고 할 수 있는 《로만계 스위스의 문학운동과 그 장래(*Du mouvement littéraire de la Suisse romane et de son avenir*)》, 《스탈부인(*Madame de Staël*)》, 《장 자크 루소의 일반적 특성(*Caractéristique générale de J. J. Rousseau*)》과, 시집 《생각에 잠기다(*Penseroso*)》, 《그날그날(*Jour à Jour*)》도 아미엘의 타고난 재능의 일부만을 보여줬을 뿐, 오히려 아미엘의 가장 깊은 충동을 덮어 버리는 옷이 되었다. 명예심이 강하고, 자신의 독창적인 성격을 의식하면서 남에게 이해받지 못하고 실패를 초래할 것을 미리 걱정했던 아미엘은, 일반 독자의 판단이 두려워 글을 발표하기를 마냥 사양하고, 우회하거나 가명을 썼다. 강한 자존심을 가졌기에 수치심을 극복하기 위해서는 직책상의 의무 또는 시민으로서의 의무를 충족시켜야 했고, 그런 가운데서도 순간의 흥분에 이끌려 마음을 빼앗기지는 않았다. 실제로 애국심의 외침이 이 귀족적인 정신을 움직여, 아미엘은 로만계 스위스 문단을 프랑스 문학에서 독립된, 당당한 정신적 분야로 높임을 꿈꿨다. 다만 그즈음 제네바에 대해서는 호감을 가질 수 없었기에, 좋아하는 레만 호 연안에 있는 보 지방에서 언제나 습관처럼 휴가를 보냈다. 뼈를 묻을 곳으로 선택한 곳도 그곳이었다. 그러나 아미엘이 자신의 진정한 고향으로 여기고 있었던 곳은 로만계 스위스 전체, 아니 같은 무렵, 아주 다른 분야에서 활동하던 듀발장군이 원하고 주장했던 곳, 아미엘이 태어나기 몇 년 전 그의 작은 고향이 이미 편입되어 있던 옛 스위스였다.

아미엘은 국민정신이라는 것의 존재를 믿고, 그것이 고유한 예술형태를 창조하지 않으면 안 된다고 보았다. 그 예술형태가 또한 국민정신의 힘을 빌려, 명백한 자각과 한층 더 깊은 자기 인식에 도달하게 한다고 믿었다. 민주정치의 오류와 실책에 대해서는 추호의 가차도 없었다. 국민주권설의 신봉자인 동시에 선택받은 지식인의 손에 맡겨진 중요한 임무의 옹호자였던 아미엘은 모든 사람들의 머리와 가슴을 이어주는 유대의 이상(理想)을 진심으로 환영하고 찬양했다. 오늘날에도 애국적인 사상에 의해 모이는 초등학생,

중학생, 대학생, 군인, 시민들이 〈울려라, 북이여〉라는 군가를 소리높여 부른다는 사실은, 아미엘이 스위스의 비극적인 시기에 이 노래를 만들고 곡을 붙였다는 것은 모르더라도 그 의도를 인정하고 보여주는 것이라고 할 수 있다.

순수한 제네바 사람이자 지극히 충성스러운 스위스 국민인 아미엘은 외면적인 생활에서는 진정한 유럽인임을 보여주었다. 언제나 지식욕을 발휘하여 북유럽에서나 남유럽에서나 국민적 성격의 고유성과 예술, 과학을 파악하고 묘사하려 노력했음이 여행기에 뚜렷이 나타나 있다. (1841년 11월 남프랑스의 몽펠리에, 12월 나폴리, 이듬해 7월까지 이탈리아 각지 여행, 알프스를 넘어 귀향. 1843년 4월부터 두 달 동안 파리, 노르망디 및 브르타뉴 도보여행, 그 해 여름철 트루빌(Trouville) 해수욕장, 9월 말 벨지크, 라인 강 항해, 10월 말 바이에른 도착, 1844년 8월까지 같은 곳 베베르 가(家)에 기거, 8월 말부터 뉘른베르크, 밤베르크, 드레스덴을 거쳐 10월 말 베를린에 도착해서 1848년까지 체재, 그동안 1845년 가을 스칸디나비아, 1846년 네덜란드, 독일 서북단의 작은 섬 노르데나이(Norderney) 해수욕장, 라인 강, 서부 독일, 1847년 봄 하르츠 산지, 여름 발트 해의 뤼겐 섬, 하임스도르프 해수욕장, 1848년 8월 말 베를린을 떠나 삭소니아, 보헤미아, 오스트리아, 바바리아, 뷔르템베르크, 10월 말에서 12월 초까지 튀빙겐, 12월 하순까지 취리히를 거쳐 크리스마스에 귀향)

그 증거로 1861년의 〈국민성 심리학〉 강의를 들 수 있다. 이 강의에서 아미엘은 용어로 보나 논지로 보나 당시의 선구를 보이고 있다.

"국민성은 자기의식에 의해 성립된다. 자의식이 존재하는 한 국민적 실현도 확립된다. 그 실현은 자기 긍정에 의해 명백해진다. 이것은 자아일반의 경우와 같으며, 인간사회가 정신, 목적, 의지, 운명으로서 하나의 전체를 이루고 있다는 명백한 관념을 가지고, 마음을 같이 하는 모든 사람들이 스스로 하나의 전체라고 느끼기만 한다면, 그곳에 이 새로운 자아가 실현되고 국민성이 성립된다."

이렇게 말한 것은 요즘 시각으로 보아도 전혀 손색이 없지 않은가?

그리고 스위스 각 주의 자유로운 연맹의 신구(新舊) 역사에서 더욱 굳어졌다고 생각하는 다른 주장이 있다.

"한 나라의 백성은 그 나라를 사랑하고 인정하고 긍정하고 구원하며, 자신의 것으로 느끼는 사람이다. 또는 나아가서 자신을 그 나라에 바치고, 나라의 아들이라고 표명하는 사람이다."

모든 불멸의 예술작품과 마찬가지로, 국민도 내용에 있어서는 자연이고 형식에 있어서는 정신이다.

1848년, 사람들의 이데올로기적인 국제주의에 대해 이 제네바 시민은 '문명의 진보가 국경을 철폐하는 것도 아니고, 국민의 특징을 파괴하는 것도 아니다. 국민적 인간은 개인과 인류 사이의 필요불가결한 유대를 나타내는 것이다'라고 분명히 말했다.

아미엘의 영향력은 세상 사람들에게 그다지 크지 않았다. 대학에서의 활동도 상아탑 안에서 이루어졌기 때문에, 국지적이고 무관심한 청중의 범위를 넘어서지 못했다. 역사가, 비평가, 철학자로서의 아미엘은 훌륭하게 경력을 마친 뒤에는 잊혀질 운명인 것처럼 보였다. 그러나 처음에 그 《일기》의 독자는 소수의 뛰어난 사람들에게 한정되었지만, 이윽고 다음 세대로 넘어갈수록 독자층이 넓어져서 유럽과 아메리카의 국가들뿐만 아니라 동양에까지 뻗으며, 아미엘의 내적 생활의 놀라운 풍요로움과 독특한 독자성을 제시하기에 이르렀다.

1883년 및 84년에 두 권으로 구성된 《일기의 단편》 제1판이 나왔다. 어느 부인이 아미엘의 사상세계 전체를 섭렵한 뒤, 프랑스 비평가 에드몽 셰렐을 방패삼아 뒤에서 남몰래 노력을 쌓은 결과였다. 그뒤 45년 동안 판을 거듭하면서 마침내 미공개의 단편을 다수 증보한 신판이 아미엘의 전 인격에 걸치는 인식을 지향하며 등장했다. 바로 아미엘의 마지막 제자의 한 사람(이 소론의 필자)이 1927년에 낸 세 권의 책이다. 아미엘은 이 제자의 집을 수없이 방문했다. 신속하게 이어진 이 일기들의 여러 판과 함께 각국 언어로 번역판이 나왔다. 수많은 연구와 저서, 학위논문, 잡지 평론은 이 《일기》의 저자 아미엘이 갈수록 높아지는 명성을 얻는 데 뒷받침이 되었다.

그와 함께 호기심에 의한 관심이 때로는 찬양의 형태로, 때로는 비난의 형태로, 아미엘을 다룬 모든 사항에 쏟아졌다. 제네바의 이 도덕주의자는 루소와 스탈 부인의 뒤를 이어 로망계 스위스 문단의 정점에 서서, 곧 세계문학 전체에서 가장 독창적인 사색가의 한 사람으로 인정받기에 이르렀다. 아미엘이 "내 본래의 경향은 모든 것을 사상으로 전환하는 것이다."(1880년 9월 9일)라고 말한 것은, 1847년에 시작되어 죽음 직전까지 계속된 수기 1만 5600페이지가 넘는 《일기》에 대한 열쇠이다. 아미엘 외에는 어느 누구도 들은 적이 없는 이 고백 속에는, 불안하게 보낸 초라한 생애의 추억과 함께 단조로운 넋두리와 끊임없는 자기분석, 혼자만의 독립적인 개체의 한계를 뛰어넘어 아득한 세계적 생명의 탐구와 우주적 존재의 깨달음의 경지에 들어가고자 하는, 내적인 자유의 충동을 가능케 한 그 본성이 계시되어 있다.

거기에 기록된 문자의 배후에서 환멸을 만난 비밀교 신자나 절망의 반려자, 또는 이 정신적 프로메테우스의 가슴을 파먹는 사나운 독수리를 미루어 생각하는 사람은, ――거기서 필자가 끝내 적응하지 못했던 세상에 대한 탄핵문, 이상에 목숨을 바치는 지사가 망은의 조국이나 적의를 품는 관계(官界), 길을 잘못 들어선 생애를 날마다 되풀이되는 저주의 말로 읽는 사람은, ――나침반 없이 학설에서 학설로, 신앙에서 신앙으로 전전하며 쓸데없이 자신과 괴리된, 무엇 하나 지속적인 것을 건설할 힘이 없는 성격으로 보고 관념 비약의 현상을 지적할 생각으로 덤비는 사람은 모두 《일기》를 잘못 읽고 있는 것이다.

그런 일은 없다. 《일기》는 결코 그런 비생산적이고 조악한 모조품이 아니다. "나의 소년시절에는 단 한 사람도 위안을 주는 사람이 없었다. 나보다 뛰어나고 나를 이해하고 내 힘을 강화해주는 친구도 없었다"고 아미엘은 25세 때 말했는데, 그로부터 얼마 안 되어 자신의 선한 마음을 몹시 괴롭혔던 이 결핍을 구원할 수단을 발견했다. 뛰어난 친구, 지도자, 권고자, 심판자, 격려자, 즉 자신의 고독을 채워주고 자신에게 기운을 북돋우는 말을 해주는 자를 만든 것이다. 그것이 이 《일기》이다. 자신의 천직에 대해 여전히 의혹을 품고 있을 때, 이미 그는 천직을 발견했던 것이다. 일기는 아미엘의 평생의 사업이 되었다. 일기 속에서 전통과 진보, 인문주의와 그리스도교, 사회와 개인, 동양인과 서양인, 낙관론과 비관론 같은 대립하는 모든 힘이 충돌하고 있는 것은, 19세기가 2세대 내지 3세대 동안 이들의 치열한 싸움에 뒤흔들려 20세기가 되어도 평화를 가져다 줄 수 없기 때문이다. 이러한 싸움의 메아리는 일기의 각 페이지에서 울려나오고 있고, 아미엘은 그 세기의 고백을 듣는 역할을 하고 있었다고도 할 수 있다.

　그러나 이 일기는 무엇보다 정신적 자유의 작품이며 내적인 빛에 의해 평화를, 그것과 아울러 힘을 회복시키는 것을 배운 점에서는 이 사색가 자신에게 공헌하고 있다. 이 목적에 도달하기 위해 아미엘이 인식하고 이해하려고 노력했던 모든 것은 헛수고가 아니었다.
　아미엘의 문예비평은, 특히 자유롭게 질주할 수 있었던 일기에서 놀라운 사상의 투철한 힘과 유인력을 계시하는 동시에, 시인 또는 문사들의 작품 심층부에 도달하여 그 정신을 파악하고 작품을 내부에서 체험하게 하는 자유분방한 유연성을 발휘하고 있다.
　이 철학교수는 모든 학설을 섭렵하면서도 그 어느 것에 의지하지 않고 새로운 학설을 내세우지도 않았다. 게다가 독일에서 보낸 몇 년 동안은 일종의 실증주의적인 감격을 느끼며 오성의 힘으로 세계의 지배권을 파악한 뒤, 사회적, 윤리적 낙관론의 충분한 전개에 이르고자 하는 진정한 열정을 품고 있었다. 소년시절의 망상도, 소박한 종교적 신앙도 단념하고, 오직 우주의 생명에 이르기 위해 노력했다. 거기서 승리에 취한 관조의 시간과 먼저 직관한 우주적 환각을 향한 복귀가 일어나고, 그런 다음 훌륭한 일기의 모든 페이지에 반영되어 있는 '놀라운 몽상'이 일어나게 된다. 이들의 세심하고 대담한 묘사는 50년 전부터 이루어지고 있는 심리학적 진보의 그늘에서 예언적인 것임이 입증되었다. 뿐만 아니라 이 환각자가 모든 한정된 것, 개별화된 것을 점차 떨쳐버리고 오직 초자연적인 체험과 황홀만을 표현하기 위해 사용한 언어는 프랑스어의 어휘에 새로운 풍요로움을 가져다주었다. 그러나 개체로서의 인간은 이 행복에 대한 대가를 치르지 않으면 안 된다. 왜냐하면 이 행복은 인간을 해소의 위험에 빠뜨리기 때문이다. 이 초인간적인 황홀에서 현실로 돌아오는 타락은 활동적 생활을 혐오하게 만들고, 완전한 비관론과 철저한 허무주의를 낳을 때가 있다. 그럼에도 불구하고 아미엘은 좌절을 하면서도 이내 다시 일어설 수 있었다.
　아미엘은 도시나 민족의 성격을 기술할 때, 그리고 국민성을 분석할 때마다 항상 여자에 대한 연구에 전념했다. 어떤 여인은 정중하게 찬미하면서도 여성 전체에 대해서는 준엄한 판단을 내리면서 당시의 풍습을 비판했다. 민주제의 권능을 논의할 때는 도덕주의자로서의 임무를 수행했다. 그러나 그 경탄할 만한 직관 및 분석의 타고난 재능을 행사하고 완성한 것은 특히 자아에 대해서이다. 이 영역에서는 풍부하고 독특하며 심오한 눈빛 및 용어상의 발명의 재능이 탁월한 지위를 차지하는데, 그것은 여러 가지 점에서 보아 달리 비길 데가 없는 것이었다. 《일기》를 무대로 아미엘이 혼자서 작자와 배우와 관객을 겸하고 있는 이 극의 결말은, 인생의 특정한 인식을 정점으로 하고 있지는 않지만, 우리의 눈앞에 때로는 음울하고 때로는 우스꽝스러우며, 때로는 숭고하고 때로는 숙연하고 황홀하게, 또는 두렵게 하는 시의 아름다움을 펼쳐 보인다.

"어떠한 경관도 마음이다."(1852년 10월 31일)라고 하는 매력적인 말을 종종 토로한 이 작가는 '시인의 영혼'을 가지고 있었다. 주변의 생성과 변화에 대해, 모든 생물의 싹틈에 대해, 줄기를 타고 올라가는 수액에 대해, 생명이 일렁이는 파도에 대해 특별한 감각을 갖추고 있었다. 사물, 경치, 계절의 아름다움에 대한 아미엘의 숭배는, 그 견고하고 함축된 메마른 작은 시에서처럼 형식을 따르지 않았다. 안에서도 밖에서도 황홀한 관조, 넘치는 혈기, 흥분한 감각에 의해 아미엘의 온몸은 정열적으로 고양되었다.

이러한 식으로 아미엘은 인생의 후반기에 이르러서도 청춘시절 못지않게 열렬한 봄의 찬가를 연주했다. 그 우주적인 몽상이나 황홀함의 고백은 더욱 현란하게 시인의 창작으로 이어졌다. 《일기》의 작자는 절대, 무한, 신성이 변화하는 형상이 우주의 표현임을 깨달은 사람의 정신적 공포와 영혼의 곤혹에 대한 숭고한 시를 지니고 있다. 그 상상의 힘으로 만들어낸 비밀스럽고 파멸적인 동요를, 아미엘은 혼자 남몰래 훌륭한 산문 속에 담는 것을 터득하고 있었다.

《일기》의 작자는 또 타고난 종교적 인간이었다. 청년시절의 편지와 그 뒤의 《일기》는 첫 페이지부터 마지막 페이지까지, '양심'의 시기에서 '가슴'의 시기까지 끊임없는 종교적 갈망으로 채워져 있다. 표현과 사상의 과정이 아무리 바뀌고 모순되어도, 종교적 경험의 핵심은 언제나 지속적이고 순수했다.

겉으로 보면 아미엘의 종교는 국교의 전통과 의식에 충실한 제네바 사람의 종교이다. 사망하기 1년 전에도 교회와 국가의 분리를 부결한 국민투표의 결과를 기꺼이 환영했다. 국민적 감정으로 가슴을 설레이며 자유분방한 사상, 자유로운 언론의 아성인 제네바에 귀중한 한 표를 던졌다. 아미엘은 그리스도교인이며 제네바·로만·스위스 사람이었다. 이것이 그가 가진 시민적 측면의 본성에서 지울 수 없는 특징이다. 그러나 아미엘이 그리스도교인이라는 것은 어느 교회에도 몸을 팔지 않고, 독단론의 예속에 사로잡히지 않으며, 논증적인 호교론(護敎論)의 속박에도 끌려가지 않는 그리스도교인이라는 의미이다. 아미엘의 눈으로 보면 종교 문제는 사상적인 것도, 역사적인 것도 아니고 본질상 심리적인 것이다. 이 점에 있어서 아미엘은 시대를 앞서 가고 있었다. 즉 프래그머티즘을 예언하고, 종교심리학의 정의를 내린 것이다. 현실적인 시민생활은 그 이상의 것을 요구하고 있지 않지만, 이 자유의 투사는 마침내 최후의 시간이 다가왔음을 느꼈을 때, 어떤 태도를 취하며 어떤 길을 가고자 했을까?

우리는 아미엘이 사유의 권리와 정당함을 믿었음을 알고 있다. 루소나 칸트 이전의 18세기 철학자처럼 오성(悟性)을 숭배하거나 종교로 인정하지는 않았지만, 아미엘은 정신의 우월성과 윤리적 의무라는 것을 확신하고 있었다. 죽음에 직면하여 개인의 책임과 영혼의 희망이 정당하다는 확신을 얻는데 이것으로 충분할 것인가? 머지않아 그 남은 힘까지 다 짜내버리는 가슴의 병 때문에 세상과 격리되어 있으면서, 아미엘은 사후의 행복과 생명을 의심했음에도 불구하고 주저하지 않고 선을 믿고 의무를 믿었다. 오성과 감성의 조화를 성실한 마음으로 추구하고 그 조화를 지향하며, 양자의 합일에 거의 도달한 것처럼 보인 뒤에도, 아미엘은 오히려 희생, 귀의, 인내를 기대하고 있었다. 일기의 마지막 몇 장은 우리에게 질병이나 신체의 쇠약, 특히 정직성과 입 밖에 내지 않는 고민이라는 점에서 절실하기 짝이 없는 육체적 존재의 포기를 엿보게 한다.

20세 무렵의 불타는 듯한 기도에 메아리처럼 호응하여 죽음에 처한 아미엘에게, 영혼의 생성과정으로서, 또 현실보다 훨씬 나은 형상의 산출로서, 인생의 인식이 나타났다. 서서히 질식해가는 육체의 고뇌 속에서, 이 정신적 영웅은 자애와 감사의 말밖에 하지 않았다. 맹목적이고 탐욕적이며 이기적인 자연은 아름다움과 고귀함으로 바뀌지 않으면 안 된다. 그것은 고독과 정적의 작용이다. 쓸쓸한 죽음의 자리와 관(棺) 속에서 육체가 영혼이 되도록 하고 싶다. 정신적인 인간과 공포의 왕(죽음)의 대화에는 증인이 없으며 그 성스러운 일에는 어느 누구도 끼어들 수 없다. 죽음이 같은 의미인 경우에는 그것은 윤리적인 행위가 된다. 동물은 단순히 숨을 거두지만, 정신적인 인간은 자신의 창조자에게 영혼을 맡긴다.

　이러한 최후를 승리라고 할 수는 없지만 아미엘의 강인한 태도와 모든 절망적 격앙의 부정, 사람과 사물에 대한 온화함과 불굴의 신뢰, 즉 한마디로 말해 아미엘의 그리스도교적인 스토아주의는, 이 사상가가 정신의 신성한 사상성(事象性)에 바친 최고의 존경이며 사모이다.

아미엘 인생일기
차례

맑고 순수한 영혼과의 대화—피천득
앙리 프레데릭 아미엘—베르나르 부비에
일러두기

인생에 대하여 / 21
인간에 대하여 / 107
사랑에 대하여 / 191
행복에 대하여 / 279
고독에 대하여 / 365
슬픔에 대하여 / 449
정신에 대하여 / 529
사상에 대하여 / 617
남자에 대하여 여자에 대하여 / 701
예술에 대하여 / 781
자연에 대하여 / 875
죽음에 대하여 / 953

아미엘과 일기문학—이희영/1039

일러두기

1. 이 책은 아미엘의 집안사람 베르나르 부비에(Bernard Bouvier)가 펴낸 3부작(제네바, 파리 1923년)을 기본으로 하고 있다.

2. '……'는 부비에가 간행한 특별 1권 《필린》Philine(파리 1927년)에서 날짜순으로 삽입한 부분. 이로써 아미엘이 숨겼던 여자에 대해서도 세상에 알려지게 됐다.

3. (날짜 없음) 및 날짜 밑에 (Sch)라고 적혀 있는 것은, 아미엘의 여제자 벨트 바디에가 교정하고 아미엘의 친구 에드몽 세레르(Edmond Scherer)의 이름으로 간행하여 위의 부비에 판이 나올 때까지 사람들에게 읽혀졌던 2부작(제네바 1883년 1884년)에서 발췌한 것. 날짜 밑에 (S)라고 적혀 있는 것은, 스위스의 잡지 〈Suisse romande〉 1938년 3월호에 부비에가 발표한 것. 마찬가지로 (M)은 1935년 1월에 간행된 계간지 〈Mesures〉 제3호(같은 해 7월)에 실린 것. 또 (G)는 제네바에 와서 부비에의 강의를 들은 적이 있는 네덜란드의 불문학자 갈라스(K.R, Gallas)에게 보낸 공개서한과 함께 부비에가 네덜란드의 잡지 〈Neophilologus〉 제23년 제4호 〈갈라스 기념호〉(1837년?)에 발표한 것이다.

4. 본문 작은 글자 풀이는 원주 및 옮긴이의 주이다.

5. 본문 속표지 열둘과 그 제목은, 수많은 나날들 일기 읽음의 즐거움을 더하기 위해 편집인이 임의로 지어 넣은 것이다.

인생에 대하여

가장 아름다운 시는 인생이다.
짓는 대로 읽히고,
감흥과 의식이 맺어져서 서로 돕고,
스스로 작은 우주임을 알고,
우주적이고 신적인 시의 작은 후렴을 신 앞에서 연주한다.

1846년 9월 11일 쿡스하펜
(Cuxhaven. 엘베 강 하구 왼쪽의 항구. 이 해에 25세였던 아미엘은 9월 5일 베를린을 출발하여 마그데부르크, 함부르크를 거쳐 이 항구에 도착한 뒤 다시 네덜란드로 향했다.)

풍경. 하나, 창문에는 어두운 달빛, 눈앞엔 등대.

둘, 방파제에서는 구름 없는 바다에 가라앉는 저녁 해. 감미롭고 웅대한 몇 시간의 몽상. 먼저 지난날의 네덜란드를 떠올린다. 지지학(地誌學), 미술, 역사, 종교, 상업 등 전체의 생생학 직관. 드루수스(Drusus. 기원전 1세기 게르마니아를 정복한 로마의 장군) 이후 루이 보나파르트에 이르는 수많은 독립전쟁을 통해, 세계적인 두 왕국(필립 2세와 루이 14세)을 격파한 작은 나라. 해군과 육군의 명예. 유럽의 균형을 유지하며, 영국보다 앞서 세계 정복의 길을 개척했다.

스위스와의 유사점. 연방, 종교개혁, 독립전쟁, 호전적이고 근면한 국가. ──그러나 더 강한 통일. 연방장관제──바다에 대한 투쟁 등등. 그곳에서 나는 세계를 일주하며 역사를 둘러본 뒤, 찬란하게 빛나는 별과 장대한 하늘을 바라보며 지구에서 다른 세계로 옮겨 '자연철학'에 빠졌다. '자연'에 관한 모든 과학을 정복하려는 시도. 사랑하는 것, 원하는 것, 새롭고 넓은 수많은 세계, 자신의 이지(理智)가 너무 한정되어 있음을 느낀다. 종교, 연애, 신앙, 헌신. 내가 의미를 잊고 있는 이 말들을 자주 생각했다. 창공 속의 여행, 창공. ──이 변하지 않은 것에 대한, 막연하지 않고 명확하며 생생한 환락. 이 얼마나 훌륭한 불사성의 증명이란 말인가! 자신의 눈앞에 있는 우주를 느끼고, 그것을 포용하는 능력을 감지하는 것. 이것은 결코 교만이 아니다. 정신의 위대성에 대한 기쁨, 정신의 존엄에 대한 감사이다.

셋, 바다, 잿빛 하늘, 강한 바람, 선박, 음악. 간조(干潮)의 바다가 방파제의 뿌리인 말뚝에 부딪는 흐느낌……

1847년 12월 16일 베를린

 가련한 나의 일기. 7개월이나 기다리게 하고, 5월에 한 결심을 12월에 겨우 실천하다니. 그보다 더 가련한 나. 나는 자유롭지 않다. 나에게는 자신의 의지를 실행할 힘이 없다. 올해의 맹세문을 방금 다시 읽어보았다. 모든 것을 보고 있고, 모든 것을 예견하고 있다. 스스로 제법 그럴듯한 말을 하며 긍정적인 미래를 꿈꾸고 있다. 그런데 오늘은 다시 원점으로 돌아가 잊어버리고 만 것이다. 나에게는 이성과 지혜보다도 인내심이 부족하다. 내가 말을 걸면, 나 자신의 내부에 있는 심판자는 지극히 명백하게 보고 지극히 올바른 말을 한다. 나는 자신을 꿰뚫어보지만 자신을 복종시키지는 못한다. 실제로 이 순간에도 나는 내 잘못과 그 원인을 발견하는 흥미를 느끼면서도, 그 잘못에 대항할 만한 힘을 얻지 못하고 있다. 나는 자유롭지만, 자유롭지 않다. 외적인 강제는 없다. 자신의 시간은 전부 사용할 수 있다. 스스로 어떤 목적을 세우든 마음대로다.――그런데도 나는 몇 주일, 몇 달 동안 줄곧 자신을 피하고 있다. 그날그날의 충동에 굴복하여 자신의 시선을 따라가고 있다.

 "사람은 각자 자신의 운명을 만들어간다"는 관념은 무서운 사상이다.

 인도 사람은 말했다. 운명은 분명히 전생에 한 행위의 업보라고. 그렇게 멀리 거슬러 올라갈 것도 없다. 현재의 생활이 그 사람의 운명을 만들어간다.――왜 너는 약한가. 네가 천 번 만 번 양보했기 때문이다. 그래서 너는 환경의 노리개가 되고 말았다. 기억하라! 너를 주무르는 환경의 힘은 너 스스로 부여한 것임을.

 방금, 지금까지의 내 생애를 내 의식의 수면 위로 떠올려 보았다. 유년시절, 학교, 가정, 소년시절, 여행, 유락, 경향, 고통, 쾌락, 선악. 자연의 몫과 자유의 몫을 명확히 하여, 유년의 나와 소년의 나 자신 속에서 지금 나의 윤곽을 찾아보려고 시도했다. 사물이나 서적, 부모형제, 동료, 친구와 접하고 있는 자신을 보았다. 내가 지금도 싸우고 있는 악은 오래된 것이다.―― 조만간 쓰지 않으면 안 되는 긴 이야기이다.――대립이 진보의 조건이라면 나는 진보하기 위해 태어난 것이 된다.

 너는 자유롭지 않다. 왜? 너는 네 자신과 마음이 맞지 않기 때문이다, 네가 스스로에게 부끄러워하며 얼굴을 붉히기 때문이다. 네가 자신의 호기심,

자신의 욕망을 이기지 못하기 때문이다. 너에게 가장 괴로운 것은 네 자신의 호기심을 버리는 일이다.

네가 태어난 것은 자유롭기 위해, 용감하고 충분하게 자신의 사상을 실천하기 위해서이다. 거기에 평화가 있다는 것을 너는 알고 있다. 균형, 조화. 안다, 사랑한다, 원한다. 사상, 아름다움, 사랑. 신의 의지에 따라 영원한 생명으로 산다. 자신과도 운명과도 사이좋게 살아간다. 그것이 너의 의무, 본성, 사명, 행복임을 잘 알고 있고, 지금까지도 그것을 인정하고 또한 깨달았다. 그렇지만 너는 자신의 일반적인 의무의 깊은 내부에 숨겨놓은 자신의 특수한 사명을 충분히 밝힐 수 없었다. 아니, 너는 힘겹게 도달한 결과를 진심으로 믿지 않았다. 너는 방심했다. 방심을 그만두고, 자신의 의지에, 하나의 생각에 집중하는 것이 너에게는 이토록 힘든 것이다.

....

표현한다, 실현한다, 완성한다, 제작한다. 이 생각에 몰두하라. 그것이 예술이다. 하나하나의 사물에 맞는 형태를 찾아내라. 너의 생각을 결론까지 끌어가라. 너의 언어에 너의 생각을 드러나게 하라. 너의 불평, 몸서리, 독서를 끝까지 몰고가라. 어중간한 생각, 어중간한 말, 어중간한 지식, 아! 한심하다. 그것은 바로 명백하게 한다, 철저히 기록한다, 다 퍼낸다, 또는 호기심을 버린다는 것이 된다. 질서, 힘, 끈기, 그것이 내가 언젠가 요구한 것이다.――너의 내면생활에서의 장애물은 마음이 흩어지는 것이다. 너는 너를, 너의 계획을 잃어버리고 만다. 바로 네가 생각하지 않고 있는 것이 오히려 네가 가장 걱정해야 할 점이다. 그런데 이 게으름에 지는 것은 유혹자(악마)에게 더욱 힘을 주는 일이 된다. 자유에 대해 죄를 범하게 되어, 다음날부터 쇠사슬에 묶이게 된다. 육체의 힘도 더욱 단련하고 강화하는 연습을 하지 않으면 얻을 수 없다. 점진, 세력, 연속은 모두 지적이고 윤리적인 생활의 조건이다.

....

언제나 시간이 걸리는 일부터 하기 시작하여 중요한 것은 제쳐놓고 중요하지 않은 것을 택하며, 급하지도 않은 일을 향하는 이 이상한 버릇, 버려야 할 것에 대한 집착, 직선(올곧은 삶)에 대한 이 혐오는 어디서 오는 것일까? 꼭 읽어야 하는 편지 가운데 가장 중요하지 않은 것부터 읽기 시작하고, 방문하는 동안에는 가장 불필요한 것을 먼저 하며, 연구하는 동안에는 자연스러운 길에서 가장 벗어난 것을 일부러 선택하고, 쇼핑을 할 때는 가장 필요하지 않은 것부터 사면서 기뻐하는 마음은 어디서 오는 것일까? 그저 흑빵을 먼저 먹으려는 경향에 지나지 않는 것일까? 그야말로 고상한 취미일 뿐일까? 물건을 갖추고 싶은 기분, 필요한 것은 쉽게 오지 않는 법이므로, 놓칠 것 같은 기회를 얼른 이용하고 보자는 마음가짐일까? 더할 나위 없는 열성 아니면 의무를 피하는 궁리? 중요한 일, 따라서 일반적으로 가장 힘든 일을 미루기 위한 노련한 꿍꿍이, 말을 듣지 않는 게으름뱅이인 나 자신의 계략인가? 아니면 우유부단함이나 용기의 결핍? 노력을 뒤로 미루는 것인가?

'시간이 걸리면 성공한다' 라는 외교관들 사이의 속담이 있다. '마음' 이라는 빈틈없는 외교관도 같은 수법이다. 거절하지는 않고 그저 뒤로 미루기만 한다. 미루기를 그만두지 않는 것은 의지의 패배다. 오늘 할 수 없는 일이 아니면 내일로 미루지 말라. ……

이런 것들을 생각하며 나는 결심한다. 하나, 다짐하는 의미로 매일 밤 몇 마디라도 일기를 쓴다. 일요일에 일주일의 회고, 매달 첫 번째 일요일에 한 달의 회고, 연말에 1년의 회고. 둘, 구체적인 결론. 내가 여기서 허락받은 시간과 방법으로 하지 않으면 안 되는 것들을 하나하나 기록한다. 이 점에 대해서는 더 생각하기로 한다.

1847년 12월 23일 베를린에서 누이동생 화니 앞으로 쓴 편지

내가 좋아하고 또 염려하는 것 중 하나는 '형태' 에 대한 상상력을 갖는 일이다. 최근에 나는 특별한 상상력을 발휘할 기회를 얻었다. 세심한 주의를 기울여 다시 읽은 《미술사》는 내가 여러 곳에서 본 건축, 조각, 회화 등을 기억 속에서 다시 더듬어보게 했다. 판화의 풍경이든 유화의 풍경이든, 또 어떤 표현이든 내가 아직 모르고 있는 형태, 풍경, 동물, 바닷가, 인류 종족 등의 형태 영역에 진입하는 데 도움이 되는 것을 기다리고 있다.

나는 지금 왕실도서관에서 멕시코와 이집트의 고대문화 원판을 연구하고 있다. 머지않아 동양과 유럽의 역사적 건축물을 샅샅이 검색할 생각이다. 한편으로 나는 코스모라마(세계 명소의 흥행물)나 디오라마(투명한 막과 광선을 사용하는 풍경 흥행물), 광학적인 흥행물

도 보러 갔다. 그곳에서는 몇 걸음 걷는 사이에 천문현상(태양계, 일식, 월식, 만조, 간조)을 볼 수 있고, 다른 곳에서는 팔레스타인, 이집트, 그리스, 스페인의 풍경을 접할 수 있다. 그로피우스(Gropius)관에서는 루체른이나 프라이부르크를 바라볼 수 있고, 밀렌츠(Mielentz)관에서는 구경꾼들이 바다의 신처럼 물속에서 패류에 에워싸여 있고, 머리 위에 있는 대양을 물고기가 헤엄치고 배가 지나가며, 다시 그 위에는 바닷새와 날치가 날고 있다. 밀랍인형 박물관에서는 역사적인 인물을 볼 수 있다. 그림이 있는 신문은 멕시코 정복에서 보루네오 해적의 습격, 페테르부르크의 축제에서 비오 9세(로마교황)의 행렬까지 현대의 모든 사실을 얘기해 준다. 리우데자네이루든, 라보니아 북쪽 곶이든, 오스트레일리아의 포트잭슨이든, 더블린이든, 일본이든, 주홍색 바다(캘리포니아 만의 옛 이름)든 마음먹은 대로 갈 수 있고, 타타르인, 알바니아인, 파타고니아인, 파푸아인, 헝가리인을 직접 눈으로 보며, 이들 모두가 우리의 작은 지구 위에서 한 가족을 이루고 있다고 느끼는 것은 매우 유쾌한 일이다.

나는 희망봉에서 일어나는 일에도 하이델베르크나 파리에서 일어나는 일과 마찬가지로 각별한 흥미를 느끼기 때문에 4만 5천 리우(1리우는 4킬로미터)의 차이는 전혀 영향을 미치지 않는다.

거리라는 적을 우리는 머지않아 없애 버릴 것이다. 우리의 전신(電信)이 바다 밑에서 동맹의 그물을 치게 되면, 프랑스 장관의 생각이 그 왕국의 영토 위에 현존하는 것처럼, 또 우리의 의지가 동시에 우리의 발가락과 두뇌와 새끼손가락에도 존재하는 것처럼, 우리의 생각은 이 지구상의 곳곳에서 나타나게 된다. 바람처럼 여행할 때는 우리 신체도 어느 정도까지 해방되기 시작한다. 공업의 길에서 우리가 멈추지 않고 그것을 향해 나아가는 목적은, 기사가 말을 다루는 것처럼 우리가 이 지구를 정복하는 것이다. 이 사업은 아마 10세기 정도 지나면 완성될 것이다. 우리가 피타고라스처럼 때때로 돌아와서 인류를 위로할 수 있다면, 우리는 아마 다른 인간을 보게 될 것이다. 이것은 터무니없게 들리겠지만, 그러나 진실한 얘기이다. ……

1847년 12월 31일 베를린(M)

나는 사랑을 구하고 있다. 친구인 척하면서도 성실하지 않은 것은 내 마음에 거슬린다. 진실한 점이 없을 때 나는 반감(反感)이 일어난다. ──나는 아직 사람들, 특히 현재의 사람들과 함께 생활할 수가 없다. 왜 그럴까? 그것은 네가 오만하기 때문이다. 너는 동료들을 질투하고 있다. 아니야, 그렇지 않아. 너는 네가 좋아하는 사람들 외에는 우월성을 인정하지 않는다. 너는 질투하지 않기 위해 사랑하기를 원하고 있다. 그렇지만 사랑보다 정의가 먼저 와야 한다. 너에게 고맙게 생각하는 사람에게는 너도 기쁜 마음으로 주지만, 아무것도 부탁하지 않는 사람에게 손을 내밀어 도와 주려고는 하지 않는다. ──너는 타인의 권리를 인정해야 한다. 어느 누구든 어떤 점에서는 너보다 뛰어나다는 걸 잊지 마라. 타인의 장점을 인정하고 '자기'를 스스로 없애고, 남을 그 자리에 서게 해야 한다. 진심으로 타인에게 관심을 가져라. 그것이 타인에게 관심을 불러일으키는 방법이다. 우쭐거리고, 경직되고, 거만하게 구는 것은 그만둬야 한다. 타인이 가지고 있는 좋은 점, 뛰어난 점에 눈을 돌리고, 뒤떨어진 면은 보지 않는다. 타인에게 기쁨과 행복을 주도록 노력하라. 모든 사람이 너를 만나고 싶어하게 만들라. 붙임성은 사랑의 증거이다.

올바른 사람이 되라. 즉, 타인의 개성을 존중한다. 타인의 의견과 지식을 존중한다. 경의를 가지고 타인의 말을 듣는다. 의논하되 억지로 강요하지 말라. ──친절하게 대하라. 잘 해주고, 이해를 구하고, 마음을 돌리게 하라. 위로하고 돕기 위해 노력하라. ──융통성을 발휘하라. 타인이 가지고 있지 않은 것을 바라서는 안 된다. 타인을 있는 그대로 받아들여라. 재치만 있는 사람에게 우정을 구하지 말라. 지식을 장점으로 가진 사람에게 재치를 구하지 말라. 다양한 성격에 적응하는 것을 배워라. 그것이 처세법이다. 자아는 버리고 부드러워져라. 계략이 아닌 선의에서 나오는 부드러움은 단점이 아니라 장점이다. ──성실하라. 너는 이것에 너무 치우쳐 있다. 너는 불만을 숨길 줄 모른다. 그보다는 행동을 성실하게, 즉 단순해져라. 겉모습뿐만 아니라 실제로 그렇게 되어야 한다. 필요 이상으로 우둔하게 또는 조소적으로 보이지 않도록 노력하라. 절도, 자연스러움, 적절함은 지극히 중요한 성질이다. 그 중에서도 특히 적절함이라고 하는 것, 진정한 적절함, 즉 사물의 진정한 관계를 바탕으로 하는 적절함. 문체, 용어, 행위에 있어서의 적절함은 장소, 시간, 나이, 성별, 환경 등과 끊임없이 균형을 유지하는 것이다. 진실한 표현, 정의의 적정한 조절이다.

1848년 3월 15일 베를린

받아들이기만 하는 생활과는 인연을 끊고 무슨 일이라도 하지 않으면 안 된다. 모든 것을 정리하고 실현한다. 즉 제작하여 특수화하는 것이다. 머뭇거려서는 안 된다. 이제 너도 곧 27세가 된다. 너의 젊음, 너의 힘을 활용해야 한다. 너의 생명이 헛되이 증발하는 것을 막기 위해서는 더 늦기 전에 집중해야 한다. 자신의 일을 정하지 않으면 안 된다. 일, 그것을 매일 너의 사색의 대상으로 삼아라. 해가 있을 때 일하라. 너는 자신에게 주어진 재능에 대해 책임을 져야 한다.

사람은 저마다 자신의 일을 가지고 있다. 우리는 모두 인류의 일에 종사하며, 인류의 사명을 찾아 그것을 실현하기 위해 노력하고 있다. 구두밑창을 깁는 신기료도 수많은 매개를 거쳐 인간의 내부에서 신(神)적인 생활이 증진하는 것을 돕고 있다. 생명의 상승적 변형, 전진적(前進的) 정신화, 이것이 우리의 의무이다. 인간이 점차 신성해지는 것을 도와야 한다. 이지에 있어서, 감정에 있어서, 행위에 있어서. 그것이 목적이다.——모든 직업 가운데 네가 선택해야 할 직업은 무엇인가? 네가 가장 너다울 수 있는 직업, 또한 가장 잘 할 수 있는 직업은? 통일의 학문, 철학, 인생철학.

1848년 7월 16일 베를린

우리에게 필요한 한 가지 일은 신(神)을 파악하는 것이다. 신에 대한 이해가 다름으로 해서 나타나는 다양한 모습을, 우리는 마치 신을 파악하고 있지 않은 것처럼 파악해야 한다. 모든 감각, 정신과 이성과 지혜의 모든 능력, 모든 외적인 실력은 하나하나가 신을 향해 열린 출구이자 신을 음미하고 공경하는 방법이다. 거기서 이러한 것의 무한한 가치, 단, 상대적 무한의 가치가 나온다. 그래도 역시 잃어버리는 일이 있는 것은 떨쳐버리고, 누가 뭐라 해도 영원한 것, 절대적인 것에 매달린 다음, 빌려 쓰는 것, 맡은 것이라는 생각으로 음미하며, 자신의 시간을 자신의 영원성 속에, 자신의 부분적인 사랑을 자신의 지고한 사랑 속에, 자신의 인간적인 잡다함을 자신의 신적인 통일성 속에 갈무리해가는 마음자세가 필요하다.——공경하고, 깨닫고, 받고, 느끼고, 주고, 행하는 것, 이것이 너의 법률이자 의무요, 행복이고, 천국이다. 뭐든지 오라, 죽음까지도. 너 자신과 마음이 합치되게 하라. 추호도 마음에 거리낌이 없도록 하라. 신(神) 앞에 신(神)과 함께 살아가라. 너의 생활을 보편적인 힘에 이끌리게 하라. 그것에 대해서는 반항할 수 없으므로. 죽음이 너에게 시간을 준다면 그만큼 좋은 일이다. 그렇지만 너의 하루하루를 확실히 이해하지 않으면 안 된다. 죽음이 너를 채간다면 그것도 좋다. 너는 즐거운 생활을 보내며 그 쓴맛을 맛보기 전에 끌려갈 것이므로. 죽음이 너를 반죽음 상태에 빠뜨린다면, 그것도 괜찮다. 영달의 길이 닫히는 대신 영웅심, 체념, 정신의 위대한 길이 열린다. 누구의 인생에나 그 나름대로 위대한 점이 있다. 신(神) 밖으로 나가는 것이 불가능하다면, 그의 허락 아래 그곳에서 보금자리를 선택하는 것이 최선이다.

1848년 7월 20일 베를린
　세계사의 입장에서 현대를 비판하고, 지질 시대의 입장에서 역사를 비판하며, 천문학의 입장에서 지질학을 비판하는 것은 사유의 해방이다. 개인 또는 국민의 생애가 파리떼의 생애처럼 현미경적으로 보이고, 또 반대로 하루살이의 수명이 먼지처럼 많은 모든 민족을 품고 있는 천체의 수명처럼 무한하게 보이는 경우에, 우리는 자신을 지극히 작게 또 지극히 크게 느끼며, 우리의 생활도, 작은 유럽을 움직이는 작은 회오리바람도 천길 낭떠러지의 한 귀퉁이에서 내려다볼 수 있다.

1848년 11월 15일 베를린
　이 일기에도 그 흔적이 보이지만, 너는 수없이 제네바에서의 훌륭한 활동을 꿈꾸었다. 우리의 생활은 중심을 잃어버렸다. 우리의 연구도 마찬가지다. 학문적 요구, 시와 철학을 향한 약진을 주입하고, 미래의 종교적 변형을 받아들일 준비를 하며, 독일과 같은 신앙을 갖게 한다. 라틴계 스위스의 독창성을 일깨우고, 프랑스어를 사용하고 있는 스위스의 각 주 및 사보아를 기초로 하는 지적 생활의 중심을 위해 이미 내 마음을 차지한 계획에 따라 일한다. 우리의 신학과 자연과학, 문예비평, 문예창작에 기초를 부여한다. 모든 학문의 기원 및 상호 지지점(支持点)을 보여준다. ——백과사전, 입문서. ——그 끝없는 정쟁(政爭)을 견제하고 더욱 견실한 내용을 주기 위해 인간에 대한 학문을 보급시킨다. ——제네바의 명성에 다시 빛을 비춰주는 살아 있는 건강한 학파를 창설한다. 우리의 독창성을 발견하고 그것을 발전시킨다. (제네바에 대한 편지) 바로 그렇게 해야 비로소 우리를 보존할 수 있다. 존재하기 위해서는 힘이 있어야 한다. 우리가 소멸해 가는 것은 우리의 생명의 원리가 사라지기 때문이다. ──칼뱅주의의 생활……잠깐, 그것이 바로 중요한 점이다.

제네바의 국민성의 기초적이고 특징적인 요소가 신교(新敎 : 프로테스탄티즘)라 해도, 제네바가 다시 젊어지는 것은 프로테스탄티즘의 혁명, 즉 원래의 프로테스탄티즘에로의 복구 또는 변형이 아니면 가망이 없다. 문제는 프로테스탄티즘이 제네바의 역사 속에서 3세기에 걸친 유파(流派)가 아니었는가, 그 혁혁한 시기의 전후에 제네바라는 존재가 없었는가 하는 것이다. 프로테스탄티즘은 강력한 싹을 틔워 우리의 과실을 모조리 가져갔다. 그러나 이미 그 영향은 독점적이 아니게 되었을 뿐만 아니라, 쇠퇴하기 시작했다. ──국교로서의 프로테스탄티즘은 멸망하여 원래의 상태로 돌아갈 수 없다. 이미 제네바는 혼합물이 되었기 때문이다. ──새로운 제네바는 이제 낡은 제네바가 아니다. 그 종교는 무엇인가? 그 주의는 무엇인가? ──공상은 그만두자. 언제나, 서로 접하는 종교의 경계에서 신앙상의 박해가 일어난다. 보수의 요구가 태도를 더욱 논쟁적으로 만든다. 제네바에서 가톨리시즘과 프로테스탄티즘의 융화를 도모하는 것은 망상이다. ──그러나 프로테스탄트파 자체가 다시 분열하고 있다. 가만히 있는 자, 무관심한 자, 미온적인 자, 국교파, 이단파, 자유사상가, 강경파 등 여러 가지가 있다. 이제 우리의 생활과 학문과도 맞지 않게 된 프로테스탄티즘의 면모를 바꾼다. 그것이 목적이다. 이 결과를 얻기 위해서는 교육과 그 교육의 중심이 되는 철학과 신학에 기대는 수밖에 없다.

너의 계획을 소중히 지니고 있어야 한다. 자신의 힘을 아껴야 한다. 숲 속의 나무를 한번에 모두 쓰러뜨릴 수는 없다.

그래서 소년의 가슴에 신성한 불을 붙인다. ──인재를 깃발 주위에 불러 모은다. ──설교와 신문에 힘을 쏟는다. ──소년에게는 학교를 통해, 문예 및 실생활에는 재능을 통해, 로잔과 누샤텔의 협조를 얻어 대중 및 여론을 형성한다.

인간으로서의 목적을 국민으로서의 목적으로 하고, 국민으로서의 목적 속에 정치의 목적을 둔다. 개개의 노력 속에서 전체의 의식을 유지한다.

(날짜 없음)
결국 연구의 대상은 하나밖에 없다. 정신의 형태와 변형. 다른 대상은 모두 여기에 귀착하며, 다른 연구는 모두 이 연구로 돌아간다.

1849년 3월 3일 제네바
너는 자신의 생활을 잃고 있지 않은가? 안일, 공포, 산만함이 너의 미래를 헛되이 하고 있지는 않은가? 너는 자신 속에 있는 신(神)의 선물을 보지 못하고 있다. 너는 자신이 어떻게 되는 것이 좋은지 보려 하지 않으며, 그렇게 되려고 노력하지도 않는다. 의향과 실력, 자신의 의지와 신의 의지를 혼동하고 있다. ——아무래도 뭔가 더 뛰어난 것, 즉 특별한 것을 터득하지 않으면 안 된다. 너는 어떤 점에서 다른 사람보다 기량이 나은가? 아니 그보다 너는 어디서 지적인 평화와 만족을 찾아내는가? 큰 사상, 넓은 시야의 한없이 명징(明澄)한 위엄에, 역사와 종교 철학에. 나는 오랫동안 낮은 영역에서 망연히 서 있었지만, 관조의 높은 봉우리에 올랐을 때 비로소 진정한 내가 되었음을 느낀다. 무한한 생명의 신관(神官), 모든 운명을 숭배하는 바라문, 우주의 빛을 반사하며 응집하는 조용한 물결, 한마디로 말하면 관조, 바로 그것이 나를 끌어당긴다. ——'자아의 주인이 되고 우주의 주인이 되는' 만물 및 자아의 의식이 되는, 그 의식을 타인을 위해 언어로써 묵직하고 고독한 저작으로 표현한다. 개개의 것, 유한한 것, 우연한 것에 각자의 권리를 지나치게 인정하고자 하기 때문에 너는 자신을 잃고 힘들게 올라간 영원한 봉우리에서 떨어지고 만다.

1849년 4월 20일
(지명이 표시되지 않은 경우는 제네바에서 쓴 것이다)
6년 전 오늘은 마지막으로 제네바를 떠난 날이다. 그로부터 내 눈앞에, 마음속에 수많은 여행과 인상, 관찰, 사색, 수많은 형태, 사물, 사람이 지나갔다. 지난 7년은 내 생애에서 가장 중요한 시기였다. 나의 이지의 입문시절, '나라고 하는 존재'가 '존재'의 비의(秘儀)에 들어가기 위한 수행의 시대였다.

오후에 눈앞이 보이지 않을 정도의 눈보라가 세 번 몰아쳤다. 가련하다, 꽃을 피운 복숭아와 앵두나무. 6년 전에 초록빛 봄옷을 두르고 혼례의 꽃다발을 장식했던 아름다운 앵두나무가 보(Vaud)의 들길을 따라 나의 출발을 배웅하고, 부르고뉴의 라일락이 내가 타고 있는 마차의 2층으로 아련하게 향기를 실어 보냈을 때와 무슨 차이란 말인가! ……

1849년 5월 3일

가련하게도 너는 외로워하고 있다. 무엇 때문에? 삶의 방법을 알지 못하고 있고, 게다가 아직 무기력이나 죽음을 감수할 정도까지는 되어 있지 않기 때문이다. 미래를 정면으로 바라보며 그것에 익숙해지지 않으면 안 된다. 너의 허약한 폐는 틀림없이 너가 교수직을 내팽개치게 할 것이다. 실제로 너는 어제 한 번 강의를 했을 뿐인데 지금까지도 그렇게 지쳐 있지 않은가. 그런데 말이 나오지 않게 된다면 어떻게 먹고 살 생각인가. ──생명은 줄어들고, 물론 결혼도 할 수 없고, 건강도 돈도 없이, 직업도 가지지 못하고, 외부와 교류할 수도 없다. 즉 건강을 회복하지 않으면, 너는 죽을 수밖에 없는 쓸모없는 인간이다. ……

너는 마음속에 천재의 내적인 확신이나 명예나 행복의 예감을 느낀 적이 없다. 스스로 위대하다, 유명하다, 남편이다, 아버지다, 유력한 시민이라는 생각을 한 적이 없다. 미래에 대한 무관심, 자신감의 결핍은 의심할 것 없는 전조다. 네가 꿈꾸고 있는 것은 망연하고 확실한 형태도 없이 공중에 떠 있다. 너는 살아 있어서는 안 된다. 지금에 이르러서도 그렇게 살아갈 힘이 없으니. ──자신의 일은 스스로 처리하라. 살아 있는 사람들은 살게 해두자. 가라앉고 있는 배(육체)에 의지하지 말라. 사상을 정리하여 사색과 마음의 유언을 만들라. 그것이 네가 할 수 있는 가장 유익한 일이다. ──자아를 단념하고, 너에게 주어진 잔을 받아라. 그 속에 꿀이 들어 있든, 쓸개즙이 들어 있든. 너의 내부에 신(神)을 초대하여 미리 몸에 신의 향을 피워라. 너의 가슴을 성령의 전당으로 여겨라. 교회가 가르치는 선행을 실천하고, 타인을 행복하고 선량하게 하라. ──개인적인 명예심을 버려라. 그러면 무슨 일이 일어나든, 죽든 살든 위로를 얻을 수 있다.

1849년 5월 27일

사랑하는 사람들에게마저 인정받지 못하는 것은 진정한 십자가이다. 그것은 유능한 사람들의 입술에 비통한 미소를 감돌게 한다. 그것은 자기를 희생하는 사람들의 가장 가혹한 고뇌이다. '사람의 아들'(그리스도)의 마음을 가장 자주 괴롭힌 것도 그것이었으리라. 그것은 고민과 체념의 술잔이다. 신(神)에게도 고뇌가 있다면, 그것은 우리가 매일같이 신에게 슬픔을 안겨주고 있다는 뜻이다. 신 역시 인정받지 못하고, 가장 이해받지 못하고 있는 것이다. 아아. ──싫증내지 말 것, 냉정해지지 않을 것. 어떤 일에 기쁨을 느낄 것, 부족함을 걱정하지 말 것, 관대하고 인내하는 사람의 마음을 헤아리고 호의를 가질 것. 꽃이 피고 마음이 열리는 것을 놓치지 않을 것. 언제나 희망을 가질 것, 신(神)처럼. 항상 사랑을 지닐 것. 그것이 의무이다.

1849년 6월 3일

상쾌하고 시원하고 화창한 날씨이다. 멀리까지 아침 산책을 나가서 명자나무와 들장미가 벌써 피기 시작한 것을 보았다. 어디선지 모르게 건강한 들의 향기. 눈부신 안개의 테를 두르고 있는 보아론(Voirons)산맥, 아름다운 벨벳 옷을 입은 살레브(Salève) 산. 들에서 일하는 사람들. 귀여운 당나귀 두 마리, 한 마리는 산울타리로 만든 에피누비네트(붉은 열매가 열리는 가시 많은 덩굴풀) 잎을 우물우물 씹고 있다. 어린 아이가 셋, 입맞춤하고 싶어 견딜 수가 없다. 한가로움, 들판의 평화, 좋은 날씨, 편안한 기분을 만끽한다. 나의 누이들도 함께 왔다. 향기로운 목장과 꽃이 핀 과수원을 바라보며 눈의 피로를 푼다. 풀 위에서, 나무 사이에서 생명이 노래하는 것을 듣는다. 이렇게도 조용한 행복을 느끼는 것은 내게 과분한 일이 아닐까? 어울리지 않는 일이 아닐까? 아니다, 하늘의 호의를 의심하지 말고 즐기자. 감사하며 즐기자. 나쁜 날은 언제라도 올 수 있다, 그것도 셀 수 없을 만큼. 나에게 행복에 대한 예감은 없다. 그러므로 더욱 현재를 즐기자. 선한 자연이여, 오라. 미소로 나를 매료하라. 잠시 동안 나의 슬픔, 타인의 슬픔을 가려다오. 네가 걸친 여왕의 외투, 그 화려한 장식만 보여주고, 그 장려함 속에 빈곤을 숨겨다오.

(같은 날) (G)

생트뵈브의 《시집(詩集)》을 읽다. 우울, 연애, 애착, 비탄, 모든 것이 마음을 스치고 지나간다.

너는 바보이고 얼간이다. 너는 그렇게 혼자 살며, 자신의 가슴을 측량하고 파헤쳐서 발굴하는 것에 전념하고 있다. 너는 두 가지를 보지 못하고 있다. 하나, 네가 그렇게 격렬한 애정을 일으키는 것은 사랑이 부족하기 때문이라는 것. 둘, 너는 남자답게 행동하여 너의 나이에 걸맞은 결실을 얻는 대신 비참하게 기대와 애착과 절망으로 삶을 낭비하고 있다. 이래서야 될 말인가! 너에게는 행동과 위안과 사교가 필요한 것 아닐까? 이 나른하고 고통스러운 무감각을 일깨워 할 일을 생각하고, 계획을 세우고, 친구를 사귀고, 청년을 끌어들여야 한다. 이 한여름의 무료함과 고독에 힘을 소진해서는 안 된다.

너는 우울증 환자처럼 스스로 몸을 갉아먹고 있다. 인간의 역할은 운명을 말없이 따르는 것이다. 그렇게 치맛자락 옆에서 몽상에 잠겨 유약해져서는 안 된다. 남자가 되라. 그것이 쾌활함을 되찾고, 동시에 기력과 건강을 되찾는 방법이다. 그렇다, 너의 나약함을 부끄럽게 여겨라. 이 슬픔의 카푸아(고대 로마의 도시로 부와 환락의 중심지)를 전복하라. 즉, 힘차게 무언가를 소망하라. 인생은 겉으로 보는 것만큼 건조하지 않다. 기업적이고 발명적이 되어라. 인간을 찾아라. 이야기하고 영향력이 미치는 것을 배워라. 노력만이 인생에 묘미를 가져다준다. 자신이 남자라는 기분을 느끼려면, 극복하고 지배하고 창조하고 전복하지 않으면 안 된다. 가슴에는 무관심을 품고, 입술로는 포만의 모멸을 얘기하고, 그림자처럼 약해지는 것은, 아마 (손이 닿지 않는) 포도가 아직 덜 익었다고 말하는 여우의 속임수일 것이다. 지위, 재산, 존중, 명예라는 것은 모두 그렇게 헛된 것은 아니다. '유한'을 눈앞에 보면서도 무기력하게 혐오의 외투를 입고 있는 것은, 결코 '무한'을 존경하는 것이 아니다. 권태, 내향성, 경멸은 비열한 동시에 우매한 것이다.

권태를 독이나 죄악으로 여기고 그것을 피하도록 하라. 그 자신에만 빠져 있는 우울은 벌을 받아야 할 이기주의다. 기쁨을 원하고 고통을 원하지 않는 신(神)에 대한 무례일 뿐만 아니라 소멸해야 하는 것 속에서 지속하는 상태를 찾아내고, 의약품 속에서 양분을 찾아낼 수 있는 정신의 타락이라고도 할 수 있다. 고통은 앞에서도 인정한 대로 신의 경고이며, 오류의 징후이고 제 길을 벗어난 증거이며, 교정(矯正)으로 향하게 하는 독촉이다. 괴로워하는 인간은 정상적인 상태에 있지 않다.

모든 고뇌는 속죄이다. 단, 속죄는 연대(連帶)적인 것이어서 나는 때때로 자신의 조상 또는 동포의 과오를 속죄하는 동시에 나의 과오 역시 내 주변 사람들, 나의 자손, 나의 나라를 고통스럽게 한다. 프로테스탄티즘은 연대성의 관념을 단절시키고 삭제했기 때문에 인간적인 진리를 침해했다. 그래서 속죄는 독특한 존재로 설명되지 않고 있다.

나는 자신이 고민하는 이유를 발견했기 때문에 편안함을 느꼈다. 자신의 정신적인 고통을 '이해' 하는 것은 그것을 반쯤 치유한 것과 같다. 슬픔은 두더지가 햇빛을 피하듯이 은밀함을 좋아한다. 빛이 있는 곳으로 데리고 가면 슬픔은 힘을 잃는다. 자, 너에게는 행동 외에 은신처로서 이해력이 있다. 그 두 가지 수단으로 충분할까? 한 번 시험해 보라.

1849년 10월 1일

어제 일요일에는 요한복음을 되풀이해 읽으며 발췌해서 적었다. 그것이 내가 품고 있는 생각에 확신을 주었다. 예수는 삼위일체가 아니라는 것, 예수만을 믿고, 창설자의 초상화가 우리의 시대까지 거쳐 오며 많든 적든 그것을 왜곡하고 있는, 모든 프리즘의 굴절 뒤에서 찾아내지 않으면 안 된다는 것. 인간계에 던져진 천국의 빛이라고도 할 수 있는 그리스도의 말은 온갖 무지갯빛으로 갈라져서 사방으로 흩어졌다. 그리스도교의 역사적인 사업은 시대에서 시대로 새로운 껍질을 벗고 새로운 변형을 거치면서, 그리스도의 이해, 구원의 이해를 점점 정신적인 것으로 만들어가는 것이다.

'속죄자'가 '문자는 죽는다' '상징은 멸망했다'고 단언한 지 19세기나 지났는데도, 아직도 믿을 수 없이 많이 존속하고 있는 유대풍(風)과 수많은 형식주의에는 어이가 없어서 말이 나오지 않을 정도다.——그 새로운 종교는 심오하기 때문에 오늘날에도 이해되지 못하고 있고, 체념하고 있기 때문에 대부분의 그리스도교인들은 불경한 것으로 생각하고 있다.——그리스도의 인격은 이 계시의 중심이다. 계시, 속죄, 영원한 생명, 신성, 인성, 용서, 화신(化身), 심판, 사탄, 천국, 지옥, 모든 것이 물질적으로 두터운 것이 되어 깊은 의미를 가지면서도, 내적으로 해석되는 묘한 모순을 보여주고 있다. 교환가치 이상의 가치를 가진 일종의 거꾸로 된 위조화폐이다. 그리스도의 과감함과 자유를 되찾아야 한다. 교회는 오히려 이단이다. 눈이 흐리고 마음이 좁은 교회는. 좋아하고 좋아하지 않는 것과는 관계없이 두문불출하는 가르침이라는 것이 있다. 그것이 속박이라는 얘기가 아니다, 오히려 일의 힘이다.──상대적인 계시가 있다. 각자가 신(神) 속으로 들어가는 만큼 신도 각자의 내부로 들어간다. 아마 안겔루스(안겔루스 질레지우스Angelus Silesius 곧 요한 셰플러Johann Scheffler 1624~1677년, 브레슬라우에서 태어나 같은 곳에서 사망, 독일에서 잘 알려져 있는 신비적인 종교시의 작자)가 한 말이라고 생각하는데, 내가 신을 보는 눈은 신이 나를 보는 눈이다.

그리스도교가 이교에 이기려면 그것을 병합하는 수밖에 없다. 오늘의 소심한 자가 보면 예수는 증오해야 마땅한 범신론자라는 오명을 쓸 것 같다. 실제로 예수는 성서의 말 '너희는 신이다'를 인정했다. 우리는 '신의 일족'이라고 말한 성 바울도 그렇게 될 것이다.

우리 시대에는 새로운 교의론, 즉 그리스도의 본성에 대한, 또 그 본성이 천국 및 인간계에 던지는 전광(電光)에 대한 더욱 깊은 해석이 필요하다.

1849년 12월 14일 (아침 8시)

동정(童貞), 너는 진귀하다는 것만으로도 전당을 세울 수 있을 것이다. 고대인이 그것을 잊은 것은 잘못이다. 28세가 되어서도 아직, 피타고라스의 말을 빌리자면 자신이 지닌 힘을 어떠한 여성에게도 주지 않고 있는 것, 괴레스(Goerres, 1776~1848년, 독일의 정치학자, 가톨릭교 및 신성동맹의 옹호자)가 말한 아직 맛보지 않은 것, 모세가 말한 아직 모르는 것, 프랑스 소설가가 말한 아직 자기 것으로 하지 않은 것, 이것은 구경거리, 아니 희귀품이며, 같은 연배인 나의 지인들 중에서는 한 사람도 그런 예를 볼 수 없다. 선인가, 악인가, 어리석음인가, 덕인가. 이 문제를 나는 종종 논한 적이 있다. 웁살라(스톡홀름 북쪽에 있는 스웨덴의 도시)에서 마르타 섬, 생말로(브르타뉴 반도의 목줄기에 해당하는 프랑스의 항구마을)에서 빈에 걸쳐 유럽의 모든 침대에, 산속의 주거에도, 여관에도, 부르타뉴의 여자 양치기의 집에도, 나폴리 여성의 바로 이웃에서도 머물렀으면서 상상으로밖에 환락을 모른다는 것, 지극히 조숙한 기질에 가장 위험한 독서를 했고, 더할 수 없이 유혹적인 기회에, 더구나 20세 전에 접했으며, 범죄에도 흥미를 느끼고, 하물며 연애에 호기심을 불태우며 언제나 비틀거렸던 내가, 무슨 기적으로 어린아이 그대로의 무지를 태어난 집까지 가지고 돌아갈 것인가? 거기에는 많은 원인이 있고 나에게 득이 된 점도 많지만, 그 공덕을 나는 나를 지켜주는 천사, 나 자신의 가상한 자아에 돌린다.──'성년, 자유. 자유, 곤궁'. 옛날 여행에서 B***에게 보낸 두 통의 편지 요지는 이렇다.──나를 지켜준 것은 누구인가? 타인에 대한 존중. 나는 타인에게 상처를 주지 않고, 타인을 악으로 끌어들이는 것을 줄곧 증오해 왔다. 타락시킨다는 생각은 견딜 수가 없었다. 더욱이 소녀든 부인이든 내가 상처주지 않아도 되는 사람이 있었다면, 그것은 나에게 가치가 없는 것이었다. 이 딜레마는 나에게는 언제나 도덕적으로 해결할 수 없는 것이었다.──성의(誠意). 두 누이에게 충고를 하지 않을 수 없기 때문에 위선자가 되지 않기 위해 순결을 지켜왔다. 나는 위선을 경멸하기 때문이다. 악한 마음의 뻔뻔스러움도 속임수도 가질 수 없기에 그것에 져서는 안 되었다. 상상. 사물을 그 쾌감이든 회한이든 백 배로 보여주기 위해, 언제나 유혹으로 매혹시키는 동시에 깜짝 놀라게 하여 지켜주었다.──네 번째 수호자는 지어낸 이야기 속에나 있는 것 같은 어리석기조차 한 나의 소심함. 여성에 대해 좋지 않은 말을 입에 올릴 수는 없었다. 다른 사람이 그런 말을 할 경우에 얼굴을 붉히지 않으려면 지금도 노력이 필요하다. 자신을 위해서보다 타인을 위해 타인 대신 얼굴을 붉힌 적이 더 많았다. 죄를 지은 사람보다 그 자리에 함께 있는 내가 더 난처했던 것이다. 이 어리석은 소심함에 지금도 후회할 때가 있다. 스톡홀름에서도 셀부르에서도 그밖의 어디에서도 마음만 먹으면 할 수 있었던, 아니 해야 했던 몇 번의 입맞춤을, 비난받아야 할 행위라고 해도 좋다 했으면 좋았을 거라고 애석하게 생각하고 있다. 정결한 환락의 이러한 추억이 나는 그립다. 그 편이 나에게는 의심할 여지없이, 방탕아가 완전히 목적을 달성했을 때의 심정보다 훨씬 향기를 지니고 있다.──수호자로서 강력한 것은 역시 자신에 대한 의심이다. 불꽃이 화재로 발전하거나 감정이 폭발한 뒤에 후회해봤자 소용없는 일, 아예 사전에 그렇게 되지 않도록 해야 한다는 것을 알고 있었다.

나는 자신을 두려워하고 있었기 때문에 될 대로 되라는 기분에 빠져든 적이 없었다. 나를 끌어당겼던, 내가 품에 안고 있었던 G***를, 둘 다 거의 열중해 있었을 때 거절한 것을 떠올린다. 정열의 호랑이가 두려웠다. 그 맹수의 재갈을 벗기고 자신을 가는 데까지 내버려 두고 싶은 마음은 없었다. 나는 그것을 후회하고 있다. 특히 그 뒤, 그 사람에 대한 나의 사소한 조심성에서 지나치게 존중하고 너무 조바심쳤다는 것을 알았다. 나는 유혹을 압도했을 뿐 소멸시킨 것은 아니다. 아마 얼간이 같은 짓거리일 것이다. 여자를 알기 전에는 완전한 남자가 아니다. 나는 후회보다는 무지 쪽이 낫다고 생각했다. 그것이 나에게는 희생이었다. 이렇게 지식욕에 시달리고 있지 않은 사람은 잘 이해하지 못하리라. 또한 순결한 여자는 아내의 징표인 꽃목걸이를 걸어주는 남자 외에는 순결한 꽃, 처녀의 관을 주지 않듯이, 나도 그런 기특한 마음가짐을 맹세하고 있었다. 내 마음을 정복하는 여자에게는 정성들인 공물, 감각의 처녀성과 정결한 영혼, 모든 것을 갖추고, 흠집이나 오염이 없는 큰 사랑을 바치려고 맹세하고 있었다. 그것에 버금가는 선물을 받아도 부끄럽지 않도록, 나의 모든 삶을 그 사람의 눈앞에 열어 보여주고, 그 사람을 내 안에 몰입시켜도 나의 기억에는 한 점의 오점도 없고, 꿈속에서조차 연적을 만나지 않도록 하기 위해서였다. 그것이 하찮은 일이라고 한다면, 신이시여, 나는 당신에게 감사드리나이다. 이상(理想)도 꿈이다. 다만 현실의 모든 빈약한 점보다 뛰어난 꿈이다. 이브의 아들에게 있어서 지식의 열매를 단념하는 것은 어머니보다 훌륭해지는 일이다. 그러나 잘한 것은 내가 아니다. 나를 지키는 천사이다. 본능이다. 내 안의 신이다. 나는 깨물고 싶었지만 내 입술을 마비시켰다. 나는 죄를 범하려 했고, 죄를 범했다. 그런 나를 지켜준 것이다. 그러므로 나는 거만하게 굴 수가 없다. 그저 감동하고 감사하고 겸손할 뿐이다.

(날짜 없음)
영웅심이란 육체에 대한, 즉 공포에 대한 정신의 혁혁한 승리이다. 그 공포는 빈곤, 고뇌, 무고(誣告), 질병, 고독, 죽음의 공포. 영웅심을 수반하지 않는 진정한 경건은 없다. 영웅심은 눈부시게 빛나는 용기의 집중이다.

(날짜 없음)
의무는 우리를 실제 세계로부터 격리시키면서 우리에게 실제 세계의 사상성(事象性)을 느끼게 하는 공덕을 지니고 있다.

1850년 4월 7일 일요일
간밤에는 밤새도록 꿈을 꾸었다. 머리가 약간 무거운 듯 괴로워서 늦게 일어났다. 점심을 먹은 뒤 파슬리에서 장미, 라일락에서 복숭아 등 집안의 모든 새싹들을 둘러보았다. 담장을 이룬 나무, 꺾꽂이, 잔디, 수풀 등도 빠짐없이 살펴보았다. 습기를 머금은 공기는 부드럽고 촉촉했다. 식물에 더할 나위 없이 좋은, 어루만져주는 듯한 풍요로운 공기이다.

낮의 의식은 밤의 의식과는 다르다고 케르너와 동물자기론자(動物磁氣論者)들이 말했는데 나도 그것을 절감한다. 나는 낮보다 밤에 의식이 더 차분하고 정신이 흩어지지 않는다. 낮의 의식은 선입견과 유혹과 외부 세계의 착각이 지배한다. 내부의 세계는 외부의 세계, 집중과 투사(投射), 종교인과 세속인, 본질적인 인간과 변화한 인간의 대립이다. 즉, 스피노자의 표현에 따르자면 우리는 '영원한 상(相)과 시간의 상 속에서' 번갈아 사물을 보고 있다.──밤의 의식은 우리를 신과 자아, 말하자면 통일 앞에 두고, 낮의 의식은 우리를 다른 것, 외부세계와 잡다한 관계를 맺게 한다.

결론. 계획은 이 두 가지의 빛에 비추어 검토해야 한다. 삶은 이 두 가지 법정에 출두하지 않으면 안 된다.──의식은 유성처럼 회전한다. 그늘의 측면에는 별, 무한한 것에 대한 관념, 관조가 나타나고, 빛의 측면에는 모든 것이 빛을 발하며 다양한 색채, 다양한 물체가 서로 뒤섞여 눈을 어지럽히고 머리를 멍하게 만든다.──결함이 없는 삶에는 이 두 가지 면이 있다. 인간의 정신은 유성이 하늘을 돌듯이 신 속을 돈다. 무한과 유한, 전체와 세부, 관조와 행동, 밤과 낮이 잇따라 일어나며 정신의 상승적 계발이 이루어진다. 이 두 가지 경향의 어느 한 가지를 아까워하거나 비난해서는 안 된다. 두 가지를 조화시켜야 한다. 두 가지 다 신의 길에 있고, 두 가지 다 서로 돕는 한, 선한 것이기 때문이다.

이러한 생각에 의지해서 각성했을 때 나를 추구하고 있었던 사상이 어째서 몇 시간이 지난 지금은 완전히 다른 것으로 보이는가 하는 의문에 대한 설명이 된다. 지금 나는 벌써 낮의 산만함에 빠져 있다.──그 사상이라는 것은 결혼에 관한 것이었다. 아까는 이렇게 생각했다. 해결될 수 없는 일은 모두 의식 전체에 있어서 '영원한 상대성 속에서' 계약하지 않으면 안 된다.──따라서 지나가는 것, 즉 아름다움, 자만, 허영, 부, 외적인 장점에 대한 고려는 인정하고 통찰한 뒤에, 주요 동기로서는 배척해야 한다. 그렇지 않으면 조만간에 회한의 감정이 끓어오른다.──속이는 것과 잘못하는 것, 유혹에 지는 것은 끔찍한 결과를 불러온다. 행복은 뭐니 뭐니 해도 상호적인 것으로 온몸을 던지지 않으면 발견할 수 없다.

결혼이 너로 하여금 사명과 의무를 잊게 하고 언제나 자신의 내부를 성찰하는 것을 방해한다면, 다시 말해 너를 개선하지 않는다면 그것은 나쁜 것이다.

결혼이 너에게 쇠사슬, 노예의 신분, 숨 막히는 긴장으로 보이기 시작하면, 그것은 이미 구제할 수 없는 것이 된다. ——노예의 신분은 사랑이 없으면 소멸하지 않는다. 사랑은 아무리 보아도 역시 영원한 것이 아니면 진정한 사랑이 아니다. 영원한 것은 성장하고 발전하여 점점 커질 수 있는 것 외에는 없다. ——두 개의 날개에 실은 것처럼 무한하게 향상하지 않는 결혼, 일시적인 즐거움만 추구하는 결혼은 너에게 조금도 행복을 가져다주지 않는다. 그럴 바에는 차라리 독립하는 것이 낫다. 그 결과 얻을 수 있는 것이라야 감당할 길 없는 불쾌감, 후회, 비난, 끝없는 고뇌일 것이다. ——진정한 결혼은 실제로 순례이며, 가톨릭 교의의 가장 높은 의미에서의 '연옥'이 아니면 안 된다. 진정한 인생으로 향하는 길이 아니면 안 된다. 종교적 견지만이 결혼에 걸맞은 것이 될 수 있다. 그러므로 결혼을 인간의 사명을 충족시키기 위한 요구로 느끼기 전에는, 즉 그러한 의미와는 다른 앞날을 보여주는 것일 때는 그만두어야 한다. 필요한 것은 당연히 그러해야 할 모습으로 있는 것, 자신의 사명과 사업을 성취하는 것이다.

움직이기 쉬운 성질, 모든 견지를 이해하고자 하는 욕구대로, 나는 수많은 유혹을 거쳐 스스로 그것에 빠져 있다. 그래서 여러 가지 길을 에두른 끝에 지금까지 종종 도달했던 점으로 돌아간다. ——이중(二重)의 행복. 자기 자신으로 돌아갈 수 있는 여유. 기꺼이 나를 계발해주고 마법사의 책처럼 언제든지 열어볼 수 있는 이 일기. 그야말로 우리 자신의 내부에는 언제라도 의논할 수 있는 신탁, 바로 우리 내부의 신(神)인 의식 또는 양심이 있다.

1850년 4월 24일 (M)

《그라지엘라》(Graziella 라마르틴의 소설)의 그 감미로운 삽화 《고백》을 읽으면서, 나는 스스로에게 말했다. 나라면 이런 잔혹한 처사는 절대로 하지 않았을 것이다. 나는 사랑의 용기는 부족할지 몰라도 사랑에 있어 이기심을 가진 적은 없다.

나는 내가 사로잡히는 것도 걱정이지만, 사로잡는 것에도 겁을 내고 있다. 나는 감동시키는 것, 애착을 갖게 하는 것, 설령 뿌리가 얕아도 환상을 불러일으키는 것을 두려워하고 있다. 이것은 자만의 반대로, 이 어리석음, 이 내성적인 성격에도 분명히 어딘가 호기로운 데가 있다. 남자의 바람기에 마음이 상하고, 상처받고, 실망해버린 여자의 생애, 그 실례는 나에게 잊을 수 없는 커다란 연민을 남겼다. 그래서 나는 너무 어리석고, 너무 내성적이며, 너무 결단력이 없고, 너무 지나치게 독립을 원하는 동시에, 너무 정중하고 너무 너그러워서 사랑하는 것이 불가능했다.

나는 속이는 것을 싫어하고, 속는 것도 증오한다. 도대체 어떻게 하면 이 두 가지의 버릇없는 하인, 이 두 가지의 냉혹한 파수꾼을 상대로 사랑 이야기를 만들어낼 수 있단 말인가! 또한 연민과 방심으로 얼마나 많은 불꽃이 사그라지고, 얼마나 많은 불똥이 사라졌던가! 어쩔 수 없다. 죽을 만큼 울적하다. 나는 그만 입을 다물어버린다.

1850년 9월 9일

나의 강점은 우선 비평적이라는 점이다. 나는 모든 사물을 의식하고 모든 사물을 이해하고 싶다. 나의 특징은 탄력성, 교육능력, 수용성, 동화와 통찰력이다. 오늘 다시 생각해 보니 나는 나 자신 속에 우주가 살아 있음을 느끼는 것, 과학 예술의 모든 진보 속에서 개인적인 진보를 보는 것, 모든 재능, 천재, 모든 사람을 자신의 위임자, 기관, 기능으로 생각하는 것, 우주의 삶을 사는 것, 따라서 나 자신을 잊는 것에서 만족을 느낀다. 나는 객관적이며 주관적이지 않다. 나는 조용히 바라보는 편이며 명예심은 강하지 않다. 이해하는 것이 나에게는 목적이며, 만들어내는 것은 더욱 잘 이해하기 위한 수단에 지나지 않는다. 나는 의지보다 오히려 의식이다. 나의 진짜 이름은 사색자이다. 백과사전적 호기심.

"나는 인간이다. 인간에 관한 일이라면 무엇이든 등등"("……무엇이든 남의 일로는 여기지 않는다." 테렌티우스의 명구).——인성 이전 및 인성 속에서의 정신의 변형을 연구하는 심리학자. 나는 한정된 나 자신을 등가적, 상승적 또는 하강적 형상의 무한으로 배가(倍加)한다.

나에게는 걱정되는 일이 또 있다. 나에게 중요하고, 나의 특권이라고도 생각하는 이 변신술 자체가 실은 나 자신을 옭아매고 있다는 것이다. 운 좋게 창작의 능력을 얻고도 비평적이 되어버린 것을 보아도 그렇다. 그러고 보면 오랫동안의 습관이 나에게 이만큼 형태가 많은, 아니, 형태를 피하고 있는 나에게, 하나의 형태를 강요한 셈이 된다. 나는 비평적, 분석적, 복제적 경향의 포로이다. 그것은 나 자신의 제한, 경화, 결핍, 감소로 이어진다. 거기서 해방되기를 바라야 할 것인가? 나의 조화로운 성장과 개성적인 교양의 관점에서는 그렇다. 세력, 지위, 성공의 관점에서는 아마 그렇지 않을 것이다. 뭔가 하려면 자신을 한정해야 한다. 활동을 추진하려면 자신을 특수화해야 한다. 권위를 얻으려면 형태를 띠어야 한다. 자신이 기울어 있는 쪽에 이지의 추를 던지는 것이 좋지 않을까?

1850년 10월 23일

밤에 몽테스키외의 전집을 읽었다. 이 독특한 문체가 주는 인상을 아직 뭐라고 정확하게 표현할 수가 없다. 코케트의 위엄, 낭비 없는 포기, 섬세함을 지닌 힘, 차가운 심술, 멍하니, 그러면서도 빤히 쳐다보고 있고, 단편적이며, 아무렇게나 울리는 음악처럼 엉뚱한 그러면서도 모든것을 고려하고 있는. 나에게는 감상에 흔들리지 않는 엄숙한 이지가 재치를 가장하고 있다가, 가르쳐주면 함께 찌르려 하고 있는 것처럼 보인다. 사상가이면서 문학도 이해하고, 법률가이면서도 상당히 멋쟁이이며, 크니도스(비너스의 신전이 있는 곳. 몽테스키외의 작품에 《크니도스의 신전》(1725년)이라는 가벼운 소품이 있다)의 향내가 미노스(크레타의 왕, 지옥의 판관)의 신전에 감돌았던 것과 같은 분위기가 있다. 이것은 과연 18세기에 있을 법한 무겁고도 아름다운 책이다. 설사 지나치게 골몰한 데가 있다 해도, 언어가 아니라 사항에 있다. 문장은 거침이 없고 조작도 없이 달려가는데, 그러면서도 사상이 충분히 느껴진다.

1850년 12월 30일

잠에서 깬 뒤 일어날 때까지 오랜 시간 동안 사상과 행위의 관계가 못내 마음에 걸리며, 이러한 거의 꿈결 같은 이상한 문구가 기분 좋게 울리고 있었다. "행위는 두텁고 구체적이며, 불투명하고 무의식적인 사상, 바로 그것이다." 우리의 사소한 행위, 먹고, 걷고, 잠자는 것 등은 무수한 진리와 사상의 압축이며, 묻혀버린 사상의 풍요로움은 행위의 비천함에 정비례한다

(바로 우리의 잠이 깊을수록 꿈의 활동이 활발해지는 것처럼)는 느낌이 들었다. 신비는 주위에서 우리를 엄습하고 있다. 매일 눈으로 보고 활동하는 것이 가장 많은 신비를 숨기고 있는 것이다. ——우리는 창조하는 일을 자발적인 행위에 의해 실제와 비슷하게 다시 되풀이하고 있다. 그것이 무의식적인 경우는 일반적인 행위이며, 의식적인 경우는 이지적이고 윤리적인 행위이다. ——즉, 헤겔의 문구(모든 현실적인 것은 이성적이며, 모든 이성적인 것은 현실적이다.)가 되지만, 지금까지 이 문구가 이토록 명백하고 실제적으로 보였던 적은 한 번도 없었다. 모든 존재하는 것은 사상이다. 단 의식적이고 개별적인 사상은 아니다. 인간의 이지는 '존재하는 것'에 대한 의식이다. ——그것을 나는 전에 이렇게 표현한 적이 있다. "모든 것은 상징의 상징이다. 그럼 무엇의 상징인가? 정신의 상징이다."

(날짜 없음)
꽃봉오리는 한 번밖에 피지 않는다. 꽃의 전성기는 순간에 지나지 않는다. 마찬가지로 정신의 뜰에서도 마음에 제각각 전성기의 순간이 있다. 즉, 아름다움을 다하고 위세를 발휘하는 한순간이 있다. 별은 밤에 한 번밖에 머리 위의 자오선을 지나가지 않는다. 그래서 이지의 하늘에서도 하나의 사상이 꼭대기에 달하는 것은 한순간밖에 없다고도 할 수 있다. 그 때 별은 더없이 장려하게 광채를 발한다. 예술가여, 시인이여, 사상가여, 이 한 순간을 바라며 너의 사상, 너의 마음을 붙들어, 확고부동하고 영원한 것으로 만들라. 이것이야말로 그 최상의 시간이다. 그 순간 전에는 희미한 윤곽, 캄캄한 예감밖에 느끼지 못하고, 그 순간 뒤에는 희미한 추억, 무력한 후회밖에 남지 않는다. 그 순간은 이상(理想)의 순간이다.

(날짜 없음)
자신의 십자가를 억지로 제거하는 것은 오히려 더 무겁게 하는 일이다.

(날짜 없음)
낙담만큼 오만에 가까운 것은 없다.

(날짜 없음)

기분이 언짢은 것은 겉으로 드러나는 것을 두려워하는데서 오는 분노이다. 무력하며, 그 무력을 깨닫는 것에 대한 격분이다.

(날짜 없음)

처세의 길에서 습관은 격언보다 낫다. 습관은 살아 있는 격언이 본능이 되어 체화된 것이다. 격언을 고치는 것은 아무 소용없는 일이다. 책의 표제만 바꾸는 일이다. 새로운 습관을 택하는 것이 중요하다. 그것은 삶의 실체에 파고드는 것이다. 삶은 바로 습관이 짜내는 옷감과 같은 것이다.

1851년 2월 17일

6시부터 7시까지 쉬지 않고 주베르(Joubert. 프랑스의 도덕주의자, 1754~1824년)의 《수상록》을 읽다. 처음에는 매우 생생한 매력과 강한 흥미를 느꼈지만, 지금은 어지간히 냉정해진 기분이다. 그 토막토막 단편적인 빛의 빗방울 같은, 숨 돌릴 틈을 주지 않는 사상은 이성을 피곤하게 한다. 주베르의 장점은 아름다운 문체, 날카롭게 흘낏 훑어보는 것이나 섬세함, 세련된 비유이다. 그러나 그 단점은, 단순히 문학적이고 민중적인 철학이고 독창성은 세세한 부분과 작은 면밖에 없는 것이다. 제시한 문제가 해결한 문제보다 훨씬 많고, 기록한 사실과 인정한 사실이 설명한 사실보다 훨씬 많다. 결국 그는 철학자라기보다는 사상가이다. 감각에 대한 정교한 감수성을 갖춘 놀랍도록 정연한 비평가이지만, 그 이지에는 통합 능력이 없다. 감흥이라는 것이 없는 작가, 출구가 막혀 있고 오직 그 틈새로, 말하자면 매우 투명하고 광채를 가진 가느다란 선을 토해내지만 액상 유리의 선처럼 탄력이 없고 오래가지도 않는다. 집중과 연속이 부족하다. 잘못 만들어진 것은 아니지만 미완성의 철학자이자 예술가이다.

실제로 그는 작은 일에서는 훌륭한 생각을 하고 그것에 대해 쓸 줄도 안다. 곤충학자, 보석세공사, 금은세공사, 화폐주조사 같은 자세로 금언과 속담, 관찰, 경구, 교훈, 문제를 다루며, 그 문집(50년 생애를 통해 기록한 일기의 발췌)은 곤충, 나비, 보석, 메달, 조각한 돌의 수집 같은 것이다. 그러나 전체적으로 보면 강하기보다 섬세하고, 깊다기보다 시적이며, 독자에게 주는 인상도 위대한 이지적 존재나 새로운 관점보다는 매우 풍부하게 수집된 자잘한 귀중품이라는 인상이다.――따라서 주베르의 지위는 진정한 철학자나 시인보다 훨씬 아래에 있지만 도덕주의자와 비평가들 사이에서는 체면을 유지하고 있다. 인품이 작품보다 훨씬 뛰어나고, 작품에 부족한 것, 즉 통일을 인격 속에 갖추고 있는 종류의 사람이다.――처음에 내린 이 판단은 누구에게나 불충분하고 너무 가혹하다. 훗날 다시 쓰기로 한다.

1851년 2월 20일 목요일 (S)
(아침) 후각은 생물의 본질적이고 고유한 감각이고 생물의 외적 및 내적 건강상태를 말해준다. 모든 동물에게는 특유한 냄새가 있다. 인간 역시 각자 고유의 생리적인 냄새를 가지고 있다. 그것을 나는 간밤에 처음으로 깨달았다. 우리 집에 하숙하고 있는 어떤 사람은 그런 냄새를 분간할 줄 아는 예민한 후각을 가지고 있다. 모든 공간적인 원인을 제거한 뒤에도 남는 냄새이다. 즉 화학적인 냄새, 병리학적인 냄새, 생리학적인 냄새, 기질적인 냄새가 있는 것이다. 이 감각도 다른 감각과 마찬가지로 수련을 통해, 사물의 내적인 본성을 발견할 수 있는 지극히 미묘한 인식기관이 될 수 있다고 나는 믿는다.

……매우 잘 발달한 후각은 예민한 지각, 정교하고 치밀한 상상력, 쉽게 인상을 받아들이는 정신생활을 보여준다. 그것은 물질과 감응하여, 미각에 의한 것보다 더 먼 곳에서 그 물질을 맛보는 정신이다. 토끼의 냄새는 기체가 된 토끼이다. 파가 들어간 스튜의 냄새를 맡는 것은 그것을 증기로 먹는 것이다. 장미 향기를 맡는 것은 장미의 실체, 다시 말해 그 영혼을 호흡하는 것이다.

1851년 2월 20일
이 《수상록》 2권, 적어도 31장 가운데 약 20장과 《서간집》의 대부분을 거의 다 읽었다. 서간집이 특히 마음에 든다. 아름다움, 섬세함, 간결하고 명쾌한 점에서 주목할 만하다. 저자가 세비니예 부인을 좋아하고 또 가까이 지냈음을 한 눈에 알 수 있다. 그러나 형이상학과 철학에 대한 부분이 미흡하다. 전체적으로, 또 탁월한 식견이라는 면에서는 그다지 주베르의 격에 맞지 않는다. 역사철학도 갖춰져 있지 않고 사변적 직관도 가지고 있지 않다. 세부적인 면에서의 사상가로, 그 영역은 심리와 취미 분야이다. 이러한 상상과 감정의 섬세하고 미묘한 분위기가 있는 영역, 자신만의 애정이나 관심이라든가 교육, 사교 같은 범위에서는 현명한 착상, 재치 있는 말, 뭐라 표현할 수 없는 필치가 얼마든지 나온다.

꽃에서 꽃으로 날아다니는 꿀벌, 먹잇감을 찾아다니며 장난치고 사람을 조롱하는 아침바람, 에오리아의 하프, 나뭇잎 사이에서 바르르 떨며 달아나기 바쁜 햇빛이 그런 것들이다. 이 작자에게는 왠지 붙잡을 수 없는, 정령(精靈)처럼 비물질적이고, 연약하다고 할 수는 없어도 남자답다고는 말하기 어려운 데가 있다. 뼈도 몸도 없이 머뭇머뭇 앞을 기웃거리고 꿈을 꾸면서 현실에서 멀리 떨어져 떠다니고 있다. 인간이라기보다 영혼이고 숨결이다. 어린이의 성격에 깃든 여자의 재주와 슬기이다. 그래서 경탄보다 다감한 정, 감사하는 마음을 불러일으킨다.

1851년 2월 25일 (M)

너의 사유를 수첩과 펜 속에만 가둬두지 말고, 몸에 지니고 표현하며 걸어다녀라. 너의 말을 문자로 옮기지 말고 말로 바꾸어라. 일람표, 요약, 도표, 정리의 괄호 같은 습관, 즉 시각적 습관은 너의 기억을 약화시킨다. 너는 동시성의 요구를 가지고 있고, 총괄적인 정신, 눈에 호소하는 본성이며, 너의 범주는 공간, 기하학, 정지한 관계이다. 너의 약점은 시간, 기억, 연속, 지구력이다. 너의 이지는 직관적이고 분석적이며 성급하고, 지속하는 끈기가 없다. 환각자나 화가처럼 나는 모든 것을 같은 평면에서 바라보며 모든 것을 투영한다. 시간은 나에게는 존재하지 않는다. 옛날에는 육안의 시력, 외적인 눈이 나의 중요한 감각 기관이었다. 지금은 정신의 시력, 내적인 눈이 그것이다. 그게 아니면 이것은 버릇, 후천적으로 생긴 경향, 후천적으로 붙은 습관일까? 나는 오히려 그렇다고 믿는다. 적어도 나를 이 정도로 만든 것은 내 연구의 성질과 나의 습관적인 배려이다. 지금의 나는 행동, 웅변, 음악, 모든 시간 속에서 전개되는 것, 이루어지는 것에는 적합하지 않다. 나는 본질, 불변하는 것, 상태, 성격, 원리를 파악하는 것, 즉 사물을 그 유사함과 차이에 있어서, 단, 그 생명보다 관념에 있어서 파악하는 데밖에 적합하지 않다. 나는 지금 구체적이기보다는 추상적, 열보다는 빛, 활동적인 것보다는 관조적,

생산적인 것보다는 수용적, 형성된 것 또는 형성하는 것보다는 형성할 수 있는 것, 의식이고, 에너지가 아니며, 인간이라기보다는 거울이다. ……

눈과 범신론, 이것이 이 성찰의 양 끝이며 이 추론식 계열의 양극(兩極)이다. 눈은 범신론적 감각기관이고 귀는 일신론적 감각기관이다. 시각은 외계, 공간, 빛, 형태의 감각이며, 현상을 거쳐 실체로 이끌 뿐이다. 청각은 음악, 내부, 진동, 지속의 감각이며, 생명을 계시한다. 눈은 이지이며, 귀는 감정이다. 자연종교에서는 신은 모습을 드러낸다. 계시종교에서는 신은 말을 한다. 목소리가 없으면 자아도 양심도 인격도 없다. 침묵하는 신은 비아적(非我的)이다. 살아 있는 신은 침묵하는 신일 수 없다. 그래서 신은 가슴 속에서 때때로 인간의 목소리로 말한다. 그것이 신의 개별적 또는 역사적인 계시이다.

1851년 2월 27일
《에밀》 제1권을 다시 읽었다. 기대와는 달리 불쾌한 기분이 들었다. 사실은 문체와 아름다움을 바라고 책을 펼쳤던 것이다. 그런데 내가 느낀 것은 무거움, 딱딱함, 신중을 기하며 더듬거리는 듯한 과장스러운 인상, 격정, 울컥함, 치근덕댐, 안정감이 없고 기품이 없고 위대함이 다는 것이었다. 그 장점이나 단점에는, 말하자면 올바른 궤도가 빠져 있다. 재능의 불꽃은 있지만 아름다움, 기품, 단정한 사교계의 액센트가 없다. 나는 처음으로 루소가 일으키게 하는 일종의 반감, 좋은 취미에 영향을 주는 반감을 알았다. 이 책이 어떤 점에서 문체에 위험한 것인지, 또 동시에 이 궤변 같은 뒤죽박죽된 진리가 사유에 위험한 것인지를 알았다. 루소의 진정한 면, 강한 면을 나는 간과하지는 않았다. 여전히 그것에는 감탄하고 있다. 그러나 그의 좋지 않은 측면이 비교적 상당히 새로운 확신으로 나에게 보이기 시작했다.

(같은 날). ──사상가와 철학자에 대한 관계는 딜레탕트(호사가)와 예술가에 대한 관계와 같다. ──사상가는 사상으로 재주를 부리며, 세부적인 면에 이르기까지 재미있는 것을 많이 만들어내지만, 진리 자체보다 말로 표현한 진리에 지나치게 집착하느라 사상의 본질적인 점이나 사상의 귀결, 사상

의 통일을 놓치고 만다. 유쾌한 듯이 자신의 도구를 다루지만 그것을 자신의 것으로 만들지는 않는다. 물론 도구를 새롭게 만들어내지도 않는다. 원예사이지 지질학자가 아니다. 토지를 가꾸는 것도 꽃이나 열매를 맺게 하기 위해서일 뿐이다. 토지를 알 수 있을 정도로 깊게 파지는 않는다. 한마디로 말해, 사상가는 피상적, 단편적, 호기적(好奇的) 철학자이다. 문학적, 연설가적, 좌담적, 작가적 철학자이다. 철학자는 학문적 사상가이다. 사상가의 역할은 철학자를 일깨우고 통속화하는 것이다. 그러므로 자신의 흥취 외에 이중의 효용을 가진다. 독자들의 정찰꾼, 선창자, 민중의 의사, 사상을 돈으로 바꿔주는 환전상, 성직자와 속인 사이를 이어주는 학문의 거사(居士), 신자에 대해서는 교회의, 교회에 대해서는 신자의 통역이다. 사상가는 엄숙한 문학자이며, 그것 때문에 인기를 얻는다. 철학자는(그 학문의 내용이 아니라 형식에서) 전문 학자이며, 그것 때문에 무엇을 해도 인기가 없다.——프랑스에서는 철학자 한 사람(데카르트)에 사상가가 30명 나왔다. 독일에서는 사상가 10명에 철학자가 20명 있다.

1851년 3월 12일 (오후 3시)

왜 울고 싶은 것일까? 또 왜 잠이 오는 것일까? 봄의 나른함, 애착에 대한 기대. 뼛속까지 스며드는 듯한 따사로운 오후의 양지쪽을 걸어 산책에서 돌아왔다. 자연이 사랑을 속삭일 때면 사람의 마음에는 모든 것이 몽롱하게 들뜨고 하찮게 보인다. 책도 싫어진다. 무언가를 하는 것도 싫다. 음악, 시, 기도만이 사람의 비밀스러운 소망에 응하는 사랑을 지니고 있다. 이것만이, 감수성이 예민하고 상처받은 마음이 괴로운 생각을 하지 않고 쉴 수 있는 유일하고 솜털 같은 보금자리가 된다. 학문은 너무 딱딱하고, 오락은 느낌이 너무 없으며, 사상은 너무 간단하다. 노래할 수 있는 자는 행복하다. 자신의 고민을 잠재우고, 자신의 눈물을 수정 프리즘에 받는다. 나의 산책 동무는 피아노로 갔다. 나는 일기를 펼쳤다. 그 사람이 나보다 빨리 마음을 전환한다.

우리의 일상생활이 거짓일까? 아니면 일상의 다양한 인상이 속이는 것일까? 그 어느 쪽도 아니다.

봄은 좋다, 겨울처럼. 정신은 단련하여 강화해야 하고, 또 과감하게 열어 긴장을 완화해야 한다. 너의 마음에서 나오는 새로운 요구를 하나하나 존중하라. 그것은 계시이고 자연의 목소리이며, 너를 새로운 생활권에 눈뜨게 한다. 그것은 나비를 예감하고 몸을 떠는 애벌레이다. 너의 한숨을 억제하지 말라. 너의 눈물을 삼키지 말라. 그것은 모르고 있는 위대함과 잊혀진 보물, 또는 물에 빠져 살려달라고 외치고 있는 덕(德)을 예고한다. 고통은 좋은 것이다. 선을 인정하게 해준다. 꿈은 유익하다. 더욱 아름다운 현실의 전조(前兆)를 보여준다. 숭배함은 신적(神的)이다. 그것은 무한을 예언한다. 그 무한은 마야, 신의 환한 모습 또는 침울한 모습이다.

'사물'의 크기와 훌륭함은 그 요구에 비례한다. 네가 무엇을 바라는지를 말하라. 그러면 나는 네가 어떤 자인지 말하리라. 그러나 너는 말할지 모른다, 숭배보다 위대한 것이 있는데 그것은 체념이라고. 정말 그렇다. 그러나 수동적인 슬픈 체념, 즉 무력해진 상태를 말하는 것이 아니라 단호하고 침착한 체념, 힘을 말한다. 한쪽은 후회에 지나지 않는다는 점에서 결핍이지만, 다른 한쪽은 희망이기 때문에 소유이다. 그런데 똑똑히 보라. 이 체념은 때로는 곧 높은 숭배라는 것을 알게 된다. 그로 미루어 본다면 이 법칙은 유지될 것이다.

1851년 3월 26일

내가 알고 있는 유명한 사람 가운데 이미 사신(死神)의 부름을 받은 자가 몇 사람이나 될까?

스테펜스(Steffens. 노르웨이의 철학자, 셸링의 제자, 1773~1845년), 마르하이네케(Marheineke. 헤겔파 신학자, 베를린대학 교수, 1780~1846년), 멘델스존(Mendelssohn. 독일음악가, 1809~1847년), 토르발센(Thorwaldsen. 덴마크의 조각가, 1779~1844년), 엘렌슐레게르(Ehlenschlæger. 덴마크 시인, 1779~1850년), 이예르(Geijer. 스웨덴 역사가, 1783~1847년), 테그너르(Tegner. 스웨덴 시인, 1782~1846년), 에르스테드(Ørsted. 덴마크 물리학자, 《자연에 있어서의 정신》의 저자, 1777~1851년), 스투르(Peter Feddersen Stuhr. 덴마크 종교사가, 1787~1851년), 라흐만(Lachmann. 독일 문헌학자, 베를린대학 교수, 1793~1851년).

우리나라에서는 시스몬디(Sismondi. 역사가, 경제학자, 1773~1842년), 테페르(Rudolf Tœpffer. 문학자, 1799~1846년), 드 칸돌(de Candole. 물리학자, 식물학자, 1778~1841년), 학자, 예술가, 시인, 음악가, 역사가.

구시대는 지나간다. 신시대는 무엇을 줄 것인가? 우리는 무엇을 줄 것인가? 위대한 노인, 셸링, 훔볼트, 쉴로세르(Schlosser. 독일 역사가, 1776~1861년) 등은 지금도 우리를 영광스러운 과거와 이어주고 있다. 미래를 짊어질 각오가 되어 있는 자는 누구일까? 현재의 난쟁이들 가운데 어디에서 미래의 위인이, 금세기 후반의 영웅이 싹을 틔우고 있을까? 대오는 점점 줄어들고 나이가 우리를 앞으로 밀어내어 우리가 하늘 꼭대기에 다가가서 운명이 걸어오는 말을 들을 때, 우리는 전율한다. 운명은 말한다. "네 속에 있는 것을 보여다오. 지금이 바로 그 순간이다. 그 시간이다. 그렇지 않으면 허무에 빠지리라. 저주받거나 잊혀지거나 경멸당하리라. 네가 얘기할 때다. 너의 차례니까. 너의 계획을 내놓아라. 너의 한마디를 토하라. 너의 무력이든 너의 능력이든 보여라. 그늘에서 나오너라. 이제 약속 따위 얘기할 때가 아니다. 끝내지 않으면 안 된다. 또 희망 따위가 아니다. 현실이다. 수행의 시간은 끝났다. 파종과 발아는 끝났다. 너의 수확을 보자꾸나. 종이여, 너의 기량을 발휘하여 그것으로 한 일을 우리에게 보여다오. 지금 말하라. 그렇지 않으면 영원히 침묵하라." ──의식(양심)의 이 호령은 누구의 생애에나 엄숙한 청구이며, 마지막 심판의 나팔처럼 당당하게 사람을 놀라게 한다.

나팔이 울린다. "준비 되었느냐? 결산하라. 네가 살아온 햇수, 너의 시간, 너의 실력, 너의 연구, 너의 기량, 너의 일을 결산하라. 너는 자신의 사명에 대해 준비해 두었는가? 그렇지 않으면 시간을 낭비하고, 그날그날을 무기력한 에피큐리언(쾌락주의자)으로서, 위대함도 선견지명도 헌신적인 행위도 없이 살았는가? ──지금은 위대한 마음의 시간이다. 물러가라! ──영웅과 천재의 시간이다. 먼지로 돌아가라. 사라져버려라!"

1851년 4월 2일

유쾌한 산책이었다. 맑은 하늘, 일출, 모든 색조가 영롱하고, 모든 윤곽이 선명하여 오직 호수만이 온화하게 안개에 싸여 있어 끝이 없어 보였다. 서리가 아련하게 들에 내려앉아 회양목 울타리에 귀여운 활기를 더해주며, 풍경 전체에 터질 듯한 건강, 젊음, 상쾌함의 색조를 이루고 있었다. 파우스트는 우리에게 이렇게 말한다. ──"지칠 줄 모르는 너의 가슴을 새벽이슬로 채워, 더욱 높아지게 하라." 지당한 말이다. 하루하루의 새벽은 생활과의 새로운 계약에 서명한다. 아침 공기는 혈관과 골수 속에 새로운 밝은 기운을 불어넣는다. 그날그날은 인생의 현미경적 반복이다. ──아침은 모든 것이 유년시절처럼 상쾌하고 편안하며 가볍다. 대기와 마찬가지로 정신적 진리도 한결 더 투명해진다. 새싹처럼 기관은 왕성하게 빛을 흡수하고, 나아가서 에테르(ether)를 동경하며 더 이상 지상의 원소를 찾지 않는다.

밤과 밤하늘은 관조에 대하여 신, 영원, 무한을 얘기하고, 새벽은 계획, 의지, 태어나고 있는 행동의 시각이다. 자연을 키우는 액즙이 정신 속에 퍼져 그것을 살리는 것처럼, 침묵과 '창공의 쓸쓸한 적막'은 정신을 안으로 집중시킨다.——봄이 왔다. 앵초와 제비꽃이 봄의 방문을 축하한다. 복숭아는 탐스러운 꽃잎을 열고, 배나무, 라일락의 부푼 봉오리는 머지않은 개화를 예고하며, 인동은 벌써 새파랗다. 시인이여, 노래하라. 자연은 이미 부활의 노래를 부르고 있지 않은가! 자연은 모든 잎으로 환희의 찬가를 흥얼거리며, 새들만이 또렷한 목소리로 노래하게 두지 않는다.

1851년 4월 6일

나는 얼마나 상처를 쉽게 잘 받는가. 만약 내가 결혼했다면, 수많은 마음의 고통 때문에 아이를 가지지 못했을지도 모른다. 남편으로서도 모든 것을 괴로워했을 것이다. 나의 행복에는 수백 가지의 조건이 있기 때문이다. 나의 심장은 너무 약하다. 상상력이 불안하다. 쉽게 절망해버린다. 그리고 그 감각이 언제까지나 반작용을 계속한다. 이래도 좋을 것 같다는 생각이 실제로 있는 것을 망쳐버리고, 이게 당연하다는 생각이 나를 서서히 슬픔으로 가라앉게 한다. 그래서 현실, 현재, 돌이킬 수 없는 일, 필연이 나로 하여금 얼굴을 돌리게 하고 나를 위협한다. 나는 상상, 의식(양심), 통찰이 지나치고 성격이 약하다. 관조의 생활만이 탄력과 확대와 보상을 충분히 하고, 실천의 생활은 나를 멈칫거리게 한다.

그럼에도 불구하고 실천하는 생활은 나를 매혹시킨다. 특히 가정생활은 그 차분하면서도 깊고 윤리적인 점이 의무라고 해도 좋을 정도로 나를 강하게 끌어당긴다. 때로는 그 이상의 것이 나를 쫓아다니기도 한다. 나의 생활, 일, 사상, 희망의 반려, 가정의 숭배, 가정 밖에서의 자선, 교육의 시도 등, 가장 중요한 관계를 중심으로 전개되는 수많은 윤리적 관계, 그 모든 형상들이 나를 취하게 한다. 그런데 그것을 내가 피하고 있는 것은, 희망이라는 알에서 비둘기 대신 뱀이 나올지도 모르기 때문이다. 빗나간 기쁨은 하나하나 칼로 내려치는 것과 같기 때문이다. 운명에 맡긴 씨앗이 각각 비통의 이삭을 품고 있어 미래가 그것을 싹틔울지도 모르기 때문이다.

나는 자신을 잘 알고 있기 때문에 스스로를 신뢰할 수가 없다. 행복을 신뢰할 수가 없다. 이상은 내가 불완전하게 소유하고 있는 모든 것을 해친다. 미래를 위태롭게 하거나 나의 내적 자유를 깨뜨리는 것은, 모두 나를 사물에 예속시키거나 강요하여 내가 그렇게 되고 싶어하고, 그렇게 되어야 한다고 생각하는 것과는 다르게 만들어버린다. 내가 가진 원만한 인간 관념을 침해하는 것은 모두 내 마음에 상처를 주고, 위축시키고, 고통스럽게 한다. 더욱이 그것은 먼저 정신적으로 일어난다. 나는 애착하는 마음과 무익한 후회를 혐오한다.──우리의 행위 하나하나가 야기하는 결과의 숙명성, 이 비극의 근본사상, 삶의 처참한 비극적 요소는 '장군(將軍)'(돈 후안의 초대를 받고 오는 움직이는 석상의 인물)의 팔보다 더 힘차게 나를 붙잡는다. 나는 뭔가를 하고는 반드시 후회한다. 대개는 억지로 하고 있는 것이다.

뭔가에 의지하고 있다는 것은 나에게는 생각만 해도 참을 수 없는 일이다. 하물며 돌이킬 수 없는 것, 제멋대로인 것, 예견할 수 없는 것에 의지하고, 특히 자신의 과오에 의지하고 잘못에 의지하는, 다시 말해 자신의 자유, 자신의 희망을 타인에게 양도하고, 수면과 행복을 죽이는 것은 그야말로 지옥이다.

필연적이고 신의 섭리에 의한, 한마디로 말해 비난할 수 없는 모든 것을 나는 틀림없이 정신의 힘으로 견딜 수 있을 것이다. 그러나 책임은 돌이킬 수 없이 끔찍한 슬픔을 가져온다. 행위라는 것은 원래 의지에서 나온다. 따라서 나는 가능한 한 실천을 피하고 있다.

발버둥치며 자신을 속이는 고유한 의지의 마지막 도약. 안식, 만족, 독립의 탐구. 이 담담함, 이 공포, 이 안일을 구하는 수동적인 마음에는 어딘가 이기심의 찌꺼기가 있는 것은 아닐까?

너는 의무를 다하고 싶다고 말하고 있다. 그러나 의무는 어디에 있는 것인가? 어떤 것인가? 여기에 마음의 경향이 나타나서 신탁의 해석을 내린다. 문제는 결국 이렇게 되는 것이다. 의무는 자신의 본성(자연)에, 그것이 가장 좋고 가장 정신적인 경우에도 그 본성에 따를 것인가, 아니면 본성을 극복할 것인가? 괴테와 실러, 인간의 관점인가, 종교의 관점인가? 자기를 실현할 것인가, 자기를 방치할 것인가? 자신의 관념을 중심으로 할 것인가, 신을 중심으로 할 것인가? 어느 것이나 다 같은 논의이다. 장애가 되는 불행을 피할 것인가, 오히려 정화(淨化)의 도구로서 불행을 원할 것인가?

인생은 원래 이지의 교육인가, 의지의 교육인가? 의지는 힘에 있는가, 체념에 있는가? ──인생의 목적이 체념으로 이끄는 것이라면 모든 종류의 질병, 장애, 고뇌가 오면 된다. 인생의 목적이 완전한 인간을 보여주는 것이라면, 그 전모를 돌봐주어야 한다. ──시련에 도전하는 것은 신을 시험하는 것이다. 결국 정의의 신은 나에게 사랑의 신을 볼 수 없게 한다. 나는 전율을 느끼되 신뢰는 느끼지 않는다.

이중의 분리된 의식(양심) 속에서 서로 싸우는 목소리는 모두 신의 목소리가 아니다. 더 깊이 자신의 내부로 내려가서 단일한 목소리, 모든 의심을 제거하고 이해와 명료함과 평정을 가져다주는 목소리만 들리는 곳까지 가라. 자기 자신과 일치하고 자신의 결심에 대해서 스스로 비난하지 않는 사람은 행복하다고 사도(使徒)는 말했다. 이 내적인 자동(自同), 이 확신의 통일은 정신이 식별하고 분해하고 예견할수록 점점 원하지 않게 된다. 자유가 본능의 솔직한 통일로 돌아가는 것은 매우 힘든 일이다.

아아, 아무래도 이미 올라간 봉우리지만 수백 번이나 다시 올라가, 이미 인식된 관점에 되풀이해서 이르지 않으면 안 된다. '싸움을 하지'(원서에는 그리스어로 쓰여져 있음) 않으면 안 된다. 그러므로 마음은 왕처럼 지속적으로 평화의 형태를 취하며, 휴전조약 외에는 서명하지 않는다. 따라서 영원한 생명에 대해서는 영원히 그 획득에 노력해야 하는 것이다. 나날이 강물은 우리를 조국의 산에서 먼 곳으로 흘려보낸다. 우리는 구름이 되어 그 산꼭대기를 덮지 않으면 안 된다. 무한한 고리, 숙명의 회전, 시지포스의 형벌(지옥에서 커다란 바위를 산꼭대기까지 밀고 올라갔다가 그것을 아래로 떨어뜨리고 다시 밀고 올라가는 벌). 아아, 그렇다! 평화 그 자체가 투쟁이다. 아니, 오히려 투쟁과 활동이 법칙이다. 우리는 노력 속에서만 안식을 찾을 수 있다. 바로 불꽃이 연소 속에서만 존속할 수 있는 것처럼. 오, 헤라클레이토스여. 그러므로 행복의 모습은 고뇌의 모습과 같다. 그러므로 불안과 진보, 지옥과 천국은 마찬가지로 변하기 쉽다. 웨스타(로마의 불의 신)의 제단도, 벨제붑(신약에 나오는 악마)의 가책도 같은 불로 빛나고 있다. 역시 그렇다! 인생이다. 양면의, 양날의 인생이다. 빛을 비추는 불은 또한 태워버리는 불이다. 신의 원소는 저주의 원소도 된다.

1851년 4월 7일

루게(Arnold Ruge. 헤겔 좌파 의 철학자 1802~1880년)의 《아카데미(Die Academie, 1848년)》 일부분을 읽다. 인도주의와 신진 헤겔주의의 입장이 정치, 종교, 문예에 걸쳐 대가들의 직접적인 논설에 의해 제시되어 있다.——거기에 대표되고 있는 것은 지난 세기(18세기)의 철학주의파로, 추리와 이성에 의한 해결에 있어서는 전능하지만 건설에 있어서는 무능하다. 건설은 감정과 본능과 의지에 기초하기 때문이다. 철학의식은 여기서는 실천력으로 간주되고 있고, 이지의 단련은 마음의 단련으로 간주되고 있다. 다시 말해 부분이 전체로 간주되고 있고, 시간적으로 최후의 것이 최초의 것으로 간주되고 있다. 이 사람들에 의해 나는 이지주의와 윤리주의의 근본적 차이를 파악할 수 있었다. 이 파에서는 철학이 종교를 대신하려 한다. 그 종교의 원리는 인간이며, 인간의 정점은 사상이다. 따라서 그 종교는 사상의 종교다.

그것은 두 개의 세계가 된다. 그리스도교는 의지의 전향을 통해, 인도주의는 이지의 해방을 통해 구원을 가져오며, 또 그것을 가르친다. 한쪽은 가슴을 사로잡고 또 한쪽은 머리를 사로잡는다. 양쪽 모두 인간을 그 이상에 도달시키려 하고 있다. 다만 그 이상이 다를 뿐이다. 내용상 차이는 없지만. 내용의 안배, 이런저런 내적인 힘에서 볼 수 있었던 우월 또는 지배권에 따라 다르다. 한쪽에서는 이지가 정신의 기관이며, 다른 쪽에서는 정신이 이지의 낮은 상태이다. 하나는 좋게 함으로써 밝은 빛을 지향하고, 다른 것은 밝은 빛으로 함으로써 좋은 것이 되게 한다. 즉 소크라테스와 예수의 차이이다.

중요한 것은 원죄의 문제이다. 내재의 문제, 이원성의 문제는 이차적인 것이다. 그것이 해결되어도 원죄의 문제는 남는다. 삼위일체, 미래의 생활, 천국과 지옥은 도그마, 정신적 사상이 되지 않을 수 있고, 형식주의, 문자주의는 사라지더라도 인간의 문제는 그대로 남는다. 구원하는 것은 무엇인가? 인간은 어떻게 하면 진정한 인간이 될 수 있는가? 인간이라는 것의 마지막 뿌리는 책임인가? 과연 어느 쪽일까? 마지막 목적은 선을 행하는 것인가, 아는 것인가? 행동하는 것인가, 생각하는 것인가?——학문이 사랑을 주지 않는다면 그것은 불충분한 것이다. 그런데 학문은 스피노자의 '지식에 대한 사랑, 열이 없는 빛, 장대하기는 하지만 비인간적인 관조적 체념밖에 주지 않는다. 비인간적이라는 것은 쉽게 전달할 수 없어서, 특권, 특히 가장 귀한 특권이 되어 있기 때문이다. '윤리적 사랑'은 개체의 중심을 사물의 중심에 두고 적어도 원칙적으로는 구원을, 영원한 생명의 싹을 품고 있다. 사상은 이 중심의 주위로 점점 퍼져가서 무한하게 커지는 원을 얼마든지 그린다. ——어린아이의 얼굴을 한 천사와 제1급 천사, 이것이 이미 딜레마로서 구별이 되지 않고 있다.

사랑한다는 것은 잠재적으로 안다는 것의 가능성을 갖지만, 안다는 것은 사랑하는 것의 가능성이 되지는 않는다. 이것이 인간의 두 가지 상태의 관계이다. 그래서 학문과 지식에 대한 사랑에 의한 단련은 의지와 윤리적 사랑에 의한 단련보다 낮다. 전자는 사람을 자아로부터 자유롭게 할 수 있고 이기심에서 해방할 수 있다. 후자는 자아를 자아 밖으로 쫓아내어 활동적이고 실천적인 것으로 만든다. 한쪽은 비평하고 정화하고 부정하며, 또 한쪽은 살리고 결실을 맺게 하고 긍정한다. 학문은 원래 어느 정도 정신적, 실질적이라 해도, 사랑에 비하면 여전히 형식적이다. 따라서 윤리적인 힘이 생명점이다.

그래서 이 힘은 윤리적인 힘이 없으면 얻을 수 없다. 비슷한 것만이 비슷한 것에 작용한다. 그러므로 이성의 작용은 상태를 보다 좋게 할 수 없다. 실례(實例)에 따라 행동하라. 마음을 움직이는 것도 감정에 따르라. 사랑 이외의 것에 의해 사랑을 일으키려 하지 말라. 타인을 어떻게 하고 싶다면 스스로 그렇게 되어라. 말이 아니라 자신의 몸이 설교가 되도록.

본제(本題)로 돌아가 결론을 말한다면, 철학은 종교를 대신해서는 안 된다는 것이다. 사도는 혁명가였지만 혁명가는 사도가 아니다. 외적(外的)인 것으로 내적(內的)인 것을 구원하는 것은 잘못이고 위험하다. 인도주의자의 사업은 부정적인 부분이 좋다. 그리스도교에 달라붙어서 외면적이 된 껍질을 벗겨준다. 그러나 포이어바흐와 루게는 인류를 구원할 수 없다. 인류에게는 철학자의 사업을 보완하기 위해 성자와 영웅이 필요하다. 학문은 인간의 재능이며 사랑은 인간의 힘이다. 인간은 이지를 가져야 비로소 인간이 '된다'. 그러나 마음, 가슴을 지녀야 비로소 인간'이다'. 이지, 사랑, 재능, 이것으로 완전한 인간이 된다.

1851년 6월 15일
밤에 베르그 다리(레만 호가 흘러나가는 루소 섬에 있는 다리) 위를 거닐다. 하늘은 맑고 달은 뜨지 않았다. 양쪽 기슭에서 빛으로 수를 놓으며 별들의 깜박임을 비쳐주고 있는 물의 상쾌함에 사로잡혀 있었다. 줄지어 거니는 젊은이들, 가족, 연인, 어린이 등 다양한 사람들이 노래를 부르거나 얘기를 나누면서 집으로 돌아가는 모습을 만날 때마다, 그들 모두에게 흥허물 없는 느낌을 받으며, 시인이나 화가의 마음이 되어 눈과 귀를 열고, 또는 이렇다 할 이유도 없이 호의적이고 호기심 많은 인간으로 살고 있는 것, 그렇게 살고 있는 것을 보는 것에 만족을 느꼈다. 만약의 이야기이지만, 이 시흥을 좀 더 흥겹게 하기 위해 귀여운 소녀와 팔짱이라도 끼고 싶은 기분이다. 그런 환상이 이따금 내 앞을 춤추며 지나갔지만, 나는 애써 눈을 돌리곤 하였다. 매혹과 도취가 너무 강하여 그것에 뛰어들 수 없다. 전부냐, 전무냐가 나의 스토아주의가 되어 있다. 찾는 것은 나의 자존심이 허락하지 않는다. 찾지 않으면 결국 아무 일도 일어나지 않는다. 어머니도 숙모도 누이도 여자친구도 나를 위해 찾아주지 않는다. 그래서 나는 허리띠부터 조른 뒤 상대하고, 가책을 위한 거친 속옷을 단정하게 다시 매만진다. 이제 서른이 가까워졌다. 램프를 꺼라. 밤이 늦었다. 내일은 내일대로 해야 할 일이 있다.

1851년 8월 15일

언제나 준비되어 있는 자세는 대단한 것이다. 타산, 안광(眼光), 결단을 포함한 귀중한 능력. 거기에는 머뭇거리지 않고 결정하는 것이 필요하다. 모든 것을 해결할 수는 없기 때문이다. 세세한 사항에서 중요한 점을 집어내는 것, 한마디로 말해 나의 생활, 의무, 볼일, 짐 등을 간소하게 할 필요가 있다.

사실은 필요하지도 않고 의무도 아닌 데도 우리의 운동을 방해하고 있는 수많은 필요와 의무 때문에, 우리가 얼마나 많은 간섭과 방해를 받고 있는지 알고 보면 놀라울 정도다. 깨끗하게 마무리한다는 것은, 곧 깨끗하게 죽는다는 것과 같은 일이다. 진정으로 필요한 것을 구별하고, 나머지는 그대로 두어야 한다.——모든 순간에 가능한 한 자유로워지려면 질서를 부여하지 않으면 안 된다. 무질서가 우리를 노예로 만들고 있다. 오늘의 무질서는 내일의 자유를 좀먹는다.

정리하지 못하고 질질 끌고 다니는 것들은 나중에 우리 앞을 버티고 서서 길을 가로막게 된다. 하루하루 그러한 일들을 처리하고 마무리하여 다음에 올 날을 존중하기 바란다. 우리는 언제나 준비가 되어 있는 것이다. 혼란스러움은 어떠한 안락도, 자유도, 명쾌함도 손상시킨다. 그런데 혼란스러움은 질질 끄는 것에서 비롯된다.

그러므로 당장 해야 할 일을 내일로 미루지 말라. 뭔가 아직 남은 일이 있는 동안은 아무것도 안한 것이나 같다. 마무리하는 것이 으뜸이다.

1851년 9월 2일 엑스레방
(제네바에서 80km 남쪽, 호수가 있는 프랑스 도시)

토크빌(Tocqueville. 프랑스 정치가, 1805~1859년)의 《미국 민주제론》을 읽기 시작. 나의 인상은 아직 정리되지 않았다. 좋은 책이다. 그러나 몽테스키외 흉내가 약간 지나친 것 같은 느낌이 든다. 이 추상적이고 신랄하며 빈틈없는 금언을 연상시키는 문체는 때는 벗었지만 좀 딱딱하고 단조롭다. 너무 세련되어 상상력이 부족하다. 단편적이고 토막토막 끊어지며 이리저리 비약한다. 그 돌발적인 움직임이 사람을 오히려 피곤하게 만든다. 끌어당긴다기보다 생각하게 하는 편으로, 묵직하지만 튀는 것처럼 보인다. 사상을 잘게 분해하여 주제의 단면 단면을 차례차례 비추어내는 이 방법에는 무시할 수 없는 불편함이 있다. 세부적인 것이 지나치게 강조되어 전체를 놓치기 쉽다. 이렇게 자극적으로 반짝거리면 잘 비출 수가 없다.──나는 이 문체를 재치 있고 섬세하며 깊은 맛이 있다고 생각하지만, 조금 건조하고 산만하며 사람을 지치게 하는 점도 보인다. 저자는 분명하고, 묵직하고, 노련하며, 통찰력이 있는 두뇌를 가진 사람으로, 자신의 주제를 위에서 내려다보며 구석구석까지 직감으로 분석한다.

1851년 9월 6일 엑스레방

토크빌의 책은 머리를 무척 차분하게 하지만, 뭔가 불쾌한 기분이 남는다. 일어나는 일의 필연성을 인정하고 피할 수 없는 것은 마음을 돌려먹지만, 모든 사항에 걸쳐 평범한 시대가 시작된 것을 알게 되고, 평범한 것은 어떤 욕망이든 식어버리게 만든다. 평등은 평범함을 낳는다. 골치 아픈 악을 제거하기 위해 뛰어난 것, 두드러진 것, 비범한 것을 희생시키는 것이다.──모든 것이 싫어져서 우울에 빠지는 의기소침함, 그것이 지금 평등화 시대의 병이 될 것이다. ——유용함이 미를 대신하고, 공업이 예술을, 경제학이 종교를, 수학이 시를 대신하게 된다.

위인의 시대는 지나가고 개미집, 즉 다수 생활의 시대가 온다. 끊임없는 수평화(水平化)와 분업에 의해 사회가 모든 것이 되고, 인간은 무(無)가 되고 만다.

통계는 크나큰 진보를 기록하고, 도덕은 점점 쇠퇴를 기록한다. 산이 헐벗어 무너지면 골짜기의 강바닥이 높아지듯이 평균도 높아진다. 점점 기복이 줄어들고, 대비와 대립도 사라지며, 오직 단조롭기만 한 평원, 이런 것이 인간사회의 겉모습이 되어버린다. 양 극단은 서로 닿는다. 창조의 진행도 처음에는 한없이 큰 차이를 보이며 증대해 가지만, 나중에는 차이를 하나씩 없애기 위해 되돌아가게 되어 있다. 존재의 기원에는 아직 비활동, 타성, 죽음이라고까지 할 수 있는 평등이, 마지막에 가서 생명의 형식이 되는 일이 있을까?

모두를 위한 행복을 손에 넣기 위해 인성의 가장 높은 능력, 가장 귀한 경향까지 희생시키는 것은 지나치게 비싼 대가를 치르는 것이 아닐까? 그것은 완전히 민주제에 떠맡겨진 피할 수 없는 운명인가? 아니면 사회주의적 민주제가 목표로 하는 정치, 경제학적 평등보다 위에 이지(理知)의 새로운 왕국, 피난처로서의 교회, 정신으로 성립된 공화국이 건설되고, 그곳에서 단지 법률이나 조잡한 공리를 딛고 올라서서 아름다움, 무한, 감탄, 헌신, 신성이 예배소와 안주의 땅을 찾아내게 될 것인가? 공리적인 유물론, 메마르고 이기적인 합법성, 육체, 자아, 시간적인 것, 맘몬(富의神)의 우상숭배가 우리 노력의 목표일 것인가? 그렇게는 도저히 믿어지지 않는다. 인간의 이상은 그것과 전혀 다른 의미에서 높은 것이다. 그러나 동물이 가장 먼저 권리를 주장한다. 정신적 재물로 돌아가기 전에 사회에서 일어나는 무익한 고뇌부터 먼저 추방해야 한다. 종교 따위에 상관하기 전에 모두가 살아가지 않으면 안 된다.

1851년 9월 7일 밤 10시 엑스레방

고요하고 이상한 달빛, 서늘한 바람, 구름이 오가는 하늘. 이 시각 우리

집 꽃밭이 아름답게 보인다. 하늘에서 내려 보내주는 부드럽고 엷은 광선, 체념의 평화가 마음속에 다가온다. 조용한 기쁨, 그 생각에 잠긴 미소가 일종의 스토아적인 젊음을 지니고 있다. 별이 반짝이고 나뭇잎은 은빛 반사에 떨고 있다. 들에는 살아 있는 것의 기척이 하나도 없다. 넓은 그늘이 가로수 길 아래와 계단 층계참에 의기소침하게 깔려 있다. 모든 것이 신비롭고 은밀하며 장엄하다.

밤의 시간, 침묵과 고독의 시간, 너에게는 아름다움과 슬픔이 있다. 너는 슬프게 하고, 또 위로해준다. 너는 우리에게 이미 사라진 모든 것, 멸망하지 않으면 안 되는 모든 것을 얘기한다. 그러나 너는 우리에게 '또렷한' 목소리로 안식을 약속해준다.

1851년 11월 9일 (일요일)

생제르베(제네바에 있는 교회)에서 아돌프 모노(Adolphe Monod. 프랑스의 신교 목사, 1802~1856년)의 두 번째 설교. 지난 일요일에 비해 화려한 맛은 적을지 모르지만 이쪽이 훨씬 더 대담하여 나에게 가르치는 바가 많았다. 제목은 성 바울, 실천생활. 지난 일요일에는 성 요한, 그리스도교인의 내적 생활이었다. 내가 느낀 것은 웅변의 황금 사슬이었다. 나는 그의 입술의 마술에라도 걸린 듯, 그 기개와 뛰어난 재미, 분방함과 기교, 성의와 기량에 정신없이 빠져들었다. 힘 있는 사람에게는 어려움이 오히려 새로운 발상의 원천이 되며, 다른 사람이라면 쩔쩔 맬 일도 가장 높은 명예의 기회가 될 수 있음을 깨달았다.——모노는 한 시간 반에 걸쳐 성 바울이 우는 부분을 얘기하고, 성 바울이 유모(乳母)가 되는 부분을 설교했다. 그 낡은 외투, 디모데에게 준 물과 포도주 처방, 수선한 돛천, 친구 테키코, 즉 듣는 사람을 미소 짓게 하는 것을 모두 찾아내어 거기서 가장 영속적인 감동, 가장 준엄하고 가장 절실한 교훈을 이끌어내 보여주었다. 슬픔과 사랑과 인정의 눈물 속에, 순교자로서 사도로서 또한 인간으로서 성 바울의 전모를, 내가 지금까지 한 번도 본 적이 없는 크기와 관대함과 열렬한 생동감으로 다시 살아나게 했다.

목자도 양떼도 카푸아(한니발 군이 머물러 안일에 길들여진 이탈리아의 도시)의 게으른 잠에 취해 있는 이 안락의 시대에 비통의 예찬, 정신에 대해 냉담하고 무관심한 현대에 열렬하고 투쟁적인 사랑의 예찬, 어떤 자는 이것을 위에 두고 어떤 자는 이것을 밑에 두는 현대에, 인간적이고 자연적인 살이 되고 생명이 된 그리스도교의 예찬, 마지막 결론으로 현실에 다가오고 있는 폭풍을 앞두고 세계를 구원하기 위한 새로운 백성, 더욱 풍부한 경륜의 필요성. 성 바울의 백성이여, 일어나라. 일을 시작하라. 바울은 울었다. 그러나 이긴다. 오늘은 바울처럼, 내일은 바울과 함께.

어법, 배치, 기발한 생각, 상세한 서술, 비유, 모두 가르치는 것도 의외성도 풍부하여 소중하게 기억하고 싶다. 이러한 한 시간은 참으로 무한한 연구의 대상이 될 수 있지 않을까? 우는 동시에 감탄을 자아내는 절묘한 보물이 얼마나 많은지!

1851년 11월 18일

그것만으로도 신념을 가지고 긍정할 수 있고, 특수하게 결정한 것이 되는 것을 두려워하지 않으며, 그 주관적 미망을 의식하거나 부끄러워하지 않는다는 점에서 나와는 거리가 먼 기세등등한 주관성. 이지적인 것에 관해서 본질적으로 나는 객관적이다. 또 나를 다른 것과 구별하는 특수성은, 자신이 모든 견지에 설 수 있다는 것, 모든 시각으로 본다는 것, 다시 말해 개별적인 감옥에 전혀 갇혀 있지 않다는 것이다.——그래서 이론에는 적합한 능력을 지녔지만 실천에서는 결단을 내리지 못한다. 비평의 기량은 있지만 자발적인 창작은 거북해진다. 또 나의 능력이 본능에 머무는 한, 확신에 찬 의견을 제시하는데 오랜 망설임이 따른다. 단 능력이 내면화되어 자신의 것이 되어버리면, 그 다음에는 결론을 끌어내어 확고한 것이 된다. 실컷 불안을 준 끝에 마지막으로 평화를 가져다주는 것이다.

내 능력은 말한다. 안식은 오직 절대적인 것 속에만 있고, 감정의 안식은 오직 무한 속에만 있으며, 정신의 안식은 오직 신성한 것에만 있다. 유한한 것은 진실된 것이 없고 마음을 끌지 못하며, 나를 멈추게 할 만한 가치가 없다. 모든 특수한 것은 배타적이며, 모든 배타적인 것은 어딘지 모르게 나를 멀리한다. 배타적이지 않은 것은 전유(全有)뿐이다. 유(有)와의 교류, 온몸으로 하는 교류 속에 나의 궁극적인 목적이 있다. 그래서 절대의 빛 속에서는 어떠한 관념이든 연구할 가치가 있고, 무한 속에서는 어떠한 생존도 존경할 가치가 있으며, 신성한 것 속에서는 어떠한 창조물이든 다 사랑할 가치가 있다. 원만하게 조화를 이룬 인간, 사람으로서의 그리스도, 그것이 나의 신조이다. 이지(理知)의 힘 속에 나타나는 사랑, 그것이 내가 갈구하는 것이다.

1851년 12월 2일

비밀의 법칙. 식물처럼 하라. 사상이든 감정이든 네 안에 싹트는 모든 것은 어두운 곳에서 보호하고, 완성된 뒤가 아니면 밝은 곳으로 꺼내지 말라. 잉태는 모두 순결, 침묵, 암흑의 세 가지 베일에 싸여 있지 않으면 안 된다. 신비를 존경하라. 그에 대한 모독은 죽음을 주는 것이 아니더냐? 성장하고, 생활하고 싶다면 너의 뿌리를 드러내지 말라. 가능하다면 탄생하는 날에도 여왕들이 하는 것처럼 입회할 사람들을 부르지 말라. 알프스의 용담초처럼 오직 신의 눈 아래에 피어라.

(날짜 없음)

친절은 임기응변의 원리이며 타인에 대한 존경은 처세술의 첫 번째 조건이다.

(날짜 없음)

침묵하는 자는 잊혀진다. 소극적인 자는 말꼬리를 잡힌다. 앞으로 나아가지 않는 자는 뒤처진다. 멈춘 자는 추월당하여 뒤로 밀려난 뒤 밟혀버린다. 성장을 멈춘 자는 이미 노화하기 시작한다. 중간에 그만두는 자는 단념한다. 정체 상태는 마지막으로 가는 시작이며, 죽음의 전초가 되는 무서운 조짐이다. 그래서 산다는 것은 끊임없이 이겨내는 것, 우리의 물질적·정신적 존재의 절멸, 질병과 퇴영(退嬰)에 대해 자기를 긍정해 가는 것이다. 따라서 산다는 것은 쉬지 않고 소망하는 것, 또는 날마다 자신의 의지를 새로이 하는 것이다.

(날짜 없음)

역사가 의식(양심)에게 성실을 가르치는 것이 아니라, 의식(양심)이 역사에게 가르쳐주는 것이다. 사실이라는 것은 타락으로 이끈다. 오히려 우리가 자신의 이상을 고수하여 사실을 바로잡아가야 한다. 정신은 과거로 인해 윤리성을 잃지 않도록, 과거를 윤리적으로 만들어 간다. 중세의 연금술사처럼, 정신도 경험의 도가니 속에 자신이 쏟아 부은 황금을 다시 찾아낼 뿐이다.

1852년 2월 1일 일요일

오후 한때를 《독백록(슐라이어마허)》을 읽으며 보내다. 이 작은 책은 12년 전 처음 읽었을 때와 마찬가지로 나에게 큰 인상을 주었다. 내가 일단 떠나왔다가도 기쁘게 되돌아가는 내적인 세계에 다시 나를 잠기게 해주었다. 그리고 그 사상이 모두 나에게 있어 분명해진 것이고 나의 사상과 유사점이 많아 내가 자유롭게 그 견지로 들어가서 그것을 자유로이 비판하는 것 등으로 보아, 내가 그 뒤에 이룩한 진보를 가늠할 수 있었다. 위대하고 강하고 심원하지만, 아직 오만하고 이기적이라고도 할 수 있다. 우주의 중심은 여전히 자아, 피히테의 위대한 자아이다.

감당할 수 없는 자유, 개인의 칭찬은 퍼져나가 세계를 뒤덮기에 이르고, 점점 해방되어 아무런 인연이 없는 것도 끝이 보이지 않는 곳까지 간다는 것이 슐라이어마허의 견지이다. 내적 생활, 하나, 시간으로부터의 해방, 둘, 종(種) 및 개성의 실현 셋, 모든 적대적 정세의 의연한 제어, 넷, 미래에 대한 예언자적 확신, 다섯, 마지막으로 불멸의 젊음, 이 관점에서 본 내적 생활이 《독백록》 5편의 내용이다.

우리는 모든 외적인 영향에 반발하는, 깊고 독창적이며 전형적이고 기념비적인 생활, 자아의 자율에 대한 훌륭한 실례, 성격의 훌륭한 모범 속으로 들어간다.──스토아주의── 단, 이 생활의 동기는 아직 종교적이지 않다. 오히려 윤리적이고 철학적이다. 나는 거기서 모범을 보지 않고 실례를 본다. 본떠야 할 성과를 보지 않고 소중히 해야 할 연구 대상을 본다.

자신의 법칙에 의해 발전하고 자신을 존중하며, 세상도 실제적 활동도 경멸하는 깨뜨릴 수 없는 이 절대적 자유의 이상은 또한 에머슨의 이상이기도 하다. 인간은 여기서 자기 자신을 즐기고, 자기의식(양심)의 깊숙한 전당에 숨어서 신이 된다. 인간은 자신에게 있어 운명의 원리, 동기, 목적이 되고, 자기 자신이 되어 더할 나위 없는 것이 된다. 인생의 교만은 일종의 불경, 숭배의 이동과 멀지 않다. 이 초인적인 견지는 겸손의 마음을 없애버린다는 점에서 중대한 위험을 안고 있다. 바로 아담이 빠졌던 유혹, 엘로힘(히브리어로 신)과 다름없이 되었기 때문에 자신이 주(主)가 되려고 했던 유혹이다. 《독백록》에서는 영웅심이 오만을 경험하고, 지나치게 자유분방하여 복종이 부족해 보인다. 의무의 모든 측면은 지나치게 그늘로 물러가 있다. 즉, 개인의 권리와 가치가 독점적으로 지나치게 강조되어, 개인 속에서 생명의 통일이 그 이면에 숨어 있는 불화와 투쟁을 충분히 보여주지 않아, 평화를 너무 값싸게 살 수 있고, 편안함이 지나치게 자연적이어서 정복의 흔적이 부족하다.

존재론적으로는 정신세계에서의 인간의 지위가 분명하게 나타나 있지 않다. 개인의 정신은 유일한 것이 아니며 자신으로부터 벗어날 수 없기 때문에 그것만 생각할 수는 없다. 심리학적으로는 자아의 자발성의 힘을 지나치게 중요한 것으로 생각하고 있다. 실제로 인간의 진화에 있어서 이 힘이 모든 것은 아니다. 윤리론에는 악이라는 말이 겨우 나오고 있을 정도이고, 진정한 평화의 조건이 되는 분열은 보이지 않고 있다. 평화는 승리도 구원도 아니며, 차라리 행운이다.

1852년 2월 2일

또 《독백록》. 어제는 비평을 하여 그 책을 상대로 상당한 방어전을 펼쳤다. 지금은 우려도 위험도 느끼지 않고 그 책이 주는 동감과 찬사의 마음을 순순히 받아들일 수 있다. 그 본질적으로 자유로운 생활, 인간의 품위에 대한 지고한 사고방식, 우주와 무한의 현실적인 파악, 모든 지나가는 것으로부터의 해방, 자신이 뛰어난 실력으로 인한 우월감, 극복할 수 없는 의지의 힘, 자기의 완전한 통찰, 긴장된 의식의 다스림, 이러한 모든 징표는 힘 있고 굴복하지 않는 인격과 모순이 없고 완전하며 심원하고 조화적인, 어디까지나 완성을 향해 노력하는 천성을 보여주는 것으로 내 마음까지 기쁨과 감사로 채워주었다. 이것이 바로 삶이며, 이것이 바로 인간이다. 위대한 정신의 내면을 향해 열린 이러한 전망은 우리에게 선(善)을 가져다준다. 이것을 접한 사람은 굳세고 튼튼해지고 다시 일어서며 단련된다. 보기만 해도 기운이 다시 샘솟는다. 일어난 일을 보면, 그런 일이 있을 수 있다는 것을 의심하지 않게 된다. 인간을 보면 인간이 되어야겠다고 자기 자신에게 말하게 된다.

1852년 3월 3일

여론은 그것에 상응하는 가치를 지닌다. 힘도 있다. 여론을 적으로 돌리는 것은 여론의 옳고 그름에 상관없이 상대가 친구일 때는 마음이 괴롭고 타인일 때는 해가 된다.――여론에 아부해서는 안 된다. 비위를 맞춰서도 안 된다. 그러나 가능하면 자신으로 하여금 여론과 다른 길을 가지 못하게 할 뿐만 아니라, 아예 다른 쪽으로 발길을 향하지 않게 해야 한다. 전자의 경우는 비열한 것이고, 후자의 경우는 신중하지 못한 것이다. 전자는 부끄럽게 여기고, 후자는 후회해야 한다.――너 자신을 조심하라. 너는 이 후자의 실수를 저지르기 쉽다. 그것이 지금까지 너를 상당히 곤경에 빠뜨려왔다. 너는 완고함과 경멸감으로 시간이라는 것에 기대고 있다. 현명하게 생각한다면, 너는 망설이지 말고 빨리 여론과 동행해야 한다.――사회 생활을 하는 한 자기 혼자서만 양심을 지니는 것으로는 부족하다. 여론을 자기 쪽으로 끌어야 한다.――그러므로 너의 교만을 꺾어라. 요령 있는 사람이라는 소리를 들을 정도로 허리를 낮춰라. 이 늑대와 여우의 세계, 약삭빠른 이기심과 샘솟는 명예심, 위대한 허영과 왜소한 진가의 세계, 언어뿐만 아니라 미소와 약은 행동과 침묵으로 거짓말을 하지 않으면 안 되는 인간세계, 진실하고 의연한 마음으로는 환멸스러운 세계, 이 세계가 너의 세계다. 거기서 살아간다는 각오가 있어야 한다. 성공이 필요하다. 잘 해야 한다. 인정받을 수 있는 것은 힘뿐이다. 강해져야 한다. 여론은 그 법칙 아래에 고개 숙이게 하려 한다. 그것이 무슨 소리냐고 되묻기보다 여론을 극복하는 편이 낫다.――모든 엎드려서 기어가는 것, 구불구불 휘어지고 삐딱한 것, 그리고 낮은 것이 아무리 기를 써도 돌아오는 것은 경멸뿐인 분노, 짓뭉개버리고 싶은 기분은 나도 알고 있다. ……

그러나 나는 복수라고 하는 이 기분에 오래 잠겨 있을 수가 없다. 이 세상은 인간들의 모임이다. 인간들은 모두 형제다. 신의 입김을 거부하지 말라. 사랑하자. 악은 선으로 극복해야 한다. 순결한 양심을 유지하지 않으면 안 된다.――이 견지에 서면 사람은 그래도 자신에게 신중한 태도를 명령할 수 있다. 비둘기처럼 순수하고 뱀처럼 지혜롭게 되라고 사도는 말했다.――너에 대한 평판을 주시하라. 허영에서가 아니라 너의 일을 그르치지 않기 위해, 또한 진리에 대한 사랑에서. 자신이 여론보다 높은 곳에 있다는 기분을 느끼기 위해 갖은 궁리를 다하는 무욕(無欲)은 성급한 자만이다. 이것을 정당하다고 볼 수는 없다. 능란하다는 것은 있는 그대로 보여주는 것, 겸손은 자신이 대단하지 않다는 것을 느끼는 것이다.

오, 일기여, 고맙다. 나의 울분은 사라졌다. 내 마음은 가라앉았다. 이제 기분이 좋아지는 것 같다. 이 페이지를 방금 다시 읽어보았다. 이런 독백을 하는 동안, 아침 시간이 후딱 지나갔다. 어쨌든 이 몇 페이지에는 단조로움이 보인다. 같은 얘기가 세 번 네 번 나온다. 하는 수 없다. 이것은 남이 읽어주기를 바라고 쓴 것이 아니다. 내 마음을 달래고 스스로 생각하기 위해 쓴 것이다. 나의 과거에 놓은 징검돌이다. 그 중에는 징검돌 대신 무덤의 십자가도 있고, 돌 피라미드도 있으며, 초록빛 나뭇가지도 있고, 하얀 자갈도 있고, 메달도 있다. 그것들 모두가 마음의 천당이 되어 길을 찾는 데 도움을 준다. 자신의 길에 순례의 이정표를 세워 두면, 자신의 사상과 눈물과 기쁨의 자취를 발견할 수 있다. 이것은 나의 여행기이다. 그 몇 개의 통로가 다른 사람들에게도 도움이 될 거라는 생각에 때때로 내가 그것을 대중에게 알리는 일이 있다 해도, 이 천 페이지 전체에서 나 외에도 도움을 얻으려 하는 사람들이 있다면, 나보다 나중에 와서 평판과 명성에서 멀리 떨어져 뭔가 여의치 않을 때, 마음의 행로에 흥미를 느끼는 사람들뿐이리라. 내 생애가 단조롭게 끝난다면 이 종이조각들도 단조로울 것이고, 같은 마음이 되풀이된다면 이 종이조각들도 되풀이 될 것이다. 그렇다 해도 모두 진실이다. 진실이 이것의 유일한 시신(詩神), 유일한 구실, 유일한 의무이다. 이것은 훗날 나의 노년에 심리적, 전기적 기록으로 가치를 지닐 것이다. 만약 내가 노년이 될 때까지 산다면. 이것은 지금도 고백상대로서, 베개로서, 나에게는 소중하다.

(같은 날)

……나와 나이가 비슷한 젊은 사람들 중, 물질적인 생활의 수고 없이 나만큼 심하게, 나만큼 자주 내적으로 자신을 괴롭히는 사람은 많지 않을 것이다. 음울한 외톨이의 산책, 이따금 봄날의 밝은 태양빛 아래에서 느끼는 어리석고 괴로운 짜증, 두 손으로 가슴을 누르며 헛되이 보내는 하루, 베를린과 그밖의 장소를 떠올리며 흘리는 눈물 등을 생각할 때, 뜬눈으로 지새는

파우스트적인 밤, 소중하면서도 에피소드에 머무는 우정을 제외한, 어린 시절부터 그렇게 자랄 수밖에 없었던 정신적 고독을 생각할 때, 연구하는 틈틈이 망각이나 사상의 생활과 학문이라는 조용한 도피처가 없었더라면 내가 어떤 사람이 되었을지 돌이켜 생각해 본다.――나는 내 밑바닥에 있는 외로움을 보지 않을 수 없다. 왜냐하면 나는 버려진 채 짓밟히며 오직 혼자 살아왔는데, 인간이 혼자 사는 것은 좋지 않기 때문이다.

사람이 어떻게든 자신의 생각대로 공부하고 여행하고 산책할 수 있는 여유와 자유를 가지고 있을 때 하는 고민은, 다른 사람들을 미소짓게 한다. 그러나 나는 여유와 자유를 가졌다고 말할 수는 없지만, 역시 괴로웠다. 몹시 괴로웠다. 고맙게도 나는 그것에 허영심을 품을 만큼 어리석지는 않았다. 그러나 '이 세상에서 행복한 자'라는 별명은 상대적으로 기묘하다고 생각한다. 어쨌든 이것은 어딘가 진정한 것, 즉 나의 현재 상태 및 겉모습을 표현하고 있다. 나는 가정도 얼마든지 꾸릴 수 있는 태도와 외양을 갖추고 있다. 다만, 세상은 자칫하면 사람이 입고 있는 옷을 피부로 간주하고, 겉모습을 실제로 간주하며, 그가 자신의 느낌을 억제하고 있으면 감정이 없는 자라고 믿어버린다.

1852년 4월 26일

오늘밤에는 사무치도록 공허함을 느낀다. 나 자신 속에 틀어박힌다. 미래·고독·의무, 모든 것이 이처럼 거창하게 때로는 서서히 조여드는 관념이 나를 덮친다. 나는 또 실속 없는 말을 외치기 시작하며 삶에 대한 교리문제, 행동 계획, 순간적이고 충동적인 생활의 통일을 (이번에는 다른 노트에) 다시 써보았다. 나는 자신을 다잡으며 다시 검토하고 정리하고 집중한 뒤 자신 속으로 몰아넣었다. 이것은 하루하루의 생활과 사소한 일들이 가져오는 산만함과 방심을 막기 위해서 필요하다.

크라우제(Karl Christian Friedrich Krause 1781~1832년, 독일 철학자, 모든 것은 신 안에 있다는 세계내재신론Panentheismus의 주창자)의 책 《인류의 원형(1811년)》을 일부 읽었다. 이 책은 이상하리만치 나의 사상, 나의 요구에 맞는다. 일반적으로 말해 이 철학자는 나에게 유익한 영향을 주고 있다. 그의 차분하고 종교적인 쾌활함이 내 속으로 파고 들어와 번져간다. 크라우제는 평화와 무한의 느낌을 준다.

그렇지만 나에게는 뭔가 부족하다. 예배, 모두와 함께 하는 구체적인 신앙, 내 마음에 속할 수 있는 교회는 언제쯤 건설될 수 있을까? 나는 세렐(아미엘의 친구, 프랑스 비평가, 1815~1889년)처럼 자기만 옳으면 된다고 안심할 수는 없다. 나에게는 그렇게 고독하지 않은 그리스도교가 필요하다. 또 더욱 실천적인 것이 필요하다. 나는 자주 기도한다. 부활절에 나는 성체를 받지 않았다. 그래서 나의 종교적 요구가 충족되지 않고 있다. 이것은 나의 사교적 요구, 애정의 요구 같은 것이다. 내가 졸음 때문에 그런 요구를 잊는 일이 없어지면, 일종의 따끔한 신랄함이 나를 깨운다.

나의 생활은 미지근하고, 의욕, 실질, 위대함, 희열이 부족하다. 왜 그럴까? 반응제, 자극제, 부대사건이 없기 때문이다. 겨울이 나를 에워싸고 있어서 나는 모르모트처럼 자고 있다. 겨울은 내가 그 속에 있는 환경, 이지가 활발하지 못한 위축된 분위기, 나를 에워싸며 서서히 압박해 오는 쩨쩨하고, 소심하고, 난처한 걱정 등, 그러한 것들이다. 나는 울적함과 지겨움, 더할 수 없이 작게 갈라지는 흩어짐과 알지 못하는 것, 또는 멀리 있는 것에 대한 향수와의 사이에서 동요하고 있다.——이러한 환류적(環流的) 영향에 맞서서, 적으로 삼아야 할 이러한 쇠망 속에서 끊임없이 소생하기 위해서는 특별히 정신적인 힘이 필요하다. 그것은 프랑스 소설가가 그토록 자주 했던 전원생활이다. 다만 여기서 말하는 전원은 어쨌든 정신의 고향이 아닌 곳, 어디든 좋으니 마음이 끝없는 걱정으로 갈증을 느끼는 장소를 말한다. 그래, 제대로 해석하면 그 장소는 이 지상이요, 꿈에 보는 고향은 천국이다. 그 고뇌는 영원한 향수, 행복에 대한 갈증이다.

"제한이 있어야 비로소 명인(名人)의 역량을 알 수 있다."(독일어)고 괴테는 말했다.——남자다운 체념, 이것은 또한 삶에 대한 명인의 좌우명이다. 남자답다는 것은 용기가 있다, 활기차다, 단호하다, 침착하다,——체념은 과감, 필사적, 집중, 제한을 말한다.——체념할 줄 아는 건강함, 이것은 땅의 아들이 갖춘 지혜, 이 투쟁의 삶에서 바랄 수 있는 쾌활함이다. 순교자의 평화와 승리의 약속이다.

1852년 4월 28일 랜시
(제네바 서남쪽 약 2킬로미터에 있는 마을)

봄의 나른함이여, 다시 찾아왔구나. 오래도록 안 보이나 했더니 다시 나를 보러 오는구나. 간밤에는 연극, 오늘 아침에는 시(샤를 레이노, 하이네), 새의 노래, 맑고 밝은 광선, 푸르름을 더해가는 들판의 공기, 모든 것이 내 가슴에 다가와 눈시울을 적신다. ⋯⋯⋯⋯⋯너는 무섭다. 우리의 눈을, 바닥을 알 수 없는 깊은 곳까지 가라앉히는 잠잠한 대양처럼 무섭다. 너는 우리의 내부에 현기증이 날 정도로 깊은 연못, 사라질 수 없는 무한한 욕구, 고뇌와 후회의 보고(寶庫)를 보여준다. 폭풍이 불어오면 좋겠다. 하다못해 이 끔찍한 비밀을 삼키고 있는 물결의 표면이라도 흔들어주겠지. 격정의 바람이 불면 좋겠다. 정신의 파도를 일으켜 바닥없는 연못을 덮어주겠지. 우리 모든 땅의 아들과 시간의 아들에게, 영원은 의지가 미치지 않는 공포를, 무한은 신비로운 경악을 불러일으킨다. 우리는 죽음의 나라에 들어서는 느낌이 든다.——가엾은 마음이여. 너는 삶을, 사랑을, 환상을 원하고 있다. 그리고 결국 네가 옳았다. 삶은 신성하다.

무한을 마주한 이 순간에, 삶은 이 무슨 이상한 모습을 보여주는 것일까? 모두 우리의 일이 되고 걱정이 되며, 감정을 움직이고 마음을 채우고 있는 것이, 우리의 눈에 어쩌면 이토록 순식간에 유치하고 하잘것없으며 공연한 것으로 보이기 시작하는가? 우리는 자신이 꼭두각시 인형이 되어 공상적인 볼거리를 정말로 연기하고, 젖먹이 장난감을 보물로 여기고 있는 것처럼 생각한다. 그렇게 되면 모든 것이 달라진다. 현실보다 지어낸 이야기와 예술이 현실적인 것으로 보인다. 이러한 모든 것의 목적이 정신의 발전이고, 나머지는 모두 그림자, 구실, 모습, 상징, 꿈이다. 정신이 유일한 실재이고 나머지는 정신을 활기차게 하고 정신에 형태를 부여하기 위한 장엄한 환등이다. 버클리가 진실한 것인지도 모른다. 피히테도 에머슨도 마찬가지다. 요정 이야기(동화)와 전설은 박물학과 같고, 또는 그 이상으로 직접적인 진실이며, 적어도 그 이상으로 투명한 비유이다. 불멸하고, 영속적이며, 그것만이 완전하게 실재적인 의식(意識)이다. 세계는 불꽃에 지나지 않는다. 의식은 우주이고 태양은 사랑이다.

아, 나는 또다시 사상의 보편적이고 객관적인 생활에 빠지고 말았다. 사상의 생활은 나를 석방(이런 말을 사용해도 좋을지 모르지만)한다. 아니, 나에게서 감정의 내적 생활을 빼앗아간다. 학자는 사랑하는 사람을 죽이고, 반성은 꿈을 감쪽같이 지우며, 그 우아한 날개를 태워버린다.――그렇기 때문에 과학은 인간을 만들지 않는다. 인간을 본질, 추상물로 만들어버린다. 그렇다, 느끼자, 살자. 그렇게 언제나 분석만 할 수는 없다. 반성적이 되기 전에 허심탄회해져라. 반성하지 말고 그냥 우리의 몸을 주자. 연구하기 전에 경험하자. 생활하게 해다오.

　　시에 취하자. 두 사람의 마음에
　　사랑이 한층 강해질 것이니.

　봄의 나른함, 너는 사랑을 얘기한다. 생활을 두 배로 하기 위해 이분하는 것은 즐거운 일이다. 도대체 나는 언제까지, 내가 기댈 수 있는 여자의 마음이나 나의 분신이 되는 아들, 내가 내부에 간직하고 있는 것을 남김 없이 꽃피우는 작은 세계를 가지지 못하고 있어야 하는 것일까? 내 꿈을 깨뜨리는 것이 두려워, 나는 뒷걸음질치며 마음을 졸이고 있다. 나는 이 도박에 크게 걸었기 때문에 과감하게 나갈 수가 없다. 그렇다면 좀더 꿈을 꾸고 있자.……
　스스로 무리하지 말라. 네 마음의 떨림을 소중히 하라. 그것이 너의 생명, 너의 본성이다. 너보다 현명한 것이 그것을 만들어 준 것이다. 본능과 의지에 자신을 전부 맡기지는 말라. 하나는 인어, 또 하나는 폭군. 한때의 감각과 충동에, 추상적이고 보편적인 계획에 노예처럼 굴복하지 말라. 삶이 안팎으로 가져다주는 것, 생각지도 못한 것을 향해 팔을 뻗어라. 네 삶을 통일하고, 생각지 못했던 것도 네 계획의 선 안에 집어넣어라. 자연을 이지(理知)로 높이고, 이지가 자연이 되도록 하라. 이 조건으로 비로소 너의 발전은 조화를 이룰 것이고, 올림포스의 청랑(晴朗)함, 천국의 평화가 네 이마에서 빛날 것이다.――언제든지 평화를 얻어 네가 골고다 산에 올라갔다는 조건에 의해서다.

　(오후)
　이따금 나를 사로잡았던 멋진 공상들이 다시 나를 찾아올 수는 없을까? 청년시절, 새벽에 포시니(Faucigny) 성터에 앉아 있었을 때, 한 번은 라베(Lavey) 위의 산 속에서 한낮의 태양 아래 나비 세 마리가 춤추는 가운데 나무 밑에 누워 있었을 때, 어느 날 밤 모래가 가득한 북해의 해변에 누워 은하수를 황홀하게 올려다보고 있었을 때,——세계를 가슴에 안고, 손으로 별을 만지며 무한을 내 것으로 하는 장대하고 영원한 우주 개벽론적 공상. 거룩한 순간, 사상이 세계를 가로지르며 커다란 수수께끼를 꿰뚫고, 대양의 낮 동안의 숨결처럼 크고 조용하고 깊게, 창공처럼 거리낄 것 없이 유쾌하게 호흡하는 환희의 순간, 내가 사랑하는 사람들의 이마에 관조의 비늘빛이 발하게 하고, 그 마음에는 천재의 조용한 도취 또는 권위를 주입하는 여신 우라니아가 찾아오며, 사람이 스스로 우주처럼 위대하고 신처럼 평정하다고 느끼는, 저항할 수 없는 직관의 순간이 다시 올 수는 없는 것일까?——위로는 하늘에서, 아래로는 내가 쉬고 있는 이끼와 조개껍질에 이르기까지 모든 창조물이 나에게 복종하고, 내 안에 살며, 운명의 규칙성과 사랑의 정열로 영원히 영위한다. 이것은 무슨 시간이며, 추억인가? 나에게 남아 있는 그 파편만으로도 성령의 방문처럼 나를 존경과 감격으로 가득 채울 수 있다. 끝없는 시야의 그 꼭대기에서 진부함의 진흙이 고인 바퀴자국에 빠지다니! 이 무슨 전락이란 말인가. 가련한 모세여, 당신도 약속된 땅의 아름다운 언덕이 멀리서 오르내리는 것을 보면서 지칠 대로 지친 뼈를 사막의 무덤에 뉘어야 했다.——우리 가운데 누가 약속된 땅, 환희의 날, 추방의 최후를 가지지 않을 수 있단 말인가? 그리고 보면 현실은 살짝 엿본 삶의 빛바랜 모조품에 불과하고, 우리의 예언적인 소년시절의 번뜩이는 섬광이, 우리의 불쾌하고 단조로운 성년시절의 저녁을 더욱 음산하게 만들고 있지는 않은가?

1852년 4월 29일 랜시

우리 집의 라일락과 조팝나무 등이 얼마나 자랐나 살펴보았다. 이 놀라운 기쁨! 조그마한 잎의 관목 하나가 밤사이 가지 끝마다 혼례의 꽃다발처럼 아리땁고 귀엽고 상큼하게 꽃을 피우기 시작하여 반개(半開)의 아름다움을 뽐내고 있었다. 이 작고 하얀 꽃이 아침의 사상(思想)처럼 다소곳하게 피어, 연초록의 부드러운 새싹 위에 꿀벌이 이슬방울처럼 앉아 있는 모습은, 얼마나 정결하고 운치 있고 아름다운 광경인지! 경이(驚異)의 어머니, 신비롭고 다정한 자연이여, 왜 우리는 네 품안에서 살지 않는 것일까? 테페르(Tœpffer)의 작품에 나오는 시적인 산책자, 줄(Jules)과 샤를(Charles), 이 예민한 자연의 친구와 연인, 마음을 빼앗기고 눈도 사로잡힌 관찰자들이 비난처럼 또는 교훈처럼 내 기억에 되살아났다. 사제관의 허름한 정원, 다락방의 좁은 전망에도 보고 듣는 것을 이해하는 데 있어서 커다란 서고(書庫) 같은 가르침이 들어 있다.

그렇다, 우리는 너무 바쁘다. 너무 많은 일을 하고 있다. 너무 많이 채워 넣으려 한다. 너무 많이 활동한다. 걱정, 현학, 지식의 짐을 모조리 바다에 던져 넣고, 처음처럼 단순한 어린아이가 되어 감사하는 마음으로 순수하고 행복하게 현재를 살아가려는 자세가 필요하다. 그렇다, 게으름뱅이가 되겠다는 자세가 필요하다. 소박하고 세심한 무위(無爲) 속에서, 우리의 정신은 한번 들인 습관을 고치고, 긴장을 풀고, 감긴 것을 풀고, 짓밟은 풀과 베어낸 생울타리의 꼬깃꼬깃 구겨진 이파리처럼 되살아나서, 다시 자발적이고 진정하며 독특한 것이 된다. 공상은 이슬처럼 상쾌하게 기능을 단련한다. 기쁨과 사상의 샘이 되어, 재료와 형상을 즐거운 마음으로 저장한다. 이른바 사상의 일요일이다. 한가로이 거니는 안식이 나중에 노동의 긴장만큼이나 중요한 결실을 맺게 될지 누가 알랴.——테페르가 그토록 찬양해 마지않은 한가로운 산책은 기분 좋은 것 외에 우선 유익하다. 육체와 정신에 탄력을 회복시켜주는 건강한 목욕이고, 자유의 징표와 축제이며, 발랄한 향연, 들판을 누비며 꿀을 따는 나비의 향연이다. 정신이 곧 나비이다.

1852년 5월 2일(일요일) 랜시

오늘 아침에는 성 야곱의 책, 이 편지에 대한 셀레리에(제네바 대학의 신학 교수, 1785~1862년)의 주석서, 그리고 파스칼의 수상록을 읽었다. 그 전에 집안의 장난꾸러기 녀석들 둘과 함께 뜰에서 한 시간 남짓 함께 있었다. 나는 녀석들에게 풀꽃과 관목, 풍뎅이와 달팽이를 살펴보게 했다. 관찰, 감탄, 친절을 가르치려는 것이다.

유년시절에 나누는 최초의 대화가 얼마나 중대한 의미를 가지는 것이던가? 이 사명의 신성함을 절실하게 느끼며 나는 일종의 종교적인 공포를 느끼지 않을 수 없었다. 순수와 유년의 마음은 신성하다. 씨앗을 뿌리는 농부, 결실을 맺는 말을 뿌리는 아버지는 사제의 역할을 하는 것으로, 그들을 종교와 기도와 무게로 대하지 않으면 안 된다. 모두 신의 지배에 힘을 보태는 역할이기 때문이다. 흙에 떨어지든 마음에 떨어지든 씨앗은 모두 신비로운 존재이다. 인간은 심는 것이다. 인간의 모든 일은 이것(부비에가 le, 즉 인간이라고 한 것은 잘못이며, 세렐의 la 즉 일이라고 해야 할 것이다)을 제대로 받아들이면, 생명을 발전시키고 그것을 도처에 뿌리게 된다. 이것이 인류의 의미이며, 이 의무는 천국에서 나온다. 때맞춰 들은 한마디 말의 영향은 값으로 따질 수 없는 것이다. 언어가 계시이며 파종이라는 것을 우리는 까맣게 잊고 있다. (이야기 (sermo-serere) 씨를 뿌리다)

오오, 언어! 이 얼마나 깊은 것인가. 그런데도 우리가 둔한 것은 물질적이고 물질주의적이기 때문이다. 우리는 돌과 나무를 볼 수 있다. 그러나 공기 속에서, 우리 한 사람 한 사람의 주변에서 끊임없이 날갯짓하고 있는 보이지 않는 관념은 식별하지 못한다.

1852년 5월 3일

남자란 그들이 입는 옷처럼 어떤 계급을 막론하고 추하고 획일적이다. 여자는 산의 식물대(植物帶)처럼 가장 정확한 특징으로 사회의 상하로 겹쳐진 여러 층의 단계를 보여주고 있다. 윤리적(정신적) 계급도 한쪽 성에서는 보란 듯이 생생하게 드러나 있지만, 한쪽에서는 복잡하고 미묘하다. 여자 쪽은 각 계급의 평균과 본성에 규칙성이 보이는데, 남자 쪽은 자유에서 나오는 생각지도 않았던 이상한 형태가 보인다. 그것은 남자는 비교적 의지로 자신을 만들지만, 여자는 운명에 의해 만들어지기 때문이며, 한쪽이 그의 능력으로 처지를 바꾸지만 다른 쪽은 다소곳이 처지를 받아들이고 그것을 반영한다. 즉, 여자는 종속이고 남자는 독립된 개체이기 때문이다.

1952년 5월 6일

기묘하게도 여자는(남자보다) 단일성과 다양성을 동시에 가진 성(性)이다. 윤리적 관점에서 말하면 단일하고, 사회적 견지에서 말하면 다양하다. 앞의 경우에는 동년배의 조합, 뒤의 경우에는 상하의 계급이 된다. 교양과 신분의 정도는 모두 겉모습, 태도, 취미에서 확연히 드러난다. 내적인 우애는 마음씨, 본능, 욕망에서 찾아볼 수 있다. 여성은 그런 식으로 본성적 평등과 역사적 불평등을 드러내고, 종속의 통일을 유지하여 사회의 범주를 분립시킨다. 그래서 여성의 사명은 본질상 보수적이다. 한편에서는 신의 행위,

인간 내부의 항구적인 부분, 아름답고 위대하고 인간적인 면을 보존하는 동시에, 한편에서는 환경의 산물, 풍속, 웃음거리, 선입견, 초라한 일, 다시 말해 선도 악도 진심도 변덕도 모두 보존한다. 그래도 하는 수 없다. 불을 바란다면 연기를 참아야 한다. 이것이 섭리의 법칙, 따라서 좋은 법칙이다.

여자는 전통이고 남자는 진보이다. 이 두 가지가 없으면 생명도 없다. 역사도 모든 생명체와 마찬가지로 두 가지 힘이 빚어낸 산물이다. 진보가 아버지라면 전통은 어머니이다. 종족의 협력사업에도 각 성에 맡은 바가 있다.

1852년 5월 14일 랜시

어제는 기쁨, 기운, 젊음, 미소 짓는 봄, 취하게 하는 장미의 철학을 생각했다. 힘을 설명했다. 그리고 그것이 행복할 때의 기쁜 노래라는 것, 만약 내가 함께 산책한 두 친구처럼 마음 아프고 고통스러운 일을 당했더라면 역시 그런 식으로 생각하고 말했을 것임을 잊고 있었다.

우리의 이론은 누군가가 말한 것처럼 우리 성격의 표현, 또는 우리의 처지에서 나오는 이론이다. 다시 말해, 우리는 주어진 것을 획득한 것으로 생각하고 싶어하고, 자신의 타고난 것을 자신의 작품으로 생각하며, 자신의 운명을 자신이 정복한 것으로 생각한다. 허영심에서, 또 동시에 자유의 요구에서 일어나는 착각이다. 우리는 외부 환경의 소산이니, 내부 싹의 개발이니 하는 것을 싫어한다. 그러면서도 우리는 모든 것을 받아들인다. 정말로 우리에게 속하는 몫은 매우 적다. 그리고 그 몫에 포함되는 것은 특히 부정, 반항, 과실, 결점이다. 우리는 모든 것을, 생활과 행복까지 받아들인다. 다만 그 받아들이는 방법만이 겨우 우리의 것이라고 할 수 있다. 신뢰를 가지고, 얼굴을 붉히지 않고, 가슴에 상처를 주지 않으며 받아들이자. 우리의 본성도 신으로부터 받아들이자. 본성에 대해 사랑과 확신과 관심을 가지자. 우리 내부에 악과 질병을 받아들여서는 안 된다. 악과 질병에 속박되지 않고 우리 자신을 받아들이자. 순결한 기쁨을 두려워해서는 안 된다. 신은 은혜롭다. 신이 하는 일은 다 잘 이루어져 있다.——모든 것을, 행복마저 단념하자. 기도의 향을 피우고, 고난의 가시밭길도, 복지의 꽃이 피어 있는 길도 쾌적하게 느끼도록 하자. 뵈메(Boehme)인지 안겔루스(Angelus)인지 모르겠지만, 한 신비주의자가 말했다. 진정으로 신성한 인간은 지옥불 속에서도 천국의 청량함을 느낄 것이라고. 의식(양심)의 평화야말로 외적인 것으로는 흠집을 낼 수 없는 단단하고 굳은 다이아몬드이다. ──만약 이것이 난폭하고 가혹한 역설로 보이지 않는다면, 이렇게 말하고 싶다. 고뇌는 우리의 과오에서 온다. 성덕(聖德)은 쾌활하다. 사도는 이렇게까지 말했다. 항상 기뻐하라.

....

이 계절, 처음으로 반딧불을 보았다. 랜시에서 시내 쪽으로 내려가는 작은 구비길 옆의 잔디에 있었다. 가만히 풀 위를 기어가고 있는 모습이, 조심조심 완성되고 있는 사상을 보는 것 같았다.

1852년 6월 17일
전제정치는 모두 인간의 독립과 품위를 유지하는 것을 느끼는 뛰어난 본능을 가지고 있다. 우리나라 과격파가 군주 대통령과 완전히 같은 방식으로 학교를 이해하려 하고, 실과교육(實科敎育)이 도처에서 윤리문제에 대한 검토의 자유를 빙자하여 압박하는 역할을 하고 있는 것은 기묘한 일이다. 유물론은 한 사람 또는 대중의 모든 폭정을 방조하는 학설이다. 정신적, 윤리적, 일반적인, 나아가서는 인간적인 인간을 특수화하고 억압하는 것, 완전한 사람들을 만들어내지 않고 사회라는 커다란 기계의 톱니바퀴를 만드는 것, 그것의 중심으로서 의식(양심)을 주지 않고 사회를 주는 것, 정신을 사물에 굴복시키는 것, 인간에게서 인격을 빼앗는 것, 이것이 현대를 지배하는 경향이다. 윤리적 원자관(原子觀)과 사회적 통일, 윤리적 본성의 법칙(설득, 집착, 신앙) 대신 생명이 없는 물질의 법칙(중력, 수, 질량)을 두는 것, 도그마가 되고 있는 범용의 원리라고도 해야 할 평등과 획일에 의한 통일(잘못 이해한 민주정치의 가톨릭교), 법칙(원리)이 되어 있는 수(數), 언제나 질을 대신하여 나서는 양, 내적인 규칙, 윤리적 권위 및 속박을 견지하는 긍정적 자유의 장소를 곳곳에서 빼앗고, 그 스스로 전혀 규칙을 가지지 않는 폭력 이외의 다른 제한에 부딪치지 않는 부정적 자유, 이것들은 비네(Alexandre Vinet. 스위스의 문학사가, 1797~1847년)가 제시한 딜레마, 사회주의와 개인주의이다.

나라면 차라리 이렇게 말하겠다. 이것은 모든 사물과 관념을 생각할 때 눈에 들어오는 문자와 정신, 형식과 내용, 겉과 안, 현상과 실재의 대항이라고. 유물론은 모든 것을 둔감하게 만들어 화석화하고, 조잡하게 만들며 모든 진리를 쓸모없는 것으로 만든다. 그것이 다루는 것은 뭐든지, 자유도 통일도 평등도 개성도 헛되이 만들어버리는 종교적 유물론, 정치적 유물론 같은 데가 있다. 그런 식으로 민주정치에도 이해 방법이 두 가지가 있다.

출발점으로 다시 돌아가서 말하면, 우리나라의 교육이 끊임없이 맞서 싸워야 할 적은 위험에 처해 있는 둔중성이다. 오히려 조잡한 실제주의는 순간적이고 개인적인 현상이 아니라 시대의 추세이며, 피폐한 우리 국민정신의 경향이다. 정말로 위협받고 있는 것은 윤리적 자유, 의식(양심), 인간의 기품 자체, 정신의 존중이다. 정신과 그 이익, 권리와 품위를 옹호하는 것은 누구나 위험을 인정하는 가장 절박한 의무이다. 인간성을 옹호하는 것은 저술가, 목사, 교육자, 철학자가 해야 할 일이다. 인간, 진정한 인간, 이상적인 인간, 이것이 그런 사람들의 모토, 표어, 모임의 구호가 될 것이다. 인간을 비루하게 하고, 그 가치를 감소하고 속박하며, 그 본성을 해치는 것과 싸워라. 인간을 굳세고 튼튼하게 하고, 고귀하게 하고, 향상시키는 것을 지켜라. 모든 종교설과 정치설 또는 교육설의 시금석은 그 학설이 만들어내는 인간, 그 손에서 나오는 개인이 어떠하느냐이다. 이지를 손상시키면 그것은 나쁜 설이며, 성격을 손상시키면 그것은 유해한 설이며, 의식(양심)을 손상시키면 그것은 죄가 되는 설이다.

1852년 7월 20일

마르크 모니에(Marc Monnier. 1842년 아미엘이 나폴리에 서 병에 걸렸을 때 머물렀던 여관집 아들)가 와서 오전 내내 함께 있었다. 둘이서 독일, 파리, 여행, 헤겔, 현재와 미래를 얘기했다. 그는 언제나 한결같이 순순하고 견실하며, 허심탄회하고, 유쾌하며, 감흥, 탄력, 쾌활하다. 상상력이 풍부하고, 자신의 별, 자신의 균형, 분명한 취미, 소탈함을 지닌 청년이다. 일주일만 함께 있으면 나 또한 틀림없이 시인이나 작가가 될 수 있을 것이다. 그는 10월에 파리에 가서 자리잡을 계획이다. 나이도 나보다 열 살은 위다. 《스위스 평론》과 나의 계획에 대해 얘기를 나눴다. 카르(Carouge)까지 전송했다. 그는 정말이지 '시대의 행운아'다. 그 이름을 나에게 붙여준 사람도 있었지만 나에게는 어울리지 않는다. 오늘은 유난히 쓸쓸했다.

1852년 8월 12일 랜시

　존재하는 것의 범위는 각각 더 높은 범위를 향해 나아가며, 이미 그 계시와 예감을 가진다. 이상이 갖는 모든 형태는 우리가 향해 가는 우리의 존재보다 뛰어난 존재의 상징적인 선봉이다. 화산이 우리에게 지구 내부의 비밀을 가져다주듯이 영감, 감격, 기쁨은 정신 내부 세계의 일시적인 폭발이다. 인생은 바로 정신생활에 도달하는 것이다. 어느 것에나 더 무수한 계단이 있다. 그러므로 생활의 제자여, 눈을 크게 뜨고 기도하라. 천사의 애벌레여, 다가올 탈바꿈을 준비하라. 신성한 상승은 더욱 희박해지는 변형작용의 계열이며, 각 단계는 이것에 앞서는 단계의 결과이고, 다음에 오는 단계의 조건이 된다. 신성한 생활은 잇따라 일어나는 죽음의 계열로 그곳에서 정신은 불완전과 상징을 발하며, 언어로 표현할 수 없는 중력의 중심, 이지와 사랑의 태양이 점점 강해지는 인력에 지는 것이다. 신에 의해 창조된 정신은 자신의 사명을 깨닫고, 신성의 가장 높은 하늘에 별자리와 은하를 만들려 하고 있다. 신이 된 정신은 군주의 왕좌를 헤아릴 수 없이 많은 신하들로 찬연하게 에워싼다. 그 위대한 광경은 곧 그 찬미가 된다. 그 임무를 받은 신성은 신의 가장 빛나는 관이다. 신은 정신의 아버지이다. 사랑의 봉건성이 영원한 왕국의 헌법이 된다.

1852년 8월 13일 (정오)

　오전 내내 명상에 잠겨 있었다. 장대한 여행과 날갯짓. 메지나(Mejnour)와 자노니(Zanoni, 부르버의 소설《자노니》(런던 1840년)에 등장하는 인물)의 문제, 진정한 생활이란 무엇인가를 거듭 생각했다. 보편적인 학문을 그 세 가지 차원에 걸쳐서 편력하고 잠입하고 횡단했다. 종종 모든 시간, 모든 공간을 건너뛰고, 모든 종류의 비의, 수행, 초혼, 강신을 보며, 모든 활동, 모든 개성의 주위에 수없는 고리를 그렸다. 나에게는 비범한 편재성(遍在性), 명쾌한 사고력과 지적 능력이 있다고 느끼고 있었다. 나는 내 주위에서 정신적 공간, 시계(視界), 에테르를 되찾았다. ……그런데 결과는 이렇다. 나는 부르버가 그 책을 썼을 때 빠졌을 거라고 확신하는 생활을 꿈같은 선명함으로 떠올렸다. 그리하여 나 자신을 그곳으로 크게 뻗어 확대시키고 인정한 뒤, 주위에 나의 고리도 그린 다음 거기서 빠져나왔다. 그곳에서는 답답하다고 느꼈다. 나는 플로티노스에서 예수 그리스도로, 튀아네(플로티노스의 고향)에서 나사렛으로 옮겨갔다. 이런 아침 나절에는 몇 세기를 사는지 모른다. 그것도 인류가 더듬어온 세기. 실제로 다양한 종족, 종교, 문명과 신을 낳고 죽인 것을 다시 보고, 다시 느끼고, 다시 만들기 때문이다. 나중에는 내 머리가 하얗게 세어 있지 않은 것이 이상하게 생각될 정도였다.

1852년 8월 23일

손님이 와서 오후를 빼앗겨버렸다. 처음에는 학생이 둘, ……그런 다음 마르크 모니에와 빅토르 셸뷔리에(제네바에 있는, 오래된 서점의 아들, 당시 24세). 두 사람을 상대로 독일, 몰리에르, 셰익스피어, 프랑스 작가의 문체를 논하고, 한참 당구를 쳤다. 셸뷔리에가 이겼다. 장밋빛으로 젊고 쾌활하며 눈빛은 다정다감하고 이마는 높고 명상적이며 입매에서는 굳은 의지가 엿보이는데, 다만 갈라진 목소리가 조금 늙어 보이는 매우 훌륭한 청년이다. 재능도 있고 의욕과 열정과 희망으로 가득한 이 두 선생은 나를 우울하게 했다. 어쨌든 나는 빅토르와 마음 터놓고 얘기한 적이 없다. 그러기에는 그가 너무 겸손하고 조심스러우며 너무 의지가 강하다. 그다지 생각하고 싶지 않은 그 점이 내 머릿속에서 내내 떠나지 않았다.

1852년 9월 27일 (오전 10시) 랜시

이제 나는 만 31세가 되었다. ……

순결, 극명. 자신에게 충실해지고, 본능을 다스리자. 기운을 차리고, 나를 믿자. 타인의 시인과 공감과 감사를 기대해서는 안 된다. 해야 할 일이 있다는 것, 헛되이 보낸 시간은 신에 대한 도둑질이라는 것, 낙담은 결점이라는 것, 유일한 평화는 양심의 평화이며 그것을 얻는 것은 용기와 헌신임을 생각하라. ——가족, 친구, 조국, 모든 사람을 위해 최선을 다하라. 변덕스러움, 여자 같은 나약함과 싸워라. 용기를 가지고 강해져라. 즉 남자가 되라.

진리의 투사가 되라. 정신과 자유를 지켜라. 신인류, 미래 사회의 출현을 도와라. 자기에 대해서도 타인에 대해서도 절망하지 말라. 사랑하고, 믿고, 일하고, 싸우고, 희망을 가져라. ——하찮은 것, 사소한 것, 놋쇠가루, 길가의 조개껍질에 유혹되지 말라. 목적을 잊지 말라. 허리띠를 졸라매고, 힘을 집중하라. 생활을 간소하게 하라. 소신을 정하고, 그것들을 분류하라. 마음보다 시간을, 한 순간 한 순간을 절약하라. 들판을 헤매며 꿈꾸는 산만한 시간은 지났다. 머리카락을 휘날리며 유쾌하게 뛰어다니고, 모든 꽃을 찾아 돌아다니는 것은 청년들에게 맡겨둬라. 지금은 수확기이다. 보릿단을 묶어야 한다. 열매를 맺어야 한다. ……

가장 아름다운 시는 인생이다. 짓는 대로 읽히고, 감흥과 의식이 맺어져서 서로 돕고, 스스로 작은 우주임을 알고, 우주적이고 신적인 시의 작은 후렴을 신 앞에서 연주한다. ──그렇다, 인간이 되라. 바꿔 말하면, 자연이 되고 정령이 되고 신을 닮은 모습이 되라. '사물'의 모든 영역 안에 있는 가장 크고 가장 아름답고 가장 높은 것이 되라. 관념, 무한한 의지, 위대한 전체의 표상이 되라. 자아는 무로 돌리고, 자아를 버리고, 공허한 공간에 공기가 들어가듯 자아 속에 신이 들어가게 하고, 이기적인 자아를 신의 본질을 담는 그릇에 지나지 않게 만들어 전체가 되라. 자아의 깊은 내부에서 작고 깊은 목소리를 들을 수 있도록 겸손해져라. 자신에게 집중하고 침묵하라. 순수한 정신과 교류하기 위해 정신적이 되고 순수해져라. 이따금 자아의 내밀한 의식 가장 깊은 곳에 있는 전당에 침잠하라. 공간, 시간, 물질, 유혹, 산만에서 해방되어, 자신의 기관, 자신의 생명을 넘어서기 위해, 원자의 한 점의 성질로 돌아가라. 다시 말해 자주 죽음을 맞이하자. 궁극적인 죽음의 준비라고 할 수 있는 그 죽음을 마주하고 자아에게 질문하라. 몸서리치지 않고 장님, 귀머거리, 중풍, 질병, 배신, 빈곤을 바라볼 수 있는 사람, 쩔쩔매지 않고 지고한 정의 앞에 나아갈 수 있는 사람, 그런 사람만이 부분적 또는 전체적인 죽음에 대한 준비가 되어 있다고 할 수 있다. 나는 도저히 그것에 미치지 못한다. 내 마음은 그런 스토아풍과 얼마나 멀리 떨어져 있는가! 그러나 하다못해 언젠가 빼앗길 것에서 몸을 벗어나, 모든 것을 얻은 셈치고 받아들이며, 불멸의 것 외에는 집착하지 않는다는 것까지는 시도해 보아야 한다. ──털이 깎인 어린 양에게는 바람을 가감하고, 어쩔 수 없을 때 외에는 벌하지 않으며, 비통한 마음으로 사물을 빼앗는 친절한 아버지로서의, 교육자로서의 신을 믿을 것. 이 사상, 아니 확신은 용기와 자신감을 준다. 오, 어쩌면 이다지도 사랑, 자애, 정, 자선을 필요로 하는 것인가? 우리는, 신의 아들이고 불멸의 영장인 우리는, 어쩌면 이다지도 상처받기 쉽단 말인가!

우리가 신을 표현하느냐 우리 자신만을 표현하느냐에 따라, 또는 전유(全有)에 모든 것을 거느냐 고립해 있느냐에 따라, 세계처럼 유력해지기도 하고 벌레처럼 무력해지기도 한다.

종교적 관점, 활동적이고 윤리적·정신적이며 심원한 종교의 관점만이 인생에 완전한 품위와 완전한 세력을 줄 수 있다. 이 관점에서 모든 것은 상처를 주어서는 안 되는 것, 극복할 수 없는 것이 된다. 정신적 세례는 진정한 스틱스(적송의강)의 물이다. 그 강물 속에 빠진 적이 있는 자를 상처 주고 죽일 수 있는 손은 이 지상에는 없으며, 지치게 하고 싫증나게 할 수 있는 저항도 없다. 땅을 이기려면 하늘에 의지하는 수밖에 없다. 오직 지혜만을 바란 자에게는 모든 재보가 주어졌다. 이해를 따지지 않을 때 사람은 가장 강하다. 세계는 유혹할 수 없는 자의 발 아래 무릎을 꿇는다. 왜 그럴까? 정신은 물질의 주인이며, 세계는 신에 속하기 때문이다.──하늘의 목소리는 말했다. "담대하라, 내가 세상을 이겼노라."(요한복음 16장 33절)

한가함에 감사한다. 은둔에 감사한다. 섭리에 감사한다. 나는 나의 내부로 돌아갈 수 있었다. 나를 지켜주는 천사와 얘기를 나눌 수 있었다. 나의 사명, 임무에 대한 마음가짐, 나의 무력한 추억에 잠겼다. 자, 새로운 한 해여, 뭐든지 가져 오라. 다만 평화만은 빼앗지 말아다오. 나에게 의식의 밝음과 신에 대한 희망만은 남겨다오.

주여, 선의를 가질 수 있는 약한 자에게 힘을 주소서. (정오)

1852년 10월 31일 랜시

안개비 속에서 반시간 정도 뜰을 산책하다.──가을 풍경. 하늘은 잿빛의 천으로 농담(濃淡)의 주름을 잡아놓은 것 같다. 하늘과 맞닿은 산 위에 안개가 걸려 있다. 음울한 자연. 마르지 않는 슬픔의 눈물을 만난 청춘의 마지막 환상처럼 나뭇잎이 여기저기서 떨어지고 있다. 아직 노래할 줄 모르는 새끼새는 둥지를 떠나지 않은 채 숲 속에서 몸을 떨며, 어딘가 뜰의 오두막에서 밀치락달치락 숨어 있는 어린아이들처럼 잎 그늘에서 날개를 파득거리고 있다. 땅에는 밤색, 노란색, 붉은색의 이파리들이 우수수 떨어져 있고, 나무는 반쯤 알몸이 된 몸뚱이에 주황색, 노란색, 진홍색의 비단을 걸치고 있다. (낙엽의 순서, 개오동나무, 뽕나무, 아카시아, 플라타너스, 호두나무, 유럽

피나무, 느릅나무, 라일락)

풀숲, 관목의 숲에도 단풍이 들었다. 아직 꽃도 약간 남아 있다. 장미, 베케트, 한련, 꽃잎을 후드득 떨어뜨리고 있는 빨강, 하양, 노랑, 얼룩무늬의 달리아, 시든 페튜니아. 그리고 화려한 색깔의 메셈브리안테뭄. 이것의 관처럼 생긴 잎은 붉은 자주색이나 장미색으로 귀여운 꽃을 압도하고 있다. 바싹 마른 옥수수, 벌거숭이가 된 밭, 앙상해진 생울타리.——전나무만이 씩씩하고 푸르게, 폐결핵이 만연한 가운데 의연히 자기를 지키며 영원한 젊음으로 노쇠에 저항하고 있다.——이 무수한 놀라운 상징, 다양한 형태·색·식물·동물·땅·하늘이, 그것을 바라보는 눈에 언제라도 공급하는 이 상징이, 사랑스럽게 내 마음을 사로잡는 것 같다. 나에게 시적인 마법의 지팡이가 있다면, 그 지팡이를 어떤 현상에 갖다대어도 그것은 나의 정신적인 의미를 들려줄 것이다. 또 나에게는 과학적인 탐구심도 있어서 기록도 하고 질문도 했다. 왜 빨간색이 주종을 이루고 있을까? 무엇이 잎의 수명을 제각각 다르게 해 놓았을까? 등등.

모든 풍경 역시 마음이다. 그 양쪽을 읽을 수 있는 사람은 아무리 사소한 것에서도 유사한 점을 발견하고 감탄할 것이다. 진정한 시는 과학보다 진실하다. 왜냐하면 시는 종합적이고, 모든 과학이 결합해도 고작 한 번 도달할 수 있을까 말까 한 것을 한순간에 포착하기 때문이다. 자연의 정신은 시인이 통찰한다. 학자는 그것을 증명하기 위한 재료를 찾는 데 도움을 줄 뿐이다. 전자는 전체 속에 머물고, 후자는 개개의 영역에서 산다. 하나는 구체적이고 다른 하나는 추상적이다.

세계의 정신은 개인의 정신보다 열려 있어서 이해가 가능하다. 드러나기 위한 많은 공간과 시간과 힘이 있다.

1852년 11월 6일

아무래도 나는 아직은 감정에 따라 움직이는 것 같다. 실은 내 자신이 감정을 모두 내 속에 가지고 있다. 맹수 조련사처럼 나는 감정을 우리에 몰아넣거나 그물로 꼼짝 못하게 잡고 있지만, 때때로 그 신음소리가 들려온다. 태어나려 하는 사랑의 맥박을 멈추게 한 적도 한두 번이 아니었다. 왜 그랬을까? 윤리적인 직감의 예언적인 확신으로, 그 사랑이 자라지 않을 거라는 것, 나보다 덧없음을 느꼈기 때문이다. 궁극적 애정의 미래를 위해 그들의 숨결을 막았다. 나는 감각, 상상, 감수성에 호소하는 사랑을 통찰하고 배척했다. 나는 존재의 중심이 되는 깊은 사랑을 원했고, 지금도 그것을 믿고 있다. 만약 내가 잘못되었다면, 여성의 체면에 대해 미안한 노릇이다. 확 하고 빛을 발하며 모든 것을 다 태워버리는, 또는 바싹 마른 짚 같은 감정은 사양하고 싶다. 나는 위대하고 신성하며 엄숙하고 진지한 사랑, 정신의 모든 소질과 힘에 의해 살고 있는 사랑을 부르고 있고 기다리고 있다. 지금도 원하고 있다. 그것을 이해하지 못하는 여자는 나에게 어울리지 않는다. 언제까지나 혼자 살아야 한다 해도, 나의 정신을 조화롭지 못한 것과 함께 나누기보다는, 희망과 꿈을 안고 떠나는 편이 낫다.

1852년 11월 8일

책임에 대한 생각은 나에게는 눈에 보이지 않는 악몽이다. 자신의 잘못으로 괴로워하는 것은 영원한 벌을 받은 자의 가책이다. 우스꽝스러움이 더해지면 고통이 더욱 깊어지는데, 우스꽝스러움 가운데 가장 좋지 않은 것은 자신의 눈으로 보아도 자신이 부끄럽다고 하는 우스꽝스러움이기 때문이다. 나에게는 외부에서 오는 해악에 대항하는 힘도 기운도 없다. 내가 저지른 돌이킬 수 없는 악, 생활을 위해 나의 안식과 자유를 포기하는 것, 그것은 생각만 해도 견딜 수 없는 일이다. ──나는 나의 특권에 대해 속죄한다. 나의 특권은 내 삶의 비극을 구경하고, 내 운명의 희비극을 의식하며, 그 다음 희비극 자체의 비밀을 아는, 즉 나의 환상을 사실이라고 믿지 못하는 것이다. 말하자면 관람석에서 무대에 있는 나, 무덤 저편에서 살고 있는 나를 보며, 나 개인의 역할에 대해 특별한 흥미를 가지고 있는 척하는 것을 말한다.

그런데 나는 대개 그러한 높은 양반들을 연극의 소재로 삼아 모두가 모르고 있는 일을 훤히 다 알고 있는 시인의 뒷이야기를 들으며 살아간다. 이것은 묘한 입장이다. 뿐만 아니라 고통이, 내가 정식으로 매여 있는 단역으로 돌아가라고 강압적으로 명령을 내리며, 내가 시인과 얘기를 나눈 뒤 이제는 연극 속의 하찮은 하인 역할을 하지 않아도 되는 줄 알고 있는 것은 너무나 태평하고 우쭐한 게 아니냐고 나무라는 데까지 간다면, 이 입장은 끔찍하다고 할 수 있다. ──셰익스피어는 틀림없이 가끔 이런 기분을 느꼈을 것이다. 햄릿이 어딘가에서 그것을 표현하고 있는 것 같다. 이것은 완전히 독일식 일신양체성(一身兩體性)으로, 게르만 사상가에게 그러한 공통적인 실생활의 혐오, 공적 생활의 기피를 설명하는 것이다. 그 귀중한 천재의 날개를 접고, 평범한 인간의 연약한 껍데기에 숨어버리는 것은, 말하자면 가치를 깎아내리는 것이고 거룩한 지혜를 실추시키는 것이다.──그 튼튼한 연줄, 또는 그 숭고한 사상을 인간성과 이어주고 있는 탯줄이라고 할 수 있는 고통이 없었다면, 인간은 너무 빨리, 너무 높이 올라가서, 선택받은 개개의 사람들은 중력이 없으면 하늘에서 돌아오지 못하는 고무풍선처럼, 인류의 입장에서 말한다면, 놓쳐버리게 되는 것이다.

그럼 어떻게 하면 실천하는 용기를 되찾을 수 있을까? 물질을 땅과 결부시켜 상대적이고 유용한 선을 권하는 무의식, 자발성, 본능을 조금이라도 다시 불러오면 된다.

죄를 용서하고 속죄를 허락하는 신의 섭리를 더욱 실질적으로 믿으면 된다. 인간의 분수를 더욱 소박하고 단순하게 받아들이고, 수고를 겁내지 않으며, 타산을 중지하고 더욱 희망을 가지면 된다. 즉 통찰의 빛을 통해 책임을 느끼고, 그 책임감으로 겁이 많고 나약해지는 마음을 줄이면 된다. 손실과 교훈을 통해 더욱 경험을 쌓으면 된다.

1852년 11월 10일

눈을 떴을 때 그리스 올림포스 신의 위대함을 절절히 느끼며, 그것을 싸구려 장난감처럼 다룬 무지한 자들의 야만적인 비난을 불쌍히 여기는 마음이 들었다. 사상의 편에서 보아 그 신들의 깊이와 기품을 이해한 나는, 한 시간 남짓 경건한 마음으로 그리스인이 되었다.──무슨 근거로 인간 가운데 가장 훌륭한 민족이, 그 신들에 의해 멸시해야 할 자들이 되었다고 말할 수가 있을까? 그리스인과 그리스신, 이것만 돌이켜봐도 벌써 마음이 겸손해지지 않는가? ……

그리스 신화는 이상을 좇는 종교이다. 하나하나의 것이 크든 작든, 도시이든 개인이든, 의식하지 못한 가운데 하나의 사상, 자신의 사상을 지니고 있다. 그것을 끄집어내고 인정하고 결정하는 것이, 이 개개의 삶의 등대, 종교, 신을 찾아내는 것이다. 개개의 삶의 신은 거기에 새겨진 이상이다. 그러

므로 하나의 삶에는 신이 하나밖에 없다. ······

우리가 불멸의 조상 그리스인한테서 배워야 할 것은 무엇이 있을까? 우리보다 얼마나 문제를 잘 해결했을까?——그리스인이 생각한 인간은 우리가 생각하는 인간이 아니었다. 그러나 그들이 인식하고 있는 인간을 그들은 우리보다 얼마나 더 존경하고 교화하고 향상시켰던가?——지금도 모든 점에서 우리는 그리스인과 나란히 놓고 보면 야만인이라고, 1843년에 베란제가 탄식하면서 나에게 말했던 그대로이다.——교육, 말하는 재주, 공적 생활, 시, 예술, 그밖에 있어서 우리는 야만인이다. 우리는 몇 사람의 뛰어난 사람을 내기 위해 수백만 명을 필요로 하지만, 그리스에서는 천 명이면 충분했다. 문명의 척도를 그것이 낳는 완성인의 수로 친다면, 우리는 그 모범적인 민족에게 더욱 더 미치지 못한다. 노예는 이제 우리 밑에 없다. 우리 사이에 있다. 이민족은 이미 국경에 있지 않다. 우리와 처마를 나란히 하여 살고 있다. 우리는 내부에 훨씬 큰 것을 지니고 있지만 우리는 매우 작다. 이것은 참으로 묘한 결과이다. 객관적인 문명은 구하지 않고서도 위대한 인간을 창조했다. 주관적인 문명은 모두 그 염원과 사명에 반해 왜소하고 불완전한 인간을 창조하고 있다. 사물은 장대해지고 인간은 가치가 떨어진다. 그 이유는 도대체 무엇일까?

하나, 우리의 혈관에는 야만적이고 거친 피가 너무 많이 흐르고 있다. 우리에게는 조화, 절도, 우아함이 결여되어 있다.

둘, 그리스도교는 인간을 안과 밖으로 나누고, 세계를 하늘과 땅, 천국과 지옥으로 나누어 인간의 통일을 분해하고 말았다. 과연 그 통일을 더욱 깊고 더욱 진실한 것으로 다시 만들기 위해서였을까? 그러나 그리스도교도는 아직 이 강력한 효모를 발효시키지 못하고 있다. 아직 진정한 인간성을 획득하지 못하고 있다. 아직도 죄와 은혜, 하계와 천계의 대립 아래 살고 있다.——아직 예수의 마음속까지 들어가지 못하고 있다. 아직 원통함이라는 전당의 입구에 머무르고 있다. 화해를 하지 못하고 있다. 모든 교회는 아직도 하인의 행색을 하고 있고, 성령의 세례를 받아 신의 딸이 된 기쁨을 맛보지 못하고 있다.

셋, 과도한 분업.

넷, 전인적인 발전을 꾀하지 않는 어리석은 교육.

다섯, 빈곤의 문제.──우리는 노예제도를 폐지했지만 그것에 앞서서 노동문제를 해결하지 않았다. 법률상 노예제는 사라졌지만 현실적으로는 아직 존재한다. 인간의 대다수가 아직 자유를 향유하지 못하는 한, 자유인이라는 것은 생각할 수 없다. 하물며 자유인을 훌륭하게 실현하는 것은 더더욱 불가능하다. 이상의 것만으로도 충분한 원인이 된다.

1852년 11월 12일

11월인데도 성 마르틴 축일의 따뜻한 날씨가 이어지고 있다. 아침마다 안개가 낀다. 몸을 따뜻하게 풀기 위해 15분 정도 뜰 주위를 달렸다. 마지막 장미꽃 봉오리, 서리로 수를 놓은 딸기나무 잎의 운치 있는 무늬, 특히 전나무의 푸른 가지 사이에 쳐져 있는 거미줄의 영롱한 막은 달빛처럼 가벼운 요정에게 진주가루로 벽을 장식한 사랑스러운 무도장이 되었다. 이슬에 떠는 수백 개의 가느다란 줄이 위에서는 공중에 매다는 촛대 장식 고리처럼, 밑에서는 배에서 내려진 닻처럼 지탱하고 있다. 이 작은 공중누각은 공기의 요정 엘프와 흡사한 몽환적인 가벼움과 새벽의 은은한 상쾌함을 지니고 있다. 덕분에 나는 북유럽의 시를 다시 음미하며, 마치 스웨덴과 아이슬란드, 칼레도니아의 숨결을 느끼는 듯했다. 프리디오프와 에다, 오시안과 헤브리데스, 모두 그 추위와 아지랑이, 천재와 꿈의 세계에서는 온기가 태양에서 오지 않고 사람의 가슴에서 퍼져 나와, 인간이 자연보다 두드러지게 눈에 띈다. 그 정결하고 힘찬 세계에서는 의지가 감각보다, 사유가 본능보다 중요한 역할을 한다.──한마디로 말해, 로맨틱하고 게르만적인 북유럽의 시가 갈수록 절실하게 나의 추억을 일깨우고 나의 감정에 공명했다. 힘을 주는 시, 윤리적인 효과를 높이는 시. 상상력의 묘한 매력. 전나무 가지 하나와 몇 개의 거미줄이, 상상력으로 온갖 지방과 시대와 사람들을 되살아나게 할 수도 있다.

(같은 날)

밤에 일을 끝내고 문학서적을 읽었다. 《프랑스 문선(文選)》몇 편과 그 제2권 맨 처음에 나오는 주목할 만한 비네의 편지가 나에게 기분 좋은 12시간을 선사했다. 그 편지는 나를 깜짝 놀라게 했다. 그 편지를 나 자신이 쓰고 있는 것 같은 느낌이 들었다. 오늘처럼 나의 사상이 사람의 마음을 이해하는 인생 철학자이자, 잘 헤아리고 잘 판단하는 비평가인 비네와 가깝다고 느껴진 적은 한 번도 없었다. 그의 글을 더 많이 읽는 것도 가능하리라고 생각한다. 나의 가장 두드러진 능력은 그의 것과 같은 성질의 것이고, 나 또한 그에 비해 전혀 뒤떨어지지 않기 때문이다. 뿐만 아니라 나에게는 더 깊은 지식과 범위와 시야가 있는 것 같다. 나의 여행과 다양한 연구, 그동안 접해 온 수많은 사물과 사람들은 그만한 가치를 충분히 가지고 있다. 비네에 비하면, 비록 포부가 확고하지 않고 흔들리고 있으며 생활에서도 의무에 충실하지 않다 해도, 능력은 같고 기량도 같고, 교양은 더욱 넓고 융통성은 아마 더 있을 거라고 생각한다. 이 조건들이 비교 항목이 될 수 있지 않을까? 그리스도교인으로서는 나는 도저히 그에게 미치지 못한다. 사상가로서는 잘 하면 대등할지도 모른다. 저술가로서는 아마 그보다 더 위도 바랄 수 있을 것이다.

　인간으로서 비네는 어디까지나 모범적이다. 그 철학과 신학 그리고 미학, 그 객관적인 분야는 모든 점에서 이미 그를 넘어서고 있다. 비네는 위대한 정신이며 훌륭한 인재이다. 다만 충분히 좋은 환경에서 태어나지 못했다. 그는 아무리 존경해도 부족함이 없는 인격을 갖추고 선을 실천하는 훌륭한 인간이며 뛰어난 저술가이다. 그러나 아직은 위인도 아니고 문호도 아니다. 깊이가 있고 청백하지만 스케일이 작다. 명상과 반성이 지나치고 힘이 부족하다. 너무 정련되어 가늘고 분석적이며 재주가 지나치다. 세부 항목에 대한 관심이 너무 많고, 시상(詩想), 웅변, 사상, 열정, 폭이 부족하다. 양심의 천착, 문법의 천착, 자아에 대한 끝없는 혐의, 끊임없는 윤리적 검열, 이러한 것들로 그의 재능과 역량을 설명할 수 있을 것이다. 불길, 움직임, 인기, 인력(引力)이 결여되어 있다. 명예로운 칭호가 된 개인주의가 또한 약점의 원인도 된다. 언제 보아도 그 사람 안에는 독거자(獨居者), 금욕가가 있다. 사상의 예배당 안으로 들어가 끊임없이 자신을 채찍질하고 있다. 거기서 그의 문장의 특징으로 나타나는 염려, 걱정, 사양의 모습이 나온다. 윤리적인 힘, 그러나 지나치게 세심한 배려, 치밀한 조직, 그러나 이를테면 대단치 않은 건강, 그런 것을 사람들이 느끼는 것이다. 힘 전체가 웅크리고 앉아 고개를 숙이고 있다. 새롭게 말을 만들어내도 된다면, 너무 항상적인 반성성(反省性), 이것이 바로 비네에게 보내야 할 찬사 또는 비난이다.──더 큰 자발성, 즉 그 발걸음의 힘,

더 큰 객관성, 즉 정신의 주위, 육체적 개인의 범주 주위에 생활의 범주가 아쉽다. 그것이 그 사람에 대해 미흡하게 느껴지는 점이다. 그것이 있다면 그토록 풍부한 내용, 사상으로 가득 찬 문체는 더욱 당당한 것이 되리라. 비네는 인간으로서도 문인으로서도 양심 자체이다. ——이러한 사람을 몇 사람이라도 가지고 있는 문학과 사회가 있다면 그것은 행복이다.

1852년 11월 16일 (오전 5시)

오늘은 간밤에 잠자리에 든 지 3시간밖에 안 되었는데 눈이 떠졌다. 어지간히 균형감각은 되찾았다. 그러나 언뜻 보기에 이렇게 비슷한데도 불구하고 어쩌면 이렇게 감각이 다를 수 있는 것일까? 밤의 불빛과 아침의 불빛은 서로 다른 사람을 비추고 있다. 깨어 있는 것이 하루의 끝인지 하루의 시작인지에 따라 이렇게도 다르단 말인가! ——밤에 깨어 있는 것은 흥분, 긴장, 상상, 정신의 다양하고 활발한 상태이며, 아침에 깨어 있는 것은 안정, 명상, 집중, 정신의 단순하고 고요한 상태이다. 하나는 뜨거움, 하나는 차가움. 한쪽은 생산(生産)하고 한쪽은 수용한다. 전자에 있어서는 살고, 후자에 있어서는 자신이 살고 있음을 느낀다. ——나의 심장과 나의 시계가 달아나고 있는 1초, 1초를 새기고 있는 소리가 들린다.

멀리 헛간에서는 밀을 타작하는 둔한 도리깨 소리가 들려오고 있다. 마음이 귀를 기울이는 시각, 기도와 숭고한 사상의 시각, 무한과 영원의 시각이다. 사람의 마음을 헤아리는 완전한 지혜로서, 이슬람교도의 기도를 알리는 신호 소리, 모든 수도원의 종, 모든 예배의 온갖 부름이 이 아침 시간, 인간에게 신을 향해 서서 올라가라고 권유한다. 이 순간에 말을 하는 것은 양심의 목소리뿐이다. 이윽고 다른 목소리도 깨어난다. 영원한 삶(깊이), 개인의 삶(활동), 우주의 삶(확대), 내 생각은 옳았다. 이것은 바로 두 가지 수면 사이의 하루, 다시 말하면 의식적, 이지적, 책임적 생활의 규칙적인 리듬이다. 이 기간의 하나를 버리면 불구가 된다. 번갈아가며 하나를 다른 둘 위에 전개하는 것은 권리이자 때로는 의무이기도 하다.

1852년 11월 17일

……날이 밝았다. 6시 45분. 밝은 유리창을 통해 들어오는 아침의 차가운

빛과 내 종이 위에서 비추는 램프의 따뜻한 불빛 사이에는 가볍고 투명한 막 밖에 없다. 상징적인 기묘한 싸움. 고독과 칩거에 만족하고 있는 마음의 평화를 빼앗고, 의무, 불쾌감, 적어도 산만함을 강요하기 위해 외부 세계가 쳐들어온 것이다. 완전히 내 안에서 살고 있었는데, 이제 밖에서 살아야 한다. ……"자, 드디어 날이 밝았다. 거짓말을 하지 않으면 안 된다"고 델피느 (Delphine Gay, Mme de Girardin 프랑스 여류시인, 1804~1855년)는 《밤》이라는 아름다운 시 속에서 말했다. 여자가 한 말이다.

우리는 말한다. 날이 밝았다. 실천하지 않으면 안 된다. ──밤과 낮, 고독과 사회, 진리와 허위. 이것이 그 파리 여성의 방정식이다. 나라면 이렇게 말하겠다. 램프와 햇빛, 곧 나와 내가 아닌 것, 고요와 움직임, 명상과 활동, 의식과 의지. ──커튼을 열어라. 램프여, 꺼져라.

1852년 12월 26일 (일요일)

내가 수차례나 우리의 신학과 교회의 남루한 옷을 버린 이유는, 그리스도 자체에 더욱 잘 도달하기 위해서이다. 내 철학은 나에게 그것을 허락한다. 종교냐 철학이냐 하는 딜레마가 아니라, 이해한 종교냐 받아들인 종교냐 하는 딜레마를 제시한다. 나에게 철학은 사물을 파악하는 방법, 실재 인식의 방법이다. 철학은 자연, 인간, 신을 창조하지 않는다. 그것들을 찾아내고 이해하고자 노력한다. 철학은 의식의 관념적 재구성으로, 그 경우, 의식은 그것이 내포하는 모든 것과 함께 의식 자신도 내포하고 있다. 철학은 새로운 생활, 재생과 구원의 사실을 포함할 수 있다. 의식은 그리스도교적일 수 있다. 그리스도교적 의식의 이해는 철학 전체로서가 아니면 안 되는 부분이다. 그것은 그리스도교적 의식은 종교의식의 근본 형식이고, 종교의식은 의식의 본질적 형식이기 때문이다.

(날짜 없음)

오류라는 것은 진리를 많이 포함하고 있을수록 그만큼 더 위험하다.

(날짜 없음)

올바르게 보려면 한 번 더 보라. 아름답게 보려면 한 번만 보라.

(날짜 없음)

사람은 누구나 자기 안에서 다시 한 번 발견하는 것 외에는 이해하지 않는다.

(날짜 없음)

상식은 가능한 것의 척도이며 경험과 예견으로 이루어져 있다. 인생에 끼워 맞춘 계산이다.

(날짜 없음)

각자 정신의 풍요는 그 범주와 관점의 다양함, 그리고 엄밀함에 비례한다.

(날짜 없음)

부끄러움은 언제나 하나의 신비의 지표 및 보장이다. 그 반대의 것, 즉 모독으로 그것을 설명할 수 있다. 부끄러움의 원리는 자연 또는 정신의 비밀, 너무 내밀하고 개인적이어서 남에게 느끼게 하거나 안겨줄 수 없는 비밀의 무의식적인 느낌이다. 그 비밀은 교환할 수 있다. 자신의 몸, 자신의 인격 속 가장 깊고 가장 신비로운 것을, 절대로 비교될 수 없는 값으로 싸게 넘겨 버리는 것은 모독이다.

1853년 1월 6일

너그러운 가운데 자신의 지배권을 유지하는 것이 어린이를 대하는 권위의 조건이다. 어린이가 우리 속에서 이용할 수 있는 감정과 약점을 찾아내지 못하게 하고, 우리를 속이거나 골탕 먹일 수 없다는 것을 느끼게 하자. 그러면 어린이는 아무리 해도 우리가 자기보다 한 수 위라는 걸 깨닫고, 우리에 대한 친절과 존경심을 가지게 되며, 우리는 어린이에게 특별한 가치를 지니게 된다. 화내고 짜증내고 고집피우는 것을 받아주면, 어린이는 자기 쪽이 대단하다고 생각한다. 어린이는 오직 힘밖에 존경하지 않는다.

어머니는 어린이의 태양이다. 움직이지 않고 가만히 있으면서 언제나 빛을 발하고 있다. 거기에 흔들리기 쉽고, 이내 눈물을 흘리다가도 웃음을 터뜨리며, 가볍고, 변덕스럽고, 감정적이고, 급하고, 사랑스러운 생물이 다가와서, 열과 전기와 힘을 보충하여 서서히 그리고 조용하게 강해져 가는 것이라고 생각해야 된다. 어머니는 선, 덕, 섭리, 율법, 즉 어린이도 알 수 있는 형태를 한 신이다. 그것이 감정에 따라 움직이면, 변덕스러운 전제적인 신, 또는 서로 불화하는 신을 가르쳐주게 된다. 어린이의 종교는 어머니와 아버지의(말하는 방식이 아니라) 모습에 달려 있다. 사물은 각각, 특히 사람은 다른 것을 자신의 모습으로 바꾸려 하는 경향이 있다. 우리의 삶을 이끄는 무의식적인 내부의 이상이 바로 어린이에게 영향을 미치는 것이다. 우리의 말, 잔소리, 징벌 내지는 감정의 폭발도, 어린이에게는 희극 또는 한 줄기 번개에 지나지 않는다. 우리의 숭배(어린이를 애지중지 하는 것)를 어린이는 본능적으로 예감하고 통감한다.

친절, 격정, 성급함, 부정, 음울, 유화, 나약함, 인색함, 어떤 것이든 우리가 하는 말, 일만으로는 근본적인 인상을 가릴 수 없다. 우리가 그렇게 되고 싶어하는 것의 이면에서 어린이는 우리가 어떤 사람인지 간파해버린다. 그래서 어린이는 관상가라는 말이 있는 것이다. 우리 한 사람 한 사람을 상대로, 어린이는 그 권력을 최대한 멀리 뻗어간다. 즉 용의주도한 외교관과 같다. 한 사람 한 사람의 영향을 모르는 사이에 받아, 자신의 본성에 의해 변형하고 반사한다. 크게 확대하여 비춰주는 거울이다. 그렇기 때문에 어린이는 부모의 결점을 비평하기도 하고 그 결점에 대한 징벌이 되기도 한다. 죄가 스스로를 벌하는 것이다.——그렇기 때문에 교육의 첫 번째 원리는 스스로 일어나라는 것이다. 어린이의 의지를 파악하기 위해 따라야 할 첫 번째 규칙은 자기 의지의 주인이 되라는 것이다.

1853년 2월 5일(아침 7시)
나는 언제나 밤과 아침의 기분이 서로 다른 것을 이상하게 생각한다. 밤에는 사물이 검은색으로 보이고, 아침에는 장밋빛으로 보인다. 밤을 지배했던 감정이 아침이 되면 정신의 관조적 부분에 지배권을 넘겨준다. 한쪽에서는 불가능하게 보였던 것이 다른 쪽에서는 쉽게 보인다. 낮에 신경의 흥분으로 초조하고 긴장했던 인간이 밤에는 활력의 정점에 도달한다. 수면의 안정을 통해 휴식을 취하여 상쾌해진 인간은 아침이 되면 더욱 하늘에 가까워져 호의적이고 선량해진다. 하나의 결심은 이 두 개의 저울에 올려놓고, 하나의 사상은 이 두 개의 빛에 비춰보아 낮 동안의 진동에 균형을 잡아줌으로써 오류의 기회를 줄여야 한다는 걸 느낀다. 우리의 내적 생활은 마음과 감정의 온갖 폭풍이 우리 안에 불러일으키는 우연한 소란에 시달리지 않고, 매일 규칙적인 바로미터의 곡선을 그리고 있다. 정신은 각각 기후를 가지고 있고, 또 기후 그 자체이다. 정신은 그 특수기상학을 일반기상학 속에 가진다. 우리가 오늘날 지구물리학이라는 불충분한 이름을 붙이고 있는 유성생리학(遊星生理學)이 완성되기 전에는 심리학도 완성되지 않는다.

나는 기도를 통해 보복, 복수, 그리고 인내하지 못하는 마음이 아니라 관용, 감사, 용서의 마음을 구했다. 우리에게 불가능하게 보이는 것이 때때로 주관적으로 불가능하다고 단정지어 버린 것에 지나지 않음을 알았다. 우리의 정신은 감정의 작용 아래, 우리를 꼼짝 못하게 가로막는 거대한 장애인 산과 물을 신비로운 신기루로 만들어낸다. 그 감정의 표면에 입김을 불어보라. 환영은 사라질 테니까. 기사도를 찬양하는 시에 의해 훌륭하게 상징된, 영웅만이 지나갈 수 있는 마법의 숲의 형태를 한 이 신기루와 현혹의 힘, 환각에까지 이르는 힘은 주의 깊게 연구할 만한 가치가 있는 정신현상이다. ——그런 식으로 우리는 스스로 자신의 정신세계, 요괴, 괴물, 천사를 만들어내고, 그 안에서 발효시킨 것을 객관화한다. 시인에게는 모든 것이 경이롭고 성인에게는 모든 것이 신성하며, 영웅에게는 모든 것이 위대하고 비천하고 추한 마음에는 모든 것이 빈약하고, 왜소하고, 추악하고, 불량하다. 악인은 자신의 주위에 악마의 소굴을, 예술가는 올림포스를, 신의 선택을 받은 자는 천국을 만들어내지만, 다른 사람에게는 그것이 보이지 않는다. 우리는 모두 환상을 보고 있다. 우리가 보고 있는 것은 사물 속에 있는 우리의 마음이다. ——우리는 모르는 사이에 자신을 칭찬하고 벌하기도 한다. ——그러므로 우리가 변하면 모든 것이 변한 것처럼 보인다.

정신은 본질상 활동적이다. 우리가 의식하고 있는 활동은 우리 활동의 일부에 지나지 않는다. 의지적인 활동은 또한 우리의 의식적 활동의 일부분에 지나지 않는다.

심리학 및 윤리학의 기초는 이런 것이다. 세계를 재현하고, 자신의 이성적 본성(자연)의 객관화라고 할 수 있는 자연에 포함되어, 스스로를 칭찬하고 스스로를 벌하는 인간. 신성한 본성인 사물. 우리의 완전한 정도에 상응하는 만큼만 이해될 수 있는 완전한 정신의 본성. 내적 순수성에 대한 보상인 직관. (주관적) 선의의 끝에 있는 (객관적) 과학. 즉, 정신 전체가 이성적 정신이 되는 지금보다, 완전한 지금보다 윤리적인 새로운 현상학.——이것을 여름학기 강의의 주제로 할지도 모른다. 내적 교육, 신비 생활(무의식, 종교, 출현, 영감), 자연과 정신의 관계, 신 및 모든 것과 인간의 관계 등의 전 영역. 우주발생설, 신발생설(神發生說), 신화, 세계사의 축도, 정신의 진화. 한마디로 말해 내가 그토록 자주 침잠(沈潛)했음에도 불구하고 유한한 사물과 세부적이고 사소한 일 때문에 수백 번이나 되돌아와야 했던 모든 문제의 문제. 그것이 이 물음에 포함되어 있다. 나는 또다시 심연의 가장자리에 왔다. 그러나 이번에는 나 자신에게 집중하여 교만하지 않고 거짓 없이, 이것은 과학의 문제이며, 그 깊이를 측량하는 것이 의무라는 것, 신은 그 빛과 사랑 속에만 숨어 있다는 것, 신은 우리가 이성적 정신이 되어 자기를 파악하고, 우리의 힘에 따라 신을 파악하도록 우리를 부르고 있다는 것, 우리의 의심과 주저함, 정신적 무기력이 우리의 병폐이자 약점이라는 것을 분명하게 깨달은 뒤에 온 것이다.

이 심연의 가장자리에 서서, 나는 숭고한 것의 전율이 내 혈관을 타고 흐르는 것을 느낀다. 그러나 심장이 차가우면 안 된다. 아이네이아스가 지옥의 입구로 알려진 아베르누스 호수에서 계획한 여행도 이토록 대담하지는 않았다. 단테가 다양한 하늘에 갈라져 있는 세 개의 세계를 형상으로 살짝 엿본 것을 나는 순수한 형태로 포착하고 싶다. 그러나 단테는 시인이었지만 나는 철학자에 지나지 않는다. 시인은 몇 대에 걸쳐서 도처의 민중에게 자기를 이해시킨다. 그러나 철학자는 몇몇의 일부 사람들에게 얘기를 걸 뿐이다. ……

낮이 되었다. 그와 동시에 행위의 산만함이 시작되었다. 나도 자력(磁力)이 사라진 것을 느낀다. 맑은 통찰력이 평범한 시력이 되고, 조용히 바라보는 하늘의 에테르의 깊이도 유한한 사물의 빛을 만나자 사라지고 말았다. 나쁜 일일까? 그렇지 않다. 다만 그것에 의해, 현상학에 가장 적합한 시간은 새벽에 이르기까지의 시간이라는 것이 증명될 뿐이다. 이 높은 곳에서 다시 지상으로 내려가자. (8시 15분)

1853년 2월 10일

오후에 살레브까지 가장 친한 친구 네 사람과 산책을 했다. C.H.(하임 또는 엠), E.N.(나빌), E.L.(루쿠토르), E.S.(세렐) 모두 세나클에서의 단짝들이다. ……대화가 열기를 띠자, 길을 끔찍하게 만들고 있던 깊은 진흙탕도 눈에 들어오지 않을 정도였다. 특히 얘기를 많이 한 것은 나빌, 세렐, 그리고 나. 계속 화제를 제공한 것은 나였다. 신에게 있어서의 자유. (지구의 나이, 자연법칙은 고정되어 있는가? 자연과학은 확고한가? 과학의 결론은 무신론이 될 것인가? 변덕스러운 신과 인과성의 신. 자연에서 연역된 신과 역사에서 연역된 신. ――신탁은 제시한 문제에만 답을 준다. ――사람은 각자 자신의 모습을 본떠서 신을 만든다. ――각각의 과학은 신의 내부에 하나의 속성을 결정한다) 그리스도교의 본질(그것은 결정될 수 있는가? 역사적으로? 아니면 직접적으로? 그것은 초자연적인 것을 포함하는가? 초자연적인 것은 우리 무지의 측도(測度)인가, 계시의 본질인가? 기적인가? 합리주의자와 종파는 그리스도교 내부에 있는 것인가? 종교적 진리는 대중의 문제인가, 전통의 문제인가? 초자연적이고 신성한 그리스도학의 대립 등) 그리고 돌아오는 길에는 철학 신간서적 및 논쟁의 신간서적, 그리고 개인에 대한 것, 이 세 가지가 화제가 되었다. 나에게 있어서 중요한 결과는 이렇다.

하나, 견실한 논객을 상대로 하는 변증법, 논증술의 좋은 연습이 되었다.

둘, 나 개인으로서는 무엇을 배우지는 못했지만, 내가 품고 있는 여러 가지 사상을 확인할 수 있었다고 생각한다. 나는 자신에게서 이탈함으로써 친구의 마음속에 더욱 더 파고든다. 나빌보다 세렐에 훨씬 가깝지만, 세렐과도 떨어져 있다.

셋, 극단적으로 놀라운 사실로서 햄릿의 칼을 바꾸는 장면에 비길 만한 것은, 추상적인 두뇌를 가진 사람(관념에서 사실로 가는 사람)은 언제나 구체적인 실재의 편이 되어 싸우고, 구체적인 두뇌를 가진 사람(사실에서 관념으로 가는 사람)은 보통 추상적인 개념을 위해 싸우고 있다는 사실이다. 각각 자신의 강점이 없는 곳에 포부를 두고 있다. 각각 자신이 노리고 있는 것에 집착하며, 자신에게 부족한 것을 본능적으로 노리고 있다. 이것은 각자의 본성에서 만족하지 못한 점에 대한 무의식적인 대항이다. 각자가 자신이 가장 적게 가지고 있는 것을 향해 나아가, 도착점은 출발점과 정반대가 된다. 약속된 땅은 자신이 지금 있지 않은 땅이다. 가장 이지적인 천성을 가진 사람이 이론으로서 윤리주의를 가지고, 가장 윤리적인 천성을 가진 사람이 이

지적인 윤리를 가진다. 그것을 나는 34시간에 걸친 이 토론을 통해 관찰할 수 있었다. 우리가 매일 하는 착각만큼 우리의 눈에 잘 띄지 않는 것은 없다. 우리의 가장 큰 착각은, 우리 자신이 그럴 거라고 믿고 있는 것을 진리라고 믿는 것이다.

넷, 수학적 이지와 역사적 이지(이지의 2대 구별)는 영원토록 서로를 이해하지 못한다. 언어상으로는 의견이 일치해도, 그 언어가 가리키는 사물에서는 서로 다르다. 서로의 세세한 토론 하나하나 속에, 관념의 기원에 대한 문제가 고개를 내밀고 있다. 그것을 깨닫지 못하면 혼란스럽고 깨달으면 분리된다. 일치하는 것은 어디까지나 목적인 진리에 있어서이다. 도중의 길, 즉 방법과 표준에 있어서가 아니라——사유의 사유와 의식의 의식, 거기에 철학자의 비판력이 도달해야 하는데, 거기까지 오를 수 있는 머리를 가진 사람은 많지 않다. 따라서 머리가 뛰어난 사람 대부분도 자신의 사유에 속고 자신의 의식에 사로잡혀 있다.

다섯, 하임은 의식의 공평, 나빌은 의식의 윤리성, 루쿠토르는 의식의 종교, 세렐은 의식의 이지, 그리고 나는 의식의 의식이었다. 공통의 지반, 다른 개성. '정신의 차이'(원서에는 라틴어로 썼음).

생피에르 교회의 종이 밤 12시를 치고 있다. ……이 긴 토론에서 가장 마음에 든 것은 자유의 느낌이다. 더할 수 없이 큰 사물을 싫증내지 않고 주무르며, 세계보다 더 큰 존재가 되어 세계의 모든 힘을 어우른다. 이것이야말로 이지의 행복, 사유의 올림피아 제전이다. "소유하고 있다. 소유당하고 있지 않다."(원서에는 라틴어로 썼음)——이 같은 기쁨은, 싸움에서 서로에 대한 신뢰와 존경과 우정의 느낌이다. 레슬링 선수처럼 격투 전후에 서로를 포옹한다. 격투는 바로 대등한 자유인의 힘겨루기이다.

1853년 3월 20일

홀로 깨어 있다. ……그리하여 주부의 역할을 대신 해 본다. 아이들의 침실을 두세 번 둘러본다. 나이 어린 어머니들. 그들의 마음을 알 것 같은 느낌이었다. 잠은 인생의 신비이다. 작은 램프의 조용한 빛이 비추고 있는 암흑, 잠든 어린 것의 숨결이 리듬을 새기고 있는 침묵 속에는 깊은 매력이 있다. 자연의 불가사의한 행위에 동참하고 있음을 알 수 있다. 나는 스스로 조금도 통속적인 기분이 들지 않았다. 나는 지긋이 바라보고 있었다. 소리 내지 않고 마음을 기울여, 감동을 느끼면서, 겸손하게, 가정의 오랜, 그러면서도 항상 새로운 축복이라 해야 할 이 요람의 시에 귀를 빼앗기고 있었다. 신의 날개 아래 잠들어 있는 창조물의 모습. 사유에서 떠나 휴식하기 위해, 어두운 그늘 속에 잠기는 우리 의식의 모습. 언젠가는 정신이 생활을 떠나 쉬러 오는, 신이 만든 침상이라고도 할 수 있는 무덤의 모습이다.

1853년 4월 27일

밤에 니콜(Pierre Nicole. 1625 또는 28~1695년. 포르루아얄 수도원에 있었던 얀센 파의 철학자. 파스칼의 선배)의 《사람들 사이에 평화를 유지하는 방법》과 《무모한 판단》에 관한 논문(둘 다 1671년 간행한 《논집》에 있다)을 읽다. 세비니예 부인(Mem de Sévigné. 1626~1696년. 딸에게 보낸 수많은 편지로 유명함)이 극찬한 사람이다. 그 다정하게 스며드는 듯 현명하고 통찰력이 있으며, 게다가 겸손한 지혜가 이면에 숨어 있는 생각과 가슴의 비밀도 열어 보여주며, 모든 것을 신과 인간의 사랑에 대한 신성한 규칙에 따르게 하는 모습은 이상하리만큼 좋은 영향을 미친다. 모든 것을 견실하게 생각하고, 한결같이 잘 정리하여 잘 매듭짓고 있을 뿐만 아니라, 사람을 깜짝 놀라게 하거나 화려하게 번쩍이는 점, 문체에 세속적인 장식이 없다. 이 도덕주의자는 그림자를 없애고 우리의 양심에만 말을 건다. 참회를 듣는 사람이고, 친구이며 권고자이다.

"평화를 유지하지 않으면 안 된다. 우리에게는 지혜를 위해, 타인에게는 자애를 위해. 평화가 없으면, 우리는 임무를 다할 수도 타인을 이롭게 할 수도 없다.――그러기 위해서는 타인의 감정을 상하게 하지 않고, 스스로도 하찮은 일에 감정이 상해선 안 된다. 타인의 감정을 상하게 하지 않기 위해서는 그 의견을 잘 생각하고 소중히 다루며 마음을 헤아려 위로해야 한다. 자신의 감정을 상하게 하지 않으려면 우리가 타인에게 기대하고 있는 것에 대한 집착(평판, 권위, 감사, 애정에 대한 욕구)을 마음에서 제거하고, 겸손과 초탈을 통해 아무것도 구하지도 기대하지도 않아야 한다."――이것이 이 130쪽에 이르는 논문의 요지이다.

논문 전체, 특히 1, 2장이 나와 직접 관련된 내용이었다. 나는 타인의 감정을 상하게 하고 스스로도 감정이 상한다. 나에게는 고집스럽고 오만한 데가 있다. 나는 진리 아래에 허위를, 정의 아래에 타인의 감정을 굴복시키려

하고 있다. 정의에 있어서 내가 옳으면 나는 반항하고, 자신의 기치(旗幟)를 직접 휘두르며 나아간다. 마음에 상처를 주지 않고 기뻐하게 한다든지 기분 좋게 얘기를 들을 수 있게 하는 것에 대해 그다지 염두에 두지 않는다. 그래서 가장 좋은 경우 즉, 내가 이해관계에 무관심할 때나 내가 나의 의견이나 의지를 관철하려는 마음이 없을 때도 역시 두 가지 결점이 있다. 그것은 다른 사람들도 나 자신도 특출한 사항이나 사상에 대해 고개를 숙이게 하려는 점이다.——나에게는 용서와 인내와 지구력이 부족하다.——나는 양보하지 않고 버티는 점, 솜씨가 있든 없든 당당하게 싸워 이기는 점, 빌붙지 않고 굴복시키는 점에 자신의 양심을 인정하고 있다. 나는 결코 자만을 우려하지 않는다. 모든 이기심을 상관하지 않고 관철한다. 인간에 대해서는 바보도 악인도 아닌 사람으로서, 또는 그 어느 한 쪽의 사람으로서 상대한다. 한 사람 한 사람의 인간을 있는 그대로 보는 것도, 받아들이는 것도 터득하지 못하고 있다. 나는 인간 자체를 존경한다. 따라서 개개 인간의 감정을 상하게 한다. 굳이 요령과 수단과 유연함을 부리지 않고, 자신이 생각하는 것을 말하지 않을 수는 있어도 그것을 속일 줄은 모르는, 즉 온갖 주의(主義)의 고슴도치가 되기 때문이다.——니콜이 가르쳐준 것은 양심에 따르면서도 다른 방법이 있다는 것, 다양한 주의를 구원하는 것보다 사람들의 영혼을 구원하는 것이 좋다는 것, 나에게는 자애, 타인에 대한 뜨거운 사랑, 인내하고 견딜 줄 아는 참을성이 부족하다는 것이다. 그것은 전부터 알고 있었다. 다만 잊고 있었을 뿐이다.

1853년 5월 11일

정신사(精神史)의 심리, 시, 깊은 이치, 이들의 사상권(思想圈)이 눈에 보이지 않는 천마(天馬)의 날개를 타고 눈 깜짝할 사이에 날아서 지나갔다. 그러나 전체적인 인상은 혼란과 고뇌, 유혹과 불안이다.

나는 생명의 바다에 빠지고 싶다. 하지만 그러기에는 지축과 북쪽의 관념에 빠져 자기 자신을 잃어버리고, 자신의 사명에 대한 의식이 흔들리는 것을 느끼지 않을 수 없다. 유랑하는 유대인의 회오리바람이 나를 덮쳐 정들고 작은 이 울타리에서 휩쓸고 가서 인간의 모든 나라들을 떠돌게 한다. 스스로 원해서 일반성, 보편성, 무한성에 몸을 맡겼기 때문에, 나의 개인적인 자아는 작열하는 용광로에 떨어진 한 방울의 물처럼 증발해버린다. 냉기를 되찾지 않으면 감격이 사라지고, 실재감이 되살아난 뒤가 아니면 자아는 다시 응집하지 않는다. 발산과 응집, 자아의 포기와 획득, 세계의 정복과 의식의 천착, 이것이 내적 생활의 작용, 소우주적 정신의 진행, 개체정신과 우주정신의 결합, 유한과 무한의 풍요로운 포옹이며, 거기서 인간의 이지적 진보가 시작된다. 또 다른 결합이 정신을, 신과 종교적 의식을 신성한 것과 이어준다. 그것은 의지의 역사이다. 의지에 앞서는 것은 감정이고, 그것에 또 본능이 앞선다. 인간은 바로 자신이 되어가는 것이라고 한 말은 깊은 진리이다. 그러나 인간은 자신의 있는 모습 그대로의 것밖에 되지 않는다고 하는 편이 더 깊은 진리이다. 너는 무엇인가? 신에 의한 운명의 결정, 출생, 자유의 문제. 바닥이 없는 심연이다. 그러나 역시 거기에 빠지지 않으면 안 된다. 나는 거기에 빠졌다. 아니 오늘은 그만두자. 너무 먼 곳으로 가게 되니까.

바흐의 서곡(구노가 바이올린, 피아노, 오르간으로 편곡한 것)이 나를 그런 기분으로 이끌어 갔다. 고뇌하는 마음이 신을 부르고 신을 붙잡아, 그야말로 강한 열정과 포옹으로 평화와 무한까지 손에 넣는 과정을 그리고 있다.

1853년 5월 14일

제3합주가 가장 짧았다. 베토벤의 피아노, 바이올린 변주곡과 4부가 두 곡, 그것뿐이다. 4부는 완전히 투명하여 쉽게 통일로 이끄는 데 성공할 수 있었다. 모차르트(제18번), 완전히 아티카식이고 소크라테스적이다. 하나, 살롱의 재치 있는 대화와 우아한 기품으로 가득 차 있다. 둘, 내밀한 방안의 대화, 더욱 친밀함, 가슴 아팠던 사건과 비화(秘話)의 고백, 그러나 역시 품위가 있다. 셋, 다시 손님이 있는 곳으로 돌아온다. 기분전환. 넷, 밝음, 활기.——베토벤의 곡은 대화가 적고 춤이 많다. 하나, 콘트르 댄스와 웃고 떠드는 분위기. 둘, 의무를 내세워 위로 저항한다. 집에 있으려 한다. 그러나 쾌락의 가락에 이끌려 결국 무도회에 간다. 셋, 춤. 넷, 산들바람, 유쾌.——이 두 대가를 비교할 수 있었다. 두 사람의 개성이 생생하게 보이기 시작했다. 모차르트는 우아미, 자유, 안이, 확고하고 섬세하며 단호한 형식, 정밀하고 귀족적인 아름다움, 명랑한 마음, 건강, 천재의 영역에 도달한 기량. 베토벤은 모차르트에 비해 더욱 감동적, 정열적, 분열적, 조밀함, 심각함, 미완성, 천재의 노예, 공상 또는 정열의 포로, 사람을 더욱 움직이고 더욱 숭고하다. 모차르트는 아름답다. 모차르트는 플라톤의 〈대화〉처럼 피로를 달래주고, 사람을 존중하며, 사람에게 자신감을 안겨주고, 자유와 균형을 준다. 베토벤은 사람을 사로잡는다. 더욱 극적이고 비극적이고 웅변적이며 강열하다. 모차르트는 담백하고 시적이다. 모차르트는 그리스적이고 베토벤은 그리스도교적이다. 한쪽은 청아하고 한쪽은 엄숙하다. 전자가 운명보다 강한 것은 인생을 그다지 깊이 이해하고 있지 않기 때문이다. 후자가 약한 것은 자신의 힘보다 큰 비애를 겪었기 때문이다. 기량이 언제나 천재성을 발휘하고 있다고는 할 수 없다. 감동을 주는 것이 중요한 특징이다. 완성이 모차르트의 특징이듯이. 모차르트의 경우 모든 것이 균형을 이루고 있고, 음악적 기술이 승리를 차지하고 있다. 베토벤의 경우 감정이 우선이고, 마음의 움직임이 기술에 깊이를 주면서도 감정을 어지럽히고 있다.

1853년 7월 26일

왜 나에게는 행이 긴 시보다 짧은 시, 즉 쉬운 것보다 어려운 것이 편하게 잘 써지는 것일까? 항상 이유는 같다. 속박 없이 움직이고 베일 없이 남 앞에 나서는 것, 즉 자기 마음대로, 본마음으로 행동하며 자신을 믿고 자신을 주장하는 것, 그것을 나는 대담하게 할 수가 없다. 그런데 말을 많이 하는 것은 사람들의 주의를 나에게서 사물로, 마음에서 재능으로 돌려주기 때문에 오히려 나를 편안하게 한다. 결국 겁쟁이이기 때문이다. 다른 이유도 있다. 나는 대단해지는 것을 두려워하고, 재주가 많아지는 것은 두려워하지 않는다. 게다가 내 실력과 악기에 대해 자신감을 가질 수 없기 때문에, 잔재주가 필요한 직업으로 나가 안일함을 구하려 한다. 그래서 지금까지 발표한 문학상의 시도는 대체로 나 자신을 시험하기 위한 습작, 연습, 놀이에 지나지 않는다. 나는 도레미파를 울리며 악기를 이리저리 만지작거린다. 손을 길들여 연주할 준비가 되었다고 생각한다. 그러나 작품은 나오지 않는다. 나의 노력은 할 수 있다는 것에 만족할 뿐 욕심을 내는 데까지 가기 전에 수명이 다해 버린다. 늘 준비만 하고 있을 뿐 언제까지나 실천하지 않는다.

결론은 호기심.——겁쟁이와 호기심. 이것이 문단에서의 내 길을 차단하고 있는 두 가지 장애물이다. 그리고 미루는 것도 잊어서는 안 된다. 나는 언제나 중요한 것, 큰 것, 무거운 것은 따로 제쳐두고, 하잘것없고 예쁘고 귀여운 것부터 먼저 처리하고 싶어한다. 광대하고 심원한 사항에 대한 자신의 애착에 안심하고, 그 반대의 것에 시간을 들이며 그것을 그르치지 않으려 한다. 나의 취향은 천재를 향하고 있으면서도 나의 작품은 즉흥적인 착상을 노리고 있다. 마음속은 엄숙한데 외관은 경박하다. 사상을 흠모하면서, 특히 표현력을 기르려 하는 것처럼 보인다. 내용은 자신만 간직하고, 다른 사람의 몫으로는 형식만 남겨둔다. 그래서 두려움 때문에 독자를 진심으로 다루지 않고, 재미있고 수수께끼 같은 변덕스러운 측면밖에 보여주지 않게 되었다. 호기심에서 조개껍질이든 산악(山嶽)이든 모든 것에 마음이 끌려 자신의 연구를 끝내지 못하고 있다. 자꾸 미룸으로써 항상 머리말, 서론에 머무르며 제작에 착수하지 못하고 있다.

나는 무슨 일이든 결말을 낼 수가 없다. 나 자신을 속박하고 싶지 않다. 그래서 독자 쪽에서 보면 나는 언제까지나 문제와 형식, 잡담, 시(詩), 미결정, 자유이다. 인쇄해 보아도 도대체 무슨 소린지 알 수 없다. 나를 에머슨의 방법으로 고리 속에 집어넣을 수가 없다. L*** 부인의 《숨겨진 신》은 적어도 이 형용사에서 보는 것처럼 그정도로 찾아내기 어렵지는 않았다. 그것은 사실이지만 그 사실을 더 잘할 수는 있을 것이다. 그런 나를 미루어 헤아릴 수는 있다. 그러나 시인은 하지 않는다. ……

1853년 7월 29일 (오후 1시 반)

오늘 밤에는 한 가지 경험을 했다. 요약하면 이렇다. 키스를 하는 동안 하나의 마음을 훔쳐갈 수 있다.

실은 남몰래 키스를 했다. 나의 피가 심장으로 다시 흘러들어올 때, 이런 하잘것없는 일이 배신하거나 운명을 결정할 수 있다는 것을 느끼고 또한 예감했다. 그 움직임은 어쨌든 자발적이고 저항할 수 없는 것이었다. 동정, 이웃에 대한 사랑과 감동의 마음, 인력, 결국 그런 것이 되고 말았다. 그녀의 뺨이 나의 입술에 닿았다. 더구나 상대편에서 먼저 다가온 것이었다. 시작은 오빠가 여동생에게 하는 키스였지만, 진행되는 사이에 거의 정열적이 되었다. ──재빠른 유인, 성적 작용에 의한 마음의 변화, 입술의 위력과 그 취기, 여자의 시치미 떼는 놀라운 능력, 빠른 후회, 이러한 일련의 일들이 새틴 같은 살갗이 닿아 있는 동안, 아니, 그 1초 뒤에 재빠른 속도로 나를 덮쳤다. 그런데 거기에는 쓴맛이 없었다. 즉, 실제로 불쾌한 기분을 느끼지는 않았다는 것이다. 오히려 나는 사람 또는 상황이 바뀔 때 어떻게 그것이 가능한지를 느꼈다.

나에게는 기쁜 기억, 전류 같은 감정과 매우 정 깊은, 더욱이 매우 순진한 입술의 기억이 남아 있다. 신열의 뜨거움은 없었지만 장미향이 있었다. 사랑을 느끼고 생기가 도는, 순수한 자신을 보며 그것을 탓할 마음은 들지 않는다. 순례자가 나그네 길에서 돌아와 지금까지 지니고 있던 중요한 물건들과 함께 늘어놓고 장식하는 진귀한 토산품처럼, 나는 그것에 향을 피우고 기억 속에 묻어두기로 한다.

1853년 8월 1일

펠탕(Eugène Pelletan. 프랑스의 문인이자 정치가 1813~1884년)의 저서 《19세기의 신앙고백(1825년)》를 다 읽었다. 좋은 책이다. 다만 한 가지 미흡한 데가 있다. 악에 대한 개념. 이것은 콩도르세(Condorcet. 프랑스의 철학자, 수학자, 정치가 1734~1794년, 17세 때 《신앙고백》이라는 제목의 책을 당시의 재상 튀르고에게 헌정했다) 학설의 재판(再版)이다. 무한한 완성 가능성. 인간 성선설. 덕성, 의무, 신성의 극치에 놓여진 생리학적 개념으로서의 생명. 즉, 역사의 윤리적이지 않은 사고방식. 자연과 동일시되는 자유. 인간 전체로 본 자연인. 아름답고 훌륭하고 시적인 숭배. 그러나 위험하다. 그것은 본능을 완전히 신뢰하게 되기 때문이다. 그리고 소박하다. 그것은 인간을 꿈으로 보고, 현재 및 과거의 실상을 얇은 천으로 가리고 있다. 이 책은 저항을 허락하지 않는 숙명적인 진보의 변신론(辯神論)이고, 인간성의 승리에 대한 감격적인 찬미가이다. 진지하지만 윤리적으로는 피상적이고, 서정적이지만 공상적이며, 종족의 진보를 개인의 진보와 혼동하고, 문명의 진보를 내적인 개선과 혼동하고 있다. 왜 그럴까? 그 표준이 양적, 즉 단순히 외적(생활의 풍요로움)이고 질적(생활의 선량함)이 아니기 때문이다. 여전히 외관을 사물로 보고 형식을 실체로 보며, 법칙을 본질로 보는 프랑스식 경향. 여전히 진정한 진지함과 윤리적 인격의 결여. 여전히 안 대신 밖. 의지 속에 있는 죄를 인정하지 않고, 악을 인간 밖에 두며, 외적인 것에 의해 윤리설을 세우고 역사 전체의 모습을 바꾸는 무딘 양심. 이것은 프랑스가 가진 철학적인 피상성이고 벗어날 수 없는 종교관에 기초한 것이며, 그 종교관은 또한 가톨릭과 절대 군주제가 만들어낸 프랑스의 생활에서 나온 것이다. 깊은 책임감이 없고 깊은 자유가 없다.

가톨릭 사상은 자기를 지배하고 또한 의식하는 인격을 생각할 수 없다. 그 대담함도 나약함도 같은 원인에서 온다. 즉 무책임, 양심의 가신(家臣)상태. 이것은 예속이나 무정부밖에 모르며, 법령을 반포해도 거기에 따르지 않는다. 왜냐하면 자기 바깥에 있고 자기 안에 있지 않기 때문이다. 또 다른 망상. '키네(Edgar Quinet. 프랑스 역사가, 1803~1875년), 미슐레(Jules Michelet. 프랑스 역사가, 1798~1874년) 등'. 가톨릭에 등을 돌리고 기성 종교에 들어가지 않는다. 철학의 편이 되어 가톨릭과 싸우지만, 그 철학이 반가톨릭적인 반동에서 나온 것이기 때문에 본질적으로는 완전히 가톨릭적이다. 가톨릭에서 성취된 정신과 양심은 다른 형태의 종교에 오를 수 있는 힘을 잃고 있다. 가톨릭도 에피쿠로스파도 거세(去勢)와 마찬가지로 돌이킬 수 없는 것이다.

1853년 10월 6일 제노바

하늘은 음울한 잿빛이다. 하루종일 내리던 비가 잠깐 그쳤다가 한 시간도 지나지 않아 또 내린다. 오후 4시. 아직 한 번도 밖에 나가지 않았다. 무엇을 했을까? 나폴리에 있는 ***부인에게 편지를 썼다. 그 다음, 여행자로서 사는 것, 바쁘게 돌아다니는 것을 벗어난 것이 기뻐서 안내서를 읽고 내일의 계획을 세운 뒤 종일 시인들을 상대로 꿈속처럼 지냈다. 신앙, 이상, 사랑, 정신생활을 얘기하는 이 게르마니아의 미풍은, 어쩌면 이리도 내적인 청량감을 주는 것인지! 다른 세상의 추억이 이 세상에 있는 나를 찾아온 것 같다. 나에게는 그것이 필요했다. 그래서 그렇게 빨리 스스로를 잃어버리고, 이렇게 쉽사리 자신의 자기(磁氣)를 잃어버리고, 권력을 버리고 개성을 버렸다. 실러와 율리우스 하머(Julius Hammer. 독일 시인, 1810~1862년)는 나를 고향의 하늘로 데리고 갔다. 나의 머리는 코스모폴리턴이지만, 내 가슴의 깊은 밑바닥은 게르마니아적이다. 아니 오히려 내가 마음의 모든 영역에서 자신을 잊을 수 있다면, 깊은 의식 속에서밖에 평화를 찾을 수 없다.——내가 접하게 된 모든 생활, 이를테면 어제 '콩코르자(레스토랑 이름인 듯)' 뜰에서의 생활(딜레탕트, 쾌락에 사는 사람들 등)은 나를 그 궤도로 끌고 가서 키르케(아이아이에 섬에 사는 마녀이자 아름다운 여신. 호메로스의 오디세이에 나온다)의 미약처럼 내 모습을 바꿔놓았다. 자신으로 돌아가려면, 밖에서 강요받은 모든 빌린 물건의 형태를 고치지 않으면 안 된다. 원래대로 자신의 본성을 찾기 위해서는, 날마다 탈피라는 고통스러운 수술이 필요하다. 그 모든 파괴를 통해 계속 존속하는 나의 부분은 다양한 변형의 기억이다. 사상(事象)이 아니라 각 사상의 수용자이다. 질료가 아니라 다양한 실체, 개개의 모나드(만물을 실재하게 하는 궁극적인 구성요소)의 형식, 주형(鑄型), 방법, 형상이다. 즉, 대담하고 자발적이며 생산적인 독창성이 아니라, 수동적인 재현성의 한없는 인상성(印象性)이다.

다른 사람들이 나에게 힘을 행사하려 한다면, 나에 대한 의지(거기에 나는 단연 저항한다)에 의해서도, 능력(나는 거기서 벗어나 그것을 이해하고 좌우한다)에 의해서도 불가능하며, 본성과 본능에 의지하는 수밖에 없다. 더욱이 바로 그 본능이라는 것이 나에게는 대단한 것으로 생각되지 않고, 또 나에게 결여되어 있기 때문이다. 다른 사람들의 부분 가운데 이미 내 안에 있는 것은, 나의 본성에는 조금밖에 작용하지 않는다. 다른 사람들 속에 있으며 나와 인연이 없는 것이 직접 나에게 침입해 오는 것이다. 나의 본성은 무지를 싫어하고 불완전함을 부끄러워한다. 보편성을 요구하여 유한한 것이 되겠다는 결심이 서지 않는다. 모든 것에 대해 전체가 되는 것, 전능함과 편재(遍在)를 선망하고 있다. 특히 두려운 것은 갇히는 것, 속는 것, 자신에게든 타인에게든 속는 것이다. 무한한 잡다성의 경험에서 통일성을 파악하는 것을 의미하는 모든 의식을 향하고 있다. 그렇기 때문에 알려지지 않은 것은 나에게 기쁨이자 발견인 동시에, 적이고 위협이며 굴욕이다. 알려지지 않은 것은 나를 크게 하기 위해 나를 작아지게 한다. 녹여야 하는 빙산이며 조련해야 하는 스핑크스다.

섬세한 지각, 집요한 반성, 상당히 높은 수준에 도달한 결합, 분류, 식별, 분석의 능력, 건설과 전체성에 대한 커다란 요구, 게으르고 까다로운 표현 및 비유의 재능, 사유를 위해서만 작용되는 상상력, 소심하고 빈틈없으며 독단적인 성격, 신비에까지 도달한 정성이 담긴 마음, 이것이 나의 재산목록이다. 재미있다기보다는 진지하고, 창의성이 풍부하다기보다는 비평적이며, 시인이라기보다는 철학자다운, 특히 인생철학자, 심리학자, 문예비평가라고 할 수 있는, 곧 인간의 일에 있어 있는 것과 있어야 하는 것, 현실과 이상을 지적하는 작가의 본성이다. 왜 있는 그대로의 자신을 인정하지 않는가, 자신의 본성을 긍정하지 않는가, 자신의 실력, 자신의 독특한 재능을 인정하게 하지 않는가? 왜 그렇게 항상 한 가지 재주를 습득했다거나 한 가지 새로운 모습을 직감했다는 것으로 스스로를 위로하면서, 한 사람 한 사람을 상대로 현재 자신이 뒤떨어져 있는 점을 계산하고만 있는 것인가?

1853년 10월 11일 토리노

오늘로서 토리노에 온 지 사흘이 지났다. ……점점 이 마을, 이 사람들의 특수한 정신 속으로 끌려들어간다. 그것이 살아 있고 조금씩 빠져나 갈수록 확실한 직감이 되는 것을 느꼈다. 이것이 내가 특히 염려하는 점이다. 사물의 마음, 국민정신을 파악하는 것, 객관적인 생활을 하고 새로운 정신적 조국을 발견함으로써, 이 정처 없는 생활에서 해방되어 다른 생활형식을 획득하는 것, 즉 그것을 안으로 느끼고 그것과 하나를 이루어 공감에 의해 재현하는 것이 내 노력의 목적이고 대가이다. 오늘날 부상당한 군인들의 휴식처가 되어 있는 곳에서, 상쾌하고 투명한 날씨에 소나기라도 한 줄기 뿌릴 듯한 기색의 하늘 아래 알프스를 바라보고 있는 동안 문제가 분명해졌다.――그러나 이 직감은 본능이 만들어낸 종합물일 뿐 거기에는 모든 것이, 거리와 집, 경치, 액센트, 방언, 표정, 역사, 습관, 그밖의 온갖 것들이 각각 원자를 가지고 모여들어 있다.――나는 이것을 하나의, 국민의 관념적 전체화, 생산점으로의 복귀, 의식으로의 진입이라고 부르고 싶다.――이것이 뒤에 오는 예술, 종교, 역사, 정치, 풍속을 설명한다. 이것이 없으면 아무것도 설명할 수 없다. 고대인들은 그 의식을 절대적인 신의 존재에 기대어 실현했다. 근대의 국민성은 더욱 복잡하고 비예술적이므로 판독하기가 더욱 어렵다.――이것은 언제나 정령(다이몬, 그리스 문자), 천부적 재능, 운명, 태어난 별, 내적 수호신, 사명, 원시적 본성,――원하는 것과 할 수 있는 것, 힘과 그 질적, 양적인 한계이다.

사유와 정신생활을 정결하고 건강하게 하며 힘을 길러주는 상쾌함이 알프스에서 불어내려 오는 바람을 통해 나에게 들어왔다. 나는 내적 자유의 대기를 호흡한다. 이 힘과 청정한 느낌을 보내주는 산에 나는 감동과 환희로 인사를 보낸다. 감정의 관능적인 무거운 지배에서 벗어나 에테르로 가득 찬 정신의 영역으로 올라가는 듯한 기분이었다. 베아트리체가 손을 내밀고 있었다. ──잃어버린 매력, 아르미드와 헤어진 르노, 북방의 시, 패한 마야, 유혹을 극복한 브라만교도, 중세에 있어서의 육체와 사탄과 자연, 알프스의 자유, 수백 가지 감각, 비교, 사상이 나를 엄습했다. ──리구르인 시대부터 한니발, 한니발에서 샤를마뉴, 샤를마뉴에서 나폴레옹에 이르는 알프스 산록지방의 역사도 내 눈앞에 펼쳐졌다. ──회화적, 지지적(地誌的), 토속학적, 역사적, 심리적, 관념적인 견지가, 말하자면 서로 겹쳐져 중심을 같이 하면서 모두 한눈에 들여다보였다. 나는 객관적으로, 그리고 주관적으로 생활했다. 즐기기도 하고 배우기도 했다. ──시각이 영감으로 옮겨갔고 거기에는 환각은 그림자도 없었다. 풍경은 나의 교사이고 나의 베르길리우스였다.

나는 또 대부분의 여행자와 다른 점을 다양하게 느낄 수 있었다. 그들은 특별한 목적이 있고, 한 가지만으로 만족하고 있지만 내가 원하는 것은 전부가 아니면 전무, 내가 쉬지 않고 향하는 곳은 모든 목적을 합친 것이든, 현실 속 사물의 모든 요소이든, 어쨌든 전체의 전체화이다. 다시 말하면, 내가 원하는 것은 모든 욕구의 총화이고, 내가 알고 싶은 것은 다양한 지식의 총화이다. 언제나 완전한 만족, 절대성, 원만함, 둥근 상태, 비체념. 즉 언제나 실력 이상의 향상심(向上心), 결과적으로는 그리다 만 것, 예감, 거짓인 채. ──마지막으로, 적어도 오늘은 나 자신을 용인했다. 일종의 자신의 본성에 대한 만족, 비교에 의한 자긍심마저 느꼈다.

1853년 10월 27일

신이시여, 당신 앞에 무릎 꿇고 지난 한 시간을 감사드리나이다. 당신의 의지를 보았습니다. 나 자신의 비참함을 헤아리고, 나에 대한 당신의 선의를 느꼈습니다. 나는 자신의 허무를 맛보았습니다. 당신은 평화를 주셨습니다.

쓴맛 속에 달콤함이 있고, 고뇌 속에 기쁨이 있으며, 낙담 속에 힘이 있고, 벌하는 신 속에 사랑하는 신이 있다. 꿀은 사자의 입 안에 있다. 생명을 얻기 위해 잃는 것, 받기 위해 바치는 것, 모든 것을 획득하기 위해 아무것도 소유하지 않는 것, 신이 우리에게 돌아올 수 있도록 자아를 버리는 것, 이 얼마나 불가능한 일이고 이 얼마나 장엄한 실재인가! 고뇌하지 않고는 진정으로 행복을 알 수 없다. 속죄한 자는 선택받은 자보다 행복하다. 회개한 죄인은 주피터의 행복보다 훨씬 더 신적이고 영원한 행복을 느낀다.

고통을 신으로 섬기는 것, 선에 의한 악의 변형, 이것이 신의 기적의 극치이다. 사랑에 의해 자유로운 창조물을 신이 계신 곳으로, 나쁜 세계를 선으로 데리고 돌아가는 것, 이것이 창조의 완성이고 무한한 이웃 사랑의 영원한 의지이다. 회개하는 영혼 하나하나는 세계 역사의 상징이다. 행복을 느끼는 것, 영원한 생명을 파악하는 것, 신 안에 있는 것, 구원받는 것, 이것은 모두 동일한 것이며, 문제의 해결이자 생존의 목적이다. 행복은 곤궁과 마찬가지로 성장한다. 불변하는 평화 속에서의 영원한 성장, 점점 깊어지는 원인 규명, 점점 강렬해지고 정신적이 되는 천국적인 기쁨의 파악, 이것이 행복이다. 행복에는 한계가 없다. 신에게는 바닥도 없고 기슭도 없으며, 행복은 사랑에 의한 신의 획득이기 때문이다.

생명의 중심은 사유 속에도 감정 속에도 의지 속에도, 생각하고 느끼고 원하는 것으로서의 의식 속에도 없다. 완전히 하나의 윤리적 진리가 그러한 모든 방법으로 일단 침입당하고 파악된 뒤, 우리에게서 벗어나 있을지도 모르는 것이다. 의식보다 깊은 곳에 존재가, 우리의 실체 자체가, 우리의 본성이 있다. 이 궁극의 영역에 들어가서 우리 자신이 되어 자발적이며 의지를 떠난 것, 본능적이며 의식이 없는 것이 된 진리만이 진정한 우리의 생명, 즉 우리 소유 이상의 것이 된다. 진리와 우리 사이에 어떤 간격이든 인정할 때, 우리는 진리 바깥에 있다. 생명의 사유, 생명의 감정, 생명의 욕구, 생명의 의식은 아직 완전한 생명이 아니다. 그런데 우리는 우리의 평화와 안정을 생명, 영원한 생명 속에서밖에 찾아내지 못한다. 영원한 생명은 신의 생명이고 신 자체이다. 신과 같아지는 것, 바로 여기에 생명의 목적이 있다. 이 순간에 이르러 비로소 진리는 더 이상 우리에게서 사라지지 않게 된다. 왜냐하면 진리는 이미 우리 밖에 있지 않고, 우리 안에 있지도 않으며, 우리가 진리가 되고, 진리가 우리가 되기 때문이다. 그렇게 되면 우리는 신의 하나의 진리, 하나의 의지, 하나의 작품이다. 이제 자유는 자연이 되고, 창조물은 그 창조자와 하나가 되며 사랑에 의해 하나가 된다. 그 마땅히 되어야 할 것이 된다. 교육은 완성되고 결정적인 행복이 시작된다. 시간의 태양은 지고 영원한 행복의 빛이 나타난다.

우리의 내적인 마음은 이것을 신비한 심경에 속하는 것이라고 부를지도 모른다. 그렇다 해도 이것은 예수의 신비로운 심경이다. '나는 나의 아버지

와 하나가 된다. 너희는 나와 하나가 되라. 우리는 너희와 하나가 되리라.'

(날짜 없음)

교만의 단계에는 두 가지가 있다. 그 하나에서는 스스로 자신을 시인한다. 또 하나에서는 자신을 그대로 받아들이지 못한다. 아마 후자가 훨씬 더 심각한 것이리라.

1854년 1월 23일 (M)

겨울이 되면 나무가 문체를 비교하고 연구하는 데 도움이 된다. 나무에 다양한 구조가 있는 것처럼 문체에도 여러 가지 양식이 있다. 즉 사상을 전개하며 큰 가지를 세우고 작은 가지를 곁들여 밀집시키며, 잎을 붙이는 수법에 여러 가지가 있는 것이다. 느릅나무, 플라타너스, 떡갈나무, 포플러, 사과나무, 배나무, 그밖의 수십 종의 나무의 양식, 아카시아, 호두나무, 물푸레나무, 단풍나무의 양식이 있다. 언어를 구사하는 대가(大家) 한 사람 한 사람의 근본적 구조, 살아 있는 나무 형태를 발견하는 것만큼 유익한 일은 없다. 하나하나의 문학양식도 마찬가지로 어떤 과의 식물과 유사점을 찾을 수 있다. 거기에 생명의 상징이 있다. 명성이 주는 매력은 그것에 수반되는 불쾌감을 보상할 수 있을까? 무명에 수반되는 불쾌감은 그 매력에 필적할 수 있을까?

나무나 풀에 내린 서리의 눈부신 결정은 화려한 자수로 장식된 관목을 휘어지게 하거나 때때로 꺾어버리기도 한다. 위대한 명성이 눈부신 광채로 비춰낸 사람들의 얼굴을 그 차가움으로 창백하게 하고, 무거움으로 기울게 하는 것에 비유할 수 있다. 명성의 매력은 그것에 수반되는 불쾌감을 보상할 수 있을까? 무명의 불쾌감은 그것에 수반되는 매력의 대가가 될 수 있는 것일까?

1854년 1월 31일

산책. 믿을 수 없을 정도로 맑은 공기. 눈의 기쁨. 태양이 어루만져주는 듯한 포근한 부드러움. 온몸의 희열. 봄의 매력. 시와 사랑으로 가득 차 사물을 정화하고 마음을 움직이는 수로 옆 트란세(제네바 남부의 가로수길)의

벤치에 지긋이 앉았다. 성 앙투안(제네바의 산책로) 쪽에서 들려오는 취주악의 탄력적인 소리의 물결을 마음속에 떠올리거나 눈을 뜨고 초원과 산 중턱을 우주의 생명이라는 느낌으로 바라보면서, 운치 있고 강렬한 생활을 맛보았다. 도마뱀으로서, 장님으로서, 벙어리로서, 화가로서, 시인으로서 즐겼다. 그러나 그것을 즐기는 데는 혼자가 아니면 안 된다.──어린 시절, 중학교 시절 잊고 있었던 인상과 색채, 음영, 빛, 산울타리, 새소리가 시를 향해 열려가는 마음과도 같은, 뭐라 표현할 수 없는 효과를 다시 찾아낼 수 있었다. 나는 어린 시절로 돌아가 모든 사물에 놀라며, 느긋하고 무지한 듯 단순해졌다. 나는 생명과 자연에 몸을 맡겼다. 이 두 가지는 무한한 부드러움으로 나를 요람 속에 눕혀주었다. 나는 요정의 손가락에 닿은 것처럼, 생명이 있는 것, 생명이 없는 것들의 언어를 알아들을 수 있을 것 같은 느낌이 들었다.

언제나 순수한 이 자연을 향해 자신도 완전히 순수하게 문을 여는 것, 이 영원한 생명이 자기 안에 들어갈 수 있게 하는 것, 그것은 또한 신의 목소리를 듣는 것이다. 감각이 기도가 될 때도 있다. 자기를 버림으로써 오히려 자기를 찾을 수도 있다.

인간에 대하여

젊음이여, 너와는 이제 이별이런가
단 하루라도, 아름다운 사람이
따뜻한 마음에 모든 것을 잊고
내 품 속에서 전율할 수 있다면 몰라도,

1854년 2월 18일

마음을 표현하는 데 형용사가 아닌 동사를 사용하면 스콜라적 심리학을 죽이게 된다. 그것은 이른바 능력이니 부차 능력이니 하는 부분과 단편적인 모자이크 대신, 정신의 활동을 인정하는 것이 되기 때문이다. 해부학 대신 기관학(器官學)을, 뱀 모양의 섬유 대신 풍부하고 유연한 통일적 생명을, 사람이 만든 임기응변적인 도구 대신 창조적이고 영속적인 힘을, 즉 물질 대신 정신을 선택하는 것이다. 사물의 이름을 나타내는 명사는 프랑스 사상에 있어서 자연스러운 형식이다. 그것 때문에 프랑스의 사상은 철학적이지 않다. 철학은 신비의 의식이며, 신비는 창생, 생성, 출현, 다시 말하면 무에서 태어나는 것, 발생, 출생, 즉 동사이다. 독일 철학은 동사로 생각한다.

우리 국어(프랑스어)에서는 모든 것이 함축되어 결정체가 된다. 실질이 아닌 형식을, 형성이 아닌 성과를, 즉 생각되는 것보다 보이는 것, 안보다 밖을 추구하기 때문이다. 우리는 목적을 추구하는 것이 아니라 도달한 목적을, 과정이 아니라 목표를, 즉 완성된 사상, 완전히 구운 빵을 좋아한다. 레싱과는 반대다. 우리는 결론을 원한다. 완성된 것의 명백함은 표면적인 명백함, 물체적이고 외적인, 말하자면 태양의 명백함이다. 그런데 거기에 없는 생성의 느낌은 불가능한 것의 명백함, 불투명한 것의 명백함, 암흑의 명백함이다. 우리는 언제나 표면에서 서성이고 있다. 우리의 머리는 형식적이다. 즉 들떠 있고 물질적이고, 아니 예술적이고 비철학적이다. 그것이 원하는 것은 사물의 형태, 모습, 상태이지 사물의 깊은 생명, 영혼, 비밀이 아니다.

1854년 3월 16일 부베(Vevey. 레만 호 동북쪽에 있는 도시)

기슭의 선, 이랑의 물결을 더듬으며 오랫동안 꿈꾸었다. 자신이 쇠퇴하고 있음을 느끼는 찌르는 듯한 어두운 마음. 우리에게서 사라져 가는 힘은 모두 죽음보다 괴로운 쇠퇴의 전조이다. 이 고통이 신랄한 점은 사람의 마음 자체가 침해당해 인간으로서의 품위가 깎이는 것처럼 느끼는 데 있다. 사물의 단계로 내려가는 것은 가장 무서운 일이 아닐까? 확실히 자신의 품위와 행복을 사멸시키는 일이 없는, 자신의 의식과 정신의 불멸하는 요소 위에 두는 동안에는 그럴 것이다. 우리의 내부와 외부를 막론하고 사멸하는 모든 것에서 이탈하는 것이 우리의 평화를 구제하는 방법이다.

산과 구름이 단조롭고 차가운 창백함을 비추고 있는, 한결 같고 광택이 없으며 조용한 호수, 밝은 슬픔을 품은 이 호수는 나에게 뭔가 말했다. 마력이 사라진 생활도 천국의 추억을 가지면 의무로 극복할 수 있다고. ——모든 사물의 추이, 모든 생명의 숙명, 모든 생존의 표면 아래에 있는 우울, 그러나 동시에 움직이고 있는 물결 아래에 있는 밑바닥에 대해 나는 깊고 확실한 직관을 느꼈다.

네가 받아들인 진리를 증명하라. 다른 사람들이 살아가는 것을, 잘 살아가는 것을 도와라. 누구의 가슴, 누구의 마음도 슬프게 하지 말라. 더 자주 과감하고 진지하게, 진실하고 단순하게 사랑하라. 주위를 지나치게 의식하지 말고 더욱 선량해지고 더욱 대범해져라. 그러면 더욱 자주 선을 행할 수 있는 기회가 올 것이다. 선을 행하는 것은 사람이 느낄 수 있는 가장 즐거운 만족이다. 이해받고 존중받고 사랑받는 것은 나중에 따라오게 마련이다. 진정한 의식의 만족은 마음의 만족보다 훨씬 더 강하기 때문이다.

1854년 3월 29일

(아침) 정신적 위생. ——외부 세계와 호흡을 맞춰라. 지나치게 긴장하지 말라. 내적 자유의 커다란 적은 자연과 관계를 끊는 것이다. 관계의 회복이 느껴질 때까지, 사물의 모양과 색깔, 거리와 부피가 네 안에 선명하고 평화롭고 강력하게 재현될 때까지 아침의 조용한 빛 속에 침잠하라.

오늘 아침에는 (7시부터 7시 반까지) 신경을 울리는 모든 음계가 나의 내부에서 차례차례 들려오는 것을 느꼈다. ——객관성을 되찾느라, 즉 자신을 잊고 자신을 안정시키느라 무척 힘이 들었다. 질병으로 예민해진 신체가 사물과 나 사이에 끼어 있다.

기쁨과 나 사이에는 언제나 어떤 그림자가 지나간다.

정신생활에서 나에게 친숙하지 않은 광야에 들어가려 하고 있었다. 내가 가지고 있던 가장 강한 부분이 가장 약해진다.——그곳에 자신의 마음을 두지 말고, 애태우지 말고, 마음을 어지럽히지 말고, 그 광야를 관찰할 것.
교육은 목적을 바꾸지는 않아도 방법을 바꾼다. 노력에 의한 만족 다음에 인내에 의한 만족이 온다. 어쨌든 만족하라. 평정을 유지하라. 그것이 가장 강한 힘이다. 자신의 신경으로부터, 눈에 보이는 신체적인 자신의 정신으로부터 해방되는 것, 내부의 더욱 깊은 영역으로 끌어들이는 것, 그것이 필요하다.

(밤) 자아를 비아(非我)처럼 냉정하게 관찰하는 습관으로 나는 두개골 밑에 있는 뇌수의 다양한 영역이 살아가는 것을 느꼈다. 열이 유연한 물체로 들어갈 때, 거기서 야기되는 진동과 비슷한 병적인 진동을 희미하게 느낀 다음, 전체 또는 어떤 부분(관자놀이와 후두부)에 엄습해 오는, 표면적인 또는 깊숙하고 가벼운 수축을 느끼고, 이어서 뇌의 한가운데에 고통스러운 긴장을 느꼈다. 그 동안 오후 4시부터 6시까지 반드시 집필해야 했던 약간의 노력이, 나를 해치고 압박했던 것이다. 나의 신경섬유는 탄력을 잃어 정상활동과 정상 상태로 돌아갈 수 없었다.——괴로운 감정, 약간 강한 감각, 의지와 눈과 귀의 긴장도 지금의 내 힘에는 벅찰 뿐이다. 나는 잘 걷고 먹고 잠도 잘 잔다. 근육의 피로는 느끼지 않는다. 그런데도 힘이 없다. 싱싱하고 남자다운 행위는 나와는 거리가 멀어 거의 다가갈 수 없는 것으로 보인다. 어린아이도 젊은이도 어른도 나는 그저 부러울 뿐이다.
나는 모두가 언젠가의 나 자신의 모습처럼 지나가는 것을 보고 있다. 생명의 나머지 부분은 모두, 아니 필요한 것마저 나에게서 빼앗아 가버리고 말았다. 이 빈약하고 쓰러질 것처럼 힘이 빠진 인상은 묘하게 쓸쓸한 느낌이다. 수확할 때가 되었는데 수확자가 그 이랑에 쓰러진다. 말라리아에 걸린 것이다. 나는 사색의 생활을 지나치게 좋아했다. 그것을 지나치게 자신의 도피처, 은신처, 안전한 곳으로 삼았다. 말하자면 조금은 나의 비밀스러운 우상 같은 것이었다. 그것이 무너졌다. 신의 손이 나에게 다가와 나를 시험한다.

신은 나에게 다른 것은 얼마든지 준다. 안락함과 한가로움, 독립과 가족과 지위도 주고 있다. 다만, 한 그루의 나무, 지혜의 나무를 금하고 있을 뿐이다. 다행히도 생명의 나무는 남아 있다. 자신의 몸을 버리고 십자가를 짊어져라. 모든 잃어버린 것에서 마음을 떠나보내라. 적은 것으로 만족하고, 오직 필요한 것, 생명 나무의 열매를 맛보는 법을 배워라. 그렇게 하면 다시 평정을 얻을 수 있다. 말하는 것을 들어라. 머리를 숙이고 굴복하라. 흥분, 저항, 분노, 불쾌감, 의기소침은 그만두어라. 신이 하시는 일은 선하게 이루어지고 있다. 신의 의지는 너의 선이다.——너는 마음을 단순하게 먹고 욕망을 제한하고 계획을 작게 가질 수 없었다. 이제는 그렇게 하는 수밖에 없지 않은가? 너는 자신의 진정한 한계를 인정하고 싶어했다. 이제 불평할 수 없는 한계가 나타났다. 너는 불안하고 어수선하며 마음이 변하기 쉽고 명예심이 강했다. 지금 너에게 쉽게 비하하고 절제할 수 있게 하는 것이 등장했다.

악에서도 선을 이끌어낼 수 있다. 먼저 알고 거기서 고통을 참는 방법을 배울 수 있다. 고통의 가르침을 받고 선해져서 진정한 의무, 진정한 힘, 지지점(支持點)을 알아낼 수 있다.——질병의 종교가 건강의 종교보다 진실할까? 만약 후자가 패배하는 시련을 전자가 견딘다면 진실이라고 할 수 있다. 건강에 있어서나 질병에 있어서나 우리의 평화를 유지하는 신앙은 건강 상실과 함께 마구 흔들리는 신앙보다 진실하다. 바로 물의 시련이나 불의 시련에 모두 잘 견디는 물질이, 물의 시련밖에 견디지 못하는 물질보다 견고한 것과 같다.

1854년 7월 27일

(저녁 5시) 다르부빌 부인 (Mme Sophie d'Arbouville. 1810~1850년. 저작은 1855년 파리판 《시와 소설》 Poésies et Nouvelles 3권에 정리되어 있다)의 《네덜란드 역사(*Histoire hollandaise*)》를 다 읽었다. 처음 읽었을 때처럼 강렬한 감동을 느껴 눈에는 눈물이 맺히고 이마에서는 땀이 배어나왔다. 이 '역사'는 나의 골수까지 뚫고 들어갔다. 그 진실이 두렵다. 나에게 스며드는 평온한 도취, 무한한 무감동으로 그것을 느꼈다. 그 조용함으로 몸을 전율케 하는 수도원의 시(詩), 언젠가는 사라질 모든 섬유와 지상의 모든 사랑의 완만한 파괴와 장례의 깊은 평화는, 해질녘에 그늘이 골짜기를 침입하듯이 나를 엄습해 온

다. 천국에 대한 향수가 나의 심장을 죄어왔다. 시간을 지루하게 하는 영원에 대한 갈증, 신의 목소리가 들리는 세계와 정신의 위대한 침묵, 모두 이 박탈과 대망(待望)과 불변의 생활, 고독의 비극, 금욕자의 뭐라 형언할 수 없는 나른함, 가톨릭의 경이로운 비통함, 이런 것들이 나를 압박하며 끝내 전율로 이끌고 갔다. 장엄한 것인가, 기괴한 것인가? ――무엇으로도 대신할 수 없는 종교 형식 가운데 하나, 의식 상태 가운데 하나이다. 신의 사랑과 신성의 순수하고 추상적인 형식이다. 산만한 생활의 사소한 일 속에서 신을 잃는 것, 세속적인 마음과의 접촉 때문에 신을 아는 감각이 무뎌지는 것이 두려워, 자신의 신성한 보편성에 정신을 집중한다. 수도원은 단순화한 생활, 추방당했을 때의 은신처, 천국의 주랑(柱廊), 신 안에서 잠자며 생활을 개선하거나 피하기 위해 돌아갈 수 없는 것, 안정, 침묵을 필요로 하는 나약하거나 무너져버린 마음의 지주이다. 생활과 행복에 대해 전혀 신념을 가진 적이 없거나 더 이상 가지지 않게 된 사람, 시간, 애정, 인간 및 사물에서 아무것도 기대하지 않는 사람, 즉 자기 안에서 모든 욕망이 사라져가는 것을 느끼는 사람, 그런 사람은 수도원의 문을 열어달라고 부탁할 수 있다. 세상은 그런 사람에 대해 아무것도 해줄 수 없다.

(밤 7시 반)
몽상이 나를 차례차례 아주 먼 곳으로 데리고 갔다. 진지한 감정이 나라는 존재를 어떻게 해버리는지 잠깐 엿보았다. 잊어버린 사람과 잊어버린 장면을 꿈꾸었다. 그리하여 나의 가슴속을 헤쳐 보았다. 스스로 더욱 상처를 주고 있음을 깨닫고 외로웠다. 타인의 야유, 조롱, 냉소, 냉담이 나에게 무서운 힘을 미치고 있다. 나는 모두의 찬성 없이는 과감하게 행동할 수도, 사랑할 수도, 창작할 수도 없다. 나의 의지는 내향적이고 겁이 많으며 갈수록 소심해지고 있다. 나의 사상이야 어떻게 되든 상관없는 사항뿐이면 몰라도, 나의 인격을 주장할 기운이 없다. 자아에 대한 신념을 가지고 있지 않기 때문에, 자신이라는 개체가 부끄럽고, 그것을 주장하고 긍정하고 결정하는 것은 모두 두렵다. 다른 사람들은 나를 어떻게 하도록 만들 힘은 없지만, 나를 완전히 마비시켜버리는 것은 얼마든지 할 수 있다. 내 안에 있으며 터무니없이 격해지기 쉬운 자존심과 감정에 상처를 줌으로써, 다른 사람들은 나에게 염증을 일으키게 하여 나를 완전히 풀이 죽게 만들어 버린다.──결국 나는 조심조심 욕구가 시키는 대로 하며 독립을 열망하지만 그럴 만한 능력이 없다. 빈틈없고 조심스러우며 감수성이 예민하고, 괴로워하는 동시에 즐기는 능력을 풍부하게 가지고 있으며, 사랑, 생활, 인간을 열렬하게 요구하면서도 오히려 그것들을 두려워하고 있다. 나는 나의 모든 본능을 두려워하여 내 생활을 부단한 강제와 침묵으로 일관한다. 내가 패배하는 유일한 본능은 나의 모든 감정을 얼음과 공포로 다루려는 것이다. 나는 운명을 극도로 두려워하고 있고, 나를 끌고 가는 것은 무엇이든 겁내고 있다.──그 점에 나는 언제나 내가 고아로서 보낸 유년시절과 사람을 멸시하고 싶어하는 제네바의 공기를 인정한다. 내 안에 있는 감수성의 기관은 외계의 불순한 기후를 아무렇지도 않게 생각할 수 있을 만큼 강했던 적이 없다. 그 섬세하고 연약한 신경이 상처받지 않게 하기 위해 안에서만 생활하는 버릇이 생겨버렸다. 나는 모든 경우를 개척하여 나의 길을 만들 준비가 되어 있지 않다. 상상의 작용에 의하지 않고는 사물을 즐긴 적이 없다. 아무런 생활도 하지 않았던 것에 대한 위안으로 모든 생활을 꿈꾸었다고 할 수 있을 것이다. 사람들이 나의 행복을 간섭하지 못하도록 모든 사상이 지나가는 것을 그저 바라만 보고 있었다고 할 수도 있다. 또, 가능한 한 남에게 귀찮은 존재가 되지 않고 고통을 받지 않기 위해, 아무것도 과감하게 한 적이 없었다는 얘기도 된다. 손을 내밀어 운명의 공격을 부르지 않기 위해, 가능한 한 소극적으로 살았다는 얘기도 될 것이다. 마음이 우울해지게 만드는 신탁(神託)이다. 그렇지만 의식(양심)과 신의 목소리가 다른 신탁을 들려주지 않는 한, 나는 이것에 따르는 수밖에 없는 것이 아닐까?──미지의 것을 두려워하고 용기가 꺾이며 마음을 놓지 못하는, 불타오르는 감정이 격렬한 나의 본성에 있어서는 내 편으로서 신이, 동료로서 명증(明證)이, 지주로서 의무가 필요하다.──신의 가호. 이 말은 책임의 고뇌로부터 쉬는 데 있어 굉장히 온화하게 울린다.

1854년 11월 5일

오늘은 5시간 동안이나 열심히 눈과 손 재주를 연습했다. 아이들이 객석에서 넋을 잃고 박수를 친다. (도미노, 장난감, 트럼프, 의자, 물을 담은 컵, 물병, 칼, 빗자루, 귀가 시끄럽게 울리는 소동, 여러 가지 놀이) 집안의 모든 것을 흔들어 놓은 후, 균형을 잡고 춤추게 하고 공중제비를 하게 하며 개구쟁이처럼 놀았다. 유쾌한 역학, 중력과 공간의 감각, 궁리와 반전(反轉), 그 모든 것을 활용했다. 그러나 결코 무익하지는 않았다. 이러한 어린애 같은 우스꽝스러운 일들이 머리를 식히고 성격을 젊게 하면서, 상상 작용의 원동력과 모든 기관의 올바른 운용을 발달시키며, 타인을 즐겁게 하는 동시에 나 자신도 흥겹게 한다. 어떤 어려움이라도 그것을 극복하는 것은 항상 은밀한 기쁨을 준다. 진정 그것은 한계를 물리치고 자신의 자유를 증대하는 것이 되기 때문이다. 승리는 모든 것을 성장시킨다. 전혀 눈에 띄지 않는 승리라 해도, 장난감에 대한 승리라 해도, 왜 그럴까? 어떤 승리도 결국은 자기 자신에 대한 승리, 따라서 또 자신의 성장이기 때문이다. 내가 피라미드형의 것을 그 뾰족한 끝으로 세웠을 경우에, 내가 그 물질을 복종시켰다기보다 나의 무능력을 하나 줄인 것이 된다. 즉, 내가 물리친 한계는 내가 획득한 힘이며, 내가 파괴한 노예 상태는 지식과 힘의 증가이다. 싸우는 것, 그것이 생활이다. 성장하는 것, 그것이 생활의 보상이다.——이것이 장난의 철학이다. 모든 것이 서로 연관을 맺고 있다.

1854년 11월 19일

《코퍼필드》 마지막 2권을 읽었다. ……아그네스는 오랜만에 나의 눈을 황홀하게 하고 촉촉하게 젖게 해주었다. 이것은 분명히 내가 좋아하는 히로인, 아니 나의 가장 소중한 여성의 이상이며 완전한 헌신, 천국 같은 청량한 순결, 깊고 부드러운 조용함, 무엇에도 못지않은 충실, 아름답고 크고 단순한 정이 담긴 종교적으로 오염되지 않은 마음, 사람을 평화롭고 강건하고 선량하고 위대하게 하는 힘을 가진 마음이다. 내 꿈과 일치되는 소설 속의 인물을 만났을 때, 내가 모든 것을 잊고 사랑할 수 있을 것 같은 감정이 분명하게 느껴진다. ——내가 지금까지 늘 차갑게 살아온 이유는 현실이 무엇 하나 갖추어진 것을 제공하지 않았기 때문이며, 무엇이든 이상(理想)에 균열이 가게 하는 것은 내 안의 사랑을 마구 상처줬기 때문이다. 나는 아직 어떤 종류의 일에 대해서도 포기한 적이 없고 싸구려 존재로 참을 수도 없다. 이상이 내가 생활하는 것을 방해하고 있다. 나의 향상심은 그 비밀스러운 희망과 같은 높이의 만족을 찾지 못하고 있었다. ——나의 생활을 시적으로 바라볼 수 있으면 좋겠지만, 생활은 역시 그저 하찮은 것, 산문적인 농담처럼 생각된다. 나의 시는 나의 외부에 있다. 그것이 나의 병이다. 자신에 대한 불안과 냉소는 나의 약점이 되었다. 소년시절엔 나의 처지가 나에게 살육전을 걸어왔지만 이번에는 내가 나 자신에게 그 일을 계속해 왔다. 나는 자신을 역사적으로도 영웅적으로도 볼 수 없다. 때문에 나는 나를 진심으로 생각하고 있지 않다. 나에게 나는 하잘것없는 존재이다. 나는 아기의 입에 물려주는 장난감처럼 자신의 본성을 가지고 놀고 있다. ——내가 도중에 만나는 온갖 애정과 성격에 대해서도 마찬가지다. 나는 행운이나 섭리의 은혜라는 것을 믿은 적이 없다. 그런 때는 스스로 이렇게 말한다. 그러고 보면 이건 대단한 것이 아니야, 얻은 것인걸. 은혜는 보채서 얻은 것에 비례한다. 자신을 업신여기는 것을 그만두게 해준 ***의 본능은 지극히 당연한 것이었다. 그 사람의 말이 옳았다. ——자신을 진심으로 생각하지 않으면, 성령을 네 안에 살게 하고, 세상에서 첫 번째 특권을 가진 마음과 같은 가치를 인정해주는 신을 모멸하는 것이 된다. 그런 냉소는 네 안에 있는 신의 선물에 대한 불경에 해당한다. 그런 식으로 존경을 잃는 것은 개인의 진정한 가치를 무시하는 것이다. 한마디로 말해 그런 장난은 반종교적인 동시에 해롭다. 신에 대한 경외를 지혜의 시작이라고 하는데, 인격적 품위의 느낌은 힘의 시작이다. ——강한 사람, 그리고 천재는 자신의 개인적 경험에 보편적이고 대표적인 가치를 인정하는 사람, 즉 사물을 보면 거기에 내포되어 있는 것을 완전히 이해하고 그 전형적인 의의를 지적하는 사람을 말한다. 장 파울과 에머슨이 말했듯이, 위대한 작가는 당당하게 자기를 주장하는 사람이다. 그런데 당당하게 자기를 주장하려면, 자신을 신의 섭리에 정당한 기관으로 느끼지 않으면 안 된다. 따라서 자기를 고상하게, 자신의 일을 훌륭하게 생각해야 한다. 관조에 의해 인간의 존엄에 관한 이상과 각자 마음의 무한한 가치에 대한 느낌을 자신의 가슴에 되살리지 않으면 안 된다.

캐리커처나 이상과의 대비에 대한 매우 날카로운 느낌이 너를 냉소적으로 만든 것이다. 실재를 더욱 파고들어 보라. 그러면 실재의 풍부한 점이 너에게 실재를 가볍게 생각하지 않도록 할 것이다. ——오직 신만은 우스꽝스러워지는 일이 없다. 신이 아닌 것, 신에게서 나오지 않는 것은 모두 우스꽝스러운 것이다. 그러나 신은 가는 곳마다 있으므로 모든 것이 또한 엄숙한 것

이 될 수 있다. (한밤중에)

1854년 12월 17일
　특별한 일을 하지 않을 때 우리는 온몸으로 생활하고 있는 것이다. 우리를 파악하고 성장시키려 하면, 우리는 즉시 성장을 멈추어 버린다. 의지는 잠시 작용하지 않게 되지만 자연과 시간은 여전히 작용을 계속한다. 그리하여 우리 생활이 잠시 우리의 것이 아니어도 일은 역시 계속된다. 우리가 있든 없든, 또 우리가 싫어해도 우리의 생존은 지나갈 수 있는 단계를 통과하고, 우리의 보이지 않는 심령은 그 누에고치의 명주실을 짜 올리며, 우리에게는 운명이 부과되고, 우리 생활의 모든 시간은 우리가 죽음이라 부르는 개화(開花)를 향해 작용을 계속해 간다. 그러므로 이 활동은 숙명적인 것이다. 수면도 게으름도 그것을 중단시키지 못한다. 오히려 이 활동은 자유롭고 정신적인 것이 되고, 공포가 아닌 희열이 될 수 있다.

(날짜 없음)
　어리석은 사람을 상대할 때의 태도만큼 인품을 드러내는 것은 없다.

(날짜 없음)
　자신의 자부심에 맞는 의견을 가지지 못하는 것과, 자신의 장점을 인정해 주는 사람이 취미가 없는 사람인 것은 무엇보다 괴로운 일이다.

(날짜 없음)
　진실하라. 이것이 웅변과 덕성의 비결이다. 윤리적 권위이다. 예술과 생활의 최고 격언이다.

1855년 2월 2일
　파도가 들끓는 대양의 수면 위에서 갑자기 눈 깜짝할 사이에 튀어 오르는 물거품처럼, 우리의 생명은 느긋한 것이나 불안한 것이나 자신을 끌어당기는 무덤 위에서 방황하고 있다. 삶에서 죽음으로, 비슈누에서 시바에게로 마구 흔들리며 오가고 있는 우리는 자연의 1주일에 있어 1초를 1년으로 계산하는 하루살이에 지나지 않는다. 아직까지 나는 영원과 무한에 대해 지금처럼 우리의 생존을 공허하게 느낀 적이 없었다. 우리가 위대한 점은 이 생애를 한 점으로 축소하여 그것을 신에게 바치고, 시간, 유한, 변화로부터 억지로 몸을 벗어나 영원과 무한의 주민이 되어, 공간에서 정신으로, 이기심에서 사랑으로, 악에서 선으로, 세상에서 신으로 옮겨가는 데 있다. 이 나약하고 과감하지 못한 삶에서 영원한 생명을 충분히 파악할 수 있다. 그러고 보면 이 삶은 상당히 위대한 것이다. 거기에 무한이 싹트고 있으면 작은 것은 아무것도 없다. 그런데 신은 우리 안에 있으며 또한 우리 안에서만 살기를 원한다. ……신에게 자기를 개방하여 죽지 않게 되고, 마음의 중심으로 피난하여 지나가는 것으로부터 벗어나며, 자신의 힘이 시리우스와 알데바란 같은 항성보다 위대한 불멸의 것임을 깨닫고, 감사하는 마음으로 자신의 품위를 되찾아 지고한 생활의 요람인 인간의 삶을 찬미하면서, 자기 안에 무의 몫과 유의 몫을 인정하는 것. 이것이야말로 위대한 삶의 방법으로 종교 속에 가장 잘 요약되어 있고, 그리스도교 속에서 가장 잘 실현되고 있는 것이다. 죽어야 하는 삶은 영원한 삶의 수행 시절이고, 우리 안에 사는 것이 이기적인 자아가 아니라 신이 되는 순간이며 그때부터 영원한 삶이 시작된다.

1855년 3월 28일
풀잎 하나에도 이야기가 있고 하나의 마음에도 소설이 있으며, 하나의 얼굴에도 미소가 슬픔을 가리고, 하나의 생애에도 바늘이든 가시든 비밀이 숨겨져 있다. 도처에 슬픔이 있고 희망이 있고 희극이 있고 비극이 있다. 나이 그 자체의 화석작용으로, 소년시절의 동요와 번민을 마치 어떤 화석이 보여주는 비틀린 모습으로 확인할 수 있다. 이 생각은 안데르센이나 발자크, 시인이나 설교자의 마법 지팡이로 육안에서 한 껍질을 벗겨 인간 생활의 내부까지 환하게 볼 수 있게 하고, 귀를 열어 미지의 선율 세계를 들려주며 자연의 수백 가지 언어를 이해할 수 있게 한다. 고통스러운 사랑은 인간에게 다양한 국어를 기억하게 하고 비애는 사람을 예언자와 마법사로 만든다.

1855년 4월 16일
오늘 아침에는 기후가 기분에 미치는 놀라운 작용을 느꼈다. 이 투명하고 푸른 공기와 정오의 태양으로 나는 이탈리아인, 스페인인이 되었다. 벽마저도 미소를 짓고 있었다. 나는 자연 전체가 좋아졌다. 마로니에는 모두 축제의 옷을 입고 있었다. 모든 가지의 구부러진 끝에서 작은 불꽃처럼 반짝이고 있는 새싹들이, 영원한 자연의 무도회에 봄의 촛불이 되어주고 있었다. 풀숲의 축축한 냉기, 안뜰의 투명하게 보이는 그림자, 생피에르의 갈색 탑의 대열, 거리의 새하얀 간지석(間知石), 모든 것이 싱싱하고 정겹고 친절했다. 나는 어린아이 같은 마음이 되었다. 생명의 물이 식물 속을 뚫고 흐르듯이 내 혈관을 타고 올라왔다. 나는 오랜만에 감각의 기쁨을 느꼈다. 불안과 불쾌감으로 주름진 낡은 고치를 완전히 벗어버리고, 다시 나비로 태어나는 심정이었다. 순수한 행복, 완전히 어린이 같은 기쁨을 조금이라도 느낄 수 있는 것은 말할 수 없이 큰 즐거움이었다.——방금 거리에서 멈춘 나팔 소리가 열여덟 살 때처럼 나의 심장을 두근거리게 한다. 영원한 취기, 현재라는 장밋빛 사랑의 샴페인에 약동적으로 울리는 희망의 소리, 생명의 황홀경인 정원 속으로 들어가는 소녀의 마음, 사랑하여 그리워하는 마음이다.

　나는 아직 젊다. 고마운 일이다. 스스로 어느새 나이를 먹었다고 생각한 지 몇 주일, 몇 달이 지났는지 모른다. 시여, 자연이여, 청춘이여, 사랑이여, 오라. 그 마력의 손으로 나의 생명을 다시 반죽하여 내 안에서 너희들의 불멸의 왈츠를 시작하라. 언어의 멜로디를 노래하고, 불사의 잔을 마시게 하여 나를 마음의 올림포스로 데려가다오. 아니, 이교(異敎)는 사양하기로 하자. 기쁨과 고통의 신이여, 당신의 뜻대로 하소서. 슬픔은 좋은 것입니다. 유쾌함도 좋은 것입니다. 당신은 나에게 유쾌한 길을 지나가게 해주었습니다. 나는 그것을 당신한테서 받고 그것에 대한 감사를 바칩니다.

1855년 4월 17일
　믿을 수 없을 정도로 맑은 광채 속에서 더운 날씨가 계속되고 있다. 밤 10시에 열어젖힌 창가에서 셔츠만 입은 채 이 글을 쓰고 있다. 2월 다음에 7월로 건너뛴 것 같다. ……낮에는 새소리, 밤에는 별빛으로 가득하다. 자연은 유쾌한 기분이 되어 그 호의의 광채를 발하고 있다.

　지금까지 두 시간쯤 이 장대한 광경을 바라보며, 무한의 신전에서, 모든 세계 앞에서, 광대한 자연 속에서 신의 손님이 된 듯한 느낌이었다. 빛이 없는 에테르 속을 헤매도는 이 모든 항성들이 멀리서 지구에 있는 나를 끌어당겼다. 환희에 잠기는 마음속에 뭐라 형용할 수 없는 평화와 영원한 생명의 이슬이 내렸다. 나는 지구가 푸른 대양에 배처럼 떠 있다고 느꼈다. 이 깊고 조용한 쾌감을 맛보는 것은 좋은 일이다. 인간 전체를 깨끗하게, 그리고 크게 해 준다. 감사와 순종으로 나는 그저 가만히 몸을 맡기고 있었다.

1855년 4월 21일

많이 읽었다. 머리는 맑다. 2년 전 내출혈 이후로는 드문 일이다. ──윤리적 동의어의 엄밀한 분석, 고증학, 민족학, 비교해부학, 우주론, 이런 것들로 하루가 꽉 차 있었다. 프리처드(James Cowles Prichard. 영국 의사, 인류학자 1785~1848년), 올라르(Hollard), 카루스(지상의 생활), 리비히(Justus Liebig. 독일 화학자, 1803~1893년) (동물화학)가 오늘의 읽을거리였다. ──항성천(恒星天)의 가장 높은 곳에서 기본 세포 속에 있는 원자의 연동에 이르기까지 우주를 맴돌며, 끝없는 창조물을 퍼지지 않는 점으로 줄여서, 그 점 속에서 무수한 태양, 은하, 별, 성운을 보고 있는 동안, 나 자신도 무한 속으로 퍼져나가 마음으로는 시간과 공간에서 해방되었다.

내가 손가락을 들 때 그것이 절대 정지점에 대해 공간 속에 그린 곡선을 따라가 보려 한 결과, 어떠한 수학적 포용량이라도 그 양극단에서 초월하는 하나의 적분을 확인할 수 있었다. 모세관의 맥박, 분자의 조형작용, 근육과 지구 중력 사이의 싸움(무의식적 인자), 의지적 운동(인간적 인자), 그리고 지축을 중심으로 하는 원운동, 위도와 그 평행선이 그리는 작은 원의 반경의 함수에 해당하는 그 원운동의 속도, 그리고 지구의 이동에 의해 생기는 사이클로이드, 그것은 지구가 태양의 주위를 돌기 때문에 2차가 되고, 그 궤도가 타원이기 때문에 3차가 된다는 것, 그리고 우리 태양의 운동, 그것이 어쩌면 공동을 이루는 이중의 태양일지도 모른다는 것, 그 계통 자체가 우리의 소우주 속을 움직이고 있고, 소우주는 또 틀림없이 모든 하늘의 깊고 거대한 심연 속을 움직이고 있다는 것, 그런 것들이 이 적분의 적분이다.

그리고 모든 방향으로 신비와 경이와 기적이 한없이 수없이 끝없이 퍼져가고 있다. 나는 내 안에서 이 밑도 끝도 없는 생각이 솟아나는 것을 느꼈다. 나의 허무와 거대함을 손으로 만지고 느끼고 맛보고 껴안고, 신의 옷자락에 입을 맞추며 자신이 정신이고 생명이라는 것을 신에게 감사했다. 이 순간들은 신에 대해 살짝 엿본 것으로, 거기서 사람은 자신의 불멸성을 의식하며, 영원한 신의 사상과 사업을 연구하는 데는 영원도 그리 길지 않다는 것을 알고, 환희에 의한 망연자실함과 열렬한 사랑의 겸손 속에 그저 우러러볼 뿐이다.

1855년 5월 23일

우유부단, 게으름, 변덕, 의기소침, 무기력, 이 모든 지난날의 적들이 오늘 아침 한꺼번에 나를 엄습해 왔다. ……너는 너의 간을 슬픔의 음울한 독수리에게 맡기고, 미친 듯한 어리석음으로 너의 심장을 파먹으며 시간을 때우고 있다. 그것은 스스로 망나니 역을 하는 느린 자살이다. 고통스러운 사상의 꼭대기에 구멍이 뚫렸는데도, 너는 오히려 그것에 힘을 주어 빙글빙글 돌리면서 그것을 천공기(穿孔機)로 바꾸고, 모든 방향으로 구멍이 나버릴 때까지 멈추려 하지 않는다. 그 사려 없고 쓰디쓴 환락은 하나의 버릇이 되었다. ……골짜기의 밑바닥이 현기증을 불러일으켜 유인하듯이 해로운 감정은 모든 것을 끌어당긴다. 의지박약함은 머리의 박약을 가져오고, 심연은 그런 경우 무서워서 싫어하면서도 도피처럼 사람을 유혹한다. 온몸의 털이 곤두설 정도로 위험하다. 그 심연은 우리 안에 있고, 우리를 삼키려 하는 지옥뱀의 커다란 입처럼 벌어진 골짜기 바닥은 우리 자신의 깊은 내부이다. 우리의 자유는 이 허공 위를 떠다니고, 허공은 언제나 그것을 삼키려 한다. 우리의 유일한 부적은 중심에 집중된 윤리적인 힘, '의무'라고 부르는 빛과 '사랑'이라 이름하는 열을 가진, 스러지지 않는 작은 불꽃이라고 할 수 있는 의식(양심)이다. 이 작은 불꽃이 우리 삶의 별이 되지 않으면 안 된다. 그것만이 파도가 미쳐 날뛰는 광대한 바다 속에서 흔들리고 있는 우리의 방주(方舟)를 인도하여, 우리에게 바다의 유혹과 괴물, 밤과 홍수로 불어 닥치는 폭풍우에서 벗어날 수 있게 한다. 신성하고 자비로운 아버지 같은 신에 대한 신앙은 이 불꽃을 피우는 신의 빛이다. 신에 대한 발생설이 나온 원시적 공포의 깊고 무서운 시를 나는 통절하게 느낀다. 쇠사슬에서 풀려난 두 개의 힘, 즉 난폭한 혼돈과 태어나려 하는 세계의 이야기가 그대로 나의 생명, 나의 실체가 된다. 모든 것은 명백해지고, 불변의 대사상, 우주에 관한 신의 사상의 상징이 된다.

나에게는 사물의 통일이 하나하나 생생하게 보이고, 느껴지고, 내면화된다. 창조된 모든 형상이 존재의 무한한 모든 영역에서, 공간과 시간의 모든 양상 아래서, 영원한 조화의 깊은 곳에서, 재현하고 노래하고 있는 숭고한 모티프를 알아듣는 것처럼 느껴진다. 지옥의 림보스(구약성서의 의인이나 세례를 받지 않고 죽은 유아의 영혼이 사는 곳)에서 나 자신도 단테처럼 빛의 영역으로 올라가는 듯한 기분이 들고, 밀턴의 사탄처럼 혼돈을 빠져나가는 나의 비상(飛翔)은 천국에 도달한다. 베아트리체였던가 라파엘이었던가, 영원한 사랑의 사자가 나에게 길을 가르쳐 주었다. 천국도 지옥도 세계도 우리 안에 있다. 인간은 위대한 심연이다.

1855년 7월 27일

……이런 바람 때문에 인생은 조각배처럼 오른쪽으로 왼쪽으로 위로 아래로 풍랑에 흔들리면서, 바닷물에 젖고 물거품에 더럽혀지며 해안에 밀려올라온 뒤, 파도의 변덕에 다시 휩쓸려 간다. 적어도 심장과 감정의 생활, 스피노자와 스토아파 사람들이 비난하는 생활은 그런 것이다. 관조적이고 청랑하며 별빛처럼 언제나 한결같은 생활, 인간이 평화롭게 살고 모든 것을 영원의 눈으로 보는 생활의 반대이며, 또 신만이 말하고, 각자의 모든 의지는 신의 드러난 의지 앞에서 힘을 잃는 양심 생활의 반대이기도 하다.

나에게는 모두 친숙한 이 세 가지 생활을 나는 번갈아가며 옮겨다닐 수 있지만, 그 움직임 자체가 나에게는 오히려 각 생활의 이점을 잃게 하는 것이다. 내 심장은 불안에 시달리고 정신은 심장의 요구를 억제하지 못하며, 양심은 흔들려서 서로 모순되는 수많은 경향의 혼돈 속에서 의무의 목소리도, 지고한 의지도 분명하게 식별할 수 없다. 단순한 신앙의 결핍, 자아의 변절과 의심에 의한 우유부단이 나의 개인적인 생활에 관한 사항에서 거의 언제나 모든 것을 반복해서 문제로 삼는다. 나는 주관적인 생활을 두려워하며, 나를 속박하거나 나의 면모를 보여주게 하려는 기도(企圖), 의지, 요구, 또는 약속 앞에서 뒷걸음질친다. 나는 실천을 극도로 두려워하여 비개인적이고 무관심하고 객관적인 사상의 생활 속에 있지 않으면 안심할 수가 없다. 그것은 무엇 때문일까? 내성적인 기질 때문이다. 그 내성적인 기질은 어디서 오는가? 반성의 극단적인 발전에서 온다. 이것이 자발력, 탄력, 본능, 따라서 대담함과 자신감을 거의 무로 만들어버린다. 실천하지 않으면 안 될 경우, 나에게는 도처에 함정과 매복, 오류와 후회의 원인, 숨겨진 위협과 가려진 불만밖에 보이지 않는다. 그래서 몸을 과감하게 움직이지도 못하게 되었다. 냉소는 일찌감치 나의 유년시절부터 상처를 주었다. 운명에 침해당하지 않기 위해, 나의 본성은 방심하다 뼈아픈 꼴을 당하지 말아야지 말아야지 하는 지나친 조심성 때문에 나도 모르게 몸이 딱딱하게 굳어버리고 만 것 같다. 이 강성(強性)이 나의 약점이 되어 있다. 나는 속임을 당하는 것, 특히 자신에게 속는 것이 죽도록 싫어서, 자신이 속이거나 속을 바에는 차라리 아무것도 없더라도 참는다. 그래서 굴욕은 내가 지금도 가장 두려워하고 있는 불만이며, 오만이 나의 가장 고질적인 결점이라고 단정한다. 이것은 사실 논리적으로는 맞다. 그러나 진실은 아니다. 이것은 자신의 결핍, 치유할 수 없는 미래의 의혹, 신의 선의를 깨닫지 않는 신의 정의의 느낌, 한마디로 말해 믿을 수 없는 마음이고 그것이 나의 불행이고 죄악이다. 모든 행위를 복수적(復讐的)인 운명에 맡긴 볼모로 보는 본능적인 신앙은 마음을 차갑게 한다. 모든 행위를 아버지 같은 신의 섭리에 맡긴 저당물로 보는 신앙은 마음을 안정시킨다.

고통은 나에게 형벌로 보이고 결코 자비로 보이지 않는다. 그렇기 때문에 나는 고통을 남몰래 피하고 있는 것이다. 나 자신이 모든 점에서 상처받기 쉽고 도처에서 고통을 당한다고 느끼기 때문에 나는 아버지의 실험실에 홀로 남겨진 겁 많은 아이가, 경험이 없어서 조금이라도 몸을 움직여 용수철이나 폭발, 생각지도 않은 사고를 실험실 구석구석에서 일으키면 큰일이라는 생각에, 어떤 것도 만지고 싶은 마음이 일어나지 않아서 가만히 있는 것과 같다. 나는 직접적으로 자연에 있어서는 신에 대해 신념을 가지고 있지만, 자유롭고 사악한 모든 행위자, 인간 전체도 개개인도 영속하지 않는 것도 세상의 사건도 전혀 건드리지 않는다. 나는 오류이든 과실이든 죄악이든, 그것을 범할 때마다 정신적으로나 육체적으로나 불쾌한 기분이 들거나 그런 예감을 가지고 있다. 나는 고통이 수치스럽다.

결국 무한한 자부심, 완성에 대한 결벽, 인간의 분수에 대한 부정, 세상의 질서에 대한 암묵적 항의가 네 무기력의 중심을 이루고 있는 것은 아닌가? 전부냐 전무냐 하는 것, 마지못해 게으르게 지내고 있는 거인적인 향상심, 침잠해버린 이상에 대한 향수와 분노한 아킬레스의 천막 농성, 자신의 진가보다 뒤떨어진 것처럼 보이는 것을 용납하지 못하는 기분을 건드린 자존심과 상처받은 명예이다. 무한을 엿보고 꿈꾸고 그것과 비교하기 위해 자신도 사물도 진심으로 대하지 않는 냉소이다. 그때그때의 상황에는 순응하지만, 거기서 신의 질서와 필연성을 보지 않기 위한, 그 상황을 진심으로 인정하려 하지 않는 마음의 고집이다. 있는 그대로의 것에 대해 특별히 불평하지는 않지만, 그렇다고 스스로 만족한다고 자신 있게 말할 수도 없는 무관심에서 오는 담담함일지도 모른다. 권리상의 사회가 아닌 사실상의 사회에 진을 치고 있는 철학적 정통주의이다. 정복하지도 못하고 정복당하기도 싫은 취약점이다. 이쪽이 협조를 구하지 않는 데서 생기는 원한이다. 희망마저 포기하는 빗나간 마음의 고립이다.

이것은 바로 나에게 주어진 시련이다. 의심할 여지없이 그 섭리에 의한 목적은, 자선을 징표로 하는 진정한 체념으로 이끄는 것이다. 자기 자신을 위해서는 아무것도 기대하지 않게 되었을 때, 인간은 사랑할 수 있다. 인간에 대한 사랑에서 그들에게 선을 베풀고, 아버지인 신에게 봉사하기 위해 우리에게 주어진 재능을 신의 마음에 들도록 발휘하는 것, 이것이 무관심의 이면에 숨어 있는 내심의 불만을 치유하는 징표이고 방법이다.

1855년 9월 4일

인간 내부의 정부에서는 의회제가 군주제 다음에 나타난다. 상식, 양심, 욕구, 이성, 현재와 추억, 원래의 인간과 새로운 인간, 조심성과 시원스런 기질이 차례로 입을 열어 변호사의 지배가 시작되며, 혼돈이 질서를 대신하고, 땅거미가 광명을 대신한다. 단순한 의지를 좋아하면 정신의 전제정치, 끝없는 토론을 좋아하면 정신의 합의제이다. 전제정치는 단호하고 명백하고 간단하고 강하며, 합의제는 복잡하고 결론이 나지 않고 느리고 약하다. 그 대신 후자는 전자가 가지를 치고 잘라버리는 다양한 문제를 구석구석 빈틈없이 살펴본다. 이론적 견지에서는 전자가 이기고, 실천적 견지에서는 후자가 이긴다. 아는 것과 실천하는 것은 둘의 각각의 장점이다.

그러나 더욱 좋은 일을 할 수 있다. 정신에 있어서도 삼권을 실현하여, 입법권에 행정권, 또 사법권을 배분하지 않으면 안 된다. 슬기로운 꾀가 있는 사람 외에, 실천하는 사람과 정의로운 사람이 필요하다. 너는 자기 자신을 향해 싸움이나 토론만 걸기 때문에 결론이 나지 않는 것을 반성해야 한다. 너에게는 명령을 내리는 장군과 판결을 내리는 판사가 없다. 성격의 의지와 기지(機智)의 결정은 비평적인 반성을 제한하는 데 없어서는 안 되는 것이다. 모든 종류의 소송과 염려와 이의를 끝없이 낳는 어머니라고 할 수 있는 비평은, 굴절 프리즘처럼 빛을 분산하여 7가지 색깔의 스펙트럼으로 만든다. 수행중의 마법사가 자기도 모르게 중얼거리는 주문처럼, 장난꾸러기 도깨비들을 수없이 불러내고는 제대로 다루지도 못하고 다시 들어가게 하지도 못한다. 비평은 또 살아 있는 것 대신 해체를 가져오고, 한 그루 한 그루의 나무만 쳐다보며 숲을 깨닫지 못하게 만든다.

분석도 종합력을 속박하면 위험한 것이 된다.──반성도 직관력을 방해하면 무서운 것이 된다.──천착도 신념을 대신하면 치명적인 것이 된다.──분해도 생명의 화합에너지를 초과하면 위험한 것이 된다. 모든 내적인 영역이 통일적 활동으로 귀착할 수 없게 되면, 그 모든 영역에서 떠난 활동은 파괴로 작용하게 된다.──군주가 퇴위하면 즉시 무정부 상태가 시작되고, 육체가 삶을 중단하면 이내 구더기가 끓는다.

그것이 너를 위협하고 있는 위험이다. 너는 생명과 힘과 활동의 통일, 언어의 통일을 잃어버렸다. 너는 단체, 의회, 무정부이다. 분할, 분석, 반성이다. 시노님(동의어)이고, 예수와 노아이고, 변증법이다. 거기서 너의 약점이 나온다. 완벽욕, 비평의 남용, 해부벽, 계기가 되는 운동과 언어와 사상의 불안, 그것으로 네가 도달해 있는 지점을 설명할 수 있다. 존재의 통일과 단순함, 생활의 자신감과 자발적인 힘은 소멸해가고 있다. 그것 때문에 너는 활동하지 못하고, 성격이 없는 것이다.

모든 것을 알고 모든 것을 원하며 모든 것을 껴안는 것은 단념해야 한다. 어딘가에 칩거하면서 적은 것으로 만족하고, 약간의 일을 즐기며, 과감하게 있는 그대로의 존재가 되어 손에 들어오지 않는 것은 깨끗하게 포기하고, 자신의 몸에 애착을 가지고 자신의 개성에 신념을 지니며──

세상에서 가장 아름다운 것만 즐기려 하지 않고
자기 마음에 드는 것을 세상에서 가장 아름답게 생각한다.

(뤼케르트)

이것이 필요하다.

　신념이 없으면 너는 괴롭다. 신념을 가져라, 너 자신을 내던져라, 너 자신을 맡겨라, 그리고 믿어라. 그러면 좋아질 것이다. 그 경향이 좋지 않다는 증거로, 그것이 너를 불행하게 하고 너의 활동을 방해하고 있지 않은가? 신뢰가 없는 것은 죽음이다. 자신에 대한 냉소도, 실망하는 기분도 신뢰하지 못하는 데에서 온다. 자신을 떠받들기보다 자신을 깎아내리는 편이 쉽다. 자기혐오는 겸손보다 오만에서 온다. ……진정한 겸손이란 만족을 가리킨다.

1855년 11월 12일

　주민과 풍습과 정신이 변해도 조국은 조국인가? 우리나라의 정당을 보면서 나는 정치생활이라는 것에 염증을 느꼈다. 어느 정당에도 진심으로 빠질 수가 없다. 어느 것에도 존경이나 감격을 느낄 수가 없는 것이다. 이해득실을 위한 투쟁은 언제 보아도 구토를 자아낸다. 그럼, 이 스스로도 어찌할 수 없는 초연한 태도는 어디서 오는 것일까? 모든 것이 나를 그렇게 만들고 있다. 우리 국민성, 우리 풍토에 대한 나의 반감, 동류(同類) 사이에서 방치되어 있는 고립상태, 모든 시민적 접촉점이 없다는 것. 나는 내 부모, 내 친구, 우리 교회, 우리 학교를 사랑하고 있다. 그러나 우리의 정계, 우리의 사교계를 사랑하지는 않는다. 제네바는 나에게 기쁨을 주지 않는다. 또한 나는 제네바가 나에게 고통을 준다는 것을 인정하지 않았다. 나는 제네바를 어머니로 생각한 적이 없다. 제네바의 아들이라는 기분은 어느새 내 마음에서 사라지고 말았다. 한마디로 말하면, 나는 지금도 선거인이지만 더 이상 시민은 아니다.

　이것이 사실이다. 그러나 좋지 않은 일이다. 다시 말해 과실이고 불행이다. 생활의 몰살이고 의무의 몰살이다. 국토의 사랑으로까지 확대되지 않는 생활은 빈약하다. 그 의무라는 수에서 애국심을 뺀 양심은 불구이다. 진심으로 빠져들지 않으면 안 된다. 비평적으로 초연한 버릇이 너를 제네바에서 멀어지게 했다. 이 버릇과 싸워야 한다. 네 국토의 역사를 연구하고 공동생활에 참여하며 시민의 마음을 불러일으켜야 한다. 네가 평소에 영위하고 있는 기구(氣球) 같은 생활이 이 무관심을 조장하고 있다. 도움이 되려고 노력하는 동안, 네가 좋아하는 일에 종사하는 동안, 여러 가지 걸림돌이 나타나기 시작하면 관심을 가지게 된다. 이기심과 인정 사이에 원래의 고리, 즉 시민 생활이라는 중요한 고리를 끼우게 된다.

그러나 이쪽과 무관한 일에 관련을 지을 수 있을까? 있다. 그것이 이해를 떠난 사랑, 사랑 중에서도 가장 아름다운 사랑이며, 싫증내지 않고 보답을 기대하는 일 없이 사랑하고, 주고, 바치고, 흥정하지 않는다. 따라서 속는 일이 없기 때문에 자신의 눈으로 봐도 결코 우스꽝스럽지 않다.

(날짜 없음)

행복의 입장에서 보면 인생의 문제는 해결되지 않는다. 우리의 가장 높은 향상심이 우리가 행복해지는 것을 방해하고 있기 때문이다. 의무의 입장에서 봐도 같은 어려움이 있다. 의무를 다하면 안정을 얻을 수는 있어도 행복을 얻을 수는 없다. 이 어려움을 해결할 수 있는 것은 신과 같은 사랑, 신성한 사랑, 신앙에 의한 신의 파악이다. 희생 자체가 하나의 선, 성장하고 잃어버리는 일이 없이 영속하는 기쁨이 되면 마음은 충분하고 무제한적으로 자양분을 얻는다.

(날짜 없음)

행복은 위로가 함께 있는 것을 말한다. 용기는 체념이 함께 있는 것을 말한다.

1856년 1월 21일

어제라는 하루는 나에게는 지난해와 마찬가지로 먼 것이 되었다. 과거는 나의 기억에서, 내 눈에 보이는 밤하늘처럼 하나의 평면에 지나지 않는다. 호수에 부은 한 잔의 물처럼, 내가 보낸 하루는 내 기억 속에서 이미 찾을 수 없게 되었다. 그러나 그것은 없어진 것이 아니다. 녹아서 사라진 것이다. 개체적인 것은 집단 속으로 돌아간다. 시간의 경계라고 하는 카테고리는 파도 속에 지팡이로 그은 선이 흔적을 남기지 않는 것처럼, 내 생활에 형태를 부여하지 못한다. 나는 액체이다. 나는 그것으로 체념하지 않으면 안 된다.

우리의 운명이 지극히 사소한 것으로 결정되고, 아무것도 아닌 하나의 우연과 부딪친 사소한 실수가, 떡갈나무 열매 위에 떨어진 빗방울처럼 나무를 자라게 하며, 때에 따라서는 그것에 속박되어 우리도 다른 사람들도 가책을 받게 된다. 일어나는 일은 우리가 바라던 것과는 전혀 다르다. 우리는 뭔가 좋은 일을 원하고 있지만, 바로 거기서 불행이 일어난다. 숙명의 뱀, 아니, 오히려 생명의 법칙과 사물의 힘은 지극히 간단한 한두 가지 사항에 얽히고 나면, 아무리 노력해도 끊을 수가 없게 된다. 사정(事情)과 성격이 지닌 논리가 좋든 싫든 애초 두려워하던 결말을 가져오고 말았다. 운명의 매력이 우리를 강요하여 스스로 자신들의 불행을 확대하고, 우리의 간을 씹어 먹는 독수리의 생존을 연장시키며, 우리의 형벌인 번제(燔祭)의 희생으로서 우리의 힘과 장점, 우리의 덕성까지 끝없이 바치게 하고, 우리에게 허무, 부자유 및 법칙의 굽힐 수 없는 존엄을 인정하게 하는, 한마디로 말해 순간적인 부주의를 보상하게 하는 것이다. 신의 섭리에 대한 느낌은 형벌을 가볍게 하지만 제거해주지는 않는다. 신이 타고 있는 수레 바퀴는 정의를 만족시키고 인간에게 본보기를 보여주기 위해 먼저 우리를 짓밟아버린다. 그 뒤에 하나의 손이 우리에게 다가와 정의 아래 숨겨진 사랑으로 우리를 붙잡아 일으키고, 달래주는 것이다. 용서가 후회보다 먼저 오는 일은 없으며, 후회는 스스로 마음을 억제하고 자기를 낮추지 않으면 시작되지 않는다. 무엇보다 잘못을 하찮은 것으로 생각하고, 말이나 행동을 조심하지 않고 부주의가 심각한 것, 벌을 받아야 하는 것이 아니라 용서받을 수 있는 것으로 나타나는 한, 다시 말해 욥이 중얼거리고 있고 신의 섭리가 너무 엄격하다고 인정되는 한, 또 운명에 대한 마음의 항의와 신의 완전한 정의에 대한 의혹이 존재하는 한은 여전히 충분한 겸손도 진정한 후회도 없다. 인간이 속죄를 받아들였을 때 비로소 속죄는 없어도 되는 것이 된다.

　인간이 진심으로 몸을 굽혀야 비로소 은혜가 주어진다. 고통이 그 업을 완성했을 때 신은 비로소 우리에게 그 대가를 주는 것이다. 그러므로 시련은 불필요한 것이 되지 않는 한 멈추지 않는다. 따라서 시련은 거의 영원히 멈추는 일이 없다. 우리에게 종교적인 생활을 가르치기 위해 우리를 생활하게 하는, 아버지인 신의 정의와 사랑에 대한 신앙은 그렇기 때문에 이 세상의 고뇌에 대한 유일하고도 가장 좋은 지지점(支持點)이다. 우리의 모든 고통은 신앙이 없는 것에서 온다. 우리는 우리에게 일어나려 하고 있는 일이 정말로 우리에게 일어날지 어떨지 의심하고 있다. 우리는 결국 숙명설을 피하기 위해 우연을 믿는 것이므로, 자신이 신의 섭리보다 현명하다고 생각하고 있다. 굴종한 자유, 그게 무슨 소용이란 말인가? 그러나 언제나 그곳으로 돌아오지 않으면 안 된다.

1856년 1월 26일

 철학, 대화, 감정, 눈의 즐거움, 교우, 얼마간 새롭게 느끼는 일, 수많은 교환, 이것이 나의 하루이다. 그 하루는 아직도 상당히 에피큐리언(쾌락주의)적이다. 다시 말해 즐겁지만 결실이 없다.──그리고 내적 생활의 먼 곳에서 심장의 중얼거림이 들려온다. 회한과 질책의 목소리다. 사랑하기 위해 얼마나 시간을 낭비했느냐? 심장의 진정한 요구를 얼마나 속이고 부끄러워했느냐? 그 무심함 속에는 어떤 불안이 있었느냐? 중심도 실질도 고정된 점(點)도 잃은 생활 속에, 얼마나 공허함을 느꼈느냐? 너도 결혼생활, 애착, 뭔가 너를 안정시키고 뿌리내리는 것을 필요로 했을 것이 틀림없다. 그런데도 너는 그런 자유롭지 않은 상태를 부끄러워하고, 너 자신에 대해서나 타인에 대해서나 오만과 장난이라는 갑옷을 입고, 사람을 속이는 것을 두려워하여 세상과 생활을 경계하고, 그것들이 가진 악의에 빌미를 주는 것도 원하지 않으며, 또 거부될지 모르는 일을 원하려 하지도 않는다. 너는 친절하고, 사람을 좋아하며, 그토록 동정하고 싶어하면서도, 내성적이기 때문에 무관심의 가면을 쓰고 있다. 너는 가짜 스토아파, 가짜 이기주의자, 가짜 벙어리이다. 너는 아메리카인디언이 적을 기쁘게 하지 않기 위해 감정이 없는 척하는 것과 마찬가지로, 자신이 돌로 만들어진 척하고 있다. 너의 본능은 달리 어쩔 도리가 없기 때문에 고독한 품위와 감정에 흔들리지 않는 침착함을 유지하려고 노력하고 있다. 너는 마음껏 괴로워하지 않는다. 남 앞에서는 눈물도, 우는 소리도, 욕망도 모두 억제하고 있다. 너는 어쩔 수 없는 내성적인 기질 때문에 일부러 마음을 가볍게 먹고 있다. 그것은 수치심으로 인한 정신적 자살이다.──너는 여자들처럼 타인이 헤아려주기를 바라고 있다. 자신의 일을 부탁하거나 자기 쪽에서 요청하는 것을, 웃음을 파는 여자처럼 뭔가 정신이 낮은 것, 말하자면 수치를 모르는 사람의 행위인 것처럼 싫어하고 있다.──가엾게도 너의 불행은 여자에게는 장점인 것을 결점으로 갖고 있는 것이다. 여자에게는 애교가 되는 일이 남자에게는 구제할 길 없는 꼴불견이기 때문이다.

1856년 5월 7일

하루 종일 로젠크란츠(Rosenkranz. 헤겔의 문학에서 그의 전기를 쓴 사람, 1805~1879년)의 《시의 역사(*Geschichte der Poesie*, 1832~1833년)》를 읽으며 다른 일은 아무것도 하지 않았다. 스페인, 포르투갈, 루이 15세까지의 프랑스의 모든 위대한 이름들이 나열되어 있었다. 이러한 간단한 복습은 확실히 효율적이다. 입장에 따라서 주제가 새로워지고 전에는 인정되었던 사상이 달라지는 것은 언제나 유쾌한 일로 사람을 해방시켜 준다.

나의 천성적인 경향으로 볼 때, 문학사를 정리하여 보여주는 이 철학적이고 생성적인 방법은 생생한 매력을 지니고 있다. 그러나 이것은 프랑스 방식과는 정반대이다. 프랑스에서는 대체로 높은 봉우리만을 취하여 이론적인 삼각법 및 측면도에 의해 그것을 이은 뒤, 그러한 선을 그 지방의 진정한 고저도(高低圖)로 보여준다. 마지막 열매를 위해 성장을, 선을 위해 폭을, 결과를 위해 준비를, 좋아하는 형태를 위해 민중을 희생으로 삼는 이 추상적인 방법으로는 일정한 문학 장르에 대한 일반의 의견과 민중의 취미가 형성되는 진상을 발견할 수 없다. 이것으로는 외면적인 윤곽, 사항의 윤곽은 얻을 수 있지만, 진상이 불분명하고 원인이 불분명한 것은…… (여전히 남는다. —간행자의 보충) 이 방법은 특징을 가지고 있다. 그것은 눈에 보이지 않는 사실을 통해 습관과 유행의 존중, 가톨릭적이고 이원적인 본능과 결부되어 있다. 이 본능은 서로 모순될 뿐만 아니라 모두 견고한 두 개의 진리, 두 개의 세계를 인정하고, 신, 왕, 언어 등에 있어서의 마법, 기적, 불가해, 자유를 아무것도 아닌 것으로 보고 있다. 이것은 우연의 철학이 습관, 본능, 신앙, 본성이 된 변덕의 종교이다.

언제까지나 균형을 되찾는 이러한 식의 영원한 대조에 의해, 역사적 생활의 실천을 터득하고 있는 로마계 민족들은 그 철학을 가지고 있지 않고, 생활의 실천을 모르는 게르만계 민족들은 생활철학을 가지고 있다. 생활에 있어서 추상적인 독일인은 프랑스인과 반대로 사상에 있어서는 구체적이다. ——본능에 의해 한 사람 한 사람은 외적으로나 내적으로도 자신을 보완하기를 바란다. 그와 같은 비밀 법칙이 남자에게 여자를 원하게 하고, 테러리스트에게 목가를 좋아하게 하며, 여자에게 감정을 사랑하게 하고, 서재에 있는 사람에게 실천하는 사람을 감탄하게 하고, 가장 활기찬 국민에게 가장 수학적인 이론을 갖게 하고, 각 결함을 가진 사람이 가진 같은 결함에 대한 가장 날카로운 통찰력을 갖게 하는 것이다. ──내용과 형식도 서로 대조가 되고, 수학적인 이지는 종종 실생활의 사실에 적용되며, 살아 있는 두뇌는 추상적 법칙의 연구에 이용된다. ──기묘한 얘기지만 우리 자신들은 실제로는 반드시 그렇지만은 않다고 믿고 있다. 때때로 우리는 가장 부적당한 것이 되고 싶어한다. 우리의 이론이 우리를 비난하고 우리의 실천이 우리의 이론을 부인하는 것이다. 그리하여 이 모순은 투쟁과 운동을 불러일으켜 진보의 조건이 되고 있다는 점에서 보면 이익이다. 어떤 생활도 내적인 투쟁이며 어떤 투쟁도 두 가지 상반되는 힘을 예상한다. 현실적인 것 가운데 단순한 것은 하나도 없다. 단순하다고 생각하고 있는 것은 단순함에서 가장 거리가 먼 것이다. ──결론, 어떤 상태도 하나의 계열에서의 한 순간이며 어떤 사물도 그 반대되는 것 사이의 거래, 수많은 대조의 그물이다. 구체적인 변증법, 이것이 사물의 계열에 있어서 사물의 이해, 순간의 계열에 있어서 상태의 이해를 여는 열쇠이다. 역학, 이것이 균형에 대한 설명이다. 어떤 상태도 힘의 균형이며, 어떤 생활도 일정한 균형의 한계 속에 숨어 있는 상반되는 힘의 투쟁이다.

이 두 가지 원리를 나는 열 번, 스무 번 인정하면서도 그것을 충분히 적용한 적이 없다.

적용한다는 것은 결실을 맺는다는 것이다. 결실을 맺지 못하면 내 것으로 했다고 말할 수 없다. (사상, 토지, 여자 등) 결실을 맺는다는 것은 생명을 불어넣는 것, 내적인 운동, 변형, 성장을 부여하는 것이다. 진정한 종교는 생활을 변형시키는 종교이며, 진정한 사상은 생각뿐만 아니라 사물까지 새롭게 하는 사상이다. 진리는 그 효과에 의해 증명된다. 아무것도 바꾸지 않는 진리는 결실이 없다. 결실이 없다는 것은 죽음을 말한다. 생명의 표시는 변형이며 진정한 생명의 증거는 생산이다. 아무것도 낳지 않는 것은 무(無)이다.

1856년 5월 9일

모든 고립된 역사 연구는 아무런 결과도 낳지 않는다. 인간정신의 구체적이고 만족하는 역사와 국민 개개가 모든 힘을 다하는 역사는 모든 국민의 종교, 문학, 운명 전체에서 발휘되고 있다. 바로 이것이 문제다. 일이다. 필요한 일이다. 개인, 사회, 국민, 인류의 자연적 총체, 유기적 성장, 즉 생활이 나를 만족시키고 나를 끌어당기고 있다. 추상은 모두 인위적이며 연구수단, 방법, 기교에 지나지 않는다. 실제로는 전체의 진화로 되돌아가야 한다. 자연에 있어서도 떨어져서 따로 존재하는 것은 없기 때문이다. 연대(連帶)는 각 현실적 존립의 정식(定式)이다. 철학적 역사, 이 아니 훌륭한 문제인가?

1856년 6월 5일 '잡조(雜俎)'(M)

(아침) 간밤에는 정말 아름다운 꿈을 꾸었다. 꿈속에서 나는 두 천재 남녀를 만나 이상적인 생활을 영위하며, 가장 높은 사유의 에테르 속을 떠다니는 말할 수 없는 기쁨을 느꼈다. 그곳에서는 반만 말해도 이해하고 또 이해되며, 하나하나의 문장이 장엄한 단순함 속에 하나의 세계라고 할 수 있을 만큼 많은 사항을 내포하고 있고, 이지는 이지와, 영혼은 영혼과 얘기를 나눈다. 그 얘기는 영원히 죽지 않는 자들에게 어울리며, 조용한 가운데 사람을 도취하게 만든다. 남자는 나와 비슷한 나이였다. 여자는 남자의 동생으로 위엄이 있는 데다 온화한 아름다움을 지니고 있고, 뮤즈의 여신처럼 지적이고 순교자처럼 차분했다. 나는 이 두 사람과 함께 내 존재의 깊은 내부에서 삶을 만끽할 수 있었다. 나는 일찍부터 꿈꾸어 온 분위기 속에 있음을 느꼈다. 그곳에서는 영웅심, 헌신, 창조가 산 위에서 하는 호흡처럼 쉽고 또한 자연스러우며, 타인에게 축복받은 사람처럼 보편적인 생명을 얻는다. 인간성의 높은 봉우리에 서서, 나는 내가 진실되고 진심으로 강하다는 것을 느끼며, 마음을 바치고 몸을 맡기며 행복을 맛보았다. 나는 환경, 목적, 지점, 관심을 찾아냈다. 나는 더 이상 망설이지 않고 함께 생활했다. 나는 원하는 것, 바라는 것을 생각해낼 수 있었다. 나의 시간이 된 것이다. 나는 엄숙하게 감동하고, 지고 또한 이겼다. 나의 생활은 결단을 받아들였고, 나의 가슴은 사로잡혔으며, 나의 운명은 정해졌다. 이상하게도 나는 그 여자가 곧 나를 쇠사슬에 묶을 거라는 예감을 느꼈다. ……나는 그 사람한테서 거의 눈을 피하며 똑바로 쳐다보지 않았지만, 언뜻언뜻 희미하게 그 사람을 엿보았다. 그런데 그 오빠의 얼굴은 내 친구의 얼굴처럼 선명하게 눈앞에 떠올랐

다. 나폴레옹처럼 의연한 형태를 한 넓고 하얗고 높은 이마를 가리기라도 하는 듯이, 명상적인 눈 위에서 수평으로 자른 잿빛 머리카락, 사색이 주는 창백하지만 병적이지 않은 안색, 저항을 허락하지 않으며, 게다가 호기적(好奇的)이지 않은 이지의 눈빛, 안에서 발하는 빛의 근대적인 아름다움 등으로 그가 누구인지 생각해낼 수 있을 것 같았다.

그는 철학이고 그의 누이는 시였다. 그러나 둘 다 육체와 개성을 가지고 실재하며, 현대적인 옷과 이름을 가지고 있었다. 뿐만 아니라 나는 한 번도 본 적이 없는 이 오빠의 이름(프랑스 철학자 R-간행자 주)을 알고 있었다. 지금까지 의미가 없었던 외물(外物)의 형태를 완전히 바꾸는 정신적 존엄도, 자신의 섬광에 빛나는 윤리적 왕의 위엄도, 좋아하는 곳에 쏟아져 내리는 천재의 신성한 후광도 나에게 있어서 이토록 선명하게 두 사람의 인간을 장식하고 높인 적이 한 번도 없었다. 빙켈만이 벨베데레(로마 바티칸궁전의 한곳을 차지하고 있는 미술관)의 아폴로 앞에서 위대해진 것처럼, 나는 이 숭고한 두 사람과 교류하며 조금도 놀라지 않고, 단테가 노래한 천사 케루빔의 6개의 날개가 나에게도 돋는 것을 느꼈다. 나를 지배하는 두 사람은 자연처럼 평정하고 순수하며 강력했다. 나는 이 초자연적인 생활이 가장 자연적이고 우리 내부의 본질과 가장 잘 어울리는 것임을 분명히 보았다. 나는 이상이 ……진정한 실재라는 증거를 얻었다. 우리가 다수의 인간보다 훨씬 더 인간적이며, 우리가 바로 '지고한 존재'에 의해 그 모습과 비슷하게 창조된 신의 아들, 지상 창조의 신생아가 가져야 할 형태를 갖추고 있다는 직관적인 명증을 얻었다. 제사는 부흥이며 이상은 예언이며, 변형은 소생이다. 아름다운 사상, 그것을 나의 별로 삼고 싶다.

1856년 6월 8일 프레시 (Pressy. 제네바 동북 6킬로미터에 있는 마을)

행복한 하루. 모든 것에 열중했다. 오늘은 신비하리만치 아름다운 자연, 모두 한 자리에 있을 때 찾아간 가족, 만난 친구, 생울타리의 명자나무, 수로의 귀뚜라미, 불멸의 아름다움을 지닌 요정의 왈츠처럼 밤낮 시간의 요정들이 모두 춤추면서 지나간 푸른 하늘, 내 안까지 흘러들어오는 것을 느낀 기쁨 때문에, 그리고 거의 시시각각 성장하며 나의 감각과 마음을 적시고 지나간 시 때문에, 나도 축복한 신의 섭리. 창문에서 내려다보이는 과수원 나무들 사이로 신비롭게 새어나오는, 꿈꾸는 듯한 달빛으로 푸른빛을 띤 방의 덧문을 잠그고 어머니 품에서 잠든 아기처럼, 한없이 넓은 하늘의 바다에 원을 그리며 여행을 계속하는 우리 지구의 동요에 눈을 감았을 때, 마음속의 감정은 더할 수 없이 용솟음치는 격정에 달해 있었다. 녹음이 짙어진 살레브 산의 봉긋한 꼭대기를 감싸고 있는 따뜻한 황금빛은 시실리의 느낌을 불러일으켰다. 맑게 보이는 저 멀리의 경치, 건물과 무성한 잎의 뾰족한 윤곽, 축제 분위기처럼 밝게 빛나는 풍경, 투명한 공기, 그런 것들이 내 안에 행복한 시절의 행복한 추억을 일깨웠다. 모든 위도 아래에서의 똑같은 나날과 꼭 닮은 온갖 인상들이 되살아나 기뻤다. 특히 밤이 되면, 호수의 물결이 북풍을 받아 하얗게 밀려왔다 밀려가며 중얼거리고, 광활한 서쪽 하늘이 푸른빛을 띤 쥐라 산맥의 정취 있는 꼭대기에서 저녁놀을 점차 지워갈 때, 지중해, 대서양, 발트 해, 그리스, 부르타뉴, 노르웨이, 경험한 사물도 경험하지 않았던 사물도, 방황하고 다녔던 생활의 모든 전경과 배경도 무한한 전망 속에 그려낼 수 있었다. 꿀처럼 달콤한 꿈에는 참으로 멋지고 아름다운 액자이다.

모자를 벗고 가방을 어깨에 메고 이런 생각들을 하면서, 제네바에서 프레시로, 시에서 마을로 올라가는 길을, 도취하게 하는 그림과 음악을 가슴에 가득 채우며 걸었다.

1856년 7월 1일

국민성은 언제나 인간을 통해, 특히 여자를 통해 통찰할 수 있다. 그래서 러시아 여자도 그 나라의 호수나 강이 그렇듯, 갑자기 엄습해 와서 이따금 오래도록 계속되는 혹독한 기후의 영향을 입고 있는 것처럼 보인다. 넘실대는 파도처럼 다정한 거동 속에는 언제나 생각지도 못한 얼음조각의 위협이 숨어 있다. 그 기분은 아침에 불어오는 바람에 따라 얼기도 하고 녹기도 한다. 대수롭지 않은 생각이 거기에 뾰족뾰족한 결정을 심어줄 때도 있고, 이미 얼어붙기 시작한 그 이마의 주름을 펴줄 때도 있다. 그 괴로워하거나 벌하는 방법은 자신이 돌이 되는 것이다. 북국의 자연, 얼어붙은 움직임, 언제나 딱딱해지려 하는 중심, 겨울, 서리, 그런 것들이 러시아인의 영혼 속에서 에르민느의 모피와 미소의 모습으로 숨어 있다. 높은 위도(緯度), 가난한 생활, 전제정치의 완고함, 짙고 음울한 공기, 인간의 힘이 미치지 않는 기후, 이 모든 거친 숙명이 모스크바를 중심으로 한 이 민족에게 낙인을 찍고

인간에 대하여 133

있다. 뭔가 어두운 집요함, 일종의 원시적인 난폭함, 어떤 상황의 지배를 받으면 한없이 무자비해질 수 있는 야만적인 신랄함을 가진 바닥의 바닥, 냉담하여 다루기 어렵고, 빼앗길 바에는 차라리 세계도 폭파시킬 수 있는 힘, 의지, 결심, 반쯤 개화된 국민 속에 숨어 있는 야만적인 유목민의 사라지지 않는 본능, 그런 것들은 이들을 주의 깊게 살펴보면, 이 강한 민족의 젊은 여자의 그리 해롭지 않은 괴이한 습관과 표면적인 변덕에서도 찾아 볼 수 있다. 사소한 농담 속에서도, 자신들의 마을을 불태우고 몇 개 대대의 병사들을 죽은 채로 세워두려 했을 정도로 흉포하고 고정적인 국민정신을 엿볼 수 있다.

만약 러시아인이 그 지배의 어두운 손길을 남쪽 나라들에 뻗쳤더라면 얼마나 무서운 통치자가 되었을까? 북극적인 전제주의, 세계가 아직 한 번도 본 적 없는, 어둠처럼 침묵하고 얼음처럼 날카로우며 청동처럼 느낌이 없고 겉으로는 웃지만 눈처럼 차가운 광채를 가진 학정, 속죄도 온정도 소용없는 노예상태, 러시아 사람들은 이러한 것들을 우리가 사는 곳으로 가지고 올 것이다. 그러나 아마 그 반야만적인 국민성의 장점과 단점도 차차 잃어가게 될 것이다.

이제 태양과 세기(世紀)에 길들여져, 북방의 이 괴수도 각국의 합주에 참여하면 위협과 불협화음을 일으키지는 않으리라. ——딱딱함을 확고함으로, 교활함을 우아함으로, 모스크바 근성을 인간의 길로 바꿀 수 있게 되면, 러시아인도 혐오와 공포의 대상이 아니라 사랑받는 존재가 될 것이다. 왜냐하면 그 유전적인 본성을 제외하면, 러시아인에게도 사람을 끌어당기는 강한 장점들이 많이 있기 때문이다.

1856년 7월 3일

독일인은 이상을 가슴에 품고 그것을 추구한다. 그러나 자발적으로 예술가가 되는 일은 아마 언제까지나 없을 것이다. 그들은 고귀한 민족은 아니다. 형식을 찬미하지만 그것을 이해하고 있지는 않다. 그리스인과는 반대다. 미에 대한 비평, 동경, 욕구는 가지고 있어도 미가 지닌 맑은 힘은 없다. 그러므로 자신이 원하는 일은 할 수 없지만 자신의 의지를 즐길 수는 있다. 남국은 더 예술적이고 더 자기에게 만족하며, 더 실천력이 있기 때문에 자신이 균형을 이룬 느낌 속에서 느긋하게 쉬고 있다. 한쪽은 관념, 한쪽은 기량. 독일인의 지배는 구름 위에 있고 남방인의 지배는 이 지상에 있다. 게르만 민족은 명상한 다음에 느끼고 남방인들은 느낀 다음에 표현하며, 앵글로색슨은 의욕을 내어 실천한다. '안다, 느낀다, 실천한다.' 이것이 독일, 이탈리아, 영국의 3부 합주이다. 프랑스는 문장을 만들고, 얘기하고, 결정하고, 웃는다. 사상, 기량, 의지, 언어, 또는 과학, 예술, 실천, 선전, 이것이 더욱 확대된 4부 합주의 역할이다.

1856년 7월 21일

나는 '모든 것을 정리하고' 도시 속의 내 방으로 방금 돌아왔다. 친구들과 전원의 즐거움, 녹음, 풀꽃, 안락에 작별을 고하고.

왜 떠나오고 말았는가? 구실은 숙부님을 돌봐야 한다는 것이다. 그 이유를 스스로도 생각하고 남에게도 말했다. 그러나 실은 다른 것도 있지 않을까? 분명히 있다고 나는 생각한다. 먼저 배려해주며 정성을 다하는 마음에 대해 이쪽에서는 아무것도 보답하지 못하고 있는, 흉허물 없는 두세 가족에게 너무 폐를 끼치는 건 지나치게 염치가 없는 게 아닌가 하는 염려 때문이었다. 나의 책들이 다시 부르고 있는 것도 틀림없이 작용했을 것이고, 어쩌면 계획을 그르치고 싶지 않다는 마음도 조금은 있었을 것이다. 그러나 그런 것들은 모두 또 하나의 다른 본능이 없다면 아무것도 아닌 일이다.

그것은 유랑하는 유대인의 본능이 막 입술로 가져가고 있는 잔을 나한테서 빼앗고는 오래 누리는 즐거움을 금지하고 전진하라, 전진하라, 잠들지 말라, 머뭇거리지 말라, 멈추지 말라고 소리치는 것이나 마찬가지이다. 이 불안한 마음은 변화를 원해서가 아니다. 오히려 내가 사랑하는 것에 대한 공포, 나를 끌어당기는 것에 대한 경계, 행복에 대한 어색함이다. 솔직하고 단순하게 거리낌 없이 즐기는 것을 피하고, 식사가 끝나는 것이 두려워 테이블에서 일어나는 것은 얼마나 기묘한 천성이고 얼마나 이상한 버릇인가. 남용을 두려워하여 사용하지 않는다거나, 배가 불러서가 아니라 너무 오래 있으면 안 되니까 그만 일어서야 한다고 생각하며, 일부러 산초(《돈키호테》의 등장인물)의 의사 역할을 바라고 연기하는 것은 모순이며 또한 신비다.

물론 나는 언제나 한결같다. 쓸데없이 방황하는 자, 스스로 좋아서 추방당하는 인간, 끝없는 여행자, 휴식 없는 인간, 방랑자 짚시, 내부의 목소리에 내몰려 어딜 가든 집도 짓지 않고 물건도 사지 않으며, 밭도 일구지 않고 그저 지나가고 바라보고 머무르고 떠난다. 이 유목민적인 정처 없는 생활의 원인은 또 뭔가? 어떤 공허, 나에게 없는 것에 대한 끊임없는 추구, 더욱 진정한 평화, 더욱 완전한 만족을 향한 동경이 아닐까? 이웃, 친구, 친척, 나는 모두를 사랑하고 있다. 그리고 애정이 일어나면 나에게 조금도 부족함을 느끼지 않는다. 그런데도 그 애정은 내 마음을 채워주지 않는다. 따라서 내 마음을 붙잡지 못한다. 나는 언제나 나의 마음을 빼앗고 나의 목적이 되는 여인과 일을 기다리고 있다.

> 네가 숨기는 슬픔을
> 어느 곳에나 가지고 다닌다
> 나비 같은 영혼이여,
> 그래도 언젠가 사랑을 얻어
> 그 날개를 접으면 좋으련만.

나는 마음을 온통 쏟아 부어 열중한 적이 없다. 그래서 마음의 불안이 일어난다. 나는 내 마음을 채울 수 없는 것에 마음을 빼앗기고 싶지 않다. 거기서 나를 끌어당길 뿐 단단하게 붙잡아둘 수 없는 모든 것에 대해 냉담한 태도를 취하는 본능이 나온다. 그렇기 때문에 언뜻 보아 휘청거리는 것 같은 나의 움직임은 실은 탐구·희망·욕구·염려의 표현, 바로 그것이다. 모든 것을 우선 맛보게 하고, 이내 비판하게 하며, 매력도 없는데 일종의 의무에서 모르는 것을 시험하게 하는 이상(理想) 때문에 생기는 병이다. 그리고 보면 내 생활은 본의는 아니지만 호기심에서 손을 대고 싶어하는 하나의 도박이다. 나는 마음의 고통과 절망에 빠지지 않기 위해 필요상, 습관상, 또한 조심성 때문에 손을 대어본다. 하찮은 일에 걸려들어 괴로워하거나 실망하지 않기 위해, 일부러 경박하고 무사태평하며 초연한 사람으로 살고 있다. 바꿔 말하면 나 자신을 따로 소중하게 챙겨두는 것이다.

> 장난이든 수치이든 경멸이든 가면을 쓰고

정말 강하고 정말 확실한 투구는
때가 될 때까지 간직해두어도 좋으리라.

문제는 그렇기 때문에 언제나 이상과 상식 사이에 있다는 것이다. 이상은 그 까다로운 요구를 조금도 낮추려 하지 않고, 상식은 타당한 선, 현실적인 선에서 타협한다.——그러나 상식에 의해 값을 낮춘 결혼과 연애는 모독 또는 부조리가 아닐까? 또 한편으로는 생활이 보완을 요구하는 것을 방해하고, 싹을 꺾듯이 가정을 제거해버리는 이상은 해로운 것이 아닐까? 나의 이상 속에는 많은 오만, 자신의 운명을 달게 받지 않으려는 마음이 들어 있는 것은 아닐까? 기교적이고 오만한 우월성에 대한 내적인 항의, 부당한 굴욕에 대한 혐오가 들어 있는 것은 아닐까? 사랑에 있어 굴욕을 받아들일 바에는 차라리 성벽을 기어올라가는 편이 낫다. 이런 위험을 만들지 않기 위해 나는 부자유를 견디고 있다. 그러나 이렇게 해도 결국 아무것도 되지 않는다. 결론은 '현상유지'이다. 그래서 다른 것을 생각하고, 자신에게 불쾌한 느낌만 갖게 하는 것에 대해 번민하지 않는 것이다.

(정오)
머리를 손으로, 두 손으로 누른 채 잠들어버렸을 만큼 멍하니 생각에 잠겨 있었다. 무엇을? 행복을? 아버지 같은 신의 가슴에 기대어 잠시 존 것과 같다. 신의 뜻이 이루어지기를.

1856년 8월 3일
프레시에서 기분 좋은 일요일 오후를 보냈다. 지금은 의사가 된 옛날 친구와 함께 마부석에 앉아서 갔다. 집안 사람이 두 팔 벌려 환영해 주었고 아이들이 여기저기 마구 키스를 퍼부었다. 모두 나를 머물게 하기 위해 한 집에 살고 있는 이 절친한 친구들은 식사와 차로 나를 붙들었다. 같은 보금자리에서 자란 병아리 같은 아이들과 함께 놀아 주었다. 모두 나를 여왕벌처럼 대하며 내 곁에서 떠나지 않았다. 나도 친절을 베풀어주는 그들이 모두 반가웠다. 루루는 전보다 훨씬 붙임성이 좋아져서 엄마만큼 자라면 꼭 내 색시가 되겠다고 한다. 숨바꼭질, 달리기, 소나무 타기, 꽃밭 둘러보기, 살구 따기, 높은 떡갈나무 밑에서 얘기하기, 사과나무에 올라간 개구쟁이들. 밤에는 피아노를 치며 하이든의 〈사계〉를 군데군데 노래했다. 별빛이 아름다운 하늘 아래, 쥐라 산맥 뒤에서 소리는 들려오지 않는 번개를 보면서 밤늦게 돌아왔다. 시에 취해, 온갖 감각에 취해 생명의 신을 축복하면서 무한한 행복감에 젖어 종종걸음으로. 나에게 부족한 것은 오직 한 가지, 이 마음을 함께 나눌 하나의 마음. 감동과 감격이 술잔을 가득 채운 술처럼 나한테서 넘치고 있었다. 은하, 키 큰 검은 포플러, 물결이 점점 다가오는 소리, 별똥별, 먼 곳에서 들리는 노랫소리, 불빛이 반짝이는 도시, 그것이 모두 이상(理想)의 언어로 나에게 말을 걸어왔다. 스스로도 시적인, 거의 시인이 된 것 같은 기분이었다. 학문의 주름살은 신기한 마법의 입김에 의해 사라지고, 인간을 믿고 싶은 자유롭고 살아 있는 마음의 탄력이 내 몸에 다시 용솟음쳤다. 나는 내가 다시 젊어져서 무작정 일하는 것도, 사랑하는 것도 가능할 것처럼 생각되었다. 나의 메마른 부분은 완전히 사라져버렸다. 천국의 이슬이 옹이가 울퉁불퉁한 죽은 나무토막에 숨결을 불어넣어 거기서 싹이 트고 꽃이 피기 시작했다.

아! 정말이지 아름다움이 없다면 우리는 얼마나 비참할 것인가! 미가 있어서 모든 것이 우리 안에 되살아난다. 감각도, 상상도, 심장도, 이성도, 의지도, 예언자의 말을 듣고 서로 모여들어 뼛조각처럼 유일한 세력이 된다. 이 생활의 충실, 이 보편적이고 신적인 생명과의 긴밀한 일치외에 무엇이 행복이란 말인가. 나는 한나절 내내 행복했다. 나는 의식의 깊은 내부까지 파고 들어가 그 기쁨 속에 잠겼다.

그것과는 대조적으로, 나는 또 제네바에서 나에게 불쾌한 느낌을 주는 것을 분명하게 확인했다. 그것은 주민들의 일반적인 성격이 나에게 분극작용(分極作用) 또는 수축작용을 일으키게 한다는 것이다. 어딘가에서 공감, 예술, 시, 선량한 사람, 호의적인 환경을 찾아내는 순간, 나는 완전히 딴 사람이 된다. 상상, 언어, 눈빛, 또는 사상의 추함, 신랄함, 악의, 조롱, 야비함, 범속함, 저열함은 내 마음을 상하게 한다. 나를 나쁜 사람으로 만든다.

조금이라도 사랑을 게을리 하면 우리는 이미 신(神)안에 살지 않게 된다.

그런데 이곳으로 돌아오면, 나는 갑자기 원래대로의 냉담과 무관심 또는 혐오에 빠진다.

1856년 8월 7일

　책을 내는 것.……모든 방면으로 나의 친구들이 조언한다. 그리고 되풀이해 말한다. '집중하라, 글을 써라, 창작하라, 뭔가 하라, 안에 있는 것을 꺼내 보여라, 저작에 대해 생각해 보라, 너의 보물을 가지고 오라.……불행하게도, 한결같이 뭔가 하라'고 주문하지만, 정작 그들이 나한테서 원하는 것은 일치하지 않는다. 사전, 비평, 심리학, 강연, 시, 역사, 여행기 등, 모두 이것을 하라 저것을 하라고 권유하면서 다른 일은 단념하라고 설득한다.

　세렐이 어제 나에게 말했다. "자네의 《밤송이(*Grains de Mil*)》(아미엘이 1854년에 낸 시문집 제목)를 4배 정도의 분량으로 다시 한 권 내지. 이것은 자네에게나 우리에게나 지극히 유쾌한 일이 될 거야. 그 속에서 자네는 다방면으로 마음껏 활약할 수 있어. 그건 참 괜찮은 책이었어. 그렇게 해보게."──'결혼하라'와 '책을 써라', 모든 것이 이 두 가지 권유의 주위를 맴돈다. 나는 상당히 오랫동안 그런 말을 들어왔다. 그러나 막상 선택할 단계가 되자, 어떻게 해야 할지 알 수가 없었다. 이 두 가지는 선택사항이다.

1856년 8월 31일

　(일요일, 오전 11시)지금 내가 느끼고 있는 것을 표현하고 싶은데 목소리가 전혀 나오지 않는다. 사방은 조용하다. 햇빛이 내 방에 비쳐들고 있다. 깊은 안정감이 내 마음에 스며든다. 나의 심장이 고동치며 나의 생명이 흐르는 것이 들린다. 왠지 모르게 장엄한 것, 작은 새가 앉아 노래하고 있는 묘석(墓石)의 평화, 무한한 정적, 안식의 끝없는 고요. 그것이 나를 덮치고 나를 관통하여 나를 굴복시킨다. 나는 시간의 흐름 앞에 선 입상(立像)이 된 것 같은 느낌이다. 뭔가 비밀스러운 의식에 참여했다가 거기서 나와 보니 나이를 먹어 몇 살인지 알 수 없게 된 것 같은 느낌이다. 욕구도 공포도 감정도 특별한 힘도 느껴지지 않는다. 나는 내가 이름 없고 인격 없는 자가 되어, 죽은 사람처럼 눈을 부릅뜨고, 허무나 절대처럼 마음이 막연하고 보편적이 되어 있는 것을 느낀다. 나는 허공에 매달려 있다. 없는 것과 마찬가지다. ──이러한 순간에 내 의식은 그 영원성 속에 틀어박혀 있는 것 같다.

내 의식은 내 안에서 그 항성(恒星)과 자연이 그 계절, 그 수많은 개체를 이끌고 회전하고 있는 것을 바라본다.

내 의식은 모든 형식을 초월한 자신의 실체가 과거와 현재와 미래를 포함하여 모든 것을 감춘 공허로서, 눈에 보이지 않는 풍요로운 환경으로서, 자기의 존재에서 일단 이탈하여 자기의 내밀한 순수의 모습을 다시 포착하려고 하는, 하나의 세계에 숨어 있는 세력 상태로 존재하는 것임을 깨닫는다. 이렇게 장엄한 순간에는 육체는 소멸하고 정신은 통일을 이룬 단순한 것이 되며, 감정, 고뇌, 이지, 관념은 빗방울이 자신을 낳은 대양으로 스며들어가듯이 존재 자체 속으로 빨려들어가 버린다. 마음은 자기 자신 속으로 돌아가고 미결정(未決定)으로 돌아가 자신의 생활 저편에 '재함축'되어 버린다. 마음은 어머니의 태내로 돌아가 다시 신적인 태아가 된다. 살아온 날, 완성된 습관, 표시가 찍힌 주름, 완성된 개성, 모든 것은 사라지고 느슨하게 풀어져서 원래의 상태를 되찾아, 형태가 없고 각이 없고 정해진 윤곽이 없는 근원의 겔 상태 속에 다시 잠긴다. 이것은 스페로이드(회전타원면)적 상태, 분리할 수 없는 동질의 통일, 생명이 움트려 하는 알의 상태이다. 이 씨앗으로 돌아가는 것은 켈트족 시인 드루이다와 브라만, 신플라톤파, 에레우시스의 비의를 관장하는 히에로판테스로 알려진 현상이다. 관조이지 무감각은 아니다. 괴롭지도 즐겁지도 슬프지도 않다. 어떤 특수한 기분에서도, 어떤 유한한 사유에서도 벗어나 있다. 그것은 존재의 의식, 그 존재의 깊은 바닥에 침잠하는 모든 가능성의 의식이다. 정신적 무한의 감각이고 자유의 근거이다.
──그것이 어떤 도움이 될까? 유한 전체를 통치하고 자신을 그려내며, 모든 변형의 열쇠를 주고 모든 정신적인 왜곡을 바로잡으며 시간과 공간을 지배하고, 우리 속의 모든 외래적이고 기교적이고 상처받고 변질된 것을 벗어 버림으로써, 자신의 전체성을 회복하는 데 도움이 된다. 이 씨앗으로 돌아가는 것은 일시적으로 젊어지는 것이다. 그리고 그것은 생활이 거쳐 온 길을 측량하는 하나의 방법이 된다. 실제로 그것은 출발점으로 다시 데리고 돌아가기 때문이다.

1856년 10월 22일
인생은 끊임없이 체념하는 것, 우리의 포부, 우리의 희망, 우리의 소유, 우리의 힘, 우리의 자유를 끊임없이 줄여가는 수행이다. 고리는 점점 좁아져 간다. 처음에는 모든 것을 느끼고 보고 손을 대고 정복하려고 한다. 그리하여 모든 방향에서 자신의 한계, 즉 '더 이상 앞으로 갈 수 없는' 곳에 도달한다. 재산, 명예, 권세, 건강, 행복, 장수, 환희, 다른 사람들도 손에 넣은 좋은 것들 모두가, 처음에는 나에게도 가능성이 있고 도달할 수 있는 것으로 보인다. 그러나 이윽고 이 꿈을 불어 날려버리고, 점차 자신의 인품을 낮추고 작고 비천하게 만들며, 자신이 한정되고 나약하고 자유롭지 못하고 무지하고 빈약하고 가난한 가진 것 없는 자임을 느끼고, 무슨 일에 있어서나 신에게 의지하지 않을 수 없게 된다. 실제로, 어떤 것에 대해서도 권리를 가지고 있지 않았던 것이다. 그리고 사악한 것이다. 이 공허 속에 또 어떤 생명이 보이기 시작한다. 왜냐하면 신의 불꽃이 그보다 훨씬 깊은 내부에 있기 때문이다. 사람은 체념한다. 그리하여 신앙에 의한 사랑 속에서 진정한 위대함을 되찾는다.

1856년 10월 27일

인생의 중요한 사항에 대해서 우리는 언제나 고독하다. 우리의 진정한 역사는 영원히 누구도 거의 해독할 수 없는 것이다. 이 비극의 가장 뛰어난 부분은 독백, 아니, 신과 우리의 양심과 우리 사이에 교환되는 내밀한 대화이다. 눈물, 슬픔, 빗나간 기대, 모욕, 나쁜 생각, 좋은 생각, 결심, 불안, 숙려, 이 모든 것은 우리의 비밀이다. 그것들의 대부분은, 설령 우리가 그것을 얘기하고 글을 써도 다른 사람에게 통할 리가 없고 전할 수도 없다. 우리의 가장 중요한 부분은 결코 드러나는 일이 없다. 친밀한 사이에서도 출구를 찾아낼 수 없다. 우리의 의식에도 극히 일부분밖에 떠오르지 않는다. 기도할 때 외에는 거의 활동을 시작하지 않는다. 그리고 신을 통해서만 어쩌다 알게 될 뿐이다. 우리의 과거는 우리에게 영원히 타인이기 때문이다.――우리의 모나드는 다른 모나드로부터 기적적으로 영향을 받는 일이 있다. 그러나 다른 모나드의 영향이 그 중심까지 미치는 일은 없다. 그래서 우리는 결국 우리 자신의 신비 바깥에 머문다. 우리 의식의 중심은 바로 태양의 핵이 암흑인 것처럼 무의식이다. 우리가 있는 그대로 원하는 것, 행하는 것, 아는 것은 모두 정도의 차이는 있을지언정 표면적이다. 깊이를 알 수 없는 실체의 어둠은 우리 주변의 빛, 전광, 계시가 미치지 않는 곳이다.

내가 내면의 인간에 관한 자신의 이론에 있어서 자아 속에, 그 포함하는 세계를 하나하나 이탈한 뒤에, 암흑의 바닥, 계시되지 않은 것, 숨어 있는 세력의 심연, 무한한 미래의 보장, 분명하지 않은 자아, 이지로도 의식으로도 이성으로도 정신으로도 마음으로도 상상으로도 감각생활로도 객관화할 수 없는, 자신의 형상을 모두 속성과 계기로 삼는 순수한 주관성을 인정한 것은 썩 잘한 일이었다.

그러나 분명하지 않은 것이 있는 것은 언젠가는 없어지기 위해서이다. 그것이 모든 승리, 모든 진보의 기회가 된다. 그것을 숙명, 죽음, 밤, 물질이라 부른다 해도, 요컨대 생명, 빛, 자유, 정신을 담는 그릇이다. 명확하지 않은 것은 실제로 저항, 즉 활동의 지점, 활동의 전개 및 승리의 기회이기 때문이다.

어떤 의미에서 신은 패배당하기를 바라고 있다. 왜냐하면 신은 자신이 창조한 것이 품위와 용기 및 감성을 가지기를 원하기 때문이다.

1856년 12월 17일

오늘 밤, 4중주의 제2회 연주가 있었다. 미학적인 입장에서는 제1회보다 훨씬 더 강력하게 내 마음을 움직였다. 선정된 작품이 전보다 고급스럽고 강렬하여, 더욱 내적인 정신의 영역까지 파고 들어왔다. 곡목은 모차르트의 D단조 4중주와 베토벤의 C장조 4중주로, 그 사이에 E조 4중주라는 제목으로 슈포르의 콘체르토를 삽입했다.

슈포르의 곡은 전체적으로 광채가 있고 힘찬 것으로 알레그로의 격렬함, 아다지오의 민감함이 있으며, 피날레에서는 세련된 정취를 느낄 수 있었지만 중간 정도의 정신이 가지는 우수한 기량을 보여준 것에 지나지 않았다. 다른 두 곡은 우리를 천재와 접하게 하며 두 위대한 정신을 발휘하고 있었다. 모차르트는 내적인 자유이고 베토벤은 강렬한 감각이다. 그래서 한쪽은 우리를 해방하고 다른 한쪽은 우리를 자신으로부터 빼앗는다. 이 두 대가의 차이를 오늘만큼 확실하고 강렬하게 느낀 적은 없었던 것 같다. 이 두 가지 정신적 생존은 내 눈앞에서 투명하게 열렸고, 나는 거기서 마지막 심판의 날처럼 깊은 바닥까지 읽어낼 수 있을 것 같은 기분이 들었다.

모차르트의 작품은 기지와 사상으로 완전히 일관되어 있었고, 그것이 표현하는 것은 이미 해결된 문제, 동경과 실력 사이, 능력과 의무와 욕구 사이에서 볼 수 있는 균형, 스스로를 지배하며 거기에 현실적인 것이 이상적인 것에서 더 이상 떠나지 않게 된 기쁨과 아름다움의 주권(主權), 신비로운 조화, 완전한 통일이다.

  4중주는 엘리시온의 침착함을 예감하게 하는 아티카의 한 영혼의 하루를 얘기하고 있었다. 1악장은 일리소스 강가의 숲에서 소크라테스가 시도했던 대화처럼 사랑스러운 대화로, 특징은 섬세한 미소와 기분 좋은 언어를 가진 미묘한 기품이다. 2악장은 온몸이 떨려오는 비통함을 품고 있다. 한 조각의 구름이 그리스의 유리빛 하늘에 걸려 있다. 서로 존경하고 사랑하는 커다란 마음과 마음 사이에도, 인생에는 피할 수 없는 폭풍이 불어 닥쳐 그 조화를 어지럽히려 한다. 그 원인은 무엇일까? 착각인가, 부주의인가, 태만인가? 그것은 알 수 없다. 어쨌든 폭풍이 갑자기 엄습해 온다. 안단테는 비난과 탄식의 장면이다. 단, 오직 불사하는 것 사이에서 벌어지는 장면이다. 그 탄식 속에 그 무슨 향상, 그 비난 속에 그 무슨 깊은 감정과 부드러운 기품이 있을 수 있을까? 목소리는 떨리고 점점 무거워지면서도 품위를 잃지 않고 애정으로 가득 차 있다.——구름은 지나가고 태양이 다시 나왔다. 언어의 번역을 통해 화해가 이루어졌다. 세 번째 장면에 그려져 있는 화해의 경쾌함은, 이번에는 자신감이 생겨서 일부러 심술궂게 자신을 시험하듯이 가벼운 조롱과 친밀한 장난으로까지 발전한다. 피날레는 적당한 쾌활함, 행복한 안정, 지고한 자유가 찾아와서, 이 작품의 기본적 테마가 되고 있는 내적 생활에 꽃을 장식한다.

  베토벤의 작품은 언제나 사람을 위협하고 있는 무한한 심연 앞에서 생명의 회오리바람을 일게 하는 비극적 냉소를 담고 있다. 여기서는 이미 통일, 만족, 청량은 흔적도 없다. 우리는 눈앞에서 두 개의 커다란 힘 사이에 일어나는 영원한 결투를 보아야 한다. 모두 유한한 사물을 모조리 삼켜버리는 심연의 힘과, 방어하고 주장하고 성장하고 도취하는 생명의 힘이다. 첫 악장은 봉인을 깨고 위대한 심연의 동굴을 연다. 싸움이 시작된다. 그 싸움은 오래 이어진다. 생명이 태어나고, 춤추고, 절벽 위에서는 나비가 무심하게 노닌다. 이윽고 생명은 그 정복을 확대하여 성공을 노래한다. 왕국을 세우고 자연을 건설한다. 그런데 입을 연 심연에서 태풍이 일어나고, 거인족이 새로운 나라의 성문을 뒤흔든다. 거인의 싸움이 시작된다. 혼돈에 빠진 군사들의 떠들썩한 노력이 암흑 속 괴물의 몸부림처럼 들려온다. 결국 생명이 이기지만 그 승리는 결정적인 것은 아니다. 승리의 도취 속에는 어딘지 모르게 공포와 현기증이 남아 있다. 베토벤의 마음은 고뇌하고 있었다. 무한에 대한 열정과 공포가 그 마음을 천국에서 지옥으로 던지고 다시 그것을 되던지고 있는 것처럼 보인다. 거기서 그 강대한 부분이 나오는 것이다.

어느 쪽이 훌륭한가, 모차르트인가 베토벤인가? 이것은 무익한 물음이다. 한쪽은 완성되어 있고 다른 한쪽은 거대하다. 전자는 완전한 예술의 평화, 직접적인 아름다움이고, 후자는 숭고, 공포와 연민, 돌아와서 맛보는 아름다움이다. 후자가 원하게 하는 것을 전자는 이루어준다. 모차르트는 빛과 푸른 바다의 고전적인 순수함을 지니고 있고, 베토벤은 하늘과 바다의 폭풍 같은 로맨틱한 위대함을 지니고 있다. 모차르트의 마음은 올림포스의 에테르로 가득한 꼭대기에 살고 있는 것 같고, 베토벤의 마음은 질풍이 불어 젖히는 시나이 산등성이를 전율하면서 기어 올라간다. 두 사람을 축복해주자. 각자가 이상적인 생활의 일면을 보여주고 있다. 각자가 우리에게 선을 베풀어준다. 두 사람을 함께 사랑하자.

(날짜 없음)

겉으로는 타인들에 대해 같은 얼굴을 하면서 자신에 대해 내면적으로는 다르다는 의식을 가진 경우에 우리는 얼마나 자주 위선자가 되는 것일까? 그것은 본래의 의미에서 말하는 위선은 아니다. 우리는 자기가 아닌 다른 인격을 빌려서 온 것은 아니다. 게다가 그것은 또한 일종의 허위이다. 이 허위는 사람을 욕되게 한다. 이 굴욕은 가면이 진짜 얼굴에 가하는 벌이며, 우리의 과거가 현재에 주는 벌이다. 그러나 이 굴욕은 유익한 것이다. 그것은 수치를 낳고 수치는 회한을 낳기 때문이다. 그리고 올바른 마음속에는 악에서 선이 나오고 타락이 향상을 불러온다.

(날짜 없음)

쓸모 있는 자가 되는 것이 의무라 해도, 인간이 원하는 만큼이 아니라 인간이 할 수 있는 만큼이면 충분하다.

(날짜 없음)

개인적 이해에 대한 생각은 우리 내부의 동물성의 연장이다. 인간성은 인간의 내부에서 이해를 떠난 마음과 함께 시작된다.

(날짜 없음)

결심을 하기도 전에 완전히 통찰하려 하는 자는 언제까지나 결심을 하지 못한다. 추모의 정을 감수하지 않는 자는 인생을 감수하지 않는다.

(날짜 없음)

판단이란 진리를 보는 것, 정의를 마음에 품는 것, 따라서 편파적인 것을 배척하는 것이다. 그보다도 이해(利害)를 잊는 것이 좋다. 나아가서 자아(自我)마저 잊는 것이 좋다.

(날짜 없음)

다른 사람에게는 어려운 일인데 이 일을 쉽게 하는 사람이 뛰어난 재능을 가진 사람이다. 뛰어난 재능으로도 불가능한 일을 해내는 사람이 천재이다.

(날짜 없음)

가르치는 동안 느낀다. 얘기하는 동안 관찰한다. 주장하는 동안 검사한다. 나타내는 동안 바라본다. 쓰는 동안 생각한다. 펌프를 움직이는 동안 우물에 물이 솟아난다.

1857년 5월 28일 반두브르 (Vandoeuvres. 제네바 동북쪽 약 4킬로미터에 있는 마을)

다같이 리하르트 바그너의 탄호이저를 들으러 제네바에 갔다. 지금 순회중인 (취리히의)독일악극단이 극장에서 연주했다.——바그너는 강한 힘을 가진 사람으로 고급스러운 시의 느낌을 알고 있다. 그래서 이 작품도 음악적이라기보다 시적이다. 서정적인 요소 즉, 멜로디, 듀오, 트리오의 제거가 바그너에게는 자연적이기보다 오히려 체계적인 선입견이 되어 있다. 독백과 대규모 아리아도 그림자를 보여주지 않는다. 남아 있는 것은 오직 데클라마시옹, 아리오소, 레치타티보 및 코러스뿐이다. 노래 속의 인습적인 점을 피하려다가 다른 인습, 노래는 없다는 인습에 빠져 있다. 인간의 목소리보다 음절이 있는 언어를 더 위에 두고, 시의 신이 날아가 버릴까봐 두려웠는지 그 날개를 제거해버리고 말았다. 그(부비에의 책의 ces를 ses로 고치고 읽음) 작품은 실은 오페라가 아니라 심포니에 의한 드라마가 되었다.

성악이 기악의 수준으로 내려가 바이올린이나 팀파니, 오보에 등과 동렬에서 악기로 다뤄지고 있다. 인간이 그 우수한 지위에서 내려오고 작품의 중심은 오케스트라의 지휘봉으로 옮겨갔다. 이러한 제작의 흥미와 의의, 정신은 시적인 관념 및 전체를 끊임없이 고려하는 데 있다. 중심이 그 계통에 속하는 다양한 천체 사이의 공허한 공간에 존재하는 이중성의 계통 같은 것이라고 할 수 있다. 이것은 자아를 제거한 음악, 관조적이고 객관적이며 신(新)헤겔적인 음악, 개인음악 대신 나타난 군집음악이다. 그러고 보면 이것은 확실히 미래의 음악, 귀족적 영웅적 또는 주관적 예술을 대신하는 사회민주제의 음악이다. 어쨌든 그것은 아직 게르만적 취향에만 어울리는 것이다. 유럽의 다른 나라들은 눈에 보이는 중심, 주인공, 멜로디가 없어도 될 만큼 추상적이지 않다.

서곡은 웅대하고 긴장감 넘치지만 처음 들었을 때만큼 마음에 들지는 않았다. 거기에는 아직 인간이 태어나지 않았다. 파도와 숲과 동물 세계의 원시적인 음악이다. 동물의 세계에서는, 아직 이지가 그 표현을 통합하여 맛보는 정신 안에 들어 있지 않다. 이 서곡은 인간 이전의 자연에 응하는 것이다. 그곳에서는 모든 것이 거대하고 거칠고 원시적이며, 숲의 중얼거림이나 동물의 신음소리와 비슷하다. 무섭고 어둡다. 왜냐하면 인간, 즉 이지, 수수께끼를 푸는 열쇠, 인격, 관조자가 없기 때문이다.

이 작품의 사상은 위대함이다. 그것은 환락과 순결한 사랑, 관능적이고 지상적인 정열과 신의 불꽃, 한마디로 말해 인간 속에서 일어나는 육체와 정신, 야수와 천사의 투쟁이다. ……음악은 끊임없이 표현적이고 코러스는 특히 제2막에서 매우 아름답다. 그러나 전체적으로는 사람을 피곤하게 하고, 정도를 넘어서 있으며, 너무 충실하고 공을 들여 아무리 봐도 지나치다. 지적으로나 시적으로도 사람이 끌려갔다고 느끼지만, 음악적 감흥은 더듬거리고 때로는 의심스러우며, 확실하게 떠오르는 것은 인상뿐이다. 오케스트라의 구조는 학자적이고 양심적이며 복잡하고 변화가 풍부하다. 그렇지만 결국 밝은 곳, 즐거운 곳, 자연스러운 곳, 생생한 곳, 즉 날개와 미소가 빠져 있다. 바그너에게는 일반 독일인에게처럼, 사상이 예술을 이기고 의지가 능력을 이기고 있다. 바그너는 가능한 것 이상을 밖으로 표현하고 싶어한다. 거기에는 아직 답답하고, 낭비적이며, 예정의 형식, 즉 분명하지 않은 것과 경직성이 있다. 그 대신 우리는 시의 한복판으로 들어갈 수 있다.

1857년 6월 17일 반두브르
 지금까지 멘느 드 비랑의 《일기》를 토대로, 나이 28세부터 48세까지 더듬어 보았다. 직접적이고 개인적이고 관조적인, 또는 과학적인 사상이 꼬리에 꼬리를 물고 나를 엄습해 왔다. 지금 나와 관련 있는 사상을 끌어내보자. 이 끝없는 자기 자신의 관찰자를 보면, 모든 결점을 지닌 나 자신이 있는 그대로 보인다. 변덕, 우유부단, 무기력, 동정에 대한 요구, 미완결. 내가 지나가고, 느끼고, 사는 것을 바라보는 쾌감, 실천적 활동, 외적인 관찰에 대한 갈수록 심해지는 무능력, 심리학적 소질. 그러나 나는 자신에게 힘을 주고 자신감을 회복시키는 현저한 차이점을 발견한다. 이 천성은 내 안에 있는 수많은 인간 가운데 한 사람에 불과하다. 그것은 나의 행정구획의 하나일 뿐, 나의 영역 전체, 나의 내적인 왕국은 아니다. 지적으로는 내가 더 객관적이고 건설적이다. 나의 역사적, 지리적, 과학적 시야가 훨씬 넓다. 내가 더 견문이 넓다. 인간, 사물, 예술품, 나라, 국민, 책, 과학. 내가 훨씬 많은 경험을 가지고 있다. 나의 창작 능력이 더 뛰어나다. 나의 문헌학적, 미학적, 문예적, 철학적 교양이 더 완전하고 변화가 풍부하다. 내가 가지고 있는 교육적, 비평적, 시적 소질이 그 사람에게는 없다. 한 마디로 말하면, 나는 다양한 결함과 제한과 약점이 있음에도 불구하고, 내 쪽이 모든 종류의 교양, 풍부, 범위, 자유를 훨씬 많이 갖추고 있다고 느낀다.
 어째서 비랑은 의지를 인간의 전부로 보았을까? 그것은 자기 자신에게 의지가 너무 부족하기 때문이다. 인간은 특히 자신에게 부족한 것을 존중하고, 자신이 원하는 것을 크게 생각한다. 사유하고 집중할 수 없는 사람이었다면, 자신의 의식을 지고한 것으로 생각했을 것이다. 객관적 가치를 가지는 것은 전체성뿐이다. 전체에서 일부분을 떼어놓는 순간, 사람이 선택하는 순간, 그 선택은 무의식적이고 본능적이며 주관적인 경향에 의해 명령된다. 그 경향은 상반되는 두 개의 법칙 중 하나, 비슷한 것의 인력(引力)이 반대되는 것의 친근함에 끌리는 것이다.

(정오) 가장 날카로운 직감, 가장 미묘한 내부 지각, 한마디로 말해 가장 달아나기 쉽고 또 가장 귀중한 사상은, 아무리 애써도 내가 글로 기록할 수 없는 사상이다. 왜 그럴까? 먼저, 나는 언제나 본질적인 것을 뒤로 미루기 때문이다. 다음으로, 그러한 사상을 나는 이제 잊지 못할 거라고 생각하기 때문이다. 그리고 그 사상은 무한한 전체의 일부이며 그 부분적인 파편은 나에게는 모두 가치와 흥미가 없을 뿐만 아니라 거의 경멸심까지 불러일으키기 때문이다. 또 나는 세상, 실익, 이용이라는 것에 대해 생각한 적이 없고, 하나의 신비를 느끼거나, 심원한 사물을 추측하고 신성한 실재를 접하는 것만으로도 충분한 기쁨을 느끼기 때문이다. 사물을 안다는 것만으로는 나에게는 너무 부족하다. 표현한다는 것은 나에게는 종종 모독으로 보인다. 알린다는 것은 폭로와 비슷하다. 그래서 비천해지지 않기 위해 묻힌 채 내버려두는 것이다. 마음을 위로하는 것, 개인적인 경험을 가슴속에 간직해 두는 것, 가장 중요한 비밀에 침묵을 지키는 것, 이것은 완전히 여성스러운 본능이다. 과학, 대낮, 선전, 광고 같은 남자다운 입장이 아니다.

나는 난폭한 과시를 싫어하여 비밀스러운 가르침, 피타고라스파의 신중한 태도 쪽으로 기우는 경향이 있다. 나는 본능에 의해 교양의 귀족, 미적이고 윤리적인 의미에서 신관 계급에 속해 있다. 천성적인 섬세함, 우수함, 또 마음의 내향성과 가슴의 공포에 의해, 이지의 천민(賤民)을 극단적으로 싫어한다. 더욱 힘이 있다면 나는 정신적인 권력을 획득할 것이다. 더욱 사랑이 있다면 나는 민중을 위해 몸을 바칠 것이다. 나의 결함으로 나는 이렇게 은둔자가 되어, 나의 장점으로 이 정신적 은둔자 생활의 쓸쓸함을 달래고 있다. 그러나 그것만으로는 충분하지 않다. 더욱 결론을 내리지 않으면 안 된다. 이지의 에피쿠로스주의는 아직 남아 있는 부채의 강한 느낌, 다른 사람들에게 유익해질 수 있는, 또 유익해져야 한다는 신념에 자리를 내주지 않으면 안 된다. 너의 실천, 창작, 발표는 자신의 이해관계에만 얽매여 불쾌하고 독선적이다. 그것을 확고한 임무, 엄격한 의무, 주문 받은 일로 생각하라. 그러면 노력과 희생으로서 풍미와 매력을 지니게 될 것이다.——'고독한 자는 비참하다.'(구약성서 전도서 4장 10절 참조) 혼자라면 자기 자신 외에는 목적이 없고, 그 목적은 움직이는 수고를 할 필요가 없다. 세상 어디에도 기다려주는 사람이 없으면 물결에 휩쓸려서 떠내려간다. 간섭이 무슨 소용인가. 용기는 사랑 안에 있다.

(5시) 오전 중에는 꿈을 꾸는 듯한 시간을 보냈다. 비랑의 일기를 1817년(나이로 51세) 마지막까지 계속 읽었다. 식사 후 밖으로 나가, 프레시 아래쪽을 지나는 오솔길의 나무 그늘을 거닐며 새들과 즐겼다. 햇살은 반짝이고 공기는 투명했다. 한낮의 오케스트라가 절정을 이루고 있었다. 눈에 보이지 않는 수많은 벌레들이 붕붕 노래하는 소리를 배경으로, 물푸레나무 위에 앉아 있는 꾀꼬리와 아직 둥지에서 나오지 않고 있는 멧새와 검은 방울새의 변덕스러운 즉흥노래가 바람 결에 귀에 들어왔다. 아카시아 향기는 산사나무와 산울타리를 흔들며 아직도 오솔길에 떠다니고 있고, 포플러 열매의 가벼운 솜털이 화창한 날의 포근한 눈처럼 공중을 날아다니고 있었다. 나는 나비처럼 즐거운 기분이었다.

돌아온 뒤 《코린》(스탈 부인이 1807년에 낸 소설)의 첫 부분을 세 권 읽었다. 이 시를 나는 청년시절 이후로 다시 읽은 적이 없었다. 나는 그것을 추억을 통해 다시 바라본다. 낭만적인 흥미는 나에게서 사라진 것 같았다. 그러나 감동적이고 시적인 또는 윤리적인 흥미는 사라지지 않고 있다. 여자로서의 스탈 부인을 연구하여 현재의 나의 경험을 통해 비판하면 재미있을 것 같다.

1857년 6월 18일

과수원의 잘 손질된 나무 밑에서 세 시간 정도 책을 읽으며 아름다운 오전 풍경을 바라보기도 하고, 한 장(章)이 끝날 때마다 한 바퀴를 산책하면서 보냈다. 지금 하늘은 다시 흰 빛을 띤 베일을 쓰고 있다. 그래서 나는 읽은 지 얼마 안 되는 비랑의 《수상록》과 영원한 도시(로마)의 유적을 오스왈드(코린의 등장인물)의 처지가 되어 함께 거닐었던 《코린》을 가지고 집으로 돌아왔다. 멘 느 드 비랑의 이 일기만큼 사람을 음울하고 신물나게 하는 것은 없다. 이건 쳇바퀴에 갇힌 다람쥐의 걸음이다. ……끝없이 되풀이되는 이 반성의 변화 없는 단조로움은, 이슬람교도의 장황한 기도처럼 읽는 사람을 지치게 하고 실망하게 한다. 긴 반복이지만, 자기 자신을 바라보는 견해에 있어서는 모르는 사이에 중심에서 벗어나버린다. 에피쿠로스적인 평정함에서 페늘롱적인 평정함으로 옮겨가는 데 이 사상가는 30년이나 걸렸다. 그것도 사색하는 데 있어서의 얘기다. 실제 생활은 그대로인 채. 그 인간학적인 발견은 파스칼과 아리스토텔레스에게서 보이는(저급한, 인간적인, 고급의) 세 가지 생활의 이론을 답습했을 뿐이다. 이러한 사람을 프랑스에서는 철학자라 부르고 있다. 위대한 철학자와 나란히 두고 보면, 이 지적 생활은 얼마나 초라하고 앙상하고 볼품없는 것인가? 밭두렁에서 목숨이 다하는 개미, 또는 눈에 띄지도 않는 굴을 파고 평생 무너뜨리는 두더지의 여행이다. 구대륙을 뛰어넘어 그 생활범위가 아프리카와 유럽에까지 미치고 있는 제비가 본다면, 두더지와 개미가 갇혀 있는 영역은 답답하게 여겨질 것이다. 마찬가지로 나도 비랑의 책을 들고 일종의 천식과 목숨이 끊어지는 것을 느끼며, 또 여느 때처럼 동화(同化)에 의한 중풍과 공감에 의한 현기증을 느낀다. 나는 동정심을 느끼고 자신의 연민을 두려워한다. 그것은 자신이 같은 불행, 같은 결함에 아주 가까이 접근해 있음을 느끼기 때문이다.

그러나 이 실례를 유익한 모범, 값진 교훈으로 보지 않으면 안 된다. 비랑은 의지가 약하고 건강은 더욱 약하며, 자아의 호기심 풍부한 관찰의 날카로운 부분을 제외하면, 모든 것에 지배되는 순수한 심리학자가 결국 인생철학자로 전환하는 하나의 모범이다. 그 사람의 생애에서 이끌어낼 수 있는 교훈은 하나, 자신의 사유를 위해 건강에 유의해야 한다는 것, ──둘, 일찍부터 일정한 직업, 반듯한 목적을 정하고 지적인 모든 변덕스러운 물결에 휩쓸리지 않도록 할 것, ──셋, 이 또한 일찍부터 세상, 실천, 투쟁, 의무, 모든 의지를 발전시키는 것을 피해서는 안 된다는 것, ──넷, 결말을 짓고, 결과에 도달하여 정리하고 표현하고, 일을 완성하지 않으면 안 된다는 것. 이것은 결정하지 못하고, 다시 시도하고, 주저하는 힘을 흩어지게 하고, 용기를 꺾으며, 불안과 무력을 조장하기 때문이다. ──다섯, 자기 속에서 이론과 실천, 내면의 인간과 외면의 인간을 분리해서는 안 된다는 것, 조화는 정신적 건강이다.

나빌의 연구는 흥미로 가득하고, 기품 있는 문체에 무거운, 점성이 강한 스타일이다. 그러나 원숙함을 보여주는 부분에서는 마찬가지로 음울한 향기가 난다. 다소 내 마음에 들지 않는 것은 비랑의 가치를 과장하고 있다는 점이다. 이 숭배는 건물이 딸린 재산 같은 것이다. 어쨌든 이 책이 나에게 주는, 비평하는 듯한 사소한 답답함은 내일이면 사라지리라. 비랑은 프랑스 전통의 중요한 고리이다. 스위스인 나빌 부자, 스크레탕도 비랑의 계통에 속한다. 비랑한테서 뛰어난 현대 심리학이 시작되었다. 실제로 스타페르(Stapfer), 로이에 콜라르 (Royer-Collard. 프랑스의 철학자, 웅변가 1763~1845년), 쿠장은 이를 스승이라고 불렀고, 또 9살 연하인 앙페르는 그의 친구였다.

1857년 6월 29일 (M)

나는 추억을 회상하는 상상력은 가지고 있지만, 희망의 상상력은 가지고 있지 않다. 내가 가지고 있고 가질 수 있는 것은 나에게 의미가 없다. 내가 가치를 인정할 때는 이미 늦어버린 뒤이다. 나의 통찰력은 회고적이어서 나는 욕심 없는 용의주도함 때문에 내가 손에 넣을 수 없는 것에만 애착을 갖는다. 나의 사랑은 역사적이고 과거를 향해서만 불타오른다. 나 자신을 신뢰할 수 없어서 이해한 뒤가 아니면, 즉 성공할 위험이 조금도 없을 때가 아니면 자신을 내던지지 않는다. 무엇보다 생활하는 것을 두려워하여, 내 가슴은 그림자를, 죽은 계획이나 헛된 꿈을 상대로 하지 않으면 안절부절못한다. 골치 아픈 천성이다. 언제나 생활에서 뒤쳐지고, 기회를 싫어하고, 결심을 견디지 못하며, 돌이킬 수 없는 것을 증오하고, 안일한 관조와 아무것도 생산하지 않는 탄식 속에 안주하며……그 위에 이 모든 것이 원하고, 판단하고, 행동하는 것을 피하기 위해, 이상의 요구와 나약한 성격에서 나온 것일 줄이야. 이것이 바로 자기 탐구의 세련과 내향성이 지나쳐 약을 대로 약아진 이기심이 아닐까? 아니, 나는 오히려 이것이 구제할 길 없는 자신감의 결여라고 생각한다. 나는 자신에게 속는 것을 두려워하고 있다. 나의 절대성과 나의 무한성, 자아를 추이적(推移的)인 일이나 불확실한 사물과 결부하는 것은, 부정을 대하는 것처럼 나를 반발하게 하고 걸맞지 않은 것을 대하는 것처럼 불쾌한 기분을 불러일으키며, 뻔뻔스러움을 대하는 것처럼 나를 두렵게 한다. 내 안에서 자아의 결정의 힘을 꺾는 것은, 가능성이 무한하게 많다는 철학적 의식과 눈앞에 있는 가능성이 충분하지 않다는 비판적 의식, 굴욕적인 고뇌에 대한 윤리적 혐오이다. 나는 신밖에 신뢰하지 않고, 신에게서 오는 고통밖에 견딜 수 없다. 타인에게 몸을 맡기는 것, 자신의 미래를 깨끗하지 않은 의지, 즉 이웃이든 나 자신이든 충동에 의지하는 것은 자신의 영혼을 파는 것이라고 생각한다. 나는 신의 의지에 대해서만 안심할 수 있다. 그런데 이 의지는 나에게는 (물론 나의 잘못에 의한 것이지만) 여전히 일반적이고 형식적이기 때문에, 개개의 경우에 나는 다시 불안에 빠진다. 그리고 균형을 잃은 책임을 싫어하기 때문에 모든 결정적인 행위를 피한다.

자신에 대해서도 실천적인 명증성의 의식을 가지지 않기 위해, 나는 연구와 권고의 비아적인 무욕한 활동이 아니면 안정할 수 없다. 나는 자신을 언제나 이상적이고 무한하고 순수한 인간성의 범주에서 '영원한 상대성 아래에'(스피노자) 인정하고, 그때그때 변하는 나의 작은 자아는 그 공간적, 사회적, 현실적인 가치와 다양한 성공의 기회, 타인이 그것에 대해 가지는 의견과 함께, 언제나 나 자신한테서 벗어나버린다. 나는 타인이 나를 보는 것처럼 나를 바라볼 수가 없다. 내 자존심은 어쨌든 스스로 허락하지 않는 이 측정의 결과를 듣는 것을 싫어한다. 나는 자신이 얼마나 가치가 있는지, 얼마나 능력이 있는지, 그리고 실천에 있어서 타인에게 얼마나 손길이 미치는지 알지 못한다. 그렇기 때문에 내가 외부에서 일하기 위해서는 목격자와 격려자를 필요로 하는 것이다.

1857년 7월 26일 반두브르

밤 10시 반, 밤하늘 아래 한 무리의 시골사람들이 하필이면 M***의 집 창가에서 불쾌하기 짝이 없는 유행가를 부르고 있었다. 어째서 일부러 틀린 가락과 조롱하는 듯한 가사, 사람을 조롱하는 까마귀 소리 같은 저런 노래가 저들을 기쁘게 하는 것일까? 어째서 일부러 보여주는 듯한 이 염치없는 추태, 소리소리 지르는 '시(詩)가 아닌' 일그러진 얼굴이, 이들에게 적막하고 고요한 한밤중에 마음놓고 기분을 푸는 수단이 될 수 있는 것일까?

무엇 때문일까? 비밀스러운 슬픈 본능 때문이다. 자신이 개인으로서 특수한 존재라는 것을 깊이 느끼고, 자신을 주장하며 자신의 자아를 우리를 에워싸고 있는 자연, 우리의 마음을 빼앗는 시, 우리를 다른 사람들과 결부시키는 조화, 우리를 신에게 데려 가는 숭배의 마음과 극명하게 대조시킴으로써 배타적, 주아적(主我的), 우상적으로 자신을 명확하게 파악하려는 욕구 때문이다.

아니, 아니, 그게 아니다, 자기만 있으면 그것으로 충분하다. 부정, 추악함, 왜곡, 냉소에 의한 자아와 자신의 변덕, 독립, 무책임한 주권에 있어서의 자아, 웃음에 의해 해방되고 정령처럼 자유로운 자발성의 개가를 올리고 있는 자아, 자아의 주인인 자아, 자아를 위한 자아, 타파할 수 없는 모나드, 스스로 충만한 것, 즉 자신을 위해 생활하는 것,——이것이 그 기쁨 속에 있다. 사탄의 반항, 자기를 중심으로 하여 엘로힘(히브리 여로 신)처럼 되려고 하는 유혹, 위대한 반항. 그러나 이것은 또한 개인적 정신의 절대적 측면이 언뜻 내비치는 모습, 남용에 의해 그 주관성의 권리를 입증하는 주관의 난폭한 환희이고, 우리의 가장 소중한 특권의 희화이며, 우리 숭배의 어설픈 위장이고, 우리의 지고한 위대함의 실추이다. 취객이여, 마음껏 소리 질러라. 너희들이 내다 버려야 마땅한 위태위태하고 헛되고 시끄러운 합주에도 어느새 생명의 존엄과 정신의 위력이 나타나고 있다. 고개를 돌리고 싶은 비속함은 있지만 이 합주는 역시 뛰어난 것에 속한다. 그것은 설령 비천해지더라도 오류에 빠지는 일은 결코 없으며, 그 수족 위에 몇 겹이든 물질의 쇠사슬과 그 쇠사슬의 귀에 거슬리는 금속성이 더해 가도 여전히 신적인 자유의 메아리는 들려온다.

1857년 9월 15일

시스몬디의 《편지》와 《일기》를 읽었다. 시스몬디, 그는 참으로 양심적이고 성실하며 교양 있고 존경스러운 사람이며, 공익의 옹호자, 대다수 인간의 운명을 개선하고자 하는 대원칙을 위해 몸으로 봉사한 사람이다. 성격과 심성이 그 개성을 지배하며 친절한 천성의 두드러진 특질을 이루고 있다. 시스몬디는 또한 훌륭한 모범이다. 능력은 중간 정도에 상상력이 부족하고, 취미가 없고 별다른 재능도 없이 태어나 평범하다. 뛰어난 데가 없고 섬세함이 부족하며, 빼어난 기품도 없고 두뇌에 깊이도 넓이도 없으면서도, 위인이라고 할 수 있는 생애를 보내며 훌륭한 명성과 더불어 60여 권의 저서를 냈다. 어떻게 그렇게 될 수 있었을까? 한편으로는 인간에 대한 사랑, 다른 한편으로는 일에 대한 열정, 이것이 그 명예로운 현상의 두 가지 원동력이다. 경제학이나 문학사와 정치사에 있어서도, 개인적인 활동에 있어서도, 시스몬디는 천재도 뛰어난 재능을 지닌 자도 아닌, 그저 견실하고 충성심이 깊고 상식적이며 원만한 사람이었다. 시적, 예술적, 철학적인 느낌은 약간 결여되어 있지만, 윤리적인 느낌에 의해 사람들의 흥미를 끌고 애착을 느끼게 했다. 그는 성실한 저자이며 뛰어난 마음을 지닌 선량한 시민이며 따뜻한 친구, 완전한 의미에서 감탄을 불러일으키는 훌륭한 인간이다. 빛도 광채도 없지만 진실함과 사상, 덕성으로 우리에게 안심을 준다. 그리고 공화적이지만 민주적이지 않고, 신교도이지만 칼뱅파가 아니며, 인도적이지만 사회주의적이 아니고, 떠들썩하게 나서지 않는 진보주의자이다. 이기심과 위선을 수반하지 않는 보수주의자이며 편협하지 않은 애국자, 실험적이고 관찰적인 이론가, 일반원리를 잊지 않는 실천가, 과거와 현재는 유익한 교훈의 이삭을 줍기 위한 시험장에 지나지 않음을 알고 있는 세심한 박애주의자, 모든 사람의 적당한 평균을 지향하며 그것을 각자에게 보증할 수 있는 사회과학의 수립을 지향하는 독실한 이성적 인간으로서, 제네바의 훌륭한 자유주의의 최고 전형이다.

1857년 9월 23일 엑스레방

라므네(Lamennais. 프랑스 신학자, 1782~1854년)의 《로마 사건》(1836년) 40쪽과 1832년의 이탈리아 여행기, 그리고 샤토브리앙의 《아탈라》를 읽었다. ──《아탈라》에는 별다른 감흥이 일어나지 않았다. 상당히 아름다운 자연의 경치 부분을 제외하면 전체적으로 왠지 모르게 모조품처럼 과장스럽고 거드름을 피우는 듯한 데가 있어, 제정시대의 빗나간 취향을 연상시켰다. ──라므네는 샤토브리앙의 영향을 받았지만, 정치적 정열과 신랄한 성격이 다분히 있어서 그 묘사에 지극히 독특하고 어두운 색채를 주고 있다.

1857년 9월 24일

오늘도 책을 읽었다. 샤토브리앙의 삽화를 두 가지 생각하는 동안, 작가 자체가 확실히 이해되기 시작했다. 훌륭한 예술가이기는 하지만 훌륭한 인간은 아니며, 대단한 재능을 가지고 있지만 더 큰 오만과 향상심(向上心)에 사로잡혀 이 세상에 자기 자신 외에는 사랑할 만한 것도 감탄할 만한 것도 발견하지 못하고, 일에 있어서는 지칠 줄을 모르고 뭐든지 할 수 있지만 진정한 헌신과 자기부정, 신앙은 가질 줄 모르는 사람이다. 모든 성공에 질투를 느껴 언제나 반대당에 서고, 타인에게서 받은 호의와 자기 외에 다른 사람의 명예를 인정하려 들지 않는다. 제정시대에는 왕당이었고, 왕정이 부활하자 국회파가 되었으며, 입헌군주정치 체제 하에서는 공화주의자가 되었고, 프랑스가 철학적이었던(종교를 싫어했던) 시대에는 그리스도교를 옹호했으며, 프랑스가 다시 진정한 강국이 되자 종교에 싫증을 내는, 그 끝없는 모순의 비밀은, 태양처럼 혼자 있고 싶은 욕구, 숭배에 대한 불타는 갈망, 학정의 광포함과 어떠한 분할도 극도로 싫어하는 마음이 합쳐진, 치유할 수 없고 채울 수 없는 허영심이다.──뛰어난 상상력을 지녔으나 사악한 성격, 겨룰 수 없는 실력, 그러나 반감을 불러일으키는 이기심, 자기 주위에 숭배자의 노예밖에는 용납하지 못하는 메마른 심장을 가졌다. 간단하게 말해 영광의 후광과 월계관을 쓴 고뇌하는 영혼으로 외로운 삶을 살았다. 외로운 것은 진심과 사랑이 결여되어 있기 때문이다.

  질투심이 강하고 화를 잘 내는 샤토브리앙은 처음부터 사람을 사람으로 여기지 않는 마음, 반항하고 압도하고 정복하고자 하는 욕구를 품고 있었다. 이 동기가 끝없이 계속된다. 아마 루소가 그 출발점인 것 같다. 그에게 샤토브리앙은 대조와 반항을 통해 모든 대답과 임기응변을 구하게 된다. 루소는 혁명가이다. 샤토브리앙은 《혁명론》을 썼다. 루소는 공화주의자이자 신교도이고, 샤토브리앙은 왕당파이고 가톨릭에 귀의한다. 루소는 시민계급 출신이고, 샤토브리앙은 귀족, 체면, 기사도, 영웅밖에 찬양하지 않는다. 루소는 프랑스 문학에 자연, 특히 사보아 및 스위스의 산과 호수 등 자연을 도입하여 문명에 대해 자연을 변호했다. 샤토브리앙은 대서양과 아메리카의 새롭고 거대한 자연을 섭렵하지만, 그 작품 속의 야만인에게는 루이14세식의 말을 사용하게 하고, 아탈라를 가톨릭의 선교사 앞에 엎드리게 하며, 미시시피 강변에서 일어난 사랑을 미사에 의해 신성한 것으로 한다. 루소는 공상을 변호했다. 샤토브리앙은 공상을 일단 기념비로 해두고, 나중에 《르네》에서 그것을 공격한다. 루소는 《사보이의 부목사》에서 이신론(理神論)을 웅변했다. 샤토브리앙은 《그리스도교의 진수》에서 로마의 상징을 그 시로 화려하게 장식한다. 루소는 자연법을 주장하며 각 국민의 미래를 위해 변명했다. 샤토브리앙은 과거의 장관(壯觀), 역사의 잿더미, 각 제국의 숭고한 폐허 외에는 노래하지 않았다.──언제나 연극의 역할, 처세술, 선입견, 명예욕, 상상의 테마, 주문품에 대한 신앙. 다만 드물게 성의, 충실, 활달. 언제나 진리에 대한 정열을 가장한 사실상의 무관심. 언제나 선에 대한 헌신 대신 멈출래야 멈출 수 없는 명예를 추구. 언제나 야심만만한 예술가. 시민, 신자, 인간이 된 적이 거의 없다. 샤토브리앙은 한평생 난쟁이의 세계를 연민의 미소로 내려다보면서, 천재성에 의해 거기서 모든 것을 가져갈 수 있는데도, 경멸 때문에 아무것도 바라지 않는 척하며 속을 끓이는 거인 같은 포즈를 취하고 있었다. 불길한 종족의 전형이자 불쾌한 혈통의 시조이다.

어쨌든 그 두 가지 삽화로 다시 돌아가자.

《르네》는 나에게는 《아탈라》보다 훨씬 뛰어난 것처럼 보인다. 이 두 소설은 일류 솜씨로 태어난 것이지만, 《아탈라》에서 나타나는 미는 변하고 사라지는 종류의 것이다. 나체스와 세미놀의 사랑을 베르사유식 문체로 표현하고, 마니투 숭배자의 풍습을 가톨릭의 가락으로 표현하는 것은 너무 무리한 계획이었다. 그러나 이 작품은 문체의 역작으로, 형식상 완성된 고전주의의 기교로 시작하여, 마음과 색채의 낭만적인 내용을 제정시대의 재미없는 문학 속에 도입할 수 있었다. 《아탈라》는 서경적이지 않은, 또는 유럽적이지 않은 모든 부분, 즉 감상적인 야만 생활에서는 이미 진부하고 연극적이며 과거의 것이 되었다.

《르네》 쪽은 무한하고 더욱 영속적이다. 그 시대 전체의 병폐라고 할 수 있는 소재(안일한 공상에 의한, 삶에 대한 혐오와 느슨한 향상심의 참해(慘害))는 진실한 것이다. 문체는 훌륭하여 거의 완성에 가깝다. 자신도 모르는 사이에 샤토브리앙은 진지해졌다. 그것은 《르네》가 작가 자신이기 때문이다. 이 짧은 이야기는 모든 점에서 걸작이다. 그것은 《아탈라》처럼 덧붙이고 싶은 의향이나 염려되는 경향에 의해 예술적으로 손상을 입지 않았기 때문이다. 앞으로 다양한 시대의 사람들이 《르네》에 대해 감격하는 대신, 그것을 손가락질하게 될지도 모른다. 또 영웅 대신 병리학적인 어떤 경우를 보는 것처럼 느낄지도 모른다. 그러나 이 작품은 스핑크스처럼 그대로 존속할 것이다. 하나의 예술품은 모든 해석을 포용한다. 왜냐하면 그 자체의 관념처럼 풍부하고 복잡하기 때문에 어떤 해석에도 만족을 주고, 어떤 해석보다도 뒤에 남기 때문이다. 하나의 초상은 사람이 원하는 모든 것을 증명한다. 이야기 자체를 문제로 삼지 않는 일반성 및 경구(警句)의 간결함을 특징으로 하는 문체의 형식 속이나, 고전적인 순결함과 모범으로 삼을 만한 필력(筆力)

으로 그려진 모습과 장면의 계기에 이르기까지, 왠지 모르게 시대의 기록 같은 면이 있다. 이 세기의 소재를 고풍스럽게 새겨낸 《르네》는 샤토브리앙의 불멸의 보석이다.

(날짜 없음)

우리는 자신에게 불만을 느낄 때만큼은 다른 사람에게 불만을 느끼지 않는다. 부정에 대한 의식이 우리를 답답하게 하여, 우리의 교활한 마음은 내부에서 무감각해지기 위해 외부에서 싸운다.

(날짜 없음)

지적으로 변화하는 능력은 비평가의 중요한 능력이다. 그것이 없으면 다른 사람의 마음을 잘 이해할 수 없고, 따라서 충실한 인간인 이상 침묵하지 않으면 안 된다. 양심적인 비평가는 먼저 자신부터 비평해야 한다. 자신이 이해하지 못하는 것을 판단할 권리는 없다.

1858년 6월 14일

지난 일주일 동안 한가한 시간만 되면 이중의 내적 고뇌에 사로잡혔다. 채울 수 없는 행복에 대한 요구와 눈에 대한 걱정. 갈수록 극성을 부리는 날아다니는 '파리'(눈 속에서 반짝거리는 빛의 점), 갈수록 공허해지는 마음이 나에게 평화를 허용하지 않는다. 불이 켜져 있는 작은 방에 갇힌 가축처럼, 나는 나 자신을 불태워버리는 것, 나에게 이토록 고통을 주는 고독한 생활에 매달려 있다. 나는 이제 친구를 만나지 않는다. 대화도, 의견 교환도, 심정을 토로하지도 않는다. 프로메테우스처럼 나는 자신의 간을 독수리에게 맡기고 있다. 그래도 어제는 이 숙명적인 마음의 경향과 싸우며 프레시까지 올라갔다. M***의 아이들이 주는 위로가 내 마음에 약간의 균형을 회복시켰다. 나무 밑에서 식사를 한 뒤, 셋 다 학교에서 배운 노래와 찬송가를 몇 번이나 불러 주었다. 그것을 듣는 동안 기분이 좀 좋아졌다. 봄의 요정은 들판의 바구니 한가득 꽃을 뿌리고 있었다. 나의 단춧구멍에는 남김없이 장미를 꽂아주었다. 그것은 작지만 천국의 모습이었다. 그러나, 역시 거기에도 뱀은 꿈틀거리고 있었다. 어제 집 옆에 도둑이 들었다. 또 바로 가까이 있는 집에서는 사람이 죽었다.

내 눈앞에서는 격렬한 언쟁이 있었다. 죽음과 악은 에덴의 주위, 이따금 에덴의 담장 안에서도 활개를 치고 있다. 거기서 인간의 운명의 비극적인 아름다움, 고통으로 가득한 시가 태어난다. 꽃, 나무 그늘, 멋진 풍경, 석양, 숲, 기쁨, 은총, 감정, 풍요와 청량, 애정과 노래, 이것이 아름다움이다. 현재의 위험과 미래의 배신, 이것은 감동적인 요소이다. 이 세계의 모습은 변천한다. 영원이라는 것을 이해하지 못하면, 인생에 대한 종교적인 시각이 없으면, 이렇게 눈 깜짝할 사이에 지나가는 나날은 경악을 가져다줄 뿐이다. 행복은 기도가 아니면 안 된다. 불행도 마찬가지다. 윤리적 질서, 인간을 보호하는 신(神)의 아버지 같은 마음에 대한 신앙이, 그 엄숙한 부드러움으로 나에게 나타났다.

생각하는 것도, 사랑하는 것도, 행하는 것도, 괴로워하는 것도, 신(神) 속에서 하라.
이것이 위대한 지식이다.

1858년 7월 19일
오늘은 마음속까지 행복에 대한 향수와 추억이 부르는 소리를 따라다녔다. 나의 원래의 자아, 독일의 꿈, 심장의 고동, 마음의 신앙이 생각하지 못한 힘으로 나를 눈뜨게 했다. 에피메니데스(동굴에서 57년 동안 잠을 잤다고 하는 그리스의 시인, 철학자)는 동굴에서 나왔다. 연애, 여행, 환희, 청춘, 모험, 명예에 대한 모든 욕구가 한꺼번에 내 가슴을 지나가며 전율했다. 나의 운명에 상처주고, 나의 진정한 본성의 숨결을 멈추고, 나를 산 채로 묻어버렸던 공포도 전율처럼 지나갔다. 미지에 대한 갈망, 생활에 대한 정열, 끝없는 창공과 말로 표현할 수 없는 신비로운 세계를 향하는 격동, 이상(理想)에 대한 고통스러운 취기가 나를 납치하여 엄청난 내적인 회오리바람, 찌르는 듯한 한탄과 번뇌와 죽음으로 이끄는 쾌감의 혼합 속에 내던졌다. 이것은 경고일까, 형벌일까, 유혹일까? 연애가 오기 전에 나이부터 먼저 왔을 때, 여인을 엄습하는 정열이라는 초강풍이 아닐까? 채워지지 않은 가슴의 내밀한 항의, 격렬한 반항, 만족을 얻을 수 없었던 권리에 대한 분노로 불타는 요구, 우리를 삼키려 하는 심연의 가장자리에서 눈을 뜨는 두려움, 완화할 수 없는 운명 앞에 발버둥치는 행복의 빈사

상태, 깨끗하게 죽지 못하는 희망의 공포가 아닐까?

이 폭풍을 불러일으킨 것은 무엇일까? 나라고 하는 건조한 바위를 쳐서 거기서 청춘의 눈물을 솟아나게 한 것은 무엇인가? 그것은 별것 아닌 읽을거리였다. 〈게르만 평론〉의 창간호, 특히 《황금의 머리카락》이라는 제목의 하르트만의 짧은 단편.——어제부터 오늘까지 읽은 《사라 모르티메르(Sarah Mortimer)》나 《가난한 청년의 이야기》(옥타브 피에의 소설, 1858년)에서는 느끼지 못했던 기분을 이런 하잘것없는 이야기가 부채질했다. 진실한 시의 신비로운 효과이다.

나는 자신의 점진적이고 연속적인 화석 작용, 싫증, 무기력, 무관심, 환멸, 끝없는 권태로 인한 내적인 죽음, 위대한 사상의 포기와 모든 것에 대한 낙담으로 인한 자신의 축소 등에 대해 명백한 직관을 가졌다.

돌푸스(Jean Dollfus. 알사스의 실업가이자 경제학자. 《게르만 평론》의 주필 1800~1887년), 르낭, 리트레, 몬테규(Montégut. 프랑스 문학자 1826~1895년), 타이얀제(Taillandier. 프랑스 문학자. 1817~1879년)의 논문은, 나를 지난날 좋아했던 다양한 문제들에게로 다시 데려가, 헛되이 보낸 10년을 잊게 하고 대학생활을 떠올릴 수 있게 해주었다.——나는 제네바에 가지고 있는 잡동사니와 자신의 지위, 모든 쇠사슬을 버리고, 단장을 짚고, 벌거숭이이지만 생기 있고 젊으며 감격과 열성과 신앙으로 충만하여 어디론가 떠나고 싶어졌다. ……

오직 혼자, 밤 10시가 지난 어둠 속에서 객실 창가에 턱을 괴고 공상에 잠겼다. 그러는 사이, 별은 구름 사이에서 빛을 더해가고, 주위의 집집마다 켜진 등불은 하나씩 사라져갔다. 무엇을 공상했던가? 우리 모두가 연출하고 있는 희비극이라는 언어에 대해서였다. 아, 아, 나도 '전도서'처럼 우울해졌다. 나에게는 백 년이 한바탕 꿈으로, 일생이 한 번의 호흡으로, 모든 것이 무로 생각되었다. 마음의 가책이 여러 가지 있지만, 그것도 몇 분 뒤에는 사라져버린다. 무엇에 흥미를 가져야 하나, 또 무엇이 될 것인가?

시간은 마음에 있어 아무것도 아니다. 아이야, 너의 생활은 충만해 있다.
만약 너에게 신을 찾아내게 한다면 이 하루는 백 년과 같으리라.

1858년 7월 24일

……살아 있어서 뭐하나. 그저께는 이런 의문이 일어났다. 나로서는 그것이 신의 뜻이라고밖에 대답할 수 없었다. 나는 반나절 동안 비눗방울을 만들었

다. 사실 나는 한평생 그런 일을 하고 있지 않은가? 나의 생활 자체가 채색되어 떠다니는 공허한 구슬, 하나의 꿈, 하나의 현상이고, 그 일시적인 빛과 공상적인 부피는 결국 한 방울의 눈물, 한 번의 헛된 호흡인 것은 아닐까?

1858년 7월 25일

《밤송이》를 다시 읽었다. 어쩌면 이토록 어린아이 같은 말만 썼단 말인가? 게다가 나 자신에게 비난을 불러올 대목이 이렇게 많다니. ――만약 내가 내일 죽는다면 나의 생애는 어떤 도움이 되었다고 말할 수 있을까? 참으로 조그마한 도움에 지나지 않을 것이다. 타인에게도 나 자신에게도. 그래도 되는 걸까? 안 된다. 거기서 타인에게 말할 수 없는 불만이 생기고, 타성이 나를 마비시키거나 나를 뒤흔들고 나를 먹어치운다. 나의 죄는 공포이다. 괴로움에 대한 공포, 속는 것에 대한 공포, 나 자신을 속이는 것에 대한 공포, 운명에 대한 공포, 고통에 대한 공포, 쾌락에 대한 공포, 삶에 대한 공포, 죽음에 대한 공포. 그리고 공포의 원인은 자신감의 결핍이다. 자신감의 결핍 기원은 나의 무력함에 대한 의식. 주변의 상황을 타파하고 강제하고 안배할 힘이 없는 나는, 그 상황이 자신이 원하는 대로 되지 않을 때는 그것에 손을 대지 않기로 하고 있다. 용기와 의지의 결핍, 윤리적인 힘의 결핍, 이것이 늘 한결같고 점점 커져가는 나의 악이다. ――스스로 하나의 목적을 정하여 희망을 가지고 싸우는 것이 나에게는 갈수록 불가능하고 무서운 일로 보이기 시작한다. 나는 더 이상 비평가도 논평가도 아니다. 나는 철저하게 제로이다. 즉, 늘 졸고 있는 듯 야무지지 못하고, 무감각하고 무관심하며, 수동적이고 나약하다. "인간은 가진 것이 없는 자한테는 그 약간의 가진 것조차 빼앗게 된다." 주기는 이것으로 한 바퀴 돌았다. 20세 때 나는 호기심, 탄력, 정신적 편재(遍在)였다. 37세인 지금은 더 이상 의지도 욕구도 재능도 없다. 내 청춘의 불꽃은 한줌의 재밖에 남지 않았다. 전에는 모든 것이 나를 끌어당겼다. 지금은 아무것도 나를 끌어당기지 않는다. 전에는 모든 것이 열려 있었다. 지금은 모든 것이 닫혀 있다. 나는 선택하는 것, 한계를 정하는 것, 뿌리를 뻗는 것을 터득하지 않았고, 못했고, 원하지도 않았다. 나는 도깨비불이 되었다. 그것이 결과이다. 허영심, 비생산, 불안과 허무, 그리고 불쾌감과 쓸쓸함. '지상에서는 모든 것이 복수를 한다'고 하르트만이 나에게 말한 그대로다.

1858년 12월 13일

네 안에는 장애, 이미 일어난 나쁜 일, 거듭되는 패배밖에 없다. 너 자신을 거칠고 다루기 힘든 학생, 네가 지도자 및 후견인으로서 책임지고 있는 학생으로 생각하라. 신성한 신의 도움으로, 죄인으로서의 본성이 점차 마음 안에 있는 천사를 따르게 하고 그것을 신성하게 하는 것은 그리스도교적 교육학 및 종교적 윤리학이다. 선한 자아와의 조화를 회복함으로써, 나쁜 자아를 길들이고 회유하며 복음화하고 천사화한다. 이것이 우리의 일, 너의 일이다. 구원이란, 원칙상 나쁜 자아를 버리고, 용기와 기도로 자신의 정령과 함께 사는 임무를 받아들임으로써, 다른 자아, 신적인 자아 안으로 피신하여 그것을 점차 선에 반항하지 않는 기관으로 만들어 가는 것이다. 우리 안의 아벨은 카인을 구원하려고 힘을 다해 노력해야 한다. 그것을 위해 기도하는 것은 개종하는 것이다. 더욱이 그 개종은 매일 이루어지지 않으면 안 된다. 자연적인 본성이 언제나 우리를 원래의 상태로 되돌리려 하기 때문이다. 그리하여 아벨은 카인을 길들이고 선행으로 이끌어야만 카인을 속죄하게 하고 감동하게 할 수 있다. 선을 행하는 것은 한편으로는 폭력, 가책, 속죄, 십자가이다. 그것은 자기 자신을 극복하여 하인으로 삼는 것이기 때문이다. 그러나 다른 한편으로는 천국의 견습, 비밀스러운 부드러움, 만족, 평화, 기쁨이다. 신성화는 영원한 순교이다. 그러나 이 순교는 영광화하는 것이다. 가시관은 영원한 고통으로 가득한 성도의 생애를 상징한다. 악과 그 치유의 개념은 종교적 학설의 깊이를 재는 가장 좋은 척도이다.

(날짜 없음)
네가 추측하는 의무는 네가 그것을 추측한 순간부터 너를 속박한다.

(날짜 없음)
잠재적인 천재는 하나의 포부에 지나지 않는다. 있을 수 있는 것은 모두 이루어지게 되어 있다. 이루어지지 않는 것은 아무것도 없었다.

1859년 4월 2일

　신의 섭리의 응답이라고나 할까? 저쪽에서 스스로 찾아온 사랑, 이것은 치유의 시작인가, 필연적인 힘인가, 모든 준비를 다 하고 기다리고 있던 해답인가? 3월 13일과 18일에 편지를 보낸 익명의 사람(3월 25일의 한 신문에 광고를 내 보았지만 짐작할 수 없었던 사람)이 다시 편지를 보내왔다. 일요일에 생피엘 교회에서 내 가까이 있었던 모양이다. 친절한 수호신의 이러한 눈에 보이지 않는 감시에는 어딘지 믿음이 가는 데가 있다. 장님인 오이디푸스를 보살피는 안티고네의 그림자이다. 여자는 위로하기 위해 태어난다. 그 편지에는 체념한 부드러움이 있다. 상대가 싫어하고 있을 거라고 생각하여 베일을 벗지 않고 있다. 그러나 울분도 비난도 없는 추억을 남기려 하는 것이다. 설명이 되지 않는 우편물 지연에 의해 이렇게 무익한 슬픔이 일어날 줄이야. 이 미지의 사람이 점점 내 흥미를 끌기 시작했다. 특히 얼굴을 붉히면서 내 옆에 있던 한 여자에게 의자를 권하던 친절한 용모의 그 사람이 선명하게 떠올랐고, 게다가 그 사람의 느낌 좋은 태도가 생각났기 때문이다. 그가 안티고네였다면 안티고네는 내 마음에 꼭 들었다. 나는 그 얼굴에서 감수성과 결단, 사상, 기지, 애교를 읽었다고 생각한다. 또 그 얼굴은 마리라는 정감 있는 서명이 들어있는 세 통의 편지와 닮은 데가 있었다. ──불행하게도, 오늘의 편지는 작별인사였다. 나는 이 비밀에서 빠져나갈 수 있는, 또는 그것을 다시 이을 수 있는 한 오라기의 실조차 발견할 수 없다. 실제로 나는 내 글을 읽어주는 이 젊은 사람에 대해 아무것도 모르고 있다. 그 사람을 만날 수 있는 단서가 될 만한 것은 아무것도 없다. 꿈에서나 보는 수밖에. 밤이란 좋은 권고를 불러오는 법이니까. 이것이 행복의 인사, 청춘의 마지막 미소, 행운의 마지막 초대, 사랑의 최후통첩인지 그 누가 알랴. 경험에 비추어보아, 너는 이제 네 앞에 나타난 애정을 어리석게도 못 본 척하거나 배척해서는 안 된다. 너의 조심스럽고 오만한 천성이 자기 쪽에서 먼저 손을 내밀 리는 없을 것이다. 그러므로 가벼운 부름은 그리 나쁜 징후가 아니다. 오히려 그 반대이다. 어쨌든 이것은 너의 이야기이다. 너는 지금까지(다섯 번인가 여섯 번) 사랑의 고백을 받은 적이 있다. 네 쪽에서는 한 번도 한 적이 없다. 너는 동감하고 대답은 한다. 그러나 동감을 억지로 구하지는 않는다. 생활은 너의 오만을 존중하며 그것에 봉사해 왔다. 이 경우에도 여전히 너는 같은 역할에 머물고 있다. 이상한 역할이지만 시인의 특권으로 용납해도 될 것이다. 장 파울(독일의 소설가)은 여자의 요청에 압도되지 않았던가? 그 위대한 실례는 지극히 좁은 나의 영역에서도 같은 경우를 포괄하고 그것을 인정해 준다.──경탄하고 사랑하며 그 사랑하는 것을 행복하게 해주려고 생각하는 여자의 마음은 결국 아름다운 것이다. 이러한 작품을 만든 신을 나는 찬미한다. 이 감동에 찬 관조는 나에게 종교적인 기분을 안겨준다.

미주리 강 상류 브론윌에서 보낸 Ed. Lyan.의 편지를 받았다. 다섯 달이나 병을 앓고 있어 상당히 낙담하고 있다. 이민들의 욕망을 부추기고 있는, 파이크스피크에 새롭게 연 금광지대에 대해 얘기하고 있었다.

1859년 4월 7일

……일종의 공허와 홀로 남겨진 듯한 기분으로 인기척 없는 내 방에 돌아왔다. 모습을 보여주지 않는 통신자에 대한 허무하게 끝난 탐구도 약간은 그 원인이라고 생각한다. 그는 《언론 신문》도 《제네바 신문》도 읽지 않는 사람인 것 같다. 아아, "어찌 된 걸까, 이것으로 끝이란 말인가." 하고 노래한 보(레만호 북안에 있는 지방)의 민요 그대로다. 잃어버린 애정이란 언제나 우리한테서 떠나간 공덕이고 우리를 버린 힘이다.──그때부터 나는 의무를 정면으로 바라보지도 못하고 필요한 일을 추진하지도 못한 채 멍하니 지내고 있다. 그리고 잊혀진 사항은 언제까지나 비난의 말을 중얼거리고 있다.──모든 것은 어둠이다, 침묵이다, 죽음의 고요함이다. 방금 그 편지를 세 번째로 다시 읽었다 '중단된 일'(라틴어). 아무래도 아쉬운 마음으로 가득하다. 처음 내 마음에 들지 않았던 사소한 몇 가지 사항이 사라져버리자, 이 가슴속 이야기는 나에게 투명하고 감동적인 것이 되었다. 우연한 일로 그것이 중단되는 것은 해결이 아니다. 이런 식으로 사람의 의향을 속이고 행복을 속이는 우연을 나는 원망한다. 우편물의 숙명성. 이 얼마나 서글픈 비극의 도구란 말인가! 그러나 연극에서는 트집을 잡을 수 있는 방법도, 운명은 함부로 쓰지 않는다. 인간을 욕되게 하고 멸시하기 위해서는 무엇을 가져와도 상관없다.──어쨌든 웃어야 할 장애가 섭리의 손을 벗어난 건지 아닌지 누가 알 것인가? 불행하게도 결과에 의해서만 사물을 판단할 수 있다. 사건은 수수께끼이고, 그 해

답을 내 손에 넣을 때는 이미 늦어서 아무 소용이 없다.

1859년 4월 8일
 사건에는 계기가 있는 법이다. 나는 평소처럼 상반되는 두 가지 인상을 받았다. 첫 번째 인상은 비교적 불쾌한 것이었다. 받은 편지도, 궁리해 낸 수단도 나에게 웃는 얼굴을 보여주지 않았다. 두 번째 인상은 나에게 다시 힘을 주었다. 다시 생각해 본 결과, 주소를 물은 것은 그저 편지로 감사의 말을 하고 싶어서였을 뿐이며, 간접적인 주소라도 좋다는 것을 상대가 받아주지 않았다면, 더 이상 좋은 묘안은 아마 없을 것이었다. 상대의 대담함 속에는 신중한 자세가 있고, 여자다운 조신함 속에는 용기가 있다. 분명하게 끌어당기고 있는 것은 아니지만, 그래도 나는 역시 흥미를 느끼고 있다. 월요일까지 미루라고 말해왔다. 나중에 알았다. 이 경우 나는 자신이 독선적이지도 냉소적이지도 자만하고 있다고도 생각하지 않는다. 그러므로 나는 이 관문을 넘으면 되는 것이다.
 실제로 행할 수 있는 선한 일이 있다. 하지만 나는 어떤 결과도 각오하고 있다. 행운이 저쪽에서 가지고 오는 것은 함정뿐이라고는 할 수 없다. 그것을 무턱대고 거절해 버리면 나중에 후회할지도 모른다. 왜 언제나 의심하고 경계하고 포기하고 피하는 것일까? 좀더 윤리적이 되어야 한다. 너는 자극제, 연애를 요구하고 있었다. 연애가 찾아왔다. 그것을 의심하거나 처음부터 물리치지 않으면 안 되는 것이란 말인가. 아니, 그 말을 듣고 그것을 맞이하고, 보고 들은 뒤가 아니면 물리쳐서는 안 된다.

1859년 4월 11일
 오늘은 평소보다 더욱 자신이 못났다는 것을 느꼈다. 아침에도(하찮은 문서 때문에 4시간이나 낭비했다), 밤에도 혀가 굳어버리고 머리가 멍했다. 다른 사람들에게는 마음이 설레고 들뜨게 하는 기회가 오히려 나를 완전히 멍하게 만들었다. 예정대로 만나기는 만났다. 이루어진 밀회에 앞선 불안한 마음의 혼란을 (그것도 처음으로) 느꼈다. 그 전 한 시간 동안, 운명과 싸우는 여자 같은 시적인 정취를 맛보았다. 그런 다음 어두워지고, 바라던 대로 비가 내리고, 붙임성 있게 감사를 표시하고 마침내 감동할 때가 다가오자,

나는 단조롭고 차갑고 산문적인, 마른 풀이라도 먹은 것처럼 우스꽝스러운 인간이 되어 있었다. 이러면 스스로도 정나미가 떨어지지 않는가. 신비로운 미지의 사람은 베일 너머로도 매력적으로 보였다. 지금 나에게 부족한 평정과 차분함을 확실하게 갖추고 있었다. 역할이 약간 거꾸로 되었다. 우월한 지위를 차지하고 있으면서도 나는 두말할 것 없이 지고 말았다. 왜 그랬을까? 평소의 내향적인 성향과 나약한 자신감, 활기의 결핍과 남자다움의 부족 때문이다. 우스꽝스럽게 보이지 않을까 하는 걱정, 실패에 대한 공포, 과감한 행동에 대한 혐오, 가능성의 그림자를 보고 현실을 파괴하는 상상력의 위협, 그런 모든 것이 한데 어우러져 지금 이 순간에 필요한 힘을 나한테서 빼앗아가 버렸다. 나는 한 번도 현실적인 상황 속에 있을 때가 없다. 한 번도 진심으로 마음을 움직이고, 무언가를 원하고, 무언가를 붙잡고 있을 때가 없다. 거기서 나의 정신적인 무력감이 나온다. 나의 손톱은 잘리고, 나의 어금니는 뽑히고, 나의 갈기는 깎였다. 사자가 강아지에 지나지 않게 되었다. 욕망과 의지는 남자의 특성이다. 나는 자신의 성을 잃은 것과 같다. 모든 점에서 나의 나약함은 아마 나의 절제에서 온 것이리라. 종교상의 처녀가 아닌 처녀는 가련하다. 모두 환관으로 전락했다. 공상가는 가련하다. 모든 것을 잃고 빈손을 맞잡고 있다.

1859년 4월 14일

어제는 가상하게도 분발했다. 나는 배의 키를 다시 잡으려고 노력하며, 기한이 지난 자잘한 일을 몇 가지 처리했다. 그러나 마음속의 영혼이 나를 다시 붙잡았다. 오, 비참한, 게다가 가장 비열한 방법으로 환락, 열정이 없는 환락의 먹이로. 불쾌한 꿈. 기분 나쁜 밤.

순결은 영웅심이고, 처녀성은 거룩한 덕이라는 것을 뼈저리게 느꼈다. 충실, 정조, 순수, 오염되지 않은 모든 덕성, 천사 같은 모든 아름다움이, 그 쇠퇴하지 않는 아름다움으로 나타나고, 여성의 이상이 이중의 황금빛 후광에 에워싸였다. 인간이 낮은 곳으로 갈수록 하늘은 높아진다. 인간이 사악할수록 선은 바람직하게 보인다. 인간이 가난하고 자유롭지 않을수록 내적인 부는 위대하고 우월한 것으로 생각된다.

1859년 4월 15일

눈앞에 나타난 것에는 거의 손도 대지 않으면서도, 나는 진부한 감정의 역학에 따라 거절당하기를 바라는 것인가? 아, 나는 그것을 두려워한다. 인간의 가슴은 모순일 뿐이다. 가슴은 원하고, 그리고 원하지 않는다. 나는 언제나 동일하다. 화요일부터 우편물이 올 때마다 회답을 기다리며 공허하게 지냈다. 냉혹함에 이어서 아쉬움이, 공허한 마음에 이어서 우울함이, 담담함에 이어서 감동이 나타났다. 한마디로 말해 나는 감정을 억눌러서 식힌 뒤, 모습을 드러내지 않는 여자에 대해서만 생각하고 있다. 인간은 잃어버린 것만을 소중히 여긴다. 사랑해주지 않게 된 것만을 사랑한다. 나처럼 어리석은 기질을 가진 인간은 가까이 다가갈 수 없는 것, 불가능한 것만 동경한다. 또는 쓸데없는 자신감 결핍의 결과이다. 내 손에 닿은 행운을 믿지 못하고, 현재는 하잘것없는 것이고 현실은 우리를 속인다는 것을 자신에게 들려주기 위해 수백 가지 이유를 댄다. 이런 식으로 언제나 일이 끝난 뒤에, 이미 늦은 뒤에, 내 눈은 자신의 생애를 좌우하는 모든 사정 앞에서 열리기 시작했다. 운명에 대한 나의 오만은 언제나 통찰력을 빼앗고 행복을 농락했다. 나는 진심으로 어떤 일을 할 때, '주사위가 던져진' 후에도 항상 두려웠다. 그리고 아마 앞으로도 내내 그럴 것이다. 실제로 이번에는 운명 쪽에서 내미는 것을 호되게 다루지 말라는 경고를 받고, 스스로도 그렇게 결심하고 있었다. 그러나 본능이 이기고, 습관이 나에게 어리석은 짓을 시키고 말았다. 어떤 일이 나에게 기쁨을 주는 것을 나는 수치스럽게 생각하고 있다. 나는 그런 것에 집착하지 않는다는 것을 자신에게 증명해 보이기 위해 그것을 꺾고 부숴버린다. 나는 나를 끌어당기는 것을 진심으로 두려워하고, 나에게 필요한 것을 몹시 싫어한다. 쾌락 또는 행복에 대한 이 고뇌의 기분을 나는 전에 〈진주〉라는 시 속에서 그렸다.

    죽고 싶은 사람은 아무도 없다.
    무한이라는 것의 오뇌에 시달리다가
    무한이 입을 벌릴 때는…… 흠칫 놀라고
    마음은 전율했다. 추방자의 두려움.

마음은 남의 손에 넘어가려 하는 것, 이미 자신의 것이 아니게 된다는 것, 남이 나를 산산조각 낼지도 모른다는 것, 나의 운명은 타인의 운명에 걸려 있다는 것을 느끼고, 몸을 떨며 모든 준비를 한다. 마음은 포로가 된 젊은 처녀처럼 말한다,

나는 아직 죽고 싶지 않아요.

마음은 매혹, 현기증, 착각을 두려워한다. 마음은 자신의 본능도 다른 것의 본능도 믿지 않는다. 마음은 대담하게 '재주넘기'를 하지 않는다. 마음은 사랑 앞에서 떨고 있다. 그것은 사랑도 망나니역의 왕이라는 것을 알고 있기 때문이다. 사람은 사랑할 수밖에 없게 되고, 더욱이 자기가 열중해 있지 않을 때는, 자기도 모르는 사이에 입을 고통을 상상만 해도 소름이 끼친다. 네메시스(복수의 여신)는 우리를 위해 신의 섭리를 베일로 가려준다. 운명에 볼모를 맡기지 않기 위해 운명의 미소도 외면한다. 나는 언제나 처음부터 실패하기 때문에, 다른 경우에도 응답이 없는 일은 무엇 하나 기도할 만한 배짱이 없어졌다. 언제나 어리석은 일을 하고는 그 대가를 치러야 하는 것이 싫어서 모든 시작을 갈수록 싫어하고 있다.

하나의 문제. 만약 생각지도 않은 편지가 와서 너를 안심시키려 한다면, 너는 어떻게 할 생각인가? 너는 더 이상 무관심할 수 없게 되어, 선의와 감사로 너의 별이 너에게 선물한 제비뽑기의 본성을 확인할 것이 틀림없다. 애교와 희망과 동정, 이 역할은 그리 어려운 것이 아니다. 일단 기다려 보자.

1859년 4월 18일

단 하루치고는 얼마나 많은 계시였고, 그것이 또 얼마나 어려운 일을 나에게 부과했는지! 나는 한꺼번에 양쪽에 붙잡혀버렸다. 게다가 그 양쪽, 즉 양심의 지도자와 고백을 듣는 사람에게는 완전히 다른 것이다. 사제가 아닌데도 참회하는 사람이 두 사람의 여성인 경우는 보통 일이 아니다. 그렇지만 우리는 모두 사람의 마음을 맡고 있는 것이 아닐까? 이 두 사람의 삶의 깊은 내부까지 들어간 나는, 운명의 비극적인 깊이를 느끼고 서로의 구원이 마음의 계율이라는 것을 똑똑히 본 것처럼 느껴진다. 신의 은총으로 하나하나

의 책임은 힘을 주고, 싫어하는 나에게 갑자기 맡겨진 목사의 임무는, 나에게 어느 정도 그 역할의 공덕을 선사했다. 적어도 나는 그렇게 생각한다. ——나는 또 키스라는 것이 어느 정도의 가치를 가질 수 있는지, 어머니의 사랑이 경우에 따라 어떤 식으로, 속죄도 영원의 형벌도 될 수 있는지 알았다. 그렇지만 그 두 미망인 중 젊은 쪽이 운이 좋았다. ——나 개인으로서는 두 가지의 환멸. 두 가지의 희생에 대한 부름. 성과가 많은 하루.

나의 현재에서 벗어나려고 무척 애썼다. 여러 가지 일을 처리했다. 그러나 내 마음을 아프게 하는 것은 내 눈과 머리의 상태이다. 예민한 감수성과 섬세함과 연약함. 곳곳에 장애가 있다. 아아!

1859년 4월 19일

……X에게 답장을 보내며, 조심스럽게 우리의 대화에 조건을 붙여 두었다. 그러나 그 대화는 나를 사로잡고 있다. 정말이지 남자에게는, 사랑으로 신성한 언어를 받아들이려 하고, 빛과 구원을 부르며 기다리고 있는 여자의 마음을 계발하고 해방하고 형성하는 것보다도 고상한 유혹은 없다. "영원히 여성적인 것이 우리를 구원할 수 있다"(《파우스트》). 결국 X는 나의 새로운 제자이고, 나한테서 불꽃과 위안을 받은 것이다. 횃불을 전달하는 이 신비한 의식, 생활 작용의 이 상호교환에서 X는 헬리오트로프가 태양 광선을 향하듯 내 쪽을 향한다. 나는 그 현상의 장소 및 기회에 지나지 않기 때문에 그것을 내 것이라고 말하지는 않지만, 그 현상을 지켜볼 수는 있다. 그리고 이 현상은 저항할 수 없을 만큼 마음을 끌어당긴다. 하나의 영혼을 속죄한다는 것은 아무것도 아닌 일이 아니다. 성 베드로는 이 선행으로 무수한 죄를 덮었다. 다만 우리는 오만을 삼가고, 이 기적 전체를 우리보다 높은 것으로 돌리기로 하자. 우리는 생명의 수익자에 지나지 않는다. 우리는 생명을 받고 빌리고 주지만, 이를 소유하는 것도 아니고 창조하는 것도 아니다. 그러므로 모든 운명을 관장하는 신 앞에 고개를 숙이자. 신은 우리가 조금이라도 그 마음을 이해할 수 있도록, 그 아버지가 되는 자격을 잠시 동안 우리에게 위임한다. 역시 경고로서, A.L이 내 빈약한 몸을 '그 존재의 정신성'으로 보고 경의를 표한 적이 있으면서도 결국 비속한 질투심에 빠진 것처럼, 우정에서 오는 진정한 무욕(無欲)은 여자의 마음에 있어 어려운 것임을 상기하자.

1859년 4월 26일

……X의 편지. 두려워지기 시작했다. 그래도 우리는 다시 만날 것이다. 이번에도, 언제나 그렇듯이 불쾌감을 준 것이 아닌가 하는 두려움에 우울한 기분에 휩싸인다. 결정적인 것은 언제나 나에게 추모의 정을 품게 하고, 약한 마음은 의혹을 품게 한다. 아무래도 나는 운명이 가져오는 계기를 보지 못하고, 섭리에서 오는 은혜를 물리치고 있는 것 같다.

1859년 4월 27일

……태평스러운 마음이 사람을 얼마나 동요시키고, 얼마나 상처받기 쉽게 하는지 절실하게 느꼈다. 작은 깃발처럼 어떤 바람에도 흔들리며, 전력계의 얇은 조각처럼 모든 전류, 지극히 미세한 인력에도 끌려간다. 하나하나의 우연이 전기를 띠게 하기도, 반발하게 하기도 한다. 아름다움에 따라 여러 모습을 보이는 것이다. 예쁜 얼굴을 만나면 마음부터 어지러워진다. 아름다운 눈길과 부딪치면 황홀해지고 만다. 사랑의 빛이 섞여들기만 해도, 온몸이 진동하고 전율한다. 모든 것을 진정시키고 모든 것을 잠재우는 무감각한 졸음이 아니면, 나는 20세의 새끼비둘기(아마 갓 결혼한 사람을 가리키는 듯)처럼 괴로워할 것이다. 사실 나는 마음속에 그 같은 공허, 그 같은 애매함을 품고 있다. 봄도 역시 내 안에서 한숨을 쉰다.

> 사랑하는 것, 사랑받는 것, 오직 그것뿐이다.
> 그것이 법칙이다. 그것을 위해 우리는 존재한다.
> 사랑으로 위로받는 자는
> 사물도 사람도 두려워하지 않는다.
>
> 그러나 사랑을 받지 못하는 자는
> 운명에 대한 방패가 없다.
> 이승에서는 정처 없는 나그네로서
> 모든 것에 상처받고 모멸당한다.
>
> (퐁사르 (Francois Ponsard. 프랑스의 극시인, 1814~1867년) 《작은 매력》)

인간에 대하여 169

1859년 5월 2일

……밤 8시부터 9시까지의 두 번째 산책을 어떻게 생각하면 좋을까? 다시 묘한 입장이 되고 말았다. 그래도 나는 비교적 그 경험에 만족하고 있는 편이다. 시(詩)를 깨는 것은 싸움에 익숙해지는 일이다. 신비를 제거하는 것은 마법을 푸는 일이다. 사랑스럽고 영리하고 애잔하며, 사랑도 재혼도 원하지 않고, 솔직하게 얘기하는 것을 좋아하는, 26세 젊은 여성의 이야기 상대. 마치 고해성사를 듣는 이와 같은 존재가 되는 것은 어쨌든 이상한 관계가 아닐 수 없다. 의심할 여지없이 나는 얼마 안 있어 그 사람을 사촌동생이나 친구처럼 생각하게 될 것이다. 그러나 아직은 그런 단계가 아니다. 그럼에도 나는 지난 4월 11일의 10분의 1의 감흥도 느낄 수 없었다. 연심(戀心)의 떨림이 사라지자, 대신 친구로서의 호의와 심리학자로서의 흥미가 일어났다. 남자와 여자 사이에 서로의 자부심과 애교가 사라져버리면 연애는 거의 불가능하다. 우리는 거기에 거의 도달하려 하고 있다. 우리는 산책하면서 하는 철학의 첫 번째 시도에서 상당한 진보를 보여주었다. 그것은 짜릿한 느낌으로 다가왔다. 이런 것은 아무래도 나에게는 운명으로 정해져 있는 것 같다.

1859년 5월 16일

……X와 오랜 산책(그랑 필로조프, 샹펠, 플로리상, 포미에르, 말라뉴(시 남단에서 남쪽 외곽)까지). 바로 10년 전 세실이 죽은 시골집에서 멀지 않은 곳으로, 꾀꼬리 한 마리가 울고 있었다. 우리는 세실에 대해 얘기를 나눴다. X는 그에 대해 잘 알고 있었다. 하루 동안의 여러 가지 불안과 한 달 동안의 온갖 근심에 대해 얘기해 주었다. 이야기 상대와 오빠 같은 충고자라는 나의 묘한 역할은 계속되었다. 그것이 필요 이상으로 나를 세상에 드러낸다는 것은 나 스스로도 부정할 수 없다. 실제로 외면상 이 역할은 하나의 시도와도 같다. 득도 되지 않고 원하지도 않은 이런 거북한 입장은 사실 불쾌한 것이다. 사제로 대할 때 연인처럼 행동하거나, 실제로 그렇지 않으면서도 자신의 생활과 주의, 입장과 모순되는 척하는 것은 유해하다. 그리고 보면, 밤 11시에 달빛 속에서 행인이 많지 않은 나무 아래의 길을, 젊은 여성에게 팔을 맡긴 채 걷고 있는 내가, 특별한 사이가 아니라 그저 우애에 넘치는 도덕주의자로

서 양심 문제에 대해 상담해주고 있을 뿐인 무심하고 아무 목적 없는 친구라는 것을, 우리가 만날지도 모르는 친구, 지인, 또는 학생 가운데 과연 누가 이해해줄 것인가? 이건 아무래도 너무 속없고 순진한 행동이다. 더구나 불성실한 것은 아닐까? 내 양심은 나에게 비난을 가하지 않는다. 나의 미래의 관심이 나에게 비난을 가한다. 누군가 악의를 가지고 손을 쓴다면, 이 별것 아닌 사실도 이런 입장에서 쉽게 상상할 수 있는 해악을 나에게 미치게 될 것이다. 그런데 이 거북함은 전혀 상호적이지 않으며(X는 이름도 모르는 이혼한 여성이다), 그런 면에서는 나에게 의무가 전혀 없기 때문에 이렇게 어리석은 큰 도박을 해서는 안 되는 것이다.

1859년 5월 25일

(아침) 월요일 밤, X와 산책. 구혼 받은 것에 대해 상담했다. 나는 참회를 듣는 목사로서 내가 할 수 있는 데까지 대답해주었다. (분명히) 4년 전 Jpf를 상대로 했을 때보다 잘할 수 있을까? 어쨌든 나는 가능한 한 마음을 넓게 가지고 이해(利害)에 대한 생각에서 벗어나 있었다. 기사도적인 무가치, 충실하기 짝이 없는 호인이라는 것 외에, 나 자신에 대해 비난할 일은 없다.——어쨌든 내 안에서 오만이, 적어도 결정적인 약속을 하기까지, 애정의 경쟁을 억제할 만한 힘이 있는지에 대한 시험은 끝난 것 같다. 경쟁자가 나타난다면, 나에게 질투심이 일어나기 전에 먼저 차갑게 식어버릴 것이다. 경멸은 나의 번민을 치유해주지는 않아도 연애는 치유해줄 수 있다. 나는 타인에게 극히 작은 것밖에 기대하지 않기 때문에 어떤 일도 각오가 되어 있다. 나를 위협하고 있는 것은 환멸과 성패(成敗)가 아니라 깊은 의혹, 괴로운 고독, 메마른 무감동이다. 나는 아무것도 기대하고 있지 않다. 그래서 모든 것에 싫증을 내고 있을 정도이다. 나는 행복을 함정인 듯 두려워하고, 유혹을 매복인 듯 두려워하며, 기쁨을 함부로 다룰 수 없는 낚싯바늘인 듯 두려워하고, 모든 희망을 회한과 고통으로 가득 찬 판도라의 상자인 듯 두려워한다. 운명에 대한 이 끝없는 불안은 어디서 오는 것일까? 언제나 자신하고만 생활하며, 자기 자신, 즉 아무것도 아닌 것만 의지하는 것에 대한 필연성에서 오는 건가? 곧 다가올 성패에서 오는 것인가? 큰 희망이 한 번 빗나간 뒤에는 어지간한 보상으로는 견딜 수 없는, 일반적이고 내적인 항의에서

오는 것인가? 내성적인 성격에서 오는 것인가? 망은에서인가? 불신에서인가? 우유부단에서인가? ──그래, 그게 어쨌단 말인가? 이 불안은 신의 사랑과 의무에 대한 열정을 통해서만 극복할 수 있다. 네 양심을 일깨워라. 네 신앙에 생기를 불어넣어라. 그것이 유일한 약인데도 너는 언제나 잊고 있다.
── (빌레트(Villette. 제네바에서 동남쪽 4킬로미터에 있는 마을)까지의) 산책은 차분하고 기분 좋은 것이었다. 우리는 더할 나위 없는 사촌남매 사이가 되었다. 나는 친구를 상대하는 것처럼 편안한 기분이었다. 감동, 욕구, 공상, 자부심 같은 것은 그림자조차 없는 순수한 호의. 관용과 감사로 가득한 동정. 단순한 우애가 모든 것을 대신했다. 철학적으로 관찰하고, 밝고 기쁜 마음으로 질문하고 응답할 수 있는 입장이다. 이 정도면 완전한 순수함으로 가장 어려운 문제에 대해서도 얘기할 수 있을 것이다. 나는 내 앞에서는 상대방이 비밀을 가지지 않는다는 것을 느꼈다. 그러나 조심성이 많은 데다 게으른 나는 그 장점을 조금도 이용하려 하지 않았다. 사실은, 그렇게 함으로써 나 자신을 존중하고 있는 것이다. 내가 마음과 이름을 주려하는 여자라면, 그것을 위해 더욱 나를 존중할 것이다. 정말이지, 나는 그 여자에게 내 과거를 숨기는 일은 결코 없을 것이다.

1859년 6월 3일 (승천제)
······어제, 밤 8시부터 10시까지 X와 산책. X도 즐거웠을 거라고 생각한다. 그 친밀하고 허물없는 대화 속에서 나는 기쁨을 느꼈다. 꾀꼬리와 개구리의 반주. 무척 어두운 밤이었다. 도중에 아무도 만나지 않았다. 꽃을 그릴 수 있고 경치도 스케치할 수 있으며, 독일어와 영어로 얘기할 수도 있고 많은 책을 읽고 글도 잘 쓸 수 있는, 게다가 가슴속 깊은 곳까지 열어 보이는 것에는 정말 나름대로 정다움과 기쁨이 있다. 그래서 하마터면 나도 감동하고 거기에 빠져들어 좋은 우정에서 정열로 옮겨갈 뻔했다. 그러나 추억과 예견이 나를 제지해주었다. 거기에는 틀림없이 느슨한 마음도 작용하고 있었으리라. 나는 역시 그냥 친구 그대로다.

1859년 6월 13일
오늘밤에는 온통 달빛. X와 산책. 이것이 습관이 되면서 어렴풋이, 정말 어렴풋이, 그것을 요구하기 시작하고 있다. 나에게 그게 무슨 소용이란 말인가. 나의 상상력은 자극을 받고 있지 않다. 나는 포부와 희망과 욕구를 조금도 가지고 있지 않다. 이해(利害)를 떠난 호의의 작용이, 연애의 희미한 모방 속에서 가만히 그 끝에 닿은 것이다. 애정으로 가득 찬 신뢰와 여자다운 우정의 매력만이 이러한 교제의 묘미이다. 그것만으로도 충분히 지금까지 이 교제를 유지해 왔다. 그렇게 말은 하지만, 나에게는 마음에 차지 않는 점이 많다. 특히 지적인 내용을 더 많이 원한다. 실제로 허물없는 애깃거리가 떨어져 버리면 기지가 이 정신적인 교제를 풍요롭게 해주지 않는 한, 내가 구혼자도 아니고 연모자도 아니며 연인도 아닌 젊은 여성을 상대로 어떻게 해야 한단 말인가. 나는 호기심도 없고, 사람의 마음을 움직일 줄도 모르며, 그리 끌리고 있는 것도 아니고, 또 그다지 노련하지도 않기 때문에, 대화에 어딘가 미흡한 데가 드러난다.——사실을 말하면, 나도 이 묘한 입장을 좀 더 잘 이용하여, 질문이나 관찰을 통해 지식을 얻으려고 시도할 수도 있을 것이다. 나의 지나친 조심성과 게으름이 적당한 시기를 놓치고, 기회를 잃어버리게 만든다. 나는 상대에게 이득을 주는 점이 있다. 실제로 사람은 어떤 것에서도 이득을 끌어낼 수 있다. 그러므로 상대가 기대하고 요구하는 것을 해주면서 오래 지속되는 생활을 영위하며, 거북한 입장에서 벗어날 수도 있을 것이다. 거북함은 이러한 약간 기교적이고 지극히 무덤덤한 교제에는 방심할 수 없는 위험한 적이다.

1859년 6월 17일

X가 답장을 보내왔다. 다시 한 번 애정 표현을 피할 수 있었고, 다시 한 번 사모의 정을 아직 싹에 불과할 때 꺾을 수가 있었다. 아무리 기다려도 오지 않을 일, 원하지도 않고 생각지도 않는 이상에 대해 이렇게 많은 희생을 바쳤다. 나는 잘 해냈다. 그리고 나는 한숨을 쉬고 있다. 결별이라는 것에는 모두, 설령 그것이 그림자뿐인 행복에 대한 결별이라고 해도 우울한 느낌이 있다. 나의 본성은 그런 식으로 생겨 먹었다. 문득 생각이 떠올라 자신의 주위에 인기가 없는 점을 꾸며 보이면서도, 그것을 그대로 둘 수가 없다. 활동하지 않기 위한 모든 이유를 찾아내어 차곡차곡 쌓아놓고도, 그것을 비활동의 위안으로 삼을 수가 없다. 내가 원하는 모든 것에 정면으로 반발하고, 견

딜 수 없이 원하는 모든 것에 손을 내밀지 않으면서, 나를 매료하는 것을 두려워하고, 나에게 적합한 것을 두려워한다. 나를 끌어당기는 것을 피하고, 내가 부른 것을 배척하고, 내가 사랑하는 것을 모멸한다. 수치심에서 오는 이 모순은, 정열을 품으면 품을수록 광포해지고 사랑을 받아들이면 받아들일수록 겁을 낸다. 수치심은 타인이 먼저 헤아려주고 저쪽에서 제시해오기를 원하고 있다. 나의 자존심도 마찬가지다. 내 마음은 남성적이지 않다. 내 마음은 여자이다. 그래서 운명, 생활, 사회를 향해 무언가를 바라며 스스로를 내세우는 것을 부끄럽게 여긴다. 타인에게 압박을 가하는 것은 뻔뻔스러운 처사로, 나의 내적인 마음에 반감을 불러일으킨다. 민중에게서 영광을, 국가로부터 존중 또는 명예를, 가족한테서 동조 또는 도움을, 친구한테서 구제를, 생활에서 쾌락을, 여자한테서 행복을 구하는 것은 나를 혼란에 빠뜨리고 부끄럽게 생각하게 한다. 부를 좇는 것은 나에게는 모욕으로 보인다. 나는 오직 하나, 신에게밖에 구할 수가 없고, 오직 한 가지, 자기 부정밖에 구할 수가 없다. 나는 오직 하나, 나의 의무만을 원하려고 노력하면서도 아무것도 추구하지 않고 있다.

1859년 6월 20일

불쾌한 하루였다. 유혹에 지고 말았다. 그리고 우정을 얼어붙게 했다. 그 발칙한 마르티알리스(Martialis, 로마 시인, 43~104년)를 다시 읽었다. 그리고 석양의 산책 때, X와 얘기하면서 멍청한 말만 했다. 어째서 에로틱한 읽을거리가 나에게 직접적으로 연애의 감흥을 일깨우는 것일까? 그것은 연애를 더럽히는 것이다. 그러한 읽을거리는 감각과 마음을 떼어놓고, 전자에게 수치를 던지고 후자에게 찜찜한 생각을 하게 한다. 그래서 좋지 않은 책은 여자의 적이다. 상상의 육감적인 부분은 가슴의 정열을 빈약하게 하고 위협한다. 비열한 꿈은 사랑스러운 실재의 옷을 벗긴다. ——여전히 같은 실수. 여전히 실생활에 대한 염려. 그리고 공상, 무익한 것, 생활 행동의 수고를 줄여주는 것에 대한 꺼림칙한 유인. 실재적인 것에 대한 공포는 청년을 감각의 고독한 향락으로 향하게 하고, 장년을 반성의 고독한 향락으로 향하게 한다. 내향적인 열성과 밖을 향한 출구도 없고 희망도 없는 생활과, 양쪽에서 나오는 이 두 가지 경향은 서로 비슷한 데가 있다. 자족(自足)에 대한 동경은 원칙상 모든 나쁜 습관, 두 종류의 유혹, 즉 육체의 유혹과 정신의 유혹에 응하는 죄악의 두 가지 원천을 내포하고 있다. 이것은 고독한 존재의 저주이다. 기지, 양심(의식), 가슴속 깊이 간직한 마음, 감각 등의 고독을 한꺼번에 모조리 갖추고 있을 때, 자신의 온 마음을 털어놓을 상대가 한 사람도 없고, 마음놓고 함께 눈물 흘리거나 힘과 기운을 북돋아주는 사람이 한 사람도 없을 때, 섬세한 배려와 기질과 지혜로 언제나 자신을 억제하고, 침묵하며, 뒤로 물러나 있지 않으면 안 될 때, 이 저주는 더욱 확실하게 효과를 거둔다. "사람이 혼자 사는 것은 좋지 않다."(창세기 2장 18절)고 여호와는 역사가 시작될 때 말했다. 그리고 이 말은 그 무서운 진리를 지금도 잃지 않고 있다.

아, 나는 점점 혼자가 되어간다. 그럴 수밖에 없는 것이, 나는 각자 어떻게 살든지 상관하지 않고, 홀로 남겨질 것을 미리 예견하여 버림받기 전에 먼저 숨어버리기 때문이다.

1859년 6월 29일

기억과 지적인 이해에 대한 나의 무력함을 가늠한다. 나는 보고 읽은 것을 확실한 형태로 만들지 않고, 막연한 인상밖에 가지고 있지 않다. 근시인 데다 둔해진 내 눈이 약해져 감에 따라, 나의 지각 안에서는 모든 것이 느리게 움직이고, 내 기억에서는 모든 것이 무관심해졌다.

저녁 식사 뒤 X와 산책. 전의 산책에 비해 훨씬 기분이 가라앉고 정감이 짙어지게 된 것은, 아마 이런 만남이 곧 끝날 때가 다가오고 있기 때문이리라. 어쨌든 그 완전한 신뢰에는 눈시울이 뜨거워진다. 독일에서 찾아온 구혼자와의 결혼에 관한 것에 대해 얘기했다. 그다지 마음이 내키지 않는 모양이다. 우리는 이혼, 일부다처제, 재혼, 문학(유에르바흐, 모니에, 모리스 대위 등)에 대해서도 얘기를 나눴다. 《충실》이라는 제목의 내 작품을 되풀이하여 설명했다. 약간 기묘한 이 교제 속에는 확실히 '마요라나(허브식물)의 잎'이 있다. 얼마간 열정이 담긴 보호 본능이 깨어나 종속과 애착에 대항한다. 결국은 기사의 역할, 여자를 위해 무기를 잡는 예절을 주변 상황이 나에게 강요하고, 그것을 내가 이행하는 것으로, 거기에 약간의 연심이 섞인, 게다가 먹이나 구실처럼 말할 수 없는 묘미가 곁들여져 있다. 그것은 그리 나쁘지는 않다. 어쨌든 나는 평온하게 여자의 심리를 계속 연구하기 위해 그것을 이용하고 있다.

정오가 지나 누이 L(여동생, 의사와 결혼
한 Laure Stroehlin)의 집에 갔다. 임신했다고 한다. 축하할 기분이 나지 않았다. 어쩐 일인지 컨디션이 좋지 않아 입을 열 수가 없었다. 반은 당혹, 반은 배려에서, 그것에 대해 얘기가 나오기 전에 돌아왔다. 비밀을 숨기고 털어놓고 싶은 기분을 억제하는 습관이 나를 꿀 먹은 벙어리로 만들어, 얘기하고 싶을 때도 입을 열 수 없게 된다. 어쨌든 무슨 일에서나 나는 그런 식이다. 나는 기회를 두려워하며 언제나 가장자리에서 멈춰 선다. 임기응변의 재능, 그때그때의 결단과 결심이 나에게는 전혀 없다. 적당한 때의 징후가 어떤 것이든, 나는 여전히 착각과 추모를 두려워한다. 나는 언제나 다음 기회, 더 좋은 순간을 원하고 있다. 한마디로 말해 "나는 언제나 기다리고 있다." 이것은 일찍이 나의 모토였고, 내 노래의 후렴이었으며, 결국 이렇게 나의 어리석음이 되었다.

1859년 7월 4일

Fi.와 그 아들들은 리기(루체른에서 호수를 사이에
두고 동쪽에 있는 유명한 산)로, Fy.(아미엘의 손위누이, 목사와
결혼한 Fanny Guillermet)와 그 시어머니는 카르티니(Cartingy)로 출발했다. 나 혼자 여기에 남아 일주일 정도 하숙생활을 한다.——실내를 정리하고 커튼을 다는, 남자들에게 서툴고 나에게는 좀이 쑤시는 일에 아까운 시간을 많이 써버렸다. 고마운 누이가 나에게 이런 짜증나는 일을 시키지 않기 위해 집에서 해주는 일들이 너무 많다.

어제는 생피엘 교회에서 Ch.-Eugène-Franc. Gz.의 세례식이 있었다. 아이의 대부는 나의 매부가 맡았다. 의식이 끝난 뒤 F숙모(아미엘의 막내 숙부 Frédéric의 부인 Fanchette,
어머니 사후 아미엘을 돌봐준 숙모)가 집에 와서 식사를 했고, 밤에는 G의 집에서 친척끼리 식사를 했다. 모인 가족과 친척은 모두 스물 한 명 이었다.

4명, 아버지와 어머니—Al. 숙모(첫째 숙부 Jacques
의 부인 Alix)와 Fu.

5명, 나의 두 누이부부와 나,

3명, Fanch. 숙모와 Jy.(판세트 숙모의 전남편
의 딸 Jenny Custor)에 Le.(프레데릭 숙부와의
사이에 낳은 딸 Louise),

3명, 사촌누이 Bt.(대모), 사촌누이 Cgn.과 그 딸,

4명, Mer.-Los. 부부와 Bd. 부부,

2명, Fr. 부부.

아이는 그리 튼튼해 보이지 않았다. 게다가 아이의 어머니는 살이 찐 데 비

해 젖이 적다. 우리 가운데 가장 젊은 여자 세 사람은 이미 한 집안의 주부이다. (Laure, Caroline(자크 숙부의 딸), Fanny Fr.) 아메나이드는 여전히 활달하고 붙임성 있고 친절하다. 10년만 젊었으면.

오늘은 해질 때부터 밤까지 X와 산책. 이제부터 잠시 동안 만나지 못할 것이기 때문에 지금까지의 산책보다 길고 훨씬 숙연한 기분이었다. 나는 이렇게 신뢰하며 모든 것을 맡기고 열의를 쏟게 된, 이 여자다운 우정 속에서 진정한 아름다움을 발견했다. 그것은 가슴을 어지럽히지 않고 애무하며, 속박하지 않고 견실해지게 한다. 도대체 나는 바보가 아닐까 하고 의심이 드는 순간도 있었지만, 나름대로 청교도 역할을 충실하게 유지했다. '자신의 것으로 하는 것의 다양한 매력을 무시하는 것'은 아마 쓰라린 일일 것이다. 그러나 어색함과 회한 또는 아쉬움이 일어날지도 모른다는 생각이 언제나 욕구의 발작을 제지해 주었다. 어쨌든 조금이라도 행복을 준다는 것은 눈물을 자아내게 하는 것보다 훨씬 즐거운 일인 것 같다. 마음속의 두 개의 목소리, 속지 않고 자신의 호기심을 만족시키기 위해 손에 넣고 싶어하는 자부심의 목소리와, 혹시라도 괴로운 생각을 하게 해서는 안 된다는, 성(性)의 자연스러운 유혹에 저항하는 배려의 목소리 가운데, 훌륭한 쪽에 나는 귀를 기울였다. 결국 그렇게 하길 잘했다. 인간은 양심의 움직임을 후회하는 일은 없다.──우리가 시내로 돌아온 것은 밤 11시가 조금 못 되어서였다.

1859년 7월 5일

라테나(Laténa)는 '어리석은 일을 피했을 때만큼 개운한 것은 없다'고 말했다. 우리에게는 개운한 청량감이 필요하다. 사흘 전부터 제네바 위쪽지방에서 더위가 기승을 부리고 있다. 지난 이틀 동안은 밤에 잠을 이룰 수가 없었다. 낮에도 상당히 힘들다. 산이 그립다.

가까운 카페에서 아침식사, 사촌누이 Bt.의 집에서 점심식사, 누이와 함께 친구들의 명부를 조사했다.──자르고난(Jargonant. 아미엘의 사촌누이 Andrienne Custot가 주로 외국인 여학생을 상대로 기숙학교를 경영했던 장소)에서 (비니에 대한) 마지막 강의. 그리고 곧 차를 마셨다. 그 구내를 산책하며 대화는 상당히 무르익어 있었다. 남아 있는 4명의 학생 가운데 두 미국 아가씨(Mlles Bl)는 떠난다고 한다. 며칠 전에 바젤에서 온 두 여선생도 떠났다. 이렇게 계속 학생들이 떠나는 것은 가르치는 사람을 슬프게 하고 불쾌한 기분을 느끼게 한다. 강의의 열정을 빼앗고 기운을 앗아간다. 그래서 나도 아마 이쯤에서 끝내게 될 것 같다. 또 한 가지 마음의 실망. 그것은 지난 3월의 편지 왕래, 그리고 자르고난의 학교가 어쩌면 막연하게 원하고 있었던 해후, 가슴이 구원하고 나 자신이 필요로 하고 있었던 것과의 해후, 연애 또는 반려자와의 해후를 가져다줄지도 모른다고 생각하고 있었던 것이다.

1859년 7월 6일

또 밤새 잠을 이루지 못했다. 《어떻게 하면 좋은가》(불위Bulwer의 분책(分冊))와 뮐레르(Eugène Muller. 프랑스 문학자, 1826~1913년)의 《미오네트(La Mionette)》(전원소설, 1858년)를 읽었다.──누이들한테서 편지, 리용에서 긴 편지(E.W 부인), X의 사과 편지.──카페에서 아침식사, F 숙모 집에서 점심식사. 숙모는 내일 두 딸을 데리고 사보아의 브리드 온천에 간다고 한다. 내일 역시(브리드 옆의) 살란으로 떠날 예정인 Blanv.의 집을 방문. L의 집에서 저녁식사. 그곳에서는 일단 수저를 들면 먹고 싶은 것보다 더 많이 먹게 된다.──파키(Pâguis. 시의 강 건너편에 있는 구(區))의 집이 비어 있어서 G부인을 방문한 것은 헛걸음이 되었다.

요즘 매일 요모조모로 시원하게 지낼 수 있는 방법을 시험해보고 있다. (보리차, 레모네이드, 아이스크림, 맥주, 탄산수, 론 강에서의 수영) 그러나 아무것도 소용없었다. 결국 한 잔의 블랙커피가 가장 기운을 불어넣어 주어 조금 약이 되는 것 같았다.──제노바, 나폴리, 카이로, 인도에서 여름을 보낸 사람들과 얘기를 나눴다. 이곳의 더위는 온도계상으로는 대단하지 않지만 체감온도는 더 높게 느껴진다고 모두들 생각하고 있다. 그늘에서 열씨(列氏 물의 어는 점을 0도, 끓는 점을 80도로 한 온도) 28도이다. 그러나 밤이 되어도 시원해지지 않고, 바람은 한숨보다도 못하다.

1859년 7월 7일

거의 하루 종일 환락에 대한 생각에 시달렸다. 이 견딜 수 없는 더위 속에서 생활할 수 있는 것은 관능적인 인간뿐일 것이다. 뭐라 말로 표현할 수 없는 갑갑함, 니그로나 타오르는 것 같은 열대의 주민이 된 기분이다. 어딘지 모르게 품위를 유지할 수 없게 하는 데가 있다.

도저히 어찌해 볼 수 없는 게으름 때문에, 부끄러운 얘기지만 제대로 된 여름옷을 가지고 있지 않아서, 헝겊을 대어 기운 옷을 입고 형편없는 모자를 쓰고 혼자 이리저리 걸어 다닌다. 밤에도 혼자 트레베르(Treiber)의 맥줏집에서 저녁을 먹고, 산책을 통해 에로틱한 우울을 쫓아버리려고 콜로니(Cologny) 아래 호수를 따라 걷는다. 그러나 결과는 그 반대였다. 독신 생활의 거처인 혼자 사는 내 방으로 돌아왔을 때는 완전히 달아올라, 그리 고상하지 않은 이런 시를 중얼거리고 있었다.

> 사람을 취하게 하는 사랑의 불꽃이여
> 나는 너의 모든 것까지 알 수는 없다.
> 여자의 가슴에 기대보아도
> 꿈꾸는 이마는 잠들지 않았다.
>
> 젊음이여, 너와는 이제 이별이런가
> 단 하루라도, 아름다운 사람이
> 따뜻한 마음에 모든 것을 잊고
> 내 품 속에서 전율할 수 있다면 몰라도.
> 더욱이 나에게, 불평하지도 않고
> 언제까지나 즐거움을 모르고
> 희롱하듯 타오르는 의욕의 열정을
> 마음속에서 지워버리라고까지 말하는가?
>
> 그렇다면, 반밖에 붙잡을 수 없는 것이
> 지상에 보내진 나의 운명이란 말인가?
> 달콤한 신비로 불리는 여자의
> 우정만을 맛보라는 말인가?

1859년 7월 8일

오늘 아침에는 아무리 생각해도 못난 짓만 한 것 같았다. 입에 올린 말과 행동을 다시 되짚어 보고 이제야 겨우 그것을 깨달았다. 젊고 정숙한 부인의 눈이, 내 앞에서 내가 어제 지은 시를 읽고, 나쁘다고는 말하지 않았지만 어떤 의미로 받아들였을지 도저히 상상할 용기가 나지 않았다. 고백에 있어서는 나는 정말 확실한 증거가 없으면 말을 꺼낼 수 없다. 그렇기 때문에 아직도 머뭇거리고 있다. 아무튼 이것이 은둔 생활의 불편한 점이다. 도저히 상상이 되지 않을 만큼 순진한 점을 고수한다. 사물을 보이는 대로 해석하지 않는다. 결국 몇 가지 새로운 인상을 받았는데, 그것은 아직 확실하게 윤곽이 잡히지는 않지만, 정리해서 말하면 다음과 같이 된다. 인간이 충분한 상상력을 가지고 있으면, 실제 사물은 사람이 공상하는 것의 100분의 1도 되지 않는다. 난관, 향락, 고통은 실물을 환상으로 바꿔놓으면 훨씬 작아진다. 전망은 모든 것을 확대하고, 접촉은 모든 것을 축소한다.

"멀리서 보면 뭔가 있는 것 같지만, 가까이 다가가보면 아무것도 없다."——결론은 이렇게 된다. 어떤 욕망도 그것을 낳는 모든 것을 과감하고 단호하게 버리거나, 미지의 것을 버리고 평정을 되찾거나, 어느 쪽이든 하지 않으면 안 된다. 절대적인 정신적 자립이나 실험적인 시적 감흥의 파괴, 이 두 가지가 목적에 도달하는 방법이다. 이 두 가지의 중간에 있으면 시간을 허비하고 얻는 것도 없이 번민하는 수밖에 없다.

1859년 7월 9일

대학에서의 이번 학년 마지막 강의(학생들한테서 비상한 갈채를 받았다). M학교의 여선생들한테서 작별의 편지를 받았다. X에 대해 마음을 다잡았다. 볼일도 일도 희망도 오늘로 모두 끝났다.——하루 종일 감동이 이어졌다. 오늘이야말로 나는 남자가 될 수 있다고, 나의 바랑(루소를 후원해준 사람, 《참회록》에 등장한다. 1699~1762년)을 가까스로 발견했다고 믿고 있었는데, 실은 전혀 그렇지 않았다. 평정하고 약간 이기주의적인 조심성이 사랑보다 강했다. 정성을 쏟는 데도, 불타는 듯한 정열도, 헌신적인 면도 없다. 무엇보다도 눈이 밝다. 냉정하게 계산한다. 내기에 거는 것은 이파리뿐, 꽃까지 내밀지는 않는다. 아마 이편이 좋을지도 모른다. 친구 사이가 되었다. 나도 마찬가지로 체념을 통해 내적인 자유를 되찾은 것 같다. 나는 중요한 실험을 망쳤지만, 처음에는 생각하지 못했던 다른 실험을 할 수 있었다. 나는 예전에 여자와의 우정을 꿈꾸었던 벌을 지금 받고 있다. 게다가 그 가차 없는 실현에 의해 벌을 받고 있다. 나는 여전히 감각의 호기심을 채우지 못하고, 남자로서의 서투름도 어리석음도 떨치지 못하고 있다. 그러나 상관없다. 해결이라는 것은 언제나 사람의 마음을 가볍게 해준다. 밤에 뉘세르(Nusser)의 맥줏집에서 혼자 커다란 잔으로 마시고 있었을 때도, 한밤중에 이렇게 불을 켜지 않고 있을 때도, 위기에서 벗어난 사람처럼 마음껏 노래 부를 수 있었다. 나는 또 조르주 상드가 왜, 의무적으로 몸을 맡기면서 애정은 보여주려 하지 않는 여자를 스캉달이라고 했는지 이해할 수 있었다. 그것은 완전히 자연법칙의 침해이다.

1859년 7월 10일

8시에 출발하여 혹서의 이글거리는 태양 아래, 세른(Sierne), 베리에(Veyrier), 소(小) 살레브 산기슭, 모르넥스(Mornex)(모두 제네바 동남쪽의 지명)를 지나 산을 향한다.

'새벽에 나는 환각을 느꼈던 것일까? 그건 모르겠지만, 창문으로 가서 흐린 하늘을 바라보며 빗소리를 들은 것은 기억이 나는 것 같다. 뿐만 아니라 오늘밤 여행에서 돌아오는 집안사람들에게는 다행이 때맞춰 찾아온 날씨의 변화라는 생각까지 했다. 그런데 구름도 없고 비도 내리지 않았던 모양이다. 조금 실망을 느끼며 다시 누웠다. 그리고 6시 반에 일어나보니 눈부시게 화창한 날씨여서 채비를 하기 시작했다.'

내가 떠돌이 학생이었던 시절의 가벼운 탄력성의 느낌, 자유를 즐거워하는 느낌, 독립을 축하하는 느낌이 들었다. 살레브 산은 무척 화창한 태양의 의상을 입고, 푸른빛을 띤 엷은 천의 투명한 베일을 쓰고 있었다. 상쾌한 자연, 또렷하게 눈을 뜬 일요일의 인상. 아침 예배를 위해 근교에서 시내로 들어오는 신자들의 물결을 거슬러 올라갔다. 나는 들판과 하늘의 이러한 상쾌함에 몸을 맡기고 함께 진동하고 있었다. 울창하고 늠름한 나무들, 풀숲과 잎 그늘, 또는 공중에 사는 생물들의 속삭임, 향수(鄕愁)를 부르는 포근하고 커다란 그림자.――빌레트에서 지름길을 통해 과수원과 시내를 가로질렀다.――세른에서 베리에로 가는 길에서는 유모를 만나러 가는 길이라고 하는 젊고 아름다운 여자와 길동무가 되었다. 얼굴과 몸차림이 귀엽고 화장도 세련되어 아무리 보아도 어느 상점의 판매원 같았다. 슬며시 말을 시켜보았더니, 주소와 이름부터 누샤텔과 발 드 트라베르(Neuchâtel시와 Val de Travers 골짜기는 모두 스위스 서북변, 제네바에서 동북쪽 145킬로미터)에서 늘 다니는 장소까지 알 수 있었다. 처음에 물어보고 싶었던 것 이상이다. 목소리의 느낌, 아무것도 아닌 말 한마디에서 드러나는 사소한 점이, 자연스러운 애교와 한창 때의 젊음의 매력을 지니고 있으면서도, 저속하고 교양이 없다는 것이 그 자리에서 드러났다. ──80마리 정도의 그리 많지 않은 소떼, 백치 같은 여자 양치기, 시골티가 물씬 나는 승마의 일단. 에제리 (Egérie, 아미엘의 여자친구 가운데 이런 이름을 가진 사람이 있다)의 샘. 우물가에는 크리놀린(치마를 부풀게 하는 딱딱한 페티코트)을 입지 않은 리브가 (브두엘의 딸로 이삭의 아내가 된다). ──모르넥스의 언덕길에서 목사인 L을 만나 그의 마차에 함께 탔다. 덕분에 (람블레(Lambelet) 관에서) 맹인 바르테마이(예수에 의해 눈을 뜬 맹인)에 대해 꾸밈없는 진심이 담긴 설교를 들었다. ──M. Dt. 의 아름다운 저택 입구에서 그 주인과 얘기를 나누었다. ──G의 집 방문. 그곳에 정오부터 4시까지 있었다. 시원한 대지. 블랑시 씨는 집에 없었다. 그 대신 (늘 그곳에 다니는) 나의 학생 Wg. 와 그 집에서 독일어를 잊지 않기 위해 고용하고 있는 베를린 출신의 가정교사를 만났다. 내 눈에는 이 가정생활의 껍데기가 벗겨지면서 그 속의 '근육해부도'가 보였다. 그 광경은 조금도 달갑지 않았다. 이 집안에는 애정의 기름, 연민의 풍미, 신뢰의 향유, 한마디로 말해 친밀함의 매력이 빠져 있다. 아들은 이론으로는 안 될 것이 없는 독립 생활을 동경하고, 어머니는 사람을 포용하는 부드러움은 없이 노골적인 권위만 가지고 있다. 어쩐지 서로 불협화음을 이루고 있는 것 같다. 그래서 G부인도 그냥 바라보기만 하는 나약한 상태에 빠져 수도원만 꿈꾸고 있다. 살아 있는 종교, 실천적인 신앙, 진정한 그리스도교가 조금만 더 있으면 상황 전체가 바뀔 것이다. ──꼬박 일주일 동안 평범한 생활, 이교적(異敎的)인 자연주의 속에 잠겼다가 나는 다시 인생에 대한 종교적 견해와 윤리적 감각, 그리스도교적인 인상으로 돌아왔다.

그러나 바로 최근의 위기 이래 스스로 깨달은 현저한 변화는, 모든 성적인 관계에 대한 신성한 혐오가 나의 내부에서 많이 줄어들었다는 것이다. 중도에 내팽개쳐 두었던 순진한 마음에 봄이 돌아온 듯한 느낌, 후천적인 또는 인습적인 의식에 있어서 반성을 거치지 않은 자연적인 환락의 본능, 향락에 대한 자발적인 인력, 그런 것이 연애의 주뼛거리는 수치심을 대신하려 하고 있다. 청교도적인 습관의 미늘 속옷, 앞지른 걱정과 예견의 몸을 식혀주는 이 통한의 속옷은, 매듭이 풀린 사슬처럼 뿔뿔이 흩어졌다. 나는 또 새처럼, 야만인처럼, 사춘기에 달한 소년처럼 되었다. 선한 것인가, 악한 것인가?

인위적인 다양한 의견으로부터의 해방인가, 아니면 반대로 사람을 속이는 정열의 억지인가? 이 충동에 저항해야 하나, 복종해야 하나? 아니면 별것 아닌, 성 바울이 말한 것처럼 결혼은 가슴이 불타는 것보다 좋은 것이라는 징후인가? 나중이 되지 않으면 알 수 없다. 어쨌든 에피소드 같은 잡담에 주의하자.

점심식사 뒤의 무더위 속을, 들쭉날쭉한 길을 따라 걸어서 시내로 돌아왔다. 에트랑비에르(Etrembières), 가이야르(Gaillard), 말라뉴(Malagnou), 슈비야르드(la Chevillarde), 그랑제 카날(Grange-canal), 자르고난(Jargonant)(온 길보다 북쪽에 있는 가도). 가이야르에서 그리 멀지 않은 곳에서 아르브 강 물속에 있는 젊은 사람들을 보았다. 이쪽에는 아이들, 저쪽에는 청년들, 또 그 건너편에는 마을의 아가씨들, 그들이 모두 아담의 옷을 입고 있었다. (아가씨들은 내가 다가가자 풀숲에 숨어서 구겨진 옷을 가다듬으며 웃고 있었다.)

M학교의 여선생을 방문했다. 옛날 학생의 은판사진과 보통사진을 이력서와 함께 보여주었다. 영국, 독일, 미국, 러시아 등 다양한 국민성의 비교로 나는 미국 여성에 대한 생각을 몇 가지 수정했다. 영국 여자라면 대체적으로 더 견실한 면이 있을 것이다. 영국에서 돌아왔다는 샤프하우젠(라인 강을 바라보는 북 스위스의 시) 출신의 두 아가씨를 만나지 못한 것이 못내 아쉬웠다. 막연한 느낌이지만, 그 아가씨들은 내 마음에 들었을 것이 틀림없다. 두 사람의 사진도, 남이 해주는 이야기도 나에게 그런 믿음을 주었다.

밤 8시가 되자 쿠르 생 피엘의 집(생피엘 교회 앞의 광장에 1850년부터 1869년까지 아미엘이 살았던 누이들의 집)은 다시 시끌벅적해졌다. Fi.와 아들들은 리기 산에서 돌아왔고, Fy.와 할머니와 하인들은 시골에서 돌아왔으며, 나는 살레브 산에서 돌아왔다. 이 대대적인 합류에 또 샤노안느의 새끼비둘기(신혼) 부부도 가담했다. 여기저기서 일주일 동안의 사건 보고. 알프스의 소풍은 성공적으로 끝났다. 모두들 안색이 좋았다.

1859년 7월 11일

현실 속의 여자를 직접 접함으로써 신비가 가지는 인력을 잃어버리고, 미지에 대한 유혹을 깨뜨리며, 상상력의 과장과 호기심의 불안, 꿈의 자극에서 벗어나는 것은, 분명 지난주에 나를 고민에 빠뜨린 것이었다. 나는 그때 무관심으로 평정을, 사색으로 자유를, 복잡한 꿈의 억압으로 기관(器官)의 상쾌한 컨디션을 회복할 생각이었다. 내가 원한 것은 욕구의 치유이지 욕구의 불안이 아니었다. 욕구의 영역에서 성욕을 내쫓기 위해, 여자를 단순하고 평범한 현실로 돌려보냄으로써 여자에 대한 평정한 인식을 얻기 위해 여자를 알몸 그대로 바라보고 포옹하는 것, 즉 괴테의 수법을 모방하여 마음을 어지럽히는 착각이나 근거 없는 동요와 공상을 부추기는 불확실성으로부터 몸을 정화하는 것, 이것이 나의 본능적인 동기였다고 생각한다. ——여자에게 있어 믿을 수 없는 절대적인 금욕이라는 것을 한 사람의 여자, 한 사람의 아내가 진심으로 나에게 감사할 것이라는 생각은 더 이상 하지 않게 되었다. 비너스의 가르침을 받을 때, 조수가 아니라 제자가 되는 우스꽝스러운 꼴이 되기 위해 큰 고생을 하는 것은 어리석은 일이었다고도 생각하지 않는다. 게다가 내가 결혼생활을 하게 될지 어떨지 확실하지 않고, 이런 일에 대한 나의 무지는, 작가 또는 교육자에게 유해하며, 경우에 따라서는 어리석은 일이라고 나는 생각하고 있었다. 한마디로 말해 나는, 나에게 감각의 평온함과 윤리적인 힘은 물론이고, 소원을 갖거나 제물을 바친 인간의 내적인 품위조차 주지 않는 나의 동정(童貞)을 부끄럽게 여기고 있었다.

　나에게 남아 있는 유일한 한계는 다음과 같은 것이었다. 나의 자존심은 돈으로 살 수 있는 특별히 좋은 것을 금하고 있었다. 견실함은 남편이 있는 여자를 생각하는 것을 방해하고, 고지식함은 처녀를 생각하는 것을, 교양은 뜻밖의 사건을 생각하는 것을 방해하고 있었다. 그래서 남는 것은 바랑 부인 같은 사람, 즉 진심에서 나온 동의, 애정, 애착과 헌신, 또는 위로에서 나에게 연민이 담겨 있는 은혜를 베풀고, 나를 경멸하거나 모욕하지 않고 환락의 환영에서 구해줄 미망인뿐이었다. 이것이 바로 질투가 섞이지 않은 우정에 의한 루소의 수행, 철학자 같은 여성의 호의에 의한 감각의 해방이라고 생각한다. 나도 하마터면 똑같은 경험을 할 뻔했다. 타고난 냉정함이 이 정도까지는 아니었거나, 내 품에 안겨 있었던 여성 쪽에 좀더 배려하는 마음이 있었더라면 이 바람은 이루어졌을 것이다. ——그러나 아무리 해도 한계는 제거되지 않는다. 엄숙한 말을 사용하고 있는 저항을 나는 폭력으로 깨지는 않는다. 나에 대한 인력은 권리 앞에 간신히 깨졌다.

　어쨌든 모든 것을 위선이나 사양 없이 받아들여주는 이 종이를 향해, 그런 해방이 허락되는지, 윤리적인지, 행복인지를 지금 스스로에게 물어본다. 비너스에게 바치는 희생은 생식의 관념을 별개로 쳐도 되는가? 또 생식의 관념은 결혼의 관념을 별개로 해도 되는가? 자유를 위해서라며 여자, 사랑, 성에서 시적인 후광과 신비로운 분위기를 제거하는 것은 현명한 일인가? 그것은 진정으로 순결한 처녀적인 결혼에 갖춰진 '바림질', 꽃, 수줍음이 있는 아름다움, 언어로 표현할 수 없는 비밀을 빼앗는 것은 아닐까? 만약 환락 자체가 자연법에 적합한 것이고, 제단을 설치할 수 있으며, 종교적인 의의가 그것을 떠받들거나 용납했다고 해도, 그리스도교의 견지에서 보면, 절대적 순결, 결혼생활 외의 처녀성, 천사적인 수치심과 순결은 몸을 성령의 전당으로 삼아야 하는 신자의 바람직한 상태 및 의무로 장려된다. 그렇다 해도 이 문제에는 어딘가 석연치 않은 점이 남는다. 왜냐하면 결합은 사랑의 목표이며 사랑은 신성한 것이기 때문이다. 그렇지만 유일성을 인정하지 않고 책임을 지지 않는 호기심과 환락을 토대로 한 결합은 신 앞에서의 사랑의 결합이 아니다. 신 앞에서의 결합도 역시 얼굴을 붉히고 그늘을 원한다. 그러나 이 부끄러움은 수치가 아니다. 조심성이다. 속임수와 유혹에 의한 것이 아니라 해도 신의 승인을 거치지 않은 일시적인 결합은 종교적인 윤리에서는 지극히 비천한 이름인 간음으로 불리고 있다.

  그러므로 자연적인 입장에서 보아, 육욕의 본능을 다하는 것은 아주 간단하다. 법률적인 입장에서 보면, 성년에 달한 자유인들 사이에서는 권리가 침해되지 않는 한 그것은 범죄가 아니다. 윤리적인 입장에서 보면, 인간이 스스로 굴복하는 것은 일종의 자기망각 및 실권이다. 그리스도교의 입장에서는 불결한 행위, 죄악, 경우에 따라서는 이기주의라고도 할 수 있다. 그것은 나쁜 실례가 되어 원칙적으로 하등한 감정의 승리를 옹호하고, 금욕적인 독신생활과 정결한 결혼생활을 원하는 사회와 교회의 주장을 해치게 된다. ——그런데 미래의 입장에서 보면 외관이야 어쨌든 욕구의 혼란이 경험의 차가움보다 나으며, 자신의 평정을 이러한 식으로 안배하는 것은 부당한 요구라는 죄악이 될지도 모른다.

  어쨌든, 왜 이렇게 뒤늦게 나 자신에 대해 불충실해지는 것일까? 네 가슴의 비밀스러운 마음에서는, 너는 아내가 될 사람에게 네가 요구하는 것을 너 자신도 가지고 가는 것이 옳다고 인정하고 있었다. 사랑의 계약금. 그런 것은 더 이상 훌륭하고 신성한 것이 아니란 말인가? 아마 그것은 어수룩하거나 순진한 사람일 것이다. 그러나 허영심이나 부끄러움에 있어서는 안됐지만 하는 수 없다. 그것이 공정이고 관용이다. 타락과 나약에 빠지고, 궤변에 의해 낙담하지 않도록 노력하라. 유혹과 맞서 싸워라. 까다로운 원칙을 다시 세우고 거기에 힘을 불어넣어라. 그러면 너는 어리석어 기만만 당하는 자에 지나지 않는다는 것을 그다지 두려워하지 않게 된다. 윤리적인 생활은 싸움이다. 부끄러움이 하나 사라지면, 보호가 하나 사라지는 대신 위험이 하나 늘어난다. 그것을 잊지 말라.

나는 순식간에 타산적인 이기주의자가 되어 관능적이고 경박해졌다. 장애가 나를 다른 생각으로 향하게 한 것은 다행스러운 일이다. 나를 지켜주는 천사는, 나의 선을 위해 나를 곤경에 빠뜨렸다. 적어도 나는 그러기를 바라고 있다.

1859년 7월 12일

어제는 집안에 사람들이 가득했는데 오늘 아침에는 다시 모두들 나가버렸다. Fi.와 나만 이곳에 머물고 있다. 그래도 아직 나는 여행 중이라고 생각하며 잠은 내 가구들 사이에서 자지만, 식사는 음식점에서 하면서 독신생활을 영위하고 있다. Br.의 방문을 받았고 Hg.의 집을 방문했다. 아버지는 방금 런던에서 도착한 참이었다(로버트슨의 멋진 수채화). 그 얌전한 Aug.는 심장이 점점 나빠지고 있는데다 눈의 치료를 위해 뒤셀도르프로 보낼 예정임을 알았다.

오늘은 새벽 4시에 눈을 떴다. 맥주집의 맛이 진한 음식(햄과 맥주) 탓인지 선정적인 읽을거리에 끌린다. 모든 것이 한 방향을 향해 협조하고 있는 것 같다. "혼자인 사람은 가련하다." 오, 차가운 물, 힘을 북돋아주고 건강에 좋은 정결한 생활, 보행의 피로, 카푸아 같은 사람을 나약하게 만드는 평원을 떠나 차가운 고원으로 가야 한다.

(한밤중) 활동적인 생활의 달력에서 제외된 하루. 모든 계획을 고리에 걸어둔 채, 목적 없이 닥치는 대로 아침부터 밤까지 책을 읽었다. 꿀을 따는 변덕스러운 나비처럼, 나는 외설적인 작가의 책과 선정적인 부분만 골라가며 읽었다. 나는 사랑의 모험에 취하여 이론상으로 그 욕구를 스스로 느끼려 하는 것 같았다. 열대의 무더위, 너무 자극적인 음식, 안일함, 고독이 생각을 환락으

로 향하게 한다. 그러나 이번에는 그런 열기의 유혹에 반항하여, 수동적이 되지 않고 읽을 수 있었다. 베르탕(Bertin. 프랑스 시인, 1752~1790), 베르나르(Bernard. 샤를 드 B. 단편소설 작가, 1806~1850년), 베르니스(Bernis. 루이 15세 하의 외무대신, 짧은 시를 지었다. 1715~1794년), 콜라르도(Colardeau. 프랑스 시인, 1732~1776년), 파르니(Parny. 프랑스 시인, 1753~1814년), 라퐁텐, 오비디우스 등이 지나갔다. 외(猥)와 설(褻), 음(淫)과 탕(蕩), 색(色)과 미(媚), 미(媚)와 정(情), 이들 사이의 차이를 느끼며 그 거리를 쟀다. 감각, 상상, 가슴속 깊이 간직한 마음, 정신은 사랑의 활동범위에 갇히는 경우가 있다. 그러나 사랑 또한 저급한 여러 단계에 집중될 수 있다. 사랑에 있어 최초의 두 가지 형태는 무척 추이적(推移的)이고 이기적이다. 환락이라는 면에서 보면, 실천적인 분석을 통해 이들 요소를 따로따로 통과하는 것은, 사람이 다행히 종합적으로 부딪쳤을 때 그 깊이를 발휘하게 하는 장점이 있다고 할 수 있다. 이것은 또 아프로디테의 정열과 솜씨가 낳은 '여관'이나 바람기, 정부(情婦), 그리고 온갖 종류의 기도와 연락을 통해 대부분의 남자들이 하고 있는 일이다.

나는 (양심, 수치, 거리낌, 공포, 배려, 습관에 의해) 이런 출구를 하나도 열어두지 않았기 때문에, 나이와 기후와 기질이 발효되어 가끔 나를 괴롭히려고 찾아올 때가 있다. 금욕은 투덜거리고, 절제는 발을 동동 구르며, 수치심은 침묵하고, 주의(主義)는 얼굴을 가리며, 본성은 광분한다. 이것은 결코 그 불 전체가 연기가 되어 사라지는 것도, 이 한없는 상상이 꿈이 되어 떠오르는 것도 방해하지 않는다. ──하나의 생각이 나를 불안하게 한다. 여자를 내 것으로 한다는 것의 의의에 대해 무지에 의한 착각을 가진 채 결혼생활을 시작하는 것은, 무서운 승부를 거는 것이 되지 않을까? 지나친 모험이 아닐까? 그보다도 일반적인 교육이 하고 있는 것처럼, 껍질을 벗고, 호기심을 채우고, 날뛰는 마음을 달래는 것이 현명하지 않을까? 머지않아 사랑에 빠진 사람, 연인, 젊은이의 마음이 있는 경우에는, 결혼생활의 무게와 확고함이 언젠가 그것 때문에 상처를 받지는 않을까? ──남편에게는 경험, 아내에게는 무지가 필요한 것은 아닐까? ──그런데 모두 그런 조심성과 동시에 편리한 구실이 되는 것이 있음에도 불구하고, 아내로 삼고 싶을 만큼 신뢰하고 있는 여자는 오로지 아내이며, 아내는 남자에게 있어 성, 첫걸음, 위안의 전부가 되는 것인 만큼 비상한 배려를 하여야 한다고 생각한다. 모든 것을 단 한 사람의 머리의 우연으로 돌리고, 지상에서의 행복의 빗장을 깨지기 쉬운 미지의 마음에 송두리째 거는 것은 의심할 여지없이 무모한 일이다. 그러나 이 영웅적인 신뢰가 바로 결혼의 아름다움이다. 그것은 신비성과 신앙과 용기에 속한다. 더욱이 여자도 마찬가지로 행동하고 있다. 남자는 여자에 대해 이 자발적인 희생의 우월성을 유지하지 않으면 안 된다. 존중, 존경, 숭배에 걸맞는 가치를 지녀야 한다. 그것을 얻을 수 없다 해도, 하다못해 자기 자신을 존중할 수는 있다. 행복이 약속을 등지고, 자기만의 가치가 없는 여자에게 몸을 맡긴 경우에도, 신의 도움에 의해 자신의 의무는 다한 것이 되며, 고개를 들고 고통을 직시할 수 있다.

　나는 이미 어떤 보상까지 얻었다. 오늘밤 인가에서 멀리 떨어진 곳에서, 달빛을 받으며 바로 옆의 풀 밭에서 어머니에게 대하는 것 이상으로 나에게 완전히 비밀을 털어놓고, 스스로 오직 나의 충실함에만 의지하려 했던 젊은 여인을 눈앞에 두고 있다는 시련을 정결한 마음으로 견딜 수 있었다. 나는 지금껏 가지고 있던 상당히 많고 다양한 의혹을 밝혔다. 우리는 마음과 마음을 주고받으며 얘기했다. 이제부터 우리는 단지 친구 사이로 남을 것이다. 오늘밤 나는 X에게 매우 만족했다. X는 밑바닥의 밑바닥까지 숨기는 것이 없다는 생각이 들었다. 이러한, 거의 한 번도 경험하지 못한 입장을 규정하는 데 필요한 것은 더 이상 아무것도 없다. ——나는 소설가를 통해 결혼생활의 첫 몇 주일에 대해 유익한 것을 많이 알았다.

　나에게는 참회를 듣는 사제 또는 자매에게 하는 것처럼 얘기를 해주었다. 그것은 특별하고 기쁜 일이다. 나는 X에게서 눈물도 수치도 없이 지식을 이끌어낸다. 결국 X도 그렇게 하는 것이 좋고 자신도 행복하게 느낀다고 한다. 나는 그것을 확신하고 X의 의지에 맞추도록 노력한다. 지금까지의 교제(4월 19일, 5월 26일, 6월 2일 참조)의 방침에 대해 말하면, 지금 우리는 다시 출발점으로 돌아왔다. 다만 더 흥금 없고 스스럼 없었다. 어쨌든 나는 사랑을 하고 있지는 않다. 피할 수 없는 여자로서의 매력은 느끼고 있다 해도, 나는 친구다운 담담한 마음이다. 애착은 상호작용을 낳는다. 그래서 호의와 감사, 정이 담긴 놀라움, 호기심과 이해심이 섞인 온화한 감정, 이것이 우리 우정의 내용이며, 내가 경험하는 마음의 근본 색조이다. 나는 현혹되지도 않았고 고민하지도 않았다. 나에게는 반드시 필요한 사람은 아니다. 그러나 이 애정은 나에게 좋은 작용을 미치고, 이 신뢰는 나를 감동시키며, 이 동정은 나를 위로해준다. 내가 공허한 느낌에 사로잡혔을 때, 때마침 그 사람이 나타나서 내 생활에 왠지 모를 풍미를 더해준 것이다. 행복을 줄 수 있다는 것은 지극히 기분 좋은 일, 나는 저절로 돌아오는 이 운명을 나의 천사에게 감사하고 있다. 나는 잠시도 쇠사슬에 채워지거나 묶이지는 않았다. 저쪽은 그것을 원하지 않았다. 아마 그것으로 충분했을 것이다. 진정한 가치를 정할 수 없는 정성이라는 것이 있다. 그것은 필연적으로 사람의 감정을 상하게 하는 배신감과 불쾌한 마음을 불러일으키는 요구를 비난하게 한다. 우정이 지속되려면 이런 종류의 정성은 완전히 단념해야 한다.──그러나 말은 그렇게 해도.……아니, 이것으로 충분하다.

1859년 7월 13일

(저녁 7시 반) 하루를 송두리째 바이런에게 바쳤다. 《돈 후안》을 다시 읽고 《카인》을 읽었다. 지금 나는 한탄과 번뇌로 가득한 슬픔 속에서 부서질 것처럼 메마르고 쓸쓸한 느낌에 가슴이 죄어오고 있다. 버림받고 벌거숭이가 되어 홀로 남겨진 것 같은 느낌이다. 그것은 마왕적인 시의 효과일까, 고독의 우울일까, 자기 자신에 대한 혐오일까? 어느 것이든 찌르는 듯 꿰뚫는 듯한 인상, 그 어떤 설명도 할 수 없는 의기소침과 절망, 잃어버린 행복, 내적인 허무, 영원한 상심, 원인 모를 걱정, 휴식 없는 불안, 기한 없는 불만의 느낌이다. 사랑이 없는 생활에 대한 공포, 붕괴해 가는 세계에 대한 경악, 가위 눌리는 것처럼 무엇인지 모르지만 말도 할 수 없고 정의할 수 없는 것이다. 나는 괴물의 정체를 포착할 수가 없다. 올빼미 같은 날개로 내 이마를 덮고, 쉬지 않는 숨결로 내 마음을 화석화하는 기괴하고 고통에 찬 감각을 억제할 수가 없다. 나는 신경질적인 여자의 구토와 비슷한 것을 느낀다. 오늘 '코키유'(제네바의 음식점 이름인가?)의 식탁에서 내 옆에 앉았던 사람(W.R.)이 나에게 쓰라린 추억을 떠올리게 했다. 나는 결혼 통지서를 보고 유쾌하지 않은 감동을 받았다. (M.D.) 오늘은 두 번이나 행복을 바라보며 꿈을 상기하고 내 가슴의 공허의 무게를 재지 않으면 안 되는 입장에 섰다. 그리고 무감동이 나의 성직자 옷을 납으로 씌웠다. 지난 며칠 동안의 마음이 안정되지 않는 심란함에서는 어떻게든 벗어날 것이다. 이번에는 가슴이 불

평을 하며 눈물을 흘린다. 그러면 의식과 이성, 정신, 무시당한 모든 동경은? 기대에 어긋난 착각, 죽어버린 희망, 잊혀진 의무 같은 눈물에 젖은 행렬 전체가, 내 안에서 상복을 입은 장례식 행렬처럼, 유령의 출현처럼 줄지어 걷기 시작한다. 가슴속에서 쉭쉭 소리 내는 에우메니데스(복수의 세 여신)의 뱀이 아니면 추모의 흐느낌, 이름 지을 수 없는 고통, 내 슬픔의 어둠에 신음하는 무한한 욕구이다.──우울의 흡혈귀여, 이건 네가 방문한 것이 아니냐?

(밤 11시) 사람이 혼자 있는 것은 좋지 않다. 그것은 언제나 나의 지루한 어색함이 주는 교훈이다. 의기소침, 상념, 권태, 건조, 우울, 고갈, 냉혹, 쇠약은 모두 이 꺼림칙한 고독의 결과이다.

오늘은 며칠 동안 파리에서 피신해 온 주스트 올리비에(Juste Olivier. 스위스 시인, 1801~1876년)가 찾아왔다. 이 시인은 어디까지나 산사나이(등산가)이고 보(지명)의 인간이다. ──Dt.의 짧은 편지.──그저께 갑자기 프랑스와 오스트리아 사이에 조인된 평화조약은 이곳에서도 상당히 논란이 있었다. 노인들은 만족하는 것 같지만 젊은이들은 분개하고 있다.──Jul. Bdt.를 방문.

이 꿈을 꾸는 듯한 달을 바라보며 집에 가만히 있을 수는 없다. 내 비밀스러운 마음의 상처를 느끼게 하여 나를 힘들게 한다. 그래서 달구경을 하기 위해 집에서 뛰쳐나왔다. 행복한 광경 또는 그것을 떠올리게 하는 것은, 지난날에는 나에게 기운을 주었지만 오늘은 나한테서 용기를 빼앗는다.

사랑에 대하여

나는 모든 여자를 사랑한다.
나는 고통과 기쁨과 애정의 은신처, 제단, 피난처처럼,
지상에 저장해 둔 천국과 같은 안락과 호의처럼,
모든 여자를 동정으로 감싼다.

1859년 7월 14일

《파우스트》(폴리냑(Polignac)공의 운문 번역)를 다시 한번 읽었다. 아아, 나는 해마다 그 불안한 삶과 그 음울한 인물에게 푹 빠져버린다. 그것은 내가 끌리고 있는 고뇌의 전형이다. 이 시에서 나는 내 마음을 아프도록 때리는 말들을 갈수록 많이 발견한다. 영원히 죽지 않고 악을 주는 저주의 전형이다. 내 의식의 망령, 내 가책의 환영, 채워지지 않는 열정의 상징, 그 양육, 그 평화, 그 신앙, 그 균형을 찾지 못한 마음의 끊임없는 투쟁과 닮은꼴이여, 너는 너의 신을 만나지 않았다 하여 자신을 끝없이 탐하고 온갖 세계를 방황하면서 자기 속에 꺼지지 않는 욕구의 불길과 치유할 수 없는 환멸에 대한 가책을 별똥별처럼 운반해 가는 삶의 실례가 아니더냐? ──나도 무로 돌아갔다. 그리고 내적인 존재의 공허하고 커다란 심연의 가장자리에서, 미지에 대한 향수에 시달리고 무한에 대한 갈증에 괴로워하며 말할 수 없는 존재의 눈앞에서 만신창이가 된 채 몸을 떨고 있다. 나도 이따금 낮게 신음하는, 그 삶의 분노와 행복으로 향하는 자포자기의 비약을 느끼지만, 그보다도 모든 고달픔과 침묵을 지키는 절망을 종종 경험하고 있다. 그것은 모두 어디서 오는 것일까? 상상, 자아, 인간 및 인생에 관한 절대적인 의혹, 의지가 작용하지 못하게 하고 능력을 빼앗으며, 이웃과 떼어놓고, 신을 잊게 하고, 기도와 의무와 노력을 소홀히 하게 하는 의혹, 생존을 불가능하게 하고 모든 희망을 비웃는, 불안하게 썩어 문드러지는 의혹에서 오는 것이다.

1859년 7월 17일

"왜 자네는 자신에 대해 언제나 과거형으로 얘기하는가? 아무래도 자네는 죽은 사람 같네." L.H***가 나에게 말했다.

"정말이야. 나에게는 현재도 미래도 없어." 나는 대답했다.

과거로 거슬러 올라가는 추억 속에서만 살며, 의지를 가지지 않고 계획을 세우지 않은 채 살아가는 이 늙은이 같은 경향은, 그야말로 나의 무기력과 정신적 파멸을 드러내는 증거이다. 너는 어설픈 상여소리에 지나지 않는다. 두려움에 떠는 무관심은 벌을 주어야 할 시바리스(주민들이 사치와 방탕을 일삼았던 이태리의 도시)의 기질과 금지당한 사직이라는 비겁한 태도에 불과하다. 어째서 늘 쓸데없는 잡담이나 헛소리, 추모나 하품만 하고 한 번도 실천하려 하지 않는가, 왜 조금의 개선도 가져올 수 없는 위선적인 매질만 가하고 있는가? 왜 그 무익한 경고, 후회하는 척 허공 속에서의 몸짓을 하는 것인가? 그것은 모두 자신을 속이고, 운동의 착각을 일으켜 정신생활의 체면을 유지하기 위한 것일 뿐이다. 실제로 너는 겉으로 꾸민 얼굴로 자신의 양심에 대한 대가를 치르고, 외견만으로 자신의 상식에 대한 대가를 치르고 있을 뿐이다. 너는 한 발짝도 움직이지 않은 채 버둥거리고 있다. 너는 언제나 자신의 고통과 요구를 속이려고 노력하고 있다. 너는 모든 대가를 치르며 자신을 따라다니는 진실을 쫓아내고 있다. 솔직하게 말하면 너는 생활이 두려운 것이다. 네가 원하는 것은 가책이고, 실행하는 것은 죽을 것 같은 고통이다. 너는 어떤 대가를 치르더라도 잠을 자려고 애쓰고 있다.

그렇지만 숙명적인 법칙에 따르면, 오직 의지만이 너를 안정시키고 실행만이 너를 만족시킨다. 너는 자신에게 없어서는 안 되는 것을 기피하고 있다. 너는 자신을 치유할 수 있는 것을 버린다. 그러므로 언제 어디서나 구원은 고문이고, 방탕하게 노는 것은 죽음이며, 진정시키는 것은 도살 속에 있다. 그 은혜를 받으려면 새빨갛게 달군 철 십자가에 입을 맞추지 않으면 안 된다. 한마디로 말해 인생은 한탄과 고뇌의 연속이고, 무릎에 피를 철철 흘리지 않고는 올라갈 수 없는 골고다 언덕이다. 인간은 시련을 피하기 위해, 방심하고 마음을 혼란시키며 바보가 되어 '고뇌의 길'에서 시선을 돌려버린다. 그러나 결국 그곳으로 돌아오지 않으면 안 된다. 우리는 각자 죄를 지고 있기 때문에, 자기 속에 자신의 망나니, 악마, 자신의 지옥을 가지고 있고, 자신의 죄는 자신의 우상이며, 자신의 온갖 의지를 유혹하는 그 우상은 자신의 저주라는 것을 인정하지 않으면 안 된다.

죄로 인해 죽는다. 그리스도교가 설교하는 이 놀라운 말은 언제까지나 내적 생활의 가장 높은 윤리적 해결이다. 오직 거기에만 양심의 평화가 있다.

그 평화가 없으면 평화라는 것은 결코 존재하지 않는다. ……나는 방금 복음서를 7장 읽었다. 이 독서는 나에게 진정제이다. 사랑과 순종으로 자신의 의무를 다하고 선을 행하는 것, 이것은 표면에 떠다니고 있는 사상이다.

신처럼 살고 신의 사업을 수행하는 것, 이것이 종교, 구원, 영원의 생활이다. 이것이 신성한 사랑과 신성한 영혼의 결과 및 표식이다. 이것이 예수가 말한 새로운 인간, 제2의 탄생을 통해 들어갈 수 있는 새로운 삶이다. 거듭 난다는 것은 원래의 자신, 자연적인 인간, 죄악을 버리고 다른 삶의 원리를 찾는 것이며, 신을 위해 다른 자아, 다른 의지, 다른 사랑으로 생활하는 것이다.

1859년 8월 9일

자연은 잊어버리기 쉽다. 세상은 거의 자연 이상으로 잊어버리기 쉽다. 그러므로 개인이 약간이라도 거기에 손을 대면, 망각은 곧 하얀 수의처럼 그 사람을 감싸고 만다. 개개인을 가리고 적시고 삼키며, 우리의 생존을 말살하고 우리의 기억을 절멸시키는 우주생명의 신속하고 가차 없는 확장은, 무섭도록 우울한 성질을 가지고 있다. 태어나고, 움직이고, 보이지 않게 되는 이것이, 인생이라는 한순간의 비극 전부이다. 몇 사람의 가슴속을 제외하면, 아니, 단 한 사람의 가슴에 있어서는 항상 그렇다고 할 수 없지만, 우리의 기억은 물 위의 파문처럼, 공기 속의 미풍처럼 지나간다. 만약 우리 안에 영원히 죽지 않는 것이 아무것도 없다면, 이 생애는 얼마나 하잘것없는 것이 될까? 새벽에 비쳐들기 시작하는 빛을 만나 몸을 떨며 사라지는 꿈처럼, 나의 과거 전체, 나의 현존 전부는 내 안에서 녹아 사라지고, 내 의식이 스스로 반성했을 경우에 거기서 이탈해버린다. 현재 나는 병을 앓고 난 뒤 아무것도 생각나지 않는 사람처럼, 나 자신을 텅 빈 벌거숭이로 느낀다. 여행, 독서, 연구, 계획, 희망은 나의 사상에서 사라지고 말았다. 기묘한 상태이다. 나의 모든 능력은 벗어둔 외투처럼, 벌레의 허물처럼 어디론가 사라져버렸다. 나는 내가 변했을 뿐만 아니라 오히려 훨씬 원시적인 힘으로 돌아갔다고 느낀다. 나는 나의 껍데기를 다각도로 바라보고 있다. 잊을 수 있는 것 이상으로 잊고 있다. 나는 카를5세처럼 산 채로 관 속에 조용히 들어간다. 말로 표현할 수 없는 절멸의 평화, 넓고 먼 열반의 안정 같은 것을 경험한다. 나는 내 앞에도 내 속에도 시간의 빠른 흐름이 지나가고, 붙잡을 수 없는 생명의 망령이 지나가는 것을 느낀다. 게다가 그것을 《잠자는 숲 속의 미녀》(페로의 동화)의 쇠그물에 갇힌 것 같은 정지로 느낀다.

나는 수피(이슬람의 신비주의)의 불교적인 쾌감, 터키 사람의 키에프(절대적 안식), 동양 사람의 법열을 이해할 수 있을 것 같다. 그러나 나는 또 이 쾌감이 죽음을 가져오는 것, 아편이나 하시시를 늘 사용하는 것처럼 완만한 자살이라는 것, 특히 힘의 기쁨, 연애의 즐거움, 감격의 아름다움, 의무를 다한 신성한 느낌보다 못하다는 것도 안다. 그야말로 이 유약한 행복감은 역시 자기 탐구, 복종의 거부, 이기심과 게으름의 속임수, 일하지 않고 교제하지 않으려는 꾀부림이다.

1859년 8월 17일 (M)

자신 속에 자기의식의 깊은 바다에서 일어나는 일을 누가 파악하고 인식할 수 있으랴? 우리의 육체뿐만 아니라 정신을 무대로 하고 있는 온갖 위기, 털갈이할 시기, 탈바꿈을 누가 그 자리에서 파악할 수 있으랴? 우리는 오직 공기 진동의 집적에 의해서만 소리를 들을 수 있다. 에테르의 물결의 집적에 의해서만 색을 볼 수 있다. 계산의 결과와 이미 일어난 사실로서만 지각할 수 있다. 단순한 통일체와 발생은 우리의 눈길을 벗어난다. 보편적이고 영원한 유동은 어쩌면 이토록 신비한 것일까? 눈에 보이는, 또 보이지 않는 우리 개체의 끊임없이 일어나는 변화와 소멸과 재구축을 생각하면, 누구라도 자기 자신을 심연처럼 모골이 송연하여 바라본다. 질료가 급류나 소용돌이처럼 거기서 새로워지는 데에서도, 완만하지만 피폐해가는 형상을 가진 유동적인 환상 같은 자기를 보는 것이다.

1859년 11월 28일

오늘밤에는 에르네스트 나빌의 '남자를 위한 제1회 공개강연(《영원의 생활》 1859년과 1860년에 제네바 및 로잔에서 열렸고 1861년에 간행된 7회의 강연)'을 들었다. 명확하고 공정하며 명석함과 기품이라는 면에서 참으로 놀라운 강연이었다. 무슨 일이 있어도 내세에 대한 문제는 제시되어야 한다는 것을 논증했다. 성격의 아름다움, 언어의 위력, 사상의 진지함, 그것이 이 낭독과 다름없이 긴밀한, 거기에 혼합된 인용문(보쉬에와 주프루아)과 거리가 멀지 않은 즉흥연설 속에 발휘되어 있었다. 프레상세

(Pressensé. 프랑스의 신교 목사이자 정치가, 1824~1891년)보다 견실하고 안정감이 있다. 그리 웅변적이지는 않지만 더욱 힘이 있고, 조금도 연극적인 데가 없다. '카지노'의 중앙홀이 계단까지 청중으로 가득했고 백발도 상당히 보였다.

1859년 12월 13일

'영원의 생활'에 대한 다섯 번째 강연. (초자연적인 점에 의한 복음의 논증) 대단한 청중, 마찬가지로 대단한 역량, 위대한 웅변. 그러나 논증 자체는 제로, 감정에 의한 (무의식적인) 사로잡음. 나빌은 역사적인 비평을 깊이 있게 다룰 생각이지만, 거기에 대해서는 첫마디부터 이해가 없었다. 초자연적인 것이 신앙의 영역에서 벗어나 역사 및 과학 안으로 들어가는 것을 단념하지 않더라도, 역사적으로 논증될 것이라는 사실을 이해하려 하지 않는다. 슈트라우스와 르낭, 세렐을 인용하지만 그 문자만 따왔을 뿐 정신은 파악하지 못하고 있다. 어디까지나 데카르트적 이원론, 프랑스적 형이상학이며, 생성적·역사적·사변적·비평적인 느낌이 없다. 근대 과학에는 무관심하고, 그 그리스도교 변호론은 구식이다.

이 사람의 의식 안에는 아직 생생한 진화의 관념은 들어 있지 않았다. 한마디로 말해 전혀 객관적이지 않고 객관적이 되려고 열심히 노력하지도 않지만, 그 이지(理知)에 비해 여전히 주관적이고 웅변적이다. 결국 진실한 양심을 가진 청중에게는 논증의 힘을 잃고 있다. 지위를 확보하고 있기 때문에 탐구하지 않고 논쟁을 일삼는, 교정할 수 없는 약점을 가지고 있다. 나빌에게는 도의에 대한 생각이 식별의 힘을 능가하고, 보고 싶지 않은 것을 보는 것조차 방해하고 있다. 그 형이상학에서는 의지가 이지의 상위에 서고, 그 인품에서는 성격이 기지보다 뛰어나다. 이 점은 모두 논리적이다. 그 결과로, 나빌은 흔들리는 것을 억제하는 것은 가능하지만 새롭게 정복할 수는 없고, 진리 또는 신앙의 보존자이기는 하지만 창의적이거나 발명하거나 갱신하는 것은 없다. 윤리적인 이치를 갖다 붙일 수는 있지만 암시를 주지 않고, 깨우치게 하지 않으며, 조금도 가르치는 점이 없다. 민중화하고 통속화되었으며 그리스도교를 변호하고 웅변을 휘두른다는 점에서는 일류의 솜씨를 지니고 있지만, 스콜라 학자처럼 학문을 거세해버린다. 그래서 결국 스콜라 학자이다. 바로 12세기에서처럼, 논의를 펼쳐 지난날 가톨릭을 옹호한 사람들처럼 신교를 옹호한다. 이 입장이 불충분하다는 것을 보여주는 가장 좋은 방법은, 나빌이 시대에 얼마나 뒤떨어져 있는지를 역사를 통해 지적하는 것이다. 단순하고 절대적인 진리에 대한 이러한 공상은 철저하게 가톨릭적, 반역사적이다. 나빌의 머리는 순수하게 수학적이고 그 대상은 윤리이다. 윤리를 수학화하는 것이 그의 일이다. 발전하고 변형하고 조직을 형성하고 변화하고 생활하는 것을 다루는 순간, 다시 말해 생명, 특히 정신적 생명의 동적인 세계에서는 나빌은 설 자리를 잃어버린다. 언어는 나빌에게는 고정된 기호체계이며, 인간, 국민, 책은 확정된 기하학적 도형이며, 그것의 고유성을 발견하는 것이 문제가 되고 있다.——이것 또한 내가 오래 전부터 주장하고 있는 친근 모순의 법칙에 대한 적용이다. 나빌은 삶을 가슴으로 사랑하지만 이론적으로는 이해하고 있지 않다. 세렐은 삶을 사상으로 이해하지만 가슴으로는 거의 사랑하지 않는다. 나빌은 내장(內臟)이 없는 학문에는 손을 내밀지 않지만, 그 학문은 순수하게 형식적, 다시 말하면 내장이 없다. 세렐은 활기를 주는 비평을 요구하고 있지만, 그 비평은 치명적이다.

1859년 12월 15일

나빌의 여섯 번째 강연. 이것은 영생에 관한 그리스도교의 설교를 다룬 것이어서 훌륭했다. 확고하고 명랑하며 우아하고 고귀하여 감탄할 만한 즉흥 연설로, 변설도 정확하고 힘찬 것이었다. 제1회와 함께 내 마음에 든 유일한 강연이다. 여기서는 비평이나 역사, 철학이라는 이름으로 특별히 삼가야 할 필요가 없기 때문이다. 훌륭하고 충실하며 기품이 있고 순수했다. 어쨌든 나는 나빌이 지난 몇 년 동안 언어 예술에 있어 대가가 되었다고 생각한다. 늘 교육적인 가치가 있는 아름다움을 갖추고는 있었지만, 지금은 거기에 더욱 사람에게 전달하기 쉬운 진심과 감동에 찬 열정을 갖추고, 웅변가로서 완성의 영역에 들어서 있었다. 처음에는 사상을 통해, 나중에는 '가슴'을 통해, 듣는 사람의 온몸을 송두리째 뒤흔든다. 이제 진정한 남자다운 웅변에 도달하여, 어떤 종류의 문제를 다룰 때는 거의 완성이라고 해도 손색이 없을 만큼 이 기술을 터득하고 있다. 자신의 본성에 있는 기교를 발휘하여, 자신을 유감없이 당당하게 표현하는 데까지 이르러 있다. 다른 모든 예술가와 마찬가지로, 그것은 웅변 예술가의 기쁨과 명예이다. 나빌은 명상의 결과로 안정을 얻은 종류의 웅변에서는 모범적인 예라 할 수 있다. 또 하나의 웅변은 영감을 받아 사물을 찾아내고 발견하여, 비약과 번뜩이는 재치로 빛을 발하고 있는 것, 즉 청중의 앞에서 태어나 그 마음을 빼앗는 웅변이다. 그런 것은 나빌의 웅변이 아니다. 그것이 옳은 것인지 나는 모르겠다. 그러나 그 편이 훨씬 사람의 피를 끓게 할 수 있다. ……

그런 능력을 손에 넣을 수 있다면 나는 무엇을 주어도 아깝지 않다. 또는 오히려 (지금까지 그것을 얻기 위해 단 한 시간이라도 노력을 바친 적이 없고, 나 자신을 비하하고 있기 때문에 도저히 웅변가가 되는 것은 불가능하다고 생각하고 있으므로) 나는 그 힘을 가진 사람들을 대단하게 여기고 있다. 모든 '위대한 표현'은 자유의 증대이다. ──그러나 나는 아무리 해도 거기에는 도달할 수 없다. 그러한 연설을 하려면 웅변가적으로 엮은 사상의 광대한 그물을 가지고 있지 않으면 안 된다. 그것은 대단한 노력이며, 그렇게 하려면 청중을 지극히 좋아해야 하는데, 나는 전혀 그렇지가 않다. 게다가 비상한 기억력과 침착성이 필요한데, 나에게는 그런 것이 거의 없다. 자신에게 시선을 쏟고 있는 청중 앞에서 편안한 기분이 되어야 하는데, 나는 그들 앞에서 당황한다. 사람의 얼굴을 보아야 하는데, 나에게는 그들이 전혀 보이지 않는다. 신뢰와 확신과 열의가 있어야 하는데, 나는 그것들을 조금도 가지고 있지 않다. ──결론. 개인적으로 말하면, 나는 감동적이고 설득적인 웅변을 바랄 수가 없다. 연구를 쌓으면 나도 문학이나 미학에 대해서는 달변으로 감동적인 연설을 할 수 있게 될 것이다. 주의 깊고 세심하게, 경우에 따라 심리학적이고, 철학에 있어서는 깊은 곳까지 파고든다. 그러나 나는 지금도 앞으로도 이해관계를 떠나 객관적이고 반성적이다. 민중이 나에게 공감을 가져줄 거라고 믿을 수가 없고, 나 자신을 민중의 대표자로 만들 수가 없다. ──사상에 있어서는 비개인적이고 동감적인 나는, 실행에 대해서는 순수하게 개성적이고 초연한 것으로 생각한다. ──그리하여 변증법적인 나의 모순이 확실해지는 것이다. 나는 이론적으로는 하나의 책, 하나의 생활, 하나의 국민으로부터 보편적인 정신을 쉽게 이끌어낼 수 있다. 그러나 실천적으로는, 특히 개개인의 정신적 차이에 시선이 끌려 나 자신이 그 속에 섞여 있는 민중에 대해서는 본능적으로 종합하는 것이 불가능하다.

나는 마음을 사물, 과거, 미래, 대상에게 기울인다. 그러나 나를 에워싸고 있는 개개인, 현재, 환경에는 손을 대지 못하고 있다. 언제나 자유의 본능에 의해, 나에게 직접 요구하는 모든 것은 은밀한 불안을 불러일으킨다. 나는 보답할 수 있는 전망이 없는 것만 확실하게 사랑할 수 있다. 나의 이지는 원시적(遠視的)이고 나의 감격은 늘 한 박자 느리다. 나는 좋은 기회를 기피하고, 무익한 일에만 흥미를 느낀다. 한마디로 말해 나는 성공이 싫어서 견딜 수가 없다. 왜냐하면 성공이 나를 우쭐하게 만들 거라고 생각하기 때문이다. 나는 내가 구하는 것을 바라고, 내가 사랑하는 것을 원하는 것조차 할 수 없을 만큼 오만하다. 겁을 내고 있는 수치심일까, 거친 자부심일까, 더할 수 없는 환멸일까, 입 밖에 내지 못하는 항의일까, 치유할 수 없는 게으름일까? 아무것도 아니다. 인생과 운명에 대한 절대적인 불신, 체념으로 바뀐 내성적인 성격, 철저한 수도자적 기질, 완전한 권리의 포기일 뿐이다.

나는 과감하게 희망을 품지도, 생활을 영위하지도 못하고 있다. 그것뿐이다. 아무리 케케묵은 얘기라도 거기에는 수백 가지의 다른 읽기가 있다. 나는 쓰는 것, 말하는 것, 행동하는 것, 모험하는 것, 시험하는 것, 결혼하는 것, 나라에서 도망치는 것, 투기하는 것, 시작하는 것, 끝내는 것, 사랑하는 것, 미워하는 것, 긍정하는 것, 부정하는 것, 출세하는 것을 감행하지 않는다. 나는 거의 무슨 일에서든 아무에게도 요구하지 않는다. 나는 신에게도 그저 나의 육체와 마음의 고뇌를 덜어주는 것밖에 바라지 않는다. 거기서 또 나의 이지의 객관성이 나온다. 나는 모든 것을 고려하고, 아무것도 요구하지 않는다. 나는 언제나 에고이즘의 형식이고, 내 공포심의 결과인 유약한 관조에 빠져 있다. 그런데 그것은 의무를 잊고 책임을 회피하는 수법이다.

(날짜 없음)
만족에 의해 모든 욕구는 해결되고, 모든 악폐는 커진다.

(날짜 없음)
억지는 정당하다는 것을 보여주지 못한 채 자기를 주장하는 의지이고, 남에게 인정받을 만한 이유를 갖지 않은 고집이며, 이성 또는 의식의 집요함을 대신하는 자부심의 집요함이다.

(날짜 없음)

인간이 가치를 직접적으로 표현하는 것은 그가 가지고 있는 것도, 그가 행하는 것도 아니고, 그의 있는 모습 그대로이다.

1860년 1월 27일

오늘은 질서에 대한 강한 요구를 느꼈다. 계산하고, 가계부를 정리하고, 정정했다. 진정한 의미에서 일에 대한 방향타를 조금 바꿔보았다. 게으름은 불결과 비슷한 고통이다. 무질서가 나를 압박한다. 그러면서도 나는 항상 무감정과 보류로 무질서 속에 누워 있다. 뿐만 아니라 나는 물건을 둔 장소를 잊어버려 그걸 찾느라 시간을 허비하고, 그러다가 진저리가 나서 결국 그대로 내버려두고 만다. 그리하여 오늘도(얼마 전에 그것 때문에 불쾌한 일이 있었다) 프티센(Petit-senn) 씨의 잃어버린 시를 찾아냈다. 그러나 나는 심리학 노트(두 조카에 대한 것이 적혀 있는 노트)를 찾을 수가 없었다. 그것은 나에게 필요하고 유용한 것인데.——오! 질서, 물질적 질서, 이지적 질서, 윤리적 질서. 이 무슨 한때의 위안이요, 힘이고 경제인가? 자신의 목적, 자신이 원하는 것을 알고 있는 것은 질서이다. 약속을 지키는 것, 정확한 시간에 도착하는 것, 이것도 질서이다. 모든 것을 옆에 두는 것, 자신의 모든 군대를 훈련시키는 것, 모든 수단을 다하여 일하는 것, 이것도 역시 질서이다. 습관, 노력, 의지에 규율을 부여하고, 생활을 조직하며, 시간을 할당하고, 의무의 경중을 가리고, 권리를 주장하고, 자본, 재원, 수완, 기회를 이용하는 것 역시 같은 질서이다. 질서란 광명, 평화, 내적인 자유, 자기를 마음먹은 대로 사용할 수 있는 것이며, 세력이다. 질서를 이해하고 질서로 돌아가서 자기 안에, 자기 주위에 스스로 질서를 실현하는 것은 미학적이고 윤리적인 아름다움이고, 안락이며 필요한 일이다.

1860년 4월 17일

밤새는 날아가 버렸다. 몸이 약간 좋아졌다. 등짝을 몽둥이로 마구 때리는 것 같은 인상밖에 남아 있지 않다. 등은 상처투성이가 된 듯 아파서 견딜 수가 없다. 평소와 같은 시간에 일어나 습관대로 트레유(La Treille. 시 중심지의 산책장, 마로니에를 심은 곳)를 산책했다. 꽃봉오리는 완전히 벌어졌고, 새싹이 어느 가지에나 파랗게 돋아 있었다. 명랑한 물의 속삭임, 작은 새의 경쾌한 몸짓, 태어나고 있는 식물의 발랄한 모습, 아이들의 시끌벅적한 놀이가 병자에게 미치는 영향은 기묘한 것이다. 그보다도 약해지고 죽어가고 있는 자의 눈으로 바라보며, 이러한 생활형식에 들어간다는 것이 나에게는 기묘했다. 그 눈길은 지극히 우울하다. 자연으로부터 금지당하고 자연과의 교섭에서 소외된 느낌이다. 왜냐하면 자연은 영원한 힘이고 기쁨이고 건강이기 때문이다. 자연은 우리를 향해 외친다.

"살아 있는 것에게 길을 비켜라. 너희들의 비참함으로 나의 창공을 휘저으러 오지 말라. 각자에게는 그 차례가 있다. 너희들은 물러가 있어라."——기운을 내려면 자신에게 이렇게 말해야 한다. "아니야, 고뇌와 쇠퇴를 세상에 보여주어도 좋다. 그것은 태평한 자의 기쁨에 고상한 맛을 주고, 생각에 잠겨 있는 사람들에게 경고를 발한다. 인생은 우리에게 대여된 것이다. 우리는 길동무 덕택에 인생을 끝까지 영위해 가는 모습을 볼 수 있다. 우리의 형제에게 어떻게 살아야 하는지, 또 어떻게 죽어야 하는지를 보여주어야 한다."

이러한 최초의 권고는 어쨌든 신적인 가치를 지니고 있다. 그것은 우리에게 인생의 무대 뒤편, 두려운 현실과 어쩔 수 없는 폐쇄를 얼핏 들여다볼 수 있게 해준다. 그것은 우리에게 동감(同感)을 가르친다. 그것은 우리에게 어두워지기 전에 시간에 대해 속죄하도록 권고한다. 또 우리에게 남아 있는 재산에 대한 감사와 우리 안에 있는 재능에 대한 겸손을 가르친다. 그리고 보면 그들의 악은 선이며, 위에서 부르는 목소리, 아버지의 채찍질이다. 그러므로 건강은 매우 힘없는 것이어서, 지극히 얇은 껍질이 우리의 생명을 외부의 공격과 내부의 붕괴에 대항해 우리를 지켜주고 있는 것이다. 겨우 한 번의 입김으로 작은 배는 금이 가거나 가라앉는다. 약간의 일로 모든 것이 위험에 처한다. 약간의 구름으로 완전히 어두워진다. 인생은 그야말로 아침이 되면 시들고 날개가 닿으면 떨어지는 꽃잎이다. 약간의 바람에도 꺼지는 과부의 등불이다. 아침 장미의 시를 생생하게 느끼려면, 질병이라는 이름의 독수리 발톱에서 벗어나지 않으면 안 된다. 모든 것의 배경도, 물이 오른 색깔도 무덤이다. 헛된 동요와 끝없는 불안으로 가득한 이 세상에서 단 한 가지 확실한 것은 죽음이다. 죽음의 예감, 서서히 다가오는 죽음은 고뇌이다.

이 엄연한 현실을 외면하는 한, 인생의 비극성은 드러나지 않는다. 그러나 현실을 정면으로 바라보는 순간, 모든 것의 진짜 크기가 보이기 시작하고, 장엄한 분위기가 생존으로 돌아온다. 재미있어하거나 불만스러운 얼굴을 하기도 하고, 발을 구르거나 잊어버리거나 잘못을 저질렀음을 분명하게 깨닫는다.

죽어버림으로써 자신의 일생을 계산해야 한다. 이것이 한마디로 말한 질병의 위대한 교훈이다. 하지 않으면 안 되는 것은 가능한 한 빨리 하라. 질서로 돌아가라. 규칙에 따르라. 의무를 생각하라. 출발할 준비를 하라. 이것이 의식과 이성이 외치는 말이다. 인생은 짧고 위대하다. 그것은 신의 필요에서 선(善)을 위해 봉사하고 타인의 행복에 도움을 주기 위해 우리에게 대여된 것이다. 진실한 마음으로 하라. 너의 영혼을 구원하라. 너의 죽음의 자리를 위해 양심의 베개를 준비해 두어라.

1860년 5월 3일

······에드가 키네(Edgar Quinet, 프랑스 역사가, 1803~1875년)는 모든 것을 다루었고, 가장 위대한 사물 밖에 지향하지 않았다. 사상이 풍부하고, 비유에 뛰어나며, 진지하고 감격적인 용기가 있는 고상한 작가이다. 왜 좀더 명성을 원하지 않는가, 왜 아카데미에 들어가려 하지 않는가 하는 의문. 키네는 너무 순수하기 때문이다. 너무나 한결같고 이상적이고 신탁적이고 공상적이고 영감적이기 때문에, 프랑스에서는 불쾌한 느낌을 주는 것이다. 너무나 거리낌 없고 이론적이며 사변적이고, 언어와 사상을 너무 믿고, 자신을 지나치게 믿으며, 악의와 냉소와 계략과 교활함을 지니지 않았기 때문에 약삭빠른 사람들을 웃게 만든다. 프랑스 사회의 경향은 지나치게 신교적이고, 형식은 지나치게 동양적이다. 결국 그는 외국인이고, 그에 비해 푸르동, 미슐레, 르낭은 자국인이다. 볼테르의 나라에서는 순수한 마음은 사람을 지루하게 만든다. 세련된 나라에서는 장엄한 것이 사람을 피곤하게 한다. 기성사실의 시대에는 공상적인 머리는 신용을 떨어뜨린다.

1860년 5월 5일

밤에 L***과 산책. 올들어 처음 꾀꼬리 소리를 듣고, 첫 번째 명자나무 열매를 따고, '세계의 절벽'(Bout du Monde. 시 동남쪽 약 4 킬로미터, 아르브 강이 있는 도시)에서 달이 뜨는 것을 바라보았다. 황량한 풍경에 쓸쓸한 위엄을 갖추고 있었다. 돌아오는 길의 플랑팔레(Plainpalais. 시의 서부 수원(水源)이 있다)에서는 밝은 빛과 음악과 변화함, 대조가 두드러진다. 푸른 하늘에는 샛별이 빛나고 있었다. 동행은 며칠 전에 병을 앓아 무척 허약해져 있었다. 생활의 권태에 지쳐, 때때로 심한 무기력에 시달리고 있었다. 안타깝게도 그 사람은 내 병에 더 관심을 두고 걱정해준다. 나는 그 사람을 기쁘게 해주려 하면 괴롭히게 되고, 조심하려 하면 더욱 슬프게 만들기만 한다. 막다른 길이다. 게다가 어머니에 대한 염려, 현재와 미래에 대한 걱정, 계획 중인 사업에 관한 신청을 받은 중요한 상대에 대한 불확실성. 무엇 하나 마음을 쉬게 해주는 것이 없다. 하루빨리 시련과 생애가 끝나면 좋겠다는 마음. 잔인하다. 그런데 나는 어떻게 해야 할지 모르는 채, 원하는 것을 주거나 기다리겠다는 마음도 없이 개선과 변화를 기다리면서, 그날그날을 가벼운 마음으로 지내려고 노력하고 있다.

늙어가는 것은 죽기보다 어려운 것이다. 좋은 것을 한꺼번에 모두 단념하는 것은, 매일 서서히 희생을 거듭하는 것보다 덜 괴롭다는 이유에서이다. 자신의 쇠퇴를 감수하고, 자신의 축소를 받아들이는 것은 죽음을 무릅쓰는 것보다 괴로운, 보기 드문 덕성이다. 뜻밖의 비극적인 죽음에는 후광이 비치고 있다. 점점 압박해 오는 노쇠에는 오랜 적적함밖에 없다. 그러나 좀더 잘 살펴보자. 그러면 체념한 종교적인 노년은 젊은 시절의 영웅적인 열정보다 감동적으로 보이기 시작한다. 정신의 성숙은 빛나는 능력과 넘치는 힘보다 가치가 있다. 우리 안의 영원한 것은, 시간이 미치는 모든 상해(傷害)를 이용하지 않으면 안 된다. 이 사상은 인간에게 위안이 된다.

신이 원하는 것을 바라는 것이
우리를 쉬게 하는 유일한 지식이다.

1860년 5월 22일
내 안에는 비밀스러운 고집이 있어 진정한 감동을 드러나게 하고, 남들이 듣기 좋아하는 말을 하며, 현재의 순간에 몸을 던지려 한다. 언제나 슬픈 마음으로 관찰해온 어리석은 억압이다. 나의 가슴은 아첨을 부끄러워하고, 적절한 의미를 찾을 수 없다는 두려움 때문에 대담하게 진심으로 얘기하는 일이 없다. 나는 언제나 지나가는 순간을 상대로 희롱하며 회고적인 감정을 품고 산다. 자신이 실제로 존재하는 시간의 장엄함을 인정하는 것은 나의 반항적인 본성에 반발한다. 나의 내부에서 나오는 냉소적인 본능은 뭔가 다른 것, 다른 순간을 구실 삼아 언제나 내가 단단하게 붙잡고 있는 것 위를 가볍게 미끄러지게 하고 만다. 유혹에 대한 공포와 자신감의 결핍은 감동에 있어서도 나를 추적하고, 극복할 수 없는 긍지로 인해 나는 어떠한 순간에도 "멈춰라. 나에 대해 결정을 내려다오. 숭고한 순간이 되어라. 영원의 단조롭고 깊은 밑바닥에서 나와 나의 삶의 유일한 점을 새겨다오."라고 말할 결심이 서지 않는다.

1860년 5월 27일 (일요일)
오늘 아침에는 성령에 관한 설교를 들었다. 아름답지만 미흡하다. 인생은 그것을 완전히 충실하게 하는 위대한 관심이 없는 한 공허한 것이며, 오직 나날의 희생만이 정신의 갈증을 치유한다는 것을 논증했다. 그런데 신성한 정신은 희생정신이다. 그러므로 그것이 인류사회에 군림하는 것을 기뻐하자.——왜 나는 종교상의 덕성에 도달하지 못하는 것일까? 성령의 은총을 입지 못했기 때문이다. 왜 그 은총을 입지 못하는 것일까? 위엄의 그리스도교이지 굴욕의 그리스도교가 아니기 때문이다. 통한, 무력한 투쟁, 엄격함이 없다. 이 합리주의의 견지에서는 신의 법칙은 사라지고 신성과 신비도 연기처럼 사라져버린다. 그리스도교의 독특한 분위기가 결여되어 있다. 나의 인상은 언제나 같다. 신앙을 단순히 윤리적 심리학에 용해시켜 희석해서는 안 된다. 나는 강단(講壇) 철학을 보면 제 자리를 찾지 못하고 있는 참으로 어색한 느낌을 받는다. "나의 구세주는 사라졌다. 어디로 간 건지 나는 모른다"고 보통 사람은 말할 권리를 가지고 있는데, 나도 마찬가지로 그렇게 되풀이한다.——정교 쪽이 설교에 적합하고 훨씬 극적이며 감동적이다. 초자연적인 것을 제거하는 것은 종교적 신앙 및 생활 전체를 단번에 낮춘다.——뛰어난 설교란, 슐라이어마허처럼 완전한 윤리적 겸손과 사상의 힘으로 가득한 독립, 깊은 죄의식과 비평의 존중 및 진리에 대한 정열을 결합한 것이라고 생각한다.

1860년 6월 3일

《파우스트》에서 괴테의 범신론적 신앙고백이 담긴 한 페이지를 골라 운문으로 번역했다. 해놓고 보니 그리 나쁘지 않다고 생각한다. 그러나 엄밀함이라는 점에서 이 두 언어 사이에 이토록 극명한 차이가 있다니! 찰필(擦筆; 압지나 얇은 가죽을 말아 붓처럼 만든 물건, 그림을 그리는 데 쏨)과 조각끌이다. 한쪽은 노력을 그리고, 또 한쪽은 행위의 결과를 기록한다. 한쪽은 꿈, 망막함, 공허, 정형이 없는 것을 느끼게 하고, 또 한쪽은 확정되지 않은 것을 결정하고 고정하며 거기에 윤곽을 그려준다. 한쪽은 사물이 나오는 원인, 힘, 지옥의 가장자리를 나타내고, 또 한쪽은 사물 자체를 나타낸다. 독일어에는 무한한 것의 알 수 없는 깊이가 있고, 프랑스어에는 유한한 것의 즐거운 밝음이 있다.

1860년 6월 4일

집으로 돌아오는 길에 나는 내가 번역한 《파우스트》 몇 줄을 뭔가에 홀린 듯이 퇴고하기 시작했다. 그것이 나를 따라다니며, 열두 줄 가량을 다시 가려내어 고쳐 달라고 끈질기게 졸라댄다. 이것은 나에 대한 절대적인 불신의 결과인 이상한 버릇이다. 나의 최초의 번역이 나쁘지 않다는 것을 믿지 못해 쓴 것을 지우고 다시 쓴다. 나의 과감하지 못한 기량은 바로 자신을 해치는 산(酸)이며 스스로를 부식시키는 액체이다. L***의 말처럼 자신보다 자신에게 가혹한 비평가는 없다. 이 염려증이 나한테서 자연스러운 부분을 빼앗는 것이다. 이것이 있으면 탄력, 감정의 용솟음, 활기는 바랄 수 없다. 너무 손질을 가하고, 너무 후회하고, 너무 고치기 때문에, 그나마 약간 영감적인 것을 언제나 망쳐버리는 결과가 된다. 내 안에 천재의 날개가 조금이라도 돋았다 싶으면, 언제나 검열이 그것을 모질게 잘라버린다. 자기 자신이 비평하는 극명한 관찰은, 아무래도 세력을 제거하고 아무것도 생산하지 못한 채 끝날 수밖에 없다. 생산은 몽유병적이고 무의식적이며 맹목적인 요소를 갖추고 있는데, 반성은 그것을 용납하지 못한다. 내적인 분석은 나의 생활을 스스로 용해시키는 강한 산화제이다. 나의 본능은 논리적이고 계산적이다.

1860년 6월 14일

책과 여자, 나에게 이것 말고 다른 주제가 있었던가? 지금도 나는 책을 원하고 있건만 여자의 애정이 나를 원하고 있다. 여자만큼 전기를 일으키고, 생명을 불어넣고, 위로하고, 축복하고, 영감을 주고, 권고하고, 격려하는 것이 있을까? 애정을 가지고 있는 여자의 손, 목소리, 숨결, 눈길만큼, 고민하고 있는 신체, 병든 가슴, 혼란에 빠진 머리를 간호하고, 일으켜 세우고, 지탱하고, 고치고, 진정시키는 것이 있을 것인가? ──우리가 이 성(性)에 대해 짐지고 있는 모든 것을 생각하면 나는 감동한다. 우리가 그 성에 주고 있는 모든 고뇌를 생각하면 나는 마음이 흐려진다. 나는 그 성 속에 잠자고 있으면서 남성의 작용 아래 꽃필 수 있는 모든 것을 생각하면 일종의 감격을 느끼며, 새로운 세계가 여자의 가슴속에 숨어서 잠자고 있다는 것, 남자가 그것을 태어나게 할 만한 가치를 가지게 되면, 지금의 인류보다 더욱 아름답고 위대한 영웅적인 인류가 태어날지도 모른다는 느낌이 든다. 남자에게 칭찬과 징벌, 가책과 왕관을 낳아주는 것은, 인류 세대의 영원한 어머니와 유모라고 할 수 있는 여자이다. 모든 순수하고, 감격적이고, 용감하며, 충실하고 신성한 여자, 밤낮의 반려, 청춘과 노년의 버팀목, 자기 양심의 반향, 일에 있어서의 조수, 고통에 대한 위안이며 기도, 충고, 휴식, 후광을 발견한 자는 행복하도다. 사람은 그것을 통해 자연 전체를 가지고, 자신의 시를 체현하며, 불안을 잊고 꿈을 실현한다. 진정한 결혼은 기도와 예배와 종교의 생활이다. 그것은 자연인 동시에 정신이며, 관조인 동시에 실천이고, 정신 및 생명의 세 종류라고 할 수 있는 노동, 생산, 교육으로 무한한 사업에 참여한다.

1860년 7월 4일

(아침 10시)사람은 늘 사랑하고 사랑받고 싶어하는 욕구를 가지고 있다. 나는 그것을 오늘 아침 나의 '정원'에서 책을 읽다가 느꼈다. 혼자 사는 것은, 아무리 육체와 정신의 건강을 유지하고 있다 해도, 좋은 일도 아니고 행복한 일도 아니다. 나의 심장은 애정을, 이러저러한 애정이 아니라 보편적인 애정을 동경하고 있다. 나의 행복은 아직 개별화되지 않았지만, 점점 개인적인 방향을 향하고 있다. 사물은 더 이상 나를 만족시키지 않는다. 인간도 마찬가지이다. 또 어떤 여자도 마찬가지이다. 그럼에도 여자는 자기 속에서 꿈꾸고 탄식하고 있는 비밀스러운 동경을 체현하고 있다. ……나는 오직 우정

에만 적성이 있는 것일까?

나는 사랑할 때를 지나치고 말았는가.

깊이 열중하여 도취한 듯이 사랑할 때. "신은 안다". 나에게 아직 그런 가치가 남아 있을까? 나는 장님일까? 나는 반역자일까? 나는 배은망덕한 사람일까? 나는 불신자일까? 나는 미친 사람일까? 사실 나도 잘 모른다. 이러한 종류의 사항에 대해 상식을 끌고 와서 지도자와 판결자로 삼는 것이 싫다. 나는 연애에 대해서는 신비주의자이다. 무한만이 나를 유혹한다. 그것보다 아래에 있는 것에는 관대하고 무심하며 연민밖에 없다. 실천에 대한 극심한 공포로 나는 언제나 미루기만 하며, 과감하게 중단하기 위한 동기를 찾기 위해 애를 쓴다. 그런데 그러한 동기는 언제나 추구해야 할 목적, 욕망해야 할 사물, 실현해야 할 계획으로서 나타난 사항의 한계와 결함과 불완전이다. 모든 동경을 잠재우는 것이므로, 가슴에 추모도 불안도 걱정도 욕구도 남기지 않는 이상에 대해서만 자신을 넘겨주는 것을 수긍한다.——그런데 어떤 것도, 그 누구도 이상(理想)이 될 수는 없다. 그런 식으로 나의 본능은 절대적으로 명령을 내리는 모든 사물을 이길 수 있는 모든 권위, 저항할 수 없는 모든 유혹을 떨치고, 기피하고, 물리치는 방법, 라마교도처럼 자신을 자유롭고 가난하고 공허하게 해주는 방법을 찾아왔고 지금도 찾고 있다.

허무만이 무한을 가장할 수 있다.

이것은 헤겔의 '나쁜 무한'이 아니던가. 결국 이 경향은 분명히 내 안에 나의 동의를 거쳐, 더군다나 나의 뜻에 반하여 존재한다. 나는 그것을 가만히 내버려둔 채 그것 때문에 괴로워하고 있다. 나의 동의는 만족이 아니다. 그것은 내 본성이지만 또한 나의 불행이기도 하다. 아마 이 동경은 신에게 복종하며 살아가게 하는 대신 신을 삶 속에 불러들이고, 지상을 불완전과 욕망과 고뇌의 집으로 받아들이는 대신 천국을 지상에서 구하게 될 것이다. 너는 시련, 비통, 질병, 죽음을 인정했지만 그 경우에도 가슴속에는 불멸의 행복을 간직하고 있었다. 어쩌면 그 행복은 명목을 바꾸어야 할 것이다. 그리고 완전한 조화 대신 희생의 색조를 띠지 않으면 안 된다. 같은 것을 바랄 수 있으려면 뭔가에 대해 은혜를 베풀고 용서하고 양보하지 않으면 안 된다. 만약 양심이 시인한다면 자부심, 개인적인 만족, 오만은 수동적이 되는 것, 침묵하는 것을 배워야 한다. (너에게 가능한) 사랑이 있다면 그것은 헌신이라는 점에서나 직접적인 소탈함이라는 점에서도 기쁜 일일 것이다. 사랑은 한 가지가 아니라 이중의 체념, 고독한 생활에 대한 체념 또는 어쨌든 자기 자신에 대한 체념과 두 사람의 생활에서 새로운 자아의 충분한 만족에 대한 체념이 될 것이다. 다시 말해 신성한 사랑에 있어서는 자선(慈善)이 본질적인 요소, 항상 새로워지는 요소가 된다. 사상이 힘을 불어넣는, 이러한 반성을 거친 사랑을 나는 권하고 싶지 않다. 그러나 너 같은 종류의 인간에게는, 거기에 결핍되어 있는 자발성이 이 방법에 의해 조금이나마 보완될 것이다. 너는 뭔가를 바라기도 전에 자신을 시인하기 위해 언제나 이해하려 하고 있다. 너의 악이 그 구제책을 제공하고 독이 그 해독제를 공급하지 않으면 안 된다.

1860년 7월 30일

(아침 9시) 새벽 5시경 잠을 자면서 커다란 목소리로 노래를 불렀던 모양이다. 아무리 생각해도 나는 음모를 꾀하거나 죄를 범할 수가 없다. 숨기는 것이 불가능하기 때문이다. 내가 회한을 품고 잠을 잘 경우를 생각해 보면 수면 자체가 나를 배반할 것 같다.

잠에서 깰 때 환락의 망상이 나를 덮치고 있었다. 유령처럼 나타나는 경우에도 여자는 우리의 기운을 빼앗아간다. 내가 이 점에서 결말을 내리려고 생각했던 것도 바로 그것 때문이다. '봉착, 집착, 결착(決着)' 그리고 나의 사상에 악마적인 기회까지 나타나 라블레 식의 표현과 형태를 가져왔다. X는 초원을 거닐고 있었다. 쾌락은 다른 모든 것으로부터 격리되었다. 밀리타(Mylitta. 앗시리아의 여신)와 그 광란만이 활개를 치고 있었다. 그러나 나에게 그것은 이미 나를 유혹하고 있는 현실적 충동이 아니라 오히려 다 완성된 기울기 이전의 요구, 또는 추억이었던 것 같은 생각도 들었다. 상상이 감각을 이끌고 갔기 때문에 그 반대는 아니었다. 왜 그럴까? 그것은 자연의 위기가 지나가고, 기회가 사라지고, 또 저항할 수 없는 본능이 평온한 반성에 양보했기 때문이다. 또 마음은 다른 곳을 향하고 있고, 자신은 산에서 돌아와 다양한 지점을 느끼고 있기 때문이다. 고독과 낙담이 나쁜 권고자이다. 바쁜 생활, 만족스럽고 적어도 안심하고 여유로워진 가슴은 확실한 보호이다.

(정오) 슐라이어마허, 대 피히테, 소 피히테의 양성관계의 문제에 관한 부분을 연구했다. 인생에서의 중대한 문제가 이론가나 인생 철학자에 의해, 그것도 충분하지 않게 설명되어 있는 것을 알고 무척 놀랐다. 이에 비하면 소설가가 훨씬 진실하다. 그러나 소설도 현실 속에서 가장 많은 부분을 차지하고 있는 사물에 대해서는 불완전하게만 가르쳐준다. 그래서 각자의 사람들은 자기 뒤에 오는 사람에게는 도움이 되지 않는 것을 고심 속에 발견하여, 언제까지나 모색하며 다시 하지 않으면 안 되게 되었다. 때문에 '생활의 기술' 즉 실천적 예지가 조금밖에 진보하지 않는 것이다. 남녀의 관계는 공과 사의 역사의 주축이며, 다같이 서로 짜고 언제나 무지의 암흑으로 이것을 감싸 둔다. 연애는 야만적인 상태에 머물러서 우연과 미지의 숙명성을 줄이지 않는다. 여기서의 경험은 어떠한 의미에서도 자본화하지 않는다. 친구는 친구에게 보탬이 되지 않고, 부모는 자식들에게 조금도 도움이 되지 않는다. 두 사람이 함께 사는 생활의 기술은 닳아 없어진 상태인데도, 여전히 인류의 세기의 처음과 마찬가지로 원시적이다. 그래도 아직 이 신비가 성공이나 행복의 기회가 되고 있다면 다행이지만, 그렇지가 않다. 확신이 서지 않는 길의 함정, 웅덩이, 험한 곳을 먼저 지나간 자가 주의 깊게 뒤에 오는 자에게 숨기고 있다. 일반적인 저주나 막연한 찬미만으로 유익하고 구체적이고 정확한 경험을 얻었다는 애기는 한 번도 들은 적이 없다.——수치심인가, 질시인가, 불가능인가, 불신인가? 왜 언제나 진정한 진리, 영원한 법칙 대신 윤리적 또는 종교적인 흔해빠진 구호만 나오는가?

진리란 그처럼 추하고 불길하고 황량한 것이라서 착각이나 오류가 그나마 낫다는 말인가? 나는 도저히 그렇게 생각할 수가 없다. 사회라는 것은 서로 속고 속이는 계약, 알면서 하는 가짜 돈의 교환, 자칫하면 목이 잘리는 곳, 예의로 꾸미고 거짓된 겉모습으로 장식한 도박장인가? 설마 그렇지는 않을 것이다.

(밤) 멜로트포르 호텔의 독일식 크리스마스 전야제에서 보았던 L양이, 재산도 많고 연금도 받고 있는 베른의 40세 된 남자와 결혼했다. 두 달 전에 개교한 기숙학교를 그곳에 설립하고, 자신의 돈으로 여행할 생각이다. 아드리엔느는 그 나머지를 상속받고 싶어하지만, 공교롭게도 별 가망이 없다. ——새로운 인물 두 사람, Am.부인의 막내딸 Te.부인과 그 시누이 Ad. R.. 나는 어떻게 생각하는가? 으제니 부인은 얼굴도 목소리도 몸차림도 언니와 매우 비슷하다. 다만 약간 활발한 기질이다. 모두 체격이 작고, 아름다움이나 우아함도 떨어진다. 그러나 자연스러운 점, 친절하고 단순한 것은 같다. 오넥스에서 아버지의 손에 함께 자라서 제네바의 니스로 덧칠한 것 같은 프랑스의 신교도 여성, 두 사람 다 아이가 없고, 작고 귀여운 소녀 같은 모습인데다가 또 소녀의 느낌을 준다. 웃음소리도 잔잔한 은구슬 같다. 그러나 나는 아밀리에(Amélie) 부인 쪽이 훨씬 좋다. 애교가 있고 상상력이 풍부하며, 그 유연한 몸, 특히 순수하고 정이 담긴 커다란 눈이 매력적이다. ——R양은 재기, 이지, 활기, 탄력, 수완이 특히 뛰어나다. 인품은 훨씬 개성적이고 독창적이다. 그러나 억압당하는 것이 두려워 자기만의 생활을 하며 자신만의 취미를 기르고, 자연 그대로 생각하려고 노력한다. 그를 유혹하고 있는 것은 상류사교계의 부인들 같은 눈부시게 화려하고 지적이며 예술적인 생활이다. 이탈리아, 살롱, 아틀리에가 그의 꿈이라고 한다. 남편은 그저 그 구실이 되면 된다. 섬세한 감정은 그의 자랑이 아니고, 희생은 그의 약점이 아니다. 속박을 거부하고 체면 차리기를 싫어하는, 미적이고 반성적인 천성이다. 내 머리의 흥미를 끌지만, 어떠한 의미로도 가슴에 와 닿지는 않는다.

어쨌든 아직 그 인품에 대해 막연한 직관밖에 가지고 있지 않다. 두드러진 점은 남성에 대한 신경질적인 경멸, 남성의 무례한 우월성에 대한 겉으로 드러내지 않는 부정이다. 그 독립성과 무관심은 반항과 원한으로 약간은 복잡해질 것이다. 인간의 사물에 대한 권위와 지배를 마음대로 휘두르고 있는 수염이 난 하등동물을 비난하며 무척 즐기고 있다. 어쨌든 남자를 성가시고 비속하며 단조롭고 무례하고, 어쩐지 우스꽝스러운 물건쯤으로 여기고 있다. 이것은 모두 내가 추정한 것이다. 사실 우리는 전혀 얘기를 나눈 적이 없다. 그러나 R양은 자기의 마음에 들려면 대부분의 남편들보다 더 친절하고, 예의를 지키며, 아이디어가 많고, 멋을 알고, 비위를 잘 맞추고, 자신의 사상과 주문, 감정, 응대를 상당히 존중해 주어야 한다고 생각하는 사람처럼 느껴진다. 그 사람은 보통 남자의 소홀한 대접과 보통 여자의 너무 호락호락한 만족을 '은근히' 비난하고 있는 것 같다. 배우자로서의 아내는 그 사람의 스타일이 아닌 것 같다. 그런 관습을 거부하고 거기서 벗어나 편하게 살아간다. ──그것이 그 사람에 대해 성찰해본 나의 인상이다. 거기에는 좋은 점도 있을 것이다. 그러나 여기서는 미가 선을 지배하고 취미가 애정을 지배한다.

1860년 8월 20일

(밤) 나의 죄는 낙담이다. 나의 불행은 결정하지 못하는 것이다. 나의 공포는 속는 것, 나 자신에게 속는 것이다. 나의 우상은 자유이다. 나의 십자가는 뭔가 원하는 것이다. 나의 장애는 의혹이다. 나의 영원한 과오는 보류이다. 나의 우상은 재생을 대신하고 있는, 결실 없는 관조이다. 가장 지속되는 나의 취미는 심리학이다. 나의 일상적인 부정(不正)은 기회를 놓치는 것이다. 나의 즐거움은 무익한 일이다. 나의 약점은 사랑받는 것, 충고받는 것이다. 나의 어리석음은 목적 없이 생활하는 것이다. ……

너는 너의 개성을 드러내어 사명을 발견한 적이 없다. 적어도 너는 언제나 이 점에서 막연한 상태에 빠져 있었다. 선택하는 것, 단념하는 것, 제한하는 것을 피하고, 오직 한 가지, 너 자신의 인식 및 (크게 말하면) 인간의 인식에서만 전진하고 있다. 다른 모든 것에 대해서 너는 물러서고 피하고, 잃었다. ──너는 남에게 충고하고, 설명하고 이해시킬 수는 있다. 그것은 아무것도 아닌 일일까? 그보다도 자신의 교육에 관해서는 실례를 들어 설명하는 것이 좋다.

1860년 8월 21일

그것이 답일까? 너의 일이 되어 네가 전념할 수 있고, 네가 유익해질 수 있는 것은 심리학일까? 적어도 거기에 대해 너는 직접 확인하고 실험하고 연구했다. 너는 통찰력을 발휘하여 너에게 적합한 능력을 훈련했다. 이 3749페이지는 그 수행이었고, 그것은 아마 헛된 것은 아니었을 것이다. 그것에 대해서 너는 직업적으로 다루고 있는 사람들, 교육가, 인생철학자, 목사, 철학자 등에 비해 그다지 뚜렷하게 뒤떨어져 있다고 느끼지 않는다. 그래서 너는 아마추어의 대열에서 전문가의 대열로 옮겨갈 수 있다. 또한 너는 다른 모든 연구만큼 기억력을 필요로 하지 않고, 게다가 모든 특수하고 인연이 있는 연구를 이용할 수 있다. 아무것도 강물에 그냥 흘려버리지 않고, 집중하고 허리띠를 다시 졸라매어 너의 획득물을 모을 수 있을 것이다. 너는 과거 및 신의 섭리와 화해할 것이다. 밝음과 평화가 일시에 너의 생활 속에 나타날 것이다. 너는 너의 본성을 부정하지 않고 너의 본능을 우롱하지 않으며, 하나의 목적을 가질 수 있다. 너의 개성은 다양한 사람의 개성을 이해하고, 소크라테스처럼 산파 역할을 하며, 인간 본성의 모든 요소를 열게 하여 심리학의 풍부한 재료를 늘리게 될 것이다.

이렇게 오랫동안 자극에 대해 제자리걸음을 하면서 외면하고 생활을 피했던 너는, 거기서 네가 필요로 하는 흥미, 진심, 실질, 매력을 찾을 것이다. 너는 자신에게 충실을 기하면서 우주의 건축을 위해 너의 석재를 가져올 것이다. 너는 더 인간다워져서 조국에 봉사할 것이다. 이 중심이 되는 연구는 영원한 것, 즉 생명을 얻는 것, 현재에 있어 미래를 가장 잘 준비하는 것이다. 마침내 네가 사업에 전력을 기울이게 되면, 크고 무거운 짐이 너의 가슴 위에서 제거될 것이다. 너의 의무와 취미가 일치하고, 너의 양심이 거리낌 없이 신을 향해 열려 네가 착수한 일에 아버지와도 같은 신의 축복을 구하게 되면, 너는 자신의 길을 걷게 될 것이다.——어쩌면 너는 아무리 물리쳐도 쫓아오는 숨막히는 결혼문제를 더 잘 해결할 수 있을지 모른다. 너에게 필요한 여자는 이 신성한 사업, 완성을 추구함으로써 인간의 생활에 깊이를 주는 사업에 가장 잘 어울리는 사람이어야 한다. 네가 일단 개인적이지 않는 동기와 방법을 택하면 너는 더욱 노련하게, 특히 더욱 평정하게 결심할 수 있을 것이다.——그렇다, 이 선을 따라 나아가라. 이 자세 속에서 너를 유지하라. 이것은 좋은 일이 틀림없다. 하늘이 너에게 이것을 선물한 것이다.

1860년 9월 2일

(오전 11시 반) 소란스러운 밤, 큰비. 손해. 깊이 잠들 수가 없었다. 방금 교회(마르탱Martin, 생피엘)에서 돌아왔다. 설교를 잘 듣지 않았다, 졸음, 불쾌감. 내 바로 앞 의자에 앉아 있던, 손질은 하지 않았지만 구불거리는 긴 금발의 귀여운 천사, 소녀처럼 예쁘장하고 얌전한 다섯 살쯤 되어 보이는 사

내아이한테서 눈을 뗄 수가 없었다. 부성 본능과 여성적인 인력(引力)이 내 가슴에서 일어나 사랑하는 마음을 불러일으켰다. 그동안 목사의 목소리는 계속 내 눈꺼풀에 졸음을 퍼붓고 있었다. 순결, 애정, 가정의 친밀, 영혼과 영혼 사이에 용솟는 감정 쪽이 의무적인 설교보다 높은 곳에서 끊임없이 나에게 말을 걸어왔다. 나는 멍하고 무심하고 무감각해져서, 단 한 가지에 대한 것 외에는 마비되어 있었다. 그 한 가지란 애정, 어쩌면 연애라고도 할 수 있다. ──나는 괴테처럼 내가 목격한 고귀한 애정이 나에게 스스로 그 대상이 될 수 있는 애정과 같은, 또는 그 이상의 그리움을 가진다는 것을 느꼈다. 아버지는 키가 작고 신분이 낮은 문지기 같은 차림을 하고 있는데도, 이 천사와 그의 어머니에 대한 공감 때문에 나는 그들 속에 녹아들 것 같은 느낌이었다. 이토록 나를 감동시킨 것은 어머니의 사랑과 아이의 마음에서 나오는 시(詩)가 아닐까? 나는 그렇게 생각한다. 실제로 나는 그들을 알지도 못하거니와 알고 싶지도 않다. 에고이즘이나 욕망을 내포하지 않은 관조적이고 미적이고 종교적인 쾌감. 내가 그것을 종교적이라고 믿는 것은, 거기서 자연의 생명 및 신의 선의에 대한 일종의 찬탄과 집중과 숭배를 느끼기 때문이다.

그것은 여자의 감수성이고, 순수하고 무력하며 유치함과 미를 눈앞에서 보는 여자의 눈을 감동시키는 애무적이고 본능적인 선의이며, 타인의 행복을 기뻐하고 거기에 끼어들어 그것을 함께 나누고 축복하는 다정한 연민, 사랑으로 가득한 공감, 번져가는 애정이다. 그것은 선망의 반대이다. 아마 그것에 의해 나는 어린이나 생물의 신뢰를 모아 여자의 마음을 얻을 것이다. ──나는 전에 Marc.의 아이들에게, 왜 어딜 가든 아이들이 모두 나를 따르는지에 대해 물어본 적이 있다. "아저씨는 좋은 분이고 우리하고 같이 잘 놀아주시는걸요." 아이들은 이구동성으로 대답했다. ──나는 친절하지만 그리 행복하지 않은 것처럼 보인다. 약간의 재주와 붙임성을 가지고 있다. 자유로운 마음을 가지고 있는 여인은 그것만으로도 충분히 나에게 호감을 느끼고, 나에게 기쁨을 주려 하며, 한마디로 말해 처음에는 아무것도 바라지 않고, 나중에는 대가를 바라고, 나를 붙잡아두고, 나를 집중시키며, 행복을 줌으로써 행복을 얻으려는 희망을 가지고 나를 사랑하게 된다. ……

1860년 9월 3일(M)

내가 시도한 롱펠로 《생명의 찬가》와 밀른스(Richard Monekton Milnes Houghton. 영국의 정치가이자 시인, 1809~1885년)《탄식하는 그림자》의 번역을 다시 읽었다. 책상 위에 놓아둔 편지도 몇 통 다시 읽었다.

(같은 날)

또 여자에 대해 생각하고 있었다. 내 머리를 스쳐 지나간 감상이 있다. 인생의 마지막이 다가오면 눈짓을 나눈 사람들에 대한 마음속의 추억이 즐거움, 슬픔, 또는 회한으로 나타나는 것일까? 물론 나는 그것을 알지도 못하고 원하지도 않았는데, 여러 번 사랑을 받은 일이 있다. 그래서 나는 타인을 몹시 괴롭힌 적이 있다. 나는 그것을 알면서 속이고 괴롭혔을까? 의식적으로 그런 것은 아니다. 나는 감정이라는 것에 대해서는 장님이고, 우둔하며, 불신한다.

나는 한 번도 앞을 내다보고 헤아린 적이 없다. 내가 선택하지도 갈팡질팡하지도 않고, 그저 친절하고 은근하며 호의를 품고 있을 뿐일 때는 나 자신이 위험하다는 것, 타인이 나에게 무서운 기세로 애착을 가지고 있을 것 같다는 것을 거의 믿을 수가 없었다. 나는 꿈에도 그런 줄 모르고, 고슴도치가 찌르듯이 남에게 고통을 주어왔다. 여자의 우정에 대한 나의 순진한 신뢰, 격에 맞지 않는 희망의 결여, 개인적인 독립의 느낌이 나의 단순함을 언제까지나 유지하게 하여 나의 눈에 두꺼운 막을 치고 말았다. 그러나 몇 가지 사실이 드러나면서 내가 잘못했음을 일깨워주었다. 여자와의 무심할 수 없는 교제와 즐거운 교섭은 나에게는 해롭지 않고 지식을 주며 기운을 주었지만, 여자에게는 유해하다. 여자가 마음으로 몰두하지 않는 한 그것을 헤아릴 수 없다. 붙임성이 사랑으로 보이지 않는 한, 여자에게 기사도적이고 동정적인 배려를 보여줄 수는 없다. 여자에게 시(詩)는 함정이다. 애정으로 가득한 호기심이 여자의 마음을 묶어준다. 먼 앞날까지 생각한 부드러운 친절이 그 마음을 빼앗는다. 도저히 억제할 수 없는 여자의 요구는 이해받고 사랑받는 일이다. 여자는 정신적으로 자신을 끝까지 포용해주는 남자의 것이 된다. 나는 이 두 가지 조건을 조금은 충족하고 있는 것 같다. 실제로 어째서 다른 여자들이 내 안에서 자신이 원하고 있는 것, 즉 사랑을 지니고 있는 관조자,

빛 또는 버팀목을 발견하지 못하고, 게다가 나를 참회의 말을 들어주는 사람, 친구, 충고자로 삼는 것인지 나는 알 수가 없다.

서로 도우며 사는 것은 즐겁고, 이해받는 것은 기쁜 일이다.

이 시구는 아마 여자의 느낌, 여자가 원하는 것을 표현한 것이리라. 그런데 이 시는 완전히 나의 것이기 때문에, 여자는 그것에 대해 나에게 실천적인 감사의 마음을 가진다. 불행하게도 여자의 마음에는 질투심과 배타적인 본능이 있어 독점을 원하고, 절대적이고 유일한 결합, 분할 없는 결혼생활, 이상적인 남편, 이상적인 연인을 원한다. 거기서 개운치 않은 감정이 생긴다. 그것은 감사하는 마음이 사랑이 되기 때문이다. 사랑은 불균형을 허용하지 않고, 불평등을 깨닫지 못한다. 사랑은 자신이 만족을 얻었다는 이유에서 타인에게도 만족을 줄 수 있는 것으로 믿고, 잘 찾아냈다는 이유에서 저쪽도 그것을 당연히 인정하고 있는 줄 안다. 이것으로 어째서 대부분의 여자들이 모든 종류의 이유에서 나에게 사랑을 줄 수 없는데도 불구하고, 나에 대해, 또 내가 어떻게 생각하든, 사랑을 느꼈는지에 대해 설명할 수 있다.

어쨌든 우리는 개개의 여자에 대해 여자라는 존재를 사랑하는 것인데, 여자 쪽에서는 개인으로서의 남자, 유일하고 특별한 사람밖에 사랑하지 않는다. 취미로서의 연애에 대해 여자는 대부분의 경우 정열로서의 연애로 답하고, 단순한 우정에 대해 뜨거운 감격으로 답한다.──나는 (뒤늦게) 여자가 왜 그토록 배려와 정신적 보호와 사회적 방어를 필요로 하는지 이해했다. 나는 안식을 잃는 것, 자신의 가슴을 잃는 것, 무의식적인 애착의 먹이가 되는 것, 불행한 애정을 가지는 것, 마음의 타격에 의해 생애를 헛되이 하는 것이 어떤 의미인지 이해했다. 나에게 처음 시적인 창작, 문학적인 과장으로 생각되었던 것, 자신의 눈앞에서 남이 조롱한 것, 아도니스 같은 미소년이나 천재, 칼의 영웅, 또는 정열의 영웅에게나 가능하다고 생각했던 것이 사실은 누구에게나 일어날 수 있다는 것, 어떤 남자도 여자에게 지속적인 감정을 불어넣음으로써 여자에게 불행한 일이 생기지 않게 할 수 있는 자는 없다는 것을 알았다. 이것은 나를 슬프게 하는 일이다. 그래서 A.L.이 나에게도 있다고 말하며 놀렸던, 그러나 나 스스로 의식한 적이 없는 배려의 모습은 그 사람이 생각하고 있었던 것보다 현명하고 인간적인 것이었다.

아마 여자를 유혹하는 것은 자부심과 히폴리토스(테세우스의 아들, 계모 파이드라의 질투에 의해 살해당했다)의 정복을 꾀하고, 공통의 적인 독신생활을 모욕하려는 경쟁심일 것이다. 나는 의심할 여지없이 요구라는 점에서는 더할 나위 없는 남자, 그러나 지금까지 기쁨을 주고 안심시키고 가정을 이루도록 해주는 사람이 없었던 남자 같은 모습을 하고 있다. 이것이 여자에게 도박할 마음을 불러일으킨다. 이것은 모든 여자에 대한 도전인 동시에, 각각의 여자에 대한 행운의 기회로 보이기 때문이다. 그렇지만 이 점에서 나는 정의롭지 못한 자가 된다. 게다가 이렇게 되면 적어도 여자에 대한 나의 태도는 올바르지 않다고 생각한다. 여자의 단점이 아니라 여자의 장점에 의해, 나는 여자에게 일정한 세력을 가지고 있다. 나의 나쁜 측면이 아니라 좋은 측면에 의해, 나는 여자의 흥미를 끌고 있다. 여자를 감동시키는 것은 내가 친절하고 좋은 사람으로 보인다는 점이다. 여자를 유혹하는 것은 섬세하고 넓고 자유로운 사상이다. 여자를 취하게 하는 것, 아름답고 뛰어나고 고상한 것은 모두 내 마음을 움직인다는 점이다. 어느 방향으로 가도 나라는 사람의 주변을 맴돌 수가 없고, 여자에게 언제까지나 수수께끼, 심연, 신비로 보이는 점이 여자를 현혹시킨다. 남이 말할 수 없는 우울과 숨기고 있는 고민을 여자로 하여금 추측하게 하는 점이 여자의 마음을 사로잡는다. 여자를 약하게 하는 것은, 내가 강한 척하고 있는 점이다. 여자에게 신뢰와 안도감을 불러일으키는 것은 나의 공감과 무욕이다. 진지함과 섬세함, 통찰력, 직관, 유동, 의외성, 사양, 농담, 재치, 시재(詩才), 성실, 정직, 다양한 취미, 모든 여자가 마음이 끌리는 이러한 것들이, 나라고 하는 무력한 개인 안에 다 갖춰져 있다고 생각하고, 그것을 찾아내는 것이다. 거기서 여자가 나의 내면에 대해 느끼는 매력이 나온다.

1860년 9월 4일

(오전 11시) Eg.의 편지. 이 사람은 다른 사람과 비교할 수가 없다. 이 사람에게는 현재 내가 가장 중요한 사람이고, 그 마음은 가장 많은 완성으로 나를 사랑하고 있다. 그런데 각자는 내 안에 뿌린 씨앗에 따라 수확해야 한다. 그러므로 '푸른 장미'와 마찬가지로 나에 대해 권리를 가지고 있지 않고, 나는 푸른 장미와 함께 빚을 지고 있다. 그렇다면 나는 애정과 연애를

누릴 수가 없는 것인가? 그렇다. 나는 마음의 깊은 혼란에 대해 알고 있지만, 이 경우에는 그것을 느끼지 않는다. 나는 내 가슴에 따뜻한 마음과 동정을 느끼지만 정열은 조금도 느껴지지 않는다. 나는 친구이지만 자유롭다. 한 번이라도 모욕을 받거나 거북해지는 일이 생긴다면, 지금 나를 끌어당기고 있는 어떤 마음으로부터도 나는 떠나버릴 것이다. 결국 나는 다양한 관계를 맺고 있기는 하지만, 내 생활이 누군가의 생활에 억지로 결부되어 있다고는 생각하지 않는다. 어쩌면 나는 자신을 비난하고 있는 것일까, 아니면 적어도 자신에 대해 잘 모르고 있는 것일까? 설사 두 사람이든 세 사람이든 머리가 멍해졌다고 한다면, 내가 어떻게 되고 무엇을 느낄지, 도대체 내가 알 수 있을까? 태평한 성격이 나를 잘 잊어버리게 하고, 망각은 나를 배은망덕하게 하며, 망은 나를 장님으로 만든다. 나는 나라밖으로 달아날 수 있을까? 혼자서 생활할 수 있을까? 나의 친구와 내가 사랑하는 것을 단념할 수 있을까? 못한다. 유일한 진실은 지고한 열정과 마음을 송두리째 차지하고 지배하는 흥미가 나에게 없다는 사실이다. 나는 애정을 가지고 있지만 연인은 아니다. 친구이기는 하지만 남편은 아니다. 휘청거리며 중심이 서 있지 않다. 끌려가기보다는 끌어당기는 편이다. 나는 방황하고 있고 안정감이 없으며, 신뢰가 없고 쉽게 움직인다. 따라서 위험하고 무력하며, 나도 모르게 잔인한 짓을 한다.

　나는 타인으로부터 애지중지 보살핌을 받으며 응석받이가 되어 지나치게 우쭐해 있다. 정말 나는 다른 사람들, 아이들이나 학대 받는 사람에 대해서는 스스로 그런 식으로 행동하고 있다. 요컨대 나는 더 이상 유일한 사랑을 기대하지 않는다. 나는 적은 돈, 애정의 생활, 마음에서 우러나는 따뜻한 친절의 교환으로 만족한다. ──나의 불행은 지나치게 객관적이고 비개인적이며 이해에 초연하다는 것, 즉 좋아하는 것을 분명하게 나타내지 않고, 적극적이지 못하며, 분명하고 결정적인 취미를 가지고 있지 않다는 점이다. 나는 지나치게 인간적이고, 충분히 개인적이지 못하다. 이것은 철학의 결과일까? 보편성, 동류(同類), 전형, 이론, 즉 실천적 능력과 반대인 것에 적합한 능력이다. 아마 그럴 것이다. 그리고 안다는 것이 소유하거나 즐기고 행동하는 것보다 훨씬 나를 만족시킨다. 바라보고, 이해하고, 바라보는 것은 나의 가장 강력한 취미일 것이다. 이론은 보편적, 파노라마적, 구형(球形)이 되는 것을 필요로 하고, 특별한 경우로 고정되는 것을 싫어한다. 내가 경험하고 싶은 것은, 내 생활이 아니라 그냥 생활이라는 것이다. 나는 자신을 특수하고 추이적인 실례의 상태로밖에 다루지 않는다. 나에게 일어나는 일은 이용할 만한 하나의 경험, 하나의 실례, 하나의 현상에 지나지 않는다. 나의 의식은 나의 의지에 비해 주문하기가 한없이 어렵다. 아무리 생각해도 심리학이 나의 즐거움이고, 아마 나의 천직인 것 같다.

(밤 11시 반) 준비는 끝났다. 몇 시간 뒤면 나는 바젤로 떠난다.──서점에서 나에게 《종》(실러의 시의 운문역, 1869년 탄생 100주년에 출판되어 독일에서도 평판이 높았다.)의 3판을 내고 싶다고 제의했다. 또 문교부는 시청에서 강연을 해달라고 부탁해왔다.──플랑팔레에서 식사를 했다. 사촌누이 J. Bt.의 이사 축하.──Eg. 방문, 눈은 아름답지만 무섭도록 수척해진 것 같았다. 하지만 나의 계획에 대해 모두 얘기했더니 기뻐해주었다. 계산을 끝내다.

또다시 침착과 기억의 결핍, 완전한 질서의 필요성을 절실하게 느꼈다. 항상 짐을 정리해두고 일도 처리해두지 않으면 안 된다.

1860년 9월 25일
잠들어 있는 고양이, 위축된 상상력을 일깨우는 것에 화 있을지어다. 나의 사색은 어젯밤 이탈리아의 언덕을 내려가 비너스의 유혹에 사로잡혔다. 파르니, 베르탱, 라퐁텐을 한밤중까지 내리 읽었다. 손해를 보았다. 오늘 아침에는 다시 오비디우스, 아풀라에우스를 펼쳐보았다. 어제 갑자기 이루어진 만남(편지는 오늘 아침에야 겨우 도착했다)과 낮에 블랙커피를 너무 많이 마신 것이, 조금은 이 동요의 원인이 되고 있다. 그 때문에 젊은 사람처럼 비너스에게 시달리며 서서히 다가오는 쾌락의 호기심으로 가득한 사물이, 성 앙투안처럼 나의 상상력을 부채질했다. 현실에 대해 나 자신이 신중하고 금욕적이며 양심적일수록 선정적인 독서가 나를 유혹한다. 살아 있는 여자에 대한 나의 무지는 에로틱한 작가의 글을 읽고, 자신이 남자이며 젊고 정열을 지니고 있고 아프로디테의 향락과 감각의 격동을 느낄 수 있다는 것을 알았을 때, 내게 그다지 얼굴을 붉히게 하지 않는다. 사실상의 무지를 부끄러워하며 마음속으로 그 무지를 물리치는 것에 자신이 있는 나에게는, 정결 때문에 괴로워하는 여자와도 같은 감정이 일어난다.

나는 '남몰래' 복수를 한다. 고독한 독서의 비밀 속에서 금지된 환락을 싫증이 나도록 맛본다. 그런 의미에서 여자를 정복하는 것은 하나의 자유가 아니면 안 된다. 정조는 그래서 금욕보다 순수하다. 갈증은 음료수로, 욕망의 열은 정복의 만족으로 치유된다. 전기가 우리한테서 전압을 제거하는 것과 같은 방법으로, 여자는 우리를 여자한테서 해방시켜줄 것이다. 접촉에 의해. ……단 이 접촉이 우리 안에 물 위에서도 타오르는 음욕의 불을 지피지 않게 하지 않으면, 그것이 우리 뼈에 옮겨 붙어 우리를 모조리 태워버린다. 관찰을 통해 흥미를 느끼는 것은, 자연적인 본능의 물리칠 수 없는 촉구에 대해 윤리적인 저항이 점점 쉽게 연기로 사라지고, 나중에는 그저 인습적이고 순수하게 가정적(假定的)인 것으로 보인다는 사실이다. 정말로 끝나려 하는 때문인지, 지금까지 나 자신의 지혜와 억제와 부자유에 속아온 것이 아닌가 하고 생각하는 청춘의 내적인 반항이라고도 할 수 있는 《위기(푸이에(프랑스 소설가, 1821~1890년))》의 현상을 나도 약간 느낀다. 나는 아내도, 연인도, 격정도, 바람기도 가진 적이 없다. 나는 쾌락다운 쾌락을 무시하여 좋은 시절을 놓쳐버렸다. 나는 바보가 아니었을까? 이런 생각이 혼자만의 방에서 잠들지 못하는 베개 위의 39세 독신자를 덮쳐온다. 한 여자 친구, 또 사랑의 처녀이자 미망인, 열정을 품은 사람으로서 내 품에 몸을 던지고 달빛 아래에서 나무 그늘까지 나를 따라왔을 때, 이 독신자는 그를 자신의 의지와는 반대로 더욱 보호하며, 그 사람이 꿈꾸고 있는 것을 거부하고 환락을 받아들이지 않은 것이 어리석은 일이 아닌가 하는 생각이 들었다. 육체가 부르는 소리에 따른 뒤에, 자연의 유혹을 곁눈질도 하지 않고 그냥 보내버린 것을 벌하는 어색함, 회한, 불쾌감의 기억과 예감이 엄습해와서 이 독신자를 엄격한 영역 속 금욕의 법칙 아래에 잘 붙들어둘 수 있을지 의심스럽다. ──이 독신자 속에는 이미 빛도 없고 고정점(固定点)도 없으며, 모든 것이 흔들리고 있다.

(밤 11시) 오늘은 거의 하루 종일 비가 내렸다. ──헌책방인 들레(Delay)에 죽치고 앉아서 많은 책들을 구경했다. 최근에 나온 전기를 두 권 거의 다 읽었다. (뷜리우미에의) 피두(Pidou)전(傳)과 (스탱랑의) 본스테텐(Bonstetten)(스위스 작가, 1745~1832년) 전. 그리고 여자에 관한 솔로몬의 《잠언》. ──방문.

카롤린느(사촌누이), 누이인 로르, 안드리엔느큐스토(사촌누이) (F숙모는 오늘밤 몸이 약간 좋지 않았다).――조카들에게 판화(루터)를 보여주었다.

본스테텐의 역사는 나에게 자신의 현재와 미래를 돌아보게 했다. 나는 내가 생애를 헛되이 보냈으며, 왜 헛되이 보냈는가 하는 것을 느꼈다. 그 힘차고 충실한 생애가 여러가지로 부러웠다. 나는 독신생활 속에 몸을 웅크리고 있다. 그 사람의 생활은 사교적인 방면에서 꽃처럼 피어 있었다. 제네바는 본스테텐의 낙원이었다. 나는 제네바에서 이방인처럼 홀로 남겨져 있다. 바로 베른에서의 그 사람, 본스테텐처럼.

1860년 9월 26일

(밤 10시 45분) 달빛이 아름답게 비추고 있다. 이제 나는 나의 39년을 마치려 하고 있다. 나는 39년을 쓸쓸하게 마친다. 기묘한 우연에 의해, 각각 아름다움과 시를 갖추고 있었던 세 가지 애정에 오늘 작별을 고하고, 그것을 깨고, 또는 그것이 날아가듯 사라지는 것을 보았다고 생각한다. 그리고 오직 홀로 벌거숭이가 되어 아무것도 마주 대하지 않고, 지난날을 청산하고 가슴을 비워버렸다. 오늘 아침 Jpt.에게 편지를 쓰고 밤에는 X와 산책을 한 뒤, 돌아오는 길에 Eg.가 그를 쫓아다니고 있는 구혼자의 품에 안겨 있는 것을 보았다. Jpt.를 위해서는 어느 여자나 원하고 있는 것을 빌려주었다. X와 함께 있었던 플레리 들판에서는 환락이라는 것에 염증이 나서, 에로틱한 시의 허위를 깨부쉈다. 향락의 가능성만으로 나는 만족했다. 그리고 우울한 마음과 흡족하지 않은 양심을 안고 그 경험에서 돌아왔다. 10시쯤 달빛 아래에서 Eg.를 발견한 것(적어도 나는 그 사람이라고 생각한다)은 나에게 또 다른 고통스러운 환멸을 느끼게 했다. 오늘밤 나한테서 하나의 덕성이 사라지거나, 삶의 후광이 내 눈에서 갑자기 사라진 것 같다.――누이동생 파니가 있는 시골로 떠났다. F숙모는 건강이 몹시 좋지 않았다.――한마디로 마법에서 깨어난 것처럼 나는 외톨이가 되고, 가난해지고, 기분이 가라앉아 있었다. 나는 내가 뿌린 씨앗에 걸맞은 결실을 거두었다.

11시가 울렸다. 묘지에서만 볼 수 있는 깊고 완전한 침묵이 거리와 도시를 지배하고 있다. 펜이 종이 위를 달리는 소리, 책상 위에 있는 시계소리가 내 귀가 제대로 들린다는 것을 증명해 주지 않았다면, 귀머거리가 된 줄 알

앉을 정도의 죽음 같은 이상한 침묵이다. 죽음을 애도하는 이 침묵은, 마찬가지로 묵묵히 말이 없는 내 마음의 상태와 어울린다. 내 안에도 내 바깥에도 아무것도 살아 있는 것 같지 않다. 공허, 망각, 전무(全無)이다. 나는 미라처럼 시간의 흐름을 지켜보고 있고, 기쁨은 날이 저문 뒤의 골짜기의 빛처럼 나한테서 멀어져간다. 내 눈은 건조하고 내 상상력은 고갈되었으며, 내 가슴은 차갑고 내 마음은 메말라 있다. 나는 이제 나에게 무의미한 문장밖에 가지고 있지 않다. 그것도 거의 사라져가고 있다. 나는 이제 울 수조차 없다. ——뭐, 나의 운명 같은 건 상관없다. 나는 적어도 다른 사람들, 나의 가족, 친구, 살아 있는 사람들을 위해 기도할 생각이다. 나는 반쯤 죽어가고 있다. 신이 죽은 사람에게 자비를 베푸시기를. (밤 11시 반)

1860년 9월 27일

환락이라는 것은 만들어낸 것에 불과한 것인가? 또 여자의 매력은 가증스러운 속임수에 지나지 않는 것인가? 솔직하게 말하면 나는 그렇다고 믿고 싶다. 상상력 또는 심장이 모든 것이라고 말하면 거의 틀림없다. 본능은 속인다. 비너스는 거짓을 토해낸다. 유혹은 기만한다. 욕망은 거짓말을 한다. 인간의 주위에는 언제나 함정과 냉소가 있다. 생활이라는 말은 분명한 마음과 희망이 있는 초심(初心), 기대를 거는 소박함에 있어서는, 거듭되는 실패, 끊일 새 없는 환멸, 재빌하는 사기(詐欺), 궤변, 기만이 된다. ——그러나 이렇게 되면 불확실한 결과, 또는 하잘것없는 음울한 직관에 대해 커다란 혼란이 일어난다.

너는 네가 모르는 것을 판단하고, 가격표에 의해 자루 속의 내용을 평가할 권리를 진정 가지고 있는가? 그렇지 않다. 너는 대부분 잘못 알고 있는 것이 틀림없다. 그러나 어찌하랴, 일반 미신에도 약간의 진리는 있다. 와 하고 터져 나오는 웃음은 연애가 저지르는 미치광이 짓이나, 도처에서 들려오는 아나크레온 풍의 목소리에 비해 올바르다고는 할 수 없다. 상관없다. 나에게 현실은 염증을 일으킬 정도는 아니지만 적어도 나를 식게 한다는 것, 발목이 욕망을 부추기면 이끼장미(줄기에 이끼 같은 털이 있는 장미, 단 무엇에 빗댄 것인지는 불명)는 그것을 쫓아버린다는 것을 확인했다. ——어쨌든 이것은 상상력 또는 이상에 의해, 미리 모든 것을 자신에게 불가능한 것으로 하는 나의 습관이다. 그렇게 하면 현실은 나에게 하찮은 웃음거리로 보이게 된다. 이 방법으로 나는 내 눈에, 내 존재의 부대적인 기쁨만 아니라 나의 존재 자체까지 파괴하고 만 것이다. 나는 나에 대해 진지하게 생각하지 않는다. 나의 지위, 재능, 행운을 생각하면 목이 움츠러든다. 나의 개체는 오직 반성에 의해 아주 가끔씩 자신에게 흥미와 존경을 느낄 뿐이다. 보통 나는 자신을 조롱하고 있을 뿐, 나 자신을 하찮게 여기고 아무 데도 집착하지 않는다. 왜냐하면 모든 것이 나에게는 조소적으로 보이기 때문이며, 오히려 나는 아무것도 시도할 만한 가치가 없고, 아무리 노력해도 결실을 기대하지 않기 때문이다. 무엇을 하든 나 자신을 부인하고, 자신의 의견에는 4분의 1정도밖에 동의하지 않으며, 나의 능력, 의지, 동경에 조금도 신뢰를 두지 않는다. 스스로가 기개가 없고 무력하며 내적으로 느슨해지는 것을 느낀다. 나는 자신도 모르게 '무위(無爲)'의 에피쿠로스주의를 향해 나아간다. 냉소는 나태를 이끌고, 불신임은 비굴을 낳고, 겁이 많고 나약한 것은 의기소침을 낳는다.

이 어중간한 경험의 나쁜 결과는 나한테서 결혼생활에 대한 매력을 빼앗아가고, 여자를 시적으로 생각하지 않는 쪽으로 향하게 하는 것이다. 그런데 이 단 두 가지에 대해 나는 아직 말로 표현하지 않은 희망을 간직하고 있었다.

(저녁 6시) 오늘 아침 나에게 푸른 봉랍으로 L.W.라는 머리글자가 새겨져 있는 커다란 소포가 도착했다. 그것은 어깨에 메는 소풍가방이었는데, 갈색과 검은색, 회색 등 고상하고 수수한 색의 털실로 수가 놓여 있고, 주머니가 8개나 달려 있었다. 한마디로 말해 이상적인 가방, 어제 달밤에 만났던 것 같은 사랑스러운 요정(에체리를 가리키는 말)이 애정이 담긴 솜씨 있는 손끝으로 만든 것이다. 나는 내 생일에 이 아름다운 선물을 받고, 기쁨과 곤혹스러움과 슬픔을 동시에 느꼈다. 이 선물에 따라온 편지는 단 두 줄밖에 되지 않았지만, 그 두 줄은 불평이나 비난을 감추기 위한 노력으로 가득해 보였다. 그리고 나는 점점 피할 수 없는 이별, 서로 작별을 고하지 않으면 안 된다는 것, 우리는 함께 사는 것은 물론 지난 몇 년 동안 계속해온 마음의 교섭조차 해서는 안 된다는 것을 느끼고, 그 아름다운 선물에 고통을 느꼈다. 그 사람의 어머니는 그 사람이 가정을 가지기를 바라고 있는데, 그것은 당연한 일이다. 다만 나는 그 사람이 나의 가정에 바람직한 조건의 일부밖에

가지고 있지 않다고 생각한다. 교육, 건강, 재산은 극복할 수 없는 세 가지 장애가 되고 있다. 나는 자신의 단점, 냉담함, 배은망덕, 윤리적인 나약함, 자유를 보여주고, 조용히 나한테서 그 사람을 떠나보냈으면 좋았을 거라고 생각한다. 간밤에 우연히 산책하고 있는 것을 발견했음에도 불구하고, 그게 잘 되었는지 어떤지 의심하고 있다.

나는 감사하는 마음으로 답장을 썼다. 그러나 나는 그것을 받는 데 있어 한 가지 조건을 붙였다. 그 가방은 우리 것이지 내 것이 아닌 것으로 빌리고 싶다고 말이다. 가련한 에제리, 내가 어떤 식으로 행동하든 그 사람을 괴롭히게 된다. 그것은 그 사람이 나한테 원하고 있는 단 한 가지가 바로 내가 그 사람에게 줄 수 없는 것이기 때문이다.

(저녁 7시) Alph. G.의 방문. 《국제평론》에 대해 들려주었다. 그 잡지는 곧 재간(再刊)될 예정이다. 그리고 《자유연구》도 제네바에 들어올 모양이다. ——여자의 육체는 경우에 따라서는 미끼, 속임수에 지나지 않을지도 모르지만, 여자의 마음은 보물이다. 나는 그 증거를 가지고 있다. 그것은 적어도 나에게는 확실한 것이다. 또 새로운 증거로는 프렐리에서 일로 용서를 구하며, 나에게 불쾌감을 느끼게 한 것은 자신의 잘못이라고 말한 X의 다소곳하고 아주 풀이 죽은 편지. ——이 모든 것들이 내 마음에 변화를 일으켰다. 나는 다시 나 자신과 교섭을 벌여 전과 같은 견해를 품기 시작했다.

(밤 12시) 내 마음속에서 현실의 여자를 다시 시적인 것이게 하고 자연스럽게 배상을 하는 방법, 또는 과감하게 환락의 진정한 가치를 완전히 밝혀서 그 멋진 매력을 아는 방법, 아니면 반대로 자신만을 위해 환락의 불길한 허위를 폭로하는 방법을 생각했다. 이토록 근본적인 불확실성의 장난감이 되어 있는 것은 아까운 시간을 너무 낭비하는 것이다. 공상에서 빠져나와 진리 속에 들어가, 금욕의 환상이나 독신생활의 지적인 장애에서 벗어나야 한다. 매력이 무엇이란 말인가? 상상력이 아마 우리를 조롱하기 위해 우리를 취하게 하는 거라고 믿게 하는 현실에서, 그 어떤 합리적인 것을 기대할 수 있단 말인가? 욕망이 그저 단순한 망상, 의심의 여지없는 잘못에 지나지 않는데도, 자신의 생활을 그 욕망으로 인해 어지럽혀야 한단 말인가? 어쨌든 남자라는 이름이 붙은 자가, 필요한 때는 자신이 가르쳐야 하는 입장에 설 경우

가 있는데도, 아무 경험이 없는 상태로 있다는 것은 우스운 일이 아닌가? ——X에게 은근한 답장을 쓴 뒤에도 이런 생각이 줄곧 나를 따라다녔다. 나는 슈반탈러(Schwanthaler. 독일의 조각가, 1802~1840년)의 프리즈(처마 밑에 장식된 띠 모양의 부조(浮彫))를 바라보며, 《돈 후안》의 노래를 몇 편 다시 읽고, 언제나 나를 무서울 정도로 빠르게 사로잡으려 하는 감각을 상대로 싸웠다.

1860년 9월 28일

(밤 10시) 이제 나는 애송이 도덕가인 척하는 것을 완전히 그만두고, 겉으로 보기에 지극히 자유롭고 편안해졌다. 그러나 차이는 생각만큼 크지 않다. 이론상 나는 부끄러워서 어쩔 줄 모르는 무지(無知)와 소녀 같은 수치심을 내내 느끼고 있었다. 나는 이제 환락적인 암시 또는 독서나 이야기에 대해 전처럼 얼굴이 붉어질 정도로 당황하지 않는다. 내 귀와 눈의 수치심은 전만큼 민감하지 않게 되었다. 여자의 애무와 키스가 결국 나를 조금은 단단하게 단련시키고 배짱을 키워줬다. 그렇지만 실제로 나는 아직 남자가 아니다. 나는 아직 몽상가, 신학생, 하얀 참새 종류에 속해 있다. 그런데 이것은 내 나이에 비하면 어리석은 것이다. 왜냐하면 노처녀가 그런 것처럼, 동정을 지키고 있는 노인도 아마 웃음거리가 될 것이기 때문이다. 개인의 운명뿐만 아니라 종종 한 나라의 운명을 지배하는 것을 모르는 한, 인생에 대해 논해 보았자 어리석음을 면할 수 없다.

> 우리 모두가 그곳에서 와서 다시 그곳으로 가는 삶과 죽음의 문, 그것이 있고 없고에 따라 모든 것이 이 황량한 지상에 정착하고 또는 정착했을 것이라고 말하게 되는 것, 모든 사람의 영혼이 세례를 받은 샘이 있는 '싸움의 무서운 원인'
>
> 《돈 후안》 제9장 55절)

바이런이 이렇게 노래한 것을 넘어서지 않는 한, 사람은 무수한 사물에 대해 잘못된 생각을 품고 있다. 그러므로 아무리 싫어도 처음의 자연스러운 기회에 뛰어넘지 않으면 안 된다. 네가 언제까지나 어린아이처럼 하잘것없는 장난을 좋아하는 것은 오랜 유년시절 때문이다. 네가 종종 호색물이나 에로

탁한 시에 끌리는 것은, 네가 자연에 대한 당연한 권리를 인정하지 않았기 때문이다. 네가 조금이라도 진지한 마음으로 남자다워지고 싶다면 결혼하지 않으면 안 된다. 단 증오스러운 실망을 막기 위해서는 결혼 전에 무지를 계몽해두지 않으면 안 된다.

너의 생일에 주는 것 치고는 아마 이상한 충고일지도 모른다. 이것은 완전히 세속적인 충고이지만, 일단 서로의 동의와 비약을 보류했다면 상식을 벗어난 것은 아니다. 쾌락을 그 진가에 비추어 건전하게 판단하려면, 이것에 대해 서로 배상해주어야 한다. 이것이 신호이다.

(밤 11시) 보이지 않는 바람이 방향을 바꾸자 관능적인 독기는 늪의 수증기처럼 물러갔다. 나는 저녁 강의에 대해 진지하게 생각하지 않으면 안 되었다. 일이 내 정신을 회복시켰다. 사무적인 편지를 두세 통, 특히 서점의 K에게 썼다. 집 관리인을 만났다. ──Dand.의 《그리스도교 옹호론》에 대한 논문을 읽었다. 비어 있는 강좌를 목표로 공개된 다섯 편의 논문 가운데 가장 뛰어난 것이다. ──밤에 Lec.의 집 방문. (미안한 일이지만) 만 1년 동안 연락하지 못했다. ──의무, 활동, 유용하고 진지한 생활의 마음자세가 내 안에 다시 일어난 것 같다. 나는 자연에서 윤리로 돌아왔다. 욕망이 양심에 자리를 양보했다. 나는 산에 올라가 상당히 오랫동안 나에게 결여되어 있었던 건강한 공기를 마시고 기운을 회복했다.

1860년 9월 29일

오늘 아침 Alb. Rilliet(신약성서의 번역자)를 다룬 에드몽 세렐의 논문과 제네바에 대한 고별사를 읽었다. 나도 작가나 평론가가 되었으면 좋았을 거라는 생각이 들었다. 두 사람 다 이곳에 와서 뭔가 하여 명성을 올리고 있다. 그런데 나는 훨씬 전부터 아무런 결과도 없는 길을 선택해왔다. 나는 마치 반쯤 놀이 삼아, 또 음울한 광기에 들떠 있기라도 한 것처럼 나의 꽃을 잡아 뜯고, 나의 싹을 말리고, 나의 능력을 낭비하거나 죽이고, 나의 생명을 허망한 것으로 만들고, 나의 저축과 추억을 낭비하고, 자신에 대해, 나의 성공에 대해, 나의 민족에 대해, 나의 이름에 대해 음모를 시도해왔다. 말하자면 나는 나를 멸하고 나를 무력하며 무익한 것으로 만들기 위한 방법을 악마적인 본능으로 찾아다닌 것이다. 그리하여 그것에 거의 성공했다. 지금 나는 성격도 전문분야도 기억도 잃어버렸다. 나에게는 목적이나 지적인 자본이 없다. 나에게는 아내도 없고 자식도 없다. 가정도 없고 젊음도 없다. 신용도 없고 세력도 없고 남을 대하는 수완도 없고 미소 짓는 앞날도 없다. 나의 열광은 식었다. 그러나 그것은 어디서 왔는가? 욕망을 품고 있다는 수치심과 그것을 채울 수 없을 거라는 염려에서 왔다. 운명에 대한 불신과 의지박약, 이것이 나를 완전히 부정적으로 만들어 나를 정적과 감동 속에 던져 넣었다. 운명에 버림받지 않기 위해 나는 운명에 아무것도 요구하지 않았다. 모욕을 받지 않기 위해 아무것도 욕심내지 않았다. 지지 않기 위해 싸우지 않았다. 실수하지 않기 위해 아무것도 주장하지 않았고 선택하지 않았다. 자유롭기 위해 모든 야심을 버리고 모든 권력을 포기했다. ──'의혹', '자포자기', '악마'.

(일기 원본의) 제44권 표지

"신격화"(라틴어)

"도덕으로 착한 길로 이끄는 가르침"(라틴어)

"진정한 신앙은 모든 힘의 일치이다." (에네모제르)(Ennemoser. 독일 의학자, 학자, 1787~1854년)

"인생은 짧다.
인생은 엄숙하다.
인생은 예술이다."

"최대의 행복이여, 너 자신과
너의 영혼을 그곳에 두고,
하루하루의 밤을 슬기롭게 극복하라." (세페르)

"비겁한 생각,

갈팡질팡하는 미혹,
여자 같은 두려움,

공포에 찬 탄식,
그것으로는 고뇌가 구제될 수 없고,
너도 자유로워질 수 없다."   (괴테)

"너의 가장 높은 생명이 살아 있음을 신께서 알게 되기를.
거기에는 신으로서 아는 것과 신에게 알려지는 것 두 가지가 있다.
네가 항상 신으로부터 알고 인정하고 훈계하고 벌하고 조사하고 사랑받고
어린이라는 이름으로 불리고 있음을 아는 것은 좋은 일이다."   (뤼케르트)

"너는 신을 필요로 하지 않고 신 없이 살기를 원하고 있다. 좋다, 그렇게 해보아라. 신은 아무도 억지로 막으려 하지 않는다." 라고 신은 우리 한 사람 한 사람에게 말한다. 우리는 자유를 요구하며, 거리낌 없고 자유롭게 주인 없는 생활의 획득을 지향한다. 그런데 자유는 가슴을 텅 비게 하고, 세상은 결국 불쾌한 기분을 주며, 생활은 사막처럼 메마른 것으로 보이기 시작한다. 돌아온 탕아는 수치와 후회를 느끼고, 아버지의 문을 두드리며 말한다, "평화는 이곳밖에 없습니다. 제가 잘못했습니다. 잊고 용서해주십시오. 저의 불찰을 불쌍히 여겨주십시오."

지난 몇 년 동안, 나는 불안과 갈증과 고뇌로 광야를 헤매고 있었다. 나는 고독하였고 내 옆에 나와 함께 신이 있는 것을 느끼지 못하여, 내 종교는 증기처럼 발산하고, 더 이상 신앙의 용기도 사랑도 감격도 가지지 않게 되었기 때문이다. 자신에게 만족하지 못한 채 외로워하는 나는 생활에 집착하지 않고, 죽음으로부터도 무엇 하나 기대하지 않고, 나날의 흐름 위에 밀리고 밀려 정처 없이 떠내려간다. 나의 교만은 재미없고 한없이 이어지는 이야기를 다시 시작하는 것에 확실하게 반항한다. 나는 그것을 그토록 자주 체험하고 통독하고 반복하고 들었다. 어쩌면 낙담과 치유할 길 없는 무기력의 느낌은, 백 번이나 나타나서는 잊혀진 기도와 약속을 되살리는 것을 방해하고 있는지도 모른다. 나에게는 언제나 진정한 평화와 체념과 정력이 없다. 그것은

내가 의심하고 있기 때문이다. 내가 의심하는 것은 결론과 단언, 결심을 두려워하기 때문이며, 언제나 속는 것을 걱정하고 있기 때문이다.

1860년 9월 30일

(오전 11시) 어제는 모국어와 희극적 요소와 기적적 요소, 이번 겨울학기에 마음이 가장 끌리고 있는 세 가지 문제에 대해 생각했다. 그런 다음 Str.의 집(누이동생의 집)을 방문했다. 금빛의 단치히 산 브랜디를 한 잔 마시자 몸이 따뜻해졌다. 달빛 아래 혼자 산책하는 동안 생각해서는 안 되는 문제에 생각이 미쳤다. L.W.의 객실의 불빛이 왠지 모르게 나에게 집안 모임, 특히 약혼 발표를 연상시켰다. 그 뒤에는 프렐리에서 멍하니 생각에 잠겼다. 돌아온 뒤에 읽은 장티 베르나르(Geutil-Bernard. 프랑스 시인, 1708~1775년)의 《연애술》이 나에게 치명적인 일격을 가했다.

여자란 아무리 생각해도 우리의 천사이고 악마이며, 이 지상 세계의 최선이고 최악이다. 우리에게 죽음과 삶, 행복과 절망을 주는 것이다. 여자로부터 혼란과 평화, 덕과 악, 취기와 후회, 지옥과 천국이 이 땅의 인간에게 온다. 여자는 우리의 '미지'이고, 우리의 운명을 만들므로 '유혹' '수수께끼' '심연' '저주' 및 '축복'이다. 모든 용기, 샘, 어머니인 여자의 가슴은 판도라의 상자와 같으며, 인간의 모든 고통과 기쁨을 담아두고 있다. 그러나 깊은 바닥에 어쩌면 희망이 들어 있을지도 모른다. 우리는 여자가 없어도, 또 여자가 있어도 생존할 수 없다. 여자는 우리의 근심, 욕망, 염려, 지지, 공포, 분노, 사랑이다. 여자가 없는 생활은 우리의 머리를 둔하게 하고, 여자의 키스는 우리에게 불꽃을 붙이며, 여자의 포옹은 우리의 힘을 훔쳐간다. 가장 확실한 것은 젊었을 때는 여자를 피하고, 장년이 된 뒤에 여자를 얻는 것이다. 그렇게 하지 않으면 여자는 진정시키고 강화하는 대신, 탐하고 모든 것을 불태워버린다.

(밤 10시) 프렐레베크의 아릭스 숙모의 집에서 Gz. 집안 사람들, Cavg.의 부인 두 사람, 사촌누이 J. Bt.와 식사를 했다. 아메나이드는 아테네로 출발하고, Eug.는 콘스탄티노플로 출발하려는 참이었다. Eug.를 보내는 문제에 대한 가족회의가 있었다. 아릭스 숙모와 카롤린은 반대를 외쳤고, 다른 사람

들은 모두 계약서에 서명을 했다는 것과 이 조치는 장려할 만하고 많은 행운이 따를 것임을 역설했다. 스위스의 후한 인심, 상당한 보수, 좋아하는 일, 다른 사람들도 인정하는 특수한 기능, 좋은 기후, 바로 옆에 있는 바다(Eug.는 해수욕 덕분에 목숨을 건졌다) 등. Eug.가 갈 수 있으면 르베(Lebet)의 집에 머물며 시계와 보석 매매를 위해 근동 각국(스미르나, 베이루트, 카이로)으로 여행할 수도 있다.

제네바에서 온 Gust. Ch.의 (Amedeo Carbbonaro라는 이름의) 편지. la fresque d'édification(무슨 프레스코를 가리키는지는 불명) 다음에 '카리용'(잘지 이름인 듯)의 캐리커처를 담당하고 있는데 도움을 청해왔다. 어머니도 아들도 똑같이 견실하지 않은 생활을 하고 있다. 나는 이 아들이 결국에는 나를 착취하지 않을까 걱정이다. 그 방종한 생활이 아무래도 마음에 들지 않는다. 예상했던 대로 벌써 돈을 빌려달라고 한다.

Blv.의 집 방문. 엔리코 씨는 잠시 마르세이유로 여행을 가려 하고 있다. ──밤에 우리 집 사내아이 둘이 판세트와 곡마단을 구경하고 와서 열광적으로 그 얘기를 한다.

오후 2시부터 큰 비. ──아메나이드와 장기를 세 번 두었다. ──나는 신경이 약간 날카로워지고 산소가 부족한 것 같은 기분이다. 일을 하는 건 내키지 않지만 장난이나 농담에는 마음이 동한다. 일을 위해 신경과 힘을 아껴야겠다고 생각했다.

1860년 10월 5일

(밤 9시) Blv.의 집 방문. 그의 딸(아델Adèle)과 건축가 Ch. S.의 결혼을 축하해주었다. 불쾌한 밤이다. 어제는 새벽 1시 반에 일어났다. 릴리스(Lilith)가 나를 괴롭힌다. 유혹. 정원의 신 프리아포스 식의 노래, '바커스 축제에 춤추는 여자와 사티로스'.

이상할 정도로 좋은 날씨. 집안 가득 햇살이 비쳐든다. 집 밖에서 오랫동안 즐겼다. Er.과 파니가 몇 시간 동안 제네바에 들렀다. 2시부터 밤까지 산책(빌레트, 세른, 판샤까지). ──Lsw.한테서 빌린 밀른스의 《여자는 한 번밖에 사랑하지 않았다》를 운문으로 번역했다. 이 시는 나를 또다시 관능적인 기분으로 몰아넣었다. 중세의 전설에 있는 것처럼 나의 악마와 천사는 주사위를 던져 내 영혼을 서로 번갈아 잡아당기고 있다. 산책할 때 푸른 하늘, 미소 짓는 자연의 얼굴, 특히 손에 들고 있던 장밋빛 작은 종이가 승리를 얻었다. 오늘밤 나는 수치심으로 의기소침해 있다. 그리고 뮈세의 시

> 이제 곧 틀림없이 너도
> 사랑하는 마음의 가치
> 그것을 아는 기쁨
> 그것을 잃는 슬픔을 알게 될 것이다.

이 시가 내 마음을 괴롭혔다.

혼자 사는 것은 좋지 않았다는 것을 인정한다.

친구에 대한, 이웃이나 국가에 대한, 나 자신에 대한 부정, 나의 의무 및 신에 대한 망각을 생각했다.──눈의 피로와 온몸의 나른함. 순수성의 부족에 의한 활기 및 객관성의 결핍.

'영국 정원'(호수가 흘러내리는 모습이 보이는 공원)에서 본 호수의 장관. '제비 호(號)'의 출범. 몇 사람의 외국인.

Prév-Parad.의 상당히 좋은 기사. 조르주 상드를 기념한 《소설론》에 관한 '논쟁'. ──바이스의 분책(分冊) 《예술품으로 본 세계 역사》. ──낮에는 말을 한마디도 하지 않았다. 거의 아무것도 읽지 않고 아무것도 쓰지 않았다. 하루 종일 일이라고는 오직 시를 48행 흥얼거렸을 뿐, 서글픈 재주로 시간을 보냈다. 24시간을 유익하게 보낼 수 있는 계획이 잘 떠오르지 않는다. 그 결과가 부끄럽기 때문이다. 즉, 나는 여전히 타조 흉내만 내며, 위험을 면하기 위해 머리만 숨기고, 나를 괴롭히는 것을 보지 않으려 하는 것 같다. 그리하여 나는 모든 것을 게을리 하고 있다. 독서회, 통신, 해야 할 일, 다음 강의, 방문. 무엇을 할 시간이 없다. 그 원인은? 나 자신에게 아무것도 강요하지 않고, 나한테서 아무것도 요구하지 않기 때문이다. 시간 배당도, 계획도, 목적도 없다. 부주의, 안일, 무관심, 무질서, 희망 없는 하루살이, 오만과 게으름에 의해, 필요한 것에도 계획을 세울 수 없게 되는 것이 싫기 때문이다. 그리하여 점점 더 자신의 무능력을 키워간다. 실천하지 않고 불평하고, 나 자신을 고치지 않고 자신을 비난하며, 후회하지 않고 자신을 책망

한다. 그럼 나는 윤리적인 나약함에 의해 숙명론적 에피쿠로스주의자가 된 것일까?

어제 살레브까지 소풍을 나가 우리는 무엇을 얘기했던가? 그리스도교 옹호론 강좌. 스탕랑. 로마계 스위스에서의 철자의 오류. 나폴레옹적 제도. 숙부와 조카. 비네. 그 예술가의 신교적이고 내향적인 기질과 대가풍의 자신감. 대신 마누엘, 그 유치함. 생트 뵈브와 비평. 텐느와 그 방식. ——베르사이유, 제네바를 떠난 세렐 일가의 미래의 집. 릴리에와 신약성서의 번역. 어원 연구, 여전히 가이야르(Gaillard. 시 서남쪽 6.5킬로미터에 있는 마을) 부근. 희극적 요소. 기적적 요소. 유행. 언어. 시청에서의 야간강연. 영국의 위생. 수피눔과 게룬디움(라틴어 동사형). 사회적 수력학(水力學). 교황의 신분과 현재의 상황. 부비에와 Dand..

내일은 무엇을 하면 좋을까?

1860년 10월 6일

(밤 11시) 오늘도 예상 밖으로 좋은 날씨다. 그러나 이번에는 별로 즐기지 않았다. 오전에 일을 약간 했다. J.H.의 방문을 받았다. (샤르넥스에서 알게 된) 베를린의 B.P.부인의 친밀한 편지를 가지고 왔다. 시원시원하고 마음이 따스한 할머니이다.

그러나 오늘밤의 경험에 어떤 이름을 붙이면 좋을까? 어긋난 기대? 취기? 어느 쪽이든 상관없다. 나는 처음으로 행복을 만나기는 했다. 솔직하게 말하면, 상상력은 생각하거나 기대하고 있는 것에 비하면 대단한 것은 아니다. 통에 가득 들어 있는 찬물이라고 할 수 있다. 그 때문에 나는 편안해졌다. 그것은 정확하게 가르치고 차갑게 식혀 주었다. 욕망에 있어서는, 다시 말해 상상에 있어서는 환락 자체가 4분의 3 또는 그 이상을 차지하고 있다. 시(詩)가 현실보다 무한한 가치가 있다. 그러나 경험의 열렬한 흥미는 본질상 지적인 것이다. 지금까지 나를 괴롭혀온 반쯤 바보 같은 무지와 사상의 그릇된 이상화(理想化)도 없이, 마침내 나는 확실하게 의식적으로 여자에 대해 사색할 수 있게 되었다. 나는 남자의 침착함으로 여성 전체를 바라보고 있다. 그리하여 지금은 적어도 나 자신에 있어서 육체적인 관점에서의 여자라는 존재는 거의 의미가 없다는 것을 알았다. 역사의 교훈은 한 사람의 여자의 애정, 공감, 애착이 바로 그 전부라는 것, 그 마지막에 허용하는 것이 특별히 눈에 띄게 (게다가 거의 깨닫지 못하는 사이에) 그 가치를 높여주는 것은 아님을 보여주고 있다. 여자 자체가 내가 처음에 생각했던 만큼 많은 것을 가르쳐주지는 않았다. 결국 나는 인간이 그토록 크게 생각하는 쾌락이 비교적 하찮은 것임을 알고 어이가 없었다. 처음에 내가 미처 생각하지 못했던 것, 즉 좋아하는 여자를 상대하면서, 탕아가 종종 그것과는 다른 것을 구하고 있다는 것도 이해하기 시작했다. ——따라서 나의 중요한 인상은 평정과 자유이다. 그리하여 나는, 내 생일에 가까스로 한 사람의 남자로서의 생활에 들어간 것이다. X가 나를 만나러 집까지 찾아왔다. 평소의 우리 모습으로 돌아가기 위해서는, 가는 데까지 가보지 않으면 안 되었다. 그 아름다운 미망인은 내가 고대하던 존재가 되었다. 나는 이제 좀 더 여자의 입장에서 바라볼 수 있게 되었다. 이것은 완전한 소득이다.

1860년 10월 7일

(밤 11시) 나의 꿈을 일깨워준 사건에 의해서도, 나의 일반적인 견해는 도무지 바뀌지 않는다. 아직 아무도 손댄 적이 없는 것 덕분에, 나는 약간 유익한 지식을 손에 넣고 유쾌한 경험을 하고 지혜로워졌다. 결국 내 쪽에 거리낌과 당혹감이 있었다는 것을 알았다. X는 즐거운 기분으로 조신하게, 현재에 대해서도 미래에 대해서도 나를 편안하게 해주었다. 나의 마지막 말은 여전히 다음과 같다. 매력이나 쾌락은 여자가 주는 것 가운데 가장 좋지 않은 것이다. 여자의 마음은 그 매력의 백 배나 되는 가치가 있다. 미가 가져다주는 도취를 원한다면 조각가나 화가에게, 환락을 원한다면 시인에게 부탁해야 한다. X는 아름답고 자태도 훌륭하다. 그리고 나는 '뭐, 그 이상도 그 이하도 아니지'라고 생각하고 있다. 다행히 다른 일도 있었다. 그것이 없으면 결혼을 해도 상투적인 속임수가 된다. 게다가 결혼은 오로지 고상한 희생이 아니면 안 된다. 지금의 나에게는 결혼의 진정한 의미가 전보다 더욱 생생하고 확실하게 보이기 시작했다. 그래서 더 이상 독신생활을 옹호하기는 어렵지 않을까 하는 생각이 든다.

오늘 아침 트레유에서 X를 만났다. 눈부시게 아름다운 모습으로 생글생글 웃고 있었다. 남자를 지치게 하는 것이 여자에게는 자양분이 된다. 사랑의 즐거움은 여자에게 이슬이다. 여자가 부끄러운 것을 극복하면, 본능이 춤을 추기 시작한다. 여자는 자신을 주고 싶어하고, 붙잡히고 싶은 욕구를 가진다. "있는 그대로 있어라.".

1860년 10월 11일
　보잘것없는 하루. 시간만 낭비했다. 겨우 오전 10시부터 1시까지의 몇 시간만이 유용했을 뿐. ──각국어의 분류. ──쇼핑. 이발. Chap.의 집사와 얘기를 나눴다. 통나무 오두막을 방문.
　깜깜하고 불쾌한 날씨, 쥐라 산에 눈, 밤에는 10시부터 음산한 비바람.
　작은 내 방을 꼼꼼하게 정리하고, 처음으로 불을 지핀 뒤 X를 맞이하다. '잡조(雜俎)'를 세 권 건네주고, 인쇄해도 되는 부분을 X가 정서(淨書)해주기로 하다. 연필과 펜과 암갈색 그림물감으로 그린 매우 아름다운 데생을 보여주다. 내가 직접 요리한 조촐한 식사. 돌아갈 때 계단에서의 불쾌한 사건. 그것이 남의 눈을 꺼리는, 득이 되지 않는 교제의 모든 불편함을 느끼게 했다. 완전히 문학적인 2시간의 대화로 인해 두 사람의 명예를 해치게 된다는 건 아무리 생각해도 불합리하다. 고독한 생활의 적적함은 분별력을 잃게 한다.
　6일의 만족, 11일의 불만족. (밤 11시 반)

1860년 10월 12일
　(밤 10시) 눈이 살레브와 보아론의 산기슭을 새하얀 색으로 뒤덮었다. 오늘 아침에는 거리에 비가 섞인 눈이 내리고 있다. 잔인한 광경. 올해는 여름이 없고, 가을도 겨우 며칠 있는 둥 마는 둥하다가 황량한 계절이 시작되었다. 오늘 아침에는 책상 앞에 앉아 몸을 떨고 있었다. 밤에도 몸을 덥히기 위해 담요를 몸에 두르고 겨울용 덧신을 신어야 했다.
　각국어의 분류. ──프레보 파라돌 (prévost-Paradol. 프랑스 외교관, 1829~70년)의 《유대인의 역사》. ──라모네 방문. ──에제리에게 편지. ──새로 생긴 레스토랑(퓨스트리 광장 (시내 강변에 가까운 광장)의 Richet)에서 식사.
　그러나 대체로 혼자 아무 말 없이 멍하니 바쁘게, 그리고 무심하게 지냈다. 나는 점점 화석이 되어가는 것 같은 느낌이다. 다른 사람의 신세를 지지 않고 살아가려는 오랜 노력이 드디어 능력 이상으로 성공한 것 같다. 나는 현재 가슴의 요구, 뜨거운 욕망, 강한 감정 같은 것을 전혀 느끼지 않는다. 감격, 정열, 소망 뿐만 아니라 양심까지 모두 잠들어버린 것 같다. 안락의 본능과 호기심만 계속되고 있다. 이 상태는 어디서 오는가? 40살이 넘어 시작되는 속물 기질인가? 그것을 파악하는 순간, 달아나버리는 시(詩)인가? 고독과 함께 커지는 에고이즘일까? 가장 뛰어난 능력을 발휘하지 않기 때문에, 정력, 흥미, 목적이 결여되어 있기 때문에 일어나는 생활의 조잡화. 나는 잘 모르겠다. 그렇지만 확실한 결과는 사랑도 결혼도 생활도, 산문적이며 평범하고 울적한 측면에서 나타나게 된다. 나는 정신이 흐려질 정도는 아니었지만, 적어도 기운이 빠지고 말았다.——어쩌면 이것은 배은망덕한 행위일까? 질병, 사람이 죽은 슬픔, 물질적인 걱정에 부딪치면, 이 정신의 안정은 순식간에 흐트러질 것이다. 이것을 하늘에 바치고 감사드리는 것이 좋으리라. 이러한 정신적 입장은 연구하기에 안성맞춤이다. 이것을 이용하자.

1860년 10월 14일

(아침 10시) 13일은 끝이 좋지 않았다. 욕망과 상상을 품고 있지 않아도, 가차 없이 비너스는 독신자를 괴롭힌다. 위와 폐가 무슨 일이 있어도 공기의 영양을 요구하는 것처럼, 또 하나의 다른 기관계통도 노골적으로 그 먹이를 요구하며 우리의 저항과 시치미 떼는 얼굴은 본 척도 하지 않는다. 성의 본능은 우리 안에서 우리를 조롱하며 마음대로 좌우한다. 자연은 우리를 책망하고, 그 권리와 염원과 질서를 만족시키려 한다. 이 자연의 목적은 개체적인 생명의 중지, 같은 종류의 생명에 대한 진입, 다른 사물과의 동일시이다.——이 에고이즘의 연소, 개성의 방기, 자아의 완전한 망각과 그 즐거움을 나는 오직 시적인 찬탄 및 지적 또는 윤리적인 감동을 통해서만 경험한다. 게다가 직접적으로 몸의 깊은 내부까지, 골수까지 경험한 적은 정말 한 번도 없다. 황홀한 환희도 기적도 만취도 실신도, 나를 자신의 의식에서 빼앗은 적도 없고, 나를 패배시키고 무(無)로 돌려 다 마셔버린 적도 없다. 나는 인생의 초월을 모른다. 나는 인격 부정밖에 느낀 적이 없다. 이 순간적인 사멸, 유한한 존재의 번제(燔祭)를 나는 종교적 경험을 통해서밖에 모른다.

나는 신과 하나가 된 것을 느낀 적은 있다. 어떠한 창조물도 완전하게 그 인상을 나에게 준 적은 없다. 그럼에도 불구하고 진정하고 유력한 전제적 사랑, 가슴이나 마음, 또는 머리가 요구하는 사랑, 희생으로서의 사랑, 감격으로서의 사랑, 지고한 행복으로서의 사랑이 여기에 무한을 경험하게 하고, 불가능한 것을 실현시킨다. 나는 한 번은 그런 사랑을 한 적이 있다고 생각한다. 그러나 나의 운명의 주인이 되는 여자, 나의 베아트리체를 만난 적은 없었다. 또는 내가 베아트리체를 만났다 해도——실제로 나는 나의 사멸과 신적인 사랑의 시간을 예고하는 예언자의 전율을 느낀 적이 있다——나는 몸을 피하고 위기에 처한 나의 자유를 되찾았다. 꿈에서 본 이상은 언제나 나에게 현실을 비웃게 했다. 또는 패배의 수치, 고백의 당혹, 통지의 공포, 털어놓는 이야기에 대한 염려, 상담 없이 실행하는 것의 불가능성과 상담하는 것의 불가능성, 운명과 이웃과 착각과 나 자신에 대한 영원한 불신, 장애, 겸손, 미지, 불확실이 언제나 나를 멈추게 하거나 꺾고, 차갑게 식혔다. 그리고 자신의 염원을 만족시키기보다 눌러버리는 것이, 또 반려를 찾기보다 혼자 사는 것이 더 간단하다고 생각했다.

(밤 10시) 카르티니에 갔다. 손님을 좋아하는 누이동생 파니의 집에서 침대와 두 개의 벽장이 있는 방에 머물렀다.——아침 8시 카르티니까지 함께 걸어가려고 Eug.를 기다리고 있었다. 날씨가 험악해서 소풍을 갈 수 없었다. 정오에 (남편과 함께 마차를 타고 가려는) 로르에게 부엌방에 쌓아두었던 편지와 서류를 가지고 갔다. 돌아와 보니 문간에 장티(말)가 있고 장이 오두막의 열쇠를 가지러 와 있었다. 포도주 저장과 그 밖의 일을 거들어주었다. 잠시 있으니 햇살이 비치기 시작해, 나는 이륜마차에 뛰어오르고 장은 밖의 마부석에 앉아 채찍질을 했다. 도중에 몸이 오들오들 떨려왔다. 여러 가지 오해에 대해 해명했다. 아이들이 숨이 막힐 정도로 끌어안거나 키스를 해 주는 바람에 기분이 약간 좋아졌다. 어른들과는 조금 예민한 대화를 나눴다. 내가, 다른사람이 조심스럽게 행동해도 화를 잘 낸다고 말하는 사람이 있을 정도인데, 여기서 조심스럽게 행동하지 않으면 어떻게 될까? 우리는 저의를 궁금해하고 짓궂은 해석이 이루어지는 영역에 들어가고 말았다. 불쾌한 일이다. 그러나 이 또한 나의 입장이 평범하지 않다는 것, 내 누이가 자신의 일만으로도 벅차다고 생각하고 있는 것, 내가 병에 걸리기라도 하면

간호해야 하기 때문에 힘들 거라는 것, 한마디로 말해 내가 결국 의무 이상의 부가물밖에 되지 않는 이 가정에 방해가 되지 않도록, 자신의 미래를 생각해 두어야 한다는 것에 대한 하나의 징후이다. 결국 그것은 정당하다. 나는 애써 될 수 있으면 눈에 띄지 않도록, 어떤 계획도 조치도 방해하지 않도록 노력하고는 있지만, 내가 이렇게 얹혀사는 것도 꽤 오래되었음을 느낀다. 10년 동안 선의의 실타래는 다 풀리고 말았다. 나도 자립해야 한다.

목사 vig.의 방문. 차를 마신 뒤 스트렐랑 가족(누이 로르의 일가)의 출발. ──나는 집에 있었다. 앙리와 놀며 여선생들과 얘기를 나눴다. 모든 방에 불을 지폈다. 침실이 살을 에는 듯 추웠다.

1860년 10월 22일

아침에는 안개, 오후에는 활짝 갠 날씨, 밤에는 달빛과 아지랑이, ──이번 학기의 첫 주. 성공적인 편은 아니었다. ······마르크 모니에와 펠릭스 보베(Félix Bovet. 누샤텔 대학의 불문학 및 히브리어학 교수)에게 편지. ──오지에(Augier. 프랑스의 극작가, 1820~1889년)의 《모험을 한 여자》(1848년), 플루비에(Plouvier. 프랑스의 작가, 1821~1876년)의 《오직 혼자서》(1막의 희극 1860년), 필라레트 샬(Philarète Chasles. 프랑스의 비평가, 1798~1873년)의 《현재의 근동과 여행자》, 《생 마르탱 공화국》을 읽었다. ──밤에 포미에르에서 X가 다음번 사본을 주었다. 둘이서 말하기 거북한 사항을 얘기했다. 나는 내가 생각하고 있었던 여러 가지 사항을 실험적으로 확신했다. 오비디우스는 틀리지 않았다. 틸레시아스(그리스 테베의 예언자)는 옳았다. (11시)

1860년 10월 29일

(정오) 오전을 하잘것없는 일로 낭비해버리다. 편지와 서류 정리, 《종(鐘)》의 몇 줄을 퇴고하고, 이번에 내는 책(1863년에 나온 시집 《꿈의 요소(La part du rêve)》를 가리키는 듯)의 원고 교정. ──약간 의미가 있었던 일은 두 가지 뿐. 바스티온(시 중앙의 산책로)의 멋진 가을색을 느낀 것. 잿빛 솜 같은 공기, 밤 사이 떨어진 나뭇잎이 흩어져 있는 오솔길, 노란색 나무, 금빛, 빨강, 적갈색 잎들이 멀리 산을 깎아낸 자리에 보였다. 체념한 듯 가라앉고 쓸쓸한 먼 경치의 모습, 여자에게는 40부터 남자에게는 50부터 바라본 인생과 닮아 있었다. ──건강이 좋지 않다고 말한 X의 편지로 불안해진다. 잊고 있

었던 생각이 내 앞에 나타나, 생각하지 않았던 부정과 단순한 태평에 대한 위험을 나에게 일깨워주었다. 규칙을 무시하고 자신의 충동만 따르면 여러 가지 지장이 생긴다. 습관, 관습, 여론의 금지와 명령을 위반하면 징벌을 받는다. 자유사상가는 자신의 죄를 보상한다. 이 인상, 이 우려, 이 교훈을 잊어서는 안 된다.

(저녁 5시) Louise G.가 왔다. 길들여진 카나리아처럼 돌아가지 않는 혀로 말하고 노래하고 춤추는, 31개월 된 작은 아이. 우리 집을 몹시 좋아한다. 그 장난기 넘치는 유쾌하고 작은 얼굴이 미소짓는 모습을 보고 싶어서 놀리고 어르며 환영했다. 살아 있는 장난감 같은 아이다. 이 작고 현미경으로만 보일 것 같은 계집아이 옆에서는 줄이 물레방앗간처럼, 앙리는 파타고니아인처럼 보인다. 그래서 두 사내아이의 거친 동작에 다치면 큰일이라는 듯, 그 손길을 뿌리치며 내 무릎에 와서 나하고 놀고 싶어한다. 금발의 고수머리를 한 이 사랑스러운 작은 머리에, 벌써 여러 가지 생각이 싹트고 있는 것이다. 판화를 무척 좋아한다.

(저녁 6시) C. C. W., C. V., Alt., Jpf., Lsw., X, 누이들, 사촌들, 나이 많은 여자들(Lg., Cst., 부인 등)이 모두 내밀한 고백과 계시와 숨김없는 이야기를 통해 여자의 본성을 알게 해주고, 나의 일반적인 가설을 각자의 경우에 차례로 시험해보면서, 나의 직관을 직접 음미하게 해주었다. 조형미술, 의학, 문학, 풍자, 역사, 관찰이 이성(異性)에 대해 우리에게 가르쳐주는 것, 무수한 개인적인 대화와 경험이 나에게 도움이 되었다. 그래서 내 호기심도 대부분 만족하자 그 자극이 둔해졌다. 무지와 욕망의 혼란이 관조적 흥미에 자리를 내주었다. 내가 알아야 할 것들을 알게 되었다. 위험한 망상도 유해한 혐오도 없이, 평정과 성숙과 지혜에 의해, 관용과 함께 미래를 내다볼 수 있게 되었기 때문에, 결혼에 대비하는 데는 아마 가장 좋은 상태일 것이다. 어린아이 같은 놀이와 공상, 남에게 말할 수 없는 걱정과 어리석은 희망, 상상이 낳는 모든 방해물인 괴물은 서서히 그림자를 숨기고 다가온다. 나는 전보다 단순하고 진실하고 정당하게 사물을 보게 되었다고 생각한다.
　나에게는 이성이 늦게 왔다. 그래도 상관없다. 정말 오기만 한다면. 나에게 본질적이고 중요하며, 적어도 매우 바람직한 것으로 생각되었던 많은 사물의 가치를 전만큼 인정하지 않게 되었다. 나는 실천생활 쪽으로 나아간다.
——나에게 가을이 다가오는 것인가? 사물을 성숙시키는 여름인 것일까? 어쨌든 여름이 지난 것은 확실하다. 나는 인생의 9월에 이르렀다. 가을이 나에게는 내적 상태의 상징처럼 보인다. 청춘의 열기는 나의 등 뒤로 사라졌다. 나의 저장은 이미 끝났다. 아니, 벌써 잃어가고 있다. 나의 의지가 나약하고 왕성함에 따라 내리막길이 시작될 수도 있고 다시 연장될 수도 있다. 사실을 말하면, 자연이 그 권리로 나에게 준 10년의 세월을, 나는 자신의 생각 하나로 이대로 방치하고 노쇠기로 접어들 수도 있고, 나의 노력을 집중하여 유익한 시간으로 만들 수도 있다. 수확의 시간이 왔다. 적당한 시기에 씨를 뿌리거나 접목을 하고 물을 주지 않은 자는 아무것도 얻지 못한다. 자신이 가지고 있는 것 안에서 계획을 세우지 않으면 안 된다. 너의 의무는 네 안에 있는 것과 네가 줄 수 있는 것을 꺼내어, 너의 비밀스러운 욕망, 막연한 야심, 무익한 변덕을 희생으로 제공하는 일이다. 운명을 정면으로 바라보고 너의 힘을 가늠하여, 너의 물때를 기다리고, 너의 희망을 줄이고, 너의 의지를 지배하고, 너의 목적을 정하고, 너의 생활과 일을 단순히 하라. 그러면 너는 아직 무언가 너에게 더욱 가능한 최선의 일을 할 수 있을 것이다.

(밤 11시) 저녁 식사 뒤, 또 심심풀이. 빌려온 한 다발의 사진을 다시 들여다보며 시간을 보낸다. 뮐러의 공기의 요정(오히려 그리스 신전의 여자 노예라고 할까)을 본 뒤, 남근 숭배와 볼머의 《신화사전》 및 리치의 《고고학사전》, 픽테의 《백과사전》을 조사했다. 이리하여 두 시간이나 항목에서 항목으로 이정표의 머리에 새겨져 있는, 신에게 꽃다발을 바치고 있는 장난꾸러기 물의 요정을 보고 저절로 상상력이 동하는 에로틱한 내용만 골라보았다. 삽화적인 이 산책은, 뮌헨에 있었던 어느 날 밤, 그립트테크의 Symplagas Paedicans에 의해 빠져버렸던 실없는 공상을 불러일으켰다. ——이른바 공기의 요정은 람프사코스의 신(디오니소스와 아프로디테 사이의 아들)에게 의미심장한 경의를 표하고, 그 미소 짓는 표정에 수족의 교태와 신체의 동작을 결부하여 생각하면, 그 요정이 정원의 수호신에게 바라고 있는 염원은 의심할 여지가 없다. 제재는 정열적이고 외설스럽다고 할 수 있지만, 환락적인 예술에 더욱 허용

되는 뉘앙스를 지니고 있다.
오늘밤의 아이들은 도저히 손쓸 방법이 없다. ——줄과 그 남편의 방문.

1860년 10월 30일

(정오) 아침 일찍 일어났다. ——마르크 모니에의 방문. 여자들은 정말 남자보다 훨씬 더 뛰어나다. 지금은 나에게 있어서 "더할 나위 없는 기회"이다. 모니에는 책 두 권과 희극을 한 편 가지고 파리로 갈 것이다.《프레스》와《독립신문》에 보낸 통신으로 매월 천 프랑을 받았다. 하기야 매주 한 곳에 7회, 또 한 곳에 3회, 그리고 상당히 긴 편지를 쓰지 않으면 안 되었으니 그 정도 보수는 당연하다.

10시에 개강 연설. 나는 불만이다. 기억력도 침착성도 안정감도 부족했다. 청강자는 많았다. 머리 속에 미리 잘 정리해 두어 유창하게 흘러나오는 강의, 메모를 없애는 데까지 가지 않으면 안 된다. 그것이 유일하게 필요한 방법이고 유일하게 충분한 대책이다.

(오후 5시)《일뤼스트라숑》(그림잡지)에 내가 한《종》의 번역에 대해 짧은 기사가 실렸다. 1년 기다린 끝에 단 두 줄의 기사라니, 이게 그 대가란 말인가? 이런 걸 어떻게 파리의 비평가들에게 보여줄 수 있단 말인가? ——45일 전부터 음울한 잿빛 구름이 지붕처럼 덮여 있어 제네바의 가을을 몹시 불쾌하게 만들고 있다. 도시 위, 약간 높은 곳에 걸려 움직이지 않는 안개 같다. ——이 하늘을 보니 칼뱅파의 음울한 타죄예정론(墮罪豫定論))을 이해할 수 있을 것 같다. 이 하늘은 그 이론(논문)에 어울리는데다 그 이론을 쓰는 것도 보았을 거라고 Chz. 교수는 말했다. ——Cell.의 아들은 그것이 제네바에 자살이 많은 이유라고 했다. ——이 하늘에서 이곳의 일반적 성격의 가혹함이 유래하고 있다. 그것은 악의가 있는 것은 아니지만 얼마든지 짓궂은 일을 하고, 사람을 어리석게 하는 것은 아니지만 바보 같은 일을 하게 한다. ——여기서 4리우만 가거나 조금 높은 곳에 올라가면 햇살이 반짝반짝 비치고 있고, 10월이라는 달은 어딜 가나 날씨가 좋다는 것을 생각하면 화가 나지 않는가? 이렇게 어둡고 흐릿하고 무겁고 불쾌한 하루하루가 하필이면 날씨가 좋은 그 몇 주일에 해당한다는 생각만 해도 불쾌해지지 않는가?

S.-D. 부인과 함께 파리에서 시간을 보내고 있는 사람들의 사진(또는 명

함)을 여러 장 보았다. 궁정, 정계의 흑막, 고관, 황후에서 아부 씨에 이르기까지. 페르시니(Persigny. 나폴레옹 3세의 대신 1808~1872년) 외에는 모두 인상이 좋지 않은 사람뿐이다. ——그 샤웰(베를린)의 사진을 7, 8장 정도 (마이어하임Meyerheim(독일의 풍속화가, 1808~1879년)이나 크레치머Kretschmer(독일의 작곡가인 듯, 1830~1908년)) 챙기고 나머지는 돌려주었다. ——그러나 예쁜 판매원이 나중에 염문이나 춘화(春畵)에 대해 웃으면서 신이 나서 얘기하는 것에는 감탄했다. 진짜 실물과 순정소설에 나오는 과장된 문구, 여자와 소설가의 대조를 구경하는 것은 재미있는 일이다. 《공기의 요정》에 대해 묻기에 설명해 주었는데 눈썹 하나 까딱하지 않았다. 다른 손님이 오지 않는다면 그 에로틱한 페이지를 언제까지나 들여다보고 있을 것 같은 기색이었다. 장난꾸러기 님프는 프리아포스의 목덜미에 매달려, 남편을 거북하게 하지 않으면서 맛볼 수 있는 결혼의 기쁨이 15가지나 있는 것을 꿈꾸고 있는 듯한 얼굴을 하고 있다.

그런데 수줍어하는 암사슴처럼 내리뜬 눈과 당황해하는 모습을 한 번 상상해보라. 정말 순진한 아가씨라면 누구나 눈치챌 수 있는 그런 모습을 남에게 보여주지는 않는다. 아마 이해조차 하지 못할 것이다. 나도 그것을 알아볼 수 있게 되었다. 상상력의 순결함은 조금이라도 감정이 있는 소녀에게는 사내아이와 마찬가지로 드물며, 경우에 따라서는 성숙한 남자보다 성숙한 여자에게 더 적을지도 모른다고 나는 믿고 싶다. 연애는 여자의 마음을 우리 남자보다 훨씬 더 많이 차지한다. 또 자연도 그것을 원하고 있다. 거의 몇 달 동안, 젊었을 때는 거의 몇 년 동안 성이라는 것이 내 생각 안에서 중요한 역할을 하지 않았었다. 시간을 두고 욕구가 강렬하게 내 마음을 지나갔지만, 성숙한 젊은 아가씨라면 이것저것 꾸며대는, 예를 들어 불쾌해하거나 무서워하고 당황하거나 걱정하는 모습 속에 그 욕구가 숨어 있는 것이다. 나는 X가 그토록 빨리 변모한 것을 보고, 안색이나 행동거지, 맹세, 반항의 진정한 의미를 알 수 있었다. 나는 그 성(性)의 나라의 비밀을 약간 평가했다고 해야 할 니농 드 랑클로(프랑스의 미인, 1616~1706년)와 그 밖의 18세기 여자들의 노골적인 고백을 떠올렸다. ——이 점에 대해 내가 나에게서 관찰한 엄청난 차이는, 육욕의 주기가 자연스럽고 보편적인 현상처럼 생각되고, 나는 그것을 전처럼 열중하게 하는 유혹과 부끄러워해야 할 나쁜 행실로 보는 대신, 철학적인 공평함으로 비판한다는 것이다. ——자연과학자의 견지가 지금은 인생철학자의 견지를 넘어서고 있다. 그러나 후자는 차차 돌아올 것이다. 자연은 정신의 상징에 지나지 않고, 감각의 방황은 현실을 향하는 마음의 전진에 지나지 않기 때문이다. 쾌락은 바로 우리를 도와 운명을 다하고 진정한 행복을 추측하게 하기 위한, 호의에 찬 신의 섭리의 기교이다. 쾌락의 목적은 이기적인 통일에서 벗어나게 하는 것이다.

그러나 에고이즘은 진정한 사랑이 없는 한 바뀔 수 없고, 자발적인 희생이 없으면 진정한 사랑은 없다. 다른 사람을 행복하게 해주겠다고 자연의 질서를 통해, 사회의 염원과 신의 뜻을 통해 행복하게 해주겠다고 생각하는 것이 결혼의 감정적 원리이다. 그 이성적인 측면은 정의의 성취, 도덕률에 대한 복종이다. 여자가 그 속에 지니고 있는 덕성을 발휘할 기회를 주는 것, 여자에게 맡겨져 있는 힘이 빛을 발할 수 있게 하고 능력에 결실을 맺게 하는 것, 여자가 그것 때문에 태어나, 그 본성의 본능과 그 마음의 탄성과 그 영혼의 소망이 여자를 그쪽으로 재촉하고 있는, 아내로서 어머니로서 사회적이고 인간적인 생활의 길을 여는 것, 그것은 선한 행위이고 훌륭한 역할이며 거의 의무라고 할 수 있다. 여자는 자신을 사랑으로 감싸주는 자를 행복하게 해주고, 그 온정과 사랑에 완전히 몸을 바치고 몸을 불태우고자 하는 욕구를 가지고 있다. 여자는 생명의 빵처럼 나눠지고, 자신이 보호하는 것의 혈관 속에서 위안이 되고 희망이 되고 힘이 되어 흘러 들어가기를 원한다. 이 본성의 깊은 요구를 만족시킬 수 있는 기회를 찾을 때까지는, 여자는 염원하고 괴로워하며 여위어간다. ……이런 내용을 메모하면서 나는 전에 없이, 이런 것들이 그토록 잘 적용되는 사람을 생각하고 있었다. 나는 오랫동안 내 쪽으로 내밀어진 손, 사랑의 완성에 이상을 집중하고 절대적인 희생에 행복을 집중해온 가슴, 스스로를 나에게 바치고 있는 마음, 나의 생활, 나의 사상, 나의 의지를 통해서만 생존을 원하던 생명을 단호하게 물리쳤다. 내가 그것을 물리친 것은 신중한 생각에 따른 것이다. 이 경우 그것은 나에게도 무정, 과실, 어리석음, 거의 죄악으로까지 생각된다. 정신의 권리라는 입장에서 보면, 모든 장애와 이의(異議)는 나에게 아무것도 아닌 하찮은 것으로 보인다. 그런데 이러한 애정은 권리, 더욱이 신성한 권리를 얻는 것이다. 이 무한한 끈기, 이 한없는 인내, 지지, 용서, 희망의 힘, 이 변함없는 신념, 이 천사 같은 자애는 탄식의 목소리처럼 내 마음에 다가와 비난하는 마음, 일말의 회한을 품은 추모의 정을 내 안에 일으킨다.

가련한 에제리여, 네 사랑하는 마음의 모든 보물을 나를 위해 바치는 기쁨을 거부한 것은 내 잘못이었다. 나는 정의에 상처를 입혔다. 나는 자신을 불구로 만들고 말았다. 그리고 나는 어리석게도 무시당한 은혜, 거부당한 하늘의 호의, 무익하게 내동댕이쳐진 행복, 뻔뻔스럽게 누구의 이익도 되지 못하고 무로 돌려진 신성한 사물의 느낌에 의해, 너의 고뇌를 더욱 크게 만들었다. 이토록 강한 애착, 이토록 열렬하고 순수한 감정이, 마치 덤인 것처럼 취급되어서야 될 말인가? 그것은 당연히 존경하고 경탄하고 찬탄해야 할 것들이 아닌가? 자신이 창조할 수 없는 것을 파괴해야 한단 말인가? 이 기적은 예술의 어떠한 걸작보다 아름답고 귀한 것이 아닌가? 그것을 그릇된 것인 양 말살하고 그 위를 잡초처럼 밟고 지나가는 것은, 반달리즘이요 불경(不敬)인 동시에 의심할 여지없는 어리석음이 아닐까? 그 사람은 12년 전에 처음 만났을 때부터 나를 사랑해온 것 같다. 나의 우정이 이 사랑의 출생과 고뇌를 방해할 수 없다면, 왜 이제 와서 그것을 무너뜨리고 부수지 않으면 안 되었을까? 양심의 가책, 불안, 염려가 내 가슴에 밀려온다. 특히 오늘 나는 플랑팔레에서 에제리의 여동생으로 보이는 사람과 스치고 지나갔다.

(밤 11시) 사촌 누이 Jul.을 방문. 그도 나의 독신생활을 불만으로 여기고 있다. 둘이 함께 보알로의 《사티르》 및 《에피그램》을 읽다. ——Grz.의 가족들이 밤에 우리를 찾아왔다. ——트레유를 혼자 산책.

문득 10개월 동안이나 독서회에 나가지 않았다는 생각이 들었다. 나는 잡지도, 신간서적도, 서점도, 고서점도, 친구도, 통신도, 방문도, 독서도, 볼일도 소홀히 하고 있다. 그럼 무슨 일로 시간을 보내고 있을까? 조카들, 사전, 일기를 상대로 놀고 있다. 몇 달, 아니 1년이 지나도 나는 여전히 아무것도 하고 있지 않을 것 같다. 그러는 사이 머리카락은 빠지고 시간은 흘러간다. 늙음이 찾아온다. 그런데 어리석음은 그대로이다. 결국 나는 살아 있지 않은 것이다. 그것 때문에 나는 두 배나 빨리 나이를 먹어간다.

1860년 11월 1일
두 번째 강의, 처음보다 만족.
독서, 텐느 《칼라일》.

하루 종일 비. 목소리가 갈라지면서 기관지염이 시작되려는 것 같다. ──가방에 넣어둔 서류를 몇 개로 분류 정리하여 Blv.에게 가지고 갔지만, 지금의 경기(景氣)로는 모두 출판하지 않는 것이 좋을 거라고 한다. 그가 아직 보지 않은 작품 몇 가지를 함께 읽었다. 나는 가지고 간 서류를 그대로 두고 왔다. 문학부의 현상모집에 응모해온 우화를 18편 읽다. Chz.과 Roehr.의 손처럼 생각되었다. 결국 아무 힘이 없는 하찮은 것이다.

줄과 함께 보알로의 《사티르》 2편과 《모자를 벗은 미사 사제》를 읽었다. 아침에 에제리에게 편지를 보내, 무정하게 보이거나 공연히 슬퍼하지 않도록 배려하면서, 내가 무엇을 탄식하고 있는지 엿볼 수 있게 했다. 단호한 편지는 더욱 쓰기가 힘들어서 일요일까지 미룬다. Blv.양과 피아노 앞에 앉아 슈베르트의 악보를 보면서 괴테의 《에를쾨니히》에 붙인 나의 노래시를 연주해 보다.

그 친절한 X는 나의 《잡조》에 다음 사본을 붙여서 보내주었다. 아직 뭔가 저조한 모양이다. 심한 고통과 괴로운 질병에 대해 어렴풋이 알려왔다. 이 열성과 조심성이 나를 감동시켰다. 나보다 훨씬 훌륭한 사람이다.

아무튼 오늘 나는 슬픈 공포에 사로잡혔다. 수많은 불길한 예상이 내 의식의 비밀스러운 곳에서 나를 쫓아다녔다. 나를 유혹하고 있었던 것, 즐겁지만 섣불리 할 수 없는 여자들과의 교제가 싫어지기 시작했다. 이 점에 대한 나의 어린아이 같은 공포는 예언자적인 직관이었음을 알았다. 몇 송이의 꽃을 따기 위해 수백 개의 가시를 제거한다. ──불신이 내 일생을 망쳐놓았다. 나는 아랑곳하지 않고 해 보았지만 결과는 훨씬 나빴다. 나는 처음부터 자연의 목소리를 억눌러버렸던 것이다. 그때부터 어느 정도 본느에 치우쳤기 때문에 나는 수많은 실수를 되풀이했다. 여러 사람의 가슴에 슬픔을 안겨 주고, 많은 사람의 생활에 부정을 미치고, 39세까지 요셉처럼 살아오면서, 하마터면 여자를 갉아먹는 자, 위선적인 유혹자, 변변치 않은 놈으로 보일 뻔했으니. 처벌이라는 것은 개개인에 따라 이렇게도 불평등한 것인가? 나에게는 그것이 그토록 잔인하게, 그리고 손쉽게 왔건만! 생각해보면 나의 야성은 보존 본능의 결과였다. 현재의 나의 걱정이 나에게는 엄격한 교훈이 될 것이다. 유혹하지 않는 것만으로는 안 된다. 여자한테 유혹당하지 않도록, 어쩌면 나에게 구애하거나 쫓아오지 못하게 해야 할 것이다. 여자가 뭐라고 말하든 물리치고, 만나지 않도록 멀리해야 한다. 너는 그런 것은 믿지도, 생각하지도 못했을 것이다. 너는 여자가 나이나 인생 경험에서 많은 것을 알고, 경고를 받으면서 성숙하면 그것을 곧장 여자의 책임으로 간주했다. 그것은 일부만이 진실이다. 너는 확실히 자신이 이성에 대해 그다지 위험하지 않다고 믿을 만한 동기를 가지고 있었다. 그러나 역시 베를린의 할머니 B.부인이 옳았다고 할 수 있다. 말하기도 우스운 얘기지만, 너는 자신을 감시하고 너의 동정심을 억제하지 않으면 안 된다. 그 동정심이 감수성이 예민한 이웃에게 종종 나쁜 결과를 미쳐 왔다.

여자는 자기를 이해해주면 사랑하고 있는 것으로 착각해버린다. 여자에게는 배려가 약속으로 보인다. 따라서 여자에게는 윤리적 범주와 내적인 경계가 우리보다 훨씬 적어서 애정, 특히 이성이 불러일으키는 매력의 뉘앙스와 정도, 또는 형식이 우리보다 훨씬 적다. 나는 무관심에서 진정한 의미의 연애에 이르고, 나아가서는 우정에서 부부의 애착에 이를 때까지, 다양한 마음의 경사가 완만하고 긴 스펙트럼의 띠를 가지고 있다. 그러나 나는 그것이 여자에게는 매우 이해하기 어려운 것이며, 하나하나의 관심의 표시를 각각 좋아하는 마음, 사랑의 고백, 그리고 곧 청혼으로 발전할 것으로 본다는 것을 알았다. 우리는 물론 그렇지 않다. 거기서 생각지도 않은 혼란스러움과 슬픔이 생긴다. ——이것은 또 남자의 독신생활에 반대하는 논리도 된다. 그것은 좋은 작용은 거의 하지 않고, 종종 자기 주위에 트러블을 가져온다. 여자가 남자를 매우 애태우는 것처럼, 남자는 거의 항상, 게다가 그럴 마음도 없으면서 여자를 괴롭히고 있다. 인생이란 때때로 두 성 사이의 상호 박해의 계약인 것 같다. 잘 꾸려가고 있는 결혼생활은 역시 언제라도 이 불안과 비참의 골짜기를 가장 유익하게 가로지를 수 있는 수단이 되고 있다. 그러나 나는 과감하게 그것을 나에게 바라고, 신에게 요구할 수가 없다. 왜냐하면 나는 이 행복에는 적합하지 않기 때문이다. 그래서 나는 운명을 두려워하고 있다. (밤 11시)

1860년 11월 2일 《죽은 자의 날》

(아침 10시) 고민이 생겼다. 내가 하지 않으면 안 되는 모든 일이 나를 압박하며 불안으로 몰아넣는다. 대학, 시청, 학회, 볼일, 가정의 의무, 마음의

근심, 미래의 외로움, 현재의 골치 아픈 문제 등 모든 것이 나를 쫓고 있다. 내 방이 나에게 불쾌한 기분을 불러일으키고 감기에 걸렸으며, 일의 계획이 서지 않고 편지 왕래가 뜸해지는 등, 한마디로 말해 수많은 일들이 무거운 짐이 되어 나를 짓누르고 있다. 그리하여 나의 무기력, 부정, 실수, 부채 의식이 내 목을 조르고 내 팔을 늘어지게 한다. 나의 '사자(死者)'는 누구누구인가? 나의 행복했던 날, 희망, 밝음, 내적인 평화이다. 나는 어떤 것에서도 밝음과 빛을 보지 않는다. 나의 하루, 일주일은 서로 모순되는 작은 움직임 속에서 낭비되고 있다. 나는 걸리버처럼 50개의 거미줄로 묶여 있다. 나의 의식은 나뉘어져 둥둥 떠다니며 내 안에서 갈기갈기 찢겨 있다. 나에게는 두뇌의 명징함과 의지의 힘, 두 가지가 다 결여되어 있다. 나는 자신의 생존 때문에 불쾌하고 실망하여 지쳐있음을 느낀다. 나를 지키는 것이 귀찮고, 계획에 대해 겁을 내며 언제나 그렇듯이 모든 것을 신뢰하지 않고 있다.

　앙리 프레데릭 아미엘 선생이 제네바 대학의 교수로 살고 있다니, 이 얼마나 돼먹지 않은 작자인가! 싸움에 지친 그 작자를 나는 묻어주고 싶다. —— 이 걱정은 비굴이요, 노력에 대한 혐오이다. ——병적이고 쩨쩨하며 나약한 나의 의지는 염소처럼 모든 것을 무서워한다. 실행을 피하고 결의와 결정을 내리지 않아도 된다면, 나는 뭐든지 할 것이다. 희생을 바치지 않기 위해 나는 단념한다. 자신을 지키지 않기 위해 나는 자신을 미워한다. 지지 않기 위해 권리를 포기한다. 운명에 꼬투리를 제공하지 않기 위해 나는 몸을 움츠리고 계산적이 된다. 불쾌한 모습을 보이지 않기 위해 차라리 없어지려 노력한다. 무기력과 함께 드러나는 소심, 게으름, 불만, 불안, 무릇 이런 것들은 망설임에서 나온다. 나는 실수하는 것을 두려워한다. 나는 자신에게 책임을 지우는 것, 나의 현재와 미래와 교만과 내성적 기질을 전쟁이나 약속, 또는 어떤 사업의 위험에 처하게 할 수가 없다. 나의 신념은 언제나 제로를 가리키고 있다. 결국 나는 혼자임을 느낀다. 그리하여 내 최후의 지점은 실은 최후가 아니다.

　나는 누구보다 나 자신을 경계한다. 나는 내 양심, 어쩌면 신까지 경계하고 있다고 믿고 있다. 이 진공의 공허, 내적인 막막함은 나한테서 모든 힘을 빼앗아간다. 나는 겉으로는 어떻게든 생활하고 사랑하고 쓰고 농담도 하고 있다. 그러나 깊이 들어가면 그야말로 의혹, 암흑, 한랭밖에 없다. ——아니, 이것은 나의 과장이다. 나는 윤리적인 질서를 믿고, 보편적인 섭리를 믿고, 신의 구원도 믿고 있다. 다만 용기의 결핍이 나의 회의의 기원인지, 의혹이 나의 낙담의 아버지인지 알 수 없다. 개성의 출발점, '비약점'에는 자발적인 힘, 확실하지는 않지만 강한 의지의 행위가 있다. 반성이 내 안의 본능과 의지를 거의 절멸시켜버렸다. 이지는 본질적으로 윤리적인 나를 승화하고 휘발시켜버렸다. 이것이 설명이 될까? 나는 자신을 인식과 관조 속에 지나치게 집중시켜버린 것이리라. 그것이 약한 기관을 더욱 약하게 했을 것이다. 나는 내 정신적 유산을 잘못 관리한 것인지 모른다. 나는 내적인 계통을 위축시켰을 것이다.

나는 의지가 없는 인간, 따라서 인류의, 특히 남성이라는 존재의 기형적인 표본이다. 지금 나는 자신의 비참함을 해부하고 울분보다 쾌감을 느끼고 있는 것이 사실이다. 나의 의지는 머리 속으로 옮겨간 것처럼 보인다. 나의 내부에서 일어나고 있는 것을 의식하는 것이 중대한 일이 되어 있다. 비평하는 버릇이 다른 모든 본능을 끝없이 탐했다. 심리학적인 호기심이 나의 모든 윤리적 손실을 달래려 하고 있다. 그래도 되는 것일까? 안된다.──모든 (인간의) 생활에 부적합한 것, 의식을 무감각하게 하여 그 요구를 속이는 것, 우리를 기쁘게 하는 경향을 부채질하는 것은 나쁜 일이다. 그것은 우리의 우상에 바치는 공물이며 우리의 에고이즘에 대한 양보이다. 이 경향은 위험하고 그것에 대한 징벌은 다가오고 있다. 이 경향은 우리에게서 선을 지향하는 힘을 앗아간다.

1860년 11월 14일

(밤 10시) X와 대화를 거듭한 뒤, 나는 남자로서 알고 있어야 하는 수많은 중요한 사항에 대해 훨씬 확실한 지식을 얻었다. 수많은 해로운 망상, 적어도 나를 곤경에 빠뜨리는 무지가 사라졌다. 나는 결혼에 대해 한층 더 성숙해졌다. 동시에 그보다 건강이나 청춘, 유쾌한 기분, 양심의 가치, 단순하고 상냥하고 자연적이며 용기 있는 여자의 가치를 훨씬 잘 이해할 수 있었다. 어쨌든 나처럼 머리가 운명을 신뢰하지 않게 되었을 때는, 자신이 가지고 있지 않은 것이 언제나 가장 좋은 것이다.──그러므로 나는 완성된 여자라면 가질 수 있게 되어 있는 지금, 이제부터는 가르쳐주고 싶은 여자를

사랑할 것이다. 재산, 인척, 신분, 교양과 부딪친다면, 나는 그 나쁜 방면으로 눈길이 갈 것이다. 나의 머리는 열심히 회피할 이유를 찾으며, 스스로 실행의 용기와 취미를 싫어하려고 애쓰고 있다. 해결되지 않는 일에 대한 공포가 나에게 모든 거부권을 기대하게 하고, 나는 그것을 해방자로서 맞이한다.

(같은 날) 그러므로 나의 무의식적인 특수성은, 우쭐거리는 천성을 가진 사람들을 굴복시키고, 어떠한 복종의 속박에서도 벗어나려는 마음의 사람들에게 예속의 재미를 알게 한다. 나에게 그런 일이 이번을 포함해 적어도 네 번은 일어났다. ……이것은 나의 본성이 강인하고 독선적인 여자에게 미치는 특수한 자기작용으로, 나는 특별한 생각 없이 여자를 다루고, 여자는 저항할 수 없는 본능에 의해 암사자가 안드로클레스를 따랐던 것처럼 나를 따른다. 결국 언제나 사랑의 고백을 듣는 것은 나이기 때문이다. 여러 번 거듭된 뒤에도 여전히 내가 놀라는 이 묘한 사실의 이유는 무엇일까? 내가 어딘가 시인 같고, 어딘가 예언자 같으며, 친절하고 겸손한 독신자이기 때문일까? 내가 무욕과 다정함을 수반하는 기량을 지니고 있다는 착각을 주기 때문일까? 내가 충분히 균형잡히고, 교양도 있고, 이해심이 넓으며, 다양한 일에 적응하고, 사람들이 친절하게도 나를 인정해주는 여러 가지 완성의 길에 있는 사람처럼 보이기 때문일까? 인간의 이상을 내세우기 위해 내가 지난날 노력했던 그 대가로, 여자의 눈에 다른 사람보다 이상에 더 가까운 사람처럼 보이기 때문일까? 어쨌든 나와의 친밀한 교제가 열렬하고 격정적이기를 바라고 있고, 나의 영향력이 놀라운 결과를 낳는다는 것을 나는 알고 있다. 그렇다면, 내 안에는 어딘지 모르게 여자의 깊은 요구를 채워주고, 그것을 부채질하거나 진정시키는 데가 있는 것이다. 그것은 여자가 이해받고 싶고, 꽃다발을 받고 싶은 바람이 아닐까? 사랑을 지닌 사상과 지적인 사랑으로 이상적인 삶을 인도해 주기 바라는, 더욱 높은 신비 속에 들어가기 위해 자신들의 신비 속에 들어가고 싶고, 자신들이 변형을 거쳤음을 느끼고 모두의 가슴에 어렴풋이 예감하고 있는 생명과 시의 모든 능력을 전개하고 싶은 바람이 아닐까? 여자의 마음은 그것을 이뤄줄 수 있는 사람에게 맡겨진다. 여자의 마음은 그것에 대해 신성한 세계를 열고, 이상적인 아름다움의 전망 아래에 가능한 생활을 들여다보게 해주는 것에 귀속한다.

1860년 12월 5일

……나는 무정란(無精卵), 속빈 호두, 뇌수가 없는 두개골, 새끼를 낳지 못하는 생물, 남성의 외관에 머물 뿐 실은 중성이다. 자신이 원하는 것을 알고 신념과 성격과 목적을 가지고 있으며 기운이 강한 결정적인 개인은, 성공을 거두고 낳고 창조한다. 원소처럼 떠다니는 나는 유동적이고 불안정하며, 따라서 아무것도 아니다. 내가 안 것 또는 원한 것은, 녹아가는 풍경이 눈앞에서 흩어져 사라지듯이 내 안에서 소멸한다. 나의 몸은 녹아서 형태가 없는 안개가 된다. 나의 생존은 내적인 환상에 지나지 않는다. 다른 사람들이 내가 누구인지 지각하고 있었다고 해도, 그들이 본 나의 모습은 나 자신에게는 실체가 없는 그림자, 종잡을 수 없는 꿈, 생명의 단순한 메아리에 지나지 않는다. (밤 11시 15분)

1860년 12월 18일

(아침 6시 반) 지금까지 2시간째 불안이 나를 잠들지 못하게 하고 있다. 나는 15분, 30분, 몇 시를 알리는 소리에 신경을 쓰며, 마치 회오리바람에 날려가는 것 같은 느낌 속에, 담요 안에서 명상하고 있었다. 결국 일어났다. 아직 어두운 거리에서 채찍 소리가 들린다. 한밤중에 내린 눈으로 새하얗게 덮인 지붕이 보인다. 집 안에는 모든 것이 잠들어 있다. 아침의 램프가 책상을 비추고 있는 이 평화로운 시간이, 내 마음에 스며드는 즐거움, 차분한 안정감으로 느껴진 적도 있다. 하지만 그때의 나는 움직임의 폭을 넓히고 있었고, 스스로 진보적이고 쾌활하고 정복적으로 느끼고 있었다. 오늘도 나는 탐닉하는 듯한 욕망으로 읽을 것이다. 그러나 내 임무를 다하지 못한 음울한 불안에 시달리며, 날이 새기 전에 일어나 있는 이 시간은, 다시 자신의 십자가를 지는 것밖에 되지 않는다. 이것은 결국 질서를 부여하고 관련을 맺으려 하는 욕구가, 나에게 즉흥(및 창작)을 가책으로 삼는 것이다. 나는 커다란 전체를 나의 주의(主義) 및 기억 속에 한꺼번에 유지할 수는 없다. 그러나 한쪽에서 나의 이지는 무슨 일이 있어도 그것을 요구하고 있다. 자신의 욕구와 실력, 하고 싶은 일과 할 수 있는 일 사이의 모순은 언제나 나의 팔을 비틀고 나한테서 기호와 의욕을 앗아간다.

1860년 12월 21일 (M)

행동에 대한 이 두려움으로부터 자신감의 결핍이 생기고, 이 자신감의 결핍에서…… 무엇이 생길까? 패배하고, 실망하고, 속을 때의 수치심, 즉 자존심이다. 나의 부동성(不動性)이라는 가면 속에 숨어 있는 것은 끝없는 당혹이 아닐까? 내가 본능적으로 모든 욕구로부터 몸을 피하는 것은, 나의 자존심을 다치게 하지 않기 위해서가 아닐까? 내가 모든 것을 포기하는 것은, 자신의 비밀스런 명예심을 포기하지 않기 위해서가 아닐까? 모든 일은 내가 없어도 돌아간다.

그래서 나도 자존심, 내향성, 보복 내지는 습관에 의해 '모든 일 없이' 끝내려고 노력했다. 나의 악은 나를 신에게조차도 오랫동안 맡기지 않았던 것, 따라서 한 번도 삶의 원리를 가지지 않았던 점이다. 실제로 나는 이기심에 의해 살기를 바라지 않았고, 그밖의 모든 동기들도 하나도 나를 붙잡아두지 못했기 때문이다. 나의 의지는 불멸의 동기가 결여되어 있기 때문에 계속 죽어간다. 나에게는 저항이라는 부정적인 힘밖에 남지 않았고, 용기, 정력, 희망도 없다. 그것은 내가 회한, 마음의 조짐, 결심을 마멸시켜버렸기 때문이다. 단순하게 말하자. "신에게 다가가라. 그러면 신도 너희에게 다가갈 것이다. ……선한 싸움을 하라."

나는 확신을 잃었다. 확신과 함께 감격, 힘, 기쁨, 복종, 지구력도 잃었다. 나는 내 종교를 잃었다. 종교와 함께 용기도 잃었다. 그런데 확신은 용기이다. 왜냐하면 그것은 모험, 증거, 결정, 결단이기 때문이다. 결단을 내리지 못하는 것이 내 안에서 모든 것을 교란시키고 소거하며 절멸시켰다. 나는 인습에 의해 요행히도 권태 속에서 무관심하게 살고 있을 뿐이다. 나는 퇴폐까지는 가지 않아도 용해되어 악이라는 이름을 얻을 수조차 없다. 왜냐하면 나라는 것이 없기 때문이다.

(날짜 없음)

자유로운 자라도 자신을 버리면 그와 동시에 사탄에게 지는 것이다. 윤리의 세계에서 주인 없는 토지란 없다. 막연한 영역은 악마에게 속해 있는 것이다.

(날짜 없음)

어린이의 시는 앞질러 가서 미래의 모습을 보여주고, 어른의 시는 때에 따라서는 황금시절까지 거슬러 올라간다. 시는 항상 먼 것이다. 한 시대의 시 속에 들어가서 그것을 지도할 방법이 있다면, 그야말로 정신적 통합법이 된다.

1861년 1월 9일

빅토르 셸뷔리에의 개강 강연을 들은 나는 감탄한 나머지 정신이 아득해지는 것 같았다. 교묘함, 우미(優美), 명확, 풍부, 절도(節度), 견실(堅實), 미묘함이라는 면에서 도저히 흉내낼 수 없는 자신의 무능함을 뼈저리게 느꼈다. 이것을 낭독이라고 한다면 일품이고, 이것을 암송이라고 한다면 우수함이며, 이것을 즉흥이라고 한다면 경이이다. 그야말로 청중의 넋을 빼앗고 압도하는 것이었다. 실러가 한 말 가운데 "우월과 완전을 상대로 겨룰 때는, 우리에게 방법은 오직 하나뿐이다. 그것은 사랑하는 것이다"라는 것이 있다. 정말 나는 그렇게 하는 수밖에 없었다. 나는 질투를 느끼기는커녕 이 젊은 승리자의 진가를 인정하는 순간, 나에게 상응하는 지위에 안도와 기쁨, 그리고 놀라움마저 느꼈다. ……

1861년 1월 23일

(밤 11시) 밤에 《메를랑(Merlin l'Enchanteur)》 1권을 거의 다 읽다. 인상이 복잡하며 그리 마음에 들지는 않는다. 《메를랑》은 인간 마음의 전설이라기보다 오히려 작가의 전설, 그 내면적인 역사의 공상적 숭배, 거인적 자서전이다. 거기서는 파우스트, 단테, 돈 후안, 수메(Soumet. 프랑스 시인, 1788~1845년), 빅토르 위고 등의 기묘한 통합, 기지와 쾌활과 상식과 조형적인 힘의 결핍이 눈에 띈다. 그 대신 아무리 읽어도 《방황하는 유대인(1833년)》이나 《프로메테우스(1838년)》, 《나폴레옹(1836년)》의 시인, 헤르데르의 번역자(1827년에 번역함 《역사철학》3권)의 목소리가 들리고, 감격적이고 강조적으로 환상을 보는 시의 여신이, 그 한없는 비유와 긴장을 유지하는 웅변, 신탁의 장엄함으로 사람을 더욱 피곤하게 한다. 키네는 끝없이 탁선(託宣)을 내리며, 쉬지 않고 디튜란보스의 기세로 말하기 때문에, 단순을 지향하면 즉시 진부함에 빠지고 만다. 이것은 색채의 난무를 계

속하는 이상주의자이며, 메나데스^(바커스 축제에
난무하는 남녀)의 짧은 창을 휘두르는 플라톤주의자이다. 분명 나라에서 추방된 사상가일 것이다. 아무리 독일을 조롱하고 아르비옹^(영국의
다른 이름)을 욕한다고 해도 프랑스적이 되는 것은 아니다. 이것은 남방의 상상력에 북방의 사상을 결합시킨 것이지만, 그 결합은 성공적이지 못했다.

키네는 만성적인 감격병, 고질적인 숭고병에 걸려 있다. 키네의 눈으로 보면, 추상적인 관념은 인간의 모습을 하고 미친 듯이 활동하고 말하는 거인이었다. 그는 무한한 것에 취해 있다. 그러나 그의 창작은 개인적인 독백일 뿐임을 확실하게 느낄 수 있다. 그는 주관적인 서정시풍에서 벗어나지 못하고 있다. 관념, 정열, 격노, 희망, 불평, 어디를 보아도 반드시 그 사람이 나타난다. 키네의 마법 장막을 벗어나 진정한 진리를 발견하고, 그가 얘기하는 현상과 인물, 사물의 실상과 교섭을 가지는 기쁨을 느끼는 때가 없다. 작가가 자신의 개성에 갇혀 있는 것은 자부심과 비슷하다. 그러나 오히려 가슴이 당당하기 때문에, 머리가 자아의 중심이 되어 있다. 키네는 스스로 매우 프랑스적이라고 생각하기 때문에, 오히려 프랑스적이지 못한 것이다. 이 운명의 얄궂은 대가는 나에게는 언제나 눈에 띄기 때문에, 나는 끊임없이 그것을 관찰하고 있다. 인간은 모순이다. 그것을 모르면 모를수록 더욱 속기 쉬운 것이다. ──사물을 있는 그대로 바라보지 못하기 때문에, 키네의 머리는 그다지 바르지도 않고 균형도 잡혀 있지 않다. ──그것은 빅토르 위고와 비슷한 점인데, 예술적인 힘은 훨씬 적은 대신 역사에 대한 감각은 훨씬 더 많이 가지고 있다. ──키네의 첫 번째 능력은 상징적인 상상작용이다. 나에게는 프란슈콩테 출신의 게레스^(독일의 정치학자 셰링파의
신비철학자 1776~1848년)라고도 할 수 있고, 일종의 예외적인 예언자처럼 보이기도 한다. 그것에 속하는 국민은 수수께끼도 기쁨도 부풀린 알맹이가 없는 말을 좋아하지 않고, 아폴로의 신탁의 지위에 오른 통치자의 도취를 견딜 수 없어하기 때문에, 이러한 예언자를 다루는 방법을 알지 못한다. 키네의 진정한 장점은 그 역사적 저작 《마르닉스》^(Marnix de Sainte-Aldegonde
의 전기, 1854년), 《이탈리아 역사》^(미술레와의 공저
Révolutions d'Italie, 1848년), 《루마니아 역사》^{(1856년부터 《양(兩)
세계평론》에 연재)} 특히 각국의 국민성에 관한 연구에 있다고 생각한다. 개인의 정신보다 이러한 광대하고 숭고한 정신을 이해하는 데 어울린다.

1861년 1월 27일

(한밤중) ……간밤(연극에서—간행자 보충)에 본 귀여운 금발머리에 대한 기억이 다시 되살아났다. ……그러나 내 마음 깊은 곳에서는 아무래도 희미한 우울과 돌이킬 수 없는 손실에 대해 아쉬워하고 있다. 사랑 때문에 찢겨 나간 날수가 일생에 포함되지 않는다고 치면, 나는 거의 무익한 날만을 보낸 것이 된다. 흥분도 감격도 천재도 헌신도 내 마음에서 메말라버렸다. …… 고귀한 감정도 나에게는 이미 달아나기 쉬운 마음의 그림자로밖에 느낄 수 없게 되었다. 내 가슴은 아무것도 가진 것이 없고, 내 머리는 황폐해지고, 내 생활에서 빛이 사라지고, 내 불꽃은 꺼졌다. ……고독한 생활이 나를 바싹 메말라버리게 했다. 나무좀벌레가 내 나무뿌리에 있어, 나는 푸르게 서 있으면서도 꽃도 열매도 맺지 못하고 말라간다.

1861년 2월 4일

……아무리 생각해도 청중과 나 사이에는 빛이 거의 통하지 않는 차가운 장벽이 있다. 그나마 이지의 면에서 일치하는 데가 있다 해도, 마음을 가로막고는 얼음에 부딪쳐 얼어붙고 만다. 어쨌든 나에게는 그것이 확실하게 느껴진다. 나는 언제나 숨고 싶어하고, 저쪽에서는 나의 희망을 들어준다. 나는 희망의 허리를 꺾고 기대를 저버리기 때문이다.——자신에게 만족을 줄 힘이 없는 나에게 청중을 사로잡고 비위를 맞추며, 마법을 걸고, 영향을 미치는 힘은 더더욱 없다. 거기에는 자신의 논지뿐만 아니라 용어를 자유롭게 구사하는 동시에 기교와 명예심과 애교를 갖추고 있어야 하는데, 그런 능력이 나에게는 결여되어 있다. 가시덤불이나 불꽃 위에서 두려움에 떨고 있는 인간은 체면을 생각할 여지가 없다. 어쨌든 마음속에서 긴장하고 있는 부분이 그것을 나에게 금하고 있다.

1861년 2월 25일

성욕은 유년시절부터 나를 쫓아다니는 복수의 여신, 나의 가책이 되어 있었던 것 같다. 보통사람과는 다른 내향성, 여자에 대한 곤혹감, 강렬한 욕구, 상상력의 높은 열기, 청년시절 초기의 불량한 독서. 이어서 꿈꾸던 생활과 실생활의 변함없는 불균형, 같은 나이의 같은 남자들의 기호, 즐거움, 습관에서 벗어나려는 곤란한 성향, 그 뒤 내가 다정하고 세심한 마음에 미친 치명적인 끌림……그 모든 것들은 원시적인 수치심, 금지된 과일의 이상화(理想化), 한마디로 말해 성욕의 그릇된 관념에서 나온 것이다. 이 잘못은 내 생애에 독이 되었다. ……이것이 내가 남자가 되는 것을 방해하고, 간접적으로는 나의 일생을 망치게 했다.──이렇게 되어버린 이상, 어린이의 머리에 성이니 정결이니 육욕이니 하는 관념을 만들어 내는 것은 우연한 운명에 맡겨 두어라. ……자연(본성)이라는 것을 무구한 것으로 생각하자. 자연을 사랑하고 존경하게 하자. 근실함이라는 관념을 청결이라는 관념의 덮개로 가리고, 신비라는 관념 아래에 넣지 말고 두자. 단순한 반감에 의해 호기심으로부터 그 자극을 빼앗는다. 알고 싶고 느끼고 싶은 욕망을 도발하지 않기 위해, 우리에게 맡겨진 젊은이들의 가슴에 의심, 유혹, 또는 지나친 수치심을 주지 않기 위해, 신의 섭리의 계획을 너무 숨기지 말자.

어쨌든 성적 기능의 고장은 이렇게 신경질적이고 이렇게 힘이 빠져 있는 우리 시대 사람들이 가진 상처 중의 하나이다. 여자의 육체생활은 이 중심의 주위를 맴돌고 있다. 남자의 그것도 그렇지만, 그다지 확실한 근거는 없다. 뭐 놀랄 일이 있단 말인가. 생명이라는 것은 우주의 암호가 아니던가? 생식은 생명의 초점이고, 성은 생식의 열쇠가 아니던가? 그러고 보면 우리는 문제 중의 문제에 부딪치고 있다. 스스로 재생되고 스스로 생산할 수 없는 것은 이미 살아 있다고 할 수 없다. 의지도 사상도 작품도 실행도 언어도, 어머니 안에서 조직을 얻는 것과 같은 법칙에 따라 우리 안에서 태어난다. 우리가 모든 전달력, 자극, 흥분적 자발성을 잃어버린다면, 더 이상 수컷이 아니다. 우리가 반응하고 동화하고 끌어당기지 않게 되어 순수하게 수동적이 되면, 사실상 죽은 사람이다. ……

1861년 3월 17일

오늘 오후, 살인적인 나른함이 나를 덮쳐왔다. 생활에 대한 혐오와 권태, 치명적인 외로움. 묘지에 산책하러 갔다. 마음을 진정시키고 나의 의무와 화해할 생각이었다. 빗나간 공상. 안식의 장소 자체가 대접받기에 나쁜 곳이 되어 있었다. 인부가 잔디를 긁어 벗겨내고 있었다. 나무는 바싹 메말라 있고, 바람은 차갑고, 하늘은 잿빛이었다. 산문적인 불신의 건조가 죽은 자의 피난처를 욕보이고 있다. 우리의 마음, 즉 죽은 자에 대한 존중, 분묘의 시적 정취, 추억의 경건함에 대한 커다란 결함에 놀라고 말았다. 우리의 신전은 너무 닫혀 있고, 우리의 묘지는 너무 열려 있다. 결과는 하나다. 자기 집이나 일상의 비참한 일 외에 평화롭게 기도할 수 있고, 신 앞에 고뇌를 털어놓을 수 있으며, 영원한 사물 앞에서 마음을 집중할 수 있는 장소를 찾고 싶어하는, 고통에 시달리는 어지러운 마음이 갈 수 있는 곳은 이 나라에 어디에도 없다. 우리 교회는 그런 가슴의 고뇌를 외면하고 있다. 그것을 헤아려 주지 않는다. 섬세한 고통을 향해, 공감에 의한 동정도 조심스러운 배려도 거의 베풀지 않는다. 자애의 신비에 대한 직관도 종교적인 온정도 전혀 없다. 정신성이라는 구실 아래 우리는 정당한 동경에 상처를 주고 있다. 우리는 신비에 대한 감각을 잃어버렸다. 그런데 신비성이 없는 종교는 무엇에 비유할 수 있을까? 바로 향기가 나지 않는 장미이다.

우리는 언제나 회한과 신성화를 말한다. 그러나 숭배와 위안도 두 개의 본질적인 종교적 요소이고, 경우에 따라서 우리는 이것의 지위를 더욱 인정하지 않으면 안 된다.

1861년 4월 28일

오늘 새벽 5시에 격렬한 천둥소리가 나를 깨웠다. 그리고 보니 간밤의 불안은 일부 자연적인 불안이었던 모양이다. 방전(放電)과 그것에 따른 비가 대기를 촉촉이 적시고, 식물에는 생기를 주고, 모든 생물의 생활에서 무게를 덜어주었다. 트레유는 기분 좋은 곳이다. 하늘은 다시 푸르름을 되찾았다. 사람들은 밝게 생활을 영위해 간다. 절망한 자가 목을 매는 것은 어쨌든 잘못이다. 내일은 종종 미지의 것을 내포하고 있다. 아침 식사 뒤 만난 몇 사람의 지인들도 어제와 오늘 아침 주위 환경에 대해 나와 같은 인상을 받았다. ——나의 의기소침은 따라서 부분적으로는 육체적이었던 것이다. 그러나 꿈이 그 본성에 따라 수면 중에 일어난 일을 변형시키는 것처럼, 정신도 확실하게 정의할 수 없는 유기체의 인상을 심적 현상으로 바꾼다. 나쁜 자세는 악몽이 되고, 천둥과 비를 머금은 공기는 정신적 번민이 되어 나타난다.

기계적인 효과와 직접적인 인과성에 의하지 않고 사상과 의식은 그 본성에 따라 같은 결과를 낳으며, 외계에서 오는 것을 그 언어로 번역하여 그 틀에 끼워 맞춘다. 그런 식으로 꿈은 의학이나 예견에 도움되는 일이 있다. 또 기상학은 그런 식으로 정신의 내부에 어수선하게 잠재되어 있는 악을 정신으로부터 내보낸다.──생활은 외부로부터는 요구를 받기만 할 뿐이어서 생활 자체에서만 생산을 한다. 단자론(單子論)의 기초. 외계의 영향에 대해 신속하고 확실하게 반응을 나타내고, 그 영향에 우리의 개성적인 정식(定式)을 부여하는 것이 독창성이다.

생각한다는 것은 자신의 인상 속에 집중하여 그 인상을 자신의 내부에서 떼어놓고, 그것을 개인적인 판단 속에 던지는 일이다. 그것이 또 자기를 해탈시키고 해방시키고 정복하기도 한다. 밖에서 오는 모든 것은 우리가 그것에 대답해야 하는 문제이고, 우리가 살아 있으면서 자유를 계속 누리고 싶어 하는 한 그 압박에 대해 반동적 압박을 가해야 하는 것이다.──네가 반응하지 않고, 판단하지 않고, 표현하지 않고, 마음속에서 자신을 열어 보이려 하는 겸손한 순종은 단순히 속임수이다. 너는 사물과 인간에 대해 자신을 억압하고 질식시키고 절멸시켜, 저쪽이 주문하는 대로 하고 있다. 먹히는 대로 당하는 자는 모두 감사의 인사도 받지 못하고 먹힐 뿐이다. 사람은 그것을 그대로 믿고, 게다가 그것을 비웃는다.

1861년 7월 14일

(아침 7시 반) 용기를 내어 오늘 새벽에 나의 베갯머리로 찾아온 생각을 기록해 볼까? 몽테뉴의 격언에 따르면 그것이 어째서 나쁘단 말인가! 나는 내가 결혼생활의 입장에 있는 걸 느끼고 있다. 나는 남자에게 있어 자신을 사랑해주는 여자의 포옹 속에 있는 정화적(淨化的)인 면을 전부 이해했다. 남성적인 관대한 기분이 욕망의 열정과 환락의 미신(迷信)을 대신했다. 자연에 대한 연민, 현실과의 화해, 진실에 있어서의 진보, 위험한 망상의 박탈, 직관의 성숙이라고 하는 견해에는 계시와 첫걸음과 전진이 있다. 이 견해는 또 사실의 매력을 빼앗고 상상을 불쾌하게 만들기 위한 배려, 거짓의 혐오, 거짓의 이상을 제거한다. 그리고 포옹에 의해 포만에, 포만에 의해 소외에, 소외에 의해 망은에 도달하는 것을 염려하던 사람을 안심시킨다.── 지금까지 혼자였던 나는 두 사람의 생활에 적응할 준비가 되어 있으며, 지금까지보다 동정심과 배려하는 마음이 생기고, 애정이 깊어지고 있는 것을 느

낀다. 유년시절의 성에 관한 조숙하고 꺼림칙한 관념이 나에게 준 윤리적인 악을 이제야 겨우 보상하게 된 것일까? 30년 동안의 왜곡과 유혹과 불안을 거쳐, 나는 다시 단순함으로 돌아갔다. 얼마나 기묘한 오디세이(편력)란 말인가!

다른 사람들은 순결에 대한 최초의 침해로 타락했다. 그런데 나는 절제에 대한 최초의 침해로 치유되었다. ──이 경험은 조르주 상드의 어떤 소설의 심리적 근저를 이루고 있다. 그 장면은 로마의 평원에서 벌어졌는데 이름은 확실하게 기억나지 않는다. 혹 다니엘이었던가? 그 착상은 나를 깜짝 놀라게 했지만, 그것이 이토록 진실일 줄이야! ──또 이 사실은 내가 일찍 결혼하지 않았던 것은 잘못이었음을 증명하고 있는 것처럼 생각된다. 나는 스스로를 지나치게 경계했다. 나는 일단 성실을 맹세하고 난 뒤, 그것을 증오하게 되지 않을까 걱정하고 있었다. 미지의 상황에 있어서 자신을 신뢰하지 못하고 있었다. 나는 분노, 실망, 불쾌감에 의해 폭군, 질투와 심술장이, 에고이스트가 될지도 모른다고 생각했다.

지금 나에게는 더 큰 희망이 있다. 속임수와 악의가 나를 몰인정하게 만든다 해도 허약한 성(性)의 다른 결함에 대해서는, 필요할 때는 자신 속에서 인내, 유화, 지지, 관용, 선의를 찾아낼 것이라고 생각한다. 어쨌든 나는 위에서의 구원을 믿고 있다. 한마디로 말해 나에 대한 여자들의 신념은, 지금까지 내가 상상하던 것보다 주의를 기울일 가치가 있고, 통찰력을 갖추고 있는 것으로 생각된다. 어쨌든 모든 사람이 한 방향으로 잘못을 범하는 일은 없다. 그 경우, 예언자는 예언이 잘 이루어지도록 온힘을 다하고 있다. 만약 나의 오만 때문에, 내가 나에게 악의를 품고 있는 사람들로부터 몸을 지키며, 그런 사람들의 존경을 얻기를 바랄 수 없다고 해도, 그 대신 내 가슴은 나를 믿어주는 사람과 결합하여, 그가 나에게 보여주는 신뢰를 배반하는 것을 허락하지 않기 때문이다.

1861년 7월 19일

멋진 날씨, 브낭(Begnins. 레만 호 서북쪽 호숫가에서 조금 산 쪽으로 들어간 피서지, 제네바에서 약 28킬로미터)으로 소풍을 하고, 의사 St.의 집에서 Fr. 및 그의 동료 Brt.와 남자들만의 저녁 식사. 이것이 나의 하루 중 17시간의 사용법. 구름 없음.──차 안에서 칼람(Calame)의 제자 짐머만

(Zimmermann)이라는 화가와 알게 되다. Gsteig.로 스케치 여행을 가는 길. 자유와 푸른 하늘과 속도의 쾌감. 글랑(Gland)에서 내려와 오솔길을 더듬어, 죠라(Jorat) 산의 오르막에 접어들면 맨 먼저 나오는 마을 브냥에 오르다. '보의 방패'(Écu Vaudois)라는 부유해 보이는 정사각형의 커다란 집, 여인숙이고 마을 관청이며 감옥이기도 하고 술집이기도 한 집으로, 내가 찾아갔을 때 Grd. 집안사람들은 아무도 없었다. 부인도 아이도 제네바로 천연두 예방주사를 맞으러 가는 아버지를 배웅하러 정류장으로 간 뒤였다.

나의 대부가 되어 준 숙부(프레데릭)의 자취를 발견하다. 그때도 상당히 병이 진행되어 다리가 부어 있었는데, 바로 이 집의 플라타너스 나무 그늘에서 몇 주일인가 지낸 적이 있다. 우리는 거기서 마리, 으젠, 숙모 판세트를 만났다. 그 오붓한 그룹은 완전히 뿔뿔이 흩어져서, 몇 사람은 지금 사보아에 있고, 한 사람은 이집트에 있으며, 두 사람은 죽은 자의 나라로 떠났다. ──폐허가 된 이 마을의 성(城), 아무도 찾아오지 않고 나무만 무성하게 자라고 있는 담장 안으로, 무너진 곳을 통해 들어갔다. 대지의 남쪽 모퉁이에 물오른 잎을 펼치고 있는 호두나무 아래, 키 큰 풀에 묻혀 있는 팔걸이의자에 앉는다. 샹베리(Chambéry. 제네바 남쪽 8킬로 미터에 있는 프랑스의 도시) 알프스에서 프라이부르크(스위스 서쪽의 시 및 군) 알프스에 걸쳐, 부드러운 녹색 들판과 레만 호가 눈앞에 펼쳐지고, 몽블랑의 거대한 피라미드형 산들을 정점으로 하는 널찍한 조망이 넋을 잃은 내 눈 아래 전개되었다. 거기서 23시간 동안 기분 좋게 보내며, 공상하고 바라보고 낮잠을 자고, 풀 사이로 졸졸 속삭이는 물소리와 먼 곳의 포도원에서 일하는 사람들의 가래질 소리, 종달새 소리를 들었다. 공기도 한없이 투명하고 맑아서 기분이 젊어지고 눈과 귀가 새롭게 트인 것 같았다. 평화, 안이, 조용한 쾌감이 온몸을 감싸며 이 광대한 자연의 형용할 길 없는 아름다움이 내 혈관으로 흘러들어와, 나를 안정감으로 가득 채우고, 행복 때문에 무감각해진 내 안의 느낌을 일깨우는 것 같았다. 밀월은 보 지방에서 보내지 않으면 안 된다. 여기서는 모든 인상이 포근함과 미소와 위안을 준다. 고통을 잊게 하고 침묵으로 이끌며, 조용히 황홀로 인도하고 애정을 재촉하는, 이 자연의 매력에 몸을 맡기기만 하면 되는 것이다.

나는 전보다 보의 풍물이 더욱 잘 이해되었다. 나는 시(詩) 한가운데, 목가의 한가운데서 살아왔던 레만 호숫가의 수많은 멋진 경치를 상상력을 빌려 다시 바라보았다. 피하기 힘들었던 것은 '귀여운 요정'이 그 대부분을 차지하고 있는 다양한 추억을 가로질러 간 것이다. 하늘 아래 숲 귀퉁이에, 검푸른 조개껍질 같은 호수를 바라보며 지낸 휴일의 매력, 화면(畫面)의 흥미, 배경의 시적인 정취를 그 사람은 참으로 잘 이해했다. 오본느, 로잔, 사비니, 구르즈, 몽트루 일대 곳곳의 기슭에, 가슴의 은혜인 눈에 보이지 않는 묵주나 마음의 순백한 진주, 신적인 순결한 사랑의 마르지 않는 장미를 그 사람은 뿌려주었다.

내가 대상이 된 사랑은 이 기분 좋은 지방을 제단으로 삼고 말았다. 나는 막연하게 나의 사상 주위를, 이상적인 생활의 미묘한 에테르에 의해 올림포스의 주민처럼 요람에 흔들리며 갈증을 치유 받고, 또 내 마음에는 봄의 축제를 축하하는 꾀꼬리처럼 하늘과 땅을 찬미하는 다양한 아침이 서성거리고 있는 것을 느낀다. 만약 내가 그저 감동하는 대신 열애하고, 단순히 눈물지으며 동정심을 일으키는 대신 스스로 불타오르고, 이 모든 기쁨이 감사로 가득한 애정의 꽃줄이 되는 대신 결정적인 사랑의 혼례, 장엄한 궁극의 찬미가 되었다면 과연 어땠을까?——그리고 또 그리용, 샤르넥스, 빌라르에 대해서도 생각했다.——요컨대, 열정이 담긴 깊고 조용한 사랑과 진정으로 부부다운 사랑이 마음을 털어놓고 피로를 달랠 때, 보의 땅보다 뛰어난 곳, 어울리는 낙원은 찾을 수 없을 것이다.

1861년 7월 20일
X는 지금까지 느껴본 적 없는 행복, 사람을 선량하게 하고 친절을 갈망하게 하는 차분하고 유쾌한 기분에 대해 얘기했다. 보답으로 나에게 무엇을 가져다줄 수 있을지 찾고 있는 그 사람은 모든 좋은 본능, 땅을 일구는 자에게 명예를 주는 자원인 나무를 가지고 있다. (밤 9시 45분)

1861년 7월 22일
(1시) 오전에 G.P., R., 〈빌라르의 별〉(신문 이름), Mme Web.에게 편지를 쓰다. 동시에 네브래스카(미국 중앙 의 한 주)에도 편지를 보내다.——정말 우연하게 잇따라 어릴 적 친구들을 만났다. 이탈리아에서 돌아온 H숙부님, 아방에서 내려온 Aug. T., 베른에서 도착한 열렬한 캄 파라도르, 생빅토르, 케르트빙(하이네

에 대해) 등의 기사가 실려 있는 신문을 싫증날 정도로 읽다. ——혼자서 점심 식사. ——Fri.에게 바덴의 목사한테서 온 편지를 번역해주다. 개과천선한 여자들의 수용소 소장으로 지내고 있는데, 거기서 바람이 든 제네바 여자 셋이 달아났다. 생명의 자양액, 감정의 목마름, 연애의 요구, 미지의 장소를 향한 동경, 확장, 전염적인 열정, 모든 것이 나를 뜨겁게 타오르게 하며 나에게 외친다. 어두워지기 전에, 네 안에 아직 약간의 젊음이 남아 있을 때, 네가 탄식하면서 "그런 일에는 이제 흥미가 없어" 하고 말할 때가 오기 전에 사랑하라, 가라, 마음을 털어놓아라. ——이 본능을 존중하자. 그리고 만약 가능하다면 그것을 만족시키자.

(밤 7시) 누이동생 L에게 편지를 쓰다. ——몽테뉴의 《에세이》를 몇 편 읽다. 《현대의 그리스》를 다시 펼치다. 그야말로 감정뿐이었던 하잘것없는 하루. 거의 아무것도 느끼지 않았다.

(10시) 혼자 저녁 식사. 프렐리에서 산책. 들것에 실려 산책하고 있는 가련한 Val. de S.양을 만나다. 가슴이 아프도록 슬프다. 몰의 기슭에 있는 폐허에 불이 난 것 같은 월출. 상아(달)는 만월이었다. 이슬로 촉촉해진 잔디를 은빛으로 식혀주며, 꿈꾸는 것 같은 광선을 나무와 울타리의 신비로운 그림자 사이에서 체질하고 있었다. X는 형언하기 어려운 행복감에 압도되어 말을 할 필요를 느끼지 못한 채, 그저 관조하고 감득할 뿐이었다. 몸이 조금 좋지 않아서, 응석부리는 아이처럼 나에게 부드럽게 기대고 있었다. 그래도 우리는 《빌메르 후작》(조르주 상드의 극 1864년)에 대한 것과 격정과 욕구와 애정의 차이, 흥분의 경향과 그것을 억제하는 방법, 생명의 해방적 처치에 대해 얘기를 나눴다. 결국 X는 자신이 원하는 대로 이해받고 수용되고 대접받는다는 것을 느끼고, 원하는 것을 손에 넣어 더할 수 없이 만족했기 때문에, 내면적인 기쁨으로 빛나고 있었다. 스스로도 완전히 변했다고 생각한다며, 이렇게 행복해질 줄 몰랐다고 말한다. 나는 능숙하게 보호자가 되어주었지만, 역시 그에 대한 대가는 치르지 않을 수 없었다. 경험은 거저 생기는 법이 없다. 그러나 에고이즘이 없는 한 무엇을 꺼릴 것인가? 지금은 어머니나 형제나 남편에게보다 나에게 이야기를 더 잘 할 수 있다. 나는 그의 마음속을 거의 손바닥처

럼 들여다볼 수 있다. 여자의 신비를 알아내는 것은 결국 끝없는 흥미를 갖추고 있다. 여자에게 있어 의사, 위안자, 지도자, 스승, 이야기 상대, 계몽자는 언제나 같으며, 그것은 그가 사랑하고 있는 남자이다. 힘, 빛, 건강, 기운, 안식, 모든 것을 여자는 그 남자 안에서 발견한다. 이것은 우상, 반신(半神), 마법사, 여자의 생존을 위한 태양이다. 여자는 열렬히 사랑하고 온몸을 바쳐 봉사하며 자기를 송두리째 맡기는 것을 한꺼번에 할 수 있으면 좋겠다고 생각한다.

여자는 그 비밀스러운 삶의 열쇠를 쥐고 있는 사람, "열려라, 참깨"라는 신성한 주문을 욀 수 있는 사람에게 완전히 속해 있다. 자기를 바닥까지 꿰뚫어보는 사람의 것이다. 터득한다는 것은 얻는 것이고, 꿰뚫어본다는 것은 사물로 여기는 것이다. 그러므로 여자는 완고하게 열심히 자신을 숨기고 몸을 피하고 얼굴을 가린다. 신비와 함께 자유를 잃는다. 그렇게 되면 지는 것이다. 여자의 운명은 한 사람의 주인의 손에 들어 있다. 그 주인은 그것을 어떻게 할 것인가? 여자는 복종, 극기, 또는 공포의 마음으로 그것을 스스로에게 묻는다. 그리하여 여자의 생애의 비극적인 위기가 결정되는 것이다. ──멀리서 합창소리가 들려왔다. 아마 산책을 하고 있는 고아원 아이들이리라. ──겸손한 인내와 불평하지 않는 용기에서 나온, 남에게 인정받을 수 없지만 감동스러운 헌신적 행위. ──돌아오는 길은 권태와 무기력이 찾아와 위기라고 불러야 할 날이었지만, 발걸음은 가볍고 빨랐다. 아무리 작은 행복도 모든 것을 치유하고 모든 것을 인내하게 한다. 여자에게 정말 견디기 힘든 악은 공허한 가슴이다. 여자에게 사랑하는 것은 아는 것이고, 원하는 것은 건강과 기운과 쾌활함이다. 가슴에 꼭 대고 있는 사랑하는 사람의 편지는 여자에게 방패와 자양분에 해당하며, 부적도 된다. 나는 자연을 찬미하고 신을 축복했다.

어제 아침 나는 그 사람에게 다음과 같이 써 보냈다. "여자는 남자가 뼈를 깎는 심정으로 겨우 제시한 문제를 놀면서 해결한다. 제네바의 철학자 르사주(Lesage. 스위스의 수학자, 물리학자, 1724~1803년)가 평생 동안 추구해도 얻지 못했던 '우정으로서의 연애'라는 기묘한 문제에 대해서도, 마찬가지로 당신은 본능을 통해 그 열쇠를 찾아냈다. 즉 본능과 천재는 쌍둥이이고, 여자의 가슴은 사랑스러운 본능의 보금자리가 된다."──이 편지는 그 사람을 감격시킨 모양이다. ──나는 살아가는 것을 도와주고, 또 살게 해준다. 저쪽에서도 그것을 나에게 감사하고 있다.

1861년 7월 23일

(저녁 7시) 오늘 나는 마음을 갉아먹는 것 같은 어떤 불안, 나 자신에 대한 진정한 불만을 느꼈다. 왜? 나는 아무것도 선한 일을 하지 않았기 때문이다. 몽테뉴를 여기저기 읽고, 유베나리스(로마의 시인 60~140년)의 《풍자시》를 두 편(제6번과 9번) 음미하고, 마르티알리스(로마 시인 40~102년)를 읽고, 《스위스 평론》 7월호를 읽고, 잃어버린 노트를 찾아보았지만 찾지 못하고, 또다시 아무런 목적 없이 낭비한 나날, 추한 호기심을 끄는 물건에 대한 깊은 탐닉에 빠졌다. ──사촌누이동생 JB.를 방문. ──그러나 나는 혼란스럽고 공허하고 부끄럽고 화를 내고 걱정하고 있다는 것을 느꼈다. 원인은 내가 의무를 내팽개치고, 어떠한 결심도 결정도 피하며, 자신의 임무를 인정하지 않으려 했기 때문이다. 그래서 이렇게 괴로워하며 아무것도 손에 넣지 않고 있고, 나의 움직임 전체가 결실을 맺지 못하고 말았다. ──아아, 죄에 죄를 거듭하고 있다. 육감, 의기소침, 나태, 비겁함, 신에 대한 망각, 당혹, 비애, 회한. ──이 모든 것의 기원은? 간밤에 경솔한 짓을 하여 모처럼 좋은 것을 허사로 만들어버렸다. 저쪽도 의식하지 못한 채 나를 곤경에 빠뜨린다. ──환락의 사멸은 생명의 증진이고 그 각성은 위협이며 그 승리는 반죽음이다. ──"여자에게는 누구나 데릴라 같은 데가 있다"고 다니엘 스턴(프랑스의 여류작가 다구 백작 부인을 가리킴, 1805~1876년)이 말했다.

1861년 7월 24일

(아침) 단상 몇 편. 방탕이란 무엇인가? 육욕적 쾌락의 이기적인 추구. 따라서 그것을 구성하고 있는 것은 에고이즘이다. 연애는 방탕을 없앤다. 그것은 사랑, 즉 에고이즘의 반대이기 때문이다. 여기에 포옹이라는 불순에 대한 순수한 시금석이 있다.

육욕을 낮은 것, 비천한 것, 또는 불결한 것으로까지 보는 것은 향락이고, 그것을 소중한 것으로 볼 수 있는 것은 이를 변환하여 연구하는 일이며, 그것을 완전히 정화하는 것은 이를 변형하여 공물(供物)로 삼고 희생으로 하는 일로, 모두 같은 원리를 토대로 하고 있다. 육체는 사상보다 못하고, 사상은 자애(慈愛)보다 못하다. ——자신에게 정성을 들이는 것은 모든 것에 상처를 주고, 자기 자신을 잊는 것은 모든 것을 높인다. ——본성(자연)에 대한 기만은 악폐이고, 본성이 악을 좋아하게 하는 것은 오욕이다. ——오비디우스와 파르니는 환락을 노래하고, 유베나리스와 그레쿠르(프랑스의 시인, 1683~1743년)는 악폐를 노래하고, 마르티알리스와 사드는 오욕을 노래했다.

포식과 만취는 어째서 방탕만큼 사람을 타락시키지 않는가? 인간으로서의 소양을 그다지 해치지 않기 때문이다. 왜 성적인 쾌감은 교양이 없는 것이 되는가? 신성해야 할 것인데도 경박함으로 모독에 이르기 때문이다.

왜 연애는 자랑스러워하고 생식은 부끄러워하는가? 연애는 기품을 갖추고 있고 천국적인 데 비해, 생식은 거칠고 육적(肉的)이기 때문이다. 그것과 결부하여 그 실행을 확실하게 하는 환락은, 그야말로 정신을 비천하게 하고 모욕하는 것이 된다.

연애의 최후이자 최고의 증거인 인간을 생산하는 가장 숭고한 일을, 자연은 왜 신체의 가장 비천하고 가장 불결한 기능과 결부시켰을까? 열등한 인간의 기능에 품위를 부여하기 위해? 정신적인 인간의 교만을 억제하기 위해? 인류라는 공동체를 연민과 겸손의 기초 위에 세우기 위해? ——아니다. 진정한 이유는 자연에 대한 신뢰, 자연에 대한 부모와 자식 같은 화해, 자연의 목적 및 예지에 대한 경건한 복종, 자연에 대한 감사, 자연이 남자와 여자가 함께 인생을 사는 데 필요로 하는 모든 선과 위안과 기쁨을, 남자를 위해서는 여자 안에, 여자를 위해서는 남자 안에 숨겨두었다는 확신, 다양한 비밀과 대조 및 대응, 도달하고 이해할 수 있는 우주의 모든 진리는 남녀 두 사람 속, 또 두 사람의 모든 관계 속에 요약되어 있다는 신념이다. 따라서 배우자가 되어 함께 하는 생활 속에서 남녀는 세계의 축도, 역사의 정수, 자연의 개괄을 소유한다. 이 종교적인 사상 속에서 나는, 불완전한 경험과 그것에 이어지는 추한 독서에 의해 흐트러진 균형을 되찾았다. 나아가서 높은 봉우리에서 보면 자기 진로의 오류도 우회도 한눈에 볼 수 있다. 오직 이성만이 언제나 올바르다. 내적인 자유는 이성으로 돌아가는 일이다.

1861년 7월 25일

(오후 3시) 바스티용(제네바의 산책로)에서 《으제니 그랑데(발자크)》를 읽었다. 첫인

상은(조르주 상드보다 못하지만) 불쾌감이다. 문체의 타락. 독자는 음악 및 시에서 현실의 쓰디쓰고 노골적인 산문으로 옮겨가는 셈이 된다. 조르주 상드가 말한 '사물의 영원한 조화의 신적인 느낌'(《마의 늪》) 속에 사람을 보전하거나 높이는 것은 발자크가 아니다. 발자크는 감격적으로 여자에 대해 얘기하고, 감수성으로 진정한 연애를 얘기하지만, 그 용어에는 언제나 부족한 데가 있고, 섬세한 느낌과 기품과 취미가 결여되어 있다. 아름다움을 보여주지도 않고 느낄 수 있게 하지도 않는다. 현실을 크게 분석하고 과장할 뿐이다. 발자크는 흥분하게 하는 힘, 무서운 예술가적 세력, 사람의 시선을 빼앗는 격렬한 묘사를 갖추고 있지만, 이상이 없고 평화도 없다. 기질이 정신과 의식을 훨씬 능가하고 있다. 사상, 특히 관찰을 많이 하고 있지만, 설득하는 힘과 원리와 신념이 없다. 그는 껍질을 벗기는 사람, 해부학자, 도금 기술자이고, 어디까지나 최선을 다해 노력하는 정열적인 제작가이며, 탐욕스럽게 목적에 도달하는 전제적이고 화를 잘 내는 인간이다. 나는 조르주 상드가 훨씬 마음에 든다. 상드는 인생을 존중하며 높은 봉우리, 웅변, 관조, 감정 등을 향해 힘겹게 올라간다. 사람을 위로하고, 달래고, 마음을 사로잡으며 높여준다. 한쪽은 명예심으로 가득 차서 명령하고, 다른 한쪽은 위엄이 있고 감격가이다. 발자크는 황금을 찾는 사람이고, 조르주 상드는 예언하는 여자이다. 전자는 기량이고 후자는 영혼이다. 한쪽은 가차 없는 연구에 의해 추악과 부패를 강요하지만, 다른 한쪽은 신의 본성 및 인간의 본성 속에서 아름다움과 위대함을 찾아내어 기운을 북돋운다. 종합적으로 말하면, 조르주 상드는 이상, 즉 종교와 내적인 신앙을 가지고 있고, 그의 작품은 자신의 시야에 들어오는 세계보다 훨씬 고상한 세계, 더욱 뛰어난 국가의 건설이다. 다시 말해 시인이다. 발자크는 탐색가에 지나지 않는다.

1861년 7월 28일

드디어 르구베의 프랑스 연극 〈베아트릭스〉에서 리스토리 부인(이탈리아의 비극여배우 1822~1906년)의 연기를 보았다. 나는 눈물을 글썽이며 밖으로 나가, 누구하고도 말하지 않기 위해, 또 강렬한 감정에 대해 노골적인 말이나 상투적인 문구를 듣지 않기 위해 도망쳤다. 아무리 생각해도 나는 갈수록 여자가 되는 것 같다. 내 생활의 중심은 마음에 있다. 다른 것은 거의 기분전환에 지나지 않는다. 박스에서 발견한 사랑스러운 얼굴, 마음에 다가오는 소설, 비장한 연극은, 내 안의 다른 모든 사상을 가려버린다. 나는 어떤 편지든 열에 들뜬 기분으로 기다린다. 즉, 나는 욕구하는 상태, 상처받기 쉬운 불안한 연인의 마음이다. 모든 야심을 하나하나 포기하고 얻은 결과는 이것뿐이다. 나는 내 가슴에 있는 그대로다. 꿈에 좌우되고 있다. 결국 나의 마음과 생활을 채워 주는 사랑만을 동경하고 있다. 그러면서도 그것에 기대를 걸지는 않는다. ──나는 리스토리 부인의 프랑스어 연기에 대해, 첫선을 보인 연극과 광고연극에 출연한 이탈리아인의 악센트, 단순하고 솔직한 대사에 배려나 재치가 빠져 있는 것에 대해 여러 모로 판단을 보류하지 않으면 안 된다. 나는 여러 가지 면에서 작자와 그의 재능에도 실망했다. 그래도 상관없다. 대단원에 가까워졌을 때 나는 완전히 감동에 빠지고 말았다. 위대한 사랑의 영웅심과 숙명이 나를 압도하여 도저히 비판할 수가 없었다. 그 베아트릭스라는 이름, 털어놓지 않고 있는 나의 꿈, 절정의 장면, 고통과 격정에 휘말린 리스토리의 훌륭한 연기가 마침내 나를 사로잡고 말았다. 어찌할 길 없는 연애의 비극적인 내용은 나에게는 그 현실적인 점, 사람을 취하게 하는 점에서 점점 명료해지고, 깊은 삶은 점점 시에 다가가고 있는 것처럼 느껴지기 시작했다.

예술, 고통, 미, 행복은 나에게 더욱 더 확실하고 위대하고 단순한 의미를 띠기 시작했다. 즉, 나는 전혀 움직이지 않는 것이 아니라, 설령 내가 정신 능력, 기억, 창작적 수완, 착상 및 주의(注意)라는 점에서는 쇠퇴한다 해도, 윤리적으로는 발전을 이루어 인간의 성격, 인생의 비밀, 감정의 본성을 한층 더 이해할 수 있다고 생각한다. 나의 머리는 통속적이 되고, 나의 마음은 인간의 마음을 더욱 이해하게 되었다. 나의 지난 30년의 발전은 말하자면 하나의 주기(週期) 같은 것임을 깨닫는다. 의식으로 시작되어 사색으로 확장된 뒤, 나는 지극히 단순하게 가슴으로 돌아갔다.

1861년 7월 31일

나는 2분 전부터 신비로운 바빌리온 속에 웅크리고 있는 X를 발견했다. 나는 혼자 모니에의 아름다운 시구인 "당신을 사랑하는 여자는 충실한 새끼 양……" 어쩌고 흥얼거리고 있었다. 내 집 같은, 갖고 싶고 그립고 따뜻한 포옹을 받을 수 있는 보금자리 같은, 쾌적한 기분이었다. 나무 그늘은 비밀을 지켜주었고, 하늘에는 낮의 안개도 구름도 물러가고 검은 색 비로드 위에서 별이 빛나고 있었다. 무척 서둘러 왔기 때문에 상당히 더웠다. X는 두 사람이 너끈히 들어갈 수 있는 얇은 망토로 나를 감싸주었다. 우리는 그 속에 한 날갯죽지 속의 두 마리 작은 새처럼 들어가서, 우리가 흥미를 느끼는 모든 것, 그 사람의 즐거움과 불쾌한 생각, 나의 여행계획 등에 대해 즐겁게 얘기했다. 리스토리 부인, 애정의 다양한 종류, 상징학, 키스의 종류, 교육, 우리가 최근에 읽은 책, 연애가 우정으로 변하는 것, 9월에 X가 파리에 가야 하는 이유, X의 어린 아들에 대해 얘기를 나눴다. 우리는 은하수 불빛 아래 사람들의 눈을 피하면서 완전히 유쾌해진 기분으로 돌아왔다. X도 내가 결혼하기를 바라고 있다. 그리고 나의 문체에 대한 강의와 문학상의 고백을 계속 듣고 싶다고 말했다. 나하고 있으면 이제 그림자만큼의 거북함도 느껴지지 않기 때문에, 자신의 깊은 마음속까지 완전히 보여주겠다고 한다. 이 점에 있어 현저한 변화가 있어서 언행이 상당히 대담해진 것은 사실이다. X 자신도 2년 전에 비해 어른스럽고 훨씬 차분해진 것을 느끼고 있다. 요컨대 나는 그 사람에게 소송에 이길 수 있게 해주면서 또 다른 좋은 영향도 주었다고 생각한다.

1861년 8월 1일

X의 반가운 편지가 내 마음을 즐겁게 해주었다. 우리의 관계와 우리가 처한 입장을 섬세함과 정의와 충실된 마음으로 정리해 주었다. 그것은 말등자에 손을 얹는 것이고, 출발의 기원이며 결별의 인사이다. 결국 이것은 자신의 선(線) 안에 머무르며 의지에 있어서나 행위에 있어서나 윤리적인, 곧은 기질과 애정을 가진 마음이다. 내가 원하는 것 이상으로 다른 난파선을 위로해 준다. 이 편지는 나의 감사와 존경을 더욱 불러일으켰다.

1861년 8월 4일

……교회에서 나오는 아름다운 사람들을 많이 보았다. 그 돋보이는 화장에 내리쬐는 기분 좋은 햇살은 나에게 연심을 불러일으켰다. 하루에 한 번 더울 때(오후 2시) 혼자서 프레시 레오닐리나에 오른다. 멋진 날씨. 몽블랑은 이제 막 태어난 것 같은 모습을 하고 있었다. 트론샨 평야는 장엄하기 그

지없었다. 산도 나무도 하늘과 함께 기쁨에 취해 푸른 공기 속에서 놀고 있었다. 레오닐리나에서 나는 프랑스에서 몬느체까지 휴양차 온 M의 두 자매와, 승마복을 잘 차려입고 요염하기까지 한, 처녀시절에 비해 훨씬 좋아진 Lucie L.부인을 만났다. 누이동생이 한때 나의 신부감으로 생각했던 사람이다. 그때보다는 지금이 훨씬 마음에 든다. 그러나 무엇보다 기분 좋게 나의 우울함을 씻어준 것은 부모의 친절한 환대 뒤에 소녀들한테서 받은 포옹이었다. 나는 따뜻한 마음과 입술에 굶주려 있었다. 룰루(아미엘의 조카로 Pâquerette로도 불리고 있다.)는 마치 본능적으로 그것을 헤아린 것처럼 언제나 내 무릎에만 매달렸다. 그 어린애다운 애교는 솔직히 말로 표현할 수 없을 정도로 나를 기쁘게 했다. 돌아가는 나를 바깥 울타리까지 배웅해 주었을 때는, 가슴이 거의 터질 듯이 벅차올라 다른 마음은 전혀 없이 룰루에게 키스를 했다.——어쨌든 키스가 끌어당기는 힘에는 어딘지 모르게 신비로운 데가 있다. 내가 알고 있는 두세 명의 소녀는 열렬한 감정을 지니고 있어 내 힘에 복종하고 있지만 나에게는 눈곱만큼의 욕구도 일으키지 않는데, 이렇게 어린 여자아이는 머리에서 발끝까지 키스로 뒤덮어 주고 싶어지는 기분을 느끼게 한다. 철학자들도 나이와 함께 점점 미의 매력을 느끼게 되어, 모든 탁월한 상징적 요약, 모든 완성의 직관적 개괄이라고 할 수 있는 미에 대해 더욱 열중한다.

만 40세가 되면 나는 젊은이 같은 기분이 될 것이다. 다시 말해, 어느 여자에게나 반하고, 어떤 귀여운 눈에도 포로가 되어버릴 것이다. 그것은 나를 약간 두렵게 한다. 이러니저러니 말이 많지만 사실 내 마음은 자신의 운명을 완수하려고 초조해하며 청춘과 행복의 몫을 다시 요구라도 하는 것처럼, 열정이 담긴 모든 감정에 뛰어든다.

1861년 8월 5일

X의 편지. "말로 표현할 수 없을 정도의 깊은 기쁨에 차서"라고 적혀 있었다. 아무래도 이 감사의 마음이 내가 그 사람에게 끌리는 가장 큰 이유인 것 같다. 타인을 행복하게 해주는 것은 기분 좋은 일이다. 다만 이 감사는 내 마음을 너무 부드럽게 하여, 다른 사람의 무신경이나 망은을 훨씬 쓰라리게 느끼게 한다. 그 대신 열정적이면서도 차분한 기분이 정말로 솟아오르는 것을 느꼈다.——두 사람이 함께 하는 생활에 대한 욕구는 여전히 내 안에

서 작용하고 있다. 연인으로서 남편으로서의 동경은 내가 멍한 상태에서 깨어나면 이내 나를 몰아세운다. 나는 조금이라도 나를 사랑해 주는 사람, 다시 말해 내가 기쁘게 하고 위로하고 이해해줄 수 있는 사람 모두를 내 가슴에 끌어안아 주고 싶다. 내 몸을 교환하고, 내 가슴을 열어 내 생활을 전하고, 나의 외부까지 흘러나가, 내 마음의 타고난 재능으로 점점 넓어지는 생존의 모든 범위로 나를 확대해가는 것, 이것이 성숙에 달한 생물의 한숨이고 비원이며 외침이다. 사랑의 모든 형식, 그것이 내가 추구하고 있는 커다란 갈망이다.

(같은 날) 프렐리로 불러냄. 수요일에 만났을 때와 같은 인상. 부드러운 망토와 지붕처럼 덮은 나뭇잎과 별이 있는 밤, 이 세 가지 덮개의 보호 속에서 솔직한 얘기를 통해 기운을 얻고, 비밀스러운 생각이 들어 있는 작은 상자를 열고, 다른 두 가지 향료의 기를 합치는 듯이 섞여들었다. 나는 현재의 계획, 여행 중에 있었던 일 등을 얘기했다. 저쪽에서는 지금의 생활, 심경의 변화, 덩굴이 뒤덮여 있는 발코니에서 무릎 위에 편지를 올려놓은 채 마음이 벅차면서도 안정감을 느끼는 가벼운 기분 등에 대해 얘기했다. 바로 옆의 풀 속에서 작은 반딧불 한 마리가 빛나고 있었다. 그것은 소양과 섬세한 배려로밖에 보이지 않았을 것이다. 완전히 파악하는 마음은 겸손한 사양과 진정한 순결을 준다. 절대적인 방임은 순진함에 귀착한다. 나는 이 귀여운 여자의 옷을 어린아이처럼 벗게 해도, 어머니처럼 불쾌한 기분을 느끼지 않을 수 있었을 거라고 생각한다. 감각은 억제되고 그 매력은 훨씬 커졌다. 나는 자신도 행복한 기분을 주고 있음을 느끼고, 그 미묘한 경험이 즐거웠다. X는 진지한 기쁨과 짧은 결혼생활 중의 쓰라림, 내가 독서와 취미를 조금씩 지도하게 된 뒤부터 여유를 되찾게 된 생활에 대해 몇 번이고 허심탄회하게 털어놓았다. 한마디로 말해 우리는 서로에게 완전히 만족하고 있었다. 나는 반쯤 여자 같은 기분으로, 그 사람의 기쁨으로 인해 녹아들 것 같은 느낌이었다. 직관에 의해 나는 그 사람의 전체를 꿰뚫어보았다. 그쪽에서도 나에게 그렇게 고백했다. 이 여성적인 본성의 내면섭취(만들어낸 말)는 사랑을 지니고 있는 여자가 나 같은 사람의 본성에 줄 수 있는 가장 미묘한 향락이라고 생각한다.

1861년 8월 6일

(아침 8시) 눈을 떴을 때 편안하고 경쾌한 느낌. "이용하고 검사하고 결정하고 출발하라"고 모든 것이 나에게 명령하고 있었다. X는 간밤에 내 귓전에 속삭였다. "떠나세요. 제 옆에 계시지 않아도 이제 걱정되지 않을 것 같아요. 그리고 결혼하시면 좋겠어요. 아이를 키우지 않는 건 죄예요. 어엿한 가정이 없는 것은 불행이죠. 여러 모로 친절하게 보살펴 주셨죠. 제 생활은 복잡한 일이 제거되어 미래도 밝아졌고 생각과 동경도 전보다 높고 좋아졌고, 특히 안정되었어요. 이렇게 소중히 대해 주셨으니까요. 당신한테서 받은 힘은 그리 쉽게 사라지지 않을 거예요. 질투할 마음은 없어요. 더욱 더 진정한 친구가 될 수 있을 거라고 생각해요. 뭐든지 다 말할 수 있고, 세상에서 가장 어리석은 짓을 해도 역시 말할 수 있는, 언제라도 옆에 가면 응석을 받아주고 소중히 다뤄주고 좋은 말을 해주실 거라고 생각하면, 더할 수 없이 평화로운 기분이 들어요. 그러니까 그렇게 말해도 된다면 축복해 드리고 싶을 정도예요."

나의 보살핌에 대한 대가로 내 마음에 향유를 부어준 이 말은, 나에게 환희를 동반한 탄력을 주었다. 그 사람이 말한 해방, 괴로운 본심이나 불안한 예감으로부터의 해방에 대한 인상이 나에게도 전염되었다. 그 사람은 행복해졌다. 나도 마찬가지다. 그렇게 보낸 2시간 속에는 어떤 식으로 찾아왔는지 모르겠지만 기분 좋고 사랑스러운 애무가 끼어들었다.

여자는 이렇게 하지 않으면 그 가슴에서 넘치는 듯한 들뜬 기분을 표현할 수도 쏟아낼 수도 없는 것이다. 격렬하게 엄습해온, 어린아이 같은 애정에서 나올 수 있는 유일한 자연스러운 언어이다. 룰루처럼 작아져서 내 무릎에 올라앉아, 내 눈을 통해 은하수가 반짝이는 것을 바라보고 있었다. 그야말로 황홀한 기분. ──젊을 때 사랑하고 소년시절에 꿈꾸던 여자를 일찍 발견하는 자는 행복하다. 말 못하는 불량한 욕망과 환락의 마음, 점잖지 못한 꿈과 천박한 유혹, 마음을 애태우는 호기심과 금지된 생각, 그런 불순한 것들의 행렬을 만들지 않아도 된다. 힘과 시간과 싸움과 순결의 경제.

(단상 몇 편) 입으로 하는 키스는 시적인 혼례이다.
애정의 크레센도는 내밀성의 점차적인 정신화에 의해서만 가능하다. ──

연애는 존경을 확신하지 않는 한 회한이 없을 수 없고, 감사와 헌신과 찬탄이 함께 수반되지 않는 한 그 강렬함을 발휘할 수 없다.——연애는 생명의 고양이고 정열은 연애의 영광스러운 관(冠)이다.——여자가 의지의 바닥까지 복종하고, 어린아이가 어머니를 대하는 것처럼 부드럽고 겸손하며 정열적으로 온몸을 맡기는 것을 본 적이 없는 사람은, 여자에 대해 거의 아무것도 모르고 있다. 그런 때 여자는 자신이 사랑하는 사람의 실체 그대로를 송두리째 닮고 싶어한다.——연애는 거리를 없애는 것이다. 그 본질상 획일화, 동일화, 융합이다. 두 사람이라고 느끼고 있는 동안은 연애는 몸부림치고 있다. 즉 완전한 침투는 이중의 통일과 하나의 양립 사이에 있는 문제를 한꺼번에 쉴새없이 해결하는 마음에만 허락된다.

1861년 8월 7일

(아침 9시) 가엾은 로빈슨, 당신은 어디에 가 있었나?——잠에서 깨어날 무렵, 내면의 목소리가 나에게 같은 질문을 했다. 오래 전부터 나는, 남자로서의 내 생활을 버리고 일반적인 생활, 문학, 과학, 신학, 철학의 추세, 우리나라의 정치적 종교적 변화, 대학에서 하고 있는 나의 전문분야에서의 진보 등과 인연이 멀어진 것을 깨닫고 곤혹스러워했다. 남자와의 대화, 남자와의 편지교환을 하지 않게 되었다. 어느새 동료 한 명 남아 있지 않다. 잡지, 도서관, 서점을 외면하고 있다. 작은 논문조차 발표하지 않는다. 즉, 나는 완전히 자신과 거리가 멀어져서 지금까지의 모든 관계를 잃고, 나의 지적인 퇴폐와 나의 호기심과 의지마저 느슨해져 있는 것을 모른 척하고 있다. 아무것도 기억하지 않고 잊어간다. 아무것도 하지 않고 멍하니 있다. 정신이 흐트러져서 갈팡질팡하고 있다. 나는 무지해지고 정신이 아득해지고 힘이 빠져 있다.——나의 유일한 흥미는 무엇인가? 애정. 나의 유일한 일은? 편지교환. 나의 유일한 연구 대상은? 여자의 마음. 이리하여 나는 감상적인 하숙생의 단세포적 생활로 돌아가고 말았다.——생활의 이 극심한 수축은 어디서 오는가? 교만을 싫어하는 복잡한 기분, 낙담에 의해 깊어지는 권태에서 온다. 나 자신에게 부족한 것을 스스로 인정하고 싶지 않아서, 나는 굳어지고 위축되어 멍한 채 살아왔다. 고통에 지고 싶지 않아서, 전부 아니면 전무를 원하며 고통을 부정했다.

나는 자신의 모든 능력을 낭비할 방법이 없어졌을 때는 모든 촉각을 거둬들이고 권리를 포기했다. 나의 무감정의 늪 위에는 하나의 사물, 하나의 도깨비불, 즉 연애밖에 떠다니지 않게 되었다. 이성을 그리워하는 잠자리가 차례차례 몇 마리나 날아와서 거기에 날개를 태우고, 내가 원하는 것, 즉 헌신적인 마음을 제공한다. 그러나 나는 한 사람의 반려자, 하나의 열정, 하나의 애착밖에 원하지 않았다. 그리고 내가 원하던 것을 만나지 못하고, 내 마음에 드는 배우자의 조건을 다 갖추고 있는 사람을 찾지 못했기 때문에, 나는 다양한 소망을 가진 여자의 애정을 다루며 그것을 우정으로 바꾸는 그 길고도 힘든 일을 떠맡았다. 여자들에게 나는 이야기 상대, 참회를 듣는 사람, 위안자, 지도자가 되었다. 그것은 사람을 관대하고 섬세하게 하며 상처받기 쉽게 한다. 거기서 안일을 찾는다 해도, 다시 자신의 힘을 많이 소비하지 않으면 안 된다.

어쨌든 나의 동감은, 나를 그 대상과 동화시켜 지금의 나를 여성화하고 말았다.――아이들과 생물과의 친교, 펜을 손에 들고 자신과 나누는 대화, 모든 정신을 나약하게 하는 이런 습관은 나의 남자다운 점을 마비시키고 절멸시켰다. 사상도 생산도 혁명도 사라졌다. 나는 실천적인 심리학 외에는 아무것도 하지 않았다. 게다가 그 관찰은 객관적이고 비개인적인 가치를 가지고 있지 않다. 유용한 것에 대한 나의 혐오가 모든 것을 열매맺지 못하는 것으로 만들었다. 어쨌든 나는 동시적 주의력도, 영속적 주의력도 잃어버리고 말았다. 나는 다만 전보다 섬세하고 감수성이 예민해졌으며, 지각적이고 직관적이 되어 모든 것을 꿰뚫어볼 수 있게 되었을 뿐이다. 그 대가로서 독창적인 힘과 성격이 전보다 훨씬 없어졌다.

나는 현재 무엇인가? 모든 것에 끌려가고 극과 극으로 분리되어, 스스로는 이미 자신을 결정할 수도 주장할 수도 실현할 수도 없게 되고, 어떤 목적이나 확신, 경향을 가지는 것을 의심하고 책임을 두려워하며 정관적이고 무기력한 사람이다.

요컨대 나는 완전히 몽테뉴 쪽으로 빠져버린 것 같이 보인다. 노력도 투쟁도 일정한 계획도 잃어버리고, 다만 자신의 동감을 넓히고 자신의 인상을 관찰하며 만족하는 마음이, 안일한 사람의 부동(浮動)의 좋은 원인이 되고 있을 뿐이다.――진지한 생활과 윤리적인 엄격한 현상, 종교적 실천의 포기,

선입견과 원리의 마멸, 모든 구체적인 형식과 인정받은 문구와 습관의 고정 등의 소멸, 사상 및 존재를 액체적, 부동적, 기체적 상태로 환원하는 작용, 이것이 손실의 일람표이다. 이익으로는 기량과 덕성과 천재를 전보다 정당하게 인정하게 된 것, 생활이나 인간을 잘 이해하게 된 것, 사랑하고 권고하고 용서할 수 있게 된 것, 즉 전보다 진실해지고 진리에 마음이 열리게 된 것이다.

나는 개별적 독창성, 사회적 신용, 지식, 희망에 있어 손해를 보았다. 그래도 나는 현명함에 있어서, 적어도 판단상에서의 현명함에 있어서 득을 보았다고 생각한다. 그러나 실제로 개인으로서 행동하는 데는 전혀 신중해지지도 능숙해지지도 않았다. ──뭔가를 원하는 것은 전과 마찬가지로 나에게는 어려운 일이다. 나는 사랑에 의해서밖에 원할 줄 모른다. 운명에 대한 희망도 자신에 대한 신뢰도 없기 때문에, 나는 특별한 명예심을 하나도 가지고 있지 않다. 행운, 열정, 권력, 명예, 행복은 어떠한 형식에서도 나에게는 진짜 같지도 않고 내 손이 닿을 것 같지도 않다. 또 한편으로 망상을 동반하지 않는 노력에서 실패하거나 평가절하되어도 참거나, 이쪽의 희생을 비웃는 자에게 자신을 희생하여 웃음거리가 되는 것이 부끄럽다.

나에게는 제네바에서도 프랑스에서도 출세의 길이 보이지 않고, 나의 열정을 발휘할 수 있는 전망도 없다. 다만 세 가지 일만이 나를 유혹한다. 나를 필요로 하는 사람들을 위해 최선을 다하는 것, 내가 꿈꾸는 가정을 갖는 것, 자신을 지적으로 성장시켜 창조를 더욱 잘 이해하는 것. 사랑과 예지, 이것이 나의 염원이다. ──만약 나에게 좀더 신념과 의지가 있다면, 이것은 실현할 수 있는 일이다.

(오후 4시) 맥이 빠지는 느낌. X가 빌려간 (5월 26일의) 잡지를 돌려주러 와서(내가 이미 예감했던 대로 '이루어지지도 않았는데' 생각난) 우리의 오늘 만남에 대해 변명했다. 책과 서류를 정리했다. 기념품을 넣어둔 서류상자와 편지 다발을 펼쳐보는 동안, 추모와 우울에 찬 과거의 향수를 머금은 향기가 피어오르는 것을 느꼈다. 포기한 시도, 끝난 교제, 부서진 결정(結晶)이 많이 있었다. 결혼 통지서가 들어 있는 노트도 마음이 고통스럽기까지 한 쓰라린 감동을 불러일으켰다. 과거에 대한 회고는 언제나 장례 행렬이다. 시

든 희망과 메마른 기쁨이 묘지를 향하는 행렬. 우리한테서 멀어져 망각의 심연에 묻히는 것은 등골이 오싹해지도록 많은, 우리 자신의 몫이다. 이 생각만큼 신에게 용서와 은총, 자비와 위안을 얻고자 하는 종교적 욕구를 주는 것은 없다. 나의 생애는 그야말로 혼란과 무질서, 산만과 일탈, 타락과 재발, 권태와 무기력, 방만함과 우매함, 불성실과 죄악, 바로 그것이다.

    신은 말한다. 신에게 대답하지 않으면 안 된다.
    몇 번인가 눈물을 흘렸다고 말하는 것 외에
    나에게는 아무것도 이 세상에 남아있지 않다.   (뮈세)

  까닭을 알 수 없는 슬픔이 내 목구멍을 움켜잡고 심장을 죄어온다. 공허가 다시 내 가슴속에 열리고, 죽음 같은 쓸쓸함과 고요함이 내 주위에 다가오는 것 같은 기분이다. 나는 완전히 무기력하게 알몸이 되어 지친 채 부축을 받고 있는 것처럼 느낀다. 나의 자유가 짐이 되고 비참함이 나를 압박한다. 뭔가 원해야 한다는 필요가 나를 번민하게 한다. 울적함이 내 혈관에 스며든다. ——복음서를 펼치자 다음 대목이 눈에 들어왔다.
  "하느님의 뜻대로 하는 근심은 후회할 것이 없는 구원에 이르게 하는 회개를 이루는 것이요, 세상 근심은 사망을 이루는 것이니라."(고린도후서 제7장 10절).
  하느님의 뜻대로 하는 근심이란 무엇일까? 하느님의 사상에서 멀어진 것, 의무, 기도, 겸손, 인내, 한마디로 말해 신성화를 잊은 것, 올바른 마음에서 용기로 선을 구하지 않았던 것, 희망을 조금도 가지지 않은 사람들처럼 생활한 것에서 오는 고통이다. ——"하느님을 가까이하라, 그리하면 너희를 가까이 하시리라."(야고보서 제4장 8절)
  "각각 은사를 받은 대로 하느님의 여러 가지 은혜를 맡은 선한 청지기 같이 서로 봉사하라."(베드로전서 제4장 10절)——"세상을 이기는 승리는 이것이니 우리의 믿음이니라."(요한일서 제5장 4절)——"우리가 서로 사랑하면 하느님이 우리 안에 거하시고, 그의 사랑이 우리 안에 온전히 이루어지느니라."(요한일서 제4장 12절)—— "내가 나의 안수함으로 네 속에 있는 하느님의 은사를 다시 불 일 듯하게 하기 위하여 너로 생각하게 하노니."(베드로서 제1장 6절(디모데후서 1장)(6절의 잘못)). "'하느님을 사랑하는 자……에게는 모든 것이 합력하여 선을 이루느니라……"(로마서 제8장 28절)……

(밤 11시) ……결국 마음에 충격을 주는 불쾌감, 거북함, 공허함을 느꼈다. 또 다시 일이나 애정, 학문이나 연애의 어느 한 쪽에 있어 무익한 하루를 보냈다. 프렐리의 들판이 그립다. 아니면 여행인가?

1861년 9월 4일

나는 지금 무엇에 도움이 되고 있는가? 아무 데도 도움이 되고 있지 않다. 나의 흥미를 끄는 유일한 것은 애정이고, 여자다. 나는 이제 공부하지 않는다. 연구하지 않는다. 내가 간절하게 얻고 싶은 것은 내 마음에 맞는 한 사람의 여자뿐이다. 지나가는 여자들은 나에게는 모두 행복의 초대가 아니면 조롱처럼 보인다. 나는 모든 여자를 조금씩 사랑한다. 마치 모든 여자가 나한테서 내 이상의 한 조각 또는 내 이상 전체를 저당 잡고 있는 듯한 느낌이다. 나는 고통과 기쁨과 애정의 은신처, 제단, 피난처처럼, 지상에 저장해 둔 천국과 같은 안락과 호의처럼, 모든 여자를 동정으로 감싼다. 나는 여자들 속에 있지 않으면 진정한 내가 된 기분을 느낄 수 없다. 그리고 내가 완전히 나의 본성에 따를 때, 여자는 진정으로 사랑받고 이해받고 있음을 느끼고, 나의 선의를 되돌려준다. 이것은 내가, 칼뱅의 도시(제네바)에 넘칠 정도로 많은 조롱의 눈과 냉소적인 혀가 없는 들이나 산에 있을 때 더 잘 알 수 있다. 나의 본성은 사물을 사랑하고 어린애처럼 통찰력이 있고 배려가 있으며 동정심이 풍부한 것, 단체생활에 몸을 맡기는 것, 생물과 인간을 행복하게 해주려고 노력하는 것, 즉 모든 것에 친절하고 모든 생활에 도움을 주며 모든 마음에 대해 사랑을 지니는 것이다. 이것은 아버지로서, 남편으로서의 장점이다. 생각해 보면 나는 남편으로서 아버지로서 부끄럽지 않은 셈이다. 그럼, 내가 이 천직을 가지려는 것을 방해하고 있는 것은 무엇인가? 운명에 대한 치유할 길 없는 불신, 그리고 나의 미묘한 이상이다. 나는 과감하게 내 행복의 마지막 남은 유일한 카드를 내밀지 못하고 있다. 나는 짝을 만나지 못했거나, 만났다 해도 알아보지 못했던 것이다. 나는 종종 사랑을 받았기 때문에 애정에 대해서는 매우 섬세하게 느낄 수 있고, 두 사람이 함께 하는 생활에서 사람들이 얼마나 다양한 고통을 겪는지 알고 있다.――어쨌든 나는 내가 일단 불타오르기 시작한 뒤에 틀림없이 경멸을 느끼게 할 것 같은 네메시스(복수의 여신)를 두려워하고 있다. 게다가 나에게는 하나의 동경, 하나의 욕구밖에 없다.

1861년 9월 12일

오늘 아침은 스산한 잿빛 날씨. 집안의 계단을 내려가면서 상당히 오랫동안(아마 2년쯤) 느끼지 못했던 연구의 쾌감, 지적인 일에 대한 욕망, 순수한 사색의 활기를 느꼈다. 이 지적인 시간은 한순간밖에 계속되지 않았지만, 변덕스러운 바람이 11월의 안개를 뚫고 나그네에게 그가 지나온 골짜기를 보여주는 것처럼, 나의 과거에 대해 원래의 비전을 보여주었다.――나는 너무나도 변했다. 그리고 그 옛날의 나는 죽지 않고 있었다. 다만 잠들어 있을 뿐이다. 그러므로 나는 아직 보편적인 생활의 숭고한 에테르의 영역으로 날아오를 수도 있다.――그러려면 무엇이 필요한가? 가슴의 평화, 만족.
빌라르에 있었던 S***부인이 일을 하다가 결혼반지 아래를 가위 끝에 찔렸다. 내가 피를 보고 "아, 다쳤군요" 하고 말했더니, "괜찮아요, 가슴은 기뻐하고 있으니까요"라고 대답했다. 이것이 바로 진정한 여자, 사랑을 지니고 있는 여자이다. 행복 하나와 불행 하나밖에 모른다. 그것은 충만한 가슴이거나 텅 빈 가슴이다. 나도 동감과 변형으로 거의 거기까지 도달했다. 내가 뼈를 깎으며 평생 노력했던 모든 시간이, 결국은 느끼고 꿈꾸고 사랑하고 번민하는 순간을 15년 늦추었을 뿐인 것이다. 오랜만의 기분전환은 곧 마음 속에서 사라졌다.
마음은 보복을 한다. 나라는 존재의 커다란 모순은, 사물에 몰두하여 자신을 잊으려 하는 사유와 사람들 사이에서 살려는 마음이다. 대조의 통일은 자신을 내던지고, 자신을 위해 바라는 것, 생존하는 것을 그만두고, 비개인적이 되어 사랑과 관조 속으로 승화하고자 하는 요구에 있다. 나에게 부족한 것은 성격, 의욕, 개성이다. 그러나 늘 그렇듯이 겉모습은 실상의 반대이며, 내가 남에게 보여주고 있는 생활은 나의 기초적 동경의 반대이다. 사유도 마음도 포함하여 온몸으로 살아 있는 실재 속에, 이웃 속에, 자연 속에, 또한 신 속에 몰입하기를 갈망하고 있는 나, 쓸쓸함과 고요함에 의해 좀먹고 무너져가는 나는, 그 쓸쓸함과 고요함 속에 갇혀 자신만을 기뻐하고 스스로 만족하는 형태를 하고 있다. ……정신의 기품과 순결, 내성적인 마음은 나에게 자신의 모든 본능을 굽히고 자신의 생활을 완전히 뒤바꾸었다. 실제로 나는 나를 끌어당기는 것을 내내 피하며, 나를 가장 기쁘게 하는 것으로부터 달아나기만 했다. 나는 타인이 나에게 깊이 파고 들지 않아도 이제 놀라지 않는다. 자살에 대한 본능은 나에게는 보존 본능과 같은 것이 되었다. 나는 줄곧 내가 은밀하게 하고 싶었던 것으로부터 등을 돌려 왔다. 부끄러움은 내 생존의 채찍이고 저주였다. 그것은 나를 거짓말하게 만들지는 않았지만 환관(宦官)으로 만들었다. 나는 언제나 내가 원하는 것을 남에게 보여주거나, 스스로 인정하는 것조차 두려워했다. 나는 내가 도움을 줄 수 있는 지위를 찾는 것을 싫어하고, 나의 목적에 도달하기 위해 계략과 우회로를 준비하는 것을 피하고 있었다.──그래서 결국 나는 보기 좋게 목적도, 뚜렷한 욕망도, 의지의 비약마저도 지니지 않게 되었다. 순결과 오만과 불신과 무기력과 걱정에서 생기는 부끄러움은 만성적이 되고, 습관, 기질, 제2의 천성이 되어버렸다. 그리고 나는 이미 원하는 것에도, 거짓말을 하는 것에도, 자기를 낮추는 것에도, 괴로워하는 것에도, 또 나 자신의 비참한 상태에서 벗어나기 위해 싸우는 것에도 얼굴을 붉히는, 부끄러움을 잘 타는 가련한 사람에 지나지 않는다.──그래서 굴욕은 나의 공포이고, 종속은 굴욕의 본질이다. 나는 내가 사랑하는 것에만 종속하는 것을 인정할 수 있고 또 종속할 수 있다. 동감은 나의 생활의 원리이다.──그런데 내가 스스로 동감을 느끼지 않게 되는 순간, 내가 더 이상 사랑하지 않게 되는 순간, 나는 구멍난 고무풍선처럼 시들고 만다.

평생에 걸쳐 자신의 갑옷을 주조하고 무관심의 옷을 만든 결과, 이 상처받기 쉬운 상태에 도달한 것이라니! 모든 것은 기만이요 결핍이며 권태라는 것을 예견하고서도, 대가를 바라지 않고 사랑하는 버릇이 붙어, 그 결과 스스로 마음을 돌로 만드는 힘이 없어진 것을 인정하다니! 모든 것을 한 장의 카드에 걸고 살았던, 기억이 없는 동안에 노년에 이르는 것을 느끼다니. ……아아!

기쁨을 없애려 할 때는 언제나 너에게 나아가라고 명령하고, 행동하려 할 때는 멈추라고 명령하는 영혼은 도대체 무엇인가? 그것도 역시 그 좋지 않은 부끄러움, 게다가 너의 진정한 기쁨은 어린애 같은 성질의 것이고 소박한 성격의 것이다. 너의 복잡한 본성 속에는 역시 단순하고 선량하며 태평하고 순진한 개인, 한마디로 말해 선량한 사람이 숨어 있다. 네 안에는 노인 같고 여자 같은, 또 어린아이 같은 데가 있다. 거기에는 남자다운 점만이 빠져 있다. 너는 자신의 계획에 따라, 또는 주위의 상황보다 강한 성장의 법칙에 따라 발전하지 않고, 밖으로부터의 작용, 환경, 우연한 장난감, 적어도 그런 밖으로부터의 강요에 의해 너를 개발시킨다는 의미에서 그 장난감이 되어 있다. 왜냐하면 너의 자유는 언제나 선명하게 네 의식 속에 있기 때문이다. 그러므로 너는 끌려가고 있지만 지배받고 있지는 않다. 아무것도 원하지 않지만 노예는 아니다. 너는 총명하지만 생활의 흐름과 역류를 이해하고 관찰하는 데 머무르며, 그 방향에 간섭하지 않기 때문에 무력하다.

  절대성은 영원히 너를 상대적인 사물에 몰두할 수 없게 만들어버렸다고 생각한다. 절대성은 너에게 개성, 적어도 너의 개성을 싫어하게 했다. 그 뒤부터는 하나의 견해나 방법 또는 존재양식이 계열 속의 한 점, 무한의 한 형식에 지나지 않는다고 하여, 그것을 진심으로 받아들일 수 없게 되고, 타인과 보조를 맞춰 생활하지 않을 수 없게 되었다. 헤겔의 그늘에서 너는 이 근본적인 무관심, 실생활에 있어서 치명적인 이 객관성, 그리고 진이고 선이고 유용하다고 반쯤밖에 믿을 수 없는 것을 확고히 원하는 것의 불가능성을 얻은 것이다. 전체성의 요구가 극히 미미한 부분의 역할을 가련한 것으로 느끼게 했다. 이상, 완성, 영원, 즉 절대에 대한 느낌이 영원히 너의 기를 꺾고 말았다. ──의무는 남아 있다. 그러나 감격적인 환상은 사라졌다. ──그런데 조금의 대가도 없는 헌신과 조금의 환상도 없는 일은 영웅적인 두 가지 사항이다. 끊임없이 영웅적이기 위해서는 열렬한 신앙과 확고한 종교가 필요한데도, 네 안에서는 신앙과 종교가 끝없이 동요하고 있다. ──"가련한 녀석이다."

  ……도대체 어째서 단 한 여자도 나를 쇠사슬로 묶어두지 못했을까? 수많은 여자들이 내 마음을 움직이고 있기 때문이다. 한 사람에게만 몸을 바치기보다 모두를 사랑하는 편이 쉽다. 미모, 애교, 친절, 기지(機智), 정열, 유화(柔和), 연민, 감격이 각각 나를 사로잡고 포로로 만들고 마음을 빼앗는

다. 모든 것이 나를 끌어당기면서, 아무것도 나를 붙들어두지 못한다. 나를 붙들어두려면, 저쪽이 끊임없이 새로워져서 나의 취미처럼 자꾸자꾸 모습을 바꾸지 않으면 안 된다. 한 사람의 여자가 모든 여자를 대신하려면, 물결처럼 움직이기 쉽고 빛처럼 완전하지 않으면 안 된다.

1861년 9월 23일
 이 노트(며칠부터인지 역자에게는 불명)를 다시 읽어보았다. 다 읽었을 때, 만약 이것을 이지(Hygie)에게 보여준다면 나를 어떻게 생각할까. 이것 때문에 지금까지 받았던 호의를 잃지는 않을까 하고 생각해 보았다. 나를 존경할 것인가, 불쌍하게 여길 것인가, 실망할 것인가, 흥미를 느낄 것인가. 번민할 것인가 감동할 것인가? 읽은 뒤에도 누이동생처럼 나에게 손을 내밀 것인가? 모르겠다. 나는 그것을 시도해 보고 싶은 충동을 느끼고 있다. 마음을 털어놓고 싶은 욕구가 신중함이라는 본능과 싸우고 있다. 이 본능을 특히 변호하는 것은, 이 종이조각에는 다른 사람들의 비밀도 몇 가지 들어 있는데 나에게는 자신만의 약점만 고백할 권리밖에 없다는 사실이다. 스스로 정한 머리글자가 나의 편지 상대를 충분히 숨겨줄 수 있을까? 어떤 사람에게는 피해를 주고, S.H.(이지)에게는 마음을 아프게 하는 일이 되지는 않을까? 그래도 나는 이지의 신중함을 믿고 있고 그 의견과 생각을 무척 듣고 싶다.──다른 이의(異議). 이 페이지들은 진정한 나라는 개인에게 지극히 불완전한 관념밖에 주지 않는다. 4개월 전부터 나는 모든 지적이고 일반적 관심으로부터 멀어졌다. 마음의 내밀한 좁은 범위로 추방되어 갇혀 있다. 나는 기숙사 생도처럼 가슴의 공상 속에서 살아왔다. 여기서 인정할 수 있는 것은 나라는 존재의 여성적 측면, 남자라면 어떤 수치와 당혹감으로 숨겨 두는 측면이다. 실종된 시기의 나의 정신적 동요와 무기력의 역사이다. 한마디로 말해, 이것은 진상이기는 하지만 진상 전체는 아니다. 건물의 외관, 부분적 단면이기는 하지만 기초적인 설계도는 아니다. 무엇을 꺼릴 것인가. 경우에 따라서 이것은 여자의 흥미를 가장 끄는 일일지도 모른다. 이것을 읽었다고 해서 나에 대해 거북해지거나 나도 저쪽에 대해 그렇게 될 것인가? 우리의 교제에 시적 정취를 주고 있는 눈부신 빛을 일부러 지워버린 것이 될까? 알 수 없다. 그렇게 될지도 모른다. 어쨌든 이 위험은, 나에게는 단념하게 하는 이유라기보다 오히려 유혹이다. 몽테뉴와 마찬가지로 나도 과대평가되기보다는 제대로 알아주었으면 좋겠다. 어쨌든 나는 나자신에게 명예롭지 않은 것만 보여준 것 같은 느낌이 든다. 그리고 종종 내가 남자로 파악되지 않고 이해받지 못하고 있는 것을 자랑스럽게 생각하는 것은, 여자에게 나 자신을 훨씬 쉽게 열어 보일 수 있게 하기 위해서가 아닐까? 나는 비속한 자의 눈을 벗어나 선택받은 사람의 마음속에 들어가려 하고 있다. 무관심한 사람들로부터 나를 가리고, 내가 사랑하는 사람들에게 나를 보여주려 하고 있다. 나의 망설임 속에는 모두 개방하여 보여주고 싶은 마음이 숨어 있다. 적어도 몇 사람인가는 나를 바르게 판단하여 나를 알고, 나를 인정하거나 애정으로 충고해주기를 바라고 있다.

행복에 대하여

행복은 추한 것을 없애고, 아름다움을 아름다움으로 있게 한다.
그것을 의심하는 사람은
젊은 아가씨의 뺨에 사랑의 장미가 피어나는 것이나
투명한 눈길 속에 첫사랑의 빛이 눈뜨는 것을
분명 보지 못했을 것이다.
새벽조차도 이 기적에는 당할 수가 없다.

1861년 10월 11일

(아침 10시) 볕이 잘 든다. 내 방에는 빛과 열이 찰랑거리고 있다. 내 오른쪽으로 새하얀 호박 베일을 쓰고 도시를 발 밑에 두고 있는, 가이스베르크가 바라보이는 곳, 능직의 털이 아름다운 긴 의자에 걸터앉았다. 그리고 내가 묵고 있는 층의 둥근 발코니 바로 밑에 은가루를 뿌린 듯한 초록색 물결이 일고 있는 네카 강의 속삭임을 들으면서 이 글을 쓰고 있다. 하일브론에서 온 커다란 배가 눈 아래로 조용히 지나가고, 모습이 보이지 않는 짐차의 바퀴소리가 강가의 길에서 들려온다. 먼 곳에서 노는 아이와 닭과 참새의 소리, 시각을 알리는 '성령교회'의 종은, 이 자연의 끝없는 고요함을 깨지 않고 박자를 잘 맞춰주고 있다. 시간이 조용히 흘러가고 있다. 이곳에서는 시간이 날갯짓도 하지 않고 공중에 원을 그리고 있는 것처럼 느껴진다. 왠지 모를 평화가 가슴으로 올라온다. 고향을 떠난 뒤 처음으로 느끼는, 진정한 의미에서의 집중과 공상의 순간이다. 아침의 상쾌함과 신선한 시의 이미지는 청년시대와 비슷하여 게르만적 행복의 직관을 준다. ……붉은 깃발이 걸린 갑판이 있는 배 두 척이 각각 석탄을 가득 실은 납작한 화물선을 몇 척인가 끌며, 물살을 거슬러 돌다리의 아치를 지나갈 궁리를 하고 있다. 그것을 끌고 있는 말은 모두 배까지 물에 잠겨 있고, 작은 배 한 척이 대열에서 떨어져 말 있는 곳으로 밧줄 끝자락을 가지고 간다. 나는 창문에 코를 대고, 두 방향으로 달리는 배를 바라보고 있다. 네카 강은 코르소처럼 활기로 가득하다. 도시에서 피어오르는 물결 같은 연기로 줄이 나 있는, 나무가 무성한 산비탈에는, 성이 벌써 커다란 깃발처럼 그림자를 펼치며 탑과 박공의 실루엣을 그리고 있다. 정면의 가장 위에 모르켄쿠르가 어두운 옆모습을 보여주고 있고, 오른쪽에는 붉은 사암 동굴이 녹음 속에 예리한 각으로 파여 있고, 그 한쪽을 햇빛이 비춰주고 있다. 거기서 더 위로는 눈부신 동쪽 하늘에 카

이젤슈투르 및 토루츠하인리히 망루에서 아지랑이가 피어오르는 모습이, 구불구불한 골짜기를 사이에 두고 떠올라 있다.

  풍경에 대한 것은 이쯤 해 두자. 집안에서는 무엇이 벌어지고 있을까? ……W***교수는 그 '한트부흐'(간추린 역사)가 이미 폴란드어, 네덜란드어, 스페인어, 이탈리아어 및 프랑스어로 번역되어 3천 부씩 9판을 거듭했다고 알려주었다. 그의 대작《세계사》는 벌써 3권까지 발표되었다. 그 일에 할애할 시간은 매일 4시간씩과 축일과 휴가 때밖에 없다. 일에 대한 이 능력은 참으로 놀라운 것이고, 이 완고한 기질은 신비스러울 정도이다. '오오, 독일적인 근면함이여.'……

  이 성실하게 일하고 있는 학자, 박학한 편찬자의 생활은 나를 약간 당혹스럽게 했다. 나는 자신이 너무나 멍하고 변덕스러우며 잘 잊어버린다는 것을 알고 있기에 모든 것을 읽고 쓰고 종합하는, 이 지칠 줄 모르는 신기한 학구파에 비하면 무지한 문외한이라는 사실을 실감하지 않을 수 없다. 이런 수고가 무슨 도움이 되느냐고 스스로에게 물어본다. 지식을 보급하기 위해? 이 집의 주인은 생각하고 느낄 시간이 있을까? 그렇게는 생각되지 않는다. 그 머리는 말하자면, 책을 갈아 가루로 만들고 다른 일도 맷돌로 처리하는 기계 같은 것이다. 내가 보는 바로는 그의 주된 일은 어엿한 가정을 꾸려온 것과 역사의 일반적인 교육에 공헌한 것이다. 그 진실은 '철저성'이고, 그 재능은 실천적 질서와 명석성이며, 인간으로서의 매력은 성실함이 담겨있는 소양이다. 그러나 이 사람의 집에서는 독창적인 사상이라곤 그림자만큼도 거둘 것이 없다. 이것이 동전의 뒷면이다.

1861년 11월 9일

  따뜻한 날, 반가운 촉촉한 비, 비로드 같은 공기의 촉감. 육체를 느끼지 않는 기쁨, 다시 말해 완전히 건강하다는 행복을 느꼈다. 내 기질도 나도 모르는 사이에 바뀐 것일까? 어떤 기후보다 건조한 공기와 북풍을 좋아했던 내가, 마침내 습기찬 미적지근한 날씨와 남풍을 좋아하게 된 것일까? 식사에 대해서도 반대의 현상을 관찰할 수 있었다. 달콤한 것, 우유로 만든 것, 매운 맛 대신, 진한 맛과 강한 조미료 맛을 알게 되었다. 이러한 식으로 내 위장은 남성적이 되고 내 신경은 여성적이 되었다. 어디까지나 보상과 균형과 복귀이다. 그러므로 우리의 다양한 기관계통은 각각 다른 구조를 가진 궤도를 서로 반대 방향으로 더듬게 된다. 그래서 60년 산 사람은 자기도 모르는 사이에 기질과 취미의 주기를 거친 것이고, 생활의 중심을 도는 그 공전은 무수한 회전과 부차적인 작은 주기로 이루어져 있다. ——나는 또 내가 좋아하는 음역의 계열을 떠올린다. 처음에는 소프라노, 다음에는 베이스, 그 다음은 테너, 그리고 앨토. 지금은 바리톤, 오히려 좋아하는 음역이 없어지고 객관성이 승리를 차지했다. ——결론. 우리의 무의식적인 본성의 전개는 도레미의 천문학적 법칙에 따르고 있다. 소우주에서나 대우주에서나 모든 것은 변화이고 주기이며 소주기이고 변형이다.

또 각각은 전체, 모든 것, 모든 생명 형식의 비교와 요소를 그 속에 포함하고 있다. 그리고 보면 극히 미미한 시원(始元)과 씨앗 및 징후를 포착할 수 있었던 자는, 자신의 내부에서 우주의 기구를 발견하고 스스로는 완성할 수 없는 모든 계열을 직관을 통해 헤아릴 수 있다. 예를 들어 식물적, 동물적 생활, 인간의 감정과 위기, 정신의 질병 및 신체의 질병. 미묘하고 강인한 이성과 지식은 점의 상태에서의 모든 숨은 세력을 통과하여, 각 점에서 전광처럼 모나드, 즉 그것이 포함하는 세계를 방출할 수 있다. 이것이 바로 보편적 생명을 의식하고 파악하여 관조의 신전으로 돌아가는 것이다.

1861년 11월 12일

빌라크, 일명 무스타파, 일명 트림 하사, 일명 슈슨. 다시 말해 내 작은 얼룩고양이가 이 날짜를 쓰고 있는 펜에 달려들어 노트에 여백조차 없는 오점을 남겨놓고 말았다. 준비 자세를 한 채 카드모스가 발명한 이 저주받은 재주를 이해하려고 노력하는 듯 하더니 그런 일에 헛수고를 하고 있다는 분노때문인지 다시 한번 달려들어 할퀴었다. 그런데 맙소사! 책상 끝에서 미끄러지면서 피히테의 《인간학》을 건드렸고, 그 철학자와 함께 떨어져 난파당한 것 같은 표정을 짓고 있다. 창피하다는 기분을 느낀 것 같다. 나는 가까스로 해방되었다. 이번에는 소파 위에서 자신의 꼬리를 쫓아 맹렬하게 돌고 있다. 진짜 회오리바람이다.

그러나 지금 나는 스스로에 대해 불만이다. 어제는 눈이 아파서 10시에 자고 오늘 아침 6시에 일어날 생각이었는데, 눈을 뜨니 벌써 7시 반이었다.

그렇게 어린아이처럼, 잠꾸러기 족제비처럼, 모르모트처럼 잤다. ……어리석음과 게으름과 내향적인 성격 때문에 현명하지 못하게 지내고 있는 어처구니없는 나의 생활. 옛날에는 책을 많이 읽고 일도 많이 했다. 지금은 많이 자고 할일 없이 빈둥거리고 있다. 이 모든 것이 무슨 소용이 있을까? ……아무리 생각해도 빌라크는 노는 데 정신이 빠져있다. 붉은 테이블보를 덮은 둥근 테이블에 둔 책과 서류 속에서 모든 것을 헤집어놓고 말았다. 미슐레의 《연애론》(1858년)을 떨어뜨리고는 벌렁 드러누워 파란 봉투로 마술을 하고 있다.

　　빌라크는 책을 물어뜯고
　　이빨까지 학자가 되는 고양이다.

사냥은 다시 시작되어 시치미를 떼거나 뛰어오르고, 등을 둥글게 말기도 하고, 다시 뛰어오르며 다리를 맞부딪치고, 빙글빙글 도는 모습이 전혀 진정할 기미가 없다. 정말 재미있다. 초등학교 아이라도 이렇게까지 놀지는 못할 것이다. 그러나 이 학생은 말을 할 줄 모른다. 그 장난질에는 웃음이 없다. 생생하고 기쁨에 찬 듣기 좋은 웃음이 없다. 전체적으로 말없는 이 놀이는 미치광이짓처럼 보인다. 말없이 있으면 섬뜩한 기분이 든다.

　1861년 11월 25일
극을 이해하는 것은 생활이나 전기, 인간을 이해하는 것과 같은 정신작용이다. 그것은 새를 알로 되돌리고 식물을 씨앗으로 되돌리며, 문제가 되고 있는 존재의 생성 전체를 새롭게 하는 일이다. 예술은 바로 자연의 알 수 없게 된 사상을 부각시키는 것이다. 수많은 선(線)의 단순화, 눈에 보이지 않는 무리의 나타남이다. 영감의 불길은 감응 잉크로 그린 데생을 비춰준다. 신비적인 것이 드러나고, 뒤엉켜 뭐가 뭔지 알 수 없었던 것이 명백해지며, 복잡한 것이 단순해지고, 우연한 것이 필연이 된다. 즉, 예술은 자연의 뜻을 번역하여 그 의지(이상)를 언어로 표현하고, 자연을 계시한다. 각 이상은 긴 수수께끼를 푸는 한 마디 말이다. 위대한 예술가는 단순하게 하는 사람이다.

(날짜 없음)

우리 각자는 맹수 조련사이고 맹수는 그 사람의 감정이다. 어금니와 발톱을 빼고 재갈을 물려 길들이고, 그것을 가축으로 삼아 일을 시키며, 경우에 따라서는 놀라게 해서라도 복종하게 하는 것이 각자의 교육이다.

(날짜 없음)

미완성의 것은 무(無)이다.

(날짜 없음)

진정한 겸손은 자신의 의지박약을 시련으로 받아들이고, 자신의 악의를 십자가로 받아들이는 것, 자신의 포부와 명예심, 의식(양심)의 포부와 야심마저 희생으로 삼는 것은 아닐까? 진정한 겸손은 만족이다.

1862년 1월 13일 (지명이 표시되어 있지 않은 것은 제네바에서 쓴 것)

올들어 나는 오래 전부터 사이가 벌어져 있었던 두 사람과 화해했다. …… 참을성 있는 친절과 끊임없는 선의가 마침내 무관심과 선입견의 얼음과 돌을 녹였다. 아무도 미워하지 않고 질투하지 않을 수 있는 것을 행복으로 여겼던 나는 악의를 이기고, 나에 대한 복수심에 불타거나 나한테서 등을 돌린 사람들의 마음을 되찾아 더욱 더 행복해졌다. 잃어버린 어린양을 찾았을 때 느끼는 기쁨이라고 할 수 있으리라. 사람은 각자 자신을 찾아온 애정과 우애, 혈연, 세상, 여행에 의해, 우연히 또는 선택에 의해 자기 스스로 획득한 애정의 양치기가 아닐까? 인생의 위안은 인생의 황혼기에 이르러 한 마리도 낙오하지 않고 잘 자란 양 떼를 데리고 돌아오는 일이 아닐까? 눈에 보이지 않는 보물을 얻으라고 복음서는 말한다. 교회가 가르치는 선행에 이어 이 보물을 이루는 것은, 애착, 우애, 온정, 감사, 즉 우리가 주고 간직할 수 있었던 애정이 아니고 무엇일까?

나는 내 기억을 영원히 전하는 기념비를 세우지 않고, 세계와 후손을 위해 아무것도 하지 않는다 해도, 아마 몇몇 사람의 가슴에 이 세상에서 내가 걸어온 자취를 남길 수 있을 것이다. 나의 유일한 입상(立像)은 충실한 몇몇 마음의 추억 속에 서 있을 것이고, 나의 유일한 조사(弔辭)는 나를 사랑한

적이 있는 사람들의 은밀한 눈물 속에 낭독될 것이다. 그것만으로도 충분하다. 나는 기꺼이 감사의 정을 담아, 그리 알려지지 않은 내 이름을 이미 에워싸고 나의 추억 속에 꽃피는, 열정마저 담겨 있는 진정한 우정의 소중한 꽃장식을 생각하고 있다. 나의 내성적인 성격, 거리낌, 불신에도 불구하고, 나는 풍부한 동정을 받고, 많은 다른 의식과 성격이 내 앞에 열리는 것을 보았다.——그와 아울러 나는, 잘 알지 못하는 사람들이 종종 나에게 친밀한 애착을……게다가 그것 때문에 내가 놀라거나 의심하는 것을 막았을 정도로……느낀 일을 떠올린다. 사람들은 나에 대해 원칙에 예외를 둔다. 여자의 숨겨져 있는 생각의 제단이 자주, 게다가 저절로 내 눈 앞에 장막을 열었다. 이 자발적인 묵시가 나에게는 상당히 신비로운, 그러나 기쁜 배려를 동반하는 고백 상대의 역할을 부여했다.

나는 이미 수많은 일기를 읽고, 길로 막 접어든 사람과 회한에 괴로워하고 있는 젊은이들을 지도해 왔다. 나와 함께 있으면 이해와 배려와 보호를 받고 있는 것처럼 느끼고, 신뢰하는 마음은 (내가 배신하는 일이 없으므로) 종종 너무 두터워서 나를 몹시 당혹시키기까지 한다. 다양한 나이의 아이들도 모두 나를 사랑하고 나를 따른다. 나는 나에게 애정과 은혜를 베푼 사람들을 헤아릴 때 어린아이들을 빼놓지 않는다. 결국 선의는 현재의 삶과 영원한 삶의 약속을 가지고 있다. 그것은 나쁜 감정이 불러일으킨 슬픔에서 정신을 구하고, 만족을 주며, 또한 곧잘 이웃의 감사와 사랑을 얻게 한다. 선의를 품는 것은 그것만으로도 기분이 좋은 일이므로 보답 같은 것을 기대하지 않아도 된다. 가장 마음에 다가오는, 아마 신의 가장 큰 속성은 선의가 아닐까? 신과 함께 평화롭게 살아가는 것은 기쁨 중의 기쁨이고, 행복의 기본 자체이며, 어린이와 노인의 종교이고 사상가의 신조이자 염원의 요약이다.

1862년 2월 3일

제대로 된 일은 하나도 없다. 머리가 작동하지 않는다. 나는 종합하는 힘이 없어진 것 같다. 하나하나의 문장을 열 번도 더 읽는 동안, 감흥을 잃어버려 앞으로 나갈 수가 없다. 일기와 편지에서는 펜이 멎는 일이 없지만, 그 외에는 글을 쓸 수가 없다. 걱정이 나의 숨을 멎게 하고, 하나하나의 말이 가시처럼 목구멍을 찌른다. 나의 생각 속에 하나의 전체, 하나의 장(章)을 넣어둔다는 것은 생각도 할 수 없는 일이고, 종합된 문장 하나도 떠오르지 않는다. 나의 펜 끝과 그것으로 써 나가는 말에 집중하면 코끝밖에 눈에 들어오지 않고, 숨결과 날갯짓, 착상, 이야기는 쾌활함이나 본심과 함께 달아나버린다. 내 손으로 쭉쭉 쓰고 있는 문자 속에 내 정신을 눈으로 쏟아부을 때 생기는 이 얄미운 경련은, 아직도 나에게 남아 있는 약간의 기억과 힘마저 제거해버린다. 1초마다 나는 이미 얻은 속도, 비축한 열, 시작된 사상의 움직임을 잃어가다가 결국 텅 빈 벌거숭이로 멈춰 서 있다. 나는 내 안에 아무것도 넣어둘 수도 모아둘 수도 없다. 이 '영겁의 강물'은 나의 비생산의 이유이다. 나의 생활력은 하나의 사상이든 하나의 의지이든 결실을 맺을 수 있을 정도의 집중을 하지 못하고 발산시켜 되찾을 수가 없다. 나의 뇌수는 너무 박약하여 무언가를 나타내지 못한다. 따라서 하나의 작품을 생각해낼 힘도 창조해낼 힘도 없고, 호기심으로 애만 태우다 결국 작품을 유산시키고 만다.

몇 년쯤 전부터 인정해 온 바와 같이 나 자신에 대한 비판은 변론에 있어서나 문학에 있어서나 모든 자발성의 부식제가 되었다. 나는 "신비를 얻으라"는 자신의 주의(主義)로부터 등을 돌려 생산하는 힘을 잃는 형벌을 받고 있다. 인식의 요구도 자신에게 향해진 경우에는, 푸시케의 호기심처럼 사랑하는 것의 도주라는 벌을 받는다. 힘은 자신에 대해 신비한 것이 되지 않으면 안 된다. 자신의 신비에 들어가는 순간 힘은 소멸된다. 황금알을 낳는 암탉은 자신의 알이 왜 황금인지 알려고 하는 순간부터 황금알을 낳지 않게 된다.——일찍이 나는 의식 중의 의식은 분석의 극한이지만, 극단적으로 파고든 분석은 이집트의 뱀처럼 자기 자신을 다 먹어치운다고 《밤송이》 (1854년에 낸 아미엘의 시문집)에서 말했다. 만약 자기 자신에 대한 작용으로 그것이 파멸에 빠지는 것을 막고 싶다면, 가루로 갈거나 녹여야 하는 외적인 질료를 거기에 주지 않으면 안 된다. 우리는 자신에 대해 알 수 없는 것이고, 외계를 향하고 있어서 우리를 에워싸는 세계에 작용하는 것이며, 또 그래야만 한다고 괴테는 말했다. 외부로의 발산은 건강을 낳는다. 너무 연속적인 '내면화'는 우리를 하나의 점(點)으로 이끌고 허무로 이끄는 불건전한 상태이다. 왜냐하면 그것이 우리를 폐기하고, 타인이 그것을 이용해 우리를 폐기시키기 때문이다. 자신의 생활을 고독한 수축에 의해 집요하게 감소시키고 제한하기보다는 그것을 키워서 더욱 큰 범주로 확대하는 것이 좋다. 뜨거움은 한 점을 지구로 만들고, 차가움은 지구를 원자의 크기로 줄이는 경향을 가지고 있다. 나는 분석에 의해 자멸하고 말았다.

고독한 사상이 자신을 위해 만들어낸 차갑고 어둡고 막연한 세계에서 나와, 육체, 부피, 무게, 현실적인 존재를 되찾아야 할 때이다. 나를 나의 중심에까지 감아 새긴 나선을 풀어야 한다. 끝없이 서로 반사하는 나의 반사경을 돌려 인간과 사물을 향하게 해야 한다. 오랜 겨울 동안 자신의 다리 안쪽만 핥았기 때문에 극도로 여윈 동면동물은, 겨울잠에서 깨어나자마자 먹이가 있는 곳을 찾지 않으면 안 된다. 꿈꾸는 자여, 동굴에서 나와 먹을 것이 있는 곳으로 가라. 너는 이미 오랫동안 숨어서 손을 내밀지 않고 있었다. 살아갈 것을 생각하라.

1862년 4월 22일 살레브산 기슭 모르넥스
5시쯤에 새가 지저귀는 소리에 잠이 깨어 덧문을 열고 하늘을 바라보니, 동쪽은 가까스로 먼동이 트고 있고 주황색 초승달이 나의 창문을 바라보고 있었다. 한 시간 뒤에 옷을 갈아입었다. 기분 좋은 산책. 아네모네는 아직 꽃잎을 오므리고 있고 사과나무는 꽃을 피우고 있다.

별 같은 꽃으로 덮인 아름다운 사과나무
향기 높은 봄눈.

황홀한 전경. 상쾌함과 기쁨의 느낌. 새 옷을 입은 자연. 단지 부족한 것은 어제 소 살레브에 올랐을 때 여러 번 내 코를 간질인(아마 눈에 보이지 않는 시클라멘의) 달콤쌉쌀한 향기뿐이다. 그 대신 컵에 물을 담아 꽂아둔 한 송이 백합이 책상 위에서 향기를 뿜고 있다. 그 책상은 벽에 기대 세워 기울여서 독서대로 쓰고 있는 것이다. 식사를 마치고 신문——〈프레스〉 2호, 오브리에(의 시를 한 편 〈봄에 부치다〉), 정확한 느낌, 페트로니우스풍의 시——을 읽고 지금 이곳에 앉아 있다.

'죽은 자에게 평화를!' 그렇지만 오늘은 살아 있는 것이 즐겁다. 감사하는 마음은 신앙처럼 찬미가를 가진다. 말할 것도 없이 (기숙 학교의) 여선생들은 아직 수평선 위로 떠오르지 않았다. 이 아름다운 두세 시간을 흘려버리다니, 안됐다.

(11시) 내 발밑에서 들려오는 서곡, 음계, 연습곡, 더듬거리는 불안한 가락. 뜰에 선 아이들의 목소리.——올해의 〈두 세계 평론〉 4호를 훑어본 참이다. 세세(Saisset. 프랑스 철학자,)〈스피노자와 유대교도〉, 마자드(Mazade. 프랑스 정치)〈문학에 있어서의 부인, 세비니예 부인과 스베틴느(1818년부터 프랑스에서 살았던 러시아 여성,) 부인에 대해〉, 로젤(Laugel)〈태양의 화학분석〉, 레뮈자(Charles de Rémusat. 프랑스)〈신학비평과 프랑스에서의 그 위기〉 등의 논문.——이들은 세레르의 말을 연상시킨다. "이곳에 있으면 나는 장님 나라에 있는 외눈박이 같은 느낌이 든다."——평소 내가 우월에서 오는 고의의 침묵으로 겸손하게 생각하고 있었던 것이, 프랑스에서 중간 정도의 사상을 지닌 위대한 지도자에게는 경박한 무교육과 확실한 피상성에 지나지 않는다. 그 윤리적, 심리학적, 미학적, 종교적, 철학적 해설에는 깊은 맛이 전혀 없다. 그 판단은 앞으로도 뒤로도 또한 비교적으로도 넓은 폭이 없다.——세레르는 교양이라는 점에서 타이얀제, 몽테규, 레뮈자, 세세들보다 뛰어난 비평가이다. 그는 텐느보다 정확한 눈을 가지고 있다. 그렇지만 르낭만한 사상이 없고, 생트 뵈브만한 유연함도 없다. 신학과 철학은 명찰력의 커다란 학교이다.——나는 세레르가 왜 나를 그 세계로 끌어들이고 싶어했는지 알았다. 결국 세레르는 어중간하게 이해받고 있다. 나하고 함께라면 서로 잘 이해할 수 있을 것이다.—— 세비니예 부인은 "중요한 것은 제대로 된 머리를 가지고 있는 일이다"라고 말했다.

프랑스인들의 두뇌의 한계는 이지적인 알파벳이 불충분하다는 점에 있으며, 그것 때문에 그리스, 게르마니아, 스페인의 정신을 번역해도 어김없이 악센트를 해치고 마는 것이다. 프랑스 풍습의 관대성은 사상(思想)의 사상적(事象的)인 관대성으로 보완되어 있지 않다. 프랑스의 사상은 그 국어와 마찬가지로 자연적인 싱싱한 자양액에서 분리되어, 습득한 문명의 인습적인 세상에 갇혀 있다. 베르사이유는 영원토록 속죄하고 있다. 작가와 독자의 말이나 사상, 마음이 사물의 외부에 머물러 있는 추상적인 생각, 즉 사상이 아무리 해도 자연과 합일하지 않고 시력의 통일을 곁눈질로 보는, 결코 사라지지 않는 데카르트주의가 사교성의 정신을 보상하고 있다. 모두들 자신의 힘으로 사물을 생각하려 하지 않는다. 개인과 인간집단의 융합 대신 언제나 자신이 조사하고 있는 사물의 바깥에 있다는 느낌이 든다. 객관과 주관의 이원(二元). ──그것과는 완전히 반대로, (이것은 나의 본성의 반대이다) 나는 사람들 앞에서는 개성적이고 사물의 현현에서는 객관적이다.

　나는 대상에 집착하여 그것을 마음에 받아들이고, 여러 가지 주관에서 벗어나 그것들에 대해 나 자신을 지킨다. 나는 대중과는 달리 자연 전체와 닮았다고 느끼고 있다. 나는 스스로 이해하려는 생활과 나 자신의 동감적인 통일 및 비속한 것의 전제적 진부함의 부정에 있어서 나 자신을 주장한다. 모방을 일삼는 대중이 나에게 은밀한 반감을 불러일으키는 대신, 진실하고 자발적인 생존은 작은 것(동물, 식물, 어린이)이라도 인력을 미친다. 나는 서로 대립하는 사람들이기는 하지만 괴테, 헤겔, 슐라이어마허, 라이프니츠 같은 사람들과 이지의 면에서 공통성을 가지고 있다고 느끼는 데 비해, 프랑스의 철학자는 그가 변설가이든 수학자이든, 뛰어난 장점을 갖추고 있음에도 불구하고, 나에게 차가운 느낌을 준다. 그 이유는, 내면에 보편적인 생명의 총화를 지니지 않고, 완전한 사상성(事象性)을 지배하지 않으며, 아무것도 암시하지 않고, 생활을 확대하지도 않으며, 나를 가두어 말라 비틀어지게 하거나 방심하지 못하게 하기 때문이다. ──프랑스인에게 항상 결여되어 있는 것은 무한에 대한 감각, 생생한 통일의 직관이고, 신성에 대한 지각, 존재의 비밀스리운 의식으로 들어가는 수행이다. 프랑스인이 재주가 좋고 속된 것은 피상적이고 타산적이기 때문이다. ──프랑스적인 입장에서 보면 모든 깊이 있는 사물, 진실한 시, 진실한 철학, 진실한 종교는 영원히 증명되지 않는 것이다. 범신론이 프랑스적이 되면, 우스꽝스럽고 어울리지 않으며, 따라서 악폐를 낳는 것은 그 균형을 맞추는 한쪽 추가 없기 때문이다. ──프랑스인에게 요구해야 할 것은(프랑스인의 몫은) 특수과학의 건설, 책을 쓰는 기술, 문체, 예의, 애교, 문학상의 모범, 미묘한 도시적 감각, 질서 정신, 교훈술, 규율, 우아, 세부(細部)의 진리, 상연(上演), 선전의 요구와 수완, 실제적 결론의 기운이다. 그러나 '지옥' 또는 '천국'으로 여행하는 데는 다른 안내인이 필요하다. 프랑스인은 지상에서 유한, 변화, 연혁, 잡다한 영역에 머무르고 있다. 기계론의 범주와 이원론의 형이상학은 프랑스 사상의 두 정점이다. 거기서 벗어나기 위해 프랑스인은 무리를 하며, 그 본성의 어떠한 사실적 요구에도 부응하지 않는 표현을 서투르게 다루고 있다.

1862년 4월 23일 모르넥스

오전 10시 반. 거의 완전한 고요함. 안정감과 명상의 행복. 생활에 따르는 피하기 힘든 산만함과 소란스런 방심에서 벗어나 있다는 기쁨. 그 기쁨 속에 오직 한 가지 공허. 가슴에 조금뿐인 공허. 지배적인 애정, 강한 희망, 고정된 목적이 하나도 없다. 그래도 내가 유감스럽게 여기는 것은 한 가지뿐, 바로 사랑 없는 세월이다. 다른 포부는 괴로운 추억이 된 것만 같다. 나의 본성은 무능력일까. 한가로움, 안이함, 학식, 관조, 여행, 우정, 독립처럼 다른 선이 넘치도록 풍부하기 때문일까. 나의 모든 마비가 내 가슴의 따분함이나 걷잡을 수 없는 사랑의 욕구에서 나온다는 생각 때문일까. 주뼛거리는 빈둥거림, 게으름, 자신감의 결핍, 어찌 해 볼 도리가 없는 변덕 때문일까. 나는 잘 모르겠다. 마음은 깊은 동정에 질리는 일이 없다. 알면서 묶이는 사슬, 언제까지나 먹고 살 수 있는 충분한 식량을 필요로 한다. 그런데 나의 우정을 모두 더해도 하나의 근사한 연애 이야기에는 미치지 못한다. 시인의 저작에서 종이를 천 장 찢어봤자 하나의 시도 되지 않는다. 자갈을 천 개 모아도 하나의 예배당은커녕 자기 머리를 덮는데 필요한 그늘조차 만들 수 없다.

> 신은 인간에게 무엇이 적합한지를 알고,
> 하늘을 멀리에, 여자를 바로 옆에 두었다. (위고)

나에게 적합한 교제 상대, 생활 및 사상의 교환. 이것이야말로 늘 괴로워하는 영원한 바람이고 끊임없이 느끼게 되는 결함이며, 일이나 쾌락, 독서, 회담, 요양지나 기나긴 시간에 의해서도 채워지지도, 잊혀지지도 않는 것이다. 어떤 사람들이 우리를 사랑한다고 아는 것만으로는 우리는 만족할 수 없다. 우리는 그 사랑에 잠기고, 그 사랑에 닿고, 그것을 기르고, 그것으로써 살아가려 한다. 나에게 다가왔던 대여섯의 열정적인 여성 가운데 어느 한 사람도 나의 다이아몬드에 달려들고, 나에게 이상을 잊게 하고, 나를 똑같은 회오리바람으로 몰아넣고, 마침내는 나의 운명을 결정하지 못했다니 얼마나 유감스런 이야기인가. 나보다도 행복했던, 또는 유능했던 사람이 여기에 줄지어 있는 것을 보면 나는 내가 먼 과거의 일생을 뒤돌아보고, 노인처럼 그것을 비판하는 듯한 기분이 든다. 나는 나 자신에게서 동떨어지고 초탈해 있다고 느끼기 때문에 나를 다른 개인, 죽은 사람인 듯이 인식한다. 몸뚱이뿐인 커다란 바보가 인생을 어떻게 해 버린 것이냐고 나 자신에게 묻고 싶다. 시작만 당당하고 결론이 없으며, 준비만 거듭하다가 일은 완성되지 않고, 죽은 자본, 잃어버린 힘, 헛된 희망, 무익한 생애, 다 써버린 수단과 획득한 결과의 불균형, 생산 없음의 혐오스런 실제적 예, 이것이 어쩌면 나의 방식, 나의 역사이다. 그 원인은? 무욕. 그 기원은? 희망없음. 그 이유는? 빗나간 사랑의 기대, 위로가 되지 않는 이상의 소실. 경우에 따라서는 아직도 숙명적인 본능, 나에게 적합한 것에 대한 수치심, 우둔한 내성적 성격, 밉살맞은 냉랭함. 나는 스스로 나를 무섭게 하고, 나의 동경을 받아들이지 않으며, 나 없이 해낼 수 있는 것을 요술방망이도 아니면서 해내려 노력하고, 욕망을 말살시키는 일에 평생을 써버렸다. 나는 용기와 의지를 죽이는 것밖엔 성공하지 못했다.

참을 수 없다. 끝도 없는 이런 우는 소리는 구역질 나게 한다. 나는 이제 그것을 즐기지 않게 되었다. 포만은 나에게 불쾌한 느낌을 가득 채운 잔을 내던지게 한다. 나에게 펜을 잡게 했던 기분은 이미 굳어버렸다. 나는 다시 이런 나만의 어린애 같은 속임수에는 무감각해져서 유일하고 객관적인 호기심에 눈을 떴다. 고독 속에서 1시간이나 2시간이 지나도 되새김할 수 있을지 어떨지 명확하지 않은 것을 키스는 1초 만에 달성할 것이고, 내적인 균형을 회복할 것이다. 때문에 사랑은 그 달콤함을 제쳐놓더라도 시간의 놀라운 절약이다. 선 채로 빙빙 도는 것은 굉장히 쓸쓸한 것임과 동시에 어마어마한 낭비이다. 여하튼 인간은 그런 때에 모든 것을 검게 보는, 즉 부정적인 입장을 취한다. 나의 생활은 앞에서 생각했던 것처럼 빈궁하지도 비생산적도 아니다. 나는 선을 베풀고, 나의 마음을 나눠주었다. 나의 행복이 부정적이라고 한다면 대체 누가 행복할 것인가. 나에게 장애가 되었던 나의 내향적 기질도 역시 하나의 보호가 아니었던가. 어느 것 한 가지 나를 삶에 매달리게 하는 것이 없다고 한다면, 죽음은 나에게 오히려 쉬운 것이 된다. 신이 나를 용서한다면 인간의 풍자적인 연민에 개의할 것이 무엇 있으랴.

깊이 음미하면서 《정관(靜觀)》(빅토르 위고의 시집 1856년)의 시를 되풀이해 읽다. 이 시인의 작품은 어쩌면 이토록 끝없이 풍부하고, 어쩌면 이토록 형상과 감각과 감정이 마르지 않는 샘이란 말인가? 이 작가는 바로 자연과 정열의 숨결을 떨게 하고 노래하게 하며 설레게 하는 에올리아의 하프이다. 그 산더미처럼 쌓인 주옥, 그 찬란한 수많은 메달에 비하면, 고르콘다(1687년 아우랑그제브에게 멸망당한 인도의 도시)의 모든 보물을 합친다 해도 초라해질 것이다.

1862년 4월 24일 모르넥스

(11시 반) 집집마다 사람이 가득하고 마을이 가까운데도 깊은 평화와 산의 침묵만이 느껴진다. 왱왱거리는 파리 소리밖에 들리지 않는다. 이 고요함이 가슴에 파고든다. 골수까지 스며든다. 낮의 한복판은 한밤중과 비슷하다. 삶의 가장 치열한 시간이 한 순간 중지된 것처럼 보인다. 이것은 예배 사이의 침묵과 같은 것이다. 이런 순간에는 무한이 열리며 말로 표현할 수 없는 뭔가가 느껴진다. 감사, 감동, 자신의 행복을 나눠주고 싶은 욕구. 빅토르 위고는 (시집《정관》에서) 나에게 더욱 다양한 세계를 구경시켜 주었지만, 이윽고 그 다양한 모순이, 이웃집에 사는(어제 함께 얘기를 나눈) 열렬하고 완전한 믿음을 가진 그리스도교도를 연상시켰다. 책에도 자연에도, 회의주의자인 시인에게도 신앙이 있는 설교자에게도, 이러한 모든 생활의 한복판에서 어떤 바람에도 흔들리지 않고, 기구의 광주리 속에 누워 에테르의 모든 정박지에서 흘러나와 떠다니면서, 자기 안에 정신과 감정과 사유의 모든 협화 및 불협화가 지나가는 것을 느끼며 기뻐하는 변덕스러운 공상가에게도 전부 같은 태양이 흘러넘치고 있다.──게으름과 관조, 의지의 수면, 세력의 휴가, 존재의 나태함이여. 나는 너희들을 잘 알고 있다. 사랑한다, 꿈꾼다, 느낀다, 배운다, 이해한다, 모든 것을 나는 할 수 있다. 다만 그것을 위해서는 나로 하여금 의욕을 내지 않아도 되게 하여, 나를 행동의 번거로움과 노력에서 해방시켜 주어야 한다. 이것은 나의 경향, 본능, 결함, 죄악이다. 나는 명예심, 투쟁, 증오, 즉 모든 정신을 외적인 사물이나 목적에 의존하고 발산하게 하는 것에 대해 어떤 근본적인 증오심을 품고 있다. 나는 그 무엇보다 명상적이고 관조적이다. 나 자신의 의식을 되찾아 자신의 자유를 느끼고, 시간이 울리고 우주 생명의 급류가 용솟음치는 소리를 듣는 기쁨은, 종

종 내게 다른 모든 욕망을 잊게 해준다. 이 감각적 무력이 결국은 내 안에 생산의 요구와 실천의 기력을 소멸시킨다. 이지적인 향락주의는 끊임없이 나를 덮치려 하고 있다. 나는 의무의 관념에 의해서만 그것과 싸울 수 있다. (시인은 그것을 얘기했다.)

    살아 있는 것이란, 투쟁하는 것이다.
    마음과 이마가 견고한 운명으로 가득 차 있는 것이다.
    운명의 높고 험한 봉우리로 기어오르는 것이다.
    낮이나 밤이나 끊임없이 시선을 앞으로 향하고
    뭔가 신성한 일이나 위대한 사랑을 바라보며
    고상한 목적으로 불타는 가운데 생각하면서 나아가는 것이다.
                                                (위고 《징벌》)

1862년 4월 25일 모르넥스
  (5시) 오후에 오랫동안 M. C***부인(우리의 친구)과 얘기를 나눴다. 내가 그 사람의 푸른 베일을 벗기고, 아픈 눈을 위해 나의 연유리 안경을 끼워주었더니, 30분 정도 지나자 완전히 좋아졌다고 했다. 마침내 우리의 교제에 약간 허심탄회하고 안정된 느낌이 나타나기 시작했다. 간호사로서의 내 솜씨가 빛을 발한 것이다.
  "조슬랭(Jocelyn. 라마르틴의 시. 1838년)의 노래를 몇 편 감동적으로 읽었다. 그것이 나를 완전히 울리고 말았다. (개, 어머니의 죽음, 롤랭스와의 이별, 파리에서의 만남, 롤랭스의 죽음) 정말 멋지다.

    아아, 도저히 사라지지 않는 환상이
    눈앞에 어른거린다는 건 슬픈 일이다.
    그 여생은 그림자 때문에 갈색이 된다.
    아버지시여, 성스러운 하루가 지난 뒤, 모든 것은 암흑이 되었나이다.

  이 페이지는 나를 다시 빌라르와 그리용으로 데리고 가, 향수의 몽상에 잠기게 했다.

행복이라고 할까 불행이라고 할까, 오오.
천국 같은 날을 마음에 준 뒤
여생의 빛을 퇴색시킨 유성을
하늘에서 내 발 아래로 떨어뜨린 것은 천사. （제9장）

또 다른 대목에는,

그 사람은 삶을 더욱 남자답게 생각하고
그 슬픔도 한 번으로는 삶을 헛되이 하지 않았다.
오히려 신의 엄격한 처분을 바라며
가슴 가득 정결한 생활을 유지할 수 있었다.
그것을 어지럽히거나 무너뜨리지 않고
체념의 마음으로부터 한 방울씩 흘려보냈다.
처지와 타인의 요구에 의해
주변의 토지에 모든 것을 살리기 위해. （《조슬랭》의 에필로그）

읽는 사람을 하늘로 높이 올려주고 신성한 감동으로 일관하는 시, 사랑과 죽음, 희망과 희생을 노래하여 무한을 느끼게 하는 시는 진정한 시다. 《조슬랭》이 항상 나에게 주는 정열의 전율이 냉소에 의해 모독당하는 것은 참을 수 없는 일이다. 이 가슴의 비극은 순결한 점에서 볼 때 프랑스어 쪽으로는 《폴과 비르지니》 외에는 비할 것이 없다. 나로서는 오히려 《조슬랭》 쪽을 선택할지도 모른다. 올바른 판단을 내리기 위해서는 동시에 둘을 다 읽어야 할 것 같다.

1862년 4월 28일 모르넥스

(6시)……또 하루가 저물어 간다. 몽블랑을 제외한 모든 산들은 벌써 빛도 색도 잃어가고 있다. 밤의 서늘함이 오후의 폭염을 대신했다. 피할 수 없는 사물의 추이, 저항하기 힘든 나날의 경과에 대한 느낌이 다시 나를 엄습해와 압박을 가한다.

끊임없이 변화하는 표정을 가진 (명랑한) 자연이여, 당신은 이내 잊어 버린다.

오오, 시간이여. 너의 비상을 멈춰라. 우리가 시인과 함께 이렇게 소리쳐도 아무 소용없는 일이다. ……우리의 두 손으로 도대체 어떤 나날을 붙잡아 두겠다는 것인가? 행복한 날뿐만 아니라 헛되이 보낸 날까지. 전자는 적어도 하나의 추억을 남긴다. 후자는 아쉬움, 심지어 회한마저 남긴다.

(11시) 바람이 불기 시작했다. 하늘에는 몇 조각의 구름. 꾀꼬리는 입을 다물고 말았다. 대신 강물과 귀뚜라미는 아직 노래하고 있다.

1862년 5월 18일

(밤 10시) 1시간 전에 가볍고 열린 마음으로 돌아온 뒤, 고독한 내 방에서 목청을 다해 모든 가락을 섞어 노래를 불렀다. 이 밝은 기분은 좋은 사람들의 모임에서 보낸 건전한 오후와 그때 받은 즐거운 인상에서 온다. 내 주위에 있는 모든 것이 좋아지고, 그러한 나의 공감이 애정이 되어 돌아왔다. 프티랜시(시 서남쪽 외곽, 랜시 맞은편에 있는 마을)의 새롭게 연 정원에 있는 G***(우리의 친구)의 집에서 부모들과 아이들, 손님들까지 모두 (내가) 흥겹게 놀 수 있게 해주었다. 웃으면서 노래를 부르고, 공놀이, 잡기놀이 등을 하며 놀았다. 유년시절의 단순하고 순진하며 유치한 기쁨 같은, 내가 무척 좋아하는 아주 유익한 상태로 돌아간 것이다. 나는 저항을 허용하지 않고 정복하는 선의라는 것의 힘을 느끼고 있었다. 이슬이 많은 꽃을 피우게 하듯이, 그것은 생활을 풍부하게 한다. ——저녁 식사 때 모인 사람들은 나의 성격에 대해 애기하며 재미있어했다. 내가 쓰는 글은 진지하고 엄숙하고 어려운, 바꿔 말하면 독일적인데, 내 성격은 부드럽고 친절해서 모두들 좋아한다고 잘라 말했다. 두 남자는 내가 아이들을 대하는 태도까지 언급하면서 칭찬하고, 좋은 남편이 될 거라고 했다. ……

아직도 나는 둘이서 생활하며 아버지라고 불리게 되었을 때, 충분히 도움을 줄 수 있는 솔직함과 정직함, 순결함, 헌신 같은 보물을 간직하고 있다고 믿는다. 나에게는 세속적인 명예심 같은 것은 없다. 가정생활과 이지의 생활만이 나에게 미소를 보내고 있다. 사랑하는 것과 생각하는 것이 내가 깰 수 없는 까다로운 요구이다.──미묘하고 재미있는, 복잡한 카멜레온 같은 머리를 가지고 있으면서도 마음은 어린아이다. 완전한 것, 아니면 장난 같은 것. 이 두 가지의 상반되는 극단밖에 좋아하지 않는다. 진정한 예술가, 진정한 철학자, 진정한 종교가에게는 어린아이의 지극한 단순함이나 걸작의 숭고함, 다시 말해 순수한 자연이나 순수한 이상만이 어울린다. 나 역시 빈약하나마 그렇게 느끼고 있다. 모든 어중간한 것은 나를 미소짓게 하고, 나는 친절한 마음에서 거기에 맞추지만 나의 취미는 다른 곳에 있다.──어중간한 학문, 어중간한 실력, 어중간한 배려, 어중간한 멋쟁이, 어중간한 가치, 이것이 세상이다. 이런 세상은 인내와 유화의 수련장으로 삼는 수밖에 없다. 감탄 같은 것은 끼어들 자리가 없다.──그러나 호의에 대해서만큼은 나는 비평도 저항도 제한도 할 수 없다. 호의는 무엇보다 먼저 오기 때문에 그것에 나는 모든 것을 허락한다. 나는 단순한 호의에 굶주리고 목말라 있다. 왜냐하면 조롱, 혐의, 악의, 질투, 무모한 판단, 비집고 들어오는 심술이 오늘날에는 갈수록 더 큰 위치를 차지하여, 사회에서는 거의 모든 사람에 대한 전쟁을 야기하고 개인의 생활에서는 사막과 같은 건조함을 가져다주기 때문이다.

1862년 7월 2일

(밤 10시 반) 혼자서 식사. 나갈 때는 들뜬 마음이었는데 돌아올 때는 어이가 없어 말이 나오지 않을 정도로 실망했다. 이제야 비로소 프렐리로 갔던 소풍이 안타깝게 생각되었다. '바람에 날리는 깃털처럼……' 논리도 이치도 없고, 설명할 길 없는 변덕 때문에. Frid.(Fridolin 프리돌랭, X에게 아미엘이 붙인 가명)의 냉담함은 갈수록 심해져서 어떻게도 할 수 없고, 무엇으로도 상처를 주지도 누그러뜨릴 수도 없었다. "움직이기 쉽기가 파도와 같다. 약한 자여, 그대 이름은 여자" 하고 셰익스피어는 말했다. 이 새롭게 나타난 태도에 구실을 붙이고 설명을 하기 위해 온갖 생각을 다해 봤지만 결국 아무것도 찾지 못했다. 인내와 유화, 질책, 침묵으로도 전혀 효과가 없었다. 그 결과 찬 물을 뒤집어 쓴 것 같은 느낌이 들어 나는 이렇게 생각했다.

"이런 이상한 일이 다시 한번 일어난다면 더 이상 만날 이유가 없다. 싸우고 난 뒤에는 화해가 가능하지만, 말없이 반발하는 차가운 태도에는 동정도 매력도 사라지기 때문이다."

신뢰의 결핍은 친밀감을 한순간에 무너뜨리고, 피스톨의 발사처럼 냉담한 거절은 서로의 환상과 매혹과 호의를 한 방에 죽일 수도 있다. 무엇 때문일까? 그런 때는 기만당하고 있음을 알고, 서로 주고받는 것 사이에 균형이 맞지 않게 되며, 활발한 전달이 이루어지고 있다는 믿음에 벽이 생기기 때문이다. 일단 어떤 매력이 사라지면, 모든 매력이 한꺼번에 사라져버린다.

Frid.는 나의 허를 찔러 괴롭히고, 마지막으로 오늘은 내 맘을 상하게 했다. 지금까지 그토록 성실하게 쌓아올린 우리의 교우관계가 바람이 불고 파도가 몰아쳐도 유지되기를 바란다면, 그것은 뻔뻔스럽고 어리석은 일이다. 결국 나는 그 사람을 이해할 수가 없다. 따라서 나는 아직 판단을 내리고 싶지 않다. 그러나 그 사람이 자신의 마음을 설명해주지 않는 한, 7월 2일의 기억은 우리를 영원히 멀어지게 하는 꺼림칙한 그림자가 되어, 최초의 특질을 잃자마자 매력도 존재의 이유도 사라지는, 그야말로 아무래도 상관없는 사이로 서서히 풀어버릴 것이다.——그러나 도대체 지난 사흘 사이에 무슨 일이 일어났단 말인가? 일요일에는 편지를 보내 "당신은 나를 진정으로 행복하게 해줍니다. 그 보답으로 나는 무엇을 드리면 좋을까요? 당신이 나한테서 희생을 원하실 때가 되어야 나는 당신에게 바치고 있는 깊은 감사의 일부분을 보여드릴 수 있을 겁니다" 하고 말했다. 그런데 수요일이 되자 그런 냉담한 태도를 보이다니……. 아무래도 이상하다. 기다리기로 하자.

(밤 11시) 프리돌랭에게 아무것도 나쁜 일을 한 기억이 없으므로 그 사람에게 태도를 분명히 하게 하여 그 처사가 정당하다는 설명을 듣기로 하자. 어떠한 경우에도 그 사람이 원하는 바에 따르도록 노력하자. 최악의 경우에도 공감하고 관용을 베풀기로 하자.

1862년 7월 17일 빌라르

(1시) 온화한 날씨, 반은 베일을 쓰고 반은 개어 있어 꿈을 꾸기에 좋은 날씨다. 그리용과 빌라르의 중간에 있는 어떤 집에서 마침내 프리돌랭을 만났다. 그리용 골짜기의 이끼가 많이 낀 비탈에 있는 전나무 숲에서 2시간을 보냈다. 용서받았음을 확인하기 위해 이 만남을 기다린 보람이 있어, 그 사

람은 훨씬 부드러워지고 상냥해져 있었다. 세심한 배려(무화과와 살구, 그리고 볼로냐의 계피). Aul.의 집에는 무척 만족하고 있었다. 그 사내아이는 더 말할 것도 없다. 함께 식사하고 함께 사는 상대는 젊은 목사 B와 그의 어머니뿐이다. 목사는 식탁에서 그 사람을 만날 때나, 냇물을 건너는 데 손을 빌려줄 때면 얼굴이 몹시 붉어진다. 그럴 때 웃음을 참는 것이 무척 힘이 든다고 말했다. 26살이나 되어 이토록 구김살이 없을 수 있다니, 흔히 볼 수 없는 애교이다. ──사실을 말하면, 프리돌랭은 7월 2일의 실수에서 어떤 결과가 올지 알 수 없다고 생각하고, 내가 다시는 그리용으로 찾아와 주지 않을 거라고 몹시 걱정하고 있었다. 그래서 나에게 감사의 마음을 표현하기 위해 지나칠 정도로 여러 가지를 배려해주었다. 어쨌든 내가 그토록 필요한 존재라는 것을 느끼고, 이렇게 쉽게 누군가를 행복하게 해줄 수 있다는 것은 기분 좋은 일이다. 또 나는 여자가 만족을 느끼면(제3자로서) 독서도 대화도 원하지 않게 되고, 말 없는 포옹이나 바라보는 것만으로도 열정을 발산하며 또한 이것을 가장 큰 기쁨으로 여긴다는 것을 알았다. S'in-lui-are (스스로 그의 내부에 붙는다는 이탈리아어인 듯)는 그 모든 욕구, 그 모든 행복이다. ──우리의 주위에서는 숲의 빈터도, 수풀도, 기울어진 산봉우리도, 골짜기도, 산들도 온통 녹색이었다. 태양은 따뜻하고 아련한 안개를 통해 내리 비추고, 주위가 막혀서 반쯤 그늘진 우리의 파빌리온 속의, 아직은 이슬에 젖어 있는 이끼 위에 펼쳐 놓은 외투가 귀여운 캠프가 되어주었다. 우리는 그 두 시간 동안 태양의 움직임에 따라 위치를 세 번 바꿔야 했다. 로슈무스라는 것이 그 집의 비밀결사 같은 명칭이다. 그것은 나에게 사랑스러운 기억을 불러일으켰지만 지난해 이맘때만한 강렬함은 없었다. 그 시절 나는 고립되어 있었다. 지금은 고립되어 있지는 않다. 그리고 석양이나 밤이 프리돌랭과 교제하는 데 가장 좋은 배경이라고 생각한다. 아직도 산에는 아마 시적인 그림자와의 경쟁이 벌어지고 있을 것이다. ──그런 것은 아무래도 상관없다. 나는 나의 행운에 만족했다.

(저녁 7시 45분) 해가 지고, 어둠이 안개 낀 산에서 내려왔다. 작은 창문이 세 개밖에 없는 내 방에는 벌써 거의 밤이 찾아와서, 이 노트에 적고 있는 글이 겨우 보일까 말까한 정도이다. Tur.과 Mon 씨, 마르셀(Suora Marcella라고 이탈리아어로 되어 있다)

과 그 집의 '당구'를 처음으로 사용하다.──줄 듀발(Jules Duval)《런던 박람회에서의 식민지와 신개척지(新開拓地)》과 최근의 〈베스펠〉(신문의 이름) 3호를 읽었다. 그러나 희미한 불편함이 내 안에서 일어나기 시작했다. 오늘 아침에 한 일, 양보한 것은 잘못한 것이 아닐까? 우물쭈물하는 사이에 네모 반듯한 주의도 선악에 대한 확실한 견해도 없는 향락주의자, 몽테규와 레니에(Mathurin Régnie. 프랑스의 시인. 1573~1613년)의 '좋은 자연의 아들'이 된 것은 아닐까? 유일한 상상의 비약과 강렬한 사상, 유일한 마음의 움직임, 극히 적은 희생이 게으른 마음과 환락의 승리보다 정신에 있어 얼마나 더 즐거운 것일까? 나는 그것을 예감하고 확신까지 하고 있다. 아니면 이것은 마흔 살 남자의 입장일까? 그러나 그것을 고수하는 것이 좋다.

땅거미가 지기 시작한다. 내가 글을 쓰고 있는 창가에서 로마의 잿빛 골짜기가 멀리 바라보이고, 멀리 유에모스(Huemoz)의 종루는 8시를 알리고 있다. 키 큰 전나무가 비탈을 이룬 초원 위로 검은 피라미드 모양을 그리고 있다.

(밤 11시 45분) 옛날에 친하게 지냈던 시절처럼 마르셀과 마주 앉아 1시간 가량을 보냈다. 사람을 끌어당기는 구석이 있는 사람이다. 자꾸만 그의 허심탄회한 얘기가 듣고 싶었다. 그러나 배려와 내 기질상 거기까지는 말이 나오지 않았다. 우리는 오히려 손님이나 그의 친구에 대해 얘기했다.──식탁에서는 옆에 앉은 Mon.과 '교회'와 '여러 교회', 종파의 분리, 국교와 비밀집회, 신학과 대학 등에 대해 얘기했다. 이리저리 탐색한 결과, 조용하고 믿음이 깊은 대화 상대를 발견했지만, 그다지 논리적이지 않고 힘도 없다. 손님이 모두 가버린 뒤에도 오랫동안 얘기를 나눴다.──오늘밤에는 부인을 동반했지만 살롱에서 바느질만 하고 있다.──마르셀은 돌아갈 때쯤 그로그(술)를 만들어 주었다. 알펜스토크를 가지고 알파르가타스(스페인의 짚신 풍의 신발. alpartagas는 오식)처럼 고무신을 신고 등불도 없이 도적과 귀신을 무릅쓰고 멀리 떨어진 자신의 집으로 돌아갔다. 이렇게 하여 7월 17일은 끝났다. 하늘에는 별이 가득하다.

1862년 7월 22일 빌라르
(오전 11시) 나의 은둔생활에도 두 번의 방문이 있었다. 하나, 막스와

To.는 샤온느 호에 올라가자고 찾아왔지만 나는 고맙다고 말하며 거절했다.
──둘, 리나와 마르그리트, 두 어린아이가 세탁물을 가지고 왔다. 내가 가지고 있는 잡동사니를 보여 주었더니 눈이 휘둥그레지며 감탄한다. 리그레스와 키르슈와사 몇 방울을 설탕에 친 것, 향을 넣은 과일즙과 카슈 두 알로 완전히 친해질 수 있었다. 내가 가지고 있는 켈러의 지도를 둘이서 보면서 비르누브와 로만모체를 한 자 한 자 읽었다. 어린 쪽은 쥐라 지방의 숙모를 찾아간 적이 있어서 '고향을 모두' 보고 왔다고 한다. 이 작은 새끼 암사슴은 귀엽고 다정하며 벌써 사양하는 것까지 배우고 있었다. 실제로 리나는 '방해가 되면' 안 된다고 생각하여 두 번이나 일어서려 했다. 언제 봐도 신선한 매력이 있는 것은 표출되고 있는 정신의 순수함 때문이다. 이 소녀들의 질문과 대답도 마찬가지로 내 흥미를 끌었다. 거리(距離)와 인간, 사물에 대한 두 소녀의 사상은, 독일식의 거창한 말을 사용하면, 그 '세계관'이 자연히 형성된 것임을 염두에 두고 읽으면 무척 재미있다. ──"스위스의 바젤로 가려면 바다를 건너야 해요?"──"이렇게 예쁜 것을 많이 가지고 계시다니, 와! 모두 어디서 온 거예요?" 등.

　이러한 식으로 우의와 애정, 가장 뛰어난 이 두 가지를 갖춘 외부의 세계가 오늘 아침 나를 구원하러 왔다. 내가 휘청거리고 있는 순간, 신의 섭리가 손을 뻗어 지극히 부드럽게 나를 행복한 사람들에게 데려가 준다.

　'나의 녹색 예배당에서.' 구름의 틈새가 하늘의 창문이 되어, 론의 건너편에서 이쪽을 바라보고 있는 아름다운 피라미드의 꼭대기를 보여주고 있다. 거대한 하얀색이 꼭대기를 기슭에서 떼어놓고, 엷은 쪽빛의 후광을 둘러친 그 꼭대기에 올림포스 같은 고상함을 곁들이고 있다. ──잿빛이 푸른색을 이기고 까마귀가 검은 방울새를 이겼다. 그림자도 없고 빛도 없다. 숲을 건너오는 미풍과 초원을 나는 벌레의 '사락사락' 하는 날개 소리를 배경으로, 메뚜기의 '끼륵끼륵' 하는 소리와 낫을 가는 소리가 귀에 들리는 것처럼 그려졌다. 전나무 그림자가 안개 위에 솟아 있다. 일리에 골짜기와 론 평야가 빛이 퇴색한 공기 사이로 보인다. 나의 작은 책상은 부드러운 풀 위에서 조각배처럼 흔들리고, 그곳에 골고루 깔려 있는 솔방울과는 대조적으로 성성한 상록수의 초록색이 선명하다.

　어제는 큰 개미집을 관찰했다. 앞뒤로 수백 걸음에 걸쳐 있는 순환구역이

이 도시의 출입을 연상시킨다. '작은 거인'(아미엘이 딴 든 그리스어)의 눈으로 보면 다양한 유사점이 생각할 수 없을 정도로 많을 것이다. ——자매를 둘 데리고 있는 영국인(Mr. Ls.)은 그저께부터 병을 앓고 있다. (네거티브(백)와 포지티브(흑)의 두 가지, 나뭇잎 모양을 뜨는 방법을 둘한테서 배웠다. 거기에는 중국의 먹과 인쇄잉크가 필요하다.) ——다행히 Hoch.는 영국인을 약간 보살펴 줄 수 있었다.

이곳에 있는 6명의 젊은 여자에 대해 나의 감상은 어떤 것인가?

하나, C.B. 상당히 파고 들어오는 데가 있는 여자. 나의 소박한 친구들에게는 평판이 몹시 좋지 않다. 거만하고 새침하다는 것이다. 나는 그것보다는 좀더 나은 인상을 받았다. 다만 아무래도 자기 생각만 하는 사람처럼 보인다.

둘, M.M. 단호한, 말하자면 조금 모난 데가 있고, 명쾌하며, 금발의 가는 고수머리에 빈틈없는 성격, 그다지 호감을 주지 않는다. 용모는 괜찮지만 나긋나긋한 구석이 전혀 없다.

셋, S.T. 여위고 날씬하며 세련되었지만 차갑고 뻣뻣한 여자. 음울해 보이는 자태, 입이 조금 옆으로 치우쳐 있는 데다 오그라져 있다. 그러니 도저히 어떻게 해볼 도리가 없다. 그 사람에게 한 번 쳐다보게 하거나 신호를 하게 하는 것, 무슨 일이든 알고 있고 흥미를 가지고 있다는 표정을 짓게 하는 것은 참으로 힘든 일일 것 같다. 교양을 갖춘 미라가 그 장소의 성질 때문에 화석이 되어 황금 속에서 결정(結晶)으로 굳어진 것처럼 보인다. 그의 이상(理想)은 무관심이다.

넷, Ecc. 미혼의 자매. 생글생글 웃는 얼굴, 특별한 장점이 없는 아르비옹(영국의 딴이름)의 시골아가씨들. 식탁에서 내 옆에 앉는다. 이들과 얘기하면 "예" "아니오"로만 끝난다.

다섯, P.양. 가까이에서 보면 그리 나쁘지 않다. 상당히 좋은 점이 있다. 그러나 이미 독신의 습관이 조금 배어 있어서 노처녀의 꿈을 꾸고 있다. (돌을 하나씩 옮겨 산을 움직이려 하는 것)

실제로 결혼한 사람은(단 한 사람 Ecc.부인을 제외하면) 한 사람도 없다. 모두 처녀다. 방금 열거한 여자들보다 더 성숙한, 혹은 고풍스러운 처녀들(Lew.의 두 자매, Tur.의 두 자매——남자를 싫어하는 Sch.양)을 더해야 비로소 식탁의 멤버들이 다 갖춰지는 것이다. ——아래쪽 자리에는 이 집 식구들, 친절하고 마음씨 좋은 아델 부인, 즉 나를 만나러 온 두 소녀의 어머니와 그의 시어머니(Rd.부인), 시누이 마르셀이 앉는다. 마르셀은 모두들 중에서 가장 상냥하고 시원시원한 동시에 인정도 많고 인상이 좋으며 애교도 있어서, 이 집의 사랑스러운 여신이다. 이 사람은 지금 이곳에서의 나의 세계, 즉 지지점(支持點), 난롯가, 중심이 되어주고 있다. 단, 이미 신랑감이 정해져 있다. 로슈무스와 올롱은 이미 그들의 집이다. 거기에도 또 두 가지 사랑을 가진 마음이 있다. 난롯가란 무엇인가? 애정이다. 이것이 나를 프리돌랭과 이지의 집으로 끌어당긴다. ——이지는 어제 무엇 때문에 약간 토라진 태도로 "당신을 가루로 만들어버리고 싶다"고 말한 것일까? 실은 그 사람은 내가 그것을 원하기라도 한 것처럼 20일에 올라와서 충실한 애착의 증거를 이따금 보여주었는데, 그 헌신의 마음을 흔들어버렸기 때문일까?

  생각하는 것, 내가 입 밖에 내고 싶지 않은 말을 단호하게 말해주기를 바라는 것이다. 즉 내 안에 가슴의 개화기, 내밀한 봄을 인정하고 가장 비밀스러운 애정의 작은 광주리 속에 나를 넣어, 모든 의무의 선 안에 머물면서 나의 우정의 보물 창고에서 상당한 부분으로 인정받고 싶은 것이다. 겸손한 마음에서 내가 그것을 의심하고 있는 것이, 그 사람의 마음을 상하게 하고 애태우게 한다. 입 밖에 낸 말은 다시는 돌이킬 수 없다. 두 번이나 눈물을 보이며 내가 없으면 산도 아무것도 아니라느니, 우리의 교제가 몇 년 전부터 좋은 영향을 주고 있다느니, 제네바에 한 번 간 것만으로 겨우내 기쁜 마음으로 지냈다느니 하는 얘기는 했지만, 나에게 원래대로 돌아가 달라거나, 그저 스스럼없는 친구로 생각해 달라느니, 또 굴욕에 의해 해방시켜 주기를 바란다든가 하는 생각은 하고 있지 않은 것이다. 나를 틀림없이 지혜를 갖춘 '마법사'로 보고 있기 때문에, 내가 확인이나 수정을 필요로 한다는 것을 인정하지 않고, 무관심으로 보이는 침묵 앞에서 내가 판단을 보류하고 있는 것을 완전히 심술로 보고 있다. 만약 그 사람이 자유로운 몸으로 지금까지처럼 나무랄 데 없는 아내 및 어머니로 남고 싶지 않다면, 사랑이 될 수도 있는 마음의 광선에 몸을 녹이고, 꿈꾸고 있는 행복에 직면하여 자신이 끌려들어 감동해 버릴 것을 두려워하고 있다고 보아도 이상할 것은 없으리라. 적어도 그렇게 생각하면 그 사람의 수많은 모순이 쉽게 설명된다.

프리돌랭은 공기처럼 자유로운 몸이므로 이미 기대도 하지 않고 저항도 하지 않으며, 마음이 나아가는 대로 사랑한다는 새로운 기쁨에 온몸을 맡길 수 있다. 여자의 우정은 남자의 우정이 될 수 없다. 아무래도 거기에는 일정한 정도의 배타적인 정열과 봉헌이 포함되기 시작하여, 여자의 눈으로 보면 그것이 우정의 다정함과 함께 위엄을 주게 된다. 그 애정의 유일한 형태는 언제나 가장 뛰어난 것, 사랑, 충실한 사랑, 부부의 사랑이다. 한 남자 옆을 늘 지킨다는 것은, 그 생각을 제단으로 삼아 거기에 가슴의 공물과 희생을 바치고, 거기에 안주하여 편안하게 쉬는 것이다. 사랑한다는 것은 종교에 입문하는 것이고 공물을 바치는 것이다. 그러므로 여자에게 우정은 아무래도 사랑으로 발전하는 경향을 가지고 있지만, 어머니로서의 사랑, 질투심 깊은 에고이즘도, 육욕의 분출도, 열광적인 전제(專制)도 없는 사랑이 될 수도 있다. ──가슴의 법칙은 자유의지에 의한 굴종이다. 여자는 주인을 원하고, 가능하면 우상을 원한다. 그래서 만약 그 가슴이 자유롭거나 충만되어 있지 않다면, 어떠한 애착이든 실현 가능한 사랑이다.

그래서 지금 두 여자 친구가 있고, 그 중 한 사람이 내 쪽으로 더 가까이 다가오고 있는데, 두 사람 다 그 강렬한 감정을 어머니 같은 애정으로 바꾸려고 노력하고, 또 두 사람 다 진심으로 나의 결혼을 원하고 있다. 이지는 내가 그녀에게 쾌활함과 밝은 면을 되찾게 해주었다고 하고, 프리돌랭은 머리와 마음이 나와 접촉한 뒤부터 넓어지고 커졌다고 한다. 두 사람의 감격에 찬 동감은 깊은 감사에까지 이르고 있다. 사랑해 주는 것을 보면, 나에게도 사랑받을 가치가 조금은 있는 것 같다. 이 사실은 아이들이 나를 따르는 것과 함께 내 본성에 유리한 증언처럼 생각되어, 나의 천성인 불신에서 나오는 끝없는 의혹 속에서 나를 약간 안심시킬 수 있었다. 이 이치는 너무나 자명하지 않은가? 어쨌든 애정은 내가 늘 멋지고 바람직하다고 생각하는 유일한 것이다. 거기에 비하면 다른 것은 아무것도 문제가 되지 않는다.

(저녁 7시) 점심 식사 뒤 Mon.씨 및 그의 두 딸과 함께 당구를 세 번. 이 두 소녀의 성격은 약간 미숙하고 풋풋하며, 남을 배려한다는 점에서는 아직 부족하다. Cec.는 조금 질투심이 강하다, Mat.에게는 명령하는 버릇이 있지만 이쪽이 직선적이어서 낫다고도 할 수 있다. ──신문을 읽고, 마르셀이나

다른 사람들과 얘기를 나누다. 그리고 지금 다시 나의 예배당의 흔들리는 둥근 천장 아래에 왔다. 귀여운 두 아가씨는 나의 좁은 테이블 모서리에서 소꿉장난을 하고 있다. 미르튜(검푸른 열매가 열리는 관목)와 '뻐꾸기의 빵'(약용 앵초), 과일주스와 두 컵의 물. 오호, 대단한 성찬이다.

 은둔자의 거처로 돌아오자 두 아이는 이제 나에게서 떨어지려 하지 않는다. 내 방에서 나와 함께 자겠다는 것이다. 떼를 쓰는 이 어린 손님들을 돌려보내려면 꾀를 써야 한다. 두 아이는 어린 동생이 디프테리아에 걸렸던 일, 집안의 큰 사건, 아버지가 대포 소리에 귀가 멀었던 일 등을 얘기해 준다. 다 같이 학교놀이, 잠자고 일어나기 등을 하고 논다.

 이지가 좋은 향기가 나는 편지를 보내 점심 식사에 초대했다. 한밤중에 쓴 편지다. 진지한 자기 비하에 눈시울이 뜨거워졌다. 완고한 침묵, 화를 잘 내는 심술궂은 버릇과 싸우고 있다. 기다리던 일이 아니어서 적당한 볼일을 만들어 천천히 쓸쓸하게 내려갔다. 이건 나에게도 기억이 있는 일이다. 보슈에의 "나아가라, 나아가라." 행복에 대한 공포를 가지며, 기쁨을 싫어하고 언제나 그것을 파괴하고 달아나려 하는 병적인 결벽. 그 사람은 아무 쓸데없는 사소한 기분에서 잔뜩 몸을 젖히고 굳어져 있는데, 원래의 착하고 단순한 마음으로 되돌려 놓지 않으면 안 된다. 양귀비꽃의 주름을 펴거나, 마치 화로에 데었거나 상처투성이가 된 것처럼 약하고 민감한 피부 위에 껍질을 한 겹 더 만들지 않으면 안 된다.

1862년 8월 9일

 현미경으로 호두의 적충류(滴蟲類)와 초산은의 적충류를 관찰했다. 이런 식으로 파괴에는 무언가가 살고 있고, 독에는 생명이 숨어 있으며 죽이는 것은 살린다. 그렇게 되지 않을 이유가 어디 있을까? 묘지에는 구더기가 들끓고, 어떤 것의 오물은 다른 것의 성찬이 되며, 사멸은 다산이 되기도 한다. 사라만더의 우화는 자연에 대한 이 견해를 영원한 것으로 만들고 있다. 이 세계와 반대로 되어 있는 세계를 생각해 보아야 한다. 그러한 세계는 이미 우리 세계의 틈새에서 볼 수 있다. 허무는 결코 존재하는 일이 없다.

 구토에 대한 혐오에도 불구하고 식욕이 다시 생기고, 환멸에도 불구하고 환상이 생기며, 포옹에 대해 은밀하게 느끼는 불쾌감에도 불구하고 환락의 인력이 생기고, 삼가고 있는 정열의 광명에도 불구하고 정열이 생긴다. 자연의 치유력이 작용하는 것이다. 우리 안에서 자기 자신을 주장하려고 하는 생명은 우리가 없어져도 자신을 재생해 가는 경향이 있다. 생명은 자기 스스로 그 갈라진 틈을 고치고, 찢어진 뒤에도 거미줄을 수선하며, 우리의 안이한 생활조건을 회복시키고, 원래대로 우리의 눈에 눈가리개를 하여 우리의 가슴에 희망을 가져다주고, 우리의 기관에 건강을 불어넣고, 우리의 상상력 속에서 사는 공상을 금빛으로 색칠한다. ──그렇지 않으면 경험은 때가 오지도 않았는데 미리부터 우리를 하나하나 풀어헤쳐 비벼 끊고, 둔하게 하고, 약도 듣지 않을 정도로 상처투성이로 만들 것이고, 청년은 백 살 노인보다 더 늙을 것이다. ──그리고 보면, 우리 안에서 가장 현명한 부분은 자신에 대해 모르고 있는 점이 되리라. 인간 중에서 가장 합리적인 것은 이성을 작용하게 하지 않는 점이다. 본능, 본성, 신성한 비자아적인 활동은, 우리의 자아적인 어리석음을 치유하고, 우리 삶의 보이지 않는 '수호신'은 지칠 줄 모르고 자아의 의기양양한 행동에 재료를 공급한다. 우리의 의식적 생활의 어머니라고 할 수 있는 본질적인 기초는 무의식적 생활이지만, 달의 반대편이 영원히 떠나지 않고 지구와 연결되어 있으면서도 지구를 바라볼 수 없는 것처럼 우리도 그것을 바라볼 수가 없다. 피타고라스의 말을 빌리면 그것은 우리의 정반대되는 사람이다.

1862년 8월 12일

(아침 9시) 우듬지를 지나가는 기분 좋고 커다란 달, 그 달의 자애로운 어머니와 같은 빛을 받아 가시 없는 장미의 매력을 지닌, 우리의 최근 만남에 대한 추억을 내 가슴 속에 마리아처럼 되풀이했다. 우리는 그리용, 셰익스피어, 그리고 레스비에 대해 얘기했지만, 그리 많은 말은 하지 않았다. 프리돌랭은 나의 글을 인용하여 "마음은 한 번에 모든 창문에서 얼굴을 내밀지는 않는다"고 말했다. 어쩌면 "말을 하는 것은 쫓아버리는 일이다. 강렬한 기쁨은 몸을 도사리고 침묵한다. 완전히 행복한 여자는 아무 말 없이 한 번의 포옹, 한 번의 입맞춤, 한 번의 한숨으로 뭉뚱그려진다"고 말하는 편이 더 정확할 것이다. ──실제로 언어는 생명을 고립시키고 한 점에 고정하는가 하면, 존재의 주변에 뿌리기도 한다. 언어는 한 번에 하나의 사물밖에 다

루지 않으며 이윽고 분석하여 보편화한다. 다시 말해 감정을 중심에서 떼어 놓아서, 결국 얼어붙게 해버린다. 사람의 가슴은 스스로 오그라들어 자신의 마음에 집중하고, 여자가 열매를 키우고 보온하고 보호하듯이 그 마음을 소중히 한다. 그 행복은 명상 속에 침묵을 지키며 부화에 신경을 집중하고, 자신의 심장 고동에 귀를 기울이며 종교적인 마음으로 자기 자신을 음미하고, 인도의 은자들이 꿈꾸고 있는 행복감과 비슷한 일종의 법열적인 수면에 도달한다.

  몇년 전까지는 나도 언뜻 무감정으로 보이는 이 심경의 모든 매력을 이해하지 못했다. 그것은 바로 온몸이 만족하고 배우고 추구해야 할, 또는 주어야 할 특수한 것이 모두 사라지고, 그 결과 모든 교환 및 운동의 목적을 달성했기 때문에, 여자가 말로 표현하지 않는 행복 속에 쉬는 것에서 오는 것이다. 그 수용적, 관조적, 수동적인 본성은 사색과 의지와 분석과 잡다함으로 저절로 돌아가는 남자의 경우보다 더 오랫동안 그 상태에 머물러 있다. 꽃은 움직이지 않고 있는 것을 좋아하지만 벌은 날개를 움직이고 싶어한다. 여자라는 유연한 존재는 전체성, 불가분의 존재. 따라서 감정, 함축, 침묵으로 향한다. 이 본성의 염원이 이루어지지 않는 한, 여자는 말이 많거나 충동적이고 변덕스러운, 대각선적으로 반대인 모습으로 나타난다. 요구를 거부하는 결벽이 외관을 이루고 있는 것은 의지하는 마음이 그 원칙이기 때문이고 경박하거나 관능적인 희롱이 그 수단과 방어와 형벌이 되어 있는 것은 충실이 그 위대한 점이기 때문이며, 여자가 종종 심술궂게 빈정거리며 질투하는 것은 정열이나 용서, 연애에 적합하기 때문이다. 몸을 숨기는 것이 본능이며, 자신을 바라보고 찾고 발견해주기를 바란다. 그러므로 아직 사랑을 해본 적이 없는 여자를 올바르게 판단하려면, 싹트고 있는 다양한 성질의 가면에 지나지 않는 그 외견상의 모든 결점을 반대로 보아야 하는 일이 종종 있다. 대부분의 소녀들은 새끼줄처럼 꼬여 있기 때문에 꿈처럼 반대로 해석해야 한다. 그렇다고 반드시 좋지 않은 소녀라고는 할 수 없다. 그 밖에는 두 종류로 나눌 수 있다. 타산가와 순수한 여자다. 타산가 쪽은 얌전하고 상냥하고 벌레 한 마리 죽이지 못할 것 같은 얼굴을 하고 있어도, 그리 칭찬할 수 없는 달갑지 않은 종류이다. 순수하면서 마음이 여린 쪽도, 순수하면서 신경이 예민한 쪽도, 각각 나름대로 가치가 있다. 한쪽은 더욱 애정이 많고,

또 한쪽은 더욱 이지(理知)를 가지고 있지만, 열정, 지시, 헌신의 마음은 양쪽에 다 갖춰져 있다.

(밤 11시 15분) 나의 결혼 편람에 몇 페이지를 추가하다.——《베스펠》을 필린(이것도 X의 가명)에게 돌려주고, 둘이서 주고받은 편지 다발을 맡기다. 저쪽에서는 (능숙한 솜씨로 수선한) 나의 목도리와 몇 개의 작은 사본을 돌려주었다. 밤에 나는 감사와 결별의 편지를 곁들여 돌려보냈다.

1862년 10월 17일 파리

내가 10년 동안 얼마나 변했는지, 환락 또는 관능의 호기심이 나에 대한 단서를 얼마나 늘렸는지를 알았다. 배려도 반발도 어디론가 날아가 버리고, 상상력의 관능성이 청교도적인 소심함을 대신했다. 나는 쾌락의 숭배, 비너스와 바커스의 종교, 소박하고 유쾌한 이교를 전보다 더 이해할 수 있게 된 것이다. 내가 유혹의 궤변적이고 속임수 같은 힘을 느끼고, 몽테뉴가 말한 '아름다운 자연'에 전처럼 저항하지 않게 된 뒤로는, 탄호이저나 헬리오스와 마음이 맞게 되었다. 르노가 아르미드의 동산에 있었던 것처럼, 나도 나의 좁은 영역에 들어앉았다. 나는 고통이나 투쟁, 영웅심에서 벗어나, 여장을 하고 옴팔레(그리스 신화의 영웅. 헤라클레스가 여장을 하고 베를 짰을 때의 주인 리디아의 여왕)의 물레를 돌린다.——육체와 세상, 죄악에 대한 승리, 다시 말해 십자가의 개선, 순교의 관을 쓰는 것, 고뇌의 영광 같은 그리스도교의 구호는 이제 내 양심에 거의 나타나지 않게 되었다. 나는 눈의 시선과 가슴의 본능에 따라 되는 대로 행동하며, 제대로 된 원리도 확신도 없이 안일한 회의가로서 살아간다. 내가 받은 형벌은 나약함과 무력함이다.——나는 이렇게 제정시대의 향락주의, 데카당스의 유약함으로 돌아왔다. 18세기 전에 세계를 구원하여 감격에 찼던 새로운 신앙의 위기, 죽음과 신성의 수난은 생활이 이교화하여, 다시 말해 지상의 자연스러운 권력 아래 빠질 때마다 다시 시작되어야 한다. 영원히 죽지 않는 것, 이상적인 것, 신성한 것에 대한 헌신, 정신을 위해 육체를 바치는 지고한 희생은 정신적인 속죄의 징후이고, 기도는 그 방법이다.

(오전 1시 15분, 오페라에서 돌아와)

1862년 11월 7일

　무관심한 비평의 변함없는 미소가 어떻게 모든 것을 부식시키고 야유하고 무너뜨리고, 모든 자아적 의무와 상처받기 쉬운 애정을 돌아보지 않게 하며, 실행하지 않고 이해하려고만 하는 그 비웃음이, 어떻게 그 냉소적인 관찰이, 해독을 미치고 전염되는 불건전한 것이란 말인가?

　결국 나는 그것을 바리새인의 기질처럼 부도덕한 것으로 보고 있다. 실제 그것은, 실례로 설명하지 않고 자기가 싫어하는 짐을 다른 사람들에게 강요하는 것이다. 그것은 불손이다. 실제로 그것은 의혹에 지나지 않는 것인데도 학문을 가장하고 있다. 그것은 불행을 초래한다. 볼테르식의 웃음은 아직 용기와 신앙과 열의를 가지고 있는 사람들에게서 그것들을 빼앗아간다.

　　파괴된 것 위에 올라 앉아 있는 원숭이의 웃음.　　　　(뮈세)

　습관이나 버릇, 또는 주의(主義)가 되어버린 비평은 정신적인 힘, 신앙 등 모든 힘이 못 쓰게 되어 버린 것이다. 내가 가지고 있는 경향 가운데 하나가 나를 그리로 데리고 가려 한다. 그러나 나 자신보다 훨씬 확고한 타입을 만나면, 나는 그 결과를 보고 뒷걸음질친다. 적어도 나는 다른 사람들의 정신적인 힘의 파멸을 도모한 적이 있다는 비난을 자신에게 돌리지 않아도 된다. 생명에 대한 존경이 나에게 그것을 금지했고, 나 자신에 대한 불신이 나한테서 그 유혹마저 빼앗아갔다.

　이런 종류의 두뇌는 우리에게 지극히 위험하다. 그것은 모든 좋지 않은 본성, 무규율, 불경, 이기적인 개인주의를 조장하여 사회적 원자론으로 끝나게 한다. ……부정적인 사람들은 그런 사람이 없거나, 있다고 해도 상관없이 일이 진행되어 가는 큰 정치적 기구 속에서만 무해하다. 우리들 사이에 그들의 수가 늘어나면, 그런 사람들은 우리의 작은 조국을 모조리 붕괴시켜버린다. 실제로 작은 나라는 신념과 의지에 의해서만 살아갈 수 있다. 부정적인 경향이 힘을 얻으면 큰일이다. 생명은 긍정이다. 그리하여 사회, 국가, 국민은 살아 있는 하나의 전체이며, 그것이 사멸하는 일도 있는 것이다.──선입견이 없는 국민은 결코 있을 수 없다. 공공심과 전통이라는 것은 명백한 논증도 결론도 없이 획득되고 용인되고 계속되는 신념의 그물 같은 것이다.

실행하기 위해서는 믿지 않으면 안 된다. 믿기 위해서는 결심하고 판정하고 주장하며, 결국 문제를 선입견에 의해 결정하지 않으면 안 된다. 실천생활에 어울리지 않는 것은, 충분한 과학적 확실성이 없으면 실천하지 않는 사람이다. 그런데 우리는 실천하도록 되어 있다. 실제로 우리는 의무를 바꿀 수는 없다. 그러므로 그 대신 의혹밖에 가질 수 없는 동안에는 선입견을 비난해서는 안 된다. 스스로 위로할 힘도 없으면서 남을 비웃어서는 안 된다. 이것이 나의 견해이다.

(날짜 없음)
너의 입장을 경멸하지 말라. 그러므로 실천하고 괴로워하고 극복하지 않으면 안 된다. 지상의 어느 지점에서든 우리는 똑같이 하늘과 무한에 가깝다.

(날짜 없음)
모든 인간에게 공통되는 요소 외에 모든 인간을 분리하는 요소가 있다. 그 요소는 종교, 국가, 언어, 교육일 수 있다. 그러나 그 모든 것들이 공통된다 해도, 그래도 분계선이 되는 뭔가가 남는다. 그것은 이상이다. 이상이 있는가 없는가, 이런 이상을 가지고 있는가 저런 이상을 가지고 있는가 하는 것이 인간들 사이에, 아니, 같은 동료, 같은 지붕 아래, 또는 같은 방 안에서 생활하고 있는 사람들 사이에 심연을 연다. 고독에서 벗어나기 위해서는 같은 사랑으로 사랑하고, 같은 생각으로 생각하지 않으면 안 된다.

(날짜 없음)
서로에 대한 존경은 애정 속에도 겸손과 사양을 포함하며, 생활을 함께 하는 사람들에 대해 자신의 자유를 가능한 한 많이 확보하려는 마음을 내포하고 있다. 간섭의 본능을 경계해야 한다. 실은 자신의 의지를 인정하게 하려는 욕망이 남을 잘 보살펴주는 가면을 쓰고 그 속에 숨어 있는 일이 흔히 있다.

1863년 1월 8일
밤에 《시드》와 《로드귄》(모두 코르네유의 비극)을 다시 읽었다. 나의 인상은 아직 혼합되어 있어 분명하지 않다. 나의 찬탄에는 많은 환멸이 있고 나의 집착에는 많은 유보가 있다. 이 극에서 내 마음에 들지 않는 부분은, 모든 인물의 성격이 완전히 기계적이고 추상적이라는 것과, 대화를 주고받는 자에게 마타모르(스페인 희극의 가짜 용사)와 비라고(남자 같은 여자) 같은 느낌이 있다는 점이다. 나는 목소리 연기자를 통해 스페인풍의 호언장담을 늘어놓는 거대한 꼭두각시 인형을 어렴풋이 떠올리고 있었다. 그것은 힘이 강하지만 눈앞에 있는 것은 살아 있는 인간이기보다 영웅적인 우상이다. 왠지 모르게 기교적이고 호화롭고 기운이 넘치며 공연히 으스대는 점, 즉 프랑스 고전 비극의 약점이 거기에 뚜렷이 드러나 있어서, 그 장엄한 거인들을 매달고 있는 밧줄이 매미처럼 큰 소리로 찌르륵거리고 있는 것 같다. 명랑하고 젊은 기질에 퇴폐기(세네카 및 루키아노스)의 결점을 접목한 부분은 기묘하다. ──한마디로 말해 이 걸작에는 선한 점과 악한 점이 섞여 있다. 그래서 처음 보았을 때부터 나는 라신과 셰익스피어가 훨씬 낫다고 생각했다. 한쪽은 미적인 감각 때문에, 또 한쪽은 심리적인 감각 때문에. 남국의 연극은 가면에서 벗어나지 못하고 있다. 그런데 나는 희극면에서는 타협을 하지만, 엄숙한 인물에 대해서는 추상적인 타입, 즉 가면을 참을 수가 없다. 마분지나 양철로 만든 인물을 보면 웃지만, 살아 있는 사람 또는 그것과 닮은 것을 보지 않으면 울 기분이 들지 않는다. 추상이라는 것은 자칫하면 캐리커처가 되어버린다. 그래서 추상은 그림자 그림이나 실로 조종하는 꼭두각시 인형, 또는 가면을 낳는 것이다. 독일의 채색화가 원시적인 회화에 속하듯이 이것은 최초 단계의 심리이다. ──또 그것과 함께 흔히 궤변적인, 또는 증류기에 거른 것 같은 철저함이 있다. 야만인은 결코 단순하지 않다. ──아름다운 측면은 사상과 언어, 마음의 대담함, 솔직함, 남자다운 위세이다. 왕정 프랑스극의 모든 발전이 시작된 이 1640년의 극에 어째서 모조품의 위대함이 진실의 위대함에 적지 않게 섞여있지 않으면 안 되는 것인가? 천재는 있었다. 그러나 평범한 문명이 그것을 에워싸고 있다. 아무리 해봐도 가발을 쓰고 무사히 끝낼 수는 없다. 프랑스의 이상은 자연의 최종 개화라기보다는 차라리 자연의 목상감(木象嵌) 세공이다. 갈리아 기질은 빌려온 것, 좀더 자세히 말하면 원숭이 흉내를 통해서만 도달할 수 있다. 비극도 그 국민정신의 표현이 아니다. 현학(衒學)의 수입이요, 고대(古代)의 모방이다. ──형식주의는 체면을 중시하는 나라들의 문학의 숙명적 악폐이다.

1863년 1월 10일

나에게 가장 직접적이고 가장 확실한 행복은 여자 친구이다. 이런 환경에서 나는 그야말로 물 속의 물고기, 공중의 새처럼 자유롭고 편안하다. 이것은 나의 본성에 맞는 원소이며, 우리는 신기하리만치 서로를 이해하고 있다. 이것은 이성에 대한 나의 오랜 공포에 대한 보상일까? 감응에 의한 전기의 변종일까? 어느 쪽이든 기사도적인 이론이 나에게서 실현되어, 여자의 인력은 내 안에 있는 이해관계와 관계없는 능력에 전기를 띠게 하고 고양시키고 있다. 나는 결코 정복하거나 내 것으로 만들고 싶은 생각은 없다. 다만 보편적인 사랑, 순수한 공감으로 나 자신이 밝아지고 빛나는 것을 느낀다. 그럴 때는 내 안에 감흥이 차오른다. '영원히 여성적인 것이 우리를 높이 끌어올려 준다'(독일어, 《파우스트》 제2부 마지막 행)――그런 기회가 매우 드물고, 특히 그 점에 있어 아직 전혀 망가지지 않은 자에게 그것이 결여되어 있다는 것은 참으로 안타까운 일이 아닐 수 없다.

1863년 1월 13일

《폴리왹트》 및 《폼페이우스의 죽음》(둘 다 코르네유의 비극)을 읽다. 사람들이 그것에 대해 뭐라고 말하든, 코르네유의 웅대함은 읽는 사람으로 하여금 지나치게 힘이 들어간 강건함이나 지나치게 현란한 수사법마저 너그럽게 보게 만든다. 이러한 극의 양식은 거짓이 없다. 웅변과 연극을 좋아하는 프랑스 취향은 고전 시대의 첫 걸작에서 이미 드러나 있다. 장엄함은 여기서도 여전하며, 곳곳에서 작위적일 만큼 도가 지나친 진부함을 보여주고 있다. 프랑스는 문학에 왕실주의의 상금을 수여하고 있다. 주인공은 인간이라기보다 역할이다. 활달함, 덕성, 영광을 실현하고 있는 존재에 비해 과도하게 겉모양만 신경쓰고 있다. 그들은 언제나 무대 위에서 다른 사람들 또는 자기 자신들의 모습을 보고 있다. 거기서는 영광, 즉 호사스런 생활과 대중의 의견이 본성을 대신하며 또 본성이 되고 있다. 말을 할 때는 반드시 '입을 크게 벌리고', 굽이 높은 무대용 신발을 신은데다 자주 발돋움까지 하고 있는 느낌이다. 그러나 실로 더할 나위 없는 변호사들이다. 프랑스의 비극은 누군가가 죽어가고 있는 날, 돌이킬 수 없는 침묵의 시각이 울리지 않는 가운데, 모여 있는 사람들이 서둘러 언어를 이용하려고 하는 웅변 시합, 끊임없는 변론이다. 다른 나라에서는 언어가 행동을 이해시키기 위해 사용된다.

그런데 프랑스 비극에서는 행동은 말을 하기 위한 점잖은 구실에 지나지 않는다. 즉, 그것은 행동으로 끌려들어가 그것을 다양한 순간 또는 다양한 면으로 인정하는 사람들한테서 가능한 한 아름다운 대사를 끌어내기 위한 방법이다. 참으로 기묘하고 재미있는 것은 가장 활달하고 밝고 재치 있는 국민이 언제나 이 고귀한 양식을 가장 딱딱하고 가장 현란한 방법으로 이해해 왔다는 사실이다. 그러나 그것은 어쩔 수 없는 일이었다. 자아의 품위, 나아가서는 내적인 품위가 없기 때문에 보이기 위한 겉모습이 필요했던 것이다. 수법이 언제나 실질을 대신하고, 도금이 순금을 대신하게 되었다. 사교적인 국민이기 때문에 외부에서, 또한 외부에 의해서 생활하고 있다. 그 심리는 실로 조종하는 인형의 구조처럼 움직이는 각 부분으로 이루어져 있어, 말하자면 인형극의 인형이 신체의 움직임을 표현하는 정도의 진실함으로 정신과 생활의 뉘앙스를 표현하고 있다.――연애와 자연, 의무와 욕망, 그 밖에 열 가지 정도의 정신적인 대립이 팔다리를 이루고 있고, 그것에 극작가의 실이 몸짓을 불어넣어 모든 비극적인 제스처를 취하게 하는 것이다. 미리 만들어져 있는 몇 개의 칸막이를 호사가가 자신의 취향에 따라 조립하는 모형정원을 어렴풋이 떠올리게 하는 꼭두각시놀음이다.

1863년 4월 2일

한 시간 이상이나 조카딸 파크레트의 곁에서 보내면서 그 아이의 어린애다운 애무를 받고 나의 가슴은 다시 하늘을 나는 양탄자와 같았다. 특히 새 사진을 보여주어 기쁘게 해주려 했다. 오늘은 왠지 평소처럼 외곬수인 데가 없고 본능적인 겸손함이 싹트는 뾰족한 끝 같은 것을 느낀 것 같았다. 소녀에게 나타나는 처녀성의 어슴푸레한 명랑함, 포착하기 힘든 일종의 전광, 그것은 맑은 빛처럼 아름다워서 수치심의 예언처럼 보인다. 이 상태의 매력은 뭉게뭉게 안개가 낀 듯한 새로움에 있다. 장난을 좋아하는 이 순진함, 귀여우면서도 심술궂은 이 순진함, 그때그때 생각나는 대로 장난을 치면서 타인의 애정을 시험하고, 램프 주위를 맴돌면서 아직 불꽃이 있는 곳에는 가지 않는 나방 같은 이 어린 시절을 다루려면 어떤 부드러움이 필요한 것일까. 내가 룰루라 부르는, 날개가 돋고 공상적이고 민감한, 또 변덕스럽고 짜증스럽지만 귀여운 이 아이에게 접촉하고, 말을 시키고 생각하게 하기 위한 무한한 재주를 생각할 때마다 나의 머리에는 늘 잠자리의 모습이 떠오른다. 이 아이를 대하고 있느라면 나는 시의 한가운데에 있는 듯하다. 왜냐하면 셰익스피어의 몽환극에 나오는 요정처럼, 자신은 그런 줄도 모른 채 장난을 치면서 끝없는 사랑의 희극을 흉내내기 때문이다. 교태, 야유, 고집, 응석, 질투, 편애, 볼멘 얼굴, 친절, 아첨, 감사, 신뢰, 나아가 포학한 행동, 무관심한 순간, 분노의 발작이 모두 준비되어 있다. 이 미적인 감각의 염주는 나를 문학적인 동시에 개인적으로도 기쁘게 한다. 이 어린 친구가 나만한 나이가 되었을 때, 이러한 기억들은 틀림없이 이 사람에게 가장 유쾌한 일이 되리라. 우리는 이렇게 서로를 이해하고 있다. 어쩌면 이윽고 작은 새 같은 이 애모는 불가능해지고, 여주인공 자신에게도 우스운 것으로 보이기 시작하겠지. 꿈은 아름답다. 그것을 난폭하게 다루지 말라. 현실의 타격이 그것을 지우고 흩트리지 않는 동안은 계속하게 하고 싶다.

1863년 4월 8일

3,500페이지에 이르는 《레 미제라블》을 펼쳐, 이 거대한 작품의 통일성을 찾아보았다. ……

《레 미제라블》이 지니고 있는 근본사상은 이런 것이다. 사회는 무섭고 고통스러운 비참함을 낳는다. 매음, 유랑, 남 앞에 나설 수 없는 인간의 계급, 범죄자, 도적, 죄수, 그리고 전쟁, 혁명적 결사, 시가전. 사회는 그것을 스스로 인정하고, 법망에 걸리는 모든 사람들을 단순히 비인간적으로 취급해서는 안 된다. 법률과 여론에 인정을 가미하여 쓰러진 자와 패배한 자를 일으켜 세우고, 사회적 속죄를 만들어내는 것, 이것은 의무이다. 그러기 위해 어떻게 해야 하는가? 빛으로 반란과 악폐를 줄이고 용서로 죄인을 개심시키는 것, 이것이 방법이다. ──결국 그것은 형을 받은 자에게도 자애를 베풀고, 교회가 내세에 적용하고자 하는 것을 오히려 현세에 미치게 하여 사회를 그리스도교화하는 것이 아닐까? 손길을 늦추지 않는 추구와 난폭한 정의에 의해 짓밟아버리는 대신, 식을 줄 모르는 사랑으로 질서와 선으로 데리고 돌아가는 것, 이것이 그 책이 지향하는 바이다.

고귀하고 위대하다. 그러나 조금은 낙관적이어서 루소를 연상시킨다. 개인은 언제나 죄가 없고, 책임은 언제나 사회에 있는 것처럼 보인다. 요컨대 이상은(20세기에 대한 기대로서) 전쟁과 사형, 빈곤이 사라진 민주적인 황금시대, 세계적인 공화제 같은 것이 된다. 진보적인 종교 및 국가, 한마디로 말해 18세기의 유토피아를 확대한 것이다. 약간의 의협심, 그러나 적지 않은 공상. 그 공상이라는 것은 악의 관념이 지나치게 피상적이다. 작가는 인간의 가슴에 들어 있는 사악한 본능, 악을 위한 악에 대한 사랑을 무시하거나 잊은 척하고 있다. 거기서 언제나 프랑스인의 꼬리가 드러난다. 이에 비해 프로테스탄트 국민은 이런 망상에 빠지는 일이 드물다. ──그 작품의 위대하고 건전한 사상은 법률적인 성실함이 사회를 선택받은 자와 버림받은 자로 나눌 수 있다고 믿고, 상대적인 것을 절대적인 것과 혼동하고 있는 것은 유혈을 좋아하는 위선이라는 것이다. 중요한 부분은 준엄한 자베르에서 윤리설 전체를 뒤엎은 탈선한 자베르, 그 목사적(牧師的)인 스파이, 직선적인 정치가이다. 제1장은 엄한 듯 하면서도 불공정한 정의를 비춰줌으로써 사회의 자애를 드러내어 빛나게 한다. 사회에서 지옥의 제거, 바꿔 말하면 사라지지 않는 낙인의 흔적과, 기한도 없고 돌이킬 수도 없는 모멸을 없애는 것, 이 사상은 참으로 종교적이다.

또 학식, 수완, 문장의 깊이 면에서 그 작품은 사람을 망연자실하게 하고 거의 놀라 쓰러지게 한다. 결점은 삽화적인 샛길이나 토론에 끝이 없는 것, 모든 맥락과 취지가 도를 지나치고 있는 것, 왠지 모르게 문체에 긴장되고 격렬한 데가 있어, 그것이 자연스러운 웅변이나 진정한 진리와 어울리지 않는다는 점이다. 범죄사건은 빅토르 위고의 병폐이다. 왜냐하면 그것이 그 미학의 중심이 되어 있기 때문이다. 여기서 과장, 허풍, 연극조, 의지의 긴장이 나온다. 강한 예술가이기는 하지만, 사람들이 예술가임을 잊지 않게 한다. 위험한 본보기이다. 왜냐하면 이 거장은 이미 모든 그로테스크한 암초를 극복하고 있고, 미의 조화적 인상을 주지 못하며, 숭고를 넘어서서 반감마저 불러일으키고 있기 때문이다. 그래서 그토록 라신을 싫어하는 것이다.

빅토르 위고의 어학적, 문학적 역량은 실로 대단한 것이다. 우리 말(프랑스어)에 들어 있는 모든 언어, 궁정 거래소의 언어, 사냥의 언어, 해양, 전쟁, 철학, 감옥, 또 장인들의 언어, 고고학, 헌책방, 우물 파는 기술자의 언어까지 모조리 자기의 것으로 만들고 있다. 역사와 풍습의 모든 잡동사니, 지상 및 지하의 모든 진기한 것을 완전히 파악하여 친숙한 것으로 만들고 있다. 마치 자신이 파리를 속속들이 파헤치기라도 한 듯, 그 내부와 외부를 자신의 호주머니 속처럼 다 알고 있는 것 같다. 기적 같은 기억력, 번개처럼 번뜩이는 상상력. 그것은 꿈을 지배하는 환상을 보는 자로, 아편이나 하시시(인도대마초)가 일으키는 환상을 마음대로 다루며 속는 일이 없고, 광란을 자신의 가축으로 삼고, 악몽도 천마(天馬)도 사자양도 아무렇지도 않게 타고 다닌다. 이런 심리현상은 더할 나위 없이 강렬한 흥미를 끈다.——빅토르 위고는 황산으로 그리고, 전광으로 비추어낸다. 독자를 끌어당기고 고개를 끄덕이게 할 뿐 아니라, 벙어리로 만들고 장님으로 만들고 회오리바람에 휩쓸리게 한다. 힘도 여기에 이르면 그저 황홀할 뿐이다. 붙잡는 것이 아니라 가둬버린다. 매료하는 것이 아니라 주술을 건다. 그의 이상은 비범하고 장대하고 훌륭하며 압도적이어서 가늠할 수 없다. 그런 특징을 보여주는 말은 끝이 없고 거대하며, 뛰어나고 강하며 기이하다. 어린아이 같은 순진한 부분까지도 과대하게 하는 방법을 보여준다. 그나마 손을 댈 만한 유일한 것은 자연적인 부분뿐이다.

즉, 위고의 가장 뛰어난 장점은 위대하다는 것이고, 결점은 과도하다는 것이며, 지울 수 없는 낙인은 웅대함 속에 유치함이라는 기묘한 불협화음이 섞인 거인풍이며, 약점은 절도, 취미, 웃음에 대한 감각, 세세한 의미에 있어서의 기지이다.——빅토르 위고는 프랑스식 스페인 사람이다. 아니 오히려 남과 북, 스칸디나비아인과 아프리카인의 모든 극단적인 점을 가진 사람이다. 가장 적은 것은 갈리아적인 점이다.

그런데 운명의 변덕으로 이 사람이 19세기 프랑스 문학의 천재 가운데 한 사람이 되었다. 그 창작력은 무궁무진하고, 나이는 조금도 영향을 주지 못했던 것처럼 보인다. 언어, 사상, 형식을 무한하게 담은 궤짝을 손에서 놓지 않고 들고 다니며, 지나간 자취를 표시하기 위해 그 자리에 산 같은 작품을 남겼다. 그 분출은 화산과 비슷하다. 그리하여 믿을 수 없을 정도로 강한 그는 자신의 창작 세계, 그리스적이라기보다 인도적인 세계를 쉬지 않고 일으키고, 해체하고, 다시 부수고 쌓아올려 갔다.——정말 경탄스러울 뿐이다.

그러나 나는 진실에 대한 마음을 일깨우고 내적인 자유를 키워주는 천재를 좋아한다. 위고에게서는 외눈박이 거인과 같은 노력이 느껴진다. 그보다도 나는 역시 아폴로가 가진 울림이 좋은 활이나, 올림포스의 주피터의 차분한 눈썹이 좋다. 위고같은 타입은 《세기의 전설》(위고의 서사시, 1883년)에 나오는 사티르이며, 폰의 음란한 추악함과 위대한 판의 우레 같은 숭고함의 중간에서 올림포스를 숨막히게 하는 것이다.

1863년 5월 23일

(아침 9시) 개운치 않은 안개가 잔뜩 낀 날씨. 간밤에 비가 왔는데도 공기가 음울하다. 무겁지만 결실이 많은 잉태를 상징하는 듯하다. 오늘은 자연도 잉태를 하고 있고, 인도의 가네사(책략과 신중한 생각을 관장하는 코끼리 머리의 신)나 아토스(그리스 북쪽 살로니카 서남쪽에 돌출해 있는 세 반도의 동남쪽에 있는 산, 중세이래의 그리스도교의 수도원이 많이 있는 곳)의 옴팔로프시코이(배꼽을 응시하며 신과의 교통을 원하는 정적교도)처럼 자신의 가슴을 가만히 응시하며 생각에 잠겨 있다. 이 알 수 없는 공상은 임신한 여자의 공상처럼 신성하지만, 바라보는 사람을 전기로 마비시키고 잠에 빠져들게 하는 희미하고 안타까운 심정을 느끼게 한다. 빛은 생활하게 하고, 어둠은 생각하게 하는 데가 있다. 그러나 낮은 태양, 애매한 밝음, 납빛 하늘을 보면 사람은 오히려 한숨을 쉬며 팔을 뻗고, 눈을 감고 하품을 한다.

자연의 이러한 모호하고 혼돈된 상태는 모두 정해진 형태가 없는 것, 혼탁한 색, 그늘에 있는 박쥐, 바다에 있는 끈적끈적한 장어처럼 추하다. 끌어당기는 힘은 성격, 명쾌함, 개성이 있어야 비로소 나온다. 흐리거나 섞여 있고 확실하지 않으며, 형태가 없고 남자인지 여자인지도 알 수 없으며, 악센트가 없는 것은 아름답지 않다.——안개, 혼돈, 원시적인 혼합은 여러 가지가 뒤섞인 곡식, 수렁, 잡탕, 리포카(ripoquâ), 혼잡, 아수라장 등과 같은 나중에 만든 부당한 혼합 못지않게 눈에도 취미에도 달갑지 않다.

이지는 빛을 원한다. 빛은 질서이다. 질서는 먼저 부분의 구별이고 그 다음으로 규칙적인 안배이다. 미는 이성을 기초로 하고 있다. 그러므로 형태가 정해지지 않은 것과 잿빛을 띤 것, 혀가 잘 돌아가지 않는 것, 이 세 가지는 예술이 싫어하는 것으로, 명석한 두뇌가 지닌 반감(反感)의 대상이라고도 할 수 있다.

1863년 8월 7일

저녁 식사 뒤 산책. 별이 빛나는 하늘. 웅대한 은하수. 아아, 그래도 역시 나는 마음이 무겁다. 끝이 다가옴에 따라, 그날그날에 매달리는 노인의 거친 삶의 방식을 나도 이해할 수 있을 것 같다. 미래는 여전히 나에게는 완전히 반항하는 것으로 생각되고, 과거 외에는 희망이 없다. 즉 예견도 준비도 하지 않고 뒷걸음질치며 걷고 있는 것이다. 나는 늘 그랬다. 나는 미래를 가불하거나 공상이나 과감한 생각에 몰두한 적이 없다. 나는 언제나 요절할 생각으로 있고, 1년 뒤, 아니 석 달 뒤의 계획도 세운 적이 없다. 기묘하지 않은가? 옆 사람을 보고 자신의 일을 생각하고, 자신도 같은 일을 당하게 되리라고 생각하는 것, 그런 것은 내 머리에 떠오른 적조차도 없다. 나의 정신적인 힘은 모두 정복이 아니라 체념 쪽을 향해 왔다.——결과. 의지의 쇠약, 즉 만성적인 '작위적 행동', 자신의 가장 깊은 본능에 대한 무관심, 자신의 모든 능력을 발휘하지 못하게 하는 마비.

1863년 8월 9일

내가 늘 부딪치고 있고, 내 생활에 대한 치유할 길 없는 불신은, 옆 사람에 대해서는 관용이나 호의로 바뀌었지만, 너를 위해서는 절대적인 무기가 되고 말았다. 전부냐 전무냐. 아마 후자가 나의 본성, 근원적인 근저, 전신(前身)일 것이다. 그것도 누군가가 조금이라도 사랑해준다면, 나의 내밀한 마음에 조금이라도 들어와 준다면, 나는 기쁜 마음으로 다른 것은 거의 아무것도 바라지 않는다. 어린아이의 애무, 친구의 이야기, 청년과의 접촉만으로도 충분히 기분 좋고 자유롭고 편안할 수 있다. 그런 식으로 나는 무한하게 동경하고 있으면서도 약간의 것에 만족하고, 모든 것이 나를 불안하게 하는 데도 사소한 것이 나를 안정시킨다. 나는 가끔 내가 죽고 싶어하는 생각을 할 때가 있음을 문득 깨닫지만, 그래도 행복에 대한 나의 염원은 새만도 못하다. 날개, 햇빛, 보금자리. 내가 밤낮으로 고독하게 사는 것은 스스로 좋아서 그러는 것처럼 보일지 모르지만 당치도 않은 말이다. 마지못해서 고집을 부리는 것이고, 타인을 필요로 하는 것이 부끄럽고, 그것을 고백하는 것도 부끄럽고, 자신의 굴종을 승인하고 거기에 튼튼하게 못을 박는 것이 두려워서 그럴 뿐이다. 나는 인간의 악의 따위는 거들떠보지도 않는 면도 있지만, 그보다 더욱 마음에 두지 않고 있는 것은 환멸이고, 또 그보다 더한 것은 기대가 어긋나는 것이다.

1863년 9월 2일

(아침 8시 반) 허공에서 눈 가리고 술래잡기, 짓궂은 운명의 숨바꼭질. 오늘 아침 눈을 떴을 때 희미하게 밝아오는 빛 속에서 나를 쫓아다녔던 종잡을 길 없는 감각은 뭐라고 불러야 할까? 병자가 깜깜한 방안이나 열에 들떠 의식이 몽롱할 때 힐끗 보이는 여자의 얼굴처럼, 반갑지만 희미하고, 이름도 없고 윤곽도 없는 기억이었다. 어디선가 만났던, 언젠가 내 마음을 흔들어 놓은 적이 있는데도 이윽고 시간과 함께 망각의 창고 속에 묻혀버린, 느낌이 좋은 얼굴이라는 것은 분명히 기억하고 있다. 그러나 그밖의 것은 장소도, 시간도, 사람 자체도 모두 희미할 뿐이다. 실제로 그 얼굴과 표정을 본 적도 없다. 모든 것은 행복의 수수께끼를 그 뒤에 숨기고 일렁이고 있는 베일 같다. 게다가 나는 그것이 꿈이 아니라고 또렷하게 생각했을 정도로 잠에서 깨어 있었다.

그렇다면 그것은 우리 속으로 삼켜져버리는 사물, 소멸해 가는 기억의 마지막 흔적이 틀림없다. 고통인지 쾌락인지 알 수 없는, 정해진 형태가 없는 인상을 비추고 있는 붙잡을 수 없는 도깨비불, 묘지 위의 빛. 정말이지 이상하다. ——이것은 대체로 정신의 유령, 행복의 망상, 사멸한 자신의 감정의 영혼, 자신이 전에 범했던, 자식을 죽인 죄상이라고 불러도 좋으리라. 결실을 맺을 수도 있었을 눈물을 나는 얼마나 많이 삼켜야 했던가. 태어나고 있는 사모의 정을 얼마나 많이 질식시키고, 살아남아서 내 안에서 자라기만을 바랐던 감정을 얼마나 많이 없애 버렸던가. 가령 《탈무드》(유대의 스승, 랍비의 성전)는 아마 그것을 인정하겠지만) 사랑의 불꽃 하나하나가 충분한 생존을 동경하고 있는, 눈에 보이지 않는 정령을 모르는 사이에 잉태시키고 있다고 한다면, 두 개의 시선 교환에서 생긴 그 성스러운 태아를 나는 내 가슴 속에서 몇이나 유산시켰던 것일까? 또 만약 결실을 맺지 못한 빛이 우리 정신의 림보(Limbo. 그리스도 이전의 의인이나 세례를 받지 않고 죽은 유아의 영혼이 머무는 곳)를 헤매 돈다면, 우리의 베갯머리를 찾아오는 신비로운 환영에 어떻게 새삼스럽게 놀란단 말인가? 사실은 내가 환상에 그 이름을 밝히게 할 수도, 그 기억에 확실한 모습을 취하게 할 수도 없었다는 얘기다.

　이러한 꿈같은 생각의 흐름을 따라가다 보면, 인생은 얼마나 쓸쓸한 모습을 보여주는 것일까? 그것은 마치 밤의 대양에서 난파한 배에서, 사랑으로 가득 찬 목소리가 무려 50명의 구조를 청하고 있는데, 무자비한 높은 풍랑이 차례차례 모든 외침을 지워버려, 죽음이 다가오는 그 암흑 속에서 손을 잡을 수도 작별의 키스를 할 수도 없는 것과 같은 형국이다. ──이런 입장에서 보면 운명은 가혹하고 난폭하고 잔인하게 보이고, 인생의 비극성은 일상생활의 진부하고 잔잔한 물 한복판에 바위처럼 솟아 있다. 이 광경이 우리 속에 불러일으키는 정의할 수 없는 불안 앞에서는 엄숙해지지 않을 수 없다. 사물의 표면은 즐거워 보이고 평범하지만, 속 깊은 곳에는 준엄하고 외경해야 할 것이 있다. 사람은 영원한 사물, 정신의 운명, 진리, 의무, 생사의 비밀에 접하는 순간, 무엇을 지니고 있든 진지해진다.

　숭고하고 독특하며 깨지지 않는 사랑은 우리를 곧장 위대한 심연의 가장자리까지 이끌고 간다. 실제로 그 사랑은 직접적으로 무한과 영원에 대해 얘기하고 있다. 그것은 탁월하게 종교적이다. 아니, 종교가 될 수도 있다. 인간의 주위에 있는 모든 것이 흔들리며 동요하고, 두려움에 떨며 머나먼 미지의 세계에 대해 알 수 없는 경계의 어둠 속에 침몰할 때, 세계가 지어낸 이야기나 요정의 환상에 지나지 않고, 우주가 바로 공상의 소산일 때, 관념이 쌓아올린 모든 것이 연기로 사라지고, 모든 사상(事象)이 의혹으로 변할 때, 어떠한 변치 않는 것이 아직 인간에게 남는 것일까? 그것은 여자의 풍요로운 가슴이다. 거기에 머리를 기대면 삶에 대한 용기, 신의 섭리에 대한 신앙을 되찾을 수 있고, 경우에 따라서는 축복하면서 평화롭게 죽을 수도 있다. 사랑과 그 환희, 즉 사물의 보편적인 조화라는 분명한 표시는 더할 수 없이 지혜로운 아버지 같은 신의 존재에 대한 가장 뛰어난 증명인 동시에, 신에 이르기 위한 가장 가까운 길일지도 모른다. 사랑은 신앙이고 신앙은 사랑을 부른다. 그 신앙은 행복이고 빛이고 힘이다. ──인간은 신앙에 의해 비로소 살고, 눈뜨고, 행복하고, 속죄하고, 즉 생존의 가치를 알고 신과 진리의 영광에 온힘을 바치고 있는 진정한 인간의 연쇄 속으로 들어가는 것이다. 그때까지는 허약하고 불구이며 쓸모없고 무의미한 것으로서, 목적도 진정한 기쁨도 없이 돌아가지 않는 혀로 하찮은 말을 지껄이며, 시간과 능력과 재능을 낭비하는 수밖에 없다.

　어쩌면 사랑에 의해 나 자신도 신앙, 종교, 건강, 집중으로 돌아갈 것이다. 적어도 내가 나 같은 사람, 나의 유일한 짝을 찾는다면, 나머지는 모두 덤으로 손에 넣고, 자신의 불신에 당황하고, 자신의 절망이 부끄러워 얼굴을 붉히게 될 것이다. 그러므로 아버지 같은 신의 섭리를 믿고 과감하게 사랑하라.

1863년 11월 2일

　(저녁 6시) 필린과 주고받은 편지를 정리하고 번호를 매기다. 4, 5년 동안 쌓인 편지가 길고 짧은 것 212통이다. 상당한 수다. 그러나 결과적으로 보면 수고한 만큼 보람이 있었다. 아니, 수고보다 얻은 것이 월등하게 많다. 나도 약간 도움이 되어주었고, 성실한 감사로 가득한 마음을 얻었다. 해마다, 거의 달마다, 나는 필린의 가치를 점점 더 인정하게 되었고, 나의 신뢰는 더할 나위 없이 완전했다. 여자의 우정에 대한 참으로 훌륭한 본보기가 아닌가? 그 가능성에 의심을 품고 있는 사람들에 대해 참으로 훌륭한 대답이 아닌가? 본인은 깨닫지 못하고 있지만 질투심 강한 애정을 가지고 있는 Madr.가 듣는다면, 선택하고 결정하여 남매 사이처럼 된 이 애정에 틀림없이 놀랄 것이다. 그 열렬한 정열은 선택에 의해서만 나올 수 있는 것인데다, 신비에 의해 더욱 커진다. 사실을 말하면, 운명은 애착이라는 점에서 조금은 나에게 관대함을 베풀어주었다. 여자의 마음에 대해서는 나도 불평을 할 수는 없다. 나는 결혼의 주사위를 던질 배짱 또는 소양이 없었지만, 거의 모든 사랑하는 방법을 조금씩 알고 경험했고 또 남에게 가르쳐왔다.

1863년 11월 25일

　기도는 다양한 종교의 본질적인 무기이다. 기도가 닿아 축복이 내려오는 일이 과연 있는지 의심함으로써, 더 이상 기도를 하지 못하게 된 사람은 참혹할 정도로 고독하고 이상하리만큼 궁핍하다. 그런데 너는 그것을 어떻게 생각하는가? 솔직하게 말하면 지금 이 순간에는 대답하기 어려울 것이다. 너의 확고한 신앙은 모두 연구에 부쳐져 있고, 이제부터 어떻게 변형될지 알 수 없는 일이다. 무엇보다 진리가 가장 중요하다. 설령 그것이 우리를 곤란에 빠뜨리고 혼란시킨다 해도 말이다. 그러나 내가 믿고 있는 것은, 우리가 스스로 만들고 있는 사물의 원리의 가장 높은 관념이 가장 진실한 관념이 된다는 것, 가장 진실한 진리는 인간을 가장 원만하고 선량하며, 가장 현명하고 가장 위대하고 가장 행복하게 하는 진리라는 것이다.

너의 비상으로 하늘을 지배하라, 오오 사상이여.
한없이 완전한 것을 7배의 7배나 늘려라.
두려워할 것 없느니, 너는 그 결과를 견딜 수 있다.
신은 원인으로서 항상 그 결과보다 위대하다.
《생각에 잠긴 사람》(아미엘이 1858년에 낸 프랑스어 시집에 붙인 이탈리아어 제목. 젊었을 때 피렌체에서 보고 감탄했던 미켈란젤로의 조각에서 따온 것)

지금으로서는 진정한 의미에서의 나의 신조는 다시 만들기 위해 맡겨두었다. 말은 그렇게 해도 나는 아직 신을 믿고 영혼의 불멸을 믿고 있다. 신성이라는 것, 진리라는 것, 미(美)라는 것을 믿고, 용서의 신앙에 의한 영혼의 속죄를 믿고 있다. 사랑도 헌신도 체면도 믿고 있다. 기도도 믿고 있다. 인류의 기초적 직관, 모든 시대의 예지자의 위대한 말을 믿고 있다. 우리의 뛰어난 본성이 우리의 진실한 본성이라는 것을 믿고 있다.

거기서 신학과 변신론(辯神論)이 나오는 것일까? 아마 그렇겠지만, 지금의 나에게는 그것이 확실하게 보이지 않고 있다. 사실 이 문제는 나에게는 새로운 것이다. 상당히 오랫동안, 나는 철학 쪽으로 눈을 돌린 적이 없고, 타인의 사상 속에서 생활하고 있다. 하물며 자신의 도그마의 결정이 필요한 것인지 아닌지 생각해 보지 않으면 알 수 없을 정도가 되어 있다. 남에게 설명하거나 스스로 실행하는 데는 그것이 필요하다. 연구하고 바라보고 학문하는 데는 그리 필요하지 않다.

1863년 12월 4일
신기한 만남. 늘씬하고 상당히 세련되었으며, 조금 딱딱한 표정, 하얀 피부에 밤색 머리의 여자. 분명히 교회에서 한 번 본 뒤로 내 시야에서 사라진 환영이었던 것으로 희미하게 짐작한다. 청년 같은 호기심을 이기지 못해 뒤로 되돌아가서 가까운 거리까지 따라가, 어떤 집으로 들어가는 것을 보았다.

그 사람의 집일까? 그것은 모른다. 이 사건은 신의 섭리가 보여주는 섬광일까? 누가 알겠는가. 그 사람은 누군가가 자주 얘기했던 H. V***일까? 그렇다면, 우연의 일치는 세 배의 재미를 가져와서, 호의적인 운명의 확실한 신호로 보아도 될 것 같다. 그것만으로 하잘것없는 이 우연의 일치가 어째서 내 마음을 이렇게 빼앗아버리는 것일까? 내가 불안한 상태인데다 시인 같은 정서를 가지고 있기 때문이며, 내 가슴이 매장되기에 앞서 서둘러 내 마음대로, 또 내 방식대로 가슴에 고동치는 사랑의 노래를 부르고 싶어하기 때문이다. 나는 그것을 가책하지 않는다. 어린이의 첫 욕망과 범죄자의 마지막 충동을 다루는 것처럼, 나는 점차 마음대로 하도록 내버려 두는 관대한 마음으로, 가슴의 본능이 활약하는 것을 바라보고 있다. 만족시켜 주지도 않고 숨 돌릴 틈도 주지 않았던 이 가슴에, 이제 와서 죽어가고 있는 모든 것이 받아들일 수 있는 은혜를 어찌 거부한단 말인가?

일종의 연민이 나를 움직이고 있다. 정말이지 그것은, 내 안에서 갓 태어난 사모의 정 하나하나에 대해 이전의 가혹한 자신의 처사를 내 쪽에서 자진해서 속죄하는 소박한 뜻이다. 그런 염원이 이루어질 수 있다고 자기중심적으로 생각하는 것은 아니지만, 마음의 사냥개가 보이는 이러한 무모한 사냥에 몸을 맡기고 있는 것이다. 마음의 전부를 차지한 완전한 애착이라는 욕구는 기대에 어긋나거나 기만을 당하면, 기회를 노렸다가 언젠가 복수를 하는 법이다. 그래서 사람은 마흔이 되어 스무 살 시절의 맥박과 가슴 깊은 곳에 숨어 있는 전율을 깨닫는다. 모든 것이 약속으로 보인다. 로맨틱한 본능은 보복을 한다. 실제로 문학작품에 들어 있는 너무나도 아름다운 부분, 정열과 희망에 의한 내적인 회춘이 현실에서도 일어날 때가 있다.

사랑하는 것을 부끄러워하지 않고 오히려 기분 좋고 고맙게 생각해야 한다. 재처럼 되어 무엇이 좋단 말인가? 나는 그보다도 60세가 되어서도 사랑하고 사랑받고, 감격의 순수한 찬미 속에서 스스로 다시 청춘으로 돌아간 괴테의 방식을 좋아한다. 특별한 의미에서 사랑하는 힘은 찬탄하고 감동하는 힘이 없어지지 않는 한 소멸하지 않는다. 열렬한 마음과 정에 불타는 가슴은 마지막 죽을 때까지 사랑하며, 그것을 향해 다가오는 모든 애정의 봄에 돋아나는 새싹에서 부족함을 느끼지 않는다. 취기는 언젠가 깬다. 그러나 가슴의 솟구치는 감정은 계속된다. 공감의 힘도 결코 죽지 않는다.

나이와 상관없이 백발도 아랑곳하지 않고 언제까지나 젊게 사는 비결은 시와 관조, 자애에 의해, 더 간단하게 말하면 정신적 조화의 유지로 자신 속에 감각을 간직하는 것이다. 하나하나의 일이 우리 안에서 뜻대로 이루어지고 있는 한, 우리는 신의 작품과 균형을 유지해갈 수 있다. 영원한 미와 영원한 질서에 대한 엄숙한 감격, 감동을 띤 이성, 유쾌한 선의(善意), 이것이 아마 지혜의 근본일 것이다.

지혜. 얼마나 무진장한 논제인가? 평화로운 후광과 같은 것이, 윤리적 경험이라는 모든 귀중한 보배를 아우르는 이 관념, 좋게 이용된 삶의 가장 성숙한 과일이라고도 할 수 있는 이 관념을 에워싸고 비춰보고 있다. 지혜는 늙지 않는다. 사실 이것은 질서 그 자체의 표현, 다시 말해 영원한 것의 표현이다. 지혜로운 자만이 인생과 각각의 나이에서 그 풍미를 모두 이끌어낸다. 지혜로운 자는 그 미와 기품과 가치를 느끼기 때문이다. 청춘의 꽃은 시들지만, 인생의 여름과 가을, 겨울까지도 각각 장엄한 위엄이 갖춰져 있는 것을, 지혜로운 자는 인정하고 찬미한다.

모든 사물을 신 안에서 바라보는 것, 자신의 삶을 이상의 통로로 삼는 것, 감사와 집중과 온정과 용기로 생활하는 것, 이것이 마르쿠스 아우렐리우스의 웅대한 관점이다. 거기에 또한 무릎을 꿇는 겸양과 몸을 바치는 자애를 더하면, 신의 아들이라는 이름으로 불리는 사람들의 지혜가 되고, 진정한 그리스도교인의 불멸의 기쁨이 된다.──그와 반대로 지혜를 모독하고 무익한 것으로 보고 있는 그리스도교는 얼마나 사악한 것인가.──그럴 바에는 나는 오히려 현세에 있어서도 신에 대해 인정받은 정의라고 할 수 있는 지혜 쪽이 좋다. 그릇된 종교관의 징후는 생활을 하루하루 지연시켜 신성한 사람과 덕이 있는 사람을 구별하게 하는 데 있다. 이 잘못은 대개 중세 전체의 잘못이며, 아마 가톨릭의 본질에 존재하는 잘못일 것이다. 그러나 진리를 중시하는 그리스도교는 이 뼈아픈 잘못에서 정화되지 않으면 안 된다. 영원한 삶은 미래의 삶이 아니라 질서에 의한 삶, 신에 의한 삶이다. 시간은 스스로를 영원 자체의 움직임, 존재라는 대양의 파동으로 보는 것을 배워야 한다. 시간의 범주 안에서 인식되는 존재는 그 시간의 실체, 즉 영원을 의식할 수 있다. 그래서 '영원한 상(相) 아래에' 그 의식을 유지하면서 생활하는 것이 지혜로운 자이고, 영원한 것을 체현하면서 생활하는 것이 종교가이다.

이 얼마나 기묘하고 번거로운 사색의 길을 통해, 젊은 여자의 베일에서 스피노자까지 와버린 것인가? ——아니, 그건 아무래도 상관없다. 세계에 있어서는 모든 것이 연계되고 모든 것이 서로 부르고 있다. 모든 반경은 중심을 향한다. 어쨌든 행복한 일이 아니었는가? 게다가 진정한 사랑은 지혜의 형제가 아닌가?

(날짜 없음)
기품이란 무엇인가? 본성 또는 교양의 우월에 대한 평정한 의식, 자기존중의 결과. 기품은 외면 및 언행의 귀족 기질이다. 공적이나 우월, 위대함과는 또 다른 미적 개념이다.

(날짜 없음)
평등주의는 인습적인 불평등과 단속적 특권, 그리고 역사적 부정을 제거한 다음, 공적과 능력, 덕성의 불평등에 대해 반란을 일으켰다. 정당한 주의에서 부정한 주의가 되었다. 불평등과 평등도 마찬가지로 진리이고 마찬가지로 정당하다. 서로의 이해가 필요하다. 그런데 바로 그것을 사람들이 원하지 않고 있다. 감정은 광명을 혐오한다. 평등주의는 사랑으로 보이고 싶어하는 미움이다.

(날짜 없음)
국민성이 동의(同意)라면 국가는 강제이다.

(날짜 없음)
자유와 평등은 나쁜 원리이다. 진정한 인간적 원리는 정의이다. 약자에 대한 정의는 보호 또는 선의이다.

1864년 4월 2일
소나기와 4월의 변덕, 파도처럼 다가오는 햇살 뒤에 빗줄기, 안달하고 있는 하늘이 발작적으로 울고 웃는 것, 때때로 불어닥치는 바람, 지속되지 않는 비바람. 날씨가 마치 떼쓰는 계집아이처럼 한 시간에 스무 번이나 표정과 생각을 바꾼다. 식물에게는 고마운 일이다. 봄의 혈관에 생명이 차오르고 있다. ……이 골짜기에서 바라보이는 산의 파노라마는 기슭까지 하얀 베일을 치고 있다. 그러나 그것은 그저 모슬린일 뿐, 햇살이 2시간만 비치면 사라져버릴 것이다. 이것도 변덕, 무대장치 감독의 호루라기 한 번에 금세 막이 오르는 무대의 배경이다.

사물 하나하나의 일정하지 않은 움직임이 너무나도 선명하게 느껴진다. 나타나는 것과 사라지는 것, 이것이 우주에서 일어나는 희극의 전부이다. 파리매이든 별똥별이든, 그것이 그리는 삶의 주기가 어떠하든, 이것이 모든 개체의 전기(傳記)이다. 모든 개체의 일생은 연기의 그림자, 허공에서의 몸부림, 늦고 빠른 것은 있어도 게으른 번개다. 한순간 모래 위에 기록되었다가 다음 순간에는 바람에 사라지는 이집트 문자, 존재라는 큰 강의 수면에 생겼다가 터져버리는 물거품, 외관, 하늘, 무(無)이다. 그러나 이 무는 역시 보편적 존재의 상징이 되고, 이 한 없는 물거품은 세계 역사의 요약이 되고 있다.

표가 나지 않을 정도라도 조금이나마 세계의 일을 도운 사람은 살아 있다. 그것을 조금이라도 의식한 사람은 살아 있다. 평범한 사람은 그 행위로 기계의 부분처럼 이용되고, 사상가는 그 사상으로 빛처럼 이용된다. 명상가는 자신과 마찬가지로 죽어야 하는 덧없는 길동무를 북돋우고 위로하고 지탱해주며, 더욱 좋은 일을 한다. 즉, 다른 두 가지 유용성을 하나로 통일하고 있는 것이다.

행위, 사상, 언어(언어란 모든 전달, 확산, 계시의 뜻), 이것이 인간생활의 동등한 세 가지 양식이다. 장인, 학자, 변론가, 셋 다 신의 노동자이다. 만들고 찾고 가르치는 것, 셋 다 노동이고, 셋 다 유익하며, 셋 다 필요하다. ──우리는 도깨비불로라도 흔적을 남긴다. 별똥별이라도 사람들의 기억 속에, 적어도 뒤에 오는 사건의 조직 속에, 우리가 없애야 할 무위를 오래 지속되게 할 수 있다. 모든 것은 보이지 않게 된다. 그러나 사라지는 것은 아니다. 인간의 문명과 국가도 사회적 존재의 형식으로 생활한 모든 것의 작품으로 건설된, 거대한 정신적 피라미드와 같다. 마치 우리의 석회암 산악이, 현미경적 동물의 형식으로 생활한 억의 억 배나 되는 이름 없는 존재의 잔해로 이루어져 있는 것과 같다.

1864년 4월 5일

《비타르 공(公)》(셀뷰리에의 작품, 1864년)을 다시 읽고 감탄하여 거의 현혹되다시피 했다. 참으로 풍부한 사상, 사건, 색채, 참으로 대단한 학식, 또한 심술, 기지, 지식, 기량, 아무도 흠잡을 수 없는 문체의 완성도, 그 깊은 곳에 담겨진 투명함. 되는 대로 아무렇게나 한 부분, 다시 말해 차분하고 평범한 부분을 제외하고, 모든 종류의 장점과 교양과 기교를 이 작가는 한몸에 갖추고 있다. 이처럼 냉소적이고 카멜레온 같으며 마법사 같은 날카로운 눈빛과 뉘앙스로 가득한, 사상이 자유로운 사람은 아마 없을 것이다. 빅토르 셀뷰리에는 스핑크스처럼 모든 하프를 타며, 괴테 같은 명랑함으로 모든 것을 마음대로 주무른다. 감정도 고통도 오류도, 끄떡도 하지 않는 이 마음에는 아무런 영향을 주지 못하는 것 같다. 이 사상의 열쇠는 그리스와 프랑스에서 가공한 헤겔의 《정신현상학》이다.

그 신앙은, 그리 확실하지는 않지만 슈트라우스(Friedrich Strauss. 독일 신학자, 1808~1874년)의 신앙인 '인도주의'이다. 그러나 자신의 힘, 자신의 언어를 완전히 제어하며, 무슨 일이든 아직 시기가 오기 전에는 설명하지 않도록 경계하고 있다.

이 깊은 샘의 바닥에는 '악어' 같은 것이 있을까? 어쨌든 어리석음이 제거되고 염려가 사라진, 모든 것을 포용할 수 있을 정도로 넓은 머리가 있다. 일부러 배우지 않아도 자신이 알고 싶은 것은 다 알고 있는 사람이라고까지 말할 수 있다. 예절바르고 상당히 애교가 있으며, 섬세한 교양과 재능을 갖춘 온화한 메피스토펠레스이다. 그런데 메피스토는 세련된 보석상이고, 그 보석상은 미묘한 악사이며, 그 변설가는 호박(琥珀)처럼 매끄러운 혀로 우리를 놀리고 있다. 그 짓궂음은 모든 것을 다 헤아리면서 정작 자신에 대해서는 남들이 헤아릴 수 없게 하는 점, 모든 것의 비밀을 손에 쥐고 있지만, 때가 오기 전에는, 또 마음이 내키기 전에는 그 손을 펴 보이지 않겠다는 예감을 주는 점에 있다. ……빅토르 셀뷰리에는 프루동과 좀 비슷해서, 사람들의 머리를 온통 뒤죽박죽으로 만들기 위해 안티노미(이율배반)를 마음대로 조종하고 있다. 예를 들어 루터와 종교개혁을 농담으로 돌리고 문예부흥을 칭찬한다. 양심의 고민 따위는 문제 삼지 않는다. 그 최고의 법정은 이성이다. 마음속은 헤겔파이고 주지주의자이다. 그러나 대단한 구조를 가진 사람이다. 다만 체념과 희생과 겸양을 개인적 가치의 표준으로 생각하고 있는,

의무감이 강한 사람들에게는 반감을 불러일으킨다.

1864년 9월 19일

두 시간 가량을 아름다운 영혼 외제니 드 게랭(Eugénie de Guérin, 프랑스의 재원, 1805~1848년), 동생을 깊이 사랑하는 신앙심 깊은 히로인과 함께 지냈다. 30개월에 12판에 이른 (1834~1840년) 6년 동안의 이 일기에는, 사상과 감정과 고통이 있었다. 어쩌면 이토록 사람을 꿈꾸게 하고 반성하게 하고 생활하게 한단 말인가? 말하자면 한 번 잊어버렸던 어떤 멜로디의 악센트가 왠지 모르게 가슴을 흔드는 것처럼, 그것은 나에게 향수의 인상을 불러일으켰다. 나는 먼 곳의 오솔길이나 소년 시절의 방심 같은 것을 다시 떠올리고, 희미한 목소리, 자신의 과거의 메아리를 들었다. 순결, 우울, 경건, 지난날의 생활, 즉 젊은 나의 수많은 추억, 잠에서 깰 때 달아나기 쉬운 꿈의 그림자 같은 붙잡을 수 없는 환상의 모습이, 놀라고 있는 독자의 눈앞에서 왈츠를 추기 시작했다.

1864년 9월 20일

혼자서 아침을 먹었다. 물론 아리(고양이)는 내 옆에 있었다. 내 윗옷에 또 발톱을 올려놓고 빵을 달라는 듯한 모습은, 어쩐지 어린아이가 어머니에게, 인간이 신에게 하는 행동 같다. 은혜라는 것은 받는 쪽보다는 주는 쪽을 속박한다. 하나를 준 적이 있는 자는 둘을 주지 않으면 안 되어서, 만약 주는 것을 그만두면 불평을 하거나 기분 상해하는 사람은, 모든 것을 받고도 또 기다리는 사람이다. 우리는 모두 그러하다. 동물이 불손한 배은망덕으로 우리에게 자신의 존재를 일깨우는 것은 좋은 일이다.

마찬가지로 국가에 있어서도 아무것도 지불하지 않는 사람들은, 농민이 여전히 두 배나 지불하고 있는 것을 당연하게 여긴다. 때리는 자는 맞는 자가 한 번이라도 불평을 하거나, 자신의 동년배 또는 연장자한테서 늘 바보 취급을 당하는 사람은 무척 속이 상할 거라는 말을 들으면 화를 낸다. 약자에 대한 전제(專制) 다음에는 무지와 무능을 남용하는 거만한 모습을 들 수 있다. 어린이나 백치, 염치없는 욕심쟁이들이 자기들의 열등한 점을 내세워 세계를 지배하려고 하는 것은, 나의 고양이가 내가 돌봐주고 있는 것을 이용해 키워주는 사람의 손을 할퀴는 것과 같다. 강자의 포악은 부정이지만, 무력한 자의 포악은 불합리하다고 할 수 있다.

　다른 모든 훌륭한 것처럼, 기사도적인 호탕한 기상도 정도가 지나치게 된 뒤부터는 오늘날 만연하고 있는 폐습과 정의의 망각에 대한 원인이 되고 있다. 어린이가 아버지를 친구처럼 대하고, 사회가 도둑을 가난한 자보다 너그럽게 다루며, 소매치기가 성실한 사람과 어깨를 나란히 하고, 무능한 자가 유능한 자와 같은 권리까지는 아니더라도 같은 직무를 가지는 것이 과연 옳은 일일까? 평등론은 기득권의 존중과 불평등감을 억제하고, 난폭한 사회를 만들어내는 쪽으로 향하고 있지만, 거기서는 나이도, 남녀의 구별도, 덕성도, 경험도 돌아보지 않고 중시되지 않으며, 집안의 망나니나 거리의 왈패, 학교의 말썽꾼이 부모, 교사, 목사에게, 모든 사람에게, 경우에 따라서는 하느님에게조차 협객이라도 되는 듯이 말하게 된다.

　　그 무슨 불경스런 말투로
　　신에 대해 말하는 것인가, 이 녀석은.

　존경과 정의는 가까운 사이이다. 아무것도 존경하지 않는 사람은 절대적인 국왕이 법률을 대하는 것처럼, 자기 자신을 모든 것 위에 둔다. 그러므로 군소 평등론자들은 개미처럼 모여든 군소 전제군주이다. 그런 의미에서 본 민주제는 허영심 강한 에고이즘이 모여서 하는 편가르기에 지나지 않는다. 거기에는 산술 이외에, 때로는 화약 이외에 표준이 없다. 더 확실하게 말한다면, 어떤 제도에나 내적인 위협과 고유의 위험이 있다. 민주제는 한데 뭉뚱그려 생각하면, 군주제와 귀족제의 정당한 후계자이다. 그러나 그 잠복적인 병, 그것이 처음부터 가지고 있는 악폐는 의무의 포기, 선망, 교만, 만용으로 의무를 대신하는 것, 한마디로 말해 그릇된 평등 관념이 불러일으킨 복종의 소멸이다.

　민주제라는 것이 이미 정당하게 획득한 우월성에 대한 전반적인 타파, 진리라고 할 수 있는 공적에 대한 질투로 인한 단두대에 지나지 않는다면, 그것은 왜곡된 민주제가 된다. 그러나 올바른 것만이 영속한다. 민주제도 부정(不正)하게 되어버리면 필연적으로 멸망하게 된다.

　모든 약자의 보호, 모든 권리의 유지, 모든 공적에 대한 영광스런 의식,

모든 인재의 등용이라는 올바른 국가에 관한 표어는 권리상의 평등과 함께 사실상의 불평등을 존중한다. 왜냐하면 이 표어들은 추상적인 문구가 아니라 개성적인 활동, 자발적이고 자유로운 세력, 실제의 인간을 중시하기 때문이다.

추상적인 원리(이를테면 평등의 원리)는 그것이 목적으로 하는 결과와는 반대의 결과를 낳는다. 예를 들어 우애는 공포시대와 단두대로 끝났다. 인간에 의한 인간의 존경, 즉 평등은 인간에 의한 인간의 경멸, 일반적인 존경없음으로 끝났다. 인간을 개선하여 더욱 올바르고 도덕적이며 겸손하고 순결하게 하라. 이것이 부당한 대가를 치르지 않는 유일한 개혁이다. 제도라는 것은 그것을 적용하는 인간의 가치밖에 지니지 않는다. 이름, 당파, 의복, 의견, 지론은 개개인의 내적인 가치에 비하면 거의 무의미하고 하잘것없는 것이다. 정교인가 자유주의인가, 보수파인가 과격파인가, 백인가 흑인가, 부자인가 가난뱅이인가, 왕당인가 공화당인가, 더 나아가서 가톨릭인가 프로테스탄트인가, 그리스도교인가 유대교인가 하는 것조차도, 내가 의미하는 구별에 비하면 아직 피상적인 구별이다.——네가 좋아하는 바를 말하라. 나는 네가 무엇인지를 말하리라. 그리고 너는 너의 있는 그대로의 가치밖에 지니지 않는다.

(저녁 6시) 외제니 드 게랭의 책을 여기저기 다시 읽는 동안 더 큰 흥미를 느끼기 시작했다. 진심으로 사람을 움직이고 조용한 시(詩)로 빛나고 있는, 이 마음속 고백에 있어서는 모든 것이 심정이고 감흥이며 탄력이다. 크고 강한 마음, 명석한 머리, 스스로도 모르고 있는 재능의 기품, 고아함, 발랄함, 숨어 있는 깊은 생활, 이 모든 것이 동생을 지극히 사랑하는 성 테레지아, 이 시골의 세비니예에게 갖춰져 있고, 두 손으로 가슴을 억제하지 않으면 금방이라도 운문으로 써내려 갈 것 같은 표현의 재능을, 이 사람은 태어나면서부터 가지고 있었다.

1864년 10월 16일

(밤 12시) 외제니 드 게랭의 일기 일부분을 다시 읽었다. 처음 읽었을 때만큼 감동적이지는 않았다. 그 마음은 똑같이 아름답게 보이지만, 외제니의

생활은 너무 공허하고, 그의 마음을 차지하고 있는 사상의 범위가 너무 한정되어 있다. 이토록 풍부한 마음이 좀더 많은 책과 다양한 인간을 접촉하지 않았던 것은 매우 아쉬운 일이다. 소박한 뜰, 몇몇의 가난한 사람들, 몇 권의 신앙서적, 물론 그것만 있어도 구원을 얻을 수는 있다. 그러나 사람이 매일 빵 한 덩어리와 물 한 병으로 살아갈 수 있다 해도, 그리 엄격하지 않은 식사를 한다면, 더욱 광범위한 감각의 연주가 가능하다. 마음은 시금석이다. 뛰어난 마음이 가능한 한 많은 인간사를 평가하게 되는 것은 바람직한 일이다.

하나의 사상(思想)이 날개를 펼치는 데 얼마나 작은 공간만 있으면 되는지 깨닫는 것은 놀라운 일이지만, 작은 방안에서 빙글빙글 날고 있는 모습은, 아무래도 시야에 더 많은 사물을 담는 습관을 가진 사람의 머리를 피곤하게 하기 마련이다. 뜰 대신 세계, 한 권의 기도책 대신 모든 책, 서너 명 대신 한 국민 또는 역사 전체, 이것이 남자다운 철학적 본성이 요구하는 것이다. 우리는 더 많은 공기, 공간, 시야, 구체적인 지식을 원한다. 그래서 우리는 외제니가 날아다니고 있는 작은 바구니 속에서는——그곳에도 비록 하늘의 미풍이 불고 별빛도 도달하기는 하지만——결국 숨이 막히고 만다.

1864년 10월 27일

(트레유의 산책길, 아침 8시 반) 오늘 아침 이 일대의 전경은 완전한 투명함. 부아슈(Vuache. 제네바 서남쪽의 시계를 경계 짓는 구릉) 위의 전망대까지 보일 것 같다. 산 위로 방금 고개를 내민 엷은 빛의 태양이 가을색으로 그린 병풍에 온통 불을 지르고 있었다. 호박, 사프란(황색), 황금, 유황, 레몬, 귤색, 주황, 구리, 청록, 자주 등 온갖 색깔들이, 아직 나무 꼭대기에 매달려 있거나 벌써 땅에 떨어진 마지막 잎새에 비치고 있었다. 아름다웠다. 소총의 섬광, 나팔소리, 무릎 아래에 헝겊으로 만든 띠를 하고 연병장으로 가는 2개 부대 병사들의 발걸음, 아직 젖어 있는 집집의 베일 듯이 날카로운 윤곽, 모든 음영의 투명한 선명함이 건전하고 지적이고 쾌활하게 숨쉬고 있었다.

가을의 풍경은 두 가지가 있다. 안개가 낀 꿈꾸는 듯한 모습과 뚜렷한 색채의 산뜻한 모습, 거의 양성(兩性)의 차이라고 할 수 있다. 가을이라는 언어는 두 개의 성(문법 상의)을 가진 것이 아닐까? 아니면 각 계절이 각각 독특한 의미에서 양성인 것일까? 각각에 단음계와 장음계, 빛과 어둠, 부드러운 면과 강한 면이 있는 것일까? 그럴지도 모른다. 모든 통일된 것은 이중적이다. 얼굴에는 옆얼굴이 두 가지, 작대기에는 끝이 두 개, 메달에는 면이 두 개 있다. ──붉은 색의 가을은 힘찬 활동이고, 잿빛 가을은 명상적인 마음이다. 한쪽은 밖으로 넘치고, 또 한 쪽은 안으로 돌아간다. 어제는 죽은 자를 생각하고 오늘은 포도를 수확한다. ──나만 해도 산책에서 돌아오면서, 또 나의 다락방 창문에서 푸른 하늘을 바라보면서, 경쾌하고 밝고 건강한 느낌이 들었다.

1864년 11월 16일

***의 죽음을 알다. 의지도 의식도, 뇌막에 피가 솟구쳐서 모든 것을 중지시킬 때까지 계속되었다고 한다.

혈액 속에 거품 하나, 뇌 속에 물 한 방울만 들어가도 어느새 인간은 고장을 일으켜 기관은 붕괴되고 의식은 흩어지며, 세계는 아침의 꿈처럼 사라진다. 우리의 개인적 생존은 어떤 거미줄에 매달려 있는 것일까? 취약, 현상(現象), 허무. 우리의 방심과 강력한 망각의 힘이 없다면, 우리를 끌고 가 우리를 에워싸는 요정의 꿈 전체는, 암실 속의 태양 스펙트럼처럼 공허한 환영, 이내 사라지는 환각에 지나지 않는 것으로 생각될 것이다. 나타나고 사라지는, 이것이 인간의 역사 전체인 동시에 세계의 역사이기도 하고, 장구벌레의 역사이기도 하다.

시간은 최고의 착각이다. 존재와 생명을 분광하는 내적 프리즘, 관념에 있어서는 동시적인 것을 우리가 차례차례 인식해가는 양상이다. 둥근 물체는 완전한 모습으로 존재하지만, 우리의 눈은 둥근 물체를 완전한 모습 그대로 보지 못한다. 둥근 물체가 눈앞에서 회전하거나, 눈이 바라보고 있는 둥근 물체의 둘레를 돌지 않으면 안 된다. 첫 번째 경우에는 세계 쪽이 시간 속에서 전개되는 것으로, 또는 전개되는 것처럼 보인다. 두 번째 경우에는, 우리의 의식이 차례차례 분석해서 다시 합성해 가는 것이다. 지고한 이지(理智)에 있어서는 결코 시간이라는 것이 없다. 있을 것 같기는 하다. 시간과 공간이란, 유한한 존재에 보탬을 주기 위해 무한을 가루가 되도록 나눈 것이다. 신이 그것을 허락하고 있는 것은 혼자가 되지 않기 위해서이다. 이러한 양상 아래에서 창조를 생각할 수 있고 창조할 수도 있다. 나아가서 창조물이 무수한 단계를 통해 창조자가 있는 곳까지 올라가 존재를 부여받고, 생명을 음미하며, 절대성을 엿보고, 무한한 신성의 신비를 열애할 수 있는 야곱의 사다리이다. 이것은 문제의 다른 면이다. 우리의 생명이 무(無)라는 것은 진실이지만 우리의 생명은 신성하다. 자연의 숨결은 우리를 단번에 절멸시킨다. 그러나 우리는 경이로운 환상의 저편으로 건너가 불변하는 것, 영원한 것까지 나아감으로써 자연을 초월한다. 내적인 환희에 의해 시간의 회오리바람에서 벗어나 '영원한 상 아래에서' 자기를 인식하는 것, 이것이 모든 우수한 민족의 위대한 종교의 구호이다. 그리고 이 심리적 가능성은 모든 위대한 희망의 기초가 된다. 정신이 불멸할 수 있는 이유는 결코 태어나지도 않고 죽지도 않는 능력, 실체적, 필연적, 불가변적으로 존재하는 능력, 즉 신에게까지 올라가는 능력을 갖추고 있기 때문이다.

　　인간이여, 지나가는 그림자여, 이렇게
　　너의 생명을 너의 영원성의 고요한 창공으로 감싸라.

　　　　　　　　　　　　　　　　　《생각에 잠긴 사람》

1864년 12월 9일

　오전에는 소네트를 퇴고하고, 필린에게 편지를 쓰고, 아리오스트를 계속해서 읽었다. 오후에는 카탈로그를 훑어보고, 《격노한 롤랑》(스페인 국경에서 분개하여 죽은 것으로 알려진 샤를마뉴의 신하를 노래한 프랑스의 서사시를 토대로 아리오스트가 쓴 시, 1516 또는 1532년)의 후반을 원문(이탈리아어)으로 군데군데 읽었다. 밤에는 안개와 서리 속에 달빛을 받으며 복사본을 가지고 온 필린과 산책. 북국적인 경치에도 또한 독특한 정취가 있다. 사물이 비쳐 보이는 안개 속에, 나뭇가지 모양의 천연 은처럼 안개비가 결정을 이룬 생울타리와 가로수, 풀잎까지 모습을 드러낸다. 굳은 지면은 발소리를 메아리치게 하고, 빛이 없는 공기는 산책하는 이들의 대화를 모피로 감싸주는 것 같다. 나는 새하얀 달빛 아래 눈 쌓인 들판을 미끄러져가는 러시아 썰매를 타고 있는 듯한 느낌이 들었다. 상쾌한 겨울이 가지는 매력은 육체에 탄력을 주고 심장을 데워주며, 내 안에 생명의 의식을 강화하는 데가 있다. 서리는 흥분제이고 눈은 채찍소리와 흡사하여 동물까지 흥분시키고 도취시킨다. 광물의 모습을 한 자연은 기괴한 느낌을 주고, 상상을 자극하는 것은 모두 직접적인 아름다움을 띤다. 안개도 역시 마법사이다. 오시안(고대 켈트족의 전설적인 시인이자 용사)적, 핀란드적인 시는 안개의 딸이다.

필린은 6년 전부터 행복을 느끼고 있고, 그것을 생각하기만 하면 앞으로의 시련과 부딪칠 용기가 솟아나며, 자신의 주위에 기쁨을 전하고 싶은 마음이 든다고 말했다. 현재 그 사람의 탄력, 신랄함, 활동 모습은 확실히 사람을 놀라게 하는 데가 있다. 무슨 일에 대해서든 시간을 할애하고, 다양한 예정에 대해 미리 앞서갈 정도이다. 그것은 어디서 오는 것일까? 계획의 확실함과 의지의 집중에서 온다. 산뜻하게 자신의 일과 맞부딪쳐 정직하게 그 목적을 향해 나아간다. 때문에 실제 생활의 모든 어려움에 대해 그만한 임무를 다할 수 있는 것이리라. 자신의 일만으로도 벅찰 텐데도 매주 6시간이나 여자친구가 경영하는 회사의 회계와 서류정리를 위해 시간을 할애하고 있다. 내가 잠시 도와달라고 부탁하면 언제든지 태양처럼 정확하게 찾아와 준다. ──필린은 나의 《잡조》뿐만 아니라 모든 종류의 나의 노트를 복사해 간다.

오늘의 《피가로》는 《코스티아 백작》(셸뷰리에의 소설, 1863년)을 '걸작'이라고 말하며 '제네바 취향이 약간 느껴지는 작자의 당당한 문체'에 대해 쓰고 있다. 그러나 그 신문은 《폴 메레》(셸뷰리에의 소설, 1864년) 속의 '어머니의 구두'를 심하게 조롱하며, 파리에서는 빅토르 셸뷰리에에 대한 화제가 자자하다고 전했다. 그 기사는 '독서란'에 나와 있다.

H.G.는 그 미술관에 대해 얘기해 주었다. 대학 총장은 내 편지에 답장을 보내지 않고 면담을 요청해 왔다. 그러나 시간과 장소를 지정하는 취향은 여전했다. 나는 자신의 권리를 보여주기 위해 시간도 장소도 바꿔버렸다. 예의라는 점에서 도저히 고쳐지지 않는 인간이 있는 법이다. ──Lef. 군과 디스디에 상(賞)에 대해 얘기하다.

1864년 12월 10일

(오후 6시) 소크라테스에 대한 강의. 총장과 회견. 전에 없이 은근했지만, 머리에 쓴 모자는 벗으려 하지 않았다. 상관없다. 조금은 나아진 것 같다. 험악한 얼굴이 미소로 바뀌고, 장갑은 낀 채였지만 그래도 손은 내밀었다. 앞으로 15년쯤 지나면 동료로서도 좋은 인상을 주는 신사가 될 것이다.

1825년부터 쓰기 시작하여 1850년 이후부터 공백이 되어 있는 '입학자 명단'에 테페르(Töpffer. 스위스 문학자. 1799~1849년)의 손으로 기록한 페이지와 메모를 적어 넣은 것을 많이 발견했다. 때문에 나도 전통을 이어받을 용기가 생겼다. 앞으로 30년 뒤, 내가 옛 스승의 필적을 발견한 것처럼 누군가가 이 노트에서 내 필적을 발견하고 같은 기쁨을 느끼게 될까? "누가 그것을 알랴?" 그러려면 일단 유명해져서 동시대 사람들의 기억 속에 뚜렷하게 각인되지 않으면 안 된다. 나는 스스로 무명 속에 몸을 묻고 있는 것 같다. 우리 제네바 문단에서 지금 빛을 발하고 있는 것은 누구일까? 빅토르 셀뷰리에, 가스파랭(Gasparin. 노예제도에 반대한 정치기자, 1810~1871년), 나비르, 아돌프 픽테(Adolphe Pictet. 스위스의 언어학자, 1799~1875년), 들라리브 등. 그리고 어쩌면 프티센, 반 제네르(Bungener. 프랑스 출신의 신학자, 1814~1874년), 미미하지만 듀보아 등. 그럼 너는? 하고 묻는다면, '나는 오래 전부터 침묵을 지키며 세상에 나서기를 단념한 자이다.'라고 대답한다.

너는 보호구도 기술도 치워버렸다.

너에 대해서도 침묵이 만들어졌다. 인간은 살아 있는 것밖에 상대하지 않는다. 너는 죽은 사람처럼 토지를 경작하지 않는다. 네 잘못이다. 줄 자냉(Jules Janin. 프랑스의 비평가, 1804~1874년)의 말을 빌린다면, "너의 참으로 위대한 죄"이다. 너는 사교계, 민중, 경기장, 신문, 잡지를 피하고 있다. 공개강연을 한 적이 한 번도 없다. 인쇄 잉크도, 즉흥적인 착상도 두려워하고 있다. 몇 명의 친구를 제외하면, 아무도 너가 뭔가 할 수 있다거나, 너에게 약간의 가치가 있다는 생각은 하지 않는다. 그것이 옳은 일이다. 그러므로 너는 놀랄 수도 한탄할 수도 없다. 다만, 만약 네가 이대로 죽어버리는 것을 조금도 원하지 않고, 다소 남아 있는 후회가 네 의식의 밑바닥에서 움직이고 있다면 정신차려야 한다. 노인들의 대열에 편입될 때까지 남은 시간을 멈추고, 이미 시작되고 있는 굳어짐을 저지하여, 다시 한번 문예의 챔피언들 속으로 들어가 존재를 나타낼 수 있는 마지막 기회이다.

1864년 12월 12일
(한밤중) 예년처럼 가면과 해학으로 에스칼라드 축제가 벌어졌다. 우리가

살고 있는 한적한 곳에서도 밤의 소동이 이 시간까지 계속되고 있다.──모르트마르(《세련된 생활》)를 끝내다.──성악협회 위원회, 두 시간 반이나 걸리다.──플랑팔레에서 Eug.와 식사. 마음의 고통 때문에 완전히 늙어버렸다.──가엾은 사촌누이 J. B.를 방문. 하루도 온전히 건강하게 보낸 적이 없는 사람이다. 두 시간만 컨디션이 좋으면 무척 기뻐하며 이내 펜을 든다.──동의어를 몇 가지 적는다.──안개 낀 잿빛 날씨.

밤에 그 사람이 Pd.의 아들과 R. P.의 딸의 결혼소식을 알려주었다. 조금 먼 친척뻘 되는 상당히 좋은 아가씨이다. 이것은 X가 사람을 불쾌하게 하는 트집을 잡지 않은 첫 번째 경우일지도 모른다. 여기까지 쓰면 더 이상 쓰지 않는 것이 내 습관이다. 비난하고 시인하고 질문할 마음이 없으니 입을 다무는 수밖에 없다. 어쨌든 이런 종류의 소문은 나에게 언제나 막연한 슬픔을 주지만, 나는 그것을 남에게 말하려고도 숨기려고도 하지 않는다. 그것이 또 침묵을 지키는 이유가 된다. 그 덕택에 평정한 무관심과 득실을 떠난 호의를 훨씬 빨리 되찾을 수 있다.──그러나 이 우울만으로도, 내가 때때로 추모의 정을 품고 있다는 것, 내 생활이 충실하지 않다는 것, 그리고 내가 남에게 보이지 않는 생각의 깊은 바닥 속에서는 나 자신에게 비난을 가하고 있다는 것이 증명된다. 시선을 돌려버려도 가슴은 치유되지 않는다. 벗어나는 것은 체념이 아니다. 각자의 운명이 완수되어가는 것을 볼 때마다, 나는 내 운명이 언제까지나 이도저도 아닌 채 허공에 걸려 있음을 깨닫는다.

체념이라는 오랜 습관도 아직 나의 마지막 한숨을 죽이지는 못했다. 그래서 나는 평정하다기보다는 무감정하고, 만족하고 있다기보다는 위축되어 있으며, 행복하다기보다는 태평하고, 복종하고 있다기보다는 그저 멍하니 있을 뿐이다. 평온한 마음의 안정 대신 나에게는 태평스러운 밝음과 어린아이 같은 유쾌함밖에 없다. 나는 결정을 내리는 것도, 실행하는 것도, 원하는 것도 무엇 하나 터득하지 못했다. 그래서 생각하건대, 만족이라는 것은 이 고통에 대한 무감각에 지나지 않는다.

1864년 12월 15일

(한밤중) 기분 좋은 하루, 소크라테스에 대한 두 번째 강의. 여럿이서 대살레브 산의 바위를 따라 산책했다. 쿠르뱅(Crevin. 대 살레브 서북 산기슭에 있는 마을)까지 이르는, 산이

상당히 많은 지방의 관목수풀을 빠져나갔다. 성악협회에서 강연. 밤의 연극 엘릭 랑글레(Aylic Langlé. 프랑스의 정치가, 문학자, 1870년 사망)의 4막짜리 비극 《미라보의 청년시대》(파리 1864년). ──필린한테서 반가운 편지. ──총장한테서 정중한 편지. ──규망(Guillemin. Amédée-Victor 프랑스의 과학잡지 기자, 1826~1893년)의 멋진 천문학책(《하늘》파리 1864년)을 번역하다. ──Car.를 사흘 동안 만나지 않았는데 벌써 고통스럽다. 6개월 전부터 내가 그 사람의 마지막 방문자라고 한다. 그리고 나도 다른 남자들처럼 불성실해질까봐 두려워하고 있다. 가여운 사람. 고독과 비애는 사람을 필요 이상으로 조심스럽게 만드는 법이다. 무엇에나 달라붙고 매달린다. 어쨌든 그것은 지극히 자연스러운 일이다. 행복한 사람들은 자신보다 불행한 사람들을 위해 조금이나마 위로를 남겨주지 않으면 안 된다. ──신문기자인 A.가 나에게 아부하는 말을 했다.

오늘은 드물게 모든 인상이 운 좋게 느껴지고 마음에 들었다. 아리스와 조카들, 산책의 길동무, 편지 상대, 독서, 연극, 이 모든 것이 나를 기쁘게 했다. 날씨도 좋았다. 그러므로 나는 아무런 불평도 할 수 없다. 바라는 것은 오직 하나, 더 좋고 더 강한 시력. 아니, 한 가지가 더 있다, 학생들이 좀더 영리하고, 좀더 열심히 했으면 좋겠다. 정말이지 그 '학생들의 기질'은 나를 냉담해지게 하고 사랑하는 마음이 사라지게 만든다. 음악가 또는 여자처럼, 나는 무관심한 태도를 보면 질리거나 마음이 마비되는 것 같다. 이런 상대와는 싸우는 것조차 싫어진다. 비용이니 선금이니 수법이니 하는 것은 나에게는 비속한 인상을 준다. 구태여 싸울 가치가 없는 것에 이기려는 마음이 들지 않는다. 나쁜 것이 4분의 1만 있으면, 그 모임 전체가 나에게는 충분히 독기를 뿜는다. 전부냐 전무냐, 이것이 언제나 나의 본능적인 외침이다.

1864년 12월 16일

(한밤중) 냉기, 이어서 함박눈. 오늘밤에는 하늘도 심기가 불편한 모양이다. ──규망의 아름다운 책을 다시 집어 들다. ──대규모 소송 기록이 우리 모두한테서 많은 시간을 빼앗고 있다. 방청석에서는 모두 슬프고 우울하다. 베른의 바람은 정의를 불어넣어주지 않는다. '악당들'에게 유리한 수치스러운 기만이 예감된다. ──다랑베르(Darenberg. 프랑스의 의사, 1817~1872년)의 《의학사 개설》에 대한 견해. 들라트르의 《플로렌스》.

피리를 몇 자루 깎아서 학년말의 총준비를 하다. ──나의 수양딸은 편두통을 앓고 있다. 우리 집 계단과 층계참에 니스를 칠해주었다. 어린 아리스는 나한테 오는 버릇이 생겼다. 헤어질 때 울지 않게 하려면 상당한 수완이 필요하다.

필린과 저녁 산책. 조르주 상드, J. Hg., 천문학, 5월의 추억, 몸에 배인 인품, 가슴이 충만하면 일기불순이나 격변에 대해 무관심할 수 있다는 것, 각자 1주일 동안 있었던 일 등을 얘기하다. 내가 얘기해준 공상에 상당히 흥미를 느끼고 있는 것 같다. 그 사람을 덮쳐 불안하게 하고 있는 동요에 대해 충고하다.

동화, 음미, 되새김은 상징이다. 아포마즘(반추동물의 네번째 위)은 하나의 형태이다. 합치(合致)는 가슴에 품는 희망이다. 하나로 합쳐지는 것은 동감에 대한 동경이다.

(날짜 없음)
모든 것의 싹은 각자의 가슴속에 있다. 가장 위대한 죄인도 가장 위대한 영웅도 우리 자신의 모습일 뿐이다. 다만 악은 저절로 일어나고, 선은 용기를 필요로 한다.

(날짜 없음)
모든 깊은 바다에는 슬픔이 있다. 모든 강이 끝나는 곳에 대양이 있듯이. ──아무것도 영속하지 않는 세계, 우리가 사랑한 것, 사랑하고 있는 것, 또는 사랑하는 것이 모두 죽지 않으면 안 되는 세계에서, 어떻게 그렇게 되지 않을 수가 있을까? 죽음, 그럼 이것이 삶의 비밀일까? 암흑이 우주를 감싸듯이 죽음은 집중하는 정신을 가까이에서, 또 멀리서 감싼다.

(날짜 없음)
정열이 없으면 인간은 불꽃을 발하기 위해 철의 충격을 받은 조약돌처럼 잠재적인 힘, 가능의 상태에 지나지 않는다.

(날짜 없음)
사람의 신앙심이 깊어지는 데는 몇백 가지의 다른 이유가 있다. 모방에 의해, 특출함에 의해, 인간의 존중에 의해, 모험에 의해, 과거에 대한 수치심에 의해, 미래에 대한 공포에 의해, 나약함에 의해, 오만에 의해, 쾌락에 의해, 징벌에 의해, 심판할 수 있기 위해 심판 받지 않기 위해, 간단하게 말해 몇백 가지 원인에 의해 신앙심이 깊어진다. 진실로 종교적이 되는 것은 오직 종교에 의해서이다.

(날짜 없음)
잘 암시하는 것, 이것이 교육의 위대한 수단이다. 그러려면 흥미를 유발하는 것들을 알아차리고, 음악의 악보를 읽듯이 어린이의 마음을 읽어야 한다. 그러면 키를 바꾸기만 해도 매력을 유지하면서 노래를 바꿀 수 있다.

1865년 1월 17일
기품 있는 마음, 즉 평범하고 속된 늪보다 훨씬 높은 산에 사는 것은 즐거운 일이다. 공업적 미국주의, 카이사르적 선동은 모두 어리석은 민중, 즉 욕망에 지배당하고 장사꾼의 입담에 갈채를 보내고, 맘몬과 쾌락의 예배에 몸을 바치며 권력만 숭배하는 민중을 늘어나게 한다. 점점 늘어가는 이 많은 사람들은 인간의 비열함에 대한 본보기가 아닐까? 이상(理想)의 제단에 충실한 신자가 되자. ──유심론자(唯心論者)가 카이사르가 지배하는 신시대의 스토아파가 되는 것도 가능했을 것이다. 그리스도교가 유럽에서 다시 카타콤(초기 그리스도교의 지하묘지)의 손님이 되지 않는다고 누가 장담하겠는가? 유물론적인 자연주의는 돛에 바람을 잔뜩 불어넣고 있다. 세상 구석구석에 윤리적 타락이 준비되어 있다. 상관없다. 소금이 그 맛을 잃지 않고, 훌륭한 삶을 사랑하는 사람들이 베스타(불꽃의 여신)의 불꽃을 꺼뜨리지만 않는다면 말이다. 장작 자체가 불꽃의 숨결을 멈추게 하는 일도 있다. 그러나 불꽃이 꺼지지 않는다면 장작의 산더미는 더욱 더 활활 타오를 것이다. ──민주주의의 놀라운 홍수도 야만족의 침입보다 더한 해악을 끼치는 경우는 없다. 그것이 높은 문화의 결과를 단박에 물에 빠트리지는 않는다. 그러나 거리가 갑자기 객실로 들이닥쳐 우수한 사교계를 없애버리고 소양이 있는 사람들을 침묵하게 만들듯이, 이 홍수가 당분간 모든 것을 추하게 만들고, 모든 것을 속되게 하는 것은 감수해야 한다. 사실 미적 섬세함, 우아미, 기품, 고귀함, 실제로 아티카풍, 도시풍, 달콤함, 좋은 맛, 자세함, 색조 등 선택받은 모든 문학과 귀족적인 교양의 매력들은, 거기에 응하는 사교계와 함께 확실하게 소멸하고 만다. 보이오티아(아티카 북쪽에 접해 있고 테베를 중심으로 하는 지방)가 확대되는 것이 아니라 다수가 지배하는 것이다. 가장 비천한 노동자의 아내가 황후의 옷을 흉내내는 것처럼, 각자 모든 종류의 우아한 아름다움에 끼어들고 싶어, 평등이라는 공인된 언어가 사물과 개인을 실제로 평등화한다고 진심으로 믿어버린다. ──파스칼이 한 말로 기억하는데, 사람이 발전하면 할수록 사람들의 차이가 눈에 띈다면, 민주주의의 본능이 인간의 정신을 크게 발전시킨다고 할 수는 없게 된다. 실제로 이 본능은 포부의 유사함을 방패로 내세워 진정한 가치의 평등을 믿게 하기 때문이다. (파스칼에게는 "재치가 있으면 있을수록 독창적인 인간이 많다는 것을 깨닫게 된다. 평범한 사람들은 인간 사이에 차이라는 것을 인정하지 않는다."──브란슈비크 판 《수상록》 323쪽)

1865년 1월 19일

외제니 드 게랭의 서간집을 처음부터 100페이지 읽고 완전히 감동에 빠졌다. 감성적인 가슴, 아름다운 마음, 기품 있는 성격, 똑똑한 머리, 색채가 있고, 단호하고 간결하며, 거만하지 않게 뛰어다니며 주위에 있는 모든 것에 활기를 불어넣는 문체, 매력적인 감흥, 상당한 수준의 내적 생명.

1865년 1월 21일

외제니 서간집(1831~1847년), 편지 150통 완독. ……이것을 읽고 결국 어떤 인상을 얻었는가? 나는 켈라(Cayla. 루이 18세와 친했던 백작부인, 1784~1850년)의 세비니예 부인을 사랑하고 나아가 경탄한다. 그러나 문체의 깃털 같은 우아함, 재주와 지혜로 사람을 끌어당기는 활기, 그 마음의 부드러움도 이 서간집에서 볼 수 있는 너무나도 뚜렷한 획일성에서 오는 안타까움을 어쩌지는 못한다. 그 아름다운 마음을 이 책과 비교하면 한숨이 나오지 않을 수 없다. 외제니가 아무리 몸부림쳐도 극복할 수 없는 세 가지 작용이 천재성을 압도하고 있는데도 스스로는 깨닫지 못하고 있다. 즉, 열렬하고 경건하며 미신에까지 이르러 있는 가톨릭교, 독신 생활, 충분한 지적 교양의 결여. 좀더 운이 좋았더라면 훨씬 위대하고 뛰어난 인물이 되었을 것이다. ──이 느낌 좋은 얼굴에 있어 가장 흥미로운 점은 동생에 대한 열정이다. 이 책에서 사람을 가르치는 것은, 사실 그대로를 포착한 가톨릭 신앙이다. 솔직하게 말하면 그 결과는 부럽지 않다. 규율을 지키는 가운데 종교적인 아름다운 영혼이 어떻게 될지, 또 양심을 성직자의 손에 맡기는 대신에 얻는 진정한 평화가 너무나도 적다는 것, 완전히 인정하는 다양한 미신, 후견 및 속죄의 요구에 끊임없이 시달리고 있는 것 등을 이해하고 나면, 어린아이 같은 그리스도교의 이 포로에 대해 우리의 가슴은 진정한 연민으로 가득 차고, 참회를 하는 작은 방이 그 종교의 성채임을 인정하게 된다.

여자의 종교와 남자의 종교가 같은 것이 되지 못하고, 청년이 두 가지의 서로 적대하는 신앙──즉 한쪽에는 근대적인 법률과 독립된 과학을 부정하는 교황 숭배, 또 한쪽에서는 하루하루의 성실한 행동으로 분해되어 버린 종교 및 신자와 신 사이에 마법사를 개입시키는 도그마의 모든 속임수를 부정하는 철학──이 두 가지 사이에서 오도 가도 못하는 한, 어떻게 프랑스가 자유를 가질 수 있단 말인가?

1865년 3월 20일

규율이 서지 않아 중학교의 상급학년이 폐쇄되었다는 새로운 소식을 들었다. 요즘 젊은이들은 점점 무례해지고 반항적이 되어가고 있다. 그들의 구호는 프랑스식이다. "우리의 적은 우리의 주다!"를 구호로 외치고 있는 것 같다. 아기가 청년의 특권을 가지고 싶어하고, 청년은 개구쟁이의 특권을 유지하려고 한다. 결국 이것은 평등을 존중하는 민주주의 제도의 당연한 결과이다. 표면상으로 볼 때 정치에서 국민이 질의 차이가 없다면, 나이와 학식, 직무의 권위를 잃고, 학교에서도 말썽꾸러기들이 선생들을 상대로 동등하게 행동할 것은 자명한 이치이다.

평등주의에 적합한 유일한 저울은 군대의 규율이다. 팔에 두른 선이나 경찰의 큰 방, 감옥, 무기를 들고 죽는 것에는 말대꾸가 허용되지 않는다. 그러나 개인의 권리를 중시하는 제도가 간단하게 무력의 존중으로 끝나는 것은 기묘하지 않은가? 자코뱅주의는 카이사르주의를 가져오고, 변호사풍의 열매가 포병대가 되고, 변설제도가 칼의 제도가 된다. 민주주의와 자유는 별개의 것이다. 공화제는 풍습을 예상하지만, 존경의 습관 없이 풍습은 없고, 겸손한 마음 없이 존경도 없다. 그런데 어떤 인간이든 다만 20년 전에 태어났다는 사실만으로 시민 자격을 가지고 있다는 주장은, 일, 가치, 덕성, 성격, 경험이 아무의미도 없다고 말하는 것과 같다. 각자가 기계적이고 식물적으로 다른 사람과 동등해진다는 것은, 당연히 겸손한 마음을 무너뜨리고 만다. 이 주장은 나이에 대한 존경까지 없애버린다. 21세의 선거인이 50세의 선거인과 가치가 같다고 한다면, 19세인 사람도 자신이 어떤 점에서든 한두 살 위인 사람보다 못하다고 믿을 만한 이유가 없기 때문이다. 이리하여 정치적 질서의 법률적 가정은 결국 처음의 목적과는 반대의 결과로 가버린다. 목적은 자유의 총화를 늘리는 것인데도, 결과는 모든 사람에 대해 그것을 멸하게 된다.

근대적 국가는 원자론의 철학에서 따온 것이다. 국민정신, 공공심, 전통, 풍습이 알맹이가 없는 개념처럼 사라져버리고, 운동을 만들어내는 것은 분자력과 질량의 작용밖에 남지 않았다. 그러므로 이 이론은 자유를 변덕과 같은 것으로 만들어버린다. 집단적 이성과 수세기에 걸친 전통은, 1학년짜리 꼬마가 손가락으로 건드리면 터지는 비눗방울에 지나지 않는다. 각자는 고독하다. 백 사람의 추종자를 거느린 거창한 소동은 모두 유토피아의 상태에서 신용을 잃은 자의 상태로 옮겨가도 무방하다.

나는 민주주의에 저항하고 있는 것일까? 그렇지는 않다. 가정(假定)에 대한 가정은 아주 나쁜 것은 아니다. 그러나 가능성과 실제를 혼동하지 않는 것이 좋다. 이 경우 가정은 다음과 같은 것이다. 민주제 정부는 선거인 대부분이 학식이 있고, 자유롭고 정직하며 애국자라는 전제 하에서 시작한다. 그런데 이것은 공상에 불과하다. 다수란 아무래도 가장 무지하고 가장 빈곤하고 가장 무력한 사람들로 구성된다. 그러므로 국가는 우연이나 감정에 따라 움직이고, 늦든 이르든 언제나 그 존립에 적합한 무모한 조건에 빠지게 된다. 팽팽한 그물 위에 서서 살아야 하는 형벌을 받고 있는 자는, 언젠가는 떨어지지 않으면 안 된다. 이 결과를 예언하는 데 반드시 예언자일 필요는 없다. "물이 가장 좋다"고 핀다로스가 말했다. 그렇다. 실제로 가장 좋은 것은 지혜이다. 지혜가 없을 때는 학문이다. 국가와 교회와 사회는 탈선하고 고장을 일으킨다. 학문만은 아무것도 잃지 않는다. 적어도 사회가 야만성에 빠질 때까지는 잃지 않는다. 불행하게도 야만적인 상태가 절대로 불가능한 것은 아니다. 사회주의적 유토피아의 승리 또는 종교전쟁이 경우에 따라서는 한탄스러운 고뇌를 더욱 불러올지도 모른다.

1865년 4월 3일

　세력에 있어서 행복의 불꽃 하나, 희망의 빛 한 줄기에 해당하는 치료자가 있을까? 삶의 커다란 용수철은 가슴속에 있다. 기쁨은 우리의 마음에 생명을 불어넣는 공기이다. 슬픔은 아토니(atony)의 복잡한 천식(喘息)이다. 우리는 약해질수록 더욱 주위의 상태에 의지하게 되고, 이에 반해 우리가 뿜어내는 것은 우리의 자유를 낳는다. 건강은 자유 중에서도 맨 먼저 오는 것이고, 행복은 자유의 기초가 되는 힘을 준다. 누구든 다른 사람을 행복하게 해주는 것은, 엄밀히 말하면 그 몸을 증대하고, 그 생활의 강도를 배가하며, 그 사람에게 자신을 계시하고 그 사람을 크게 하여, 때때로 그 사람을 변형시키는 일이다. 행복은 추한 것을 없애고, 아름다움을 아름다움으로 있게 한다. 그것을 의심하는 사람은 젊은 아가씨의 뺨에 사랑의 장미가 피어나는 것이나, 투명한 눈길 속에 첫사랑의 빛이 눈뜨는 것을 분명 보지 못했을 것이다. 새벽조차도 이 기적에는 당할 수가 없다.
　그러므로 천국에서는 모든 것이 아름다워진다. 실제로 선량한 영혼은 태어나면서부터 아름답고, 정신적인 신체는 눈에 보이는 영혼의 모습, 무게가 없는 천사적인 형상일 뿐이며, 행복은 그것이 관통하는 것, 아니, 접촉하는 것마저 아름답게 하기 때문에 추함은 사라지고 악이나 죽음과 함께 소멸한다.
　유물론 철학에서 보면 미(美)는 기계적인 것, 따라서 흔치 않은 우연에 지나지 않는다. 유심론 철학에서 보면 미는 규칙이고 법칙이요 일반자(一般者)이고, 부수적인 것이 사라지면 이내 모든 형상은 여기로 돌아온다.
　어디까지나 이상(理想)에 대한 문제이다. 이상은 나올 것인가? 이상은 가정에 지나지 않는가? 플라톤과 데모크리토스, 실재론자와 유명론자, 어느 쪽이 옳은가? 정신은 신체의 소산인가, 생산자인가? 전형이나 관념은 생활을 지배하는가? 잠재적으로는 개체의 발전에 앞서서 존재하는가? 아니면 성숙하고 그릇된 의견을 가지고 있는 자의 회고적인 신기루인가? 개체의 궁극적 목적은 사후에 만들어낸 것인가? 우리는 목적을 만들어 내 할아버지는 손자의 종족에서 나왔다는 따위의 어리석은 생각을 하고 있는 '우연'의 아들인가? 세계에 관한 이 두 가지 큰 견해가 오늘날 전에 없이 격렬한 충돌을 보여주고 있다. ……

왜 우리는 추한가? 우리는 천사의 상태에 있지 않기 때문이며, 사악하고 불길하고 불행하기 때문이다.

영웅심, 환희, 기도, 사랑, 감격은 이마 주위에 후광을 그린다. 그것이 해방하는 정신은, 덮개를 투명하게 꿰뚫은 뒤 자기 주위에 빛을 발산하기 때문이다. 그러고 보면 미는 물질의 정신화라는 현상이다. 미는 물체 또는 특권을 가진 자의 순간적인 '천국화(天國化)'로, 다시 말하면 이데아의 세계를 상기시키기 위해 하늘에서 땅에 내려준 은총이다. 그러므로 그것을 연구하면 플라톤적으로 생각하게 되는 것은 거의 피할 수가 없다. 강한 전류가 금속을 빛나게 하고, 그 불꽃의 색깔에 의해 금속의 본질을 드러내는 것처럼, 강렬한 생활과 지고한 기쁨은 평범한 인간을 눈이 부실 정도로 아름답게 한다. 인간이란 그렇게 신성한 상태에 있을 때 가장 진실하다.

이상은 결국 현실보다 진리이다. 실제로 이상은 소멸해야 할 사물의 영원한 계기이다. 이상은 그러한 사물의 전형이고 머리글자이며, 존재의 이유이고 창조자의 책에 실린 언어이며, 따라서 가장 간결한 동시에 가장 정확한 표현이다.

1865년 4월 11일

옅은 쥐색의 플래드(격자무늬의 어깨걸이) 치수를 재고 무게가 얼마나 나가는지 들어본 뒤 이깨에 둘리본다. 신사람 냄새가 나는 내 목도리를 그것으로 바꾸려는 것이다. 지난 10년 동안 소풍갈 때마다 나와 함께 하며, 그토록 많은 추억과 시적 모험을 불러 일으켜준 이 오랜 친구는 사실 찬란한 후계자보다 더 마음에 든다. 하기는 이 후계자는 가까운 친구가 보내준 것이다. 그러나 과거를 대신할 수 있는 것이 있을까? 우리 생활의 목격자는, 설령 생명이 없는 사물이라 해도 우리가 이해할 수 있는 언어를 가지고 있지 않을까? 글리용(Glion. 레만 호 동쪽 몽트르의 한 마을), 부지(Bougy. 레만 호 서북쪽 롤 Rolle 북쪽에 해당하는 산촌), 빌라르, 알비스브룬넨(Albisbrunnen. 취리히 남쪽 산간의 작은 마을), 리기, 샤모세르(Chamossaire. 빌라 르 북쪽에 있는 산), 로슈무스, 피플륨, 그 밖의 수많은 장소가 이 천의 씨실과 날실 속에 뭔가를 남기고 있다. ······이 천은 나의 내밀한 전기(傳記) 가운데 일부이다.

어쨌든 플래드는 이 나그네가 가진 유일하게 번듯한 옷으로 다른 사람에게도 쓸모가 있고 여성들에게도 여러모로 유용한 것이다. 나의 플래드는 수 없이, 여자를 위해 깔개나 어깨숄, 외투, 지붕이 되어주었고, 산 생활의 숙박이나 산책, 독서, 대화 때에도, 방목지의 축축한 풀 위나 단단한 바위 위, 전나무 그늘의 차가움을 막는 데 도움이 되었다. 그것이 나에게 사랑스러운 미소를 얼마나 여러 번 가져다 주었던가? 못에 걸려 찢어진 구멍에 이르기까지 모든 것이 그립다. 아, 정말, 약간 찢어진 것도, 그것을 수선한 것도 애깃거리였다. 그 흉터는 훈장이다.

상처를 만든 것은 자망(몽트르 북쪽 4킬로 미터쯤에 있는 산지) 아래에 있는 호두나무이고, 프론알프(브룬넨 동남쪽 4킬로 미터쯤에 있는 산)의 가죽끈이며, 샤르넥스의 가시나무였다. 그 때마다 약간의 상처를 고쳐준 것은 요정의 바늘이었다.

나의 오래 된 망토여, 고맙다.
네 덕분에 이렇게도 많은 즐거움을 만날 수 있었구나.

그것은 나에게는 고뇌할 때의 친구, 건초장에서의 방패, 운이 좋을 때나 나쁠 때나 함께 했던 길동무가 아니었던가? 그것을 벗기려면 소유자의 피와 살을 빼앗아야만 했다는 켄타우로스의 윗옷을 연상시킨다. 사라진 나의 청춘에 대한 연민과 운명에 대한 감사의 뜻에서, 나는 이것을 기꺼이 제물로 바칠 수가 없다. 이 낡은 날실에는 알프스의 인상이 들어 있고 씨실에는 수많은 애정이 담겨 있다.——그것은 또 그 나름대로 노래를 부른다.

가엾은 꽃다발이여, 오늘 시든 꽃이여.

이 우울한 노래는 사람의 가슴을 울리고 전율하는 노래이고, 속인의 귀에는 알 수도 없고 들리지도 않는다.
"너였느냐?" 하는 말은, 그 의미가 우리에게 완전히 밝혀질 경우에는, 차가운 비수의 일격이 아닌가? 그것을 이해하게 되면 사람은 점차 자신이 무덤 속에 가라앉는 것을 느낀다. 이 확실한 완결은 우리 자신에 대한 우리의 망상의 조종을 울린다. 지나간 것은 지나갔다. 백발은 이제 검은 머리로 돌아오지 않는다. 청춘의 체력과 능력과 매력은 화창한 날과 함께 사라지고 말았다.

이제 사랑은 없다, 따라서 기쁨도 없다.

평생을 공허하게 살며, 남편으로서 아버지로서 꽃다발을 얻지 못하고 늙는다는 것은 얼마나 쓰라린 일인가? 할 일을 마치기 전에 자신의 이지가 쇠퇴하고, 자신의 몸이 이름을 빛나게 해준 뒤에, 소생하는 것을 보기 전에 약해져 가는 것을 느끼는 것은 얼마나 슬픈 일인가? ──우리가 어느 날 아침 눈을 떴을 때 "이미 늦었다"는 불길한 말을 듣는다면, 생존의 비극적인 엄숙함이 얼마나 우리를 놀라게 할 것인가? 모래시계는 거꾸로 놓였고, 기한은 도래했다. 너는 수확을 하지 않았다. 할 수 없는 일이다. 너는 꿈만 꾸며 자느라 잊어버렸다. 하는 수 없는 일이다. 어리석고 심술궂은 하인이여, 너는 행복과 의무를 무시하고, 너에게 주어진 역량과 기회를 이용하지 못하고 말았다. 그것은 너에게 상관이 있는 일이다. 각자는 자신에게 상을 주거나 형벌을 주는 법이다. 누구에게, 또 누구 때문에 너는 불평을 하는가? ──아아.

1865년 4월 21일 모르넥스

(아침 7시) 좋은 날씨, 사람을 도취하게 하는 아침이다. 열여섯 살의 가슴처럼 신선하고, 신부처럼 화관을 쓴 아침이다. 청춘과 순수함과 사랑의 시가 내 마음에 찰랑거린다. 매력을 베일로 가리고 처녀의 가장 고운 생각을 신비로 감싼 순결의 모습이라고 할 수 있는 평야 저편에 감도는 가벼운 안개에 이르기까지, 모든 것이 내 눈을 애무하고 내 상상에 말을 걸었다. 혼례 같은, 또한 종교적인 하루. 그 때문인지 어딘가 먼 마을에서 울려 퍼지는 아침의 종소리도 이상하리만치 자연의 찬미가와 박자가 잘 맞았다.

그 종소리는 말한다. "선을 베푸는 아버지인 신에게 기도하라, 공경하라, 사랑하라." 그것은 하이든의 느낌, 아이 같은 활발함, 순진한 감사, 빛나는 천국 같은 기쁨이고, 거기에는 아직 사악함도 고통도 나타나지 않고 있다. 태어나고 있는 세계 속에서 눈을 뜬 최초의 날, 이브의 순수하고 신성한 환희. ──감동과 찬탄이란 얼마나 좋은 것인가! 그것은 천사의 빵이고 케루빔과 세라핌의 영원한 자양분이다. 게다가 건강과 여유와 편안함과 나에게 주어지는 모든 것. ……감사합니다, 섭리의 신이시여. 내 마음에 당신을 찬미하게 하는 은총을 하나도 잊지 않게 해주옵소서.

(8시) 이곳에 온 지 겨우 닷새째인데도, 지금까지 이토록 맑고 생생하며, 에테르와 닮은 공기를 느낀 적이 없다. 숨을 쉬고 있는 것만으로도 더할 수 없이 행복하다. 새처럼 살아가는 생활의 즐거움, 중력으로부터 해방, 푸른 공간에 떠서 날갯짓 한 번으로 지평선 구석에서 구석까지 도달할 수 있는 빛으로 가득한 항성천(恒星天) 같은 생활이 이해된다. 이 내적인 해방과 홀가분함을 경험하려면 많은 공기를 자기 밑에 쌓지 않으면 안 된다. 각각의 원소에는 시가 있다. 그러나 공기의 시는 자유 그 자체이다.――자, 꿈꾸는 자여, 일을 시작하라.

1865년 5월 30일
심술이 가지는 강점 가운데 하나는 그 희생을 자기의 지면으로 끌어내려 다수에게 소수의 싸움을 시키는 일이다.

독의 기운을 얻어, 달려들 기회를 노리고 있다.

뱀은 모두 먹잇감을 매혹한다. 그런데 외곬수인 심술도 뱀에게 주어진 이 현혹의 힘을 계승하고 있다. 그것을 이해하지 않고 보거나 믿지 않고 만지고, 엠페도클레스(고대 그리스의 철학자)가 에트나 화산의 불 속으로 뛰어든 것처럼 이 문제에 덤벼드는 솔직한 마음을 가진 사람은 어리둥절해진다. 아리스토텔레스의 전설에 "나는 너를 잡을 수가 없다, 나를 잡아라"라는 것이 있다. 바알세불(악마의 왕, 우두머리, 사탄과 같은 말)의 축도(縮圖)는 모두 심연이다. 악마적인 행위는 모두 암흑의 못이다. 타고난 잔인성에 원래부터 갖춰진 불신과 허위는, 동물에 있어서도 마왕적인 사악이라는 정신적 사상의 바닥을 모르는 우물 속에 빛과 비슷한 것을 발하고 있다.

그럼에도 불구하고 속마음은 나에게, 인간이 가진 악의의 깊은 바닥에 궤변이 있다는 것, 대부분의 괴물이 자신의 눈에는 올바르게 보이고 싶어한다는 것, 허위의 아버지가 되는 것이 악마의 첫 번째 성질이라는 것을 말해준다. ──어떤 죄이든 그것을 저지르기 전에 자신의 양심을 부패시키는 것이 중요하다. 성공한 악인은 모두 거기서 시작하고 있다. 증오가 아무리 살육이라고 말해도, 증오를 가진 사람은 그것을 위생으로 생각한다. 미친개가 마른 목을 축이기 위해 뭐든지 물어뜯듯이, 기분이 좋아지게 하려고 불쾌한 생각을 하는 것이다.

설령 알면서도 자신에게 해를 입히는 경우에도, 해를 입힌다는 것은 일단 진보이며, 그것이 광란이 되고, 광란은 다시 차가운 공포가 되어 더욱 날카로워진다. 인간이 환락에 이끌려 맹수와 독사의 본능에 따를 때는, 천사의 눈으로 보면 정신병자나 백치가 자신을 불태울 장작에 불을 붙여 세계를, 또는 악마적인 열망이 미치는 모든 것을 깡그리 불태우려 하는 것과 같다. 잔학성은 더욱 새로운 나선을 그리기 시작하여 점점 가라앉다가 추악의 깊이에까지 도달한다. 실제로 지옥의 순환은 끝이 없는 것을 특징으로 한다. 불길한 것의 진보는 선의 진보보다 훨씬 더 확실하다.

신적 완성은 1차적인 무한인데, 악마적 완성은 미지수를 거듭제곱한 무한인 것 같다. 아니, 그렇지 않다. 그러면 진정한 신은 악마가 되고 지옥은 창조물을 삼켜버리게 된다. 조로아스터교, 그리스도교의 신앙에서는 선이 악을 이겨야 하고, 경우에 따라서 사탄은 용서받고 은혜를 입어, 신의 질서가 곳곳에서 회복되어야 한다. 한쪽의 견해에서 보면 황폐는 돌이킬 수가 없고, 그 대가를 치러야 허무가 구원으로 보이기 시작한다. 창조자는 전반적이고 불변적으로 저주받게 되고, 창조물은 영원이라는 놀라운 기간에 걸쳐 끝없이 퍼져갈 수밖에 없는 꺼림칙한 암(癌)에 지나지 않게 된다. 이 생각에는 모골이 송연해지지 않을 수 없다.

그러므로 악에도 바닥이 없는 것은 아니다. 사랑은 미움보다 강하다. 신은 그 영광을 구원하게 되고, 그 영광은 신의 선의(善意) 속에 있다. ──그러나 별것 아닌 악의도 마음을 어지럽히는 것은 진실이다. 왜냐하면 그것은 신의 계획을 향한 암흑의 부식적(腐蝕的)인 힘의 작용을 우리에게서 가리고 있는 장막을 느닷없이 걷어 올려, 우리 안의 윤리적 질서를 두려움에 떨게 하기 때문이다. 그래서 우리의 눈은 어지럽고, 신념은 불쾌함을 느낀다. ──이것 역시 고독한 생활의 나쁜 점 가운데 하나이다. 고독은 모든 것을 과장하여 우리를 어처구니없는 공상에 빠뜨린다. '혼자인 사람은 가련하다' 마음을 이해하는 사람들, 의무를 중시하는 사람들, 모범이 되는 사람들, 아름다운 마음을 가진 사람을 만나 힘을 얻어야 한다.

1865년 6월 25일

왜 S*** (아미엘의 여자 친구, 일기의 최초 간행자 Fanny Mercier)가 어제 내 어깨에 기대어 울었을까? 그것은 나로서는 쉽게 이해할 수 있는 일이다. 그러나 그것을 설명하기는 매우 어렵다. 특히 그 원인이 너무나 복잡미묘하다. 눈물은 여러 인상들의 시적인 요약, 상반되는 생각들을 합친 결정일 때가 있다. 그것은 흡사 20가지 식물의 정기를 하나의 향료에 녹여 합치는 동양의 귀한 불사의 약 한 방울과 같은 것이다. 때로 그것은 꿈의 술잔을 가득 채우고도 넘쳐나는 마음이다. 할 수 없는 것, 알 수 없는 것, 말할 수 없는 것, 자기 스스로 인정하고 싶지 않은 것, 복잡한 욕구, 마음의 은밀한 고통, 억제한 분노, 표현하지 않는 반항, 말할 수 없는 추모, 극복한 감정, 숨기고 있는 걱정, 미신적인 공포, 막연한 고뇌, 불안한 예감, 당혹스러운 공상, 우리의 이상에 가한 침해, 달랠 수 없는 울적함, 헛된 희망, 어두운 동굴의 천장에 소리도 없이 맺히는 물방울처럼 마음의 구석에 서서히 고이는 알아볼 수 없이 작은 수많은 악, 이러한 모든 내적 생활의 신비로운 동요는 하나의 감동으로 끝나고, 그 감동이 눈가에 집약되어 액상(液狀)의 다이아몬드가 되는 것이다.

만약 애정의 키스가 긴 언어를 단 한 번의 숨결에 담은 것이라고 한다면, 감동의 눈물은 수많은 키스의 가치를 지니고 있고, 따라서 그 웅변은 한층 더 마음을 울리는 힘을 가진다.——그러므로 사랑은 강렬하고 정열적이고 비통할 때는 흔히 키스, 눈물, 때로는 반발 외에 어떤 언어도 가지지 않게 된다.

어쨌든 눈물은 기쁨도 슬픔도 나타낸다. 그것은 영혼이 감동을 억제하지 못하고 스스로를 잃어버릴 수밖에 없게 된 무력함의 상징이다. 언어는 분석이다. 우리가 감각이나 감정에 휘둘릴 때는 분석은 중지되고, 그와 함께 언어도 자유도 중지된다. 침묵과 경탄에 빠졌을 때의 우리의 유일한 수단은 행동의 언어, 즉 몸짓이다. 사상의 작용이 중지되면 우리는 인간성 이전의 단계인 손짓, 절규, 흐느낌에 의존하고 나아가서는 실신하여 정신을 잃는다. 다시 말해 인간으로서 우리의 과도한 감각을 이길 수 없게 되면, 우리는 먼저 동물의 단계로 돌아가고, 이어서 식물의 단계로 돌아간다. 단테는 그 지옥여행에서 걸핏하면 정신을 잃었다. 강렬한 감동과 뜨거운 연민을 이보다 더욱 잘 보여주는 것은 없을 것이다.

이러한 마음의 폭발에 고뇌하지 않는 여자는 극히 드물다. 그러나 수치심과 신중함과 자존심 때문에 혼자 있을 때 한숨을 토하며 가슴을 가볍게 하는 것이다.――그것을 우정을 가진 사람에게 털어놓기까지는 여러 가지 조건이 모이지 않으면 안 되기 때문에, 그런 경우는 좀처럼 생기지 않는다. 그러나 사람이 이러한 약점을 스스로 인정할 경우에는, 위로는 더욱 빠르게 효과가 나타나고 또 친절이 느껴지기 때문에, S***는 이 암묵의 고백을 한 뒤 완전히 기분이 바뀌어 행복해보였다. 가슴에 쌓여 있던 고통이 사라지자 마음이 가벼워져서, 말하자면 정신의 방향을 알려주는 지도도 성직자에 의해 죄를 씻은 참회자의 마음이 되는 것이다.

여자가 아니라도 이것과 비슷한 요구를 경험하고 비슷한 욕망을 느낄 수 있다. 이 고통은 행복에 대한 막연한 향수이다. 그 치유는 고백, 그것도 말을 함으로써 지치는 번거로움이 없는 고백의 은혜이다.

1865년 7월 8일 벡스의 산비탈 그리용 (레만 호 동쪽 산간 마을)

사흘 전부터 잠이 나에게 부당한 일을 하고 있다. 간밤에는 일찌감치 작은 내 방('온천 호텔'의 29호실)에 누워보았지만, 새벽 2시가 되어도 잠들지 못하다가 4시에 눈이 떠지고 말았다. 이 좋지 않은 습관이 어디서 오는 것인지 알 수가 없다. 나에게는 특별히 이렇다 할 만한 걱정거리도 없고, 컨디션도 나쁘지 않다. 어쩌면 깃털베개나 공기의 결핍이 원인인지도 모른다.

배낭을 지고 걸어서 그리용까지 올라갔다. 걷는 데 2시간 50분이 걸렸고 그 중 15분 이상 쉬었다. 신선한 나뭇잎, 아방송 강의 물소리, 어두운 그림자. 오르막길이 나에게 청년의 느낌을 약간 되찾게 해주었다. 다만 들뜨는 마음을 방해한 불편함이 두 가지 있었다(피부를 너무 노출한 것과 입안이 너무 말랐던 것). 배낭이 적당히 부담스러워 몸이 조금 무겁게 느껴졌다. 오, 건강이여! 너야말로 진정한 젊음이다. 건강한 보행자가 가지는 치유력과 위안의 힘을 느꼈다. 알프스의 공기욕은 그야말로 아이손(그리스 신화의 영웅 이아손의 아버지, 메디아의 마법으로 다시 젊어진다)의 목욕이다. 산 속의 샘은 젊어지는 샘의 지맥(支脈)이다.――센,

프놀레, 포스를 거쳐 '판시온 아를레'의 아침식사 전에 그리용에 도착했다. 내가 느낀 유일한 싱그러운 기쁨은, 마지막 두 개의 작은 마을 사이에 있는, 인가에서 떨어진 샘가에서였다. 그 수정처럼 차가운 물에 적셔서 먹은 마른 빵은 나에게 기쁨과 생기를 주었다. 아라비아의 모든 행복감, 동양의 샘과 우물에 대한 찬미가 상쾌하고 건강한 쾌감으로 내 기억 속에 되살아났다. 나는 물이 주는 시적 정취를 강렬하게 느꼈다. 지평선에 보이는(트리엔트(몽블랑 북폭으로 이어지는 산들)의) 눈을 이고 있는 봉우리들은 생명의 저수지, 자연의 위대한 젖가슴처럼 보였다. 물이 없는 세계, 그것은 무인지경이요, 건조요, 죽음이다. 호라티우스(그리스 최초의 철학자)는 결코 마시러 오지 않겠지만, 노새와 그 주인이 종종 감사를 느꼈을 것이 틀림없는 블란두샤(Blandusia 바르게는 Bandusia. 호라티우스의 출생지에 가까운 샘)의 샘가에서는 나도 탈레스론자가 되었다.

그리용에서 기분 좋은 하루. '학교'에서는 큰 방을 사용할 수 있게 해주었고 옆방 사람들도 더할 나위 없이 좋았다. 소렐(Sorell, 이탈리아어 Sorellina. '어린 여동생'. 필린을 가리킴)은 어린 아들과 한 달 예정으로 이곳에 와 있다. 10장이나 되는 편지 한 통이 나를 기다리고 있었다. 우리는 서로 하루거리도 떨어지지 않은 곳에 있다. 오전 내내 멜레즈 산의 나무그늘에서 보냈다. 오후에는 내 방에서 얘기했다. 저녁에 소르셰 다리를 건너 건너편으로 딸기를 따러 갔다. ——폭포 같은 비. 농가로 피신. 뭐라 표현할 길 없는 빛의 효과. 시코모르(무화과의 일종), 파리제트(백합과의 식물), 아스탄스, 프라크시네르(물푸레나무의 일종), 크로세트(종 모양의 꽃)와 국화, 에피로브(달맞이꽃 종류), 메리로(콩과 식물). ——푸른 눈의 어린 쌍둥이 계집아이(엠마, 에밀리). 인도의 사라사 손수건과 그 잿빛 목도리가 큰 도움이 되었다. 수수께끼놀이. ——주스트 올리비에는 어제야 겨우 출발했다. 나의 '보고'를 무척 재미있어하여, 사랑스러운 여동생이 가지고 있던 책을 돌려주지 않고 가버렸다. 그것을 보물이라고 하며, 나에게 섬세한 비평가이자 운문의 대가라고 했다. 그런 말은 나를 기쁘게 한다.

어두워진 뒤에 염소가 내려왔다. ——'판시온 S.'에서 Me.와 딸을 보다. 아무튼 올해는 손님이 없는 것 같다. 유행이 다른 곳으로 가버린 것인지도 모른다. ——어쨌든 파리 사람인 주스트 올리비에는 해마다 태어난 고향, 보의 시인 몬느론(1813~1837년), 듀랑, 레브르, 스크레탕(유명한 철학자 1818~1895년)의 요람을 찾아온다.

사랑스러운 여동생은 여자답게 간호사로서뿐만 아니라 의사의 역할도 맡아서 내 식사를 감독하고, 탕약(^{호두나}_{뭇잎})까지 만들어주었다. 나는 흡족한 마음으로 그녀가 하는 대로 내버려두었다.

1865년 7월 11일 그리용

산지의 웅대한 새벽. 이 지방의 알프스는 놀라운 날카로움과 선명함으로 눈앞에 그 모습을 드러내고 있다. 디아블르레, 아르잔틴, 뮤브랑, 모르클이 교차하는 4개의 산덩이(^{북쪽에서 남쪽으}_{로 이어져 있다})가 타베야나스(^{그리용 동북}_{쪽 8킬로미터}), 보본느(^{베데카에 있는}_{Bovonnaz라면} ^{그리용 동쪽}_{4킬로미터}), 자베른(^{베데카에 있는 Javernaz}_{는 남쪽 6킬로미터}) 등 울창한 수림, 힘찬 지맥과 함께, 지구의 이 지점에 놓인 거인의 손 관절과 융기처럼 보인다.——그리용에서는 모두들 아침에 일어나는 것도, 아침 식사도 늦다. 어쨌든 들판은 아직 어제 내린 비에 젖어 있었다. 그래서 우리는 늦게 출발했다. 그래도 오전 중에는 훨씬 더 아름다웠다. 우리는 트리엔트의 눈이 보이는 울창한 장소 프레디우에서 잠시 쉬었다. 우리는 특히 과거와 현재를 생각했다. 소렐은 간밤에 잠을 잘 자지 못했다며 메레즈의 드문드문한 나무 그늘에서 잠시 눈을 붙였다. 그늘을 만들어주기 위해 나는 그 얼굴을 덮듯이 양산을 씌워주었다. 우리는 내 《일기》를 반 권 읽고, 세류타와 르네 같은 시적인 장면에서 자세하게 미래에 대해 얘기했다.

오후에 길동무가 다리를 약간 다쳤음에도 불구하고 한 번 더 산책하고, 오랫동안 교육, 특히 제네바에서 사내아이를 위협하고 있는 위험에 대해 얘기했다. 우리의 식탁 동료, 마음씨 좋은 L. B양이 살아온 얘기를 조금 해주었다. 제네바에서는 Brd. 집안, 파리에서는 상브리스 집안의 친척이다. 넓고 소파가 있어서 우리가 참모 본부로 사용하고 있는 나의 커다란 방으로 찾아왔다.——저녁 식사 뒤, 새롭게 구성된 세대의 예산을 다시 세웠다.

1865년 7월 12일 그리용

(오전 10시) 안개와 비를 만나 귀까지 젖고 말았다. 우리 집에서 여관까지 몇 분을 가야 했으므로 친절한 Ae. 부인이 일부러 아침 식사를 갖다 준 것을 셋이서 즐겁게 먹었다. 그 뒤에 공놀이, 방안 정리, 그밖에 일일이 헤아릴 수도 없이 많은 사소한 일들을 하며, 날씨가 나쁜 것도 잊고 시간을 보냈다. 소렐의 다리는 어지간히 나았지만, 그래도 아직 치료가 필요하다. 내

가 글을 쓰고 있는 이 책상에서 책을 읽던 그 어린 소년은 소파에 누워 〈가정신문〉을 뒤적이고 있다. ──날씨는 좋지 않지만 상관없다. 이야기 상대와 책 몇 권, 그리고 빵과 종이만 있으면 적어도 하루 정도는 해가 나오지 않아도 기분 좋게 버틸 수 있다. ──잠을 잘 자고 식욕이 있고 좋은 숙소만 있으면, 나머지는…… 참 분별없는 남자다. ──시(市)에 대한 것과 그 거북함, 그리고 직업과 그 무거운 짐도 잊어버리자. 정말 우울해지니까.

하얀 크레이프 한 장을 창문에 붙인 것 같은 경치는 기묘한 느낌이다. 너무나 음울하다. 옷도 색채도 벗겨진 생활의 혹독한 상징. 이 딱딱한 회색 빛은 모든 것을 볼품없게 만든다.

(밤 11시) 오후부터 개기 시작한 날씨가 나중에는 상당히 좋아졌다. 포스를 지나 산책. ──에르프의 골짜기를 둘이서 걷다. ──멋진 일몰.

1865년 7월 18일 올롱의 산비탈 빌라르(그리용 북쪽 약 4킬로미터에 있는 마을)

(아침 9시 반) 시간이 없어서 나흘 전부터 펜을 들지 않고 있다. 그렇지만 특별히 하는 일은 없다. 그래도 소렐 같은 사랑스러운 사람이 옆에 있으면 시간이 너무 빨리 지나가버린다. ──식사와 식사 사이에는 산책. 걸음을 멈추고 있는 동안은 끝없는 이야기. 종종 독서, 예를 들어 알프레드 드 뮈세, 단테의 《연옥》, 《일기》의 오랜 노트 몇 페이지. 그렇지 않으면 미래에 대한 계획. 얘기는 때때로 한밤중까지 이어지다가, 결국 두 사람의 생활과 여자, 마음, 행복, 연애에 대한 끝없는 문제들이 화제가 된다. 또 종종 과거의 일, 위험을 내포하는 친밀함, 소홀히 지나쳤던 기회에 대한 얘기로까지 발전한다. ──토요일 밤, 소렐이 슬픔의 발작을 일으키다.

일요일에 우리 네 사람만의 식탁에 한 가족(로잔의 B.부인과 두 아이와 여자 가정교사)이 끼어들었다. 우리 식탁의 동반자 L.B.양은 이따금, 특히 저녁에는 우리와 함께 산책했다. 사교면에서는 매우 까다로운 사람이라고 했지만, 내가 얘기를 시작하면 금세 '친해'져서 나를 '대하기 편한' 사람이라고 한다. 나에게 장미를 한 송이 주며 다른 사람에게 주면 안 된다고 다짐한다. ──소렐이 그것을 놀리며 재미있어했다.

어제 월요일은 다섯이서 샤모세르에서 샤보르넥스 호수(베데카에는 Chavonncs 호가 샤모세르 동북쪽으로 나와 있다)

까지 기분 좋은 소풍. Fz.과 그의 어머니(소렐을 가리키는 듯)는 말을 타고 갔다. 아침 6시 반에 출발하여 13시간 뒤에 아르베유(그리용 북쪽 4킬로 미터쯤에 있는 마을)의 전나무, 작별의 전나무가 있는 곳에서 겨우 헤어졌다. 좋은 날씨, 대단한 더위, 기분 좋은 길. 물론 내가 손을 잡아, 말을 탄 여성을 태워주거나 내려주기도 하고, 잔디가 있는 비탈과 돌멩이가 많은 길을 내려갈 때는 손이나 팔을 잡게 하여 편하게 해주었다. 흐릿한 전망, 좋아하는 풀꽃(용담, 바닐라란, 작은 팬지, 피막이풀, 하얀 마가레트의 밭, 들판에 가득 핀 초롱꽃, 석남화 수풀, 히스 수풀). —— 브르테유의 목자(牧者) 생활, 새끼양, 소, 싱그럽고 아름다운 두 자매, —— 호수가 셋(에르브(풀의 호수 샤모세르 동쪽 기슭에 있는 브르테유 호를 가리키는 듯), 누아르(그 동쪽의 검은 호수), 샤보르넥스).

아르베유의 전나무가 있는 곳에서 가슴이 답답해진 나는, 정말로 혼자 남아 '기쁨을 잃은 미망인, 고아'가 되어버린 어린아이처럼 눈물을 흘렸다. 잃어보지 않으면 무엇을 갖고 있었는지 확실하게 알 수 없다. 풀이 죽은 모습으로 빌라르의 여관에 도착했다. 그래도 일몰은 아름다웠다. 나는 내가 좋아하는 틀 속에 있었다. 그러나 우울한 추억이 수없이 되살아나, 내 현재의 그리움과 뒤섞였다.

내 친구인 브레멘 사람(Sch.씨)과 우리의 검사, 그리고 B.부인이 그곳에 있었다. 제네바의 브란트 기숙학교 사람들(16, 7명)이 합류했다. ——밤, 소나기, 천둥과 비, (브란Brun 집안사람들이 진을 치고 있는) '하얀 집'을 방문. 나의 서커스, 나의 거인이라고 해야 할 산들을 헤아려본다. 거울을 보고 지난 열흘 동안 태양과 그밖의 것들이 내 얼굴에 미친 작용을 관찰한다. 아름다워지기는커녕 오히려 그 반대다. ——소렐에게 편지. ——자, 다시 짐을 꾸려 출발하지 않으면 안 된다. 나아가자, 나아가자. 유랑하는 유대인.

(밤 10시 반. 제네바) 꼭 12시간 전에 Sch.씨에게 명함을 남기고 빌라르를 출발하여 젊은 헨리 B.에게 배낭을 지게 하고 산을 내려왔다. 파이프를 피우고 있는 유에모스의 목사 집에 들른 후, 아직도 완성되지 않고 있는 새 길을 지나 이지의 집에 들렀지만, 공교롭게도 나와 길이 엇갈려 이지가 마르셀과 빌라르로 올라간 것을 알았다. 이런 불운이! 네치가 홀로 집에 있었다. 나는 대충 편지를 써 남긴 뒤 '무통'에서 점심 식사를 하고, 찌는 듯한 더위 속에 생트리퐁에 도착했다. 다른 소년 필리페 R.이 나의 가벼운 짐을 져주었다. 기차를 3시간 반 타고 제네바로 돌아왔다. 미국식 객차와 형편없는 프랑

스식 객차를 비교할 수 있었다. ──불타고 있는 평원이 정말 산을 그리워하게 한다.

편지를 읽고 머리끝에서 발끝까지 옷을 갈아입은 뒤, 병에 걸린 R.부인의 집에서 저녁 식사를 하고, 트레유를 한 바퀴 돌고, 나의 '보고'에 이름이 올라 있는 수많은 작가의 명함을 찾아냈다. 가스파랭 부인이 재미있는 편지를 보내왔다.

이 후텁지근하고 숨막히는 듯한 방에서 잠을 잘 수 있을까? 오, 산이여, 빌라르의 작은 방, 그리용의 넓은 방이여. 도시 속의 질식할 것 같은 고독한 생활로 돌아가면 그런 것에 얼마나 향수를 느낄 것인가. 그러나 나는 목사의 가정부 할머니와 내 하숙집의 급사에게는 환영받았다. 그러나 그곳에서 내가 느낀 애정의 기쁜 약동에 비하면 이런 사소한 호의가 무슨 의미가 있단 말인가. 오, 나는 가버리고 싶다. ──잘 도착했다고 그리용에 편지를 쓰다.

1865년 7월 19일

이 가슴의 수수께끼는 무엇이란 말인가! 마음속 깊은 곳에서는 얼마나 기이한 파동이 일고 있는 것일까? 정(情)은 포만감을 낳고, 거기서 변화의 요구가 일어난다. 또한 거기서 그리움, 남기고 온 것에 대한 신랄한 그리움이 이어진다. 그 다음에는 앞날에 대한 망상, 막연한 동요, 뿌리 뽑히지 않는 질병, 끊임없는 불안, 미지의 것에 대한 욕구, 이미 알고 있는 것에 대한 수요, 모든 탄식과 걱정, 상반되는 물결의 대양, 내부의 혼돈, 한마디로 말해 부조리. 자신이 무엇을 원하는지, 또 자신이 무엇인지도 모른다. 다하지 못한 가슴은 모든 것을 허망하고 비논리적이며 충동적인 것으로 만든다. 쓸데없는 정열, 대상이 없는 능력은 우리 안에 회오리바람과 우려, 무질서를 만들어낸다. 불편함은 그 징후이다. 평화는 오직 질서 속에만 있고, 질서는 오직 자신의 운명과의 화해 속에만 있으며, 화해는 오직 신에 대한 복종 속에만 있고, 복종은 오로지 신앙 속에만 있다. ──공허(空虛), 내면의 빈터는 기도의 장소, 우리 마음속 신의 장소이다. 불편함은 부르는 목소리이며 경고이다. ──지지점으로서의 중심(진정한 중심)이 없으면 균형을 바라도 소용없다. 만족이란 신이 자신의 시인자(是認者)이고 친구임을 느끼고, 신의 의지 속에서 안심하는 것이다.

그런데 나는 규칙대로 하고 있을까? 소렐은 나의 방문에 대해 적어도 2백 번은 감사의 말을 하고, 내가 그 사람을 행복하게 해주었음을 온갖 방법으로 표현하고 있다. 이것은 좋은 징후이다. 그렇지만 나는 수단과 방법에 있어 지나치게 매끄럽지는 않았을까? 지난 열흘 동안 대화의 결과는 어땠는가? 마음의 변화에 대한 서로의 연구, 서로를 돕는 수행(修行), 가정에 필요한 일이나 결혼의 기쁨과 고통의 검토, 여자의 비밀에 대해 크고 작은 여러 가지 계시. 소렐은 가정과 부인들의 방에 대해 풍부한 지식을 가르쳐 주었다. 내가 늘 미지의 것을 꺼림칙하게 여기고 있는 것을 알고 있다. 지금은 교육을 충분히 받았다고 하며, 나에게 결혼자격증을 수여할 수 있다고 선언했다. 묘하게 시치미 떼거나 일부러 입을 굳게 다무는 일 없이, 세상물정 아는 진지한 여자친구한테서 결혼학 학사학위를 받는다는 것은 무척 유쾌한 일이다. 마드리나는 내가 전보다 더 하얀 암평아리가 되었다고 말할지도 모른다.

그런데도 나는 이 점에 관해 진정한 당혹감을 두 가지 느낀다. 니용(Nyon, 제네바에서 20킬로미터 북쪽에 있는 레만 호반의 마을)에서도 베를린에서도 편지가 오지 않고 있다. 한쪽은 실망이고 또 한쪽은 불안이다.——나의 어리석은 수치심과 길어지고 있는 독신생활은 이제야 보상받았다. 여자친구가 나를 내 나이 또래의 대열과 현재의 수준으로 돌려준 것이다. 중요한 일에 관한 무지가 자연히 깨달은 우매함의 장벽을 무너뜨려주었다. 스스로 나서주는 애정 깊은 '신부 들러리'는 얼마나 훌륭한 교육자인 것일까?

　　페단트가 뭐라고 말하든, 인생에서
　　가장 확고하게 이끌어 주는 것은 여자 친구의 손임을 알라.

게다가 이 안내에는 자신에게 흥미를 가지게 한다는 장점이 있다. 그야말로 내가 가진 생생한 쾌감은 여자의 희망에 따르는 것뿐이다. 단 그 희망은 약간 우스꽝스럽기는 해도 겸손하고 선량할 때에 한한다. 그것이 기사도의 근본이다. 남자는 그 이상(理想)의 수호(守護)를 여자에게 맡기고 자신이 여자에게 어울린다는 것을 보여주기 위해, 또 자신의 여자를 기쁘게 해주기 위해 순수한 사랑을 통해 영웅이 되고자 한다. 가슴의 정열이 무예와 용맹에 품위를 주지 않으면 안 된다. 말로 표현하지 않는 약점이 무력의 근원이 되지 않으면 안 된다. 마음의 아름다움을 사랑의 기품으로 재고, 사랑의 크기를 공훈의 눈부심으로 잰 것, 그것이 바로 도덕의 현저한 화신 가운데 하나이다. 다만 거기에는 하나의 결점이 있다. 즉, 의무 대신 정열을 두고, 정의 대신 정감을 둔다는 결함이다. 그러나 이것은 모든 시대 및 인간 전체의 도덕은 아니라 해도, 분명히 가장 시적인 형태를 취한 연인의 도덕이다.

1865년 8월 5일 그리용

어제(8월 4일 금요일)는 빌라르에 있었다. 오전도 그냥 흘러가고 오후도 헛되이 지나갔다. 불쾌한 날씨. 나는 책을 읽거나(투르니에, 모니에) 내가 가지고 있는 사진 50장을 보여주어 '그랑 샬레'(Grand-Chalet)에 있는 동료들을 즐겁게 해주었다.──이지를 잠시 방문.──베르볼루즈(빌라르에서 북쪽 약 2킬로미터에 있는 마을)까지 소풍. 소렐을 기다렸지만 오지 않았다. 그러나 날씨가 나빴기 때문에 오히려 다행이라고 생각했다.

(밤 11시) 장엄하고 멋진 달빛, 푸른 하늘. 다시 '공부방'으로 돌아왔다. 빌라르의 작은 방보다 열 배나 큰 정사각형의 방이다. 오늘 아침 빌라르에서 아침 식사 전에 관리인 N.이 창문으로 와서, 소렐이 이틀 전부터 건강이 무척 나빠져서 나를 만나고 싶어한다는 것을 알려주었다.──나는 짐을 꾸린 뒤 여러 가지 약속을 취소하고, 10시에는 아픈 사람 곁에 있었다. 시계바늘이 한 바퀴 돌기 전부터 간호사 노릇을 하고 있다. 제네바, 벡스, 빌라르에 편지를 쓰다.──오후 이지한테서 편지. 두 딸과 가정부가 몸이 좋지 않은 모양이다. 비 때문에 갑자기 쌀쌀해져서 소렐은 가엾게도 팔다리 전체를 움직일 수 없게 되었다. 머리도 아프고 목과 위, 모든 관절까지 좋지 않다. 우리 둘이서 어떻게 하면 좋을까? 관리인은 아랫동네 벡스까지 약을 사러 갔다. 겨자 습포를 하기 위해 16킬로미터의 길을 가야 한다. 의사는 내일 아침이 되어야 올 수 있다. 두 사람의 부인 Net.와 At.가 열심히 간호해 주었다. Net.가 그녀 옆에서 자겠다 하니, 나도 이제 잠을 자도 될 것 같다.

이 넓은 알프스 지방의 밤은 어쩌면 이렇게도 장엄할까? 달은 모르클 위에, 목성은 당뒤미디(남쪽의 이(齒)', 론 강을 사이에 두고 디아블레 서남쪽에 있는 산) 위에서 빛나고 있고, 디아블레는 기슭까지 하얗다. 아방송 강의 장엄한 물소리는 이들 산 덩어리의 호흡, 그 로맨틱한 거인들의 한숨처럼 들린다.──창문에서 떠나야 하는 것이 못내 아쉽다. 그러나 자러 가지 않으면 안 된다.

1865년 8월 6일 그리용

(밤 10시) 오전에는 이상할 정도로 날씨가 좋았다. 간밤에는 구름이 우리 머리 위에 혼돈스러운 돔을 만들고 있었다. 지금은 달빛이 공기의 돔 틈새에서 새어나오고 있다.

소렐은 두 명의 의사(제네바의 S.와 벡스의 Th.)의 왕진을 받았다. 우리는 그 처방에 따라 하루 종일 간호했다. 어제에 비해 별 차도가 없다. Th.가 N.의 치료를 중지시키는 바람에 모든 것이 처음으로 돌아가버린 것 같다.──소렐을 위해 기분전환으로 책을 읽어주거나 장기를 두어본다. 그럼에도 이 며칠은 약간 길게 느껴진다. 그래도 여러 가지로 배우는 바가 많다. 무엇을?

노동과 직업의 필요.

두 사람이 함께 사는 생활에서 나날의 별거가 가져다주는 이익.

인내의 영웅심과 그 난관.

품위 있는 병과 품위 없는 병의 차이(후자의 예, 모든 장의 질병).

피로를 방지하는 방법과 성실한 행위에 나타나는 우울한 기분 등.

내가 돌아가기 전에, 소렐은 나에게 성서 두 장을 읽게 한 뒤, 기도를 해주었다. 눈시울이 뜨거워졌다. 지나치게 선량한 나의 친절이 결국 그 사람을 맥빠지게 하지 않으면 좋겠다. 시간을 들인 희생이 오히려 나쁜 영향을 준다면, 그것은 괴로운 일이다. 탈레랑(프랑스 정치가, 1754~1838년)은 옳았다고 할 수 있을까? 〈어쨌든 열중하지 말라.〉 그리고 그 꺼림칙한 격언 〈허물없이 대하면 바보로 안다〉는 것은 친한 친구 사이에도 적용될 수 있을까? 아니다. 다만 나는 여자의 가슴은 달콤한 것만으로 언제까지나 살아갈 수 있을지도 모르지만, 남자는 더욱 실질적인, 때로는 더욱 신랄한 음식을 원한다고 생각한다. 잼 종류는 우리의 식욕을 없애버리고 위를 무겁게 한다. 질병이 까다롭지도 괴롭지도 않게 되면, 간호사의 임무는 우리의 마음을 채울 권리를 갖지 않게 된다. 그렇지 않으면 과도함과 남용이 일어나, 애정 자체도 무로 돌아갈 위험이 있다.

이 교훈은 분명히 치즈만한 가치는 있다. (라퐁텐의 우화《새와 여우》에 나오는 말)

사람은 큰일을 당하지 않으면 깨닫지 못하기 때문에, 실수도 교사로 삼아 다음에는 잘하지 않으면 안 된다. 이 잘못은 직업에 있어서 정해진 노동의 결핍에서 오는 결과이기도 하다. 사람이 책을 써야 하거나 글을 쓸 때는, 어떤 독서나 연구, 경험도 유용한 것이 된다. 그날그날을 살아가는 사람에게는 모든 일의 용도가 뒤로 밀리게 되므로, 모든 것이 흩어져버린다.

1865년 8월 7일 그리용

(아침 9시) 홀로 아침식사. 마지막까지 남았던 식탁 동료인 V.목사는 오르몽으로 출발했다. A.아주머니가 어제 술집에서 있었던 싸움 얘기를 했다. 평의원(評議員) 한 명이 컵에 이마를 다쳤다. 이 지방의 공공연한 악습, 술 때문에 일어난 비참한 일이다. 아주머니도 자신의 집안에 그로 인한 기억이 꽤 있다. 이 지방에서 가장 부유한 집안 가운데 하나였지만, 지금은 이렇게 가난에 허덕이고 있다. 곳곳에 가지고 있었던 땅은 차례차례 남의 손에 넘어갔다. 사위는 모든 것을 술로 탕진하고 있고, 그것을 부추기는 친구들이 많다.

조금이라도 힘이 되어주려는 생각에 A.아주머니는 압착기에 넣을 만큼의 포도를 1스티에(4되 정도)에 12프랑에 팔았는데, 그 여관에서 쓸 것을 나중에 다시 30프랑에 사지 않으면 안 되었다. 그래서 하얗게 반짝이는 돈을 조금이나마 수중에 지니려면 자신의 포도주 1스티에 당 18프랑씩 손해를 보는 수밖에 없었다. 그러니 힘이 들 수밖에.

게다가 가엾게도 이 건강한 과부는 술주정꾼과 결혼해 자식을 셋 거느린 딸에게 1년 내내 뜯기고 있다. 그 남자는 아래층에서 따로 살고 있지만, 반은 한집살림이나 마찬가지였다. 그래서 A.아주머니는 친절한 얼굴에 살이 몹시 쪘는데도, 옛날만큼 쾌활하고 태평한 모습이 아니다. 자기 집안의 몰락을 눈앞에서 보고 있기 때문이다. 하숙생도 점점 줄어들고 있다. 손님에 대한 애교는 넘칠 정도지만, 부주의가 그야말로 이끼나 잡초처럼 집안에 퍼져 여관을 꾸리는 손길은 영 세심하지 못하다. 친절과 난잡함, 이것이 이 집의 좌우명이자 묘비명이 되어 있다.

무감정의 관습은 이 지방 주민의 불행이고, 이곳보다는 교육도 있고 안락하지만, 사보아의 주민을 연상시킨다. 그들에게 결여되어 있는 것은 건강에서 오는 활발함, 결단, 실행의 신속함이다. 그럼 이 산골 주민의 쓸쓸하고 잠자는 것 같은 느린 기질은 어디서 오는 것일까? 급류의 단조로운 소리가 생활의 내적인 리듬이 되어 있는 것일까? 쌓인 피로일까? 사실을 말하면, 이곳 사람들은 평원의 사람들이 생각하는 만큼 자유롭고 해방되고 탄력적인 기질이 없고, 마음이 무거워져 있다. 도시 사람은 평원 사람보다 깨어 있고, 평원 사람은 산골 사람보다 깨어 있다. 즉, 자연은 온화한 우리나라의 자애로운 자연조차도 인간에게는 최면적이고 압박적인 데가 있다. 자연은 잠자게 한다. 식물적(植物的)이 되게 한다. 인간은 도시라는 이름의 기교적인 작은 세계에서만 눈이 크게 떠져, 똑똑하고 활동적이며 자유롭다. 그래서 휴식을 위해, 녹음에 잠기기 위해 우리는 도시를 탈출하는 것이다. 그리고 산 사람은 전기를 쬐어 비늘빛을 발하기 위해 도시로 나간다. ──나는 이제야 올롱의 친구가 제네바에서 온 방문객에 대해 갖는 일종의 찬탄, 거의 선망이라고도 할 수 있는 것을 이해하고, 늙은 목사 글라츠가 "제네바의 피는 수은이다. 우리의 혈관은 1분에 아무리 못해도 열 번은 더 뛴다"고 한 말을 이해한다.

오늘 아침은 안개가 끼어 있고, 하늘을 뒤덮은 구름이 색이 짙은 하늘에서 일렁이고 있다. 방 창문에서 보이는 4개 골짜기의 푸른 선이 눈에 선명한 모습으로 새겨지고 있다. 무성한 산의 봉긋한 수풀과 험준한 꼭대기, 구불구불한 능선이 그리용 주위에 양떼처럼 흩어져, 그것을 에워싸고 있는 안개를 뚫고 자태를 드러내고 있지만, 당뒤미디는 사보아 산 위에 걸려 있는 폭 넓은 '층운' 때문에 아직 머리가 가려져 있다. ──축축한 빛의 팽배. 뮤블랑의 피라미드 위에 겹쳐진 구름의 피라미드를 기어오른 태양이 창공의 가장자리에서 마침내 정상에 오른 등산가처럼 나타나, 승리의 함성 같은 기쁨의 광선을 발하고 있다. 기세 좋은 린덴과 슬레이트 지붕의 목사관으로 이어지는 첨탑이 있는 작은 팔각 종루에서 10시의 종이 들려온다.

나는 시계의 원반에 새겨진 두 단어를 떠올린다. "시간은 흘러간다". 시간이 지나가는 것과 우리의 수명이 짧은 것을 알리는 우울한 경고이다. 나를 에워싸는 침묵의 표면에 수백 개의 다양한 소리들이 떠오른다. 거리의 사람들의 목소리, 옆의 부엌에서 불똥이 튀는 소리, 멀리 떨어진 골짜기에서 나는 톱소리, 그 훨씬 안쪽에서 들리는 아방송 강의 장엄한 베이스, 그것을 먼 곳에 있는 닭의 맑은 노랫소리가 때때로 어지럽힌다. 상쾌함, 평화, 광대함의 인상이 점점 내 안까지 들어온다. 집중의 고요함이 내 마음을 차지했다. 이 시간은 시적이고 엄숙하다. 나는 지금 이 글을 쓰고 있는 정사각형의 아름다운 방, 그 하나하나의 가구가 나에게 기쁜 기억을 되살아나게 하는 '공부방'의 구석구석을 은밀한 만족감으로 바라보고 있다. 어쨌든 이 벽의 저편에는 내가 돌보고 있는 병자, 나를 위해 이 집에 머물고 있는 여자친구가 숨을 쉬고 있는 것이다. 그렇기 때문에 나의 지금의 정적은 감사로 가득 차 있다. 관조에 의해 행복을 느끼는 것은 즐겁지만, 만물의 창조자에게 그것을 감사하는 것은 더욱 즐겁다.

(오전 11시) 내가 머물고 있는 학교는 명승지의 지위를 차지하고 있다. 마을을 선체에 비유하면 배의 뒷부분이라고 할 수 있는 곳이다. 이 배는 거대한 푸른 파도를 가르며 항해하고 있고, 서남쪽을 향한 그 늠름한 배 뒷부분은 이 지방을 모든 방향으로 내려다보고 있다. 이곳에서는 사방으로 전망이 트여 있다. 태양은 이 집의 모든 창문을 한 바퀴 돈다. 파도를 가르듯이 이 집은 새 길과 옛길을 둘로 나누고, 이곳에 사는 사람에게 그럴 마음만 있다면, 적어도 벡스 쪽에서 마을로 들어오는 사람 또는 나가는 사람 모두를 감시할 수 있다. 묵직하고 네모난 좋은 토대에 튼튼하게 지어진 이 건물은 슬레이트 지붕, 2층에 교실 두 개, 3층에 방 네 개, 게다가 4층에 창고까지 있다. 관리인은 가수인 동시에 소방대장, 마을사무소 직원, 그 밖에도 여러 가지 일을 하고 있는데, 인근의 광석을 사들이는 사업에까지 손을 대고 있다. 봉급 5백 프랑. 보 군(郡)은 인심이 좋지 않다. 게다가 올해는 교회와 학교 직원의 봉급 인상이 거부되고 말았다. 예를 들어 목사가 30년 근무하여 봉급이 2천 프랑에서 3천 프랑 정도로 오르면 그것이 희망의 끝이요, 명예의 절정이다.

이곳에 몇 주일 머물고 있다는 B.씨가 어제 나에게 물었다. "왜 제네바에 의과대학을 세우지 않는 걸까요?" 나는 대답했다. "돈 문제 때문입니다." B.씨는 1859년에 내가 했던 칼뱅에 대한 강연에 대한 얘기를 꺼냈다. 그것을 아직도 잘 기억하고 있었다. 칼뱅의 '법률주의'에 관한 나의 견해가 그를 놀라게 했던 모양이다. 은혜의 종교 안에 언뜻언뜻 비치는 로마법이라는 것은 실제로 기묘한 현상이기 때문이다.

(밤 10시) 《제인 에어》(샬럿 브론테의 소설)를 3분의 2 정도 읽었다. 혼자서 점심 식사. 병자에게는 기분 좋은 오후였다. 그 사람은 벌써 상당히 회복하고 있는 중이다. 방에서 나와 보통 사람처럼 저녁 식사를 했다. 우리는 식사를 가져오게 하여 '공부방'에서 먹었다. 여기서 신세를 진 사람들에 대한 선물을 얘기했다. ——취리히의 교회주 H.D.의 방문. 디아블레에 오르지 않겠느냐고 권유하러 온 것이다. 거절한다. ——달빛은 오늘 밤에도 크고 두꺼운 구름에 가려 그 희미한 빛만 새어나올 뿐이다. ——J.B.는 아직도 플랑(벡스에서 6킬로미터, 강 상류의 마을)에 있을까? 그것을 알 수 없어서 마음이 답답하다.

1865년 8월 8일 그리용

(아침 9시) 디아블레에 가기에는 유감스런 날씨. 비가 올 것 같다. 뿌연 안개의 빠른 상승, 음험하게 무리를 지어 곳곳에서 몰려와서, 갈리아인이 로마의 카피톨리움을 습격했을 때처럼 마을 전체를 포위하고 있다. 소렐은 잠을 잘 자지 못했다. 나는 그 사람의 방에서 아침 식사를 하고, 빵에 버터를 발라서 권한다. 학교 시절의 추억, 어릴 때의 못된 장난과 시합과 싸움에 대해 얘기해 준다. 여자아이는 내버려 두면 또래의 사내아이와 거의 다를 것이 없어서 곧잘 서로 때리며 싸운다. 영어를 배우지 않았던 것은 영국 사람의 코에 혹이 있었기 때문이란다. 심술, 배회, 공부 안하기, 말싸움, 서로 미워하기, 불복종, 규칙에 대한 반감, 금지된 과일에 대한 호기심 등 어른을 화나게 만들고 좋아하는 나쁜 버릇, 익살, 수다, 놀리는 즐거움, 악의적인 호기심 등 모든 남학생의 버릇이 송두리째 여학생에게도 있다.

"이 나이에는 양보가 없다." 익기 전의 풋과일은 신맛이 나듯이, 이것도 성장에 따르는 병일까? 규율이 있는 문명 상태에 앞서는 야만적이고 자연적인 상태인가? 규율에 대한 본능의 반항, 이성에 대한 난폭한 자발성의 반항인가? 사회적 속박에 대한 개성의, 외부에서 강요된 질서에 대한 원시적인 혼돈의 무의식적인 저항인가? 분명히 그렇다. 권위는 우리의 천성에는 불쾌한 것이어서, 말에게 고삐나 재갈을 물릴 때처럼 몸부림치며 저항한 끝에 가까스로 받아들인다. 정말이지 권위는 우리 안에 한 사람의 공모자, 즉 양심이라는 것을 두고 있다. 그러나 양심은 처음에는 연약한 싹에 지나지 않다가 나중에 가서야 겨우 꽃을 피우게 된다. 우리는 처음에는 감정을 갖는다. 근본적인 감정은 충동에만 따르고, 모두를 자신의 의지에 복종시키려 한다. 그런데 50명의 어린 폭군을 한 자리에 가둬놓고 한 사람의 교사의 채찍 아래에 두는 것은, 그 한 사람의 어른에 대해 어린이 전체의 결사(結社) 및 어린이끼리의 혁명을 하루에 50번이나 불러일으키게 한다. 이 어린 야만인들이 법률에 무릎을 꿇고, 순종과 열성과 조화 속에 균형을 찾는 것을 배울 때까지는, 치열한 싸움과 교활한 음모가 수없이 벌어진다. 일반적으로는 그 문제가 해결되기 전에 초등학교 시절이 이미 끝나버린다. 과연 청년들이 자유롭고 기분 좋게 연구의 대열에 끼어들어, 이성의 권리, 고삐와 멍에의 우월성, 규칙의 예지, 징벌의 정의, 복종의 미덕을 인정하게 될지 의심스럽다. ── 종류에 따라 다른 사람들보다 무질서하고 가르치는 데 힘이 드는 사람들도 있다. 그러한 사람들은 이렇게 말한다. "우리의 미래가 우리의 주인이다." 그러나 그런 자들은 공화제에 가장 어울리지 않는다. 그 이상은 오직 군대적인 규율, 강제적인, 즉 무력에 의한 질서이다. 자기의 의지로 법률에 복종하는 것이 자유의 출발점이고 조건이다. 따라서 교육이라는 것은 단순한 충동의 영역에서 자유의 영역으로 높이는 것, 즉 야만적인 상태에서 이성적인 상태로 높이는 것이다. 그리고 그것의 큰 동력은 양심을 일깨우고 정의의 본능을 만족시키면서 애정을 손에 넣는 것이다.

(아침 10시) 방의 창 유리에 강렬하고 커다란 하얀 빛, 마치 눈 세상의 한복판에 있는 것 같다. 이 빛의 효과는 사람을 피곤하게 한다. 펠로 섬(스코틀랜드 훨씬 북쪽에 있는 지금의 덴마크령 군도)에서 안개의 시인 핀의 아들 오시안을 다시 읽고 있는 것 같다. 이 광대한 안개 비단은 모든 소리를 둔하게 하여, 벙어리의 침묵 속에 빠진 느낌을 준다. 그래서 나는 분명하게 사물을 보면서 명상하고 있는 벙어리가 된 기분이다. 이 쓸쓸하고 고요함! 일하기에 얼마나 좋은 날씨인가. 나의 사상, 나의 문제에 완전히 집중할 수 있다. 가슴은 그것을 탄식하지만, 머리는 기뻐한다. 사상이 원한다면, 상상력은 여기에 나타나지 않은 세계에

보상을 하고 자연을 불러내려 하고 있다. 공허함 속에서 음울한 창 유리와 하얀 종이와 펜만이 눈에 들어오는 광경의 전부이며, 귀에는 아무 소리도 들려오지 않고, 또 아무리 기다려도 들려오지 않을 때, 창작을 해야 한다. 그러한 때, 내적인 창작과 사상, 또는 시가 이지의 죽음에 대해 없어서는 안 되는 방패막이가 된다. 그러나 나는 신의 섭리가 사용하는 더욱 확실한 방법을 잊고 있다. 그것은 고통이다. 굶주림, 추위, 결핍, 온갖 양상의 고뇌가 인간에게나 동물에 대해, 예부터 정해져 있는 반성과 세력의 자극제이다. 산다는 것은 이미 난관이고 문제이고 승리이다. 이것이 유일하고 보편적인 시다. 그러므로 거기에는 보통 아름다움이 결여되어 있다.

(오전 11시) 지금 우리는 구름 아래에 있다. 구름은 수중기의 망토를 산으로 끌어당겨 갈가리 찢으면서 올라가서는 이내 사라진다. 빛은 그리 강하지 않아서 수평선에 거칠게 비쳐드는 대신, 위에서 내려온다. 푸르니에르, 보본느, 자베른은 엷은 천을 사이에 두고 비쳐보이고 있다. 시끄러운 남녀 초등학생들이 집에서 튀어나와 비에 젖은 길 위에 있다. ──소렐은 두 벌의 외투를 걸치고 뜨거운 물 팩과 깃털이불을 발밑에 넣고 소파 위에 누워 옷을 입은 채로 간밤에 3시간밖에 자지 못한 피로를 풀고 있다. 그래도 트렁크를 정리해야겠다는 생각이 들었지만 힘없이 주저앉고 말았다. 앞뒤 가리지 않는 부주의는 사람의 한평생을 둘로 나누었을 때, 앞부분에 해당하는 시기의 특징이다. 골백 번이나 실패를 거듭한 뒤가 아니면 자신의 한계를 인정할 마음이 들지 않는다. 그런 일을 하는 것은 자연이다. 그렇게 해보지 않으면 자신의 한계에 도달하는 일도 없을 테니까 너무 일찍 걸음을 멈추게 될 것이다.

(밤 8시) 아름다운 일몰. 《제인 에어》를 다 읽은 뒤 감동에 잠겼다. 신랄하게 냉소하는 B.씨와 산책. 석양이 질 때 제네바에서 친척 몇 명이 도착(B. 양과 de la Fl. 양). 그래서 나도 날씨가 모처럼 다시 좋아졌지만 출발하는 것은 좋지 않다고 생각했다. 게다가 소렐도 아직 몸이 좋아지지 않았기 때문에, 그리용에 경의를 표하며 좀더 튼튼해지고 몸이 좋아진 뒤가 아니면 산에서 내려가지 않기로 했다.

요정의 성처럼 우뚝 솟아 불꽃 같은 갈기가 달린 황금투구를 쓰고, 기슭을 장밋빛 안개로 감싸고 있는 멋진 디아블레! 그리고 뮤블랑도 녹색 비로드로 테두리를 두른 모란꽃 색 망토를 입고 있다. 비〔雨〕에도 보상해 주는 것이 있다.

(밤 11시 반) 멋진 달빛, 구름이 하나도 없다. 밤은 장중하고 웅대하다. 거인들은 별이 지켜보는 가운데 잠들어 있다. 골짜기의 광활한 어둠 속 곳곳에서 지붕들이 빛나고 있고, 급류의 오르간은 하늘을 천장으로 삼는 이 산의 전당 안에서 영원의 가락을 연주하고 있다. ──소렐이 이렇게 늦도록 나를 붙잡고 있다. 이러한 장관을 앞에 두고 잠자기는 힘든 일이다. 그러나 내일을 생각해야 한다.

편지를 들려 빌라르로 보낸 사람이 답장을 가지고 돌아왔다. 이지는 이사했다. 불안 때문임이 틀림없다. 올롱으로 편지를 쓰다.

이 푸른 밤, 광활한 경치, 꿈의 여왕의 은빛 선과 녹음이 깔린 익숙한 산들을 다시 한번 바라보다. 목성은 당뒤미디의 지맥 뒤로 넘어가고 있다. 아방송 강의 물소리는 이런 밤에 더 어울리는 평화를 깨트리며 높아졌다가는 낮아지면서 올라온다. 눈에 보이지 않는 꿈의 눈송이가 별이 빛나는 돔에서 내려와 정결한 잠으로 유혹하는 이 자연 속에는, 환락적인 힘을 조금도 죽이는 데가 없어 모든 것은 힘차고 엄숙하고 순수하다.

모든 생물, 불행한 자도 행복한 자도, 신혼의 단꿈에 든 자도 혼자 잠자리에 든 자도, 굿나잇! 안식과 젊음, 갱신과 희망. ──하루는 사라졌다. 내일이여, 건강하라. ──12시가 울리고 있다. 또 한 걸음 무덤에 가까워졌다.

고독에 대하여

내 바로 옆에서 황량한 무인도가 언뜻 보인다.
무인도, 그것은 생활이다.
매력도 목적도 기쁨도 희망도 없는 생활이다.
무인도, 그것은 정신적 고독이다.
외로움과 권태이다.

1865년 8월 9일 그리용

(아침 9시) 멋진 아침, 눈과 폐의 쾌감. 새 같은 가벼움을 느끼며, 여행을 떠나고 싶은, 산에 오르고 싶은 본능이 답답함으로 온몸을 근질근질하게 한다. 알펜스톡과 녹색의 가죽 주머니, 열십자로 가방을 걸친 몇 사람의 등산객이 지나가자, 얼굴이 상기된 산책객은 연체동물처럼 보였다. 다행히 회복세로 돌아선 병자는 점점 좋아져서 기운을 차리기 시작했다. 뭔가 계획해도 좋을 것 같다.

함께 아침 식사를 한 부인은 완전히 의기소침해져서, 어제 막 도착하여 그리용은 물론이고 그 근처도 전혀 구경하지 않았는데도, 오늘 떠나고 싶다고 했다. 왜일까? 신경질적인 답답함 때문이다. 방도, 경치도, 마을도, 모든 것이 첫인상부터 마음에 들지 않았기 때문에, 먼 곳으로 가고 싶어하고 있다. 나도 그 기분을 이해할 수 있다.

(밤 10시) 오후 푸르니엘에서 플랑으로 유쾌한 산책. 동행은 제네바에서 온 세 사람, R.양, de la Fl.양, Ch.양이다. 소르셰에서 보본느 기슭의 숲을 지나가다. 2시간 뒤 플랑 외곽의 작은 집에 도착했다. 사촌 누이 Bt.를 방문(미망인 베이용의 집). F.부인, 벨트와 함께 살고 있다. 세 사람 다 한 방에 머물고 있다. 셋이서 가정을 이루고, 플랑팔레의 깡마른 로잘리가 살림을 맡고 있다. 밭 사이를 지나오는 나를 가장 먼저 발견한 것은 이 사람이다. J.는 루이즈가 리용에서 분만한 소식을 알려주었다. 이것으로 세상에 사내아이가 하나 더 늘었다. 아마 앙리라는 이름이 붙여지겠지. 내가 7월에 보낸 편지를 무척 기뻐하며 읽었다고 한다. 지금은 완전히 산속 생활에 익숙해져 있다.

세 사람의 길동무 가운데 한 사람은 내성적이서 사람을 피하고, 이렇다 할 특징도 없다. 또 한 사람인 E.R.은 '여자다움'이 없는 무뚝뚝하고 직선적인 사람이지만, 착하고 다리가 튼튼하며 가식이 없는 기상을 지니고 있다. 또한 사람은 정숙하고 눈이 아름다우며 기분이 좋을 때는 사랑스러운 모습이다. 교육도 중간 정도 되고, 생각하는 유형으로 보건대 교제하기에 기분 좋고 믿음이 가는 사람이다. 얘기하는 태도에 견실한 생각이 드러나고, 외모도 아름답다. 사람의 마음을 끌어당기는 면이 있다. 그러나 다부지고 실팍한 체격이면서도 다리는 그리 튼튼하지 않아서 오르막길에 들어서면 이내 지쳐버린다.

1865년 8월 10일 그리용

(오후 2시) 눈을 떴을 때 머리가 납덩이처럼 무겁고 탄력과 상쾌함이 없었다. 그 가라앉은 기분이 오전 내내 계속되었다. 농담도 별로 하고 싶지 않은 기분이었다. 소렐은 반대로 발랄하고 악동처럼 장난기로 넘치고 있다. 체력의 우세를 조금 남용하고 있었다. "패한 자는 가련하다." 약한 자, 특히 약해진 자는 가련하다. 자연은 건강한 자를 돕고, 힘이 빠진 자를 경멸한다. "힘을 가진 자는 모든 것을 갖는다."(이델레스Ideles(불명, Ideler의 오자인 듯))

아무리 생각해도 마음이 쓸쓸할 때의 농담은 불편하고 번거롭다. 모든 내적, 육체적인 쇠약은 사람을 쓸쓸하게 만든다. 농담을 하고 상냥하게 웃으려면 마음이 자유롭고, 즉 정신적인 건강이 유지되고 있어야 하며, 설령 병에 걸린 경우에도 육체를 지배하고 있지 않으면 안 된다. 그에 반해 자신의 불운을 조롱당하게 되면, 여지없이 불쾌감이 느껴져 마음을 껍데기 안에 집어넣게 한다. 이 경험은 나에게 진정한 공감을 날카로운 언어의 꽃목걸이로 감싸지 않는 것이 좋다는 것, 분위기에 어울리지 않는 기지는 쐐기풀로 쓰다듬는 것과 같다는 것을 가르쳐주었다. 우리 제네바 사람들은 너무 행복한 나머지, 또는 재치의 습관 때문에 빠지는 조롱이라는 국민적 결점을 경계해야 한다. 부드러운 친절이나 은근한 동정이 낫다. 상대방의 건강 변화와 마음의 동요에 대해 밝은 눈으로 무정한 처사로 보일지도 모르는 실력 과시나, 기교적인 불사신의 고압적인 태도로 인하여 상대방의 마음을 상하게 하지 않도록 하자. 한마디로 말해 타인의 가난함이 아니라 부에 대해 농담하고, 약점이 아니라 강점을 놀리도록 하자.

'까마귀 바위' 옆에서 소렐에게 라마르틴을 몇 장 읽어주다. 그러나 내가 원하는 책은 이것이 아니었다. 이 몇 페이지는 나에게 거북한 느낌을 준다. 단편이나 장편, 희극이라면 자신 있지만. 이렇게 자기만 생각하는 감정의 발로, 끝없는 에고이즘은 사람을 극단적으로 피곤하게 한다. 이 눈물겨운, 또는 감격에 찬 서정시의 정취에서 벗어나기 위해, 새로운 인물과 모험과 사건을 갈망한다. 그리고 보면 정신은 새로워지기 위해 새로운 사상을 원한다. 바로 위장이 이따금 병자에게 먹이는 달콤한 탕약에 질려서 소금기를 원하는 것과 같다. 우리 안에 있는 것은 모든 사물이 잘못되는 것을 두려워하고 있다. 육체도 정신도 본능적으로 자기에게 부족한 것을 원한다. 식량, 양념, 보충. 단조로움도 공허를 낳고, 자연은 공허를 싫어한다.

노동의 결핍, 건강의 쇠약, 단조로움은 모두 같은 결과, 즉 권태를 낳는다. 근육, 사유, 또는 의지에서의 노력 부족은, 결국 무력감을 불러일으킨다. 지나친 휴식은 지나친 수면과 마찬가지로 사람을 무겁게 하고 무력하게 한다.

 하늘은 말한다, "걸어라, 가라, 그리고 매일 아침
 한 발짝이라도 길을 앞서 나아가라."

너도 적당히 게으르게 멍하니 생각하며, 어슬렁어슬렁 걸어왔다. 떨치고 일어나라. 그렇지 않으면 이끼가 너에게 달라붙고 녹이 너를 삭게 하고, 자신에 대한 혐오가 네 마음을 차지할 것이다.——이스라엘이여, 너희들의 진영을 세워라.

점심 식사를 한 뒤 두통이 사라지고, 너는 개운해졌다. 이 기회를 이용하라. 무엇을 하기 위해서인가? 그것이 문제이다. 실제로 여기에는 책도 없고 목적도 없다. 구하라. 그러면 얻을 것이다.

(밤 12시) 밤에 소렐과 관리인과 함께 아방송 강 골짜기를 거슬러 올라가, 솔라렉스 및 안잔다스 가도를 따라 세르누망까지 무척 유쾌한 산책을 하다. 그 오솔길은 오랫동안 산허리를 따라가다가 포레르 길과 갈라져 전나무와 낙엽송, 너도밤나무가 무성한 풀밭 사이를 구불거리며 골짜기 바닥까지 내려간다.——시인의 아내 카롤린느 올리비에 부인의 두 별장을 보았다. 이곳이 주스트(올리비에의 이름)의 탯줄이고, 때문에 그 시인은 무슨 일이 있어도 보의

알프스와 떼려야 뗄 수 없는 관계에 있어서 부모를 생각하는 마음으로 해마다 이곳에 찾아오는 것이다. 그의 아내(류세Ruchet양)는 내가 이 글을 쓰고 있는 그리용 마을 위에 있는 포스 마을 출신이다. 올리비에의 마음의 소설, 그 상상력의 소설도 모두 같은 땅에서 꽃핀 것이다. 그의 문학상의 명성과 내적인 시(詩)도, 같은 뿌리와 같은 샘을 소유하고 있다. 몬느론, 듀랑, 레브르와 그밖의 선생에 앞서 간 제자들처럼 올리비에는 그야말로 이 골짜기의 아들이다. 정신적인 이러한 부자관계와 계승을 생각하면, 인생의 신비를 코앞에서 보고 있는 듯한 느낌이 든다. 우리는 모두 대지와 연결되는 점의 표시를 흉터처럼 지니고 있다. 그것은 우리, 날개 달린 씨앗의 배아이다. 거기서 우리는 생존을 위한 최초의 양분을 흡수했고, 이 최초의 영향은 결코 사라지는 법이 없다. 우리가 어떤 갱신과 변형을 거쳐도 우리의 싹, 우리 최초의 상태, 우리의 뿌리는 언제까지나 우리 안에 남는다. 샤를 디디에(스위스 문학자 1805~1864년)의 《스위스 시집》을 보라. 우리의 정신에는 운명과 숙명이 있다. 이 사상은 얼마나 장엄하고 감동적이며 우울한가. 우리는 자유를 자랑하면서 눈에 보이지 않는 고리 속에 갇혀 있으며, 신의 섭리를 우리의 그 의지의 그물, 나아가서는 그 손바닥에 쥐고 있다.

소렐이 12킬로미터에 이르는 소풍을 훌륭하게 해내자 우리는 무척 기뻐했다.──돌아온 뒤 국물이 듬뿍 들어 있는 맛있는 저녁 식사. 소렐은 방으로 돌아오자마자 쓰러지듯 침대에 들어가 버려서 푹 쉴 수 있게 여러 모로 돌봐주어야 했다.

하루 종일 붓으로 칠한 듯이 흐렸던 날씨가 해질녘이 가까워지자 개기 시작했다. 양치식물과 드라브스, 나무딸기가 잡초처럼 자라고 있는 생기 있는 숲 속의 빛의 효과는, 윤기와 신비가 담긴 아름다움을 보여주었다. ──두 번 정도 소지품 챙기는 것을 잊었다. 특히 타르마(가슴까지 오는 망토)를 잊었다. ──땅거미가 지는 동안 비장한 분위기의 검은 디아블레는 정상 부근의 널찍한 바위터에 흐린 모란꽃 색깔의 옷을 걸치고, 열정이 담긴 생각으로 얼굴을 붉히고 있는 아르잔틴을 마주 대하고 있다. 이집트 여인의 유혹 앞에서 어쩔 줄 몰라하는 요셉이다. 울창한 가지 사이에 숨어 있는 나그네가 엿본 이 장면은 역시 성서적인 위대함을 갖추고 있었다.

1865년 8월 11일 그리용

(오전 10시) 아아, 작별의 날이다. 소렐을 도와 트렁크를 꾸리고, 둘이서 먹는 마지막 식사를 '공부방'으로 가져 오게 했다. 우리는 그럭저럭 21일, 3주일을 함께 보내면서 그것이 즐거운 습관이 되어 있었다. 오늘밤 소렐은 어떻게 할 것인가? 나는 나대로 어떤 기분이 들 것인가? 그것은 예상하고 싶지도 않고 떠올리고 싶지도 않다.——"나는 슬픈 일은 그렇게 미리 생각하지 않아요." 작별해야 한다는 것은 꽤 오래전부터 느낄 수 있다. 예지는 악마한테서 온다. 과거에 감사하고, 현재를 받아들이고, 미래에 대해 희망을 갖자.

(저녁 6시) 나는 벡스의 정류장까지 소렐을 배웅한 뒤, 이지의 소식을 알아보기 위해 올롱에 들렀다. 그리고 7시간 동안 비워두었던 인기척 없는 '공부방'으로 방금 돌아왔다. 내가 산속 독수리의 둥지로 돌아오기도 전에 소렐은 여기서 100킬로미터 떨어진 곳에 있는 집에 도착했을 것이다. 날씨는 잿빛이고, 마음은 슬프고, 집도 내 가슴도 공허하다. 이런 경험을 오랫동안 겪었으면서도 아직도 이런 일에는 서툴다. 이별은 그 1시간 전까지는 가능할 것처럼 생각된다. 물론 나는 마음을 굳게 먹고, 이별 뒤에 찾아올 자유를 생각하며, 순수하게 이성적인 인간의 역할을 연기하고 있었다. 그러나 이 스토아주의는 자신의 고독한 생활로 돌아오면 이내 무너지고 만다. 그 이성적인 인간은 심장이 약해진다. 돌아와서 의자에 앉거나 앉기도 전에, 사랑하는 사람들과 함께 떠나지 않은 자신을 어리석게 생각하고, 자신이 돌아온 것에 대한 비밀스러운 동기로 자신의 고통을 곱씹으려는 병적인 쾌감, 다시 말해 파멸 취향밖에 찾지 못한다. 자신의 부자유에 대해 생각하고, 내가 당한 불행을 음미하며, 나의 거북함을 즐기려 하는 취미는, 아마 나를 내 생애의 잔해로 데리고 돌아가려는 본능일 것이다. 나의 다리는 내가 잃어버린 인상의 묘지에 발을 들여놓는 것을 좋아하는 것 같다. 이것은 분명 빈약한 상상력과 무력한 기억이 만든 습관이 아닐까? 나는 내가 잃은 것을 똑똑히 보고 싶다. 눈앞에 있는 사물이 주는 현혹에 빠져 나는 내가 잃은 것을 확실하게 알지 못하고 있다. 아마 슬픔을 주는 인상을 관념으로 바꾸고 그 위력에서 벗어나기 위해, 그 인상에 기초하여 자신의 동상(銅像)을 만들려는 요구도 있을 것이다.——그래서 경험한 마음에 경의를 표하기 위해서든, 의식의 연구에 의해 안정을 얻기

위해서든, 나는 마지막까지 전장에 남아 자신의 아름다운 동요의 날보다 나중까지 살아남으려고 애쓰는 것이다. "자기를 의식하고 자기를 지배하라". 철학자는 그것을 실현하기 위해 어느 정도 수고해야 했다지만, 그 몸이 가지는 이 동경에서 벗어날 수는 없다. 어쨌든 분석은 우울의 엄니에 맞서 철학자를 막아준다. 생각하는 자는 가슴으로 살기를 멈추고, 잠시 동안 슬픔의 압박을 중단한다. 그런데 나는 나의 목을 죄어오는 슬픔에 대해 몸을 방어할 필요를 느끼고 있다.

전망은 잔뜩 흐려 있다. 이렇게 상복을 입은 것 같은 날은 여행하기에는 몰라도 남아 있는 사람에게는 위안도 기분전환도 되지 않는다.──만약 내가 여자였다면, 골짜기 아래에서 무서운 소리로 흐느끼고 있는 급류처럼 울음을 터뜨렸을 것이다. 정말이지 지금은 모든 것이 나를 무겁게 짓누르고, 무엇 하나 미소 지어주지 않는다. 그러나 그런다 한들 무슨 소용이 있으랴. 무엇보다 남자답지 않다! 좀 더 나은 일을 하자.

(밤 9시 반) 소렐에게 편지.──깜짝 놀란 암사슴 같은 할머니와 둘이서 식사.──B.씨 부부 및 소풍을 몹시 좋아하는 H.D.와 함께 어두워진 뒤 식후 산책.──관리인과 얘기를 나누다. 달리 어떻게 할 수가 없다.

다시 창문을 열었다. 8시에는 별이 떴다. 지금은 비의 장막이 건너편 산들을 완전히 뒤덮고 있다. 눈 깜짝할 사이의 변화이다. 이곳 사람들은 모두 날씨의 징후에 대해 터득한 것이 없어서, 전날 밤에 정확하게 예언할 수 있는 사람이 하나도 없다는 것을 알았다. 레만 호의 어부들은 삶이 기상조건과 밀접하게 관련되어 있어서인지 좀더 지혜롭고 관찰도 정확하다.

1865년 8월 12일 그리용

(아침 8시) 외로움이 깊어진다. 집도 자연도 동시에 문이 닫혔다. 관리인은 에글(그리용에서 서북쪽 8킬로미터에 있는 마을)로, 그의 아내는 타베야나스로 가면서 집의 문을 잠그고 갔다. 한편, 짙고 뿌연 안개가 창문을 습격하여 경치를 완전히 가리고 말았다. 모든 것이 작당을 하여 나를 고립시키고, 왜소한 나를 외롭게 가두려는 것 같다. 그것이 나의 자존심에 상처를 주어 아무것도 필요로 하지 않고, 세상의 악의를 아랑곳하지 않는 반항을 위한 반항으로 나를 끌어들이는 것은 아닐

까? 괴로워하는 마음을 보호하기 위해 오만이 생각해낸 갑옷으로 무장하는 것은 나에게도 경험이 있다. 그것은 위대한 스토아가 생각해낸 것이다. 무엇에도 집착하지 않고, 우리한테서 빼앗을 만한 모든 것을 앞질러서 희생으로 제공하는 것. 그러나 이 가혹한 태도에는 한 가지 약점이 있다. 그것은 실제로 그것 때문에 우리의 친절, 적어도 우리의 동정이 감소하는 것이다. 그보다도 사랑을 바꾸어, 우리를 선한 일에서 더욱 선한 일로 인도하는 종교적인 방어수단이 더 낫다. 자신이 신의 품안에 있다는 것을 느끼면, 고통은 줄어들고 자애가 늘어난다. 방패를 들고 몸을 굳히는 것은 첫 번째 이익밖에 없으며, 그것도 그 정도까지는 가지 않는다.

(아침 9시 반) 안개가 엷어지면서 골짜기로 올라가자, 숲과 오솔길, 산봉우리가 서서히 보이기 시작한다. 이 움직이는 엷은 천에는 그나마 매듭이나 주름, 떠다니고 있는 불투명한 부분이 있어서, 이 희미한 산의 약도에 오래가지 않는 반점을 찍고 있다. 내 방은 8월이 그리용의 무성한 골짜기로 엄청나게 불러들이는 수증기의 질투와 아지랑이의 집회, 구름의 어지러운 전쟁, 안개의 행렬을 엿볼 수 있게 해주는 튼튼한 망루이다. 보통의 경우, 활인화(活人畵) 앞에 내려진 투명한 천이나 비단 레이스 커튼은 사물의 빛을 지우고 꿈의 모습을 보여주지만, 바로 그 커튼을 통해 구름과 안개의 활극을 보고 있는 듯한 느낌이 든다. 진정한 시도 그것이 표현하는 현실에 대해 같은 작용을 한다. ……방금 열린 부분이 번져가서, 페르니에르와 론 골짜기도 그것을 묻어버리던 하얀 훼방꾼으로부터 고개를 내밀었다. 마치 섬들이 푸른 바다에서 나온 것 같다. 다만 이곳에서는 그 관계가 거꾸로 되어 있다. 구름의 바다가 위에 있고 그 밑에 섬들이 솟아나 있다.

A.부인의 집에 마지막까지 남은 여자 손님과 식사. 여자 손님은 여행을 굉장히 좋아하는 러시아인 가정에서 15년 동안 가정교사로 지내다가, 콘스탄티노플에서 런던으로, 파리에서 우랄로 돌아다녔다고 한다. 눈이 나쁜데다 내성적이어서 재미있는 화젯거리가 별로 없다. 나는 《보 신문》을 읽어주었다. ──바로 옆집에 티에르(Thiers. 프랑스의 정치가, 역사가. 1797~1877년. 하지만 티에리(프랑스의 역사가로 유명한 티에리의 동생, 1797~1873년)가 정확한 이름이다)가 와 있다고 그 사람은 말했다. 사실이라면 흥미로운 일이다. 그는 '큰 코'에 체구가 작은 수도승으로, 테리스라는 이름의 사람이었다.

그러는 동안 나는 빅토르 위고의 《관조》(1856년에 나온 시집)를 열두어 장 읽었다.——위대한 작가는 누구나 전 세계에 자신의 사상을 누비게 하고, 국어 전체에 자신의 산문 또는 운문을 누비게 하려 한다. 그때 작품은 기념물이 되어 개인의 서명이 들어간 소우주를 표현하게 된다. 그 궁극적인 실체는 자신의 내용 전부를 의식하고 자신의 본성에 따라, 즉 자신의 문체를 통해 그것을 표명한 것이 된다. 그 궁극적인 실체는 자신의 거푸집, 치수, 풍부함을 부여하고, 그 부여한 것에 독특한 낙인을 찍어, 인류가 위대한 인간에게 펼쳐 보이는 기록서에 자신의 서명을 싣는다. 자신의 피라미드를 쌓고, 그것을 형성하는 하나하나의 벽돌과 돌에 아시리아와 이집트의 군주처럼 자기 이름의 머리글자를 기록하는 것이, 명예를 사랑하는 작가 루소, 볼테르, 괴테, 위고 같은 사람들의 목적이고 관심사이다. 그것은 커다란 기쁨임에 틀림없다. 실제로 그런 식으로 따라가는 사람은 그 덧없는 생애의 영원한 발자취를 남기며, 한 순간 우리를 가슴 위로 떠오르게 할 뿐, 보통은 다시 우리를 그 표면에 맺히는 물방울처럼 빨아들이고 마는, 쉽게 잊어버리는 대식가인 바다 위에 비늘빛을 뿜는 놀을 그리는 것이다.——그런데 너는 가엾게도, 명예와는 거리가 멀다. 민중에 대한 너의 혐오, 문예적 잉태 또는 출산에 대한 너의 공포, 불임 또는 불능에서 오는 너의 게으름과 비생산은, 너에게 미리 무명(無名)과 망각의 운명을 안겨주고 있다. 너는 지금까지 명성이라는 것을 꿈꿔본 적조차 없다. 하다못해 쓸모있는 자가 되어 너의 공상, 너의 일, 너의 명상을 누군가가 이용할 수 있도록 노력하라. 너에게 주어진 한가한 시간을 되사서, 네가 받은 만큼의 가치를 발휘하여, 세력을 얻는 데 이르지는 못하더라도 열심히 노력한다는 증거를 보여라. 너는 능력을 사용하는 방법이 서툴러서 자신의 역량을 전혀 발휘하지 못하고 있다. 그러므로 네 안에서는 모든 것이 감소하고 쇠퇴하고 있다.

그러나 걱정할 것 없다. 아직 네가 할 수 있는 것을 겸손한 마음으로 실천하라. 너의 가슴을 확고하게 정하고, 너의 생활에 규칙을 부여하라. 약해지고 있는 힘과 사라져 가고 있는 나머지 열정으로 할 수 있는 목적을 확실하게 세워라. 시간이 날 때 한다는 사고에서 벗어나라. 복종을 수긍하지 않는 자유의 위험한 매력을 포기하라. 그것은 모든 일을 단념하고 너에게 달라붙어, 무관심을 베개 삼고 무감정을 먹이로 삼으며, 하잘것없는 일을 중요한 일로 생각하고, 잡일을 큰 일로 알고 있다. 너는 거미줄에 걸려 사소한 것에 마음을 빼앗기고 무한히 작은 것에 먹히며, 미루는 습관에 멸망당하여 네가 하고 싶은 일은 하나도 하지 않으며, 그렇게 허무한 사물에 무너지고 먹히는 것에서 불건전한 환락을 찾고 있다.

좋아하는 것에 대한 공포가 나의 숙명이다.

중요한 결심을 하고 그것을 실천하는 것이 어떤 것인지 이제 너는 알 수 없게 되고 말았다. 부드러움 때문에 유약해지고, 낙담 때문에 호기심이 없어지고, 절망 때문에 게을러지고, 확신이 없기 때문에 무기력해지고, 겁쟁이이기 때문에 생산하지 않게 되어 너에게는 이제 끈기도, 탄력도, 생기도, 신랄함도, 의지도 없어지고 말았다. 몸에 밴 이 나태함은 너의 기력을 완전히 느슨해지게 해버렸다. 아킬레스건이 끊어지고 '고환의 힘'이 사라진 것 같다. 주의력, 수축력, 응집력, 분발력, 지구력을 잃은 것이나 다름없다. 지금은 성격도, 능력도 약간 남아 있을 뿐이다. 끈기와 강한 의지, 다양한 능력에 필요한 저항할 수 없는 원동력은, 그것들을 싫어하여 사용하지 않았기 때문에 사라지고 말았다. 특히 나의 용기를 빼앗아가는 것은 신앙의 소멸이다. 나는 내가 도달할 수 있는 것, 나를 만족시키는 것 외에는 볼 수 없게 되었다. 나의 내부에서 '수호천사'를, 나의 외부에서 신을 느낄 수 없게 되었다.
나는 나에게 말했다, "왜 이렇게 괴로워하는 것이냐? 어차피 언젠가 죽어야 할 몸인데." 우리의 요구와 임무를 늘리지 않도록 하자. 우리의 욕망을 단순하게 하자. 그날그날의 의무를 충족시키며, 명예심도 포부도 불쾌감도 안타까움도 없이 일주일을 보내자. 나는 나 자신이 무엇에든, 누구에게든 필요하다는 믿음이 없고, 그리 대단할 것도 없는 나의 공직뿐만 아니라 개인적인 애정의 문제조차, 미리부터 남이 대신해줄 수 있다고 생각한다. 때문에 강약, 장단, 온갖 애석함을 느낀 뒤 나는 망상의 꾐에 빠져들어, 스스로 사라져버린 욕망을 속일 것까지는 없을지 모른다는 느낌이 들기 시작했다. 불교의 무감정은 이러한 인생 견해의 비밀스러운 결과였다. 나는 그 철학을 비난하고 있으면서도 다시금 쇼펜하우어에게 빠진다. 나의 양심은 이것을 부인하지만, 나의 천성은 그것으로 돌아간다.

그러나 이런 푸념이 무슨 소용이란 말인가. 너는 자신의 결함과 경향, 약점을 너무도 잘 알고 있지 않은가? 이제 와서 그것이 왜 문제가 되는가?

치유한다는 것은 자신을 극복하고 불평하지 않는 일이다.

너는 어리석게도 심리적 의식과 윤리적 의식을 혼동하고 있는 것은 아닌가? 악의 기술과 악의 근절, 병리학과 치료법을 혼동하고 있는 것은 아닌가? 자기를 분석한다는 것은, 허영심까지는 아니더라도 유별난 호기심이다. 자신을 비난하고, 후회하고, 칭찬하고, 자신과 싸우고, 더 좋은 일을 하고, 자신을 강제하고, 종교적으로 자신을 완전하게 하는 것이 필요한 일이고, 더욱 어렵고 가치 있는 일이다.

자기 양심의 인정을 받는 동시에, 천국의 장인(匠人) 및 신의 아들의 대열로 돌아가기 위해 '자신을 정화하고 강화하고 성화하는 것', 생존의 목적으로서 행복 대신 의무를 인정하는 것(의무는 행복이 사람을 해방하고 면제해준 뒤에도 허가해주는 일은 없다), 이것은 우리가 등을 돌려 윤리적 무관심이나 정신적 방임의 입장 쪽으로 향했을 때, 종종 주기적이고 규칙적으로 극복해야 하는 위기이다.——너에게 필요한 것은 내적 및 외적 규율, 일에 있어서의 질서, 고행, 의지의 단순화와 긴장화이다. 네가 희생으로 제공해야 할 것은 너의 유약함, 무관심, 부주의이다. 네가 모든 것에서 벗어나는 것은 한층 더 너 자신에게 관대하고, 모든 명령을 어기고, 모든 강제를 피하고, 모든 노력을 아끼기 위함이다. 너의 우상은 기권, 사퇴, 무책임이다. 너의 혐오는 뭔가를 맡는 것, 속박당하는 것, 돌이킬 수 없는 결정적인 결의에 의해 너의 미래를 정하고, 운명의 비극적인 힘을 부추기는 것이다. 너의 공포는 적의를 품고 있는 세상에 얼굴을 내밀고, 우연한 실수나 부주의한 선택, 한마디로 말해 신앙 행위가 되는 자유의지의 행위를 통해, 사람들의 악의와 사물의 냉정함에 약점을 보여주는 것이다. 너는 네가 지니지 않은 희망과 네가 추도도 집착하지 않는 의지 때문에 고통 받는 것을 두려워하고 있다. 그러한 고통은 완전히 어리석은 것으로 보인다. 그러나 그런 고통을 느끼며 부끄러워하지 않는 자가 있을까?

그렇다면 여기서 치료를 시작하지 않으면 안 된다. 안정과 종교에서 나온 굳은 결심으로 이 자리에서 출발하지 않으면 안 된다. 자기의 시간을 좀더 잘 사용할 수 있는 사람에게 그리 어울리지 않는, 이런 이유 없는 생활과는 인연을 끊어야 한다. 자유의지로 자기 생활에 목표를 부여하고, 자기의 자유에 고귀한 임무를 주어야 한다. 스스로 무엇을 하고 싶은지 알고, 공정한 제3자처럼 엄밀하게 자신이 할 수 있는 일, 가치 있는 일을 재어보지 않으면 안 된다. 신, 조국, 가족, 친구가 자신에게 원하고 기대하고 요구하는 것을 깊이 생각하여, 그것에 따른 실천계획을 세워야 한다. 저쪽에서 우리에게 요구하기 전에 자신의 일주일, 자신의 하루에 대해 계획을 세워야 한다. 심판관으로서의 신을 생각하고, 아직 어둠이 찾아오기 전에 있는 힘을 다해 일할 의무를 생각하지 않으면 안 된다.

(오후 2시) 산등성이에 낮게 깔려 있던 안개가 태양에게 자리를 양보했다. ──〈사보아 목사의 신앙고백〉(루소의 《에밀》 속의 한 편)을 3분의 1 가량 다시 읽고, 문체와 사상의 생생한 매력을 느끼다. ──어째서 글을 쓰는 기술, 책을 만드는 기술을 더 연구하지 않는 것일까? 견실한 저작, 후세에까지 읽히는 책, 강하고 아름다운 작품을 만들 수 있다면 얼마나 기쁠까 하는 생각이 든다. 어쨌든 이것만은 내가 아직 시도할 수 있는 한 가지 일이다. 실제로 지난날에 생각했던 다른 모든 가능성은 지금 내 안에서 사라져버리고 말았다.

(밤 10시) 빌라르 방문. 그곳에서 마침내 이지를 찾아냈다. 마르셀과 그의 사촌누이가 머물고 있는 집에서 일을 하고 있었다. 아이들은 상당히 좋아졌다. 어쨌든 내가 많은 증거를 내놓자, 거기에 대해 침착하게 대답했다. 정말 화가 난 내 심정은 무시되고 만 것일까? 이제 둘이서 만나는 것은 원하지 않는 것 같다. 그것을 위한 배려는 조금도 없었다. 어쩌면 마음이 상해 있는 건지도 모른다. 사실 애정에 대한 일로는 무척 화를 잘 내는 사람이다. 알아차릴 수 없을 만큼의 냉정한 마음이, 과장스러운 거절로 나타나는 것이다. 올해는 여러 모로 노력했음에도 불구하고, 우리가 친밀한 말이나 허심탄회한 얘기를 나누지 못하고 있는 것은 사실이다. 그 사람은 또 거절이 너무 지나치다. 그 결과 이 우정은 벽에 부딪혀, 당분간 어느 쪽에도 도움이 되지 않을 것이다.

베르보르즈에 도착할 무렵, 아름다운 일몰. 아르잔틴 위의 선명한 장밋빛의 거대한 안개가 도드라지는 효과를 낳고 있었다. 홀로 저녁 식사. 돌아와서 거의 한 시간 동안 '공부방'에서 생각나는 노래는 모두 다 불러보았다. 흥이 솟고 목소리도 잘 나왔다. ——밤에는 빅토르 위고의 《관조》를 두 장 읽다.

내일은 안잔다스(Anzeindaz. 그리용에서 동쪽 8킬로미터 아방송 강 상류마을)에서 8월 축제(또는 여름축제)가 열린다. 갈까? 모르겠다. 내일 아침에 생각하자.

별이 떠 있는 하늘 아래 길 잃은 구름이 몇 조각 떠다니고 있는 모습이 한낮의 부엉이 같다. 달은 없고 목성이 빛나고 있다. 알데바란인 것 같은데, 햇살을 받은 이슬방울처럼 안경 렌즈에 홍채를 쏘는, 빛이 변하는 별이 당뒤미디 뒤로 넘어가고 있다. 벡스에서 플랑으로 통하는 도로에 약한 빛이 흔들리더니, 한순간 두 개가 되었다가 드문드문 사라진다. 틀림없이 산에 늦게 도착한 마차 두 대의 등불일 것이다. 마치 반딧불이 풀 속을 기어다니다 이따금 그 파르스름한 광선을 차단하는 녹색 이파리 뒤에 숨어 보이지 않게 되는 것 같다. 이 움직이는 점이 어둠 속에 가라앉은 깊은 골짜기의 그늘을 흔들고 있다. 우리의 눈앞에 펼쳐진 검고 커다란 눈동자, 또는 불이 꺼진 뒤 검어진 종이뭉치 위를 여전히 움직이고 있는 붉은 불꽃 같다. ——모든 것은 잠들어버렸다. 이제 자야겠다.

1865년 8월 13일 그리용

(아침 8시 반) 안개의 활발한 진행이 아방송 강 주변에서 다시 시작되었다. 아침 6시에는 아직 흐리기만 했던 날씨가 한 시간 뒤에는 구름이 지면과 거의 스칠 것처럼 그 부드러운 비단으로 마을을 뒤덮고, 하숙집 계단과 지붕, 창유리도 젖어들게 하고 있다. 방금 아침 식사를 마치고 왔다. 영국풍의 거대한 잿빛 안개가 '공부방' 안에 전속력으로 불어 들어온다. 근처의 나무는 희미한 유령으로밖에 보이지 않는다. 주위가 어두워져서 마치 태양이 지평선 밑으로 다시 넘어간 것 같다. 그래도 들리는 단 하나의 소리는 급류 소리, 그 끝없는 탄식의 소리이다. 곧 마을 교회의 종이 신자들을 기도하라고 불러낼 것이다. 예배는 오늘 두 곳(그리용과 포스)에서 열리기 때문에 한 시간 앞당겨졌다. 자베른과 보본느 기슭, 구불구불한 플랑의 길, 겨울에는 햇볕이 들지 않는 푸르니에르의 지붕이 보였다. 그러나 다시 안개의 함대가 평원에서 몰아닥쳐,

그 수비군의 지원병은 겸양을 모르는 미풍이 성급하게 들어올린 베일을 다시 내렸다.

(오전 11시) 아폴로(태양의 신)의 화살이 안개 군사를 물리쳤다. 안개는 뿔뿔이 흩어져 산중턱으로 달아나 정상을 향해 휘돌면서 올라간다. 지나간 안개의 배 위로 다시 푸른 하늘이 나타났다. '공부방'의 납작한 전나무 마루 위에 마름모꼴로 도려낸 듯한 두 개의 빛이 나타나고, 밝음과 함께 더위도 돌아왔다.——분열하고 있는 마음과 절반쯤 개종(改宗)하는 사람의 전형으로 본 아그리파(그리스도 시대의 유대왕 헤로데)(아그리파 1세, 서기 43년 사망)에 대한 B.의 설교를 들었다. "너는 하마터면 나를 설복하여 그리스도교인으로 만들 뻔했다." 듣고 있는 마을 사람들은 예닐곱 명뿐이었다. 이런 마을에서 설교를 하는 것은 내키지 않는 일이다. 모든 관습이 그렇듯이, 할 일은 하고 있는 셈이지만 활기도 보람도 없는 노래꾼에 지나지 않는다. 사실 그리용은 만성적인 예배 기피로 유명한 곳이다. 나갈 때 어제 함께 걸었던 네 여성과 동행하게 되었다. 세 사람은 일요일의 화장을 하고 있었지만, 오히려 묘하게도 세 사람 다 평소의 모습보다 훨씬 못하다. 한 계단 올라가려다가 몇 계단 아래로 미끄러진 것과 같다.

    물가에 있는 나의 초가지붕 오두막과
    나의 가벼운 조각배를 돌려다오.

모두 안잔다스는 포기했다. 두 사람은 그것이 못내 아쉬운 모양이다. 그러나 24킬로미터의 길을 가기에는 너무 늦었다. 게다가 날씨도 이미 흐려지고 있었다. (로잔의) R.씨와 D.씨, (제네바의) P.씨와 Ch.씨들도 곳곳의 여관 여성들과 함께 작은 교회에 있었다. 예전 내 철학교사의 아들은 곱슬머리인데도 세모꼴로 다듬은 구레나룻을 기르고 영국풍이라며 뽐내고 있지만, 나는 마음에 들지 않았다. 자만심이 강하고 따분한 사람처럼 보였다. 그러나 거의 만난 적이 없기 때문에, 얼핏 본 그 인상은 완전히 잘못본 건지도 모른다. 이런 얘기를 쓰는 것부터가 잘못된 것이다. 그의 아내의 여동생은 그와는 반대로 귀여운 얼굴이고, 상냥하고 산뜻한 모습은 Ch.양과 반대이다. 이 사람의 용모와 태도에는 무정하고 게으르고 태평한 데와 격식을 따지지 않는 자신감이 드러나 있어, 젊은 사람치고는 조금 묘하다. 헤아려보건대, 그 사람은 그렇게 해서 교태를 제거한 자존심을 취향과 기품의 표시로 여기고 있는 것 같다.

모든 과시는 자연적으로 그것에 상당하는 벌을 받는다. 원숭이처럼 남의 소양을 흉내내는 것은 자칫하면 보는 사람에게 웃음거리가 된다. 키가 크고 메마르고 여윈 사람에게는, 작게 오므린 입으로 말을 하거나 눈을 치뜨고 보는 것이 큰 만족이 되는 모양이다. 귀엽지 않은 것을 고상한 것으로 여기고, 애교가 없는 것을 세련된 거라고 믿는다. 영락없는 영국 매니아. '새침한 태도'에 대한 신앙. 프랑스어에서는 젊은 사람이 새침 떤다는 의미가 잘난 척, 얌전한 척, 아는 척하는 것으로 통하고 있는 것 같다. 자연스러운 것의 반대이다. 그래도 이 가짜 숙녀는 머리가 있어서, 그런 빌려온 것 같은 딱딱함은 자신을 조금도 아름답게 하지 않으며 어리석은 처사라는 것을 알고 그것을 고치고 있다.

(정오) 가을이 우세해졌다. 구름이 모여들어 거대한 잿빛 벽이 산을 비스듬하게 가르고 있다. 하늘은 한복판의 중심만 남기고 다시 가려졌다. '타협'이 이루어지고, 은의 활과 금의 화살을 지녔던 신, 그리스 다도해에서 세력을 떨치다가, 우리의 풍토에서는 자주 패배하여, 모든 허약한 군주가 그렇듯 궤변적인 흥정을 들어주게 된 아폴로는, 싸움에 지쳐 두 손 들고 말았다.

(오후 2시) 비가 오기 시작했다. A.부인은 소박하지만 매우 맛있는 점심 식사를 내왔으나, 그것에 경의를 표하는 사람은 두 사람 뿐, 그 두 사람도 아무래도 내일은 떠날 것 같다.——내일? 그러자 다시 심드렁해지기 시작했다. 떠나서 어쩌겠다는 것인가? 어디로 간다지? 샤노안느(아미엘이 살았던 여동생 부부의 집)로 돌아갈까? 그러나 조금도 마음이 내키지 않는다. 내가 해야만 하는 일들이 두렵고 거북하다. 가능하면 나는 느긋한 기분에 잠겨, 그날그날을 보내며 어떤 결심도 미루고, 의지의 필연에서 벗어나 운명의 술잔을 멀리하며, 미래를 잊고, 자신의 운명에서 벗어나고 싶다. 이미 오랜 자신의 생활에 대한 공포가, 지금도 실행의 순간에 나타나서 내 귓전에 속삭인다. "몸을 숨겨. 한 발짝도 움직이지 마. 언짢은 기분을 부르지 마. 너는 언제까지나 행복해질 수 없어. 안정된 상태, 거기서 만족하라구. 지금 있는 자리에서 가만히 있어. 미지의 것은

네가 지금 가진 것만큼 가치가 없으니까."

《사보아의 목사》를 다 읽었다. 1세기가 지난 지금도 여전히 생생한 생명을 지니고 있는 책이다.

자, 이제 정신을 차려야 할 때다. 상식, 이성, 양심이 말하는 것을 들어라. 그것은 모두 관조주의를 향한 탐탁지 않은 경향, 게으른 무관심, 지나친 경계, 아무 생각 없이 있고 싶은 기분의 세련된 형식일 뿐인 병적인 무감정을 부정하는 것이다. 너는 네 생애가 어떻게 쓰여야 하는지 정면으로 바라볼 용기가 없다. 너는 자신의 행동, 어린아이 같은 장난, 곤궁함, 준비된 운명을 응시하는 것을 부끄러워하고 있다. 술로 몸을 망쳐버린 자처럼 너는 반성을 하지 않은 채 사상을 기만하고, 안타까움과 회한을 감추며 진지한 생각을 그냥 흘려보내고, 자신에게서 달아나 마음속 재판관의 날카로운 야유와 불평을 피하려고 애쓰고 있다. 너는 스스로 만족할 수 있는 가능성이 없기 때문에, 그것을 시도하는 것도 포기하고 무기력한 충동의 재연을 거듭되는 실패에 대한 추궁처럼 두려워하고 있다.——생활하지 않고 싸우지 않고 행동하지 않아도 되는 것, 이것이 변함없는 너의 은밀한 소망이다. 너의 십자가는 의욕을 내는 것이고, 너의 혐오는 과감하게 실천하는 것, 아니, 모험하는 것이다. 몸을 혹사한 뒤 후회하고, 자신의 과오를 고백하고, 자신의 거짓에 대한 모욕을 받으라고 그 자리에서 누가 너에게 요구한다면, 너는 그것에 감지덕지하며 기쁨마저 느낄 정도이다. 그런데 주위 상황의 속박이나 사람들의 방자한 행동에 복종하는 것, 자신의 무기력을 지적당하고 그것과는 다른 인간이 되기 위해 스스로 무리를 하는 것은, 네 안에 육체적인 반감과 천성적인 반항을 불러일으킨다. 그렇지만 너는 자신의 염려가 과장이라는 것을 알고 있다.

인생에서는 모든 것이
의욕적인 사람이 생각하는 것보다 간단하다.

너는 상상이 너를 속인다는 것, 네가 스스로 생각하는 것보다 뛰어나다는 것, 자신의 무기력 덕택에 지배하게 된 위압과 습관과 공포의 희생이 되고 있다는 것을 알고 있다. 상관할 것 없다. 너는 스스로 잘못하는 비율이 20대 1로, 잘못 때문에 또는 잘못에 의해 괴로워한다는 것을 알고도 멈출 생각을 하지 않고 있으므로, 어떤 결단도 너를 놀라게 한다.──지배에 대해 전혀 흥미를 느끼지 않고, 무엇을 원해야 하는지 알고 싶지도 않을 때, 자신을 지배하지 않으면 안 된다는 것은 참으로 견딜 수 없는 일이다.

(오후 3시 반) 날씨가 다시 변했다. 위쪽은 검고 아래쪽은 하얀 거대한 구름이 이 골짜기를 향해 내려오고 있다. 그것이 이곳의 모든 것을 휘젓는 비를 뿌리며, 지붕 위에서도 길 위에서도 소리를 지른다. 그 돌진해 오는 모습은 처절하기까지 하다. 여름소나기가 갑자기 지면과 거의 스칠 듯이 공격하자, 염소도 목동도 산책객도 시골아낙네들도 허둥지둥 어쩔 줄 몰라하고 있다. 2분도 채 되지 않는 동안에 벡스에서 이곳까지 찾아왔다. 그러나 바람은 이미 잦아들고, 다시 새하얘진 안개는 지금 고개 위에서 아래로 흘러내리는 것처럼 보인다. 자연은 충동적이고 화를 잘 낸다. 예의범절이라곤 눈곱만큼도 모른다. 기분이 좋든 좋지 않든, 세찬 바람과 발작과 현기증만 남긴다.

8월이라는 달은 젊은 여자의 변덕을 모두 갖추고 있다. 이제 안개는 다시 생글거리고 웃으며, 발레 방향으로 나아가고 있다. 공처럼 뭉쳐진 구름이 겹겹이 모여 푸른 틈새 속을 유쾌하게 돌아가며, 당뒤모르클과 당뒤미디 사이의 공간에 대열을 지으려 한다. 재갈도 기수도 상관하지 않고, 하늘에서 불어오는 미풍의 채찍 아래 미쳐 날뛰는 이 공간의 말이 오른쪽, 왼쪽으로 달리며 발을 동동 구르고 지면을 두드리는 조련장을 보는 것 같은 느낌이다. ……이 사나운 말들의 입에서 뿜어나오는 눈송이 같은 거품이 자베른과 보본느 위에 떠다니고 있다. 옷을 벗고 감개에 젖어 있는 디아블레의 촉촉한 경치 위에 가까스로 태양이 나타났다 ……뭐라 표현할 수 없는 광경. 오늘의 가장 아름다운 때가 가장 무서운 때에 뒤이어 찾아온 것이다. 그렇게 선은 악 옆에 있고, 행복은 고통에 이어 나타난다.──이러한 하늘의 세찬 바람은 신의 사기를 고무하기 위한 연설일까? 그것은 나에게 이렇게 말한 것이 아닐까?

"흔들리기 쉬운 가슴이여, 어지러운 머리여, 불안하고 변덕스러운 본성이여, 너는 여기서 너와 닮은 모습을 본다. 그러나 또한 신이 항상 그곳에 있어 격랑 뒤에 평화가 찾아오는 것, 기쁨이 바로 고뇌 앞에 있을 수 있는 것, 목가가 폐허 위에 다시 꽃피우는 것을 보라. 인생은 변화이다. 불행하게도 재고 따져보는 것은 선한 신의 섭리에 모욕을 가하는 것이다. 태양은 비온 뒤에 빛나고, 미풍은 폭풍 뒤에 불어온다. 정신을 차려라, 희망을 가져라. 인생의 다양한 경우를 받아들여라. 그리고 죽기 전에 한 번 남자가 되어보라."

(오후 4시 15분) 모르클과 뮤블랑이 이번에는 가면을 벗었다. 나의 망루 앞에 공기가 갈라져서 생긴 심연, 퍼져가는 녹색 속에서는 벌써 나비가 날고 있다. 하늘은 마치 빗자루로 쓸어낸 듯이 말끔해졌다. ……그러나 새로운 막이 열렸다. 작은 안개의 새로운 무리가 고개 아래, 론 강 쪽으로 하얀 양 떼처럼 조용히 모여들어 똑같은 소풍을 준비하고 있는 것처럼 보인다. 두 아방송 강이 만나는 합류점은, 물에서 태어난 현상들의 순례 목적지가 틀림없을 것 같다. 아니면 모두 안잔다스의 축제에 가자고 신호하는 것이고, 구름은 구름대로 여름축제를 축하하는 것일까? 모든 부족의 동물이 알렉산더에게 경의를 표하러 왔던 전설의 행렬이라고도 할 수 있으리라. 이 골짜기는 유대의 전설에 인류의 모든 종족이 마지막 심판의 날에 줄지어 나온다는 여호사밧 골짜기와 비슷하다. 이것은 보 지방의 모든 구름의 십자로이고, 모든 안개의 관문이며, 론 강과 그 지류가 낳은 모든 안개의 숙영지이다. ……뿔뿔이 흩어진 양의 전위 부대가 지금 '학교' 앞과 아래를 지나가면서, 겁을 먹은 모습으로 바닥 쪽에 몸을 숨기려 하고 있다. 귀뚜라미가 울고 새가 지저귀고 있다. 모든 것이 제자리를 찾아간다.

(밤 7시) 마지막 침입은 가장자리부터 무너져서 흩어져 사라지고 말았다. 포스까지 기분 좋은 산책. 가도(街道)는 2킬로미터 아래의 발코니이다. 네 개의 신문(⟨신보(新報)⟩, ⟨조국⟩, ⟨관찰⟩, ⟨소식⟩)을 읽고 역시 가도에 나와 있던 B.씨 가족과 얘기를 나누다. ──돌아온 뒤 나는 소렐의 방으로 찾아갔다. 거기에 있는 거울로 자신을 잘 봐두고 싶어서였다. 힐끗 쳐다본 순간 나는 깜짝 놀랐다. 완전히 늙어 있었다. 나의 긴 수염에 히끗히끗한 것이 섞여 있었다. 이 얼마나 노골적이고 단적인 경고란 말인가! "탈출하여라, 네가 해야 할 일을 망설이지 말고 완수하라. 봐라, 너도 이제 아미엘 영감이 되지 않았느냐?"──내 방의 거울은 멀리 있어서 근시인 나에게는 말 한마디 해주지 않았는데, 출발에 즈음해 이 모습이 나를 흔들리게 했다. 이 얄미운 거울 조각은 주먹으로 때리듯이 사람을 설복시키는 웅변을 하고 있었다.

우리는 시간을 잊어도 시간 쪽에서는 우리를 잊지 않는다. 잔인한 선언, '이미 늦었다'고 말할 때가 올 것이다.

(밤 9시) (목사 B.의 집에 있다) H.D.에게는 직접, S.의 집에 있는 제네바의 네 여성에게는 편지로 작별인사를 했다. 오늘밤의 종교 모임 때문에 네 사람은 만날 수 없었다. ──날씨가 아주 나쁘지 않은 한, 나는 내일 마침내 그리용을 떠난다.

지난 25일의 시간은 나에게 어떤 도움이 되었다고 말할 수 있을까? 고풍스러운 축제에 참가하여 산지의 시를 음미하고 약간이나마 좋은 책을 읽고, 애정을 다지고, 여자의 생활에 더욱 깊이 들어가서 자신의 독신생활과 (간신히) 인연을 끊었다.

1865년 8월 14일 그리용

(아침 9시) 비와 안개에도 불구하고 짐을 꾸리고 아침 식사를 마친 뒤 계산을 끝냈다. 그리고 지금 벡스 정거장까지 나를 태워줄 마차를 기다리고 있는 중이다. 모든 이별은 슬프지만 출발은 때때로 기쁘다. 오늘은 누구와의 이별도 슬프지는 않았지만, 산과 작별하는 건 서운했다. 어쨌든 공기에 감기 기운이 잔뜩 떠다니고 있는 것 같은 이 우울한 날씨에는, 아름다운 여행은 불가능하다. 게다가 나는 지금 나에게는 거북한 곳, 독신생활의 방 쪽, 미지의 땅을 향해 가려 하는 것이다. 그것은 조금도 기운을 북돋워주지 않는다. 그보다 나는 좀더 이곳에 있고 싶다. 그러나 이성은 나에게 "가라"고 말한다. 나는 고개를 숙이고 걸음을 내딛는다. 여기서 너는 시간을 낭비하고 있다. 너는 이제 더 이상 시간을 낭비해서는 안 된다. 기쁨도 탄력도 없겠지만, 너에게는 해야 할 의무가 있다. 너는 자신이 걷고 있는 길을 똑똑히 보지 못하고 있다. 그래도 상관없다. 이곳에서 너를 기쁘게 한 것은, 생활하지 않고 살고 행동하지 않고 살며, 지향 없이 꿈꾸고 선망 없이 바라보는, 즉, 자신의 눈길과 가슴이 기우는 대로 따를 수 있는 일이었다. 바로 그것 때문에 이 머무름을 끝내지 않으면 안 된다. 이곳은 너에게는 망각과 방심의 장소, 카푸아나 마찬가지이다. 사실 이곳으로 공부할 만한 것을 가지고 올 수도 있을 것이다. 그러나 그렇게 해도 역시 필요하고 긴급한 사항을 피하고,

결심의 시간을 늦추기 위한 너의 게으름의 계략이 될 뿐이다. 이 '무위'와 인연을 끊고, 커다란 문제 위에서 너를 재촉하여 결론을 도와줄, 교양 있고 실제적이기도 한 우정의 채찍 아래로 돌아가는 것이 좋다. 여행과 등산, 연구보다 더욱 사람을 재촉하는 유용한 일이 있다. 미슐레는 말했다. "집중하라, 그게 싫으면 죽어라."

(날짜 없음)
우리의 체계라는 것은 우리의 부정에 대한 무의식적인 변명, 우리가 자칫하면 빠지기 쉬운 죄를 가리기 위해 장치한 거대한 발판에 지나지 않는다.

1866년 1월 7일
우리의 일생은 대롱 끝에 매달려 있는 비눗방울에 지나지 않는다. 태어나고 커져서 프리즘의 가장 아름다운 색채를 띠며, 때로는 중력의 법칙에서 벗어나는 일도 있지만, 이윽고 거기에 검은 점이 나타나 금과 에메랄드의 구슬은 공간에서 소멸하고, 결국 아무것도 아닌 더러운 액체 방울이 되어버린다. 모든 시인들은 이 비유를 사용하고 있다. 거기에는 참된 진리가 내포되어 있다. 나타나 빛나다가 사라진다. 태어나 괴로워하다가 죽는다. 이것이 하루살이에 있어서나 인류에 있어서, 나아가 천체에 있어서도 한평생에 대한 요약이 아닐까?

시간은 생각하는 일의 어려움을 나타내는 척도일 뿐이다. 순수한 사유는 하나의 관념의 양 끝을 거의 동시에 간파하기 때문에, 시간을 거의 필요로 하지 않는다. 자연은 힘들여서 겨우 하나의 별똥별 같은 사상을 완성하지만, 높은 이지(理智)는 그것을 한 점에 집약한다. 그러므로 시간은 '사물'이 잇따라 일어나 흩어져 없어지는 것이고, 언어는 직관 또는 의지의 잇따른 분석과 같은 것이다. 그 자신에게 있어 시간은 상대적이고 부정적인 것이고, 절대적인 '사물'에서는 소멸해버린다. 신은 어떠한 사상도 동시에 생각하기 때문에 시간 밖에 있다.

자연은 무한한 사상(思想) 속에 포함된 하나하나의 사상의 언어적 전개에 지나지 않으므로 시간 안에 있다. 그러나 자연은 이 불가능한 임무를 실행하는 동안 소멸된다. 완전히 무한한 것을 분석하는 것은 모순이다. 제한 없는 지속, 한계 없는 공간, 끝이 없는 수에 의해 자연은 창조적인 문자의 풍부함을 번역하려고 최선을 다하고 있다. 자연이 사유를 포용하기 위해 심연을 약간 열어봐도 성공하지 못하는 점에서, 인간은 신의 정신의 크기를 잴 수 있다. 신의 정신이 자신으로부터 탈출하여 자신을 설명하려는 순간, 그 연설은 수십억 세기에 걸쳐 우주 위에 우주가 거듭되어도 그 문제를 확실하게 표현할 수 없고, 언론은 끝없이 계속되지 않으면 안 된다.

동양은 무한한 것의 형식으로 부동을 선택하고, 서양은 운동을 선택한다. 그것은 서양이 세부에 대한 취향과 개체적인 가치에 대한 허영심을 가지고 있기 때문이다. 10만 프랑 주겠다는 말을 들은 어린아이가, 20수우 또는 5상팀짜리 돈으로 헤아리면 자신의 재산이 더 불어난다고 생각하는 것과 같다. 또 8평방킬로미터의 땅을 소유하고 있는데, 그 면적을 미터로 재는 것보다 인치로 재면 더 넓은 땅처럼 느껴지는 것과 같다. 서양이 진보를 좋아하는 것은, 대부분 목적을 잊고, 몇 걸음 더 앞서가고 있다는 의식에 따르는 하찮은 명예에 모든 것을 거는 자만에서 온다. 이 아이는 자신의 사정에 따라 변화와 개선, 반복과 완성을 혼동하고 있다.

요컨대 근대인은 마음을 위로하고 싶은 강한 욕구를 가지고 있고, 조금이라도 자신을 작게 만드는 것은 마음속으로 혐오하고 있다. 그래서 영원, 무한, 완성이 경이로 보이는 것이다. 자신을 인정하고 자신을 찬양하며 자신을 축복하고 싶기 때문에, 자신의 허무를 떠올리게 하는 모든 심연으로부터 눈을 돌리고 있다. 바로 그것 때문에 지금 그토록 많은 훌륭한 머리를 가진 사람들이 실제로는 왜소해지고, 사막의 아라비아인에 비해 경솔하고 개인적인 품위가 결여된 우리 문명인들 가운데 많은 이들이 그들에 비해 교육은 더 많이 받지만, 행복이라는 관념에서는 갈수록 겉모습을 중시하게 되는 경박한 풍조가 생기는 것이다.

이것은 또 우리 교양의 동양적 요소라고 할 수 있는 그리스도교가 우리에게 주는 공훈이다. 그것은 우리의 유한하고 추이적이며 변화하는 것에 대한 경향과 균형을 맞추기 위해 영원한 사물의 관조를 통해 정신을 집중시키고, 끊임없이 이데아의 세계를 향하는 우리의 애정을 어느 정도 플라톤적으로 돌려서 우리를 분산에서 집중으로, 사교에서 차분한 안정으로 되돌리며, 수많은 비열한 희망에 들떠 있는 우리의 마음에 평정과 장중함과 기품을 돌려

준다. 우리의 실제 생활에서 수면이 젊음을 주는 목욕인 것처럼, 종교는 우리 불멸의 몸을 상쾌하게 해주는 목욕이다. 신성한 것은 정화의 공덕을 가진다. 종교적인 감동은 머리 주위에 후광을 비추고, 가슴에는 표현할 길 없는 기쁨의 질주를 경험하게 한다.

그래서 나는 종교를 적대하는 사람은 서양적인 인간의 요구에 대해 오해를 하고 있으며, 근대 세계는 오직 미숙한 진보설에 속하게 되자마자 그 균형을 잃을 거라는 말을 믿는다. 우리는 항상 무한, 영원, 절대에 대한 요구를 가지고 있다. 그런데 과학은 상대를 가져야 만족하는 것인 이상, 한 가지 공허한 점을 남기기 때문에 그것을 관조를 통해, 예배 및 숭배를 통해 채워야 한다. 베이컨은 "종교는 생활의 부패를 막아주는 향료다"라고 말했지만 그것은 특히 오늘날 플라톤적, 동양적 의미에서의 종교에 대한 진리이다. 실제로 깊은 집중은 훌륭한 활동의 조건이다.

엄숙한 것, 신적인 것으로 복귀하는 것은, 교회 속에 위기적 불안이 끼어들고 설교가 사교적이 되며 사람들이 동요하게 되면 점점 더 어려워지지만, 그럴수록 이 복귀는 더 필요하다. 그것 없이는 내적인 삶은 결코 있을 수 없다. 그런데 내적인 삶은 유익하게 그 환경에 저항하는 방법이다. 만약 선원의 몸에 체온이라는 것이 없다면, 북극에서 적도로 갔을 때 여전히 같은 사람일 수 없을 것이다. 자기 안에 은둔처가 없이 차양 아래 사물이나 잡다한 일이나 외부에서 쏟아지는 의견 속에서 살고 있는 사람은, 사실대로 말하면 확실하고 자유롭고 독자적인 인격, 주의(主義), 즉 어떤 무엇이 아니다. 그것은 군집이고, 납세의무자이며, 선거인이고, 무명자(無名者)이지 인간이 아니다.

인간의 형태를 갖춘 소비자와 생산자 안에 포함하여 계산되지만, 모래알에는 관심을 두지 않고 모래섬을 상대하는 경제학자와 통계학자의 흥미밖에 끌지 못하는, 획일적이고 무차별적인 존재이다. 이러한 '대부분의 것', 무리와 혼잡함과 다수는 집합적이고 요소적인 힘으로밖에 볼 수 없다. 왜 그럴까? 그것을 구성하는 여러 부분이 따로따로 떨어지면 무의미하고, 서로 비슷하며, 한 줄기 강물의 분자처럼 그것을 뭉뚱그려서 몇 톤이라고 얘기하지 개인으로서는 인정하지 않기 때문이다. 그래서 그런 사람은 물체처럼 간주하여 무게로 따진다. 그것은 정신처럼 의식에 의해 개체화되어 있지 않기 때문이다.

  강물과 함께 떠올라 우수한 원리에 의해 인도되지 않고, 이상도 확신도 갖지 않는 것은 도구(道具)의 한 부분에 불과하고, 움직여지는 대상이지 움직이는 주체가 아니며, 꼭두각시 인형이지 이성적인 생물이 아니고, 메아리이지 사람의 목소리가 아니다. 내적인 삶을 지니지 않은 자는 그 환경의 노예로 마치 바로미터가 움직이지 않는 공기의 유순한 하인이고, 풍향계의 수탉이 흔들리는 공기의 얌전한 하녀인 것과 같다.

1866년 1월 12일

  모리스 드 게랭(Maurice de Guérin. 프랑스 작가 1810~1839년)을 상대로 몇 시간 보냈다. 그의 《일기》(1832년부터 1835년까지 3년 동안)와 시, 29세의 나이에 모처럼 활짝 피려 하는 순간 빼앗겨버린 그의 재능에 관한 조르주 상드, 생트 뵈브, 트레뷰샹(Trébutien. 프랑스의 동양학자, 문학자. 1800~1870년, 1861년에 모리스의 유고, 1862년에 외제니의 일기와 서간을 간행했다), 드 브레유, 외제니 드 게랭(모리스의 누이)의 글들, 그리고 《켄타우로스》와 《바캉트》라는 제목의 신비로운 단편 2편을 읽었다. 이 작가, 이 사람에 대해 어떻게 생각하면 좋을까? 서간집을 읽을 때까지 판단은 보류해 두자.

  《일기》는 대체로 느낌이 좋은 경치 묘사지만, 그것을 제외하면 글을 쓴 사람의 교양이나 연구와 사상과 능력에 대해 확실한 지식을 주지 않는다. 내적인 삶의 움직임에 대해 지극히 일반적인 말밖에 하지 않아서 확실한 개성을 그려내지 못하고, 특히 인간의 진정한 크기, 진정한 성격을 기록하지 않고 있다. 나는 이미 라파테르(취리히에서 태어난 스위스 철학자, 시인, 신교신학자. 1741~1801년)의 《일기》에 대해서도 같은 비난을 했다. 이러한 의미의 일기는 거의다 개인의 내면을 드러내지 않은 것이어서 글쓴 이의 특색을 보여주지 않으며, 전기적, 역사적 정확성이 결여되기 때문에, 또 그런 유의 인간으로부터 특별히 다른 점에서 한 사람을 재창조하는 데 도움이 되지 않기 때문에, 사람을 속이는 자라고 할 수도 있다. 이를테면 이 《일기》를 통해 모리스가 무엇을 했고 무엇을 보았으며 무슨 일을 한 사람이었는지 등은 알 수 없다. 모리스가 4개국 또는 5개국의 문예에 조예가 깊었다는 것을 헤아릴 수도 없고, 그 재능의 형성과정을 추정할 수도 없다. 이것이 나의 첫 번째 불만이다.

  원래 의미에서의 기량에 대해서는 《바캉트》와 《켄타우로스》를 비교해 본 뒤 그 끔찍한 단조로움이 독창성의 한계가 아니었는지, 또 시인으로서 모리스의 강점인 자연의 생명에 대한 환상적인 지각이 독자, 특히 프랑스 독자들에게 불쾌한 느낌을 주지 않고 많은 작품에 자양분을 줄 수 있었을지를 생각해 본다. 이 연구에 대한 흥미는 나에게는 예술적이라기보다는 차라리 심리학적인 것으로 생각된다. 젊은 프랑스 작가 가운데 인상적, 인도의 바라문적 직관을 보는 것은 기묘한 일이다. 그러나 그렇다 해도 사람들이 이 청년을 위해 조각한 좌대(座臺) 같은 것을 만드는 것은 새로움의 가치를 과장하는 것이다. 그의 세 친구인 드 브레유, 트레뷰샹 및 케르통기 가운데, 마지막 사람이 모리스보다 의미와 균형과 상식을 훨씬 잘 유지하고 있다.

약간 노골적으로 말하면, 외제니의 동생보다 훨씬 뛰어나다고 생각한다.——이것만 제외하면, 이 모리스라는 사람의 섬세한 인품, 문학적인 예민한 감각, 직관적이고 몽상적인 이지, 실생활에 겁을 내는 내성적이고 우유부단한 성격, 즉 약한 측면, 이를테면 자신의 직업에 대한 확신의 결여, 의지의 곤란과 공포, 도를 넘어선 경계심 및 자신의 능력에 정신적인 시체 해부의 끝없는 고문을 가하며, 조롱하고 가책하라고 끊임없이 재촉하는 특이한 버릇(한 친구에게 지적당한 버릇) 등에 있어서, 나와 비슷한 점이 많은 개성에 대해 나는 무척 동질감을 느낀다. "그것을 한 것은 나다, 바로 나다." _(라틴어 베르길리우스의 시구 Aen. I. 427)——솔직하게 말해, 나는 모리스의 다양한 인상과 제각각 가치가 있는 시적·미적·윤리적 인상의 섬세한 점에는 감탄하지만, 진정한 의미에서의 사상·견해·진리, 즉 정신의 진정한 풍부성을 구성하는 것이 약간 결여되어 있는 것 때문에 마음이 아프다는 것도 고백하지 않을 수 없다.

이 필자는 생각하는 사람이라기보다 느끼는 사람, 꿈꾸는 사람, 음악가처럼 보인다. 그것이 가져온 것은 자연에 대한 특별한 감각, 이시스(이집트 최고의 여신)의 신비로운 힘과의 친밀한 교통, 범신론적인 감격이다. 그 죽음에 임하여 그리스도교인, 가톨릭교인이 된 것은, 그 집안사람들이 자주 되풀이하여 말하고 싶어했지만, 모리스의 기량에는 그것과는 완전히 다른 영감이 갖춰져 있었다는 점을 뛰어난 비평가들은 아무도 간과하지 않았다.

1866년 1월 21일
오늘밤에는 식사 후에 나의 적적함을 어디에서 달래면 좋을지 알 수 없었다. 사람과의 대화, 의견 교환, 교제할 친구가 몹시 아쉬웠다. 문득 생각나서 모범적인 가정 B***의 집에 갔다. 저녁 식사 중이었다. 식사가 끝난 뒤 거실로 옮겼다. 어머니와 딸은 피아노 앞에서 보이엘디우(Boïeldieu. 프랑스의 작곡가 1775~1834년)의 2부 합주곡을 연주했다. 어머니가 결혼하기 전부터 가지고 있었고, 그 뒤 25년 동안 이 집안의 다양한 운명을 거친, 이 오랜 그랜드피아노의 상아건반은 혀를 차듯이 조금 달그락거린다. 그러나 과거의 시는 고뇌의 고백을 듣고 밤일의 동반자가 되어, 의무와 애정과 신심과 정조의 전생애를 반향하는 충실한 하인을 통해 노래를 들려주었다. 나는 말할 수 없는 감동을 느꼈다. 디킨스의 소설을 읽고 있는 것 같은 느낌이었다. 지난 25년이 내 머리를 위도 스쳐지나가, A. R***의 결혼식에 간 일이 떠올랐지만, 이 미적인 감동 앞에서는 거의 자신을 잊고 있었다. 그것은 에고이즘이나 우울함이 없는 순수한 감동이었다.

25년. 그것은 나와 상관이 있는 일에 대해서는 모두 꿈처럼 생각된다. 지나간 광채를 이렇게 눈앞에서 보며, 나는 내 눈을 믿을 수가 없었다. 오랫동안 살아서, 바로 어제 일처럼 생각되는 시간으로부터 이렇게도 멀어져 있음을 느끼는 것은 얼마나 묘한 기분인가! 내가 깨어 있는 건지 잠을 자고 있는 건지 알 수가 없다. 시간은 우리의 추억 사이에 있는 공간이다. 우리가 이 공간을 깨닫는 순간, 시간은 사라져버린다. 노인의 전생애가 단 한 시간의 길이, 경우에 따라서는 더 짧게 보일 때도 있다. 그런데 시간이 우리 쪽에서 보아 한 점이 되는 순간, 우리는 영원으로 들어가는 것이다. 인생은 그림자의 꿈에 지나지 않는다. 나는 그것을 오늘밤 다시 한번 절실하게 느꼈다. 나는 자신을 이내 달아나는 현상적인 것, 쉬지 않고 나날의 심연에 빠져드는 존재의 두려운 폭포 앞에서 한순간 물거품 속에 떠오르는 손에 잡히지 않는 무지개 같은 것이라고 생각했다. 그래서 자신의 개체도 포함하여 모든 것이 나에게는 공상, 수증기, 환상, 허무로 보인다. 나는 또 현상론의 한복판에 있다. 이상하다. 이상하다. ……

이 세상의 자취가 지나가버린다는 것을 되풀이 말할 필요는 없다. 모든 것은 독수리의 날개를 달고 날아가버리는 것으로 생각되고, 나 자신의 생활도 흩어져 사라지는 회오리바람에 지나지 않는다고 생각된다.——나는 언젠가 죽는 것일까? 나는 늙어가고 있는 것일까? 나는 철학자가 되는 것일까? 어쨌든 영원한 사물의 심연(深淵)이 바로 내 옆에, 시간에 따라 변화하는 사물의 사랑 따위는 우습게 보일 만큼 바로 옆에 있는 것처럼 보인다. 언젠가 끝날 것에 집착하면 무슨 소용인가? 나는 이미 영원의 숨결이 내 머리카락을 어루만지는 것을 느끼고 있다. 그리고 살아 있는 것의 세계를 무덤 저편에서 바라보고 있는 것 같은 느낌이다. (한밤중)

1866년 1월 23일

  책임감이 조금도 없고, 사람들이나 여자와 어린이와 불행한 자의 운명을 전혀 돌아보지 않으며 모든 것을 웃어버리는, 오로지 비평적이기만 한 인간을 나는 늘 기묘하다고 생각한다. 만약 그런 사람들이 세상을 지배하게 되면 사회는 붕괴되고 말 것이다. 왜냐하면 그것은 오직 사유의 부정적이고 부식적이고 파괴적인 요소를 대표하여, 정신의 귀족적인 독선으로 사람을 내몰기 때문이다. 그런 사람들에게 감격, 자애, 조국, 교회 같은 것은 자신들과 조금도 관계가 없는 현상이다. 그들은 모든 것에 초연하고 무관심하다. 모든 의무는 남의 일이다. 우리를 타인과 이어주는 마음과, 우리를 의무와 이어주는 윤리적 양심은 이런 종류의 인간에게는 인연이 없는 두 개의 다른 것이다. 그들의 잘못은 비평의 가치를 과장하고 있는 점이다. 존재는 여전히 존재의 의식을 이기고, 물질은 적어도 그들만의 가치를 가지며, 실재는 의심할 것 없이 형상보다 뛰어나고, 긍정은 부정을 이기고, 착상, 창작, 실천은 그것들에 대한 분석 이상의 것이다. 실제로 비평은 그만큼 떼어놓아 버리면 소멸하지만, 그 대상은 비평이 없어도 존속한다. 아무리 봐도 그건 아니다. 식료품은 그 식료품의 묘사보다 훨씬 필요하고, 위인은 그 그림자보다 위대하다. 메피스토펠레스는 빈틈없는 비평가이지만, 창조물과 창조자가 없었으면 어떻게 되었을까? 아무것도 되지 않았을 것이다. 건설을 희생으로 삼는 파괴는 무엇을 가리키는 것일까?

  나는 결론적으로 말한다. 약간의 비평은 우리를 해방시켜 준다. 그러나 너무 많은 비평은 우리를 메마르게 한다. 순수하게 비평적인 것은 반쪽에 지나지 않는다. 게다가 좋은 쪽의 반이 아니다. 그것은 선보다 악을 짓는다. 그야말로 윤리적, 사회적인 모든 불화를 조장하기 때문이다.

1866년 1월 29일

(아침 9시) 극심한 늑간신경통이 어제 하루 종일 나를 괴롭히더니 아직도 나를 붙잡고 놓아주지 않는다. 이것이 내가 처음으로 느낀 허리 주위의 토르티콜리스(고개를 뒤틀리게 하는 아픔)이다. ……잿빛을 띤 안개의 커튼이 다시 도시 전체에 내려졌다. 흐릿하고 스산한 날씨. 뭔지 모를 축제가 있는 건지 멀리서 종이 울리고 있다. 어쨌든 평정과 침묵. 나의 공상과 일의 은신처인 아담한 집에서, 현재 이 적적함과 고요함을 어지럽히는 것은 난롯불의 불똥이 튀는 소리뿐이다. 나는 오래 된 검은 책상 앞에 앉아 휴식하고 있는 아라비아인처럼 허리에 털목도리를 감고, 따뜻한 갈색 플록코트를 입은 뒤, 다리는 여우 모피 속에 집어넣고, 높은 창문과 작은 난로 사이에서 이 글을 쓰고 있다. 내 머리 위에는 다락방의 푸른 벽이 비스듬하게 덮고 있다. 손이 닿는 곳에 있는 두 개의 접는 의자와 시골풍의 식탁, 낡은 그릇장 위에 놓여 있는 몇 권의 사전과 그 밖의 책들이 짝이 맞지 않는 몇 개의 의자와 함께 이 소박한 다락방에 있는 물건의 전부이다. 그곳에서 성숙한 사람은 아무런 감흥 없이 학생생활을 계속하고, 소극적인 교수는 나그네의 습관을 지켜간다.

얼핏 보아 이렇게 벌거숭이같은 공허한 생활에서 얻는 즐거움은 무엇일까? 자유다. 반쯤 빈곤에 처한 추한 물건들, 안락한 설비의 결핍, 주거의 부족함은 나에게는 아무 문제가 없다. 그런 것은 나에게는 아무래도 상관없는 일이다. 나는 이 지붕 밑에서 빛과 조용함, 그리고 비와 이슬을 막아주는 장막을 발견한다. 나는 내가 사랑하는 여동생과 그 아이들 바로 옆에 있다. 물질적인 생활은 보장되어 있다. 독신자에게는 그것으로 족하다. 더구나 마음이 통하는 사람들이 이 다락방을 찾아주기도 한다. 아이들이 이곳에서 논 적도 있다. 나는 이곳에 수많은 추억을 가지고 있다. 그래서 이 다락방은 결코 살기 힘든 곳이 아니다. 어쩌면 이곳을 떠날 때는 지금 생각하는 것만큼 냉정할 수 없을지도 모른다. 더욱이 나는 미지의 즐거움을 선망하기보다 이미 알고 있는 궁벽함에 집착하는 습관을 가진 동물이 아닌가? ——생각해 보면 나는 불편하지 않고 자유롭다. 그래서 나는 이곳에 만족하고 있다. 불평을 한다면 분수를 모르는 인간이 될 것이다. 그러므로 그런 말은 하지 않는다. 나는 1백 명 중 95명까지는 나의 이 게으름이라는 혜택을 받았으면 좋겠다고 생각한다. 한숨을 쉬며 이 이상의 것, 이보다 좋은 것을 바라고 있는 것은 오히려 내 가슴이다. 그렇지만 가슴이라는 것은 누구나 알고 있는 것처럼 지칠 줄 모르는 먹보이다. 게다가 한숨을 쉬지 않는 자가 한 사람이라도 있을까? 그것은 이 세상에 살고 있는 우리의 운명이다. 다만 어떤 사람들은 만족을 찾다가 잘 안 된다고 괴로워하고, 또 어떤 사람들은 결과를 미리 예측하고 아무것도 이루지 못하는 성과 없는 노력을 하지 않기 위해 미리 포기한다. 어차피 행복해질 수 없는데 무엇하러 수고를 할 것인가? 정말 필요한 것에 한해 성실하게 욕망을 억제하고 생활하며, 약간의 것으로 만족하고, 양심의 평화와 의무를 다한 기분만 중시하면 된다.

그러나 이것은 그리 간단한 희망사항이 아니어서 사람은 또 다른 불가능한 소망에 빠진다. 그렇다. 가장 간단한 것은 단순하게 자신을 신에게 맡기는 것이다.

신이 바라는 것을 원하는 것이
우리를 쉬게 할 수 있는 유일한 지식이다.

그밖에는 모두 〈전도서〉에 있는 대로 허영에 지나지 않는 것이고 마음을 갉아먹는 것에 불과하다.

이미 오래 전부터 나는 그것을 알고 그렇게 느끼고 있었으며, 이 종교적인 체념은 나에게는 즐겁고 친숙한 것이 되어 있다. 일단 얻은 예지와 이미 선택한 주의를 잊게 해주는 것은 외적인 동요, 세상의 실례, 사물의 흐름이라는 피할 수 없는 유혹이다. 살아 있는 것이 이렇게 힘든 것은 그 때문이다. 이 끝없는 반복은 번거롭고 지루하다. 이미 경험의 열매를 따고, 더 이상 지고한 의지에 반항하지 않게 되어, 각자의 자아로부터 초연하게 모든 인간과 우애를 맺게 되었을 때 잠들 수 있다면 얼마나 좋을까? 그런데 사실은 다시 유혹과 언쟁과 거북함과 망각의 제자리걸음이 시작되어, 산문(散文)과 평범함과 비속에 빠지지 않으면 안 된다. 참으로 쓸쓸하고 비참하다. 그래서 시인은 자신이 노래하는 영웅을 거기까지 가지 않도록 싸움에서 돌아오게 하고, 승리를 얻은 뒤에는 배신이라는 나날의 바퀴자국 속에서 허우적거리게 두지 않는다. 고대의 격언에 "신에게 사랑받은 자는 일찍 죽는다"는 말이 있었다.

그렇다. 그러나 이 은혜는 우리의 비밀스러운 본능을 기쁘게 한다. 그것은 우리의 욕망이지 신의 의지가 아니다. 우리는 끝까지 끌어내려지고 채찍질 당하고, 시달리고 시험당하지 않으면 안 된다. 우리의 인내는 우리 덕성의 시금석이다. 망상과 희망 없이 삶을 견디며 오직 평화밖에 사랑하지 않으면서도 영원한 전란에 만족하며, 세상이 나쁜 동료나 비천한 정열의 투기장처럼 반감을 불러일으켜도 밖으로 나가지 않고, 거짓 신을 따르는 이들과 손을 끊지 않고 자신의 신앙을 충실하게 지키는 것, 또 코를 틀어막고 싶을 정도로 불건전한 법석을 참을 수 없을지라도 인류의 병원에서 달아나지 않고, 욥처럼 더러운 짚 위에서 견디는 것, 그것이 우리의 의무이다. 인생은 희망이 아닐 수는 있어도 의무가 아닐 수는 없다. 인생의 진짜 이름은 고생이다.

(오전 11시) 중단이 사유의 마법을 깨고 감동의 기쁨을 앗아가 버린다. 실제로 나는 몇 분 동안 아래층에 내려가서 두세 명의 사람들과 얘기를 한 뒤, 지금 다시 완전히 다른 사상의 세계에 들어와 있다. 꿈이 흩어져 사라지고 마법에 걸리는 기한이 끝나, 닭의 울음소리가 우리를 에워싸고 있던 조용하고 어스름한 환상을 연기처럼 사라지게 해버린 것 같다. 낮에는 우리를 현실세계에 잠기게 하고 관조로부터 낚아채간다. 그것도 그때그때는 좋은 일이다. "해가 있는 동안 일하라."

1866년 3월 5일

나의 높은 관측소에서 시선이 닿는 한 하늘 가득 비가 내리고 있다. 납의 덮개가 골짜기를 뒤덮고 있다. 조용하고 적막한 광경. 살레브에서 쥐라까지, 도로에서 구름까지 온통 잿빛이다. 눈과 입과 온몸이 보고 마시고 만지는 것 모두 잿빛 일색이다. 색채, 쾌활, 생활은 사멸했다. 사람은 각자 자신의 껍데기 속에 웅크리고 있다.——이럴 때 새는 도대체 어떻게 하고 있을까? 우리처럼 먹을 것과 지붕, 난로에는 불, 주위에는 책, 서랍장에는 판화가 담긴 상자, 가슴에 깃드는 꿈, 잉크병 바닥에 생각의 파문을 가지고 있는 자는, 자연이 추해졌다고 생각되면 눈을 돌린다. 그러나 너희들 가련한 참새는 어떤 일을 할 수 있을까? 참고, 희망하고, 단련하는, 요컨대 이것이 우리 모두가 할 일이 아닐까?

너는 인내하고 있다. 사실을 말하면 너는 보류하고 있다. 미루고 있다. 늦추고 있다. 무엇을? 커다란 결정을. 너는 희망하고 있다. 무엇을? 나는 전혀 알 수 없다. 너는 기다리고 있다. 무엇을? 좀더 젊고, 좀더 건강하고 좀더 계획을 좋아하게 되기를? 어림도 없는 일이다.

1866년 4월 2일 모르넥스
눈이 다시 녹기 시작했고, 축축한 안개가 이 지방 전체를 뒤덮고 있다. '비의 신 주피터'는 더욱 세게 키베레(대지의 여신)를 껴안는다. 끝자락이 땅을 스치고 있는 얌전한 구름 망토에 숨은 두 사람의 사랑에는 비집고 들어갈 틈이 없다. 거실 바로 밖에 아스팔트가 깔린 보도는, 하늘에서 떨어지는 마음이 바쁜 물방울이 별처럼 쉬지 않고 떨고 있는 웅덩이가 되어버렸다. 아르브 강의 잿빛 동체만이 안개 저편에서 뱀처럼 구불거리고 있다. 지평선에 거의 손이 닿을 것 같다. 어제의 비는 불투명하고 두꺼운 잿빛 장막, 아니, 떠다니는 시체가 되었고, 그 중심을 나의 관측소가 차지하고 있지만, 사람의 눈은 그 천장도 잿빛의 벽도 뚫을 수가 없다.

이 포로의 상태가 나를 셰틀랜드(스코틀랜드의 북쪽에 있는 군도), 스피츠베르겐, 노르웨이, 안개 낀 바다의 나라로 데려간다. 그곳에서는 인간은 작게 줄어들어 추위에 얼지 않는 한 심장이 고동치고 사유가 명상하는 것을 더욱 잘 느낄 수 있다. 안개는 분명히 그 시, 그 심오한 아름다움, 그 꿈꾸는 듯한 매력을 지니고 있다. 안개는 램프가 밤에 하는 일을 낮에 한다. 우리의 머리를 집중시키고 정신을 되돌아보게 한다. 태양은 우리를 자연 속에 확대하고 뿔뿔이 흩어지게 하여 소멸시킨다. 안개는 우리를 수습하고 집중시킨다. 그러므로 안개는 친근하고 잘 단련된, 기특한 것이다. 태양의 시는 서사시의 정취를 지니고, 안개의 시는 장송곡 또는 종교적인 노래의 느낌을 가지고 있다. 범신론은 빛에서 태어난 아들이고, 안개는 가까운 보호자에 대한 신념을 낳는다. 세계 전체가 닫혔을 때, 집은 작은 우주가 된다. 끝없는 안개 속에서 사람은 서로 더욱 사랑한다. 그러한 때 유일한 실재는 가족이고, 가족 중에서도 인간의 가슴이다. ——그렇기 때문에 안개의 작용은 장님의 효과와 같고, 태양의 작용은 벙어리의 효과와 비슷하다. 귀의 인간은 비교적 애정이 깊고 공감적이며, 눈의 인간은 매정하고 냉혹하다. 왜 그럴까? 한쪽은 보다 인간적이고 내적인 삶을 살고, 다른 한쪽은 보다 자연적이고 외적인 삶을 살기 때문이다. 그런데 가장 위대한 사상은 인간의 가슴에서 나온다고 도덕주의자는 말한다.

1866년 4월 3일 모르넥스

(아침 8시) '오호, 멋지도다'. 어제의 눈과 무지개는 약속을 지켰고, 새의 예보도 적중했다. 오늘 아침 태양은 하늘에서 한 조각의 구름도 발견하지 못하게 했다. 내가 눈을 떴을 때 창문과 하얀 골짜기는 빛으로 가득했다. ── 상쾌한 아침, 투명한 공기, 날이 선 듯 날카로운 수평선, 기분 좋은 빛이 색깔을 입힌 뒤 어루만지고 있는 광활한 전망의 무한히 밝은 세부, 우리의 안과 밖에 있는 쾌활한 존재, 이 모든 것들로 날씨가 나빴던 이틀에 대한 보상을 받았다. ……나는 거기에 작은 쌍안경을 사용하여 즐거움을 더했다. 먼 곳을 똑똑히 볼 수 있는 것은 눈의 커다란 기쁨이다. 희미했던 시각과 뚜렷한 시각이 놀라운 대조를 이루는 것을 아는 것은 근시인 사람뿐이다. 뛰어난 시력을 가진 사람은 안경이 근시에게 주는 행복과, 광활한 곳의 세세한 점을 발견할 때 느끼는 가슴의 두근거림에 대해 잘 알지 못한다. 이것은 계시와도 같은 것이다. 더욱 생생하고 풍부하고 발랄한 제2의 자연이 제1의 자연 아래에서 솟아난다. 그리고 보는 사람 자신이 다시 태어나, 15세 때의 눈으로 황홀하게 바라보는 것이다.

1866년 4월 6일

미스 뮬록 (Dinah Maria Mulock 나중에 Mrs. George Lillie Craik, 영국의 여성소설가, 1826~1887년)이 쓴 《신사》(John Halifax Gentleman, 1856년)의 첫 권을 읽었다. 생각했던 것보다 대담한 책이다. 평등이라는 사회문제를 영국식으로 논하고 있다. 결론은 시궁창에서 태어나도 사람은 신사가 될 수 있다는 것이다. 이 이야기는 나름대로 인습적인 우월감에 대해 항의하며, 진정한 귀족은 성격과 인간적 가치, 윤리적 탁월함, 마음씨와 언어 사용의 기품, 생활의 품위와 자기 존중에 있다는 것을 보여주고 있다. 이것은 자코뱅주의보다 뛰어나고, 거친 평등주의와는 반대이다. 저자는 세상 전체를 저하시키는 대신에 향상시킬 권리를 요구하고 있다.

사람은 태어날 때부터 부자이고 귀족일 수는 있어도, 날 때부터 신사일 수는 없다. 신사(紳士)라는 말은 영국의 시보레트(사람의 자격을 그 자리에서 구별하기 위한 히브리어)이다. 이것이 세계를 둘로 나누고, 문명사회를 두 개의 계급으로 나눈다. 신사들 사이에서는 예절과 대등과 은근, 신사가 아닌 계급에는 모욕, 경멸, 냉담, 무관심. 이것은 여전히 고대의 '태어날 때부터의 자유인'과 그렇지 않은 자, '자유인', '노동자'의 구별이고, 중세의 귀족과 평민의 연속이다.

그럼 신사란 무엇인가? 스스로의 힘으로 살아가며 다른 사람이 자신을 존중하게 할 줄 아는, 좋은 품성의 자유인을 말한다. 상류 사교계에 속해 있는 사람, 교양 있는 사람, 체면만을 유지하고 있는 사람과도 다르고, 행동거지와 언어 사용, 몸가짐만 가지고도 부족하다. 그 위에 독립해 있어야 하고 품위가 있어야 한다. 조금이라도 고개를 숙이거나 남에게 부림을 당하는 것, 함부로 대접 받는 것, 하물며 면목 없는 행위, 거짓말, 부정직한 면을 보이면 신사라는 칭호는 사라지고 만다.──즉, 신사는 완성된 인간의 영국적 전형으로 왕에 대해서도 신사다, 아니다 라는 말을 할 수 있다. ……어떠한 형태로든 종이 된다는 것은 두 가지 의미에서 평등하다는 느낌을 지워버린다. 왜냐하면 의존과 비속은 독립이나 교육과는 혼동될 수 없기 때문이다.──평등은 어디까지나 가능성이고 권리이지만, 불평등은 사실이다. 프랑스는 전자에 무게를 두고, 영국은 후자에 무게를 둔다. 융합의 길은 미스 뮬록의 말을 빌리면, 누구든지 되고 싶은 마음만 있으면 신사가 될 수 있다는데 있다. 인간에게 갖춰진 기품은 덕성의 꽃이다. 그래서 덕성과 마찬가지로 상찬(賞讚)이고 획득이다.

신사는 스토아파가 설명하는 현인, 마땅히 그러해야 하는 것의 전형을 연상시킨다. 연금으로 생활하며 태생도 좋다면 더 바랄 것이 없지만, 엄밀하게 말하면 그것도 반드시 갖춰야만 하는 조건은 아니다. 상업과 공업에 종사하는 사람도 힘이 들기는 하지만 불가능하지는 않다. 스스로 일해서 생계를 꾸려야 하는 경우에도 높은 자존심을 지니고 도리를 지키며, 자신의 운명과 처지에 초연하지 않으면 안 된다. 감정서를 내민다 해도 예술가나 의사처럼 상대방의 마음을 신뢰하고, 자신의 고통, 자신의 요구, 자신의 불안, 또 상대방에게 존중을 요구하고 연민을 배척할 수 있도록 약점을 제거하는 것, 이 모든 것을 겉으로 드러나지 않는 일종의 오만한 수치심을 가지고 하지 않으면 안 된다. 진정한 신사는 어떠한 강제도 극복하고, 또 극복하는 것처럼 보여야 한다. 결코 주인을 두지 않고, 자신의 행위 또는 의무로서 일을 해야 한다. 어떤 사람도 여기에 명령을 가할 수는 없다. 그가 복종하는 경우는 비인격적인 법칙, 또는 일단 한 약속, 승인한 계약일 때뿐이다. 즉 자기 자신에게 복종하는 것이고, 자신이 정당하고 공정하다고 인정한 것에는 복종하지만, 그 외에는 어떤 경우에도 복종하지 않는다.——'신과 나의 권리', 이것이 그 좌우명이다. 신사는 어떠한 의미에서든 자유로운 인간, 사물보다 강한 인간이고, 인격이 재산이나 건강·관등(官等)·권력 같은 모든 부수적인 성질보다 뛰어나며 개인의 본질적인 부분과 내적인 사실상의 가치를 달성하는 것임을 느끼고 있는 인간이다. 네가 무엇인지 나에게 말하라. 너에게 어떤 가치가 있는지 말해보아라.——이 이상은 "이 사람은 얼마나 가치가 있는가?" 하는 말에 나타나 있는 것처럼, 영국적 자본이라는 거친 이상을 상대로 잘 싸워나간다.——가난이 죄악으로 간주되는 나라에서, 나밥(인도의 벼락부자)이 그 자체로는 신사가 아니라고 말할 수 있는 것은 좋은 일이다.——상인(商人)의 이상과 기사(騎士)의 이상은 서로 상쇄된다. 한쪽이 영국 사회의 추악하고 난폭한 측면을 이루는 것이라면, 다른 한쪽은 그것에 대한 보상이다.

1866년 4월 7일

눈을 떴을 때 신사에 대한 생각이 다시 머리에 떠올랐다.——신사라는 것은 자신을 지배하고, 존중하며, 또 남에게 존중받는 인간이다. 따라서 신사가 신사인 점은 내적인 주권에 있다. 자신을 파악하고 있는 성격, 자신을 지배하는 힘, 자신을 주장하고 나타내며, 자신을 품위의 전형에 가깝도록 통제하는 자유의지이다. 그러므로 이 이상은 '자기를 의식하고 지배하는 자유인' 및 '권위를 갖춘 품위'라는 로마의 전형과 지극히 가깝다. 이 이상은 이지적이라기보다 윤리적이다. 특히 의지를 중시하는 영국에는 어울리지 않는다. 그렇지만 자기 자신의 존중이라는 점에서 다양한 것이 나온다. 예를 들면 자신의 몸과 언어 사용, 행동에 대한 주의, 자신의 신체와 정신에 대한 감시, 자신의 본능과 정열의 제어, 스스로 만족한다는 요구, 남에게 강요하지 않고 결코 은혜를 바라지 않는 자존심, 인간의 어떠한 변덕에도 의지하지 않고, 어떠한 비하도 굴욕도 당하지 않는다는 마음가짐, 자신의 체면과 자존심의 부단한 유지 등이 나온다. 그야말로 영국풍인 현인의 전형이다. 이 주권은 좋은 집안에서 태어나 교육을 잘 받은 부유한 인간만이 쉽게 바랄 수 있기 때문에 처음에는 출생, 지위, 특히 재산으로 간주되었었다. 즉 신사의 개념은 봉건성에서 나오고 있는 것이다. 영주라는 신분의 완화된 형태라고 할 수 있다.

비난을 듣지 않기 위해서는 나무랄 데 없는 품행을 지킨다. 존중받기 위해서는 언제나 주의하여 사람들의 지위와 나이와 입장에 따라 차이를 두고 경의를 표하는 데 정도를 조정하며, 모든 인습적인 예의의 단계를 적절하게 지킨다. 그것 때문에 이름도 가치도 아직 모르는 처음 보는 사람을 만났을 때는, 지나친 예의를 갖추거나 반대로 너무 소홀하게 대하는 마음이 없도록 한 오라기도 흐트러짐 없이 옷매무새를 다듬고 주위에 대한 경계를 늦추지 않는다. 그런 사람은 못 본 척 피하고, 그쪽에서 인사를 하더라도 옆으로 돌아서 버린다. 누가 말을 걸면 새침하고 짤막하게 받아넘긴다.

그러므로 그 예의는 인간적이고 일반적인 것이 아니라, 완전히 개별적이고, 사람에 따라 적절하게 바뀌는 것이다. 그렇기 때문에 한 사람의 영국인 속에는 영국인이 두 사람 들어 있다. 세상을 향하고 있는 사람과 그렇지 않은 사람이 있다는 얘기다. 전자, 즉 외적인 인간은 고슴도치이고, 성채이며, 차갑고, 모난 벽이다. 후자, 즉 내적인 인간은 감수성이 풍부하고, 애정이 깊고 차분하며, 붙임성이 좋은 사람이다. 이러한 전형은 얼음조각으로 가득 차 있는 윤리적 풍토 속에서 형성되었다. 영국에서 적의를 품은 세상을 대신하여 따뜻한 대접을 받을 수 있는 곳은 오직 가정뿐이다. 열정을 품고 있는 가슴 위를 관통할 수 없는 갑옷. 외면을 향한 거친 피부와 내면에 숨어 있는 비로드.

완성된 인간에 관한 국민적 전형의 분석은 열매가 우리에게 나무를 알게 해주듯이, 한 국민의 본성과 역사를 보여줄 때가 있다. 그러나 그 반대가 더 편리하다. 즉, 사람은 역사와 풍토를 통해 전형을 만들어낸다. 그렇지만 첫 번째 탐구는 발견이고, 두 번째는 관찰에 지나지 않는다.──심리학은 이 두 가지 방법을 사용하여 한쪽으로 다른 쪽을 제어하지 않으면 안 된다. 때로는 씨앗으로 식물을 알고 때로는 식물로 씨앗을 알 수 있다.

(같은 날) 철학이 이해의 기술이라면 먼저 사실과 진상을 있는 그대로 받

아들이는 것부터 시작해야 한다. 지나친 단식은 성장 시기에 몸을 상하게 하므로 추상(抽象)으로 눈을 다치지 않도록 하는 것이 좋다. 원래 인간은 자기 속에 있는 것밖에 이해하려 하지 않는다. 그런데 이해한다는 것은 그 이해되는 사물을 우선 공감을 통해, 다음에는 이지를 통해 파악하는 일이다. 따라서 사유의 대상이 되는 것으로부터 곧장 사지를 빼앗거나 관절을 제거하는 것은 당치도 않은 일이고, 무엇보다 먼저 그것을 전체적으로 파악하고 나서 그 형성을 검사한 다음, 비로소 부분을 살펴야 한다. 다루는 방법은 시계나 식물, 예술품, 성격 같은 것을 연구할 때와 같다. 알고 싶은 것을 조용히 바라보고 존중하고 추궁해야지, 죽게 해서는 안 된다. 사물을 해부하고 난폭하게 다루기보다 먼저 사물과 동화하여 그 안으로 들어가 그 작용을 순순히 받아들이고, 그 독특한 성질과 그것을 다른 것과 차별화하는 형식을 이해하지 않으면 안 된다.

1866년 4월 14일

파리 증권거래소의 공황, 궤멸, 도주. 나에게 남아 있는 주식이 제로를 향해 내려가고 또 내려간다. 나는 사람들의 이해관계라는 연대 의식은 고립적인 애정관(觀)을 상쇄한다고 생각했다. 지금과 같은 개인주의 시대, "각자는 따로따로, 신은 만인에게"의 시대에, 주식과 같은 공채(公債)가 흔들리는 것은 가슴을 무너지게 하는 일이다. 어떤 점에서는 무리하게 부과된 세금을 애국심에서 헌납하는 듯한 강제적인 감정이다. 우리는 프러시아적 또는 미국적인 우매함을 염두에 두라는 강요 속에서, 전 세계의 거래에 발을 들여놓았다가 위험한 지경에 빠진 느낌이 든다. 좋든 싫든 우리는 순간순간 우리를 가루로 만들지도 모르는 바퀴를 가지고 있는 이 무서운 기계에 대해 흥미를 갖지 않으면 안 된다. 신용이 낮은 불안한 사회는 인공으로 쌓아올려 흔들리고 있는 기초 때문에 끊임없이 안전성을 위협받고 있다. 사회는 자신이 분화구 가장자리에서 춤을 추고 있음을 잊을 때가 자주 있다. 그러나 조금이라도 전쟁의 소음이 들려오면, 바로 그것을 상기하지 않으면 안 된다. 종이로 만든 성은 쉽게 파멸된다.――이 걱정은 나처럼 부의 추구를 단념하고, 고작해야 자신들의 미약한 일을 평화 속에서 완수할 수 있기를 바라는, 얌전하고 소박한 이자생활자에는 견디기 힘든 일이다.

아니, 그렇지 않다. 세상은 어김없이 그곳에 있다. 그리고 포악한 전제군주처럼 우리에게 소리친다. "평화라고? 그런 건 절대 없어. 나는 너희들을 괴롭히고 싶고, 웃기고 싶다. 그리고 나와 함께 기뻐서 펄쩍 뛰게 하고 싶다." 그저 관을 쓰거나 팔에 완장을 둘렀을 뿐인 광대 대여섯 명이 전 세계의 평화를 수중에 쥐고, 자신들의 충동에 따라 수백만 명이나 되는 동포의 운명을 학대할 수 있다는 것을 생각하면 분개하지 않을 수 없다. 인간의 도를 자연과 마찬가지로 받아들이고, 개인의 독선에 대해서도 운명에 대해서처럼 체념하는 것은 쉬운 일이 아니다. 우리는 신의 지배를 인정하지만, 폭군은 총살할 수 없는 한 뱀이나 전갈을 보듯 싫어한다. 강제로 태워져서 자신의 바람과 의견과는 반대로 항해하던 배가 난파하여, 다른 사람들과 운명을 같이 하는 것을 좋아할 사람은 아무도 없다.——그러나 그런 일이 인생에서는 끊임없이 일어나고 있다.

우리는 모두 누군가의 잘못에 대한 대가를 치르고 있다. 정교(正敎)에 의하면 단 한 사람의 유일한 잘못도, 시간이 끝날 때까지 인류에 의해 속죄되어 간다. 죄와 벌의 불균형은 정의의 본능을 흥분시키지만 이미 우리의 습관이 되어 버렸다.

인간끼리의 연대는 각자의 책임과 개인의 자유보다 명백하고 확실한 사실이다. 우리의 의존은 독립보다 뛰어나다. 실제로 우리가 독립이라고 말할 수 있는 것은 오직 욕망에 대해서이고, 건강과 자연, 사회, 즉 우리의 안팎에 있는 모든 것에 의존하고 있지 않은가? 우리의 자유의 범위는 한 점에 지나지 않는다. 그 한 점에 서서, 우리는 그런 모든 숙명적인 압력을 향해 저항하며 "짓밟으려면 짓밟아 보아라. 너희들은 내 동의를 얻을 수 없어" 하고 외치고 있다. 우리는 의지의 힘으로 필연성에 대항하며, 그것에 대한 존경과 복종을 거부할 수 있다. 이것이 우리의 정신적 자유이다. 그러나 그것을 제외하고는 육체와 소유물 모두 세계에 속하고, 흙먼지가 바람의 장난감이고 가랑잎이 물결의 장난감이듯 우리는 세계의 장난감이다. 신은 적어도 우리의 품위를 존중하지만, 세계는 모멸과 격앙으로 우리를 그 물결 속에 던져 넣고 우리가 그 소속물이라는 것을 보여주려 한다.

개인을 무가치하게 보는 학설, 범신론 및 유물론의 견해는, 이제 와서 열린 문을 밀거나 쓰러진 사람을 다시 밀어 쓰러뜨리고 있다. 사람의 눈에 띄지 않는 이 의식을 찬양하고 그 가치를 칭송하기를 그만두는 순간, 개인은 당연히 다시 인간 집단의 한 원자가 되고 그 인간 집단은 유성 집단의 한 원자와 같으며, 또 그 유성 집단은 하늘 속에서는 무(無)가 되어버린다. 그러므로 개인은 3차의 무에 지나지 않는데, 다만 그 무를 잴 수 있는 능력을 갖추고 있는 것이다. 사색은 체념으로 끝난다. 자기에 대한 의혹은 수동성으로 이끌고, 수동성은 노예성으로 이끈다.

거기서 벗어나려면 의지적인 복종, 종교적으로 동의한 의존을 필요로 한다. 다시 말해 오직 의무에만 머리를 숙이고, 우리 자신이 자유로운 존재임을 새삼 인정하게 하지 않으면 안 된다. 의무는 행위의 원리, 세력의 원천, 우리가 부분적으로는 세계로부터 독립되어 있다는 확신, 우리 품위의 조건, 우리의 고귀한 징표이다. 세계는 나에게 의욕을 가지게 할 수도, 의무를 바라게 할 수도 없다. 여기서는 내가 나의 주인, 그것도 나의 유일한 주인이고, 나는 세계를 군주와 같은 자격으로 대한다. 세계는 그 발톱으로 내 몸을 붙들고 있지만, 나의 정신은 세계에서 벗어나 그것을 거들떠보지도 않는다. 나의 사색과 사랑, 나의 신앙과 희망은 그 손에 잡히지 않는다. 진정한 나, 내가 나인 점, 나의 자아는 세계의 폭력이나 분노가 미치지 않는 존재로서 그것에 침범당하지 않는다. 이 점에서 우리는 집단만 있고 의지가 없는 우주보다 위대하다. 우리는 인간 집단에 대해서도 독립적이다. 첫 번째 집단이 우리의 육체밖에 멸하지 못하는 것처럼, 인간 집단도 우리의 행복밖에는 멸하지 못한다.──복종은 의기소침이 아니라 힘이다.

1866년 4월 28일

4월 15일과 16일에 파리에서 열린 '목사회의'의 의사록을 읽었다. 불화의 여신이 아그라망(아리오스트의 《격노한 롤랑》에 나오는 사라센 사람의 두목으로, 파리를 포위한다. 만용을 부리는 남자라는 뜻)의 진영에 있다. 초자연적 요소에 대한 문제가 프랑스의 신교 교회를 양분하고 있다. 자유주의자는 개인의 권리를 주장하고, 정교주의자는 교회의 관념을 주장한다. 교회는 하나의 긍정이며 실질적 요소, 일정한 신앙에 의해 존속한다. 완전히 순수한 비평적 요소는 그것을 해소해버린다.──신교는 두 가지 요소, 성서의 권위와 자유로운 토의, 연구의 결합이다. 한쪽이 위험해지거나 사라지면 신교는 멸망해버린다. "트로이는 있었다."──새로운 형식의 그리스도교, 이를테면 '성령의 형제 교회' 또는 '그리스도교적 유신론의 교회'가 나타난다. 나로서는 이 결과에 조금도 어색한 점을 찾을 수 없다. 그러나 신교 교회의 동조자가 '사도의 상징'을 포기하지 않으려 하는 것은 논리적이고, 개인주의자가 권위 없이 신교를 유지해 갈 수 있다고 생각하는 것은 비논리적이라고 생각한다.

 방법의 문제가 양쪽 진영을 분열시키고 있다. 나는 내용에서 말하면 양쪽과 거리가 멀다. 내가 볼 때 그리스도교는 무엇보다 종교적이지만 종교는 결코 방법이 아니다. 종교는 생명이다. 그 뿌리는 신비롭고 그 열매는 실천적이며, 초자연적이고 우수한 생활, 신과의 소통, 깊고 조용한 감격, 빛나는 사랑, 실천하는 힘, 넘쳐나는 행복감이다. 한마디로 말해 종교는 마음이다. 이러한 방법의 싸움도 나름대로 가치를 지니지만 그 가치는 이차적이다. 이 싸움은 가슴을 위로하지 않고 양심에 힘을 실어주지도 않는다. 그러므로 나는 이러한 교회의 싸움에 흥미도 없고 그것에 휘말리고 싶지도 않다. 어느 한쪽이 다수를 차지하여 승리를 거둔다 해도 중요한 점은 전혀 이득이 없다는 것이다. 실제로 교의학(敎義學)과 비평, 교회는 종교가 아니며, 이 경우 종교, 즉 인생에 대한 신적인 마음이 중요하다.——"먼저 신의 나라와 신의 정의를 구하라. 그러면 다른 모든 것은 그것과 아울러 주어질 것이다." 가장 그리스도교적인 것이 가장 신성한 것이다. 이 기준은 어떤 경우에도 사람을 기만하지 않는다. "그들이 서로 사랑하면 그때 너희를 나의 제자로 인정하리라."

 개인에게 있는 만큼의 가치가 그 사람의 종교에도 있다. 민간의 본능과 철학적 이성은 이 표준에서 일치한다. 만약 종교가 본질적으로 마음이라면, 또 만약 주관적이고 내적이고 신비적인 사실이 종교에서의 모든 목적이고 존재 이유라면, 우리는 한 사람의 개인에 대해 이렇게 말할 수 있다. "네가 누구인지 밝혀라. 그러면 너의 신앙이 얼마나 가치가 있는지, 또는 오히려 내가 너의 기도 문구나 너의 도그마에 어떠한 가치를 인정해야 하는지 나는 알 수 있다." 방법은 한 가지이다. 그러나 대상은 다르다. 만약 어느 한쪽을 선택한다면, 대상을 먼저 선택하고 이것을 보증하지 않으면 안 된다. 신앙심이 깊고 친절하며, 영웅적이고 참을성이 강하고, 충실하고 희생을 아끼지 않으며, 겸손하고 자비로워라. 교리문답을 통해 그것을 배울 수 있다면 그 책은 허용해도 무방하다. 구원은 구원의 방법보다 낫고 성취된 일은 종이 위의 계획보다 낫다. 종교로 인해 우리는 신 속에 살지만 이러한 싸움에 의해서는 인간과 검은 법복을 상대로 살게 된다. 그러므로 동등한 가치는 없다.

목적은 완성, 기댈 곳은 실례(實例), 신성의 증명은 오로지 그 우수한 점. 이것이 바로 그리스도교 전체를 요약한 것이 아닐까? 모든 것 그 자체가 곧 신이라는 것이 그리스도교의 극치가 아닐까?

1866년 6월 7일

(저녁 6시 반) ……처지, 나이, 남녀의 나이차, 성격 등에 따라 변하는 일기라는 것의 이익과 불이익에 대해 필린과 철학적인 고찰을 시도하다. ──내가 읽어 주는 동안, 나의 사랑스러운 신은 나를 위해 일을 해주었다. 그것은 얼마 전 밤에 들은 노래를 떠올리게 했다. 암놈이 알을 품는 동안, 수놈은 온갖 노래를 부르며 둥지를 흥겹게 했다. 보살핌에 대한 보살핌, 그것은 자연의 조치, 정의, 조화이다. 그것은 또 가슴의 기쁨이다.

1866년 6월 16일

일기라는 것, 적어도 남자의 일기는 '나'라는 자신이 아닌 사물에 대해서가 아니면 써지지 않는다. 내밀한 문제에 있어서는 엄밀하지도 않으며, 만족하지도 않을 때가 있다. 불 속으로 던져버릴 작정을 하지 않은 페이지라면 아무래도 내용을 삼가게 된다. 게다가 어떤 염려나 수치심 같은 것 때문에 남자는 아름다운 말을 사용하는 것도, 자기의 가장 깊은 곳에 감춰져 있는 감정에 대해서 이야기하는 것도 불가능하다. 우리는 자기가 그리는 인물의 신비한 마음을 전개하고 확대하고 부풀리는 소설가와는 반대로 행동한다. 오히려 우리 미궁의 실을 줄곧 고수하면서 타인의 호기심을 딴 데로 돌리려 한다. 실제로 자기의 영혼을 펜에 넘기지 않고, 자기의 가장 좋은 부분을 얼굴과 얼굴, 마음과 마음을 마주하게 했을 경우에만 내보이는 기쁨은 어쩌면 위에서 말한 서투름과 이어져 '일기'를 불완전한 증인으로 만드는지도 모른다. 일기가 우리의 깊은 배려나 가장 훌륭한 순간을 밝히지 않는다는 사실만으로 보아도, 그것이 우리의 부정함이나 비애를 과장되게 전한다는 것을 내가 안 지는 이미 오래다. 일기는 생략에 의해 잘못을 저지르며, 그럴 생각은 없었어도 빛과 그늘의 불평등한 분배로 인해 무심코 어두운 색으로 그려진다. 그와 마찬가지로 설교집, 풍자시, 형사(刑事) 신문은 그곳에 포함되어 있는 악을 강조하기 위해서 한 시대에 대해 잘못된 관념을 준다. 자기에 대해 완전하게 올바른 관념을 부여하려면 철학자의 태도로 자기를 연구하고, 예술가의 태도로 자기를 묘사하지 않으면 안 된다. 하지만 그것은 보람이 없다. 그것은 겸손한 마음에 상처를 입히고, 나아가 일기를 쓰는 사람은 자기의 마음을 가볍게 하는 것 외엔 바라지 않게 된다. 이렇게 다른 시각으로 보면 완강히 버티고 서서 점잔을 빼는 형국이 되어 웃어야 할 일은 없는 것이라고 할 수 있겠다. 자기 방법의 잘못된 진폭을 측정하면 그것으로 충분하다. 그것을 교정한다기보다 그것에 속지 않는 것이 중요한 것이다.

그렇기 때문에 나는 내 '일기'가 말하거나 믿거나 하는 것보다 얼마간 더 행복하며, 그다지 나쁘지 않고 무력하지도 않다. 이것은 알아두었다가 적당한 기회에 상기하면 된다.

1866년 6월 30일

(밤 11시) 맑게 갠 날씨. 음악학교에서 상품 수여식. 곳곳의 초등학교에서 진급식. ──le Grand Oeuvre(연금술을 의미하는 말, 책 제목이 아닌가 하지만 불명)를 거의 다 읽어간다.

B.(필린을 가리킴)와 미래의 계획. 그 사람은 나에게 필요한 것을 모두 헤아리고, 나보다 12살이나 젊은 정열로 그것을 이루어준다. B.는 어제 이곳의 짓궂은 사람들이 서로 수군대고 있던 무서운 험담과 신랄한 조롱을 들었다. 이 경험은 그 사람에게 자신에 대한 낙담을 불러일으켰다. 그러나 B.는 나에 대한 열정을 잃지 않고 나를 대신해 큰 희망을 품고 있다.

1866년 9월 20일

내 친구, 지난날의 동료가 아무래도 나에게 불만을 품고 있는 것 같다. 내가 아무것도 하지 않고 있고, 모두의 기대와 희망을 배반했다고 생각하고 있다. ……나 역시 불만이다. ……마음속으로 나를 우쭐하게 만드는 것은 나에게는 손이 미치지 않는 불가능한 일로 보인다. 그리고 나는 사소한 일, 장난, 위안거리에 사로잡혀 있다. 나는 언제까지나 희망도 기백도 신앙도 결단도 크게 갖지 않는다. 다만 나는 참혹한 우울과 선량한 정적 사이에서 동요하고 있다. 그래도 나는 책을 읽거나 얘기를 하고, 글을 쓰거나 가르치고 있다. 그것은 아무것도 아니다. 몽유병자처럼 하고 있을 뿐이다. 불교적인 마음은 자신을 마음대로 다루는 능력을 둔화시키고, 실천력을 쇠퇴시킨다. 자신감의 결핍은 욕망을 죽인다. 그리고 나는 언제나 내적인 회의로 돌아온다. 나는 오직 진지한 것을 좋아하는데, 내 주위의 상황과 나 자신에 대해 진지하게 생각할 수가 없다. 나는 나 자신, 나의 능력, 나의 동경을 야유하고 조롱한다. 나는 아름답게 느껴야 하는 것을 꺼내어 끊임없이 나 자신을 동정하고 있다. 한마디로 말해 내 속에는 항상 자신에게 트집을 잡고 있는 것이 있다. 그것이 나한테서 모든 탄력을 빼앗아버린다. ──샤를 엠(Charles Heim. 아 미엘의 죽마고우)과 하룻밤을 보내다. 그는 성실한 사람으로, 나에게 문학적인 면에서 빈말을 한 적이 한 번도 없다. 나는 그를 사랑하고 또 존경하기 때문에, 무슨 말을 들어도 화가 나지 않는다. 그것을 자만하는 것은 아니지만, 그래도 적어도 이렇게 곧은 성격의 친구한테서 존중을 받으면 기쁠 것이다. 말없이 거부당하고 있다고 느끼는 것은 슬픈 일이다. ……나는 엠을 만족시키기 위해, 이 친구와 세레르를 기쁘게 해줄 수 있는 책을 한번 생각해보려고 한다.

1866년 10월 6일

계단에서 매우 지저분하고 초라한 노란색 새끼고양이를 주웠다. 지금은 내 옆 의자 위에 몸을 동그랗게 말고, 더없이 행복한 듯한 얼굴로 아무것도 요구하지 않는다. 사람을 두려워하기는커녕 내가 없는 곳에서는 장난도 치려 하지 않고, 내가 왔다갔다 할 때마다 방에서 방으로 쫓아온다. 내 집에는 먹을 수 있는 것이 아무것도 없지만, 내가 가지고 있는 것, 즉 보살핌과 애정을 주리라. 적어도 지금은 그것이면 충분하다. 어린 동물, 어린 아이, 어린 생명은 보호와 온화함을 바란다는 점에서는 똑같다. ……P***는 나에게 연약한 것이 내 옆에서 모두 즐거움을 느낀다고 말했다. 그것은 말할 것도 없이 나의 유모로서의 본능 때문이다. P***가 말한 대로다. 나는 상대를 진정시키고 즐겁게 하는 자기(磁氣) 같은 특별한 작용의 증거를 수없이 보여왔다. (내가 마음이 따뜻한 상태에 있을 때 나한테서 방사되는 일종의 은혜의 힘이라고 할 수 있는 특별한 작용에 의한 것이다.) 나는 그 힘을 직접적으로 느끼고 있지만, 결코 자랑하지는 않는다. 나는 그것을 획득한 것이 아니다. 그것은 타고난 것임을 알고 있다. ──동물은 기쁜 마음으로 내 무릎

위에 올라와 잠을 잔다. 좀더 지나면 새들은, 대성당의 성상(聖像))의 모자처럼 내 수염에 집을 지을 것이다.

　이것은 인간과 그보다 뒤떨어진 창조물의 자연스러운 상태이고 진정한 관계일 것이다. 만약 인간이 정말 선량하고 그 전형에 적합하다면, 동물들로부터 진심어린 존경과 사랑을 받겠지만, 지금은 변덕스럽고 피를 좋아하는 폭군에 지나지 않는다. 아시시의 성 프란체스코의 전설은 사람들이 생각하는 것처럼 전설적인 얘기가 아니다. 그 맹수가 먼저 인간을 공격한 것인지 아닌지도 알 수 없다.──그러나 과장은 그만두고, 육식동물, 맹수나 맹금은 제쳐 두자. 저쪽에서는 오직 평화를 원하고 있는데 먼저 잔인한 전쟁을 거는 다른 종류의 동물이 수천 수만이다. 지구상에 사는 생물 가운데 가장 파괴적이고 사악하며 무서운 것은 인류이다. 인류는 자기에게 유리하도록 최강자의 권리와 패한 자, 굴복한 자를 눈앞에 두고도 아무렇지도 않을 수 있는 비뚤어진 양심마저도 인정하는 신성한 권리까지 발명했다. 자기 이외에 생명을 가진 모든 것은 권리의 바깥에 두었다. 구역질이 날 만큼 노골적인 남용, 이내 눈에 띄는 추한 정의의 침해, 악의와 위선, 그 모든 것을 찬탈자는 우쭐거리며 되풀이하고 있다. 자신의 부정을 정당하게 보이기 위해 언제나 신을 한통속으로 끌어들인다. '신이여, 당신을'은 성공적인 모든 살육의 면죄부이고, 성직자는 의기양양한 승리자들에게 들리는 모든 추잡한 소문을 잠재우기 위해 축복을 주어왔다. 그것은 인간과 동물 사이에서 시작되었고 국민과 국민, 인간과 인간 사이에서도 적용된다.

　거기에는 지금까지 깨닫지 못한 정당한 속죄가 있다. 어떤 죄도 다 씻을 수 있다. 노예제도는 인간이 다른 생물에게 난폭하게 강요한 고뇌를 인간들 사이에서 되풀이하고 있는 것이다. 이론은 결실을 맺었다.──동물에 대한 인간의 권리는 요구, 방어 및 존속이라는 멈추려고 해도 멈출 수 없는 욕구를 채우는 동시에 없어질 것이라고 나는 생각한다. 그러므로 필요하지 않은 살해와 가책은 비열한 행위, 아니, 죄악이다. 동물에게 부과되었던 유용한 의무는 이제 인간에 대해 동물을 보호하고 호의를 베풀 의무를 부과한다. 한마디로 말해 동물은 인간에 대해 권리를 가지고 인간은 동물에 대해 의무를 가진다. 말할 것도 없이 불교는 이 진리를 과장하고 있는데 서양인은 아직 그것을 보지 못하고 있다. 그러나 언젠가 곧 인간의 덕성은 오늘날보다 더 어려운 것이 될 것이다. 홉스는 "인간은 인간에게 이리이다"라고 말했다. 언젠가 인간은 이리에게 인간이 될 것이다. "인간은 이리에게 인간이다."

1866년 11월 12일

이 노트는 얼마나 기묘한 노트인가? 나는 방금 그것을 다시 읽어보았다. 그런데 그것은 이제 나에게 서먹서먹한 것이 되어버렸다. 내 친구 J. H***는 사람을 신뢰하는 동시에 빈틈없는 사람으로 언제든지 본심이 그대로 드러나 있는 데 비해, 나는 갈라져 나가거나 뒤틀리기도 하고 이리저리 흩어지기도 하는 인간이다. 그래서 자신의 분자를 모으려면 한없는 수고를 치러야 하고, 매일 명상에 잠기고 일기를 쓰고 있음에도 불구하고 나라는 존재는 끊임없이 나 자신한테서 멀리 달아나려 한다. 개성의 응집력은 의지이고, 특히 의지작용의 연속성이다. 나는 나를 연속시켜 나가지 않기 때문에, 명백하게 나는 한 사람이 아닌 여러 사람이다. 내 이름은 '집단', '프로테우스'(늘 모습을 바꾸는 그리스의 바다의 신), '무정부'이다. 나에게 결여되어 있는 것은 고정되고 변함없는 힘과 성격이다. 그날그날을 살아가며 아무것도 기대하지 않고, 아무것도 원하지 않으며, 바람에 날리는 깃털처럼 나는 대기의 변하기 쉬운 숨결 속에서 이리저리 눈치를 보며 오들오들 떨고 있다. 나의 독서, 일, 계획, 취미는 맥락도 없고 범위도 없다. 그것은 내가 거기에 조금도 마음을 두지 않고, 지속적인 취미를 가지고 있지 않기 때문이다. 나는 한가한 일만 하며 생활하고 있고, 나 자신을 대단하고 진지하게 생각한 적이 없다. 나 자신에 대한 환멸과 삶에 의한 각성은 인간의 아킬레스건을 끊는다. 명예심은 빵점이고 게으름은 만점이다. 우리는 이미 사랑으로 장식되어 있는 평화와 공상만을 좋아한다.

> 행복이 허위에 지나지 않게 되면
> 나는 평생 잠만 자며 꿈을 꾸고 싶다.

노인의 온화한 무감정과 초탈은 그러한 경우에 예지의 입장인 것으로 보인다. 미친 듯이 불어치는 비속한 생활의 회오리바람에서 벗어나, 평정한 자신의 탑 위에서 망상의 광란을 바라보는 것은 즐거운 일이다. 키케로에 의하면

이 대범하고 유쾌한 냉소는 노년의 보상이다. 그것은 엘리시온의 낙원에 사는 사람(죽은사람)에게 허락되며, 모든 시대, 모든 국민의 종교는 은둔하는 자, 요가수행자, 수피(회교의신비가)에 의해 추구되었던 마음 상태이다.――이 평화의 중대한 단점은, 그것이 달콤한 것이어서 사람을 유혹한다는 데 있다.

노력도 하기 전에 보상을 얻거나 싸움에 나가지도 않고 승리의 관을 쓸 권리가 있을까? 사람은 그렇게 하여 자신의 종족에게서 떨어질 수 있을까? 가슴과 양심과 연민은 우리의 정신이 더없이 행복한 자(죽은사람)의 안식을 열망하고 염원했는데도, 언젠가 우리를 인간들, 즉 흔들리고 번뇌하고 있는 자들의 무리로 되돌려놓지는 않을까?――아니, 현재의 너의 행복 가운데 두 가지를 확실하게 나눠서 인정하지 않으면 안 된다. 그 한쪽인 뛰어난 것은 거짓선이나 기만의 욕망에서 벗어난 것이고, 다른 쪽인 나쁜 것은 인생과 여자에 대한 지나친 경계이다.――가능한 한 뛰어난 실례를 보여주지 않으면 안 된다. 그러려면 너는 두 가지 의무를 다해야 한다. 인간으로서 너는 더 많은 사람을 행복하게 해주어야 한다. 특수한 사람으로서 너의 기량을 더욱 많이 발휘해야 한다.――너는 독신 생활도, 비생산도 인정하지 않고 있다. 따라서 너무 쉽게 그런 것을 체념해서는 안 된다. 너의 적은 내성적인 성격이고, 그것은 나약함을 낳는다. 너에게 필요한 것은 용기, 신앙, 끈기, 실행이다. 자신의 본성이 어느새 나약해졌을 때는 그것을 강요할 줄도 알아야 한다.――배수의 진을 쳐라. 기운을 내어 분발하라. 과감하게 재주를 넘어라. 너 자신을 단단히 붙들어 매라. 그것은 네가 이제부터 해야 할 커다란 진보이다. 남에게 신세를 지는 것은 오히려 인간다워지는 일이고, 스스로를 낮추는 일이며, 희생을 바치는 일이고, 자신을 귀하게 하는 일이다. 실제로 영웅심만이 귀하게 해줄 수 있다. 자유의지로 의무라는 관념에 자신의 휴식, 안락, 안전, 기호를 희생하는 것은 영웅적이다.

이성은 '신중해지라'고 하고, 양심은 '과감해지라'고 말한다.――이성은 끊임없이 설득하지만 양심은 싸울 마음이 내키지 않는다. 양심은 사람을 어리석음으로 기울어지게 한다. 불가능한 것은 그 비밀스러운 열망이다.

1866년 12월 13일

J. H***의 집에서 프랑스인 둘, 제네바 사람 넷과 저녁 식사. 그 중 네

사람은 교수와 교사, 그리고 부인이 둘, 집주인 부부와 여동생. 참, 잊고 있었는데 H***씨라는 영국인이 있었고, 바로 조금 전에 우산을 씌워 배웅해 주었다. 그 성공회 신자는 오늘밤 귀가 상당히 따가웠을 것이다. 그 자리에 있었던 사람들은 모두 둘째 가라면 서러울 정도로 합리주의자인 데다 반그리스도교였으니까. ……대화는 상당히 무르익었고 화제도 풍부했다. 이지적인 독립의 보장으로서의 단순한 회의(懷疑), 이것이 재능 있는 우리 청년들 대다수의 관점이다. 어리석은 것을 완전히 없애버리는 것이 인간의 명예인 것처럼 여겨지고 있다. 그러나 내가 받은 인상으로는 개개인의 어리석은 점을 극단적으로 제거해버리는 것은 전제정치의 역할이고, 자유를 이런 식으로 해석하는 것은 아무리 봐도 자유를 뿌리째 뽑는 일이다. 오늘밤 교양 있는 몇 사람의 대화를 들은, 나는 문예부흥, 프톨레마이오스 왕조, 루이 15세 시대처럼 기분 좋은 무정부제도가 한편으로 권력의 전제를 삼갔던 시대, 또 반대로 영국, 네덜란드, 미국처럼 정치적 자유가 필연적인 선입견에 의해 평가받고 있는 나라에 대해 생각해 보았다.

 사회가 무너지지 않기 위해서는 응집의 원리, 따라서 공통의 신념, 이미 용인되어 논의를 허용하지 않는 주의, 그날그날의 여론 하나하나에 따라 흔들리지 않는 실천적 격언 및 제도를 필요로 한다. 모든 것을 문제 삼으면 모든 것이 위험해진다. 의심은 폭정의 협력자이다. "한 국민이 믿는 것을 원하지 않는다면 노예가 되어야 한다"고 토크빌(Tocqueville. 프랑스 정치가, 1805~1859년)은 말했다. 어떤 자유에나 의존이 들어 있고, 각각의 조건을 가지고 있다. 이것을 반정부적, 비평적, 부정적인 머리를 가진 사람은 잊고 있다. 그러한 자들은 종교라는 것을 불면 꺼지는 것으로 생각한다. 종교는 멸망시킬 수 없는 것, 어떤 종교를 가지고 있는지 아는 것만이 문제라는 것을 모르는 것이다. 볼테르는 로욜라에게 힘을 준 것이 되고, 그 반대도 역시 성립된다. 이 두 사람 사이에는 결코 평화는 성립되지 않으며, 그 사이에 낀 사회에도 평화는 없다. 해결은 자유로운 종교, 즉 자유로운 선택과 자유로운 귀의에 의한 종교 안에 있다.

 (날짜 없음)
 ……이 일기의 한 권을 다시 읽었다. 나는 탄식과 초라함으로 가득한 기록이 조금 부끄러워졌다. 이 노트는 나라는 사람을 불완전하게밖에 보여주

지 않는다. 내 안에는 있지만 이 노트에서는 볼 수 없는 것이 많이 있다. 그것은 무슨 이유에서일까? 먼저 우울한 마음이 쾌활한 마음보다 더 펜을 잡게 한다는 것, 그리고 주위의 상황 때문이다. 시련에 들게 하는 것이 아무것도 없을 때는 나는 언제나 우울에 빠져든다. 그러므로 실제적인 인간, 밝은 인간, 문학적인 인간은 이 노트에는 나타나지 않는다. 이 초상에는 전체관, 균형, 중심이 결여되어 있다. 너무 가까이서 보고 있기 때문이다.

자신에 대해 잘 알 수 없게 되는 진정한 이유는 자신을 적당한 거리에서 바라보기가 어려울 뿐만 아니라, 세부적인 것들이 협력하여 만들어내는 전체의 인상을 확실히 파악할 수 있는 적당한 견지에 서기가 어렵기 때문이다. 자신의 상대적인 가치에 대해 엄밀한 관념을 얻으려면 자신을 사회적, 역사적으로 바라볼 필요가 있고, 자신이 무엇이고 무엇이 아닌지를 알려면 자신의 생애 전체, 적어도 생애의 어떤 시기 전체를 바라볼 필요가 있다. 얼굴 위를 기어다니는 개미, '미인의 이마에 앉은 파리'는 얼굴 위에 있으면서도 그 얼굴을 볼 수는 없다. 한눈에 전체를 포착하지 못하기 때문이다.

20년이 넘도록 연구하고 있는 사람의 충실한 초상을 그리기가 어렵다는 것을 알면, 오해라는 것이 세상에서 그토록 큰 역할을 하고 있다는 것이 과연 놀라운 일일까? 어쨌든 그 노력은 전혀 헛된 것은 아니다. 그 대가는 밖을 향하는 식별력이 예리하게 단련되는 것이다. 내가 인간에 대해 약간이나마 섬세한 감각을 가지고 있다면, 그것은 의심할 여지없이 나 자신에 대해 끊임없이 잘못을 거듭해온 이 분석 덕분에 얻은 것이다. 실제로 나는 언제나 자신을 연구대상으로 사용해 왔다. 내 안에서 가장 흥미를 끈 것은 내가 다른 사람을 귀찮게 하지 않고, 또 쓸데없이 참견하지도 않고 그 변화한 모습, 비밀스러운 고찰, 가슴 두근거림, 유혹을 추적할 수 있는 인간을 인성의 진정한 표본으로 가까이 가지고 있다는 즐거움이다. 나의 주의력은 비아적(非我的)으로, 철학적으로 내 몸에 부착되었다. 스스로 가지고 있는 것을 사용할 수 있기 때문에 자신의 나무로 제대로 된 활을 깎지 않으면 안 된다.

올바른 초상을 만들려면 잇따라 일어나는 현상을 동시성으로 바꾸고, 많은 것을 버리고 하나를 취하며, 변화하는 현상에서 본질로 거슬러 올라가야 한다. 그런데 내 안에는 시간, 장소, 환경, 기회에 따라 열 명의 인간이 있다. 나는 움직이고 있는 잡다한 상에 의해 나 자신에게서 벗어난다. 그렇기 때문에 나의 과거, 나의 일기, 나 자신에 대해 무엇을 표현해 보아도, 시인적인 직관을 갖추고 있고 내가 제시하는 다양한 요소를 가지고, 또 요소에 구애되지 않고 나의 전체적인 모습을 만들어낼 수 없는 사람은 아무것도 할 수 없다.

나는 내가 카멜레온이고 만화경이고 프로테우스이며, 모든 방법으로 변화하고 분극하여 나를 나타내는 것에 있어서도 유동적·잠재적이고, 나의 표현에 있어서도 모습을 보여주지 않고 있음을 느낀다. 말하자면 나는 개체적 생명이라 불리는 분자의 소용돌이를 눈앞에서 보고 있다. 나는 내 안에서 벌어지고 있는 끊임없는 생존의 변화와 저항할 수 없는 탈피를 지각하고 의식하고 있다. 나는 내 몸의 모든 세포, 강물의 모든 방울, 내 유일한 힘의 모든 방사선이 날아가 사라지고 갱신되고 변경되는 것을 느낀다.

나 자신에 관한 이 현상론은 내 운명의 환등인 동시에 세계의 신비를 향해 열린 창과 같은 것이다. 나라는 사람은, 아니, 그보다 내 의식의 감수성은 불변하는 영원의 대양에 쏟아 부어 끓어오르고, 격렬한 시간의 추이를 느끼게 하는 눈에 보이지 않는 문지방이라고도 할 수 있는 이상적인 선을 향해 집중하고 있다. 멍청하고 무심하게, 잡다하고 하찮은 일이나 사라지기 쉬운 생존의 변덕에 빠진 뒤, 취하지도, 맹목적이 되지도 못한 나는, '어머니들'이 (괴테《파우스트》 제2부 1막 5장) 살고 있는 곳, 살지도 않고 죽지도 않고, 운동도 변화도 확대도 형태도 가지지 않으며, 다른 모든 것이 사라져 갈 때 계속되고 있는 자가 잠들어 있는 곳, 바닥이 얕은 연못, 음산한 침묵을 지키는 심연을 다시 발견하는 것이다.

    바닥을 알 수 없는 공간의 영원한 푸른 기운 속에
    우리의 소란스러운 지구가 평화에 싸여 있다.
    인간이여, 너의 영원하고 조용한 창공으로
    지나가는 꿈같은 너의 밝은 태양을 감싸라.

1867년 1월 11일

"아아, 포스툼스여, 포스툼스여

순식간에 한 해가 흘러가는구나. ……"

(라틴어 호라티우스의 시구 Carm. 2, 14, 1.)

나는 내 생명의 한 방울 한 방울이 모든 것을 다 집어삼키는 영원한 심연에 떨어지는 소리를 똑똑히 듣는다. 나는 하루하루가 죽음을 향해 나는 듯이 사라지는 것을 느낀다. 아직 태양의 빛을 마시기 위해 나에게 남아 있는 모든 일주일과 한 달과 한 해는, 거의 하룻밤, 계산에 들어가지 않는 여름의 하룻밤으로밖에 생각되지 않는다. 그것이 머지않아 끝나기 때문이다. 이 견해에는 시적 정취가 있다. 그러나 그 하룻밤은 결실 없는 우울이 아니라 정성을 들인 정력이 되지 않으면 안 된다.

풀잎 뒤로 자러 가기 전에
너의 돌비석이나 보릿단을 만들라.

사멸, 침묵, 심연. 그것은 불사와 행복, 완성을 동경하고 있는 자에게는 무서운 신비이다. 아아, 내일, 아니 잠시 뒤, 나는 어디에 있을까? 그때는 이미 호흡을 하지 않게 되어 모르는 사람의 손이 내 마지막 문장 아래에——

"H. F. A.의 일기 끝.
…………………………일
…………………………에서 사망."

이렇게 쓸 것이다. 내가 사랑하는 사람들은 어디에 있을까? 우리는 어디로 가는가? 어떻게 되는가? 끝없는 문제는 가차 없는 엄숙한 모습으로 언제까지나 우리 앞에 서 있다. 곳곳에 신비. 죽은 사람의 "내가 무엇을 알 수 있으랴?"(몽테뉴의 말)가 불길하게 울려 퍼지는 불확실한 어둠 속에서는 어느 별에도 신앙이 있다.

상관없다. 세계가 선한 신의 작품이고, 의무 의식이 우리를 속이지만 않는다면, 굳이 우리가 살아 있을 필요가 없다. ——어쨌든, 설령 신이 소멸해도 우리는 자신이 아닌 것 덕택에 존재한다. 우리는 우리 종족에게 몸을 바치고, 이웃을 위한 제물이 된다. 행복을 주고 선을 행하는 것, 이것이 우리의 법칙, 우리 구원의 닻, 우리의 존재 이유, 우리의 등대이다. 모든 종교가 붕괴하는 일도 있을 것이다. 이 종교가 존속하는 한 우리는 또 하나의 이상을 가지며 그것은 살 만한 가치가 있는 것이다.

사랑, 무욕, 헌신의 종교는 그 제단이 버림받지 않는 한 인간에게 품위를 주고, 네가 스스로 사랑할 수 있다고 느끼는 한 그 제단을 파괴할 수 있는 사람은 아무도 없다.

1867년 4월 11일

……일어나라, 언제까지 자고 있을 셈이냐. 죽은 자들 사이에서 일어나라.

네가 끊임없이 하지 않으면 안 되는 것은 기운을 비축하는 것이다. 너는 자연의 흐름에 따라 생활에 대한 혐오감과 절망, 비관을 향해 나아간다.

"행복한 사람, 지금 행복한 사람"이라고 ***부인이 말한 사람은 반대로 '염세주의자'이다. 세상 앞에서 웃는 얼굴을 하며, 가능한 한 자신의 비밀스러운 생각, 죽고 싶을 만큼 슬픈 생각, 돌이킬 수 없는 일에 대한 생각을 속이려 하고 있다. 그것은 평화를 가장한 비통함일 뿐이고, 그 쾌활함은 잘못을 깨달은 가슴의 무관심과 망설임이 깨어나 한없이 뒷전으로 밀리는 행복과 같다. 그 지혜는 단념에 길든 것이고, 그 즐거움은 체념한 것이 아니라 오히려 인내심 강한 결핍에 지나지 않는다. 한마디로 말해 그 사람은 기쁨이 없는 생존을 달게 받아들이고, 거기에 뿌려져 있는 모든 이익도 마음속까지 채우는 것이 아님을 잘 알고 있기 때문이다. 무한에 대한 갈증은 풀지 못하고 있다. 신(神)은 거기에 함께 있지 않다. 공허는 껍데기뿐인 나의 부(富) 안에 있다.

진정한 평화를 느끼려면 자신이 더없이 높은 세력에 의해 이끌리고 용서받고 보호되고 있음을 느끼고, 신이 우리에게 원하는 질서에 맞게 자신이 걸어가야 할 길을 정해야 한다. 이 신앙은 힘과 안정을 준다. 너에게는 이 신앙이 없다. 실제로 너에게 있는 것은 임의적이고 우연적인 것이며, 있어도 좋고 없어도 좋은 것이다. 너의 처지에서 일어나는 일은 조금도 신의 뜻에 의한 것으로 보이지 않고, 모든 것이 너의 책임에 맡겨져 있는 것처럼 생각되며,

더욱이 그 생각으로 인해 너는 자신의 삶을 지배하는 것이 싫어졌다. 너는 자신의 몸을 뭔가 큰 사랑, 뭔가 귀한 목적에 바치고 싶어했다. 가능하다면 이상을 위해, 즉 너의 헌신에 어울리는 신성한 명분을 위해 살고 또 죽고 싶었을 것이다. 그러나 너에게는 몸을 그렇게 사용할 방법이 없었다. 그것이 불가능하다는 것을 알게 되자, 너는 무엇에 대해서도 진심으로 마음을 돌이키지 못하고, 이미 채워질 수 없는 것으로 정해진 운명과 장난만 치고 있다. "안 된다." 스핑크스의 수수께끼도 풀린 뒤에는 우리의 용기를 빼앗는다.

우리의 헛된 생각이 오래 이어지는 낙엽……

이 무슨 야유란 말인가!
자, 시바리스 사람, 몽상가, 게으름뱅이 너는 그런 식으로 의무와 행복 사이에서 이리저리 휘둘리면서도 단호하게 결심하지 못한 채 끝까지 갈 셈이냐? 인생은 우리의 정신적인 힘의 시련이 아닐까? 모든 내적인 동요는 마음의 유혹이 아닐까? 너무 늦은 건지도 모른다. 그러나 애석해하거나 통탄한들 무슨 소용인가. 지금 가지고 있는 카드로 승부를 걸지 않으면 안 된다. 주어진 모든 것, 돌이킬 수 없고 강요되고 숙명적인 모든 것, 이를테면 너의 나이, 성별, 이름, 이력, 현상, 현재의 의무 등은 신의 뜻에 의한 것이다. 단지 문제는 지금 네 처지에서 무엇을 하면 가장 좋은가 하는 것뿐이다. ──먼저 자루보다 도끼를 버리거나 (낙담하여 손을 떼고) 달아나고 물러가는 것은 금지되어 있다. 그러므로 먼저 체념하고 인간의 분수에 만족한 다음 개인의 분수에 만족해야 한다.

1867년 4월 15일
(아침 7시) 간밤에는 비가 섞인 폭풍. 집안일을 도와주는 나이 든 여자는 바람이 대포를 쏘는 것 같았다고 한다. 4월의 변덕. ──창문가가 음산한 잿빛이다. 지붕이 빗물로 반짝이고 있다. ──'썩은 땅덩어리'와 흐물흐물한 뇌수. 봄이 일을 시작하자 무정한 나이가 우리를 무덤 쪽으로 밀어낸다. 어쩔 수 없는 일, 모두에게 차례가 온다.

아름다운 아가씨들, 자, 어서들 가서
보리 사이의 수레국화를 따세요.

우울함. 권태. 피로.——긴 잠에 빠지고 싶은 기분이 엄습한다. 그러나 희생을 견뎌야 한다는 요구, 영웅적인 욕망이 그것과 싸운다. 이것은 자신으로부터 달아나는 두 가지 방법이 아닌가? 자신의 자아(自我)에 대해 죽기 위해 잠을 잘까, 몸을 내던질까? 그것이 가슴의 염원이다.——가련한 가슴.

1867년 9월 6일 바이젠슈타인(Weissenstein. 쥐라 산맥의 최고봉)

절경. 너무 아름다워서 눈을 뜰 수가 없다. 아침 햇살이 넘치고 있는 젖 같은 바다의 소용돌이치는 파도가, 바이젠슈타인의 수많은 깍아지른 듯한 낭떠러지를 향해 몰려오는 것을, 장엄한 높이로 늘어선 알프스의 무한한 왈츠가 내려다보고 있다. 지평선 동쪽은 피어오르는 안개의 광채에 잠겨, 테디(Töedi. 스위스 동부의 알프스 산괴)에서 뻗어나오는 모든 산맥이 맑고 밝은 모습으로 눈이 쌓인 평원과 연푸른 하늘 사이를 떠다니고 있다. 거인 집단이 안개에 침범당한 골짜기와 호수 위에서 회의를 열고 있다. 클라리덴(Clariden. 테디 산괴 서북쪽의 봉우리), 슈판오르트(Spannörter. 골짜기를 사이에 두고 그 서쪽에 늘어선 산괴), 티틀리스(Titlis. 그 서쪽 봉우리), 주스텐호른(Sustenhorn. 그 정남쪽), 그리고 베르너 고지의 거봉, 베터호른(Wetterhorn)에서 디아블레까지, 즉 험준한 슈레크호른(Schreckhörner), 날카로운 핀슈테라르호른(Finsteraarhorn), 아이거(Eiger) 뮌히(Mönch)와 융프라우의 3봉, 번쩍이는 비치호른(Bietschhorn. 그 남서 부근), 지붕 같은 블륨리스알프(Blümlisalp. 융프라우 서쪽), 돌덴호른(Doldenhorn. 그 서쪽 봉우리), 피라미드 형태로 짝을 이루고 있는 발름호른(Balmhorn)과 알텔스(Altels. 그 서남쪽), 거기에 이어 빌드스트루벨(Wildstrubel. 그 서쪽)과 빌드호른(Wildhorn. 그 서쪽 디아블레의 동쪽), 그리고 보의 봉우리들 대(大) 뮤블랑, 모스론, 샤모세르, 투르다이(Tour d' Ai. 골짜기를 넘어 서북쪽), 네유(Naye. 그 서북쪽), 발레(Valais. 론 상류, 스위스 남부의 주)의 봉우리들(당뒤 미디), 프라이부르그(Freiburg. 프랑스어로는 프리바르 Fribourg 스위스 남부의 주)의 봉우리들(몰레종), 샤블레(Chablais. 레만 호 남쪽 프랑스령 사보아 북변)의 봉우리들, 그리고 이러한 높은 연봉 위에 이탈리아 산맥의 두 왕(王), 감미로운 장밋빛의 몽블랑과, 도르덴호른의 틈새에서 돋아난 몬테로자의 파르스름한 꼭대기까지. 이것이 원형 회의장의 집회에 참석한 얼굴들이다.

지평선의 옆얼굴은 모든 형태를 다 보여주고 있다. 바늘, 대들보, 성, 피라미드, 오벨리스크, 이빨, 엄니, 발톱, 뿔, 아치. 그 깔쭉깔쭉한 선은 구부러지고 일어서고 뒤틀리고 솟아나며, 다양한 모습들을 톱니 같은 형태로 나타내고 있다. 그보다 낮은 2급 산은 그냥 둥그스름한 봉우리, 매끄럽게 달려가는 곡선을 그리고 있다. 알프스는 단순한 융기가 아니라 지구 표면이 찢어져 생긴 상처이다. 화강암이 하늘을 깨물고 있다. 어루만지고 있는 것이 아니다. 그것과 반대로 쥐라는 푸른 하늘 아래 등을 둥글게 구부리고 있다.

(11시) 안개의 바다가 솟아나 거만한 암초처럼 그것을 노려보고 있는 산들을 덮쳤다. 오랫동안 알프스의 산허리에 쓸데없이 물거품만 끼었고 있다가 일단 후퇴한 뒤 이번에는 쥐라를 공격하여 성공을 거둔 것이다. 우리는 이렇게 떠다니는 파도에 포위되었다. 젖 같은 바다는 광활한 구름이 되어 평원과 산악과 전망대와 관측자까지 삼켜버렸다. 이 구름 속에 양 떼의 종이 울리고 태양의 빛이 맴돌고 있다. 조망은 환상적이다.

'음악지휘자'의 출발. 간밤에 도착했던 콜마르(Colmar. 알자스의 도시)에서 온 한 가족(4명)의 출발. 딸도 동생도 키가 커서 꼭 포플러 같다. 딸은 예쁘고 세련된 편으로 날카로운 아름다움을 갖추고 있지만, 모든 일을 손가락 끝이나 혀끝으로 처리하고 있다. 산양, 에르민느(더러운 것을 끔찍이 싫어하여 사람이 손으로 만지기만 해도 죽는다는 꼬리가 검은 흰족제비, 흔히 문장(紋章)에 쓰인다.) 같다. 호기심이 부족하고 감탄할 줄 모르며 무엇보다 자기 생각만 하는 여자. 말하자면 남의 시선을 끌 만한 얼굴과 자태에 수반되는 결점이다. 어쨌든 골수까지 도시 사람이다. 대자연 속에 오면 외국에 온 기분이 드나보다. 자연은 예의범절을 모른다고 말하고 싶어하는 것 같다고나 할까? 그래서 그녀는 자연에 대해서는 관심도 없다. 산에 와도 작은 토크(테가 없는 작고 둥근 여성용 모자) 같은 것을 쓰고 눈에 잘 보이지 않는 작은 양산을 받치고 큰 길을 뭐나 되는 것처럼 으스대며 걸어다닌다. 테페르가 그 우스꽝스러움을 기막히게 잘 포착하여 스케치했던 관광객의 모습이다. 성격은 분별없는 감복. 나라로 치면 프랑스. 근거는 유행. 재치는 있지만 사물의 정신이나 자연에 대한 이해, 세상의 외적인 복잡성의 느낌, 인생의 현재 그대로의 권리, 즉 우리의 방식이 아니라 인생 자체의 방식에 따라가는 권리에 대한 느낌은 파악하지 못하고 있다.

이 우스꽝스러움은 프랑스를 세계의 중심으로 여기고, 프랑스인이 각국의 지리와 언어를 무시하는 것과 같은 국민적 선입견과 결부되어 있다. 평범한 프랑스의 도시인은 나름대로 자연적인 머리를 가지고 있지만, 자기 자신밖에 이해하지 못하기 때문에 붙임성 있는 구경꾼일 뿐이다. 아토스의 어떤 수도사처럼 자신의 배꼽을 응시하며 생활하고 있다. 그 극(極), 그 축, 그 중심, 그 전체는 파리다. 좀더 작게는 파리의 분위기, 그때의 취향과 유행이다. 잘 정리된 광신적 숭배의 힘으로 독창적이고 유일한 형태에서 수많은 복사품이 태어나고, 한 나라의 모든 국민이 한 공장의 물레 또는 한 부대가 되어 군인의 발처럼 일사불란하게 움직인다. 멋있지만 참을 수가 없다. 물질적인 세력으로는 멋있지만, 심리학자는 견딜 수가 없다. 10만 마리의 양이 있어도 한 마리의 양이 가진 지식밖에 얻지 못한다. 그러나 양털, 양고기, 비료는 10만 배나 공급할 수 있고, 더욱이 그것만이 양치기에게, 즉 주인에게 필요한 것이다. 그건 이해한다. 그러나 이 방식은 소작지와 군주제에만 어울린다. 공화제는 인간을 필요로 하고 개성을 요구한다.

　(정오) 아름다운 조망. 햇빛이 조용히 비쳐드는 창문 아래에 소 떼가 산의 방목지를 향해 뛰어가고 있다. 그 광경이 환영처럼 신선하다. 그것을 덮어가리는 안개에 구멍이 뚫리는 것이 환등판 같다. 내 주위에서 모든 것이 이렇게 미소를 짓고 생활이 극락처럼 가벼움을 띨 때, 이곳을 떠나야 한다는 것은 너무나도 유감스럽다.

　(날짜없음)
　늙은 마음에는 일렁이는 물결보다 잔잔한 바다가 더 많은 것을 얘기하지만, 그것을 깨닫고 인정하려면 영원한 사물에 대한 이해와 무한에 대한 직관이 있어야 한다. 신성한 상태는 침묵과 안정이다. 왜냐하면 어떤 말이나 몸짓도 한계가 있어서 지나가버리기 때문이다. 팔짱을 낀 나폴레옹이 격분하여 거대한 주먹으로 하늘을 때리고 있는 헤라클레스보다 표현적이다. 감정으로 치닫는 사람들은 도저히 그것을 느낄 수 없다. 그런 사람들은 잇따라 일어나는 세력은 이해해도 응축된 세력은 모른다. 언제나 효과와 행위와 음향과 노력이 필요하다. 자신은 움직이지 않고 모든 운동의 원동력이 되고 모든 효과의 원리가 되며 모든 광선의 초점이 되는, 그리고 자신이 풍부하다는 것을 확신하는 데 자신을 소비할 필요가 없고 자신이 유력하다는 것을 아는 데 움직이고 다닐 필요가 없는 순수한 원인을 가만히 응시할 수가 없다. 감정의 예술은 반드시 사람의 마음을 사로잡지만, 지고한 예술은 아니다. 정말이지 민주주의 시대는 청량한 예술을 점점 불가능하게 만들어간다. 시끄러운 짐승의 무리는 이미 신을 모른다.

(날짜 없음)

분석을 터득한 두뇌는 언제든지 이의를 반밖에 받아들이지 않는다. 이의(異議)에 내포되어 있는 변화적이고 상대적인 점을 계산해보기 때문이다.

(날짜 없음)

시간이 지나면서 제대로 규칙이 세워진 마음을 기쁘게 하는 것은, 진실한 것, 올바른 것밖에 없다.

1867년 11월 10일

피오9세(1846~1878년의 로마교황)의 새 회람문서를 오늘 아침에 읽다. 그는 출산 예정일(10월 18일)보다 3주일 늦게 세상에 태어난 사람이다. 일본 천황의 칙서 같은, 오히려 어딘가 미라의 문서를 읽는 듯한 느낌이 들었다. 지금도 여전히 가톨릭교에 사람들의 양심을 맡기고 있는 각 사회가 구제해야만 하는 타락을 비판하려면 '실라부스'(라틴어, 교황의 벌을 받은 그릇된 견해를 나타낸 표)나 회람문서 같은 것을 연구하면 충분하다. 교황교(프로테스탄트가 붙인 가톨릭교의 다른 이름)는 여전히 13세기에 머물러 있다. 이 종교는 이제 아무것도 이해할 수 없어져서, 요즈음 그리스도교에 대해 너무나도 잔인했던 메젠티우스(Mezentius 헤르길리우스의 《에네이스》에 나오는 에트루리아의 왕)가 살아 있는 신체에 묶어놓고 기뻐하던 시체를 대표하는 것 같다. 정의, 진리, 선, 종교, 양심이란 무엇인가 하는 것을 알 수 없게 되고, 아는 것은 오직 한 가지, 성직자에 대한 복종이라는 것뿐이다.

'교회'는 지금 과학, 법률, 참된 정신성의 바깥에 있다. 오늘날의 로마교는 사람들의 영혼에 대한 경고, 아니 오히려 몽매화이다. 왜냐하면 그것이 여러 국민에게 영구적 후견을 설정하는 것이기 때문이다. 그것은 모든 반항과 부정의 아버지이며, 더구나 스스로를 이것들에 대한 치료약 내지는 해독제로 인식한다. 그것은 그것 아래에서 배운 여러 국민의 가슴에 종교의 개념 자체를 부패하게 했다. 가장 곤란한 것은 아편의 경우처럼 이것에 좀이 슨 사람들에게 없어서는 안 되는 것이 되고, 생겨나는 의혹에 대해 가장 유효하며 유일하고 균형 잡힌 무게가 되어 있다는 것이다. 교양이 있는 남자는 그것이 없어도 대다수, 즉 어린이, 여자, 단순한 사람, 배우지 못한 사람을 사슬로 속박하고, 그렇게 해서 붕괴 속에서도 표면적인 질서를 유지하고 있다. 그것에 지탱되고 있는 여러 사회는 벌레 먹은 상태지만, 그래도 여전히 겉모습을 구제해 명예심을 만족시키고 있다.

대부분 글자 그대로의 의미로 교황은 미라이고, 가톨릭교는 미신이다. 그러나 여전히 병든 인간과 죽은 제도를 끌어들이고, 접촉하는 사람들을 무덤으로 끌고 갈 만큼의 힘이 있다.

이 대규모의 구경거리는 당연히 준엄한 취조를 받아야 한다. 여러 종류의 종교는 인류의 법정으로 소환해도 상관없다. 인류는 그들 종교에 대해 그 행위와 공적을 신문할 권리를 갖고 있다. 로마교가 인간에게 악보다도 훨씬 많이 선을 베풀었다는 것은 확실한가. 이 물음이 나오고, 거기에 의혹이 담겨있다고 해도 그것은 사제의 탓이다.

사제는 도처에서 지상적이고 인간적인 목적을 위해 오히려 사제의 직분, 성직, 종무, 종교적 본능을 이용하고, 신에 대한 모독을 기초로 하는 학정, 기만적 학정의 수립에 힘쓰고 있다. 왜냐하면 이 경우에 인간이 스스로 신의 대리인, 신의 도우미로 행동하기 때문이다.

1868년 1월 10일 (지명이 표시되어 있지 않은 경우는 제네바에서 쓴 것)

(밤 11시) 에두아르 클라파레드(Edouard Claparède. 제네바의 동물학자 1832~1871년)의 집에서 철학 모임. 일정에 올라 있던 문제, 감각의 본질. 클라파레드의 결론은 모든 '경험'의 절대적 주관주의, 다시 말해 순수 관념론이 되어 있다. 자연과학자치고는 감탄스러울 정도다. 자아만이 존재하고, 우주는 자기의 투영, 우리가 관찰자라고 믿고 있는 한 자신도 모르는 사이에 만들어 내고 있는 환영일 뿐이다. 즉, 우리의 본체가 객관화하여 현상이 된 것이다. 자아는 변하면서 변하는 것을 인식하지 못하고, 인과율에 따라 그것을 상상하며, 다시 말해 자신을 설명하기 위해 객관적인 세계의 위대한 미망을 만들어 내는 방사적인 힘이 된다. 깨어있을 때는 맥락이 통하는 꿈을 꾸고 있는 것이 된다. 그러면 자아라는

것은 그 본성의 필연에 의해 미지의 것을 무한하게 낳는 미지의 것이 된다.

이론적으로는 의식이 없는 것은 없다는 의식 안에서 요약된다. 바꿔 말하면 이해할 수 있는 것은 불가해한 것에서 나오고, 또 그곳으로 돌아간다. 또 자아는 '나'가 아닌 것의 가설로 자신에게 설명된다. 그러나 결국은 자신의 꿈을 꾸고 있는 꿈에 지나지 않는다. 그것에 대해서는 스카롱(Scarron. 프랑스 소설가, 1610~1660년)처럼 말할 수 있다.

그림자의 그림자로
시스템의 그림자를 그린다
이지의 그림자가 나에게 보였다.

자연주의에 의한 이 자연의 무시는 철두철미하다. 이것이 셰링의 출발점이다. 생리학의 견지에서 보면, 자연은 강요된 착각, 체질에 기초한 환각과 같다. 이 마법에서 벗어나려면, 자유로운 원인과 느낌, 책임을 통해 현혹하는 것을 깨부수고, 마야(迷惑)의 주술 고리에서 빠져나오는 정신적인 활동에 의하는 수밖에 없다.

마야, 그것은 진정한 신일까? 인도의 지혜는 이미 세계를 바라문의 꿈으로 만들고 있다. 피히테처럼 세계를 각자의 고독한 꿈으로 보아야 하는 것인가? 그렇다면 지극히 어리석은 자도, 무한한 하늘에 우주의 불꽃을 쏘아 올리는 우주 생성의 시인이 될 것이다. ——그러나 우리는 왜 뭔가 배우려고 이렇게도 헛된 노력을 하는 것일까? 가위 눌릴 때라면 몰라도, 적어도 꿈속에서 우리는 이곳저곳에 존재하고, 모든 것을 알며 완전한 자유를 얻는다. 그렇다면 깨어 있을 때는 자고 있을 때보다 각성이 더 둔해지는 것일까?

1868년 1월 16일

(저녁 6시) 이 땅에서의 괴로운 일에 조금이라도 천국적인 점을 선사하여, 사람들의 마음을 이따금 모호한 영역으로 접근시킬 수 있는 유년시절은 행복하다. 어딘가에서 얘기한 적이 있는 것 같은데, 출생은 인류가 정신적으로 젊어지는 동시에 존속하는 방법이다. 통계에 의하면 매일 8만 명에 이른다는 출생은, 말하자면 순수함과 신선함이 새로 태어나는 것이고, 인류의 사멸뿐만 아니라 인간의 타락과 세상에 널리 퍼져있는 죄악의 부식을 상대로

싸우는 것이다. 요람과 유년시절을 맴도는 선량한 마음에서 생기는 것은 보편적인 신의 섭리의 한 가지 비밀이다. 이 상쾌한 이슬을 잃으면, 이기적인 감정의 혼란은 불처럼 인간 사회를 건조시켜 버린다. 어른들은 아무래도 서로 싫증이 나고 나중에는 긴 항해의 승객처럼 각자가 모두에 대해 신경이 날카로워진다. 그래서 죽음이 다가와 사람들의 마음을 새롭게 하거나, 누구한테서도 개인적인 반감을 사지 않는 새로운 승객, 죄가 전혀 없거나 약한 사람들이 험악한 적의의 한복판에 온정을 가져오고, 한계에 부딪힌 이기주의의 한복판에 담백한 마음을 가져와 그 기운을 진정시키지 않는 한 구제할 수 없다. 가령 인류가 10억 명의 죽지 않는 사람들로 구성되어 있고 그 수가 늘지도 줄지도 않는다면, 우리는 어떤 지경까지 이르고 어떤 모습이 될까? 큰일이 아닐 수 없다. 틀림없이 천 배나 영리해지겠지만, 또 천 배나 악인이 되어 있을 것이다. 지식은 많이 쌓일 것이다. 그러나 고뇌와 헌신이 낳는 덕성, 즉 가정과 사회는 멸망해버릴 것이다. 그 보상은 아무것도 없다.

의식하지 않고, 바라지도 않는데 사람들에게 사랑을 받고 그로 인해 남에게 좋은 기분을 줄 수 있는 유년시절은 행복하다. 지상에서 그래도 조금이나마 천국 같은 느낌을 받을 수 있는 것은 아마 유년시절이 있기 때문일 것이다. 부모님의 마음도 없이, 사랑만으로는 언제까지나 서로 헐뜯는 인간, 즉 자신의 정열로만 움직이고 있는 인간을 없애지는 못한다. 천사의 생활은 천국적인 것이므로, 그 생활을 유지하는 데는 탄생도 죽음도 필요하지 않다. 하지만 우리의 생활은 투쟁의 연속이고, 인간에게 가장 중요한 마음가짐이 자신의 이익을 도모하는 생각임을 차지한다면, 이는 흔히 자신과 같은 부류의 인간에게 불쾌감을 주는 기술일 것이다.

"내가 그걸 바라는 것은 아니지만 주위에 피해를 주게 된다. 늘 그렇다." 이런 생각이야말로 꽤 괜찮은 마음가짐의 좌우명이다.

우리의 환경과 종족에 대해 불평하는 것은 삼가자. 아, 정말 불안에서 벗어나려면 어디로 가는 것이 좋을까? 더 나쁜 것은 자기 자신에게 불평하는 일이다. 자신의 그림자에서 밖으로 뛰쳐나가는 방법이 있을까? 사물을 바꿀 수 없는 이상, 그것에 대한 견해를 바꾸는 것이 가장 간단한 방법이다. 세계를 어지럽히는 것은 번거로운 일이기도 하고 무익하기도 하다. 그보다는 자신의 몸을 새롭게 하여 모난 데를 바꾸는 것이 낫다. 불만은 생활에 독을 뿜는다. 인내와 순종은 생활에 시적 정취와 준엄한 아름다움을 줄 수 있다. 시련이나 사명, 임무, 의무 같은 종교적인 관념은 이성을 한계에 부딪치게 하는 감정의 병적 긴장을 깨는 데 필요하다. 모든 길은 로마로 통하고 또 광란으로 통한다. 선으로 통하는 길은 그리 많지 않다. 어쩌면 오직 하나뿐일지도 모른다. 그 길이 시작되는 곳을 찾으려면 자기로부터 나가지 않으면 안된다.

1868년 1월 25일

입안이 한심한 상태가 되었다. 혀와 이뿌리가 한꺼번에 아프기 시작했다. 치과의사가 손을 댄 뒤, 그때까지 흔들리지도 않았던 어금니 두 개가 아프기 시작하더니 전체가 흐물흐물해진 것 같은 느낌이다. 새로움이 다가오고 있다. 드디어 나도 턱 덕분에 불순한 날씨와 기술자에게 좌우되는 가련한 동물 '악치류(惡齒類)'(그리스어를 섞은 조어) 무리에 끼게 된 셈이다. 지금까지 나는 이 부자유와 슬픔을 맛본 적이 없었다. 그것이 틈만 나면 트라피스트(프랑스의 수사)의 불평을 연상시키며 인생에 대한 혐오감을 조장하는 것이다. "친구여, 죽어야 하느니. 친구여, 너의 몸은 멸망해 가고 점점 먼지가 되어 점점 무덤 쪽으로 내려간다." 이 끔찍한 경고에는 밝은 데가 조금도 없다.

아무리 쓰레기라 해도 이 쓰레기 같은 몸이 나에게는 소중한 것이다. 이 점에서 자신의 불멸을 믿고, 사도와 함께 외적인 인은 멸망한다 해도 인간의 내면은 날마다 새로워진다고 생각하는 것이 중요하다. ──그럼 그것을 의심하고 희망을 걸지 않는 사람들은 어떨까? 그런 사람의 여생은 그 작은 제국의 어쩔 수 없는 해체, 사정 없는 운명의 손길에 의해 차례차례 일어나는 육체의 박탈에 지나지 않게 된다. 그 하나하나의 단계가 불길하고 파국이 불가피하며, 더욱이 오래 걸리는 사멸을 보고 있는 것은 괴로운 일이다. 스토아주의가 자살할 권리를 주장했다는 것이 이해가 된다. ──너의 현재 신앙은 무엇인가? 모든 것에 걸치는 의심, 적어도 학문에 대한 상당히 일반적인 의심이 이번에는 너를 엄습해 온 것이 아닐까? 회의론자에 대해 정신 불멸설을 변호하면서도 상대가 입을 다물고 나면, 사실은 스스로도 정말 그렇게 생각하는지 어떤지 모르고 있다. 너는 희망 따위는 갖지 않고 살려고 한다. 너는 이미 거의 희망을 가질 기력을 잃어버리고 신앙,

특히 사면과 불사에 대한 신앙, 즉 그리스도교의 형태를 취한 종교적 신앙에 의해 다른 사람들과 마찬가지로 지탱되고 위로받지 않으면 안 되는 것 같다. 이성도 사유나 근육, 신경과 마찬가지로 피로해진다. 그래서 수면이 필요하다. 수면은 어린애 같은 유치함이나 평범한 희망 속으로 빠져드는 것이다. 예외적인 견지에 계속 서 있으면 몹시 피곤해지고 무기력하게 선입견에 빠지는 모습은, 서 있는 사람이 결국에는 땅바닥에 쓰러져 수평자세를 취하는 것과 같다. 그래서 우리는 신장(身長)을 가끔밖에 보여주지 않는다. 기력이 쇠퇴하고 젊음의 불길이 우리 안에서 사라지기 시작하는 순간부터 환경이 우리를 속박하여 일반적인 수준으로 끌어내린다.――이 법칙에 의해 가톨릭은 한창 기운이 좋을 때는 내내 그 손에서 벗어나 있던 양을 대부분 죽음의 자리에서 다시 붙잡는 것이다. 그래서 "나이를 먹으면 악마도 수행자가 된다"고 하는 속담도 생겼다.

건강과 기쁨, 애정, 생생한 감각, 기억, 일의 능력, 이 모든 것에 버림받았을 때, 태양이 식어버리고 삶의 모든 매력을 빼앗긴 것처럼 생각될 때, 우리는 어떻게 되는 것일까? 사람이 만약 희망을 전혀 가지고 있지 않다면 어떻게 될까? 바보처럼 멍청해지거나 화석이 되어버리는 것일까?――답은 언제나 같다. 의무를 고집하게 된다.

  타인을 위해 살아라. 정당하고 선량하라.
  너의 기념비, 수확의 곡식을 거두어라.
  그리고 풀 밑으로 잠자러 들어가기 전에
  하늘의 용서를 얻어두어라.

양심의 평화를 유지할 수 있고, 화해가 가능하며, 모든 것이 정리되었다고 느낀다면, 미래에 대해서는 걱정할 것 없다. 당당한 모습을 보여라. 나머지는 신에게 달려 있다. 무엇이 가장 가치가 있는지를 아는 것도, 신의 영광을 지키는 것도, 사후의 생명에 의지하든 죽음에 의지하든 신의 의지에 달려 있는 것에서 행복을 만들어내는 것도 신의 일이다. 가령 성스럽고 선량한 신이 없고 위대하고 보편적인 존재, 모든 것의 법칙, 기본형과 사상성이 결여된 이상밖에 없다고 해도, 의무는 역시 수수께끼를 푸는 열쇠가 되고, 앞으로 전진하는 인류의 북극성이 될 것이다.

무슨 일이 있더라도 해야 할 일을 하라.

1868년 2월 26일

아바(Edmond About, 프랑스의 소설가, 평론가, 1828~1885년)의 《망프로아》(《시골의 결혼》의 제1권 1868년) 완독. 참으로 재치와 감흥이 있고, 차분하고 섬세하다. 아바는 진정한 볼테르의 손자이다. 힘찬 필체와 심술과 날개를 갖추고, 빈틈없는 냉소의 바탕에 기사적인 솜씨를 겸비했으며, 자신의 사상뿐만 아니라 자신의 작위를 즐기면서 모든 것을 농락하고 타인도 조롱할 수 있는 내적인 자유를 가지고 있다. 바로 그것이 기지(機智)의 낙관(落款), 진정한 낙인이다.

억제할 수 없는 악동 근성과 지칠 줄 모르는 탄력, 빛으로 가득한 조롱과 아무리 쏘아도 화살통이 비지 않는 무수한 화살, 땅과 물, 불과 바람의 작은 요정들의 끝없는 웃음, 그칠 줄 모르는 장난기, 기분 좋게 반짝이는 풍자에 대한 기쁨은 모두 진정으로 재치 있는 사람 속에 있다. 그러한 빈틈없는 조소꾼에게 라틴어의 장인(丈人)이라고 할 수 있는 에라스무스는 "어리석은 자는 무수히 많다"고 말했다. 바보, 허풍쟁이, 독선가, 얼간이, 먹보, 벽창호, 무뚝뚝한 사람, 현학적인 사람, 이 모든 성격과 모든 계급, 모든 형식에 속하는 자, 우쭐거리지 않으면 시치미를 떼고, 몸부림치고, 거만하게 굴거나 주름살을 짓고, 얼굴을 덧칠하거나 걸음이 어지럽고 거만한 말로 남에게 달려드는 자는 모두 풍자시인의 먹잇감이 되어 그 창끝의 표적이 되거나 칼에 찔린다. 더욱이 세상 사람들은 그 공격의 끈을 늦추지 않는다. 그것이 진정한 축복이다. 신분의 위아래를 따지지 않고 허물없이 즐기는 주연은 조소적인 머리를 가진 사람에게 끝없이 재료를 제공한다. 사회를 바라보는 것은, 끝없는 가마슈(돈키호테에 나오는 인물)의 혼례(호사로운 연회)와도 같다. 그러므로 크게 기뻐하면서 그 영역을 북적거리게 한다. 이 훌륭한 사냥꾼의 주위에는 노획물이 죽어 널부러져 있다. 일대를 뒤덮는 살육이 풍자시인에게는 건강을 북돋운다. 그 탄환에는 마법이 걸려 있고, 시인은 불사신이다. 그 손은 눈과 마찬가지로 실수하는 법이 없다. 시인은 번갯불이고 허공이며, 신체가 없는 요정이기 때문에 말대꾸나 보복을 상관하지 않는다.

재능이 있는 사람은 재능밖에 인정하지 않고, 재능밖에 용납하지 않는다. 모든 권위를 비웃고, 모든 미신을 재미있어 하며, 모든 관습에 반항하고 싶어한다. 실력밖에 용납하지 않고 완전히 자연스러운 것 외에는 용서하지 않는다. 그렇지만 열 명의 재주 있는 사람이 한 명의 탁월한 재주꾼보다 못하고, 열 명의 재주 있는 사람은 한 명의 천재보다 못하다. 개개인에게 있어서 가슴은 재주 이상의 것이고, 이성은 가슴에 필적하며, 양심은 이성보다 뛰어나다. 그래서 재주 있는 사람은 '조롱해야 마땅한 자'는 아니더라도 사랑이나 존중, 존경은 받지 못한다. 사람을 두려워하게 하는 것이나 자신의 독립을 존중하게 하는 것은 가능하지만, 부정적인 우월성의 결과인 이 부정적인 장점은 행복을 주지는 않는다. 그래서 재주만으로는 그것을 지니고 있는 한 사람도, 또 그 주위 사람도 행복하게 해줄 수 없다.

재주는 모든 것에 도움을 주지만, 아무것도 대신할 수는 없다.
그래서 재주 있는 사람인 것도 좋지만, 그보다 선인이 되어라.

1868년 3월 8일
부인의 권유로 그의 친구라고 하는 젊은 사람 셋과 함께 차를 마셨다. 아마 자매인 것 같았다. 연하로 보이는 갈색머리와 금발머리의 아가씨는 매우 아름답다. 이 귀여운 두 아가씨 사이에 앉아, 젊음이 피어나는 미소를 짓고 있는 싱싱한 얼굴을 바라보는 것은 눈을 즐겁게 했다. 이러한 미적인 감전(感電)은 문학을 하는 남자에게 좋은 효과를 준다. 일종의 감응전류에 의해 확실하게 회복시키는 것이다. 나처럼 감수성이 예민하고 인상을 받기 쉬우며 모든 것을 흡수하는 자에게는, 가까이 있는 건강과 미와 재기와 덕성이 온몸에 강한 활력을 주고, 또 그것과 반대로 어려움에 처한 사람과 마음이 병든 사람을 보아도 역시 쉽게 감정이 흔들리고 동정한다.──C H*** 양은 누군가에게, 내가 사물을 바라보는 시각이 '최상급으로 여성적'이라고 말했다. 이 공감적인 감수성이 그 원인이다. 내가 조금이라도 유의하고 있었더라면, 몽유병자가 가진 마술적인 명찰력을 얻어, 수많은 불가사의한 현상을 몸으로 재현할 수 있었을지도 모른다. 나는 그것을 알고 있었지만 게으른 성격 때문인지 도리 때문인지 삼가고 있었다. 청년시절부터 내가 얻어온 모

든 종류의(또는 반대되는 종류의) 직감을 생각해 보면 나는 수없이 많은 생애를 관찰해 왔던 것 같다. 특징을 갖춘 어떠한 개성도 관념적으로는 내 안에서 틀에 꼭 들어맞거나, 일시적으로 그 모습 그대로의 형태로 나에게 받아들여진다. 인간 본성의 이러한 새로운 모습을 이해하려면, 그러한 순간에 있어서 자신의 삶을 바라보기만 하면 된다. 그런 식으로 나는 어머니도, 어린 아이도, 소녀도, 수학자도, 음악가도, 학자도, 승려도 되었다. 보편적인 공감의 이러한 상태에서 나는 동물이나 식물, 그 중에서도 무엇무엇이라는 이름을 가진 정해진 동물, 무엇무엇이라는 이름을 가진 나무이기도 했다. 나 자신보다 위로 올라가거나 아래로 내려가기도 하는 이 변화의 능력, '표현 전개' 및 '거두어 간직하는' 능력은 내 친구들, 그것도 세심한 데까지 살필 줄 아는 친구들(에드몽 세레르)까지 때때로 어이없게 만들다.

그것은 의심할 여지없이 나의 비아적인 객관화가 극단적으로 쉽다는 것과 관계가 있으며, 또 나를 자신에 대해 개성화하고, 자신의 번호와 벽보를 가진 특별한 인간이 되고자 자청하게 한다. 자신의 피부 속으로 돌아간다는 것은 나에게는 어느 때보다 묘한 생각이 들었다. 또 나는 요술 상자, 환영과 지각의 장소, 비아적(非我的)인 자아, 일정한 개성이 없는 주관, 순수한 결정 가능성 및 형성 가능성 때문에, 자신에게 있어서 노력을 하지 않으면 어떤 나라든 어떤 도시든 호적에 등록되어 있는, 어느 한 개인이라는 제멋대로의 역할을 연기하는 것을 스스로도 인정할 수 없을 것으로 보여지고 있었다. 실행 속에서는 자신이 억지로 갇혀 있는 것처럼 느낀다.

나의 진정한 환경은 정관(靜觀)이다. 어떤 명예심도 탐구도 추구도 나에게는 부역이고 비하이며, 어리석은 호인에게서 나온 습관에 대한 양보이다. 임시로 빌려온 이 역할에서 벗어나 변형의 능력 아래로 돌아가지 않는 한, 자유롭게 숨을 쉴 수가 없다. 순수하게 숨어 있는 모양, 완전한 균형은 내가 특히 좋아하는 은신처이다. 그곳에서 나는 자유롭고 이익과 욕심을 떠난 주인임을 느낀다. 이것은 천직일까, 유혹일까?

그리스와 로마, 동양과 서양, 고대와 그리스도교, 이들 두 종류의 정신 사이에서의 동요이다. 자유와 신성의 두 이상 사이의 투쟁이다. 자유는 우리를 신으로 만들고, 신성은 우리를 꿇어 엎드리게 한다. 실행은 우리를 제한하고, 관조는 우리를 확대시킨다. 의지는 우리를 극한하고, 사유는 우리를 보편적으로 만든다. 나의 정신은 서로 상반하는 두 개, 네 개, 여섯 개의 일반적인 사고방식 사이에서 동요하고 있다. 그것은 내 정신이 인간성의 모든 큰 본능에 따라, 반대되는 것의 계기에 의해서만 실현할 수 있는 절대자를 동경하고 있기 때문이다. 나도 나 자신을 이해하는 데는 오랜 시간이 걸렸다. 종종 이미 결말이 난 문제를 다시 연구할 때가 있다. 우리 안에 움직이지 않는 그 무엇을 유지하는 것은 그토록 어려운 일이다. 나는 뭐든지 좋아한다. 그러나 내가 싫어하는 것이 딱 한 가지 있다. 바로 스스로 선택했음에도 불구하고 제멋대로의 형식 속에 자신의 몸을 가두어 돌이킬 수 없게 만드는 일이다. 즉, 내적인 자유가 나의 가장 완고한 정열이고, 어쩌면 나의 유일한 정열이라고 할 수 있을 것이다. 이 정열은 허용되는 것일까? 나는 때때로 그렇게 믿어왔지만, 완전하게 확신하고 있는 것은 아니다.

1868년 3월 17일

여자가 원하는 것은 이유와 의문 없이 사랑받는 것이다. 자기가 예쁘고 착하고 교육을 잘 받았고 또 애교가 있고 재치가 있기 때문이 아니라, 바로 자신이기 때문에 사랑받기를 원한다. 모든 분석은 여자 쪽에서 보면, 자신의 인격을 지배하고 측정하는 사물에 종속시켜서 가치를 제거해버리는 것으로 생각된다. 그러므로 여자는 그것을 거부한다. 그 본능은 정당한 것이다. "왜냐하면"에 대해 대답할 수 있게 되면, 상대는 더 이상 마력에 걸려 있지 않은 것으로 평가하고 측정하며, 적어도 원리상으로는 자유로워져 있다. 그런데 여자의 지배가 존속하기 위해서는 연애가 요술, 매력, 마법이 되지 않으면 안 된다. 신비가 사라지면 힘도 사라진다. 연애의 아름다움을 이루고 있는 무한, 초자연, 기적의 외관을 유지하기 위해서는, 연애는 분할도 분해도 불가능하고 어떤 분석도 미치지 않는 것으로 보여야 한다.

대부분의 사람들은 자신이 이해하는 것을 경멸하고, 설명할 수 없는 것에 대해서만 고개를 숙인다. 여자의 승리는 빛을 가졌다고 믿고 있는 남자의 이지에 암흑이 있는 것을 간파하는 것이다. 여자가 연애를 걸어올 때는 바로 이 승리의 자만 비슷한 기쁨을 느끼고 있다. ——이 허영심에는 근거가 있음을 인정한다. 그러나 깊은 연애는 빛과 평안함, 종교와 계시이며, 이러한 허영심의 승리를 경멸하는 것이라고 생각한다. ——위대한 정신은 위대한 것만을 바란다. 무한 속에 떠다니고 있는 자에게는 모든 기교가 거북하리 만큼 유치한 것으로 보인다.

1868년 3월 19일

(아침 9시) 북풍과 냉기. 그런데도 머리는 멍하다. 뇌수가 찢어지는 듯한 기분이 든다. 비축된 기운이 바닥을 드러내고 있다. 그 원인은? 나는 짐작할 수가 없다. 자신도 깨닫지 못하고 있는 쇠약, 지나가면서 아무런 신호도 보내지 않았던 신경의 '펑크' 때문일까? 아무래도 기묘하고 불쾌하다.

뭔가를 해줄 경우에 극히 사소한 일을 기다리게 하는 것은 큰일을 정중하게 거절하는 것보다 나쁘다. 실제로 거절에는 중대한 이유가 있을지도 모른다. 그러나 기다리게 하는 것에는 호의의 부족밖에는 이유가 없을 것 같다. 흥미를 가지고 하면, 하찮은 점에 양보하는 대신 중요한 사항에서는 양보하지 않아도 된다. 여자는 특히 그것을 잊어서는 안 된다. 그러나 등한시하는 것은 수많은 실수를 하게 만들 뿐만 아니라, 그것을 예방하지 못한 것에 대한 대가를 치러야 한다. 타인에 대해서는 주의를 기울이고, 우리의 침착성을 유지해 가자. 그것은 귀찮은 배려이지만 필요한 것이다. 사람들이 사소한 일이라고 말하는 것들이 큰일의 원인이 된다. 사실 그것은 큰일의 시작이고 알이며 태아이다. 생활의 출발점은 보통 미래 전체를 결정한다. 하나의 흑점은 단순한 점이지만, 육체의 부패와 회오리바람과 혁명의 실마리가 된다. 깨닫지도 못할 정도의 오해가 결국 증오와 이혼으로 발전하는 수도 있다.

머리카락을 자른 것이 원인이 되어 일어난 싸움 때문에 지위를 잃은 카롤링 왕조의 황후는 누구였던가? 거대한 눈사태는 원자 하나의 이탈에서 시작되고, 한 도시의 소실은 한 개비의 성냥을 떨어뜨린 것에서 비롯된다. 거의 모든 것이 무에서 시작된다는 생각이 든다. 재산에 있어 최초 백 프랑을 버는 것이 종종 그 뒤의 수백만 프랑을 벌 때 보다 더 오랜 시간이 걸릴 때가 있다.

마호메트가 그 종교에 첫 6명의 신자를 얻을 때, 후계자가 왕국을 여섯이나 정복하는 것보다 더 힘이 들었다. 천재가 하는 일은 처음의 결정일 뿐, 그 뒤의 집적은 질량, 인력, 속도, 역학적 가속도에 달려 있다. 역사와 자연도 우리에게 타성과 집적 법칙의 적용을 보여주는데, 그것을 한마디로 표현하면 이렇게 된다. "성공만큼 잘 되는 것은 없다." 급소를 간파하라. 잘 겨냥하여 쏘아라. 시작을 잘 하라. 그러면 만사가 잘 풀릴 것이다. 아니면 더 간단하게 말해, 행운을 붙잡아라. 실제로 인사(人事)에 있어서는 우연이 큰 역할을 한다. 세계적으로 성공한 사람들이 그것을 인정하고 있다. 타산은 무익하지 않다. 그러나 우연은 미련하게도 타산을 소홀히 한다. (나폴레옹, 비스마르크, 마키아벨리) 책략의 결과는 결코 그 졸렬함과는 상관이 없다. 초자연적인 견지에서 사람은 말한다. 그 우연이라는 이름으로 부르는 것은 신의 뜻에서 나온 것이다. 인간은 발버둥치지만 신은 인간을 이끌어간다. (페늘롱)

불행하게도 기대했던 간섭이 열의와 덕성과 성실을 실패로 끝나게 만들고, 죄악과 어리석음과 이기심을 성공으로 이끌기도 한다. 더욱이 그것은 반대의 경우와 거의 비슷할 정도 또는 더 많이 일어난다. 신앙에 있어서는 괴로운 시련이다. 신앙은 그 경우 '신비'라는 언어로 고집한다. 나중에 가서야 자신의 설명이 사실은 미흡 했으며, 올곧고 경건한 말의 헛된 싸움에 지나지 않았음을 인정한다. 처음 시작에 운명의 중요한 비밀이 있는 것이다. 그럼에도 불구하고 사건의 갑작스러운 연계가 우리에게 생각지도 않던 일을 가져다준다. 그래서 처음으로 한 번 훑어보았을 때는 역사는 무질서와 우연에 지나지 않는다. 두 번 보면 역사는 논리적인 필연으로 생각된다. 세 번째 볼 때는 역사는 필연과 자유의 혼합으로 보인다. 네 번째로 다시 보면, 이제는 그것을 어떻게 생각해야 할지 더 이상 모르게 된다. 만약 힘이 권리의 기원이고 우연이 힘의 기원이라고 한다면, 우리는 첫 번째 설명으로 다시 돌아가게 된다. 다만 쾌활한 기분은 사라질 것이다.

데모크리토스가 옳았던 것일까? 모든 법칙은 우리의 이성이 상상한 것에 지나지 않고, 그 이성은 우연에서 태어나 자신에 대한 망상을 일으키며, 식사하는 꿈을 꾼 사람이 실은 식탁도 음식도 손님도 없는데도 먹은 것으로 생각하는 것과 마찬가지로, 자신은 현상적이고 객관적이라고 믿고 있는 법칙을 선언하는 특질을 가지고 있다면, 모든 것의 근거는 우연이라는 얘기가 되는 것일까? 모든 것은 세계에 질서와 이성과 논리가 있는 것처럼 일어나지만, 사실은 어떤 기회를 통해 맺어진 것이고 우연적이고 외견적이다. 우주는 생각하는 자의 머리 속에서 돌고 있는 만화경에 지나지 않고, 그 사유자 자신도 원인이 없는 진기한 현상, 위대한 우연 전체를 의식하며 자신의 시각 현상이 계속되고 있는 동안 그것을 즐기는 하나의 우연이다. 학문은 그러한 강요된 환각에 설명을 가하는 정상적인 광기이다. 철학자가 웃는 것은 자신은 무엇에도 속지 않고 있는 가운데 다른 사람의 망상이 계속되기 때문이다. 무도회의 짓궂은 구경꾼이 몰래 바이올린의 현을 모두 풀어놓고, 사람들이 여전히 음악이 계속되는 줄 알고 정신없이 춤을 추고 있는 광경을 구경하고 있는 것과 같다.

곳곳에서 유행했던 '성 이투스의 춤'(14세기 말 네덜란드와 독일에 퍼졌던 일종의 정신병. 울름 옆의 성 이투스에 참배하면 낫는다고 했다.)이 사실은 내부감각이 정상적이지 않다는 것이고, 모든 미신에 반대한 한 사람의 현인이 옳았다는 것을 증명하는 실험은 철학자를 기쁘게 할 것이다. 굳이 그럴 것도 없이 무도장에서 귀를 막기만 하면, 마치 정신병원에 있는 것 같은 기분이 들지 않을까?

자신의 종교적인 사상을 파괴한 자에게는 지상의 의식 전체가 똑같은 효과를 미칠 것이다. 그러나 인류의 법칙에서 빠져나가 인간 전체를 상대로 올바른 생각을 가지는 것은 위험하다.

　　나는 낡은 납 병정
　　그물을 치고 죽 늘어놓은 뒤
　　대열에서 튀어나가는 놈들이 있으면
　　다같이 소리 지른다, "이 바보들아!"

비웃는 사람이 몸을 바치는 일은 좀처럼 없다. 어떻게 그것이 가능하겠는가? 헌신은 진실한 것이고, 비웃음을 그만둔다는 것은 그 역할에서 빠져나가는 일이다. 몸을 바치는 데는 사랑이 없으면 안 된다. 사랑을 가지려면, 자신이 사랑하는 사람이 실제로 있다고 믿어야 한다. 고통과 나를 잊고, 나를 내던지는 마음가짐이 필요하다. 한마디로 말해 진실해지지 않으면 안 된다. 영원한 비웃음은 절대적인 고립이고, 완전한 이기심의 선언이다. 인간에게 선을 행하려면 인간을 가련하게 여겨야지, 경멸해서는 안 된다. 인간에게 '바보'라고 말하지 말고 '불쌍하다'고 말해야 한다. 조소하는 사람은, 그 머리가 가슴을 억압하고 인간이라는 것에 무관심하기 때문에 사람들을 안절부절못하게 만든다. 비관주의이고 허무주의인 회의론자보다도 조소적인 무신론자가 더욱 냉혹할지도 모른다. 그런데 그 음울한 〈방황하는 유대인〉(프랑스의 역사가 시인 에드가르 키네의 시, 1833년)은 뭐라고 말했을까?

자애를 게을리 하는 너희들은
나의 알 수 없는 가책에 몸을 떤다.
신의 복수는 신성 때문이 아니라
상처받은 인성 때문이다.

자기 한 사람만 구제받을 바에는 차라리 멸망해버리는 것이 낫다. 자신이 옳다고 여기는 생각을 함께 나누지 않고 자신만 올바르면 된다고 생각한다면 인류에게 해를 미치게 된다. 모든 것이 개개인 사이의 충분한 연대성을 증명하고, 어느 누구도 몇 세기에 걸친 교양과 경험에서 걸러낸 사상에 의지하지 않고는 사고할 수 없게 되었는데도, 방금 말한 것 같은 특권이 가능하다고 생각하는 것은 망상이다. 절대적인 개인주의는 어리석은 것이다. 사람은 그 특수하고 일시적인 환경에서 고립되어 있을 수는 있지만, 우리의 사상 하나하나, 우리의 마음가짐 하나하나는 인류 속에서 그 반향을 찾고 있고, 찾았고 또 앞으로도 찾을 것이다. 인류의 대부분이 지도자, 계시자, 개혁자로 선택하고 있는 몇 사람의 대표적인 인물에게는, 그 반향이 지극히 크게 울려 퍼지고 있다. 그러나 그 반향은 누구에게나 무(無)가 되지는 않는다. 모든 정신의 진지한 표현, 개인적인 확신에 대한 증거는 설사 사람이 그것을 알지 못하고, 사람의 손이 우리의 입을 틀어막거나 교수형의 밧줄이 목에 닿을 경우에도, 누군가에게 또 무언가에게 도움이 된다. 누군가에게 말한 그 한마디는 바로 어떤 운동이든 형태는 바뀔지라도 사라지지 않는 것과 마찬가지로 불멸의 결과를 유지해 간다.——바로 이것이 비웃지 않고, 침묵하지 않고, 자기를 주장하고, 그리고 실천하기 위한 이유이다. 즉, 우리는 모두 서로의 수족이며, 어떠한 결과도 잃는 일이 없다.

결론. 진리에 대한 신념을 가지고 실천을 통해 그 신념을 보여주는 것을 자신의 의무로 여겨야 한다. 진실을 구하고 그것을 퍼뜨려야 한다. 사람들을 사랑하되 감사를 기대하지 않으며, 그것을 위해 매진해야 한다. "귀를 막고 손을 통제하라"고 말하는 대신 "마음을 열고 몸을 내밀어라"고 말해야 한다.

1868년 4월 8일 살레브 산록의 모르넥스

(저녁 5시) 오늘 아침 스토아파에 대해 강의를 했는데, 청강자의 대부분이 갈수록 마음에 들지 않았다. 평소의 몇몇 지인들에게 작별인사를 하고 필요한 처리와 준비를 끝낸 뒤, 교외의 먼지를 모조리 휘감아 올리고 있는 태풍 속을 뚫고 도시를 떠나, 두 시간 뒤 가까스로 지난해에 묵었던 '베르뷔 호텔'의 방에 짐을 푼 참이다. 소나기라도 쏟아질 것 같은 날씨다. 무거운 구름으로 덮인 하늘 아래 남풍이 날카롭게 불어대고 있고, 너른 땅을 잿빛 안개가 가득 덮고 있다. 창 앞에 펼쳐진 산들의 아득한 반원이 희미한 대기를 통해 흐릿하게 보일 뿐이다. 경치는 잔뜩 흐리고 음산하고 불길하다. 그래도 나는 이제 안도감을 느끼며, 도시를 벗어난 것을 기뻐하고 있다. 호흡도 자유로워지고 머리도 가벼워졌다. 열려 있는 창가에서 이 글을 쓰며, 벌써 익숙해진 것 같은 기분이 든다. 낯설다기보다 '이방인 같은' 기분은 언제나 불안을 느끼게 하지만, 일기를 펼친 뒤로는 그것도 사라지고 내 집에 있는 것 같은 기분이 들기 시작했다.

자유롭게 사용할 수 있는 이 일주일 동안 나는 이곳에 머물 생각이다. 그에 따른 계획도 세워두었다. 언제나 그렇지만 이따금 온갖 장애가 작당이라도 한 듯 한꺼번에 찾아와서, 마치 내가 아는 사람이 나를 붙잡고 시간을 허비하게 하기 위해 내가 다니는 길목 곳곳에서 기다리고 있었던 것 같은 생각이 들 때가 있다. 예정을 완전히 지키는 것은 사소한 것이라도 어려운 일이다. …… 아, 번개가 친다. 천둥소리, 질풍 같은 신음소리, 경련하는 듯한 웅장한 호우, 몽블랑 쪽에서는 구름 막의 파열(번갯불), 창백한 빛 속에서 몽블랑이 언뜻 나타난다. 내 하숙집은 탑처럼 바람을 가르고 있다. 관측대처럼 그 꼭대기에 있는 내 방에서 바라보면, 배의 망루 위에 올라간 뱃사람 같은 기분이 든다. ……몰(Môle. 제네바 남서쪽 아르브 강 상류에 있는 본느빌에서 동느쪽 4킬로미터 근처의 산)에서 보아론에 걸쳐 세 곳에 낙뢰. 모든 것이 소용돌이치는 안개 속에 묻혔다. 덧문이 삐걱거리고 바람이 방안으로 몰아쳐서 닫지 않을 수 없었다. ……빛은 되살아났지만, 끝나가고 있는 일식의 빛처럼 이상하다. 나무들은 광기에 사로잡힌 것처럼 모든 방향으로 구부러져서 엎드리고 있다. ……창문을 연다. 모든 색채가 훨씬 좋아졌다. 부드러운 녹색과 깊은 다갈색, 그리고 지극히 단아한 잿빛이다. 지면도 바위도 비에 젖어 따뜻한 분위기를 자아내고 있어 보기가 좋다. ……또다시 기상의 경련. 격렬한 돌풍, 시야 가득한 공간에 물결치며 밀려오고 있는 빗물, 화살 같은 빠르기로 지나가는 맹렬한 납빛 회오리.

이 진기한 구경거리를 위에서 아래까지 바라보며, 아무런 피해도 입지 않고 이 웅대한 현상의 한복판에 있을 수 있다는 건 커다란 기쁨이다. 관조의 에테르적인 즐거움. 현인이 인생을 바라보고, 대시인이 노래하는 인물의 감정을 지배하는 태도가 이런 것이 아닐까? ……정지의 순간. 다시 새로운 격분. 자연의 분노도 인간의 분노와 마찬가지로 간헐적이다. 그 발작은 연달아서 일어나지만, 거기에는 리듬이 있다. 내 호기심에 주어진 환등(幻燈)을 마음껏 즐기자. 벌써 몇 달 동안 자연과 교류를 하지 않고 있었다. 다시 친해지기에 더할 수 없이 좋은 기회다.

1868년 4월 9일

3시간 동안, 로체의 커다란 책 《독일 미학사》를 읽으며 보내다. 읽기 시작할 때의 매력이 점점 줄어들더니 나중에는 불쾌감마저 느꼈다. 왜 그럴까? 물레방아나 풍차의 소리는 졸음을 불러오지만, 이 단락 없는 페이지, 끝없이 이어지는 장, 쉴 새 없는 변증법적인 논리는 나에게 언어의 바퀴 같은 작용을 하기 때문이다. 마침내 나도 보통 사람처럼 독일의 두껍고 무거운 이 창작에 대해 하품이 나오고 말았다. 학식 또는 사상이 전부는 아니다. 조금은 재치있고, 발상이 신선하며, 명쾌하고, 눈에 보이는 듯한 아름다운 면이 있다고 작품을 망치는 것은 아닐 것이다. 이런 현학적인 책을 덮었을 때, 과연 사람의 머리 속에 하나의 상, 문장, 하나의 두드러진 또는 신선한 내용이 남을 것인가? 아니다. 남는 것은 피로와 개운치 않은 기분이다. '소시지를 먹는 사람들(독일인), 관념론자'(테느)라는 심한 말이 그것에 대한 복수처럼 머리에 떠오른다. 오오, 명백하고 단적이며 간결하다. 디드로, 볼테르나 갈리아니(Galiani. 이탈리아의 철학자, 1728~1787년). 생트 뵈브, 세레르, 르낭, 빅토르, 셸뷰리에의 간단한 논문은 이렇게 가장자리까지 빼곡하게 채워져 있고, 노력은 있어도 결과가 보이지 않는 독일물의 천 페이지보다 더 많은 즐거움을 주고, 꿈을 주며 생각하게 한다. 독일인은 장작을 쌓아올린다. 프랑스인은 불씨를 가져 온다. 오랜 시간이 걸린 역작은 사양한다. 일이든 사상이든 제대로 내놓기 바란다. 짜고 남은 찌꺼기나 통, 포도즙 같은 것은 저리 치워라. 내가 원하는 것은 술잔 속에서 찰랑거리며 내 지혜를 따분하게 하지 않고 고무시켜주는 완성된 포도주이다.

1868년 4월 11일 모르넥스

커다란 구름이 또 몰려와서 눈을 흩뿌린다. 햇살이 비치는 곳에 눈발이 흩날리고 겨울과 여름의 싸움이 시작되었다. 창문을 열고 목도리를 두르고 그것을 바라보고 있다. 생활의 소리가 열린 창문까지 올라온다. 멀리서 개 짖는 소리, 둔탁한 쇠망치 소리, 샘가 여자들의 목소리, 아래쪽 과수원에서 들려오는 새소리까지 녹아들어 막연한 하모니를 이루고 있다. 멀리 있는 구름에서 수증기가 피어오르고 있지만, 안개의 흔적은 없다. 지면은 아직 충분히 부드러워지지 않았고, 태양도 그렇게 뜨겁지 않다. 봄은 그 호의의 전조를 드러내고 있지만, 아직은 준엄하다. 지난 주 너무 앞서가 있었기 때문인지 지금은 조금 무뚝뚝한 태도를 취하고 있다. 들판의 녹색 융단은, 쉬 움직이고 이내 지나가는 구름이 그리는 그림자 때문에 줄무늬가 되었다가 얼룩이 되기도 한다. 다양한 감각이 몰려온다. 이 경치 속에는 어떤 뉘앙스가 있는 달콤함과 부드러운 아름다움이 있다. 나는 이미 편안함을 느끼며, 관조의 기쁨, 즉 우리 정신이 자신에게서 벗어나 한 지방, 한 풍경의 정신이 되어, 그 안에 사는 무수한 생명을 느끼는 기쁨을 맛보고 있다. 여기에는 저항도 비난도 사라지고 없다. 모든 것이 긍정적이다. 우리는 자신이 자연과, 조화하고 있음을 느낀다. 우리는 거대하고 변하지 않는 사물을 향해 열려 있다. 내가 좋아하는 것은 바로 이것이다.

나는 사물에 따르는 것이 아니라, 사물이 나를 따르게 하기 위해 노력한다.
(호라티우스 Epist. 1, 1, 19.)

1868년 4월 12일(부활절) 모르넥스

(아침 8시) 종교적인 장엄한 인상. 계곡 전체의 종소리. 들판마저도 고상한 노래를 발산하고 있는 것처럼 보인다.——인류에게는 의식이 필요하다. 그리스도교의 의식은 여러 가지를 아울러 생각해 보면, 대규모 의식 가운데

가장 뛰어난 것이 아닐까? 죄악, 후회, 화해의 종교, 부활과 영생의 종교는 그것 때문에 얼굴을 붉히는 종교는 아니다. 편협한 광신에 의한 탈선, 어리석은 형식주의의 미신, 위선으로 덧칠된 추악함, 신학의 어린아이 같은 공상이 있음에도 불구하고, 복음서는 지상을 위로하고 세계를 개선했다. 그리스도교의 문화는 이교의 문화에 비해 월등하게 뛰어난 것은 아니다. 그러나 종교가 없었다면, 특히 이 종교가 없었다면 매우 나빠졌을 것이다. 어느 종교든 이상과 모범을 제시하고 있다. 그런데 그리스도교의 이상은 숭고한 것이고 그 모범에는 신성한 아름다움이 갖춰져 있다. 우리는 모든 교회를 혐오할 수는 있어도 예수 앞에는 머리를 숙인다. 목사를 의심하고 교리문답을 금지하는 일은 있어도, 저주하는 일 없이 구원하러 온 '성스러운 자'와 '의로운 자'에게는 사랑을 바친다. 예수는 언제까지나 그리스도교 비평에 힘을 줄 것이다. 그리스도교는 멸망해도 예수의 종교는 살아남을 것이다. 신으로서의 예수 뒤에 예수의 신에 대한 신앙이 나타날 것이다.

(저녁 5시) 세자르그, 에제리에서 이브의 숲에 걸쳐 둘이서 오랜 산책. 돌아오는 길은 퐁뒤루(모두 모르넥스 남쪽에 있는 마을). 잿빛이 어린 찌무룩한 날씨. ……푸른 블라우스를 입고 피리와 북을 든 신명난 농민들이 내 창문 밑에서 한 시간이나 닻을 내리고 있었다. 그 남자들의 무리는 바커스의 노래와 리프레인, 로망스 등 여러 가지 노래를 이것저것 음울하고 듣기 싫게 불러댔다. 시의 여신은 우리나라의 종족에게는 손을 대지 않았던 모양이다. 이 종족은 쾌활할 때도 전혀 우아한 분위기가 없다. 곰이 떠들어대고 있는 것 같다고나 할까? 스스로는 시라고 생각하고 있는 것이 한심하게도 비속하고, 거의 평범하다. 그래도 우리는 예술 덕택에 비천의 영역에서 벗어나 있지만, 아무래도 진부한 수준에 머무르고 있다. 왜 그럴까? 먼저 우리 민주주의 사상의 과시에도 불구하고, 지면에 허리를 굽히고 있는 노동자 계급은 다른 계급보다 미적으로 뒤떨어져 있기 때문이다. 다음으로, 전원시와 농민시가 멸망해버리고, 농민이 교양 있는 계급의 음악과 시에 가담할 단계가 되자 그 복사가 아니라 캐리커처밖에 보여주지 않기 때문이다. 민주주의는 인간들 사이에 하나의 계열밖에 인정하지 않기 때문에, 일류가 아닌 자에게는 모두 해악을 끼쳤다. 인간을 각각의 격식에 따라 판단하면 반드시 불쾌감을 주게 되기 때문에, 지금은

인간을 그저 산꼭대기와 비교한다. 그래서 인간은 전보다 보잘것없고 추하며 모자라는 것으로 비쳐 왔다. 원래 동등주의는 평균을 높여야 하는데, 실제로는 개개인의 대부분을 전에 차지하고 있던 지위에서 떨어뜨리고 있다. 법률적인 진보, 미적 퇴보. 그래서 예술가의 눈으로 보면 그 서투름이 더해 보인다. 도시민, 속인, 남의 흉내나 잘 내는 사람, 콧대 센 벽창호, 뭐든지 아는 척하는 선생, 학식 있다고 자처하는 어리석은 자.

"비속한 것이 승리를 차지한다"고 드 캉돌(Augustin-Pyrame de Candolle. 제네바의 식물학자, 1778~1841년)은 벼과식물에 대해 말했다. 평등시대는 평범함의 승리이다. 불쾌한 일이지만 어쩔 수 없다. 이것도 과거의 보복이다. 인류는 일단 개성적인 차이를 토대로 하여 조직된 뒤, 지금은 유사점을 토대로 조직된다. 이 배타적인 원리는 앞의 원리와 마찬가지로 진리이다. 예술은 잃는 것이 있어도 정의는 얻는 바가 있다. 보편적인 등급화는 자연의 법칙이 아닐까? 모든 것이 같은 수준으로 돌아가면 다 같이 멸망하지 않을까? 그러고 보면 세계는 전력을 다해 예전에 생긴 것을 파괴하고 있다. 생명은 그 자신을 부정하려고 맹목적으로 추구한다. 악인에 대한 말이지만, 생명은 또한 자신을 속이는 일을 한다. 자신이 싫어하는 것을 완성해 간다. 자신의 흰 수의를 짜고 묘석을 쌓는다. 신이 우리를 구원하는 것은 지극히 당연한 일이다. 실제로 "우리는 자신이 무슨 일을 하고 있는지 모르고 있다."

물질적인 우주에서 힘의 총량은 항상 동일하여 감소와 증가를 보이지 않으며, 다만 변형을 보여줄 뿐인 것처럼, 선(善)의 총량도 항상 일정하다. 따라서 한 점에 있어서의 어떠한 진보도, 다른 점에서는 반대 방향으로 대가를 치르고 있다는 것도 불가능하지 않다. 그러므로 한 시대와 한 국민이 다른 시대와 다른 국민에 비해 모든 점에서 뛰어나다고 해서는 안 되며, 특별히 어디에 우월성이 있다고 말해야 할 것이다.——인간과 인간의 큰 차이는 자신에게서 더 뛰어난 삶을 위해 사용할 수 있는 정신적인 힘을 가능한 한 많이 이끌어내는 기술, 다시 말해 자신의 생활력을 정신적인 것으로, 자신의 숨어 있는 능력을 유익한 정력으로 변형하는 기술에 있다. 이같은 차이는 국민과 국민 사이에도 성립될 수 있다. 같은 동물성의 기초로부터 최대한의 인간성을 추출하는 것이 역사에 있어서의 동시적 또는 계기적인 협력의 대상이 될 것이다. 교육, 윤리, 정치는 같은 기술, 즉 생활술의 변종일 뿐이다. 그리고 이 기술과 화학과 향료의 증류법을 정신 분야에 응용하는 것은, 바로 우리 개성적 존재의 순수한 형식과 가장 미묘한 정수를 끄집어내는 기술이다.

1868년 4월 26일(일요일)
(정오) 쓸쓸한 아침이다. 불쾌한 하룻밤. 무기력. 베를린에서 그리 유쾌하지 않은 편지를 받았다. 하잘것없는 일에 시간을 소비했다. ……권태, 불만, 불쾌한 기분, 공허함, 의기소침.──모든 방면으로 우울한 전망. 내 생명의 모래시계 속에서 모래알이 떨어지고, 나의 힘이 성과도 이익도 없이 빠져나가 버리는 것을 느꼈다. 나 자신에 대한 혐오.

(밤 10시) 방문…… 산책. 혼자 밤일. 몇 시간 전부터 비가 내리고 있다. 사물이 잇따라 지혜의 가르침을 주었다. 나는 가시덤불이 꽃으로 뒤덮이고 골짜기 전체가 봄의 숨결에 소생하는 것을 보았다. 나는 늙음을 거부하며 마음속으로 자연법칙에 저항하고 있는 노인의 과오를 나는 눈앞에서 보았다. 나는 들뜬 분위기의 결혼식과 장황한 설교를 실제로 보았다. 또 무익한 슬픔과 가엾은 고독을 보았다. 나는 광기에 관한 농담과 희롱하고 있는 새의 노랫소리를 들었다. 그것이 모두 나에게 똑같은 말을 했다. 우주의 법칙과 조화하라. 신의 의지를 받아들여라. 너의 생활을 종교적으로 사용하라. 해가 떠 있을 때 일하라. 진실한 동시에 쾌활해져라. 사도와 함께 "나는 우리가 처한 상태에 만족하는 것을 배웠노라"고 거듭 말한 것을 알라.

1868년 5월 17일
(오전 11시) 내 가엾은 가슴은 왜 두려움을 느끼는 것인가? 왜 눈물이 솟구치는 것인가? 무엇이 이렇게 나를 감동시키고 나를 압박하는 것인가? 그렇다. 나는 다 알고 있다. 다 느끼고 있다. 그렇지만 말할 수도 글로 쓸 수도 없다.──나는 또 다양한 내 운명이 결정되고 있음을 느낀다. 이 결정은 위기, 고뇌, 내면적 사멸이다. ……실제로 이런 일이 있을 수 있을까? 나는 울었다. 마음껏 울었다. 그 때문에 눈도 마음도 흐려지고 말았다. 아, 어떻게 해야 하나? 불확실과 혼란, 혼돈, 나는 인생을 대담하게 정면으로 바라볼 수가 없다. 의무가 어디에 있는지, 지혜가 무엇을 명령하는지, 이성이 무

엇을 권유하는지 도무지 알 수가 없다. 바닥짐도 자석도, 닻도 돛대도, 한꺼번에 모두 사라진 것 같다. 요란함과 곤혹스러움, 암흑과 투쟁. 감동과 질식. 나는 원한다. 그리고 원하지 않는다. 미친 듯한 무모함이 나를 유혹한다. 그리고 두려워하게 한다. 질풍, 소용돌이, 태풍.

열려 있는 창문을 통해 노랫소리를 듣고 닭이나 어린아이가 참으로 행복하다는 생각이 들었다. 자신의 운명에 대해 선고를 내릴 필요도 없고, 숙명적으로, 취소할 수 없는 결심을 하여 돌이킬 수 없도록 미래를 속박하고, 무덤에 갈 때까지 아니, 그 뒤까지도 참혹하게 생각할 필요도 없다. 어느 누구도 치명적으로 괴롭힐 입장에 설 위험이 없다. 자기 자신과는 일치하고 있다.

너는 여자처럼 마음이 나약하다. 네가 받는 존경을 유지하려면 신중함이 사라져야 한다. 그러면서도 너는 반영웅적인 반동이 마음속에서 일어나는 것이 두려워 모든 칭찬을 두려워한다. 너에게는 얼마든지 힘이 있는데, 그 힘을 신뢰하지 않는다. 너는 너를 사랑해 주는 사람을 괴롭히고 있다는 생각도, 굴종의 생각도, 추모, 회한 또는 후회의 예상도 견디지 못한다. 너의 의식(양심)과 이성과 마음은 아무것도 양보하려 하지 않고, 모든 일방적인 결정에 대해 반감을 가지고 있기 때문에, 뭔가를 바라는 용기가 너에게는 없다. 분열이 일어난 인간은 천둥번개와 재해를 끌어당긴다. 게다가 그것을 알고 있기 때문에, 모험을 피하고 항구를 떠나는 것은 바람직하지 않다.

(오후 3시) 시각의 아찔한 어지러움. 애정의 발작. 사람이 없다는 것에 대한 혐오. 사랑 이외의 것은 모두 나에게 공허하고 허무하며 무익하게 보인다. 또 한쪽에 있어서 의식(양심)의 평화가 수반되지 않는 사랑은 방심 또는 이지의 좀벌레와 같다. 죽을 수 있으려면, 아니 살 수 있으려면 자신이 질서와 규칙과 의무 속에 있음을 느끼지 않으면 안 된다. 불행히도 너에게는 기운도 의지도 영웅심도 사라지고 없다. 너는 지나치게 여성스러운 자신의 본능을 공감과 애정으로 위로해주기만을 바라고 있다. 무관심의 말라리아는 너의 이성과 지혜, 네가 받은 기량을 헛된 것으로 만들어버렸다. 그것을 치유하는 약은 없다. 실제로 너는 네 병을 애지중지하며 치유될 것을 믿지 않고 있다. 네 안에서는 모든 남자다운 명예심이 사라져버렸다.

투쟁을 좋아하는 마음, 성공에 대한 착각, 승리의 열망, 권력과 세력, 부에 대한 갈망, 명예의 욕구, 이지의 호기심은 더 이상 너의 무감각을 일깨울 만한 반응제가 아니다. 내부의 평화가 너의 유일한 소망이다. 너의 주위에 행복을 주는 것, 가능한 한 너의 존재를 작게 하는 것, 이것이 네 본능의 유일한 갈망이다. 네 안에는 변변치 못한 일가의 주인으로서의 땅밖에 없다. 게다가 남편과 아버지로서의 삶조차, 너의 나이와 자질로 보아 너무 복잡하고 너무 어려운 일처럼 여겨지고 있다. 파면과 굴욕을 조금이라도 피하려고, 너는 미리 깨끗하게 모든 것을 단념할 작정이다. 의혹, 내성적인 성격, 게으름, 낙담.――그것은 나쁜 것이다. 우리를 사랑하고, 우리를 인정하고, 우리를 믿어주는 사람들을 기쁘게 해야 한다. 이유는 그것으로 충분하다. 이 자극제는 아직 효능을 잃지 않고 있다.

1868년 5월 21일

저녁 식사 뒤 플레리에 산책. 억수 같은 소나기. 시야를 가리는 폭우, 무서운 번개, 미친 듯한 천둥소리……. 왜 사랑은 언제나 죽음을 생각하게 하는가 하고 나는 스스로에게 물어보았다. 그것은 사랑이 죽음이기 때문이다. 자신들에게 있어서의 죽음, 페르시아의 시인이 말하는 어두운 전제군주의 절멸, 이기심의 소멸, 고독한 자아의 소멸이기 때문이다. 또한 그 죽음은 새로운 삶이지만, 그 삶은 바로 죽음이다.――왜 여자라는 예민하고 병약하며 내성적인 존재가 사랑하는 사람과 함께 있으면 위험을 전혀 두려워하지 않게 되는 것일까? 사랑하는 사람의 가슴에 기대어 죽는 것이 그 은밀한 꿈이기 때문이다. 여자에게 낙원은 '함께 있는 것'이다. 그것이 고통 속이든 기쁨 속이든 환희 속이든 죽음 속이든, 그런 것은 2차적인 문제다. 무슨 일이 있어도, 언제 어디서나 둘이 아니라 하나가 되는 것, 이것이 여자의 갈망이고 염원이며 외침이자 본능이다. 여자의 종교는 오직 사랑뿐이다. 사랑이 마음에 두는 것은 오직 황홀한 합일, 고립된 것끼리의 연소, 하나의 불꽃 속에서의 결합뿐이다. 우리 인류의 반이 그것 외의 의식과 신앙과 이상을 가지지 않고, 애정과 숭고한 신앙심과 위대한 시를 통해 엿볼 수 있었던 지고한 상태가 이 정신적인 현상의 증거가 되고 있는데도, 이 신비를 조롱하고 부정하는 사람들이 있다니! 신비성은 이성에 있어서는 난처한 것이지만, 정신에 있어서는 원래의 고향이다. 신비성의 방법은 생각보다 간단하지만 같은 결과로 끝난다. 즉 '통일'에 도달하고 '절대'에 도달하는 것이다. 개별성의 일시적이고 작위적인 장벽을 타파하며, 유한성의 영역 안에서 솟아나는 무한성의 의식을 흩어지게 한다. 즉, 약소한 자아의 해방이고 변형이며 우리 모습을 새롭게 하는 것이다.

1868년 7월 2일

(아침 7시) 내부의 돌풍. 나에게는 이제 자신의 생활이 선명하게 보이지 않는다. 어떻게 하면 좋을지 알 수가 없다. 여러 가지로 뛰어들어 보지만, 그와 동시에 수많은 실수를 저지르고 있는 것은 아닐까? 공개적으로, 사회적으로, 한 시민으로서 나는 몇 달 전부터 실수만 거듭하면서, 서투름과 무관심 때문에 유감스러운 일을 많이 저지르고 있는 것 같은 느낌이 든다. 마가 끼어서, 밀려나서, 아니면 운명의 별을 잘못 타고난 것일까? 그렇지 않다. 적어도 다른 뭔가가 있다. 즉, 나 자신을 버리거나 깨어 있는 것을 단념하고, 무모하게도 나의 관심사, 지위와 진로와 미래와 자존심에 대한 관심을 소홀히 하거나, 그럴 권리도 없으면서 시인이 말하는 죽은 듯이 있는 은자(隱者) 같은 행동을 하는 것 등이다.

이 세상의 사물은 이제 나와는 아무 상관이 없다

이렇게 나는 꿈꾸는 사람처럼 말하며, 모든 것에서 손을 떼고, 우정의 길에 잡초를, 악의의 길에 쐐기풀을 심어 두었다. 이 끊임없는 투쟁은 적의를 가진 세상으로부터 굴러 떨어져 모래를 뒤집어쓰고, 숨이 막혀 흙 속에 묻히지 않기 위한 것이라 해도, 생각할수록 끔찍해졌다. 결국 나는 인간과 사물을 피해 자신의 껍질 속에 숨기로 했다. 그런데 생존경쟁, 생명을 위한 몸부림은 개체의 법칙이다. 특히 제네바 같은 사회에서는 아무런 해도 끼치지 않는 사람들의 주위에 퍼져 있는 증오, 적의, 질투, 탐욕, 헐뜯는 말, 그리고 비행이 남국의 밀림에 사는 모기나 좀벌레만큼 많기 때문에 더 말할 것도 없다. 여기서는 세일런처럼 쉴 새 없이 움직이지 않으면 즉시 물리고, 죽이지 않으면 자신이 즉시 먹힌다. 양이 되면 이리에게 먹힌다. ——겸손하고 조용하며 부드럽고 친근하게 대해 보라. 무지막지한 사람들이 구둣발로 짓밟을 것이다.──두려운 것 외에는 존경하지 않는다. 야수 같은 성질은 오직 실력 앞에서만 머리를 숙인다. 너는 평화를 좋아한다. 그러나 여기서는 무장한, 치아에까지 갑옷을 입힌 평화 외에 평화는 꿈도 꿀 수 없다. 조금은 두려워하게 만들지 않으면 안 된다. 그렇게 하지 않으면 멸시당한다.

(오후 3시) 커다란 공허가 찾아올 것 같다. 다시 시작되려는 조짐이다. 내 바로 옆에서 황량한 무인도가 언뜻 보인다. 무인도, 그것은 생활이다. 매력도 목적도 기쁨도 희망도 없는 생활이다. 무인도, 그것은 정신적 고독이다. 외로움과 권태이다. 지금 나는 결단을 내리지 못하는 것이 싫어서 견딜 수가 없다. 가책을 느끼는 인간은 불안을 느낀다. 미지의 것을 범하는 것은 나에게는 그야말로 가책이다. 모든 결심은 나를 두려움에 떨게 한다. 결심은 한결같이 모험이고, 그 모험이라는 것을 나는 견딜 수 없기 때문이다. 나는 사람을 속박하는 행위를 싫어한다. 자신을 운명으로 속박하는 것은 무서운 기만이라고 생각한다. 비관은 저절로 타성(惰性)에 도달하고, 의혹은 단념으로 끝난다. 그래서 나는 본능적인 원리에 따라 몸을 숨기고, 욕망을 끊어 고행자가 되고 싶어한다. 불행히도 다른 목소리, 양심의 목소리가 역시 내 안에서 말을 건다. '네 멋대로 허락해서는 안 된다. 의무에 따라야 한다. 네가 할 수 있는 모든 것을 하는 것이 의무다'라고.──"갈등하고 있는 사람들이여, 너희들의 마음을 단순히 하라."

오늘 아침에는 여학교(중등과와 고등과가 있다)의 상장수여식에 참석했다. 인상도 바뀌지 않는……얼굴을 만났다. 언제나 진절머리가 난다. 어쨌든 나는 이 의식 전체, 상을 받는 사람, 그들의 이름과는 인연이 없음을 느꼈다. '하잘것없는' 나에 대한 이런 사람들의 완전한 무관심은, 그와는 정반대로 나의 태도를 정당화해 준다. 사물의 시적 정취를 느끼기 위해서는 애정을 가지는 동시에 관심을 잃지 않으면 안 된다. 그런데 고뇌하고 있는 자는 관심을 잃지 않고, 자신에게 복귀하는 자는 애정을 갖지 않는다. 자신에 대한 불만은 다른 것에 대해서도 불만을 느끼게 한다. 자신이 무엇을 원하는지 알 수 없게 되고, 모든 증인을 부끄럽게 생각할 때, 어떻게 자신에게 만족할 수 있단 말인가?

자신이 늙어간다는 증거를 남김없이 없애고자 하는 이 기묘하고 악마적인 유혹을 관찰하며, 할머니가 된 코케트가 자신의 주름살과 백발을 헤아리려는 사람들을 모조리 가루로 만들고 싶어하는 기분을 이해했다. 능력과 매력의 상실을 저항 없이 어른스럽게 견디려면, 자신이 질서 속에 있음을 느끼고, 생활과 의무와 신에 대해서도 규칙을 지키는 것이 필요하다. 그렇지 않으면 사람은 편안하게 늙어갈 수가 없다.

네가 그토록 의심하지만 않는다면, 틀림없이 모든 것이 더욱 잘 풀릴 것이다. 네가 의심하고 있는 것은 너에게 두 주인이 있기 때문이다. 너는 스스로 '행복은 어디에 있는가. 의무는 어디에 있는가' 하고 찾고 있다. 욕심이 지나치다. 신중함과 양심이 일치하지 않을 때는 신중함 쪽에 재갈을 물려야 할 것이다. 그런데 너는 자칫 감격보다 상식을 상대로 의논하고 싶어한다. —— 너의 약점은 과감하게 선택하지 않는 것이다.

아무것도 단념하지 않는 자는 아무것도 이룰 수 없다.

"그에게서 그 한 달란트를 빼앗아 열 달란트 가진 자에게 주어라. 무릇 있는 자는 받아 풍족하게 되고, 없는 자는 그 있는 것까지 빼앗기리라."(마태복음 제25장)
"더러운 귀신이 사람에게서 나갔을 때에 물 없는 곳으로 다니며 쉬기를 구하다, 이에 가서 저보다 더 악한 귀신 일곱을 데리고 들어가서 거하니, 그 사람의 나중 형편이 전보다 더 심하게 되느니라."(누가복음 제11장 24절)
"네가 많은 일로 염려하고 근심하나, 몇 가지만 하든지 혹은 한 가지만이라도 족하니라. 마리아는 이 좋은 편을 택하였으니 빼앗기지 아니하리라."(누가복음 제10장 41절)
"나와 함께 모으지 아니하는 자는 헤치는 자니라."(누가복음 제11장 23절)
"너희가 내 안에 거하고 내 말이 너희 안에 거하면 무엇이든지 원하는 대로 구하라. 그리하면 이루리라."(요한복음 제15장 7절)
"우리는 진리를 거슬러 아무것도 할 수 없고 오직 진리를 위할 뿐이니."(고린도후서 제13장 8절)
"네 속에 있는 하나님의 은사를 다시 불 일 듯하게 하기 위하여 너로 생각

하게 하노라."(디모데후서 제1장 6절)

"하나님을 가까이 하라. 그리하면 너희를 가까이 하시리라."(야고보서 제4장 8절)

"세상을 이기는 승리는 이것이니 우리의 믿음이라."(요한일서 제5장)

"이 세상도 그 정욕도 지나가되 오직 하나님의 뜻을 행하는 자는 영원히 거하느니라."(요한일서 제2장)

"네 속에 있는 은사를 가볍게 여기지 말라."(디모데전서 제4장 14절)

"그러므로 우리가 낙심하지 아니하노니 우리의 겉사람은 낡아지나 우리의 속사람은 날로 새로워지도다."(고린도후서 제4장 16절)

"또 남자가 여자를 위하여 지음을 받지 아니하고 여자가 남자를 위하여 지음을 받은 것이니, 그러나 주 안에는 남자 없이 여자만 있지 않고 여자 없이 남자만 있지 아니하니라."(고린도전서 제11장 9절, 11절)

"누구든지 자기 십자가를 지고 나를 따르지 않는 자는 능히 내 제자가 되지 못하리라."(누가복음 제14장 27절)

"나의 멍에를 메고 내게 배우라. 그리하면 너희 마음이 쉼을 얻으리니."(마태복음 제11장 29절)

"믿음이 작은 자여, 왜 의심하였느냐?"(마태복음 제14장 31절)

"자기가 옳다 하는 바로 자기를 정죄하지 아니하는 자는 복이 있도다. 믿음을 따라 하지 아니하는 것은 다 죄니라."(로마서 제14장 22, 23절)

"내가 이것을 너희에게 명함은 너희로 서로 사랑하게 하려 함이라."(요한복음 제15장 17절)

"만물보다 거짓되고 심히 부패한 것은 마음이라 누가 능히 이를 알리요."(예레미야 제17장 9절)

"마음의 근심은 심령을 상하게 하느니라. 마음이 즐거운 자는 항상 잔치하느니라."(잠언 제15장 13, 15절)

"홀로 있어 넘어지고 붙들어 일으킬 자가 없는 자에게는 화가 있으리라."(전도서 제4장 10절)

"누가 현숙한 여인을 찾아 얻겠느냐. 그의 값은 진주보다 더 하니라. 그런 자는 살아 있는 동안에 그의 남편에게 선을 행하고 악을 행하지 아니하느니라."(잠언 제31장 10, 12절.)

"하나님은 미쁘사 너희가 감당하지 못할 시험당함을 허락하지 아니하시니라."(고린도전서 제10장 13절)
"우리 중에 누구든지 자기를 위하여 사는 자가 없고 자기를 위하여 죽는 자도 없도다. ……그러므로 우리가 화평의 일과 서로 덕을 세우는 일을 힘쓰나니라."(로마서 제14장 7, 19절)
"악에게 지지 말고 선으로 악을 이기라."(로마서 제12장 21절)
"화평하게 하는 자는 복이 있나니 그들이 하나님의 아들이라 일컬음을 받을 것임이니라."(마태복음 제5장 9절)──"너희 빛이 사람 앞에 비치게 하라."(5장 16절)
"사람이 성내는 것이 하나님의 의를 이루지 못함이니라."(야고보서 제1장 20절)
"자족하는 마음이 있으면 경건은 큰 이익이 되느니라."(디모데전서 제6장 6절) ……

　회오리바람은 지나갔다. 처음과 마찬가지로 선한 쪽의 내가 이겼다. 내밀한 격앙은 아침 바람에 흩어지는 연기처럼 사라졌다. 정신이 흐트러지기 시작했다고 느껴지면 즉시 냉정을 되찾아 '홧김에' 결정하는 일이 없도록 하는 것이 중요하다. 오직 신의 목소리만이 좋은 권고자이다. 신의 목소리야말로 영원한 자아의 목소리, 우리의 본성에 갖춰진 천국적인 부분의 목소리이다. 그러므로 단호하게 결심할 때는 우리의 내면이 안정을 되찾은 뒤에 종교적인 마음으로 해야 한다.
　"아무것도 염려하지 말고 다만 모든 일에 기도와 간구로, 너희 구할 것을 감사함으로 하나님께 아뢰라. 그리하면 모든 지각에 뛰어난 하나님의 평강이 그리스도 예수 안에서 너희 마음과 생각을 지키시리라."(빌립보서 제4장 6, 7절)
　이 경험을 통해 명백해진 것은, 하나, 다른 사람들은 여전히 너에게 커다란 해를 끼칠지도 모른다는 것, 둘, 너의 오만은 가슴과 마찬가지로 상처받기 쉽다는 것, 너는 겸양에 대해 망은을 대할 때처럼 몹시 흥분한다는 것, 셋, 너는 아직도 분노와 용서, 체념과 반항 사이에서 흔들리고 있다는 것, 넷, 너의 평화는 불확실하고 너의 균형은 불안정하다는 것, 다섯, 너는 사상에 있어서나 의지에 있어서나 확고함이 부족하다는 것, 즉 너에게는 흔들림 없는 신앙과 성격이 없다는 것이다.

가장 나쁜 것은 마지막 것이다. 너는 동요하기 쉽고, 나약하고, 변하기 쉬우며, 감수성이 예민하고 내성적이고 미온적이다. "아멘이시요, 충성되고 참된 증인이시요, 하나님의 창조의 근본이신 이가 이르시되, 내가 네 행위를 아노니 네가 차지도 아니하고 뜨겁지도 아니하도다. 네가 차든지 뜨겁든지 하기를 원하노라. 네가 이같이 미지근하여 뜨겁지도 아니하고 차지도 아니하니 내 입에서 너를 토하여 버리리라."(요한계시록 제3장 14~16절)

너는 불확실하고 주저하며 분열하고, 잘 잊어버리고 잘 흔들리는 복잡한 인간, 의지가 부족하여 어떤 바람에도 나부끼고, 유동적이어서 모든 형태를 취하며 고유한 형태를 지니지 않는 몽테뉴식 인간이다.

이 본성에 맞서서 영원히 싸우는 것이 현명한가, 아니면 그것을 이용하는 것이 좋을까? 관조적인 비평에는 도움이 될지도 모른다. 나의 친구 Hm.(Heim 옘을 가리키는 듯)처럼 지적인 회의로부터 선의를 연역할 수 있다면, 그것은 마땅히 지녀야 할 태도이다.——어떠한 의무에서도 손을 떼서는 안 된다. 자신의 외부에서 가족도 조국도 인류도 사라지게 해서는 안 된다. 2차적인 의무를 가장 큰 의무에 종속시키지 않으면 안 된다. 그런데 현재 너의 첫 번째 의무는 너 자신과 결말을 짓고, 네가 인간과 삶에 대해 어떻게 생각하고 있는지를 알며, 네가 가지고 있는 가장 좋은 것을 요약하여 네 눈으로 본 진리를 그대로 보여주는 것이라고 생각한다. 너는 쉽게 허영심, 명예심, 탐욕으로부터 몸을 깨끗하게 할 수 있다. 그러나 너의 내부에 있는 큰 적은 호기심과 변덕이다.

'단순화와 집중', 이것은 네가 하루일이 끝나면 언제나 잃어버리는 암호이다. 주가 되는 사상에 대해서는 희생을 바치는 마음가짐이 필요하다. 선을 발견하는 것은 문제가 아니다. 그 선에 집착하고 매달려야 한다. 사상을 힐끗 들여다보기만 하고, 그것이 잉태하고 결실을 맺을 수 있게 하지 않으면 아무 소용이 없다. 너에게 결여되어 있는 것은 인내심 강한 싹의 잉태, 노력의 응집, 그리고 연속이다. 너는 언제나 네 씨앗을 모두 허공에 뿌려버렸다. 불안하게 방황하는 네 본성은 아무런 결실도 맺지 않는 기분만의 것이 되어 깡그리 타버리고 말았다. 너의 뇌수는 침대와 마찬가지로 꿈만 낳았다. 그런데, 우리에게 남는 것은 살아 있는 구체적이고 개성적인 것뿐이다. 도움이 되는 것은 안타까운 느낌이 아니라 생식(生殖)이다.──아들 하나와 작품 하나, 이 오랜 젊은 시절의 네 소원은 여전히 공백인 채 남아 있다. 네가 "하찮은 것을 죽이고 무익한 것과 싸우며, 한심한 것을 쓰러뜨리고, 어린아이 같은 것이나 익살은 물리쳐라"고 말하지 않는 한, 너는 이미 주어진 세월은 물론이고 아직 남아 있는 세월마저 잃어버리게 된다. 네가 방심하고 산만하며 일탈에 지는 한, 진정한 일은 할 수 없다.

> 적절한 일을 이룩하려는 자는
> 아무리 위대한 점을 갖추고 있어도
> 극히 작은 점에도 지고한 힘을
> 게으름 피우지 말고 조용히 모아야 한다.   (실러)

너의 신념, 계획, 목적에 대해 늘 갈팡질팡하기만 해서는 안 된다. 너의 사상과 의도가 잘못되었다고 너무 쉽게 단정하지 말라.

(저녁 7시) 해질녘의 세찬 소나기가 북풍을 진정시키고 기온을 누그러뜨렸다. 거리에서 '울려 퍼져라, 북이여'(1857년 프러시아와의 사이에서 사태가 위급해졌을 때 아미엘이 작사 작곡한 군가. 성전(聖戰)의 통칭)를 노래하고 있다.──대학의 사무직원에게 편지를 보내 약간의 주의를 줄 필요가 있다.

(밤 11시) Del.의 집 방문(카루주 거리), Len.-Sbt.의 집 방문. 아는 이의 집에 종종 찾아가는 것은 기분 좋은 일이다. 피로를 씻고 기운을 얻는다.──아기자기하고 나긋나긋한 동료 돔 밀리스 파틀랭(Dom Milis Patelin)을 생각했다. 몸에 밴 유연함과 등뼈의 부드러움 덕택에 무능함을 언제까지나 잘 버텨나갈 수 있을 것이다. 이보다 더 여자 같은 남자가 있을까! 잔재주는 언제나 빈틈이 없지만, 자신의 사상과 새로운 계획, 성의 있는 말, 똑바른 시선을 가진 적이 없다. 자유인의 신체에 깃든 노예와 식객의 근성. 나약하고 교활하여 모든 살무사의 특성을 지니고 있으면서도 한없이 복수심을 키우고 있다. '빈틈없고 거짓말을 잘하며 사람을 속이고 붙임성이 좋은 자'는

누샤텔(레만 호 북 안의 도시) 출신이 아니어도 될 수 있다.

1868년 7월 3일
(아침 7시) B(펠란을 가리킴)는 지난 며칠 다시 성적이 좋아졌다. 세 번에 걸친 나의 쿠데타(펠릭스의 말)는 다시 나에게 미소를 보내고 있다. B는 여러 가지 일에서 중요한 협력자가 될 수 있는 사람으로, 그 힘을 선을 위해 사용할 때는 이렇게 나의 단순화를 쉽게 도와준다. 어쨌든——

타인을 행복하게 해주는 것은 역시 가장 확실한 행복이다.

다시 일을 시작할 때, 나 혼자가 아니라는 걸 알면 얼마든지 기운차게 일할 수 있을 것이다. 예를 들어, 나는 어떤 일에서나 질서에 대한 사랑과 취향을 가지고 있지만, 이해관계에 대한 혐오와 부분적인 개선에 대한 반감도 있다. 그래서 스스로 만족할 정도로 완수할 수 없는 일은 적당히 해치우는 버릇이 생겼다. 이를테면 내 책의 카탈로그, 재산 관리, 노트와 책의 이용, 연구와 출판, 여행, 교육, 사교, 그밖의 모든 종류에 걸친 계획을 내팽개치고 있다. 어떤 일에서나 항상 죽은 사람 흉내를 내고 있었다. 내가 계속 유지하고 있는 것은 이 일기뿐이다. 이것은 나에게는 습관이 되었고 거의 인습처럼 되어버렸다. 나의 절대적인 본성은, 프로그램을 전부 실현할 수 없을 때는 모든 일에서 벗어나 버린다. 희망의 난파는 완전한 단념을 낳는다. 나의 자존심은 이상(理想)의 재탕이나 남이 쓰고 남은 것을 받을 수가 없었다.——나는 두 사람의 생활이 시작되면, 내 생활의 모든 부분에 질서가 회복되고, 밑바닥부터 완전히 새로 젊어지는 기분이 들 거라고 생각한다. 나는 자신을 전체적으로 새롭게 관리하고 지휘할 것이다. 새로운 인간과 새로운 계약을 맺고, "그리하여 지금 나에게는 모든 것이 새로워졌다. 신의 도움을 얻자. 시간을 되찾아 우리의 과실을 보상하자"라고 말할 수 있기를 바랄 것이다. 이것이 바로 정신적 부활, 재생, 정의 및 건강에 있어서의 갱신, 소생의 세례, 성서에서 주장하는 마음의 할례가 아닌가? 메마른 나무를 녹색으로 바꾸는 봄과 같은 것이 아닌가? 죽은 포피를 벗기는 전기(轉機) 같은 것이 아닌가? 이 내적인 사람의 새로워짐은 충분히 곤충의 변태에 비유할 수 있는 변형이다. 그것은 그야말로 권태에서 건강으로, 어둠에서 빛으로, 죽음에서 삶으로의 전환이다.

더 이상 사랑하지 않고 망설이지도 않는 사람은,
차라리 묻혀버리는 것이 낫다.

그리고 새로운 탄생의 결실은 아이를 낳는 일이다. 그럼으로써 비굴한 공포를 쫓아내면, 모범적인 생활과 종교상의 선행을 통해 신을 찬양하게 된다.

슬픔에 대하여

슬픔은 우리를 갈고 닦으면서 스스로도 갈고 닦아간다.
저마다 일정한 한계 안에서만 괴로워할 수 있다.
그 한계에 도달하면, 죽음이나 무감정에 의해 구원받는다.
이것은 자연의 이치 가운데 하나이다.

타인의 슬픔은 우리의 슬픔을 새롭게 하고 되살아나게 한다.
그러나 타인이 잠들면,
결국 어린아이가 울다가 잠드는 것처럼
우리도 지쳐서 잠들게 된다.

1868년 7월 4일

(정오) 어째서 가장 선한 사람들이 가장 잘 속는 것일까? 그것은 스스로를 속이는 것, 잘못 되는 것을 가장 두려워하고 있기 때문이다. 실수로 남을 의심하는 것을 극도로 싫어하는 결과, 불평을 말하거나 스스로를 통제하는 데도 명백한 증거가 나타나기를 기다린다. 그렇게 기다리다가 때를 놓치는 것이다.──우리는 자신의 단점 때문에 남에게 고통을 주고, 자신의 장점 때문에 스스로에게 고통을 준다.

범죄가 사람을 유혹하는 것과 비슷한 의미에서 관대함도 사람을 유혹한다. 부정을 두려워한 나머지 신중함을 잃고 서두르게 된다. 의혹과 손을 끊을 작정으로, 허겁지겁 터무니없는 일을 저지른다. 물건을 얹은 저울의 접시가 수평이 될 듯 말 듯 하면, 그 초조한 동요를 멈추게 하기 위해 어느 한쪽에 칼을 놓으려고 하는 어리석은 욕망을 느낀다.

제90호(이보다 하나 앞의 일기장 번호)를 다시 읽었다. 그것은 나를 다시 스핑크스와 그 무서운 모순에 맞닥뜨리게 했다. 확정된 사실은 친구로서 소중한 '더없는 장사꾼'이 다른 역할을 가지고, 의지와 사실, 고귀한 분발과 본능의 징후를 비교하는 단계가 되면 불안감을 준다는 것이다. 불확실한 것은 새로운 처지에서의 선한 자아에 대한 결정적 승리이다. 남이 나에게 보여주지 않으려고 보호하고 있는 신비한 힘이 있고, 그것이 모든 부정에도 불구하고 항상 작용을 미친다. 이를테면 B가 Eg.와 부딪치거나 만나는 경우에 그것이 해로운 경우, 적어도 나에게 해로운 결과를 초래하지 않은 적이 한 번도 없었다. 그러면서도 B는 이 유혹과 싸울 때 항상 모호한 태도만 취하며, 내가 그만둘 것을 권하고 있는 교제를 단호하게 끊으려 하지 않는다. B의 방식은 에덴동산에서의 이브와 같다.──그런데 내 경험을 통해 아는 거지만, 두 번 다시 말할 수 없는 욕구에 대해 이렇게 막연한 반항을 계속하는 것처럼 사람의 마음을 확실하게 상처주는 것은 없다. 감격적인 헌신의 이론과 겉으로 드러내지 않는 반대항인 실천의 대조는, 그것을 눈치채는 자를 분개하게 만든다. 서로의 권리를 절대적으로 비교할 수 없는데도, 남자가(설령 15분이라도) 다른 여자와 단순하게 비교당하면, 사랑하는 가슴의 내부에 숨어 있는 정의와 자존심에 상처를 받는다.

(오후 3시) 친구 Hmd.가 우리를 굉장히 걱정하게 만들었다. 19시간 동안, 저녁 식사 때와 잠잘 때부터 이튿날 아침 식사와 점심 식사때까지 나타나지 않았다. 하숙집이 발칵 뒤집혔다. 경찰서에 신고하고 나와서 실종자를 찾기 위해 Hipp. G.와 내가 마차를 타려고 할 때, 당사자가 기분 좋은 얼굴로 흡족한 듯이 시청 앞 거리에 나타났다. 어찌 이럴 수가! ——자신의 종적을 너무 숨기면, 우리를 조금이라도 배려해주는 사람들에게 별것 아닌 일로 크게 걱정을 끼치는 경우가 있다. 불행은 언제 어디서나 일어날 수 있는 법이므로, 가까이 있는 사람에게 책임이 미치지 않도록 하고, 감정이나 행동에 있어 쓸데없는 낭비를 하지 않게 하는 것이 좋다. 독자에게 고한다. ——우리 쪽에서 끊임없이 지나치게 세심한 신경을 쓰면, 오히려 여러 가지 부작용이 생긴다. 아주 사소한 일탈이 모든 사람들을 놀라게 하고 곧바로 주위에 큰 소동을 불러일으키는 것이다. ——타인의 애착은 우리의 독립을 방해한다. 사랑 받고 있는 사람은 자유를 잃게 된다.

화를 잘 내는 기질의 못된 장난에 대한 상식의 반동. 사소한 감정 속에서 갈팡질팡하고 있을 때는 무작정 진실 쪽으로 끌려가는 것도 좋다. 네가 행복을 그렇게 갈고 다듬어 가면서, 수없이 사소한 불평을 해대며 네 눈앞에 나타나는 모든 해결과 정면으로 충돌하는 것은 어리석다고 말하는 것이 진실이다. 너는 그다지 티를 내거나 으스대지 못하고 있다. 그럼 너에게는 결점이 없다고 생각하느냐? 너는 젊지도 않고 부자도 아니며, 세력도 없고 명성도 없다. 신의 섭리가 너의 길에 수많은 실수를 보상할 마지막 기회를 제공하고 있는데도, 너는 뉘우침도 없이 오래 전부터 가지고 있던 '대답하기 어려운 질문을 즐기는 버릇'을 새롭게 들춰내려는 것이냐? 세심함과 이의, 고장(故障)의 영역에 일단 발을 들여놓으면, 다시는 거기서 빠져나갈 수 없게 된다. ——결혼하는 데는 용기가 필요하다. 실제로 요행과 모험의 요소는 제거할 수 없다. 나폴레옹은 100에 25의 확률뿐이라면 운명에 맡기는 마음가짐이 아니면 안 된다고 했다. 언제나 너를 마비시킨 것은 25, 20, 아니 15의 손실도 입지 않겠다는 그 지긋지긋한 이상이다. 자기 행복의 4분의 1에 대해서조차 운명의 전제와 미지의 결과에 맡길 수 없다는 자존심이다.──고독한 자의 소심함은 우울증의 사촌이다. 모든 악을 과장하고 모든 선을 축소한다. 너는 돈키호테식 노파심으로 생명을 잃을 위험이 있다. 너에게 결여되어 있는 것은 약간의 야수성과 거친 상식이다.

자신의 행복을 구하지 않는 자는 행복을 놓친다.

……편지가 왔다. "B는 두 사람이 나중에 결혼을 하게 되든 헤어지게 되든, 두 사람 사이에 존재하는 안전한 조화를 직접 또는 간접적으로 어지럽히는 일은 이제부터 모두 친구에게 알릴 것을 약속합니다. 또한 미래에 있어 그렇게 하는 것이 현명하고 정당하다는 것을 인정합니다."
가까스로 여기까지 왔다. 내 사랑스러운 사람은 언제나 한 번 더 생각하고 옳은 판단을 한다. 그것이 악의 전부는 아니라 해도, 첫마음이 불러일으킨 악의 거의 전부를 보상한다. 어쨌든 잘못을 인정하는 것이 본성이 강한 사람에게는 3배의 가치를 지닌다. 그러므로 그것으로 충분하다.

1868년 7월 7일
(아침 10시) 죽을 것 같은 외로움. 버림받는 것에 대한 두려움을 격렬하게 느꼈다. 어서 어서 가버려라. 푸른 악마(우울증)의 회오리바람. 의지의 무감각과 가슴의 불안. 무인의 경지를 헤매며 쉬지 못하는 영혼이 지난 날 나의 손님이었다. 그보다 더 악한 일곱 영혼과 함께, 청소를 끝내고 장식까지 마친 내 집으로 돌아오려 하고 있는 것인가? (누가복음 제11장 24~26절)──경건한 책을 읽는다. B에게 편지와 작별 선물.──조금은 평화를 되찾았다.

(오전 11시) "남을 위해 가장 애쓰는 친구가 그 사랑하는 사람에게 기쁨과 평화를 주기를 원한다면, 우울을 쫓아내고 용기와 힘과 쾌활함을 되찾으

시기를."(B)

이것이 떠나는 사람의 작별 인사이다. '싫어하는 남자가 싫어하는 여자를'. 둘이서 새로운 가능성을 검토하기로 한 뒤로 모든 것이 두 사람에게 좋지 않은 방향으로 돌아갔다. 주위에 사람이 없는 환경을 만들어내는, 삶과 죽음의 문제가 있다. 전부를 손에 넣으려고 하지 않는 한, 전부를 잃어야 한다. 크레셴도가 끝나는 순간 모든 것은 무너진다. 운명이란 인간에게 얼마나 잔인하며 얼마나 냉소적인 논리를 휘두르는 것일까? 곳간이 가득차고, 곳간이 텅텅빈다. 전부를 취하지 않는 자는 아무것도 얻지 못한다. 그야말로 도둑의 교훈이 아니고 무엇이겠는가?

어쨌든 논리적이고 엄밀하며 일관성을 유지하고 있는 쪽은 B다. 나는 나약한 마음과 병적인 연민 때문에, 끊고 불태워버리는 것이 불가능하다.

가엾게도 너는 민중이 생각하고 있는 사람이 아니다.

하숙집에서는 어제도 나에 대해, 나라고 쉽게 인정할 수 없는 인물평을 하고 있었다. 같은 결과가 전혀 다른 원인에서 나오는 경우도 있다. 이를테면 움직이지 않는 것은 힘의 결핍에서도 힘의 균형에서도 오고, 침묵은 텅 빈 사상이나 숨이 꽉 막힌 상태도 드러낸다. 모두들 내가 괴로워하는 일, 특히 남을 위해 괴로워하는 일은 없다고 믿고 있지만, 나는 진실한 마음을 만나기만 하면, 안정과 균형을 되찾을 때까지 상당히 힘이 든다. 나는 나에게 애착을 가지는 사람을 뿌리칠 수가 없다. 또 반대로 내 자존심은 외면과 거절 앞에서 벌떡 일어선다. 그리고 들판의 열쇠(도망을 가리킴)를 생각하는 표정을 짓는 자에게는 문을 활짝 열어줄 수 있다. 나의 본성은 충실과 자존심, 애정과 독립이라는 면에서 지는 것을 탐탁하게 여기지 않는다.

저마다 내 안에서 뿌린 만큼 수확을 얻는다.

그러나 지금은 이런 생각이 아무 소용없다. 지금은 가까운 사람의 용기와 결단을 기록하고 감탄하면 된다. 그 사람은 나의 자유가 감정과 습관, 세심함, 애정, 우연 등 이 모든 것에 영향을 받지 않고 완전하기를 바라고 있다.

그리고 이 조건을 토대로 예수인가 노아인가, 죽음인가 이주인가 하는 두 가지 경우의 가정 속에서 모든 것을 처리했다. 그 사람은 자신이 원하는 것을 잘 알고 있고, 꼭 해야 할 일을 하고, 이루어야 할 일을 이루고 있다. 이성이 주가 되어 그 현실생활을 지배하고 있다. 욕망, 감정, 고뇌는 문제가 되지 않는다. 필연을 인정하고 오직 의무에만 복종해야 한다. 내가 남자다움을 사랑하는 것은 그것을 존중하기 때문이다. 남자다운 결단이 가장 건전하다. 망설이고 있는 감상은 정신을 무기력하게 만들고 행동을 마비시킨다.――두 사람 사이에 존재하는 사물의 질서를 만들어낸 것이 B인 이상, 이 주기가 끝나고 충만함을 선언하는 것도 B의 몫이다. 더욱이 이성 사이의 자유로운 우정은 주위의 여건에서 오는 불확실한 상황에 따라 유지할 수밖에 없다. 두 사람은 오랫동안 주위 여건이 좋았다. 그런데 그것이 지금 끝나버리는 것이다. 세상이 이 미묘한 관계에 시선을 돌리고 손을 내미는 것과 동시에 이 관계는 불가능해진다. 의혹과 악의가 나타나기 시작하면, 서로를 더 이상 만나지 않겠다고 단념해야 한다. 그 일이 두 사람에게 일어나고 있는 것이다. 그것은 언젠가 한 번은 일어날 일이었다. 그러므로 탄식하거나 놀라지 말고 참고 따라야 한다. 세상의 악의는 공기 속의 산소처럼 곳곳에 스며들어 모든 것을 녹슬게 한다. 일반적인 정도(正道)로 돌아가자. 서로 정의를 지키자.

B는 나에게 선보다 악을 많이 끼쳤을까? 그리고 앞으로는 악보다 선을 많이 끼칠 수 있을까? 두 사람 다 중대한 문제다. 지금 운명이 난폭하게 그 문제를 제시하는 이상, 그것에 대해 답을 시도하지 않으면 안 된다.

(오후 3시) 과거에 대해서 검토하는 것은 그만두고 일정으로 옮겨가자. 이 비평적인 연구는 나에게는 애정에 대한 대역죄의 기도, 불가능하고 그 죄에 따르고 싶지도 않은 불경한 방법인 것 같아서 불쾌한 기분이 들기 때문이다. 끝날 것은 끝났다. 과거는 지나갔다. 거북한 점이 있었다 해도 그것은 인정받고 잊혀지고 용서받았다. 그 위에 떠다니고 있는 선한 일, 내 기억에 머물고 있는 보살핌, 더할 나위 없는 배려밖에 남지 않았다. B는 그 충고와 동정과 솜씨와 헌신을 통해 나에게 지난 8년 동안을 버틸 수 있는 힘을 주었다. 나에게는 적어도 네 사람 몫을 하며, 확실한 지점을 제공하고, 무한한 신뢰를 일깨워주었다. 나에게 친구, 여동생, 이야기 상대, 동업자, 오른팔,

다른 나 자신이 되어주었다. 가치를 따질 수 없는 것, 은신처, 피난처, 성채, 어떤 의미에서는 자신의 집을 주었다. 집이라는 것은 자신을 기다리고 원하고 사랑하고 이해하고 일으켜 세우고, 격려하고 칭찬하고 지탱해주는 곳이다. 만약 내가 집을 가지고 한동안 둘이서 생활했다면, 그것은 누구의 덕택일까? B의 덕택이다. B는 나의 내적인 삶의 열쇠를 쥐고, 나의 모든 슬픔과 기쁨에 대한 솔직한 이야기를 들은 유일한 사람이고, 나의 내면을 속속들이 잘 알고 있는 유일한 사람이며, 망설임과 의논을 허용하지 않는 보살핌을 부탁할 수 있는 유일한 사람이다.──다른 사람에게는 반대로 나가는 고집스러운 기질을 가진 B가 나를 따를 수 있었던 것은, 나를 신뢰하며 인생의 혹독한 경험 속에서 구원받은 감격을 나에게 쏟았기 때문이다. 나는 과거에 대한 감사로 가득한 것을 느낀다.

미래에 대해 이 인연을 굳혀야 할 것인가? 시인(류케르트)의 말처럼, '그것 없이 견딜 수 없다면, 과감하게 그것을 가져야 하는 것'인지, 다른 시인(괴테)의 말처럼──

그렇게 언제까지나 방황하고 있을 작정이냐?
보아라, 선은 바로 네 옆에 있다.
행복을 붙잡는 방법만 알면 된다.
행복은 언제나 그 자리에 있으니까.

B는 사실 괴로운 처지에 놓여 있다. 게다가 큰 단점이 두 가지 있다. 그러나 그것을 보완해주는 부분도 많고, 독특한 장점을 많이 갖추고 있다. 그래서 가장 절실한 것은 다시 한 번 검토하여 너를 위해, 가족과 사회적 환경, 장래의 진로를 위해 결론을 내리는 것이다. 결혼 문제에 관한 파일에는 이미 오래 전부터 적어두었지만, 남의 간섭을 끔찍이도 싫어하고 주위 사람들의 마음을 살펴야하는 것이 불쾌했기 때문에 그대로 잠재워 두었던 이 문제를 계속 검토하여 결론을 내자.

1868년 7월 8일
(오후 4시) 내심의 고민. 잔인한 생각이 밀려오고 있다. 중요한 편지들을

정리하다가 여러 통이 빠져 있음을 깨달았다. 그것을 추린 결과가 나를 압박하고 있다. 그것이 나도 모르는 사이에 나를 두려움으로 몰아간다. 나는 의심하는 것이 견딜 수 없이 싫다. 그래서 즉시 편지를 쓴 사람, 게다가 그것을 맡아주었던 적이 있고 마음만 먹으면 전부 불태워 없애버릴 수도 있었던 사람에게 이 사실을 알렸다.

무슨 이유로, 바로 지금부터 실천을 시작하려 할 때 이런 의혹에 부딪치는 것일까? 끔찍한 일이다. 가장 무거운 십자가는 딴 마음을 품는 것이다. 나는 결코 그러고 싶지 않다. 허위의 아버지인 악마의 암시이다. 스스로 나 자신과 인생을 신뢰하지 않는 것만으로 충분하지 않은가? 완벽하게 신뢰했던 유일한 사람을 그림자만큼이라도 의심하는 것은 싫다. 나는 이제부터 섬세하지 않은 것, 불성실한 것, 명예와 신뢰에 대한 작은 침해 같은 것을 절대 허락하지 않기로 한다. 친밀한 사이에서는 속는 것보다 그 속임을 알아채는 쪽이 더 괴롭다. 악의를 전혀 예상하지 않기 때문이다. 신뢰는 어디까지나 자존심을 잃지 않아야 한다. 적어도 자신을 지키면서, 있어서는 안 되는 일을 추측하거나 의심하지 말고, 한번 존경한 사람들에 대한 마음을 잊는 것을 부끄럽게 여기는 것이다. 경계를 하기 시작하면 낯을 붉히지 않을 수 없다. 마음의 자존심은 자신의 모든 무기를 내던지고, 마찬가지로 분별심이 있는 상대에게 적의를 버리게 한다. 알렉산더는 궁중 의사 필립이 탄 독약을 들이켰고, 카이사르는 브루투스를 향해 두 팔을 벌렸다. 물러가라, 이 사탄아! 너의 의심은 불길한 것이다. 의심하는 자에게 수치 있으라. 의심으로 고통 받는 자에게는 화가 있을지어다. 그 자는 죄를 지은 자보다 더욱 괴로워한다.

신뢰는 거울의 유리 같은 것이다. 금이 가면 원래대로 하나로 돌아갈 수 없다. 깨지면 결코 수선할 수 없다.

그렇다. 그러나 자애는 완성의 끈이다.──자애는 참을성이 강하다. 자기의 이익을 구하지 않는다. 화를 내지 않는다. 결코 악이 있지 않을까 의심하지 않는다. 모든 것을 용서한다. 모든 것을 믿는다. 모든 것에 희망을 건다. 모든 것을 참고 견딘다. (성 바울)

심판받지 않으려면 남을 심판하지 말라.

주위에 있는 것이 그 품위를 의심하게 하기 위해 우리를 유혹할 때, 우리의 존경심을 조롱할 때, 우리에게 강요하는 가혹한 시련은 '심판해야 하는가'에 대한 고민이다. 그러나 심판은 신에게 맡기고 자애를 지켜나가지 않으면 안 된다. 그것이 이웃과 우리에게 더 나은 방법이다.

내가 방금 겪은 회오리바람은 가장 흔한 형태의 질투인 의심이 계속되어 기만을 당한 경험에서 생겨난 것이고, 치유할 길 없는 의심에서 일어나는 질투를 이해하게 한다. 모든 충실한 마음은 서로 연관되어 있다. 한쪽에 가한 침해를 가지고, 다른 쪽에 가해지는 침해의 개연성을 정당하게 연역할 수 있다. 그래서 하나의 과실에 대한 저주는 그 자손, 즉 그 결과 속에도 드러난다. 속이는 자는 어떻게 속는가? 또한 어떠한 징벌을 제 손으로 준비하는가?

그러나 어떤가. 너는 이 절대적 성실과 굽히지 않는 기품에 대한 욕구를 가지고 있어서, 아마도 독신생활을 면할 수 없는 것이 아닐까? 실제로 여자는 약하고 움직이기 쉬운 존재로, 가만히 내버려두면 무관심한 척 새침 떼는 얼굴을 하게 되거나 아니면 능력에 기대어 교활해지거나 둘 중의 하나이다. 여자를 특별히 진지하게 대하면, 물론 존경을 주기는 하지만, 여자에 대해 적절하지 않은, 본성에 어긋나는 역할을 하는 것이 된다. 이상은 너를 지나치게 까다롭게 만들고 있다. 현실은 그 점에서조차 불완전하다. 모든 양심이 한결같이 섬세한 배려를 가진다고는 말할 수 없다. 여자가 가지는 양심은 원래 대략적이다. 종교는 여성적이지만 도덕은 그렇지 않다. 종교는 마음이고 도덕은 원리이기 때문이다. ——남성적인 교육을 받지 않으면, 여자는 준엄한 성실이 무엇인지, 기사의 체면이 무엇인지, 진지한 법칙의 존중이 무엇인지, 절대적 엄정이 무엇인지 알지 못한다. 여자는 자기 혼자만으로는 사랑의 충실함밖에 이해하지 않는다. (그렇기 때문에 예언자는 도덕률에 대한 침해를 설명할 때, 반드시 부부의 맹세에 대한 망각이라는 여성적인 형태나 간통과 매음의 비유를 이용하는 것이다.) 그래서 남자는 여자의 교육자가 되고, 옆으로 벗어난 오솔길이나 구불구불한 길에서 불러 세우고, 언어와 사상과 행위에 있어 똑바른 길을 가르치지 않으면 안 된다. 정의, 성실, 진실, 단정에 대한 판정은 남자가 한다. 여자에게 있는 것은 뉘앙스, 응용이고, 남자에게 있는 것은 소양, 규칙, 법률이다. 남자는 여성스러워지면 이내 비천해지고, 여자는 조금이라도 남자다운 덕을 얻으면 그와 반대로 훌륭해진다.

　(저녁 7시) B는 나에게 아무리 퍼내도 마르지 않는 선의는 기적을 일으킬 수 있다고 몇 번이나 되풀이해 말했다. 그러나 천성은 모든 결심보다 강하고, 악마는 아무리 쓰러져도 반드시 다시 일어난다는 것 또한 몇 번이나 증명하지 않았던가? 그런데 B의 천성에는 12가지의 숙명적인 경향과 12가지의 사악한 습관이 있어서, 그것이 늘 습득한 모든 결과와 성취한 진보를 위협하고 있다. 지금까지 내가 승리자였던 것은 우리가 친구에 지나지 않고 자유로웠기 때문이다. 그러나 풀 수 없는 관계로 맺어졌어도 마찬가지였을까? B는 그렇게 믿고 그것을 원하고 있다. 나는 그것을 이해할 수가 없다. 또 하나의 가능성을 토대로 미래를 모두 걸 수 있을까? 그것이 두려운 문제이다. 두 번째 의문은 긍정으로 기울고 있다. 그러나 중요한 점이 아직 해결되지 못하고 있다. B는 나를 더 강하고 더 좋아지게 해줄 수 있을까? 또 내가 B를 행복하게 해줄 수 있을까? 행복은 합일 속에 있다. 하나됨은 완전한 신뢰를 내포하고 있다. 신뢰는 주문에 의해서 얻는 것이 아니라 진가에 의해서 이루어진다. 그런데 그 천성에 완전한 신뢰를 품게 할 수 있을까? 선량한 천사가 사악한 정령을 영원히 사로잡아, 발버둥치는 정도는 어쩔 수 없다 해도 해를 끼치는 것을 막을 수 있을까? 가능하다고 할 수도 있고 경우에 따라서는 불가능할지도 모른다.
　나는 과감하게 내 의견을 말할 수 없게 되었다. 나는 지금까지 그럴 수도 있다고 생각했다. 그러나 지금은 주저한다. 모든 것은 가능하다. 우월과 영웅심조차도 가능하다. 그러나 최선의 것이 악화하면 더할 수 없이 나쁜 결과가 초래되기 때문에, 무서운 혁명의 우려도 있다. B는 그 암흑의 영역에 있어서의 자신에 대해 잘 모르고 있다. 행복해지고 나니 스스로 변했다고 믿고 있다. 영원한 고뇌와 굴욕과 불행에 의해 마음에 생긴 의심, 복수, 격노, 분노의 싹은 아픔이 제거된 옛 상처와 사라진 추억이라고 믿고 있다. 나는 그것이 혹시 환상이 아닐까 걱정하고 있다. B는 인생을 극단적으로 추한 것으로 보아왔다. 그 대조를 보고 기뻐하고 감사한다 해도, 시련이 마음속에 잠자고 있는 다양한 싹을 일깨우지 않을 거라고 장담할 수는 없다. (여기서 시련이라는 것은, 외부의 저항이 아니라 내부의 비통, 남편이나 부모와의 갈

등, 부정의 추측, 존중의 부족, 불쾌한 뒷맛, 그밖의 여러 가지 일을 가리킨다.) 그것은 이미 종종 일어났다.

1868년 7월 9일

(아침 7시 반) 겨우 빛이 비쳐들기 시작했다. 어떤 사람을 시인하는, 아니 적어도 설명할 수 있는 생각이 떠올랐다. '사정 없는 모순'은 모두 같은 원인을 가지고 있을 것이다. 나는 언어가 사상이나 능력, 의지에 앞서갈 경우에도 단순히 언어를 믿는다는 언제나 같은 착각을 한다. 그런 의미에서 남자는 언제나 여자에 대해 많든 적든 잘못을 저지르고 있다. 그것은 남자와 여자가 완전히 같은 언어를 사용하고 있는 것이 아니며, 단어도 남자와 여자에게 있어서, 특히 마음의 문제에 있어서 같은 무게와 의미를 가지지 않는다는 것을, 고귀하고 곧은 마음으로 인해 남자가 잊고 있기 때문이다. 수치, 주의(注意), 기교 등, 어떤 형태로든 여자는 자신의 생각을 다 말하는 일이 없고, 또 그것을 의식하고 있는 것은 실제로 있는 일의 일부분에 지나지 않는다. 여자에게는 완전히 솔직한 태도는 불가능한 것처럼 보이고, 완전한 자기의식은 금지되어 있는 것처럼 보인다.

여자가 스핑크스라는 것은 여자가 수수께끼이기 때문이며, 여자의 입장에서 보아도 흐릿하고 애매하여 어느 쪽으로도 해석할 수 있기 때문이다. 불신자가 될 필요는 없다. 그것은 신비이기 때문이다. 여자는 종잡을 수 없는 존재이다. 비합리적이고 비결정적이며 비논리적이다. 모순의 화신이다. 따라서 여자를 상대할 때는 많은 선의와 적지 않은 신중함이 필요하다. 실제로 여자는 자기도 모르는 사이에 무한한 악을 불러일으킬 때가 있다. 정체를 알 수 없는 폭발물 같은 것으로 그 충동을 예견할 수도 없고, 그 힘을 확인할 수도 없다. 모든 헌신과 배신을 과감하게 할 수 있고, '이해할 수 없는 괴물'의 제곱인 여자는 남자의 환희이고 또한 공포이다. 그 위험성과 아울러 여자는 어린아이나 주정꾼, 정신병자처럼 반쯤 책임을 느끼고 있다. 그것은 여자는 감정, 즉 천둥과 함께 내리는 비 속에 있기 때문이다.

예를 들어 극히 미미한 질투만으로 천사를 충분히 마녀로 변하게 할 수 있다. '맙소사!'. 벌꿀이 쓰디 쓴 웅담이 되고, 비둘기가 독수리로 변하고, 젖이 즉시 독으로 변하는 일이 있다. 나는 그것을 다른 사람들에게서 관찰했을 뿐만 아니라 나 자신에게서 느낀 적도 있다.

　(아침 8시 반) 나의 현재 생각은 B가 다시 의심의 뱀에게 물렸다는 것이다. 그 사람은 그러면서도 스스로 구하고 권하고 촉구한 것, 즉 비교를 용납하지 못한다. 나의 복종을 불쾌하게 여겼다. 불확실한 상태에 화가 났다. 옛날의 방어 본능이 또다시 그 사람에게 달라붙었다. 희망뿐만 아니라 정의도 멸시하게 되었다. 불신과 신념 사이에서 흔들렸다. 거기서 자기도 모르게 그런 이중성, 계속하고 있는 역할과 은밀한 걱정이라는 모순이 생긴다. 거기서 그 선율과 노래, 내용과 형식, 속에 숨기고 있는 쓴맛과 표면의 단맛, 원하고 있는 복종과 무의식적인 반항의 불협화음이 생긴다. ──나의 잘못은 B에게는 스스로 세운 프로그램을 이행할 수 없다는 것, 연애는 우정이 아니라는 것, 연애로 변한 우정은 또 다른 법칙을 가진다는 것, 상상과 가슴이 꿈꾸며 의지가 명하는 대로, 연애는 쉽사리 애정과 모성애로 변하지 않는다는 것을 잊은 것에 있다. 다시 말해, 만약 내가 단순히 B의 뻔뻔스러움을 가정하고, 그것으로 그 사람은 악의 없이 너무 많은 기대를 했다고 보면, 나머지는 모두 설명이 될 거라고 생각한다. 애매함과 모순, 음울한 무정, 불신에 대한 생각, 감격에 의한 실신, 몇 번이라도 자기(磁氣)를 띠고 자신을 속이고 싶은 열렬한 욕구, 모든 것을 파괴하고 모든 것에 걸고 싶은 유혹, 의심의 암시에 걸려들기 쉬운 귀, 자신의 행위를 보이고 숨기는 본능, 애잔한 추억의 형태로 나타나는 자신의 이해관계에 대한 발작, 슬픈 과거에 쌓인 쓰디쓴 앙금의 동요, 정체를 알 수 없는 분노가 섞인 막연한 수치심은 모두 그것 때문이다. ……B는 행복한 날에 종종 죽기를 원했다. 언젠가 몰아칠 폭풍을 예언하는 본능이 결정적인 안식을 동경하게 했던 것이다.
　나는 이렇게 평정한 상태로 돌아가서 진정한 관점에 다시 섰다. 이번에 일어난 일은 불가피한 것이었고, 사물과 성격의 본성에 포함되어 있었다. 그렇기 때문에 나는 B를 용서하고 자신을 책망하고 있다. 완결과 속죄, 망각, 관용의 평화가 찾아왔다. 다만 문제는 이것이다. 앞으로도 이런 폭풍을 일으키는 것이 B에게나 나에게 과연 현명한 일이라고 할 수 있을까? 결혼은 항구적인 것이 될 것인가? B는 당연히 그렇게 해야 한다고 말한 것처럼 과거에 대한 효과적인 회한, 자신의 악령에 대한 공포, 신뢰의 종교, 가정의 평화에 대한 절대적인 존중, 완전한 하나됨에 대한 숭배를 가질 것인가? 분명히 그것을 모두 원하고는 있다. 그러나 과연 가능할까? 그 확률은 어느 정도이고 어떤 종류의 것일까? 그 사람이 그런 사람이고 내가 이런 사람이라고 한다면, 약간의 의심이 이미 가책이 되고, 약간의 싸움으로 관계를 끊게 되며, 약간의 모욕이 돌이킬 수 없는 것이 된다. 남자가 원래대로 돌아가는 것도 드문 일이지만, 여자는 아마, 적어도 사교계에서는 그것으로 끝이 되고 만다.

위기를 극복하기 위해서는 수도원, 즉 신과의 결혼이 필요하다. 만약 그렇다면 이성은 뭐라고 말할 것인가? 이성은 생각에 잠긴다. 호기와 광기의 본능은 그 시도가 훌륭한 것이고, 일종의 거룩한 아름다움을 갖추고 있으며, 자존심은 기적을 행한다는 의미를 암시한다. 그런데 상식은 대답하기를, 비범한 일을 기대해서는 안 된다거나 예외를 생각하며 계산해서는 안 된다고 말한다. 규칙으로서는 나무에 열매가 맺고, 원인은 결과를 낳고, 조직은 법칙에 따르며, 본성은 그 과거의 사실을 향하는 방향으로 전개되어 가장 오래된 경향에 따라 간다. 그런데 B의 가장 오래된 경향은 모든 사람을 향해 다시 저항하며 갑옷을 입고 있는 것, 바로 자기 의지의 세력을 나타낸다. 이 경향은 모든 희생의 행위보다 오래 살아남았다.

번제의 불꽃은 이 사라만델을 완전히 불살라버릴 수 없었다. 극히 사소한 사건을 만나도 원래의 인간이 다시 나타나고, 옛날의 적이 나와서 들여다볼 수 없는 가면과 불끈 쥔 주먹을 보여준다. 몸을 바친 사람 중에 이미 생각도 하지 않게 된 전사, 적, 반란을 꾀한 무리가 보인다. 자기에 대한 죽음은 기절이라고도 할 수 없는 잠에 지나지 않았다. 자아는 땅과 물, 불과 바람의 영혼으로서 냉소적이고 무서운 것임을 알게 된다. 굴복시키는 솔로몬의 모든 기도와 종교회의에 의한 파문도 극히 짧은 동안 외에는 자아에 대해 아무것도 베풀 수 없다. B 속에 B 뿐만 아니라 다른 어떤 사람이 있는데, 그 다른 사람은 강요하는 것도 말살하는 것도 싸워서 굴복시키는 것도 불가능한 것으로 보인다.

말할 것도 없이 죄는 많든 적든 우리 모두 안에 있으며, 그 죄에 대한 싸움은 영원한 것이지만, 맑고 깨끗한 상태에 있을 때는 자신이 하고 있는 일을 알 수 있고, 할 수 있는 것이 보인다. 그런데 지금은 그 맑고 깨끗함이 결여되어 있다. 나의 고충은 언제나 똑같았다. 내가 고충이라고 말하는 것은 가책과 불안, 고뇌 같은 것이다. 그 사람의 눈, 그 사람의 몸이 밑바닥까지 들여다보이는 일은 없다. 특별히 의도하고 있지 않을 때도, 그 사람은 불투명하여 속을 들여다볼 수가 없다. 투명을 사랑하는 자, 나처럼 관조적인 사람에게는 이 완강함에 익숙해져서 약간 남아 있는 공포심을 짓뭉개버리는 것은 불가능하다. 기쁜 일이나 자신을 완전히 맡기는 일이 있어도, 애정이 샘솟는 일이 있어도, 금속이나 도기로 만든 것처럼 보이는 이 가리개를 꿰뚫을 수는 없었다. 맑고 차가운 파도, 투명한 샘과 시내, 이 얼마나 기분 좋고 쾌적한 것인가? 대양의 바닥이 보이지 않는다는 것은 틀림없는 사실이다. 그렇지만 시선이 닿는 한, 심연 속이라도 보이기 때문에, 장애는 보이는 대상에게 있는 것이 아니라 우리의 시력에 있는 것처럼 생각된다. 얕은 물 속에 있는 바위는 측량할 수 없는 깊은 바다와 똑같은 인상을 주지는 않는다.

성스럽고 사랑스럽고 용감한 여자
진심을 담은 투명한 눈
그 옆얼굴은 고대풍
그 목소리는 음악
그 꿈은 이상.

내가 가장 원하는 것을 거부하려고, 나의 깊은 상처에 칼을 대려는 운명의 장난이라고나 할까? 사람은 나의 밝은 식견, 통찰력, 추정력을 득의에 차서 (그리고 과장하여) 칭송했지만, 칭송에 대한 보상으로 나는 스스로 가장 잘 알고 있다고 생각했던 사람에 대해 실패하지 않으면 안 된다. 비록 그것이 나를 조금도 현혹시키지 못했다 해도, 확실과 명증 대신 확률과 가능성만으로 만족하지 않을 수 없다. 즉, 확정 대신 추정, 실제로 보는 대신 믿음, '마침내' 대신 '어쩌면'이 된다. 적당히 선택된 그 시련은 너무 가혹하다.
시련을 단념해야 하는가?

(오전 11시) 나는 그 사람의 입장이 되어 생각해보았다. 그 사람은 자기가 내 고뇌의 원인이 되고 있을 줄은 몰랐기 때문에, 저항과 낙담에 사로잡혔다. 나에게 있어 유익한 존재가 될 수 있을지 어떨지도 알 수 없게 되어버

렸다. 그래서 인연을 끊는 것이 나를 위한 것이기도 하고 두 사람에게 바람직하다고 생각한 끝에, 그것을 피하려고 한 것이다. 자기 부정은 중대한 결심을 하기 위해 자존심과 악수를 나눴다. 저쪽에서 먼저 내 쪽으로 왔다는 점에서, 물러가는 데도 선수를 쳐야 한다고 생각했다. 우리의 작은 비밀이 폭로된 이상, 자신을 위해서나 나를 위해서 짓궂은 사람들의 소문을 두려워한 것이리라. 아마 자신의 이해관계를 고려하지 않는 기분에서 잘못을 범한 것이 될 것이다. 완전한 희생, 나의 신뢰마저 희생시키는 것까지 원했을 것이다. 그 사람이 영웅적이지 않았는지, 자신의 친구를 지금보다 더 사랑한 적이 있는지, 그 반항이 보여주기 위한 것인지, 그 무정함이 용기에서 온 것인지, 그 용기가 체념에서, 그 체념이 사양에서 나온 것인지 누가 알 수 있을까? ──수많은 추억, 언어, 편지의 문구가 내 기억 속으로 돌아와, 이 가정(假定)을 더 강조하는 것처럼 보인다.

"나를 변호해 주십시오. 나를 변호하지 마십시오. 감정을 제거하고 이성만으로 판단해 주십시오. 나는 그렇게 할 수 없게 되기 전에, Eg.의 사건을 되풀이하지 않기 위해, 멀어지려고 생각합니다. 나는 낙원을 살짝 들여다보았습니다. 나는 Eg.를 데리고 파리에 가서 다른 삶을 살고자 합니다.……."

다른 말로 표현하면, 나를 버리지 말아주십시오. 나를 버리는 것을 두려워하지 말아주십시오. 나는 분명하게 그것을 원하고 싶습니다. 그러나 그렇게는 원하고 있지 않습니다. "그렇게 되면 좋겠지만 그렇게는 되지 않는다"라고 베를린 사람이 말한 그대로입니다. 나는 조금은 기대하고 있습니다. 그러나 전혀 기대하고 있지 않습니다.

두 사람의 선택, 자석의 바늘, 모순, 그것이 자연이다. 그런 것이 인생이다.

(오후 5시) B의 편지 수백 통(1859년 3월 12일 이후, 즉 9년 반 동안)을 다시 읽고 감동과 경건에 사로잡혔다. 제400호 1866년 3월 11일자에는 이런 대목이 있었다. "내 가슴에 당신의 용서하는 마음과 함께 남아 있는 것은 이 기념일의 기쁨뿐입니다. 이 날이야말로 나에게 새로운 삶과 진실하고 깊은 애착, 그리고 7년에 걸친 무한한 행복의 여명이 되었습니다. 그리고 그 행복은 신의 도움에 이어, 나의 모든 악한 유혹과 이별의 모든 고뇌의 한복판에서 나의 지주와 인도자가 되었습니다. 펜이 떨리는 전율로 나는 이 편지를

쓰고 있습니다. 당신 덕분에 지나간 과거 전부에 대해서도, 지금까지 느낀 적이 없는 기쁨과 나를 굳게 지탱해주는 전망을 보여주는 현재에 대해서도, 나는 이렇게 감사하며 기쁘게 생각하고 있습니다. 아닙니다, '어린 여동생'(이탈리아어 Sorellina. 이것으로 1865년 7월 8일자 일기 이후의 수수께끼가 풀린다) 때문에 미래를 두려워하지 마시기를. 여동생에게는 실신에도 유혹에도 지지 않는 힘이 있습니다. 부디 믿어 주세요. 어떤 경우에도 어떤 순간에도 그 가슴의 문을 두드리면, 아무런 주저 없이 똑같은 진심으로 응할 테니까요."──실제로 1859년 5월 24일에 이미 B는 이렇게 써 보냈다.

"한 여자의 최선의 결의는 극히 작은 감정의 미풍에도 끊어질 것 같은 실에 매달려 있습니다."

(1866년 7월 19일) "몇 달 전부터 내가 느끼고 있는 괴로워하고 싶은 욕구는, 어느새 8년이 지나는 동안 점점 커져가고 있는 기쁨을 어느 정도 보상하기 위한 것입니다. 지난 며칠 동안의 추억이 이렇게도 빛나고 있기에, 나에게 당장이라도 작별을 고하고 싶은 기분입니다. 그 한없는 달콤함을 절정의 순간에 덮어버리는 그림자가 끼지 않을까 하는 걱정이 나에게는 이토록 무서운 일입니다."

(1867년 4월 11일) "당신은 나에게 평화와 의무를 좋아하는 마음, 생활의 시적 정취를 되찾아 주었습니다. 이 은혜, 이 부활, 그것은 당신 덕분입니다. 그것이 또 나의 기쁨입니다. 그러므로 나는 언제까지나 당신의 진실하고 성실하고 충실하며, 아낌없이 사랑하고 의심도 사양도 하지 않는 친구가 되기 위해, 몸에 갖춘 견고함과 의지 전부를 신이 보시는 앞에 어떻게든 다 사용해 보이겠습니다. ……당신이 그 힘이고 기쁨이고 희망이고 시라는 것, 이 여자는 영원히 당신의 학생이고 제자이며 어린아이라는 것을 부디 생각해주세요."

(1867년 7월 18일) "이제부터 고백하려 하는, 감정이 상한 일이라고 하는 것은, 4개월이나 전의 이야기입니다. …… (속으로 끙끙 앓는 사람인) 필린(B자신)에게 이런 슬픈 생각이 수없이 되풀이되고 있어, 나는 감격하는 마음도, 모든 걸 내맡기는 기분도, 신념까지도 잃어버리고 말았습니다. ……필린은 아마 오만하다고 할 수 있을 정도로 우쭐거리고 있는 건지도 모릅니다. 그러나 그는 변덕스러운 여자는 아닙니다. ……슬픈 생각이 들 때는 습관처럼

되어버린 냉정한 처사가 고개를 내밀고, 당신의 한없는 신뢰와 평소의 친절이 생각할 때는 싱그럽고 깊은 정감이 되살아납니다. 그러므로 달아나고 싶은 욕구가 솟아나, 가까운 시일 내에 출발하신다는 것을 알고도 아무렇지도 않을 수 있는 것입니다. 그렇기 때문에 마음속의 수치심이 엄습해 와서, 완전히 마음을 맡기는 것 같다가도 이내 다시 당신한테서 멀어지고 맙니다."

(1867년 6월 24일) "언제나 수치심 때문에 이쪽의 얼굴을 붉히게 하는 당신의 훌륭한 마음이 악령을 완전히 물리쳤습니다. 나의 허물과 부정을 인정하며 당신 앞에, 그리고 신 앞에 지금 엎드리고 있습니다. 당신의 완전한 용서는 필린에게는 고귀한 진주가 됩니다. ……제가 온 마음을 다해 사랑했고 또 사랑하고 있는 당신과 인연을 끊는다는 것은 필린에게는 내적인 죽음과 같은 것으로, 그것은 곧 절멸에 이를 것입니다. 모든 의심은 완전히 사라져 버렸습니다. 지금 남아 있는 것은 당신의 고상한 마음에 대한 찬탄과 당신의 용서를 바라는 뜨거운 마음뿐입니다."

(1867년 10월 22일) "당신의 어린아이이자 당신의 누이, 당신의 친구로 있겠어요. 언제까지나."

(1867년 11월 12일) "당신 속에, 그리고 당신과 함께 있기에 필린은 시간도 사물도 사람도 이겨냈습니다. 또 앞으로도 이겨나갈 것입니다. 그것을 의심하지 말아주세요. ……지금까지보다 더 많이 더 좋게 서로에게 힘이 되었으면 합니다. ……기쁨이 내 집에 들어왔습니다. 그것과 함께 모든 신뢰, 모든 것을 맡기는 마음, 무한한 애정을 지닌 마음의 안정도……. 과거와 현재가 두 사람의 애착이 모든 사람을 향하거나 등을 돌려도 올바르다는 것을 증명하고 있습니다. 미래는 더욱 그것을 증명해줄 것입니다. 내 안에서든 바깥에서든 당신한테서 멀어지도록, 또는 그저 내 가슴과 내 마음이 당신에게 바쳤던 것을 약화시키도록 유혹하는 것이 나타나도, 나는 그것을 극복하고 궤멸시킬 것입니다. 정말 이 세상에서 당신만이 나를 이해하고 나를 위해 최선을 다해 주셨습니다. 당신만이 나의 희망, 나의 기쁨, 나의 빛입니다. 의무가 두 사람을 갈라놓지 않는 한, 어느새 9년이 되지만 지금까지처럼 당신이 나를 자신의 것으로 생각해주시는 한, 나의 보물은 조금도 줄어들지 않을 것입니다. 당신이 자유로운 몸이 아니게 되어도, 나는 혼자 가슴속에 보물을 지키고 간직하며 쉬지 않고 향을 피울 것입니다."

(저녁 6시 반) 9년 동안의 추억과 1500페이지의 편지를 더듬는 이 긴 여행에서 어떤 느낌이 남았을까? 이런 것이다. B는 한결같고 성의가 있으며 충실하고 감격을 잘하지만, 감정의 돌풍에 휩쓸리기 쉽고, 오만하고 고집쟁이이며, 복수심이 강하고 때로는 의심이 많고, 자신의 불쾌한 기분을 오랫동안 숨기고 언제까지나 속으로 끙끙 앓으며, 한번 결심하면 집요하고, 좀처럼 자신의 잘못을 고치려 하지 않고, 자신의 실력을 과대평가한다. 그러나 그 결점들은 거의 모두 그의 운명과 그가 겪은 고생에서 비롯된 것이다. 그만한 에너지가 있으면 오로지 선을 위해 사용할 수 있을 것이라고 생각한다. 실제로 B는 수많은 타락의 위험을 안고 있기는 하지만, 근본적인 향상심(向上心)은 고귀하고 뛰어난 사람이다. 저렇게 끊임없이 동요하고 있는 것도 일부분은 스스로 원하고 스스로 만들어낸 것임이 틀림없지만, 사실 그 사람의 의지보다 강한 잘못된 입장에서 일어난 것이다. 어쨌든 언제나 이중의 불안, 하나는 이해관계를 떠난 불안, 또 하나는 자아적인 불안 때문에 괴로워하고 있다.

도대체 나에게 악보다 많은 선을 주고, 나의 진로에 해를 끼쳤는지 도움을 주었는지 하는 첫 번째 물음과, 그 사람의 복잡하고 모순으로 가득한 마음이 내 가슴속에 원하는 만큼의 장소를 차지하고 있었는가 하는 두 번째 물음에 결정적인 해결을 볼 수가 없었던 것이다. ──그 사람은 항상 나를 일과 결혼으로 이끌려고 노력했으면서도, 막상 내가 그 처방에 따르려고 하면, 그 사람 내부의 본성이 저항을 시도하는 것이다. 아무리 가장 가까운 친구라 해도 친구 이상이 될 수 없다고 생각하면 불행해지지 않을 수 없다.

이러한 가슴의 비극에서 벗어날 수 있는 방법은 두 가지밖에 없다. B의 이성이 이번에는 확실하게 어느 한쪽을 선택하라고 그 두 가지를 제시했다. 즉 완전한 결합인가, 아니면 완전한 이별인가. 지금의 상태를 계속하는 것은 출구가 없는 길이고 이미 그것은 거절당했기 때문에, 이 두 가지 방법 중에서 선택하지 않으면 안 된다.

결합하게 된다면 내 쪽은 안심이다. 저쪽에 대해서도 안심하고 싶다. 게다가 만약 사회적으로도 가능하다면 나는 자신의 운명에 맡길 생각이다. 모든 것이 허공에 떠 있는 상태가 된 것은, 최근 수 주일 동안 B가 저지른 잘못, 나의 골수까지 의혹이 스며들게 하고, 아무런 이득이 없는데도 많은 행복을 빼앗으며, 한 시간 한 시간이 각자에게 중요한 시기에 실천을 위한 사흘을 허비하게 한 잘못 때문이다. 소중하고 사랑스러운 사람. 만일 우리가 함께 삶을 일구어야 한다면, 생각만 해도 소름이 끼칠 정도로 많이 허비한 그 시간들을 얼마나 보상해야 하는 것일까? 여자들이 내 마음을 일에서 떠나게 한 지 벌써 20년이 지났다. 내 마음의 한없는 나약함에 대한 보상을 얻는 것은 그야말로 당연한 일이라고 할 수 있다. 여자라는 존재가 나에게 준 악은 여자가 치료해주지 않으면 안 된다. 그것은 나의 성(姓)을 받는 사람이 져야 하는, 이른바 체면상의 의미이고 신성한 부채이다. ——마음속으로 안도하는 기분.

1868년 7월 30일

(오후 5시 반) B에게 편지(사진 한 장 동봉). 나는 또 다시 뜨거운 감동에 사로잡혔다. 희생의 슬픔이 다시금 나를 엄습해왔다. 두 가지 불가능한 일 사이에 서 있는 듯한 기분이다. 나아가는 것도 물러서는 것도, 깨는 것도 합치는 것도 불가능하다. 애정과 고뇌, 이성과 감정은 서로 일치하는 것이 아니다. 지식이 많고 사리에 밝은 사람은 어머니와 누이와 아내만 알아서는 안 된다고 누군가가 말했다. 정말 이성(異性)은 모두 상대하는 동안에, 이쪽이 막다른 골목에서 회한과 초조함에 빠지게 되는 것 같다. 여자와의 우정을 피하라거나 금지하고 있는 통속적인 선입견은 반드시 잘못된 것은 아니었다. 사회가 지금처럼 생겨먹은 이상에는, 만나는 즐거움에 있어 정당한 출구는 결혼생활 밖에 없고, 결혼생활이 사회적으로 불가능한 경우에는 그 즐거움은 극심한 고통을 낳는다. 미국식으로 치면, 눈맞아서 함께 도망가면 모든 일이 끝난다. 그러나 터전에 속박되고 국가와 역할과 세상에 묶여 있으면, 자유롭다고 할 수 없다. 가슴속의 생각은 상식의 비웃음을 산다. 공감이라는 것을 경멸하고 있는 사회는, 자기 마음에 들지 않는 것에는 모두 거부권을 행사한다. 신중한 생각, 체면, 이해, 의무는 감정을 차단하려 한다.

순수한 행복이라는 것은 존재했던 적이 없다. 가련한 인간의 본성. 그러나 예지는 본능의 책임보다 이성의 책임이 훨씬 크다. 감동은 지나가지만, 장애는 남는다. 만성적인 감각을 신뢰해도 되는 경우는 절대로 없다. 자제는 모든 마음의 경향을 이긴다. 세상을 상대로 하는 싸움은 오직 신념을 위해(신념은 그것을 공격하는 세상보다 뒤에 남으므로)서만 시도해야 한다. 개인적인 취향을 위해(세상과 그 선입견은 틀림없이 개인보다 더 오래 남으며, 세상의 선입견과 충돌하면 그것 때문에 허덕이는 동안 심신이 소진되어 비참한 최후를 맞이하기 때문에) 시도해서는 안 된다. ──티투스(베수비오 화산이 폭발했을 때의 로마 황제)와 함께 탄식하는 것은 좋다. 그러나 티투스처럼 실천할 필요가 있다.

(오후 6시 반) 대학에서 얘기하는 동안에 마음에 든 것이 두 가지 있다. 몇 년 동안 계속하고 있는 교제를, 모든 것을 알고 있는 사람들도 상상조차 못하고 있었다는 것과 내 소중한 인격적 품행과 재능과 겸양이 정당하게 인정되고 있었다는 것. 그것은 나에게 세상의 평판은 어떤 익명의 편지만으로도 믿을 만한 것으로 여겨질 정도로 의심 많고 심술궂지는 않다는 것을 증명해 준다. 필린에게 어떤 행위를 하지 못하도록 하는 것은 분명히 그 주위 사람들(가족, 친척, 일가, 동료) 이지, 그 자신이 아니다. 그 사람은, 내가 보는 바로는 거의 알려져 있지 않고, 적어도 그 진가는 사람들의 간단한 관념 속에 숨어 있다. 필린 자신은 나의 제자 또는 학생, 그리고 어린아이라고 말할 정도로 그것을 완전히 인정하고 있지만, 나의 오랜 영향 아래에서 그녀에게 일어난 뚜렷한 변모를 사람들은 물론 모르고 있다. 그리고 그저 메마르고 명령하는 버릇이 있으며 지배욕이 강하다고들 말하고 있다. 그것은 나쁜 자아이고, 선한 자아는 사람들에게 알려져 있지 않다. 그 사람은 그 양쪽을 다 갖추고 있다. 그리고 선한 자아는 문제에 부딪칠 때마다 점점 커져갔다. 나쁜 자아가 완전히 사라지지는 않았지만, 자주 패배하고 지금의 행복이 계속된다면 점차 줄어들 것이다.

1868년 7월 31일

(아침 9시) 징조라는 것에는 뭔가 의미가 있는 것일까? 회중시계의 유리가 깨지고 샹들리에의 장식이 부서진데다 금요일이라는, 불길한 징조가 세 가지나 겹쳤다. ──재앙은 기다릴 필요도 없이 찾아왔다. 그것도 편지의 형태로. 청천벽력과 함께 모든 것은 끝났다. 나의 기구(氣球)는 밧줄 네 개가 일시에 끊어졌고, 나는 이렇게 측량할 길 없는 공간으로 바닥짐도 목표도 자석도 없이 내동댕이쳐져, 방황하는 유대인처럼 영원히 정처없는 불안, 끝

없는 표류의 자유에 맡겨져 있다. 비참함과 공허함, 무한한 적적함과 고요.

이 무슨 운명이란 말인가! 언제나 시작만 하고 한 번도 끝낸 적이 없다. 유산(流産)한 생각의 수로 날짜를 헤아리고, 난파한 수로 해를 가늠한다. 계획, 전망은 끊임없이 연기가 되어 사라진다. 낙담과 주저, 의혹, 의기소침, 실신, 곤궁, 이어서 회한, 새로운 분발, 새로운 결심, 그리고 새로운 패배. 생각할수록 자신이 싫어진다. 무력하다는 것으로 끝나는 문제일까? 이 유약하게 우물쭈물하고, 힘없이 흔들거리고 견실하지 못하며, 확실하지 않고 희미하여 형태가 없으며, 성격이 없고 의지가 없는 인간이 과연 나일까? 이 무기력, 이 변덕, 미지의 것에 대한 이 비굴함, 이 나약함이 정말로 나의 모습일까? 생활이 이토록 무겁게 다가온다. 인격의 분열은 또 얼마나 가책이 되는 것일까? 해야 할 일이 분명하지 않고, 하고 싶은 일을 강하게 관철하지도 않으며, 선량해진다 해도, 자신과 남을 위해 선을 원하고 최선을 원한다 해도, 과연 무엇이 될 것인가? 그렇기 때문에 나는 지금까지 10년 동안 완전한 절제, 가능한 한 작게 사는 것을 추구해 왔다.

이리의 체질이라면 이리로서 행동하라.
그것이 무엇보다 확실한 방법이다.

원래 아무것도 아닌데도 뭔가 될 수 있다며 위험을 무릅써서는 안 된다. 무리를 해서 득될 것은 아무것도 없다. 바탕은 반드시 드러나게 마련이다. 설령 의무의 이름을 빌리더라도, 내가 관조에서 벗어나려고 시도하는 순간 후회의 씨앗을 뿌리는 것이 되었다.

즉, 나는 실패하도록, 타인을 괴롭히도록 태어난 것이다. 나는 <u>스스로를 혐오한다</u>. 나의 유일한 변명은 한평생 이런 자신을 끌고 갈 수 밖에 없어서 누구보다 먼저 또한 누구보다 더욱 스스로 괴로워한다는 것이다. 그러나 생각하자. 그리고 이성적이 되자. 푸른 악마(우울 중), 환영, 비애의 망상은 쫓아버리자. 이 난파를 맞아 냉정을 되찾고, 아직 처리할 수 있는 것은 처리하자. 그 사람이 모범을 보여주고 있다. 그것을 모방하자.

불가능한 일에 대해서는 누구에게도 의무가 없다. 내 나이에 외국 생활을 하는 것은 무모한 일이다. 이 결혼은 윤리적으로 생각하면 나에게 외국 생활을 강요하게 된다. 그러므로 이것은 안 되는 일이다.──사실 6주일 전에 너는 이별의 이유를 늘어놓았다. 그때 너는 절대적인 변화와 생활의 단순화가 필요하다고 말했다. 유일한 생각과 유일한 목적을 중심으로 너를 집중하게 하는 결혼생활이 가장 필요했다. 그것은 너를 약간 고립시키겠지만, 너에게 독립과 일상의 의지처를 제공하고, 너의 목적, 너의 최선의 목적에 도움을 줄 것이다. 어쨌든 너는 확신을 가지고 이렇게 덧붙였다.

타인을 행복하게 해주는 것은 역시 가장 확실한 행복이다.

그러므로 '재주'를 부려보아라. 세상과 가족과 소문을 무시하고 행복을 맛보아라.

어느 쪽의 이치가 옳은가? 너는 부활, 변신, 갱신과 거의 맞닿는 곳까지 갔다. 그런데도 다시 원래의 바퀴자국에 빠지고 말았다. 다른 결혼생활이 너의 운명을 조금 개선하고 그것을 지속해 갈 것이다. 너의 운명은 모든 것을 위해 모든 것을 무릅쓰는 혁명으로, 커다란 결과를 낳을 수 있었다. ──가진 돈 전부를 걸고 싶은 유혹이 강렬했음에도 불구하고, 너는 본성의 논리에 따라 투기에서 뒷걸음질쳤다. 시와 소설과 대담한 일 다음에는 산문, 무지(無地), 평범함이 온다. 가능해 보였던 커다란 날갯짓 다음에는 확실하고 세부적인 생활이 다가온다. 아마 너는 스스로를 지나치게 경계한 것인지도 모른다. 영웅적인 방식이 네가 생각했던 것만큼 너의 역량을 넘어서는 것이었을까? 결국 너는 스스로를 너무 비열하게 보았다. 결과에 속지 않으려고, 너의 본성으로는 무엇 하나 기대하지 않고 있었다. 너는 본성을 축소하여 어림잡고 있었다. 시종일관 보여준 냉소와 불신과 모멸로 자신의 성격을 짓밟아버렸다. 그래서는 자신 속에서 자신감, 용기, 남자다움을 키워갈 수가 없다. 너는 스스로에게 비웃고 몰아세우는 계모 같은 존재가 되었고, 그것으로 인해 날개도 아킬레스건도 끊어지고 말았다. 행동할 힘도 감흥도 배짱도 사라지고, 그저 지나치게 남의 비웃음을 사고 지나치게 조롱받은 겁쟁이의 어설픔만 남았다. 아마 너는 끊임없이 조소당하여 겁을 잔뜩 먹은 채, 그것을 극복하지 못하게 된 것 같다. 그 반대를 시인은 이렇게 권하고 있다.

신에 의해 채워진 자기 신뢰는
가장 확실하게 너를 구원하리라.

그러나 나는 또다시 7월 16일의 기사를 쓰고 싶지는 않다. ——나침반의 눈금에 있는 모든 방향이, 고독한 자의 마음속에서 뱅글뱅글 돌고 있다. 현재를 뚜렷하게 보여주지는 않고 그저 과거만을 선명하게 들여다보는 가책에서, 나는 마치 회오리바람 속에 있는 것처럼 압박을 느끼고 있다.

(오전 11시) 장미꽃 잎 같은 마지막 편지를 가슴이 꽉 막히는 듯한 심정으로 눈물을 지으며 세 번이나 읽었다. ……사랑의 권리는 다른 모든 것보다 우선되어서는 안 되는 것일까? 사람의 마음 어디에 이러한 판례의 조정이나 신의 계시, 광명이 있을까? 여자의 경우는 어떨까? 여자의 문제는 이미 해결되어 있다. 남자는? 이러한 일에서 신이 내리는 것 같은 선고를 내릴 수 있을 만큼 순수하고 현명한 남자는 어디에 있는가? 그런 일은 최후의 날, 죽음의 자리에서가 아니면 안 되지만, 그때는 그것을 안다 해도 자신을 벌하는 것밖에 도움이 되지 않는다. 내가 하고 있는 일이 선한 일인가 악한 일인가? 결정의 순간, 돌이킬 수 없는 숙명적이고 유일한 순간, 사람은 구름에 에워싸여, 신앙이라고 하는 막연한 본능에 의해서만 행동한다. 자신이 무엇을 하고 있는지 알지 못한 채. 상식, 가슴, 이성, 반성, 본능, 습관, 욕망은 시끄럽게 떠들며, 단순한 목소리, '부단한 권고', 마음속의 신의 계시가 들리지 않게 한다. 신에게 인도받기를 원하면서 자기 자신에게, 즉 혼돈 속으로 또다시 빠져든다. 실수하고 싶지 않으면 행동을 해서는 안 된다. 그러나 행동하라는 명령을 받은 이상, 우리가 잘못하는 것, 우리가 자칫하면 과오에 빠지는 것, 무서운 운명의 대양에 조각배를 띄우고 위험을 무릅쓰라는 명령도 받은 것이다. ……신앙이 얕은 인간……. 왜 의심했느냐?

1868년 8월 2일
(아침 9시) 멋진 날씨. 슈바르벤하임의 깊은 적막함과 고요함. 우울.

(오후 4시) 하루 종일 내 가슴을 괴롭혔다. 마지막(지난 6월 말까지의) 편지를 140통 읽었다. Blw(필린과 그가 사는 집을 가리킴)에게 마지막 생각과 마지막 보고를 6페이지 썼다. 그런데도 나는 잘했다는 확신을 가질 수가 없다. 자신의 의무에 대한 확실한 인식이 결여되어 있다. "내가 무엇을 아는가?"(회의를 나타내는 몽테뉴의 유명한 말) 하는 예지, '아니다'라고 말하는 신중함, '그렇다'고 말하는 가슴, 침묵을 지키는 경험, 한숨을 쉬는 욕망 등 이들 사이에서 어떤 말을 들어야 할지 알 수가 없다. 실생활에 있는 불쾌한 점은, 한편으로 실례가 언제나 특수하고 새로우며 일반적 범주 안에서는 감당할 수 없는 일이지만, 다른 한편으로 가까이 있는 사람이 무책임하게 잘못된 판단만 하는 것과, 자신이 분명하게 밝혀졌다기보다 책임만 안게 된 듯한 느낌이 드는 일이다. 신념, 항상 신념이 필요하다. 본능의 탄력 없이, 의연할 정도로 앞뒤를 가리지 않는 일말의 광기 없이는 단호하게 기도할 수 있는 것은 아무것도 없다. 결정한다는 것은 끝내는 것이다. 검토만 하고 있다가는 끝이 없다. ——내가 실천을 전혀 하지 못하는 것은, 너무 주도면밀하고 겁을 내기 때문이다. 타인에게나 자신에게나 부정을 가하는 것을 지나치게 두려워하기 때문이다.

지나치게 주도면밀한 사람은 운명을 놓친다.
그 순간, 그 날, 그 달, 그 해를 놓쳐버리고 만다.
그리고 어린아이는 잠에서 깨어나면 어느새 백발이 되어 있다.

이것은 나의 일이다.
지난 보름 동안의 편지를 다시 읽으며 다시 불의 칼날에, 의혹과 나의 결심, 아니, 오히려 나의 조심성에 대한 의혹의 날카로운 화상에 꿰뚫린 듯한 느낌이 든다. 나의 용의주도함은 두려움으로, 나의 의혹은 겁으로, 나의 조심성은 뒷걸음질로 생각된다. 그러면서도 6월까지는 이 생각이 오히려 공상으로 보였고, 8년 동안 나는 그것을 돌아본 적이 없었다.
아아, 영웅적인 생활과 편리한 생활 가운데 어느 쪽인가를 선택하지 않으면 안 되었을 때 너는 영웅적 생활을 선택하지 않았다. 오히려 너는 아무것도 선택하지 않았다. 아니 거기까지 가지도 않았다. 체면 문제에서는 불쾌할 정도로 안절부절못하며, 평소의 제네바라는 사회를 잘 알고 있기에, 너는 동행하는 여자를 짓궂은 사람들의 입에서 보호할 만한 힘이 자신에게 없다고 느꼈지만, 외국 생활은 도망이나 다름없기 때문에 거기서도 뒷걸음질치지 않으면 안 되었다.

(오후 5시) 가엾게도 너는 나약하고, 눈물이 많아지고, 나태해지고 말았다. 그래서는 안 된다. 끝난 일은 끝난 것이다. Blw.는 단호하고 확실하고 당당하게 의견을 말했다. 단념할 일은 단념하고, 생활의 방침을 다시 세우지 않으면 안 된다. 기분을 돌이키고 마음을 굳게 먹어 상처를 치유한 뒤, 여러 가지 미래의 계획을 세우지 않으면 안 된다. 피로, 초조, 비애. ……스스로도 전율할 만큼의 공허와 죽을 것 같은 고통을 느낀다. 불길한 예감. '넓고 큰 애정의 절망적 집중'이 죽은 사람을 애도하며 치는 종처럼 계속 들려오고 있다.

가슴의 모순. 타인이 나와 함께, 또 나를 위해 괴로워하고 있다는 생각 때문에 스스로 괴로워하고 있는 지금, B의 웃음소리를 듣는다면, 나도 해방되어 안도하고 치유될지도 모른다. 그러나 그러면 또 마음이 아플 것이다. 사람의 가슴은 행복을 두려워하고 불행을 사랑한다. 혼자 내버려두는 무관심보다 괴롭히는 사랑을 선택한다. 두 사람의 생활, 부부의 기분을 조금이라도 맛본 적이 있다면, 역시 가장 두려운 것은 고독일 것이다.

(오후 7시) 정성을 기울여 편지 다발을 한 권으로 묶고, 표지를 두 장 붙여서 리본으로 맨다. 방향을 잃은 생활, 모든 것이 똑같은 것이 되어, 즉 전부 시시해져서 미래를 보아도 끝없는 불쾌한 기분과 한없는 권태의 그림자밖에 보이지 않게 된 생활의 모든 무기력을 인정한다. 묘지에 대한 인상. 모든 것이 끝나고, 죽으면 모든 것이 간단해지는데도, 다시금 사는 쪽으로 돌아선다는 건 유감이라고까지 말할 수 있다. 묘지 쪽이 사람이 없는 생활보다 낫다.

이 무슨 실패한 인생이란 말인가. 사랑하고 사랑받는 것, 자신의 주위에 행복을 전개하는 것 외에는 기쁨을 모르는 연약하고 다감한 가슴을 가졌으면서도, 여러 가지로 시도한 결과 외톨이가 되고, 자신에게 애착을 가지는 사람에게 슬픔을 주고 있다. 너무 많은 것은 너무 적은 것과 같다. 마음이 좀더 강했더라면 이토록 괴로워하지도 괴롭히지도 않았을 것이다. 내 일생을 물거품으로 만들지 않아도 되었을 것이다. 그런데 나의 고질병인 배려와 사양 때문에, 모든 일이 복잡하게 얽혀 질질 꼬리를 끌며 독기마저 띠기 시작했다.

(밤 10시 반) 멋진 밤. Hermd.와 '세계의 절벽'(제네바 시의 동남쪽 약 4킬로 미터 아르브 강변에 있는 언덕)으로 산책. 보름달, 투명한 공기, 서늘함, 맑음, 조용함. 별이 반짝이는 하늘 밑에서 얘기하는 동안, 나의 검은 뱀과 푸른 악마는 약간 진정되었다. "독신자에게 화 있을지어다."

걸핏하면 환상에 사로잡혀, 열병에 걸린 사람처럼 모든 것을 과장되게 생각한다.

1868년 8월 3일

(아침 9시 반) 화창한 날씨. 가라앉은 기분은 사라졌다. 그래도 작별의 편지를 12장 째 썼을 때는 손이 떨렸다. 벨 소리가 났다. 작은 아리세트가 큰아버지를 찾아온 것이다. 여동생은 둘 다 밖에 나가고, 한 사람이 한 사람에게 초대되어 있다. 의논할 일, 그것도 나를 상대로 할 의논이 있는 듯한 느낌이 든다. 아마 4부 합주로 공안(公安)을 도모하고 있는 것이리라. 내가 격한 감정을 억누르려고 스스로 오른팔을 잘라내고, 평생 계속될 것 같은 전쟁에 자신의 체면을 구기지 않으려고 괴로운 말을 피하고 있다는 것은 모르고 있다. 다행히 나는 정황에 대해 비관적인 견해를 가지고, 내 방에 머물기로 했다. 그러나 지금까지 얼마나 가혹한 수주일이 경과한 것일까? ……
결국, 나의 방은 적어도 피난처이고, 나의 집은 은퇴처가 된다.

> 나는 행동하지 않고 사람을 괴롭히며 매듭을 짓지 않는다.
> 생활은, 그저 불행과 무거운 짐과 고통이다. ……
> 살아 있다는 것은 쉬지 않고 활동하는 것이다. ……
> 고민도 않고 사랑에 의해 다시 젊어지는 것이
> 도달할 수 있는 최고의 예지이다.
> (하머 Hammer)

(밤 11시 반) 가슴이 벅차는 감동으로 투리에(Theuriet. 프랑스 소설가, 1833~1907년)의 소설(《베로니크 부인》)을 다 읽다. 일부러 지어낸 것이라는 생각마저 든다. 베로니크는 용모와 성격, 그리고 생애까지 놀라울 정도로 X와 닮았다. 상상도 하지 못했던 이 일치가 전설 같은 잔인한 인상을 준다. 중요한 차이점은 라포슈리 부인(X를 가리 키는 듯)은 승낙을 했고, 베로니크는 단지 별거하고 있었다는 점이다(이혼을 말 하는 듯). 그 대신 도저히 구제할 길 없는 가정은 아니었다. 어쨌든 이 책을 읽으니 바로 눈앞에서 만나는 것 같은 느낌이다. 다만 결말이 이것과 완전히 달랐으면 좋았을 거라는 생각이 든다.

뭐 아무래도 상관없다.

너의 상처는 영웅의 싸움에서
받은 것은 아니니까.

너는 배짱과 강직함, 신념을 잃었다. 어쩌면 연애는 모든 것을 적으로 돌려도 괜찮은 것이 아닐까? 에제리의 여동생은 바르지 않고 사정도 잘 모르지만, 그 사람의 말은 근거 있는 비난으로서 이따금 머리에 떠오른다. 나는 스스로가 어쩐지 부끄러워서 구실이 되는 것은 모두 잊어버린다. 내가 알고 있는 것은 단 한 가지 사실이다. 내가 한 마디 하면 어떤 사람의 고통을 행복으로 바꿀 수 있을지도 모르지만, 이성은 거의 혀끝까지 나온 그 한 마디를 완벽하게 억제해 버렸다는 사실이다. 이런 식으로 스스로 나의 가장 소중한 염원, 나의 가장 깊은 본능과 불화에 빠져, 세상을 극복할 수도 있다는 희망을 가지도록 마음 먹을 수 없는 것은 무슨 가책이란 말인가? 갈수록 나 자신이 미워져서 정말 괴롭다. 너는 불쾌한 역할을 맡고 있다. 그것은 쓰라린 일이지만, 그래도 잘한 것이다.

사람은 선하지만 겁쟁이다. 사랑은 있지만 겁이 나서 떨고 있다. 여자의 불행을 초래하도록 정해진 숙명적인 결합. 스스로 신념을 가지지 못하면 원칙적으로 외적인 영웅심, 투쟁적인 영웅심을 죽여버린다. 스스로 약하다는 것을 알고 있는 남자는 지는 것이 싫어서 싸움을 피한다. 나는 세상을 상대로 한 진정한 싸움을 줄곧 피해왔다. 냉소와 경멸, 비방을 아무렇지도 않게 받아들이는 것도 나 혼자라면 그럴 수 있다. 그러나 내 성을 같이 쓰는 여자에게 그런 일을 당하게 하여, 그 사람을 위해서든 나를 위해서든 직접적으로 또는 간접적으로 굴욕을 당하는 것은 싫다. 벽을 기어오르라는 것과 같은 것이다. 차라리 천 번 살해당하는 편이 낫다고 생각한다. 나의 의무는 그 사람을 보호하는 것이다. 그것을 할 수 없다면, 맡겠다고 말해봤자 부당한 점유가 된다. ──부드러움만으로는 어엿한 남자라고 할 수 없다. 남자다움이 성립되기 위해서는 조금은 난폭함과 분노가 필요하다. ──너는 스스로에 대해 꿈을 품지 않는 사람이기 때문에 실력 이상의 일에 도전하지 못하는 것이다.

자신의 역할을 이해하지 못하는 사람에게는
그 역할이 성가시게 느껴진다.

(오후 4시) 거의 한 달 동안 단 15분도 행복했던 적이 없었다. 그런데 방금 무려 2시간이나 행복을 느끼고 또 가슴 가득 그 행복을 들이마신 참이다. 신은 내가 기대했던 것 이상으로 호의를 가지고 있었다. 그리하여 가슴에서 무거운 맷돌이 제거되었다. 평화와 축복. 이미 사라졌고 두 번 다시 손에 넣을 수 없을 줄 알았던 것을 되찾았다. 감동의 눈물이 넘쳐흘러 입 안으로 들어갈 정도였다. 별개였던 두 가지의 슬픔이 기쁨을 낳았다고 할 수 있다. 어쨌든 둘 다 안정을 가져다주었다. 점심 식사 때 도착한 한 통의 편지가 이 고맙고 기쁜 시간의 원인이었다. 나의 학생이며 제자, 나의 누이이자 조수가 돌아왔다. 둘이서 현재와 미래를 정리했다. 평온함과 만족, 환희, 불의 시련을 통과한 것이다.

1868년 8월 26일
(아침 7시 반) 화창하고 상쾌한 푸른 하늘. 단잠을 깨우는 아침은 분명히 감정보다 이성에, 공상보다 일에, 의지의 굴복보다 자아의 독립에 유리하다. 맑고 깨끗함은 혼탁만큼 애정을 조장하지는 않는다. 감정을 통해 사물을 바라볼 때는 어쩌면 올바른 시각을 전혀 가질 수 없을 것이다. ……

(아침 9시) 리트레(유명한 프랑스어 사전의 저자, 실증주의 철학자, 프랑스어의 역사도 썼다. 1801~1881년)를 읽다가 문득 《장미 이야

기》⁽¹³·⁴세기에 나⁾(온 프랑스의 시)가 읽고 싶어졌다. 그 마지막 노래의 길고 우의적인 외설에 기분이 불쾌해졌다. ――그리고 보면 항상 상상은 감각보다 상처받기 쉽고, 꿈은 현실보다 위험하다. 신학교 학생이 색광에 사로잡히기 쉽고, 수도원에 음란증이 난무하기 쉬운 것도 그 때문이다. 에로틱한 시인은 바람기 있는 여자보다 더 많은 화를 끼친다. 비밀은 흥분제가 되고, 알지 못하는 것은 독약이 된다. 결혼생활은 육체적인 연애의 무덤으로, 매우 유익한 것이다. 육체에 수반되는 헛된 생각의 박해를 무너뜨리고, 정신의 자유를 무거운 짐으로부터 해방시킨다. 생식적인 자극은 혼란을 불러일으키는 강한 충동이다. 전기를 띤 구름, 결실을 맺게 하는 힘이 있는 소나기와 같다. 그렇지만 구름 위에는 푸른 하늘, 자유로운 공간, 가득한 대기가 있고, 욕망 위에는 의식이 있으며, 망상 위에는 진리가 있고, 정열과 그 소나기 위에는 정신적 고요가 있다.

　이토록 나를 특수화하고 국한하며 개별적인 생존 속에 가두어 온 가슴의 질풍과 유기적 생활의 동요가 모두 끝나고, 마침내 나는 순수한 오성의 영역, 이해타산과 자아의 의식이 없는 생활, 주관성의 궁극에 대한 올림포스적인 무관심, 완전히 학문적이고 관조적인 기분으로 돌아올 수 있게 된 것일까? 나를 지상과 인류에게 묶어두고 있는 모든 필요를 잊을 수 있을까? 나는 오직 정신적인 사람이 될 수 있을까? ――아아, 그것을 나는 단 한 순간도 믿을 수가 없다. 나에게는 이윽고 닥쳐올 질병과 쇠약함이 생생하게 보인다. 애정을 받지 않고는 살아갈 수 없을 것 같은 기분이 든다. 나는 향상심이 사라지고 내 능력이 스러져 가는 것도 알고 있다. 만 46세가 되었다는 것, 이도 머리카락도 빠지고 있고, 시력도 기억도 약해진 것, 온갖 젊은 희망이 모두 날아가 버린 것을 떠올리고 있다. 이렇게 된 이상, 나를 기다리고 있는 운명에 대해 착각할 리가 없다. 갈수록 깊어가는 고독, 내적인 자책, 언제까지나 계속되는 회한, 달래줄 길도 없고 털어놓을 수도 없는 외로움, 축축한 노년, 천천히 다가오는 죽음의 고통, 사람이 없는 곳에서의 사멸.

　　일생을 통해 꿈꾸었던 일을
　　이룬 적은 거의 없다……
　　싸움은 헛된 것, 죽는 수밖에 없다.

무서운 막다른 길. 아직 할 수 있는 일은 이제 싫증이 나고, 보고 있으면 좋은 사람은 모두 달아나버려 영원히 붙잡을 수 없다. 모든 활력이 마지막을 고하면, 아무리 가도 피로와 어긋난 기대뿐이다. 낙담과 의기소침, 초조함, 무감정, 우울증, 이런 것들을 시지푸스가 바위를 굴리고 있는 (같은 이름의 코린토스 왕이 지옥에서 받고 있는 무한의 형벌) 한 영원히 되풀이하지 않으면 안 된다. 차라리 정반대로 심연에 뛰어드는 것이 손쉽고 간단하지 않을까?

죽음, 잠, ……어쩌면 꿈일까 하고 햄릿은 말한다. 정신이 죽지 않는다면 자살해도 해결되는 것은 아무것도 없다. 아니, 언제까지나 해결책은 한 가지밖에 없다. 즉, 질서로 돌아가서 받아들이고, 복종하고 체념하는 가운데, 해가 지기 전에 할 수 있는 일을 해 두는 것이다. 희생으로 삼아야 하는 것은 자신의 의지, 자신의 포부, 자신의 꿈이다. 그대만의 행복은 이제 단념하라. 자아를 공양하는 것, 자신에게 있어서의 죽음, 그것만이 허락된 유익한 자살이다. 현재 너의 담담함에는 안식에 대한 성급한 희망이 있다는 점에서 보면, 마음속의 은밀한 분노, 상처받은 자존심, 당혹감에 의한 권리의 포기, 약간의 원망, 한마디로 말해 방자함이 들어 있다. 진정한 담담함은 자아를 산산조각내고 신에게,

뭔가 위대한 노력, 뭔가 신성한 사랑

을 다하는 완전한 겸손함 속에만 있다.

너에게는 이제 힘이 없다. 너는 아무것도 원하지 않는다. 필요한 것은 그것이 아니다. 신이 원하는 것을 원해야 한다. 이탈에서 희생으로, 희생에서 헌신으로 나아가지 않으면 안 된다. 실천하지 않는 자기 부정은 선행이 수반되지 않는 신앙과 같은 것으로, 그다지 좋지 않은 것이다.

네가 멀리 있는 사람의 손에 넘어가면 좋겠다고 생각하는 술잔은, 책임이고 생활의 가책이다. 자신의 천직에서 이탈한 비속한 자로서 오래 살아남아 괴로워하는 것에 대한 치욕이다. 자신을 부인하고, 친구의 마음을 아프게 하며, 자신의 간장을 갉아먹으면서 쇠약해지고 늙는다는 괴로운 굴욕감이 점차 더해만 간다. 돌이킬 수 없는 일을 끝없이 반추하느냐, 망연자실해 있느냐 하는 것이 네 눈에는 두 종류의 지옥으로 보인다. 이러한 자아의 고난에

비해 허무 쪽은 얼마나 편안할까? ——"너는 치유되기를 원하느냐?" 이것이 일요일 연설의 텍스트였다.

"너희 수고하고 무거운 짐 진 자들아, 다 내게로 오라. 내가 너희를 쉬게 하리라."……

"또 설령 우리의 마음이 우리를 벌하여도 하느님은 우리의 마음보다 크신 분이라."……

1868년 8월 27일

(오후 3시 반) 《생각에 잠기다》(아미엘이 1858년에 낸 잠언시집)를 펼쳐본다. 거기에 쓴 격언을 어기고 교훈을 잊었던 적이 얼마나 많았던가? 그러나 그 책은 바로 내 마음의 아들이고, 그 시상(詩想)은 바로 나의 내적 생활이다. 전설(傳說)을 나 자신과 결부하여 생각하고 싶을 때는 그 금언집을 다시 읽어보는 것이 좋다. 그것은 정당하게 인정되지 않았지만, 만약 다른 사람의 책이었다면 나는 기꺼이 인용했을 것이다. 하기는 에밀 드 지라르댕(Emile de Girardin. 프랑스의 신문기자. 1806~81년) 외에 도대체 누가 자신에 대해 권위자가 될 수 있을까? 언제나 모든 사상에 권위가 있는 서명을 할 수 있고, 자기와의 적합성이나 현상과 실상의 일치, 언어와 마음의 조화, 다른 말로 하면 진지함과 순수, 내밀함 같은 상대적인 진리 속에 있다고 느끼는 것은 나에게는 유쾌한 일이다. 지극히 엄밀한 언어의 의미에서 나 자신의 경험이다.

……내 안에 한 가지 욕망이 눈을 떴다. 나의 역량, 최선의 자아, 내 진정한 존재, 내 과거의 시(詩)로 돌아가고자 하는 욕망이다. 나는 무기력한 감상에 빠져들어 공적인 삶에서 스스로를 속여 온 것 같은 느낌을 가진다. 나의 진정한 본성은 불리한 환경과 여러 가지 사정으로 어려움을 겪고 한쪽으로 치우쳐서 쇠약해져 있다. 나는 광범한 분야에서의 업적, 극명한 사색, 다양한 연구의 결과를 물거품으로 만들었다. 그것이 일종의 좌절당한 스토아주의에서 내가 택한 자살의 형식이다. 다른 사람을 위해 살고, 생각을 같이 하는 조국과 사회를 위해 힘껏 봉사한다는 것이, 제네바로 돌아왔을 때 내가 가지고 있었던 막연한 희망이었다.

그런데 이윽고 나는 가슴이 답답해지면서 모든 희망이 흩어져 사라지는 것을 느꼈다. 생활과의 결혼이 실패로 끝났다는 것, 제네바를 선택했다는 것은 나의 재능과 기쁨의 죽음까지 선택한 것임을 나는 인정하지 않을 수 없었다. 나에게 주어진 세부적인 보상이 사물의 근본을 바꾸지는 못했다. 그 근본은 내가 입장을 검토한 결과 항복했다는 사실이다. 나는 언제까지나 가족과 우리 사회와 서로 이해하며 살 수 없다는 것, 모두의 신은 나의 신이 아니라는 것, 서로 같은 진흙, 같은 하늘에서 태어난 것이 아니라는 것을 알았다. 그때부터 치유될 수 없는 낙심이 나를 사로잡고, 내 가슴에서는 모든 명예심이 메말라버렸다. 두더지가 들어올린 흙더미 같은 것을 존중하는 마음 따위를 정복하고 진압해버리는 것은, 보잘것없고 바랄 가치도 없는 일이라고 생각했다. 흥정이 없는 도박이다. 여행을 떠나버릴까 하는 생각도 해보지만, 내가 일을 하고 싶은 것은 오로지 사랑을 위해서일 뿐인데, 외국으로 가면 나 한 사람을 위해 직업을 영위해 가는 수밖에 없다. 그래서 나는 그대로 머물렀다. ……나는 저쪽에서 먼저 다가온 애정의 상대가 되었다. 그러나 조심성과 체면과 애정을 융화시키고 싶었기 때문에 결혼은 할 수 없었다. 지금 이렇게 피로하고 쇠약하고 늙어서, 닳아빠진 책상만 상대하고 있는 나에게 재산으로 남아 있는 것은 늘 꿈꾸면서 죽음에 시달리고 있는 가슴뿐이다. 어떻게 결심해야 할지, 나의 책·친구·지위·나이·나에게 남아있는 힘·내가 쌓은 추억을 어떻게 이용해야 할지 나는 알 수가 없다. 어쩐지 나는 슬픈 묘지관리인이나 《폴과 비르지니》 이야기를 하는 할아버지 같다.

    나에게 부족한 것은 (내 결함은 항상 그것이었지만) 의지이다. 사랑도 나약함도 없고, 스스로 자신의 일을 결정하며, 원하기 때문에 원하고, 이익을 살피며, 의무를 확신하는 확고한 의지이다. 요컨대 나는 한 가지 밖에 원한 적이 없다. 그것은 훌륭한 사랑을 위해, 훌륭한 주의(主義)를 위해 행동하는 것이다. 나에게는 겉으로 드러나지 않는 장엄한 생활이 필요했다. 나는 자신의 꿈을 속이고 체념할 수 있었던 적이 한 번도 없었다. 이상의 그늘에서 추악한 현실과 빈약한 가능성을 내 눈에 훨씬 더 추한 것으로 만들며 마음을 괴롭히고 있었다. 침묵의 고통, 그것은 고독이다. 나는 깊은 고통을 일기 외에는 털어놓은 적이 없다. 그래서 주위 사람들은 나를 철인적인 무관심에 도달하여 인간의 운명에 동요하지 않을 준비가 되어 있는 유쾌한 친구로 보거나, 어리석게도 모두가 열망하는 재산을 손에 넣을 기회를 모두 놓친 멍청이로 보거나, 모든 것을 남과 다르게 하고 싶어하는, 도통 생각을 알 수 없는 거북한 괴짜로 본다. 또는 구제할 길 없는 방자한 사람으로 보거나, 불만이 많은 불쾌한 은둔자로 보거나, 게으른 천성 때문에 죽은 척 엎드려 있는 게으름뱅이로 본다. 세상 사람들은 내 눈 속도 가슴속도 들여다본 적이 없다. 또 나의 즐거움은 아가씨들이 조용히 있는 곳에 끼어들거나 심심풀이로 시를 짓는 것이라고 생각하고 싶어한다. 내 비밀을 세상 사람들이 알 리가 없다. 그만큼 나는 세상을 존중하거나 사랑하지 않고, 또 세상은 나에 대해 그 이상으로 무관심하기 때문이다. 내가 살고 있는 이 치열하고 좁은 세상에서는 소수의 선택받은 마음과 머리를 가진 사람들을 제외하면, 나머지는 나에게는 없는 것이나 마찬가지여서, 확실히 뉴펀들랜드나 타이완의 주민보다 멀게 느껴진다. 진정한 개별적인 세계는 우리를 믿고 있는 사람들, 또는 우리가 선을 베풀 수 있는 사람들로 이루어져 있다. 나머지는 보통 사람들, 환경, 공기나 물 같은 것에 지나지 않으며, 그 속을 우리가 휘젓고 다녀도 해를 끼치지는 않는 동시에 법률적인 일로만 관계를 맺을 뿐이다. ──비참하다. 가슴 쪽에서는 "너희들 몇 백만의 사람들은 서로 부둥켜안고 있으라"고 노래하고 있는데도 세상은 솔직하게 열어놓은 마음을 거부하고 각자는 짓밟힌 채 그대로 있다.

(오후 6시) 문제를 보라. 억지를 쓰는 하찮은 수다쟁이. 너는 말했다.

버릇을 고친다는 것은 자신을 극복하는 것이지 힐책하는 것이 아니다.
어떻게 할 작정이냐?

1868년 9월 1일
정열은 사랑스러운 기적이다. 나는 그 신비에 대해 종교적인 안정감을 느낀다. 그렇다. 사랑은 신성하다. 그 청정한 광기는 모든 예지보다 고귀하다. 나는 무릎을 꿇고 그 인간미를 찬양하는 시와 그 절정의 찬미가를 듣는다. 어제의 추억을 일깨우며 내적인 충동과 현혹을 느낀다. 여자의 가슴속에 살며, 다시 말해 그 비밀스런 예배에 잠입하여 선을 행하는 감각적인 기도를 듣고, 황홀한 불꽃이 타오르고 있는 제단의 취하는 듯한 향기를 맡는 것은 진귀하고 무서운 특권이다. 이시스가 그 베일을 걷었기 때문에 사람은 번갯불에 맞지 않으면 안 되는 것 같다고 생각한다. 그 심연 속을 들여다보면 가슴이 두근거리는 정도로는 끝나지 않는다. 크게 놀라 정신을 잃을 수도 있다. ——정열은 기도의 한 형식이다. 우리를 몰두하게 하는 것에는 모두 어딘지 장엄한 데가 있다. 그 장엄함이 우리가 초월해야 하는 거짓 생활의 추악함에 대한 위안이 된다.

1868년 9월 12일 빌라르 (Villars. 레만 호 위쪽의 론 강 오른쪽 산지에 있는 휴양지)

오오, 가족! 이 제도를 둘러싼 경건한 전설적 미신이 진상을 그대로 고백하게 한다면, 어떻게 수습을 해야 할 것인가? 얼마나 많은 순교자를 음험한 수단으로 사정 없이 끌고 가는가? 그것 때문에 얼마나 많은 사람들이 막히는 가슴을 쥐어뜯으며 고통스러워 하고 있는 것일까? 그 연대기에는 '잊혀진 감옥'(무기수를 수용한 감옥), '평안의 집(수도원의 감옥)', 지하 감옥, 그리고 스페인의 종교심판 때보다 더 음산하고 온몸의 털이 곤두서는 듯한 가책이 얼마나 많이 나와 있는 것일까? 그것이 은밀하게 흘린 눈물로 지상의 모든 우물을 채울 수 있을 것이다. 그것이 불행에 빠지게 한 사람들로 하나의 유성을 뒤덮을 수 있으리라. 가족을 위해 수명을 단축시킨 사람들의 나이로 평균수명을 배로 늘릴 수 있으리라. 가족을 둘러싼 의심과 질투, 비방, 원한, 증오의 깊이를 재어본 사람이 있을까? 독이 들어 있는 말, 위로받을 수 없는 모욕, 눈에 보이지 않는 칼날, 이 세상의 것으로 생각할 수 없는 저의(底意), 하물며 돌이킬 수 없는 혀끝의 단순한 실수, 불행을 부르는 쓸데없는 말까지 포함하면, 얼마나 많은 고뇌를 빚어낸 것이란 말인가? 가족은 횡포를 부려도 추악한 행위로 벌 받지 않고, 모욕을 가하고도 정당한 것으로 치며, 반항을 감행하고도 책임을 지지 않는다. 남이 그것에 대해 자신을 보호해도 벌하고, 그것에 몸을 맡겨도 벌한다. '배신자는 내부자'라는 유명한 속담 그대로이다. 가족은 이 세상에서 최선의 것이기도 하지만, 대개의 경우는 최악의 것이다. 친척 관계는 모든 중세적인 것을 넘어서 존속하고 있고, 어떤 인류애로도 폐기할 수 없는 고문실이다. 독 보리를 백 배나 늘려 진짜 보리를 약하게 만들어 버리는 감당할 수 없는 밭에 비교할 수 있다. 나쁜 일을 한 가지 하면 4대에 이르기까지 친척에게도 벌이 내리고, 6백 가지 선한 일을 해도 정성들인 망각의 돌 아래 묻히고 만다. 자신의 가족 외에 누구에게 무시당하고 배척당하고 질투받고 모멸당하는가? 가족들 사이에서가 아니면 어디서 조롱과 배신에 대한 가장 힘든 수행을 할 수 있을까? ──가족의 좋은 측면만 보여주고 나머지는 모르는 척하는 일종의 암묵적인 합의, 아버지의 설교집과 감상적인 시로 향로처럼 휘두르는 공인된 속임수가 벌어지고 있다. 그것은 또 너덧 장의 당첨된 제비에 대해서만 말함으로써 복권에 대한 소문을 내어, 어리석은 사람들을 곤경에 빠뜨리는 것과 같다. 진지한 인생철학자와 성실한 소설가가 정의의 편에 서서, 때로는 가혹한 위선을 마음대로 휘두르는 우상에게서 가면을 벗겨내지 않으면 안 된다.

실제로 친척 관계는 바로 우리 고뇌의 장이며, 우리에게 행복보다 훨씬 많은 고통을 주고 있다. 이것을 용납한다 해도 소크라테스가 크산티페(그의 아내)를 용납한 것처럼, 신의 섭리에 의한 우리 인내의 시련, 숨겨진 영웅심의 끊임없는 기회로 보지 않으면 안 된다.

1868년 9월 14일 빌라르

(아침 8시) 마당의 자갈을 때리는 빗소리에 6시쯤 눈을 떴다. 덧문을 열었다. 온통 구름뿐이다. 안개가 두건처럼 집을 덮어씌우고, 비는 물방울이 되어 떨어지지만 내린다고 할 정도는 아니다. 사실은 우리가 비를 만드는 스펀지의 일부가 되어 있기 때문이다. 이 날씨는 내 기분에 적합하여 균형과 힘을 되찾아준다.

인습의 매력, 습관의 인력, 망각의 달콤함, 지나간 수레바퀴 자국의 마취를 느꼈다. 주기는 3개월에 한 번 돌아온다. 변화에 대한 갈망은 연속적인 평정으로 끝났다. 이 모든 폭풍은 의욕의 마멸과 갱신에 대한 권태밖에 낳지 않는다. 끊임없는 전쟁은 무감각한 상태보다 사람의 마음을 훨씬 더 질리게 한다. ──나는 이제 의식과 일에 의해서만 살아가고자 한다. 나는 관망의 산에서 인간다운 마음의 골짜기로 내려왔지만, 아무래도 상태가 좋지 않아서 내 가슴을 청동처럼 단단하게 하지 못한 것을 못내 애석하게 여기고 있다. 그렇지만 더 이상 망상이 생길 것 같지는 않다. 나는 사랑 없이는, 가정, 가족, 친구, 조국의 사랑이 없이는 살아갈 수 없다는 것을 인정한다. 그러면서도 가족과 조국이 언제까지나 나에게 행복을 주거나 나를 이해해 주는 것은 아니라는 것을 알고 있다.

그러므로 나는 결혼을 통해 내 주위로부터 완전히 독립하여 내적인 기쁨을 얻을 수 없는 한 점점 질식해갈 것이 틀림없다. 순수한 무욕과 초탈, 단념은 모든 기운을 빼앗고 체념에서 오는 부동(不動)을 지향하는 수밖에 없다. 죽음을 원하는 것만으로는 훌륭하고 유익하게 사는 수단이 되지 않는다. 그러나 가슴의 모든 돌풍과 마음의 모든 폭풍은 의무라는 밝은 시력, 상식이라는 평정한 사려를 흐려지게 한다. 그래도 1주일 동안 산에 있으면서 하루 동안 갇혀 있었던 덕택에, 너의 내면에도 밝은 면이 생긴 것 같다. 그것을 이용하라. 약간의 침묵이 집 안에도 네 마음속에도 생겼다. 운명이 만들어준 이 휴전기간을 사용하라. ……현상을 전혀 바꾸지 않으면 거의 해결이 되지 않는다. 그것은 비애의 군대에 순순히 항복하는 것이나 같다. 그건 그렇다 쳐도, 펜을 들고 모든 가능한 경우를 다시 생각하여, 하나하나 삭제해 감으로써 불행 중에서도 가장 가벼운 것을 선택해야 한다.

(오전 11시) 《네덜란드 이야기》(다르부아빌 부인의 책 제1권 141쪽)의 여주인공에 대해 생각했다. 그것을 생각하고 눈물을 많이 흘리면, 나도 메말라서 바삭바삭해질 수 있을 것 같다. 슬픔은 우리를 갈고 닦으면서 스스로도 갈고 닦아간다. 저마다 일정한 한계 안에서만 괴로워할 수 있다. 그 한계에 도달하면, 죽음이나 무감정에 의해 구원받는다. 이것은 자연의 이치 가운데 하나이다. 타인의 슬픔은 우리의 슬픔을 새롭게 하고 되살아나게 한다. 그러나 타인이 잠들면, 결국 어린아이가 울다가 잠드는 것처럼 이쪽도 지쳐서 잠들게 된다. 그런 것이 감정의 치료법이다. 지나치게 오래 끄는 극도의 고뇌를 가질 수 없다는 것, 비애에 대해 부끄러울 정도로 둔감해진다는 것을 언뜻 보며 나는 막연한 연민을 느낀다. 그러나 아마 이 경우에도 나는, 습관에 따라 너무 빨리 자신을 비난하고, 너무 열렬하게 자신을 우롱할지도 모른다. 나는 겉모습에 지나지 않는 자신의 평정을 진정한 평정이라고 믿고 있다. 결국 사람은 시련을 만나야 비로소 자신을 알 수 있다. 자신의 몸에 대해서도 이미 그토록 놀라운 일을 겪었기 때문에, 새로운 사정에 대해서는 아무것도 과감하게 추측할 수가 없다. 자신이 선하다거나 악하다는 의견을 가질 기분이 될 수 없는 것은, 그 의견이 어떤 사건에 의해 무너지는 것이 두렵기 때문이다.

나는 내 가슴에 어느 정도 가치가 있는지, 아니, 조금이라도 가치가 있는

지 어떤지조차 모르게 되어버렸다. 진실한지 경박한지, 잘 잊어버리는지 건실한지, 변하기 쉬운지 충실한지. 어느 쪽으로도 패가 나와서 스스로 어떻게 되었는지조차 모르고 있다. 감정에 있어서는 변하기 쉬워도 애정에 있어서는 끈질긴 것 같기도 하지만, 그것이 확실한가, 증명할 수 있는가 하고 묻는다면 나는 그렇다고 확신할 수 없다. ……그러므로 나의 감정 생활의 변형과 현상을 과장된 것으로 보는 쪽이 옳을 것이다. 자신의 가슴을 의심할 경우에 나는 그것에 대해 험담을 한다. 그러면 나에게 의지하고 있는 나약한 사람들은 모두 이 의심에 항의를 제기한다. 그러나 사실을 말하면, 너의 자존심은 너무 여성적인 약점을 부끄럽게 여기고, 드러내면 무시당하는 것을 유감스러워 하기 때문에, 종종 너를 빌려온 물건처럼 무감각하게 만드는 것이다. ……

그러니 너의 가슴에 대해서는 마음을 놓아라. 너를 대하는 세상 사람들이 생각하는 것보다 더 선량하다. 이 가증스러운 세상이 참을 수 없는 금지의 교육을 강요하고 있음에도 불구하고, 너의 가슴은 원하지 않으면 가시나무를 심는 일까지 시키지는 않는 사람들, 그저 순순히 사랑받는 것을 승낙하는 사람들을 행복하게 해주는 데 필요하다고 판단되는 것 이상의 부드러움과 감수성, 호의, 애정을 갖추고 있다.

1868년 9월 19일 빌라르
인간 역사의 심오한 깊이를 이해할 수 있을 때가 있을까?
…………………………………………………………………………………
…………………………………………

청년에게 성에 대한 권리와 의무를 안내하는 것, 그리고 그것을 유리한 때 건전하고 적절한 방법으로 행하는 것은 교육의 중요한 부분이다. 내가 모든 민감한 본능, 고상한 명예심, 도덕적인 동경을 뛰어날 정도로 갖추고 있었으면서도 일생을 물거품으로 만들고 만 것은, 수치심과 관련된 사항에 대해 지도와 권고, 장려, 계몽을 얻지 못했고, 모든 양심의 가책을 병적으로 과장하여 남자로 사는 대신 수도사처럼 절제했기 때문이다. 만 39세 때 나는 아직 동정이었고, 지금도 신학교 학생처럼 릴리트(아름다운 여자의 모습으로 나타나는 밤의 마녀)에 시달리고 있다. 어이없는 이야기가 아닌가? 의사는 나를 불쌍하게 생각할 것이다. 누구를 위해, 무엇을 위해 이렇게 오랫동안 무익한 희생을 치렀던가? 은둔자가 가진 하나의 사상, 하나의 선입견, 하나의 존경을 위해서이다. 그리고 지금 내가 끝까지 고수한 비웃음거리인 정결을 험담하며 벌하는 자는 누구인가? 바로 내 존경의 대상인 여자, 처녀이다.

독신생활은 신의 모욕과 여자들의 저주를 사고 있다. 그것은 현세에서 끝없이 불쾌한 일을 겪게 하고, 오직 수도원만이 보상으로서 내세의 영광을 약속할 뿐이다. 한마디로 말해 나는 자신의 건강과 힘과 생활을 희생시킨 이 어리석음, 덕성으로 착각한 이 절제의 어리석음을 생각할 때마다 괴로운 아이러니를 맛보지 않을 수 없다. 40세가 지난 노처녀의 마음, 자기본성의 깊은 본능을 제물로 바친 것에 대한, 얼굴에 드러내지 않는 격앙을 나도 느낀다. 오류 때문에, 의무와 굳은 신념 때문에 죽는 것은 그나마 훌륭하지만 미혹이 풀려서 죽는 것은 크나큰 고통이다.

그것은 반항한 자연의 분개이다. 이 항의는 지나친 것이다. 순결, 억제, 정결은 분명히 덕성이다. 그것을 믿고, 그것 때문에 괴로워한 것을 후회해서는 안 된다. ……

1868년 9월 21일 빌라르

아름다운 가을 풍경. 오늘 아침에는 모든 것이 뒤덮여, 잿빛 비의 모슬린이 주위를 에워싼 산 위를 이리저리 떠다니고 있다. 처음에는 먼 봉우리 뒤에 나타난 푸른 띠가 점차 퍼져가서 하늘 한복판으로 올라갔다. 구름을 거의 몰아낸 하늘은 아직 뚜렷하지 않은 태양의 약한 황금빛을 우리 위에 내리쬐고 있다. 오늘은 하루종일 온화하고 포근한 날씨가 될 것 같다. 좋은 것은 언제나 끝도 좋다.

이렇게 눈물의 계절이 끝나면 달콤한 기쁨이 돌아올 때가 있다. 너는 네 인생이 가을에 들어섰다는 것, 봄의 요염함도 여름의 광채도 지나가서 다시는 돌아오지 않지만, 가을에도 아름다움이 있다는 것을 자신에게 들려주어라. 비와 구름과 안개가 늦가을을 음산하게 만들 때가 많지만, 공기는 아직 따뜻하고, 빛은 사람들의 눈과 노랗게 변한 나뭇잎을 위로한다. 과실, 수확, 포도 따기의 계절이다. 겨울을 대비하여 비축하는 시기이다. 지금은 젖소들이 외양간 근처까지 돌아와 있다. 다음주에는 더 아래로 내려올 것이다. 이 살아 있는 바로미터는 우리에게 산을 떠날 시기를 알려준다. 자연의 본보기를 무시하고 제멋대로 생활의 규칙을 만들어봤자 백해무익하다. 우리의 자유를 현명하게 이해한다면, 생명의 보편적인 법칙에 스스로 복종해야 한다. ──너의 인생은 9월에 들어섰다. 그것을 인정하고 거기에 적응할 마음의 준비를 하라.

1868년 11월 13일

샤를 스크레탕의 두 권의 책(《방법의 탐구》 1857년, 《철학개론》 1868년)을 팔랑팔랑 넘기면서 군데군데 읽다. 스크레탕의 철학은 절대적 종교로 생각되었던 그리스도교 철학이다. 자연을 오성에, 오성을 의지에, 의지를 실질적 신앙에 종속시키는 것이 전체적인 뼈대이다. 불행히도 비판적이고 비교적이며 역사적인 연구가 부족하기 때문에, 아이러니가 사랑의 숭배와 결부되어 있는 호교론은 당파적인 인상을 준다. 비교종교학도, 공평한 일반적 역사철학도 없는 종교철학은 많든 적든 독선과 작위를 면할 수 없다. 인간생활을 이대로 세 가지 영역, 즉 산업과 법률과 종교로 귀착시키는 이 사고방식에서는 과학의 권리와 직분은 유지될 수 없고 정해질 수도 없다.

저자는 자유로운 사상가라기보다 강하고 깊은 데가 있는 사람인 것 같다. 교조적일 뿐만 아니라 자신을 지배하고 정복하고 있는 기성 종교를 위해 도그마를 세워가는 것이다. 게다가 그리스도교는 각 교회가 자기식으로 정의하는 X이기 때문에, 저자도 같은 자유를 이용하여 그 X를 자기식으로 정의한 결과, 지나치게 자유롭기도 하고 부자유스럽기도 하다. 역사적인 그리스도교에 대해서는 지나치게 자유롭고, 특수종교로서의 그리스도교에 대해서는 지나치게 부자유하다. 독단을 벗어나지 못하고 충분히 독립성을 보여주지 못한다. 성공회, 루터파, 칼뱅파, 가톨릭 신자를 만족시키지 못하고, 무신론자도 만족시키지 못한다. 필연적으로 특수종교를 연역하여, 바꿔 말하면 철학을 그리스도교 신학의 노예로 만들려고 하는 이 셰링식의 사색은 바로 중세의 유산이다.

그런데 신앙을 얻은 뒤에는 비판이 문제가 된다. 신자는 심판자가 아니다. 물고기는 바다에서 살지만, 그 바다를 모조리 살피고 조사하여 비판할 수는 없다. 그리스도교를 이해하려면 그것을 역사상의 위치와 틀 속에 집어넣어,

인류의 종교적 발전에 있어 일부분으로 하고, 그리스도교의 입장이 아니라 인류의 입장에서 '은혜도 원한도 없이'(라틴어 타키투 스 Ann. 1, 1) 비판해야 한다. 그러나 일반적으로 모든 연구의 대상 가운데 종교문제만큼 쉽게, 또 집요하고 완강하게 혼동을 불러일으키는 것은 없다. 제한 없는 헛소리는 이런 종류의 문제에 따르기 마련인 재앙이며, 엄밀한 깨달음과 자유로운 두뇌를 갖춘 사람들의 미움을 사는 것도 바로 그 때문이다. 경계가 엄격하고 분노하기 쉬운 종교 미치광이는 아무리 쓰러져도 다시 일어나 재 속에서도 반드시 살아서 돌아오는데, 그것을 화나게 해 본들 무슨 이득이 있을까? 과학은 더없이 강력한 정열을 부추기고 그토록 많은 소나기를 불러일으키는 이 지위를 빼앗긴 종교라는 여왕을 아랑곳하지 않고, 신학을 무시한 채 자연과 역사의 지식을 수립하면 역할이 끝나는 것이다. 자유로운 과학은 결코 종교를 대신할 수 없지만, 모든 기성종교가 세계와 인간에 대한 가르침에 있어 더욱 정신적이고 순수하고 진정한 가치를 가질 수 있게 한다. 디드로가 말한 것처럼, 과학은 종교를 강요하고 '그 신을 확대'시킨다.

1868년 12월 16일

가엾은 친구 샤를 엠(Charles Heim. 아미엘의 죽마고우, 1846년 이후 제네바의 사립중학교에서 교편을 잡았다. 이 사람도 역시 일기를 썼다.) 때문에 마음이 아프다. 독일의 시(뤼케르트, 잘리스Salis, 타네르Tanner, 가이베르Geiber)를 몇 편 복사하여 보내주다. 희망과 불사에 대해 얘기한 이 시들이, 임종의 몇 시간 동안 위안이 되었으면 하는 마음에서. 더욱이 그가 사랑하는 언어, 아버지가 사용했던 모국어로 씌어진 시다. 병에 걸린 그 친구의 필적을 11월 30일 이후에는 보지 못하고 있다. 그때 나에게 마지막 결별의 인사를 한 것이다. 이 2주일은 참으로 긴 느낌이었다. 사랑하는 사람의 마지막 말을 듣고 마지막 눈길을 보고 싶어하는 열렬한 욕구가 너무나 잘 이해된다. 그런 마지막 전달은 유언 같은 것이다. 그것이 지닌 장엄하고 신성한 특성은 물론 우리의 상상 작용의 결과는 아니다. 죽음이 임박한 사람은 어느 정도 영원성을 띤다. 죽어가고 있는 사람은 무덤 저편에서 말을 걸어온다. 그가 말하는 것은 우리에게는 금언과 신의 계시, 명령처럼 생각된다. 우리는 그를 '영혼을 볼 수 있는 자'로 간주한다. 자신의 생명이 사라지고 관 뚜껑이 열리는 것을 느끼는 사람에게 중대한 말을 할 때임을 알리는 종이 울린 것은 분명하다.

그 본성의 깊은 내부는 드러나지 않으면 안 된다. 그 속에 있는 신성한 부분은 더 이상 겸손과 공포와 경계심 때문에 남의 눈을 피하지 않아도 된다.

죽음의 자리에서는 천사도 베일을 벗었다.

오오, 우리가 사랑하는 사람들에 대해 올바르게 동정을 품고 마음을 털어놓는 데 있어서, 저쪽이든 이쪽이든 병에 걸려 죽음의 위협을 받을 때까지 기다리지 않도록 하자. 인생은 짧다. 우리와 함께 음울한 여행을 하는 사람들의 마음을 기쁘게 해줄 수 있는 데 시간이 넉넉하지 않다. 서둘러 친절을 실천하자.

1868년 12월 26일
소중한 친구 샤를 엠이 오늘 아침 이에르(Hières. 마르세유 동쪽 32킬로 미터쯤에 있는 도시)에서 죽었다. 아름다운 영혼이 하늘로 올라간 것이다. 그저께 보낸 내 편지를 읽었을까? 알 수는 없지만 아마 그것을 보고 미소짓지 않았을까? 죽어가는 사람의 그 미소는 가슴에 좋은 기분을 준다. 이제 그 사람의 고통도 끝났다. 그는 지금 행복할까?

(날짜 없음)
사람은 사랑할수록 고민이 많아진다. 각자의 마음이 감당할 수 있는 슬픔의 총량은 그 마음의 완전성의 정도에 비례한다.

(날짜 없음)
속는 것을 지나치게 두려워하는 사람은 이미 자존심을 지닐 수 없게 된 것이다.

(날짜 없음)
사랑에 대한 의심은 결국 모든 것을 의심하게 한다. 그러므로 모든 예상 밖의 결과는 무신론이며, 그것은 반드시 자신을 밝히고 비밀을 고하는 것이 아니어서 탈을 쓴 유령처럼 의식의 깊은 곳에 지고한 설명자로 나타난다.

'인간은 그 사랑 그대로'이며, 그 사랑의 운명에 따른다.

(날짜 없음)
불쾌함을 호의로, 인생 경험의 담즙을 유화로, 배신을 은혜로, 모욕을 용서로 변화시키는 것이 아름다운 영혼의 정결한 연금술이 아닐까? 그리고 이 변형은 습관적이고 능숙한 것이 되어, 사람이 그것을 자발적인 행위로 믿고 아무도 그것에 대해 감사하지 않는 정도까지 가야 한다.

1869년 1월 22일
(밤 11시 반) 나는 다락방에서 오들오들 떨고 있다. 북풍이 덧문을 덜컹덜컹 흔들고, 난로의 열을 모두 빼앗아간다. ……

1869년 1월 23일
……아름다운 태양과 푸른 하늘이 나에게 무엇이란 말인가? 새하얀 서리가 창유리에 두껍게 달라붙어 나를 가둬놓고 말았다. 잘못을 저질러 갇혀버린 것 같은 심정이다. 코르네유라면 참으로 조용하게 '내 가슴이여!' 하고 말할 것이다. 자신에 대한 지배를 새로이 하고, 떨치고 일어나려는 마음의 말을 진정시키지 않으면 안 된다. 이런 사소한 일로 고민해서는 남자다운 의지를 이길 수 없다. 언뜻 비쳐드는 불쾌한 빛조차 쓸데없는 것이다.——결국 잠자리의 상태가 잠의 상태가 된다. 이런 성가신 사항은 대부분 무관심에서 온다. 너는 이런 하찮은 집안일에 손대는 것을 무척 싫어하기 때문에, 저쪽에서 일부러 가장 불쾌할 것 같은 때를 노려서 너의 안락함을 휘저으려고 음모하고 복수하는 것이다. 너는 옷장이나 창고, 속옷 서랍에 들어 있는 잡동사니 같은 것은 전혀 기억하지 않고 있다. 너의 소행이다. 너는 그런 비속한 문제를 잊고 눈에 들어오지 않는 생필품의 굴욕적인 그물에서 벗어나고 싶어한다. 그 소인국의 세계가 너의 경멸을 응징하는 것이다.——너는 거만한 태도로 집안의 사물에 주의를 기울이지 않고 질서도 부여하지 않고 있다. 너는 그것을 무시하며 관계 맺기를 거부한다. 그 결과는 무엇일까? 그 호기롭게 내팽개친 것을 후회하지 않으면 안될 것이다.
결국 너는 인간에 대해서도 자만 때문에 겉치레 인사를 하는 것을 잊고,

작은 일에 신경쓰는 것을 소홀히 하여, 그 같은 실수를 저지르고 있는 것이다. 아무리 작은 장애라도 그것을 대비하지 않으면 즉시 커져버린다. 두꺼비도 사람이 관심을 기울이지 않고 그 체면을 손상시키면 즉시 소처럼 부풀어 오른다.

그것을 알고 있으면서도 나는 어떤 사소한 일에 대해서는 손을 대는 것에 극복하기 힘든 반감을 느낀다. 자신에 대한 존경심에서 분노를 터뜨리는 것도 싫어하고, 그런가 하면 자신이 비천해지는 느낌이 드는 예방수단에 호소하고 싶지도 않아서, 결국 언제나 깨끗하게 손을 떼고 달아나는 것은 놓아주고 만다. 나는 보호자나 의사의 역할을 하는 무관심을 얻기까지 상당히 고심했다. 사물을 지배하거나 초탈하는 것, 그것은 두 가지 다 좋은 태도이다. 사물 때문에 마음이 개운치 않거나 지배당하기도 하는, 즉 끌려 다니는 것은 참을 수 없는 일이다. 전부냐 전무냐의 변종. 소중한 것은 내적인 자유, 에픽테투스의 자유다. 안락과 건강, 생명, 세평에 집착하지 않게 되면 거의 불가침이라고 할 수 있다.

1869년 1월 27일

그리스도교가 세계에 가져다준 공적은 과연 어떤 것일까? 복음의 설교. 그 복음이란 무엇인가? 죄의 용서. 청정의 신은 세계를 사랑하여 신의 나라, 영혼의 나라, 지상의 천국을 건설하기 위해 예수를 통해 세계를 신과 융화시킨다. 그것뿐이다. 그러나 이것은 대단한 혁명이다. "우리가 너희를 사랑하듯이 너희도 서로 사랑하라." "내가 아버지와 하나 되는 것처럼 나와 하나가 되라." 이런 것이 영원한 삶이며, 여기에 완전과 구원, 행복이 있다. 벌을 주는 것도 구원하는 것도 우리의 선을 위한 것이고, 죄인의 죽음을 원하지 않고 회개와 생명을 바라는 아버지 같은 신의 사랑에 대한 신앙, 이것이 용서받은 자의 동기(動機)이다.

그리스도교는 서로 다른 기원을 가지는 다수의 정신적인 흐름들이 모여 흘러들어가는 대양이다. 이를테면 아시아와 유럽의 수많은 종교, 특히 그리스의 예지의 대사상, 그 중에서도 플라톤주의. 그 교설과 윤리는 역사적으로 구성된 그대로의 모습으로 단번에 성립된 새로운 것은 아니다. 본질적인 독특한 요소는 신의 본성과 인간의 본성은 병존하며 하나의 장엄한 불꽃에 융합하고, 청정과 이웃 사랑, 정의와 자비는 사람 속에서, 따라서 신 속에서도 하나가 될 수밖에 없다는 사실적인 논증이다. 그리스도교에 존재하는 특수한 점은 예수이다. 바로 예수의 종교의식이다. 예수가 의지의 굴복과 사랑의 황홀에 의해 신과 절대적으로 하나가 되는 신성한 마음, 그 깊고 조용하며 극복할 수 없는 신앙이 종교가 된 것이다. 예수의 신앙은 몇 만, 몇 억 사람들의 신앙이 되었다. 이 횃불은 광대한 불꽃을 일으켰다. 이 계시자와 계시가 너무나 명백하고 눈부신 빛으로 나타났기 때문에, 현혹당한 세상 사람들은 그 뒤 정의를 잊고, 과거의 유산인 모든 은혜를 유일한 사람인 은혜자에게 돌리고 말았다. 종교적인 비판은 대부분의 인간에게는 불가능하다. 종교 문제에서 판단력은 선입견 때문에 흐려지고, 공포와 원한으로 탁해지며, 정열에 어지럽혀져서, 아무리 뛰어난 인물도 방법과 냉정함, 공평함을 유지할 수 없게 되는 것 같다. 자유로운(적의를 포함한다고까지는 말하지 않겠다) 정신을 갖춘 사람은 열 손가락에도 모자란다. 신앙에 있어서는 논리도 이성도 윤리적 의식도 정상적인 작용을 멈추어버려, 허망이 허망이 아니고, 모순이 모순이 아니며, 부도덕이 부도덕이 아니게 된다. 머리가 멍하지 않은 사람은 속인이나 불신자뿐이다.

　교회적이고 신앙으로서의 그리스도교를 역사적 그리스도교로 바꾸는 것은 성서학이 할 일이다. 역사적 그리스도교를 철학적 그리스도교로 바꾸는 것은 신앙을 완전히 분해하여 과학으로 개조할 수 없는 이상, 일부 현실성 없는 시도이다. 그러나 그리스도교를 역사의 영역에서 옮겨 심리의 영역에 넣는 것은 현대의 염원이다. 영원한 복음을 추출하면 된다. 그러려면 역사와 비교 종교철학이 그리스도교에 진정한 지위를 주고 이를 비판하지 않으면 안 된다. 이어서 예수를 대상으로 하는 종교에서 예수가 주장한 종교를 추출하지 않으면 안 된다. 그리고 일단 원생세포(原生細胞)에 해당하는 의식상태, 영원한 복음의 원리를 지적한 이상, 그것을 굳게 지켜야 한다. 그것이 바로 순수종교의 '맥박'이다.——"네가 원하는 것을 사랑하고 또한 실천하라."

　그러면 틀림없이 초자연성은 뜻밖의 성향에 자리를 내주고, 위대한 천재는 역사상의 신의 사도, 신의 정령이 뒤흔들려는 인류 전체를 위한 섭리적인 계시자로 추앙받을 것이다. 사라지는 것은 찬미해야 하는 것이 아니라 자의

적인 것, 우연적인 것, 기적적인 것이다. 지방적이고 빈약하며 수상쩍은 작은 기적은 마을 축제의 애잔한 제등이나 행렬의 비참한 촛불처럼, 태양의 커다란 경이 앞에서, 정신세계의 법칙 앞에서, 신으로 불리는 전능한 연극작가가 감독하는 비할 데 없는 인류 역사의 대연극 앞에서 사라져 간다. ──미래의 역사철학은 보쉬에의 그것에 대해, 보쉬에의 역사철학이 사크리스티아(교회의 의상실)의 로리케(Loriquet. 프랑스 예스타파의 사학자 1767~1845년)의 불교 냄새가 풍기는 문서에 대한 것과 같은 의미를 가진다. "그렇게 되면 좋겠지만."

1869년 2월 3일

"자신의 가슴으로 역사를 바라보는 사람들이 슬픔 때문에 죽는 것을 면하려면 어떻게 해야 할까?" 어제 파리의 한 신문기자가 미국인 드레이퍼의 저서(《유럽사상 발전사》)를 두고 한 질문이다. '세기(世紀)가 지나갈수록 줄어드는 것은 무엇인가?'라는 질문에 대답하자. 악은 장소를 옮기고 형태를 바꾸고 있을 뿐이므로 답과는 거리가 멀다. 오히려 한편으로는 무지, 다른 한편으로는 특권일 수도 있다. 늘어가는 것은 지식과 평등이다. 인류는 갈수록 세계와 인류 자신에 대해 많이 알게 된다. 갈수록 모든 사람들이 한 일의 결과를 모든 사람들의 손이 닿을 수 있는 곳에 두어, 누구나 이용할 수 있게 한다. 그것뿐이다. 그러나 아마 그것으로 역사가 정당하다는 것을 충분히 증명할 수 있을 것이다. ──가령 이 진화가 종국에 도달했다고 생각해보자. 세상의 모든 인간의 권리와 이익의 절대적 평등은 실현되었다. 그러나 역사가 그때 끝이 나지 않으면, 무슨 일이 일어날까? 각자가 올바르게 진가대로 존중받고, 자신에게 적합한 일을 하는 정신적 계급제의 재건. 즉 우리는 플라톤의 국가에 사는 것이다. 지질학적 대변동 없이 23세기가 지나면, 인류는 그런 시대에 도달할지도 모른다. 그러나 악, 즉 고뇌와 죄의 총량이 현저하게 줄어들지 않는다면, 그게 무슨 소용이 있으랴. 앞으로의 이상은 '기원 1천년'(그리스도가 지상을 지배하는 행복한 시기)을 본떠 모든 사람의 청정함, 모든 사람이 실현하는 선, 즉 지상의 천국이다. 단 죽음, 질병, 이별을 면할 수는 없다. ──그러나 길들여져 복종한 지구 위에서 허덕이고 있는 이 제3 인류의 눈에 더욱 완전한 행복이 어른거린다 해도 달라질 것이 있을까? 인류는 역시 더욱 선한 것을 바랄 게 틀림없다. 영원한 삶이 그 꿈이다. 그렇다면 차라리 지금 당장 손에 넣는 것이 좋다. 영원한 복음이 그 해결책이다. 역사를 수용하는 데는 신앙이 필요하다. 회의론에서 인류의 다양한 운명이 그려내는 광경은 회의론자에게도 영향을 준다. 즉 순수한 호기심만의 것이 아니라 인간임을 가정한 상태에서, 어쩔 수 없는 씁쓸함과 끝없는 우울을 맛보게 한다.

실증주의는 목적 개념을 배척함으로써 활동을 죽인다. 목적이 없고 희망이 없고 방향이 없는 활동은 미치광이 짓에 지나지 않는다.

실제로는 무슨 일이 일어날까? 사회는 그저 신앙의 대상을 바꿀 뿐이다. 이를테면 죽은 뒤의 삶을 믿지 않게 되면 이 세상에서 즐기려 하고, 정신으로서의 신을 그 지위에서 몰아내면 그 자리에 황금 송아지를 대신 앉힌다. 무신론이라는 베개는 소수 사람에게만 유용할 뿐이다. 행복을 좇는 본능과 어쩌면 절대적인 정의를 원하는 욕구가 인간의 마음속에 존속하는 한, 시대를 막론하고 남녀 모두 무신론을 택하는 사회는 쉽사리 생각할 수 없다.

한 사회의 가장 보편적인 신앙은 종교이다. 현대의 이 종교는 더 이상 세력이 있는 각 교회의 종교가 아니다. 진보의 종교, 어쩌면 자연의 종교, 또는 오히려 과학과 추상적인 법칙의 종교가, 교양 있는 계급에서는 자신을 계시하고 초자연적인 작용을 통해 간섭하는 인격적인 신의 종교를 대신하고 있다. 기적은 해결을 요구받고 있다. 영웅, 즉 인류의 등대가 된 비범한 마음에 대한 숭배는 우주에 작용하여 태양, 꽃, 높은 사상이 열리게 하는 정신의 예배를 위한 준비가 된다. 보편적인 유신론은 크라우제의 '만유재신론'이나 그리스도교 신비주의자의 성령지배설과 흡사하다.

크리시포스, 아리스토텔레스, 플라톤도 다른 것을 가르치고자 했던 것이 아니다. 세계는 선에 합당하도록 되어 있다. 윤리사상은 자연의 빛이고, 완전한 선의 추구는 우주의 원동력이다. 에피쿠로스설과 스토아설, 우연, 물질 및 힘의 세계와 질서, 사상, 정신의 세계는 적대하는 두 철학이다. 아무것도 제출하는 것을 원하지 않는 실증주의는 철학이 아니라 철학의 대망(待望)이다. 그것이 보여주는 것은 겸양, 무결(無缺), 부정(否定), 인내일 뿐이다. "현상을 관찰하고 그 법칙을 발견하는 데 만족하자. 우리는 원인과 목적, 원리에 도달할 수 없다. 이해하지 말고 지켜보자. 외관을 진지하게 다루자. 우리도 그림자이므로 그림자를 마음껏 즐기자. 모든 것은 표면이다." 이 깨달음은 어쩔 수 없는 단식(斷食)이며, 인식 능력이 불완전한 분석에 의한다는 것 외엔 과학다운 데가 없다. 플라톤은 이미 우리가 외관밖에 인식하지 않는다면 아무것도 인식할 수 없다는 것, 외관의 학문은 그것이 또 외관이라는 조건에서만 학문임을 논증했다.

1869년 3월 1일
　공정함과 객관성은 정의와 마찬가지로 흔하지 않으며, 사실은 정의의 두 가지 특수한 형식일 뿐이다. 이해타산은 사람을 기분 좋게 해주는 마르지 않는 망상의 샘이다. 진상을 보고자 하는 사람은 매우 적다. 인간을 지배하는 것은 진리가 자신들에게 유리하지 않는 한, 진리에 대한 공포이다. 즉, 이해가 통속철학의 원리라는 것, 또는 진리가 우리를 위해 태어난 것이지 우리가 진리를 위해 태어난 것이 아니라는 얘기가 된다.——이 사실은 우리의 체면을 손상시키기 때문에, 대부분의 사람들은 이것을 인정하거나 용납하려 하지 않는다. 그래서 자만의 선입견은 이기심의 책략에서 생기는 오성의 선입견을 모두 옹호한다.——인류는 항상 자신에게 이해관계가 있는 평정(平靜)을 어지럽히는 사람들을 죽이거나 박해했다. 인류가 개선된다 해도 사실은 마지못해 그렇게 되는 것이다. 인류가 원하는 유일한 진보는 향락의 증대뿐이다. 정의, 도의, 청정에 있어서 진보는 모두 어떤 고귀한 폭력에 의해 강요되거나 억지로 도출된 것이다. 위대한 정신의 환락이라고 할 수 있는 희생이 사회의 법칙이 된 적은 한 번도 없었다. 대부분의 경우는 하나의 악폐에 대해 다른 악폐를, 이를테면 탐욕에 대해 허영을, 실리에 대해 명예를, 게으름에 대해 소유욕을 이용하여 위대한 선동자가 인습을 타파한 것이다. 한마디로 말해 인간 세계는 거의 완전히 자연법칙의 지배를 받으며, 이 조잡한 반죽의 단순한 발효효소가 되는 정신의 법칙(정의, 윤리적인 미, 선)이 품위 있는 팽창을 일으키는 일은 극히 드물다.
　이상(理想)의 입장에서 보면 인간 세계는 외롭고 추악하다. 그러나 우리가 짐작하는 세상의 원래 모습에 비하면, 인류가 시간을 완전히 허비한 것만은 아니다. 거기서 역사에 대한 세 가지 견해가 나온다. 이상(理想)에서 출발하면 비관주의가 되고, 뒤로 물러서서 바라보면 낙관주의가 되며, 모든 진보에 피와 눈물이 수반되는 '최선'은 멕시코의 신처럼 김이 모락모락 나는 살아 있는 심장의 제물을 1백 개쯤 요구한다고 생각하면 영웅주의가 된다.

이기고 개선하는 자신들의 위대한 여신의 수레바퀴 밑에 몸을 던지는, 인도의 열렬한 신자의 마음에서 우러난 희생을 보면, 역시 유럽의 위선도 얼굴을 가린다. 그러나 이 희생은 유럽과 다른 곳에서도 일어나고 있는, 모든 위대한 신념의 순교자가 자신의 생명을 바치는 것에 대한 상징일 뿐이다. 분명히 말해, 이 피에 굶주린 분노하는 여신은 인류 자체이며, 오직 회한에 의해서만 진보하는 자신의 어마어마한 죄를 통하지 않고는 후회하지 않는다. ──몸을 송두리째 바치는 광신자는 널리 퍼진 이기심에 대한 끊임없는 항의이다. 우리가 쓰러뜨린 것은 눈에 보이는 우상뿐이며, 영겁의 희생은 아직도 곳곳에서 존속하고 있고, 도처에서 각 시대의 영웅은 다수의 구원을 위해 고뇌하고 있다. 이것은 엄격하고 고통스러우며 신비로운 연대성의 법칙이다. 서로의 속죄와 파멸은 우리 종족의 운명이다. 즉 이기심은 개개인의 동기(動機)이고, 그것은 맹목적이다. 그러므로 인류가 하는 일은 인류를 기만하는 것이 되고, 인류는 스스로 믿고 있는 만큼 자유롭지 않으며, 바다에 사는 산호충처럼 스스로 쌓아올린 건축을 자신은 모르고 있다. 고삐를 풀고 묘지로 달려간 이 망상의 결론은 우주의 질서에 따르라는 것이다. 시대의 흐름과 사물에 저항하지 마라. 역사적인 힘과 작용의 협동에 동조하여, 자신의 부채와 보상을 지불하고, 나머지는 신에게 맡겨야 한다. 동족을 경멸하지 말고, 망상이나 불쾌감 없이 선을 위해 싸워야 한다. 사교적이고 명랑한 호의는 분노보다 낫고, 절망보다 남자답다. 무슨 일이 있어도 할 일은 하라.

1869년 3월 18일
교외 산책에서 돌아와 보니 나의 비좁고 답답한 방이 새삼 싫어진다. 불결한 파우스트의 집처럼 어수선하고 추한 감방이다. 밖에는 태양, 새, 봄, 아름다움, 생명. 이곳에는 추함, 종이조각, 비애, 죽음.──게다가 나의 산책은 더할 수 없이 우울했다. 론 강과 아르브 강을 따라 거니는 동안, 과거의 모든 추억과 현재의 모든 기만, 그리고 미래의 불안이 밤의 새 떼처럼 내 가슴을 뒤덮는다. 나는 내 잘못을 헤아렸고, 그것은 나를 향해 정정당당하게 진을 쳤다. 회한의 독수리가 내 간장을 물어뜯기 시작했다. 나의 비밀스러운 사상은 '고뇌의 배(梨)'(입에 물려 말을 하지 못하게 하는 배 모양의 물건)처럼 부풀었다. 돌이킬 수 없다는 생각이 쇠목걸이처럼 내 목을 조른다. 나는 일생을 물거품으로 만들고 말았고,

이제는 삶이 나를 버렸다는 생각까지 들었다.——봄은 고독한 자에게는 무서운 것이다. 잠자고 있던 욕망이 모두 눈을 뜨고, 모습을 감추고 있던 슬픔이 모조리 되살아나, 재갈이 물려 쓰러져 있던 원래의 인간이 다시 얼굴을 내밀고 신음하기 시작한다. 상흔은 또다시 피가 뚝뚝 떨어지는 상처로 돌아가, 그 상처가 제각기 울음소리를 낸다. 더 이상 아무것도 생각하지 않고, 일과 위안 같은 것으로 마음을 달래려는 때, 갑자기 이 가슴이라는 옥에 갇힌 사람이 비밀을 알고 감옥 안에서 탄식을 뱉어낸다. 그리고 그 탄식이 갇혀 있던 땅속에서 궁전을 온통 뒤흔드는 것이다.

저주받은 봄이여, 또다시 돌아오려느냐?

다른 숙명에서 벗어난다 해도, 그때마다 우리를 꽁꽁 붙잡아매는 것은 시간의 숙명이다. 너는 다행히 모든 예속에서 해방되었지만, 마지막 예속, 세월의 예속을 계산에 넣지 않았다. 노년이 닥쳐와서, 그 무게가 다른 모든 압박을 합친 것을 대신하게 되었다. 언젠가 죽어야 하는 인간은 하루살이나 다름없다. 1만 년 전, 2만 년 전부터 론 강이 흐르는 것을 지켜보았던 바위와, 더 가깝게 본다면 2세기 전부터 수많은 장례행렬을 지켜본 묘지의 가로수를 바라보거나, 어린 시절에 내가 노는 모습을 바라보았던 벽과 둑과 오솔길을 찾기도 하고, 내가 걸음마를 시작했을 때 밟았던 플랑팔레 들판의 잔디를 다른 어린이들이 뛰어다니는 것을 보면, 인생의 허무와 사물의 덧없음이 생각나 마음이 아팠다. 나는 내 몸 위에 만세니랴(그 그늘 속에 들어가기만 해도 사람이 죽는다고 하는 독나무)의 그늘이 드리워져 있다고 느꼈다. 수많은 망상을 깡그리 삼켜버리는, 존재라는 이름을 가진 무자비한 심연을 나는 보았다. 그리고 생물이라는 것이 죽은 자의 재로 다져진 대지 위를 한 순간 날아다니는가 싶다가, 도깨비불이 흙 속에 들어가듯이 이내 영원한 어둠으로 돌아가는 환상에 지나지 않는다는 것을 알았다. 우리의 기쁨이 주는 허무, 생존의 공허함, 명예심의 덧없음이 나를 평화로운 권태로 가득 채웠다.——나는 마법이 사라지자 느끼는 회한에서부터 불교 사상과 보편적인 권태에 이르기까지 방황하고 다녔다.——행복으로 가득한 영원한 생명에 대한 희망이 더 뛰어난 데도, ……

10세 때와 20세 때, 30세 때, 그리고 60세 때는 인생을 보는 눈이 전혀 달라진다. 고독한 자는 이 심리적인 변형을 분명하게 의식한다.——고독한 자를 깜짝 놀라게 하는 것이 한 가지 더 있다. 그것은 이 세계의 외로움을 숨기기 위해, 고뇌와 질병과 죽음을 잊게 하기 위해, 집집마다 들려오는 탄식과 흐느낌을 감싸 안기 위해, 현실의 추한 가면을 채색하기 위해 널리 행해지고 있는 주술이다. 그렇게 음울한 진상을 가리는 것은 어린이나 젊은이에 대한 관대한 마음에서 오는 것일까, 아니면 두려움에서 오는 것일까? 공정함에 의한 것일까, 인생이 내포하는 선은 악과 같은 정도인가, 아니면 악보다 많은가?——어쨌든 사람이 흡수하고 있는 것은 진리가 아닌 착각이다. 사람은 각자 기만이라는 희망을 감은 실꾸리를 풀어간다. 그 실이 다 풀렸을 때 비로소 죽는다. 그리고 아들과 조카들에게 똑같은 경험을 되풀이시킨다. 사람은 누구나 행복을 좇는다. 그러나 행복은 모든 사람들의 추구로부터 몸을 숨긴다.

인생을 여행하는 데 소용되는 여비는 훌륭한 의무와 몇 가지 진심어린 애정뿐이다. 그리고 그 애정조차 소멸한다. 또는 적어도 애정의 대상은 죽어야 하는 것이다. 친구, 아내, 자식, 조국, 교회가 우리보다 먼저 무덤에 들어갈 수도 있다. 다만 의무만은 우리가 살아 있는 한 계속된다.

　　타인을 위해 살아라, 바르고 친절하게 대하라.
　　무덤 속에 잠자러 가기 전에
　　자신의 묘석이든 보릿단이든 준비하고
　　하늘의 용서를 구해 두어라.

이 잠언(箴言)의 공덕으로 쫓겨 가는 반항, 분노, 낙담, 복수, 격앙, 야심의 영혼이 잇따라 엄습해 와서 봄의 자양액으로 부푼 가슴을 부추기고 유혹한다.——동방(서아시아에서 이집트를 포함), 고대(그리스 와 로마), 그리스도교의 모든 성인, 한 무리의 영웅들은 모두 정신의 권태와 고통을 겪고 그것을 극복한 사람들이다. 승리자로서 일생을 마친 사람들이 그 월계관을 우리 머리 위에 씌워주기를. 그 본보기로 우리의 기운을 북돋아주기를.

이런 말을 하는 동안 해가 기울어가고 있다. 자연도 이젠 아름답지 않다. 마음속의 폭풍은 지나갔다.

1869년 4월 3일

르낭의 당당한 저서(《사도》)를 읽다. 상당히 다양한 사항과 문제, 사상을 다룬 책이다. 현혹한다. 그리고 나는 원인과 결과, 역할과 배우 사이에 균형이 맞지 않는 듯한 느낌을 받았다. 사도와 환각이 이만한 것에 불과하다면, 그 사업이 왜 이렇게도 위대한가? 기만, 착각, 또는 사기가 종교에 없어서는 안 되는 것이라면, 왜 종교에 대해 저항하지 않는가? ──르낭에게는 미적인 견지가 모든 것을 지배하며, 얼핏 모순으로 보이는 것을 설명해준다.

1869년 4월 6일

(아침 8시) 멋진 날씨. 엷은 은빛 천을 감고 눈부시게 빛을 발하는 알프스. 모든 종류의 감각이 나를 일깨운다. 좋은 침대의 쾌감, 아침 햇살을 받으며 거니는 산책의 즐거움, 멋진 풍경의 매력, 정성이 담긴 식사의 탁월한 맛, 스페인 풍경(비비안 판)과 스코틀랜드 목장(쿠퍼판)을 넘겨보며 여행에 대한 동경, 기쁨에 대한 갈증, 일과 정열과 생활에 대한 갈증, 행복의 꿈, 사랑의 마음, 존재의 요구를 다시 느끼고 자신을 펼치고 싶은 열망이 내 가슴 깊은 곳에서 끓어오른다. 갑자기 모든 청춘기의 각성, 시적 감흥의 발현, 욕망의 날개를 다시 펼치기 시작한 정신의 복귀. 정복욕, 방랑벽, 모험심. 나이, 부양가족, 의무, 불쾌감의 망각. 삶이 다시 시작될 것 같은 젊음의 기운. 마치 화약에 불이 붙은 것 같다. 우리 마음은 사방에서 부는 바람에 날려 흩어진다. 세계를 탐색하고 모든 것을 느끼고, 모든 것을 보고 싶어진다. 파우스트의 포부, 모든 것을 얻고자 하는 욕망, 나의 작은 방에 대한 혐오, 법복은 벗어버리고 자연을 송두리째 가슴에 껴안고 싶다. 모든 정열을 다 함께 불태우기 위해서는 한 줄기의 햇살만 있으면 충분하다. 차가운 검은 산이 다시 화산이 되어, 단 한 번의 뜨거운 한숨으로 눈의 왕관을 증발시켜버린다. 봄은 그런 갑작스럽고 환상 같기만 한 부활을 가져온다. 모든 자양액을 흔들어 들끓게 하고, 강렬한 욕구, 번개 같은 감정, 상상도 할 수 없고 지울 수도 없는 생명의 분출을 낳는다. 그것이 단단한 나무껍질을 터지게 하고, 모든 준엄한 청동의 얼굴에 균열이 가게 만든다. 수도원 그늘에서는 수도사를, 작은 방의 커튼 뒤에서는 처녀를, 학교 의자 위에서는 어린이를, 류머티즘에 걸린 무릎 아래에서는 노인을 전율하게 한다.

혼례의 신, 혼례의 노래
모두가 기억하는 열이 손과 발에도 퍼져간다.

이러한 모든 떨림은 자연의 크나큰 본능의 무한한 변종, 바로 그것이다. 그것은 모든 언어로 똑같은 내용을 노래한다. 비너스에게 바친 찬가이고, 무한을 좇는 한숨이다. 개체 생활에서는 사멸하여 내부에 우주 전체를 섭취하거나 전 우주에 몰입하기를 원하는 존재의 감격을 의미한다.
자기를 의식하는 사랑은 교황의 단계이다. 스스로 커다란 비밀의 대표임을 알고, 이 신성한 의식에 합당한 자가 되기 위해 종교적인 마음으로 침묵 속에 몸을 숨긴다.

1869년 4월 8일 모르넥스, 마지막 날
(오후 5시) 빛으로 가득한 조용하고 광대한 전망. 제비가 허공을 가로지르며 날아간다. 내 앞의 본느빌(Bonneville. 모르넥스 동남쪽 약 20 킬로미터에 있는 아르브 강가의 마을) 쪽에 옛 성터가 보인다. 이 지방(포시니 Fauchigny) 전체에 이름을 부여한 성으로, 그 폐허는 나의 다양한 추상을 지켜주고 있다. 이 광대한 경치가 친근한 눈길로 나를 바라보고 있는 것 같다. 영원한 몽블랑과 눈을 이고 있는 모든 봉우리를 보며, 나는 어느새 우울한 생각에 사로잡혀 있는 것을 느꼈다.

참으로, 영원한 조화는
인간계의 모든 소란을
야유처럼 강요한다.

그늘이 들판을 뒤덮기 시작했다. 나아가라, 나아가라, 방황하는 유대인이여. 해는 기울고, 기온은 내려갔다. 일과 걱정과 의무로 돌아가지 않으면 안 된다. 도시가 다시 너를 부르고 있다. 너의 휴가는 끝났다. 또다시 굴레를 지고, 발에는 쇠공을 차라. 산도 대기도 꿈도 자유도 단념하라. 맹세의 말에 보석 조치를 내려준 교육의 수인(囚人)은 점호에 응하라.──안녕, 온화한 경치, 푸른 비탈과 하얀 산악의 그리운 원형극장, 내 청춘의 요람, 내 만년의 은둔처, 나에게는 더 이상 너희들에게 털어놓을 얘기가 없다. 지금 너희들이 보고 있는 것은 가까스로 너희들한테서 떠나는 몽상가. 그 사람은 석 달 뒤, 아니 내일이라도 그 목숨이 어떻게 될지 알 수 없는 자이다.

1869년 4월 24일
복수의 여신은 섭리의 신보다 사실적이고, 질투의 신은 선의의 신보다 진실하며, 슬픔은 기쁨보다 확실하고, 어둠은 빛보다 승리의 확신을 가지는 것일까? 비관이 옳은가 낙관이 옳은가? 라이프니츠와 쇼펜하우어, 어느 쪽이 우주를 더 잘 이해했을까? 건강한 사람과 병든 사람, 어느 쪽이 사물의 깊은 내부를 잘 들여다보고 있을까? 어느 쪽이 틀린 것일까?
슬픔과 악에 대한 문제는 존재 자체의 발현 다음으로, 존재의 가장 큰 수수께끼이다. 인류의 신념은 일반적으로 악에 대한 선의 승리를 전제했다. 그러나 선은 승리의 결과가 아니라 하나의 승리이고, 끊임없이 무한한 싸움을 의미하며, 제한 없는 싸움, 영원히 위협받고 있는 성공이다.──그런데 만약 그것이 인생이라면, 그 인생은 끊일 새 없는 동란이고 무자비한 전쟁인 이상, 부처가 그것을 악 자체로 본 것은 옳지 않을까? 그렇다면 안정은 허무 속에서 구할 수밖에 없다. 자기를 멸하고 재생의 가책과 인고의 순환에서 벗어나는 기술, 열반에 도달하는 기술이야말로 최고의 기술이자 해탈의 길이 될 것이다. 그리스도교도는 신에게 말한다. "악에서 구원해 주옵소서." 불교도는 거기에 덧붙여 "그러기 위해 우리를 유한한 발현에서 해방하고 허무로 돌려보내주소서." 전자는 육체에서 자유로워지면 영원한 행복에 들어설 수 있다고 생각하고, 후자는 개체의 몸이 모든 관조(觀照)에 장애가 된다고 믿고 정신의 해소를 원한다. 전자에게는 공포인 것이 후자에게는 낙원이다. ……
내 견해에 의하면, 고통과 죄악과 고독은 악이지만, 아무리 개체적인 생존이라 해도 생존은 선이다. 일개의 의지일 뿐인 개체가 우주의 의지와 완전한 하나됨을 느낀다면, 고독을 파기한 것이 된다. 또 만약 그 개체가 순수하게 정신적인 구조를 갖추고 있다면 고통은 제거되었을 것이다. 신의 주위에 모여들어 사회를 이루고 신의 영광을 찬양하는 순결한 정신이야말로 완벽한 그리스도교의 낙원이다. 그러나 이 사고방식은 다양한 가설에 기초를 두고 있다. 정신이 있는 것, ──한계 또는 신체가 없이도 개체적 생활이 가능하다는 것, ──벗이 되어 있는 정신이 서로 유대를 맺고 서로 얽혀있다는 것,

──자식이 아직 (지상에서) 행복해지기 전에도 그 어머니는 행복해질 수 있다는 것, 다시 말해 어머니가 사랑의 왕국에 들어가는 동시에 (자식에 대한) 사랑을 줄이는 것,──완성과 진보는 서로 배척하는 것인데도 진보하는 사람들이 완전해질 수 있다는 것, 등등.──의심스러운 일들이 이토록 많이 있고, 그것이 모두 신앙에 필요하다니. ……

필요한 것은 오직 한 가지다. 신에게 맡기는 것. 자신은 질서만 지키고 있으면 된다. 세계 및 다양한 운명의 실타래를 푸는 성가신 일은 신에게 맡겨라. 허무함이든 영원한 생명이든 아랑곳할 것 없다. 일어나야 할 일은 일어난다. 일어나는 일은 선한 것이다. 선에 대한 신앙, 어쩌면 개인이 인생을 헤쳐 나가는 데 더 이상의 것은 필요하지 않을 것이다. 그러나 소크라테스, 플라톤, 아리스토텔레스, 제논에게 동조하여 유물론, 우연의 종교, 비관론에 대한 마음자세를 갖추지 않으면 안 된다.──그리고 어쩌면 불교적 허무주의에 반대할 결심도 필요할지 모른다. 힘을 다해 자신의 생명을 증대할 것인가 절멸시킬 것인가, 계획적으로 자신의 능력을 키울 것인가 시들게 할 것인가에 따라, 행동의 체계는 대각선적으로 대립하기 때문이다.

자신의 개체적인 노력을 세계의 선의 증진에 이용하는 것, 이 소박한 이상으로 충분하다. 선의 승리에 힘을 보태는 것, 그것은 성자와 현인의 공통되는 목적이다. "우리는 신의 협력자이다"라고 세네카는 클레안테스를 모방하여 설명했다.

우화 시인(플로리안)은 그것을 거듭 말하여 격언이 될 정도로 사람들의 입에 친숙한 문구가 되게 했다.

저마다 자신의 일을 해나가라,
암소의 차례는 틀림없이 돌아온다.

개인의 일을 하는 자는 '율법'과 '예언'을 성취하고, 질서를 유지하며, '위대한 행위'에 힘을 쏟고, 인류와 천사를 기쁘게 해준다. "네가 할 일을 너는 한다." 평안하고 근면하게 살필 생각으로 너의 작은 의무를 양심에 비추어 실천하라. 하늘도 땅도 너에게 그 이상의 것은 원하지 않는다.

1869년 4월 30일

 바세로(Vacherot. 프랑스 철학자, 1809~1897년)의 저서(《종교》 1869년)를 다 읽고 깊은 생각에 잠기다. 내가 느낀 바로는, 그의 종교에 대한 개념은 엄밀한 의미에서 정확한 것이 아니며, 그 결론도 바로잡을 여지가 있다. 종교가 이성의 시대에 앞선 심리적인 시대라고 하면 약간 불경에 가까운 비유가 되지만, 개구리의 모습으로 탈바꿈했을 때 올챙이의 기관이 소멸하는 것처럼, 인간 속에서 소멸해야 하는 것은 명백한 사실이다. 그러나 종교가 내적 생활의 양식이라고 한다면, 느끼는 요구가 존재하는 한 생각할 요구와 함께 영속할 수 있고 또 영속하지 않으면 안 된다. 문제는 유신론인가 아닌가 하는 것이다. 만약 신이 이상(理想)의 범주에 지나지 않는다면, 종교는 청년기의 망상처럼 당연히 사라지지 않으면 안 된다.

 만약 '존재'(신)를 생각할 수 있는 동시에 느낄 수 있고 사랑할 수 있다면, 철학자는 예술가로서, 웅변가로서, 또 시민으로서 행동해도 괜찮은 것처럼 종교적으로 행동해도 된다. 철학자의 본분을 위배하지 않고 의식에 참석할 수 있다. 나는 이 쪽으로 기울어지고 있다. 나는 신 앞에서, 그리고 신 안에서의 생활을 종교라고 부른다.

 또한 신을 우주적 생명으로 정의했다 해도, 신이 실제로 정해진 것이고 부정적이지 않은 이상, 무한한 것의 의식을 깊이 느끼고 있는 우리의 정신은 종교적인 상태에 있는 것이다. 종교와 철학의 차이는 소박한 자아와 반성한 자아, 종합적 직관과 오성적 분석의 차이와 같다. 사람이 종교에(종교적 상태에) 들어서는 것은 스스로 나아가 예속하고, 질서 및 선의 원리에 기꺼이 복종하겠다는 마음에 의한 것이다. 인간이 자기를 집중하는 것은 종교적으로 감동할 때이다. 무한한 통일 속에 제자리를 얻는 마음자세는 신성한 것이다.

 그러나 이만큼 이치를 따지면서도, 나는 이 저작에 경의를 표하지 않을 수 없다. 이것은 확실히 원숙하고 진지하며 아름다운 책이다. 저자도 훌륭한 성격의 소유자이다.

1869년 5월 13일

 구름 사이로 갈라진 틈새. 새파란 균열에서 강렬한 태양이 장난기 어린 빛을 던지고 있다. 소나기, 미소, 변덕, 분노, 눈물. 5월의 자연은 여자와 같다. 연이은 변덕과 생각지도 않았던 폭발적인 기행으로, 공상을 기쁘게 하고 가슴에 불을 붙이며 이성을 피곤하게 한다.

그것이 나에게 마누법전 제2권 213절을 떠올리게 한다. "현세에서 남자를 타락시키려 하는 것이 여자의 본성 가운데 하나다. 그렇기 때문에 현자는 항상 여자의 유혹에 빠지지 않도록 경계하고 있다." 그런데 그 법전은 또 "어디든 여자가 존경받고 있는 곳에서 신은 만족하고 있다"라고 말하고, 또 "남편이 아내와 화목하고 아내가 남편과 화목하게 지내는 가정은 행복이 보장되어 있다." "한 명의 어머니는 천 명의 아버지보다 고귀하다"고도 했다. 그러나 이 매력적이고 나약한 자 속에 비이성적인 폭풍이 있다는 것을 알고, 마누는 "어떤 연령의 여자라도 제멋대로 자신을 지배해서는 안 된다"라고 결론을 내렸다.

오늘에 이르기까지 인접 국가들의 현행 법전에서는 아직도 여자가 평생 미성년자이다. 이유는 자연에 의존한다는 것과 조금은 미치광이 짓이라고 할 수 있는 격정에 빠지기 쉽다는 것 때문이며, 다른 말로 하면 여자의 정신에는 뭔가 알 수 없는 신비한 데가 있고, 그것이 모든 미신과 결합해 남자의 기운을 빼앗기 때문이다. 남자는 법률·재판·과학·철학·모든 이해를 떠난 보편적이고 이성적인 것을, 여자는 그것과 반대쪽에서 후원·예외·개인적인 배려를 끌어들인다. 한 사람의 개인, 한 사람의 국민, 하나의 문예, 하나의 시대는 여성적이 되어버리는 순간부터 힘을 잃기 시작한다. 여자가 그대로 있으면 모든 장점을 갖추고 있을 종속의 상태에서 벗어나는 순간부터, 여자 본래의 단점은 빠르게 커져가기 마련이다. 남자에 대한 완전한 평등은 여자를 투쟁하기 좋아하게 만들고, 통제는 여자를 전제적으로 만든다.

여자를 존중하면서 통제하는 것이 앞으로도 오랫동안 가장 좋은 해결책이 될 것이다. 교육을 통해 견실하고 품위가 있으며 진지할 뿐만 아니라, 양심과 이성에 의해 공상과 감정을 통제할 수 있는 여자를 만들어낼 수 있게 되면, 여자를 존중하고 정복하는 것이 좋다고 말해도 될 것이다. 그때 여자는 진정한 상대가 되고 동료가 된다. 그러나 당분간은 여자가 그런 존재라는 것은 이론상의 얘기에 지나지 않는다. 근세 사람들은 이 문제에 대해 고민하고 있지만 좀처럼 해결하지 못하고 있다.

1869년 6월 15일

  자유주의적 그리스도교의 결함은 종교에서 덕을 대수롭지 않게 생각하거나, 결국 같은 얘기가 되지만 죄악을 지나치게 표면적으로 파악하는 것이다. (이 무렵 제네바를 비롯하여 신교를 믿는 스위스 각 주에서는 정교파와 '자유 그리스도교파'의 논쟁이 치열했다.) 나쁜 의미에서 자유주의자의 결점은 자유주의적 그리스도교도에게서도 찾아볼 수 있다. 즉, 적당한 진지함, 지나치게 너그러운 양심, 지나치게 자기 중심적인 구원, 진실한 십자가의 형벌이 없는 종교, 싸구려 속죄, 의지, 특히 사악한 의지의 지나치게 들뜬 심리, 일종의 신학적 사교성. 이들은 지극히 경건한 정신의 소유자에게는 신성한 주제를 노래하면서 심원한 심정에 상처를 주는, 약간 세속적인 변설가로 받아들여진다. 내적 생활의 위대한 신비에 대해 불성실한 친밀감을 보여주기 때문에, 분별 있는 사람에게는 불쾌한 기분을 느끼게 하고 수치를 느끼는 양심을 불안하게 한다. 구원으로 이끄는 고통스러운 길의 안내자라기보다 정신적인 아첨꾼, 빛의 천사로 분장한 현세의 '군주'(악마)의 부하, 그리스의 소피스트를 모방한 종교적 변론가로 보인다. ──정신에 대한 지배는 뛰어난 재능을 가진 자나 학자의 것이 아니다. 은혜를 통해 자연을 극복하며 불길 속을 가로지른 뒤, 인간 예지의 언어가 아니라 신의 의지의 언어를 말하는 인상을 주는 사람들의 것이다. 다시 말해서 종교의 영역에서는 맑고 깨끗함이 곧 권위가 되고, 사랑, 즉 헌신과 희생의 능력이 가슴에 호소하여 설복하고 감동시킨다.

  종교적이고 시적이며 생각이 깊고 순결한 정신이 용서할 수 없는 것은 이상을 깨뜨리거나 깎아내리는 일이다. 그렇기 때문에 예수에 대해 헛되이 말하는 것을 모독으로 생각하고, 천국의 문을 너무 크게 여는 것을 죄악으로 본다. 이상을 적으로 돌려서는 안 된다. 가능하다면 더 순수하고 더 높고 더 정신적인 이상을 내걸고, 한 단계 높은 봉우리의 저편에 더욱 더 높은 봉우리를 우뚝 세우지 않으면 안 된다. 그러면 누구한테서도 아무것도 빼앗지 않아도 되고, 반성하게 하면서 안심시키고, 목표를 바꾸고 싶어하는 사람에게 새로운 목표를 슬쩍 볼 수 있게 하는 것이 된다. 무언가를 파괴하면 반드시 그것을 대신할 것을 둔다. 하나의 이상을 대신하는 것을 두려면 원래 이상의 모든 조건을 갖춘 뒤에 몇 가지 장점을 더 보태지 않으면 안 된다. ──자유주의의 프로테스탄트는 그리스도교의 덕과 아울러 전보다 더 뛰어난 친밀함과 강함, 청정함을, 그것도 자신의 몸, 자신의 세력 안에 가지도록 하는 것이 좋다. 그러면 '주'가 원하는 증거를 손에 넣은 것이 된다. 나무는 그 열매로 평가받는다.

1869년 6월 22일

(아침 9시) 최면적인 날씨다. 바깥은 모든 것이 추하고 잿빛으로 가라앉아 있다.——나의 《근대평론》에서는 한여름인데, 파리가 추위 때문에 죽어 있다. 숨이 끊어진 작은 동물을 바라보며 "생명이란 무엇인가?"에 대해 생각한다. 생명도 운동처럼 빌려 쓰는 것이다. 우주의 생명은 총량이고, 그것이 이곳저곳에서 그 단위를 보여주고 있다. 바로 발전기의 바퀴가 표면에 빠지직 하는 소리와 함께 불꽃을 일으키는 것과 같다. 생명이 우리를 지나가는 것이지 우리가 생명을 소유하는 것이 아니다. 히른(G. A. Him. 알자스의 물리학자, 1815~1890년)은 다른 것으로 환원될 수 없는 세 가지 근원을 인정했다. 원자와 힘과 정신. 그 중 힘은 원자에 작용하고, 정신은 힘에 작용한다. 아마 히른은 무명(無名)의 정신과 자아적 정신을 구별했던 것이리라. 이 죽은 파리는 무명의 정신이다.

(같은 날) 아니나 다를까 국교파 교회가 자유주의의 그리스도교를 상대로 힘든 싸움을 하고 있다. 베른과 취리히가 도화선에 불을 당긴 것이다. 오늘은 제네바까지 전선에 나섰다. 내가 이렇게 글을 쓰고 있는 동안 교회의 간부회의는 두 가지 청원을 논의하고 있다. 하나는 예배 때 크레도를 삭제하는 것, 또 하나는 폰타네스에게 설교를 하게 하는 것. 계란의 춤이 시작되고 있다. 역사적 프로테스탄티즘이 물에 뛰어들어 거의 자취를 감추려는 것처럼 보이고, 순수한 자유와 순수한 권위의 중간에서 존재 이유를 잃어버린 것을 사람들도 점점 깨닫기 시작했다. 실제로 이것은 성서 사상, 즉 기록된 계시와 신의 영감을 받고 권위를 가지게 된 책의 사상에 기초한 일시적인 단계이다. 이 가설이 한번 법률상의 가설(의제)로 인정되어 버리면 프로테스탄티즘은 무너지고 말 것이다. 아무래도 자연종교 또는 윤리적인 의식의 종교까지 거슬러 올라가지 않으면 안 된다. 레빌, 코크렐, 폰타네스, 쿠나르, 뷔송은 이 결론을 인정하고 있다. 모두 프로테스탄티즘의 선봉, 자유사상(무신론)의 후진이다.

그들의 미망(迷妄)은 제도라는 것이 모두 합법적 의제에 기초하여, 생명이 있는 것이 모두 논리적인 반의미를 나타낸다는 것을 보지 않는다는 점에 있다. 자유로운 토의와 연구, 절대적인 진지함을 '교회'에 요청하는 것은 논객다운 면이지만, 이것을 실현하는 것은 별개의 문제다. '교회'는 뭔가 구체적인 것을 먹으며 살고 있고, 구체적인 것은 토의와 연구를 제한한다. 자유롭다고 하는 개인의 권리와 '그 어떤 것'이라고 하는 제도의 의무가 여기서는 혼동되고 있다. 학문의 원리를 '교육'의 원리로 간주하는 것은 잘못이다. 종교는 철학과 다르며, 한쪽은 신앙에 의해 결합하는 데 반해 다른 한쪽은 사색의 고독한 독립을 유지한다는 것을 깨닫지 못하고 있다. 빵을 잘 구우려면 효모가 필요하다. 그렇지만 효모는 빵이 아니다.

자유가 해명할 수 있는 신앙에 도달하기 위한 방법이라는 데는 찬성한다. 그러나 이 표준에 의해서만 얘기할 수 있는 사람들과 이 방법만으로는 하나의 '교회'를 건설할 수 없다. 결과가 전혀 다를지도 모르기 때문이다. 가령 한 신문이 있는데, 그 편집자가 모든 정당에 속해 있다고 치자. 그 신문은 물론 새롭다고 할 수 있다. 그러나 거기에는 틀림없이 의견도 없고 신념도 없고 상징도 없을 것이다. '교회'는 은근하게 논의를 나누는 고상한 동료들의 모임이 아니다. 예배가 법도에 맞는 토론인 것도 아니다. 거기에 양식의 혼동이 있는 것이다.

1869년 7월 14일

라므네(프랑스 신학자,1782~1854년)와 하이네. 한 사람은 천직을 잘못 선택했고 또 한 사람은 남을 놀라게 하거나 잘난 체하고 싶은 기분에 시달리고 있다. 전자에게는 상식과 밝은 데가 없고, 후자에게는 진실한 데가 없다. 이 프랑스인은 열정적이고 절대적인 지배자이고, 이 독일인은 속인(俗人) 기질을 싫어하는 야유가인 메피스토펠레스이다. 그 브르타뉴 사람은 온몸이 열정과 비애이고, 이 함부르크 사람은 온몸이 공상과 악의이다. 두 사람 다 자유로운 인간이 아니어서 정상적인 삶을 영위하지 못했다. 두 사람 다 최초의 사소한 잘못 때문에, 세상을 상대로 끝없는 싸움에 몸을 던졌다. 두 사람 다 반항아이다. 올바른 신념, 비아적인 진리를 위해 싸운 것이 아니라 자신의 교만함을 지키는 전사가 된 것이다. 두 사람 다 상당한 곤경을 겪은 뒤, 고립당하고 배척당하며 저주받다가 죽었다. 재능은 뛰어났지만 예지가 따라주지 않았고, 자신에게나 타인에게 선보다 훨씬 많은 악을 끼쳤다. 지적 능력이 높은 사람일수록, 인생을 잘못 파악하여 시작부터 그르칠 위험이 크다. 그것은 무기와 같은 것으로 경총이든 라이플이든, 착탄거리가 멀수록 발사할 때 약간의 조준 실수가 크게 빗나가게 한다. 빨리 해치워버리려는 초반의 성급함 내지는 실수와 실책을 끝까지 고수하기 위해 헛되이 안간힘을 쓰다니, 이 얼마나 한심한 일생이란 말인가.

어김없이 파멸로 끝나는 이런 어리석은 전쟁은 나에게 깊은 연민을 느끼게 한다. ——우리는 스스로 자유롭다고 생각하고 있지만, 대부분의 경우 숙명, 더욱이 끈질긴 숙명, 즉 하찮것없는 숙명의 노예이다. 별것도 아닌 것이 평생의 짐이 되고, 어리석게도 우리는 그것을 자랑하고 있다.

> 운명의 꼭두각시인가,
> 아니면 섭리의 인형인가,
> 하루하루 아침 저녁이
> 인간의 마련을 비웃고 있다.

1869년 7월 20일

르낭의 《성 바울》을 띄엄띄엄 대여섯 장(章) 읽다. 저자는 모든 사람의 취향에 맞추기 위해 어느 쪽으로든 받아들일 수 있는 방식을 보여주는데다, 번갈아 모순을 섞어 넣고 있다는 점에서 때때로 불쾌한 인상을 준다. 결국 이 사람은 무신론자이지만, 그 부드러우면서도 질긴 상상력으로 종교적 감동의 치밀한 에피쿠로스주의를 자신의 것으로 만들었다. 그러한 아름다운 공상에 마음이 끌리지 않는 사람을 막되고 상스러운 것으로 간주하고, 또 그것을 진실로 받아들이는 자를 저능한 사람으로 취급한다. 만화경을 들여다보며 놀기라도 하는 것처럼 다양한 의식의 변화를 즐기면서도 재치가 있기 때문인지 그것을 조롱하지는 않는다. 진정한 비평가는 결론을 내리지 않고 아무것도 제외하지 않는다. 그 즐거움은 믿지 않고 이해하는 것이고, 또 자유로운 정신을 유지하며 그릇된 견해에서 벗어나 감격에서 오는 행위를 이용하는 것이다. 이 방법은 마술처럼 보인다. 어떤 일에도 무관심하지 않고 무슨 일에도 속지 않으려는 것은, 바로 교양 있는 정신의 미소를 자아내는 아이러니이다. 그것이 르네상스의 완전한 아마추어리즘이다.――게다가 무수한 착상과 학문의 기쁨. 한 번에 모든 방법으로, 더욱이 올바르게 본다는 것은 실제로 기쁜 일이기는 하다.

1869년 8월 14일

……하늘을 증인으로 불러 어디 한번 물어보자. 너는 누구냐? 언제나 정처 없이 방황하는 자. 도대체 어찌된 것이냐? 너의 미래와 의무와 욕망은 어디에 있느냐? 사랑과 평화, 너의 가슴을 채우는 사물, 네가 지키고자 하는 사상, 네가 여력을 바치려 하는 사업, 네가 내적인 갈증을 제거하려고 하는 애정, 그것을 위해서라면 기꺼이 죽을 수 있는 신념. 그런 것을 너는 찾고 있다. 그러나 과연 그것을 찾을 수 있을까? 너는 찾을 수 없는 것만을 원하고 있다. 진정한 종교, 진심어린 동정, 이상적인 생활. 너는 천국, 영원한 삶, 청정함, 신앙, 영감, 기타 여러 가지 것을 원하고 있다. 가능하면 한 번 죽어서 다시 태어나, 자신의 모습을 바꾸어 다른 세계에 태어나고 싶어하고 있다. 너는 포부를 말살하지도 못하고, 그것에 대해 환상을 그리지도 못하고 있다. 너는 시지푸스의 바위를 끝없이 굴리며, 재능과 운명을 영원히 일치시키지 못하는 사람의 고뇌를 느껴야 할 운명을 가진 것 같다. 야코비(독일의 철학자, 1743~1819년)처럼 '가슴은 그리스도교, 머리는 이교', 애정과 자존심, 넓은 지능과 약한 의지, 성 바울의 두 인격, 항상 대비하고 배반하고 모순이 끓어오르는 혼돈, 겸손과 오만, 어린아이 같은 솔직함과 지칠 줄 모르는 의심, 분석과 직관, 인내와 분노, 친절과 냉정, 무심과 불안, 의욕과 게으름, 무관심과 정열, 즉 자신도 타인도 이해할 수 없고 참을 수 없는 것.

어떤 형식도 억지이고 왜곡인 것처럼, 나는 자신에게서 벗어나 유동적이고 막연하며 정해진 것이 없는 상태로 돌아왔다. 모든 사상, 격언, 지식, 습관은 물결의 주름처럼, 구름 사이의 습곡처럼 내 안에서 사라져 간다. 내 인격은 최소한의 개성을 가진다. 나는 대부분의 사람들과 원의 직선도형과 같은 관계에 있다. 나는 주어로 사용할 수 있는 특수한 자아를 가지고 있지 않기 때문에, 어디에 가든 집에 있는 것 같은 사람이다.――모든 것을 아울러 생각하면 이 미완성에는 좋은 점이 있다. 나는 한 사람의 인간으로서 부족하기 때문에 어쩌면 오히려 인간에 가깝고, 또 조금은 쓸데없는 잉여인간일지도 모른다. 개체로서 부족하기 때문에 오히려 종족이 될 수 있다. 실생활에는 놀라울 만큼 불편한 나의 본성은 심리연구에는 굉장히 유리하다. 결심을 하는 데 방해는 되지만, 모든 마음을 이해하게 해준다. ……

 결론을 내리는 데 방해가 되는 것은 게으름뿐만이 아니다. 지적인 처방에 대한 마음속 혐오 또한 방해가 된다. 내 의견은 하나의 세계를 만들기 위해서는 모든 것이 필요하고, 국가에 있어서는 모든 시민이 권리를 가지며, 하나하나의 여론은 그것만으로는 엇비슷하고 무의미해도, 모든 여론을 모으면 결국 진리에 참여하고 있다는 것이다. 살면 살게 하고, 생각하면 생각하게 한다. 모두 나에게는 똑같이 중요한 격언이다. 나의 경향은 언제나 집합, 전체, 균형을 가리킨다. 배척, 비난, 아니라고 말하는 것 등이 나에게는 어려운 일이다. 단, 저쪽에서 배척하는 사람들에 대해서는 다르다. 나는 언제라도 그 자리에 없는 사람, 진 쪽, 무시당한 진리 또는 진리의 부분을 위해 싸운다. 다시 말해 나는 각각의 논지를 보충하고, 각각의 문제를 차례차례 돌아보며, 각각의 사물을 모든 측면에서 보기 위해 노력한다. 그것이 회의일까? 결과에 있어서는 그렇고, 목적에 있어서는 그렇지 않다. 이것은 유한(有閑) 및 상대를 정당한 가치로 회복시켜 정당한 지위를 되찾아주려고 하는 절대적이고 무한한 의식이다.

 그러나 여기서도 마찬가지로 너의 포부는 재능보다 크고, 너의 철학적 인식은 사변적 역량보다 뛰어나다. 너에게는 견해만한 세력이 없다. 너의 이해는 네 착상보다 한 수 위이다. 너는 내성적인 나머지 비판적인 오성이 네 안의 창작적 천재를 삼키고 말았다. ——그것은 분명히 내성적이기 때문일까?

 아아, 좀더 명예심이나 행복에 대한 소망이 있었으면, 너는 끝내 그렇게 되지 않았을 것을. 청춘 시절에 번뜩임을 보여준 인간을 네 안에서 이끌어낼 수 있었을 것을.

1869년 8월 16일 빌라르

 쇼펜하우어에 대한 사색. 나는 내가 쇼펜하우어와 이토록 인간됨이 비슷하다는 사실을 깨닫고 놀랐을 뿐만 아니라 무서움마저 느꼈다. '행복은 망상이고 고뇌가 현실이라는 것. 의지 및 욕망의 부정이 해탈의 길이라는 것. 개체의 생명은 비참한 것이고 거기서 벗어나려면 비자아적인 관조에 의지하는 수밖에 없다는 것' 등. 그러나 생명은 악이고 허무는 선하다는 원리가 이 설의 밑바탕에 있고, 나는 이 공리(公理)를 아무개라는 개인에 대해서는 인정하지만, 그것을 과감하게 일반적으로 명언할 마음은 들지 않았다. 이 프랑크푸르트의 인간 혐오자에게 있어 지금도 내가 중요하게 여기고 있는 것은, 현대의 선입견에 대해, 유럽의 틀에 박힌 말에 대해, 서양인의 위선에 대해, 그날그날의 성공에 대해 가지는 반감이다. 쇼펜하우어는 미혹에서 깨달은 위대한 사상가로, 독일 한복판에서 불교를 주장하고 19세기 향연의 한복판에서 절대적 해탈을 가르쳤다. 주된 결점은 체념, 극기 등을 가르치면서 극심한 냉소와 완전하고 오만한 이기주의, 천재의 숭배 및 보통사람에 대한 무관심을 보여준다는 점이다. 그에게 결여되어 있는 것은 공감이고 인간미이며 사랑이다. 그리고 나는 그 점에서 우리 사이의 차이를 인정한다. 순수한 지력과 고독한 일로 나아가면 나는 쉽게 그 사람의 입장에 도달하겠지만, 가슴에 호소하는 것이 나타나면, 나는 곧 정관(靜觀)할 수 없음을 느낀다. 연민, 선의, 자애, 헌신이 각각 권리를 내세울 뿐만 아니라 상석을 차지하려고 한다.

가장 위대한 것은 역시 선의이다.

뭔가 있다고 한다면 신이 있다. 신이 있으면 존재하는 것은 신에 의한 것이다. 그렇게 생각하면 생명은 악일 리가 없다. 오히려 반대로 악의 감소이고 선의 증가가 아니면 안 된다. 그러므로 존재의 성장이 우주의 법칙이라는 얘기가 된다. 존재를 의식으로 바꾸는 것, 중대하는 정신화, 윤리화가 자연의 이치가 된다. 신은 성장하지 않는다. 그러나 사랑은 사랑하는 점과 사랑받는 점을 늘려서 자신을 높인다. 그러면 세계는 수 없이 많은 정신을 완성하는 생명의 무한한 일터가 되고, 그 정신은 또 신성한 존재의 진정한 형식, 즉 지식과 사랑의 영원한 생산력으로 무한한 세력을 완성해 갈 것이다. 그래서 나는 쇼펜하우어의 황량한 비관론에 저항한다. 허무로 복귀하는 것은 궁여지책에 지나지 않는다. 문제는 유신론인가 유신론이 아닌가 하는 것이다.

1869년 8월 29일 클라랑스 산지 샤르넥스

기분 좋은 아침……. 마을 위 30미터쯤 되는 곳에 있는 숲 속에서, 쇼펜하우어를 상대로 명상에 잠기거나 푸른 물 위를 내려다보며, 나의 오랜 습관에 따라, 또한 프랑크푸르트 철학자의 취향에 따라, 내 보잘것없는 이야기와 초라한 자아를 잊었다. 그곳에서는 모기와 개미 같은 숲 속의 곤충들이 나를 괴롭혔지만, 마음은 자유로웠다. ……쇼펜하우어는 몰아, 객관, 순수한 관조, 비의지, 평정과 무욕, 세계의 미적 연구, 생명의 해탈, 모든 욕망의 포기, 고독한 사색, 민중의 모멸, 속인이 추구하는 모든 재물에 대한 무관심을 찬양했다. 나의 모든 결함, 어린아이 같은 실생활에 대한 혐오, 나에게 유리한 것에 대한 무감각, 모든 욕망에 대한 의심을 인정해준다. 한마디로 말해 내 버릇에 비위를 맞추며 애무해주고 올바르다고 너그럽게 봐준다.

무서운 비위 맞추기. 하늘의 분노가
왕에게 주는 가장 불길한 선물.

쇼펜하우어의 이론과 나라는 인간 본성 사이의 이러한 조화가 공포가 뒤섞인 쾌감을 불러일으킨다. 나는 내 '응석을 받아줄' 수도 있지만 자신의 의식에 꽃을 장식하는 것이 싫다. 어쨌든 나는 선의가 이 관조적인 무관심을 그대로 두지는 않을 것이고, 덕은 스스로를 이긴다는 것을 느낀다.

1869년 8월 30일 샤르넥스

쇼펜하우어를 몇 장 더 읽었다……. 쇼펜하우어는 개체에 본원적으로 주어진 고칠 수 없는 것과 본성의 불변을 믿었다. 새로운 인간, 진실한 완성, 하나의 존재에 있어서 구체적인 개선을 의심하고 있다. 치밀해지는 것은 외관뿐이다. 실질은 그대로 동일하다.——어쩌면 본성과 성격과 개성을 혼동하고 있는 것이 아닐까? 나는 어느새 개성은 숙명적이고 본원적인 것, 본성은 매우 낡았지만 변화하는 것, 성격은 더욱 새롭고 무의미하거나 의미 있는 변경을 허용한다고 생각하고 있었다. 개성은 심리적인 것, 본성은 미적인 것, 성격만이 윤리적인 것이다. 앞의 두 가지에 있어서는 자유와 그 사용은 아무런 의미가 없다. 성격은 역사적인 결실이고 전기(傳記)에서 태어난다.

──쇼펜하우어에게는 의지가 감정과 동일물이 되는 것처럼, 성격은 본성과 동일물이 된다. 한마디로 말해 동물적인 점만으로 충분하다고 하는, 원시적인 입장에서 인간을 바라보고 있다. 생명적이라고 할 것도 없는 화학적인 자발성이 이미 의지라는 이름으로 불리고 있다. 유추는 방정식이 아니다. 비교는 이유가 되지 않는다. 비유와 우화는 엄밀한 어법이 아니다. ──쇼펜하우어의 독창적인 견해는, 그것을 더 까다롭고 더 정확한 술어로 번역해 보면 대개 뿔뿔이 흩어져 사라지고 만다.

(같은 날) 헤르데르의 《빛의 필라멘트》(문집의 제목)를 잠시 훑어보기만 해도 쇼펜하우어와의 차이가 느껴진다. 쇼펜하우어는 기이한 생각과 시선으로 가득하며, 그것이 종이에서 떠올라 선명한 모습으로 부각된다. 헤르데르는 작가로서 훨씬 뒤떨어진다.

그의 사상은 환경 속에 녹아든 뒤 찬연하게 응집하여 결정과 보석을 이루지는 않는다. 헤르데르가 확실하게 분리되고 윤곽이 없는 사상의 물결이나 웅덩이가 되어 나아가는 데 비해, 쇼펜하우어는 사람의 기억 속에 아로새겨지는, 눈에 띄게 회화적인 독특한 섬들을 뿌린다. 이러한 차이는 니콜과 파스칼, 벨과 생시몽 사이에서도 볼 수 있다.

사상에 살을 붙이고 광채와 신랄함을 주는 능력은 무엇인가? 바로 상상력이다. 이것에 의해 표현이 집중되고, 채색되며, 단련된다. 그것이 접하는 것을 개성있게 만들어 생명을 부여하고 보존한다. 천재적인 작가는 모래를 유리로 만들고, 유리를 수정으로 만들며, 광석을 쇠로 만들고, 쇠를 강철로 만든다. 그가 포착하는 사상 하나하나에 자신의 손톱자국을 남긴다. 공통의 자산에서 많은 것을 빌려와서 아무것도 돌려주지 않지만, 사람들은 그 훔친 것을 기꺼이 그 사람의 사유물로 인정하는 것이다. 말하자면 특허장을 가지고 있는 셈이므로 대중은 그 사람에게 좋은 것을 가져가도록 놔둔다.

1869년 8월 31일 샤르넥스
숲으로 덮인 산중턱을 헤매다. 붉은 집의 호두나무 밑에서 책을 읽다. ……무거운 안개가 낀 답답한 날씨.

대조(對照)	교호(交互)
조화(調和)	
균형(均衡)	전체(全體)

　쇼펜하우어를 끝냈다. ……서로 대립하는 모든 주장들이 내 의식 속에서 충돌하는 것을 느꼈다. 스토아주의, 관조주의, 불교, 그리스도교. 쇼펜하우어가 나에게 극기, 체념, 부동을 가르쳐 아무리 평정에 이르게 해주어도, 뭔가 내 안에서 불만스럽게 항의하는 것이 있다. 의지와 욕망의 사멸, 생명의 매력의 절대적 소실, 이것은 나에게는 쉬운 일이지만, 그래서 오히려 더욱 경계를 요한다. 생명은 단순히 덫이고 환상이고 기만이며 악일까? 나는 아직 그렇게 생각하지 않는다. 사랑은 미신인가, 관조인가, 희생인가? 행복은 허위에 지나지 않는 것인가? 그럼 나는 언제까지나 자신과 일치할 수 없는 것인가? 자신의 격언을 실천에 옮기거나 자신의 실천을 격언으로 옮길 수 없는 것인가? '나'를 잊는 것이 선이라면 왜 나는 그것을 고집하지 않는가? 또 그것이 유혹이라면 왜 일단 결정을 내리고 극복한 뒤에 다시 그것으로 돌아가는 것인가? 그렇다 쳐도 한 번은 네가 무엇을 가장 좋아하는지, 무엇을 가장 믿는지, 무엇을 가장 엄밀한 최선의 것으로 보는지를 알아야 한다. ……내가 자신감을 잃은 이유는 생명에 관한 마지막의 '왜?'가 나에게는 기만으로 보이기 때문이다. 개체는 영원히 속고 있는 것이며, 아무리 해도 원하는 것을 얻지 못한 채 언제까지나 희망에 속고 있다. 나의 본능은 부처와 쇼펜하우어의 비관론과 일치한다. 이 믿을 수 없는 기분은 나의 종교적인 비약의 깊은 바닥에 존속하고 있다. 자연은 나에게는 확실히 마야이다. 그러므로 나는 예술가의 눈으로 자연을 볼 수밖에 없다. 나의 지력(知力)은 어디까지나 회의적이다. 그럼 나는 무엇에 신앙을 가지고 있을까? 모른다. 또 무엇을 원하고 있는가? 거기에 대답하는 것도 나에게는 어려운 일이다.——오류. 너는 선의가 있다는 것을 믿고 선이 이기기를 원하고 있다. 미혹에서 깨어난 냉소적인 네 안의 어린아이, 어리석은 자, 숨김 없는 슬픈 천재가 있어 이상이니 사랑이니 청정이니 하는 모든 천사적인 미신을 믿고 있다. 족히 천

년에 걸치는 목가가 너의 가슴에서 잠자고 있다. 너는 가짜 회의주의자이며 가짜 무관심, 가짜로 웃는 사람이다.

    염원만이 무한하고 본성은 한정되어 있다.
    인간은 천국을 타락한 신으로 여기고 있다.

1869년 9월 8일 (세레르 판 1871년 8월 25일) 샤르넥스
    (아침 9시) 멋진 날씨. 창가에서 1시간 동안 말없이 바깥을 바라보고 있었다. 노니는 나비, 하숙집 손님, 고양이, 제비, 연기가 거대하고 화려한 풍경을 채우고 있고, 그곳에 우아한 아름다움이 준엄하게 섞여 있다. 모든 것이 이 가을날의 부드러운 광선을 받으며, 향기로운 공기 속에서 살고 있는 기쁨을 맛보고 있는 것처럼 보인다. 오늘 아침 시간에는 행복한 느낌이 있다. 하늘의 은은한 향기가 기분 좋은 듯이 산과 강가에 퍼져 있다. 이를테면 축복 속에 있는 것 같은 기분이다. 이 종교적인 평화를 가로지르는 비속하고 염치없는 울림은 하나도 없다. 모든 자연의 미와 모든 존재가 제자리를 잡고 있는 광대한 전당 속에 있는 것 같은 기분이다. 나는 몸을 움직이는 것도, 숨을 쉬는 것도 삼가고 있었을 정도였다. 그만큼 감동이 나를 압도했던 것이다. 나는 정결한 황홀과 열렬한 숭배의 순간에 천사가 지나가는 것 같은 꿈을 놓치기가 싫었다.

    마치 옛날 무한한 에테르 속에서 들었던
    시간의 음악과 다양한 세계의 호산나처럼.

    페늘롱의 착한 여자처럼, 나는 할 말을 잊고 그저 "오오!" 하고 소리칠 수밖에 없었다. 그러나 이 전혀 꾸민 데가 없는 외침은 기도이고 감사요, 찬탄과 감동의 용솟음이다. 이러한 천국 같은 순간에 사람은 자신의 입술 사이로 "감사합니다, 믿습니다, 보았습니다!"라고 하는 폴린(코르네유의 비극 《폴리왹트》에 나오는 여주인공)의 외침이 터져 나오는 것을 느낀다. 인생의 모든 비참, 모든 걱정, 모든 비애를 잊고, 우주를 가득 채우고 있는 기쁨과 하나가 되어, 신성한 질서, '주'의 행복 속으로 들어간다. 일과 눈물, 죄, 고

통과 죽음은 더 이상 존속하지 않는다. 존속이 축복이고 생활이 행복이다. 이 숭고한 정지 속에서 모든 불협화음은 사라지고 말았다. 그때 창조는, 선한 신의 발밑에서 아무리 퍼내도 마르지 않는 풍부한 찬미와 화음으로 연주하는 호화롭고 웅장한 교향악, 바로 그것이라고 생각된다. 그것을 더 이상 의심할 수는 없으며, 실제로 그렇지 않은지는 도저히 알 수 없다. 우리 자신이 콘서트의 하나하나의 가락이 되어, 황홀에서 빠져나온 순간부터 영원한 감격에 박자를 맞춰 진동하는 수밖에 없게 된다.

1869년 10월 14일
어제 수요일, 생트 뵈브의 죽음. 위대한 손실.

1869년 10월 16일
"노력하자." 이것이 셉티미우스 세베루스(2세기 무렵의 로마 황제)와 마찬가지로 생트 뵈브의 모토였던 것 같다. 그는 일어선 자세로 죽었다. 임종 전날까지 펜을 놓지 않고 정신의 온 힘을 집중하여 육체의 고뇌를 극복했다. 오늘 이 시간 그는 어머니인 대지의 품에 묻히고 있을 것이다. 마지막까지 머물렀던 교회의 성사를 거부했다. 어떠한 종파에도 속하지 않고, 오직 위대한 교구, 비범한 탐구자의 교구에 속해 있었다. 그는 마지막 위선을 어느 것도 받아들이지 않았다. 볼테르처럼, 라므네처럼 오직 신하고만, 어쩌면 신비로운 이시스 여신하고만 교류하고자 했을 것이다. 독신으로 지내다 비서의 품에 안겨 숨을 거두었다. 향년 65세. 그 일하는 힘, 기억의 힘은 끝이 없고 흠이 없었다.
  금요일에 그와 함께 식탁에 앉았던 동료는 누구누구였을까? 세레르, 네프체르, 바이스, 프레보파라돌, 텐, 그 밖의 몇몇 사람들. 세레르는 그의 생애와 그 마지막에 대해 어떻게 생각하고 있을까?

1869년 10월 19일
생트 뵈브를 논한 에드몽 세레르의 훌륭한 기사가 《탄》에 실렸다. 필자는 그를 프랑스 비평가의 왕으로, 문학 취미시대의 마지막 대표자로 규정하며, 앞으로의 문단은 직업작가와 자칭 문사, 변변하지 못한 것과 폭력적인 것이 중심이 될 거라고 말했다. 이 기사에는 남자다운 슬픔이 감돌고 있어서 사상의 대가에 대한 조사(弔辭)로 잘 어울렸다.

 사실 생트 뵈브가 남기고 간 빈자리는 베랑제나 라마르틴의 것보다 컸다. 이들 작가는 이미 먼 역사 속의 위대성이지만, 생트 뵈브는 바로 얼마전까지 우리의 사색을 도와주고 있었기 때문이다. 진정한 비평가는 모든 사람에게 믿을만한 기준을 제시해준다. 그것은 판단력, 즉 공정한 이성, 시금석, 저울, 금은의 정련기, 각자의 가치와 각 작품의 공적을 잴 수 있게 해준다. 한 치의 실수도 없는 판단력은 가장 중요한 것으로, 균형 잡힌 천성, 타고난 성품과 후천적으로 얻은 성격, 머리의 천성과 가슴의 천성을 요구한다. 비평적 판단력을 성숙시키기까지는 세월과 일, 연구와 비교가 필요하다. 플라톤이 말한 현인처럼, 50세가 되기 전에는 문단의 장로로서의 경지, 또는 그다지 대단하지 않은 사회적 세력의 경지에도 들어갈 수 없다. 50세가 되어야 비로소 모든 방법의 편력을 끝내고 평가할 수 있는 감각을 손에 넣는다. —— 그런데 생트 뵈브는 그러한 무한하고 치밀한 교양과 아울러 놀라운 기억력, 사상의 전개에 이용하기 위한 엄청난 양의 사실과 일화를 두루 갖추고 있었다.

 (밤 11시 반) 나의 씩씩하고 사랑스러운 사람이 내가 지내기에 적당한 집을 보고 와서 그 결과를 보고했다. 그 사람의 똑똑하고 빈틈없는 실무적인 머리와 날카로운 안목은 이런 일에 매우 중요한 역할을 한다. 아무튼 이 두려움을 모르는 헌신적인 마음이 할 수 없는 일이 과연 있을까? 일에 대해서나 여행에 대해서, 또는 잡일에 대해서도, 나의 소중한 사람은 모범적인 여장부이다. 집안일 처리나 일상생활의 지도나 교육에서도 거의 틀림없이 마찬가지일 거라고 생각한다. 예술과 문학, 어려운 학문, 그리고 자연까지 그 사람은 모든 것을 생생하게 경험하고, 내가 흥미를 느끼고 있는 것이면 무엇이든 함께 흥미를 가져준다. 물론 나도 그 사람의 여러 가지 결함은 알고 있다. 그러나 나는 먼저 그의 장점부터 떠올린다. 그것만으로도 조금은 낫다고 생각한다. 게다가 여기서 볼 수 있는 결함처럼 열성적인 면과 빈틈없는 면이 갖춰져 있으면, 결함도 차차 줄어들어 언젠가는 사라질 것이 틀림없다. 그 사람은 의지의 집중과 강인함으로 마음먹은 것은 거의 뭐든지 할 수 있다.
 네스토르(M.P.)가 하숙집으로 돌아오다.

교육부는 아동들을 위해 작은 제례의 책(9월 20일의 기념)을 1만 2천 부 찍었다. 거기에 시를 5, 6편 곁들였는데, 아동들이 감격하여 노래하던 시 두 편을 빠뜨리고 싣지 않았다. 그런데 그 두 편이 나의 작품이었다. 〈네바 신문〉사에서 재촉을 한 뒤에야 겨우 그 기사를 냈다. 악의를 가지고 일부러 그러는 것이 아닌가 하고 말하고 싶을 정도다. 게다가 어떤 원인에 의해서인지 나로서는 짐작할 방법이 없다. 어쩌면 단순한 실수일지도 모른다. 그렇다 해도 이번 일은 미래를 생각하면 애석하지 않을 수 없다. 50년 뒤에 이 작은 책자를 다시 읽을 때, 지금의 추억 사이에 나도 다른 사람과 함께 얼굴을 내밀고 있다면 얼마나 기분 좋은 일이 될 것인가. 아무래도 나는 결코 '사랑받는 인간'은 아닌 모양이다. 이런 고맙지 않은 사소한 처사가 불쾌한 기분을 준다. 그러나 내일이 되면 더 이상 생각하고 있지 않겠지.

1869년 10월 21일

(저녁 7시) 볼일 때문에 외출, 대학과 여러 군데. 자잘한 볼일. ──S. R. 방문. 사람 좋은 《나폴리와 로마》의 저자다. (본인은) 아무런 고통도 느끼지 않고 예약 주문을 받으러 다니고 있다. 그 뻔뻔스러움이 놀랍다. 그런 세금을 내기가 싫다는 것을 여러 가지로 깨우쳐 주려고 애썼다. 일상적인 것을 주장하게 할 때, 자만은 귀를 가지지 않는다.

담화. 대학 총장, 동료 몇 사람, 미스 Ch. Pig.부인, 그 외. ──약간의 계산을 정리하다. ──집안의 기록을 몇 가지 다시 읽다. ──작은 배의 키를 다시 잡으려고 시도하다. 나의 과거 중 어느 시점부터 나에게 무관심하고 인연이 먼 일이 된 것일까? 전에 쓴 글들이 아주 새롭게 보인다. 이름도 사물도 꿈속의 기억처럼 내 눈에서 멀어져 있다. 극히 사소한 두뇌의 질병이라도 생기면 나는 그대로 사라져 버릴 것이다.

모든 것이 떠나가 버린 '나'라는 개체는 이파리가 죄다 떨어진 겨울나무처럼, 태어나던 때와 마찬가지로 빈손으로 돌아갔다. 소유의 본능이 결여되어 있기 때문에, 나에게는 응집력이 거의 없다. 나는 확산적이고 산재적이며, 한마디로 말해 무한하게 확대되는 일정한 형태가 없는 가스와 비슷하다.

(밤 11시 반) 우리 집안의 지나간 노트를 펼치고, 5대 전인 1676년에 태

어난 카스트르의 미셸 아미엘까지 거슬러 올라가보다. 이 경건한 탐구는 오랫동안 많은 것을 생각하게 한다. 우리 민주적인 사회에서 친족관계는 빠르게 사라져가고 있다. 각자는 자신의 고리를 자기 바로 옆에서 닫아버리고, 무관심은 팔이 닿는 범위 안에서 이미 시작되고 있다. 어쩌면 그게 오히려 좋은 것인지도 모른다. 가족정신은 원래 배타적인 것이다. 그러나 개개인은 시간과 공간에 있어서 갈수록 고립되고 있다. '자아'는 그만큼 불필요하게 전개되고 있다. 그것도 운명이다.

Blw.에서 밤을 새다. 여러 가지로 친절하게 보살펴 주었다. 에너지가 왕성한 나의 사랑스러운 사람은 무슨 일에 있어서나 나를 도와주고, 나의 오른팔이 되어, '또 하나의 나'가 되어준다. ——(체르카스크를 떠나 페테르부르크로 가는) L. Rd.의 편지. 이번에는 나를 즐겁게 해주기 위해 상당히 자세히 써서(8페이지), '당신을 사랑하는 어린 친구로부터'라고 서명하고 있다. "당신에게는 아무것도 아닌 저에게 보여주신 호의를 깊이 감사드리고 있습니다."——로잔에서 전보, 시기가 절박하다.

1869년 10월 22일

(오후 5시) 편지가 한 통 보이지 않아서 시간을 허비하며 전전긍긍하다. 이미 기억은 사라지고 없으니 더할 나위 없이 신속한 질서가 필요하다. 이틀이나 지연되어 버려서 일상생활의 퇴적물과 사물의 소용돌이가 내가 하고자 마음먹거나 말하려고 했던 것의 흔적을 지워버린다. 내가 아무리 화를 내보았자 원래대로 돌아가지는 않는다.

(밤 11시) 내일의 회의에 대해 생각해 두다. ——집안의 기록을 다시 꺼내 과거를 약간 살펴보다. ——트레유에서 성격이 급한 P와 논의하다. 언제나 자신의 목소리와 거친 목구멍의 소리밖에 듣지 않는 사람, 정말 시끄러운 선생이다. 게다가 자신을 원칙으로 생각하는 텅 비어 있고 잔뜩 부풀어 있는 성격이다. 거참.

1869년 10월 23일

(밤 10시 반) 오늘은 하루를 알차게 보냈다. 곳곳에 대금 지불을 마친 뒤

D. L. R.씨와 로잔으로 출발했다.——알프스 호텔에서 5시간에 걸친 회의, '위원회'(라틴계 스위스 고등 교육 각주 위원회)의 사업 종결. 내가 낸 두 가지 제안(신속하게 광고할 것과 경제학, 정치학, 사회학의 학교)이 채택되었다. 새로운 '협회'의 제2회 총회는 제네바에서 열린다. '위원회'의 사업보고 담당자는 '아미엘 교수'로 결정되었다. 잘 됐다. 그는 아직도 일을 더 할 수 있으니 업무를 하나 더 배당하기로 하자.——옛 스승 A. D. L.씨와 함께 보낸 4시간은 유익하고 유쾌했다. 그는 파리와 런던, 토리노에서 많은 사람과 교류하며, 큰 사업에 관여하고 유명인사들과 교제를 나눴다. 그와 얘기하고 있으면, 높은 영역, 진정한 의미에서의 사상의 영역은 아니라 해도 학문과 사교계의 영역에서 살고 있는 듯한 느낌이 든다. 게다가 그는 고급스러운 사항에 대해 안목이 있고 또한 익숙하다. 그런데다 솜씨와 재주가 풍부해, 오랫동안 권력에 종사하며 인간을 다루는 방법이 심오한 경지에 이른 사람들과 다를 바가 없다.—— '각주 위원회'는 어쨌든 매우 재미있다. 다양한 대열의 선봉, 세 대학의 총장이나 전 총장으로 구성된 모임으로, 일을 척척 해치우며, 옆길로 새거나 차질을 빚지도 않고 문제의 핵심으로 들어간다.

그리고 나는 랑베르와 옛정을 새로이 다졌다. 나에게 준 편지가 어이없이 사라진 것을 은근히 두 번이나 사과했다. 돌아오는 길에 나는 그 산악미학(山岳美學)에 대해 핵심적인 논박을 펼쳐, 장래에 도움이 되는 말을 하기를 잘했다고 생각했다.

E. P.와 함께 기차를 타고 오면서, 스위스와 제네바에 관한 우리의 일에 대해 얘기를 나눴다.——살 속을 파고 드는 듯한 추위였지만, 날씨는 하루 종일 무척 좋았다. Ch. S.는 우리에게 해마다 추위가 시작되는 이 무렵이 가장 좋아하는 계절이라고 말했다.——여름 휴가를 남프랑스에서 보내 그 열을 지니고 돌아왔다고 한다.

1869년 10월 24일

(아침 9시) 간밤에 백조의 깃털을 깎아 지금 이 글을 쓰고 있다. 이 펜은 산더미처럼 많은 일을 맡아도 다양한 의무를 성실하게 완수하여 나의 서명을 부끄럽지 않게 해 줄 것이다. 이렇게 의무를 그리 싫어하지 않는 도구를 손에 넣는 것은 사소한 얘기가 아니다. 펜이든 종이든 잉크든 마음에 드는

것을 가지는 것은 좀처럼 얻을 수 없는 기쁨이다. 이런 일에서도 충분히 만족할 때까지 오랫동안 기다리지 않으면 안 된다.

Ch. S.의 말, "우리가 하고 있는 일은 모두 죽은 자를 위한 수프에 지나지 않는다. 유럽사회는 심연을 향해 수직으로 내려가고 있는 것처럼 보인다. 거기에는 정신적인 힘이 사라지고 없다. 이것에 대해 나는 아무런 대책도 떠오르지 않는다."——예언자의 견해인가, 우울증 환자의 충동인가? 통찰적이면서 불쾌한 이성과 하나의 극단에서 다른 극단으로 비약하는 상상력을 갖추고 있는 이 두 가지 가설은 일단 인정해도 좋을 것이다. Ch. S.는 독특한 개성을 가지고 있고, 행동거지에 잘난 체하는 데가 있는 신비주의자로, 기질로 말하면 쾌락주의자이고, 습관으로 보면 냉소가이며, 걸핏하면 권위를 비난하고 모든 방향으로 열렬한 열정을 드러내며, 자신을 제어하는 것이 거의 불가능하여 자신의 감흥에 도취하는 사람이다. 이 화를 잘 내는 불쾌한 사람은 세상과 세상에서의 자신의 지위에 대해 그다지 만족하지 않고, 신명이 나면 당장 발바닥에서 불꽃이 튈 정도로 성공을 추구하며, 그것을 위안이자 낙으로 삼고 있다.

이 의지의 철학자는 자신의 상상력에 지배당하고 있는 것을 알고 있고, 이 자유의 이론가는 자기 육체의 무게에 속박당하고 있는 것을 인정하고 있다. 그의 저서는 그가 실제로 당하고 있는 다양한 폭력에 대한 복수이며, 사회에 대한 태도는 남에게 드러내지 않는 자만의 상처를 숨기기 위한 도전이라 할 수 있다. 틀림없이 이 사람은 패배한 사자이고, 투기장에서 포효하며 관중에게서 마음속에 품고 있는 굴욕감을 숨기려 하고 있다. 이 사람의 은둔처는 그의 주관적인 사상이다. 거기서 신랄하게 풍자의 언어를 내뱉으며 자신의 본성에 상처를 주고 세상 사람들을 괴롭힌다. 개인주의가 이 사람의 성채이다. 이 사람은 메디아파에 속한다. *(메디아는 코르네유의 비극, 다음 구절은 그것을 비꼰 것)*

> 이렇게 적만 있고 무엇이 내 편에 남아 있지? 내가.
> 나. 알겠나, 나란 말이야. 그리고 그것으로 충분해.

이렇게 생각하니 비로소 그 사람의 비관론이 나에게도 설명이 된다. 민주주의는 개인을 내세우면서도 사람들의 개성을 평준화해 버림으로써 세계의 모든 좋은 것을 위협하며 대중, 물질, 본능, 야성의 승리를 준비하는 것이라고 보고 있다. 그러므로 항의하고 복면을 쓰지 않으면 안 된다.――그 철학상의 결함은 객관적 정신, 각 민족의 본능, 인간 공통의 이성, 한마디로 말해 역사라는 것을 정당하게 인정하지 않는다는 점이다.――이 사람에게는 개인과 신 사이에 아무것도 없다. 그런데 사실은 뭔가 있는 것이다. 위대한 정신적, 윤리적 사상(事象), 언어, 법률, 국민성 및 그것들을 만들어낸 것, 즉 인간 문화가 있다. 또한 인간 문화를 만들어낸 것, 즉 역사가 있고, 역사를 만들어낸 것, 바로 우리가 민족이니 집단이니 국민이라고 부르고 있는 무리의 노력과 투쟁이 있다. 개인주의에서는 사상성을 불완전하게 설명할 수밖에 없다.

그러나 헤겔이 등장한 뒤로는 이 논거를 증명하는 것도 쓸데없는 일이 되었다. 개인, 국민, 인류, 신령 등의 것이 우주의 역사 및 개인 전기(傳記)의 네 가지 동력이다. 신비적인 개인주의는 이 가운데 부분을 둘 다 지워버리고, 불만스러운 얼굴을 한 고립으로 이끌며, 결국은 자신도 무시당하고 비방당한다. 스크레탕의 철학은 절대종교로서의 그리스도교를 연역하려는 종교의 형이상학이다. 나비르와 스크레탕은 스콜라적인 견지에 서 있다. 한 사람은 토마스파이고 한 사람은 스코투스파이다. 모두 진정한 근대인이 아니기 때문에 현대의 요구에 적합하지 않다.

(밤 11시) 독서. 베인 《사고생리학(思考生理學)》.――하그 《프랑스 신교사 개관》.

스프류네르(《역사지도》) 및 스틸레르를 펼쳐보다.――목적도 없이 멍하니 생각했다.――오늘밤에는 필린과 라마르틴의 성찰을 몇 편 다시 읽었다.――어제부터, 즉 P박사를 만난 뒤 나를 괴롭히고 있던 성가신 문제에 대해 훨씬 마음이 가벼워졌다. 진리의 반대를 내 눈으로 보는 것은 괴로웠지만 그렇게까지 하지 않아도 모든 것이 설명된다. 박사는 아직 C. F.를 만나지 않은 건지도 모른다. 그뿐이다. 그 사람 쪽에서 근거도 없는 거짓말을 했다면, 내 쪽에서 보아 몹쓸 인간이 되는 것이다. 존경심을 가지고 장난을 해서는 안 된다.

'세계주의'가 아마 실패로 끝난 것 같다는 것에 대해 T. Dz.에게 설명해주다.――그 사람의 결혼생활도 역시 어리석은 일이다. 그러나 이 문제에 대해서는 나에게 발언권이 없다. 훌륭한 교육도 받고 머리도 좋은 청년인데 그런 경솔한 짓을 한꺼번에 저지르다니.

Blw.에서 돌아오면서 여러 가지로 우울한 생각을 하다. 나는 부정(不正)을 보상하려다가 또 다른 부정을 저지른 것 같은 느낌이다. 양심적이라기보다 마음이 약했던 것이다. 그래서 괴로워하지 않기를 바라고 앞뒤가 맞지 않는 태도를 취했다. 그것은 도움이 되지 않을 뿐만 아니라 어리석은 일이다. 언제까지나 카리브디스한테서 스킬라(오디세이에 나오는 소용돌이 치는 조수와 바위에 사는 괴물)에게 가게 된다. 이 무슨 운명이란 말인가! 언제쯤이면 조금이나마 나에게도 생각과 논리가 갖춰질 것인가? 아마 좀더 성격이 생겼을 때일 것이다. 나에게 부족한 것은 의무에 대한 엄밀하고 상세한 개념이다. '이웃을 기쁘게 한다'로는 충분한 격언이 되지 않는다. H. B.가 그것을 실례로 증명하고 있다.

1869년 10월 25일

(밤 9시) 추운 방, 어두운 불빛. 불쾌함과 초조함, 불편. 유일한 보상은 주위에 공간을 넉넉히 가지고 조용함과 독립을 느끼는 것이다. 그러나 이 다락방에 있으면, 다 나았는가 싶다가도 다시 감기에 걸려 열도 점점 심해지니 아무래도 겨울은 견디기가 힘들다. ――어쨌든 이 임시 거처는 일하기에는 알맞지 않다. '한쪽 다리로 서서는' 아무런 계획도 세울 수 없고, 특히 아무 것도 끝낼 수가 없다. 불안한 상태는 시간과 힘을 빼앗아간다. 손을 대지도 못한 채 헛되이 힘을 소모한다. 그리고 내부의 불만이 고통을 더 부추긴다.

주저하는 자는 비참하다. 모든 것이 손해가 된다.
무엇을 하느냐, 무엇을 바라느냐, 무엇을 좇느냐, 무엇에서 달아나느냐?
어리석은 사냥꾼이 궁리하는 동안
사람을 조롱하는 토끼는 달아나 목숨을 건지누나.

자신의 몸을 보호하는 것조차 싫다며
전쟁을 무서워하는 게으른 자들은 비참하다.

평화를 원하지만 무엇보다 찾을 수가 없다.
기분 나쁜 눈길은 일단 피해도 떼를 지어 몰려온다.

오늘 쓰는 다섯 통째의 편지, L. S.부인이 딸 아리스(5살 반)를 잃었다. 특이한 데가 있는 얌전한 아이로 코크리코의 동생이다.——Prg.부인 방문.
겉으로 드러나지 않는 걱정, 어지럼증의 요구, 좋은 기분이 될 수 없는 데 대한 수치심과 처지에 저항하여 싸우기 위한 굴욕 사이에 끼어 있는 마음. 나는 스스로에게 태만과 망각을 나무랄 수 있을까? 이러한 결점에서 나는 열정을 가진다. 나는 점점 기억력이 없어지는 것을 느낀다. 나의 이러한 퇴행은 신체의 일부가 잘려나가는 듯한 기분을 불러일으킨다. 그래서 나는 겁쟁이가 되는 것이다.
나는 내 간장을 갉아먹고 있다. 아니 그보다도 약간의 비참함, 말도 안 되는 일이 나를 힐난하고 있다. 나는 결심을 해야 하는 것이 못 견디게 싫다. 그런 노력을 생각하면 뒷걸음질치게 된다. 그래서 아무것도 아닌 일을 거대한 산으로 확대시켜버린다. 아니, 아직도 결단하지 못하고 무기력에서 벗어나지 못하고 있단 말인가?

1869년 10월 26일
(오후 3시) 오늘 아침에 서로 대등할 정도로 강했던 인상 두 가지. 첫 번째는 현재의 내 위생 상태가 최악이라는 것. 두 번째는 수강생이 많고 호의가 있는 경우에 교수직이 가지는 매력.——나는 한편으로는 잔뜩 부푼 마음으로, 또 한편으로는 흠칫흠칫 겁을 내면서 겨울학기 강의를 시작했다. 수업 자체는 싫지 않지만 부실한 주거, 난방장치, 의복, 조명, 식사 때문에 나의 건강, 특히 가슴 쪽이 바람직하지 않은 상태에 있다. 벌써 점막이 마르면서 목소리가 갈라지기 시작하고 있다.
어떻게 하는 것이 좋을까? 대학과 그밖에 나의 일이 중요하다고 생각한다면, 나의 오랜 경험을 위로하고, 연구와 건강을 위해 더욱 유리한 상태에 둘 필요가 있다.
강의는 잘 진행되었고, 나도 대체로 만족했다. 그렇다 해도 나는 아직 이따금 노트를 들여다보지 않으면 안 된다. 아직도 1회분의 강의에 담긴 사상의 전체적인 윤곽을 한번에 떠올릴 수가 없다. 내 빈약한 기억력은 더욱 약해져 가고, 주의력도 흩어져버린다.

독서. 보나 마이어(Bona Meyer)의 《칸트의 심리학을 논하다》, 에르네스트 쿠르티우스(Ernest Curtius)의 《뒤셀도르프 미술학교 기념제 강연》, 프라우엔슈테트(Frauenstedt)의 《이지적, 자연적, 윤리적 세계의 일별》.

《프랑스어 스위스 출판사》의 신간 시보(時報).

(밤 10시 반) 아리스가 찾아왔다. ──독서. 비네(Vinet. 《논집》 1869년 판)의 개성론, 로빈슨, 스타페르(Stapfer), 모노(Monod)론 등. ──비네에 대해서는 언제나 애매한 인상을 받는다. 매끄럽지 않은 문체, 그리스도교적인 아름다운 마음, 예리한 재주와 지혜. 그러나 나는 언제나 부족한 듯한 본성과 문법학자를 느끼게 된다. 읽을 때마다 존경스럽기는 하지만 미적인 기쁨은 느껴지지 않는다.

1869년 10월 27일

(정오) 첫눈. 9시 무렵 트레유는 사계절을 한꺼번에 다 보여주며 신비로운 광경을 펼쳐보였다. 푸른 나무에 눈이 내려앉고 푸른 하늘에 달과 해가 동시에 빛나고 있었다. 오페라의 무대 같은, 현실이라 믿어지지 않는 광경이었다.

나는 불안하고 외롭다. 지독한 감기에 걸리고 말았다. 잠자리에 들 때까지 한기가 들지 않아야 할 텐데. 겨울도 되기 전부터 벌써 추위에 시달리고 있다. 이래서는 안 될 텐데.

에르네스트 나비르의 소책자 《철학의 근본가정(假定)》(11페이지). 선물을 줄 때의 예절을 얘기하고 아울러 몇 가지 논점을 쓰고 있다. 그리고 엑스의 친구도 소개. ──에르네스트 나비르의 장점은 그 완전한 명석함과 서술법에 있다. 약점은 문제를 지나치게 단순화하여 모든 어려움이나 해결을 있는 그대로 보여주지 않는다는 점이다. 웅변가로서, 교묘한 변호사로서 독자의 마음을 사로잡고, 명석함으로 그 결론을 진리로 생각하게 만든다. 처음 읽을 때는 승복하지만, 두 번째 읽고 나면 나를 되돌아보고 저항한다. 내 편지는 그런 점에 대해 느끼게 해줄 것이라고 생각한다.

(밤 11시) 독서. 슐레징어(Schlesinger. 파리, 센 거리 12번지에 있는 서점)의 목록. 듀보아 다미엥(Dubois d'Amiens)의 《아우구스투스의 사생활》. 테르캉(Terquem)의 《음색》. 세레르의 《가짜 필적》(차타톤, 프살마나자르 Psalmanasar, 주뱅Juvan).

가엾은 R부인의 내방.──Prg.부인의 집에서 밤을 새다(체스).──기침이 매우 심해졌다. 가슴이 아프다. 겨울이 되었나 하는 생각만 해도 벌써 기운이 풀려버린다. 호흡기에 나쁜 이런 기후에 발이 약간 축축해지거나 하루에 몇 번씩 강의를 하다 보면 나도 모르는 사이에 숨이 멎어갈 것이다. ──이 꺼림칙한 집이 내 가슴의 질병의 주요 원인이 되고 있는 게 아닌가 하는 생각이 든다.

1869년 10월 28일
(밤 11시 반) 가슴이 망가져 가고 있다. 슬픈 예감. 심한 감기에 걸려 고통스럽다.

오늘 아침 강의는 잘된 것 같다. 강의를 듣는 사람들에 대해서도 만족. 당했다는 생각과 함께, 희미하기는 하지만 불길한 일이 일어날 것 같은 느낌이 들면, 사람은 애정을 정리해 두고 싶은 생각이 든다. 타인을 기쁘게 해주고 싶어지고, 동정을 느끼게 하여 예전의 호의를 되찾고 싶어진다. 마음의 빚을 완전히 정리하고 뒤에 아무것도 남기지 않겠다는 기분이 든다. 병자와 죽어가는 사람의 이런 걱정은 내 나이또래에는 어쩌면 드문 건지도 모른다. 그러나 그런 생각이 저절로 일어나는 것을 보면, 자신의 생활력이 약할 뿐만 아니라 그 약함을 의식하고 있다는 것, 다시 말해 내가 오래 살지는 못할 거라는 확실한 증거라고 할 수 있다.

나는 이제 와서, 8월에 쿠데타를 일으키지 않은 것과 남쪽으로 가지 않았던 것을 애석하게 생각하고 있다. 그렇게 했더라면 아마 생명과 새롭게 계약을 맺을 수 있었을 것을. 이번 겨울은 내 건강에 메울 수 없는 큰 구멍을 낼 것 같은 느낌이다.

R부인은 제네바에 며칠 지내러 온 모양이다. 그 사람은 지금 토리노에 있거나 토리노로 가는 중일 거라고 생각하고 있었다. 그녀가 있으면 불쾌해지는 사람이 있어서 틀림없이 내 마음을 상하게 할 것이다. 그러나 아무리 생각해도 방법이 없다.

1869년 10월 29일

(밤 12시) 베르피유 거리 16번지의 안뜰을 향한 작은 방을 거처로 정하다. Blw. 방문, X가 병을 앓고 있다. 걱정했던 대로 지난 나흘 동안 강을 따라 올라왔던 것이다. 그 결과를 관찰하며 나는 불안과 불쾌함을 느꼈다.

1869년 10월 30일

(밤 11시) 강의는 먼저의 두 차례 만큼 만족스럽지 않았다. 가슴은 좋아졌다.——오늘 오후에는 생활에 전념하며 가까운 시일 안에 하게 될 이사를 위해 준비를 많이 해두었다. 일을 마치고 마을을 예정한 것 이상으로 상당히 오래 걸어 다녔다. 기한이 정해진 일은 모두 어떻게든 결말이 난다고 생각한다. 그것은 특별히 어렵지 않다. 한번 하기 싫다는 생각을 극복하면, 거의 대부분의 사람들과 다름없이 해치운다.——페테르부르크에 보낼 편지를 썼다. Blw.에게 편지.

카롤린이 보여준 재봉틀은 사람을 끌어당겨 일을 해보고 싶다는 기분을 불러일으킨다. 여동생 파니는 내가 이런 가정생활의 일을 처리할 수 있다는 것이 감탄스러운 모양이다. 어쨌든 여동생은 나의 처지를 그냥 이대로 두지는 않겠다고 생각하고 있다. 그러나 나에게 손을 내밀어 그곳에서 빠져나갈 수 있도록 해주지는 않는다. 가족한테서 인정이나 장려, 또는 꼭 필요한 때 도움을 이끌어내는 것은 불가능하다. 여전히 내 처지는 고려하지 않고 외부에서 나를 판단하고 있다. 아무래도 나는 혼자만으로 충분하도록 할 필요가 있는 것 같다.

신문에 Marc D.가 쓴 《라디슬라스 볼스키》에 관한 기사, 신념과 경의. 신문만 읽었다.

(아침 9시) 복잡한 머리에서 실제적인 권고를 이끌어내려고 해 보라. 20가지의 물음에 대해 도움이 되는 답을 하나 얻는 것도 쉽지 않은 일이다. 경우에 따라 약삭빠르게 행동한다는 것은 실제적인 이익과 품격으로 구성된 혼합사상으로, 거기에 동정이 들어 있지 않은 한 나약한 머리 속에는 잘 들어가지 않는다. 타인의 입장에 서지 않으면, 인생, 적어도 일상생활의 자잘한 일에 있어서 상대방에게 진정한 도움을 줄 수는 없다. 사물을 제대로 살

필 줄 아는 힘이 없는 이지(理知)는 자신이 좋아하는 것 외에는 직관을 가지지 않는다. 자기 애정의 등불 주위만 어둠이 걷히는 것이다.

　(밤 11시) 볼일이 있어 외출(침구가게 여자, 세탁부, 니스 가게 등)하고, 여러 가지 위원회(학술장려회, 신학, 철학잡지)의 일을 하느라 하루를 완전히 허비했다. 한마디로 말해 공허한 하루.――정계의 이변, 어제의 선거에서 독립당이 거의 완벽하게 패배했다. 베른의 의원 4명 가운데 1명(Pict. de la Rive)밖에 통과하지 않았다. 게다가 그것이 최소득표였고 최소한의 법정 투표 수보다 불과 72표 밖에 많지 않았다. 참패다. 원인이 어디에 있는지 그것을 찾는 게 급선무다.

　그건 그렇다 치고, 지난 며칠동안을 하잘것없는 일이나 아무것도 아닌 일에 허비하고 만 것이 불만스럽다. 아무것도 기억하지 않고 아무것도 느끼지 않고 아무것도 생각하지 않고 아무것도 읽지 않고 아무것도 쓰지 않았다. 쓸데없는 얘기와 헛걸음, 이 무슨 어이없는 결과인가.

정신에 대하여

인간을 행복하게 해주는 것이 가장 확실한 행복이다.
그러나 자신의 도취마저 해치는
어리석은 이론가의 실수에는 주의하라.
금박을 입히는 자여,
이상을 너무 두드리면 사랑은 가루가 되어버린다.

1869년 11월 2일 (죽은 이의 날)

(밤 11시 반) 완고한 머리와 옛날부터의 고집에 부딪쳤다. 오늘밤의 일로 기분이 몹시 나빠졌다. 추궁당하고 상처받고 분노로 가득 찬 가슴을 안고 인기척 없는 얼음장 같은 내 방에 있다. 등도 가슴도 춥다.——정말이지 늘 그렇듯이 내가 가장 생각이 나지 않을 때, 불평과 공포의 씨앗이 없을 때, 모든 일이 잘 풀려 희망에 차 있을 때, 그런 때 우연한 악의가 필린을 사로잡아 엉뚱한 생각을 하게 만든다. 이런 혐오스러운 우연의 일치가 지금까지 몇 번이나 일어났던가? 사탄의 암시가 그 사람을 충동질하여 모처럼 찾아온 행복의 기회를 깨뜨리고 더할 수 없이 나쁜 순간에 패를 던지게 하는 것이라고 말하고 싶다. 때마침 컨디션이 좋지 않을 때, 그것이 그 사람을 매우 힘들게 하고 나까지 혼란에 빠뜨릴 때, 나를 당황하게 만들고 슬픔에 빠뜨린 적이 몇 번이었던가? 영원히 계속되는 숙명 같다.——하모니의 절정에 나타나는 역겨운 불협화음은 머리를 쾅하고 때리는 듯한 인상을 준다.

독단적인 결단을 내릴 때의 집요함과 완고함은, 선량한 의지의 경우에도 사악한 의지의 경우와 마찬가지로 혐오스럽다. 내밀한 관계에 대한 죄악은 올바른 것이나 납득시킨 것을 인정하지 않는 독단적인 결단이다. 말하자면 다짜고짜 달려들어 이렇게 하라느니 저렇게 하라느니 하는 것이다.

1869년 11월 3일

(정오) 모든 면에서 패배. 모든 면에서 포기. '지극히 다행(만족).'

설령 날씨가 흐려져도 너 한 사람은 있겠지. (오비디우스의 시구 Tr. I, 9, 5)

끔찍했던 하룻밤, 눈을 감을 수가 없었다. 아침에 필린에게 편지를 보내,

그쪽에서 평화를 얻기를 바란다고 했다. 믿을 수 없는 비열한 운명은 나를 해치우는 데 있어 이보다 더 좋은 시기를 고를 수는 없었다. 내가 가까스로 부러진 갈대를 붙잡으면, 그 갈대가 내 손바닥을 베어버린다. 필린을 위해 나는 가족과 인연을 끊었다. 그런데 지금 필린은 나를 버리려 하고 있다. 나의 거처만 해도 그렇다. 나는 두 군데 거처를 오고가고 있지만, 둘 다 사람이 살고 있지 않거나 살 수 없는 곳으로, 그 각각의 방에서 나는 약속을 지키지 않는 것과, 불행하게도 뭔가를 위해 누군가를 필요로 하는지 천천히 생각할 수 있는 것이다.

볼일을 위한 외출에 대해 화가 났다. 세상의 흐름이 우리를 이렇게도 맹렬하게 이기주의로 내몰 때, 그것을 거부하는 것은 어느 정도는 공이 된다. 고독은 불량한 권고자이고 고립은 사람을 언짢게 만든다. 나는 이런 하잘것없는 불행에 저항해 나갈 생각이다.

(저녁 6시) 인내를 위한 수행 외에는 하루를 헛되이 보내고 말았다. 무엇 하나 제대로 되는 일이 없었다. 주문 착오로 인한 생각지도 않은 충돌. 혐오스러운 직업이다.

조카도 있고 조카딸도 있고 남녀 사촌들도 있는데, 도와주는 것은 고양이 새끼 한 마리 없다. 내 가정부는 글을 알아서는 안 되고, 내 친척은(한 사람은 제외하고) 번거롭게 해서는 안 되며, 시간이 있는 사람은 쾌히 움직여주지 않고, 호의를 가진 사람은 시간이 없으니, 나는 누구한테도 도움을 청해서는 안 되게 되어 있다. 한마디로 말해, 잠시 시중을 들어주는 것이 오히려 이상한 일이다. 가장 현명한 것은 처음부터 그들의 도움을 기대하지 않는 것이다.

자신보다 나은 친구도 없고 친척도 없다.

인생을 여행하는 자에게 친절한 조언과 도움을 주는 사람은, 단 한 명일지라도 지인과 친척, 가족을 모두 합친 것과 같다. 결론, "한 사람의 아내를 찾아낸 자는 신의 은총을 입은 것이다."──그 건강한 조수를 찾기는 찾았다. 그러나 때때로 짜증을 부리며, 언제나 맺어지려는 순간에 끊어버리고,

장애를 없애는 것이 아니라 되려 장애를 들이민다.

자신의 행복을 무시하는 자는 행복을 잃는다.

1869년 11월 4일
(아침 8시) 어두컴컴한 비.——음울한 날씨. 그러나 걷혀가고 있다.
(밤 11시) 5회째 강의.——그 뒤 하루 종일 장서를 꾸리는 일을 하다. 상자와 트렁크를 15개나 채우고도 5분의 2쯤 남았다. 카롤린은 줄곧 7시간을, 학생인 헨리 L.은 약 5시간 도와주었다.
밤에 토요일의 지시를 상세히 적어두다.
문제가 상당히 어렵다. 지금 방 7개, 책장 20개에 흩어져 있는 것들을 방 3개, 책장 6개에 옮기려는 것이다. 엄청난 축소다. 소유물을 모두 정리하기 위해서는 정확한 계획이 필요하다.
어쨌든 오늘은 조금은 기쁜 일이 세 가지 있었다. 엑스에서 온 매우 호의적인 편지, 후회의 편지(Blw.), 친절한 두 사람의 도움.
상황이 좋아지고 밝아지자 긴장이 풀렸다.
움직이기 쉬운 것, 깨지기 쉬운 것, 모순에 찬 것, 너의 이름은 여자. 나는 지금까지 그런 것을 스스로 인정하지 않으려고 애써왔다. 나는 언제나 여자는 변하지 않는 존재, 충실하고 신의가 있는 존재, 애정이 깊은 존재로 대해 왔다. 그런데 나의 솔직한 태도는 대개의 경우 보상받지 못하고 벌을 받아 왔다. 여자는 민족과 마찬가지로, 자신의 험담을 하는 자와 지나친 친절을 베푸는 자 모두 똑같이 벌을 준다. 존경보다 아첨에 마음이 끌리는 것 같다. 여자는 사탄의 세력, 달의 힘을 받아 악동처럼 자신을 귀여워해주는 사람을 괴롭히지 않고는 배길 수가 없는 모양이다.
그 힘이 미치지 않게 하려면, 한번 세운 방침을 지키고, 논리적이 되며, 정신을 똑바로 차리고, 약속을 충실하게 지켜야 한다. 감정, 변덕, 의혹의 세계에서 사는 여자는 침착한 이성의 높은 세계에 귀화할 수 없다. 정말이지, 전에는 내가 그것에 대해 어떤 말을 했는지 모르겠지만, 선량한 남자는 여자보다 선량하고, 확실하고, 성실하며, 사람의 마음을 이해하고, 강한 애정은 아닐지 몰라도 적어도 선한 애정은 가진다. 여자는 실제로 남자보다 약한 존재로서 주인을 필요로 하는데, 단, 자신이 좋아하는 주인이 아니면 안 된다.

이러한 무서운 모순들은 내 사랑스러운 사람에 대한 나의 존경과 희망을 죽이는 것이어서, 그 사람 때문에 마음이 아프다. 그 사람은 진심으로 후회하고 있다. 그러나 과거는 그 사람에게 아무것도 아니다. 게다가 늘 되풀이된다. 이내 침묵과 고집, 냉혹함과 건조함에 다시 빠지는 것이다. 정말 견딜 재간이 없다. ──이러한 불규칙한 맥박 같은 성질을 상대하다가는 영원히 은둔처에 안주할 수 없을 것이다. 그렇게 생각하면 한결같은 기질과 변함없는 선의, 본성에 갖춰진 기품과 진정한 위엄 같은 것이 얼마나 그리운 것인지! 그러나 좋다. 어떤 죄에도 연민이 중요하다. 그 대신 Blw.를 상대로 할 경우에는 지지 않는 힘을 얻을 수 있다. 그것이 일단 원칙을 가지면 훌륭한 일을 성취할 수도 있을 것이다.

1869년 11월 5일

(저녁 6시 반) 하루 종일 인내심으로 제정신을 유지할 수 있었다. 더할 수 없이 답답하고 성가신 일들이 연거푸 닥쳐오는 것을 유쾌한 기분으로 받아들였다. 그러나 밤이 되자 더 이상 참지 못하고 격분을 느끼기 시작했다. 왜 그랬을까? 어젯밤에 써둔 종이가 보이지 않았던 것이다. 질서의 정신이 내린 명령에 따라 모든 것을 기록하고 정리하면서, 지불할 대금과 그 밖의 것을 모두 적어 두었다. 이것은 나의 준비성과 성실성을 모두 잃어버리게 하기 위해 악의적인 영혼이 나를 부추긴 것이 틀림없었다. 그런 하찮은 일이 나를 화나게 한다. 만약 나에게 사납게 욕하는 습관이 있었더라면, 이런 때 50만 번이나 악마를 불러댔을 것이다.

(밤 11시) 재난. 어두운 곳에 있던 바구니가 떨어져 하마터면 새끼손가락이 부러질 뻔했다. ──내일은 힘든 하루가 될 것이어서 만반의 준비를 해두고, 작은 메모지에 일꾼들에 대한 지시를 잔뜩 적어두었다. 이제 그만 자야겠다.

R부인은 내일 이탈리아로 떠난다. 미망인인 D부인과 얘기하다. ──여동생 로르가 돌아오다. ──Dz.집안의 사람이 내일 결혼한다.

1869년 11월 6일(이사)

(밤 9시) 이렇게 글을 쓰고 있는 책상, 나를 비춰주는 램프, 난로에서 타오르고 있는 장작, 게다가 내일 내놓아야 할 쓰레기와 잡동사니를 제외하면, 내 도구들은 오늘 이 다락방에서 완전히 떠나갔다. 양철판과 유리문을 때리는 비를 맞으며 이 집은 북처럼 소리를 내고 있다. 이것이 여기서 쓰는 마지막 글이다. 오늘밤 여동생의 집에서 자고 나면, 월요일부터 내 집에서 지낼 수 있을 것이다.

샤노안 거리를 떠나 베르피유 거리로 가는 데 미련은 없는가? 있다고도 할 수 있고 없다고도 할 수 있다. 이 물질적인 소동은 오래 전부터 정신적인 작별의 준비가 되어 있었지만, 그래도 나에게는 매우 큰 타격이다. 의사가 단호하게 명령하지 않았다면 나는 아마 여전히, 더 이상 유쾌한 일이 찾아오지 않고, 고통스러운 인상밖에 주지 않으며, 또한 건강하게 살아갈 수 없는 이 넓고 공허하고 춥고 외로운 거처에 대한 미련을 버리지 못하고 있었을 것이다. 더 먼 곳으로 가주기를 바라거나 나를 보살피는 것을 꺼리고 있다는 것을 나도 오래 전부터 알고 있었다. 그러나 지금까지 습관이나 무관심, 무감정 같은 것이 자존심보다 강했다. 게다가 나는 이 초라한 은자의 생활에 활기를 가져다주는 '벌새'를 이따금 만날 수 있었다. 어쨌든 20년이나 살았던 곳을 떠나는 것이니 조금은 가슴이 벅차지 않을 수 없고, 추억에 대해 빚을 갚지 않을 수도 없다.

카롤린은 목요일도, 오늘도 큰 도움을 주며 최선을 다해 주었다. 제니 C.는 금요일에 도와주었고, 여동생 파니는 오늘 오후 정말 큰 도움을 주었다. 내쪽에서도 거부하지 않았다. 가방과 상자 41개에 책과 서류를 채워 넣고 (옷을 담은 2개도 포함), 책장을 22개나 비우고 책 2천 5백 권과 임시로 묶은 책 수백 권을 운반해야 했다. 거기에 비하면 가구 종류는 아무것도 없다. 또 헤아릴 수 없이 많은 판화와 지도, 사진이 있었다. ——내일 아침 7시부터 9시까지 한 번 더 애쓰면 이 이사는 끝난 것이나 마찬가지다. 여기서는 아무도 이별을 아쉬워하지 않는다.

그래서 오히려 편하게 이주할 수 있다. 그러나 내가 완전히 새로운 인생의 시기를 시작하면서 정말로 자신의 날개로 날게 되었고, 여기서 사람들이 나에게 가져준 막연한 관심 대신 완전한 무관심이 찾아올 것임은 속일 수 없는 사실이다. 그러나 나는 그쪽이 낫다고 생각한다. 여기서는 가정생활을 영위하고는 있었지만 사실은 가정생활이 결여되어 있었다. 과거와 현재의 대비는 끊임없이 내 가슴에 상처를 주었고, 그늘이 나한테서 먹이를 빼앗아갔다. ──이제부터는 혼자나 둘, 아니면 관에 들어가서 결정적인 삶을 영위하게 될 때까지 새로운 집에서 나가지 않을 생각이다. 그러나 가능한 한 일과 사교에도 힘쓰기로 하자. 여러 가지 일에 방해가 되어 누구에게도 이익을 가져다주지 않는 거짓된 태도는 그만두기로 하자. 남쪽으로 떠나게 되어도 제네바에 기분 좋은 발판이 있는 셈이니, 장서 전체를 가까이 둘 수 있고 서류도 모두 보존할 수 있다. 이사할 집의 이웃들은 마음에 든다. 한마디로 이번 결정을 다행으로 생각한다. 오늘밤에도 옛날처럼 노래를 부르고 있는 자신을 깨닫고 깜짝 놀랐다.

판시온 D에 있어서 오늘은 바벨의 신호였다. Rv.부인이 토리노로 떠났다. Dz.와 신부는(식도 올리지 않고 교회에 증인도 부르지 않고, 즉 초라하고 슬프게) 결혼하여 우리 식탁에서 자취를 감췄다. 그리고 돛을 달고 먼 바다로 나가는 '못나고 어리석은 나'도 틀림없이 식탁의 한 자리를 줄이게 될 것이다.

아무것도 읽지 않고 아무것도 느끼지 않고 (필린에게 편지를 보낸 것 외에는)아무것도 쓰지 않고, 하루 종일 몸을 움직였다. ──날씨는 포근하고 밤에는 비가 내렸다. ──카롤린과 Prg.부인을 방문하다. 나무를 깎아 만든 것 같은 얼굴. ──그런 것은 이제 아무래도 상관없다. 마음이 가벼워졌다.

1869년 11월 8일 베르피유 거리 16번지

(밤 11시) 나는 난생처음 내 지붕 아래에서 자게 되었다. 그러나 아직은 내 집이라고 할 수 없다. 사실 이곳은 아직 아무것도 정리되어 있지 않다. 카펫도 없고 커튼도 없다. 바닥은 더럽다. 일꾼이 오늘도 하루 종일 일했다. 방 구석구석을 이용하기 위해 어떻게든 스스로 궁리해야만 했다.

그렇지만 나는 지난 이틀 동안 거의 아무것도 하지 않았다. 내 주위에 그물을 치고, 노획물을 풀어놓거나 배치하고, 목수와 청소부 등에게 지시를 내리고, 밤과 낮·빛과 열·장소와 외관의 모든 편의를 궁리하면서, 어수선한 방 안을 빙글빙글 돌고 있었을 뿐이다.

어제는 일요일이었지만, 옷과 소품들이 따로 있는 상태여서 제대로 챙겨

입지도 못했다. 이틀 밤 이상 여동생 G의 신세를 지지 않기 위해 오늘은 여기서 자기로 했다. 그러나 내가 야영할 방도 전혀 기꺼운 상태가 아니다.

간밤에는 Blw.에 늦게까지 있었다. 깊이 후회하고 있었고 정성이 보였다. 오늘밤에는 벌써 Hermd. 및 Desv.부인의 방문을 받았고, 나도 집주인의 집에 얼굴을 내밀었다.

1869년 11월 9일

(밤10시) 판시온 Desv.──간밤에는 머물지 않았다. 하마터면 축축한 흙벽 때문에 병에 걸릴 뻔했다. 눈을 붙인 것은 2시간이 될까 말까. 한밤중에 (3층의) 살인적인 침실에서 나와, 잔뜩 어질러져 있는 내 방에 의자를 늘어놓고 이번에 벽지에 새로 칠한 니스 냄새를 맡으면서 야영을 했다. 한마디로 말해 방 2개에 짐이 40개니, 잠을 잘 데도 어디 앉을 데도 없다. 하루 종일 맡은 일을 처리하고 잡다하고 자잘한 일을 정리하는 데 보냈다. 커튼과 그밖의 로빈슨 크루소에게 어울릴 듯한 잡동사니를 만들지 않으면 안 된다. 친척 부인은 내가 발을 동동 구르며 가구 사이에서 곰팡이를 뒤집어쓰고 있는 것을 손가락 하나 까딱하지 않고 구경하고 있었다. 사람이 각자 자기 바구니를 지지 않으면 안 된다는 것은 너무나 잘 알고 있지만, 구태여 이 가련한 학자를 살림살이 문제에 이렇게까지 방치해두지 않아도 좋지 않을까?

약간 피곤한 몸으로 강의를 했다.──오늘 밤에는 필린이 내 가구 배치와 일상의 습관에 대해 실제적이고 훌륭한 조언을 해주었다.

사흘만 더 다른 집에 가 있기로 하고, 그랑류 거리에 임시 둥지를 틀었다. 이번 집보다 나은 것 같다. 전의 임시 거처에 더 있는 것도 생각이 부족하다고 주의를 준 사람이 있다. 저쪽에서 그렇게 하라고 말하지도 않았는데, 이쪽에서 부탁하는 것은 좀 염치없다는 것이다.

1869년 11월 10일

아무것도 변한 것이 없다. 아직 공사 중인 모습이다. 석고가 마르지 않아서 모든 일(짚을 넣은 침구, 벽지, 목수, 니스칠)이 공중에 붕 떠 있다.──── 집에 필린이 찾아왔다.

1869년 11월 12일

(오후 4시) 쾌청한 하루. B숙부(de Gland)와 장서를 진열하기 시작하다. 여러 가지 장사를 하여 긴 이야깃거리를 많이 가지고 있는 사람이다.——필린과 얘기를 나누다. 《정치적 동물의 거울》을 꾸려가고 있는 불쾌한 R이란 작자는, 득볼 것도 없으면서 너무 사람을 매도하여 자신의 상식을 완전히 발산시켜 버렸다. '민중 매도자'일 뿐만 아니라, 사람을 싫어하고 조롱하기를 즐기는 비관론자로, 다루기 어려운 그 개성은 누구와도 어울리지 않는다. 미몽에서 깨어난 회의주의자로 어떤 일에도 맞장구를 치는 법이 없고, 모든 것을 '모순'으로 보고 있다.

"자기에 대해 진실한 것이 요점이다. 그리고 가능한 한 이웃을 공평하게 대한다. 모든 것을 이해하고, 모든 것에 대해 생각한 대로 얘기하고, 어떤 일에도 변명하지 않으며, 어떤 일도 침묵에 부치지 않고, 악의와 약점을 드러내지 않고, 정의를 주장하고, 한결같은 침착함으로 칭찬한다. 이것이 갈수록 비평가의 포부와 기쁨이 되고 있다."(프리츠 베르투(Fritz Berthoud), 1869년 7월)

"자신의 생애에 오직 한 가지 목적을 정하고, 책을 읽을 때나 산책할 때, 방문할 때, 여행할 때도, 자신의 서재에 있을 때처럼 그것을 결코 놓치지 않는 사람들에게 조금이나마 선망을 품은 적은 없는가? 모든 일은 거기로 돌아간다. 얼핏 가장 인연이 멀어 보이는 사항도 약간이나마 도움을 가져다준다."(미셸리 J.-L. Micheli)

독서. 드 시르쿠르(de Circourt. 드 샹브리에 J. de Chambrier 저 《마리 앙투아네트》).

지난 6월 말부터, 아니, 1년 전, 2년 전, 5년 전부터 얼마나 많은 시간을 헛되이 보낸 것일까? 왔다 갔다 어슬렁거리면서 계획을 세우고 보류하고 시간을 죽이며 갖가지 직업에 손을 대고, 분별없는 짓만 골라 하고, 뚜렷한 목적도, 견실한 전망도, 확고한 사상도, 최상의 계획도 없이 지냈다. 권태와 불만, 불안, 부정, 낙담, 그것이 나의 모습이었다.

목적이 정해지지 않으면 행복도 명예도 모두 사라진다.
꾸준히 하지 않으면 무슨 일에도 도달할 수 없다.

1869년 11월 13일

(밤 10시) 오늘 아침 강의는 상당히 성공적이었다. 16번지는 조금 정리되었지만 가구 사이에서 잠을 잔다는 것은 아직 생각도 할 수 없는 일이다. ——집에서 아침 식사를 할 수 있도록 부탁했다. 그것을 가지고 오는 것은 F다. 습관과 친밀감으로 어린아이처럼 이름을 부르지만, F는 15세가 넘었고 키도 상당히 큰 라틴어 2학년생이다. 모두들 잘 자라고 있다. 이 중학생에게 얘기를 시켰다. 얌전하고 애교 있는 아이다.

좋다. 또 하나의 불운, 이번 방의 창틀에서 얼음 같은 외풍이 불어 들어와 바로 내 등에 닿는다. ——나는 완전히 포로로 잡혀 있는 기분이다.

L. Ch., 사촌여동생 J. B., 필린에게 편지. ——음악학교의 성악협회를 위해 다시 30장 서명.

1869년 11월 14일

(정오) 시간을 허비했다. 불만. 흥이 깨졌다. "새 집에서 아직 손님 같은, 안정되지 않은 기분이 든다." 그럼 이번 집을 선택한 것은 어리석은 일이었을까? 그 점에 대해서는 아직 확신을 가지고 의견을 말할 수 없다. 그러나 끝도 없이 계속되는 이 아무것도 할 수 없는 불안정한 상태는 결국 나에게 큰 불쾌감을 준다. 나는 여기저기 왔다 갔다하면서 혼자 노는 것처럼 돌아다니고 있지만, 그것은 두 가지 모습의 무위(無爲)이다. '가슴속에서는' 분개해도, 겉으로는 시시덕거리고 있다.

(밤 11시) Conseil d'Etat의 선거. ——멋진 일몰. 서쪽 전체는 구릿빛이고, 하늘의 반은 퐁파두르 식의 부드러운 장밋빛이다. ——태양의 팔레트에 있는 모든 황금이 서로 만나고 있는 것 같다. ——별똥별을 하나도 보지 못했다. 희끄무레한 달빛.

G. G. 집안사람들과 L. Ch.의 집에서 집안 만찬. ——한 손님이 배려 없고 생각 없는 무의미한 연설을 했지만, 아무도 반응하지 않았기 때문에 그 밤의 분위기를 그다지 손상시키지는 않았다. 그러나 그 손님의 염치없는 태도는 갈수록 꼴불견이었는데, 묘하게도 그는 자신의 문제점을 거의 의식하지 못하고 있었다.

독서. 루니앙《프랑스에서의 르네상스 시의 유파》, 라불레《의회의 파멸》. ──《성직자의 재산의 몰수》, 복스베이에르의《유럽의 짧은 이야기의 인도 기원》, 지라르의《그리스의 종교의식》.

1869년 11월 15일

(아침 9시) 화창한 날씨. 남의 집에서 6일 밤을 잤다. 모레쯤에는 내 집에 정착하고 싶다. 몇 년이나 방치해 두다가 다시 쓸 만한 가구의 배열에 끼워넣은 낡은 책상 앞에서 이 글을 쓰고 있다. 몽브리양(Montbrillant)의 내 후견인 밑에서 보낸 학생시절의 추억이 주마등처럼 내 마음속을 지나간다. 얼마나 먼 옛날 일인가! 또 나는 얼마나 서투르게 인생을 사용한 것일까? 나의 본질적인 잘못은 언제나 같은 얘기지만, 미래에 대한 무관심과 모든 위대한 노력을 미룬 것이었다. 명예심의 결여, 특히 상식의 결여가 내 생애를 한쪽 끝에서 한쪽 끝까지 관통하고 있다. 나는 자신의 이해관계, 출세, 평판을 생각한다는 것에 언제나 혐오를 느꼈다. 유용하다는 것이 나에게는 언제나 은근한 염증을 불러일으켰다. 그리하여 나는 성숙하지 못한 채 49세라는 나이에 도달한 것이다. 나는 학문적으로도 문예적으로도 수확을 거두지 못했다. 그리고 가정도 자녀도 두지 않았다. 재산도 모으지 못했다. 내 생애는 무엇에 소비되었을까? 이슬람교 승려처럼 한자리에서 빙글빙글 맴돌며 공상 속에서 끝없이 계획만 세우고 있었다.

  자신의 미궁에 갇힌 무모한 마법사라고나 할까,
  무력한 결의에서 벗어나지 못한 채
  뒤늦게 공포의 전율을 느끼고
  이대로 자유를 잃어버리게 되는 것일까?
  더 이상 흥미를 느낄 수 없다고 말하고 싶어지는 날과
  서글픈 계절이 나에게도 찾아온 것일까?
  사라진 과거의 유물을 지키며
  자신에게는 아무것도, 힘도 바랄 수 없게 된 것일까?

그것과는 얘기가 다르다. 어떤 나이에나 각각 의무가 있다. 무슨 일이 있어도 해야 할 일을 하라. 이 겨울, 너는 무엇을 해야 하는가? 문제는 오직 그것뿐이다.

1869년 11월 6일

(밤 11시) 여전히 난처한 일뿐. 또다시 시간의 낭비. 아직도 약속을 지키지 않는다. 휴업이 끝나지 않는다.

상당히 흡족한 강의. 에드몽 세레르와 저녁 식사. 이 두 가지만이 오늘의 좋은 추억.

겉으로 드러나지 않는 분노가 나를 괴롭힌다. 인생은 보람 없이 지나가 버리고, 무(無)나 다름없는 것이 다른 모든 것을 끝없이 삼켜버리는 것을 필린과 함께 느꼈다. 태어날 행복에 대비하여 강보(襁褓)를 준비하는 데 온힘을 기울이지만, 아무리 기다려도 그 행복은 태어나지 않는다. 인생은 어리석은 잉태, 무익한 임신, 끝없는 유산이다. 그것은 9년 동안이나 새로운 구세주를 잉태하고 있는 셈이다……부인과 닮았다.

헛된 준비에, 빗나간 희망에
어리석게도 사람은 하루를 보낸다.
분발, 욕망, 죽음의 고통이 무엇이란 말인가.
인간의 외침, 인간의 눈물에 하늘은 귀를 기울이지 않는다.
인간은 기만만 당하다가 고뇌마저 얻는다.
그 가슴의 소망, 그 손의 행위
미래와 현재까지, 모두 인간을 속인다.
내일도 계속되는
슬픔에 손상되지 않는 행복은 없다.
인간이 품는 것은 죽은 알뿐
인간의 발판은 구름뿐이다.
힘들여 조롱을 사는
우스꽝스러운 노력 때문에
망상은 죽음을 당한다.
언제나, 가는 곳마다 실망

붕괴, 타락, 파멸
불운을 이끄는 여신 마야
그것이야말로 신성한 숙명이다.

1869년 11월 17일

(아침 9시) 수에즈 운하의 개통. 가능하면 나도 가보고 싶었다. 그러나 나는 모든 좋은 기회를 놓치도록 정해져 있지 않은가? 그래서 자신에 대한 불만은 갈수록 나를 박해하게 되었다. 나는 하는 일 없이 게으르고 방만하며 무력해져서 내 마음의 거미줄이 점점 치밀해지는 것을 느낀다.

'때는 늦었다'라는 종소리가 이따금 내 귀에 울린다. 아무리 해도 죽지 않는 벌레가 내 내장 속에서 꿈틀거리기 시작한다.——나는 나이를 먹을 수도 체념할 수도 없다. 왜 그럴까? 할 수 있었던 일을 하지 않았기 때문이며 생애의 일부분을 실패했기 때문이다.

(밤 11시) 깊은 우울. 나에게 가장 친밀했던 것들이 차차 사라져가는 것을 목격하고 있다. Blw.에서 음산한 밤일. El. Ch.에게 편지.

1869년 11월 18일

(아침 10시) 잠자기 전후에 마음이 울적해진다. 사람을 믿는 가련한 가슴이 이토록 배반당해야 한단 말인가. 모든 것을 처음부터 다시 시작하지 않으면 안 된다. 너는 여자의 진실에 의지하는 것이 갈대를 붙잡는 것임을 인정하려 하지 않았다. 너는 모든 희망에 반하여 믿었다. 너는 예외를 믿었다. 그로 인해 얼마나 벌을 받았던가? ……그런데도 아직도 너는 열두어 시간 전에 너를 공격하여 침몰시킨 슬픈 인상의 물결을 진정시키지 못하고 있다. 이 고민에서 어떤 교훈을 이끌어낼 수 있을까? 그것이 뭔가에 도움이 된다면 좋으련만. 이번 일은 나에게 심한 불쾌감을 주었다. 외로움, 굴욕, 슬픔, 걱정, 반감, 분노, 불쾌, 의심 등 그러한 모든 것들을 느꼈다. 지금은 연민이 모든 것을 지배하고 있다. 그러나 그 연민에는 감동이 따르지 않는다. "눈물만큼 빨리 마르는 것은 없다." 이렇게 종종 되풀이하는, 이런 갈등의 결과는 파멸뿐이다. 후회해도 믿음이 생기지 않고,

약속해도 그대로 받아들일 수 없고, 믿고 싶어도 단서가 없다. 서서히 악화되는 폐결핵을 상대하고 있는 것 같다. 병자는 아직도 몸부림치고 있다. 그러나 기운을 차릴 때마다 이내 다시 쓰러진다. 그리고 병은 끊임없이 악화되어 간다. 차마 눈뜨고 볼 수가 없다.

행위와 말, 침묵과 변명은 내리막길에 있는 것, 이미 세력을 잃은 것 또는 노여움을 사고 있는 것에는 해만 끼칠 뿐이다. 사랑은 정의와는 달리 언제나 낭비하거나 은혜를 배신한다. 한번 은총을 잃고 나면 자신의 진가에 의해 되찾으려고 노력해서는 안 된다. 애쓴 보람이 없다. 은총은 공짜이고, 또 공짜이기를 원한다. 실제로 진정한 가치는 은총을 불안하게 하고, 은총을 받고 있는 자가 더 이상 은총을 받을 자격이 없다고 사양하게 하며, 그 전능함을 찬양하게 만들어 기분을 좋게 해준다.

(오후 3시) 모든 것은 지나가고, 부서지며, 지치게 만든다. 이 혐오스러운 격언은 진실일까? 모든 맹세는 연기와도 같다.

영원하다고 믿는 사랑, 그 사랑은
장미의 목숨인가, 하루만에 퇴색한다.

언어로는 언어에서 태어난 것밖에 돌이키지 못한다. 그런데 사랑은 그 속에 포함되지 않는다. 사랑은 이성도 의식도 상식도 의지도 닿지 않는 마음의 암묵적인 영역에서 태어나고 죽는다. 사랑하며 그리워하는 마음은 이유 없이 일어나고 원인 없이 눈을 뜬다. 현혹은 나타났다가 사라지기도 하지만 그 수수께끼를 설명해 주지 않는다. 매력은 왔다 갔다하지만 그 변덕의 이유를 보여주지 않는다. 그러므로 여자는 현자의 고뇌이고 일을 가진 남자의 고통이다. 여자를 상대로 해서는 결코 안전도 평등도 평화도 없다. 여자를 상대로 하는 협정에는 진정한 것도 신성한 것도 나타나지 않는다. 헤어졌을 때는 잠잠해졌다고 생각하지만, 다음에 만나면 폭풍이 되어 있다. 사람들이 여자의 마음이라 부르는 그 영원한 변덕, 끊임없는 불확실성에, 20세 때는 끌리지만 40이 되면 몸서리를 친다. 그 위에 쌓는 것은 모래 위에 쌓는 것이다. 미풍이든 폭풍이든 한번 불어 닥치면, 그 집의 토대부터 무너져 소용돌이치기 시작한다. 파도처럼 쉽게 움직인다. 셰익스피어는 파도처럼 성실하지 못하다는 말까지 했다. 〈전도서〉는 더욱 어두운 견해를 가지고 있다. "여기에 죽기보다 괴로운 것이 있다." ……미가서(제7장 5절)는 어떨까? 또 다니엘 스턴은? 그밖의 수많은 사람들은? ——그것은 남자가 자존심을 갖는 게 당연하기 때문이다. 사랑하고 있는 남자는 알렉산더의 행위를 되풀이하여, 남들이 의심스러워하는 음료를 마시며, 그것을 바치는 손을 의심하지 않기로 한다. 이러한 신임의 표시에 존재하는 위대한 점과, 그것을 종종 악용하는 행위가 혐오스럽다는 것을 여자는 느끼지 못하는 것 같다. 그러고 보면 남자는 속기 위해 태어난 것처럼 보인다. 그러나 이 충직한 태도를 보여주어도 무기를 버리지 않는 불충한 마음에 대해서는 어떻게 생각해야 할까?

(오후 4시) 마르크 모니에와 L양이 찾아와서 문학강의를 청하다. ——내 분노는 사라졌다. 나는 이제 비난하지 않는다. 이제 처벌하지 않는다. 일어난 것은 일어나도록 되어 있었던 것이다. 나는……의 피로를 이해한다. 나는 언제나 그 사람의 말과 보증을 문자 그대로 받아들이고 있었다. 그러나 영웅심은 이쪽에서 멋대로 헤아려서는 안 된다. 아마 그 사람의 결심은 그 사람 나름대로 영웅적으로 보일 것이다. 즉, 그것을 진심으로 받아들이는 것은 내가 그다지 기사적(騎士的)이지 않다는 얘기가 된다. "마음은 앞서지만 몸이 따라주지 않는다." 다시 말해 약속하는 것과 그것을 지키는 것은 별개의 일이다. 약속해놓고 후회하는 것은, 부탁을 받은 예민한 눈으로 보면 약속이 무효가 되는 것이다.

오해는 언제나 같은 원인으로 귀착한다. 나는 한번 말한 것은 말한 것이라고 믿는데, 여자에게는 어제 말하고 쓰고 듣고 처리한 것은 이미 과거의 일인 것 같다. 우리는 동사의 같은 시제 속에서 살고 있지 않기 때문에, 내가 현재라고 믿는 것이 이미 사라지고 없는 것이다. 여자는 매일마다 그 날의 모든 것을 지운다. 그러면서도 여자는 10년이 지나도 남자는 자신이 불만스러워했던 점들을 전부 기억하고 있다고 단정해 버린다. 이 놀라운 판례의 보호 아래에서, 여자는 자신이 1주일전에 시인했던 어처구니없는 모순을 무시하면서, 50개월이나 거슬러 올라가 찾아낸 얼토당토않은 사소한 일에 불평을 호소한다. 거기에는 저울 2개와 자 2개가 있다고 보지 않는 한 나로서는 도무지 가늠할 수가 없다.

여자는 그런 것이다. 그러니 참아야 하느니
분개하는 자에게는 안됐지만 하는 수 없지.
남자와 똑같이 다루는 것은 눈에 띌 정도로 서투른 짓이다.
이 말에 여자는 분노한다. 더욱 묘한 얘기지만
그것을 참아도 벌이 돌아온다.

즉 여자는 약속에 속박당하고 있는 것처럼 생각해주기 바라면서, 사실은 약속에 속박당하고 싶어하지 않는다. 부담은 덜고 이익만 챙기려는 것이다. 언제 보아도 한결같이 정의에 대해 자격이 없고, 겸손하지 않으며, 고통스러운 사실에 대해 저항하며, 자신의 무력함에 대해 뻔뻔스럽게 부인한다. 여성이라는 존재는 모든 헌신적인 행위는 할 수 있어도 근본적으로 성실한 마음을 가질 수 없는 듯하다. 최대는 가능해도 최소는 불가능하다. 사회생활에 대해서도 쓸데없는 것은 내밀면서 정작 필요한 것은 가지고 있지 않다. 참으로 기묘한 일이다. 그것이 여자의 불완전성, 여자의 본성적인 결함이기 때문에, 나는 그것을 원망하고 싶지 않다. 그러나 바이런처럼 "여자를 알면 알수록 남자의 장점, 특히 가장 단순한 장점, 즉 변하지 않는 성실성을 존중하게 된다"고 말할 수 있다.

어쨌든 여자에게 올곧은 데가 있는 것처럼 보이는 것은, 여자의 속은 미지의 것이 가득하기 때문이며, 그것은 그 마음의 비약과 신경의 변덕, 달과 이시스에 대한 관계, 의지와 이성의 안타까운 불균형, 한마디로 말해 감정적인 본성에 의한 것이다. 감정은 전제적인 군주이다. 감정의 신하는 진정으로 자유로운 인간이 아니며, 노예상태에서 필연적으로 생기는 모든 결함, 짓궂은 근성, 뜬금없이 떠오르는 발상, 원한, 교활함과 결합하기 쉬운 본능적인 약삭빠름, 느닷없는 변덕, 자기보다 나아보이는, 감정을 억제할 줄 아는 사람에 대한 반감 등을 가지고 있다.

여자한테서 감정을 제거해버리면, 확실히 더욱 확고한 교제를 할 수 있지만, 그렇다고 그쪽이 나은가 하면 꼭 그런 것도 아니다. 아무리 봐도 여자는 여자다. 공상을 펼쳐 봐도 이 경우에는 아무런 도움이 되지 않는다. 마음에 기품이 있는 여자는 여동생으로서, 아내로서 높은 단계의 사랑을 가질 수 있고, 대부분의 여자는 처녀로서의 사랑을 가질 수 있으며, 거의 모든 여자는 어머니로서의 사랑을 가질 수 있다. 물론 그 사랑의 가치는 사랑하는 사람의 마음에 비례한다. 그러므로 완전한 마음을 가진 자만이 완전한 사랑을 가질 수 있다.

그러나 여러 가지로 비참한 경우에도 불구하고 현세에서 역시 남자의 유일한 위안은 여자의 마음이다. 젊은 여자가 그 형태에 더 다가가기를 좀더 두려워하지 않게 되면, 아름다운 나이의 장미꽃 이파리가 떨어진 뒤에도 오랫동안 모든 사람에게 연모의 대상이 될 수 있을 것이다. 완성된 여자는 가장 부러움을 사는 왕권을 행사하는 법이다. 사랑스러운 여자는 그에게 다가가는 모든 자에게 행복의 초점이 된다. 여자가 자신의 진정한 이해관계를 인정한다면 얼마나 좋을까. ……(잠언 제11장 16절)

(저녁 6시) 찻잔이나 접시, 즉 은둔 생활에 필요한 도구들이 도착했다. 이 어린 운반인은 나의 의식을 일깨워주었다. 예언자 미가와 그 온몸의 털이 곤두서는 듯한 금언("너의 가까운 친구를 믿지 말라. 네 가슴에 잠자는 여인 앞에서 입을 여는 것을 삼가라.")에도 불구하고, 나는 역시 희망을 가지고 자신의 결점을 파헤치기 시작했다. 나에게는 책임이 있다는 것, 자존심의 반항은 분노에서 온다는 것, 나는 아마 내가 준 것보다 많이 받았을 거라는 것, 타인에 대한 신뢰는 타인에 대한 안심, 어쩌면 만족으로 보일지도 모른다는 것, 어떠한 경우에도 일곱 번의 37배나 용서하지 않으면 안 된다는 것, 자신도 모르는 사이에 얕은 상처나 깊은 상처를 주고 있을지도 모른다는 것을 스스로에게 들려주었다. ──균형과 선의를 되찾을 때까지 얼마나 많은 시간을 허비한 것일까! 남자끼리의 친구라면 어느 정도 잘 되었을지도 모른다.

(밤 10시 반) 독서. 사울, 다윗, 솔로몬의 모든 역사, 호감을 가질 수 없는 유대민족의 빛나는 시대. 이 역사는 재미있지만 윤리와는 전혀 관계가 없고, 선에 대한 의식과 의무에 대한 존중을 결코 높여주지 않는다. ──그것

은 그 영웅들이 터키인이라면 누구나 쉽게 깨달을 수 있는 사실이다.

그밖에 투리에 《클로드 블루에(Claude Blouet)의 원망》, 프레보파라돌 《프랑스에 관한 에든버러 강연》.

1869년 11월 19일

(아침 9시) 좋지 않은 길로 들어서서 언짢은 방법, 나중에 이러쿵저러쿵 말하는 방법을 사용하는 Blw.를 생각하면 쓸쓸한 마음이 든다. 불화와 울분은 질투나 의심과 마찬가지로 상식과 반대로 작용하여, 고통 받는 것은 싫다고 다짐하는 마음에 불행을 키우게(또는 만들어내게) 된다. 이쪽에서 스스럼 없는 사이를 필요로 할 때, 오히려 어깨를 딱딱하게 굳히거나 몸을 도사리고, 잠자코 있어야 할 때 오히려 말을 많이 한다. 애정에 목말라 있을 때 도리어 일부러 무정한 얼굴을 하거나 억지를 쓴다. 즉, 자만은 강한 척하고 싶어하는 버릇이 있어서, 두려워한다는 말을 듣지 않기 위해 무작정 광기를 드러냄으로써 자신이 두려워하는 위험을 불러들이는 것이다. 얽매이지 않는 우쭐한 태도를 보이고 싶어서 전에 말한 것을 부인하거나 자신의 감정과 이성을 마구 짓밟아버리고 싶어한다. 이 해방욕과 감정 없는 허세는 상처받은 자긍심일 뿐이다.

차라리 모든 것을 파괴해버려라. 그것이 교회의 정신이다.

네 안에 있는 가장 좋은 것, 사랑, 감격, 헌신, 충실에 모욕을 가하라. 너에게 힘이 있다는 것을 느끼게 하는 악마적인 기쁨은 아마 너에게 회한과 치욕을 주게 될 것이다. 회한은 이러한 반항이 죄악이기 때문이며, 치욕은 반항이 기만이기 때문이다.

그렇다, 기만, 망상, 오류. 네가 승리의 증거에 에워싸이게 되면, 너는 눈물을 흘린다. 그 증거는 떨어져 나온 파편과 폐허이다. 자만은 맹목적으로 화를 내면 자신의 주위에 아무도 없는 상태를 만든다. 그러나 정신은 그 아무도 없는 상태를 두려워한다.

상처받은 자존심은 어떻게 다루는 것이 좋을까? 깊은 종기를 다루듯이 부드럽고도 과감하게 다루어야 한다. 결코 비난해서는 안 된다. 참을성 강한 자애, 위로, 주의, 조심. 그러나 아첨은 안 된다. 의식(양심)을 작용시키는 것은 좋지만, 요구받지 않는 한 그것을 설명해서는 안 된다. 병자를 존중하는 것은 좋지만, 간절히 원하지 않는 한 병명을 말해서는 안 된다. 마음을 상하게 해서는 안 되고 싫증을 내도 안 된다. 싸움의 구실, 트집, 기회를 찾고 있는 나쁜 영혼의 손에 놀아나서는 안 된다. 그 나쁜 영혼에 카드를 한 장도 주지 않도록 하여, 병자가 스스로 만들어낼 수 있는 고통을 가엾게 여겨야 한다.

(밤 11시) "더러운 귀신이 사람에게서 나갔을 때에 물 없는 곳으로 다니며 쉬기를 구하되 얻지 못하고 이에 이르되 내가 나온 내 집으로 돌아가리라 하고 가서 보니 그 집이 청소되고 수리되었거늘 이에 가서 저보다 더 악한 귀신 일곱을 데리고 들어가서 거하니 그 사람의 나중 형편이 전보다 더 심하게 되느니라."(누가복음 제11장 24~26절)

이것은 감당할 수 없는 모든 충동이 진실로 다가오는 이야기이다. 충동은 점점 강한 힘으로 사물에 반발한다. 레르네의 히드라는 머리가 잘리면 잘릴수록 더욱 무서워지는 괴물이었다. 따라서 나쁜 영혼에 대한 투쟁은 끝이 없고, 또 전망도 없어 보인다. 결국 승리를 차지하여 세력을 갖게 되는 것은 자연인일 것이다. 치유, 회개, 재생은 겉모습에 지나지 않고, 도금이 구리를 씌워 그것을 가리는 것과 마찬가지로 잠시 현실을 가려주는 거죽의 얇은 판이다. ——그러므로 세상 사람들이 자연의 선물, 원시적인 본능, 타고난 성질밖에 믿지 않고, 종교가 임무이자 명예로 삼고 있는 정신적 기적을 의심쩍게 생각하는 것은 정당한 것이다. 영원하고 전능한 신은 최악의 인간을 성자로 만들고 괴물을 천사로 바꿀 수도 있다. 무리한 주문을 하지 않는 세상 사람들은 독나무에서는 독 열매, 원숭이한테서는 원숭이짓밖에 기대하지 않는다. ——그렇다면 깊은 배려와 자애는 나눠서 생각하지 않으면 안 된다. 실생활이나 처세법을 위해서는 말할 것도 없이 자연인만을 기준으로 생각해야 한다. 따라서 미망이나 기호에 의존하지 않고 사람들의 마음을 구별하는 것이 좋다. 그런 다음 부수적인 선행으로서, 진실하다고 생각할 수 없는 것과 뒤틀린 것을 바로잡고, 나쁜 사람을 선하게 만들며, 거짓말쟁이를 진실을 향해 돌려세우거나, 연민이 없는 자를 친절로 이끄는 사업을 시도하지 않으면 안 된다. 그것은 신의 몫으로 인류에 대한 의무이며 종교적인 행위, 악에 대한 투쟁이다. 설령 성과가 전혀 없다 해도 그것을 시도했다는 사실만으로도 명예스러운 것이다.

그러나 다시 악화될 것을 늘 예견하고 항해할 때마다 가라앉았다는 조각배에서 곤경에 빠지는 일이 없도록 해야 한다. 주인에 대한 순수한 호의에서 그 조각배를 수리하자. 그것도 열 번이라도 무료로 해주자. 그러나 그토록 위험한 탈 것에 우리의 소중한 목숨을 맡기지 않도록 하자. 달리 표현하면 수확을 기대하지 말고 씨를 뿌리자. 그리고 그것과는 별도로 기근에 대한 준비를 해두자.

이미 우리 모두 죄인인 이상 가장 순결하고 비난 할 수 없는 사람들 외에는 누구하고도 함께 일을 해서는 안 된다는 의미일까? 결론적으로 원리는 허망한 것이라고 단언해도 될까? 꼭 그런 것은 아니다. 경향이 선해도 악에 대한 방어수단은 되지 않는다. 그러나 이 경우 악은 뜻밖의 사건이다. 습관이 나빠도 선이 태어나는 데 방해가 되지는 않는다. 그러나 이 경우 선은 예외이다. 개성 또는 본성을 구성하고 등급을 매기는 것은 근본적인 방향, 특질적인 경향, 최초의 습관이다. 그 본성은 기품이 있는가, 인색하지 않은가, 영웅적인가, 정직한가, 애정이 있는가? 그리고 이상에 대한 동경, 담백함, 체면, 용기, 순결이 보이는가? 원칙적으로는 모두 거기에 있다. 뛰어난 인물과 완성된 인간의 재료는 거기에 있다. 이에 반해 이기주의, 탐욕, 왜곡이나 그러한 다른 정신적 결함 등, 다른 본성의 눈에 띄는 것들이 있다고 가정한다. 그러면 이 본성은 출발점에서 전의 본성과 같은 수준에 둘 수는 없고, 도착점에 있어서도 그럴 것이다.——물론 선한 본성도 부패하고 타락할 때가 있고, 나쁜 본성도 정복당하고 제어당하고 순화될 때가 있다. 그러나 있을 법하다는 것은 기적에 있어 그리 좋은 것은 아니다. 이론적으로 항의하기보다는 반대되는 사항이 입증되지 않는 한 그것을 가정하지 않는 쪽이 간단하다.

그 뒤에 또 가장 난처한 경우, 어쩌면 가장 자주 일어날지도 모르는 경우가 있다. 즉, 선한 본능과 나쁜 본능이 섞이고, 일부분은 개개인의 취미에서, 일부분은 압박적인 주위의 상황에서 생기는 습관이 섞여, 본성이 중성적이 되어 있는 경우는 어떨까? 이 경우, 희망은 허용되고 정당한 것으로 보인다. 그러나 선이 이길지 어떨지를 결정하는 것은 지속적인 경험과 단계적인 시련이다. 복음서의 비유에 나오는, 한번 쫓겨났다가 돌아와서 힘을 얻은 나쁜 영혼이 종종 파괴되고, 게다가 그것에 필요한 힘이 점점 필요가 없어진다고 가정하면, 현재는 미래를 보장하고 또 적어도 미래를 예언하고 약속한다. 반대의 결과를 예상하면 확률은 반대 방향으로 바뀐다.

내가 경험하고 있는 비극적인 위기는 지금 전개되고 있고, 그 결과는 지극히 의심스럽다. 지금 이 시간, 얼마나 많은 사람들의 마음속에서 똑같은 싸움이 벌어지고 있는지는 신이 아니면 알 수 없다. 결국 우리의 운명은 해가 가고 계절이 가고 달이 갈수록 아무 문제가 되지 않는 것이 아닐까? 우리의 생명, 건강, 재산, 행복은 매일 위협받고 있는 것은 아닐까? 우리는 운명의 신비한 항아리 속에서 매시간, 반드시 당첨되는 제비가 흔들리고 있는지 알고 있는가?——거기서 신의 섭리라는 종교적 요구가 일어나는 것이다. 인간은 신의 보호에 몸을 맡기고, 생사의 결정이 아버지의 손 안에 있다고 믿고 싶어한다. 결코 자신이 '우연'의 무서운 변덕에 의한 것이라고 체념하지는 않는다. '숙명'의 준엄한 법칙에 대해서는 혐오마저 느끼고 있다.

후견인의 호의를 가지고
눈물과 웃음을 이해해주는
주거의 신이 필요한 사람이다.

신앙에는 나날의 기도, 감사, 또는 간구함의 행위가 필요하다. 평화롭게 잠들기 위해서는 천국과 사이가 좋아야 한다. 의존하는 마음은 복종하는 마음에 도달한다. 그러므로 삶을 인내하는 데는 신과 친한 관계에 있을 필요가 조금도 없다. 숨겨진 회당이 성(城)과 같은 든든한 힘이 되는 것이다.

(밤 11시) '고마운 일이다.' 폭풍은 지나갔다. 발작은 좋은 결과를 가져왔다. 에제리는 내 마음을 기쁘게 해주었다. 앞으로 6개월 동안 적의를 버리고, 다시 6개월 동안 반성할 것을 스스로 선언했다. 그리고 나에게 직접적인 충고를 바라고 있다. 다 잘 된 일이다. 속마음을 털어놓았다. 그 사람은 몇 주일 전부터 그 사람의 마음을 슬프게 하고 위축되게 한 일(내 친척 두 사람의 짓)을 얘기해 주었다. 그리고 발작할 때는 제발 그렇게 금방 희망을 버리지 말고 판단을 보류해달라고 나에게 부탁했다.——후회하고 받아들인다.

나는 또 내 친척들이 여기저기 퍼뜨린 혐오스러운 속삭임(피해를 주거나 배신하는 것은 언제나 정해놓고 친척들이다)과 그것이 나에게 미치는 피해를 알았다. 내 주위에서는 나쁜 일로 의심스럽다 싶은 사이에 벌써 그것은 기정사실이 되어버리고 만다. 사실 정의 같은 것은 가지고 있지 않지만 쉽게 호의를 가져줄 거라고 믿고 있는 바로 그 상대가, 어마어마한 열성으로 엿보고 의심하고 심판하고 벌을 내린다. 그래서 친척들의 저의를 알고 나면 오히려 무관심한 사람이 더 믿음직스러워진다. 예언자는 고향에서 환영받지 못한다거나 하인의 눈에 위인은 없다고들 하지만, 자신의 가정에서 자기 몫의 장소를 차지하면서도 존경과 공정함에 의지할 수 있는 사람은 한 사람도 없다. 허영심에서 오는 자신감과 질투에 수반되는 냉소를 어김없이 만나는 것이다. 친척의 의견은 가장 선한 행위를 나쁘게 해석하고 가장 순수한 의향을 검게 더럽히는 것이기 때문에, 도의적인 것이 못 되며 쓸데없이 불쾌감만 주기 마련이다. 친척은 우리의 인내심과 참을성의 가장 혹독한 시금석이다. 왜냐하면 친척은 자신들이 모든 권리를 가지고 있다고 여기고, 이유 없이 사람을 상처주어서는 안되며 악을 행사한 적이 없는 사람에게 달려들어서는 안된다는, 가장 간단한 의무조차 잊고 있기 때문이다.
　망각, 용서, 침묵만이 나의 유일한 방어수단이었다. 그런데 이 부드러운 태도로는 험담이나 비방, 뻔뻔스러운 비평을 무력한 것으로 만들 수 없었다. 그래도 나는 이 태도를 그만두고 싶지 않다. 유감이지만 나에 대해 올바른 판단을 하려 하지 않는 사람들은 어쩔 수 없다. 나는 내적인 평화를 보호하며 지금까지처럼 계속 선의를 지닐 수 있도록, 가능한 한 그들을 피하는 데 머물 것이다. 비난을 돌려준다고 원래대로 돌아가지는 않는다. 우는 소리를 하면 이쪽의 체면이 손상될 뿐이다. 그래도 우는 소리를 하려면, 그것을 들어줄 상대가 신중하고, 그것을 말하는 자를 신뢰하고 존경하지 않으면 안된다. 그런데 내 의견이 어떻게 받아들여질지에 대해서는 스스로 너무나 잘 알고 있다. 그리고 나는 돌이킬 수 없는 말을 하게 만들고 싶지 않고, 또 그런 말을 하도록 유도하고 싶지도 않다.
　지금까지처럼 선의를 계속 유지하기 위해서는 나의 자존심을 그늘에 숨겨두어야 한다. 일단 체면에 상처를 입으면 용서할 수 없게 될 것이다. 외롭고, 외롭다. 저의(底意). 이 무슨 독이란 말인가! 그래 좋다, 무슨 일이 일어나든 할 일은 하자.

정당하게 행동하고, 주위를 돌아보지 말라(독일 네덜란드 일대의 사투리). (사자 훈장(獅子勳章))

남이 너에 대해 어떻게 생각하든 무슨 상관이냐? 흔들림 없는 양심을 지니고 나머지는 신에게 맡겨라. 이웃에 대해서는 그것이 올바르고 정직한 것처럼 행동하고, 너에게 어떤 것을 돌려주고 무엇을 책망하든 마음에 두지 말라. 그 의견은 아무리 보아도 너와는 상관없고 오히려 그 사람에 관한 것이다. 너는 재판관 즉, 신에 대해서만 의무가 있다. 그리고 그 재판관은 이웃이 아니다.──너는 동정을 필요로 하기 일쑤지만 없어도 되도록 노력하지 않으면 안 된다.

너를 박해하는 사람들을 축복하고
너를 미워하는 자에게 선을 베풀어라.
누구를 위해 이 세계는 존재하는 것인가?
우는 자와 싸우는 자를 위해서이다.

"하느님은 사랑이시라 사랑 안에 거하는 자는 하느님 안에 거하고 하느님도 그의 안에 거하시느니라. 온전한 사랑이 두려움을 내쫓나니 두려워하는 자는 사랑 안에서 온전히 이루지 못하였느니라."(요한일서 제4장 16~18절)
항상 자주 나오는 정의의 관념을 극복하지 않으면 안 된다. 정의는 응징한다. 그러나 너의 역할은 벌하는 것이 아니다. 복수는 신의 것이다. 용서하라……그리고 미소지어라.

1869년 12월 8일
(아침 8시) 낮은 하늘, 잿빛 공기, 스산한 날씨.──이 경치는 위축된 마음과 희망을 잃은 가슴에 맞장구를 치고 있다. 종종걸음으로 다니며 연신 굽실거리는 왜소한 하녀가 방금 오늘의 편지를 가지고 나갔다. 나는 아침 식사를 마치고 책상 앞에 앉아, 마음을 진정시키고 나의 저작을 마주하고 있다. 양심적이고 견실한 연구는 그나마 사람을 속이는 일이 가장 적지 않을까?

나는 이번 집에 와서, 아직 제대로 마음의 안정을 얻지 못하고 있다. 책과 종이, 옷, 판화, 그밖의 일에 얼른 손을 댈 수가 없다. 게다가 가장 기대했던 방을 어떻게 사용해야 할지 모르고 있다. 여기저기 흩어져 있는 온갖 물건들에 다리가 걸리거나 곡예를 하고 있다. 즉, 내 의지와 상관없이 그렇게 되어버린 집시는 아직도 안주하지 못하고 있는 것이다. 좀더 살기에 쾌적한 곳이라면 역시 기쁠 테지만.——그러나 오늘 아침 하녀가 한 말처럼 "하느님은 인간이 행복해지는 것을 바라지 않는다." 그리스도교 철학 전체를 요약한 이 깊은 사상은——실제로 이것은 비애에 대한 경건한 찬미이다——가장 비천하고 보잘것없는 자의 의식에도 각인되어 있다. 하느님은 불행을 원하신다. 그러므로 비애는 선이다. 이 놀라운 역설은 이젠 단순해져서 세상에 널리 퍼져 있다. 그것은 이 삶이 우리 인내의 시련에 지나지 않으며, 진정한 삶은 그 다음에 온다는 의미이다. 정신이 영원하지 않으면 그리스도교는 속임수이다. 그것은 바로 정의와 행복을 천국까지 미루어 두고, 윤리적인 균형은 미래의 약속에 대한 신앙에 의해 할인되고 있는 것이다. 비애의 종교는 희망의 종교이다. "행복하도다, 슬퍼하는 자. 그 사람은 위안을 얻으리라."

거기서 나는 위대한 윤리사상을 민중에게 전파하는 데 종교만한 수단은 없다는 결론을 얻었다. 또 어떤 한 점에 관한 권위의 요구가 다른 것에 관한 해방에 비례하여 커져가기 때문에, 미래의 민주주의는 더욱 종교 없이는 불가능해져서, 정신적 원자론을 벗어나기 위해서는 아마 가톨릭에까지 물러날 거라고 추측하고 있다. 신앙 없는 시대는 언제나 새로운 미신의 요람이다. "한 국민은 신앙을 가지기 싫어도, 신을 받들지 않으면 안 된다."——사람은 스스로 의식하지 못하면서 산문을 얘기하고 있는 것과 같이, 언제나 종교와 신앙을 가지고 있다. 그러므로 선택은 신앙과 과학 사이에 있는 것이 아니라 어떤 신앙과 다른 신앙, 낮은 종교와 높은 종교 사이에 있다. 대가(代價)와 영원한 생명에 대한 소망을 가지지 않는 선의 종교, 다시 말해 스토아설이 앞으로 인류의 신앙이 될지도 모른다. 적어도 현재까지 이 종교는 가장 고귀한 정신 외에는 만족을 주지 못하여, 아무래도 그리스도교도와 이슬람교도에게는 천국이 필요했다. 천국이 설령 영원한 생명의 불완전한 상징, 따라서 환상에 지나지 않는다 해도, 신앙에 공헌한 그 공덕은 역시 하나의 사실이었을 것이다. 편협한 두뇌의 잘못은 환상, 즉 순심리적이고 주관적이고 상대적인 진리를 정당하게 인정하지 않는 점에 있다. 비속한 이지는 모두 비평적인 미묘한 느낌이 결여되어 있고, 인간 정신의 본성과 법칙을 이해하지 못하기 때문에, 종교적 심리, 또는 일반적으로 심리에 대해서조차 지극히 소박한 관념을 품고 있다. 자기 정신의 표면에서만 살고 있는 이 후피동물(厚皮動物)에게 현상론은 알맹이가 보이지 않는 편지와도 같다. 모두 수학이나 역학에 대해서만 확실하게 알고 있을 뿐, 정신계에서는 문외한에 지나지 않는, 무겁고 두껍고 둔감한 인간이다. 기하학이 그 영역이고 '이루어지는 것', 생성, 생명, 따라서 심원한 궁극의 실상은 그 관할도 아니고 먹이도 아니다.

그런데 나는 무엇을 논하고 있었던가? 행동하고 생활하고 얻기 위해서는 어떤 신앙이 필요하다는 것에 대해서였다. 회의론의 엄밀한 결론은 관조주의이다. 의심 속에서 사람은 손을 대지 않는다. 무한하고 불확실하고 절대적인 부동을 강요한다. 그래서 행동을 강요당하는 경우에는 자유의지를 결정하기 위해 희망과 확신과 신념을 필요로 한다. 이해(利害)와 의무가 동기이다. 그러나 어떤 동기도 그 아래에서 예상하는 신념, 이를테면 선에 대한 신념 또는 쾌락에 대한 신념에 의지하지 않으면 효력이 없다. 사실 그 신념은 하나의 경험이다. 그러나 자신의 경험을 믿는 것은 역시 신앙적 행위이고 진정한 회의주의자는 그것을 거부할 수 있다. 그러므로 내 확신의 기초는 내면의 경험이지만, 그 원리는 주권의 행위이고, 나는 그것을 통해 '자신의 움직임으로' 이유 없이 내 경험이 가치가 있다는 것, 진실하다는 것, 내가 그것을 믿는다는 것을 결정하는 것이다. 그러므로 환상에서 진리로의 추이는 의지작용의 자발성이다. 확신할 수 있는 근거는 우리의 의지이다. 의지가 없으면 우리는 회의론 안에 머문다. 의지가 없으면 의식이 있어도 결코 과학이 없고 실재가 없다.——그러나 개체가 결국 의지에 지나지 않는다고 하면, 우주 또한 의지에 지나지 않는다. 의지가 소멸하면 모든 것이 꿈처럼 사라져 버린다. 의지와 상상, 이것이 인간 전체이며 자연 전체이다. 실재는 근본적인 의지의 무한한 환등에 지나지 않는다. 마야는 바라문의 꿈이다.——이것은 인간이 생각할 수 있는 위대한 '세계의 표상' 가운데 하나이다. 쇼펜하우어는 이것을 체계로 삼았다.

(같은 날)

오늘 아침에는 모든 것이 나를 얼어붙게 했다. 계절의 추위, 육체의 부동(不動), 특히 《무의식의 철학》(하르트만의 주요 저서, 1869년) 등. 이 책은 창조가 오류라는 것, 존재 자체는 허무보다 못하다는 것, 죽음이 삶보다 뛰어나다는 것 등 황량(荒凉)한 설을 주장하고 있다.

나는 청년시절에 《오베르만》(세낭쿠르의 소설, 1804년)에서 받았던 음울한 인상을 여기서 느꼈다. 불교의 까만 공허가 그 그림자로 나를 에워쌌다. ──실제로 만약 환상만이 우리에게서 생존의 꺼림칙한 점을 가려주어 생명을 지지하게 한다면, 생존은 덫이고 생명은 악이다. '죽음을 권하는 사람'이라고 불린 그리스인 안니케리스(기원전 4세기에 나온 키레네 학파의 철학자)처럼 자살을 권하거나, 부처나 쇼펜하우어와 함께 생명과 부활의 원인이 되고 있는 희망 및 욕구의 근본적인 절멸에 애쓰지 않으면 안 된다. 다시 태어나지 않는 것, 이것이 요점이고 어려운 일이다. 죽음은 다시 시작하는 것이다. 그런데 중요한 것은 절멸이다. 개체화는 우리 모든 고통의 뿌리이기 때문에, 지옥의 유혹 및 가증스러운 가능성을 피하지 않으면 안 된다. ──이 무슨 불경한 사상이란 말인가! 게다가 그것은 논리적이다. 이것이 행복에 대한 철학적인 궁극의 귀결이다. 에피쿠로스의 설은 절망으로 끝난다. 의무의 철학은 그리 비참하지 않다. ──그러나 구원은 의무와 행복의 협조, 개체적 의지와 신의 의지의 결합, 이 지고한 의지가 사랑으로 인도되고 있는 신앙 속에 있다. 창조를 저주하지 않기 위해서는 현상 및 경험과 상관없이, 창조가 사랑의 사업이고, 우주의 원리가 동시에 예지, 청정(淸淨), 또한 선의라는 것을 믿어야 한다. 그렇지 않으면 창조는 저주가 되고, 우리는 허무를 불러낼 것이다.

(날짜 없음)

진정으로 행복한 자는 선량하고, 선량한 자는 시련을 만나면 더욱 선량해진다. 고통을 경험하지 않은 자는 가볍다. 그리고 행복을 얻지 못한 자는 대부분 행복을 주지 못한다. 사람은 자기가 가지고 있는 것밖에 주지 못한다. 행복, 울분, 쾌활, 비애는 전염성이 있다. 허약한 자, 병든 자에게 당신의 건강과 힘을 가져다주어라. 그러면 당신은 그들에게 도움이 된다. 당신의 무기력이 아니라 당신의 기운을 전해주어라. 그들을 일어서게 할 수 있다. 생명만이 생명에 힘을 준다. 우리가 다른 사람들에게 돌려주어야 하는 것은, 우리의 목마름과 굶주림이 아니라 우리의 빵과 물병이다.

(날짜 없음)
인류의 은혜자는 인류에게 많은 사랑과 관심을 준 사람들이다. 그러나 인류의 정복자와 우상은 인류를 추켜올리거나 멸시한 사람, 인류에게 재갈을 물리고, 살육하고, 열광시키고, 착취한 사람이다. 은혜자는 시인, 예술가, 발명가, 사도(使徒) 등 모든 순결한 마음이다. 정복자는 카이사르, 콘스탄티누스, 그레고리 7세, 이노센트 3세, 보르디아, 나폴레옹 같은 사람들이다.

(날짜 없음)
각각의 문명은 1천 년에 걸치는 꿈같은 것이고, 하늘과 땅, 자연, 역사가 몽환적인 빛을 받아 취해 있는 마음, 아니 환각을 일으킨 마음이 생각해낸 연극을 연출한다. 가장 깨어 있는 사람들도 자신들의 종족 또는 시대를 지배하는 환상을 통해 실세계를 보고 있다. 그 이유는 환상을 불러일으키는 빛은 우리의 정신에서 발하고 있기 때문이다. 이 빛은 우리의 종교이다. 모든 것은 이 빛에 의해 변형된다. 그것이 우리의 만화경에 다양한 모습의 재료까지 주지는 않는다 해도, 적어도 그 색깔과 영상의 음영, 배치를 부여한다. 각각의 종교는 인간에게 세계 및 인류를 특별한 빛으로 보여준다.
각각의 종교는 지각(知覺)의 형태이지만, 변한 뒤가 아니면 인정받지 못하고, 더 나은 형태가 이것을 대신한 뒤가 아니면 심판받지 않는다.

1870년 2월 1일
친구 호르눙(Joseph Hornung 아미엘의 옛 친구로 제네바대학의 교수, 아미엘의 유언집행자의 한 사람으로 지정되었던 사람)의 《야만민족의 형벌》에 대한, 내용이 충실한 강의를 듣다. 그 뒤 이 친구와 '배심제' 및 '사형'에 대해 논했다. 나를 향해 이렇게 말하기 시작했다. "자넨 참으로 훌륭한 재판관이 되었군. 알고 있는가, 자네! 근세 범죄학 도서관을 모조리 뒤져도 자네가 지금 말한 것은 모두 잊혀져 있다네. 자네에게는 확고하고 날카로운 법률적 감각이 있어. 말썽이 나서 시끄러운 사건도 자네의 손이 닿으면 얼마나 원만하게 풀리겠는가." 정직하게 말하면 법률학 교수에게서 나온, 생각도 못했던 이 아침은 은근히 나를 즐겁게 했다. 또 다른 사람들은 당신은 훌륭한 의사, 훌륭한 비평가, 훌륭한 교육가, 훌륭한 정신과 의사, 훌륭한 미학자가 다 되었다고 나에게 말한다. 이것은 모두 같은 주제의 변주곡이다.

이지는 보편적인 기구이다. 사물의 정신으로 들어가는 것, 그것도 이것과 마찬가지로 악의가 없는 일이다. 나는 나를 객관화하고 비자아화하는 것, 즉 다양한 사물로 파고들 수가 있다. 또 그렇기 때문에 사물을 이해하는 것이다. 다른 모든 사람들 및 그의 모든 활동은 나라는 존재의 양상, 내 사유의 형식과 같은 것이다. 그것을 내 안에 재현하는 것은 스스로의 심리학이며, 나는 미지의 것의 일부분을 의식하는 것이다. 심리학이란 무엇인가. 생명, 정신, 이지의 모든 현상의 심적·발생적 재구성, 잠재된 모습을 무한하게 파악하는 것이다. 때문에 나는 비평가로서, 심리학자로서 다수의 다양한 개인이 되고, 무수한 역할을 해낼 수도 있었을 것이다. 그러나 나는 그러한 개인이나 그런 역할을 이해하는 것, 즉 그러한 것을 원리상으로, 또는 가능성으로서 체험하는 것에만 만족했다. 나는 지칠 때까지 그것을 모조리 실현하려고도 하지 않으며, 싫은 생각을 하면서까지 그것 한 가지에 틀어박히려고도 하지 않았다. 이 내면적 자유는 어쩌면 기쁨에 있어서는 제한된 다섯이나 여섯 가지 명성의 총화에 필적할 것이다. 다만, 기쁨이라고는 해도 스피노자식의 지적인 기쁨의 의미이다. 그러나 이해자의 속죄는 이해되지 못하고 만다. 모든 사람에게 정당한 판단을 내리고, 누구에게서나 그것을 받지 못한다. 다른 사람들의 속까지 들여다보지만 그 사람들은 암흑으로 생각한다. 그 자유의 대가는 고독이다.

그것은 아무래도 좋다. 항상 나의 불완전한 점밖에 느끼지 않았는데 오늘은 나의 장점을 인정했다. 그것이 나는 기쁘다.

1870년 2월 15일

(오후 9시) 사소하지만 약간 재미있는 것은 F.D.에게 보낸 내 답장이 하마터면 도중에 몰수당할 뻔한 일이다. 누구에게인가 하면 바로 그 사람의 조카딸인데, 일부러 자기 집에서 12킬로미터나 떨어진 곳까지 나와서, 고모가 남몰래 주고받는 편지의 스파이 노릇을 하고 있었다. 질투에서 나온 이러한 행위는 마법의 투시와 비슷하다. 한 달이 지난 뒤에, 나의 '거위'는 또 편지

를 원한다고 하며 들렀는데, 이번에도 그 약삭빠른 못된 아가씨가 와 있을 때를 고르고 말았다. 가엾게도 그 고모는 완전히 봉쇄되어 있다. 그런데도 나에게 졸라 또 편지 연락을 시작하게 하여 시시콜콜한 일까지 간섭하려 한다. 성가신 일이다.

이러한 치마(역자를 가리키는 말)들이 너무 많다. 속세에 있는 종교 지도자, 이야기 상대, 참회를 듣고 있는 이들과 같은 성직자 냄새가 나는 역할은, 시간을 너무 많이 빼앗기고 에너지도 너무 많이 소비된다. 그것이 과연 어린양에게 도움이 될지는 확실하지 않지만, 수도원장에게 해가 되는 것은 분명하다. 지금으로부터 23년 전 베를린의 Diet. 집안사람들은, 내가 여자를 상대로 시간을 낭비하고 있다고 말했다. 이제 그만 종지부를 찍어야 할 때인 것 같다. 그렇다 해도 왜 이렇게 언제나 내가 먼저 당하고 몸을 도사리고, 매력 있는 이성에 대해 수비 자세를 유지하게 되는 것일까? 누군가가 공격하게 되어 있는데도 내가 가만히 있으니, 여자 쪽에서 몰려오는 수밖에 없기 때문이다. 여자는 소극적이라는 소박한 이론은 깨지고 마는데, 여자가 두려워하는 것은 오직 하나로 잘못된 판단, 특히 타인에게 잘못 판단되는 일이다. 사람들의 평판이라는 점에서 한번 안심하게 되면, 어리석은 자들이 여자가 마땅히 베풀어야 할 것으로 인정하고 있는 '배려'를 털끝만큼도 가지지 않게 된다. 여자는 남자가 만들어 낸다. 배척당하지 않기 위해 여자는 모든 희극을 연출하며, 자신의 모든 감정을 규율로 억제할 수도 있다. 그러나 그 도덕률은 외부에서 오는 것이다. 자신의 아버지나 자신의 동료, 친구, 신의 마음에 들도록 하지 않으면 안 되는 것이다. 여자의 양심은 언제나 누군가에게서 배우고 있다. 자신 안에 중심을 가지고 있지 않다. 그러나 여자는 원래 남자에게 있어 지구에 대해 달 같은 존재로 남자의 부가물 또는 보충물, 또 남자의 짝이 되어야 하므로 크게 지장은 없다. 여자는 그때그때의 풍습을 대표하고 있으며, 그 풍습이 좋든 나쁘든, 경솔하든 신중하든, 또 부패해 있든 어떻든 그런 것과는 거의 아무 상관없다. 풍습을 대표한다는 것만으로 비판하지는 않는다. 물결처럼 떠다니면서 반응은 하지 않는다. 그러므로 한 시대의 여자는 그 시대의 벌(罰)도 되고 상(賞)도 된다.

자신이 사랑받고 있고 필요한 존재라고 느끼기만 하면 여자는 만족할 수 있다. 그런데 우리에게는 여자 없이도 살 수 있는 가능성은 거의 없다. 여자를 싫어하는 사람 한 명에 비해 여자를 열렬하게 사랑하는 사람은 언제든지 백 명의 여자를 찾을 수 있다. 이 하찮은 자부심이 여자를 도취하게 하고 머리를 어지럽게 만든다. 싫증도 내지 않고 왕도(王道)보다 학정(虐政)을 좋아하고, 진지한 지배나 신실한 존경보다 속임수의 매력을 좋아한다. 그러나 진정한 여자는 남자의 악령이 아니며, 남자의 가장 좋은 힘, 가장 좋은 친구가 되어야 한다. 본보기가 되는 아내와 모범적인 어머니는 언제나 위대한 전형이고 가장 고귀한 여자의 이상이다. 해방을 외치는 여장부가 오늘날 아무리 분발해도, 이 사상을 희석시키거나 이 사실을 가리지는 못하고 있다.

1870년 2월 18일

(정오) 성인이 된 여자는 툭하면 소리 죽이고 웃으면서 '남자는 바보'라고 말하지만, 그 이상은 설명하지 않는다. 그러나 그 바탕에 있는 생각을 추측하는 것은 어렵지 않다. 남자가 여자 및 사랑의 위대한 신비에 대해 품고 있는 생각은 참으로 우스꽝스러운 것이다. 멍청하고 조잡하며 유치하게, "안녕하세요?"라는 간단한 말까지 복잡하게 만들어버려, 어느 정도 나이 먹은 사람이라면 자기도 모르게 대놓고 남자의 험담을 하고 싶어진다. 노획물은 어차피 자신들의 그물에 걸릴 것이고, 모처럼 걸린 먹잇감이 어떤 기회에 속마음을 알아채는 것을 원하지 않는 여자들끼리의 이해관계가 없었다면, 언제까지나 화장과 교태, 정숙한 자태와 내려뜬 눈, 바람에 나부끼는 리본과 풍요롭게 물결치는 옷깃에 속아서, 미지라고는 해도 (곁에 있는 사람은 잘 알 수 있다) 희극의 비밀 같은 수만 가지의 행복을 그리려 하는 새끼거위(멍청이)를 여자들은 얼마나 조롱했을지 모른다.

남자란 정말 바보이다. 그들은 욕망이 최상의 아첨꾼이라는 것, 아무 맛이 없는 일품요리에 이상한 소스를 끼얹고 있는 것이 자신의 상상력이라는 것, 자신의 매력과 세력도 착각이라는 것에 빠져 있다는 것을 모르고 있다. 이 창조물의 왕자로 자부하는 사람들이 20년, 30년, 아니 더욱 오랫동안 뮤즈 (몇 시간이라도 움직이지 않고 먹이를 기다린다는 육식 새)처럼 끝없이 같은 함정에 걸리는 것은 정말 재미있는 구경거리이다. 우리에게는 먹이나 끈끈이 같은 것도 필요 없다. 이 어리석은 먹잇감은 스스로 그물을 짜서 거기에 걸려든다. 신사양반들, 댁들은 우리 여자들을 대단히 친절하게 대해주시지만, 노골적으로 말해 수컷 굴도 댁들보다는 똑똑하답니다. 댁들은 가장 저급한 본능의 꼭두각시로, 그것이 우리를 얼마나 재미있게 하는지 모르고 계실 거예요. 정말 귀여운 꼭두각시님, 숭고함과 웃음의 거리는 한 걸음밖에 되지 않는데, 그 한 걸음을 댁들은 아무때나 밟아버리시지요.

몸이 근질근질하면 댁들은 우리의 것
그래도 자기가 대단한 줄 알고 있지요.
불쌍하고 귀여운 꾀꼬리님
댁들의 그늘에서 꽤나 웃고 있답니다.
그렇지만 그것을 눈치채시면 곤란해요.
우리의 힘도 그때까지뿐이니까요.

(오후 4시) 어떻게 하면 환락에서 해방될 수 있을까? 가장 좋은 방법은 역시 사랑이다, 지고한 사랑이다. 여자의 상처를 치유하고, 아내를 매춘부로부터 해방시키며, 무질서로부터 질서를 구원하고, 부부생활을 육욕에서 해방시키며, 욕망을 정화하고, 나약함을 힘으로, 육체의 박차(拍車)를 정신의 약동으로 바꿀 수 있다. 부부생활 밖에서 성은 허약함과 유혹, 불행이다. 신의 왕국을 위해 힘을 다하지 않는 자는 악마의 왕국을 위해 일하는 것이다. 축복이 되어야 할 힘이 저주가 된다. "독신자는 가련하도다."
문체의 '빠르고 세찬 성질'을 살펴보기 위해 유베날리스와 벨을 다시 읽었다. 그러나 아무 소용없었다. 하기는 위가 꾸르륵 소리를 낼 때는 폭발을 시켜서 구토를 진정시키는 수밖에 없다. 콧구멍이 간질간질하면 재채기를 해야 한다.
소크라테스가 한 말은 옳았다. 이쪽에서 달아나지 않으면 물리칠 수 없는 적(敵)이 있다. 그것을 상대로 할 때는 겁쟁이가 현명한 사람이고, 용기를 내는 것이 패배의 원인이 된다. 정면에서 하는 투쟁은 멸망으로 끝난다. 불평하는 여자의 3분의 2가 지는 것도 그것 때문이다. 뱀과 얘기를 한다면 이미 타락한 것이다. 한 올의 머리카락이라도 일단 유혹의 톱니바퀴에 끼고 나면, 언젠가는 온몸이 빨려 들어간다. 멈추는 자는 비틀거리고, 듣는 자는 떨어진다. 유혹을 부르는 것은 그것을 집안에 들이는 일이다. 씨앗을 받아들이면 언젠가는 나무까지 책임져야 된다. 계속해서 하기가 싫은 사람은 아예 시작하지 않는 것이 좋다.

  (오후 6시) 물리학의 최고 원리인 힘의 변형(變形)이 심리학의 법칙이라고 할 수는 없을까? 나는 그럴 수 있다고 생각한다. 이지는 본능과, 각성은 생산과, 재능은 천재와 모두 반비례한다는 느낌이 든다. 뿐만 아니라 나는 이것에 의해 발생적 '자극'이라는 망상의 믿을 수 없는 힘까지 설명하려고 한다. 이 경우 개체의 힘은 반성 및 사유와는 반대의 극, 즉 자아의 무의식에 집중되어 있다. 개체의 힘은 빛을 모두 빼앗기고, 열, 불꽃, 충동, 추진력이 되어버린다. 왜 그럴까? 생식력으로 변하여 자기가 속해 있는 종족만을 위해서 일하기 때문이다. 비너스의 높은 흐름을 따르는 인간 개체가 일시적으로 완전히 자연이 되는 것은, 그것이 생산 조건이기 때문이다.
  인간 개체가 유기적 생명의 불꽃을 차지하는 것은, 정신적인 상태와는 반대의 상태에 있기 때문이고, 바로 사유가 변형하여 생명의 물결이 되고 뇌수가 액화하여 진액이 되기 때문이다. 즉, 취하거나 버리거나 둘 중의 하나이다. 만들어내기 위해서는 동물적이 될 필요가 있고, 몸을 낮추어 교미하는, 즉 두뇌도 기억도 예견도 사려도 사라지고, 자발적 미치광이가 되어 대자연에 봉사하는, 일종의 순간적인 정신병에 호소할 필요가 있다. 생식행위에서는 모든 개체가 동등하고, 스스로 분해하여 단순한 동물성에 빠진다. 등급이나 거리가 회복되는 것은 그 뒤의 얘기이다. 외양간과 둥지, 굴, 구멍, 짚자리, 침대, 골방이나 국왕의 정자(亭子)도, 풍뎅이와 새, 멧돼지, 코끼리, 개, 그리고 사람과 속인, 천재, 성자, 탕아도 기권과 경련이라는 동일한 형태밖에 보여주지 않는 순간이 있다. 이 보편적인 광기의 순간에는 모든 인격, 아니 모든 개성은 폐기되고, 생명이 있는 모든 것은 새로운 생산의 요람이라고 할 수 있는 위대한 죽음과 소통한다. 미리 앞을 내다보고 아는 것은 완전히 없어진다. 피닉스라는 새는 자신의 재 속에서 소생하지만, 그러려면 먼저 재가 되어야 한다. 감각의 광란적 흥분에 있는 고통스러운 환멸, 무거운 우울은 거기서 온다. "행위 뒤에 동물은 모두 외롭다"라는 속담도 있다.
……

1870년 2월 20일

(오후 6시) 애정의 목욕. 지상에서 나는 고독하지 않다. 적어도 어떤 사람이 자신의 생명과 마찬가지로 나를 소중하게 생각해 준다는 것을 강하게 느꼈다. 이제 나는 상당한 상처를 받고 쇠약해져 작아지기는 했지만, 그래도 행복을 줄 수 있다는 것을 느끼기도 하고 보기도 했다.

사랑받고 있다는 걸 아는 것은 마음 든든한 일이다.

둘이서 〈프리티오브〉(Frithiof. 13, 4세기 아이슬란드의 전설을 토대로 19세기 스웨덴 시인 테그네르가 쓴 서사시)를 읽고 다양한 것에 대해 애기를 나눴다. 필린은 취미가 엄격해져서 사람들이나 작품의 상대적인 가치에 지극히 건전한 비판을 내린다. 이 사람이야말로 제인 에어 같은 용감하고 참을성 강하며 의연한 여자 친구로, 한번 결심하면 약속을 지켜내기 위해 모든 희생과 지극한 노력을 아끼지 않는 사람이다. 그 의지는 바로 원소적(元素的)인 힘이다. 자신이 사랑하는 것을 구원하기 위해 필요하다면 무릎이 닳고 헤지도록 기어가려 한다. 파라과이의 여걸 리바로나 부인의 이야기를 되풀이해서 애기했을 것이다. 그 통제하기 힘든 힘이 스스로에 대한 전제적 권위를 나에게 넘긴 뒤, 지배하고 검열하고 교정하고 명령하는 것을 은혜로 여기고 있다고 생각하면, 나는 무거운 책임을 느끼지 않을 수 없다. 남들은 그것을 내 운명의 특이성이라고 말할지도 모른다. 오만하고 교만하고 불손한, 적어도 복종을 인정하지 않는 여자가 나에게 그녀의 우두머리가 되어 달라고 하고 권력을 휘둘러 달라고 간원한 것이 벌써 몇 번이었던가? 그런 일은 나에게 스무 살 무렵부터 수없이 일어났다. 그 원인은 여자가 이해받고 있다는 걸 느끼고 안도하는 것, 그리고 내가 결코 정복자나 지배자가 되지 않았던 것에 있다. 가장 자존심이 강한 사람들이 오히려 주인을 선택한 뒤에는 감격하는 마음으로 복종하는 경향이 있다. 어떤 강제에도 저항하지만, 공경과 순종의 마음을 자진해서 단 한 사람의 상대에게 바치는 것을 선호한다. 오직 한 사람, 자기 손으로 관을 씌워준 자에게만 복종하는 것은 자신에게 복종하는 것, 자유로워지는 것을 뜻한다. 참고로 말하면 종교적인 국민, 특히 자신의 동의로 종교적이 된 국민만이 정치적 자유를 가질 수 있다는 것도 그런 의미이다.

신 외에 우리는 주인을 섬기지 않는다,
신앙이 없으면 너희들과 같이 됨을 알라.

이것이 그 표어이다. 여기에 덧붙여서 할 수 있는 말은——

노예의 백성이여, 너희들이 나아가려면 왕과 성직자가 필요하다.
그것은 정당하다. 정신이 온전치 않은 자에게는 난간이 필요하다.

1870년 2월 23일

어제의 강박관념의 원인을 알고 소름이 끼쳤다. 그 원인은 악을 향하는 본능,——적에게 도전하는 본능,——자살 본능에 있다. 악은 악이기 때문에 유혹하는 것이라고 말해봤자 아무 소용없다. 사탄은 자신이 하는 말을 듣고 따르게 하기 위해 반드시 빛의 천사로 변신할 필요는 없다. 인간의 호기심을 유발하기만 하면 그것으로 충분하다. 위험에 대한 공포라는 말을 하지만, 위험도 역시 눈이 핑핑 돌 정도로 강한 인력을 미친다. 인간은 그것과 맞서서 그 힘을 즐기려 한다.

인간은 보존 본능을 역설하지만, 반대의 본능도 역시 실재한다. 우리에게 해로운 것이 우리 중심에 불러일으키는 불건전한 취향은 결코 맹목적이 아니며 악을 향하게 하는 것이다.

그리고 우리 양심과 이해심(利害心)을 손상시키는 것이라도, 역시 우리를 유혹할 때가 있다. 왜 그럴까? 신도 악마도 두려워하려 하지 않고, 자신보다 뛰어난 것을 인정하지 않으며, 모든 충고와 명령을 어기는 우리의 반항적 본능을 부채질하기 때문이다.——다시 말해, 우리의 내부에는 사탄적인 요소(반항적인 본능)가 있다. 모든 법칙의 적, 어떠한 유대도 인정하지 않고, 이성과 의무와 현명한 생각의 유대도 인정하지 않는 반역자가 있다. 이 요소가 모든 죄의 뿌리, 칸트가 말하는 '근본악'이다. 개성의 조건인 독립은 동시에 개체에 있어서 영원한 유혹이다. 우리를 우리답게 하는 것은 또 우리를 죄인으로 만들기도 한다.

그렇기 때문에 죄는 골수에 뿌리 내려 혈액처럼 우리의 혈관을 흐르며, 우리의 실체 전부에 섞여 있다. 아니, 그렇게 말해서는 안 된다. 유혹은 우리의 자연적인 상태이지만, 죄는 필연적인 것은 아니다. 죄는 선한 독립과 나쁜 독립을 의식적으로 혼동하는 데 있다. 그 원인은 뭐든 머리에 떠오른 궤변에 대해 반쯤 관대한 태도를 취하는 것이다. 우리는 악의 시작이 사소하다고 하며 무시하지만, 그 약점 속에 우리의 패배가 싹트게 된다. ——"사물이나 현상이 시작되는 처음에 저항하라." 이 격언을 잘 지키면 우리는 거의 모든 재해를 면할 수 있을 것이다.

우리는 자신의 변덕 외에 다른 주인을 원하지 않는다. 그 의미는 우리의 나쁜 자아가 신으로부터 나오는 것을 원하지 않는다는 것, 우리의 본성이 모반을 좋아하고, 신을 존경하지 않으며, 거만하여 권위에 복종하지 않고 반대를 주장하며, 적어도 자기를 지배하려는 것을 경멸하므로, 질서를 위반하여 통치할 수 없는 부정적인 존재라는 것이다. 이 뿌리를 그리스도교에서는 자연인이라고 명명한다. 그러나 우리 안에 있고 우리의 소재가 되고 있는 야만인은, 인간이 되기 위해서는 규율에 복종하고 교양을 받아들여 문화를 누리지 않으면 안 된다. 인간은 현자가 되기 위해서는 인내로 다듬어져야 한다. 현자는 의인이 되기 위해 시련을 거쳐야 한다. 의인은 성자가 되기 위해 자신의 개체적 의지를 버리고 신의 의지를 받아들여야 한다. 이 새로운 인간, 다시 태어난 이 사람이야말로 유대와 복음서와 마기(옛 페르시아의 승려), 신플라톤파가 주장한 정신의 사람이고 천국의 사람이다.

1870년 2월 24일

(오후 11시 반) 오늘밤에는 진정한 애정의 은혜를 경험했다. 사랑하는 여자가 우리를, 자꾸만 달라붙어 괴롭히는 환락과 음란한 상상에서 구원해준다. 사랑이 색욕에서 구출되고 애정이 여자에 대한 꿈을 쫓아낸다. 실제로 성 페테르부르크의 요염한 무용수를 노래한 나의 2운시(二韻詩)는 지금도 나를 쫓아와 갈고 다듬어 마무리할 것을 요구한다. 그리고 나는 Blw.에 의해 가까스로 이 마법에서 벗어날 수 있었다.

예술적인 흥분도 성숙기에는 치욕이다. 그러나 머리카락이 잿빛이 되기 시작할 무렵에는 으레 분별이 생기게 마련이다. 그렇게 되면 들뜬 욕정은 참을 수 없이 어리석은 것으로 보인다. 점잖지 못한 것만 생각하는 성적 취향을 가진 노인만큼 처치곤란한 것이 또 있을까? 천하의 망나니마저도 불쾌감을 느낄 것이다. 나는 교훈도 주고 두려움도 주는 그러한 실례를 많이 알고 있다.

상상에 의한 육감도 역시 음탕하다. 음란하고 난잡한 시는 본질적으로 다르다 해도 현실적인 방종이다. 나쁜 책은 나쁜 친구에 못지않은 해독을 끼친다. 아레티노(Pietro Aretino 16세기의 이탈리아 시인)는 가장 불순한 여자보다 더 불순하다. 나는 정욕의 더러움과 공상의 추잡함은 청춘의 난폭한 행동과 감각의 광기보다 위험하다고 믿는 편이다. 만약 그것이 진실이라면 신학교 학생이나 처녀가 죄지은 여자보다 훨씬 타락해 있을 수도 있다.

반성한 후에 나를 엄습해온 여러 가지 유혹 가운데 내 관심을 끈 유일한 유혹은 금단의 열매의 냄새, 감상적인 읽을거리의 매력이다. 독신자는 거기서 함정과 벌을 찾아낸다. 이웃의 즐거움이 무엇인지 모르고 넘어가고 싶지 않아서, 상상력에 호소하여 자신에게 금지되어 있는 사상(事象)을 짐작하려고 노력하는 것이다. 독신자는 원래 환락에 대해 알고 싶어하게 마련이다. 환락은, 그것을 관찰할 따름이라고 말하는 사람들을 언제나 불타게 하는 연구대상이다. 자연은 초연한 사람의 이해를 바라지 않고, 소용돌이 속에 끼어들지 않고 신비를 엿보기를 원하는 염치없는 자들에게는 현기증과 도취라는 벌을 내린다. 몇 년이 지나야 정욕의 불꽃, 성(性)의 비밀, 환락의 마법을 완전히 평정한 마음으로, 말하자면 아웃사이더의 입장에서 분석할 수 있게 될까? 살아 있는 여자가 옆에 있으면 감각이 긴장하는 시기는, 음란한 그림과 묘사에 의해 상상작용이 깨지고 혼란에 빠지는 시기의 일부분에 지나지 않는다. 상상작용은 실제 힘보다 먼저 시작되어 그보다 오래 남는다. 욕구는 기질보다 훨씬 크다. 그렇기 때문에 정신의 순결은 행위의 올곧음뿐만 아니라, 마음의 건강과 몸의 기력까지 보존해주는 것이 된다.

Blw.에서 테그네르(Esaias Tegner. 19세기의 스웨덴 시인, 《프리티오프》의 저자)와 지드(Etienne Gide. 제네바의 법률학자이자 시인, 《잃어버린 오솔길》의 저자)를 읽다. 둘이서 종종 추억을 새롭게 했다.

1870년 2월 27일

좋은 날씨. 안일함과 게으름, 망각 속에 내 삶을 잃고 있음을 느끼고 경악한다. 돌이킬 수 없는 것과 마주쳤다. 시체에 닿은 것처럼 몸을 떨게 하는 접촉. 행복에 대한 화나는 기억이 나의 폐부를 물어뜯고 가슴속을 스친다.

당돌한 봄의 침입이 나를 어지럽게 한다. 이런 감동은 위험하다. 나의 청춘이 세이렌 (아름다운 노래소리로 지나가는 뱃사람들을 유혹해 죽게 만드는 바다의 요정)처럼 나를 부르고, 파도 속으로 뛰어들라고 유혹하는 듯한 기분이 든다.

옛날 그라우코스 (보이오티아의 어부, 나중에 바다의 신이 된다)는 파도를 사랑해서
그 묘한 가락의 부르는 소리에 이끌려
깊은 바다 속으로 모습을 감췄다.
그곳에서 기다리던 것은 인간 세상의 망각과
신들의 최고 행복이었다.

정열 때문에 몸이 녹을 것만 같다. 틀림없이 사랑의 이상, 사랑의 본질로 여겨지는, 뭐라고 정의할 수 없는 게으름. 실제로 그것은 동시에 두 가지 반대되는 동경, 삶의 갈망이기도 하고 죽음의 갈망이기도 하다. 무한한 행복을 꼭 끌어안고, 자기의 한계를 탈피하고, 비참하고 제한된 자아를 벗어나고, 신성한 기쁨의 대양(大洋)에 녹아들고 싶어진다. 불가능과 모순, 허망을 원한다. 이 동경이 가책과 황홀, 즐거운 고통, 천국적인 광란이 되어 있음은 그 때문이다. 죽음의 환락을 맛보고, 그것이 광영 속으로 들어가는 것처럼 느껴진다. 말로는 하지 못할 모호한 위기 속에, 파멸과 제사가 똑같이 돌아온다. 어떠한 나라의 말로도 이름이 없다. 정말이지 그것은 현기증 나는 지각(知覺)이 행복으로 변한 것이고, 묘사할 수 없는 것의 도취이며, 형상을 알 수 없는 것의 환각이고, 무의식의 의식이다. 그렇기 때문에 바쿠스 야쿠스 (Bacchus-Jacchus. 술의 신 바쿠스의 한 이름)는 엘레우시스 (데메테르의 제사로 유명한 마티카의 도시)의 신비한 신이 되었던 것일까. 무한한 것의 도취에 의한 죽음은 부활이 아닌가. 개체적 자아의 휘산, 즉 제2의 죽음은 제3의 출생 조건이 아닌가. 애벌레가 번데기가 되고, 번데기가 나비가 되듯이 인간도 연속적인 변태의 계열을 거치는 것은 아닐까. 가장 조잡한 형태만이 알려져 있지만 달리 모양이 여럿 있다.

1870년 3월 1일
　(오전 9시) ……L. Rd.가 마침내 소식을 보냈다. 목사인 Tr.이 일부러 들러서, 몇 달 전에 그 사람이 보낸 편지 3, 4통이 아직도 우체국에 있다고 알

려주었다. 그것을 발견하여 무척 기뻤다고 한다. 그러나 8페이지에 이르는 답장에는 별다른 내용이 없었다. 어떻게 하면 읽는 사람의 흥미를 유발시킬 수 있을까 몹시 애를 쓰고는 있었지만, 분명한 것은 가엾게도 식욕이 사라져서 1주일마다 편두통의 습관이 붙은 것, 스스로 죽은 영혼이라 자처하고 있다는 것, 그 넋두리는 비밀로 해달라고 부탁하면서 나를 세상에서 유일한 친구로 부르고 있다는 것이다. 그러나 정말 그 필적이란! 그 난해한 상형문자를 판독하려면 끝없는 긴장이 필요하다. 그러나 좋다. 나는 늘 좋은 일을 해주고 있으니 만사 오케이다. 나는 여자를 위한 지휘자, 이야기 상대 노릇을 확실하게 맡은 것이다. 이 역할이 언제까지나 나를 추궁하고 강요하기를 되풀이한다. 처녀, 미망인 뿐만 아니라 결혼한 여성의 교구를 담당하는 목사 역할이다. 마음을 다루는 작은 외과의원이라고 할 수 있다. 내가 아무래도 남이 털어놓기 꺼리는 고민, 즉 가정의 불만이나 가슴속의 고민 등의 타고난 접골의사나 수선공, 위안자로 보이는 모양이다. 나에게라면 마음속에 숨겨둔 비밀스런 일, 숨기고 있는 번민, 작은 상자의 자잘한 보석도 맡기는 것이다. 서너 살짜리 계집아이도, 여든 할머니도 똑같이 나를 마음의 친구로 간주한다. 게다가 처음 만난 사람들도 때때로 거리낌 없이 그렇게 한다는 것은 올 들어서 깨달은 사실이다. 이것은 누가 뭐라 해도 특이성이다. 사람들이 이렇게 나에게 끌리며 급속한 공감을 표하게 되는 이유는, 내가 '신중함과 명쾌한 판단과 호의', 한마디로 말해 좋은 목사의 장점을 한 몸에 갖추고 있는 것처럼 보이기 때문이다. 아니면 시인의 특권일까? 나는 모든 것을 이해하는 시인일까? 통찰과 친절함에 다감한 여자들은 안심한다. 그래서 여자들은 나를 자신의 '친구'라고 선언한 것이리라. 이 칭호도 칭호로서의 가치는 있다.

  사실 그것은 몇몇 영혼의 시중을 의뢰하고, 자잘한 걱정에서 벗어나게 하고 있다. 실제로 나는 자신도 모르는 사이에 이야기 상대, 참회를 듣는 사람의 역할을 시작한 지 26년 동안, '어머니를 안겨준 성(性)'에 대해 욕심 없고 성실하며 관용할 뿐만 아니라 기사적인 태도까지 취해왔다고 믿는다. 나에 대한 기억을 후세에 남겨줄 호칭이 '어린이의 친구이자 여성의 상대'가 되지 않을 거라고 장담할 수도 없다. 나도 모르는 사이에 좋은 목사가 되어 버린 것일까? 그것도 나쁘지 않겠지.

1870년 3월 2일

(오전 11시)……생각해 보면 확고한 여자, 즉 그 말이 보증이 되고 그 약속이 맹세가 되며, 불화나 절교 뒤에도 친구의 비밀을 지켜주는 신사적인 여자는 극히 드물다. 음모가 발각되는 것은 거의 항상 여자로부터이다. 그런 이유에서 참회를 듣는 것은 남자 성직자이지 여자 성직자가 아니며, 또 그런 이유에서 남자 성직자도 결혼과 함께 참회를 들을 의무가 없어진다. 여자가 나타나면 호기심과 수다, 짓궂은 장난이나 복수도 나타난다. 그래서 대부분의 여자들은 자신들에게 부당한 것, 절대적인 신뢰를 요구하고 있다. 여자는 이쪽이 양보해도, 또 저항해도 지극히 위험한 존재이다. 여자의 무절제한 혀는 무서운 재난이다. 그래서 남자에게 가장 좋은 것은 이야기 상대가 없어도 살 수 있거나, 어머니 같은 사람에게만 털어놓는 것에 머무르는 것이다.——'닫힌 동산'과 '봉인된 우물', 다시 말해 침묵해야 하는 것은 내색조차 하지 않고, 말솜씨가 교묘한 힐문자나 온갖 가책으로도 그 입을 열게 하거나 눈으로 말하게 할 수 없는, 남자의 마음을 가진 여자 친구를 발견한 자는 행운아다. 그리고 이 강한 영혼이 잘못과 이별·시간·죽음 같은 그 어떤 것도, 특별한 약속에 구애되지 않는다는 것을 느끼고 있다면, 그것은 거의 모범적인 이야기 상대이다. 그리고 나는 스스로도 그런 역할을 하고 있는 이상, 그러한 행운을 꼭 손에 넣고 싶다. 나는 상호관계밖에 원하지 않는다. 실례는 그것과 동등한 사물에 대해 어느 정도의 권리를 주는 것이라고 나는 생각한다. 함정은 함정으로서의 가치가 있다.

1870년 3월 17일

(오전 11시) 오늘 아침 나의 창문 밑에 걸음을 멈춘 브라스 밴드의 분위기는 눈물이 날 만큼 나를 감동시켰다. 뭐라고 정의할 수 없는 향수의 힘을 나에게 파급시켰다. 다른 세계, 무한한 정열, 지고한 행복을 꿈꾸게 했다. 그것은 영혼 속에 울리는 낙원의 메아리이며, 고통스러울 정도의 달콤함으로 가슴을 취하게 하고 황홀하게 하는 이데아 세계의 추억이다. 플라톤이여, 피타고라스여, 그들은 이러한 조화를 듣고, 이러한 내적인 황홀의 순간을 포착하여, 이러한 신성한 감각을 맛보았던 것이다. 음악이 이렇게 우리를 천국으로 데리고 가는 것은, 음악은 조화이고, 조화는 완성이며, 완성은 우리의

꿈, 우리의 꿈은 천국이기 때문이다.——싸움, 분노, 이기심, 더러움, 빈약함으로 가득한 이 세상은 모르는 사이에 우리에게 영원한 평화, 한없는 신앙, 바닥을 모르는 사랑을 기꺼이 구하게 한다. 우리가 갈망하는 것은 무한보다 아름다움이다. 우리에게 무겁게 다가오는 것은 존재나 존재의 한계가 아니라, 우리 안에도 있고 밖에도 있는 악이다. 질서를 어지럽히지 않는다면 우리는 반드시 위대해질 필요는 없다. 절대자에 대한 요구는 상대자로서의 완성으로 충분하다. 윤리적인 향상심에는 결코 교만한 데가 없다. 그것이 원하는 것은 다만 자신의 자리를 얻고, 사랑인 신의 우주적 협주에 참여하여 자신의 악보를 연주하는 것이다. 그가 염원하는 행복은 권력이 없고 지식도 없으며, 위계가 없는 종의 청정심뿐이다. 구더기에 지나지 않는다 해도 신의 의지에 합당한 구더기인 것, 그것이 클레안테스(스토아파의 철학자)의 소망이자 토마스 아 켐피스의 소망이다.

딕슨(William Hepworth Dixon, 19세기 영국의 여행가)의 셰이커 교도(미국의 종교적인 독신클럽)에 관한 장(같은 사람의 저서 New America, 1867) 때문인지, 회복기 때문인지, 아니면 음악 때문인지, 어쨌든 나는 종교적인 관용을 매우 원하고 있는 것처럼 느낀다. "너 홀로 살아가는 한, 모든 사람과 평화롭게 지내라." 칩거, 공부, 명상, 에세니안(Esséniens, 유대의 금욕생활자) 풍의 기도가 최상의 생활로서 나에게 미소짓고 있다. 사랑으로 충만하고, 경건하고 평정하며 교양이 있는 가정, 그것이 나를 끌어당기고 있는 것이다.——관조적, 신비적인 본능이 내 안에서 눈뜨고 있다. 그러나 나는 스스로가 다양한 모습의 파도처럼 움직이고 있음을 떠올리고 있다. "나는 인간이다. 인간에 관한 일이라면……"(무엇이든 남의 일로는 여기지 않는다. 테렌티우스가 한 유명한 말). 나 자신의 일을 하자.

1870년 3월 23일

……필린이 이것저것 세심하게 도움을 주기 위해 찾아와, 건강에 좋은 음료를 주었다. 정말 어머니이다. 오를리에(Orlier 스위스의 지명인 듯하나 불명)와 글리용(Glion 몽트르 동북쪽 1킬로미터 되는 마을)을 한 번 둘러보러 가자고 말했다. 필린은 추억에 대해 경건하다. 과거 전체를 망각으로부터 지키고 있다. 이집트 정신으로 생명을 가진 적이 있는 모든 것을 미라로 만들어, 마음이 한번 신성화한 것은 결코 사멸하게 내버려두지 않는다. 그 완강함은 흡사 종교 같다. 사랑과 증오는 므네모쉬네(기억의 그 여신을 의미하는 그리스어)의 아버지와 어머니이다. 세 가지의 신학적 덕성 가운데 최대의 것, 영원히

남는 유일한 것은 자애이고, 자애는 사랑의 훨씬 정결한 이름이다. 레스피나스 양 (Mlle de Lespinasse, 18세기 프랑스의 재원), 라파예트 부인 (Mme de Lafayette, 17세기 프랑스의 소설가), 미스 뮬록 (Miss Mulock 19세기 영국의 소설가)의 테오도라, 또는 존 핼리팩스 (미스 뮬록이 쓴 소설의 주인공)의 아내처럼 사랑하는 것이 그 사람의 염원이고 꿈이고 소망이다. 이 천성은 그녀의 고귀한 소망에 대해 자신의 의지를 최대한 발휘하고 있다. 그리하여 그 사람은 점점 완성되고 고귀해지고 또한 아름다워졌다. 끊임없는 노력에 대한 정당한 보상이다. 지금은 이미 개인적이지 않은 마음, 헌신의 경지에 도달해 있다. 나는 매우 만족한다. (밤 11시)

그 사람의 3월 12일자 편지를 다시 읽었다. 참으로 훌륭하다.

1870년 3월 25일 생 크리스토프 (아미엘이 자신의 하숙집에 붙인 이름 rue des Belles-Filles 나중에 rue Etienne-Dumont)

(오후 8시) 좋은 날씨. 새가 창가에 찾아왔다. 작은 술병 두 개를 Hermd.에게 보내다. 안락하고 만족스러운 기분. 어리석은 꿈을 꿨지만 다행히 거기서 깨어났다. 깰 때 간밤의 다정한 말을 떠올렸다.

기묘한 것은 필린이 나에게 "주의해야 한다. 나는 지금도 사람들의 가슴 속 안정을 어지럽게 할지도 모른다. 아직도 여자들의 호의가, 알아채지 못하는 사이에 불가항력적인 힘으로 나를 향해 다가오고 있다. 특히 유라니 (Uranie 이 해 2월에 알게 된 여제자, 나중에 전기를 편집한 세레르 판의 편저자: 베르트 바디에, 본명 셀레스틴 브노아라는 사람(1836~1921년)에게 붙인 이름)에 대해 주의할 필요가 있다. 모든 무익한 애착 (무익하다는 것은 결혼에 이를 수 없는 것을 가리킴)을 주의 깊게 피하여, 다른 사람에게도 자신에게도 쓸데없는 분노와 불쾌감을 주지 않도록 해야 한다. 과거의 경험을 활용할 필요가 있다" 등을 완강하게 주장한 것이다. 완전히 마미나 (Mammina, 어머니라는 이탈리아어)가 하는 말과 똑같다. 호의도 해를 끼치는 일이 있다. 나는 언제나 친절한 관심에 너무 감격해 왔다. 아름다운 성(性)이 스스로 보여주는 섬세한 배려에 너무 약했다. 나는 그렇게 감겨드는 부드러움을 무척 소중히 여겼다. Diet.가 (21년 전에) 예언한 대로, 여자는 내 시간과 내 노력의 3분의 2를 헛된 것으로 만들었다. 나처럼 25년이나 시적인 공상에 잠겨 플라토닉하게 그토록 많은 데이지의 꽃잎을 쥐어뜯고, 이 여자 저 여자를 상대로 수천 통의 편지를 주고받으며, 정결하지만 결실이 없는 연가 수행 (戀歌修行, 아미엘이 만든 조어 madrigalisme)에 지나지 않는 여자의 이야기 상대·지휘자·참회의 청자라는 역할을 스스로 떠맡은 사람이 있을까? 그 모두를 합쳐도 중요한 것, 행복한 것은 아무것도 생산하지 못하는 감정의 유희에 골몰하기보다는, 차라리 5년이든 10년이든 솔직하게 도락을 즐기고 좋은 추억을 끌어모은 뒤, 이 페이지를 넘기고 이 장을 덮는 쪽이 나았을 것이다.——행복을 줄 마음으로 너는 여자에게 상당히 많은 눈물을 흘리게 했다. 응분의 보살핌을 갚아주지 못하고, 자신까지 그르쳤다. 요컨대 너는 무기력 때문에 네 가슴과 생명에 돌을 던진 것이다.

정열은 힘이 틀림없다. 힘이라면 그 결과로 측량할 수 있다. 너의 장점 자체에서 나쁜 결실이 맺어졌다. 그 원인은 무엇일까? 청년시절부터 너는 무슨 까닭에선지 무익한 일을 좋아하고, 실용적인 상식에 대한 반감, 세속적인 사려에 대한 은밀한 모멸, 자신의 이해관계에 관한 혐오를 품고 있었기 때문이다. 대부분의 인간과는 정반대로 어떤 행동에 조금이라도 이익이 있을 것이라고 판단하면, 이길 수 없는 반발이 너를 거기서 달아나게 해버렸다. 너는 경제학자들이 비난하는 비생산적인 일만 좋아했다. 너의 앞날, 명성, 행복, 성공을 생각하는 것이 너에게는 언제나 품위를 깎는 일처럼 보였고, 자신의 이해는 언제나 비천한 것처럼 생각되었다. 그 이후 너의 의지는 반대로 행하고, 모든 행운을 물리치며, 타산이라는 이름이 붙은 것은 신중한 생각이 허락하는 것마저 거부했다. 너는 무욕이라는 것에는 깊이 열중하면서, 처세술이라는 것에는 갈기를 흔들었다. 한마디로 말해 '어리석은 대중'을 비난하지는 않아도, 일반적인 관습과는 반대로 생각하고 행동하는 버릇이 붙은 것이다. 일종의 고질병인 딱딱한 성품이 너에게 민중을 모방하는 것을 금지시켰다. 그것은 또 너에게 바리새인(Pharisee) 같은 모습, 위선, 모든 수완, 모든 비열함도 금지했다. 교만의 결과였을까? 그렇지는 않다. 너는 그 초연한 태도로 명예도 허영도 구하지 않았다. 나는 또 네가 그 태도를 원하거나 인정했다고 생각하지 않는다. 그것은 에르민느(사람의 손이 닿기만 해도 죽는다고 하는 순결의 상징처럼 되어 있는 족제비류)의 본능, 감수성이 예민한 여자의 섬세한 마음이었다. 감정의 문제이지 반성의 문제는 아니었다. 일종의 기사도적인 자존심으로, 물론 병적으로 과장되어 있지만, 다른 것보다 겸양에 가까운 것이었다. 어쩌면 너는 순진했던 것인지도 모른다. 그러나 자신의 수치심을 거칠게 다루고 자신의 겸손함을 난폭하게 다루는 것은, 자신의 영혼을 범하는 일이 아닐까? 자신의 양심에 상처 주는 일이 아닐까?——거기에 답하여 사람들이 "너는 일생을 거짓 겸손의 희생양으로 만들었다. 즉, 너는 잘못 생각했던 것이다"라고 말한다면, 나는 그것도 용인할 수 있다.

　나는 지금까지 따라온 본능을 결코 일반 원리라고 주장하지는 않을 것이다. 그러나 내 눈으로 보면 타락한 것이 아니고, 또 나의 이상을 부인한 것도 아니기 때문에, 결코 얼굴을 붉히지는 않는다. 나 자신의 이해를 생각하는 것이 내 의무라고 생각하지 않았다. 또한 내가 나의 개성에 관심을 가졌다 해도, 그것은 단순히 누군가를 기쁘게 하는 정도에 머물렀을 뿐이다. 만약 나를 에워싸고 있는 다양한 것들, 가족, 동료, 국가가 좀더 나를 사랑해주었더라면, 나도 좀더 도움이 되는 일을 했을지도 모른다. 나를 사랑해준 마음은 그것이 원하고 있던 거의 모든 것을 나한테서 얻어갔다. 적어도 표현된 애정은 나에 대해 각각 권리를 가졌다. 그리하여 많은 여자들의 마음이 내 삶과 교섭을 했다면, 나도 각각에게 많은 것을 준 것은 당연하다. 내 본능은 논리적이었다. "우리를 사랑하는 사람을 사랑하고, 우리에게 주는 사람에게 돌려주자." 이것은 공정한 격언이다. 나는 견실하다기보다는 정에 약했다. 의지보다 감정이 강했다. 그것이 악일까? 그것이 잘못일까? 나는 나쁜 모범을 보여준 것일까? 그렇다, 그렇다, 그렇다고 할 수도 있을 것이다. 그러나 나는 올바르게 판결을 내릴 확신이 없다.

　　자기를 타인처럼 다루는 것을 배워라.

　그것은 인정해주어도 되는 인간형, 기묘하고도 매우 드문 일이지만 해롭지 않은 인간형이 아닐까? 모든 사람과 비슷할 필요가 어디에 있단 말인가? 외견적인 생활은 완전히 이지적이고 무관심하고 냉정하며, 내밀한 생활은 다양한 애정으로 가득차 있었던 사람, 책밖에 상대하지 않는 것처럼 보이면서 누구보다 여자의 가슴속 꿈과 마음을 경험해 온 사람, 히폴리토스(Hippolyte. 계모 파이드라의 구애를 끝내 거절했기 때문에 비명에 간 그리스 신화의 인물)인데도 질투하는 사람으로부터는 러브레이스(Lovelace. 리처드슨의 소설 클라리사 할로에 나오는 호색한)로 여겨졌던 사람, 적으로부터는 아무것도 아닌 이기주의자라고 비난받고 있지만 다른 사람들처럼 살며 자신의 길을 나아갈 만한 자아조차 가지고 있지 않았던 공상가. 그것은 그리 평범한 배합이라고는 할 수 없다. 물론 위인이 아닌 것도 확실하다. 그러나 평범한 인물은 아니다. 이 무익한 남자에게는 독자성이 있고, 그 독자성이 이 남자의 가치이다.

그러나 이 남자의 과거가 용인할 만한 것이고 어리석게 이를 멸시해서는 안 된다 해도, 그렇다고 방임이라는 것이 현명한 생각이라고 할 수 있을까? 그렇지는 않다. 너는 비상한 낭비가였다. 그러나 네 나이가 되면 그것은 이미 용서받을 수 없는 일이다. 너는 지금 너에게 남아 있는 것을 절약하여 금화를 모으고, 흩어진 목탄을 그러모으며, 통나무를 매어두고, 이삭을 묶어두어야 한다. 너는 네 힘을 자본으로 삼아 그것을 잘 운용해야 한다.

집중하라, 그렇게 못하겠거든 죽어라.

네가 속해 있는 사람들, 흥미의 대상, 하다 만 일이 너무 많다. 너는 지나치게 무심하고 지나치게 방만하다. 네가 흘린 빵 부스러기를 주워라. 사방팔방으로 날아간 너의 새를 불러들여라. 너의 시내를 합쳐서 강으로 만들어라. 한마디로 말해 "모으고 비축하라." 낭비가가 인색해지지는 않더라도 현명해지고, 매미가 개미가 되는 것처럼.

현자에 대해서는 결국
수백 가지의 정의가 있다.
내가 보는 현자는
저축을 하는 사람이다.   포르샤(Porchat)

모아라, 완성하라, 발표하라.

움막을 완전히 잠그지 않으면
그 파편은 간직할 수 없다.

1870년 3월 26일
(오후 6시) ……편지. 하나는 유라니, 또 하나는 필린에게서. 첫 번째는 완전히 문학적이고 두 번째 것은 완전한 친밀함이다. 그러나 두 가지 다 존중받고, 알려지고, 존경받고, 이해받고자 하는 마음의 신비로운 허영을 띠고 있다. 공감과 찬탄은 울컥 치밀어 오르게 하는 두 가지 향기이고, 그것에 도

취하지 않도록 하는 마음자세가 필요하다. 그러나 그것을 바치고자 하는 진실한 마음에 대해서는 역시 감사해도 좋을 것이다. 겸손과 친절의 '주(主)'도 그 발 아래 막달레나와 마리아의 고귀한 향유를 붓게 하지 않았던가? 마음의 연약한 꽃, 가슴의 시(詩)인 감격을 슬퍼하게 해서는 안 된다. 그러나 현자는 자신을 향한 아첨을 증류시키지는 않는다. 그것을 오직 이웃의 감정에 대한 경건한 개화, 즉 이웃에 대해, 또 이웃을 행복하게 할 수 있는 방법에 대한 빛으로 보는 것이다. 자신의 것으로 하지 않는 한 타인의 환희, 아니, 열애조차 우리의 겸손에 위험을 주지 않는다. 우리의 겸손은 거기서 두 가지밖에 보지 않는다. 타인의 정신적인 아름다움의 표현과, 우리를 일시적이나마 이상을 향하도록 한 이 표현의 대상 또는 기회가 되게 하는 신의 은총이다.──생명이 우리에게 몇 년인가 맡겨져 있는데도, 우리가 그것을 자신의 내부에 가지고 있지 않은 것과 마찬가지로, 우리 안에 있는 선(善)도 우리의 것이 아니다. 이 내적인 유리를 통해 자기를 더욱 고찰하는 것은 어렵지 않다. 아주 약간의 자기의식과 이상의 직관, 종교심이 있으면 충분하다.──우리는 자신만으로는 아무것도 아니지만, 생명을 향해, 기쁨을 향해, 시(詩)를 향해, 순결을 향해 서로를 부르는 것이 허락되어 있다는 이 사상에는 상당히 낙관적인 데가 있다고 할 수 있다.

사람이여, 의사이고 구세주인 신과 함께 있으라.

그렇다면 모든 것이 가지런하고 질서가 있다. 우리를 새로운 계시로 여기는 사람이 우리에게 이 은혜를 감사하는 것은 당연하며, 우리가 그 감사하는 마음을 모든 미와 완전함의 근본으로 돌리는 것도 정당하다. 이렇게 생각하면 비열한 아첨도 자만도 없는 것이 되고, 있는 것은 생명과 기쁨의 증가와 경건한 마음이다.

그러한 의미에서 이 두 통의 편지에서 마음을 울리는 부분을 몇 가지 기록해두어도 좋을 것이라고 생각한다.

(유라니)──《잃어버린 빛》을 읽고 저도 기운이 솟아났습니다. 이렇게 말씀드리면 오만한 건지도 모르지만, 저도 리용의 젊은 분처럼 시적인 재능이 부족하지 않다고 생각합니다. 그런데 이 모처럼 솟아난 기운은 〈꿈의 몫〉을

보자 사라지고 말았습니다. ……당신의 시집에는 그렇게 사람의 마음을 빼앗는, 진실한 감동에 의해 특별히 잘 표현된 깊이가 있기 때문입니다. 제 눈에 머문 어떤 소네트, 어떤 묘비명은 제 평가에 의하면 그것만으로도《잃어버린 빛》전부보다 가치가 있다고 생각합니다."——덧붙여서 "그래서 저는 시에 있어서는, 가장 뛰어난 여자라도 아직 부족한 점이 많을 거라고 확신합니다. 우리의 머리 때문일까요, 우리의 교육 때문일까요? 아마 양쪽 모두이겠지요. 우리에게는 논리를 가르쳐 주지 않습니다. 그런데 이것은 모든 작가, 아무리 보잘것없는 작가에게도 필요한 일이라고 생각합니다."

(필린)——"제 가슴은 하루 종일 사랑의 찬가를 불렀습니다. 당신은 내적 생활의 기쁨과 보존을 관장하는 다양한 재능, 다시 말해 기지와 애교, 배려, 태평함을 정말 남자답고 정직하게, 게다가 놀라울 정도로 풍부하게 가지고 계십니다. 이를테면 간밤에 당신은 뛰어난 본성을 지닌 분 치고는 언제나 모두를 놀라게 하고, 또 기쁘게 하는 어린아이 같은 선량함으로 따뜻한 마음을 그대로 보여주셨습니다."

1870년 3월 28일

(오전 8시) 잿빛 날씨, 수면 부족, 무거운 마음.

매력은 무지개처럼 덧없는 현상이다. 한 줄기 바람이 불어와 구름 한 조각이 움직이면, 마음을 빼앗는 경이는 몸을 떨다 퇴색하고, 결국은 사라져버린다. 매력 위에 무언가를 쌓는 것은 위험하다. 그것은 문자 그대로 구름 위에 집을 짓고 미풍에 몸을 맡기는 일이다.

어제 있었던 사건의 이유가 오늘 아침이 되자 분명해졌다. 내 행위에는 부정한 불평등이라고 할 수 있는 것에 대한 은밀한 울분이 있었던 것이다. 내가 모든 것을 다 보여주며, 털어놓고 얘기하고, 나 자신을 내던지고 있는데 상대방은 그렇지 않았다. 내가 바라보고 관찰하고 질문하고 비난하는 것을 두려워하고 있는 것 같았다. 나는 열려 있는데 저쪽은 닫으려고 한다. 내가 이렇게 하면 그쪽은 저렇게 한다. 내 마음에 걸리는 것은 그런 사소한 것이 아니라 경향이다. 이 경향이 나에게 예전의 분노를 떠올리게 하고, 앞으로 일어날 수 있는 마찰을 엿볼 수 있게 하기 때문이다. 달리 말하면, 내가 물리친 줄로만 알았던 옛날의 적이, 꽃 속에 숨어 있는 살무사나 푸른 하늘에 나타나는 폭풍의 전조(前兆)처럼 얼핏 얼굴을 내민 것이다. 그 적이라는 것은 자기 의지의 독점이나 축성(築城)을 향하는 경향이다. 그것은 내 것이다. 확실하게 내 것이다. 나만의 것이다. 이 완고하고 법률적인 말은 그 자아의 본능을 만족시키지만, '우리' 사이에는 거북한 일이다. 말하자면 암묵적인 계약에 대한 침해로, 그 사람 혼자서는 의지를 작용하게 할 수 없다고 말한 자발적인 고백과 모순을 이룬다. ──그래서 그런 결과가 나온 것이다.

그러나 오늘 아침이 되자 내 눈에 나 자신의 나쁜 점도 보이기 시작했다. 나의 나쁜 점은 우리 두 사람의 본성의 근본적인 차이를 잊고 이내 사물의 가장 먼 결론으로 가버리는 것이다. 너는 조화의 의식에 있어 절대적이 되어서는 안 되며, 현실이 선한 것을 가지고 있는 경우에는 그 현실과 타협해야 한다고 스스로를 타일러야 했다. 어쨌든 X는 너와의 대비를 통해 너를 보완하고, 스스로에 대해 또 타인들에 대해 너를 보호하고 방어하며, 너에게 봉사할 수 있다. 정말 그렇다. 그러나 그 사람이 너에게 반항하는 것은 겉모습, 지난날 본성의 자취, 세상과 친척에 대한 그 사람의 습관적인 반동일 뿐이다. 이론적으로는 그 사람은 위기를 헤쳐 나왔고, 지금은 이미 자기 혼자만의 생활은 하고 있지 않다. 그러므로 실천적으로는 그 사람에게 자아의 사소한 부활은 이미 큰 의미가 없는 것이다. 그 일로 네가 두려워하는 것은 좋지 않다. 너에게도 상처를 주고, 상대도 필요 이상으로 고뇌하게 만든다.

인간을 행복하게 해주는 것이 가장 확실한 행복이다.
그러나 자신의 도취마저 해치는
어리석은 이론가의
실수에는 주의하라.
금박을 입히는 자여, 이상을 너무 두드리면
사랑은 가루가 되어버린다.

주의하라. 너는 자신도 모르는 사이에 잘못을 저지르고, 모든 것을 정교하게 할 생각으로 모든 것을 못 쓰게 만드는 무리의 한 사람이다. 그보다도 네 안에 있는 절대적인 신뢰와 완전한 조화에 대한 요구를 낮추는 것이 좋지 않을까? 그로 인해 너는 오히려 사랑받게 되는 것은 아닐까? 자신의 이상으로서는 완전함을 내세워야 하지만, 타인에게는 관대하게 대하는 것이 좋다. 특히 타인한테서 받은 은혜나 호의를 보여주는 확실한 증거를 잊어서는 안 되며, 자신을 난처하게 만드는 사소한 일 때문에 마음에 상처를 주어서는 안 된다.

다행히 나는 위기의 진실함과 X가 지닌 의지의 순결을 믿고 있다. 그러므로 혼탁은 표면뿐이다. 우리는 이내 극복할 수 있다.——선의가 있는 신념의 결핍만이 신념을 죽이고 돌이킬 수 없는 악을 끼친다는 것을 나는 느끼고 또한 이해했다. 존경심이 있는 한, 친구들은 서로 용서하고 화해한다. 신뢰의 결여만이 넘을 수 없는 골을 판다. 절교한 친구와 이혼한 부부에 대한 얘기는 지겹도록 많이 듣고 있다. 마음의 결합은 그 충실함에 기초를 두고 있다. 남을 속이는 것은 단 한 번으로 결정적인 것이 될 수 있다. 실속 없는 빈말은 이혼이다. 성실함은 사람들 사이의 유대이고 윤리생활의 본질이라는 증거이다. 아마 여기에 인류의 반반이 서로에게 미치는 한없이 많은 고뇌의 비밀스러운 이유가 있을 것이다. 그 이유는 불성실이고 거기에서 모멸과 복수가 태어난다. 남자는 속이는 자, 여자는 교활한 자가 되었다. 서로의 끌림에도 불구하고 암투가 끊이지 않는다. 서로의 사랑은 이기심의 변종이고, 서로의 맹세는 딴마음의 변종이다. 비참한 일이다.——그러나 그것은 질서의 혼란이다. 질서는 착실함과 단정함이다. 확신과 신뢰가 가질 수 있는 것은 진정한 행복이다.

애정이 견고한 것은 그것이 폭풍을 견디고 냉각과 흥분에 꺾이지 않는 경우에 한한다. 서로 불만을 털어놓고, 비난을 하고, 때로는 징벌까지 행하지 않으면 안 된다. 그러기 위해서는 자신의 부정, 자신의 나쁜 습관, 자신의 실책 또는 태만을 변호해서는 안 된다. 자신의 나쁜 자아에서 벗어나 자신의 죄를 비난하고 공격하고, 원칙적으로 자신의 불완전함과 과실을 간과해서는 안 된다. 그러면 모든 일이 잘 해결될 것이다.

(오후 8시) 또 편지가 세 통. M. D. L. R.과 J. Bd.와 필린.——M. Hg.가 푸르넬 3권을 돌려주러 와서 나를 매우 칭찬하고 돌아갔다.——일에 대한 열정이 되돌아온 것 같은 느낌이 든다. 그러나 나의 양심에는 하나, 아니 두 가지의 짐이 있다. 나는 M. D.에 대해, 특히 다른 사람에 대해 미안한 짓을

하고 있다.

"당신이 파랑새를 괴롭히는 것을 신께서 용서해 주시기를." 이것은 금언이다. "저를 여자로서의 결점을 가진 존재로 생각하기보다, 인생의 싸움에서 당신을 도울 수 있기를 열렬히 바라고 있는 확실한 친구로 생각해주세요." 그러자 뭔가가 무너졌다. 나에게는 그 예감이 있었다. 나는 환상을 깨부쉈다. 나는 부당하고, 분명하지 않으며, 잔인한 사람으로 여겨지게 된 것이다. 나는 공포를 주었다. 상대는 내가 자신의 힘을 남용할지도 모른다는 것, 아무리 선한 의지도 내 마음의 끝없는 공허를 채우는 데 부족할 거라고 생각하게 되었다. 즉, 신념이 흔들린 것이다. 의혹이 마음속에 비집고 들어왔다. 파랑새는 아주 날아가 버리지는 않았지만 병에 걸리고 말았다. 감격은 변하여 고뇌가 되었다. 게다가 이 참혹한 손실은 모두 나의 의식, 아니 오히려 나의 시야를 한낮에 나는 야행성 새처럼 가로지른 어두운 그림자에서 비롯되고 있다. 그럼 이 밤새는 어디서 온 것일까? 역시 이 운명의 불행이라 할 수 있는, 똑같은 암흑의 깊은 내부에서 온 것이다. X의 숙명은 평범하고 불길한 과거이며, 그 사람은 그것을 향해 강력하게 저항하여 굴종을 물리쳤지만, 그래도 아직 완전하게 빛으로 바뀌지는 못하고 있다. 그 사람은 해마다 고귀해져 갔지만, 여전히 죄의 대가를 치르고 있다. 흉터는 희미해졌지만 완전히 사라지지는 않고 이따금 눈에 띌 때가 있다. 그 사람은 속죄한 영혼으로, 이미 자유롭고 대범하며 용기와 자존심을 지니고 있다. 그러나 그 사람이 고귀해지기를 바라는 나는 그가 마음과 풍채, 태도까지 고귀해져서 진정한 기품의 제단에서 지난날 숭배했던 우상을 불태워버릴 수 있게 될 거라고 믿고 있다. 의지의 고상함뿐만 아니라 취미의 고상함도 이미 지니고 있다. 이제는 상상과 행동, 언어의 고상함을 정복하면 되고, 또 그 정복에 있어서도 큰 진보를 보여주었다. 지극히 드문 장점을 여러 가지로 가지고 있는 사람이니, 어떻게 뛰어난 여성이 되지 않을 수 있겠는가? '몸가짐'이라는 것은 오로지 태생과 가문에 의한 것일까?

여행, 외국에서의 사교, 개인적인 교육, 고상한 마음에 의해 만들어진 겸손한 자신감, 편안한 행동, 재주와 지혜의 작용, 정숙한 태도, 기품 있는 언어, 안정된 시선, 자신에 대한 존경. 이와같은 진정한 여성, 사교계 및 살롱의 여성, 원하거나 마음에 두지 않아도 정중한 대우와 사람들의 주목을 끄는 부인, 바라보기만 해도 거친 남자들을 품위 있게 만드는 여성의 자격을 언젠가 갖출 수는 없는 것일까? 그 품격을 몸에 지니는 것은 25세 정도는 되어야 한다. 머리가 있고 열성적인 여자라면 더 나이를 먹어도 가능할 것이다. 그때는 인생의 어려운 경험을 더욱 고상한 생활의 아름다움과 합쳐서, 진정한 가치의 모범이 된다. 그리하여 견실한 여자, 어쩌면 드물게 보는 여자가 될 것이다. 그리고 몇 가지 장점과 장식을 가하면 완성된 여자가 되어, 그 이상은 완전한 여자, 비범한 여자, 신성한 여자, 또는 굳이 말하자면 분에 넘치는 기적이 될 것이다. 실제로 이 세상에서 가능하고 바람직한 모든 행복을 주는 것은 완성된 여자이다.

하얗게도 검게도 읽을 수 있는 편지를 다시 펼쳐본다. '파랑새'에 대해서는 아까 착각을 했다. 거기에 적혀 있는 것은 '신께서 우리를 용서해 주시기를' 이지 '당신을 용서하시기를'이 아니었다. 이쪽이 무한한 가치가 있고 또 훨씬 진실하다. 걸작을 파괴하는 것은 반달리즘(vandalism, 문화 예술의 파괴자)의 행위이며, 경이에 상처를 주는 것은 불경의 일종이다. 그런데 가장 즐거운 경이는 사랑의 황홀감이고, 이상의 환희이며, 감격의 희열이고, 신념의 행복이다. "모든 사람들에게 이러한 불쾌감을 주는 사람들은 혼을 내주고 싶다. 그런 사람들은 목에 절구를 매달아 바다 속에 처넣는 것이 좋다."

"당신에게 여쭈어서 무서운 말을 듣는 것이 두려웠습니다. 이미 수십 번이나 말씀드렸듯이, 당신의 입에서 나오는 무정한 말은 단 한마디에도 저를 무너뜨리는 힘이 있습니다." 나는 그 무서운 책임을 잊고 있었다. 나는 나도 모르게 어느 정도 불만을 보였지만, 상대가 그것에 대해 아무 말도 하지 않았기 때문에 그 불만은 갈수록 커져갔다. 상대가 아무것도 묻지 않아서 나도 아무 말도 하지 않았다. 그러나 친밀한 사이에서는 침묵을 지키면 극지 같은 추위를 낳는다. 실제로 침묵은 고집과 비슷하여 '우리' 대신 '나'를 두게 된다. ——결국 우리는 두 사람 다 나빴던 것이다. 그러나 X가 나보다 더 괴로워한 것을 보면 특히 내 잘못이 더 컸던 것 같다.

호라티우스(시학/372, 373)는 신도 사람도 시인의 졸렬함을 받아들이지 않는다고 말했다. 감정도 마찬가지여서 아래로 내려가는 것을 인정하지 않는다. 깊은 친밀감, 충분한 신뢰, 진정한 토로는 어중간한 만족을 원하지 않는다. 절대성을 맛보고 이상을 접했던 사람은 이미 그 이하의 것으로는 만족하지 못하는 것이다.

　　졸렬함과 최악 사이는 한 걸음이다.
　　제국을 잃었을 때는 허무를 원한다.

　　위대한 정열이 영원히 숭고한 것을 좇는 것은 그 때문이다.
　　(오후 11시반) X에게 편지.

1870년 3월 29일 제네바, 산 크리스토프 거리 16번지
　(오후 3시)……필린의 다정한 짧은 편지. 《세계 평론》을 보내오다. 이 사람에게는 소질이 있다. 고삐를 잡아주기만 하면, 혼자 힘으로 진실한 것, 올바른 것으로 돌아온다. 이성은 가슴의 광란이나 마음의 폭풍을 억제한다. 강하지만 재능이 있고, 균형을 원하는 본성이다. 이 견실한 점이 나를 기쁘게 한다. 그렇다 쳐도 나는 더 노력하지 않으면 안 된다.

1870년 3월 30일
　확실히 '자연'은 부정(不正)하며, 수치심도 성실도 신념도 가지고 있지 않다. 자연은 조작이 없는 은혜와 광적인 혐오밖에 인정하려 하지 않으며, 하나의 부정(不正)을 보상하는 데 다른 부정을 사용할 뿐이다. 따라서 어떤 사람들의 행복은 훨씬 많은 사람들의 불행을 통해 보상된다. ……그러나 이 맹목적인 힘에 대해 이치를 따져봤자 아무 소용이 없다.
　인간의 의식은 이 법칙에 대해 반항하며 자신의 정의(正義)의 본능을 만족시키기 위해 두 가지 가설을 생각해내어 그것을 종교로 삼았다. 첫 번째는 개별적 섭리의 사상이고, 두 번째는 내세 사상이다. 이해할 수 없는 사건과 불운을 우리를 시험하려는 신(神)의 처사라고 한다면, 반감은 그 자리에서 사라지고 어린아이처럼 복종하는 마음이 일어난다. 이러한 세상의 놀라운 부정은 나중에 더 좋은 생활로 보상되는데, 그곳에서는 모든 사람에게 기쁨이 있고 정의가 지배하고 있다는 걸 생각하면, 지금의 고난은 충분히 참을 수 있다. 그러한 의미에서 신의 보호에 대한 신앙과 보상을 주는 영원한 생명에 대한 희망이야말로 인류가 용기를 퍼내는 곳, 인류가 운명의 가혹한 처

사와 융화하기 위한 너무나도 교묘한 방법이다.

이것은 부도덕하고 불쾌한 느낌을 주는 것이라고 선언된 '자연'에 대한 항의이다. 인간은 선을 믿는다. 그곳에서 자신은 오직 정의에만 속하려고, 자신이 접하는 부정은 외관, 신비, 환상에 지나지 않으며, 언젠가는 정의가 이루어질 것이라고 주장한다.

정의로워라, 세계는 사라지나니. (페르디난드/1세가 한 말)

이것은 훌륭한 신앙 행위이다. 인류가 스스로 자신을 만들어낸 것이 아닌 이상, 이 항의도 어느 정도는 진리를 표현하는 것이 될 수 있다. 자연계와 정신계, 실재와 의식 사이에 충돌이 일어난다면, 의식이 이기지 않으면 안 된다.

우주가 존재해야 할 필요는 털끝만큼도 없지만 정의는 반드시 필요하기 때문에, 무신론은 이 점에 대해 의식의 절대적인 완강함을 설명할 의무가 있다. '자연'은 옳지 않다. 그런데 우리는 '자연'의 소산이다. 왜 우리는 정의를 요구하고 예언하는 것일까? 왜 결과가 그 원인에 저항하는 것인가? 이 현상에는 주목할 만한 가치가 있다. 이 요구는 인간 허영심의 어린아이 같은 맹목에서 오는 것인가? 그렇지는 않다. 이것은 우리 자신의 가장 깊은 절규이고, 이 절규가 발하는 것은 신의 영광을 위해서이다. 하늘과 땅이 멸망할 수는 있다. 그러나 선은 존재해야 하고 부정은 존재해서는 안 된다. 이것이 인류의 신념이다. 또 이것이 바로 선이다. 그러므로 '자연'은 '정신'에 패배하고, 영원은 시간을 이기게 된다.

1870년 3월 31일

(오전 8시)……세레르가 말한 대로이다. 나는 나 자신의 배려와 성격, 문체를 좀더 '거칠게 하고', 잠시 스틱스(불사신으로 만드는 물이/흐르고 있는 저승의 강)에 몸을 담가야 한다. 즉 남성적이 되어 용기를 내고, 의지를 긴장시키고, 다른 사람들에게 자신의 말을 듣게 하며, 양지쪽에 앉아야 한다. 다시 말하면 누군가가 되고 무언가가 되어야 한다. 그러나 남몰래 슬그머니 다니는 버릇을 하루아침에 버릴 수는 없다. 또한 투쟁은 영원히 끝나지 않고, 자칫하면 우리를 우연에 따르게

한다. 그래도 내 관심을 끄는 것은, 정말로 누군가가 되어보는 것이다. 하지만 대체 어떻게 해야 하는 것일까? 자유롭고 강한 일을 통해 자신을 파악해야 한다. 나는 자신에게도 친구에게도 그런 만족을 주고 싶다. 서너 권의 훌륭한 책을 남겨 자신의 빚을 갚는 것은 나에게 열려 있는 단 하나의 시계(視界)이며, 지금도 이따금 나 자신을 향해 미소짓는 단 하나의 포부이다. 취미에 의한 사색가, 양심에 의한 저작자로서 혜택 받은 환경 속에서 늙어가며, 자신의 생활에서 무익한 것을 제거할 수 있다고 한다면, 나도 살아온 것을 애석하게 생각하지 않았을 거라는 생각이 든다. 그렇다고 유복함, 평정함, 가정, 애정, 일, 안정을 손에 넣을 수 없는 것은 아니다. 아니, 거의 내 손앞까지 와 있지만, 그러려면 …… '누군가'가 팔레르모나 카르카손느 사람이거나, 내가 나의 조국이 아닌 곳에 살 수 있어야 한다. 그래도 여전히 내가 숙명에 대해 머리를 숙여야 하는지 어떤지 확실하게 알 수는 없다.——"죽기 전에 한번은 인간이 되라."(잘자크루소), 즉 너의 모든 의혹과 이유를 한 점에 집중시켜라. 긍정적 또는 부정적인 결심을 하라. 시간이 문제를 해결하는 것뿐만 아니라 문제의 항목을 단순화하는 것도 거부하고 있는 지금, 폭력은 없어서는 안 되는 것이다. 운명은 너를 네가 혐오하는 것, 확실히 보지 않고 행동하고, 미래를 미지의 것에 맡길 필요에 내몰리고 있다. 하늘은 너에게 두 가지 후회, 긍정에 대한 후회와 부정에 대한 후회 가운데 어느 한 가지를 선택하라고 강요하고 있는 것처럼 보인다. 하늘은 네가 눈을 가리고 걸어 나가, 우연을 무릅쓰고 자신을 내던질 것을 원하고 있다. 그것은 너 자신의 의지를 짓밟는 일이다. 너는 빛을 원했지만 어둠을 강요받고 있다. 너는 눈으로 보면서 걷고 싶지만, 의심을 품은 채 나아가지 않으면 안 된다. 너는 불확실한 것을 상대하고 있는 것이 아닌데도 확신을 금지당하고 있다. 너는 요행을 싫어한다. 그런데 결혼이 복권(福券)이라면, 그러한 결혼은 상반되는 우연적인 사정을 이중, 삼중으로 복잡하게 만드는 법이다. 운명은 그러한 도박을 너에게 강요하고 있다. 신은 너라고 하는, 환상도 희망도 없는 인간에게 신념을 필요로 하는 상태에서 '목숨을 건 도약'을 세 번이나 요구하고 있다. 너는 '이끌어'주기를 바라고 있는데, 결심할 때 완전히 혼자라는 기분을 느끼고 있는 것 같다. 실제로 상당히 확실한 권고를 해줄 수 있는 사람이, 사실은 이 점에 대해 의견을 가질 수 없는 유일한 사람이기 때문이다. 요컨대 너는 여행을 떠나야 하는 데도, 팔다리도 머리도 지친 것 같은 기분을 느끼고 있다. 아무래도 거북한 상황에 처한 것 같다.

"각자 자기 마음으로 확정할지니라."(로마서 제
14장 5절)

그럼 분열하고 흔들리고 망설이고 있는 자는 어떻게 해야 하는가?

"그를 향하여 우리가 가진 바 담대함이 이것이니, 그의 뜻대로 무엇을 구하면 들으심이라."(요한일서 제
5장 14절)

신의 의지가 너를 괴롭히고 있는 것 같다면, 혹시 네가 신의 의지를 두려워하고 있는 것은 아닐까? 아니면 너의 양심이 신의 목소리를 들었다고 믿고, 너에게 1년이든 10년이든 나중에 후회하게 하는 명령을 내릴 거라는 종교적인 착각을 경계하고 있는 것이 아닐까? 의심과 보류는 윤리적으로 하나를 이루고 있다. 의심하고 있는데 어떻게 의지가 작용할 수 있겠는가? 의지가 작용하지 않는데 어떻게 행동할 수 있겠는가? 자신에게 강인함도 끝까지 버티는 힘도 없다고 느끼는데, 어떻게 돌이킬 수 없는 결심을 할 수 있겠는가?

(밤) 자기의 제2의 양심이라고 할 수 있는 아내를 두고 있는 사람은 행운아이다. 그 사람은 친구이자 동료, 자신과 똑같은 조수이며, 자신의 힘을 두 배로 해주고, 게다가 비난이 아니라 미리 암시해 알려주는 것에 의해, 비평이 아니라 격려에 의해, 남자에게 원하는 바가 아니라 있는 그대로 힘을 두 배로 만들어준다. 여자친구는 남자에게 힘을 주어야지 박해해서는 안 되며, 애태우지 말고 흥분시켜야 하며, 한마디로 말해 어머니 같은 신중함을 지녀야 한다. 비난은 그 목적에 적합하지 않다. 비난이 틀리면 화나게 하고, 맞으면 낙담시킨다. 아내의 진정한 역할은 장애물을 제거하고, 방심을 방지하고, 그 목적을 격려하고, 기운을 되찾게 하고, 기억을 새롭게 하며, 일을 쉽게 하고, 돛에 바람을 품게 하고, 항구를 가리키는 일이다. 아내는 그렇게 도와주는 존재이다. 또한 아내가 남편보다 훨씬 훌륭한 의지를 가지고 있을 때는, 그 지구력을 애교로 서서히 부여해야 한다. 함께 가는 여행자한테서 무언가를 얻기 위해서는 '북풍'이 아니라 '태양'의 흉내를 내지 않으면 안 된다. 친절에서 발휘하는 의지에 있어서도,

억지보다 유화(柔和)가 더 강력하다.

1870년 4월 1일

여자는 자연의 의향에 따르더라도, 또 종종 모든 교육과 설교를 받은 뒤에도 종교는 사랑이고, 따라서 사랑은 가장 좋은 권위, 다른 모든 것을 심판하고 선(善)을 결정하는 권위라고 믿고 싶어한다. 남자에게는 사랑이 선 밑에 있으며, 훌륭한 정열이기는 하지만 결코 질서의 근원, 이성(理性)의 동의어, 우월의 기준은 아니다. 그러므로 여자의 이상은 사랑의 완성이고, 남자의 이상은 정의의 완성이라고 생각한다.──이런 의미에서 사도 바울은 여자는 남자의 영광이고 남자는 신의 영광이라고 말할 수 있었던 것이다.── 그래서 자신의 애정의 대상에게 마음을 쏟아 붓고, 자신의 영웅을 우상으로 삼고 있는 여자는, 말하자면 자연의 일정한 상태에 있으며, 진정한 의미의 여자이자 연애의 기술에 있어서는 여왕이고, 추호도 비천해지지 않으며, 빛을 발하고, 자신의 기본적인 전형을 실현한다. 이에 반해 자신의 생활을 부부의 사랑 속에 가둬두고, 사랑하는 여자의 사제가 되면 충분하다고 생각하는 남자는, 남자의 반에 지나지 않으며, 세상에서는 경멸당하고 어쩌면 여자로부터도 마음속으로 무시당하고 있는 것인지도 모른다. 진정으로 사랑하는 여자는 자신이 선택한 남자의 광채 속에 몸을 맡기기를 원하고, 자신의 애정이 남자를 훨씬 더 훌륭하고 남자답고 더 활발하게 해주기를 원한다. 이렇게 하면 각각의 성은 각각의 역할에 적합하여, 여자는 남자에게 바쳐지고 남자는 사회에 바쳐진다. 남녀 각자는 이 법칙을 발견하고 그 균형을 얻기 전에는, 자신의 평화와 만족과 행복을 찾을 수 없다.──그러므로 한쪽에 있어서는 우상숭배의 대상이 되는 것이 다른 쪽에 있어서는 그렇지 않게 된다. 하나의 존재의 목적은 그 자체의 미적 요소를 결정한다. 그러한 의미에서 똑같은 일이 여자에게는 선이 되고 남자에게는 악이 되며, 여자에게는 용기가 되고 남자에게는 무기력이 되는 경우가 있다.

즉, 인간 윤리의 예비적인 장(章)으로서 여자의 윤리라는 것과 남자의 윤리라는 것이 있다. 성이 없는 천사 같은 덕성 아래 '성화(性化)된' 덕성이 있다. 생명의 두 가지 모습의 구현이 각각 다른 것을 전향시키려고 마음먹고, 첫 번째는 정의에게 사랑을 설득하고, 두 번째는 사랑에게 정의를 설득하여, 상호 교육의 기회가 되는 것은 이 덕성이다. 거기서 생기는 동요와 평균은 하나의 사회상태, 하나의 시기, 때로는 하나의 문명전체를 대표하게 된다. 적어도 이것이 다양한 기능의 계급제도에 있어서 양성의 조화라는 것에 대한 우리 유럽인의 사상이다.

(오후 3시)……교육학 및 장수의 가장 큰 문제는 성적 기능이며, 그것은 또한 성도덕의 중심을 이루고 있다. 이 문제는 교육자도, 인생 철학자도 해결하지 못하고 있다고 생각한다. 그것을 결정하는 것은 우연이다. 아버지도, 어머니도, 교사도, 목사도, 청년이 어디서 언제 어떤 식으로 연애의 신비에 눈을 뜨는지 알지 못하고 알려고 하지도 않는다. 수치심이 그것을 금하고 있는 것이다. 이론적으로는 양성의 각자는 순결한 상태에서 결혼에 도달하며, 생식에 대한 것도, 환락에 대한 것도 전혀 모르는 것으로 간주하고 있다. 실제로 청년 20명 가운데 19명은 나쁜 품행이나 때로는 악습에 의해 이미 경험이 있으며, 상상력과 호기심이 왕성한 많은 소녀들의 꽃을 따고 있다. 무관심이 방법이고 우연이 해결일까? 이것은 의심스럽다. 침묵이라는 위선은 단순한 순환로 안에 머물며 아무런 대비책이 되지 못한다. 나는 그와 반대로 자연의 더없는 신비에 대한 이 입문을 종교적으로 푸는 것이 중요하며, 식물과 동시에 도덕에 의해 성적 교섭의 보편적인 신성한 목적과, 기품(氣品) 및 의무의 관념을 가지는 고등한 존재에 있어서의 그 기능을 보여주어야 한다고 말하고 싶다. 그래서 이 결정적인 진리를 진지하게 설명하는 데는, '자연'의 의식, '선'의 지식, 질서의 철학이 아무리 많이 있어도 부족하다.

성도덕의 기초 자체가 관련되어 있는 경우에, 거짓 수치심에서 나오는 그 애매한 언어는 무엇을 의미할까? 이 중요한 문제에 대해 교회의 가르침이 불분명하고 모순되어 있음을 의미한다.──교회는 동정(童貞)이 결혼생활보다 뛰어난 것인지 아닌지, 여자가 '악마'의 동의어인지 아닌지, 인류가 탄생하는 근원이 된 아담과 이브의 첫 포옹이 타락과 동의어인지 아닌지, 성적 교섭이 부정한 것인지 아닌지 모르고 있다. 교회는 동로마적이고 그노시스파(派)적인 사상을 결코 배척하지 않았다. 교회에 있어 정신은 육체와 자연의 반대이다. 그렇기 때문에 교회가 연애 문제에 대해 난처해하고 있는 것이다. 종종 모순적인 설교까지 하고 있다. 교회는 모성을 신성시하지만 그것보다 동정을 더 중시하고 있다. 그래서 모든 것을 융화시키기 위해 '어머니인 처녀'를 제단에 올렸으나, 결국 그것은 처녀가 아닌 어머니 모두를 멸시하고 상처주게 된다.——이 영원한 이의성(二義性) 속에 사람은 사물에 대한 최초의 병적인 견해, '자연'에 관한 불완전한 이해, 금욕적인 신학, 즉 관조가 아니라 반동에서 나온 억지가 있는 신학, 따라서 반(反)진리를 인정하고 있다.——이미 교회가 성, 자연, 생명, 따라서 연애설에 대해 동요하고 있기 때문에, 당연히 거기서 사람의 마음이 무정부상태가 되어 불확실성에 대한 불안이 위선적인 가식을 만들어냈다. 오히려 법률적이고 세속적인 양심이 자연과학자 및 철학자의 가르침을 받아 종교가들의 망설임에서 해방되었다. 그 양심은 수도원 기질, 독신생활, 게으름, 불결, 고행, 그밖의 자연의 모멸에서 생긴 모든 선입견을 경시하고, 생명과 근로를 부흥시켜 건실한 한 사람의 아버지는 수백 명의 수도사와 같고, 선량한 한 사람의 어머니는 스무 명의 동정녀와 같다고 선언했다.

그리스와 라틴의 그리스도교 전체는 허위 속에 멸망했지만, 예수의 종교에서 반자연적인 면을 대표하고 있다. 그것은 무엇보다 이교에 대한 부정(否定)이 되었다. 그것은 땅을 하늘 밖에 두고 '자연'을 질서 밖에 두고 있다. 그것이 가르치는 것은 상대적인 진리에 지나지 않으며, 반은 오류이다. 과학이 교회의 의견에 반(反)하여, 우주와 인류에 관한 교회의 전통적인 가르침을 무의미한 것으로 만들어버리는 '우주론'과 '역사'를 다시 만든 뒤부터는, 교회적인 그리스도교가 정화되어 이해관계에 초연한 철학과 협력하고 조화할 수 있는 전망이 섰다. 물론 그것이 일단 교정된 뒤에는, 교회적 그리스도교는 전부터 계속 같을 것이며, 줄곧 진보의 선도자가 되어 인지를 계발 운운하며 내세울 것이다. 그러나 문명이 진보하기만 한다면 신학적인 자만의 이러한 미봉책은 전혀 상관없게 될 것이다.

1870년 4월 2일

(밤 12시) Blw.에서 밤을 보내다. 《프리티오프》를 계속 읽었다. 점점 좋아지고 있다. 필린은 오늘 좋은 일을 한 가지 했다. 한 가련한 여자를 도와주고, 그 사람을 위해 여러 가지 귀찮은 일을 대신 해주었다. 필린은 자비심이 깊다. 그 힘을 선한 일을 위해 사용하면 기적도 일으킬 수 있다. 나는 그런

경우를 여러 번 경험했다. 나는 이 친구에게 매우 만족하고 있다.

서로 돕고 사는 것은 좋은 일이다. 이해받는 것은 더욱 좋다.

'이 자본을 소중히 하도록 하자. 헛되이 힘을 낭비하는 것은 큰 불행이다. 우리를 사랑해 주는 사람을 사랑하는 것은 훌륭한 신념이다. 그런 노래도 있다. 집중하는 이 본성 속에는 얼마나 많은 자료가 있는 것일까!'

1870년 4월 15일

(아침 8시) 또다시 겨울철만 되면 악화되는 비참한 현상들, 비염, 감기, 눈꺼풀과 뇌와 허리의 피로가 시작되어 스스로도 한심하다는 생각이 든다. 건강이라는 것이 간헐적인 미소만 보여주는 것을 이제 원하지 않게 된 것일까? 늘 자신의 골격 어딘가의 끝이 손상을 입은 것처럼 느끼지 않으면 안 된다는 말인가? 한때의 그늘처럼 지금은 태양이 나를 괴롭히려 하고 있는 것인가? 내 몸에 고장이 일어났고 더 이상 치유할 방법이 없는 것일까? ……이러한 나의 상태에 대해 특히 참기 어려운 것은, 필요 이상으로 스스로를 소모하며, 그저 자신이 해야 할 일을 모르기 때문인지, 나 자신을 위로하는 것이 싫어졌기 때문인지 쓸데없이 남몰래 자신에게 상처주고 있는 일이다. ……이유 없이 생명에 상처를 주는 일, 그럴 필요도 없는데 걸작을 파괴하는 일은 나에게는 흉포한 행위 또는 반달리즘으로 생각된다. 그 점에서 나는 여전히 어리석은 고통, 피할 수 있는 불행, 잘못된 헌신에 대한 자신의 반감을 인정한다. 훌륭한 신념을 위해 죽는 것은 좋지만 어리석음 때문에 죽는 것은 아무리 생각해도 싫다. ……이렇게까지 무익한 행위를 즐겨 온 경우에는 뜻하지 않은 노쇠나 너무 이른 죽음의 관념에도 익숙해지지 않으면 안 된다. 그것이 또한 무익한 일이기 때문이다. ……자연과 사람은 똑같이 서로를 염탐하며, 우리가 자신들이 태어난 재로 돌아가기 전에 우리를 파괴하고 분쇄하려 하고 있다. 산다는 것은 끊임없이 방어하는 일이고, 타파하는 일이며, 복종을 강요하는 일이다. 끊임없이 새롭게 응집하여 자기를 유지하는 일이며, 의지를 통해 자기를 주장하는 일이며, 생산에 의해 자기를 확대하는 일이다. 지칠 줄 모르고 평형을 유지하며 부단하게 중노동을 하는 일이다.

일이 우리를 피곤하게 하고 투쟁이 우리를 지치게 하면, 우리는 이내 망가지고 만다. 바로 열대지방을 여행하는 사람처럼, 죽이기를 그만두면 즉시 먹혀버린다. 산다는 것은 끊임없는 죽음, 밤, 무(無)를 상대로 싸우는 일이다. 배화교도처럼 자신의 인격의 불길을 유지하는 일이고, 이 환상적인 개성의 보호자, 이 상상적인 보고(寶庫)를 지키는 독수리의 머리를 가진 사자, 고통에 의해서만 존재를 알 수 있는, 집요한 꿈과 만성적인 악몽과 마찬가지로 불안정한 이 정신의 양심적인 파수꾼이 되는 일이다. ……

십자가에 매달리는 것. ──오늘은 바로 이 말에 대해 생각해야겠다. 오늘은 성 금요일이 아닌가.

삶의 기술, 그것을 자네는 알고 싶어한다.
한마디로 말해주마, 바로 고통을 사용하는 것이니라.

지난날 너는 고민으로부터 교훈과 선을 이끌어낼 수 있었는데, 지금은 그것을 헛되고 쓸데없으며 광포한 것이라고 말하며 비난하려 하느냐? 그것을 저주하는 것은 축복하는 것보다 쉬운 일이다. 그러면 또다시 내적이고 자연적인 인간의 생각에 빠지게 된다. 그리스도교가 세계를 정복한 것은 고통을 신성화하고 고행을 승리로, 가시관을 영광의 관으로, 형장의 십자가를 구원의 상징으로 바꾼 그 기적에 의한 것이 아니던가? 십자가의 예배는 죽음의 죽음, 죄의 패배, 순교의 축복, 자발적 희생의 '천국화', 고통에 대한 도전 이외에 무엇을 의미할까?

"죽음이여, 너를 노하게 하는 창은 어디에 있는가? 무덤이여, 너의 승리는 어디에 있는가?" '의로운 자'의 죽음의 고통, 죽음의 고통에서의 평화, 평화에서의 광휘 등 이러한 문제에 대해 번민한 결과, 인류는 새로운 종교, 즉 삶을 설명하고 고뇌를 이해하는 새로운 방법이 태어난 것을 이해했다.

고뇌는 인간이 피하는 저주였다. 그것이 영혼의 정화, 영원한 사랑에서 내려진 신성한 시련, 우리를 정화하기 위한 신의 배려, 신앙이 받아들이는 조력, 행복에 대한 신비로운 안내자가 되려 하고 있다. 신앙의 힘, 모든 것이 그대로이면서, 또한 모든 것이 변했다. 새로운 확신이 외관을 부정했다. 그것은 신비를 꿰뚫고, 눈에 보이는 자연의 배후에 눈에 보이지 않는 아버지를 인정하고, 눈물 속에 기쁨을 빛나게 하며, 고통을 행복의 첫번째 구현으로 삼았다.

그 결과, 신앙을 얻은 사람들에게 무덤은 천국이 된다. 생명이 타오르는 장작 위에서 그들은 영원한 생명의 호산나를 노래한다. 청정한 광기가 그들을 위해 모든 것을 새롭게 하며, 그들이 자신의 체험을 표현하고자 해도 황홀경에 빠져 있기 때문에 다른 사람들은 이해가 불가능하다. 말로 나타내는 길밖에 없기 때문이다. 헌신이라는 감격적인 도취, 죽음에 대한 모멸, 영원에 대한 갈망, 십자가형에 대한 사랑의 헛소리 등, 형벌을 받은 자의 끝없는 부드러움은 이러한 것까지 낳을 수 있었다. 자신을 처형하는 자를 용서하고, 무슨 일이 있어도 자신은 신과 하나가 되어 떨어지지 않는다는 것을 느끼며, 예수는 십자가 위에서 사라지지 않는 불을 당겨 세계를 변혁했다. 무한한 자애와 참회하는 자에게 주어지는 용서를 믿음으로써 구원을 선언하고 실현했다. "죄인 한 사람이 회개하면 하늘에서는 회개할 것 없는 의인 아흔아홉으로 말미암아 기뻐하는 것보다 더하리라"(누가복음 15장 7절)고 주장하며, 예수는 겸손을 천국에 들어가는 문으로 삼았다.

주체할 수 없는 자아를 십자가에 매단 뒤, 자신을 충분히 가책하고 모든 것을 신에게 바쳐라. 그러면 이 세상에 없는 평화가 찾아올 것이다. 18세기 이전부터 지금까지 이보다 더 위대한 말은 없었다. 인류는 정의를 더욱 엄밀하고 완전하게 적용하려고 노력하고 있지만, 속으로 믿고 있는 것은 용서밖에 없고, 용서만이 완전성의 침해할 수 없는 순결과 무력에 대한 무한한 연민을 융화시켜, 다시 말해 사랑의 분출을 인정하면서 청정의 관념을 보장하는 것이다. 복음은 입으로 말할 수 없는 위안과 지상의 모든 비애뿐만 아니라 '공포의 왕'(죽음을 가리키는 말)의 위협조차도 이길 수 있는 위안의 소식, 지울 수 없는 용서의 소식, 즉 영원한 생명이다. 십자가는 복음의 보증이다. 복음의 깃발이다.

인류는 예수를 믿었다. 예수의 말과 모범을 믿었다. 예수 자체를 믿고 신으로 삼았다. 진정한 신이 위로하고 정화하고 강화하는 존재라면, 예수는 그 자격에 의해 신성을 획득한 것이 아닐까? 마음속의 뜨거운 감사가 머리에 무언가의 환상을 일으킨다는 것을 의심할 사람이 어디 있을까? 그렇지만 죄는 어디에 있는가? 인간의 마음, 각 개인의 마음뿐만 아니라 인류의 마음이 성장하는 것은 예수에 대한 사랑과 흠모에 의한 것이다.

1870년 5월 7일

자신의 우상에 집착하여 모든 개혁에 저항하는 신앙은 후퇴적이고 보수적인 힘이다. 게다가 우리의 무제한적인 해방을 제어하고 불안한 동요를 안정시키는 것은 모든 종교의 고유성이다. 호기심은 쉬지 않고 우리를 뻗어나가게 함으로써 우리를 한없이 기화(氣化)시키려는 충동적이고 확산적이며 방사적인 힘이고, 신앙은 우리를 각각 다른 신체, 개체로 만드는 중력이요 응집력이다. 사회는 신앙에 의해 운영되고 과학에 의해 발전한다. 즉, 사회의 기초는 신비로운 것, 알 수 없는 것, 예감되는 것, 파악되지 않는 것, 종교이고, 사회의 발효 효소는 지식에 대한 요구이다. 사회의 항구적인 실체는 이해되지 않는 것이거나 신성한 것이고, 사회의 변화적 형상은 그 이지적 역작의 결과이다. ──거기서 최초의 신앙을 결정하는 무의식적인 끌림, 어지러운 직관, 불명한 예감이 각 민족의 역사에서 중요한 요소가 된다. 역사는 한 종족의 천재적, 본능적, 기초적 철학인 종교와 궁극의 종교, 즉 인류의 모든 정신적 발전을 낳은 원리에 대한 명백한 견해인 철학 사이에서 움직이고 있다.

있는 것, 있었던 것, 앞으로 있을 것도 마찬가지이지만, 이것이 다양한 정도의 투명함과 깊이로 그 생명과 변형의 법칙을 보여준다. 이것이 절대자이다. 고정적인 것으로서 그것은 신이라 불리고, 변화적인 것으로서는 세계 또는 '자연'으로 불린다. 신은 자연 속에 나타나 있지만 자연이 곧 신은 아니다. 신 안에는 하나의 자연이 있지만, 그 자연이 신 자체는 아니다. ──나를 떼어놓고 생각할 수 있는 내재와 초월에 동조하지 않는다. 내 생각으로는, 절대자에게는 영원과 변화, 정신과 자연, 이상과 현실, 본체와 현상이 다같이 진실하고, 존재의 환상은 전개(展開)의 범주에서 본 존재에 머무르며, 어떠한 점에서도 존재의 증대를 가져오는 것은 아니다. 모든 화학적 변형이 저울에는 나타나지 않고, 어떤 태양계의 형성 또는 분해가 우주의 질량을 한 원자도 바꾸지 않는 것처럼, 존재 속에서 상태가 변하는 일은 있어도 존재가 증대되거나 감소하는 일은 없다. 만약 인류가 멸망한다면 훌륭한 개화도 사라지겠지만, 영원함에 있어서는 전혀 상관할 바가 없지 않을까. 절대자는 주관으로서는 의식이고, 객관으로서는 자연이다. 절대자가 한순간 그 내적 활동을 멈추고 다시 '바라문'의 잠에 빠진다고 가정하면 우주는 소멸하게 되지만, 곧 절대자의 각성과 함께 다시 시작되는 것이다.――인간이 신을 꿈꾸며, 자신이라는 단일체 속에 무한성의 건축을 다시 쌓을 수 있는 것에 인간의 위대함이 있다. 그러나 각각의 생명은 번갯불에 지나지 않으며, 각 정신은 이 번갯불에 채색되는 비눗방울에 지나지 않으므로 이것은 영원히 되풀이된다.

1870년 5월 9일

디즈레일리(Disraeli. 19세기 영국의 정치가이자 소설가)는 새로운 소설(Lothair) 속에서 오늘날의 두 가지 세력은 혁명과 가톨릭이며, 이 두 세력의 하나가 이기면 자유로운 국민은 멸망해버린다는 것을 보여주고 있다. 이것이 바로 내 생각이다. 다만 프랑스, 벨기에, 이탈리아 및 각국의 가톨릭사회에서는, 이들 세력의 한쪽이 다른 쪽을 견제함으로써 비로소 국가와 문명을 유지할 수 있다. 여러 프로테스탄트 국가에서는 그것이 더욱 잘 되고 있어서, 다른 두 가지 우상숭배 사이에 제3의 세력, 즉 중간적 신앙이 있는데, 그것은 '자유'이며, 자유는 두가지 반대되는 것의 중화(中和)가 아니라 스스로 존속하며, 자기 속에 자신의 중심과 동기를 가지는 윤리적 사상성(事象性)을 띠고 있다. 가톨릭 세계에서는 종교와 자유가 서로 부정하고, 프로테스탄트의 세계에서는 서로 수용한다. 따라서 후자의 경우에는 낭비하는 힘이 훨씬 적다. 그래서 줄곧 앞서있던 가톨릭적인 그리스도교는 환경변화에 적절한 대처를 하지 못해 뒤로 밀려났다. 지금 역사적으로 오르막길에 있는 것은 앵글로색슨 민족이다.

자유는 세속적, 철학적 원리이며, 우리 인간의 법률적, 사회적 열망이다. 그러나 여러가지 규칙과 유대로 개인의 자유를 제한, 특히 윤리적으로 제한하지 않고서는 사회가 유지될 수 없으므로, 법률적으로 가장 자유로운 국민은 그 기초로서 종교의식을 갖출 필요가 있다. 실제로 미합중국은 그렇게 되어 있다. 혼합적, 가톨릭적, 또는 무신론적 국가에서는 제한이 단순히 형벌주의여서 끊임없는 법률의 침해를 빚고 있다. 프랑스가 공화제에 접근할 때마다 드러나는 광경이 바로 그것이다.

무신론자의 유치한 점은 자유로운 사회가 공통의 신앙 없이, 어떤 종교적 선입견 없이 확립되고 통일될 수 있다고 믿고 있다는 것이다. 신의 의지는 어디에 있는가? 그것을 표현하는 것은 공통의 도리인가? 또는 그것을 맡고 있는 것은 종교가나 교회인가? 그 답이 반 또는 다수의 사람들의 양심에 호소하여 애매하며, 의심스럽고 수상쩍은 한(주민이 가톨릭인 모든 국가에서는 그렇게 되어 있다), 공안(公安)은 불가능하고 공법(公法)은 동요하고 있다. 만약 신이 있다면, 그것을 자기 것으로 가지지 않으면 안 된다. 또 만약 신이 없다면, 정치에 있어 견고한 건축을 시도하기 전에, 거의 모든 사람을 정의이든 이익이든 같은 관념으로 돌아가, 하나의 세속적 종교를 다시 부흥시켜 두지 않으면 안 된다.

자유로운 개인이 없는데도 자유를 가능하다고 믿고, 개인 속의 자유가 자유를 가져오는 종교를 전제하는 윤리적 교육의 결실이라는 것을 모르고 있는 경우에는, 자유주의 또한 추상적인 관념으로 길러지게 되는 것이다. 교육에 의해 예수회화(化)된 국민에게 자유주의를 가르치는 것은, 거세(去勢)한 성악가에게 결혼을 권하고 다리가 잘린 사람에게 춤을 장려하는 것과 같다. 아직 강보에 싸여 있는 아기가 어떻게 걸을 수 있겠는가? 양심의 기권이 어떻게 양심의 지배에 도달할 수 있겠는가? 자유롭다는 것은 자신의 방향을 정하는 것, 성년에 달해 후견이 중지되고 자신의 행위를 스스로 지배하며 선악을 판단하는 것이다. 그런데 교황의 절대 권력을 주장하는 가톨릭은 스스로 인정하고 신앙하고 복종해야 하는 이 양 떼들을 영원히 미성년으로 간주하고, 종교가만이 선의 법칙, 정의의 비밀, 진실의 규범을 유지한다고 하며 영원히 해방하지 않으려 한다. ──이것은 끈기 있는 사제에 의해 교묘하게 이용되고 있는 외적인 계시의 관념이 도달하는 곳이다.

그렇지만 내가 놀라는 것은 남유럽 정치가들의 근시안으로, 중요한 문제가 종교 문제라는 것을 깨닫지 못하고, 아직도 반자유주의적 종교로는 자유주의 국가를 실현할 수 없다는 것, 게다가 종교가 결여되어서는 거의 실현할 수 없다는 것을 인정하지 않고 있다. 이것은 우연한 정복이나 일시적인 진보를 결정적인 성과와 혼동하고 있는 것이다.

그런데 나는 프랑스에서는 자유라는 것에 의해 모든 것이 가능한 동시에, 또 모든 것이 다시 사라질 수도 있다고 믿고 있다. 프랑스는 자유로운 공화제를 실현할 수 있을 때까지는 사회주의적이고 공산주의적인 국가가 될 것이다.

평등은 자유보다 훨씬 수립하기 쉬워서, 수십 그루의 나무를 베는 것이 단 한 그루의 나무를 키우는 것보다 훨씬 빠르기 때문이다. 사회주의는 무력한 고백이다. 또한 자유를 위해서라며 벌어지고 있는 소동이 결국 자유의 폐기에 이를 가능성이 상당히 있어 보인다. 인터내셔널이나 비융화파, 교황절대권론자도 지향하는 곳은 똑같이 절대주의, 독재적 전권(全權)이라고 생각한다. 다행히 이들은 몇 갈래로 갈라져 있기 때문에 서로 싸우게 할 수 있다.

자유를 추구하는 주체도 의혹가나 현상론자, 유물론자가 아니라 종교적 확신, 신이 원하는 것은 자유롭고 순결한 인간이라고 믿는 개인의 신앙이어야 하고, 청정을 갈구하는 사람들, 영원한 생명을 가르치고 세계 전체보다 영혼을 지키려 하는 전통적인 신앙인과 수세기에 걸친 인류의 신념의 편린이어야 한다.

그래서 나는 어둠에 대한 빛의 투쟁에 있어서 순화된 종교, 원시 그리스도교가 공정한 세력이 될 거라고 믿는다. 이 종교야말로 정화된, 따라서 진정으로 고상하며 천국에 어울리는 인간 생활의 이상을 유지하고, 거짓 진보와 거짓 자유에서 깨어나게 할 수 있는 것이다.

1870년 6월 1일

(밤 11시)······Blw.에 가니 아들은 회복되었고 어머니가 병에 걸려 있었다. 그 사람은 뭔가 커다란 결심을 했을 때처럼, 무게 있고 음울하며 위엄이 있었다. 사별과 추방, 이별, 고뇌의 의식이 잠 못 이루는 밤을 엄습하고, 낮에도 따라다니고 있었음을 느꼈다. 오후에 한 개의 관이 그 집에서 나갔다. 7월의 '고산생활'(alpeggiature의 유추역. 이탈리아어를 토대로 한 조어인 듯)이 바빌론 유수처럼 생각되었다. 그리고 이따금 죽음에 대한 갈망이 가라앉은 체념의 바닥에서 고개를 쳐들었다. 나는 뼛속까지 혼란스러웠다. 죽어가고 있던 여자의 말처럼, 다시 만나지 못할 것을 알고 있는 아들에 대한 어머니의 작별처럼, 나를 비수처럼 찌른 '마지막 말'(보통 '임종의 말'을 가리킨다)을 따로 모아둬야겠다.

1870년 6월 5일

종교가 가지는 효능은 바로 합리적이거나 철학적 또는 영원하지 않은 것에 있고, 예견할 수 없는 것, 기적적인 것, 당연하지 않은 것, 일화적인 것에 있다. 종교는 많은 신앙을 요구하면 할수록, 즉 속인들이 믿을 수 없으면 없을수록 사랑하게 된다. 철학자는 성스러운 일에 설명을 가하고 그것을 밝은 곳에서 해결하려고 한다. 그런데 오히려 종교적 본능은 성스러운 일을 요구하고 추적하며, 또 성스러운 일이 예배의 본질, 신자 획득의 힘이 되고 있다. 십자가는 열광의 대상이 되었을 때 많은 사람들의 마음을 빼앗았다. 오늘날에도 여전히 초자연적인 것을 물리치며, 종교를 해명하고 신앙에 인색한 사람들은 시를 헐뜯는 시인이나 사랑을 무시하는 여자처럼 버림받게 된다. 종교의 매력은 신앙에 있다. 신앙은 이해할 수 없는 것을 인정하는 것, 아니, 이해할 수 없는 것의 추구이다. 또한 신앙은 자신의 헌신, 자신의 정신 앙양에 도취한다. 사랑에 빠져 있는 여자처럼 신앙도 희생을 자신의 기쁨으로 삼기 때문에, 헌신을 요구받으면 요구받을수록 훨씬 더 행복을 느낀다.

이 심리적 법칙의 무시가 자유주의자, 이른바 자유주의의 그리스도교를 경악시키고, 이 법칙의 인식이 가톨릭의 강점이 되는 것이다.

어떠한 종교도 그 존재 이유인 초자연적인 것이 사라진 뒤에는 존속할 수는 없는 것 같다. 자연적인 종교는 모든 역사적인 의식의 무덤이 아닌가 한다. 구체적인 종교는 철학의 순수한 공기 속에 들어가면 죽어버린다. 그러므로 각 국민의 생활이 윤리적 동력과 제재(制裁)의 원리로서, 신망애(信望愛)의 자양분으로서 종교적 원리를 필요로 하는 한, 다수의 민중은 순수한 이성과 알몸의 진리를 외면하고, 성스러운 일을 열애하며, 또 당연한 이야기지만 자신들에게 이상이 매력의 형태로 나타나는 유일한 영역인 신앙 속에 머물게 된다.

1870년 6월 9일

(아침 8시) 로잔 행 첫 열차의 출발 시간보다 한 시간이나 늦게 일어나는 바람에 역사학회에 나가는 것을 포기했다. 스스로에 대해 내심 불만이 없는 것은 아니다. 사실 이 연금술의 일터에서 썩고 있는 것보다 오랜만에 동료들을 만나고 조금이나마 일반적인 견해와 접촉하는 것이 나을지도 모른다. 그러나 늘 이렇게 되고 만다. 아무래도 나는 우연이나 불가능이란 것으로 일을 끝내기를 좋아하는 것 같다. '이미 늦었다'가 나의 무감정과 모의를 조장하고 있다. 그래서 나는 배나 기차, 기회와 희열이 나를 버려두고 가버리는 것

을 겉으로만 두려워한다.

    저기, 저쪽에
    행복이 있다고 희망은 말한다.

    그런데 나는 희망 쪽은 바라보지도 않고

    저기, 저쪽에
    내가 싫어하는 것, 실패가 있다.

이렇게 중얼거리며 버티고 앉아 있다. 결국 이 하나의 요소, 희망이 마음속에 얼마나 있는가에 따라 모든 것이 달라진다. 인간의 모든 활동, 노력, 기획은 하나의 목적에 도달하고자 하는 희망을 가지고 있다. 한번의 희망이 사라지면 활동은 무의미한 것이 되어, 종루에서 떨어지는 사람의 움직임처럼 경련과 같은 것에 지나지 않게 된다. 피해서는 안 되는 것에 대해 발버둥치는 것은 어쩐지 어린아이처럼 보인다. 중력의 법칙에게 그 작용을 중지해달라고 부탁하는 것은 의심할 여지없이 기괴한 것이라고 할 수 있다. 그런데 자신이 노력한 효과에 대해 신념을 잃을 때, '이렇게 해도 안 되고 저렇게 해도 너는 틀렸다'가 되며 드디어는 이상을 실현할 힘이 없게 된다. 행복은 공상이고 진보는 미망이며 완성은 기만이다. 너의 대망이 모두 이루어졌다고 아무리 가정해봤자 네가 찾아낼 수 있는 것은 오직 공허와 포만과 원한이다.

    익시온, 시지푸스, 탄탈로스,
    희망에 호된 가책을 당하고 있는 사람들이
    모든 희망은 잔인하다는 것을
    알고 싶어하는 사람에게 똑똑하게 보여준다.

이것을 자신에게 들려줄 때, 인간은 살기 위해서는 약간의 맹목이 필요하며, 잘못된 생각이 모든 것의 동력이라는 것을 가까스로 깨닫는다. 이런 생각을 완전히 없애버린다면 오히려 절대적인 부동(不動)이 될 것이다. 유한

한 생명의 비밀을 풀어 그 해답을 안 자는 생존의 '커다란 고리'에서 빠져나가, 살아 있는 사람들의 세계에서 벗어나며 다시는 속지 않는, 사실상 죽은 것이 된다. 이시스의 베일을 걷거나 정면으로 신을 바라보는 것이 무모한 인간을 멸망시킨다고 말한 고대 신앙의 의미가 그것일까? 이집트도 유대도 사실을 그대로 인정했지만, 오직 부처만은 그것을 푸는 열쇠를 주었다. 개인의 생명은 공(空) 그 자체에 알려지지 않는 공이며, 그 공이 자기를 아는 순간 개인의 생명은 원칙적으로 소멸되기 때문이다. 잘못된 생각이 사라지면 공은 당장 그 영원의 지배를 되찾아, 생명의 고통은 종결되고, 오류는 소멸되며, 시간과 형상은 이 해방된 개성 앞에서 사라져버린다. 채색된 공기의 공(球)은 무한의 공간에서 파열되고, 의식의 비참함은 끝없는 '무(無)'라는 불변의 정지 속에 해소된다. 절대는 그것이 정신이라면 또한 활동일 것이다. 그것은 절대와 양립하지 않는 욕구가 낳는 활동이다. 의지는 불안이다. 절대는 모든 결정의 제로가 아니면 안 된다. 이것에 어울리는 유일하고 이상적인 모습은 '공'(空)이다.

1870년 6월 15일

(오후 5시 반) 덮치는 듯한 더위, 흐린 하늘, 일식의 빛, 모든 음울한 모습. 혜성이 꼬리를 끌며 날아가고, 이 농후한 공기의 건조함 속에 생물이 소멸되는 것 같은 느낌이 든다. '마비시키는' 작용이 뇌수에 도달하여 내 오성(悟性)을 '구름으로 에워쌌다'. 나는 이제 외계에 대해 힘차게 반응할 수가 없고, 자유에 대해 명석한 지각을 가지고 있지 않다. 이러한 누르스름한 인상의 유리를 통해 바라볼 때, 자연은 두렵게 보이고 생명은 외로워진다. 마치 눈에 비눗물이 들어갔을 때처럼. 나는 추함 속에 빠져드는 것 같은 감각을 느낀다. 덜컹거리는 덧문, 누렇게 변색된 커튼, 빛바랜 양탄자, 책이 들쭉날쭉 꽂혀 있는 책장이 이토록 내 눈에 불쾌하게 보인 적은 지금까지 한 번도 없었다. 내 얼굴이 이토록 혐오스럽고, 이토록 늙은 모습을 보여준 적은 지금까지 한 번도 없었다.——빛, 젊음, 선명함, 아름다움. 나는 그런 것들을 열렬히 사랑하고 싶은 희미한 유혹을 느끼고 있다. 그것들이 사라지고 없었던 것이다. 내 마음이 그 이름을 부르며 이토록 그리워하고 있지만, 이미 모두 사라지고 없어진 보물이고 감각이고 상상력의 현혹이다. 나는 다

리를 저는 불구가 되어 신음소리를 지르며 얼굴을 찡그리는 자, 광택이 퇴색하고 날이 무뎌지고 품질이 떨어진 것을 싫어한다. 나는 15, 6세의 소녀처럼 마음에 들지 않는 것, '못나고 어리석은' 나를 포함한 모든 늙은이에 대해 본능적인 혐오를 느낀다.

이 혐오의 마력에 걸리면, 사람은 아름다움의 신성한 권리를 주장하고 모든 추한 형태의 소멸을 선언하고 싶어진다. 그런데 나는 무감정이 더욱 심해져서 나를 에워싸는 것, 나에게 속하는 것, 가구, 방, 옷 등이 추해지는 것을 거부하면서도, 내 주위에 세련과 우아미를 가미하여 나의 이상이 명령하는 대로 사물을 꾸미고자 하는 욕구를 조금도 느끼지 않는다. 그 건축술은 여자가 할 일이다. 여자는 생활을 정돈하고 장식하지 않으면 안 된다. 나는 집안을 멋쟁이 여자처럼 잘 꾸미며, 개인의 안락을 위해 정성을 다하는 것에 수치심을 느낄 것이다. 완성된 낙원은 나를 무척 기쁘게 하지만, 나 한 사람을 위해 보금자리를 짓는 것은 싫다.

그것만 보더라도, 또 다른 것을 보아도, 내가 자신의 꿈이 실현되는 것을 보기 전에 죽을 것임은 너무나 명백하다. 나는 앞으로 내가 무슨 일에서건 만족할거라는 희망을 송두리째 포기해버렸다. 그것은 나에게 만족은 아닐지언정 적어도 평정함을 준다. 때때로 새어나오는 한숨은 근본적으로 체념을 방해하지 않는다. 수많은 욕망을 맘껏 누리는 것보다 그것을 비틀어 누르는 것이 쉬운 일이다. 내가 손이 닿는 곳에 있는 사물에 대해서 보통 취해 왔던 태도는 바로 이것이다.

1870년 6월 16일

독서. 관련된 모든 작품, 주석, 헌사를 참조하며 《시드》(코르네유의 비극)를 다시 읽다. 다시 루앙드르(Louandre. 19세기 프랑스의 문학자)의 코르네유 전기.

코르네유는 근대 작가에게서는 흔히 볼 수 있지만 미적 감각이 풍부한 고대 작가에게서는 반감을 사는, 조화와 균형의 결함을 보여주는 둘도 없는 실례이다. 숭고에 대한 느낌, 세상에 대한 어린아이 같은 무지, 위대함과 서투름, 영웅심과 재기(才氣)와 지혜의 결여, 자존심과 비굴함, 고매한 창의성과 어리석고 답답하고 시끄러운 대화, 운문을 쓸 수 있는 재능과 그것을 만족스럽게 읽을 수 없는 무기력, 위인과 바보 등이 모여 있다. 아름다운 영혼이 초라하고 어리석은 인간의 겉모습을 가지고 있다는 것은 기묘하지 않은가? ——그것은 무엇 때문일까? 우스꽝스러운 우리의 교육, 특히 17세기의 교육에 의해, 계급의 이익 때문에 인간을 파괴하고, 특히 전제군주 정치에서 개인을 박물관의 진열대에 있는 곤충 또는 갑각동물의 유(類)나 종(種)이나 과(科)로 분류하는 우리의 사회적 분할에 의한 것이다. 흔히 그리스도교적이라고 하는 문명은 18세기의 백 년 동안, 페리클레스 시대처럼 완성되고 자유로운 기품이 있는 인간을 만들어내지 못했다. 근세인에게 있어서는 안과 밖이 상응하고 있지 않다. 왜냐하면 진정한 인간보다 경이로운 괴물을 만드는 것이 더 쉽기 때문이다. 모든 과도한 것은 아름다움보다 실현하기 쉽다. 미적 이상에 따라 개인적 및 사회적 생활을 조직할 힘이 없는 우리는, 유토피아의 상태에서도 그러한 희망을 갖지 않는다. 우리에게 있어 조화와 미(美)가 세계라는 구름 속의 예외적인 번갯불인 것은 말할 것도 없다. 그래서 우리의 역사적 세계에서 가장 눈에 띄는 특징은 모순, 다시 말해 불일치와 불협화, 추악함 및 찡그린 얼굴이다. ——게다가 우리는 자신의 등이 그 불결한 주름으로 뒤덮여 있다고 해도, 피부의 돌기가 외면적 우월함의 요소라고 논증적인 이유로 결론을 내리는 두꺼비처럼, 이 기괴한 결함을 돋보이게 하려고 노력하고 있다.

진정한 인간이 이렇게도 드문 것을 보면, 우리가 자신에 대해 빠져 있는 자만은 슬픈 어릿광대의 연극일 뿐이다.

1870년 7월 3일

독서, 제뤼제즈 (Gérusez. 19세기 프랑스의 문학자) 《칼뱅》~《안느 듀바르》(프로테스탄트에 대한 관용을 호소하다 화형당한 16세기 프랑스의 관리) ~ 《라블레》. 프로테스탄티즘에 관한 경우, 프랑스 사람들의 견해는 언제나 우스꽝스러운 모순을 보여주고 있다. 국민적인 쇼비니즘(애국주의)은 그들의 어리석음을 도저히 구제할 길이 없는 것 같고, 하찮기 짝이 없는 라팔리스 (La Palisse. La Palice는 15, 6세기 프랑스의 사관)의 노래 (이 장교를 기려 부하 병사가 지은 노래, 즉 15분 전에는 아직 살아 있었다는 문구가 있다)를 연상시킨다. 이에 대해 다음의 두 가지를 생각할 수 있다. 바로 국민정신은 지극히 신성하다는 것, 그리고 속세적인 시설자(施設者), 즉 로마 교회 및 전제군주 정치는 지나치다는 의혹은 있어도, 혁명적 견지 이외의 점에서는 역시 이의를 제기할 수 없다는 것이다. 그렇게 본다면, 프랑스인들은 한편으로는 그리 가톨릭적이

아니고 전제군주 절대주의를 크게 존중하지도 않으면서, 다른 한편으로는
혁명을 예견했던 것으로 생각되는 프로테스탄티즘이 프랑스 역사를 바꿀 우
려가 있다면서 미리 배척하고 있었다. '우리 같은 자들은 없다. 또 우리는
있는 그대로의 우리모습에 완전히 만족하고 있다'고 말하는 이 무분별한 낙
관론은 정말 우스꽝스럽지 않을 수 없다. 나는 자신의 등에 혹을 그대로 지
닌 채 멋진 남자가 되고 싶어하는 곱사등이를 떠올린다. 모든 사랑스러운 죄
인처럼, 프랑스인은 자신의 구원과 마찬가지로 자신의 죄에도 애착을 가지
고, 자신이 양보한 것을 송두리째 되찾을 수만 있다면 타인이 원하는 것을
조금씩 양도한다. ——제도 자체를 거역하지 않으면서 하나의 제도의 다양한
결과를 비판하고, 칼뱅에게 돌을 던지면서 안느 뒤바르의 화형을 성토하는
것은 어리석은 일이 아닌가. 제뤼제즈 같은 문인은 그 유치한 점에서 사람을
질리게 만든다. 이런 사람들이 이해할 수 있는 것은 효과가 없는 조롱적인
반항에 머무를 뿐, 영웅적인 구제책은 바랄 수 없다. 라블레, 프롱드의 난
(17세기 중엽 루이 14세가 어렸을 때 일어난 내란), 사티르메니페 (La Satire Ménippée. 16, 7세기에 나온 프랑스의 유명한 정치적 풍자시), 볼테르는 인정하지만,
진지한 성격의 사람들을 두려워하고 있다. 원인을 제쳐놓고 결과를, 사과나
무를 제쳐놓고 사과를 원하는 것으로, 상식에 대한 대역죄이다. "칼뱅이 승
리했더라면, 프랑스의 본성은 손상되었을 것이다." 제뤼제즈는 이것을 논제
로 하고 있지만, 장화를 신고 있는 사람이 슬리퍼를 벗고 있다는 것은 명백
한 사실이다. 그런데 문제는, 역사의 진구렁을 나아가는 데는 어떤 신발이
좋은지를 아는 일이다. ——미루어 생각해보면, 루이 11세 이후의 프랑스 역
사는 우리에게 번영하고 있는, 도덕적이고 자유로운 행복을 선망하는 모범
적인 국민을 보여주는 것은 아닐까? 그렇다고 대답하라. 그렇다면 그 애기
는 그만두겠다. 그렇지 않다고 말한다면 당신의 낙관론은 더 이상 프랑스 사
회의 버팀목이 아니므로, 그 비밀스러운 악폐와 깊숙이 숨어 있는 미신을 보
여줘도 좋다는 애기가 된다.

 프랑스의 폐해 가운데 하나는 진리 대신 일반적인 편리를 인정하고, 자아의
품위와 양심의 위엄을 완전히 무시하는 경박한 풍조이다. 외관을 중시하는 이
국민은 개인적 자유의 기초를 알지 못하고, 보편성, 즉 다수의 추종자를 얻지
못하는 사상에 대해서는 완전히 가톨릭적이고 배타적인 태도를 유지하고 있
다. 이 국민은 자기 자신을 부패, 수, 힘은 되어도 개개인이 자신에게서 그

진가를 이끌어내는 자유로운 사람들의 집합은 될 수 없는, 가축의 무리로 간주하고 있다. 뛰어난 프랑스인은 자신의 진가를 타인에게서 이끌어낸다. 금배지든 훈장이든 휘장이든 칼이든 법복이든, 다시 말해 역할이든 장식이든 그것을 몸에 달면 뭔가 위대한 자가 된 것처럼 생각되고, 또 스스로도 위대해진 것처럼 느낀다. 명예의 표시가 그 사람의 가치를 천명하고, 술탄이 대신(大臣)을 임명하듯 민중이 그 사람을 무에서 끌어내는 것이다. 이처럼 쉽게 동조하는 훈련을 거친 양 같은 민족은, 개인적 독립에 대해 반감을 가지고 있다. 거기서는 모든 것이 군대적이거나 문관적, 또는 종교적 권위에서 나온 것이 아니면 안 된다. 신도 포고되기 전에는 존재하지 않는다. 따라서 이러한 민족의 본능적인 도그마는 진리가 증거를 기다리지 않고 스스로 진리라고 내세우는 주장, 또 개인이 고립된 확신과 자아적인 가치를 가진다는 주장을 찬탈 및 모독으로 취급하는 사회 전능설(全能說)이다.——모든 사람이 하는 대로 따라하지 않으면 안 된다는 너무나도 프랑스적인 이 문구에는, 그 안에 모든 학정, 진부함, 박해, 평범함에 대한 변명이 내포되어 있다.

1870년 7월 20일 벨랄프Bellalpe (발레(Valais) 산맥 북부의 남서면 가까이 생플롱 고개에 면한 피서지. "빌라르는 작은 새의 보금자리였지만 벨랄프는 독수리의 둥지이다"라고 아미엘은 말했다.)
멋진 하루. 파노라마는 웅대한 위엄을 갖추고 있다. 산악의 심포니, 태양이 내리쬐는 알프스의 칸타타이다.

나는 현혹되고 압도당하고 있다. 이곳을 지배하고 있는 것은 찬양할 수 있다는 기쁨, 다시 말해 육체적인 안락에 의해 다시 관조자(觀照者)가 되고, 내 건강 상태에 따라 자신에게서 빠져나가 사물에 몸을 맡길 수 있다는 기쁨이다. 감사가 감격에 섞여 있다. 나는 나로 돌아왔다. 얼마나 큰 축복인가?

(밤 8시) 슈파렌호른(Sparrenhorn)의 기슭에서 끝없는 환희 속에 2시간을 보냈다.——온갖 감각에 젖어 있었다. 보았노라, 느꼈노라, 꿈꾸었노라, 생각했노라.

1870년 7월 21일 벨랄프
(오후 4시) 아침 식사를 마친 뒤 슈파렌호른 등반(2700미터). 우리 뒤에 우뚝 서 있는 저 봉우리는 걸어서 2시간 15분 걸리는(나는 1시간 15분에 내

려갔다) 높이이다. 그 꼭대기는 바위가 떨어지는데다 양쪽의 깎아지른 듯한 낭떠러지를 따라 나 있는 오솔길이 가파르고 험해서 쉽게 오를 수가 없다. 그러나 고생한 보람은 충분했다.

날씨는 완전한 맑음. 조망은 발레알프스의 모든 연봉을 거느리고 푸르카에서 콩방으로 이어질 뿐만 아니라, 푸르카 끝의 테생(Tessin) 및 그리종(Grisons), 레티(Rhetie) 지방에 있는 봉우리까지 이르고 있다. 돌아보면 내 뒤에 핀스테르아르호른(Finsteraarhorn), 묀히(Mönch), 융프라우를 포함한 거대한 베른 산괴의 남쪽 뒤를 형성하고 있는 만년설과 빙하로 이루어진, 말하자면 극지의 세계가 보인다. 이 산괴를 대표하는 것은 알레치호른(Aletschhorn)으로, 그 주위에 몇 개의 알레치 빙하의 띠가 퍼져나갔다가 다시 모여들어, 내가 서 있는 봉우리 앞까지 다가와 있다. 밭, 숲, 잔디, 벌거숭이 바위, 눈과 서로 겹쳐져 있는 다섯 개의 층 및 높이에 따른 네 종류의 산(숲의 산, 잔디의 산, 바위의 산, 눈의 산). ――가장 큰 산의 주된 모양, 탁자형~몬테레오네(Monte·Leone), 원탑형~플레체르호른, 아치형~몬테로사, 탑형~미샤벨과 그 버팀목이 되고 있는 4개의 능선과 목덜미를 내려다 보고 있는 아홉 개의 봉우리, 피라미드형~바이스호른, 오벨리스크형~세르뱅(봉우리, 이, 뿔, 바늘)을 관찰했다.

내 주위에는 쌍쌍이 노니는 나비, 진기한 녹색 투구를 쓰고 반짝이는 파리, 거미 다리를 가진 모기류가 날아다니고 있었다. 그러나 식물은 약간의 지의류 외에는 없다. 머리 위에는 하얀 구름의 진동하는 듯한 전개. ――빈 병과 7월 4일 이후 찾아온 여행자의 이름, 종이조각에 적힌 이름. ――알레치 상부 빙하의 공허하고 죽은 듯한 거대한 조망이 마치 얼음의 폼페이 같다. ――새파란 용담, 팬지, 마가레트, 미나리아재비, 유리초, 아네모네. 범의귀는 하나도 없다. 빽빽하게 자라고 있는 탄력 있는 잔디. 좁쌀풀 몇 포기. 정상에 한 시간 동안 머물렀다. 광활한 침묵. 돌아가는 길에 태양의 효과, 용담, 물망초, 아네모네가 섞인 잔디를 관찰하다.

바위는 흙과 같은 수준에 있다. 잔디가 자라고 있는 돔 모양의 함락 장소, 암석지대와 잔디지대 사이의 추이. 수십만 년이라는 오랜 시간동안 화석화한 파도, 대지의 신음, 저녁의 요람. 산악의 영혼과 고지대의 마음을 일깨운다.

1870년 7월 22일 벨랄프

(오후 4시 반) 오늘 아침 안개가 끼어 물감이 아련하게 번진 것처럼 보였던 하늘이 다시 새파래졌다. 발레 산맥의 커다란 봉우리가 고요한 빛을 쬐고 있다.

나를 이렇게 엄습하고 압박하는 이 장엄한 우울은 어디서 오는 것일까? 지금까지 나는 학술적 저작(브론《고생물학의 법칙 (*Lois de la paléontologie*)》, 카를 리테르《지리학적 형태의 법칙 (*Karl Ritter*)》등)과 1859년의《독일평론 (*Revue Germanique*)》에 나온 수많은 논문을 차례차례 읽고 있었다. 그것이 나의 내면의 적적함의 원인일까? 이 광대한 경관의 위엄, 이 기울어진 태양의 광휘가 나를 눈물로 유혹하는가?

'잠깐 떠들다 가는 하루살이 생물', 너의 숨통을 조이고 있는 것을 나는 잘 알고 있다. 네가 하늘이라는 의식이다. 방금 네 눈앞을 지나간 위대한 사람들의 이름(훔볼트, 리테르, 실러, 괴테)은 너에게 네가 자신의 재능을 전혀 살릴 수 없었던 것을 떠올리게 하고, 1859년의 이 '평론'은 너가 헛되이 보낸 지난 11년을 은밀하게 비난하며, 또 이 태평(대범)한 대자연은 허무하게, 네 일도 성취하지 못하고 생활다운 생활도 보내지 못한 채 사라져 갈 거라고 말하고 있다. 어쩌면 영원한 사물의 숨결이 너에게 욥의 전율을 전해주는 것일까? 인간이란 무엇인가? 한 줄기 햇살에 시들어 광주리 속에 던져지는 이 풀은? 무한의 심연 속에서 우리의 생명은 무엇인가? 나는 나를 위해서뿐만 아니라 내 종(種)을 위해 모두 죽어야 하는 존재를 위해 신성한 공포를 경험한다. 나는 부처처럼 '커다란 수레바퀴', 우주 미망의 수레바퀴가 돌고 있음을 느낀다. 이 망연한 침묵 속에는 진정한 오뇌가 있다. 이시스는 그 베일의 한 자락을 걷고, 관조의 아찔한 어지러움은 위대한 신비를 엿보는 자를 번갯불로 친다. 나에게는 숨을 쉴 기운도, 몸을 움직일 배짱도 없다. 나는 내가 한 오라기의 실을 붙잡고 바닥 모를 온갖 운명의 심연 위에 매달려 있는 것 같은 느낌이 든다. 이것이 무한과 마주하는 위대한 죽음의 직관일까?

잠시 떠들다 가는 하루살이 생물
너의 영혼은 불멸이다, 너의 눈물은 언젠가 마른다.

과연 마를까? 우리 주위에 끝없는 심연이 열리듯이, 가슴속에도 말로 표현할 수 없이 넓고 거대한 욕구의 심연이 열린다. 타고난 재능, 헌신, 연애, 모든 갈증이 한꺼번에 눈을 뜨고 나를 꾸짖는다. 난파당해 파도 속에 가라앉고 있는 사람처럼, 사형을 선고받고 목이 도끼 아래 굴러 떨어지려는 사람처럼, 나는 미친 듯한 열기로 인해 생명에 집착하고, 절망에 이른 후회가 나를 죄어오며 자비를 소리쳐 구하게 하고 있음을 느낀다. 이윽고 이 눈에 보이지 않는 임종의 고통이 완전히 해소되면, 오히려 실망하는 기분이 된다.

"피할 수 없는 일이라면 포기하고 그것에 몸을 맡겨라. 청춘의 신기루를 상복(喪服)으로 덮어라. 그늘에서 살다 죽어라. 바다조개처럼 저녁 기도를 올려라. 생명의 '주'가 너의 조그만 불꽃을 피울 때가 오면, 불평하지 말고 사라져라. 하나하나의 흙덩어리는 수만 개의 미지의 생명이 쌓인 것이다. 적충류는 몇 조의 수가 아니면 무리에도 들지 않는다. 스스로 하늘이라는 것에 대해 반항하라." 아멘.

그러나 평화는 오직 질서 안에만 있다. 너는 질서 속에 있느냐? 불행히도 그렇지 않다. 그렇다면 너의 불안하고 고정되지 않은 성질은 너를 마지막까지 괴롭힐 것이고, 너는 언제까지나 해야 할 일을 확실하게 보지 못한다. 더 선한 것에 대한 사랑이 너에게 선한 것을 금지하고 만다. 이상이 염려되어 너는 모든 현실성을 잃어버린다.

막연한 동경과 부정한 욕구, 그것만으로도 너의 능력을 무익한 것으로, 너의 힘을 중성적인 것으로 만들어버린다. 생산에 적응하고 있는 줄 알고 있던 비생산적인 성질 때문에 너는, 바로 자신의 성(性)을 무시했기 때문에 아버지가 될 자격이 없다 하며 위로의 말도 귀에 들어오지 않는 여자처럼, 쓸데없는 후회를 하게 된다.

　　많든 적든 각자 인간은
　　적어도 어릿광대의 탈을 닳도록 쓰고 있다.

세레르도 말했다.
"있는 그대로의 자신을 받아들이지 않으면 안 된다."

1870년 9월 8일 취리히

모든 추방자는 파리로 돌아간다. 에드가르 키네, 뒤프레스(Dufraise. 19세기 프랑스의 정치가), 루이 블랑(Louis Blanc. 19세기 프랑스의 정치가, 역사가), 빅토르 위고 등. 이들이 자신의 경험을 살려 잠시나마 공화제를 순조롭게 존속시킬 수 있을까? 그러기를 바란다. 그러나 나는 이 승부에 새끼손가락을 걸고 싶은 생각은 없다. 공화제는 열매인데 프랑스에서는 이것을 뿌리는 씨앗으로 삼고 있다. 다른 나라의 공화제는 자유로운 인간을 전제로 하는데, 프랑스에서는 그것이 후견인이나 교육자가 되며, 또 그렇게 하지 않으면 안 된다. 다시 말해 기교적이고 모순적이다. 공화제는 보통선거를 마치 이미 교양을 갖추고 있는 정의롭고 이성적인 것으로 생각하고, 그것에 주권을 맡기고 있다. 그래서 공화제는 마치 주권자인 양 의제(擬制)되어 있는 자들을 길들이지 않으면 안 된다. 과거는 모든 종류의 의혹을 정당한 것으로 한다. 프랑스는 보상과 배려를 여러 가지로 보여주지 않으면 안 된다. 전향(轉向)은 이루어질 것 같지 않지만, 불가능한 것은 아니다. 동정심을 가지고, 그러나 조심스럽고 주의 깊게 기다리기로 하자. ……프랑스는 '자치'(自治)의 포부를 가지고 있지만, 그것은 탐욕스러운 희망사항일 뿐이다. 그것을 할 수 있는 자격을 보여주는 것이 중요하다. 80년 전부터 프랑스는 혁명과 자유를 혼동해 왔다. 우리는 프랑스가 그것을 실행해 보여주기를 기대할 권리가 있다.

1870년 9월 11일 바젤

'라인의 파수꾼'. 밤이 깊었다. 나는 아직도 자지 않고 있다. 늙은 라인강은 내 창 아래에서 소리를 내고 있다. 그리고 다리의 아치에 부딪쳐 부서진다. ……

1870년 9월 12일 바젤

10년 전이나 20년 전과 마찬가지로, 바다처럼 새파란 이 거대한 강은 힘찬 물결을 일으키며, 12개의 아치로 이루어진 다리를 뒤흔드는 발굽 소리를 내고 있고, 붉은 사원은 하늘을 향해 두 개의 첨탑을 우뚝 내밀고 있다. 라인의 왼쪽 기슭을 따라가는 대지의 담쟁이덩굴은 녹색외투처럼 벽을 뒤덮고, 지칠 줄 모르는 나룻배는 옛날과 마찬가지로 계속 왕복하고 있다. 한마디로 말해 사물은 영원하게 보이는데, 머리카락을 셀 때마다 눈에 띄게 가슴이 늙어가는 것을 느낀다. 나는 이곳에서 세월의 흐름에 따라 '조팡구 회원'(Zofingue 마을에 1819년 창립된 스위스 애국학생단의 단원), 독일 대학생, 교수로서 지내왔다. 이제 다시 생애의 내리막길에서 돌아와 보니, 경치는 아무것도 변하지 않았는데 오직 나만이 예외이다. "아아, 포스툼스여, 포스툼스여." (다음에 "순식간에 한 해가 흘러간다"고 되어 있는 호라티우스의 시구 od. 11, 14.) ……

이 우울한 추억은 평범하고 어린아이 같은 자에게도 마찬가지이며, 고갈되는 일이 없다. 모든 시대의 시인도 거기서 벗어나지 못했다. ……

개체적인 생명이란 결국 무엇인가? 영원한 테마의 변주곡, 태어나고, 살고, 느끼고, 원하고, 사랑하고, 괴로워하고, 울고, 죽는다. 어떤 사람들은 거기에 부자가 되고, 생각하고, 활개치고, 극복한다 등을 덧붙이지만, 사실상 아무리 사람이 활발히 움직이며 힘을 뻗어도, 자기 운명의 선을 어느 정도 물결치게 할 수 있을 뿐이다. 기본적인 현상의 계열을 타인에게 약간이나마 돋보이게 하려고 자신에 대한 것을 확실하게 한들 무슨 의미가 있으랴? 전체는 역시 끝없이 작은 것의 진동, 불변하는 모티프의 무의미한 반복이다. 사실은 사람이 있든 없든 그 차이는 사물 전체에 있어서는 전혀 눈에 띄지 않는 것이므로, 어떤 불만이나 욕구도 우스꽝스러운 것이 된다. 인류 전체는 이 지구의 존속에 있어 한 줄기의 번갯불에 지나지 않으며, 지구는 가스의 상태로 복귀해도 태양은 거기서 1초도 영향을 받지 않는다. 따라서 개인은 공(하늘)의 미분(微分)이다. 개인은 자신에게만, 또 자신의 '둔감한 정도'로만 관심을 기울이게 된다.

'자연'이란 무엇인가? 마야, 즉 사라지는, 무심하고 부단한 현상성(現象性), 모든 가능한 것의 출현, 모든 결합의 끝날 줄 모르는 장난이다.

그런데 마야는 누군가를, 바라보는 사람을, 범(梵)을 즐겁게 하는 것일까? 또 범은 무언가 진지하고 이기적이지 않은 목적을 향해 작용하고 있는 것일까? 유신론의 견지에서 보면, 신은 정신을 만들어내고, 자신을 향해 청정함과 미를 반사하는 보석의 면(面)이라고도 할 수 있는 자유로운 자 안에 자신을 다수화함으로써, 선(善)과 현명한 생각의 융화를 원하고 있을까? 이 사고방식이 우리의 가슴을 훨씬 더 유혹하는 것은 인정해야 한다. 그러나 훨씬 더 진실하다고 할 수 있을까? 윤리적인 의식은 그것을 긍정한다. 인간이 마음에 선을 품는다면, 사물의 일반원리는 인간보다 뒤떨어지지 않은 것이므로 진지한 것이 아니면 안 된다. 근로, 의무, 노력의 철학은 현상, 유희, 무관심의 철학보다 뛰어난 것처럼 보인다.

환상을 낳는 마야는 영원의 의식인 범(梵)에 종속되고, 범은 또한 청정한 신(神)에게 종속될 것이다.

1870년 10월 25일

각각의 직무를 가장 자격이 있는 사람에게, 각 지위를 가장 능력이 있는 사람에게, 그 진가에 따라 각자에게. 이 격언은 모든 조직을 지배하는 것으로, 조직의 비판에 이바지하는 점이 있다. 이것을 적용하는 것은 민주제에서도 금지하지 않는다. 그렇지만 민주제가 이것을 적용하는 일이 드문 것은, 이를테면 가장 자격이 있는 사람이란 민주제에 편리한 사람을 가리킨다고 믿는 데 반해, 민주제에 편리한 사람이 가장 자격이 있는 사람인 경우가 드물기 때문이다. 민주제는 자신의 충동, 그것도 일시적인 충동에 의해 표를 던지는 신경질적인 여자로, 사항이나 인물의 내적인 가치를 존중하고 자신의 부수적인 정세는 도외시하는 현자(賢者) 같은 데가 거의 없다. 더 간단하게 말하면, 민주제도는 이성이 민중을 지도하는 것을 전제로 하고 있지만, 사실 민중은 대부분의 경우 감정에 복종하기 마련이다. 그런데 본질적으로는 다르지만 같은 것으로 간주하는 것은 모두 처벌을 받는다. 그것은 진리가 복수를 하기 때문이다.

그래서 민주제는 이론적으로는 참으로 훌륭하지만 실제로는 숨길 수 없는 추악함으로 끝나게 된다.

그런데 아무리 궁리해 봐도 현명한 생각, 정의, 이성, 건강 같은 것은 결국 특별한 경우로 일부 선택받은 사람들의 몫일 뿐이다. 윤리적이고 사상적인 조화와 모든 우수한 형태는 영원한 가치를 지닌 희귀품, 고립된 걸작이다.

가장 완성된 제도에서 기대할 수 있는 것은 개인적 우수성의 발현을 허용하는 것이지, 우수한 개인을 생산하는 것은 아니다. 덕성과 천재, 우아함과 아름다움에는 제도 따위로는 만들어낼 수 없는 고귀한 성질이 있다. 따라서 부차적인 의의, 그 의의를 나는 경멸하고 무시할 생각은 없지만, 오히려 부정적인 의의밖에 가지지 않는 혁명이라는 것에 심취하거나 격앙하는 것은 무익한 일이라고 본다.

　승합마차이든 기차이든, 그것이 내 몸을 아무리 흔들어도 타고 있기만 하면 언젠가는 도착한다는 것이 중요하다. 정치생활은 우리에게서 너무 많은 시간을 빼앗지만 그것은 삶의 수단일 뿐이다. 지금 살고 있는 집이 조금 불편하다 해도, 그때마다 이사를 하는 번거로움보다는 낫다. 완성이니 마감이니 하는 것을 구실로 우리는 생활을 상당히 번거로운 것으로 만들고 있다. 실제로, 내가 낮이나 밤이나 또 다음날도 하루 종일 침대를 정리하고, 또 그 다음날 다시 한다고 하면, 나는 수단을 위해 목적을 희생시키고, 좋은 침상을 위해 나에게 필요한 수면을 희생시키는 셈이 된다. 내가 스스로 빵을 굽는다면 언제 그것을 먹을 수 있게 될까? 빨리 달릴 수 있도록 신발을 기웠다가 풀고 또 기우며 끝없이 만지작거린다면, 도대체 언제쯤이면 달릴 수 있을까? 이러한 기약없는 희망의 노예가 되기보다, 튼튼한 침상에서 자고, 뭐든지 상관하지 않고 먹고, 맨발로 걷는 편이 낫지 않을까?

　절도(節度). 그리스에서 나온 이 신성한 말을 우리는 여차하면 잊어버린다. 균형과 절제, 상식이 부족하기 때문에, 우리는 최선의 것을 손상시키고 있다. 자연적인 인간, 통속적인 인간은 절제를 모르는 동물에 지나지 않는다. 절도는 내면적인 성숙의 징후이며, 균형은 현명한 생각의 표시이다.〈희귀한 새〉(공작(孔雀), 호라티우스 Sat. Ⅱ, 2, 26).

1870년 10월 26일

　시로코(사하라 사막 지대에서 지중해 주변 지역으로 부는 열풍). 파르스름한 하늘. 나무들이 쓰고 있던 관은 모두 뿌리를 향해 떨어졌다. 겨울의 손가락이 그 관에 닿은 것이다.――이 집의 건강하고 귀여운 가정부가 방금 내 편지를 가지고 나갔다. ……이 사람은 병에 걸린 여동생과 역시 병든 몸인 남편 사이를 왔다갔다하면서 밤을 보내고, 낮에도 쉬지 않고 일하고 있다. 그래서 눈이 빨갛게 부어 있다. 이 건강하고 귀여운 여자의 생활을 뭐라고 표현하면 좋을까? 모든 걸 체념하고, 쓰러질 때까지 불평은커녕 지칠 줄도 모르고 일만 계속하고 있다.

　이런 사람들의 생활은 많은 것을 증명한다. 진정한 무지는 윤리적 무지라는 것, 근로와 고뇌는 인간의 몫이라는 것, 어리석음이 많고 적은 것에 대한 분류는 덕이 많고 적은 것에 대한 분류에 미치지 못한다는 것 등이다. 신의 나라에 속하는 자는 가장 교양 있는 자가 아니고 가장 선한 자이다. 가장 선한 자란 몸을 가장 많이 바치는 자이다. 그래서 스스로 나아가 겸손하게 한결같이 바치는 희생은 진정한 인간적 품위를 낳는다. 최후의 사람이 최초의 사람이 된다고 한 것은 바로 그것 때문이다. 사회는 의식(양심)에 기초하는 것이지 지식에 기초하는 것이 아니다. 문명은 무엇보다 윤리적이다. 훌륭한 마음가짐, 권리의 존중, 의무의 숭배, 이웃에 대한 사랑, 한마디로 말해 덕성이 없으면 모든 것이 위태로워지고 무너진다. 문학과 예술로도, 사치 또는 근면으로도, 웅변, 헌병, 탐정, 세관원으로도 토대에 결함이 있는 건물을 하늘 높이 유지할 수는 없다.

오로지 이해만 따져 공포의 시멘트로 굳힌 국가는 불안하고 위험한 건축물이다. 모든 문명의 지반은 민중의 평균적 윤리성이고, 선의 충분한 실천이다. 의무는 모든 것을 지지(支持)하는 것이다. 그러므로 그늘에서 그것을 채우며 선한 모범을 보여주고 있는 사람들은, 빛나는 사회의 숨겨진 구원이요 버팀목이다. 의로운 자가 10명만 있었으면 소돔은 재앙을 면했겠지만, 하나의 국민을 부패와 붕괴로부터 지키려면 수천만의 선인(善人)이 필요하다.

무지와 감정이 민중의 윤리성을 위태롭게 한다면, 윤리적 무관심은 지극히 교양이 높은 사람들의 병이라고 할 수 있다. 광명과 덕성, 사유와 양심, 사상적 귀족과 마음가짐이 훌륭한 거친 민중 사이의 이러한 분리는 자유에 있어 가장 큰 위험이다. 세련된 사람, 냉소적인 사람, 회의적인 사람, 좋은 취미를 가진 사람은 많아지면 많아질수록 사회의 화학적 분해를 가져오는 법이다. 이들은 분뇨구덩이 위에 떠다니는 코를 찌르는 암모니아이다. 그 예가 아우구스투스 시대와 루이 15세 시대이다. 모든 것에 흥미를 잃은 냉소가는 일반적인 의무에 관심을 두지 않고, 조금의 노력조차 피하기 위해 어떤 불행도 막으려 하지 않는 이기주의자이다. 그 빈틈없는 점은 이미 마음을 가지고 있지 않은 데 그 원인이 있다. 그것에 의해 이들은 진정한 인간성에서 멀어져 악마적 본성에 다가가고 있다. 메피스토펠레스에게 부족한 것은 무엇인가? 아무리 생각해도 재능은 아니다. 선의(善意)이다. ……

이러한 이유로 나는 타고난 재능이 없는 사람들을 보면 그 재주를 찬미한다. 그러나 재능이 있는 사람들을 보면 그들 중 마음이 따뜻한 사람들에게로 관심을 가진다. 오직 균형이 나를 만족시킨다. 선택 여부는 하나의 악이지만, 그것이 어쩔 수 없는 일이라면, 나는 없어서는 안 되는 것을 선택하고, 이쪽에서 경멸하는 것보다 이쪽을 안타깝게 하는 쪽을 선택한다.

1870년 10월 28일
한 가지 불가사의한 것은 이 국민 사이의 분쟁으로 초래되는 정의의 절대적 망각이다. 구경꾼의 거의 전부가 자신들의 주권적인 기호, 각자의 분노, 공포, 욕구, 이해, 또는 감정을 통해서만 판단을 내릴 수 있게 되어 있다. 다시 말해 그 판단은 무효이다. 판단이란 진실을 보는 것이고, 정의를 염원하는 것, 따라서 공평한 것이고 이해(利害)를 돌아보지 않는 것, 더 나아가서 비아적(非我的)이 되는 것이다. 지금의 투쟁에서 기피당하지 않는 재판관이 몇 사람이나 있을까? 매우 적다. 열 명도 채 안 된다. 어쩌면 세 명도 안 될지 모른다. 사람들은 애국자일 것, 다시 말해 올바르지 않은 것을 고집하고 있다. 기뻐하고 열광하며 부정한 태도를 취하고, 더욱 기묘한 것은 그것을 명예로 생각하고 있다는 것이다. 이렇게 정열적으로 미워하거나 사랑하는 것이 진지하게 종교적인 견지에서 진정한 인간성에 오르는 것보다 더 쉬운 것이다. 공정에 대한 혐오, 정의에 대한 반감, 자애로운 중성(中性)에 대한 분노는 인간 속에 있는 동물적 감정, 실은 힘에 지나지 않는데도 우습게도 스스로 이성이라고 생각하고 있는 난폭하고 맹목적인 감정의 폭발이다.
나는 이러한 격앙과 비속한 선입견을 자신의 정신에서 제거하고, 온화한 인간으로서 '은혜도 원한도 없이'(아키투스 Ann. I, 1.) 정의만을 추구할 수 있는 국가에 속하고, 또 그런 지위를 얻고 있는 것을 신께 감사한다.

1870년 11월 15일
어떠한 의제(擬制)도 한 번은 발각된다. 어떠한 사기도 벌을 받기 때문이다. 그런데 보통선거의 평등주의적 공리는 의제이다. 민중의 본능이 자연히 공익의 방향을 향한다는 공리는 의제이다. 과반수는 힘일 뿐만 아니라, 또 자기를 위한 권리일 뿐만 아니라 식견과 이성을 지녔다는 공리도 역시 법률적 의제이다.

결론. 우리의 평준화적 민주제의 기초가 되어 있는 평등주의는 그것의 반대, 즉 특권제도와 마찬가지로 참이 아니기 때문에 평등주의적 공화국은 다른 모든 정치체제와 마찬가지로 위험에 빠져 있다. 진리만이 견고한 것이다.

1870년 11월 16일

심연(深淵)의 바닥을 들여다볼 때는 뭔가 소름이 끼치고 현기증이 일어나는, 말로 표현할 수 없는 무엇이 있다. 그런데 각자의 마음은 심연이고, 사랑과 연민의 신비이다. 이 전당의 깊은 바닥까지 뚫고 들어가, 가슴속 깊은 곳에서 솟아나는 기도와 탄식과 찬미가의 달콤한 중얼거림을 들으면, 나는 언제나 신성한 감동을 느낀다. 나는 이러한 자발적이고 솔직한 얘기는 애정이 담긴 믿음과 완전히 종교적인 수치심으로 대한다. 그것은 나에게 시처럼 신비하고, 모든 탄생처럼 신성하게 보인다. 나는 입을 다물고, 귀를 기울이며 숭배한다. 내가 할 수 있는 만큼 위안과 격려도 한다.

1870년 12월 1일

그렇다면 총명한 인간이 많이 있다는 의미가 되는가. 그렇지 않다. 각자에게는 그 한계와 제한, 우둔함이 있다. 구석구석 모조리 총명한 것은 없다. 단지 어느 정도의 통찰력과 총명함이 있을 뿐이다. 예를 들면 나폴레옹 1세는 보통 이상으로 총명했다. 그래서 모든 상황을 상대방의 입장에서 생각하면서 자기보다도 뛰어난 천재를 이용할 수 있었다. 머리가 좋은 사람 중에서도 목적을 이해하고 수단을 발견하는 사람만을 존중했다. 나폴레옹은 유능한 사람의 편이었다. 적재적소, 이것이 그의 위대한 행정가 및 한 나라의 원수로서의 규범이었다. 그것에 반발하여 떠들어대는 위인들은 이 규범에 어울리는 뛰어난 사람을 발견하지 못하며, 발견하더라도 인재를 그 정도로 적절하게 적용하지 못한다. 천재는 대강 훑어본다. 대강 훑어보는 것은 총명함의 번갯불이다.

민중은 정의를 대표하고, 천재는 선을 대표한다. 어떤 경우에는 민중이 천재의 채찍에 몸을 굽히고, 어떤 경우에는 천재가 대중의 분노를 보고 자취를 감춘다. 역사는 이 두 원리 사이의 동요이다. 가장 좋은 결합은 '공안(公安)'을 위해 '독재제'를 편 로마 국가처럼 두 개의 권위를 하나로 만드는 것이다.

나는 천재가 역사의 실체를 갖는 법이며, 대중은 천재가 가진 사상에 대한 비평적 여과기·한정·완화이고, 필요이기는 하지만 수동적인 부정에 불과하다고 믿는다. 어리석지만 역학적으로 말하면 정신에 없어서는 안 될 균형추이다. 생명에 필요한, 호흡할 수 있는 공기를 만들려면 산소에 섞인 4분의 3의 질소가 필요하다. 사회를 만들려면 다수의 어리석은 백성이 필요하다. 역사를 만들려면 극복하기 위한 저항과 이끌기 위한 질량(민중)이 필요하다.

1870년 12월 6일

〈변화에 있어서의 지속〉, 〈유동(流動)에 있어서의 고집〉. 괴테 시의 제목은 자연의 암호이다. 모든 것은 변화한다. 그러나 그 빠르기는 지극히 제각각이며, 어떤 생명은 다른 생명의 입장에서는 영원한 것으로 보일 정도이다. 예를 들면 생물의 수명과 비교한 지질시대, 지질시대와 비한 지구는, 한 시간에 우리를 가로지르는 수백 가지의 인상과 비교한 우리의 생명과 마찬가지로 영원한 것으로 보인다. 어느 방향을 보아도 우리는 무한하게 많은 무한한 것들에 에워싸여 있다는 것을 느낀다. 우주를 진심으로 바라보면 경이의 마음이 일어난다. 모든 것이 상대적이어서 무엇이 진정한 가치를 지니고 있는지 알 수 없게 된다.

벼랑도 없고 바닥도 없는 이 심연 속에 어디에 고정된 점이 있을까? 그것은 오히려 다양한 관계를 지각하는 것, 달리 표현하면 의식, 바로 무한한 의식이 아닐까? 무한한 의식 속에 자기를 인정하고, 신(神) 속에 있다고 느끼고, 신 속에 자기를 받아들이며, 신의 의지 속에 자기를 원하는 것. 한 마디로 말해 종교가 불변의 것이다. 이 의식이 숙명이든 자유이든, 이것과 하나가 되는 것이 선(善)이다. 스토아파도 그리스도교도도, 한쪽이 최고 예지, 다른 쪽이 최고선으로 불리는 모든 존재의 '존재'에 몸을 맡기는 것이다. 성요한은 말했다. 신은 없어지는 일이 없는 시(詩)라고. 우리는 말하리라, 신은 완성이라고. 그럼 인간은? 인간은 눈에 들어오지 않을 만큼 작고, 언어로 표현할 수 없을 만큼 약하며, 완성의 관념을 인정하고, 지상의 의지를 도와 호산나를 노래하면서 죽을 수 있는 존재다.

1870년 12월 31일

(밤 10시) ……그러나 한 해가 끝나가고 있다. 마음을 집중시켜 한번 뒤 돌아보는 때이다.

나는 올 한 해를 어떻게 사용했는가? 어떤 추억이 남아 있는가? 내 가족은 뿔뿔이 흩어져 외로움이 한층 커지고 나의 고립도 깊어졌다. 대학에서는 내 은퇴를 어렴풋이 느끼고 준비하기 시작해서, 나는 한 학기 동안 휴가를 얻을까 하는 생각도 하고 있다. 그러면서도 나는 공적인 사업 외에는 아무것도 하고 있지 않다. '각주 고등교육협회', '제네바 학술진흥회', '제네바 학사원 문학부', '음악학교 창가협회'들에 대해서는 어느 정도 알고 있다. 디스디에(Disdier) 및 헨치(Hentsch)의 콩쿠르(제네바 대학 문학부의 재단), 블랑발레의 유작집(Henri Blanvalet(1817~1870), 제네바의 시인으로 아미엘의 친구), 파르넬의 원고(Charles Fournel(1817~1869), 베를린에서 알게 된 프랑스 시인), 정자법(正字法) 문제, 대학문제도 상당히 내 시간을 빼앗았다. 나는 또 신진학자 두 사람에게 도움을 주었다. ……지금까지 모르고 있었던 스위스 곳곳을 찾아가고, 하이델베르크를 다시 방문했으며, 독일과 프랑스의 전쟁을 방관하고, 각계 각층의 사람들과 교제했다. 학술적으로는 큰 성과를 올리지 못했던 것 같다. 그러나 정신적인 경험과 다양한 관찰을 할 수 있었다. 수많은 편지, 약간의 시, 몇 편의 보고서를 썼다. 그 가운데 상당한 결실을 얻은 한 편을 요약 인쇄했다. 《교육에 관한 프랑스어게 스위스의 이해(利害)》, 제네바 1870년)

뭐, 그래도 상관없다. 나는 상당히 긴 꿈을 꾸며 게으름 피우고 놀았던 것 같지만, 더 잘할 수 있었을 거라는 생각도 든다. 그러나 한가함은 산만, 불확실, 혐오에 의해 나를 비생산적으로 만들었다. 또 약간의 육체의 고장과 건강상의 걱정이 장애물로 작용했고, 사람들, 현재, 미래에 대한 실패의 예감은 나를 격려해 주지 못했다.

그래도 나에게 가장 달콤한 인상을 남기고 있는 것은 애착과 감사의 증거, 존경과 공감의 표시이다. 나는 오직 그런 것하고만 결부되어 있다는 믿음마저 가지고 있다. 나는 이 숙연한 일을 거부하지 않는다. 지금까지의 몇몇 교제가 식는 것을 보는 동시에, 나는 몇몇의 새로운 영혼을 알게 되었고 몇몇의 고상한 마음들을 느낄 수 있었다.

내가 완전히 등한시한 것은 문학적인 명성과 가족 안에서의 신용이다. 이 두 가지에 관한 나의 타성은, 한편으로는 무관심에서 다른 한편으로는 자존심에 의해 저지른 미안한 일이었다.

너는 외부의 사물이나 타인한테서 독립하고 싶기 때문에, 저쪽에서 거부하는 것을 투쟁하여 얻으려 하지는 않는다.

요컨대 지난 1년은 어지간히 혹독했다. 행운이 너를 버렸다기보다 오히려 네가 행운을 뿌리쳤다고 해야 할 것이다. 너의 결점은 여전히 게으름과 의지의 무감정. 그런데 그 원인은? 내면의 의혹과 비명증성(非明證性) 때문이었다.

자코브 피델(Jacob Fidèle)은 말했다. 끝난 일은 끝난 일이다. 다음에는 더 잘하자. 그리고 지금은 감사의 말을 하자.

한밤중이 가까웠다. 성 실베스테르의 날이 끝나가고 있다. 마음이 맞는 사람들과 함께 있는 것은 유쾌하지만, 냉담한 사람들과 함께 있을 바에는 차라리 혼자 있는 편이 낫다.

나는 누군가를 미워하고 있는 것일까? 그렇지 않다. 그렇다면 나는 신께 감사하며 평화롭게 잠잘 수 있다.

(부비에 판 2권본 제1권 끝)

(날짜 없음)

남에게는 그들이 예감하고 있는 것밖에 가르칠 수 없다. 가르친다 해도, 배우는 자가 잠재적으로 알고 있는 것이 아니면 효과가 없다. 받는 사람이 이미 가지고 있는 것만 줄 수 있다. 이 교육학의 원리는 또한 역사의 법칙이다. 국민도 자신의 경향과 능력 쪽으로 발전할 수 밖에 없고, 다른 쪽을 향해서는 저항적인 태도를 취하기 때문에 완성에 대한 전망이 서지 않는다.

(날짜 없음)

자신을 지나치게 경멸하면 경멸당해 마땅한 사람이 되어버린다.

(날짜 없음)

괴로워한다는 것은 정신의 정신 자신에 대한 존재의 증거이다.

(날짜 없음)

미(美)가 숭고보다 뛰어난 것은, 숭고가 상대적, 추이적, 폭력적인데 비해 미는 항구적이고 사람을 싫증나게 하지 않기 때문이다.

1871년 1월 3일 몽트르 산자락 베르넥스(Vernex sur Montreux)
나에게 있어서는, 의식의 밤의 측면과 심리의 비밀스러운 부분, 정신의 신비한 생활이, 인간 생활의 또 하나의 모습과 마찬가지로 확실한 실재성(實在性)을 가지고 있음이 명백하다. 여기에 다양한 기원과 열쇠가 있다. 모든 것은 어둠과 미지, 신비에서 나온다. 단지 곤란한 점은 사람을 속이는 상상력의 도깨비불에 의지하지 않고, 과학의 등불로 이 신성한 어둠 속을 향해 돌진하는 일이다. 반쯤 광기라고 할 수 있는 이것을 가능하게 하는 것이 요점이다. 그보다는 바다 속의 지리를 밝히는 것이 훨씬 쉬운 일일 것이다. 싹, 애벌레, 망령, '어머니들'(괴테의 《파우스트》에 나온다. 제2부 제1막 제5장), 신비 등의 세계는 사람이 가까이 다가갈 수 없는 것, 언어로 표현할 수 없는 것이고, 또 그런 것처럼 보인다. 신성한 공포가 그것에 다가가는 것은, 음침한 아베르누스(Avernus. 나폴리 가까이 있는 호수의 이름. 유황을 내뿜는 지옥의 입구로 알려져 있다)에 다가가는 것처럼 금지되어 있다. 빛을 사랑한 그리스인은 올림포스의 신들은 지옥의 신비, 플루토의 어둠 속에 사는 괴물을 보면 경악하여 뒷걸음질친다고 믿었다. 우리 근세인은 기원을 찾는 데 혈안이 되어 있기 때문에 지하의 것을 조금도 두려워하지 않는다. 야페트(노아의 셋째아들로 백인의 조상)의 담대한 종족은 모든 신비를 저울에 올려놓으려고 한다. 고대인의 모든 신들이 요람, 또는 공통의 심연이라고 할 수 있는 '운명' 속에 휩쓸려 버렸듯이, 우리의 모든 미신은 '과학'이 된 이시스의 제단에서 모조리 불살라진다.

1871년 1월 19일
(아침 10시 반)……자기만의 깊은 슬픔은 침묵하고 있지 않으면 안 된다. 예술품이 되면 치유되고 만다. 기능을 작용시킬 수 있으면 위안을 얻을 수 있다. ──딸을 잃은 아버지가 스스로, '나는 아버지로서의 슬픔을 참으로 잘 표현했다, 나는 참으로 비통한 눈물을 흘렸다'라고 말할 수 있다면, 자신이 비통해하고 있는 딸에 대한 존경을 잃고 슬픔에 자만을 섞어, 죽은 자에 대한 예배라는 구실 아래 자신의 자아를 즐겁게 하고 있는 셈이 된다. 주관적인 슬픔의 시는 그것이 내면적인 독백, 적어도 마음과 신의 대화인 경우에

만 순수한 감동을 준다. 그 시가 듣는 사람을 거부하지 않거나 더욱 불러 모으게 되면, 즉시 허영의 씨앗이 되고 신성을 모독한다.

생각할 줄 아는 사람에게 고하노라. 자신을 주의하라. 뉘앙스는 섬세한 것이다. 경계는 넘기 쉽다. 가장 개성적인 서정시에서도 시인은 보편적인 가치를 지니고 있어야 한다. 그것이 표현하는 마음은 자신의 마음이어도 좋지만, 그것은 동시에 다른 수많은 사람들의 마음이 되지 않으면 안 된다. 숙연한 시는 대표적이어야 한다. 즉 시인의 자아가 아니라 인간의 마음을 표현하고 전달해야 한다는 뜻이다. 시인은 자기의 명예를 걱정하지 말고 독자적인 기관이 되어야 한다. 스콜라의 말을 빌리면, 자기의 주관성을 객관화하거나 자기의 부수성을 보편화해야 한다. 그래서 시는 반자기적(反自己的)이다. 시인의 마음으로 눈물을 흘리는 아버지는, 자신처럼 노래하는 힘은 없지만 자신과 같은 감정을 가진 모든 아버지를 위해 눈물을 흘리지 않으면 안 된다. 그 아버지 자신은 잊혀지고 각각의 독자가 스스로를 생각하게 되면 되는 것이다. 서정시인은 심리적으로 진실한 나머지 비아적이 되고, 독자는 자기 마음의 좁은 우리 안에서 버티고 있어야 한다. 시인은 곧 모두에게 속하는 인간이며, 타인과 함께, 또한 타인을 위해 괴로워하고 울고 노래하는 자이다. 그 시인 속에서 예술가로서의 자만이 제로가 될 수 있고, 이미 한 개인이 아니라 인간이라는 것이 되었다고 가정하면, 완전한 시인이라고 할 수 있다.

시적인 객관성은 건강이다. 우리가 병에 걸렸을 때 외에는 자신의 내장을 의식하지 않듯이, 진정한 시인은 비자아적이고 그 고뇌는 순수하게 공감적이지 않으면 안 된다. 그렇지 않으면 그 시는 빈약하고 병적인 것이 된다. 시인은 자신을 꿰뚫는 고뇌를 눈앞에서 보지만, 고요한 하늘이 소나기 주위에 있는 것처럼 그것을 감싼다. 시가 해방인 것은 그것이 자유이기 때문이다. 시는 결코 감정이 아니라 감정의 거울이며, 밖에 있고 위에 있으며 조용하고 맑은 것이다. 고통을 노래하려면 이미 그 고통이 끝났거나 적어도 끝나가고 있어야 한다. 노래는 균형의 징후이며, 요란함에 대한 승리이며, 힘의 복귀이다. 비록 규모는 작지만, 시인과 자기 자신의 생활과의 관계는 신의 세계에 대한 관계와 같다. 감성에 의해 자신의 생활로 들어가지만, 본질로써 그것을 지배한다. 시인의 본성은 관조적이고, 활동은 시인의 낮은 모습에 지나지 않는다. 노래하는 것은 사유와 행위의 중간 상태이다. 예술은 '창조'라고 하는 위대한 시인의 작품에 있어 무력한 상징이다.

(오후 5시 반)……생명과 자양액, 열이 우리를 대신하는 사람들 속에 있다. 우리는 튼튼하게 다리를 버티고 있기만 하면 된다.

 쉬지 않고 한 순간을 의식으로
 하루를 유익한 일로, 일생을 선의로 바꾸는 것
 그것은 예지에 따르는 것, 사려 깊은 손으로
 예지에서 행복을 이끌어내는 것이다.

괴테, 슐라이어마허, 훔볼트가 뛰어났던 것은 바로 이 기술에 있다. 사람은 계속 새로워지는 한 살아간다. 호기심, 공감, 생산에 의한 끊임없는 변형은, 죽음을 물리치지는 못해도 미라가 되는 것을 지연시키기 위한 유일한 방어수단이 된다. 내부로 향하는 피로, 얼굴을 찌푸리게 하는 불쾌감, 불쾌감을 불러들이는 울분, 말을 듣지 않는 발끈하는 성질로 인한 잘못이, 나이의 영향을 앞당겨 빠르게 정신을 모래 위로 올라가게 한다.──우리 모두를 붙잡아 끌고 가는 거대한 대상(隊商) 속에서, 메뚜기처럼 수도 없이 넘어지는 자들은 파도처럼 잇따라 채워지는 군집(群集)에 의해 쫓겨나고 짓밟히고 묻힌 뒤 눈 깜짝할 사이에 잊혀져버린다.

명성은 나아갈수록 면적을 늘리는 동시에 기간은 줄여간다. 자손을 위해 일한다는 것은 공상적인 동기라고 할 수 있다. 그러나 명성은 빈약한 목적이다. 인간이 되려면 자기에 대한 존경, 예술가의 열정, 순수한 양심에 의해서가 아니면 안 된다. ……

계속 살기 위해서는 내면적인 탈피와 플라톤적인 사랑으로 끊임없이 젊어지지 않으면 안 된다. 정신은 끊임없이 자기를 창조하고, 자기의 모든 양상을 경험하며, 자기의 모든 현(絃)에 반향하고, 자기 자신에게 새로운 흥미를 불러일으키지 않으면 안 된다.

(밤 11시 반) 오늘 읽은 괴테의 책(《서간》, 《잠언》, 《사계》)은, 이 시인을 사랑하게 하지 않는다. 왜 그럴까? 영혼이 조금밖에 담겨 있지 않기 때문이

다. 연애, 종교, 의무, 애국심에 대한 이해의 방식이 어쩐지 빈약하고 불쾌한 기분을 준다. ……열렬한 기질이 결여되어 있다. 숨기고 있는 메마른 부분, 다 가리지 못한 이기심이 부드럽고 풍부한 재능 사이로 엿보인다. 시인으로서는 경의를 표하지만, 인간으로서는 헌신과 희생을 기대할 수 없을 것 같고, 이 세상의 약자, 학대받는 자에 대한 따뜻한 마음이 결여되어 있어서 망설이게 만든다. 시인답게 차분히 하프를 뜯으며 자신만의 기분을 키워갈 수만 있다면 세상이 멸망해도 상관하지 않는다. 도의에 대한 무관심은 복수를 면할 수 없다. 괴테를 닮은 척하는 소인들은 자칫 이 무관심의 역겨운 모조품을 전면에 들이대며 하찮은 떠돌이가 된다. ——이제 그만 자야겠다.

사상에 대하여

사랑과 종교에 의해 살며,
선과 아름다움만을 추구하고,
희생으로 맑아지는 마음이 있다.
욕심이 없는 것 이상으로 헌신적이다.
조그마한 교회, 고귀한 마음의 선택받은 계급이다.
이것이야말로 훌륭한 모범이며 진정한 지지점이다.

1871년 1월 19일

　어쩌면 지금의 민주제는 몇 세기 동안의 시끄러운 소란을 압축하여 울리는 현자(賢者)의 목소리에 응답하여, 전쟁을 없앨 수가 있을 것이다. 그러나 이 보편적이고 현명한 생각의 투명함은 언제가 되어야 빛날 것인가. 여러 국가의 자치와 동시에 평화를 요구하는 몇 백만의 어리석은 사람들은 낮의 빛과 밤의 별을 동시에 바라고 있음을 모른다. ……프랑스, 독일, 러시아 등의 무지막지한 생떼 때문에 세계가 사법관이나 헌병, 감옥을 갖게 된다면 확실한 평화를 논할 수가 없다. 지금의 시대에는 강자든 약자든 다른 것을 괴롭히는 일은 오직 한 사람의 강자의 뜻대로 하는 것이다. 그래서 평화는 부수적 사실과 다를 바가 없으며, 우리의 조약은 휴전에 불과하다. 이를 보지 않고 목소리를 모아 우리 세기는 이제 전쟁을 바라지 않는다거나, 우리는 이만큼 문명적이라거나, 우리에게는 이렇게 교양이 있다거나, 여러 국민은 이렇게 이성적이라고 노래하는 것은 어리석은 자가 제멋대로 하는 행동이다. 같은 가락의 기타는 아직 다른 곳에도 있다. ……전쟁을 쓸데없고 불가능한 것으로 만드십시오. 그것이 전쟁이 일어나지 않도록 보증해 주는 유일한 방법입니다. ……뭐든 대신 할 것을 가져오지 않으면 폐지되지 않습니다. 원인을 제거하지 않으면 결과는 벗어날 수 없습니다. 화약을 운반해 치우지 않는 한, 화약고의 폭발을 막지는 못합니다. 거대한 상비군을 해체하고, 군주에게서 교전권을 박탈하고, 전쟁에 반대하는 유럽 각국의 상호 보장을 설정하십시오. 이것이야말로 실행할 수 있는 사상입니다. ……이성적인 사람이 분노하는 사람을 누르며, 손해를 무릅쓴 자가 배상을 받을 수 있게 하지 않으면 안 된다. 바꿔 말하면 문명한 여러 국가의 연맹, 여러 민족의 종교동맹, 여러 국민의 정치적 '연방'이 필요하다. 그러나 이것은 당분간 가능할 것 같지도 않다. ……

1871년 1월 20일

(아침 10시) 편지가 한 통도 오지 않는다. 평화와 침묵.

괴테적인 이기심에는 적어도 각자의 자유를 존중하고 모든 독창성을 찬미하는 뛰어난 점이 있는 것이 사실이다. 다만 그것은 스스로 손해를 보면서까지 남을 돕지는 않고, 누구를 위해서도 마음 아파하는 일이 없으며, 다른 사람의 짐을 대신 져주는 일도 없다. 한마디로 말해 그리스도교의 위대한 덕성, 자애를 외면해버린다. 괴테에게 있어 완성은 사랑 속에 있는 것이 아니라 자아의 고귀함 속에 있다. 그 중심은 미학이지 윤리학이 아니다. 청정을 무시하고, 무서운 악의 문제에 대해 반성을 시도한 적이 없다. 골수까지 스피노자파이기 때문에, 개인적인 좋은 기회는 믿어도 자유와 책임은 믿지 않는다. 종교의식의 내면적인 위기에 위협을 받은 적이 없었던 참 좋았던 시절의 그리스인이다. 즉 괴테가 대표하고 있는 것은 그리스도교 이전 또는 이후의 마음가짐으로, 현대의 신중한 비평가가 근대정신이라 부르는 것이며, 또 그 근대정신을 유일한 경향, 곧 '자연'의 숭배라는 관점에서 본 것이다. 실제로 괴테는 민중의 사회적, 정치적 동경에는 무관심하며, 학대받는 자, 약한 자, 압박받고 있는 자에 대해서는 '자연' 그 자체, 즉 불운한 사람들에게 귀 기울이지 않는 무관심하고 잔인한 어머니와 마찬가지로 조금도 흥미를 느끼지 않는다.

우리 시대는 참으로 기묘하다. 맬서스의 법칙은 배척하고 다윈의 법칙에는 갈채를 보내면서, 그것이 같다는 것을 모르고 있다. 이를테면 포크트(Carl Vogt(1817~1895) 제네바 대학의 동물학 교수, 다윈파 유물론의 옹호자)는 유물론자이고 자유주의자이지만, 유물론, 즉 힘의 신성시(神聖視)가 최강자의 권리 선언이며, 모든 폭정을 정당화하게 된다는 것은 깨닫지 못하고 있다. ──모든 미신과 종교를 폐기한다 해도, 두 개의 세계관인 윤리관과 숙명관은 존속한다. 의무를 믿는 사람과 득실밖에 믿지 않는 사람을 한 방에 넣어둘 수는 없다. 그리스도교를 없앤다 해도 에피쿠로스파와 스토아파의 대립은 해결할 수 없는 문제로 남을 것이다. 철학적이고 종교적인 문제는 그것을 어떻게 취급하든 반드시 다시 등장한다. 우주에는 목표가 있을까? 목적을 지향할까? 인간에게는 의무가 있을까? ──자연과학은 그렇지 않다고 말하고, 양심은 그렇다고 말한다. 어떻게 결정해야 할까? ……

　괴테와 그 추종자들에게는 현대의 불안이라는 것이 존재하지 않는다. 그것은 이렇게 설명할 수 있다. 귀가 들리지 않는 사람에게는 불협화음이라는 것이 없다. 양심의 소리, 비탄과 후회의 목소리가 들리지 않는 자는 두 주인, 두 가지 규정을 가지고 '자연'과 '자유'라는 두 세계에 속해 있는 사람들의 고뇌를 짐작도 하지 못한다. 이들에게 선택은 이미 끝났다. 그러나 인류는 아무것도 거부할 수 없다. 그 고뇌 속에서 모든 요구가 한꺼번에 외치며 일어선다. 인류는 자연과학자가 하는 말을 듣기는 하지만 종교가에게도 귀를 기울인다. 안이한 행복을 원하기는 하지만 숭고한 행복도 포기하려 하지 않는다. 향락에 마음이 끌리지만 헌신에 감동한다. 그래서 십자가의 예수를 미워하는지 사랑하는지 알 수 없게 되어버렸다. 가장 인류의 마음에 드는 것은 모든 것을 합친 대략적인 보상, 즉 자신은 즐기고 그 보상은 타인의 희생으로 제공하는 것, 다시 말해 에피쿠로스주의와 정교이다. 이 두 가지 종파는 가장 인기가 있으며 아마 곧 서로 혼동되고 말 것이다. 준엄한 단순성으로 부활과 자신의 죽음을 열렬한 자애로 바꾸는 순수한 그리스도교는, 아무리 시간이 흘러도 비속한 사람들에 의해 실천되지는 않고, 그 대신 더욱 이론으로서만 유지되어 갈 것이다. 훌륭한 신념은 모두 위선의 가장 좋은 베개이다. 국기(國旗)는 상품을 보호한다. 사실상 지불할 수 없을 때는 듣기 좋은 말로라도 지불하게 된다.

　결국 보편적인 의미로 해석한 그리스도교도는, 이교도에 비해 무엇을 더 가지고 있을까? 고뇌. 이교도보다 더 크게 선행하지는 않지만, 자신에 대해 더 많은 비난을 가한다. 거의 비슷하게 악을 행하지만, 그것을 행할 때 양심의 가책을 느낀다. 그러므로 뛰어난 점은 조금 더 많은 배려와 염려를 가지고 있다는 것이다. 이상은 훨씬 더 높다. 옛날에는 온갖 종류의 의인과 현자가 있었다. 지금의 인류는 말한다, "올바른 것, 선한 것, 현명한 것은 하나밖에 없다. 그것은 신이다." 우리는 모두 죄인이지만, 하늘인 아버지처럼 완전해질 수 있다. 동경(憧憬)의 위대함, 그것이 우리의 유일한 위대함이다. 고대 세계는 균형, 통일, 미(美)에 도달하고자 했다. 그것은 완전히 사라졌지만 보상은 받았다.

본성은 유한, 염원은 무한
인간은 하늘을 추억하는 쫓겨난 신이다.

이것도 역시 고대적이다. 실제로 그리스도교적인 시는 플라톤의 표절이기 때문이다. 그러나 그리스도교적 세계는 플라톤보다 더 플라톤 풍으로 만들었다. 신에 대한 향수가 각인되어 있다.

미래의 종교는 희망과 영원한 생명을 줄이게 될까? 신앙을 없앨 수 있을까? 만약 천국을 지상에 가져오고, 모든 사람에 대해 이 세상에 정의를 실현하는 데 성공하면 그럴 수 있을 것이다. 또는 인류에게 자살을 승복하게 하면 된다. 낙관설 또는 비관설은 그리스도교를 대신할 가능성이 있을까? 그리스도교는 선에서 악을 추출하고 잃어버린 것을 구하며, 지상 생활의 잔혹한 시련으로 축복받은 마음을 만들려고 하는 점에 있어서 두 가지 설의 결합이므로, 이 윤리사상의 투쟁에서는 지기보다는 이길 전망이 높다. 구원의 종교는 스스로 자기를 정화하고, 해탈의 종교로서 나타난다. 그 신화적, 인간 형상적 부분은 멸망할지도 모른다. 그러나 이 종교는 여전히 '죄', '슬픔'과 '죽음'에 대한 승리, '하늘'과 '땅', '신'과 '사람'의 사랑에 의한 결혼, 청정한 덕에 의한 사랑의 찬미이다. 완성의 덕을 얻으면 행복해질 수 있다. 의지의 작용으로 신의 의지와 하나가 되면 완성의 덕을 얻을 수 있다. 신을 사랑하면 신과 함께 의지를 발휘할 수 있다. 이것이 신학의 알파와 오메가이다.

(밤 9시) 너는 인생의 네거리에 도달했다. 여러 가지 길이 네 앞에 열려 있다. 그러나 어느 길을 선택해야 할지 모르고 있다. 뿐만 아니라 너는 어느 길도 선택하지 않고 가만히 서 있을 생각까지 하고 있지만, 그 선택만은 금지되어 있다. 네가 항상 따라야 할 바른 길을 벗어난 것인가? 인생이 기묘한 것인가? 너는 복권을 무척 싫어하지만, 그것을 뽑지 않으면 안 된다. 이 두 갈래의 고민과 기묘한 규정은 어디서 오는가? 너는 언제나 지향하고 있는 것과 반대되는 일을 하는 실행이라는 것에 반감을 가지고 있는데, 필요가 너를 강요하여 실행하게 한다. 이 무슨 어릿광대짓이란 말인가?

이를테면 우리는 즐기기 위해서 이 세상에 산다고 믿고 있는 사람들이 있다면, 기타 속에 물고기를 넣고 벌집에 시인을 넣는 것 같은 일을 생각해내는, 운명의 짓궂은 조롱과 장난을 설명하지 않으면 안 된다. 너와 같은 호사가는 자신에게 도움이 되는 것을 특히 두려워하고, 너에게 해로운 쪽으로 기울어진다는 것을 나는 알고 있다. 그렇기 때문에 바로 젊은 신부(新婦)와 같다고 할 수 있는데, 그들에게는 자유롭지 못한 것이 오히려 득이 된다. 그러나 이러한 방식으로 자신의 노력의 방향에 대한 분명한 생각과, 사회적인 목적에 대한 비밀스러운 충동이 결여되어 있는 것도 역시 괴로운 것임에는 틀림없다.

(밤 12시) 괴테의 소네트 15편과 시 9편을 읽다. 《시집》의 이 부분이 남긴 인상은 《엘레지》와 〈잠언〉이 준 인상보다 훨씬 뛰어나다. 이를테면 〈물의 요정〉 〈나의 여신〉, 〈하르츠의 여행〉, 〈신성한 것〉에는 뛰어난 감정적인 기품이 있다. 이러한 다면적인 성격을 비판할 때는 절대로 서둘러서는 안 된다. ……의무와 죄의식에 도달하지는 않더라도 괴테는 품위의 길을 거쳐 매우 엄숙한 데 도달했다. 그리스의 조각술이 괴테의 도덕 입문서였다. ……

1871년 2월 4일

영원한 노력은 근대적인 윤리성의 특질일 뿐만 아니라 대부분의 그리스도교도의 특질이기도 하다. 이 고통에 찬 생성이 조화와 균형, 기쁨, 즉 존재를 대신하고 있다. 우리는 모두 천사가 되려고 꿈꾸고 있는 판, 사티로스, 실레노스 같은 반수신(反獸神)으로, 우리를 아름답게 하는 데 힘을 주고 있는 추한 자들이며, 정성을 다해 우리 자신의 나비를 낳는 기분 나쁜 번데기이다. 이상은 더 이상 마음의 상쾌한 아름다움이 아니고, 악의 히드라에 감겨 몸부림치고 있는 라오콘의 고뇌이다. 그 저주가 걸려 있다. 흠잡을 데 없이 완성된 행복한 인간은 이 세상에 없다. 이제 지상에서 고역스러운 나룻배를 젓고 있는 천국의 지원자밖에 남아있지 않다.

우리는 항구를 기다리며 한평생 노를 젓는다.
그 동안 끊임없이 고통을 겪는다.
마침내 죽는 날이 오기 전에는

얼굴에서 밝은 빛을 볼 수 없다.

몰리에르는 말했다. 추리 작용은 이성을 몰아낸다. 우리가 이렇게 자랑하고 있는 완성도, 실은 자부심 높은 불완성에 지나지 않을지도 모른다. 생성은 참된 것이 아니라 훨씬 부정적인 것처럼 보인다. 악이 점차 줄어든다 해도, 그것이 선은 아니다. 투덜거리며 불평하지는 않지만, 행복한 것은 아니다. 도달할 수 없는 목적을 향한 끝없는 추구, 즉 훌륭한 광기이지만 이성은 아니다. 그것은 실현할 수 없는 것에 대한 향수, 눈물짓게 하는 질병은 아니지만, 현명한 생각도 아니다.

이 경향은 개인적인 생활을 비천하게 만든다. 개인적인 생활은 원래 그것이 떠받쳐지고 있는 외적인 결과에 대한 수단에 지나지 않게 된다. 현대인들은 다음 시대의 사람들을 위해 비료가 되고, 다음 시대의 사람들은 또 그 다음 시대의 사람들을 위해 같은 일을 하는 식으로 끝없이 계속된다. 그런데 이 긴 계열의 고통에서, 적어도 지금까지보다는 만족할 수 있는 더욱 조화로운 시대라는 결과물을 얻을 수 있을까? 결코 그렇지 않다. 실제로 불만은 성과에 비례하여, 이 세상에서 행운을 얻은 사람들 가운데서 가장 많은 정신병과 자살을 볼 수 있기 때문이다. 따라서 무한한 완성에 대한 가능성은, 자신과 모순되는 이론이다. 통속적인 의미로 해석한 진보는 내용이 없는 헛소리일 뿐이다. 진보는 인간의 행복을 믿게 하지만, 그것을 현재에나 미래에 있어서도 증명해주지는 않는다.

각각의 존재는 조화에 도달할 수 있다. 조화에 도달하면, 질서 속에서 하나의 꽃 또는 하나의 태양계와 마찬가지로 명백하게 신의 사유를 표현한다.
──통속의 진보설은 우리가 살고 있는 시대를 부끄러이 여기게 하고, 과거를 경멸하게 한다. 부당하게도 모든 시대의 끝에 이르러 비로소 보람 있는 삶을 살 수 있다고 믿게 한다. 위험하고 허망한 잘못된 주장이다. 완성은 완전을 대신하지 않는다. 완전은 이루어지는 것이 아니라 있는 것이다. 완전은 내면적인 조화이다. 조화는 자기의 외부에서 아무것도 원하지 않는다. 조화는 마땅히 그래야 하는 모습으로 되어 있다. 더욱이 선, 질서, 법칙을 2천 년 뒤와 마찬가지로 현재에도 표현하고 있다. 조화는 진리를 표현한다. 시간보다 뛰어난 것으로, 영원한 것을 표현하고 있다.

1871년 2월 4일

시의 내용이 시는 아니다. 시는 고뇌와 무력, 갈망이 아니라 힘이다. 수용성이 아니라 생산력이다. 형식에 도달하지 못해 그것을 기다리는 수동적이고 형식적인 질료가 아니다. 생명과 형식을 부여하고, 실현하고 건설하고 산출하는 남성적이고 생산적인 세력이다.

1871년 2월 8일

괴테와 슐라이어마허, 현재의 조화와 이상의 추구, 이것이 내가 동요하고 있는 두 개의 극(極)이다. 어느 날 나는 빅토르 셸뷰리에게 물었다. "자네는 어떻게 할 생각인가?" "나 말인가? 나는 지금 이대로 만족하네." 그가 대답했다. 나의 양심과 취미는 아직도 서로 싸우고 있다. 이것을 융화시킬 수 있는 방법이 있을까? 아마 없을 것이다. 다른 사람들에게 조화를 나눠주면, 소크라테스의 "미는 선이다"란 말과 같이 의무와 행복, 선과 미를 어우러지게 할 수 있을 거라고 생각한다. '인간을 인간답게 만든다. 감응을 통해 인간에게 생명을 불어넣는다. 힘을 길러 뛰어난 삶을 영위하게 한다, 과학의 불꽃을 끄거나 부채질하지 않고 등불을 켜준다.' 그것이 아마 해결책일 것이다. 그러면 나는 장미에 대해 장미이기만을 원하는 류케르트나 괴테보다 조금 앞서가게 된다. 나는 등불에 그 불꽃을 나눠주고 그 빛을 빌려주는 것뿐만 아니라 자진하여 어둠에 싸여 있는 곳곳을 한 바퀴 도는 것을 원하겠지만, 그러려면 등불이 먼저 타올라서 자기 자신의 삶을 영위하지 않으면 안 된다. 자신만을 위해 존재하는 것도 없지만 타인만을 위해 존재하는 것도 없다. 행복을 주기 위해서는 그것을 가지고 있어야 한다. 조화를 설명하기 위해서는 먼저 조화적이지 않으면 안 된다.

1871년 2월 9일

주스트 올리비에(Juste Olivier 스위스의 시인, 1801~1876년)의 《저녁의 노래》를 다시 읽고 가슴에 벅찬 감동을 느꼈다. 이 시인의 우울이 그대로 내 혈관에 전해져왔다. 그러나 나는 문학적, 공감적으로 고뇌한 것이지 나 자신과 내 운명으로 되돌아와서 고뇌한 것은 아니다. 내 앞에 펼쳐진 것은, 말하자면 하나의 생애, 외로운 꿈의 세계이다.

〈뮤제트〉, 〈종달새의 노래〉, 〈귀국의 노래〉, 〈쾌활〉에는 완전한 특징이 드러나 있다. 〈리나(Lina)〉, 〈아가씨에게〉는 참으로 신선하다. 그러나 뛰어난 작품은 〈저편에〉, 〈소인간〉(라틴어), 〈속이는 여자〉, 특히 이 작가의 걸작 〈수도사 자크〉 및 〈꼭두각시 인형〉, 그리고 국민가요 〈헬베티아〉(마지막의 두 편은 《먼 나라의 노래》에 실려 있다)이다.──분별없는 어린아이의 기쁜 재잘거림 속에 들어 있는 지극히 진지한 상징, 짓궂은 미소에 숨겨진 소리 없는 눈물, 민요 왈츠곡에 있는 차분한 체념의 지혜, 숭고한 미행(微行), 무(無) 속에 있는 전부. 그러한 점에서 이 보(Vaud)의 시인은 화려하게 성공을 거두었다. 독자에게는 놀라움과 감동이 있다. 또 시인에게는 좋아하는 사람의 호주머니 속에 개암나무 열매 같은 것을 몰래 넣고 기뻐하는 농부의 교활함 같은 것이 있지만, 그 열매 속에는 다이아몬드가 들어 있는 것이다. 주스트 올리비에는 이러한 요정같은 고상한 조롱을 무척 좋아했다. 자신의 선물을 꾸미는 천진한 데가 있다. 약속은 하나도 하지 않고 많은 것을 준다. 이 무뚝뚝한 낭비가는 너무나 빈틈없이 솔직하고 짓궂은 구석이 순수한 애정을 보여주며, 가장 공상적인 면과 가장 애교 있는 면을 갖춘 섬세한 꽃이다.

1871년 2월 10일

힘차게 외치는 듯한 텐의 글을 몇 장(《영문학사》) 읽다. 나는 이 저자한테서 실험실의 냄새나 도르래의 삐걱거리는 소리, 기계의 뚝딱거리는 소리 같은 고통을 느낀다. 그 문체에는 화학과 공학의 분위기가 감돌고 있다. 거기서 엄숙하고 굽히지 않는 과학의 모습을 볼 수 있다. 어쨌든 그 글에서는 명찰밖에 느껴지지 않고, 배려와 공감은 보이지 않는다. 준엄하고 건조하며, 예리하고 견실하며, 강고하고 신랄하다. 또한 매력과 교양, 기품, 애교가 완전히 결여되어 있다. 이(齒)와 귀와 눈과 가슴까지 고통을 가져다주는, 즉 모든 방법으로 취미를 손상시키는 이 녹슨 감각은 아마 다음의 두 가지와 관계가 있을 것이다. 이 저자의 윤리 철학과 문학상의 신념. 생리학파의 특징으로서 인간다운 교양에 대한 극심한 모멸과, 발작과 스탕달이 시도했던 문학에 대한 공학의 틈입이 이들 페이지에 떠다니면서, 광산물 공장의 불건전한 증기처럼 목을 찌르는 이상한 건조함을 설명해준다. 이것을 읽으면 매우 높은 수준의 가르침을 받지만, 활기는 죽어버린다. 이것은 건조시키고, 부식시키고, 삭막하게 만든다. 약국이나 골격박물관, 식물표본실을 관람하는 것처럼 그 어떤 아이디어도 주지 않고, 오직 지식만을 줄 뿐이다. 나는 이것이 그리스 예술과 현저한 대조를 이루는 미국식 미래문학이 되는 것이 아닐까 하고 상상한다. 생명 대신 대수(對數), 모습 대신 공식(公式), 아폴로적인 도취 대신 증류기의 발산물, 사유의 기쁨 대신 냉정한 관찰, 한마디로 말해 과학에 의해 가죽이 벗겨지고 해부된 시의 소멸이다.

이 비평에서는 가죽을 벗긴 표본, 염소가스, 반응제의 냄새가 난다. 그것은 동시에 환상과 창작의 샘을 고갈시키기 때문에, 우리는 그것이 주는 가르침에 대해서도 감사하는 마음을 거의 느끼지 못한다. 그것은 사람을 마취제처럼 몽롱하게 만들고 변사체 보관소처럼 유쾌하지 않게 만든다. 거기에 결여되어 있는 것은 깊이와 예리함, 지식이 아니라 사랑하는 것과 사랑하게 하는 것이다.

1871년 2월 10일

평민적인 취미는 근본적으로 교육의 결핍을 나타내며, 총명한 지력(知力)은 조야한 습관이나 산문풍의 상상력을 서로 전혀 수용하지 못하는 것은 아니다. 영국인은 학자와 신사를 혼동하지 않으며, 프랑스인도 타고난 재능이 있는 사람과 사교에 뛰어난 사람을 혼동하지 않는다. 여자도 역시 재능을 소양이라고는 생각지 않으며, 결코 미학과 윤리학을 뒤섞지 않는다. 농부는 백만장자가 되든 훈장을 받든 여전히 농부이다. 소양은 누구나 갖는 것은 아니지만 극히 드문 것이라고 할 수는 없다. 오히려 인격에 구비된 참된 품위, 특히 그것이 기품의 영역에 도달해 있는 사람은 매우 드물다. 법률이 평민이란 것을 인정하지 않게 된 시대에도 평민의 근성은 계속된다. 각자가 고귀해질 권리를 지니는 경우에도 어떤 종류의 가축이 청결해질 수 있음에도 방임(放任)이 편하다고 오물 속에 있고 싶어하는 것처럼, 대다수의 사람은 이 권리를 행사하지 않는다. 본능의 깔끔한 점이 섬세하고 치밀한 본성을 나타내는 데 반해, 모든 속된 천성은 비속한 말과 방자한 행동, 하찮은 농담이나 저급한 쾌락을 기뻐한다. 어린이의 천성은 놀 때 나타나고, 어른의 참된 취미나 근본적인 성향은 농담 속에서 나타난다.

네가 재미있어하는 것이 무엇인지 말해 보라. 적어도 내 앞에서 웃어봐라.

그러면 네가 어떤 사람인지 말해 주겠다.

그러므로 나는 겉모습에 대한 끝없는 희생이나 겉치레 희극을 좋아하지 않는 프랑스식이 아니고, 세련되지 못한 악취미나 볼썽사나운 답답함을 보이는 독일식도 아니다. 형식은 내용과 상응하는 것이어서 심정의 고아함은 태도의 은근함을 막지 못한다고 생각한다. 무엇보다도 진실해야 한다. 그러나 진실함과 동시에 사람을 끌고, 몸을 단장하며, 취미를 응집하고, 또는 하다못해 남 앞에 나설 수 있게 해 두는 정도는 지장이 없다. 모든 것을 형식을 위해 하는 것은 좋지 않다고 생각하지만 형식에도 가치와 권리가 있다. 외부는 전체는 아니지만 전혀 무(無)인 것도 아니다. 미학은 윤리학으로 대체할 수 없지만 윤리학도 미학을 대신하지는 못한다. 뿐만 아니라 나는 다음과 같이 말할 수 있다고 믿는다. 진리는 되도록 아름다운 형식을 채택할 권리를 갖는다. 아름다운 영혼은 생명을 가진 모든 발현을 아름답게 하지 않으면 안 된다. 내면적인 고귀함은 외부로도 나타나야 한다. 이것은 그런 척하는 것도 겉치레도 아닌 성의와 순진함이다.

1871년 2월 15일

각 국민은 자국만의 이익을 좇으면서, 자신들도 모르는 사이에 서로를 교육하고 있다. 프랑스는 오래전부터 반대의 목적에 전념하면서 지금의 독일을 만들어냈고, 독일은 또 프랑스를 약하게 만드는 것만 생각하면서 오늘날의 프랑스를 재생시키려 하고 있다. 혁명적인 프랑스는 원래 계급제도적인 독일인에게 평등을 가르친 셈이 되고, 진지한 독일은 프랑스인에게 수사법은 과학에 미치지 못하고, 겉모습은 실질에 미치지 못하는 것을 가르치게 될 것이다. 현혹, 즉 허위에 대한 숭배, 헛된 명예, 연기와 울림에 대한 동경, 이것이야말로 모두를 위해 없어지지 않으면 안 되는 것이다. 파괴되는 것은 거짓 종교이다. 그것을 갈망하는 자는 잘못된 생각에서 깨어나 성실하게 생활하지 않으면 안 된다. 역사가 원하는 것은 죄인의 죽음이 아니라 전향이다. ······나는 이 전쟁에서 새로운 균형, 전보다 뛰어난 균형이 잡히고 게르만적 요소가 우위를 얻는 새로운 유럽, 즉 개인의 자기 지배가 사회의 주요 원리가 되는 유럽이 등장하기를 진심으로 기대하고 있다. 그것에 반해 라틴적인 원리는 개인을 교회와 국가의 수단, 대상, 도구로 삼는 데 있다.

질서와 조화는 같은 이상에 대한 자유로운 귀의와 자발적인 복종의 결과이기 때문에, 또 다른 새로운 윤리적 세계라고 할 수 있고, 보편적인 교회제도의 세속적 형식 속에서의 등가물이라고 할 수 있다. 모범적 사회의 상징은, 거기에 포함되는 모든 것이 예술에 대한 사랑으로 걸작을 실현하기 위해, 조직과 명령과 규율에 복종하는, 음악적이고 자유로운 사회와 닮은 것이 아니면 안 된다. 어느 누구도 강제당하지 않고, 어느 누구도 착취당하지 않으며, 어느 누구도 이해관계에 따라 위선적으로 역할을 연기하지 않는다. 모든 사람이 자신의 재능이나 푼돈을 나누어냄으로써 공동의 사업, 눈앞에서 빛나는 고귀한 목적을 위해 서로 양해 하에 흔쾌하게 공헌한다. 자존심도 집회적인 활동에 협조하지 않을 수 없게 되어, 그것에 등을 돌리면 오히려 눈에 띄기 때문에 스스로 난처한 지경에 빠진다.

1871년 2월 16일

(밤 12시) 여자란 새의 언어와도 같은 것으로, 이를 이해하려면 직관에 의하는 수밖에 없다. 여기에 대해서는 수고와 연구, 노력 같은 것은 전혀 도움이 되지 않는다. 오직 타고난 재능과 몸에 배인 애교가 필요하다. 이 살아 있는 수수께끼를 풀기 위해서는 그것을 사랑하지 않으면 안 된다. 그러나 그것만으로는 아직 부족하다. 확실하게 보지 않고 사랑하는 수가 있다. 요람에 누워 있을 때 친절한 요정의 수호를 받아두어야 한다. 우리가 처음으로 마시는 음료수에 시(詩) 두 방울과, 처음 베는 베개 밑에 마요라나 잎 한 장만 있으면, 우리는 이 마법의 명찰력을 얻을 수 있다. 이 힘을 갖추고 있는 자는 동시에, 뭐라 표현할 수 없는 인력을 여자에게 미치며, 여자는 이 힘을 헤아려 수액이 봄이 찾아오는 소리를 듣고, 자벌레 나방이 어둠을 뚫고 날아가 등불의 희미한 불빛을 어른거리게 하는 먼 장막 쪽을 향하는 것처럼, 그 유혹을 느끼는 것이다. 공감적으로 깨어난 마음을 가진 사람은 마법사처럼 보인다. 그러나 그는 포박을 풀어주는 사람이며, 여자는 그것을 터득하고 있다. 그 사람이라면 이해하고 위로해줄 것이기 때문에 마음을 터놓고 얘기할 수 있다. 그 사람이라면 많은 가슴의 열쇠를 가지고 있고 충실하게 비밀을 지켜주기 때문에 뜨거운 감사를 바치는 것이다. 요정의 수호를 받고 있는 사람들은 행복하다. 그것은 사람들에게 행복을 줄 수 있다. 새의 언어를 알고 있는 자

는 다른 많은 신비도 얻을 수 있다. 그것은 태어나면서부터 로젠크로이츠 (Rosenkreuz. 17세기 독일의 마법적인 신비결사의 창시자)사(社)의 일원이고 연애에 있어 프리메이슨의 스승이다.

1871년 2월 18일
　장편소설 속에서는 독일 사교계의 평균적 비속성이 프랑스와 영국에 비해 뒤떨어진 것임을 명백하게 느낄 수 있다. 충격이라는 개념은 독일인의 미학에는 없다. 구애받지 않는 그 태도는 악취미적이고, 멋을 부리는 그 태도는 타고난 아름다움을 죽이며, '숙녀다운' 기품과 위엄 있는 태도는 '품위'와의 사이에 엄청난 거리가 있음을 헤아리지 않는다. 그 상상력에는 양식, 관례, 교육, 사교가 결여되어 있어, 일요일의 의상에도 평민의 면허장을 붙이고 다닌다. 종족으로서는 시적이고 머리도 좋지만 평범하고 풍류가 없다. 부드러움, 귀여움, 예의범절, 재지, 위세, 기품, 매력이 부족하다.
　내가 이 국민의 우수한 인물에 대해 자주 관찰한 마음의 내적인 자유, 다양한 능력의 깊은 조화는 표면에 드러나지 않는 것일까? 오늘날의 승리자는 자신의 겉모습을 우아하게 가꿀 수 없는 것일까? 그것은 앞으로 나올 장편소설을 읽고 판단하기로 하자. 정말 품격 높은 소설이 나온다면, 이런 생각은 없어질 것이다. 지금까지는 완성, 가공, 사교적인 교양의 성숙이 결여되어 있었다. 여러 가지 감정의 소양은 있지만, 여전히 '확실한 점'도 '쉽게 얘기할 수 없는 점'도 갖추고 있지 않다. 성실하기는 하지만 몸의 움직임이 완전히 결여되어 있다.
　내 친구 하나가 독일인에 대해 품고 있는 혐오감은, 그러고 보면 완전히 헛된 편견은 아니다. 그러나 이 국민의 결함을 강조하는 나머지, 장점을 무시하는 것은 공정하다고 할 수 없다. 영국인의 고집, 프랑스인의 경박함, 독일인의 무거움을 얘기하는 것이 틀린 것은 아니지만, 사마귀를 보고 얼굴 전체를 묘사하는 것과 같은 것이다. 나의 경우는 민족적인 반감을 전혀 가지고 있지 않다. 나는 결함은 미워하되 종족은 미워하지 않는다. 죄를 미워하되 사람은 미워하지 않는다.

1871년 2월 22일
　M***의 집에서 파티. 차분한 취향. 최고의 가문에 속하는 사람들이 30명

가량, 남녀노소의 적당한 배합. 하얀 머리, 젊은 육체, 아름다운 어깨, 지적인 얼굴. 그 모든 것을 액자처럼 담고 있는 오뷔송(Aubusson. 프랑스 중부의 도시) 산(産) 융단 벽걸이가 화려하게 차려입은 사람들에게 부드러운 원경과 아름다운 배경이 되고 있다.

사교계에서는 신의 양식을 자양분으로 삼고 고귀한 것에만 관심을 두는 방식을 취해야 한다. 걱정이나 요구, 정열은 존재하지 않는다. 현실적인 일은 모두 야비한 것으로 취급되고 제거된다. 그들의 여신들은 올림포스에서 내려와 지상의 병에는 걸리지 않는 것으로 간주된다. 내장도 체중도 사라지고, 인간의 성질은 미와 환락에 필요한 것만 지니고 있다. 한마디로 말해 상류사회는 기쁜 환상, 에테르의 상태에 들어가 신화적인 생명을 호흡하고 있다는 환상을 잠시나마 가지고 있다. 그렇기 때문에 모든 격렬함이나 자연의 외침, 진정한 고뇌, 반성이 담기지 않은 친밀함, 정열의 노골적인 표시 같은 것은 이 섬세한 환경에서는 불쾌감을 자아내고 불협화음을 빚는다. 노골적인 것은 협동의 사업, 구름의 궁전, 모든 것의 동의에 의해 이루어지고 있는 환혹적인 건축을 즉시 파괴해버린다. 말하자면 거의 모든 마법을 소실시키고, 요정의 꿈을 쫓아버리는 황량한 닭 울음 같은 것이다. 선택받은 인사들의 모임은 어느새 눈과 귀의 음악회, 즉흥적인 예술작품을 만들어간다. 이 본능적인 협력은 진정한 매력을 가지고 있다. 그것은 완전히 재지(才智)와 취미의 축제이며, 여기에 가담하는 배우들을 상상의 영역으로 데리고 사라지기 때문이다. 그것은 시의 한 형식이다. 그런 의미에서 교양 있는 사교계는 사라진 목가나 매몰된 아스트레(Astrée. 17세기 프랑스의 유명한 목가적 소설)의 세계를 반성에 의해 다시 쓰고 있는 것이다. 역설이든 아니든, 단 하나의 아름다움만을 추구해 가는 꿈을 되찾고자 하는 덧없는 시도들은, 인간의 마음에 달라붙는 황금시대의 희미한 추억, 또는 오히려 일상의 현실이 우리에게 거부하고 예술만 엿보게 하는 사물의 조화에 대한 동경이라고 나는 생각한다.

1871년 4월 28일

(아침 10시) 간밤에는 미래의 뇌일혈을 떠올리게 하는 뇌의 막막한 상태에 대한 느낌을 받았다. 이러한 피의 폭풍에 대한 전조는 육체의 예감이다. 그것은 단호하게 "이것이 너의 한계이다. 그 앞으로는 나아갈 수 없다. 속여

도 소용없다"라고 말해준다. 그 짧고 냉정한 경고는 욥의 꿈에 나오는 작은 입김과 거의 같은 효과를 준다. 심연이 열려 있는 것을 느끼고 온몸의 털이 곤두서는 것이다. 그러한 식으로 나는 모든 방향에서 나 자신의 한계에 접하고 있다. 심장, 기관지, 신장, 시력, 청력, 뼈, 위, 뇌수는 차례차례 그 작용을 멈추겠다고 나를 위협하며, 그 유예 기한을 암시한다. 나는 아무래도 반란을 일으키기 전에 이치를 따지거나 논쟁을 하고, 명령을 어기는 군대의 장군, 또는 납세 거부와 바리케이드의 구축에 앞서 모든 존경과 복종의 유대가 풀려가는 것을 바라보는 정부와 같다. 나는 붕괴의 전위 지점까지 와 있다. 심리학자에게는 자기 조직의 복잡한 면과 그 톱니바퀴 장치의 작용에 대해 직접적인 의식을 가진다는 것은 오히려 매우 흥미로운 일이다. 나에게는 나의 봉합부분이 풀리거나 터져, 자신의 상태에 대한 지각과 연약함을 확실하게 느끼는 데까지 간 것처럼 보인다. 그것 때문에 자신의 존재가 놀랍기도 하고 신기하기도 하다. 주위의 세계만을 바라보는 대신 자기 자신을 분석한다. 하나의 전체로 머무는 대신 집합과 다수, 소용돌이가 되고, 하나의 우주가 된다. 표면에 안주하는 대신 자신의 내면성을 파악한다. 세포와 원자까지는 아니더라도, 적어도 자신을 유기적인 조직과 섬유 속까지는 인정한다. 다시 말해, 중앙의 모나드는 여기에 종속하는 모든 모나드와 떨어져서 모나드 사이의 다원적인 조화가 깨지는 것을 바라보며 자기 속에서 조화를 되찾고 있다. 이러한 식으로 왕도 퇴위한 뒤에는 개인의 삶으로 복귀한다.

그런 의미에서 건강은 우리 유기체와 그것을 구성하는 부분 및 외부 세계와의 균형이다. 건강은 특히 우리가 세계를 인식하는 데 도움이 된다. 유기체의 고장은 우리를 강요하여 더욱 내면적인 균형을 회복시키고, 정신 속으로 은퇴하게 한다. 그렇게 되면 우리의 신체는 우리의 대상이 되고, 또한 우리의 것이기는 하지만 더 이상 우리가 아니게 된다. 우리가 삶을 항해하기 위한 배, 우리 개인과 동일한 것이 아닌 단지 파손이나 구조를 연구하는 배가 된다.

우리의 '자아'는 결국 어디서 살고 있을까? 사유 속, 아니 오히려 의식 속이다. 그러나 의식 아래에는 그 싹인 자발성의 '발동점'이 있다. 그것은 의식은 원시적인 것이 아니라 이루어지는 것이기 때문이다. 문제는 사유하는 모나드가 다시 포장 속에, 즉 순수한 자발성이나 더욱 잠재 상태의 깜깜한 심연 속에 빠져드는 일이 있는지 없는지를 아는 것이다. 나는 없을 거라고 생각한다. 왕국은 멸망해도 왕은 남는다. 그렇지 않으면 왕국, 즉 관념만이 남고 주관은 영속하는 관념의 일시적인 옷에 지나지 않는다는 얘기가 되는 것일까? 라이프니츠가 옳은가 헤겔이 옳은가? 개체는 정신적 신체의 모습 아래에서 불멸하는 것인가? 개체적 관념의 모습 아래에서 영원한 것인가? 성 바울과 플라톤 가운데 어느 쪽이 옳다고 보았는가? 나에게는 라이프니츠의 이론이 가장 많은 미소를 보내고 있다. 그것은 무한을 지속성과 다수, 진화에까지 전개하고 있기 때문이다. 하나의 모나드는 잠재적인 우주이기 때문에 그 안에 내포되어 있는 무한을 전개하기 위해 시간상의 무한을 감당하지 못하는 일은 없다. 모나드는 절대적으로 수동적이지도 완전히 자유롭지도 않기 때문에, 그 독립성은 영원히 완전해지지 않고 또 완전히 사라지지도 않으며, 영과 무한 사이를 늘려가는 가변성이 아니면 안 된다.

1871년 6월 12일

……내 마음은 오늘의 관심, 프랑스의 상황으로 돌아왔다. 티에르(Thiers. 19세기 프랑스의 역사가이자 정치가, 이 해에 대통령이 되었다)는 엄지손가락을 안전핀에 대어 증기기관의 폭발을 지연시켰지만, 그것뿐이다. 내란은 예견되고 있다. 어쨌든 세계적인 요괴인 노동자의 국제적 사회주의는, 파리에서 실각하는가 싶더니 이내 다가올 승리를 축하하고 있다. 거기에는 조국도 없고 추억도 없고 소유권도 없고 종교도 없다. 그 자신 말고는 자아가 없다. 그 도그마는 평등주의이고, 그 예언자는 마블리(Mably. 18세기 프랑스의 공법학자)이며, 바부프(Babeuf. 18세기 프랑스의 선동정치가)는 그 신이다. "향락은 모든 것이다. 부는 그 수단이고, 노동은 부의 원천이다. 우리는 노동자이고 우리는 평등하다. 그러므로 우리의 사상, 즉 재산과 향락의 절대적 수평화(水平化)로 조직되는 것을 원하지 않는다면 세계는 멸망해도 좋다. 오늘날의 사회, 종교, 풍습, 자본, 수도, 관직, 계급 모두 우리가 미워해야 마땅한 것들이다. 우리가 지배자가 되지 않는 사회는 부정한 사회이다. 그래서 우리는 사회를 파괴한다. 문명은 우리의 먹이가 되지 않는 한 우리를 구토하게 만든다. 야만족은 로마의 범할 수 없는 위엄에 복종했다. 우리는 그렇게 우둔하지는 않다. 우리는 여러분이 사랑하는 것을 미워하고 있다. 그리고 우리는 타협하지 않는다."

이것에 대해 어떻게 대답해야 할 것인가? 사실 인터내셔널은 혁명 정신의 논리에 맞고, 모든 기득권의 소멸, 타인의 권리에 대한 절대적인 무시를 표현하고 있다는 것, 그것은 가톨릭의 복수라는 것, 대도시의 궤도에서 벗어난 사치의 광경 자체가 부에 대한 무시를 가르쳤지만, 부는 노동의 결과가 아니라 오히려 그것을 부식시키는 궤양으로 생각된다는 것. ――프랑스 사회는 이 새로운 야만적인 풍조와 싸우는 데, 탄압과 교회 중심주의 또는 잘 분배되어 있는 계급의 위선적인 분노에 의지하는 수밖에 없으므로, 폐해가 사라지는 것을 기대할 수 없다. 어쩌면 곳곳에 만연하고 있는 부자에 대한 빈민의 무서운 투쟁에 다름 아닌 이 폐해는, 곧 유럽을 불바다로 만들게 되지 않을 거라고 장담할 수는 없다.

사회의 동조자와 적대자, 자유주의와 평등주의 사이에 이미 유일한 원리가 사라져가고 있는 오늘날, 이 투쟁을 어떻게 해결할 것인가? 양자가 가지고 있는 인간, 의무, 행복, 즉 인생 및 그 목적의 개념은 완전히 다르다. 나는 더 나아가서, 국제적인 코뮌(지방자치체)주의는 러시아의 허무주의, 즉 라틴 민족이나 슬라브 민족 같은 오랜 민족과 노예적인 민족들 공통의 무덤이 되는 하급 무관과 다름 없다는 혐의도 품고 있다. 이 경우, 인류의 구원이 되는 것은 미국풍의 야비한 개인주의이다. 그러나 나는 각 국민은 현명한 사려보다 오히려 자기의 징벌에 따르는 법이라고 믿는다. 현명한 사려는 균형이기 때문에 개인 속에서만 찾아볼 수 있다. 민주제는 민중이 지배하도록 하는 것이므로 본능과 자연, 감정, 즉 맹목적인 충동, 요소적인 중력, 종족으로서의 숙명에 우월권을 준다. 상반되는 것 사이에서의 끝없는 시소게임이 그 유일한 진행법이다. 왜냐하면 그것은 언제까지나 같은 성급함으로 솔깃해하고 포기하기도 하고, 사랑하고 저주하기도 하는 편협한 마음의 어리석고 단순하고 어린아이 같은 형식이기 때문이다. 상반되지만 똑같이 어리석은 집단 사이의 교체가 마치 변화 하는 것 같은 인상을 주기 때문에, 그것을 개선과 동일하게 생각하고, 흡사 엔켈라도스(Enceladus. 주피터에게 반항한 벌로 에트나 화산 아래에 묻힌 거인)가 화산 밑에 깔려 있으면서, 오른쪽 옆구리를 아래로 하는 것보다 왼쪽 옆구리를 아래로 하는 편이 낫다고 말하는 것과 같다. ――'민중'의 우매함은 분수에 맞지 않게 지나치다. 이것은 힘만 있을 뿐, 이성에 도달할 수 없는 청년이다.

루텔이 인간을 술에 취한 농부에 비유하며, 어차피 어느 쪽으로든 말에서 떨어질 거라고 본 것은 옳다.

  나는 민주제의 권리를 부정하려는 것은 아니다. 그러나 현명한 사려는 예외적이고 오만이 활개를 치고 있는 한, 나는 민주제가 권리를 사용하는 방식을 대략 예상할 수 있다. 다수는 법칙을 만든다. 그러나 선(善)은 숫자와 아무런 관계도 없다. 모든 의제(擬制)는 속죄한다. 그런데 민주제는 이 법률적 의제에 기초하고 있다. 왜냐하면 다수성은 실력뿐만 아니라 정당한 이유를 가지고 있고, 권리와 동시에 현명한 사려를 가지고 있기 때문이다. 그것이 사람들의 마음에 들면 들수록 더욱 위험한 의제이다. 고양이를 길들일 때는 고양이를 쓰다듬어 주듯이, 선동정치가는 언제나 민중의 마음속에 기름을 부어왔다. 민중은 앞으로도 계속 평균 이하일 것이다. 어쨌든 다수제의 시대는 문턱이 낮아지고, 남녀의 경계는 철폐되며, 민주제는 가장 중대한 사항의 결정권을 가장 무능한 자에게 넘겨주고 이치를 벗어나게 된다. 이것은 무지한 자가 교육을 받지 않고, 우둔한 자가 자기를 비판하지 않으며, 어린이가 어른이 되지 않고, 악인이 개심하지 않아도 된다는 평등성의 추상적인 원리에 대한 징벌이다.──잠재적인 평등성에 기초하는 공법은 거기서 나오는 결과에 의해 유린된다. 그것은 가치, 실력, 경험의 불평등, 즉 개인의 노력을 보지 못하고 있다. 그것은 앙금과 진부함의 승리로 끝난다. 외관의 숭배는 희생을 필요로 한다. 파리 코뮌(이 해 5월 프러시아 군 철수 후 파리에서 발생하여 티에르 정부에 의해 토벌된 혁명정부)의 제도는, 지금 같은 광포한 흥분과 보편적 의혹의 시대에 정권을 잡는 데 모범이 되었다. 미친 듯이 날뛰는 자는 채 사흘도 못가 더욱 사납게 날뛰는 자를 만나 반역자로 낙인 찍힌다. 광란의 '장애물 경주'는 혁명사상의 임무와 혼동되고 있다. 미치광이가 되어 크레센도를 견딜 수 있기만 하면 된다. 헛소리는 델포이의 영감(靈感)으로 생각되고 있다.

      이와 같이 복수자는 무기를 들고 너를 공격하고
      더러운 망나니가 너의 포주가 되어 있구나
      오오, 혁명이여.
      이제, 전 세계의 화약고를 폭발시켜라
      너의 망상을 소리죽여 비웃고 있는 사탄을 보라.
      어리석은 미친 혁명이여.

그나저나 인류는 곤경에 빠지면서 모든 재난을 헤쳐 나왔다. 그러나 인류가 언제나 먼 길을 돌아 상상할 수 있는 모든 잘못을 거듭하기 전에는, 최선의 것을 향해 결연한 한 걸음을 내딛을 수 없다는 것은 참으로 답답한 노릇이다. 이 수없이 많은, 하지 않아도 되는 어리석은 일들이 내 불쾌감의 원인이다. 그 말을 듣고 놀라는 사람들에게 물어보자. 꼭 들어맞는 단어를 발견할 때까지 모든 단어를 시험하고, 그 불길한 단어를 올바르게 발음할 때까지 알파벳의 모든 글자를 입 속으로 발음해보는 상대를 보고 과연 참을 수 있을까? 과학의 역사가 웅대한 것처럼, 정치 및 종교의 역사도 견딜 수 없는 것이다. 윤리적인 진행은 신의 인내심을 남용하는 것이다.

그런데 잠깐, 인간 혐오와 비관설은 조금도 산뜻한 데가 없다. 인류가 불쾌한 것이라면 다양한 악에 수치심을 느끼면 된다. 우리는 한 배에 갇혀 있기 때문에 배와 함께 가라앉지 않으면 안 된다. 우리의 부채를 갚은 뒤에는 모든 것을 신에게 맡기자. 고뇌를 함께 하고 있는 인류에게 좋은 결과를 보여주자. 우리에게 요구되고 있는 것은 그것뿐이다. 우리가 할 수 있는 선을 실천하자. 우리가 알고 있고 믿고 있는 진실을 얘기하자. 그 다음에는 온유하고 참을성 있게 체념하자. 신은 신이 할 일을 한다. 우리는 우리가 할 일을 하자.

1871년 7월 6일

(밤 11시) ……Blw.의 긴 편지가 나를 감동시켰다. 나는 그 사람이 몸을 바치고 있는 괴물, 즉 거짓 사상과 완강한 편견에 대한 공격을 시도하고 있다. 나는 이러한 종류의 불화가 두 사람의 옛 친구 사이에 일어난다는 것은 화가 날 정도로 어리석은 일이라고 생각한다. B도 그것을 분명 깨닫고 있을 거라고 나는 생각한다.──그러나 지극히 명백한 것은, B가 언제나 같은 생각을 가지고, 처음과 끝이 똑같고, 윤리적이며, 자신의 주의와 계획에 충실하다고 말하면서도 커다란 착각을 하고 있다는 사실이다.

그 사람은 어딘가 불안정하고 끊임없이 변하는, 한마디로 말해 여자다. 스스로 원하는 것을 두려워하고, 그러면서도 자신이 두려워하는 쪽으로 나아가며, 그러다가 문득 벌컥 화를 내는, 즉 스스로 느닷없이 모순에 빠지면서도 그것을 깨닫지 못하고 있다. 인상에 따라 끊임없이 움직이는 그 사람과 그 사람의 말을 굳게 지키고 있는 나 사이에는, 자주 생각지도 못한 거리가 생긴다. 불행히도 그 사람은 자신을 남자처럼 또는 친구처럼 대해달라고 요구하지만, 실은 여자의 결점도 대부분 갖고 있다. 그 때문에 나는 수없이 그 사람의 간원에 양보하지 않을 수 없었으며, 나중에는 양보했던 것을 후회하는 것이다. 기묘하게도 그 사람은 이런 종류의 모든 경험, 자신에게 도움이 될 것이 틀림없다고 확신하는 것을 얻고 오히려 그것을 괴로워했던 모든 경험을 잊고 있다. ──그 사람은 스스로는 순종하고 있다고 생각하지만, 그의 욕구에 반하는 것이 있으면, 후회로 마음을 상하게 하고 괴로운 추측으로 몸까지 해친다.

이것은 결국 현재의 상태가 그 사람을 구성하고 있는 부분과 반대되는 것이며, 자신이 하고 싶은 일을 하지 못하고 있다는 증거이다.

1871년 7월 7일

(아침 7시 반)……Blw.가 인용한 에제리의 편지 가운데 몇 줄은, 내가 이미 가정하고 있었던 것처럼, 언제나 그에게서 먼저 의심의 바람이 불어왔다는 것을 보여주고 있다. 때때로 싹트는 끝없는 집착과 그 이면에 숨어 있는 의심은 거기서 오는 것이다. 많지 않은 정확하지 못한 기억이 불성실의 증거가 되었다. 실로 여자의 증오심이란, 흔들림 없는 인내와 난폭한 감시와 조사라는 점에서 종교 심문과도 같다고 할 수 있다. 내 청춘의 시간을 그토록 어이없이 잃어버리게 했던 에제리는, 지금 또다시 내 장년의 시간을 물거품으로 만들어버리려는 것일까? 그것은 내 생애의 숙명이 되었다. 나 때문에 괴로워했으므로, 그 대가를 고집으로 충분히 돌려준 것이다. ──"운명으로 정해져 있었다"라고 말해야 하는 것일까? 다만 나는 필린이 어떻게 해서든 불꽃 속에서 자신의 차가움을 유지하고, 매일 의혹의 작용 속에서 자신의 신앙을 유지하려고 시도했던 것을 애석하게 생각한다. 그 사람은 이길 수 있다고 생각했다. 그러나 그보다는 쓰러지는 것을 두려워했어야 했다. 또한 패배의 결과에 비해 승리의 보상은 너무나 빈약하다. 두 여자친구 가운데 한쪽은 잃어버려야 할 것을 가지고 있지 않았고, 다른 쪽은 두 사람사이의 인간적인 평화를 침해하고 있었다. 이 도박은 평등하지 않다. 또 공정하지도 않았다. 그것을 시도하는 것은 무모한 행위였다.

1871년 7월 29일 (부비에 판 1월
19일 20일)

1871년 8월 15일

르낭의 《예수전》, 보급본 16판을 다시 읽다. 이 그리스도교의 분석에서 특징적인 점은 죄가 제 역할을 하고 있지 않다는 것이다. 그런데 '복음'이 인간들 사이에서 얻은 성공이 있다고 한다면, 그것은 아무래도 복음이 죄악으로부터의 해방, 한마디로 말해 구원을 가져왔다는 점일 것이다. 아무리 그렇다 해도, 종교를 설명하려면 종교적이어야 하며, 문제의 중심을 피하지 않는 것이 좋다. 이 '하얀 대리석의 그리스도'는 순교자의 힘이 되어 그토록 많은 눈물을 닦아주었던 그리스도는 아니다. '죄'와 '죽음'의 정복자는 그럴듯한 인생철학자나 사제가 없는 종교의 유인자보다 어느 정도 뛰어나다고 할 수 있다. 이 저자는 불 쪽으로 다가가지 않았다. 다수의 유해한 선입견을 파괴하기는 했지만 윤리적인 진지함이 부족하고, 고귀함과 신성함을 혼동하고 있다. 사람을 감동시키는 재료에 대해 느낌을 이해하는 예술가로서 논하고 있지만, 그 양심은 문제에 깊이 파고들고 있지 않는 것처럼 보인다. 종교적인 딜레탕티슴은 무관심의 한 변종이다. 참으로 진지한 믿음은 거기에 속지 않는다. 아름다운 광경이 주는 달콤함을 손에 넣으려 하는 상상력의 에피쿠로스주의와, 열정적으로 진리를 추구하는 마음의 오뇌를 어떻게 혼동할 수 있으랴? 지금 종교에 대해 즐겁게 연구하고 있는 사람들은 과거에 존재한 소박한 신앙을 재미있어하면서, 마치 호머를 읽고 그리스인이 된 것 같은 기분을 느끼듯이 그 감각만을 즐기고 있다. 완전히 예술적인 신앙의 파틀랭(Pathelin. 프랑스 중세의 유명한 파루스에 나오는 말을 잘하는 기만자)적인 냉소는 거만한 허세를 눈치 채는 성실한 사람들을 초조하게 만든다. 천조각을 칭칭 감아 종교를 미라로 만들어버리는 하얀 장갑을 낀 사기꾼보다 공개적으로 이름을 밝히는 적이 더 낫다는 생각이 들게 한다. 르낭 속에는 교활한 신학생의 자취가 있다. 신성한 밧줄로 목을 조르고 온화한 표정으로 단숨에 목을 벤다. 사람을 업신여기는 그 우아함도 결국은 덫을 치고 있는 성직자들에 대해서라면 참을 수 있지만, 정신이 올바른 사람들에게는 더욱 정중한 성의가 필요할 것이다. 법복을 입고, 듣는 사람을 우롱하는 비평가의 한결같은 아부에는 어딘가 불길하고 섬뜩한 데가 있다. 나는 배우지 못한 자의 오만이나 야바위꾼 기질, 인습에 대한 냉소는 용인하지만, 이것을 보편적인 방법으로서 시인하지 않는 것은 용기와 충실함, 선의가 결여되어 있기 때문이다. 바리새 기질을 야유하는 것은 좋다. 성실한 사람들에게는 솔직하게 이야기하라. 초월적인 모멸은 이기심의 교묘한 방어수단이지만, 자애와 우애의 행위는 아니다.

(같은 날) 이해한다는 것은 설명해야 할 사물의 깊은 통일성을 의식하는 것, 그 사물을 생성과 생활에 이르기까지 완전하게 사유하는 것, 정신의 작용으로 그것을 완전무결하게 부가물 없이, 오류 없이 복원하는 것이다. 즉, 먼저 자기를 그 사물과 동일선상에 놓고, 올바르고 조심스러운 해석을 통해 그것을 투명하게 밝혀야 한다. 이해하는 것은 비판하는 것보다 어려운 일이다. 비판하는 것은 단순하게 개인적인 의견을 말하는 것이지만, 이해하는 것은 있는 그대로의 상태 속에 객관적으로 들어가는 것이기 때문이다.

1871년 8월 17일
(아침 8시) 밤새 괴로웠다. 마른기침의 강하고 끈질긴 발작. 피곤하고 무거운 머리.
베갯머리의 수상(隨想). 환락은 마음의 천둥비, 성(性)은 정신의 한계에 지나지 않는다. 가슴과 가슴이 서로 닿으면 천둥비는 흩어져 사라지고 한계는 소실된다. 서로의 가슴에 안겼을 때, 남자와 여자는 의식의 완전한 각성과 욕구의 진정한 정결에 도달한다. 그러므로 독신생활은 거짓 해탈법에 지나지 않고, 가장 순수한 예지의 시간은 목동의 시간(연인들이 방해받지 않고 만날 수 있는 때) 다음에 온다.
그러나 아마 이 은혜를 경험하기 위해서는, 깊은 사랑과 35세 내지 40세의 나이가 필요한 것이 아닐까? 격렬한 정열은 (스웨덴보르그가 말하는) '부부애'의 조용한 즐거움을 맛볼 수 없다. 왜냐하면 이성(理性)의 의미를 이해하지 못하기 때문이다.
통속적인 견해와는 정반대가 되지만, 철학적인 심경에는 한 사람보다 두 사람이 더 도달하기 쉽다. 극단적인 어리석음이 오히려 가장 직접적으로 이성의 제단으로 이끈다.
개인은 가위의 한쪽 날, 진리와 덕성의 불완전한 도구이다. 진정한 인간은

부부이다. 예지는 플라톤의 신화가 가르친 것처럼 헤르마프로디토스
(군신 헤르메스(마르스)와 미의
신 아프로디테(비너스)의 합체)이다.

(아침 9시 반) 가을다운 날씨. 안개가 푸른 비탈을 감싸며 경관 전체를
나른한 졸음으로 이끌고 있다. 촉촉하고 부드럽다. 여름이 끝난 모양이다.
한달이 덧없이 흘러갔다. 지독한 기침이 다시 시작됐다. 호이슈트리히
(Heustrich. 스위스 중앙부 서쪽의 툰(Thun) 호 남쪽
기슭 슈피츠(Spiez)에서 8km 남쪽에 있는 유황천)는 나에게 큰 도움이 되지 않았다.

아까 얘기한 '예지'는 그것을 함께 하는 두 사람에게 동일한 것일까? 그렇지 않다. 서로 보완하기는 하지만 각자의 세계에 따라 다르다. 한쪽은 더욱 진실하게 사물을 바라보고, 다른 한쪽은 더욱 바르게 실행한다. 한쪽은 전체에 있어서, 다른 한쪽은 세부적인 것에 있어서 이득을 본다. 그 이익은 서로 상호적이며 똑같지는 않다.

어떤 환경에서도 일정한 효력을 가진다고 할 수 있을까? 결코 그렇지 않다. 실제로 효과는 개인에 따라 다르다. 이미 스스로 가지고 있는 예지를 통해서만 사물에서 예지를 이끌어낼 수 있다. 무슨 일이든 교육을 받은 사람만 교육할 수 있다. 가지고 있는 자에게만 주어진다.——한쪽을 구하는 일은 다른 쪽을 멸망하게 한다. 여자는 속죄인 동시에 파멸이다. 모든 것은 똑같이 가능하고, 부합하며, 경우에 따라 진실이 된다. 현자의 답은 보류적이다. '경우에 따라 다르지만' 부단한 신탁이다.

재산, 명예, 건강, 결혼생활을 원하지 않으면 안 되는 것인가? 경우에 따라 다르다. 내적인 균형, 자신의 운명과의 일치, 자신의 몫에 만족하는 것, 자신의 의무에 대한 직관, 신의 의지와의 조화를 원하지 않으면 안 된다. 이것은 절대적으로 선이고, 모든 경우에서 선이다. 나머지는 상대적인 선에 지나지 않는다. 빈핍, 무명, 질병, 독신은 마음의 교육에 보탬이 되는 경우가 있고, 따라서 구원의 방법이 되며, 그러므로 선이 될 수 있다. 신의 길은 우리의 길이 아니다. 우리가 각자 바라보는 무지개는 옆 사람이 보는 무지개와 다르다. 그 무지개가 세계에 대한 하나의 견해인지, 우리의 내적인 조화의 외적인 투영인지 누가 알 수 있으랴? 완전히 질서에 합당한 사람은 고뇌 속에서도 기쁨 속에서도 축복을 줄 수 있다. '아버지'의 힘과 사랑 속에 있다는 것을 느끼며, 신뢰를 가지고 그 신성한 대양 속을 떠다닌다. 사도가 말한

것처럼 "병도 죽음도 박해도 악마도 천사도, 이 사람을 하느님의 사랑에서 떼어놓을 수 없으리라."(로마서 제8장 38절의 부정확한 인용) 신앙이 상처받지 않는다는 것은 이런 것이다. 죄 없는 사람에게는 언제나 완전한 행복이 있다. 그런데 죄는 우리를 신에게서 떼어놓는다. 청정함의 덕성에서 벗어난 행복은 허약한 미망이다.

> 마음을 정화하는 것은 거기에 평화를 담는 일이고
> 신이 동반되지 않은 행복은 덧없는 연기에 지나지 않는다.
> 신이 자신을 쳤을 때, 자신의 영혼이 행복하고
> 사랑받고 있음을 느꼈다는 말은 성자만이 할 수 있다.

1871년 8월 18일

(오후 6시) 호수 위의 하얀 태양, 후광의 빛줄기처럼 부채꼴이 되어 내리는 먼 곳의 소나기. 편지를 쓰고 싶어 가슴 졸이는 기분……. "누군가 제물을 찾으며." 이 열정은 무엇에 의한 것인가? 어처구니없는 요구에 의한 것이라고 생각한다. 그렇게 하면 시간을 되돌리고 운명을 피할 수 있다는 말인가? 50세의 망령이 일어섰다. 그것에 두려움을 느끼지 않으려면 북을 두드리거나 강한 바람을 일으키지 않으면 안 된다. 이성과 용기를 되찾을 때까지 15분 정도의 흥분은 허락된다. 돌이킬 수 없는 수많은 다른 악에 익숙한 것처럼, 이 숫자에도 익숙해지기로 하자. 사람은 나이를 치아나 머리카락, 망상이나 희망처럼 잃어간다. 다만 50이라는 숫자에는 뭔가 특별히 불길한 데가 있다. 지금까지의 숫자보다 훨씬 엄숙한 작별의 말이다. 정열의 생활은 지나갔다. 예지, 체념, 헌신을 제외하면, 모든 것은 이미 때가 늦었다.

그래도 역시 나는 응석받이 어린아이이다. 많은 사랑뿐만 아니라 연애까지도 언제까지나 나의 상대가 되어 주고 있다. 나는 아직 결혼할 수 있고, 환영받고 사랑받는다는 확신도 있으며, 상대를 행복하게 해줄 수 있다는 확신에 가까운 것도 있다. 나를 죽이는 애매한 마음을 끊고, 명상과 연구, 사색의 아름다운 몇 년을 보낼 수 있다. 내가 원하고 마음의 준비만 한다면, 또 과감하게 나가기만 한다면, 내 손에는 아직 몇 개의 패가 남아 있다. 다만 거기에는 상식과 결의가 필요하다. 상식은, 모든 꿈을 단념하고 손길이 닿는 것, 실천할 수 있는 것을 확실하게 판단하기 위한 것이고, 결의는 힘차게 결심하고 즉시 실천에 옮기기 위한 것이다.

실제로 오늘 그것을 원한다면, 아마 9월 27일에는 결혼한 몸이 되어 있을지도 모른다. 그리고 나는 이 추악한 50세를 신혼방의 커튼으로 가리고 있을 것이다. 그런데, 그런데……그런데…….

정말 너무 심한 상처를 받고 만 것일까?

돌이킬 수 없는 일, 강제적인 속죄, 가차 없는 희생이라는 것이 과연 있을까? …….

문을 두드리는 소리. 편지 한 통. 운명의 답장인가, 신의 섭리의 선고인가?

"저에게 뭔가 어려운 것을 요구해주세요. 저는 열심히, 충실하게 따르겠어요. ──Ch.에 대해 생각해 주세요. ──당신이 행복한 마음으로 순조롭게 글을 쓰고 축복 받으실 수 있기를 기원합니다. ──당신은 늘 한결같이 저에게 친절을 베풀어주셨습니다. 두 무릎을 꿇고 감격적인 감사와 열렬한 사랑의 찬미가를 당신에게 거듭 바치고 있답니다. 당신 자신에게 만족하시기 바랍니다. 당신은 제 마음에 영원한 행복과 기력을 주셨습니다. ──결국 이곳을 떠나 베를린에서 사는 것을 그다지 두려워하지 않게 되었습니다. 저는 S에 있으면서, 뵙지 못한 지 6개월이 지난 뒤부터 최후의 휴식까지 그리 오래 기다리지 않아도 된다는 걸 느꼈습니다. 사랑을 위해 죽는 것은, 그 어떤 여자의 마음속에서도 가장 아름다운 죽음입니다. ……이 말을 나쁘게 받아들이지 말아주세요. 오랫동안 당신은 저의 생명이었습니다. 당신한테서 멀리 떠난 이상 나에게는 역시 죽음이 최선인 것입니다. ……전에는 꿈꾸지도 못했던 행복을 당신은 제게 주셨습니다. 그렇습니다, 저는 썩 괜찮은 패를 골라잡은 것입니다. 그것 대신 다른 모든 행복을 준다고 해도 바꾸지 않을 겁니다. ──제발 부탁이니 에제리를 만나주세요. 저의 의무가 원하는 대로 감사의 말로 당신에게 작별을 고하겠습니다. ──당신의 제자에게 조금도 만족하지 않으신다면 밀어내 주세요. 좀처럼 없는 일이었지만, 당신한테서 검열자로서 스승으로서 뭔가 말씀을 들었을 때는 기뻐서 몸이 떨릴 정도였습니다. 천성적으로 오만하고 자존심이 강한 사람이라도, 자신이 감탄하고 흠모하고 축복한 적이 있는 사람에 대해서는, 슬픈 이별의 순간까지 복종하는 것에 강렬한 행복을 느낍니다. ──2주일 동안 당신의 어린 여동생을 곁에 있게 해주셨지요, 영원히 옆에 두시거나, 그렇지 않으면 죽음을 허락하셔야 해요."

1871년 8월 19일

(아침 10시) 간밤에는 태풍, 오늘 아침에는 화창한 날씨. 잠에서 깨어나자 새로운 각성의 기분이 느껴졌다. 양심의 동요. 나는 상식적인 눈으로 나 자신을 의식했다. 감정이 얼마나 궤변적이고, 가슴으로는 다 알면서도 어떻게 맹목적이 되는지를 알았다.

남자와 여자 사이의 그다지 눈에 띄지 않는 차이, 남자는 여자에게 잃어버린 체면을 되찾아줄 수 있지만, 여자에게는 똑같은 특권이 없어서 남자에게 그런 것을 돌려줄 수가 없다.

"거짓된 입장에 있어서 가장 끔찍한 것은 그것이 끝나지 않는 것이다." 이 말이 나에게는 금언으로, 때로는 협박으로 종종 떠오른다. 내 앞에는 또다시 막다른 골목. 가슴은 '나아가라'고 말하고, 상식은 '멈추라'고 소리친다.

어느 쪽 말을 들어야 하나?

연애를 불신하게 되거나 이성에 싸움을 부추기는 것은 비극이다. 돌이킬 수 없는 일. ……나는 무엇이든 용서하지만, 세상은 추호도 용서하지 않는다. 예를 들어 막달레나는 천국에서 성인이 되었지만, 로마의 사교계에는 얼굴을 내밀지 못했을 것이다. 《오브리 부인의 사상(Les Idées de Madame Aubry)》(소 뒤마의 희극, 1867년)은 사회를 지배하지 못하고 있다.

만약 내가 외국에서 결혼하여 오랫동안 고향을 떠난다면, 사람들은 내가 몸을 숨기고 싶어하고, 사람 눈을 피하며, 자신의 결혼을 부끄러워하고 있는 것으로 생각할 것이다. 또 만약 다른 사람처럼 고향사람들이 보는 앞에서 결혼하면, 자신을 긴장하게 만드는 생각지도 않던 굴욕에 몸을 드러내게 된다. 사람이 아무도 가지 않는 숲 속이나 사람이 다니는 오솔길에서 떨어진 곳을 나아가면, 이내 모든 것이 덤불이나 가시나무가 되어 나를 방해하게 된다.

마음이 편해지기 위해서는 숨기는 것이 아무것도 없도록 해야 한다. "숨은 것이 알려지지 않는 법이 없느니라"^(마태복음 제10장 26절)고 복음서도 말하고 있다.

그럼 '하늘'이 나에게 원하는 희생은 무엇일까? 친절하게 대한 것이 잘못이었을까? 마음이 약했던 것이 잘못이었을까? 체면을 중시한 것이 잘못이었던 것일까?

나는 세상의 잘못된 판단이라면 뭐든지 기꺼이 밝은 마음으로 인내할 수 있다. 그러나 올바른 판단이라면 나는 압도당하고 말 것이다. 내가 진실한데도 무시당하고 비방당하고 있다고 의식할 때는 아직 힘을 빼앗기지 않지만, 나 자신을 스스로 시인할 수 없을 때, 또 의심할 때는 어떻게 저항할 수 있단 말인가?

비극적인 것은 마음과 양심 사이의 투쟁으로, 특히 가장 비극적인 것은 선에 대한 불확실성이다. 이 우려는 오랫동안 나를 괴롭혀왔다. 나는 대범함과 지혜, 행복과 의무, 호의와 정의를 동일하게 보는 것을 이해하지 못했다. 허락된 일과 금지된 일의 한계를 확실하게 구별할 줄 몰랐다. 나는 자신의 내면적인 마음과 양심 앞에 끌려 나갔다. 그래서 무참하게 형벌을 받았다. 어떤 형벌을 받았는가? 무슨 일을 해도 사람을 괴롭히고, 무슨 일이 일어나도 스스로 괴로워하는 필연성으로 형벌을 받았다. ──거기에 중대한 사실이 있다. 나는 한 사람의 생명, 아니, 영혼에 대해 책임이 있는 것이다. '노'라고 말하면 나는 한 생명을 죽이게 된다. 적어도 내가 구원해줄 수 있을까? 저쪽은 간절한 마음으로 평정을 잃으면서까지 나의 선을 구하고 있다. 그러나 나의 선은 의무 안에만 있다. 그런데 나에게는 그 의무에 대한 확신이 없다. 연애에 대해 의무가 있는 동시에 가족, 국가, 체면에 대해서도 의무가 있기 때문이다. 지혜가 어디에 있는지 나는 전혀 모른다. 한 번 생활해 본 적이 없으면, 두 번째에 어떻게든 해낼 수 있는 것이 아니다. 간접적인 말이라 해도, 누구든 상관하지 않고 의논할 수 없는 사항이 있다. 왜냐하면 이웃의 비밀은 우리의 것이 아니고, 타인은 아무래도 엄밀하게 우리의 입장에 서는 일이 없기 때문이다. ──남는 것은 내면적인 숙고이지만, 그것은 오히려 나를 어지럽히기만 할 뿐, 나를 명쾌하게 해주지 않는다.

이 소송에 있어 나의 대책은 그때마다 다시 심사하며 사건을 1년씩 연기하는 것뿐이다. 왜냐하면 나에게는 옳은 것이 보이지 않아서 과감하게 판단을 내릴 수 없기 때문이다. 그런데 이 대책은 기교, 다시 말해 무력함에 지나지 않는다. 나에게는 단호하게 계산하고 흔들림 없는 확고한 결의가 결여되어 있다. 의지적인 사람에게는 그 의지가 이성과 동등한 가치를 가지고 있어 그것을 하나의 논증으로 생각한다. 자신의 의지에 대해 극히 가벼운 존중감도 없이 오류를 두려워하고, 후회를 훨씬 더 두려워하는 자신에게는 의무에 대한 지극히 밝은 눈이 필요하다. 그런데 바로 그것이 결혼문제에 있어 나타나지 않는 것이다. 운명은 나를 강요하며 나의 지력과는 균형이 맞지 않는 책임을 가지게 한다. 로마의 국고 관리가 복권을 사도록 강제한 것처럼 의지적인 행위를 요구한다. 나에게 선을 보여주지는 않고, 내가 몸을 위태롭게 하며 어떤 우연으로든 뛰어들기를 원하고 있다. 운명의 최후통첩은 내 자존심의 굴복, 품위에 대한 모독이다.

내가 진 십자가는 바로 내가 폭행을 당하는 것, 충분한 이유 없이 결정하지 않으면 안 되는 것, 내 의지와 반대로 행동하는 것, 내 동의를 거치지 않고 책임을 지는 것이다. 나는 이 방법이 소름끼칠 정도로 불쾌하다. 나는 그것을 싫어한다. 이것이 '하늘'이 나에게 부여하는 희생일까? 나는 머리를 숙이지 않으면 안 되는 것인가? 이성적인 존재가 이성 이외의 것에 따르지 않으면 안 되는 것인가?——누구에 대한 신앙심인가? 나는 사회, 우연, 미지에 대해 신앙을 가지고 있는가? 신에 대해 신앙을 가지고 있는가? 신의 목소리가 들린다면 신앙을 가질 것이다. 그러나 신은 나에게 이성, 감정, 양심을 통해서만 말을 걸고, 신의 통역자는 서로 모순을 이루고 있기 때문에, 무모한 모험이 되버리는 신앙심에게 어떻게 변명해야 할지 모르겠다.

실생활에는 거친 모순이 따라다닌다. 선을 추구하면서도 선을 식별할 수가 없다. 무익한 탐구에 힘을 소진하고 있는 것이다. 참으로 어리석은 일이다. 더욱이 우리는 그 굴레를 벗어버리지 못하고 있다. 우리는 실천하지 않으면 안 된다. 우리들, 적어도 소크라테스처럼 권고자로서의 '영(靈)'을 지니고 있지 않은 사람은 모두 노예이다.

Clot., Sar., Alex., Eriph., 에제리, 당신들은 멋지게 복수했다. 나는 줄곧 신의 징후, 위로부터의 목소리, 틀림이 없는 신탁을 기다리고 있었다. 그런데 보다시피 징후도 목소리도 신탁도 끝내 찾아오지 않았다. 내가 아내로 삼은 것은 이상뿐이었다. 그 증거로 실천에는 감정, 즉 망상과 맹목과 오류가 필요하다. 실천에 앞서서 완전하고 명백하게 보기를 원하는 사람은 언제까지나 실천할 수 없다. 인생에서의 내기는 옳지 않다. 아주 큰 잘못이다. 그러나 정의의 조건밖에 수용하지 않는 사람은 이 내기를 하는 수밖에 없다. 산다는 것은 실패하는 것이고 어떻게든 수습을 하는 것이다.

눈을 감지 않고 우리가
어떻게 생활을 감당할 수 있을까.

"소양이 있는 사람은 어떤 것도 자신 있다고 하지 않는다."(파스칼) 그렇다 해도, 자신이 좋아하는 생활을 하지 못하고, 지혜를 선망하면서 어리석음에 끌려 다니는 것은 괴로운 일이다. 이 모순은 만약 그것이 우리의 실수에서 온 것이고 우리가 자신도 모르는 사이에 범하고 있는 것이라면, 우스꽝스러운 것이 될 것이다. 그러나, 우리는 강요당하고 비논리적으로 당하는 것이기에 그저 씁쓸할 뿐이다. 가령 이 불행이 사소한 악에 지나지 않고, 감정이 없어서 세계가 더욱 나빠졌다고 인정하는가? 사소한 악도 역시 악일 뿐이다. 의지가 없는 인간이 이 세계에 있는 것은, 나비가 바다에 있는 것과 마찬가지로 잘못된 것이다. 어떤 것과도 조리가 닿지 않고 아무것도 그 사람과 앞뒤가 맞지 않다. 어리석은 사람들 속에 있는 현자는 그야말로 고민하는 자라고 할 수 있다.

자기 시대의 정신을 가지지 않은 자는
그 시대의 모든 불행을 짊어진다.

그 의미는, 내가 범인(凡人)을 넘어선 일을 하려고 시도하다가, 결벽이나 원리(原理)의 쓸데없는 세련됨을 추구하며 특별한 길을 더듬은 것을 후회하고 있다는 얘기이다. 그리하여 나는 아무것도 얻지 못하고 말았다. 약간의 재산을 저축하고 자식을 많이 둔 평범한 50세 남자가, 결국 나 같은 몽상가보다 경험과 추억과 덕성이 풍부하다는 생각이 든다. 다만 나에게 위안이 되는 것은 하나의 세계를 만드는 데는 여러 가지가 필요하다는 것, 나는 나 자신 외에는 거의 해를 끼치지 않았다는 것, 결국 나는 다른 사람에 비해 비참한 몫을 가진 것은 아니라는 점이다.

세월이 지나가면 모든 것이 같아진다. 폭풍 뒤에 바다는 그 수평을 되찾는다. 그러나 넘지 않으면 안 될 앞으로의 몇년에 있어서는 정관주의(靜觀主義)만으로는 충분하지 않다. 가령 행복을 시끄러운 공상에 지나지 않는 것으로 보게 되어도, 사람은 역시 선을 행하기를 원하고, 가능한 한 잘 끝내기를 원할 것이다. 늘 무엇을 해야 할지 모른다는 것에 익숙해져서는 안 된다. 호의에서 나온 것이라 해도 실천은 실천이다. 형편없는 삯마차를 신용하지 않듯이 인생이라는 것을 믿지 않게 되더라도, 어떻게든 견디며 여행이 끝날 때까지 타고 가는 수밖에 없으니 오히려 인내의 수행이 될 수 있다.

초심자에게 불쾌감을 준다 한들 무슨 소용이 있으랴? 다른 방법이 없는 것이다. 게다가 때로는 기쁜 일도 있다. 우리의 길동무에게 힘을 주자. 체념하고 모범을 보여주자.

운동의 목적이 정지하는 것이라면, 정관주의가 궁극적인 우주철학임을 인정하지 않으면 안 된다.

가능한 것이 한없이 많다는 의식은, 몇 가지의 현실을 차례차례 인식하는 것보다 훨씬 뛰어나다. 신은 의심할 여지없이 원동자(原動者)이지만, 또한 '부동자(不動者)'이기도 하다. 원동자로서는 유한한 것으로 얼굴을 돌리고 부동자로서는 무한을 파악한다. 전쟁터에서의 나폴레옹이 가장 무능한 병졸처럼 움직이지 않았던 이유는 많은 생각을 하고 있었기 때문이다. 그것과 마찬가지로 어린이는 노인보다 백 배나 더 손짓을 한다.

(오후 5시) 권태와 불쾌감, 공허. 졸음. 불안정. 그로 인한 나 자신에의 불만. 오늘 아침과는 정반대되는 인상을 되풀이한다. 반대라고 하는 논의 대신 찬성이라고 하는 논의가 나타난다. 사랑하는 것, 사랑받는 것이 이토록 간단하다. 현재는 미래보다 이토록 확실하고, 손에 쥐고 있는 것은 쥐고 있지 않은 것보다 이토록 뛰어나다. 사실은 나는 감정과 양심, 이성을 같은 한 점에 집중하지 못하고, 궁극적인 계획에 도달하지 못한다. 몇 년 동안 심사숙고한 뒤에도 나는 여전히 무기력에서 어리석은 짓을 하지 않을 거라고 장담할 수 없다. 그래서 나는 그러한 굴욕을 불러일으키는 실생활이 싫은 것이다. 결심하기 위해 결심을 하는, 이 무슨 우스꽝스러운 입장이란 말인가? 게다가 이 입장은, 모든 결심이 제멋대로이고 실질적인 우월성을 가지지 않

음을 다 알고 있는 사색가에게서 자주 보인다. 불리다누스의 당나귀가 두 개의 똑같은 건초다발 중 하나를 선택할 수 있었던 것은 어리석었기 때문이다. 결국 사람은 무엇을 해도 후회하고, 하지 않아도 후회한다. 해도 되고 하지 않아도 되는 모든 것에 대해서, 나는 주사위를 던지는 것이 가장 편리하고 간단한 선택법이라고 믿는다. 그것은 동시에 우리의 신념에 쳐진 영원한 덫과 같은 실생활에 대한 항의라고도 할 수 있다. 또한 무익한 계산의 절약이 될 것이다. 실제로 우연한 기회의 분배를 불평등하게 하는 의지는, 그 인물의 자만을 거기에 말려들게 하는 약점이 있다. 자신의 욕구에 아무런 가치를 인정하지 않는 사람, 나아가서 그것을 기만으로 경계하는 사람에게, 우연은 욕구의 동기를 대신할 것이다.

(오후 6시) 우리는 결국 어떤 것이 될까? 내가 한번 결심을 해야 한다면, 즉시 나의 쾌활함, 온화함, 호의는 완전히 사라져버린다. 나는 다시 흥분과 건조함에 빠져든다. 그만큼 운명에 있어서 복권은 나에게 반감을 갖게 한다. 그런데 일단 의지를 작용시키지 않아도 될 때는 나는 다시 친절하고 헌신적이며 애정이 깊은 인간으로 돌아간다. ──교육을 맡으면 나는 모든 일에 있어서 가는 곳마다 선을 구할 것이다. 그러나 나 자신의 일에 있어서는, 더 이상 자신을 책망하거나 이끌고자 하는 흥미를 느끼지 않는다. 단지 자신을 관찰하고 자신의 버릇을 밝힐 뿐이다. 심리학이 윤리학을 대신하는 것이다.
이것은 그 의무도 연구도 목적도 없이 닥치는 대로 낭비되는 게으른 생활의 결과이다. 나는 이미 용기라는 것은 이름밖에 모르고, 희망이라는 것은 소문으로밖에 듣지 못했다.

너의 상처는 영웅적인 싸움에서
얻은 것이 아니다.
치유하고자 하는 마음이 없는 병자는
고통보다 자부심을 앓고 있는 것이다.

함메르의 작품을 몇 편 다시 읽고 기분이 좋아졌다. 없어진 줄 알았던 작은 대모갑 상자를 찾았다. 에제리는 두 가지 도움을 준 셈이다. 모든 것을 알 수 있다면, 그 문제에 대한 그 사람의 의견이 어떤지 알고 싶다.

  필린의 마지막 편지를 다시 읽다. 그러고 보면 나는 그 사람만큼 끈기와 힘을 가질 수 없는 것일까? 그 사람의 계획에 따라야 하는 것이 아닐까? 그 사람의 변함없는 애정은 보상받을 수 있을까? 분명히 나는 그 사람에게 커다란 의무를 다하지 않으면 안 된다. 그리고 나는 그것을 실천한다. 기운을 잃거나 정신을 놓고 있을 때가 아니다.

1871년 9월 12일 자택

  (아침 9시 반) 가능한 한 침착하자. 어제는 Blw.와 4시간 동안 이곳에서 보냈다. 흥분된 4시간이었지만 아쉬운 마음은 없다. 괴로운 편견을 없애주어서 기분을 좋게 해준 것 같다. 나는 놀라움, 비난, 연민의 다양한 인상을 경험했다. Blw.는 자신을 비방으로 상처받게 한 뒤, 죄 없는 것을 불쌍히 여기는 대신 벌을 주었다. 타인에게 괴로움을 끼치거나 자기가 맡은 임무를 저버리는 행위를 하는 것을 아랑곳하지 않고 귀중한 글을 태워버렸다. 자신의 신념, 약속, 친밀한 관계에 상처를 주는 잘못을 저질렀다. 질투와 분노, 의심으로 마음에 상처를 주었다. 그러나 후회하며 용서를 구했고, 나는 용서해주었다. 위로해주었다. 결별을 고하지 않고 재회를 기약했다.

  원시적인 천성과 감격적인 헌신의 투쟁이 지난 4주 동안 Blw.의 수면과 건강을 소진시켰다. 이번에 만나보니 몹시 여위고 창백하여 초췌해진 모습이었다. 심한 기침, 눈물에 젖어 움푹 들어간 눈.

  만나지 않는 것이 그 사람을 죽이는 것이다. 그러고 있으면 기쁨과 기력과 빛을 빼앗기고, 마음이 모든 병적인 작용을 향해 다시 열리기 때문이다. 앞으로도 계속 이런 식으로 살아갈 수 있을지 누가 알 수 있으랴? ──일단 고백을 하여 안도하고 마음이 밝아지면, 깊은 곳에 있는 애정이 반쯤 재에 묻혀 검어진 불씨 위에 보이는 푸른 불꽃처럼 다시 솟아났다. 그러나 이미 돌이킬 수 없는 것은 원래대로 돌아가지 않는다. 부서지고 타버린 것은 흔적도 없이 사라진다. Blw.는 나를 잔혹한 지경에 밀어 넣은 과오를 오랫동안 눈물 흘리며 탄식할 것이다. 그러나 나는 용서했다. 그 일은 이제 더 이상 생각하지 않는다. 한편으로는 그것은 귀족의 위기(位記)였고, 다른 한편으로는 내가 정당하다는 증명이 되었을지도 모른다. 아아.

무엇보다 명백한 것은, 나의 사랑하는 친구는 그 영웅적인 이상을 도저히 실현할 수 없으며, 숭고에 대한 동경을 품고 있어도 도저히 그 실력을 가지고 있지 않다는 사실이다. 지금도 여전히 두 사람 또는 세 사람의 주인을 섬기고 있다. '교황의 교서'는 자신의 내면을 똑똑히 들여다보고 영원한 것을 대하는 마음의 맹세라기보다, 오히려 변하기 쉬운 감정의 증거라고 할 수 있다. 그 사람의 순금에는 아직 많은 합금이 섞여 있다. 그러나 나는 참작해야 하는 정황을 다수 인정하고 있다. 모두를 적으로 돌리는 것은, '역시 여론을 믿고' 비방의 말에 현혹을 느끼는 마음에는 부담이 너무 크다. 사랑하는 사람을 위해서는 몸이 부서지도록 봉사하는 것을 마다하지 않는 Blw.가 언제나 믿을 수 없는 암시에 걸려, 스스로 비난하는 소용돌이 속에 빠지는 것이다. 아아, 순풍이 멎으면 그 사람의 내부에서 뭔가 끓어오르고 발효하여 부패해 버린다. 이브도 언제나 뱀이 하는 말에 귀를 기울이지 않았던가? 다른 여러 가지 면에서는 뛰어난 성격이 가지는 결점이다. Blw.는 늪지의 주민한테서 빌려온 범주를 자칫하면 하늘의 새에게 적용하려고 한다. 주위의 불건전한 작용이 이러한 것에서도 나타나고 있다. 말하자면 그 사람은, 지난날의 동료들한테서 저급한 마음과 비속한 사상, 조악한 욕망밖에 보지 않았던 것이다. 그래서 판단력이 흐려지면, 지금까지 알았던 모든 사람을 약간 혼동하는 것 같다. 그러나 곧 제 정신으로 돌아오면 자기 자신을 책망한다. 이러한 것의 반복이 인간의 역사이다. 그러나 정교한 나비가 이 어렴풋이 흙내가 나는 번데기에서 빠져나갈 수 있을까? 아, 그 사람의 가족이 톰북투(Tombouctou 서아프리카 오지의 프랑스령 도시)나, 하다못해 카르펜트라스(Carpentras 남프랑스의 도시) 출신이었으면 좋으련만. 액자에서 초상화를 떼어내고, 그 뿌리가 뻗어있는 흙에서 꽃을 제거할 수 있었으면 좋으련만.

    나의 아들이여, 사랑하는 것은 믿는 것, 살피는 것
    용서하고 기다리는 것, 보복하지 않고 주는 것이다.
    가슴 속에 의심도 허위도 품지 않고
    오직 선한 것, 영광과 명예만을 원하며
    오직 신에게만 너의 슬픔을 얘기하는 것이다.

언제쯤이면 우리는 그 완전한 고귀함, 그 평정한 마음자세에 도달할 수 있을까? 그럼에도 불구하고 우리는 사랑하는 것을 알고 있다. 그러나 감정은 아직 변형을 거치지 않았다. 흥분한 우상숭배는 아직 진정한 예배가 되어 있지 않다. 헌신은 자기 부정에 도달하지 못하고 있다. 확신과 결정이 변형을 이룩할 수 있을까? 그걸 누가 알랴? ——"당신과 함께 2주일만 지낸 뒤 죽고 싶다"라는 염원은, 행복에 대한 갈망과 동시에 관용에 대한 바람을 보여주고 있다. 사람은 동시에 두 가지의 불가능한 일, 즉 헤어질 수 없다는 것과 평생 함께 있을 수 없다는 것을 느낀다. 잔인한 당혹감. 이번 주에 끊지 않으면 안 되는 매듭.

1871년 9월 22일 샤르넥스

(오후 4시) 비를 머금은 하늘 구멍에서 나온 하얀 광선이 내 방 안으로 조롱하는 웃음처럼 날아들어 왔다고 느끼는 순간, 광선은 올 때보다 더 빨리 사라져버렸다. 잿빛 하늘, 우울한 하루, 여자친구의 출발, 태양의 찌푸린 얼굴. 모든 것이 사라지고 모든 것이 우리를 버린다. 대신 무엇이 찾아올까? 백발.

점심을 먹은 뒤, 소나기가 잠시 멎은 사이에 샤이이(Chailly. 샤르넥스 동북쪽 2km에 있는 마을)까지 산책. ……잿빛의 광활한 경관, 호수에 내리고 있는 한 줌의 광선, 멀리 구름 사이로 얼핏 보이는 푸른 하늘, 안개를 칠한 산들, 그런 것과 상관없는 이 나라의 아름다움. 이 풍부한 정취, 사람의 눈을 즐겁게 하는 광경은 아무리 보아도 싫증나지 않는다. 나는 비가 내리는 광경에 매력을 느낀다. 흐릿한 색이 비로드 같은 느낌을 더해 가며, 광택 없는 분위기가 느낌을 띠기 시작한다. 그러면 경관은 울다 그친 얼굴처럼 되어, 아름다움은 줄지만 표정이 풍부해진다.

표면적이고 기쁘게 빛나며, 뭔가 반응을 보내는 아름다움의 배후에, 미학은 정신적인 미에 가까운, 숨겨지고 가려져 비밀스럽고 신비로운 미의 세계를 발견한다. 이 미는 그것을 알아볼 줄 아는 사람에게만 나타나기 때문에 더욱 기분 좋은 것이다. 그것은 어딘지 모르게, 희생에 뒤따르는 세련된 기쁨, 신앙의 광기, 눈물의 환락을 닮았다. 모든 사람의 손이 닿는 곳에는 없다. 그 인력은 특별한 것으로, 익숙하지 않은 냄새와 이색적인 멜로디의 인

상을 준다. 한번 그 맛을 들이면, 사람은 거기에 취하고 거기에 열중하게 된다. 왜냐하면 거기서

가장 먼저 자신의 행복을, 다음에는 타인의 모멸을,

발견하기 때문이고, 어리석은 사람들과 같은 의견이 아니라는 사실이 매우 기분 좋기 때문이다. 그런데 이러한 것은 자명한 사물이나 두말할 나위 없는 미에 대해서는 불가능하다. 매력이란, 비속한 자의 눈에서 벗어나 사람을 꿈꾸게 하는 이 결사적(結社的)이고 역설적인 미의 이름이다. 그러므로 추(醜)도 매력을 가질 때는 그 매력을 모호하게 풍기지 않는다. 쾌감을 주는 스핑크스가 그것을 동경하는 남자를 마법으로 사로잡을 수 있는 것은, 미약(媚藥)을 남자 한 명당 두 개씩 가지고 있기 때문이다.

매력과 나란히 놓고 보면, 단순한 미는 빛이 바래고 빈약하여 거의 우스꽝스러운 것으로 보인다. 이목구비가 단정하고 장밋빛 피부를 가지고 있지만 분별심이 전혀 없는 여학생은, 얼굴에 잔주름은 있어도 지혜와 정열이 반짝이고 있는 여자 옆에 서면 어떻게 보일까?

때에 따라 마음이 변형을 가하는 투명한 추함은, 사교계에서도 상당히 세력을 떨치며, 보는 사람을 기분 좋게 해줄 정도로 성공을 거둘 수 있다. 폴린 비아르도(Pauline Viardot. 19세기 프랑스의 가수로 투르게네프의 연인), 제니 린드(J. Lind. 19세기에 '스웨덴의 꾀꼬리'로 불렸던 소프라노 가수), 스탈 부인(Mme de Staël. 18, 9세기 프랑스의 규수작가) 가면을 준비하고 있다가 그것을 쓸 가치가 있는 사람을 만날 때마다 쓰는 것도 사려 깊은 마음가짐이다. 고전적인 미는 말하자면 모두를 위해 자신을 버린 것이다. 결사적인 미는 제2의 수치심으로, 억지로 뜬 눈 앞에서만 베일을 벗어 연심만 조장한다.

그런 이유에서, 나의 여자친구 S***(Seriosa 이 책 656페이지 참조)는 먼저 사람의 영혼과 접촉하기 때문에, 마치 어머니에게 아기의 추함이 보이지 않듯이 자신이 흥미를 느끼면 상대의 추함이 눈에 들어오지 않는다. 그 사람하고는 사랑하거나 사랑하지 않거나 둘 중의 하나이며, 그가 사랑하는 사람은 아름답고 사랑하지 않는 사람은 추하다. 그렇게까지 말해도 좋을 만큼 복잡한 데가 없다. 그 사람에게 있어서 미학은 정신적인 공감 속에 녹아들어간다. 오직 자신의 가슴으로만 바라보는 것이다. 미의 장(章)은 건너뛰고 매

력의 장으로 넘어간다.——나도 마찬가지로 그렇게 할 수 있다. 다만 그것은 반성에 의해 제2단계의 감정에서 나온다. 나의 친구는 그것을 의지의 작용과는 상관없이 처음부터 하는 것이다. 그 사람에게는 예술적인 현(絃)이 없다. 산문, 실리, 선이면 충분하다. 사물의 안과 밖, 내용과 형식 사이의 완전한 상응에 대한 요구는, 그 사람의 본성에 존재하지 않는다. 그 사람은 추함을 두려워하지 않는다. 무엇보다 그것을 인정하고 있는지 어떤지조차 알 수 없다. 내가 할 수 있는 것은 나에게 불쾌한 기분을 주는 사람을 잊는 것뿐이다. 불쾌한 기분을 느끼지 않을 수가 없다. 육체적인 결점은 모두 나를 초조하게 만든다. 아름다운 성(性)에 있는 아름답지 않은 것은 처음부터 있어서는 안 되는 것이기 때문에 균열과 잘못된 언어, 불협화음과 잉크 얼룩같은, 한 마디로 말해 무질서처럼 불쾌한 기분을 준다. 그 대신 미는 기이한 음식, 올림포스의 신의 양식처럼 나를 취하게 하고 기운을 북돋우며 힘을 준다.

    선이 항상 미의 동료라면 얼마나 좋을까.
    내일부터 나는 아내를 찾아야겠다.
    그러나 이 둘의 이혼은 드물지 않고
    아름다운 영혼이 담긴 아름다운 몸이
    두 가지를 아울러 갖추고 있는 경우는 흔치 않나니……

    끝까지 쓰지는 않겠다. 체념하지 않으면 안 된다. 건강한 몸에 깃든 아름다운 마음은 그 자체가 이미 드문 축복이다. 만약 거기에 가슴과 느낌, 사상과 용기까지 있다면, 미라고 불리는 기분 좋은 탐식과 애교로 명명되는 맛있는 조미료가 없어도 참을 수 있다. 사람은 그런 것은 쓸데없는 것이라 생각하고 한숨 한번 쉬고 참으며, 이미 손에 들어와 있는 필요한 것을 기쁘게 생각한다.

    나는 많은 결혼을 보았지만, 그 어느 것도 나를 유혹하지 않는다.
    그런데 대부분의 인간은
    대담하게도 최대의 우연과 부딪친다.

또 대부분의 인간은 그것을 후회한다. ……

그런데 결혼하지 않은 사람들은 더욱 후회한다.──확실히 결혼생활은 미묘한 문제이다. 그러나 고독한 생활은 끔찍한 것이다. '주'의 말에 의해서도 자연의 법칙에 의해서도, 남자는 여자 없이 살아갈 수 없다. 다만 라틴 민족은, 여자에 대해 독특하고 비천한 관념을 가지고 있어서 결혼생활을 두 개의 의지 사이에 일어나는 가정적인 결투의 일종으로 만들어버렸다.──진정한 결혼생활은 정상적이고 건전한 힘을 준다. 청정하게 하는 상태이지만 종교적인 견지에서 그것을 유지하지 않으면 안 된다.

1871년 9월 26일 리기(Righi) 산록 피츠나우 (Vitznau. 루체른 동쪽 피르발트슈테테 호 건너편 항구)

(밤 10시) 로잔에서는 문제가 잇따라 일어나 예정 대로 일을 마칠 수가 없었다. 게다가 그 불쾌하기 짝이 없는 밤! 밤늦은 시간에 끊일 새 없이 돌아오는 손님과 건전하지 못한 소동, 그리고 소와 말과 빗소리가 내 잠을 어지럽혀 대여섯 번의 토막잠을 자야 했다. 피곤한 머리.

줄기차게 내리는 빗속의 여행.

오길 잘했다고 할 수 있을까? 내 노력은 보상받았는가? 이 최초의 밤은 내가 원하는 대답을 주지 못할 것 같다. 그래도 판단하기에는 아직 이르다. 내일을 기다리자.

1871년 9월 27일 피츠나우

(오후 3시) 나는 충분하고도 멋진 보상을 받았다. 저녁을 먹은 뒤 이미 둑은 다시 터지기 시작했다. 지난날의 친밀함을 모두 되찾은 것이다. 기쁨도 눈물도 함께 나눴다. 오직 마주 앉아 낮은 목소리로만 말할 수 있는 디티람보스(주신송가(酒神頌歌))를 들었다. 어머니다운 충고를 아들다운 마음으로 받아들였다. 오직 고백을 듣는 사람에게만 있는 마음의 비밀스러운 종이조각이 펼쳐지는 것을 보았다.

그리고 오늘 아침에는 두 여자친구가 나를 위해 축하해주었다. 꽃다발 두 개(가을의 마지막 꽃), 사진 몇 장, 나무를 투각(透刻)한 '독서대'가 내 생일선물이다. 이 애정으로 가득한 기쁨은, 내가 태어난 것과 청춘시절에서 이렇게 멀어진 것에 대해 나를 위로해준다.

두 번의 산책. 한번은 넷이서, 한번은 둘이서. 리기 등산철도, 정거장, 기관차, 그 객차, 그 궤도. 피츠나우의 기선발착소(汽船發着所). 경치.

나는 이틀 밤을 거의 자지 않은 데다 기침이 심했지만, 호수의 반짝임, 보행, 운동을 상당히 잘 견디낼 수 있었다. 어쨌든 두 번째 산책, 특히 베기스(Weggis. 피츠나우에서 6km 서쪽에 있는 항구) 가까운 곳에서 무성한 숲을 이룬 작은 곳에 있는 휴게소가 나를 또다시 들뜨게 했다. 당당한 호두나무 뒤에서 막 움트기 시작한 무화과나무를 둥글게 에워싸고 있는 벤치 위에서, 나는 정다운 얘기를 많이 들었고, 그것을 내 가슴 속에 소중하게 담아두었다. 이렇게 눈을 즐겁게 해주는 전망이 모든 방향으로 열려 있는 광경이란! 운테르발덴(Unterwalden. 이 호수 남쪽에 있는 주)의 안개 낀 기슭과 광택이 없는 쾌적한 호수, 황량한 곳과 우아한 후미, 꽃 아래에 숨어 있는 오두막, 성채를 이루고 있는 높은 바위, 나뭇잎 레이스를 통해 보이는 필라투스Pilatus와 그 밖의 봉우리들, 차분한 침묵과 그것을 깨는 호두 줍는 아이들의 목소리, 벤치 주위의 잔디와 풀 위에 금화처럼 뿌려진 몇 가닥의 광선. 그것은 목가였다. 남녀 양치기도 있었다. 여자의 분장은 검은 비로드의 바스킨(장식이 풍부한 여자옷)에 밀짚모자. 남자의, 안쪽이 초록색인 양산은 습관에도 좋고 두뇌에도 바람직하다.

(밤 10시) 게르자우(Gersau. 피츠나우에서 호수를 따라 6km 동쪽에 있는 항구) 방향으로 곶의 능선까지 기분 좋은 산책.

둘이서 손을 잡고 걸었다. 일몰. 이쪽 기슭을 에워싸고 있는 끝이 뾰족한 바위 위 수풀 속의 오솔길에서 바라본 시적인 석양.──델리오(Délio. 필린을 가리키는 말)는 이 날을 생애에서 가장 최후의 아름다운 날이라고 하며, 하루 종일 기쁨에 겨워 실없는 농담을 하면서 애정에 넘치고 있었다. 에제리는 이탈리아로 가기로 결정했고 그 출발도 얼마 남지 않았는데, 햄프턴코트(Hampton Court. 영국의 옛 왕궁)와 구르즈(Gourze. 로잔의 동쪽 약 8km에 있는 산으로 탑의 폐허가 있다)에서 끼고 있던 오팔 반지를 D에게 보냈다. 그것을 27일(아미엘의 생일)에 맞춰서 보낸 것이다. 배려가 담긴 두 가지 주의. 그 사람의 마음은 결코 잊지 않을 것이다.

9월 27일은 나를 위해 마편초(馬鞭草)와 장미 꽃다발로 장식되었다. 앞으로도 오래도록 나에게 달콤한 추억으로 남을 것이다.

두 사람의 여자친구에게 여러 가지(그 중에서도 주스트 올리비에의 전설

두 가지)를 읽어주며 밤을 보내다.

지금은 굵은 빗줄기. ——이렇게 하여 자연도 기압계의 슬픈 얼굴과 이 불쾌한 초승달 무렵의 거친 날씨에도 불구하고, 은근하게, 내 생일에 등불을 켜주었다. 나에게는 반세기의 마지막을 고하는 이 특별한 날에도 나는 완전히 응석받이 어린아이였다. 꽃의 장식리본, 다정한 축하의 말, 뜨거운 애정의 표시가, 말하자면 정성어린 마음으로, 이 날의 무덤 같은 쓸쓸함과 냉소적인 '코 없는 여자'(죽음을 뜻함)의 찡그린 인사를 잊게 해주었다. 덕택에 나는 나이를 더 먹지 않았고 오히려 훨씬 더 많은 은총을 받고 있음을 느꼈다.

지금 집안은 모두 잠들어 있다. 나에게 완전히 바쳐져 나를 위해 살아가고 있는 마음과 나 사이를 갈라놓고 있는 것은 오직 한 가지, 문의 빗장뿐이다. 나는 그 빗장을 열 수도 있다. 그러면 들뜬 마음의 흥분이 일어난다는 것도 알고 있다. 그래도 나는 결코 열지 않을 것이다. 왜? 나에게 익숙한 목소리가 "안돼요, 저의 나약함에 걸고 맹세코, 제발 부탁이에요" 하고 말했기 때문이다.

D는 이틀 전부터 격식이 높아졌다. D 안에 새로운 힘과 새로운 장점을 발견했다.

오늘 밤의 '연도(連禱, litanies, 아미엘은 필린이 되풀이하는 소망을 이렇게 부르며 일기에 옮겨 적었다. 다음에 한 예를 든다)'는 그야말로 열렬한 감정과, 진주와 루비가 파도를 이룬 열정적인 기도였다. 가슴 속의 사상의 폭발, 감사와 감탄, 나아가서 예배라고 불러야 하는 것이 끊임없이 솟아나는 것을 눈앞에서 보며 경이를 느꼈다.

그렇다, 그것을 헛되이 해서는 안 된다.

(같은 날) "(연도) 나의 소중한 사랑, 나의 유일한 분, 나의 귀중한 보물, 나의 연인, 나의 위로자, 나의 대화 상대, 나의 선생님, 지상에서 나를 키우고 이끌고 지탱해주신 유일한 분, 내가 이 세상에서 받은 행복을 모두 맡고 계신 분, 당신은 저한테서 모든 것을 요구하고 모든 것을 기대할 수 있습니다. 저는 당신의 작품, 당신의 소유물, 당신의 것입니다. 저는 몸도 마음도 가슴도 의지도 당신에게 속해 있습니다. 그리고 죽을 때까지 당신에게 충실할 것입니다. 12년 전부터 당신은 제 생활의 관심, 중심, 동기, 실체였습니다. 당신을 행복하게 해드리기 위해서라면, 제가 가진 것 모두를 바칠

수 있습니다. 그리고 10년, 20년의 고난과 순교를 바치겠습니다. 당신 옆에서 살 수만 있다면, 간호사가 되든 비서가 되든 책 읽어주는 사람이 되든 하녀가 되든, 당신의 모습을 볼 수 있고 목소리를 들을 수 있으며, 보살펴드릴 수 있고 주위에 있을 수만 있다면 제 마음은 만족할 것입니다. 타인을 섞지 않고 며칠쯤 계속해서 저를 곁에 있게 해주신다면, 그 다음에는 죽어도 상관없습니다. 해가 갈수록 저는 당신을 더욱 좋아하고, 당신에게 더욱 열중하며, 당신이 더욱 필요해지고 있습니다. 이렇게 자꾸만 좋아하는 것을 나쁘게 생각하지 말아주세요. 제가 당신의 생활에 끼치는 불편과 난처함과 슬픔을 용서해주세요. 그것 때문에 저는 사라집니다. 당신을 자유롭게 해드리고 싶어요. 과연 제가 추방의 생활을 견뎌낼 수 있을지는 알 수 없습니다. 그러나 그것은 중요하지 않습니다. 당신 없이, 당신을 떠나서는, 저는 이제 살아갈 수가 없습니다. 가장 좋은 것은 빨리 죽는 것이겠지요. 저는 클라란스(Clarens, 레만 호 동쪽 기슭의 항구)에서 쉬겠습니다. 그곳은 당신이 휴식하는 곳이기 때문입니다.

당신은, 당신은 살아 계시지 않으면 안 됩니다. 당신은 해야 할 일이 있습니다. 당신은 지상에 당신이 지나간, 사라지지 않는 발자취를 남기셔야 합니다. 당신은 희유의 재능, 아직도 그 힘을 조금도 잃지 않은 재능을 보여주셔야 합니다. 그러기 위해서는 행복하셔야 합니다. 또 그러기 위해서는 가정을 가지셔야 합니다. 그것은 당신의 의무 가운데 가장 시급하고 가장 중요한 문제입니다. 임시적인 조치는 당신이 낳는 힘을 고갈시킵니다.

이제부터 제네바의 겨울은, 당신의 건강을 생각하면 저를 몹시 불안하게 합니다. 저에게 약속해주세요.

부디 건강에 주의를 기울이셔야 합니다.

당신의 물질적인 모든 조건(수면, 음식, 난방 등)을 좀더 적절하게 안배하세요.

11월과 12월이 당신에게 너무 혹독하다면 고집을 부리지 마세요. 당신은 4년 전부터 기침을 하고 계십니다. 전과 같은 겨울이 다시 찾아온다면 돌이킬 수 없는 손해를 입히게 될 것입니다.

에제리(Egérie 1860년에는 '귀여운 요정'으로 나오지만, 이윽고 아미엘을 번민하게 만드는 여자친구)나 세리오사(Seriosa 군데군데 S***라고 되어 Fida, Sensitiva, Stoica, chère Calviniste라고도 불린 여자친구. 셰레르 판 일기의 사실상의 간행자. 1918년에 사망)를 고려해주세요. '건강'의 견지에서는 전자, '예산'의 견지에서는 후자를 마음에 두고 깊이 생각하시기 바랍니다. 그런 다음 해가 바뀔 무렵에는 결혼하실 수 있도록 노력하세요.

그리고, 알프스 넘어 제네바의 기후가 당신에게 고통을 줄 때까지 기다리고 있어서는 안 됩니다.

만약 제네바에 오신다면, 더더욱 조심하세요.

하나, 은퇴생활에 숨어버리지 말고 사교계에 나가세요. 음악회도 연극도 파티도 피하지 마세요. 그러기 위해서는 의복도 언제든지 입을 수 있도록 준비해 두시기 바랍니다.

둘, 남자분들과 더 많이 교제하시기 바랍니다. 당신처럼 가치 있는 분이 여자 같은 대화에만 힘을 낭비하고, 자신의 친척을 피하시는 것을 사람들은 이해하지 못할 겁니다.

셋, 우라니아(Urania 본명은 Célestine Benoit, 1836년에 태어나, 시를 봐준 것이 계기가 되어 편지왕래가 시작되었고, 1870년 2월에 처음으로 만났다. 아미엘은 이 사람을 '문학상의 대녀(代女)' fillelue littéraire라고 불렀다. Berthe Vadier라는 필명으로 스위스 문단에 알려져 있다. 아미엘이 사망한 뒤 전기를 썼다. 1921년에 사망)를 너무 자주 만나지 마세요. 그 편이 두 사람에게 현명하고도 신중한 일이 될 것입니다. (우라니아는 당신의 아내가 될 수 없는 사람입니다. 그런데도 자유로이 교제하신다면, 그건 잘못된 결정입니다. 그 사람은 벌써 당신을 무척 사랑하고 있기 때문에 뭔가 불행한 일이 일어나지 않을 수 없습니다.)

일단 결혼하신다면 저라는 사람은 당신의 삶에서 말살하고 다만 애정에 찬 추억으로만 남겨주시기 바랍니다. 저는 당신의 아내도 당신의 자녀도 사랑할 것입니다. 그렇게 되면 제가 할 일은 끝난 것이니 죽음이 저를 빨리 데리러 오겠지요. 저의 사랑이 얼마나 어리석은 경지에 도달했는지 당신은 영원히 모르실 겁니다. 그 증거를 간직하고 있었던 종이조각은, 9월 초, 이제 당신을 뵐 수 없을 것으로 생각하고, 독일을 향해 제네바를 떠나기 전날 과거를 청산하며 재로 만들어버렸습니다.

당신의 미래를 생각할 때마다 저는 제 자신에게 들려줍니다. 나는 이제 사라지는 것이 좋겠다고. 하지만 더 이상 만날 수 없다고 생각하면, 한없는 슬픔을 느낍니다. 당신은 제가 얼마나 많은 밤을 울며 지샜는지 알지 못할 겁니다.

무슨 일이 일어나든, 사람들이 당신에게 뭐라고 말하든, 겉으로는 어떤 모습이든, 언제까지나 저를 믿어주세요.

당신은 저에게 아무것도 빚진 것이 없습니다. 제 쪽에서 당신을 찾아갔으니까요. 그리고 12년 동안 당신은 저의 은인이었습니다. 제가 당신한테서 얻은 이익은 말로 표현할 수 없을 정도입니다. 저를 구원하고, 가르치고, 바로잡고, 강화하고, 정화하고, 모든 고상한 것과 모든 아름다운 기쁨을 가르쳐주신 사람은 세상에서 오직 당신뿐입니다.

저는 이따금 당신을 열렬하게 사랑하는 것을 두려워했습니다. 당신과 함께 당신을 위해 살 수는 없지만, 저는 당신을 위해 당신 없이 살아갈 것입니다. 원하옵건대, 저는 당신 품에 안겨서 죽고 싶습니다. 오직 당신을 위해 고동쳤던 심장의 마지막 숨결을 바치고 싶습니다. 당신과 함께 죽을 수 없어도, 당신한테서 멀지 않은 곳, 같은 묘지에 잠들어, 또 한 사람과 함께 다음 생을 기다리고 싶습니다. 진정, 당신이 없이는 천국조차 생각할 수 없습니다." (아미엘은 훗날 이러한 '연도'를 옮겨 쓰며 어떤 것은 시로 노래했다. 그리고 그 뒤 다음과 같은 감상을 적고 있다)

결국, ……은 이미 내가 없이는 살 수 없지만, 그것을 흔쾌한 마음으로 나한테 숨기고 있었고, 그 애정과 정열을 모두 보여줌으로써 나의 자유의지를 꺾는 것을 두려워한 것 같다. 그러나 이따금 새나오는 몇 줄기의 빛은, 그 사람의 삶이 오직 이 생각에 달려있음을 증명하는 것이었다.

1871년 9월 28일, 피츠나우

(오후 3시 반) 밤 사이에 감기에 걸렸다. 틀림없이 이불이 너무 작았던 탓이리라. 떨림, 열, 구토, 척추가 노곤하고 다리가 후들거린다. 아침 식사도 할 수 없었다. 일반적인 불쾌감과 쓸쓸한 전망. 바깥 공기, 태양, 약간의 산책과 차가운 물이 먼저 가슴의 불쾌감을 씻어주었다. 그래도 2시간 동안 침대에 누워 있었어야 할 만큼, 온 몸에서 힘이 빠지고 머리가 개운하지 않았다. ──마드리나(Madrina)와 필린, 그리고 F가 릴레이하듯이 가져다 준 점심 식사는 그런대로 약간 먹을 수 있었다. 오후가 되자 열이 내려가고 기분도 좋아진 것 같았지만 좋아진 것은 아니었다. 그것과 아울러 오늘 아침의 화창했던 태양도 '푄(Föhn. 스위스 산간에 남쪽에서 불어오는 열풍)'의 잿빛 안개에 묻혀버렸다. ──잔뜩 흐린 날씨. 간밤에는 굵은 빗줄기에 천둥소리까지 들렸다.

나의 발병이 우리가 계획했던 그뤼틀리(Grütli. 불명. Rüdi라면 호수 동쪽에 이어 지는 우른 호 서안의 언덕 위에 있는 명소)로의 소풍을 망쳐버렸다. 오후가 되어 좋아졌지만, 아직 힘이 없고 열도 조금 있는 것 같았다. 방을 바꿔 주었다. 북향방이 간밤에 심한 기침을 유발했기 때문이다.

공기 속에 슬픔이 있다. 필린은 아무것도 먹지 않았고, 오늘 아침에는 말도 하지 못하다가, 아까 나를 데리고 간 급류가 흐르는 숲에서는 눈물을 흘렸다.

나는 이 절대적인 헌신을 정말 떠나보내고 말았단 말인가? 나는 그저 사고도 반성도 하지 않고, 예견도 하지 않고, 기계적으로 그렇게 결정했기 때문에 행동하고 있다.

지금까지의 생활을 모두 버리고 필린과 이탈리아로 떠나 세상 사람들처럼 살고 싶은 기분이 들었던 적이 몇 번이었던가. 몇 번이나 나는 그 사람의 장점과 결점의 염주를 굴렸던가. 그러나 모든 시련을 극복한 정열적인 연애가 모든 것을 덮고 있다. 두 사람은 이렇게 서로를 잘 이해하고 있다. 틀림없이 가정생활을 잘 꾸려 갈 수 있을 것이다.

너에게는 야성이 결여되어 있다. 계란을 깨지 않으면 오믈렛을 만들 수 없다. 세상에 대한 체면을 버리는 것, 사람을 번민하게 하는 것을 싫어하기 때문에, 너는 너 자신을 속박하고 마비시키고 있다.

(오후 4시) 하얗고 둥근 구름으로 덮인 하늘에 푸르름이 비치기 시작했다. 위장의 상태가 조금 좋아졌다. 의기소침. 무거운 머리.

(밤 10시) 마드리나와 차분하게 얘기하다. 그 여자는 샤르넥스 사건을 다시 끄집어냈다. 언제나 나쁘게만 해석하고 불평거나 조롱하며 말이 많고 은밀한 환경, 특히 사람이 스스로 원인이 되어 있는 사건에 대해 결코 책임을 지지 않고 오직 스스로 원하여 악만 행하는 경우에, 아무 생각 없이 한 말이 미치는 해악을 꿈에도 깨닫지 못하는 사람은 이해할 수 없는 설명을 나는 되풀이했다.

(어쨌든 우리는 다양하게 이 양심의 궤변에 빠지기 마련이어서, 마드리나의 경우와는 다르지만, 나 자신도 그것을 면할 수 없다.)

보상(報償). 델리오와 함께 베기스 가까이까지 길고 즐거운 산책. 해질녘

사상에 대하여 659

의 담담한 대화. 그 전에 '동굴(洞窟)'(불명)과 작은 폭포를 구경. D의 눈물. Blw.의 친구가 멀리 제네바에서 가지고 온 작은 카나리아 두 마리의 무덤. 《마탄의 사수》(악마에게 몸을 팔아 절대로 빗나가는 일이 없는 탄환을 얻은 사수의 전설을 토대로 한 베버의 오페라)에 나오는 것과 같은 나무그늘의 적적함. 밤나무 아래 높고 낮은 곳곳에 놓여 있는 촌스러운 벤치. 비로드 색조의 낙엽송으로 지은, 지붕이 뾰족한 농가.

1871년 9월 29일 피츠나우
(오후 3시) 감동적인 하루. D는 내 어깨에 기대어 오랫동안 울었다. 우리는 오래도록(이미 간밤에도 단둘이) 작별의 쓰라림을 맛보았다. 오늘 아침 그 사람은, 방에서 나갈 때부터 배에 오를 때까지 억지로 참았던 흐느낌이 결국 신경발작으로 변했다. 루체른까지 두 여자친구를 배웅하다. 바젤에서 기분이 어떤지 전보로 알려줄 것, 병이 오래갈 것 같으면 거기서 여행을 중단하고 나에게 올 수 있는 여유를 둘 것을 약속했다. ──두 사람을 태우고 떠나는 취리히행 열차의 기적은 나에게 불길한 인상을 주었다. 피르발트슈테테 호를 끼고 천천히 산책했다. 대사원이 있는 곳에서는 가슴이 막히는 듯한 심정으로 묘지의 가로수 길을 지나면서 다양한 슬픔을 느꼈다. 장엄한 오르간 연주가 울려퍼지는 교회에 들어가고 싶었지만 문이 닫혀 있었다. 그때 뭔가 알 수 없는 불길한 모습들이 나의 동요하는 상상 앞에 행렬을 지어 지나가기 시작했다. 나는 파우스트처럼, 죽어서 구원받은 마르가레테의 관에 사자(死者)가 임무를 수행하고 있는 기도의 집 주위를 방황하고 있는 것 같은 느낌이었다. 나는 선한 천사와 악한 천사, 신과 사탄의 싸움을 생각했다. 그리고 돌이킬 수 없는 악의 꺼림칙함, 회한의 채찍, 결코 죽지 않는 구더기, 절대로 사라지지 않는 불을 미루어 짐작할 수 있었다. 나는 또 무기력의 잔인함과 부드러움의 죄악을 얼핏 보았다.
(이제 와서 생각하니, 여자에게 악을 행하지 않고는 선을 줄 수 없다는 것과 둘 다 백발이 될 때까지는 여자의 동정이나 우정에 대한 이 희망을 단념해야 한다는 것은 거의 증명된 것 같은 느낌이 든다.)
식사 때문에 피츠나우로 돌아가다. 오늘 아침의 추운 잿빛 날씨는 물러간 것 같다. 모든 방향으로 퍼져 있고 진짜 삼엽형(三葉形)이라고 할 수 있는 이 로맨틱한 호수는 볼거리가 많다. 작은 집과 별장, 성과 녹음에 묻힌 마을

들로 에워싸이고, 험준한 산들이 내려다보고 있어 사람을 끌어당기는 이 호수의 기슭은, 내 어두운 사색의 소용돌이를 어느 정도 진정시켰다. 침묵 속에 식사를 마치다.

기선 발착소로 돌아가다. 리기행 열차가 2대 출발했다. 음식점 별관에서 호수면과 스칠락 말락 하는 광경. 이곳의 항구를 스쳐지나가는 기선의 도착.

나의 작은 방으로 돌아오다. 몇 시간도 안 돼 손님이 떠나버린 옆방은 둘 다 정리가 끝나고, 나의 축하 꽃다발도 둘 다 사라지고 없었다. 그것은 반쯤 썩어서 다른 방에 두었는데, 다시 가져와 달라는 말을 하지 못하고 말았다. D의 작은 꽃다발에 있던 패각초(貝殼草)도 중간에 없어졌다. 우리의 꽃도 이런 식으로 하루아침에 사라져 버렸다. 마음이 슬프면 모든 것이 나쁜 전조처럼 보인다.

그때부터는 더 이상 불길한 만남과
함정과 그물밖에 꿈꾸지 않게 되었다.

사실 나는 제 자리를 잡지 못하고 있고 불안해하며 스스로 마음을 괴롭히고 있다. 앞으로 어떻게 되는 것일까?

주저하고 있는 남자. '그것은 징벌일까' 스스로에게 묻는다.

그러나 나는 왜 이곳으로 돌아왔는가? 두 가지 혹은 세 가지 이유에서이다. 잊지 않도록 하자.

먼저 피츠나우의 유언을 정리할 것.
나 자신에게 집중할 것.
앞으로의 계획을 세울 것.

(밤 7시) 대포소리와 종소리. 무슨 일일까? 아무튼 집이 몇 채 없는 이 마을이 이상하게 술렁거리고 있다. 물 위에는 외차선(外車船) 소리, 산에는 기관차의 기적, 제재소의 소음, 발착 신호, 교회의 종은 하루 중 반시간도 정적을 견디지 못한다. 한밤중이 되어야 술렁거림과 소리가 멎었다.

피츠나우에는 전신국도 있다. 나는 2시간 전에 그것을 사용했다. 바젤에 전보를 쳤다. 그 정도로 나는 흥분하고 걱정하고 있다.

나의 심술궂은 수호신이 조소하듯 중얼거리는 소리가 들려온다. "언제나 똑같은 얘기다. 이미 늦었어, 이미 늦었다구."

왜 사람은 두 번 살 수 없는 것일까? 첫 번째 삶에서는 과실을 저지른다 해도 두 번째 삶에서 만회하면 되는 것을. 이 인생에서 두려운 것은, 새로운 일이 일어날 때마다 이미 얻은 경험도, 그것에 앞서는 습관도 가지고 있지 않기 때문에 어떻게 해야 할지 모르는 것이다.

누구나 한 번밖에 할 수 없고 두 번째 기회가 없는 승부는 나를 두려움에 떨게 만든다. 참고로 말하자면, 그것 때문에 나는 기회가 바로 눈앞에 있어도 대부분의 경우 결혼을 시도하지 못하는 것이다. 나는 언제나 많든 적든 실수하는 것, 자신의 꿈밖에 잡을 수 없는 것, 무익하게 후회하는 것을 두려워했다.

광란(독일어)은 짧고, 회한은 길다.

그런 배짱이 없기 때문에, 많은 여자를 불행에 빠뜨리고, 그 사람들도 나에게 과감하게 도전하는 용기를 주려다가 오히려 스스로 상처를 입었다.

(밤 9시) 27일의 《제네바 신문》. ——Madeleine P.의 죽음, 16세. 나는 그의 아버지가 어린이들에게는 악마가 달라붙어 있다고 믿던(칼뱅주의의 순수한 점) 시절, 아직 어렸던 그 아이를 알고 있었다. 그때 나는 그아이를 가엾게 생각했다. 아마 시력을 잃어가던 중이었던 것으로 기억한다. 지금은 그때만큼 연민을 가지고 있지는 않다. 'Bni. 씨'(이탈리아어)는 로잔회의에 참석하는 것을 삼가고 있다. 석 달 전에 제네바에서 본 사람이 있다. 왜 그런지 모르지만 그 사람은 약간의 책략을 부리고 있다는 막연한 생각이 내 머리를 스치고 지나갔다. 그 사람이 대학에서 내 자리를 이어받으려고 노리고 있기 때문에, 그의 동료(나의 적)는 그에게 부탁하여 이런 코스모폴리탄 회의(이번에도 변함없이, 파리와 세계, 대혁명과 자유를 혼동하는 연설꾼의 가면에 지나지 않는 수다뿐인 코스모폴리티즘)에서 재주넘기를 해 보이는 정계의 허풍장이가 지난날의 싸움을 잊고, 당선의 전망을 볼 수 있게 하라고 말했을

것이다. 'B씨'(이탈리아어)는 실제를 등한시하지 않는 사상가이므로, 실제가 자신의 사소하고 개인적인 이익에 도움이 될 때는 로잔의 구경꾼들을 약간 포기하더라도, 물거품으로 만든 독학관(督學官)의 지위를 대신할 만한 교직의 입구에 서서 누군가의 실각을 기다리고 있는 것이다. 이 책략은 내 머리의 발상에 지나지 않는 것일까? 아니면 근거가 있는 추측일까? 어느 쪽이든, 나는 이번에 사표를 내면, (한 사람은 제외하고) 나의 모든 동료에게 비난을 당하고, 또 검열의 한 항목에 걸리는 크나큰 위험을 무릅쓰게 될 것이다. 그것이 동시에, 나의 '우수한'(그리고 어쩌면 '충실한'이라는 한 마디도 비아냥거리지 않고 덧붙일 수 있다) 후계자를 칭송하게 될 것이다. 이렇게 기묘한 처지에서, 내가 21년 동안 내내 보여주었던 사실상의 헌신은 하루아침에 잊혀지고, 우리의 학부에서 사학 수업을 사장시킨 데다가 이 공적에 안주하기만 한 아무 상관없는 사람이 사람들의 감사를 얻게 될 것이다. 공화주의자는 배은망덕하고, 신문기자는 무관심하며, 일반민중은 잘 잊어버리고, 동료들은 세상 물정에 어둡고, 운명은 어릿광대이다.

이렇게 너희는 자신을 위해 꿀을 모으지 않는구나, 꿀벌이여. …… (이 1행은 라틴어)
자신보다 타인을 위해, 꿀벌이여, 너는 꿀을 모으고
가련한 소여, 타인을 위해 너는 쟁기를 끌며
자기가 아니라 타인을 위해 암탉이여, 너는 둥지 속에 앉아 있고
양들이여, 누구를 위해 너의 고운 털은 자라는가?

내가 '시'를 쓰는 것은
　행복인가 불행인가.
더욱이 그 시로, 도둑은
　명예를 얻는다.
어쨌든, 이 운명은
　누구에게나 돌아간다.

(사람들이 잘 알고 있는 아네크도트의 모방(模倣)에서 베르길리우스에 도

달한 자).

(밤 10시) 준엄하고 웅대한 월출(月出). 그 광선은 리기의 성벽 가운데 하나가 된 봉우리의 높은 꼭대기에서 내려와 직접 내 방에 침입했다. 신비로운 눈의 착오.

유심히 확인한 뒤에도 눈을 믿을 수가 없었다.

오늘은 식탁에서 잠시 환영을 보았다. 빈테르투르(Winterthur. 취리히 동북쪽 24km에 있는 도시)의 부인 두 사람, 바젤의 부인 한 사람, (파리의) 화가 B, 내 옆에 앉아 미간을 찡그리고 있는 사람, 정면의 몸집이 작은 어릿광대, 그리고 새로 온 미국여자. 이 여자는 식탁에 팔꿈치를 올린 채 음식을 먹는 버릇이 있고, '기차'는 멀미가 나서 마차를 타고 리기에 오르고 싶다고 말했다.

밤의 경치를 즐기기 위해, 잠시 방의 촛불을 껐다. 아름다운 녹색의 후미가 '코(독일어. '위의 코'는 피츠나우 남쪽 1km, '아래의 코'는 그 건너편에 있는 작은 산)'와 내 방 창문 사이에 둥근 곡선을 그리고 있고, 떨고 있는 파도의 주름은 나에게 금방 달아나는 반사를 보내며 다가온다. 녹색의 작은 띠가 후미 주위를 달리고 있다. 작은 뜰, 작은 집, 과수원, 종루가 이 가느다란 띠를 채우고 있다. 그것은 이내 솟아올라 산과 만나고, 엎드려 있는 낙타의 옆모습을 닮은 산은 검은 그림자가 되어 흐릿한 남빛 밤하늘에 선명하게 드러나 있다. 모든 것이 전원적이고 목가적이고 산악적인 것을 합쳐 로맨틱한 전체를 이루고 있다. 피츠나우는 이 호수에서 가장 정취 있는 지점의 하나임이 틀림없다. 오늘 밤 내 주위에 있었던 사람들은 이곳이 베기스, 게르자우, 베켄리드(Beckenried. 피츠나우에서 호수를 사이에 두고 2km 남쪽에 있는 항구)보다 낫다고 말했다. 다만 아쉬운 것은 알프스의 거봉에서 보는 조망이다. 필라투스는 눈이 없는 것만으로도 저절로 등급이 정해진다. 우리로트슈토크(Urirotstock. 호의 20km 남쪽에 있는 산)는 피츠나우에서는 그 뾰족한 봉우리를 약간 보여줄 뿐이다. 이것이 가장 큰 결점이고 단점은 그밖에도 더 있다. 그럼에도 불구하고 피츠나우는 사람을 매혹한다.

그러나 자리 가지 않으면 안 된다. 어제 갑자기 찾아온 추위에서 이렇게 빨리 회복되어 나 자신도 놀라고 있기는 하지만, 그 전날 밤 잠을 거의 자지 못했기 때문에 오늘은 어깨와 눈물의 철야를 보상하지 않으면 안 된다.

게다가 내일 어떤 소식이 올지 누가 알겠는가? "신이시여, 지켜주옵소서."(라틴어) 게다가 D는 두 사람이 옆에서 보살펴주고 있다. 그러나……그러나……아무래도 걱정이 된다.

1871년 9월 30일 피츠나우

(오후 5시 반) 벌써 촛불을 켜고 있다. 하루 종일 비. 지금 돌풍이 창문 아래 나무를 뒤흔들며 덧문을 경첩에서 떼어가려 하고 있다.

음울하고 쓸쓸한 하루. 8시에 클라인바젤에서 전보. 좋지 않은 소식, 그러나 출발했다. (이 시간에는 프랑크푸르트에 도착해 있다.) 가슴이 아프고 숨 막히는 심정으로 달려갔다. 내 행동은 선이었나, 악이었나? 이 점에 대해 어떻게 확실한 생각을 할 수 있을까. 분명한 것은 내가 나 자신의 의견에 대해 용기를 가지지 못했다는 것이다. 왜냐하면, 이곳에 올 때 나는 27일을 그것과는 다른 것으로 하려는 마음이 조금은 있었다고 생각하기 때문이다. 내가 품고 있었던 은밀한 의향은 결정적인 순간에 뒷걸음질쳤다. 무엇을 보고? 공포를 보고. 무슨 공포? 결과에 대한 공포. 어떤 결과? 난처할 때 사직하고, 그것 때문에 모두한테 나쁘게 보이고 비난당한 데다, 자신의 적을 기쁘게 만드는 것. ──A. B.의 '이미 늦었다.'가 이마에 뱀을 감은 분노의 여신처럼 내 마음에 다시 나타났다. 매우 자주 있었던 것처럼, 또 몇 년 전부터 내내 그러고 있는 것처럼, 나는 의지를 사용하지 않아도 되기 위해 이미 늦어지기를 기다리고 있었다. 세리오사의 위엄 있는 비난(방랑생활에 들어가는 것은 나에게는 모든 유익한 활동의 종결이 될 것이라는 선고)이 저울을 기울어지게 한 것도 충분히 믿을 수 있다. ──원인이 무엇이든 나는 쓸쓸하다.

당장 오늘 아침 D에게 편지를 썼다. ('수상(隨想)'과 '사진' 한 장과 아마 그 사람에게 도착하지 않은 것으로 생각되는 전보의 초안을 첨부했다). Madr.에게 보내는 짧은 편지에는, 강한 의지를 가진 사람의 일시적인 우울한 마음을 자애롭게 존중해주고, 여러 가지 슬픔, 더욱이 결국 자신이 사랑했던 모든 사람한테서 떠난다는 단 하나의 슬픔으로 귀착되는 가슴의 상처를 건드리지 말고, 어머니다운 태도로 대해주기를 부탁했다. 다시 말해, D의 비밀을 그 길동무에 대해 지켜주고, 비참한 오뇌에 빠져 있는 이 추방된 사람에게 힘을 빌려주려고 노력한 것이다. 그러나 이것은 거의 불가해한 입장이다. D.는 Madr.에게 마음을 털어놓을 수가 없고, 그렇다고 자신의 슬픔을 숨길 수도 없기 때문에 Madr.는 마음이 상할 수밖에 없다. 마음을 털어놓는 상대가 못되면서도 이 간호사의 역할을 맡아줄 것인가? 이 자기 부정은 그 사람의 습관에는 거의 없는 일이다. 다행히 나의 사랑스러운 사람은 수완이 좋고 영리하며 자신을 소개해준 여자와 한 지붕 아래에 살고 있지는 않다. 어쨌든 그 사람에게는 일종의 위엄이 있어서, 상대가 뭐든지 얘기할 수 있는 만만한 사람이 아니다.

성 제롬의 날은 불길한 날, 나의 양초에서는 무덤 냄새가 풍긴다. 컵에 꽂아둔 크로마텔 장미 두 송이와 만년향(萬年香) 가지 하나만이 나에게 미소를 보내고 있다. 이것은 나한테서 떠나버린, 아니 오히려 자기 자신을 나한테서 도려내버린 사람의 마지막 선물이다. 그래서 나도, 나의 깜깜하고 쓸쓸한 하늘에서 빛나는 시와 사랑의 유일한 빛처럼, 지칠 줄 모르고 빠져드는 것이다.

예배에까지 도달한 이 감격적인 애착의 의식 속에 나는 경건하게 집중하는 마음으로 침잠한다. 감동이 다시 나를 사로잡고 감상이 다시 나를 빠뜨린다.

그 사람에 의해, 또 나에 의해 치러진 희생은 우리가 치른 만큼의 가치를 가지는 것일까? 그 사람은 나에게 가정을 주기 위해 마음의 독신생활에 순종했다. 내가 행복해졌다는 걸 알면 위안을 얻을 것이다. 그러나 나는 행복해질 수 있을까? 그 열정어린 변함없는 배려, 수많은 폭풍을 거치면서 점점 강해진 그 우상숭배를 대신하는 것을 누군가 나에게 줄 수 있을까? 어쨌든 우리는 거의 모든 것에 대해 얘기가 통하고 취미도 같다. 그 사람은 나의 제자, 나의 신자, 나에게 왔을 때 내가 맛있는 풀이 있는 초원으로 데려다준 새끼양이다. 가령 슬픔이 그 사람을 괴롭히고 있을 때, 나는 과연 그것을 그대로 보고만 있을 수 있을까? 그 사람에게 나의 성(姓)을 쓰는 것을 방해하고 있는 장애물은, 이의를 제기할 수 없이 무효를 선언하는 절대적인 것일까? 체면의 우상도, 모로호(구약의 백성/가나네아인의 왕)처럼 인간의 희생을 끝없이 원하는 것일까? 세상 사람의 눈으로 보아, 거기에도 체면의 문제가 있을까? 불행히도 있을 거라고 생각한다. 실제로 그것은 우리의 품위, 우리의 안녕에 대해 이용되고 악용되고 있는 고통스러운 비밀이기 때문이다. 불가능하다고 말하는 것은 맞지 않다. 사려가 없고 무모한 것이다. 세상, 가차 없는 세상을 이용하게 하는 것, 그것이 원하는 대로 되는 것, 자신을 괴롭히는 수단을 제공하는 것, 어쩌면 자신의 배우자를 욕되게 하는 것까지. 이러한 생각은 언제나 나를 얼굴을 붉히게 만든다. 자신의 발톱으로 자신의 가슴을 할퀴는 거라면 몰라도, 세상을 망나니로 삼는 것은 용납할 수 없다. 그런 권리는 인정할 수 없다.

(밤 10시) 파리의 화가와 더욱 가까운 사이가 되다. 오후에 체커(장기의 일종)를 몇 번 하고, 저녁을 먹은 뒤 2시간 동안 철학에 대해 얘기했다. 상당히 열심히 공부하고 있는 이 바슐리에(고등학교 졸업 정도의 자격)가 나에게 헤겔을 반박하고, 프로테스탄티즘이 종교가 아닌 까닭을 설명하며, 자연이 다각형에서 원으로, 다면체에서 구로, 또는 그 반대로 옮겨가는 것은 건전한 형이상학적 개념이 그것을 반대하고 있는 점에서 보아도 잘못된 것임을 논증하고, 다시 말해 항상 스콜라·공식(公式)·인습·아프리오리·추상·인위를 사상의 위에 놓고, 진리보다 명석을, 사물보다 언어를, 과학보다 수사법을 좋아하는 프랑스 정신의 한계를 더할 수 없이 노골적으로 보여주는 말을 듣는 것만큼 건방지고 아니꼬운 것은 없다.——프랑스인은 아무것도 비교할 수 없는 무지처럼 절대적이다. 흑과 백, 그렇다 아니다 밖에 이해하지 못하고, 그 결과 한편으로는 모든 색채를, 다른 한편으로는 긍정과 부정의 중간에 있는 모든 단계를 생략한다.——윤리학은 알아도 변증법은 모른다. 수학적 경향의 그늘에서, 고도의 사상성에 대해서는 무력해져 버렸다. 모든 것에 대해 이치는 말할 수 있지만, 사실은 아무것도 '이해'하지 못한다.——식별, 분류, 해석은 잘하지만, 철학의 문앞에 와서 걸음을 멈춰버린다. 철학이란 차별의 덧없음을 인정하고 그 생성을 발견하는 데 있다. 프랑스인은 기술(記述)의 영역에서 벗어나기만 하면 어느새 일반화에 뛰어든다.——스스로는 진정 원만한 인간을 대표하는 것처럼 생각하지만, 그 국민성의 강한 껍데기를 깨지 못하고 자신들 외에 유일한 민족도 이해하지 못한다.

사회적 내지 민족학적 현상을 설명하는 단계에 이르러서는, 여전히 무지하고 절대적이며, 스콜라적이고 형식적이고 추상적이라는 것을 알 수 있다. 그 범주의 서류함은 야만인처럼 단순하다. 그 벌로서 프랑스인은 자기를 비판하지 않고, 모든 것을 조롱하며 섣불리 신용하지 않는 데도 불구하고 선입견이 주입되어 있다. 반항적인 마음을 가지고 있어, 스스로 자유로운 정신의 소유자인 줄 알고 있다. 재치가 있다고 할 수도 있지만 극도로 편협하다. 완전히 구태의연하게 생활하고 있기 때문에, 몽테규(Emile Montégut. 19세기 프랑스의 문학자, 셰익스피어의 번역자로 유명하다)가 이 약점을 '이상주의'라고 명명한 것은, 마음에 드는 의제만 좋아하고 진리를 두려워하는 민족에게는 환약에 금을 입혀주는 것이 나은 것과 같다.

겉모습과 도금(鍍金)의 민족. 그 종교는 언어.

1871년 10월 1일 피츠나우

(오후 2시) 흐리고 온화하고 쓸쓸한 날씨, 가끔 비가 내린다. 아침에 눈을 뜬 뒤 고통스러운 인상이 자꾸 겹쳐진다. 내 나이를 생각하고 깜짝 놀랐다. 심한 기침. 백치가 말을 걸어오고, 겉으로는 상당히 멀쩡하게 보이는 시골아낙이 구걸을 한다. 프랑크푸르트와 베를린 사이에 있을 여행자를 생각하다. 다른 고민거리가 생겼다. 입술과 콧구멍과 콧속이 붓고 단단한 발진이 나서 아프다. 코를 풀 수 없고 말을 하면 불편하며 얼굴이 이상해졌다. 그것이 신학기와 방문의 계절에 또다시 찾아온 것이다. 콧물이 샘처럼 줄줄 흐르고 좁쌀 같은 발진이 입천장까지 침입했다. 그런 가운데서도 나의 상상은 이리저리 오가고 있었지만, 곧 나의 개인적인 경우를 떠나 한번도 생각한 적이 없는 더욱 슬픈 다른 입장을 이해하고자 노력했다.

예를 들어, 정부(情婦) 때문에 신세를 망쳐버린 남자, 또는 그보다도 남편 때문에 궤양을 얻은 아내의 분노와 불쾌감은 어떨까? 어느 쪽이나 내적인 병독을 얻은 것을 알면, 배신의 근원에 대해 극복하기 힘든 분개와 반발, 반감, 육체적인 혐오가 일어나, 그것을 억제하지 못하게 될 것이 틀림없다. 마치 유모의 젖에 쓰디쓴 오이가 붙어 있으면, 젖먹이는 분노와 의혹을 느끼며 '젖에서 떨어지는 것'과 같다. 한번 속으면 다시는 돌아오지 않는다.

그리고, 만지면 끈끈한 진이 묻는 장어 종류와, 솔로몬으로 알려진 《잠언》에서 종종 저주받는 외국여자 등, 불순한 것의 모든 쓰라린 수치를 생각했다.
나 자신의 병으로 돌아가서, 그 원인을 찾아보았지만 발견할 수 없었다. 나의 손수건으로 뭔가 불결한 것을 닦은 것일까? 여기서 잠을 잘 때 뺨에 대는, 커버가 없는 말털 쿠션에 전에 잤던 병자의 균이 묻어있었던 것일까? 왜 이러한 국부적인 발진이 생기는 것일까? 나의 커다란 콧수염이 그것을 어느 정도 가리고 있지만, 그래도 역시 보기 흉하다. 나로서는 전혀 짐작 가는 바가 없다. (입고 있는 옷도 잘 말린 것이고 발도 따뜻하게 하고 있는데도 괴로운 기침이 그치지 않는다.) 아무리 생각해도, 랑데르노Landerneau(불명)가 무질서하다. 내가 여행을 떠난 뒤, 로잔에서도 피츠나우에서도 잠을 잘 이루지 못했다. 나는 정상적인 상태가 아니다.

28일의 불쾌감이 이상할 정도로 빨리 사라졌다고 생각했는데, 이렇게 다시 공격해 와서 반격을 하려는 준비였던 것일까?

'수수께끼'는 이쯤에서 그만두자. 그리고 호두를 손에서 내려놓아라(불명).

이 병은 벌써 어느 정도 내 살을 태우고 있다. 그런데다 정신까지 마구 할퀴도록 내버려두고 싶지는 않다.

베를린으로 보내는 두 번째 편지(두 사람에게). 두 사람 다 불평은 하지 않을 거라고 생각한다.

(오후 5시 반) 벌써 어두워져서 촛불을 켰다. 식탁에서 옆에 앉은 손님과 체커와 체스(장기)를 두다. 무섭게 생긴 눈에 키가 크고 마른 장크트갈렌(Sankt Gallen. 프랑스어로는 생갈(Saint Galle) 스위스 동북쪽 국경에 가까운 주의 이름 및 도시 이름) 남자로, 프랑스 남부에서 2년 동안 살았다고 한다. 상(喪)을 당한 것 같은 이 일요일의 3시간은 이 초라한 게임 속에 흘러갔다. ──코가 감자처럼 되었다. 가지고 다니기 힘들 정도다.

9월은 이렇게 허무하게 끝났다. 10월은 어떻게 될까?

(밤 10시) 불쌍한 코는 끔찍한 상태이다. ──저녁 식사 때 내 왼쪽에 프라하의 유대인이 앉았다. 가슴 치료를 위해 여섯 번의 겨울 동안 남쪽의 모든 요양지를 다녀봤지만, 베네치아, 니스, 로마, 팔레르모에 비교가 되지 않을 정도로 '카이로'가 좋았다고 한다. 이집트에서 (11월-2월)넉 달을 보내고 근본적으로 치료되었다. ──오른쪽의 손님은, 멘톤(Menton. 지중해 연안, 이탈리아 국경과 거의 접하는 프랑스 도시)과 칸(Cannes. 니스에서 40km 서쪽에 있는 해안도시)과 알제(Alger. 아프리카 북안 알제리의 수도)에 다녀봤는데 '알제'가 훨씬 좋다고 한다. 그러고 보면 뭐니 뭐니 해도 아프리카가 단연 최고다. 게다가 알제리에는 산도 있고 비도 오고 기온의 변화가 있다. 카이로에는 비가 오는 일이 없고 겨울도 다섯 달이나 계속된다. 다만, 그곳에는 11월 전에 가서는 안 되

고, 2월이 지나면 돌아와야 한다.

기침이 너무 심해서 나도, 이집트에서 요양하고 싶어졌다.

9월 27일의 '마지막(임종, 라틴어) 말'을 적어두다.

화가 B와 정치 이야기.

1871년 10월 2일 피츠나우 7일째

(오후 3시) 어둡게 비가 내리는, 음울하고 불쾌한 아침. 그 사이에《헨드셸(영어)의 전신술(電信術)》Hendschel's Telegraph(불명)을 군데군데 펼쳐보고, 이집트를 꿈꾸었으며, 《제네바 신문》을 이틀치 읽고, 델리오에게 세 번째 편지를 썼다.

점심 식사 뒤에 잠시 갠 하늘. 다시 '꿈의 곳'과 작별의 벤치를 찾아갔다. 음울한 인상. 전망의 한가운데 있는 산의 윤곽이 그리는, 이집트의 프셴트(고대 이집트의 왕이 썼던 모자)를 쓰고 누워있는 키 큰 여자도, 어제는 녹색이었던 것이 하얗게 변해버렸다. 관대에 눕힌 여자의 사체라고도 할 수 있으리라. 이것이 전조, 상징, 예언이라면? 산의 상(喪)이 나에게 가슴의 상을 예고하는 거라면? 슬픔과 사랑 때문에 죽은 여자. 필린은 그러한 죽음을 기대하고 갈구하고 있는 것 같았다. 이러한 불쾌한 생각에서 눈을 돌리자. 그 사람 스스로 떠나기를 원했고, 내가 그 사람 없이 내 운명을 정하기를 원하고 있는 것은 사실이다. 그렇지만, 용기를 내어 그렇게 주장하면서도 나를 떠난 생활을 잘 견뎌내지 못하고 있고, 또 다른 사람을 보살피는 것을 거절하고 있는 그 사람이 어떤 삶을 계속할 수 있을까? 그 사람의 본성에 있는 끈기가 그 마음의 가장 중요한 곳에 작용한 결과, 그것을 놀라울 만큼 강렬한 것으로 만들었기 때문에, 그 마음은 본래의 사용법을 잊어버리고, 마치 가슴에 고인 젖이 어머니에게 독이 되는 것처럼 주위에 상처를 주려 하고 있다.

늦기 전에 노년의 날을 안배하라.

잠자리의 상태가 잠의 상태이다.

문은 두 짝 모두 상식을 향해 열어두고,

말하는 그 입을 막지 말라.

(저녁 6시)

델리오의 연도(連禱)

1. 이토록 사랑스러운 이. 그 분이야말로 생명의 생명
나의 친구, 나의 우상, 그리고 나의 스승
유일하게 내가 듣는 사람, 나를 들어주는 사람
나의 결실. 황홀한 나의 마음
천사여, 생명의 숨결이어라.
이토록 사랑스러운 이, 이 사랑이여.

2. 이토록 사랑스러운 이, 미칠 것처럼
그토록 좋은 분, 그 목소리가 위로할 때
그토록 아름다운, 그 눈이 기다릴 때
그토록 맑은, 그 모습이 도취하게 할 때
천사여, 그분과 살고 싶어라.
이토록 사랑스러운 이, 이 사랑이여.

3. 이토록 사랑스러운 이. 비할 데 없는 부드러움으로
나를 위해서는 무엇을 거부하랴.
그것을 생각하면, 가슴이 고동친다.
한없이 몸을 바치리라, 그 기쁨은
천사여, 가슴이 녹아내리고 허우적거린다.
이렇게도 사랑스러운 이, 이 사랑이여.

4. 이렇게도 사랑스러운 이. 죄가 될까요?
혼자 떠나서, 운명의 길을 가는 것인가.
그것이 곧 십자가, 불길한 이 몸
애오라지 임종의 열에 들뜬 숨결은
천사여, 그 입술에

이렇게도 사랑스러운 이, 이 사랑이여.

5. 이렇게도 사랑스러운 이. 신의 저주는 없었네.
나의 최후는 아직 허락되지 않는다 해도
이것이 이루어지면, 기뻐해 주시리라.
천사여, 나의 기도를 들어주소서.
오랜 사랑의 마지막 기도
오오, 묘지에서 내가 그 발아래 잠들 수 있기를
이렇게도 사랑스러운 이, 이 사랑이여.

(밤 7시) 내가 기억해서 적은 진짜 연도에 대한 것을 다시 생각하고 있는 동안, 감동이 나를 사로잡았다. 그리고 어떻게 하면 그것의 주문에서 벗어날 수 있을지 생각하고 있다. 틀림없이 이것은 충분한 비교의 결여에 의한 것이라는 생각이 든다. 사랑의 신성한 광기도 여러 정도가 있어, 지금 자신이 어디쯤 있는지는 영원히 알 수 없다. 그렇다 해도, 내가 이 눈으로 제단이 불타는 것을 본 정열보다 격렬한 것은 상상하기 어렵다고 나는 생각한다. 실제로, 겉껍데기는 투명하지 않지만 광채가 있었다. 그러나 악화, 불투명, 의혹의 경험은 언제나 결백한 신념에 도달한다. 그 경험을 나는 얻은 것이다. 어쨌든 나는 가장 견실한 여자친구와 아내 사이에 언제나 차이를 인정하고 있다.

아내가 남편의 양심이 되는 편이 그 반대보다 나은 것이 아닐까? 훌륭한 성인(聖人)이 될 수 있었던 막달레나는, 선량한 아내가 될 수 있었을까? 게다가 결혼이라는 것은 신뿐만 아니라 사람들 앞에서도 체면을 유지해야 하는 것이 아닐까? 그런데 사람들은 어떤 점에 대해서는 신보다 훨씬 더 원하는 것이 많다.

(밤 10시) 독약을 마신 남자의 일기(독약을 마신 뒤 죽을 때까지 1시간 15분). ──독일에서 발트라몽탕 파(교황의 권력은 종교회의 이상이라고 주장하는 일파)를 반대하는 가톨릭 신자의 운명이 중대한 문제로 대두되고 있다. ──로잔의 평화 및 자유 모임(앙드레 레오Andrée Léô 여사, 폴 밍크Paule Mink 여사 등). 사회문제는 르모

니에가 상당히 잘 논하고 있다.——유럽의 화폐통일은 얼마 전부터 위태로워진 것 같다.

드레스덴에 있는 홀바인의 마돈나, 권위를 실추한 걸작. 감식가 회의는 이 그림을 이 바젤과 인연이 깊은 대가의 작품 전체와 대조하여, 특히 다름슈타트의 복제품과 비교하여 판단한 결과, 전원일치로 이것은 모사에 지나지 않으며, 또 이 모사는 홀바인이 그린 것이 아님을 선언했다.——사람들은 또 시스티나의 마돈나의 진실을 의심하기 시작했다. (그것에 의하면 이것은 라파엘로의 원화가 아니며, 그것을 산 승려들이 대신 갖다놓은 모사품이라고 한다.)

화가 B와 정신불멸설 및 미래의 운명에 대해 오랫동안 토론하다.——이 사람은 애처롭게도 오늘 자신이 아는 부인들과 함께 리기에 오르지 않으면 안 되었다. 물론 일행은 철도 외에는 아무것도 보지 못했다.

1871년 10월 3일 피츠나우

(오전 11시 반) 비. 화가 B와 예술론.——《클라데라다체(Kladderadatsch)》^(1848년 David Kalisch가 베를린에서 발간한 주간 정치만화잡지)를 읽다. 《델리오의 연도》를 다시 베꼈다. 전보의 초안. 불안이 엄습한다. 집안에 죽은 사람이 있다 해도 내가 무엇을 알 수 있을까? Blw.에게 재난이 일어나도 그것을 어떻게 알 수 있단 말인가? 이렇게 있는 곳을 알리지 않고 돌아다니는 것은 운명에 대한 도전이다. 사실 그것을 피하려면 정해진 여정이 필요할 것이다. 그러나 나는 자유롭게 마음 내키는 대로 하고 싶다.

나를 이곳에 붙잡아 두고 있는 것은 무엇인가? 피하출혈로 반점이 생긴 입술, 딱지가 앉은 콧구멍. 이 생각지도 못한 상처가 아직도 따끔따끔하다. 그러나 마르기 시작했다. 나는 아직 먹는 것도 고역이다. 코를 풀 수도 없다. 이런 몸으로는 누군가를 방문할 용기도 없다.

(오후 3시) 달력을 들여다 보다가 피츠나우를 떠나기로 결심했다. 비를 바라보는 동안, 내 소지품과 신발을(기선발착소까지 1km) 아끼기 위해 출발을 내일로 연기했다.——베를린에서 오는 편지를 내일 루체른에서 받기 위해 Fel. B.에 전보. 지체 없이 북쪽을 향해 떠나야 하게 될 경우도 있다. 아

무튼 답답함이 나를 괴롭히고 있다.

날씨의 장난. 2시 15분에는 모든 것을 이렇게 결정하지 않으면 안 되었다. 그런데 다시 날씨가 좋아져서 하늘에는 푸른 구멍이 나타나고, 로테르플루(Roterfluh. 베데카에 있는 Rotenfluh라면)(피츠나우 뒤에 솟아 있는 봉우리)와 피츠나우엘슈토크에는 약간 햇살이 비쳐들고 있다. 오늘 밤 루체른에 갔으면 어떠했을까? 그래도 거기보다 이쪽이 오늘 밤 잠잘 수 있는 가능성이 높다. 그래서 조금도 후회하지 않는다.

부이요(Louis Veuillot. 19세기)(프랑스의 공법학자)의 논문 《구멍의 주변》(18세기를 추켜세우기 위해 로마의 문명진보 반대설을 지지하고 19세기와 신앙이 없는 과학에 대해 야유한 글). "베를린의 열쇠는 로마에 있다". 다시 말하면, 나의 곰을 잡아가 다오(성가신 것을 맡아 다오), 예수회에 굴복하라, 그러면 군사상의 우위를 회복할 수 있다. 부이요는 그가 공격하고 있는 사항에 대해서는 올바르지만, 장려하고 있는 사항에 대해서는 잘못 하고 있다. 말할 것도 없이, 반종교적인 사회는 불행한 동시에 불건전하다. 파파리즘(교황당)(敎皇黨)과 파피즘(교황절)(대권설)도, 그 무서운 세력에 굴복하고 있는 각국민 가운데 반종교와 부도덕이 발병했다고 해서 그 치료약이 될 수는 없다. 아편을 먹는 자에게는 아편이 치료약이라는 것과 같은 것으로, 고통을 가라앉혀주지만 몸을 망치고 만다. 성수를 뿌리는 막대는 그 최대의 힘을 보여주었다. 그런데 그것은 자유로운 국민을 교육하는 데에는 전혀 무기력하다. 《실라부스(Syllabus)》(교황이 처벌한)(오설(誤說)의 목록)는 1789년의 인권선언과 비슷하지 않을 뿐만 아니라 복음서도 닮지 않았다. 그것은 미신과 무지를 토대로, 신의 이름을 악용한 정신적인 전제주의의 법전이다. —— 물론 진보에 관한 진부한 말은 참을 수 없다. 그러나 '의심스러운 신앙'에 관한 대목을 구토가 일어난다.

(오후 4시 45분) 갑자기 생긴 폭포의 하얀 띠가 내 창문 바로 앞에 있는 갈색 바위벽에 선을 그리고 있다. 천둥비가 낳은 딸이니 오래 남지는 않을 것이다.

후미는 고요하고 아름다운 초록빛을 띠고 있다. 나와 피츠나우 사이에 흩어져 있는 대여섯 채의 오두막 지붕은, 빠르게 다가오는 석양빛을 받아 상당히 밝은 모습으로 물방울을 흘리고 있다. 이 바위와 나무가 많은 경치는 광택이 없는 포화상태의 색조를 보여주며 눈을 즐겁게 한다. 이 집의 보트가 기선발착소 쪽으로 나아가면서 그리는 곡선은, 사공보다 화가가 더 좋아할 만한 것이다. 하얀 죽음의 옷을 입은 '이집트 여인'은 아직 안개 속에 숨어 있지만, 웅크리고 있는 녹색의 커다란 '낙타'는 바다처럼 푸른 파도의 거울 위로 목을 내밀고 있다. 하얀 교회당에서는 저녁 기도의 종이 울리고, 뜰에서는 갈가마귀가 짖고, 상복을 입은 이 집의 주부(2년 전에 사별)의 어린 가족들이 떠들고 있다. 이 조망은 특별히 스위스다운 특징을 가지고 있다.

이렇게 정관(靜觀)하는 동안, 내 뱃속이 들끓는 소리(약간의 설사약이 벌써 4번이나 어떤 학교를 찾아가게 했다). 입술의 상처는 마르기 시작했다. 코도 더디지만 아물고 있다.

그러나 전체를 지배하고 있는 것은, 밖으로 드러나지 않는 불안, 막연하고 집요한 걱정.

나는 일도 끝마치지 못했고, 목도 낫지 않았으며, 가정을 가질 결심도 하지 못한 채, 모처럼의 여름을 헛되이 보내버린 것 같다. 오히려 나는 만성이 될 위험이 있는, 아니 어쩌면 벌써 그렇게 되어버린 병을 게으름 때문에 더 악화시키고 말았다. 게다가 나는 원래의 목줄과 마구를 달고, A. B.와 친척들에게는 약간 미안한 생각을 하며, 스스로 통제할 수 없는 나약함 때문에 누구보다 가장 힘들어했던 D에 대해 진정한 슬픔을 느끼고 있다.

그렇다 해도 나는 하나의 결과를 얻어 제네바로 돌아가지 않으면 안 된다.

(오후 5시 반) 리기 등산열차가 길게 토해내는 기적소리. 그 수직의 증기 기둥이 이윽고, 아직도 계속되고 있는 작은 폭포를 가로지르고 있다. 열차는 무겁게 내려간다.

　　나를 지배하고, 내 기계를 지배하라.

개 짖는 소리. 옆방에 묵고 있는 여자가 내는 소리. 매우 조심스러운 두 사람의 젊은 독일 부인. 그중 한 사람은 무척 여성스러운 모습을 하고 있다. 두 사람 다 보기에 병자인 것 같고, 기침을 하고 있다. 나는 아직 그들과 가까운 사이는 아니다.

그런데, 그 결과라는 것은?

하나, 건강. 샤르넥스, 호이슈트리히, 닥터 Cy., 4개월 이상의 방황과 시험에 의해 나는 자신의 건강이 더 이상 신용할 수 있는 자본이 아니라는 것을 알았다. 많은 주의(注意)를 잘 안배하지 않으면 수명을 유지할 수 없을 것이다.

둘, 자연, 4개의 호수와 지극히 변화가 풍부한 전망 속에서 생활했다.

셋, 몇 사람과의 우정을 다지고, 몇 개의 환상을 잃었다.

넷, 시 몇 편, 일기 200페이지, 많은 편지.

다섯, 낭독의 재능을 다시 발견하다.

여섯, 대화를 통해 많은 것을 알았다.

일곱, 미적인 인상을 많이 얻었다.

완전히 헛되이 보낸 시간은 아니었지만, 그러나 정말 초라한 성과이다. 그리고 앞으로는 어떨지.

(밤 9시 반) 트렁크 2개, 어깨에 걸치는 가방, 슈트케이스를 꾸리는 것은 끝났다. 계산과 내일 아침식사를 일러두고, B. Bf. 씨에게 작별인사를 했다. 루체른으로 떠나기 위해서는 이제 잠자는 일만 남았다.

그러나 나의 불쌍한 코는 아직도 나무처럼 딱딱하여 불쾌한 느낌을 갖게 한다. 내일 비가 많이 오면, 이것이 나를 더욱 번거롭게 할 것이다. 정말이지, 이 끔찍한 감기와 함께 비에 젖은 길을 10km나 걷는 것은 자신 없다.

상관없다, 몇 시간의 차질이 있더라도 내일은 출발해야 한다. 제네바로 돌아가기에는 참으로 고약한 상황이다. 나는 4개월 전과 똑같은 감기를 지니고, 게다가 수업을 불쾌하고 불명예스럽게 할지도 모르는 국부의 병을 가지고 돌아가는 것이다. 운이 없다.

루체른과 누샤텔에서 어떤 소식을 얻을 수 있을까?

(밤 10시) 기다리다 못해 하루를 앞당겨 계산했음을 깨닫다. 이 달 2일이 아니면 편지를 쓸 수 없다. 따라서 그것은 겨우 내일 밤에 누샤텔, 5일에 그랑샹(Grandchamp 레만 호 동쪽 끝에 있는 마을), 그 다음에 루체른에 도착하게 된다.——그래도 서둘러 가는 이유는, 나의 나팔(코끼리의 코)을 치료하고 약사에게 보여주려는 생각 때문이다.

1871년 10월 4일

(아침 10시) 환희. 뭐라 표현할 수 없는 날씨. 태양이 돌아왔다. 모든 것이 밝고 투명하고 상쾌하며 감촉이 좋다. 호수는 그리운 듯이 기슭에서 뭐라 중얼거리고, 노래진 나뭇잎은 투명한 그늘에 이슬을 떨어뜨리고 있다. 공기 속에도 명랑함과 행복이 느껴진다. '꿈의 곳'과 물가의 길도 또렷하게 보인다. 모든 산은, 호숫가에 있는 산까지 하얀 눈가루를 쓰고 있고, 거대한 아이스크림처럼 부풀어 오른 필라투스는 산허리까지 새하얀 색이다. '낙타'만은 서리를 면한 것 같다. 그러나 '미라'는 아침 햇살을 받아 막 잠에서 깨어난 것 같은 모습을 하고 있고, 골짜기마다 생명과 기운이 펄떡이고 있다.

이런 세상에 가득한 행복을 즐기기 위해 출발을 미루다. 그보다도 소풍을 가고 싶다. 어떤 소풍? 오늘 밤 돌아와서 비로소 시간표가 최근에 바뀌어 축소되었다는 것을 알았지만, 아직은 다른 방법이 있다.

(밤 7시) 그뤼틀리까지 순례. 충분한 보람이 있었다.──부옥스(Buochs, 피츠나우에서 서남쪽으로 8km 가량 떨어져 있는 항구), 베켄리드, 게르자우, 브룬넨(Brunnen, 이 호수의 동쪽 끝에 있는 항구). 사공이 한 사람뿐인 작은 배. 천연의 오벨리스크(빅토르 로이디(Victor Leudi)가 1850년 호수 위에서 사격 연습 중에 죽음을 당했다).──'텔의 가수' 두 사람, 에프 실레르(F. Schiller) 《옛 캉통 고(考)》 1859년. 대담한 새끼양. 지붕이 있는 정박소. 샘이 셋. 항구 입구를 막고 있는 화강암 바위 셋. 포겔(Vogel, 불명)의 판화가 있는 경비원의 집. 옛날 무기 몇 개. 초라한 전망. 거대한 여덟 개의 목격자, 뮤텐(Mythen, 브룬넨에서 12km 동북쪽에 있는 산), 프론알프(Frohnalp, 브룬넨에서 6km 동북쪽에 있는 산), 악센베르크(Axenberg, 그 4km 남쪽의 산), 로스슈토크(Rosstock, 그 12km 동쪽),──피라미드형 브라이텐슈토크(Breitenstock, 불명), 슈피츨리베르크(Spitzliberg, 불명), 크론틀레트(Krontlet, 불명), 블라켄슈토크(Blackenstock, 다음 산의 남쪽 4km), 및 우리로트슈토크. 젤리스베르크(Seelisberg, 브룬넨 건너편을 올라간 산중턱의 도시)의 분수, 악센슈타인(Axenstein, 브룬넨에서 2km 올라간 산중턱의 마을)의 그랑 오텔(Grand-Hôtel). 텔스플라테(Tellsplatte, 브룬넨에서 우른 호동안을 따라 남쪽으로 10km 되는 곳).──비 때문에 무너진 오솔길의 위험한 상태를 감안하여 젤리스베르크 등반은 단념하다. 사공은 나를 트라이브(Treib, 브룬넨 건너편의 항구)로 데리고 돌아갔다. 나는 거기서 브룬넨으로 돌아왔다.──이 작은 도시를 일주하다. 세관(1315년의 기념). 수많은 여인숙. 광대한 발트슈테테르호프(Waldstätter Hof, 브룬넨의 여관). 슈비츠(Schwytz, 브룬넨에서 동북쪽 8km 되는 도시) 쪽으로 산책(수녀원). 슈토스(Stoss, 브룬넨 동쪽 8km에 있는 작은 강), 바닥에 식물이 가득 자라고 있는 깊은 강물. 오래되고 독일적인 이탈리아어. 브룬넨에서 게르자우까지 도보

로 2시간 정도 걷다. 폭포, 예배당. 태양의 눈부신 반사. 기선 발착소의 5명의 소녀. ──우편마차 '고타르드(St. Gothard는 스위스 중앙의 유명한 고개 이름. 여기서는 루체른에서 시작되는 고타르트 가도를 달리는 승합마차인 듯)'의 앞부분에 실려 있는 암소와 수소. 해진 뒤의 추위.

오늘 밤에는 손님이 줄어 그림자가 엷어져 있다. 화가 B와 얘기를 나누다. 그리고 체커 몇 판.

시즌은 의심할 여지없이 끝났다. 모든 여관은 텅 비었다. 마지막 손님과 마지막 장미.

오늘 밤, 피나츠우에서 '고타르트'를 탄 외국 부인의 가늘고 품위 있는 얼굴이 Schu. 부인을 연상시켰다. ──음악가, 사교계 여성의 얼굴. 재지(才智)에 의해 완화된 날카로운 감수성.

1871년 10월 5일

(아침 7시) 폭우. 짐을 지고 물에 흠뻑 젖지 않게 10km나 걷는 것은 불가능하다. 또 감기에도 좋을 리가 없다. 4시간쯤 더 기다리기로 하자.

오, 그 노인들의 말을 믿으라.

어제는 나에게 이렇게 장담했다, 닷새 동안은 날씨가 맑을 거라고. 보라, 엄청난 눈보라, 풍우계의 상승, 북쪽으로 돌아선 바람, 맑은 하늘. 모든 것은 완벽하다. ──나의 실망에 무엇 하나 부족함이 없다. 시야가 닿는 한, 온통 납빛 하늘이 울고 있다.

심리상태. 겉으로 곤경에 빠져 있는 나는, 마음 속 깊은 곳에서도 곤경에 빠졌다고 느끼고 있는 것일까? 그렇다고 단언할 수는 없다. 나를 결행하지 못하게 만드는 장애는, 모두 내 가슴 깊은 곳에서 뭔가 음모를 꾸미고 있다. 나는 분명히 빨리 루체른으로 가서 편지를 손에 넣고 싶다. 그러나 편지는 괴로운 내용일지도 모르고, 특히 의무의 톱니바퀴 장치에 물렸다가는 언제 자유를 되찾을지 알 수 없게 되므로, 모든 가책의 연기가 은근히 나를 기쁘게 하는 것이다.

독립은 아름답다, 정말이다. 사실 나는 몇 달 전부터 제네바에서 도망쳐 나와 있다. 그러나 나는 한 번의 소나기에 묶여 있다. 인간으로부터는 해방되었지만, 나의 건강은 해마다 갈수록 나를 학대하고, 지배하고, 괴롭힌다. 이 기관지 카타르는 15개월 전부터 나를 지배하고 있고, 이 발진은 닷새 전부터 나를 비웃고 있으며, 비는 그저께부터 나를 망설이게 한다. 이런 작은 악은 커질 수 있는 것이어서, 천성적으로 비관적이고 주저하기 쉬운 사람들에게는 무서운 것이다. 생각없는 행동은 누구도 하고 싶어하지 않는다. 무엇이 가장 좋은지 모르기 때문에 그저 가만히 있는 것이다. 망설임은 아킬레스건을 끊고, 끝없는 의혹은 사람을 망설이게 할 뿐이다. ──출구가 없는 순환.

(아침 9시) 비가 점점 세차게 내린다. ──여관의 방명록에 이름을 적고 거기에 이런 냉소적인 시를 곁들였다.

> 맑은 날은 하루, 불쾌한 날은 닷새
> 이것으로 계절은 일단 끝난다.
> 날씨는 웃는 얼굴, 다음에는 찌푸린 얼굴
> 숨을 거둘 때와 같다.
> 도시에서도, 산속의 집에서도
> 장미는 이렇게 시들어 간다.
> 저마다 차고 있는 쇠 차꼬
> 어디를 보아도 마찬가지다.

여행가방에서 방수화를 꺼내자. 그것을 신으면 하늘의 물을 두려워할 필요가 없다. 실제로 발바닥에서 모든 질병이 온다. 발바닥이 말라 있으면 언제나 기운이 난다. '방수'(독일어)화는 참으로 고마운 것, 날씨가 나쁠 때는 안락의 중요한 부분, 자유의 현저한 부분이 된다. ──이 방수화를 진작 떠올렸더라면 지금쯤 루체른에 있을 것이다. 사소한 일이 장기나 전쟁, 인생에서 패배의 원인이 된다.

빠른 결정을 가능하게 하는 마음의 안정이, 가능한 사항의 표면에 있는 무언가를 잊으면 안된다는 두려움에 의해 상쇄되고 있다. 그 결과, 나는 용의주도하게 실수 없이 행동하고 싶은 욕구로 인해 부동의 상태가 되어버린다. 완전한 것만이 나를 만족시킨다. 그 때문에 나는 소극적이 된다.

마찬가지로 헛되이 보낸 시간이나 돌이킬 수 없는 미납금에 대한 의식이,

학문을 하는 인간으로서 다시 무대에 올라, 남편이나 아버지, 일가의 주인으로서 새롭게 출발하는 것에 대한 공포심을 품게 한다. "이미 늦었다"는 것은 인정하지만, 그 권위에는 저항한다. 싸운 적이 없기 때문에 졌다고 선언하지는 않지만, 이길 전망이 없으므로 싸우려고 하지 않는다.——다른 말로 표현하면, 과감하게 전진하지도 물러서지도 기권하지도 못하고, 그렇다고 단념할 수도 없는 잘못된 입장에 있는 것이다.

그런데, 잘못된 입장은 영원히 결말이 나지 않는다는 특징을 가지고 있지만, 잘못된 경향은 또한 모든 재능을 쓸모없는 것으로 만들고, 모든 노력을 성과가 없는 것으로 만드는 불운을 지고 있다.——너는 잘못된 경향을 가지고 있다. 그것은, 네가 잘못된 수치와 잘못된 욕구를 가지고, 너의 의무와 의무 사이, 의무와 혐오 사이, 양심과 자존심 사이에서 흔들리며, 하찮은 것의 마력에 걸려, 어떤 일에서도 결심할 수도, 건실하게 목적을 추구할 수도 없기 때문이다. 세상의 눈을 현혹하는 습관이 결국 너 자신을 속이는 것이 되어, 훌륭한 일을 하기에도 모자란 시간을 하찮은 일에 낭비하는 것이다.

그것은 샛길만 지나온 결과이다. 남자다운 생활은 백일하에 이루어지지 않으면 안 된다. 지하도에서는 사람은 언제나 박쥐나 파충류, 거미가 있지 않을까 조심한다.

너는 너의 생활을 숨기고, 너의 사상을 보여주어야 한다.

이와 같이 시인은 말했다. 아마 나는 이 권고의 전반만 따르고, 후반에는 충분히 따르지 않았던 것이리라.

세상에 작용하기 위해서는 세상에 대해 독립을 유지하면서 세상과 사이가 나빠지지 않도록 해야 한다. 그 독립을 유지하려면, 자신 있는 태평함으로 세상의 불편을 걱정하지 말고, 어떤 조사도 두려워하지 않으며, 세상의 수군거림도 아랑곳하지 않을 필요가 있다. 그날그날의 빵과 체면 때문에 상처받는 한, 어떤 휴식도 독립도 권위도 가질 수 없다. 선을 행하는 데 앞서서 그만한 여유를 만들고 그만한 방법을 강구해 두어야 한다.

결혼생활이 개인적으로 잘 맞는지, 사회적으로 잘 선택되고 있는지에 대한 문제는, 분명히 인생의 복잡한 승부에 있어서 비장의 카드이다. "제비뽑

기를 조심하라."(라틴어)

1871년 10월 5일 루체른 '호수 호텔' 9호실

 붉은 빛이 얼굴을 들게 한다. 그것은 묘지보다 높은 곳에 있는 농가풍의 하숙집을 붉게 물들이고 있었다. 다시 강가로 내려갔다. 전에 보지 못한 전망, 남극적인 미개지의 광경. 눈을 날려 보낸 거무스름한 경치, 구름이 몰려 있는 하늘, 겨울다운 위축된 모습의 산들. 북극해의 기슭에 있는 듯한 느낌이 들었다. 우리로트슈토크와 뮤텐은 이러한 황량하고 생생한 색조의 끔찍한 원경에 장밋빛 관을 씌워주고 있었다. 필라투스는 그 준엄함을 집중하여, 그을음처럼 검게, 절망처럼 괴롭게 발톱을 세우고 있는 그 피라미드에 거대하고 하얀 누더기를 걸치고 있고, 그 서쪽의 능선은 석양에 붉게 타오르고 있다. 효과는 사람을 압도한다. 북빙양의 물결 위에 성 엘리아스 화산(Saint Elias. 알래스카의 태평양 연안에 가까운 화산)이 불길을 뿜어내는 것을 보는 것 같은 느낌이었다. 1주일도 되지 않은 지난 9월 28일에 봤을 때와는 너무 달라서 내 눈을 믿을 수가 없다. 자연은 미소에서 격노로 변했다. 배경의 난폭한 변화이다.

 그랑상에 전보를 치다.——D에게는 봉함엽서. 그 크로마텔 장미는 지금도 내 앞에 있는 컵에 꽂혀 있지만, 고개를 숙이고 있다.

 (밤 9시) 오케스트라의 울림이 멀리서 들려온다. 아래층으로 내려가기 위해 옷을 갈아입을 기운이 없다. 또 병든 코에 고약을 발라야 한다. 저녁 식사 대신 잠시 더 서툰 글자를 나열해 보자.

 드디어 귀로에 올랐다. 모레는 틀림없이 또 친척, 일, 내 집이라고는 할 수 없어도, 어쨌든 조국인 한복판에 자리잡을 것이다. 그것을 생각하면 기쁨을 느끼는가? 그렇긴 하다. 물론 또 하나의 기쁨에는 미치지 못한다. 결국,

 조국은 생활이 충실한 곳에

있기 때문이다. 제네바는 이 기쁜 충실감을 나에게 준 적이 없다. 그렇다 해도 돌아갈 때는 대개 사랑받고 있고 사랑하고 있다는 가슴의 환상을 품는 법이다. 왜 그런지 알 수 없지만 기대에 차있다. 거금은 아니어도, 애정이라는

소액이 투자되고 있는 거라고 생각한다. 게다가 무슨 일이 있어도 친척, 동료, 지인 전체에 대해서는 좀처럼 미망에서 깨어날 수가 없다. 계속 무관심한 척하는 것은 쉬운 일이 아니다. 결국 무관심하지 않다는 얘기다. 많은 사람들과 관계를 맺고 있는 것이다.

다만, 네가 이제부터 발견하는 것은 공감이 아니라 비평, 의혹, 야유, 가혹함이라는 것을 너 자신에게 숨겨서는 안 된다.──너의 가족, 학생, 동료, 친구에 대해 어떤 태도를 취하고 싶은가? 어떤 사람들을 만나고 교제하고 싶은가?──건강을 되찾으면 무엇을 할 것인가? 건강이 좋지 않으면 무엇을 할 것인가? 또 그 견디기 힘든 생활 방침을 계속할 생각인가? '독서회'에 다시 들어갈 생각인가?

한 가지 사실을 잊어서는 안 된다. 즉 이것은 하나의 시험이라는 것이다. 모든 공허한 소문은 구실에 지나지 않는다. 너의 긴급한 의무는 일시적인 상태에서 벗어나 너의 노년을 정리하는 것이다. 너는 이제 막 11번째의 5년을 맞이했다. 이 숫자를 결코 잊어서는 안 된다.

자기 자신보다 좋은 친구나 친척은 없다.

1871년 10월 10일 에티엔 뒤몽 거리 Rue Etienne-Dumont(제네바)
(오전 11시) 목구멍 가득히 먼지를 마시며, 커튼도 없고 위안도 없는 내 집에 있다. 짐보다 먼저 도착했다. 그래도 나는 슬리퍼를 신고 서재의 내 책상 앞에 앉아서 '집'(영어)의 인상을 되찾으려고 애쓰고 있다. 아마 생각대로 잘 되지 않을 것이다. 그나마 상복을 입은 왜소한 체격의 가련한 가정부가 조금은 힘이 된다. 그러나 이 불행한 과부의 사연은 얼마나 비참한 얘기인가? 남편이 죽은 뒤 하루도 일이 없었고, 아무한테도 도움을 받지 못했다. 모든 것이 한꺼번에 심연에 빨려들어 가고 말았다.

(밤 10시반) 별로 좋아하지 않는 일을 했다. 방 정리. 크고 작은 커튼을 치고, 집기의 먼지를 털고, 모직물 꾸러미를 풀고, 책장을 여는 등등. 이웃의 Fr.과 Bst. 집안사람들에게 인사를 하다. 하숙을 바꿀 준비를 시작하다. 기침이 심하다. 실험이 성공했는지 어떤지, 나 자신에게 보증할 수 있는지

어떤지는 알 수 없다. 그렇다 해도 성가신 일이다. 4개월 동안 특별한 치료를 했는데도, 나의 감기는 점점 심해지고 있다. 헛되이 보낸 1년은 나에게 건강도 돌려주지 못했다.——Bst.부인은 오늘 밤 나에게 탕파(湯婆)를 주었다. 나도 방을 따뜻하게 덥혔다. 피서에서 돌아오면 언제나 나를 괴롭히는 운명은, 이것으로 무기를 내던질 것인가? 내일이 되어봐야 알 수 있다.

아마 이렇게 해도 소용없을 거라고 생각한다.

델리오는 나의 지시에 하나하나 따르고 있다. 그러나 가슴의 동계와 숨이 막히는 증상은 이 달 6일에도 계속되고 있다. 이쪽에서도 안심이 되지 않는다.

축복해주시기를. 신께서 들어가고 나가는 것은 결국 신의 뜻대로 되는 것이다. 내가 질서를 지켜가기만 하면, 모든 것이 나에게는 같은 일이다.

1871년 11월 15일

나는 지금 베를린, 로마, 런던, 파리, 베른과 세계를 돌아다니고 있다. 미래의 신문은 베이징, 도쿄, 캘커타, 리우데자네이루, 뉴욕, 페테르부르크 등의 다른 많은 주보(週報)를 얻게 된다. 현재 우리나라의 독자는 대부분 스위스, 프랑스, 잉글랜드 및 이탈리아의 정보밖엔 얻지 못한다. 독일의 사정을 알려 해도 매우 번거롭다. 전신(電信)에 의한 정보의 편재는 세대의 습관이 될 것이다. 유럽의 선풍은 지구상의 모든 사회를 전신의 세력권으로 끌어들일 것이다. 이미 유럽에서 40일의 일정으로 열리고 있는 전신회의는 5대륙에 있어서의 전기통신을 논의하고 있다. 이것은 새로운 시대의 시작, 모든 민족과 모든 이해관계가 연대하는 시대, 보편성과 편재성 시대의 시작이다. 현재의 한계는 이제 국내적이 아니라 국제적이다. 하나의 대륙은 지금 속속 만들어지고 있는 일반적 조직의 한 요소에 불과하다. 마찬가지로 각 사회의 여러 계급도 서로 무관심해질 수가 없게 되었다. 상호의존, 모든 존재 상호간의 이러한 동반 의식은 다가오는 시대의 특성일 것 같다.

인간 문화여, 지배하라, 바야흐로 너의 시대이다.

이것은 이기적인 고립보다도 낫다. 따라서 그곳에 진보가 있다. 그러나 반대로 각자는 타인의 과실 때문에 괴로움을 강요당하고, 각자의 자유가 줄어들기도 한다. 실례로 도시의 가스와 수도, 철도 등이 있다. 우리는 모두 한 사람의 여행객이 들여온 전염병에 고통을 당하고, 무심코 저지른 술주정뱅이의 화재에 불타지 않으면 안 된다. 자식을 자기 마음대로 기르는 것, 위생적인 복장을 하는 것 등은 불가능하다. 전체가 우리를 가두고 속박하며 강제한다. 우리 개인의 지혜는 예언자 카산드라(Cassandra. 트로이의 왕 프리아모스의 딸. 아폴로의 사랑을 거절해 예언을 믿지 않게 된다)에게 도움이 되지 않는 것처럼 우리에게도 도움되지 않는다. 이리온(트로이)과 함께 멸망하지 않을 도리가 없다. 대양의 한가운데에 있는 배에 탄 것처럼 자기들만 구조하는 것은 불가능하다. 그러므로 가장 철저한 개인주의자도 다른 사람에게 작용을 미치고, 통속적인 오류, 일반의 선입견, 군중의 맹목적인 감정, 늘 인간의 두 적인 어리석음과 악을 타파하지 않을 수 없다. 이것은 특히 일반 풍조의 거대한 세력과 자신의 무력을 느낄 때에는 상당한 혐오감이 드는 성가신 일이다. 그러나 그것을 벗어날 방법은 찾기 힘들다. 게다가 인생은 짧다. 많은 배가 난파하고, 여러 이리온이 재로 변하며 수많은 조국이 붕괴해도 항해는 계속되고, 다른 페르가모스(고대 소아시아의 도시)는 땅속에서 솟아오르고, 인류는 생존한다. 해야 할 일을 해라. 일어날 수 있는 일은 일어나라. 참된 신과 신성한 진리를 섬겨라. 세계는 일을 정돈해 나아간다. 신의 섭리는 인수한 일의 뒤를 보살핀다.

1871년 12월 29일

반젠(Julius Bahnsen. 19세기 독일의 철학자)《쇼펜하우어의 원리에 의한 헤겔 하르트만 진화론의 비평》을 읽다. 증오스러운 저자이다. 물 속에 있는 오징어처럼 몸을 비틀며 먹물을 뿜고, 자신의 사상을 어둠 속에서 남이 보지 못하게 하고 있다. 그 어법은 자신이 말하고 싶은 것을 숨기기 위해 궁리된 것으로, 설명을 하면 할수록 더욱 이해할 수 없게 된다.——게다가 그 학설이란! 열중한 비관론으로, 세계를 허망하고 '절대적으로 어리석은' 것으로 본다. 하르트만은 우주의 진화에 몇 가지 논리를 남겼지만, 이 진화는 탁월한 모순(변증법)이고 사유자의 빈약한 두뇌에 약간의 이성(논리)이 있을 뿐이라고 비난하고 있다.——모든 가능한 세계 가운데 실현되고 있는 세계가 가장 나쁘다. 유일하게 용서할 수 있는 것은, 이 세계가 스스로 파멸(즉 자살)로 향하고 있다는 것이다. 철학자의 희망은 이성적 존재가 세계의 임종의 고통을 가볍게 해주고, 모든 것이 허무로 돌아가는 것을 앞당기는 것이다. ——이것은 절망적인 사탄주의 철학으로, 모든 미망에서 깨어난 마음에 불교의 체념을 포함한 깨달음을 제공하지도 못하고 있다. 신은 행복이 불가능하다는 것을 알고 몸부림치는 모든 사람들의 가책을 즐기는 '세계의 악어'와 같다. 개인은 항의하고 저주할 수밖에 없다. ——이 광란적인 시바(브라만의 신)주의는, 모든 원리가 되는 맹목적인 의지에서 세계가 태어났다고 하는 사고방식에서 나왔다. 세계는 흉악한 괴물, 사납게 날뛰는 전능의 작품이라고 주장하는 것이다.

멸망으로 돌아가는 가치밖에 없다.

진화론, 숙명론, 비관론, 허무론. 이러한 무섭고 황량한 학설이, 하필이면 독일 국민의 위대함과 승리를 축하하고 있을 때 꽃을 피우고 있는 것은 기묘한 광경이 아닌가? 대조가 너무나도 현저하여 여러 모로 생각하게 한다.
오류를 실재 자체와 동일시하고, 신은 악이라는 프루동의 공리를 발전시키고 있다. 철학사상의 이 미친 듯한 향연은 낙관론이나 비관론이 아니라, 영원한 삶이라 부르는 지고한 행복이 사람이 다가가 얻을 수 있는 것이라고 명언하고 있는, 그리스도교의 변신론으로 민중을 데리고 돌아가는 것이다.
신을 모독하는 이 학설의 신랄함은, '여호와의 종'이니 '사탄인 신'이니 하는, 역설적 이론가의 단순한 보장을 믿지 않게 하는 악취미적인 용어를 만들어냈다. 우리는 이 때, 선에 대한 신앙에 놀라고 격분하여 죄 없는 사람의 기쁨을 경멸하며 펄쩍 뛰는 공신가(恐神家)를 상대하고 있는 것이다. 세계의 해탈을 앞당기기 위해, 모든 위안, 모든 희망, 모든 환상을 초기에 깨버리고, 석가모니에 의해 깨달음을 얻은 인류의 사랑 대신, 모든 것을 더럽히고 메마르게 하고 썩게 하는 메피스토펠레스적인 담즙을 꺼낸다. 아, 고약한 냄새!

(날짜 없음)
속임수와 어리석음을 싫어하는 나머지, 모든 내적인 통일, 모든 진정한 무게에 대항하여 자기를 속이는 것은, 양심이 그만두라고 하며 사이에 끼어들지 않는 한 이지(理知)가 도달하는 종점이다. 의무의 명백한 개념은, 이지의 바탕으로서 도움이 되어야 한다. 그렇지 않으면, 이지는 길을 벗어나 장난이나 쓴맛에 빠져들고 만다.

(날짜 없음)
권고를 하기 전에, 한번 그것을 이해시킬 것. 나아가서 그것을 원하도록 만드는 것이 필요하다.

(날짜 없음)
자기가 사랑하는 사람을 너무 높은 곳에 두면, 그에게 부정(不正)한 것만 먹이게 된다.

(날짜 없음)
눈물의 환락에 빠지는 것은 위험한 일이다. 그것은 용기를 꺾고 치유하려는 의지마저 없애버린다.

1872년 1월 21일
……사랑과 종교에 의해 살며, 선과 아름다움만을 추구하고, 희생으로 맑아지는 마음이 있다. 욕심이 없는 것 이상으로 헌신적이다. 조그마한 교회, 고귀한 마음의 선택받은 계급이다. 이것이야말로 훌륭한 모범이며 진정한 지지점이다.

1872년 1월 25일
베른에서는 개정사업(베른에서 소집된 국회와 각 주의회로 이루어진 연방의회는 이 즈음에 연방 헌법 개정안을 발의하고 있었다. 결국 스위스 국민에 의해 부결된 법안이다)이 베른의 타산적인 중앙집권을 위해 폭력적으로 진행되고 있다. 모든 경제적 이익에 있어 손해를 입은 국경 여러 주에 대한 난폭한 사취는 끊이지 않고 계속되고 있다. 국가도 개인과 마찬가지로 현명하게 판단하지 못하고 있다. 자기의 주의를 과장하여 곧장 네메시스로 나아간다. 민주제도도 원소와 마찬가지로 자기 절제가 되지 않으며, 태풍 또는 만조 때의 파도처럼 자기 운명의 주기를 다한다. 그러한 권리의 근거는 숫자적 다수의 의지이며, 그 의제는(擬

制) 이 의지가 이미 지식과 판단과 예견을 갖추고 있다고 보는 것이다. 그런데 이성적 지식에게 지도자, 즉 멘토(오디세이에서 미네르바가 텔레마코스의 안내자로서 취했던 자세)로서의 의지를 주어 어버이를 어린 자식에게, 장교를 병사에게, 원수를 민중에게, 지식인을 무지한 자에게, 이성을 감정에게, 머리를 꼬리에 이끌리게 하려는 것은 우습기 짝이 없는 심리이다. 이 때 어리석은 것은 권리를 전공과 지식으로 혼동하는 것이다. 다수가 법률을 만든다고 해서 좋은 법률을 만들게 되는가. 자식이 성인이 되었다고 난폭한 행동이나 잘못으로 파산할 권리가 생기는가. 우리의 민주제도는 국민의 숫자적 다수가 항상 옳다고 선언함으로써 힘 있는 자의 도리와 지식인의 도리를 혼동하고 있다. 이 의제는 또한 선거인 스스로 칭하는 바의 평등, 사회적·시민적 또는 개인적 가치의 평등이 되는 권리의 평등에 기초하는 것이며, 국가를 위해서라는 가면을 쓴 궤변을 포함하는 근원적인 의제이다. ……

　권리와 평등주의는 가치 불평등의 사실을 자기와는 맞지 않는 것으로서 배제하거나 민중이 선택하는 것은 항상 가장 가치 있는 것이지, 가장 쾌감을 주는 것이 아니라고 굳게 믿거나 하기 때문에 국민의 허영심을 부추겨 국가의 불행을 초래한다. 뿐만 아니라 소크라테스, 즉 당시 민주주의자와의 대화를 생각해 보아야 한다. 군대, 조세, 재정, 교육, 외교 등이 선동정치가의 손에 있을 때 국가는 오래 지속되지 않는다. 개인으로 말한다면 나는 사람들이 제각기 직업을 영위하는 것에 찬성하며, 실력의 우월성에 바탕하는 정치를 선택한다. 장교를 조야(粗野)한 사람으로 가정한다 해도 그것이 선량한 장교라면 나는 용인한다. 나는 열심이기는 하지만 우둔한 10마리 가량의 양의 정치보다는 한 사람의 훌륭한 양치기 쪽이 양 떼에게는 가치가 크다고 믿는다.

　달리 말하면 의제는 어리석은 자들을 현혹하기 때문에 나에게는 불쾌하다. 설령 어리석은 자들의 자기도취가 그로 인해 채워지지 않는다 하더라도 나는 일이 원만히 진행되기를 바란다. 정치의 형식은 나에게는 수단이지 목적은 아니다. 나는 결과에 따라 민주제도를 비판한다. 만약 민주제도가 자기에게는 권리가 있다거나, 나아가 잘못된 예가 없다거나 하는 구실 아래 요리사에게 시계를 만들게 한다거나 무능한 자에게 정치를 시키거나 한다면 나는 비웃어버릴 것이다. 사물의 힘은 그런 그로테스크한 의제를 업신여긴다.

기관사가 없으면 기관차는 탈선하거나 파열한다. 참된 정치가가 없으면 국가는 항로를 벗어나거나 난파한다.

민주제도의 커다란 결함은 전제군주의 결함과 같다. 자기 마음에 드는 사람이나 측근에 대한 무기력, 아첨하는 무능력자에 대한 역성, 다른 말로 하면 어디에 매이지 않은 독립된 숙달자에 대한 반감.——우리나라는 그래도 때로는 우수한 인물이 선거의 그물을 뚫고 들어오지만, 당선자의 대부분은 아무리 보아도 변변치 못한 자들이며, 수준낮은 허섭쓰레기들 뿐이다. 중대한 법률(사형, 교회와 국가의 분리, 강제보험, 일반교육 등)을 제안하는 것이 누구인지를 보면 벌어진 입이 다물어지지 않는다. 늘 그렇듯이 좀 낫다 싶으면 전문가인 체하거나, 의지가 사유를 가장하거나, 꼬리가 머리를 관리하는 형편이다.

이 세상에서 도저히 봐줄 수 없는 것은 지식이 있는 사람을 이끄는 무지한 자들, 이미 미망에서 벗어난 사람을 자기들의 어리석음으로 끌어들이는 잘못된 생각을 지닌 무리이다. 늘 도처에서 의지는 사실상 이지(理知)의 위에 서 있다. 즉, 힘은 도리를 경멸하고, 역사적 발전의 숙명적인 방향은 상식과 반대가 되어 있다. 그래서 사람들 면면을 관찰한 후, 데모크리토스는 웃고 헤라클레이토스는 운다. 위안을 주는 것이라고는 정말이지 과학의 진보밖에 없다. 왜냐하면 과학은 세속적 및 종교적 정책 같은 어이없는 소용돌이를 벗어나서 끊임없이 그것이 획득하고 증명한 진리의 자본을 늘려 가기 때문이다.

국가도 교회나 마찬가지로 내게는 싫어진다. 나는 민중에 대해 조금도 존경심을 갖지 않으며, 자기의 시대에 대하여 조금도 경탄하지 않는다. 나는 확실한 과학을 음미하며, 아름다운 마음을 사랑한다. 이것이 세계와 사물을 거친 내 여행의 인상이다.

이상은 무엇을 낳는가. 오류의 타파

인간 세계에 흥미가 있는 것은 세세한 부분이다. 전체적으로는 마음을 아프게 하고, 몸을 지치게 한다. 그것을 알면 알수록 세상은 감격에 찬물을 끼얹는다. 이러한 혐오감을 일으키는 잡스런 냄새, 한탄스런 역사와 화해의 악수를 하게 하는 것은 선택된 사람들과 천재, 고귀한 성품 외에는 없다.

1872년 1월 28일

산다는 것은 날마다 치유하고 새로워지는 것임과 동시에 또한 자신을 발견하고 되돌아보는 것이다. 일기는 고독한 사람의 마음의 친구, 위로의 손길, 의사다. 날마다의 이 독백은 축도(祝禱)의 한 형식, 혼과 그 본체와의 대화, 신과의 이야기다. 우리들의 전체를 되찾아주고, 우리들을 혼란에서 밝음 속으로, 오뇌에서 고요로, 우연에서 영원으로, 특수화에서 조화로 이끌어 간다. 그것은 마치 자력처럼 우리들을 평행상태로 끌어당긴다. 그것은 일종의 의식적인 수면이며, 우주의 질서 속으로 되돌아가 평화를 찾는 것이고, 그로 인해 우리들은 유한(有限)한 것으로부터 빠져나간다. 자기의 일기라는 것은 꿈꾸기 위한 하나의 방법이다. 그것은 방황이기도 하고 간단한 놀이며 일을 가장한 휴식이다.

세계는 침묵하고, 영혼은 신의 음성을 듣는다

이것은 나에게 잠에서 깰 때의 생각을 떠올리게 한다. 나는 오늘 아침에 스스로에게 말했다. 너 정도의 나이가 되었으면 세세한 일은 버리고 너의 노력 및 욕구를 사물의 전체, 커다란 사물에만 향하게 하는 것이 좋다. 논증적인 빠짐과 흐트러짐 대신에 요약하고 종합하며, 일반적인 총괄, 일람표의 습관을 들여라. 연구에 기한이 없고 과학에 종결이 없음은 말할 필요도 없지만, 개체는 반드시 죽는 것이라 하더라도 죽기 전에 자기 일생에서 교훈을 끄집어내고, 개인적 경험으로부터 다른 사람에게 가장 좋고, 후계자에게 가장 유리한 것을 그려내지 않으면 안 된다.

너는 작가의 3대 동력인 자기 도취와 물질적 필요, 격려해 주는 독자의 동감의 목소리가 결여되어 있다. 그러나 너에게는 아직 소모하지 않은 동력이 두 가지 남아 있다. 지금도 너를 사랑하는 사람들을 기쁘게 하려는 부드러움과 인간의 의무에 대한 종교적 의식이 그것이다.

친구들이나 신도 너를 강제하지는 않지만, 그들은 항상 너의 의지를 존중하고 너의 뜨거운 마음을 돋구고 있다. 너의 마음을 우리에게 주어라.

아직 시간이 있을 때 사랑으로 명예를 드러내고 확증을 보여라.
네 영혼도 마침내 일생을 한 바퀴 돈다.
최후 심판을 준비해 두어라.

세계는 너의 사랑에 대하여 아무런 권리도 없다. 권리를 갖는 것은 너의 정의에 대해서뿐이다. 그런데 세계 자체가 정의를 지키지 않기 때문에 너는 그것에 대하여 대비하고 보류하고 침묵할 권리를 지닌다. 너는 맹수에 대해서와 마찬가지로 비웃는 자, 악의를 지닌 자, 혐오감을 보이는 자, 무관심한 자에게 몸을 맡길 의무는 없다. 그러나 보상을 바라지 않는 선의, 자진해서 보이는 선심, 자애에서 나온 복종은 정의보다도 한층 훌륭하다. 사람들이 그럴 가치가 있기 때문이 아니라 사랑은 아름답기 때문에, 신은 사랑이므로 사람들을 사랑하지 않으면 안 된다. 기대를 걸지 말고 자진해서 말하고 이쪽에서도 대가를 주며, 싫증내지 않고 일하고 아낌없이 다하는 헌신적 행위에 의해 수치의 본능과 정의의 본능을 이겨나가야 한다.

1872년 2월 7일
불신감이 들지 않게 하고 선량한 신자의 기분을 나쁘게 하지 않으면서, 단순한 사람들의 신앙을 역사학·문헌학의 결과와 접촉시키기는 아무래도 힘들다. 경우에 따라서 계몽가는 자기가 소란스러워지는 상대에게 힘을 들여 무겁고 경건한 분위기로 어느 정도 안심시켜야 한다. 상대의 양심을 눈앞에서 느끼는 것이 다른 양심이며, 무관심하거나 조롱하는 지식이 아닌 것처럼 해야 한다. 신성한 오류는 어떠한 진리보다도 완강한 생명을 지닌다. 이것을 없애려면 경의로 가득 찬 칼로 베지 않으면 안 된다. 사제의 축복은 대상이 불명확한 것이든 범죄이든 상관없이 몇 세기에 걸쳐서 향을 내뿜는다. 그 보호로 감춰진 집, 진리로도 범할 수 없는 감춰진 집을 보증하는 것이 신앙의 특징이다. 그래서 종교적 신앙도 신이 구원을 약속하지 않고, 열게 하려는 문에 어떤 징표를 보이지 않으면, 신 자체에 대하여조차도 방어의 자세를 보인다. 그러고 보면 신앙이라는 것은 무서운 것이다. 경건함을 위해 맹목적이 되고, 숭배하는 것이지만 저주할 때가 있을 뿐만 아니라, 일정의 글을 쓰지 않으면 신을 무시하기 때문이다. 전설에 나오는 다른 이를 사랑하는 마음이 없는 장엄한 보초처럼, 신앙은 자기 황제의 길을 총검으로 막고 '통행금지'라고 외친다. 신앙이 없이는 어느 것 한 가지도 하지 못한다. 그러나 신앙은 모든 과학에 재갈을 물릴 때가 있다.

그러면 이 프로테우스(모든 것으로 변하는 바다의 신)는 무엇인가. '어디에서' '신에게서 오는가, 악마에게서' 오는가.

신앙은 실증 없는 확신이다. 확신이기 때문에 강력한 행동의 원리이다. 실증이 없기 때문에 과학의 반대이다. 여기서 그 두 개의 면과 두 가지 결과가 나온다. 그의 출발점은 이지 속에 있는가. 없다. 사유는 신앙을 동요시킬 수도, 강화할 수도 있지만 발생하게 하지는 못한다. 그 기원은 의지 안에 있는가. 없다. 선한 의지는 이것을 조장하게 하고, 악한 의지는 이것을 방해할 수가 있지만, 의지에 의해서 믿는 사람은 없으며 신앙은 의무가 아니다. 신앙은 감정이다. 그것은 희망인 것이다. 신앙은 본능이다. 그것은 모든 외적인 감정(교육)에 우선한다. 신앙은 뒤이어 태어나는 개체의 상속 재산이라는 점에 있어서 그 개체를 존재 전체와 결부짓게 되는, 말하자면 정신의 탯줄이다. 개체는 쉽사리 모태로부터 분리되지 않으며, 노력에 의하지 않으면 주위의 자연, 자신을 포용하는 사랑, 자기를 적시는 사상, 자기를 포용하는 요람으로부터 홀로 서지 않는다. 태어날 때는 인류, 세계, 신과 합일하여 있다. 이 기원적 합일의 추억이 신앙이다. 신앙은 우리 개체가 나온 막연한 에덴 동산의 추억이다. 그러나 그곳에 살았던 때에 그것은 개체적 생활에 앞서는 몽환적 상태에 있었다.

우리의 개체적 생활이란 것은 환경에서 벗어나고, 나아가 이것에 반응함으로써 그것을 의식하고 우리 자신에게 정신적인, 즉 이지와 자유를 갖춘 인격을 구성하는 것이다. 우리의 원시적인 신앙은 중성적인 질료에 불과하다. 그 질료는 생활 및 사물에 관한 우리의 경험으로 재가공을 받고, 우리의 모든 종류의 연구 결과에 따라 완전하게 절멸하여 형상으로 변할 수가 있다. 우리 자신은 우리의 이지, 양심, 동시에 아직 우리의 가슴을 만족시키는 자아적 신앙의 조화를 회복하기도 전에 죽는 경우가 있다. 그러나 신앙의 요구는 언제까지나 우리를 떠나지 않는다. 이것은 모든 것을 협력하여 화합시키는 고급 진리의 기본 가정이다. 탐구의 자극제이며, 보상의 희망을 주고, 목적을 보인다. 이것이야말로 훌륭한 신앙이다. 유년의 선입견에 불과하고 의혹을 품은 적이 없으며 과학을 모르는, 다양한 확신을 존중도 이해도 하지 않고 허용도 하지 않는 신앙은 우매하며, 증오이자 온갖 광신의 어머니이다. 그러고 보면 신앙에 관해서는 이솝이 혀에 대해 단언했던 것을 다시 반복할 수가 있다.

혀보다 좋은 것은 없다. 혀 자체보다 악한 것은 없다.

신앙이 신의(信義)의 반대가 되는 경우도 꽤 많다. 그러한 때에는 신의가 두터운 사람과 신의가 없는 사람이 자칫 착각할 정도로 비슷해지기 시작한다. 신앙으로부터 독이 묻은 갈고리를 없애려면 이것을 진리에 대한 사랑에 복종하게 해야만 한다. 진리에 대한 최고의 예배는 모든 종교, 신념, 종파를 정화하는 수단이다. 신앙은 두 번째 자리를 차지하지 않으면 안 된다. 실제로 신앙에는 심판자가 있다. 신앙 자체가 모든 것의 심판자가 되면 세계는 노예상태에 빠진다. 3세기에서 16세기까지의 그리스도교가 그의 실례를 보여준다. 현재 가톨릭교의 폐해는 양심을 부패시키고 과학적 진리를 비난하는 거짓 권위에 있다. 과학은 교황의 권력을 극복하려면 로마교뿐만 아니라 그리스도교를 변혁해야 한다. 신의 것인 진리는 사람의 것인 신학, 악마의 것인 계급제도를 폭파하지 않으면 안 된다. 이어 맞춘 미신이 사기의 싹을 번성시킨 숨막히는 덤불 속에서는 그리스도교인의 대부분이 정신적으로 쇠약해 있다. 거기에는 쇠와 불꽃, 과학의 쇠와 비판의 쇠가 필요해진다. 정화된 신앙은 조야한 신앙을 이기는가. 이기게 하고 싶다. 보다 나아지는 미래에 대하여 믿음을 갖자.
그런데 곤란한 일이 있다. 식견이 좁은 신앙 쪽이 해명을 거친 신앙보다도 훨씬 기세가 등등하다. 세계는 어진 생각에 따르기보다는 의지에 따르고 있다. 그리고 보면 자유가 광신을 이길 수 있다는 것은 확실하지 않다. 불행은 성격이 거친 사람들 쪽에 있으며, 여하튼 사상의 독립은 선입견에 수반하는 폭력을 지니는 일이 결코 없다.
해결 과정은 임무의 분담이다. 순수하고 자유로운 신앙의 이상을 이끌어 낸 사람들에 이어 폭력을 지닌 사람들이 와서 기정 사실이나 선입견, 제도 속에 그 신앙을 집어넣게 된다. 이것은 이미 그리스도교에 일어났던 일이 아닌가. 유화적인 예수 다음에 격렬한 성 바울과 가혹한 종교회의가 왔다. 그리고 그것이 복음을 손상했다. 그러나 결국 그리스도교는 인류에게 악보다는 아직 선한 쪽을 더 많이 펴고 있다. 이런 식으로 세계는 차츰 선한 사상이 나오고, 그것이 차례로 부패로 진행된다.

1872년 6월 19일

파리 목사회의(프랑스 프로테스탄트 교회의 목사회의는 프로테스탄티즘의 구성적 신조를 결정하려 노력하고 있었다)는 난전을 거듭하고 있다. 초자연적 요소가 걸림돌이 되고 있다. 신성의 개념이라면 일치를 가져올 수도 있으리라. 그러나 다르다. 문제는 그것이 아니다. 짚은 좋은 곡물에서 선별해야만 한다. 초자연적 요소란 기적이다. 또한 기적이란 그것에 앞서는 모든 인과관계의 바깥에 있는 객관적 현상이다. 그런데 이런 의미로 해석한 기적은 실험적으로 확인하는 것이 불가능하고, 나아가 주관적 현상은 전자보다도 훨씬 중요하지만 이 정의에 들어가지 않게 된다. 기적은 정신의 지각이며, 자연의 배후에 있는 신성의 직관이며, 이리온(트로야) 최후의 날에 하늘 나라의 여러 세력이 인간의 활동에 채찍을 가할 것을 인정한 에네아스(유르길라우스의 서사시의 주인공)의 심리적 발작과 비슷한 것임을 사람들은 보고 있지 않다. 무관심한 사람들에게는 기적은 없다. 종교적인 정신만이 그것을 보면 눈에서 비늘이 떨어질 듯한 어떤 사실 속에서 신의 손길(즉 초자연적인 것)을 느끼는 힘을 지니는 것이다.

초월성의 광신자는 내재성에 도달한 이지를 언제까지나 이해할 수 없는 것이다. 광신자는 클라우제의 《만유재신론》쪽이 자기들의 초자연적인 것에 관한 설교보다는 10배나 경건하다는 것을 추측하지 못한다. 고립된 과거의 객관적 사실이 정열의 방해를 받아서 영원한 정신적 사실이 보이지 않게 된다. 외부에서 오는 것밖에는 숭배하지 못한다. 자기들의 연극술이 상징적으로 해석되자 모두가 엉망이 된 것처럼 생각한다. 그 신앙은 상상력으로 이어지고 이성과는 연결되지 않는다. 그 의식은 자기들이 지닌 기적의 개념에 분석이 가해지자마자 혼란해지고 만다. 이미 소멸하여 검증할 수 없는 특수한 기적을 필요로 한다. 왜냐하면 광신자에게는 신성이 그곳에밖엔 없기 때문이다.

그런데 보통선거시대에 있어서는 특히 데카르트적 이원론을 신봉하여 불가해한 일을 명백하다고 간주하며, 심원한 것을 싫어하는 민족에게는 그 신앙이 승리를 차지하기에 이르고 있다. 모든 여자는 똑같이 보편적 기적보다는 특수한 기적 쪽을, 신의 심리적이고 내면적인 작용보다는 그의 가시적이고 객관적인 간섭 쪽을 지당하다고 인정할 것이다. 라틴 세계는 정신적인 형식에서 보더라도 추상 개념을 화석으로 만들며, 관념 자체가 아직 분할되고 결정되어 가공되지 않은 부뚜막의 내부, 생명의 안쪽 깊은 곳에 있는 신전에는 한 번도 들어가지 않도록 하기에 이르고 있다. 마치 눈이 지각하는 것은 외부 세계뿐이며, 눈 자체를 보려면 기교에 의해 멀리서 거울의 반사 표면에 비추는 것 외에는 없는 것 같다. 게르만 정신은 자기 안에 살면서 중심에 이르기까지 자신을 의식한다. 여기서는 내재성이 하나의 감지방식이자 사고방식이다. 라틴 정신에서는 그것이 기괴성 또는 모험이다.

1872년 7월 17일

아침 7시 "나는 생애의 가장 아름다운 날들을 계획하는 데 써버렸다."(볼테르)

나는 그것을 훨씬 하찮은 일, 즉 자기의 간을 씹는 일에 쓰고 있다. ……오늘은 나다(Nada)가 루에슈(Louëche)로 떠났고, 셀리오사는 루체른에 있으며, 필린은 하르츠를 구경하고 있고, 누이들은 피서를 가 있어 친구와 동료는 거의 없다. 오직 두통으로 고생하는 우라니아와 돌아올 것이 분명한 칼리만이 예외이다.

쥬르 뷔이(Jules Vuy)에게 편지. 숙모를 잃었다고 하기에 그 소식을 편지로 알렸다. ──공허. 염려. 결단을 내리지 못함.

일가(一家)를 이루는 것은 늘 더디고 영속하지 않는다. 하루의 소풍 준비에 두 달이나 걸린다. 내가 25년 걸려서 두 사람이 살 준비를 했다 하더라도, 어쩌면 그것은 25개월이면 끝날지도 모른다. 판돈에 비해 내기의 승부가 이렇게 허무하다면 구경꾼이 볼 때는 가소로울 것이다. 그것을 본인들은 알아채지 못한다. 몽상가는 결정적으로 돌이키지 못할 일을 눈앞에 두고서도 마치 자기가 영원히 살기라도 할 것처럼 행동한다. 한가한 시간을 갖는 것이 모든 것을 얻는 듯이 생각되지만 중요한 것과 생활을 잃어간다. 그렇지만 이 이치에 닿지 않는 본능에는 확실히 일정한 논리가 있으며, 이 미치광이짓에는 어떤 방법이 있다. 나는 늘 승리를 바라기보다는 패배를 두려워하며, 얻기보다는 잃지 않는 쪽을 택해 왔다. 그래서 당연히 해야 할 일을 하지 않거나, 그러한 비관적이고 우물쭈물하는 생활방식의 당연한 결과가 일어난다. 아무 모험도 하지 않으면 아무것도 얻지 못한다. 자신감의 결핍은 움직이지 않는 것으로 이끈다. 걱정을 많이 하며 망설이는 내향적 성격은 두려움이 많고 희망이 없으며, 하나의 불운이 3개의 행운의 무게를 지니는 법이어서 '현상'에 매달린다.

1872년 8월 30일

독서, 스크레턴(Charles Secrétan 19세기 스위스의 철학자)의 1849년에 간행된 《자유의 철학》, 예거(O.H. Jäger 취리히대 학 철학교육학 교수)의 《철학체계로서의 자유론》(1859년), 《미숙하고 소화되지 않은 영혼》이 읽을 만하다.

아플리오리에서 만들어진 저작은 지금 어떤 것보다도 나에게 불쾌한 느낌을 준다. 모든 스콜라풍은 나에게 역겨움을 일으키게 한다. 그것은 탐구하지 않고 처음부터 단언하기 때문에 논증하고 있는 사항을 의심스러운 것이게 한다. 그것의 목적은 선입견의 주위에 호를 만드는 것이지 진리를 발견하는 것이 아니다. 방해자이지 보조자가 아니다. 구름을 모으지 햇빛을 모으지 않는다. 모두가 비교, 보고, 예선적 시험을 거부하는 가톨릭적인 논조를 택하고 있다. 찬성을 사취하며, 신앙에 이론적 근거를 부여하고, 연구를 폐기하는 것에만 염두에 두고 있다.

나를 납득시키려면 선입관을 버리고 비판적 정신으로 나오지 않으면 안 된다. 나에게 방향을 주고 다양한 문제, 그의 기원, 난점, 시도했던 여러 가지 해결, 그 확실성의 정도를 보여야만 한다. 나의 이성, 양심, 자유를 존중하지 않으면 안 된다. 스콜라풍은 모두가 농락이다. 권위는 설명을 가한 모습을 띤다. 그렇지만 모습뿐이다. 거드름을 피우는 것 자체가 속임수에 불과하다. 주사위에 속임수가 있고, 전제는 마음대로 골라져 있다. 알지 못하는 것이 이미 알고 있는 것으로 가정되고, 그 다음에는 거기서 연역된다. 먼저 신에 대해 이론을 세운 후, 오플렛은 금요일에 죄가 있고 일요일에는 정당하다고 결론을 내리고 있다.

미사나 구원에 관한 사변적인 결론은 재주에 따라 각각의 위안이 되지만 진리와는 관계가 없다. 이미 브라만이나 아라비아 신학이 전혀 다른 도그마와 의식에 대하여 똑같은 것을 하고 있기 때문이다. 신학자나 변론가는 뭐든 바라는 대로의 것을 논증하고 있지 않은가. 자기 혼자만 말한다면 항상 옳지 않은가.

철학은 정신의 완전한 자유이며, 따라서 모든 종교적, 정치적 또는 사회적인 선입견으로부터의 독립이다. 철학은 출발점에 있어서 그리스도교적이지도 이교적이지도 않으며, 군주적이지도 민주적이지도 사회주의적이지도 개인주의적이지도 않다. 철학은 비판적이며 공평하다. 단 한 가지, 즉 진리만을 사랑한다. 그것이 교회나 국가, 철학자가 낳은 역사적 환경 등에 관한 기존 견해를 어지럽힌다 해도 어쩔 수가 없다. "있는 그대로 존재한다. 그렇지 않으면 없다."

철학은 우선 의심한다. 다음으로 과학의 의식, 불확실성과 무지의 의식, 한계, 뉘앙스, 정도, 가능성을 의식한다. 속인은 아무것도 의심하지 않고 아무것도 느끼지 않는다. 철학자는 한층 주도면밀하다. 그래서 행동에는 맞지 않는다고 할 수 있다. 왜냐하면 목적을 정하는 점에서는 다른 사람에게 뒤지지 않지만, 자기의 무력함을 너무 잘 알아서 요행히 미혹을 갖지 않기 때문이다.

철학자는 술 취한 사람들 속에서 홀로 깨어 있는 사람이다. 창조물을 생각한 대로의 완구로 만드는 미망을 알고 있다. 자신의 본성에 대해서는 다른 사람처럼 속고 있지 않다. 사물의 밑바탕을 다른 사람보다 건전하게 판단하고 있다. 분명히 보고 환각에서 깨어 있으며, 자기의 일을 알고 있는 이곳에 철학자의 자유가 존재한다. 철학은 비판적인 각성을 기초로 한다. 그 정점은 보편적 법칙과 우주의 첫 번째 원리와 궁극적 목적의 깨달음일 것이다. 미혹에 빠지지 않는 것이 그의 첫 번째 욕구이며 이해하는 것은 두 번째의 욕구이다. 오류로부터의 해방은 사상(事象)적 인식의 조건이다. 철학자는 경험의 총체를 설명하기 위해 타당성과 인정받을 만한 가설을 추구하여 회의하는 사람이다. 그 열쇠를 찾아냈다고 상정하고 그것을 다른 사람들에게 제공하지만 강제하지 않는다.

1872년 9월 19일 벡스산 쪽의 그리욘(쉐럴판 1865년 8월 13일 내용)

지금 장 자크 루소의 《보몬(Beaumont) 대주교에게 보내는 편지》를 다시 읽었는데, 확실히 10년이나 12년 전에 읽었을 때만큼 감동하지는 않았다. 질리지도 않고 쓸데없는 문구를 채워놓은 명확성은 결국은 사람을 권태롭게 한다. 이 강렬한 문체는 수학책 같은 인상을 준다. 그래서 뭔가 즐겁고 자연스럽고 밝은 것으로 긴장을 해소하려는 요구를 느끼게 된다. 루소의 말은 놀랄 만한 역작이지만 읽는 사람에게는 휴식을 취하고 싶게 만든다.

그러나 얼마나 많은 작가와 작품이 루소에게서 나왔는가. 나는 도중에 샤토브리앙, 라무네, 조르쥬 상드, 프루동의 기록들을 찾아 나섰다. 예를 들면 프루동은 그의 대작 《로마교회 및 프랑스혁명에 있어서의 정의(1858년)》에서 그 구성을 루소의 보몬에게 보내는 편지에서 모방하고 있다. 그 3권은 대주교에게 보낸 편지들을 모은 것으로 웅변과 과단성, 학식이 융합해 기초적인 야유가 되어 있다.

한 사람 속에 몇 사람이 있을까. 한 명의 대작가 속에 문체가 몇이나 있을까. 예를 들면 루소는 다양한 문예양식을 창조했다. 산지의 묘사, 정치적 변론, 속된 일의 종교적 감미로움, 정열을 담은 논증법, 묘비명 같은 법률문체, 조목조목 차례로 따져가는 논박, 호교론적 자기주의, …… 그밖에 얼마든지 있다. 상상력이 루소를 변형시키므로 지극히 다양한 역할, 순수한 논리학자의 역할까지 충분하게 해내고 있다. 그러나 그 상상력이 사상적 구축이 되고 지배적 능력이 되어 있기 때문에, 루소의 저서는 어느 것이나 성의(誠意) 반, 모험 반이다. 루소는 타고나기를 자신을 상대로 카르네아데스(기원전 2세기 그리스의 철학자로 변론가, 로마의 정치가 카토의 앞에서 정의에 관한 찬부 양론을 교묘하게 펼쳐 유해한 것으로 간주되어 물러나라는 명령을 받았다)의 내기, 일단 체면이 걸리게 되면 비록 부정하게 같은 편이 되었다 하더라도 결코 그쪽을 지게 하지 않는다는 내기를 한 사람처럼 느껴진다. 어쨌든 이것은 타고난 재능의 유혹이다. 자기가 사물을 따르지 말고 사물이 자신을 따르게 할 것, 자부심이 양심을 대신하고 이기기 위해서 이길 것이 그것이다.

타고난 재능이 훌륭한 쪽을 자기편으로 삼아서 이기는 것은 더할 나위 없이 좋은 일이다. 그러나 이것은 자칫하면 '용병 대장'이 되어 자기 군기(軍旗)를 든 쪽에 승리를 안기고 대단히 만족한다. 자기편이 무력하고 부정한 경우에 성공하는 것이 이 사람에게는 오히려 무한하게 기쁜 것이 아닐까 하는 생각마저 든다. 그럴 때 성공을 독점하게 되기 때문이다.

역설은 머리가 좋은 사람의 기호품이자 타고난 재능이 있는 사람의 기쁨이다. 모든 사람을 상대로 논쟁에서 이기고, 대수롭지 않은 상식이나 비속한 진부함에서 번쩍 눈뜨게 하는 것은 무척이나 유쾌하다. 그러고 보면 진리에 대한 사랑과 타고난 재능은 일치하지 않기 마련이다. 경사면이 다르며 길도 다르다. 지배 본능을 지닌 천분을 강제로 복종하게 하려면 대단한 윤리감과 강한 성격이 필요하다. 그리스인은 언어의 예술가로 오디세우스 시절부터 기교가이며, 페리클레스 시대의 궤변가이고, 말기 제국의 마지막까지 비위를 맞추는 교활한 변론가였다. 그 타고난 재능이 그들의 악폐가 되었다. 전쟁의 달인 나폴레옹은 파멸할 때까지 멈출 줄을 몰랐다. 타고난 재능이 그에겐 멸망의 원인이었다.

루소에 이르러서는 자기가 자기 문학적 생애를 설명한다.

"하찮은 학술원의 현상(懸賞) 문제가 본의 아니게 내 머리를 흥분시켜서 원래의 나에게는 맞지 않는 직업을 갖게 되었습니다. 생각지도 않던 성공이 보여준 매력은 나를 유혹했습니다. 무수한 적대자가 나의 말은 듣지도 않고 나를 공격했을 때의 사려 없음은 나를 기분 나쁘게 했고, 그 오만은 어쩌면 나에게도 오만을 불러 일으켰던 것 같습니다. 나는 변호했습니다. 그리하여 논쟁을 거듭해 나가는 동안에 거의 생각한 적도 없는 길로 접어들었음을 알았던 것입니다. ……"(보몽 대주교에게 보내는 편지의 첫머리)

루소처럼 논쟁으로 자기의 길을 여는 것은 과장됨에 이르거나 끝없는 싸움에 몸을 맡기는 일이 된다. 자기 명성의 대가로 두 가지의 쓴맛, 언제까지나 완전하게 진리가 되지 않는 쓴맛과 자신의 자유로운 처지를 돌이키지 못하는 쓴맛을 본다. 세상을 상대로 싸우는 것은 매력이 있지만 위험하다.

(같은 날)장 자크 루소는 모든 점에서 선조가 되어 있다. 템페르에 앞서서 도보여행을, 르네보다 앞서 몽상을, 조르쥬 상드보다 앞서서 문학적 식물학을, 베르나르당 듀상피에르에 앞서서 자연의 숭배를, 1789년의 혁명에 앞서서 민주적 이론을, 미라보 및 르낭에 앞서 정치적 토론과 신학적 토론을, 페스탈로치보다 앞서서 교육학을, 드 소쉬르에 앞서 알프스를 묘사하는 일

을 시작했다. 음악을 유행시키고, 공개적 고백이 주는 기호(嗜好)를 환기시켰다. 프랑스어의 새로운 문체, 긴밀하고 응집되고 농후한 열정이 담긴 문체를 썼다. 요컨대 루소가 지은 것은 어느 것 한 가지 잃은 것이 없고, 네케르(18세기 프랑스의 재정가, 루이 16세의 신하이자 스탈 부인의 아버지)와 보나파르트 사이에 반신(半神)으로 나타난 점으로 보아 루소만큼 프랑스 혁명에 작용을 미친 사람은 없으며, 또한 바이런, 샤토브리앙, 스탈 부인, 조르쥬 상드가 그곳에서 출발한 점으로 보아 루소만큼 19세기에 영향을 미친 사람은 없다고 할 수 있다.

그런데 그는 이 정도의 비범한 재능을 타고났으면서도 대단히 불행했다. 왜일까. 언제나 자기의 상상과 감각이 이끄는 대로 따르고, 결심에 판단이 없어 행동에 맺고 끊는 것이 없었기 때문이다. 그렇지만 이것을 유감스럽게 생각하는 것도 꼭 정당하지만은 않다. 루소가 평온하고 현명하며 합리적이고 강한 기질이었다고 한다면, 그 정도로 위대한 생애를 보내지 않았을 것이다. 루소는 그 시대에 좌절했다. 거기서 그의 웅변과 불행이 나왔다. 그의 순진한 신뢰의 마음은 이미 거친 인간 혐오로 우울증이 되고 말았다.

괴테나 볼테르에 비하면 얼마나 다른 것이랴. 이 사람들은 실제적인 생각에 전혀 다른 해석을 하고, 자기의 문학적 재능을 전혀 다른 방향으로 이끌어갔다. 이들은 약삭빠른 사람들이고 루소는 공상가이다. 전자는 인간이란 것을 터득하고 있었지만, 후자는 항상 인간을 실제보다 검거나 희게 생각했다. 그래서 그것을 반대로 받아들인 결과 광기에 빠졌던 것이다. 루소의 재능에는 늘 어딘가 불건전하고 불안한데다가 폭풍적이고 궤변적인 데가 있어서 독자에게 신뢰감을 잃게 한다. 더구나 그 원인은 의심할 것도 없이 이 작가에게는 감정이 상상을 부추겨 이성을 지배하는 것을 알기 때문이다.

1872년 10월 9일

M***의 집에서 차를 마시다. 그런 영국풍의 가정은 기분이 좋다. 오랜 문명과 끈기 있게 추구한 이상의 결과이다. 어떠한 이상인가. 자기와 타인의 존중, 의무의 존중, 한마디로 말하면 품위에 바탕한 윤리적인 이상이다. 주인은 손님에게 경의를 표하고 아이들은 부모에게 존경심을 가지며, 사람마다 물건마다 자기가 있어야 할 곳을 안다. 명령도 복종도 알고 있다. 이 작은 세계는 통치가 이루어지고 있으면서도 독립되어 나아가는 듯이 보인다.

의무가 '토지의 수호신'이지만 그 의무는 조심스런 예의범절과 지배권이라는 영국의 색조를 띠고 있다. 아이들은 이 집의 가풍을 고스란히 드러내고 있고, 행복하여 싱글벙글 웃지만 낯을 가리지 않으며, 게다가 조심성이 있다. 사랑받고 있음을 알고 있고 동시에 자기가 아랫사람임을 알고 있음을 느낄 수 있다. 우리 아이들은 우리가 주인으로 행세하고, 냉혹한 명령으로 끝없는 번잡함을 제지하면, 그것을 권력의 남용, 제멋대로의 행위로 본다. 왜일까. 모든 것이 자기들을 중심으로 돌아간다고 원칙적으로 믿고 있기 때문이다. 그렇기 때문에 우리 아이들은 귀엽고 사람을 잘 따르지만, 감사하는 마음이 없고 염치를 모른다.

　영국의 어머니들은 어떻게 해서 이러한 결과를 얻었을까. 자기중심적이지 않고 변하지 않는 확고한 규칙, 다른 말로 하면 자유를 향하게 하는 법률에 의해서이다. 이에 반해 칙령은 해방 및 투덜거리는 쪽에만 추진된다. 이 방법의 장점은 기진(氣盡)한 일에 반발하고 정의에 복종하며, 남이 자기에게 해야 할 일과 자기가 남에게 할 일을 알며, 양심의 눈을 맑게 하고 자신의 지배에 힘쓰는 성격을 창출하는 데에 있다. 영국의 어느 어린이를 보아도 국민적 표어인 '신과 나의 의무'가 느껴진다. 또 영국의 어느 가정에나 '집'은 성이자 배(船)임을 느낄 수 있다. 그렇기 때문에 그 세계에서는 가정생활이 그만한 비용을 쓸 만한 가치를 지니고 있다. 그 무게를 담당하는 사람들에게 편안함을 준다.

남자에 대하여 여자에 대하여

사랑이 행복을 먹이로 하여 찾아올 때
우리는 마법이 사라진 눈길로 그것이 도망치는 것을 바라본다.
우리는 수동적이고 힘이 없다.
힘이 빠진 마음은 숙명에게 자리를 내놓는다.

1872년 10월 13일

  나의 진가는 어느 정도인가. 나는 그만큼 일하고 그만큼 괴로웠는가. 나는 운명의 가혹함과 부정을 탓할 수 있었는가. 결코 그렇지 못하다. 확실히 나는 좋은 재능을 받은 사람의 부류에 든다. 비교적 특권을 지녔다. 다만 나는 이 행복 자체를 조금은 하찮게 여기며, 인생을 꽤 빈약하게 생각한다. ─── 너는 그것을 가능한 한 이용을 했는가. 결코 그렇게는 말할 수 없다. 너에게는 처세술, 의지, 정력이 부족하다. ──너는 누구에게 불만이 있는가. 아무에게도 없다. 무엇에 불만이 있는가. 네 소년시절의 꿈을 단 한 가지도 실현하지 못했거늘. 누구에게 죄가 있는가. 주위 상황과 너 사이의 부조화, 간단히 말하면 너의 불순응에. 너는 네 모습에 적합한 환경을 만드는 법을 몰랐다. 마음에 들지도 않는 너의 삶을 체념 속에서 보내는 것밖에는 알지 못했다. 너는 좀더 좋은 운명을 지닐 수가 있었는가. 그랬을지도 모른다. 좀더 용기를 지닐 수가 있었을까. 확실히 가능했을 것이다. 그렇지만 무익한 투쟁에 대한 때 이른 혐오감, 그 반감, 그 불가능성의 의식은 네가 지닌 여러 숙명의 첫 번째 것이 아닌가. 새장 속의 생활을 강요당한 새, 공기 중의 생활을 강요당한 물고기는 행복하지 않다. 우리가 가장 바라는 기호나 생생한 취미를 언제까지나 억눌러 두면, 끝내는 우리 안에 있는 생존의 위대한 용수철, 즉 용구를 훼손하게 된다. 우리의 약점이나 지나친 실패를 끊임없이 경험하면 우리에게 힘을 주는 마지막 환상, 즉 희망을 빼앗기고 만다. 끝없이 계속해서 일어나는 실망과 환멸, 손실과 박탈은 우리 안에서 위안을 주는 힘, 즉 신앙을 닳아 문드러지게 한다. 그런 식으로 당한 다음에 우리의 삶은 무엇인가. 아직도 더 심한 박탈에 대한 끝없는 방어태세, 셀레나드에게 당한 항복의 신호인 북소리, 가면을 쓴 열병식을 보이고, 파산을 둘러싼 연회의 겉모습, 다른 말로 하면 자존심이 눌려 계속해서 거는 내기, 겉모습을 고치

기 위해 연기하는 희극일 뿐이고 속마음은 숨이 끊어지려 한다. 슬픈 이야기
이다.

1872년 10월 14일

나는 너무도 오랫동안 스스로에게 아무것도 요구하지 않고 식물처럼 덧없는 삶을 계속하고 있다. 내 생활의 유일하고도 진정한 관심은 몇 가지의 애정이다. 나머지는 구실에 불과하다. 나는 아직 그 로맨틱한 옛날 이야기, 즉 인생의 매력, 동력, 이유, 초점으로서의 연애에 머물러 있다. 만약 이것으로도 몇 가지의 진심 어린 동정이 모아져 있다는 편안한 마음이 들지 않고, 아무도 나에게 사랑스런 기록을 기대하는 사람이 없다고 한다면, 나는 잠깐 동안이라도 살아갈 흥미가 없어지고 말 것이다. 나는 이제 나와 연결되어 있는 사람들을 기뻐하는 것 말고는 거의 행복을 알지 못한다. 그래서 나는 자애가 신앙이나 희망보다도 더 오래 남는다고 생각한다. 나는 자애의 행위가 나에게는 미적이고 과학적인 행위를 대신하게 되었다고 느낀다. 나는 친절한 것 이외에 이제 어느 것 한 가지도 방도가 없다. 이 노년의 달콤함, 빠르게 지나간 관용은 향상되지 못한 마음과 게으름의 결과라고 해야 할 무능력에 대한 대가이다. 나는 부러움을 느끼지 않으며, 적어도 내가 받은 적 없는 격려와 충고를 유능한 청년에게 아낌없이 줄 수 있음을 은밀한 기쁨으로 삼고 있다. 자아의 향상심은 나를 지치게 한다. 그러나 나는 다른 사람들을 위해서는 향상심을 가지며 창의적 의견을 가지고 질리지 않고 할 수가 있다. 이것은 해가 없는 특성이며, 경쟁을 두려워할 필요가 없다.

내 자아는 다른 사람들이라면 자아를 확대하고 끌어올리기 위해 쓸 힘을 자신에 대한 호기심에게 써버렸다. 다른 사람들은 물질 또는 인간을 지배하여 부자, 세력가, 권력자, 명사가 되려 한다. 나는 나를 아는 것, 오히려 나를 실험하는 것만을 바랐다. 나는 필요한 것 이외에는 없이 지내려고 시도했다. 그런 나에게 필요한 것이라면 최소한의 물질적 독립성과 사랑하는 책이다. 그것 이상으로 완전한 결핍은 나의 힘이 미치지 않는다고 생각된다. 애정을 빼앗겨 빈곤에 빠지면 나는 일찍 죽을 것 같은 생각이 든다. 유리한 점이 몇 가지 있다 하더라도 나는 유일한 중심 줄에 의지하고 있기 때문이다. 어느 누구든 나만큼 자기 신체와의 연계가 흔들리는 사람은 없을 것이다. 존

재의 불쾌함은 이미 누누이 나를 괴롭혔다. 나의 기억은 나를 구성하는 분자와 마찬가지로 응집력을 지니지 못하여 결국 나의 생존 속에서 이미 흩어지기 시작했다고 믿는다. 관조자(觀照者)는 자기의 삶을 지도하기보다는 오히려 방관하고 있다. 배우라기보다는 오히려 구경꾼이다. 행동하기보다는 이해하려 시도하고 있다. 그런 존재의 방식은 부당하고 부도덕한 것일까. 인간은 행동할 의무가 있을까. 그러한 초연한 태도는 존경해야 할 개성인가, 아니면 공격해야 마땅한 죄인가. 나는 이 점에 대해 항상 동요해 왔다. 여러 해 동안 무익한 비난과 쓸데없는 움직임으로 시간을 소비해 왔다. 그리스도교의 윤리관이 침투해 있는 나의 서양적인 양심은 늘 동양적인 관조주의와 불교적인 경향을 박해해 왔다. 나는 감히 스스로를 인정할 수가 없었다. 나 자신이 마땅히 해야할 바를 알지 못했다. 이것에 대해서나 다른 모든 일에 대해서도 나는 여전히 주저와 분열, 혼란, 당혹을 느꼈고 확신을 잃고 있었다. 나는 반대되는 일 사이에서 동요하고 있었지만, 그것은 균형을 유지해 가기 위한 한 방법으로 모든 결정(結晶)작용을 방해하는 것이 되었다.

  나는 일찍이 절대적인 것을 보았기 때문에 개성의 근신치 못함과 몰염치에는 빠지지 않았다. 어떠한 권리로 결점을 자격화할 것인가. 나는 다른 사람에게 복종을 강요하여 성공하려 할 필요를 조금도 느끼지 못했다. 나는 결함 및 타인의 우월함에 대해서밖에 명확한 증거를 얻지 못했다. 사람은 그런 식으로는 자기의 길을 나아가지 못하는 법이다. 다양한 능력과 상당한 이지를 가졌으면서도 두드러진 충동과 지배적인 재능이 없었기 때문에, 힘은 있어도 나를 자유롭게 느꼈고, 자유로워도 무엇이 최선인지를 발견하지 못하고 말았다. 균형은 결단을 내리지 못하게 하고, 만성적으로 결단을 내리지 못하는 것은 나의 모든 능력을 결과가 없게 했다.

  1872년 11월 8일

  (아침 9시). 구름 낀 날씨. 베개가 너무 낮았고 또 한밤중을 지나서 잤기 때문에 일어날 때의 기분이 좋지 않다. 상쾌한 눈뜸과 터질 듯한 탄력과 반대된다. 이 습관을 깨고 미늘창을 살짝 열어 새벽과 함께 일어나는 편이 어쩌면 좋으리라. 그러는 편이 눈에도 두뇌에도 좋을 것이다. 그러나 그렇게 할 수가 없다.

바라는 것은 불쾌하고, 변하는 것은 노력이니
생활은 어쩌면 습관이 짜낸 천이리라.
여하튼 새로운 계획, 새로운 태도가
수고할 가치가 있는가. 그렇게나 일찍 죽을 것을.

루이자 (Louisa Siefert. 시집 《스토아파 사람들》 Les Stoiques 1870년의 저자)가 말한 것처럼 "힘이 빠진 마음은 숙명에게 자리를 내놓는다."

사랑이 행복을 먹이로 하여 찾아올 때
우리는 마법이 사라진 눈길로 그것이 도망치는 것을 바라본다.
우리는 수동적이고 힘이 없다.
힘이 빠진 마음은 숙명에게 자리를 내놓는다.

《스토아파 사람들》의 곳곳을 다시 읽는다. 불쌍한 루이자. 우리는 그 스토아적인 여성의 흉내를 내어 늘 옆구리에 독이 묻은 창, '죽음에 이르는 화살'을 휴대하고 있다. 모든 정열적인 마음처럼 루이자, 너는 무엇을 바라는가. 영광과 행복. 무엇을 숭배하는가. 종교개혁과 대혁명, 프랑스와 프랑스의 반대. 그것에 너의 재능과도 상반되는 두 가지의 장점이 있다. 내면성과 광휘, 서정시와 나팔의 노래. 너는 시의 운율에 공을 들이고 있는 동시에 시의 리듬을 망가뜨리고 있다. 너는 발모르(Desbordes-Valmore. 19세기 전반 프랑스의 여류문학가)와 보들레르, 르콩트 드 릴과 생트 뵈브 사이에서 동요하고 있다. 즉 너의 취미는 극단과 극단을 오가고 있다. 너는 말했다.

언제나 나의 즐거움(욕구)은 극단이며
열중하고 쾌활한 어린아이였던 시절
종종 단 한 마디의 말만으로
나의 모든 즐거움이 흩어져 날아갔다.

그러나 얼마나 아름다운 피아노 선율을 지녔으며 얼마나 강한 영혼과 풍부한 상상력을 지녔던 것이란 말인가.

1872년 11월 11일

나는 이따금 농담으로 외국인으로서 제네바에 사는 이점을 이야기한 적이 있다. 시민은 담당하기에 무거운 재정적인 여러 의무를 지며, 그 대가로 얻는 투표권이 또한 상당히 성가시게 한다. 결국 시민은 자기가 맞는 채찍에 비싼 값을 치르고 있다. 외국인은 몇십 전인가로 간단한 체재허가를 얻기만 하면 무료 교육을 포함해 온갖 이익을 누리고, 우리가 대신해서 지는 모든 조세부역이 면제되어 있다. 결론. 어찌 외국인의 지위를 요구하지 않을 수 있으랴. 이 욕망을 방해하는 것은 애국심이다. 더구나 조국을 구성하는 모든 요소가 소멸했을 경우, 종교나 공공심·다양한 욕구·희망·정치적 신념·확신 등 공통된 것이 없어졌을 경우에 주위 사람들의 사상이나 의지, 취미에 있어 내가 그 안에 있다고 느끼지 않게 되었을 경우, 조상도 없고 자손도 없어졌을 경우, 즉 자기 나라에 뿌리도 없고 연고도 없어졌을 경우에 조국에 무엇이 남는가. 조국은 신화가 된다. 그러나 아무리 보아도 방법이 없다. 조국은 여전히 애정이다.

나는 내가 현실의 제네바에서 현저하게 고립되어 있다고 느낀다. 그러나 제네바의 이상적 망령은 아직도 나에게 뭔가를 말한다. 미신일까. 좋다. 이유 없는 신앙일까. 그렇다. 그렇지만 사람의 가슴은 대상과 공상을 필요로 한다. 사람이 사물이나 인간을 사랑하는 것은 그것이 주거나 허락하는 행복 때문이 아니다. 다만 애타심 없이 왠지 모르게, 또는 고상한 마음으로 대가를 기다리지 않고 사랑하는 것이다.

1872년 11월 18일

오전엔 몽상. 두 사람에게 편지를 보내 나의 개성이 무엇인지 묻는다. 두 사람의 판단이 일치할 경우를 가정하면, 둘 다 옳다고 말하게 될 것 같다. 나는 어떤가 하면 자신의 열쇠를 잃어버렸기 때문에 본질적인 사항, 내 특유의 재능, 나에게 적합한 일, 따라서 나의 실력과 사명, 임무를 알지 못한다.

고귀한 영혼을 예감하는 것이
가장 가치 있는 천직이다.

30년 뒤에 인정받을 것을 오늘 생각한다. 답은 두 가지, 괴테의 답과 쇼펜하우어의 답이 있다. 나는 어떤가 하면 오히려 이렇게 생각한다. 인간 본성의 모든 양상을 이해하고 모든 행함을 잘 이행한다. 이 마지막 모토는 독창성, 창작력, 발안력, 의지가 적고 행동에 대한 무관심을 나타낸다. 빈틈없이 행동하고, 바르게 느끼고 생각하는 것은 예술가, 야심가, 변론가의 이상이 아니라 단지 주의 깊은 비평가와 선량한 인간의 이상이다. 인간을 지배하고 사물을 뒤흔드는 것은 결코 내가 할 일이 아니다. 조용히 바라보는 것, 미루어 생각하는 것, 사랑하는 것, 위로하는 것이 항상 나에게는 크나큰 매력이었다. 나의 재능은 이해를 초월한 중립성과 정신의 비자아성이다. 내가 좋아하는 것은 애정이 있는 생활이다. 나는 객관적인 이성과 정이 두터운 마음을 지니고 있다. 나에게 반감을 갖게 하는 것은 이기적인 동시에 열렬하고, 편협한 동시에 결단적인 이해와 정열, 선입견으로 짜여진 비속한 생활이다. 내가 견디기 힘든 것은 나의 타산을 위해, 나 자신을 위해 행동하는 것이다. 나는 내 몸, 내 경력, 계획, 미래에 관심을 가질 수가 없다. 그것이 나에게는 조야하고 저급하며, 비속하게 느껴진다. 그런데 세상은 모든 욕망이 자기만족을 추구하느라 싸우는 전쟁터이기 때문에, 나는 탐욕스런 사람, 힘센 사람, 요령 있는 사람에게 맡겨진 세상에는 속해 있지 않다.

성가시게 따라다니는 상대적인 것과 도달할 희망이 없는 절대적인 것 사이를 나는 한가롭게 떠다니고, 모든 행동이 확고한 의무가 아닌 한 당첨과 다름없는 것이므로 나는 극단까지 몰리지 않으면 행동하지 않는다. 의심이 갈 경우는 조심하라는 격언이 있다. 그러나 나는 하지 않아도 되는 행동에 있어서는 언제나 의심을 하며, 확신 없는 결단이 되면 항상 주저한다. 내게는 결정을 하게 하는 것, 즉 내 의지의 편이 되어 그것을 선한 의지라고 믿는 환상이 없다. 나는 늘 앞으로 내가 말하려 하거나 하려는 일의 반대도 역시 참이며, 어쩌면 선일지도 모른다고 생각한다. 나에게는 자신에 관한 자기 도취나 의지의 집요함이 없다. 나는 언제나 내 의견이나 결심을 세우지 못하므로 그 방향으로 힘차게 노력하려는 곳까지 가지 못한다. 나는 결코 무엇이 나에게 적합한지, 또는 무엇을 하는 것이 좋은지 명확한 증거를 갖지 못한다. 나의 지혜, 재량, 결의, 열의는 타인에게만 도움이 된다.

참으로 불교적이고 수도사적인 기묘한 성격. 나의 기질은 헌신적 행위에 적합하다. 다만 그 행위를 할 때 헌신적인 애정이 나의 자아적인 이해관계를 이끈다는 조건이 필요했다. 그런데도 운명은 얄궂게도 나를 유년시절부터 '자치'로, 성숙기에는 고립과 독신으로 있게 했다. 독립이 나에게 어떤 도움이 되었을까. 단지 조심하게 했을 뿐이었다. 나는 나에게 맞는 생활을 할 줄 몰랐다. 나는 외면적인 기후의 불순에 저항하기 위해서 팔과 다리를 껍데기 속으로 집어넣는 일밖에 하지 않았다. 게다가 용감한 논리로 철저하게 스토아파나 불교도가 되지도 못했다. 나는 동양인도 서양인도 아니며, 완전한 남자도 여자도 아니었다. 여전히 형체도 없이 활력 없고 배우자도 없이 중성적이고 미온적이며 분열의 상태에 머물러 있었다. 꼴사납다.

1872년 11월 23일
곳곳에 싸움, 전쟁, 불화. 세상은 얼마나 시끄러운 곳인가. 평화가 불가능하다는 것은 우리 민족의 교만에 의해 오히려 위대하다는 뜻으로 바뀌었다. 그것은 꼽추가 대다수를 차지하고 있다면 등이 솟아오른 것은 인간의 장식이라는 포고령을 내놓는 것과 같다. 상반되는 각양각색의 바보들 사이를 비틀거리며 다니는 것이 우리 인류의 법칙인 것 같다. 현명한 생각, 즉 대립하는 것의 융화는 특권을 가진 소수가 받는 것임이 틀림없다. 인간 세계는 당파에 맡겨지고, 당파란 서로 알지도 못하면서 서로를 죽이는 편파적인 것이다. 이것은 대체 무엇을 증명하는가. 헤라클레이토스가 옳다는 것, 날개 없는 두 발 동물(인간의 정의)의 대부분은 좋은 자질이 없는 창조물이고, 그의 주된 특성은 우매함과 악의임을 증명하고 있다.

인간이 진정한 인간일수록 고립되기 시작한다. 명쾌한 생각과 선의를 늘리면 늘릴수록 동료가 적어진다. 만약 완전한 사람이 된다고 한다면 단 하나밖에 없는 실례가 될 것이다. 그런 의미에서 우수한 성질은 인간의 주위에 공허함을 만들며, 그 인간을 환경과 비속, 다수에게서 분리한다. 다행히 자애는 그 사람에게 심연을 다시 펼치게 한다. 다른 사람들에게 이 사람의 호의와 사랑에 상당하는 것이 적을수록 이 사람은 한층 다른 사람들에게 몸을 바친다. 다른 사람들을 좋아하지 않을수록 한층 도움이 되고자 노력한다. 다른 사람들을 알지 못한 채 악인이라고 생각할수록 더 큰 번민이 혐오감을 억누른다. 자기의 우월성 때문에 모멸의 동기가 아니라 사도(使徒)의 사업 동기를 이끌어내기 시작한다.

종교 및 정치적 투쟁은 너를 어둡게 한다. 민주제에 있어 모든 것의 주인이 되어 있는 감정적인 민중의 변치 않는 유치함은, 너에게 끝없는 만복감과 역겨움을 준다. 온갖 사항에 대해 쓸데없는 논쟁을 일으키고 단순한 진리를 쉼 없이 다시 증명할 필요성, 너무 많은 선입견, 전부터 있어온 부패한 논의, 누구나 아는 술책은 너를 메스껍게 하고 입맛을 쓰게 한다. 민중의 기호에 따르면 가장 훌륭한 사상도 항상 아래에 놓이기 마련이라는 확신은 너를 낙담하게 한다. 때문에 너에게는 힘도, 이웃에 대한 사랑도 없어졌다. 환멸은 너를 냉담하게 했다.

확실히 세상을 바꾼다는 것은 너에게는 공상으로 보이고, 너 자신을 바꾸는 것도 힘들다고 생각한다. 더욱 올바르게 보는 것, 한층 잘 행하는 방법을 배우기만 해도 너의 향상심은 만족한다. 그런데 아직 너에게 희망을 가지고 도움을 바라는 모든 사람들에 대한 도움말을 덧붙여 두겠는데, 그것으로 이미 너의 희생은 궁극에 달한 것이 된다. 너는 사람들에 대한 보다 일반적인 부담, 공적인 사명, 너를 부르지 않고 너에게 말을 걸지 않는 사람들에 대한 의무에 대하여 명확한 개념을 갖고 있지 않다. 너에게는 신앙의 유발, 선전이나 광고를 하고 싶어 좀이 쑤실 정도의 욕구는 조금도 없다. 민주제도가 낳은 보편적 충족의 의식은 너에게서 논쟁의 욕구마저도 빼앗아 버렸다.

1872년 11월 28일

S***(일기에 Sibylle로 이름이 나와 있는 아미엘의 옛 여자친구)의 기일, M***의 생일, H***의 결혼기념일, 세 친구의 일생에 있어 3대 사건이 같은 날짜에 있다. 그렇다기보다는 오히려 한 해의 같은 날에 닿아 있다. 태어나고, 두 사람의 생활이 합쳐지고, 죽는, 이것은 법률적으로나 종교적으로도 3대 시기이다. 몇 년 전에 S***는 영면에 들어갔고, M***은 이 땅에 나타났으며, H***는 결혼을 했던가. 나는 이제 모르겠다. 시간은 나에게 무관심한 것이고 나의 기억에는 흔적도 남아 있지 않다. 외부 세계의 사물에 관계가 있는 날짜는 나의 관심을 환기시키고, 나의 의식에도 아직 얼마간의 가치를 지니고 있다. 그렇지만 나의 생활은 연대기적인 범주에 들어 있지 않다. 나는 자신을 '시간의 범주 아래로' 보지 않는다. 주, 월, 연(年) 등의 구분은 내 마음의 어떤 것과도 관련이 없

으며 언제가 되든 무관하다. 왜일까. 행동은 나의 생활형식이 아니며, 더구나 행동만이 우리를 달력이 지배하는 외부적 세계의 톱니바퀴에 집어넣기 때문이다. 외면적 생활은 꿈과 같아서 지속적이고 인위적인 선이나 눈금과 관계가 없다. 내 자서전은 인도의 역사와 마찬가지여서 만약 이 일기장을 잃는다면 나는 다시 구성하지 못할 것이다. 나는 나에게서 진행도, 진보도, 성장도, 사건도 인정하지 않는다. 나는 다양한 정도의 강렬함, 슬픔 또는 기쁨, 건강 또는 각성의 느낌으로 내가 '존재한다'고 느끼지만, 내 생활에는 아무 일도 일어나지 않으며, 나는 인생의 길을 고정된 한 점으로부터 멀어져 바라던 종점으로 다가가는 것처럼 지나지는 않는다. 나의 포부(이 한 마디가 과장되지 않고 부적당하지 않다고 한다면)는 생활을 경험하는 것, 인간이라는 존재의 양상을 의식하는 것이며, 느끼고 생각하고, 다만 의욕하지 않는 것, 다른 말로 하면 관조하는 것이다. 관조에 대해서는 영원은 시간을 다 삼켜버린다. 그렇기 때문에 나는 경과한 시간이나 흘러간 세월을, 예를 들면 동료 하나가 할아버지가 되었다는 등의 외부적 관찰에 의하지 않으면 나의 직접적인 지각에 의해서는 의식하지 않는다.

나의 세례 기록은 내가 반세기를 넘겼음을 증명해 준다. 그러나 나는 2배의 연령에 달한다 한들 여전히 세상에 익숙지 못하고, 나 자신의 신체에조차 익숙해지지 않으리라. 시간의 장난기가 나에게는 기묘하게 보이며, 지금도 25년 전과 마찬가지로, 아니 그 이상으로 나를 소원하게 다룬다. 나는 내 슬라이드를 보고 있지만 보고 있는 나는 물체와 하나가 되지 않는다. 나는 스스로에게 나의 태양이나 별이 돌고 있는 움직이지 않는 공간이다. 나의 정신은 현상이 일어나는 장소이며 안에 시간을 갖고 있으므로 시간의 바깥에 있다. 그것은 나에 대해서 신이 세상을 대하는 것과 같아서 나타나고 사라지며, 시작되고 끝나는 것과 끊임없이 변형하는 것과 반대로 영원하다.

1872년 12월 1일

(아침 9시 45분) 이 무슨 기묘한 꿈인가. 나는 이틀 뒤에 극형을 받게 되어 있었다. 그것이 나에게 당연한 일처럼 여겨졌다. 지금 나는 조금도 분노하는 마음을 품지 않았다. 그러나 이상한 것은 나에게 그 범죄의 기억이 없으며, 내 양심은 완전하게 평온했고, 나는 전혀 죽음을 두려워하지 않았다는

것이다. 한마디로 말해 나는 유죄인 동시에 무죄이며, 삶에 대해서나 죽음에 대해서나 단 한 마디의 불평도 없었다. 이 꿈은 11월 27일의 잠언시(삶과 죽음이란 무관심하다)와 29일의 나의 강연(사형에 대하여)과의 결합은 아닐까. 어쩌면 거기에 제3의 요소로서 범죄자의 유죄성을 부정하는 '결정론'(지스티에의 기금현상논문이 내 머리에 차 있었다)마저도 부가할 필요가 있으리라. 어쩌면 오델로가 자신에 대해 했던 말, '살인자, 명예로운 자'에 대해 나의 상상력이 작용한 것일까.

눈을 떴을 때 나에게 은밀한 기쁨을 준 것은 꿈속에서도 나를 악인으로 인정할 수가 없다는 것과, 만약 실제로 뭔가 살인죄를 저질렀다 하더라도 몽유병자가 지붕에서 떨어져 지나가는 사람을 덮친 것처럼 모르고 한 행동일 것이라는 의식이다.

내 꿈에 대해 떠오르는 다른 설명은 최근 2주 동안에 했던 비극 낭독의 연습이다. 그 때 낭독한 사람이 불가사의한 공포나 흉포한 모습으로 목소리와 몸짓을 더했기 때문에 평소의 그 사람이 아닌 것 같았고, 호의로 연기해 준다는 분위기여서 감정이 수반되지 않았다. 그것과 마찬가지로 꿈을 꾸는 나는 범죄가 없는 범죄자였고, 처형이 분명한데도 공포는 느끼지 않았다. 나는 정말로 이제 끝이라고 생각하면서도 픽션임을 아는 사람의 편안한 마음을 갖고 있었다.

나는 환상을 갖지 않으면서 환상을 갖고 있었다. 나는 내 상상력을 속이더라도 양심을 속일 수 없어 스스로에게 희극을 연기해 보이고 있었다. 서로 녹아들지 않는 것을 하나로 융합시키고, 서로 배척하는 것을 일치시키고, 옳고 그름을 동일하게 하는 꿈의 힘은 그 경이로움과 함께 어떤 상징을 나타내고 있다. 꿈속에서 우리의 개성은 닫힌 것이 아니며, 말하자면 그 주위의 것도 끌어안고 경치 및 그 내용 전부가 되어 우리마저도 품는다. 그러나 우리의 상상력이 우리의 것이 아니고 비자아적인 것이라 하더라도, 자아성은 상상력이 지닌 기능 중 특별하고 한정된 하나의 경우에 불과하다. 더욱이 사유에 있어서는 더욱 그러하다. 사유는 자기를 개성적으로 파악하지 않고, 자기를 하나의 자아 속에 구체화하지 않고 존재할 수가 있으리라. 달리 말하면 꿈은 자아성의 한계로부터 해방된 상상력의 관념, 또는 이미 의식적이지 않게 된 사유의 관념으로 귀착한다. 꿈꾸는 개체는 마이어의 보편적 상상 속에 속속 용해된다. 꿈은 연옥(구약성서의 의인이나 세례를 받지 않고 죽은 유아의 영혼이 사는 지옥의 가장자리)에서의 어슬렁거림, 인간계의 감옥의 반 개방이며, 꿈을 꾸는 사람은 자신의 의지와 상관없이 구경꾼이 되어 보고 있는 다양한 현상의 장소이다. 수동적이고 비자아적(非自我的)이다. 알 수 없는 진동과 눈에 보이지 않는 작은 귀신의 장난감이다.

 꿈의 상태에서 나오지 않는 사람이 있다면, 진정한 의미에서의 인간적인 교양에는 이르지 못한다. 그러나 꿈을 꾼 적이 없는 사람은 완성된 정신밖엔 알지 못하여 자아성의 생성을 이해하지 못할 것이다. 결정(結晶)작용을 추측할 수 없는 결정과 비슷한 것이리라. 그런 식으로 각성의 때가 꿈에서 나오는 것은 꿈이 신경생활로부터 방사해 신경생활이 유기적 생활의 꽃으로 피는 것과 같다. 사유는 자연이라 불리는 향상적 변형의 정점이다. 그렇게 보면 자아성은 넓이에서 잃어버린 곳을 내면의 깊이로 되돌리고, 섭취적 수동성의 풍부함을 자유라 불리는 자기 지휘의 막대한 특권에 의해 보상받는다. 꿈은 온갖 한계를 불명확하게 하여 고등한 존재에게 딸린 여러 조건의 준엄함을 우리에게 느끼게 한다. 그러나 인식하게 하고 행동하게 하는, 즉 과학과 완성의 덕에 이르게 할 수 있는 것은 의식적이고 의지적인 사유뿐이다. 그러므로 심리적인 호기심에 따라 우리의 편안함을 위해 기꺼이 꿈꾸도록 하자. 그러나 우리의 힘이자 품위인 사유를 나쁘게 말하지는 말자. 동양인으로 시작해 서양인으로 끝내자. 이것이 예지의 양면이다.

1872년 12월 8일

 오류, 악, 추함, 거짓, 범용(凡庸)이 그 사람(파니메르쉐)을 괴롭히고 그 사람을 어지럽힌다. ……완성에 대한 욕구는 옆 사람의 방임을 이해하지 않는다. 그 섬세함은 비섬세함에 익숙해지지 못한다. 그 순결함은 악폐, 범죄, 악의에 대해서뿐만 아니라 이러한 것들의 심상(心象)에 대해서도 탁해진다. 이것은 미적인 순결함이고 윤리적으로 민감한 여자이다. '순금'. 더러운 것은 다가가지 못하는, 별만이 비치는 숨겨진 깊고 투명한 샘. 나는 강한 이지와 건강한 성격 속에 있는 이 어린아이 같은 순진함에 감탄하고 감동한다. 이 여자친구는 나의 양심이다. 그 사람이 떨고 있음을, 가련한 여자처럼 말없이 울고 있음을 느끼면 나의 폐부는 뒤흔들린다. 그 사람의 정신적인 아름다움은 나를 존경심으로 채우고, 그 사람의 감수성은 나를 경탄케 한다. 확실히 어딘가 특별한 곳, 아니 비범한 데가 있다. 정말로 그 사람은 나에게 종교심을 일으킨다. 청정함의 덕에 대한 신앙을 돌이키게 한다. 준엄한 사람, 스토아적인 마음, 무심코 닿을 수 없는 창조물 속에 하나의 영혼으로 머물기를 포기하려고 결심하면서도 행하지 못하는, 애정이 있고 열정이 담긴 여자가 있는 것이다. 이것은 경건하다. 이것은 종교적 비극이다.

1872년 12월 9일

비속(卑俗)해져도 본질은 변하지 않고, 대중적이 되어도 거짓되지 않은 윤리적 진리는 무엇인가. 자유와 평등, 청정함과 경건함, 신앙, 자유로운 토의와 연구, 진보, 그밖에도 많이 있다. 모든 진리는 상대적이고 제한적이며, 뉘앙스적이고 조건적이다. 그런데 대중성은 투우가 붉은 천에 달려들 듯이 진리로 뛰어들고, 진리만을 보며, 그것을 고립시키고 과장하고, 절대적인 것으로 굳게 믿으며, 그리하여 진리를 오류로 만든다. 인간은 진리를 추구하고 싶어 어쩔 줄을 모른다. 그러나 가능성 있는 결합을 생각한 뒤가 아니면 진리에 도달하지 못한다. 바꿔 말하면 민중은 오류에 대해 자연적인 친화력을 가지며, 항상 가장 길고 가장 힘든 지그재그를 거쳐 소기의 목적으로 향한다. 바구니에 들어간 벌레가 이리저리 부딪친 끝에 겨우 출구를 발견하는 어리석음을 떠올리게 한다. 어느 나라 국민이나 선견의 결핍이 있어서 자기가 보는 것밖에는 보지 못하므로, 이성이 예시해 놓은 모든 얼뜨기 짓을 하나씩 실험하고 있다. 이지란 것은 경험에 앞서며, 어리석음에 빠지는 잘못을 멈춘 곳에 있다. 이런 의미에서 민중에게는 이지가 없다. 민중은 매력과 격정, 선입견밖에 모르며, 본능을 빼앗긴 동물과 비슷하다.

보통선거는 평등의 문제를 해결하기에는 편리하지만, 반대로 그 본성으로 인해 모든 진리의 문제를 훼손하게 될 것이다. 과학적, 윤리적, 종교적, 예술적 진리는 언제나 소수에 의해, 산재하는 개인에 의해서 진보해 왔으며, 우수한 자가 어딘가에 나타나면 그것을 야유하고 얼버무리고, 타박하고 박해하는 민중을 적으로 가졌다. 그런 효과가 실패한 것처럼 보일 때는, 대중의 수치심이 아직 얼마쯤 남아 있고 훌륭한 비판자의 목소리가 들리며 평민이 스스로 비판하기를 창피해했기 때문이다.

그러나 평민이 진지하게 임하고 실력과 권리를 구비했다고 해서 참된 것과 아름다운 것, 신성한 것에까지 결정권을 가질 생각을 하면 모든 일은 수준이 저하되어 비속에 빠진다. '신기료 장수는 신을 깁는 일에만 머물러라.'
_{(이오니아의 화가 아펠레스가 자기의 그림에 있는 구두를 비평해 다른 것에까지}
_{미치려 하는 신기료 장수에게 했다고 하여 플리니우스가 '박물지'에 인용한 문구)}

모든 사람들이 가장 즐겨 행하는 일이고 또 가장 서투른 일은 판단과 비평이다.

가장 쉽고 보통으로 이루어지는 것은 판단하는 일이다. 가장 성가시고 가장 어려운 일은 올바르게 판단하는 것이다. 왜일까. 판단에는 방심과 어리석음이 있으면 충분하지만, 올바르게 판단하려면 많은 반성과 현명한 생각이 필요하기 때문이다.

스스로를 어리석다고 판단하는 어리석음은 그 광기가 이성에 복종하는 것을 보더라도 원칙적으로 낫다고 말할 수 있겠다. 자기의 아둔함을 잴 수 있는 바보는 어떤 사고에 맞닥뜨린, 지혜 있는 사람이라고 할 수 있으리라. 그러나 민중은 바보이고 제정신이 아니어서 그것을 모르기 때문에, 더 나을 것 같지 않거나 가망이 희박하다.

(밤 10시) 자기의 동굴에 대한 분노나 타산, 허영심 때문에 투덜대는 개미가 있다고 한다면 그것은 애국적인 개미가 아니다. 주위 사람의 피를 흥분시키기를 즐기는 사람은 본질적으로 사람으로 간주할 수 없다. 자기 자신을 비웃는 재인(才人)은 본질적으로 사람과 반대편에 서 있다. 그와 반대로 원래 사람은 자기의 환상에 속지 않는 재주꾼에게는 가소롭게 보인다. 결국 본질적인 모습은 신념이자 맹신이며 선입견이다. 순수하게 비평적인 비평가는 오히려 쾌활해진다. 나는 그 쾌활한 증거를 댈 수도 있다. 그 실례가 꺼림칙한 것이 아니라면. 본질적인 모습은 개인에게서 느끼기 쉽고 다치기 쉬운 부분이며 개인 자체가 의존하는 것이다. 개인의 지갑, 체면, 확신, 숭배, 조국, 어머니 등 그것의 칭호가 무엇이든 크게 지장은 없다. 일단 그것이 위험해지면 개인은 웃음을 멈추고 방어태세를 취한다. 그것은 개인에 대한 담보라고도 해야 할 만큼 자유롭지 않은 부분이다. 옆 사람은 그것이 우리를 덮칠 경우에 우리의 본질적 측면으로 대항해야 한다는 것, 우리가 모든 것에 대해 웃으면 우리는 모든 굴종과 온갖 협동 및 속박에서 벗어난다는 것을 알고 있다. 그 생각은 맞다. 본질은 우리의 탯줄이며, 우리를 인간성과 결부시

키고 있는 것이다.

너는 본질적인 인간이 아닌가. 어떤 의미에서는 그다지 본질적이지 않다. 너는 정말이지 대부분의 동년배보다는 훨씬 머리가 자유롭고, 그 사람들이 중대한 의의를 부여하는 다양한 이해관계에도 무관심할 수 있기 때문에 그것에 대해 농담을 할 수가 있다. 결혼도 않고, 명예욕도 없으며, 사법관도 아니고, 정당에도 들지 않고, 내기도 않고, 한 집안의 주인이지도 않은 너의 본질은 면적이 훨씬 좁아졌다. 그것은 최소한에 이르고 있다. 몇 사람과의 애정, 독립 및 건강의 물질적인 조건, 윤리적 법칙, 이것만이 전부이다.

공포도 희망도 일으키지 않고, 계급별로 당하거나 사취를 당하거나 할 수 없는데 어째서 나를 본질이라고 생각하는가. 게다가 나는 잘난 체하기를 피하고 그늘을 찾으며, 나를 없애고 죽은 사람인 척하고 부탁받기를 기다리지 스스로 권하기를 원치 않는다. 이런 방식은 나를 영(零)으로 돌아가게 한다. 그러면 누가 나를 상대할 것인가.

다행히 나에게는 독립이 권력, 명성, 재산보다도 기쁘며, 나는 독립에 가까운 생활을 하고 있다.

1872년 12월 11일

유아인 성 요한처럼 7시간 반이나 계속해서 잤다. 꿈이 없는 파란 잠. 그토록 오랫동안 우리의 상대를 하고 있는 손에 잡힐 듯한 비를 머금은 회색 하늘을 다시 찾았다. 온화하고 고즈넉한 날씨다. 분명하지 않은 유리창이 바깥세계의 이러한 불쾌한 조망에 상당한 영향을 미치고 있는 것 같다. 비와 연기가 창 표면을 더럽힌다.

투명함 대신에
맑음을 지녔다.

우리와 사물 사이에 어떤 경계가 있는 것일까. 체액, 건강 상태, 눈의 모든 조직, 방의 유리창, 안개, 연기, 비나 먼지 또는 빛, 그것은 모두 무한히 변화한다. 헤라클레이토스는 말했다. 인간은 같은 강물에 두 번 발을 담글 수는 없다고. 나는 말한다. 인간은 같은 경치를 두 번 바라보지 못한다. 창은 만화경이며 바라보는 사람도 만화경이다.

> 세계는 너무나도 변화무쌍하고, 인간은 기묘하다.
> 변화하는 경치를 바라보는 변해가는 사람이
> 자기는 똑같은 것을 보았다고 믿고 있다. ……

광기란 무엇인가. 착각의 제곱이다. 상식은 사물과 인간과 상식 사이에 규칙적인 관계, 즉 '생존 방식'을 설정하고, 안정된 진리와 영원한 사실로 흐려져 있다는 착각을 가진다. 이성의 요란함은 상식이 보는 것도 알아채지 못하고 보다 잘 보고 있다는 착각을 한다. 상식은 경험적 사실을 필연적인 사실과 혼동하고, 조금도 의심하지 않고 있는 것을 있을 수 있는 것의 척도로 생각한다. 광기는 있는 것과 굳게 있다고 생각한 것과의 차이를 모른 채 꿈과 현실을 혼동한다.

현실이 진리이고 필연이라고 하는 것은 단순한 착각이다. 현실이 현실이라고 하는 것은 착각의 제곱, 즉 평방이다. 착각의 세제곱은 있을 수 있는가. 광인의 의식이 자기의 광기를 자각하면서 스스로는 그것을 똑똑한 것이라고 생각하는 그런 경우가 아니겠는가.

똑똑한 생각이란 상식과 광기를 판단해 안 다음에, 일반의 착각에 몸을 던지는 것이다. 마이어의 연극에 참가하여 '우주'라 불리는 공상적인 비희극에서 깨끗하게 자기 역할을 다하는 것이, 들뜬 사람을 상대할 때는 들떠야 하고 진지한 사람을 상대할 때는 진지해져야 함을 터득한 취미의 사람에게 가장 적절한 처치이다. 그것이 이지주의의 모습이라고 나는 생각한다. 사유로서의 정신은 모든 현실이 꿈의 꿈에 불과하다는 직관에 도달한다. 우리를 꿈의 궁전에서 나가게 하는 것은 슬픔이며, 그것도 몸으로 느끼는 슬픔이다. 의무의 의식 또는 이 둘을 합친 죄의 슬픔이다. 또한 사랑이다. 한마디로 말하면 윤리적인 명령이다. 우리를 마이어의 마법에서 끌어내는 것은 양심이다. 양심은 키에프(터키인의 철/대적 안식)의 증기, 아편의 환각, 관조적인 무관심의 평온함을 흩어 사라지게 하며, 우리를 재촉해 인간의 고뇌와 책임이라는 두려운 톱니바퀴에 집어넣는다. 또 그것은 흥을 깨는 것이고, 눈금 시계이며, 유령을 물리치는 닭의 울음소리이고, 인공 낙원으로부터 인간을 추방한 칼을 지닌

대천사이다. 이지주의는 자기혐오에 빠진 술 취한 사람과 비슷하다. 윤리주의는 단식을 하고 있다. 잠들기를 거부하는 배고픔과 갈증이다.

(날짜 없음)
죄에 대해 가장 경박한 관념을 지닌 사람이란 바로 기호(嗜好)가 있는 사람과 없는 사람 사이에 심연이 있음을 가정하는 사람들이다.

(날짜 없음)
아내와 어머니가 가지고 있는 이상(理想), 의무와 인생을 이해하는 방식은 공동생활의 운명을 포함하고 있다. 신앙은 부부의 배를 이끄는 별이며, 사랑은 한 집안 전체의 미래를 비추는 불빛이다. 아내는 가족의 안녕이거나 파멸이다. 그의 외투 자락에 가족의 운명을 감추고 있다.

(날짜 없음)
여자가 자유로운 마음을 갖고 있다는 것은 어쩌면 좋지 않은 일일 것이다. 이내 그것을 남용할 것 같다. 철학에 들어서면 반드시 그 특수한 재능, 즉 개성의 숭배, 습관, 풍습, 신앙, 전통의 옹호를 팽개쳐 버린다. 여자의 역할은 사상의 연소를 완화하는 것이다. 활발한 공기 중의 질소 역할과 비슷하다.

(날짜 없음)
사랑을 지닌 여자 가운데는 과거의 제녀(祭女), 대상이 사라진 애정의 경건한 파수꾼이 있다.

1873년 1월 6일
아이스큐로스의 비극 7편을 르콩트 드 릴 번역으로 읽다. 《프로메테우스》와 《에우메니데스》는 걸작 중의 걸작이다. 예언자의 숭고한 태도가 있다. 둘 다 인류의 생활에 있어 종교적 혁명과 심각한 위기를 묘사하고 있다. 프로메테우스는 신들의 애장품에서 탈취한 문명이며, 에우메니데스는 정의의 변경과 속죄 및 사면에 의한 완고한 보복 처형의 폐지이다. 프로메테우스는 모든 구세자의 순교를 가리키며, 에우메니데스는 아테네와 아테네의 최고법원, 바꿔 말하면 참으로 인간적인 문명에 대한 찬미이다. 이 시는 참으로 장엄하여 다양한 운명의 거대한 비극성에 비하면 감정에서 나오는 모든 개인적인 사건은 너무도 초라해 보인다.

1873년 1월 20일

칸투(Cesare Cantù, 19세기 이탈리아의 역사가)의 《이탈리아 여러 공화국, 십자군, 중세 일반, 한자동맹의 역사》로 오전을 보내다.

세계사란 무엇인가. 대개 생각할 수 있는 한, 책략과 과실을 다한 것들이다. 그것은 정의로운가. 배분적 평준화 또는 모든 사람이 일에 참여하는 모양새에 있어서는 정의를 향하고 있다. 신분의 평등, 이어 재산의 평등으로 향한다. 최선을 동경하지만 아무리 가도 선(善)을 찾을 수 없다. 비록 발견한다 해도 이내 그것을 파괴할 것이다. 선은 균형이다. 균형은 역사의 사멸이 될 것이다. 결국 역사는 실현되지 못할 것을 뒤쫓는 영원한 요동이다. 개인은 자기 안에 현명한 생각을 실현할 수가 있다. 국민은 그의 겉모습, 즉 자유에 있어서의 평등밖에는 실현하지 못한다.

가령 인류가 노쇠하여 사망하고 그의 자연적 수명을 다했다고 상상하자. 인류는 무엇에 도움이 되는가. 그곳에 구현된 행성 생활의 총체를 관념으로 바꾼 것, 그보다는 나아가 《우주》의 시를 큐베레(소아시아 프뤼기아의 여신)의 특별한 말로 번역한 것에 도움이 된다. 우리의 인간성은 태양에 예속된 여러 세계가 연주하는 거대한 교향악의 화음과 절도가 되고, 50겹의 막으로 이루어진 세계를 표현하고 있지만 서로 같은 줄에 있는 행성의 제각각의 인간성에 비하면 여러개 중 한 단위에 지나지 않는다.

정신이 된다는 것은 영원한 생명으로 들어가는 것이다. 그것은 우리 개성을 영원한 것으로 만드는가. 보이지 않는 것의 권역 내에 우리의 지위를 되돌리게 되는가. 죽음은 무엇으로 이끄는가. 신에게 돌아가게 된다. 그 결과가 원래의 보편적 존재로 융합하는 것이라 하더라도, 존속적인 인격에 의해서 경애받는 것이라 하더라도, 그곳에서 일어나는 일이 선한 일이라는 것은 그것이 신의 질서이기 때문이다. 신이 사랑이라면 사랑받는다는 성질을 가졌음이 분명하다. 그러나 한계가 없고, 형상이 없고, 생명이 없는 개인은 무엇이 될 수 있는가. 우리는 알지 못한다. 우리는 신을 믿더라도 정신의 불멸성이 가능한 것은 아니며, 선을 믿는다 해도 신을 믿는 것은 아니다. 질서와 운명에 관한 스토아적인 해석은 모든 종교혁명, 모든 신학적 위기보다도 위에 있다.

힘찬 희망, 강력한 애정, 깊은 동경이 논거가 되는 것이라면 사후의 생명은 인정해도 될 것이다. 그러나 다시 사는 것을 두려워하는 악인이나, 허무를 갈망하는 인류의 반은 어떻게 되는가. 열렬한 신앙 그 자체도 영원한 잠이 들기를 바라는 때가 올 때까지, 한동안 이것에 허락된 임의의 불멸성이란 것을 생각할 수도 있으리라. 신이 존중하고 보상하는 노력에 의해서 자유로서의 불멸성을 획득한다고 볼 수도 있으리라. 오류와 죄의 바깥에 있는 정신으로서의 생활이 다시 유혹적인 것이 되는 것은 확실하다. 관조와 사랑의 생활은 나를 매혹할 것이다. 그러나 낙원의 꿈은 명석한 사유의 눈보다 오히려 상상력의 작용을 지시하는 내적인 모순으로 만들어진 것이다. 사정이 괜찮은 것은 신앙과 사유이다. 그것은 조금도 알지 못한다. 그에 대해서는 일반적으로 선배, 종교적인 아름다운 영혼, 피타고라스, 플라톤, 부처, 예수가 믿었던 것을 믿고 있다. 신앙이나 제례는 원초적 감동이나 직관의 연장에 지나지 않으며, 그의 고백은 몇 백억 번을 반복해도 그 내용과 확실성의 가치를 늘리지 않는다. 인간은 삶 속으로든 죽음으로든, 불사나 절멸 속으로든 자기가 사랑하는 것이 다다르는 쪽으로 향한다. 그러나 인간의 약함을 생각하면 죽지 않는 성질의 신앙이 부여하는 내적인 용기, 희망, 평정 쪽이 인생의 싸움을 위한 한층 나은 준비가 된다는 것을 인정해야 한다. 그것이 미망이라 하더라도 선을 준다. 공상이라 하더라도 힘을 준다.

1873년 3월 31일
(오후4시)
어떤 꿈에
잠기는가
나의 가슴은, 또 무엇을 바라는가.

1시간 전부터 나는 뚜렷하게 알지 못할 불안을 느끼고 있다. 그것은 오래 전부터 나의 적(敵)이었다.

옛 불길의 추억임은 안다. (이르길라우스 아에네이스 4-23)

미지의 것에 대한 향수, 이름 없는 열기, 행복의 목마름, 옛 재(灰)의 소란, 젊은 욕망의 부활, 날개를 펼친 가려움, 봄의 수액의 상승. 공허와 고뇌, 무언가의 결핍. 그것은 무엇인가. 사랑, 평화, 어쩌면 신. 공허한 것은 확실하다. 희망이 아니다. 고뇌이기도 하다. 실제로 나는 병도 약도 모른다. 분명하게 보이지가 않는다. 애정의 갈증, 애무, 동감, 2인의 생활, 그리고 여행, 눈의 즐거움의 요구이다. 환락의 보루이다.

돌아오는 봄이 나를 어지럽힌다. 잔혹한 자연. ……
인정 없는 봄이여, 아픈 가슴에
새의 노래, 미풍, 파란 하늘로
숨어 있는 음모가인 너는 소리도 없이
꿈의 심연을 꿰뚫는다.

(저녁 7시) 돌아오는 봄의 심술궂음에 대한 이런 탄식을 21구까지 지어내다. 날씨가 더없이 좋을 때, 하루의 모든 시각 가운데서 내가 특히 두렵게 여기는 것은 오후 3시 무렵이다. 그 때만큼 '삶의 두려운 공허', 내적인 근심, 행복에 대한 괴로운 목마름을 느끼는 때는 없다. 이 빛의 가책은 기묘한 현상이다. 태양은 저작물의 오점, 얼굴의 주름, 머리칼의 갈색을 두드러지게 하듯이 가슴의 찢어진 곳이나 흉터를 사정없이 빛으로 비추는 것인가. 생존을 부끄럽게 하는 것인가. 여하튼 눈이 부신 시각은 가슴에 쓸쓸함을 넘치게 하고, 죽음과 자살 또는 멸망이나 그것의 축도(縮圖)라고도 할 만한 환락에 의한 망연자실 같은 기분을 줄 때가 있다. 이 시각에 개인은 자신을 두려워하여 자기의 빈곤과 고독으로부터 벗어나기를 바라고,

가슴은 일곱 차례 신성한 허무에 빠진다. (르콩트 드 릴)

범죄의 어두운 시각의 유혹을 말할 때, 낮 동안의 휘황한 시각의 말없는 적막을 그곳에 덧붙이지 않으면 안 된다. 양쪽의 시각 모두 신은 모습을 감추고 있지만, 전자에서 인간은 자기 눈의 시선과 자기 감정의 외침에 따르며, 후자에서 인간은 어찌할 바를 모르고 모든 것으로부터 버림을 받았다고 생각한다.

우리 속에는 두 가지의 본능이 이성을 침해한다.
자살의 취미와 독약의 목마름.
고독한 마음이여, 정신을 차려라.

1873년 4월 2일
(오후 4시)괴테의 가곡을 몇 개 읽었지만 이 생활의 욕구, 이 청교도적 금욕주의에 대한 혐오가 더해졌을 뿐이다. 모든 수도사적인 체념은 그 때의 경건한 기만, 어마어마한 의제(擬制), 좀더 노골적으로 말하면 어리석다고 느끼기까지 했다. 풍차 너머로 두건을 던지고(세태를 상관하지 않고), 게롤슈타인 대공 부인에게 하게 했던 것처럼 미네르바 여신에게 카추차(스페인의 경쾌한 춤)를 추게 하고픈 유혹, 광란을 바라는 초조함, 기적과 쾌락에 대한 유혹이 덮쳐와 수도사도 교수도 혼란스럽게 한다. 인습이나 직업에 수반되지만 버려야만 하는 찡그린 얼굴로, 한창 예지의 흉내를 내거나 품위의 따귀를 갈기거나 하는 것임을 느낀다.
이것은 푸이에(Feuillet)가 멋지게 묘사하고 있는 '위기'이며, 덕성의 권태, 원리에 대한 의혹, 압제를 받던 본성의 깨어남, 고급한 정령 프로스페로(Prospere. 셰익스피어의 《템페스트》에 나오는 밀라노의 공작)의 주문에 의해 굉장히 오래 굴종을 강요당했던 칼리반(Caliban. 프로스페로의 노예)의 복수이며, 체재라는 교조 또는 폭군에게 주눅든 육체의 카르마놀(carmagnole. 프랑스혁명기에 원을 지어 추었던 춤)이다. 또한 새로운 것, 미지의 것과 술취함에 대한 욕구이고, 예의바른 습관을 어지럽히는 카니발적 정열이며, 도덕의 밧줄을 끊은 당나귀의 축제, 사바트, 검은 미사(미사와 비슷한 마법의 의식), 사투르누스 시절을 축하하려는 베르제부스(신약에 나오는 악마의 왕)의 악의이다. 유쾌한 잡담의 취미를 가진 아나클레온식 위세, 굳세고 엄숙한 생활에도 봄의 한 때가 찾아오는 이런 바커스 축제의 흥겨움은 옛 인류의 종교제도에서는 전혀 다른 지위를 지녔었다. 축제의식 전체가 광란적 도취의 요구, 팔다리의 절단이나 자살과 인연이 가까운 이 생명의 격발에 배출구를 부여했다. …… 이 신성한 격분은 극히 단순하고 자연스런 배출구를 지니고 있다. 즉《비너스의 밤 축제》(카트르스가 지었다고 전해지는 시)를 노래하는 것이지만, …… 이 해결이 이루어지지 않는 경우에는 울적한 전기가 전깃불이 되고 천둥소리가 되는 것처럼 끓어올라 시가 되고, 감정의 용솟음이 되고, 가슴의 어지러움이 되는 것이다.

여기서도 동정(童貞)과 금욕이 일으키는 폭풍은 물론 장대하지만 역시 병적이어서 배우자가 있는 사람들은 이것에서 벗어나 있다. 상상력은 폭약, 더구나 모든 폭약 가운데서 가장 불이 잘 붙고 혼돈스런 생식욕은 이것을 폭발시키는 특성을 가지고 있다. 이 거대한 소요에는 하늘과 땅이 관련되어 있다고도 말할 수 있겠지만, 사실은 한 가지만이 문제인데 그것은 자코(한 남자)는 자크린(한 여자)과 이야기가 맞을까 하는 것이다. 키스를 한 번 하거나 혹은 하지 않더라도 이 얼마나 성가신 이야기인가. 가랑비는 커다란 폭풍을 가라앉힌다. 환락을 주는 양치기 여자는 앗틸라를 부린다. 빵 굽는 여자는 라파엘로의 불을 끈다. 데릴라는 삼손을 유혹하기 위해 많은 머리칼로 한 국민 전체보다 훌륭한 일을 했다. ……

요컨대 성적 기능은 자연이 우리에게 부과한 정기지불금 가운데서 가장 무서운 것이다. 그런데 이 부자유를 면하는 가장 확실하고 유일한 방법은 그 법칙에 복종하는 것이다. 평정은 사용 가운데에 있고, 결여는 단절 속에는 없다.

여자는 우리의 성에 관한 호기심이나 욕구, 광란을 치유해 준다. 여자는 자기가 불러일으킨 병을 낫게 한다. 여자는 유혹하지만 배를 채우게 한다. 여자는 자극하지만 진정시킨다. 또 반대로도 말할 수 있다. 즉, 한 쪽의 성은 다른 쪽의 성에 의해서만 균형을 취한 인간성에 도달한다. 성이란 것은 개체가 배우자에 의해 비로소 교정될 수 있는 불완전성이다. …… 생활, 역사, 문학, 법률, 사회가 지닌 현명한 재판관의 자격은 자연적인 입문 절차를 지나 이시스의 눈 속을 들여다본 적이 있는 개인에 한한다. 탁월한 파악 없이는 사물의 본성에 관한 정확한 관념을 알 수가 없으며, 보편적 경험과 무관한 것이 된다. 파악을 한 뒤에는 그다지 위대한 학승(學僧)이 아니라도 하급 시험을 통과해 일반적 생명의 인명부에 최초의 이름을 기록한 것이 된다. 이 입문은 환멸이지만 그 환멸은 건전한 것이다. 그것은 환락이 없거나 있더라도 극히 일부에 불과하며, 거짓 약속, 뭔가 훌륭한 것, 즉 연애의 상징에 불과하다는 것을 가르친다. 연애 자체도 뭔가 좀더 나은 것, 즉 애정이 앙양된 변화하는 상태에 지나지 않는다. 그래서 애정은 자애 또는 신성한 연민의 적용에 불과하다. 생명과 동감하며, 이것을 돕고, 기르고, 위로하며, 이른바 양육하는 것, 이것이 성의 여하에 구애되지 않고 어머니의 마음이 된 위대한 마음의 견지이다. 이러한 마음에는 환락이나 도취도, 육감도 이기심도 없어지고, 그 기쁨은 다른 사람에게 기쁨을 주는 것, 그 행복은 남을 행복하게 하는 것, 또는 고뇌, 죄, 즉 선 이외의 곳에서 환희를 찾아내려는 거짓 희망과 싸우는 것이다. 자애는 모든 것을 포함하며, 모든 것을 참고, 용서한다. 왜냐하면 어머니의 가슴과 선의의 인내를 지니고 있기 때문이다. 자애는 죄인이라도 그가 불행한 사람이면 그 죄를 모른 체한다.

1873년 4월 3일

친구 ***의 집을 방문. 그곳의 여조카가 아이들을 둘 데리고 도착. 이야상트(Hyacinthe Loyson) 신부의 강연 이야기가 나오다.

쉽게 감격하는 여자는 강연가와 즉흥 연설가 이야기가 나올 때는 호기심이 강하다. 민중이 착상을 주며, 모든 일이 착상으로 끝난다고 제멋대로 생각한다. 구상, 논지, 사상, 비유도 길이에 이르기까지 무엇 한 가지 우연에 맡겨지지 않고, 모든 것이 세심한 주의로 준비되어 있다는 진정한 연설의 설명으로는 꽤나 소박하고 유치한 이야기이다. 그러나 여자는 경이와 기적을 사랑한 나머지 그런 것은 오히려 무시하고 싶어한다. 여자들은 성찰, 공부, 효과의 타산, 한마디로 말하면 기술이 하늘에서 내려오거나 위에서 보내온 것의 가치를 죽인다고 생각한다. 빵은 좋지만 빵을 굽는 것에 대한 생각은 견디지 못한다. 이러한 성질은 미신이 강해서 자기가 감탄하고 싶어하는 것을 이해하기를 싫어한다. 자기의 선입견을 줄이며 생각하고, 한층 넓게 사유(思惟)하는 것을 당혹해한다. 상상력이 이성을 대신하게 되고, 감정이 지식을 대신하게 되기를 바랄 뿐, 감정이나 상상이 그토록 풍부한 여자에게서 어째서 변론의 걸작이 나오지 않는지, 즉 많은 사실, 사상, 감정을 모아서 통일할 수가 없는지에 대해서는 생각하지도 않는다. 이러한 감격가인 여자는 격정의 파열에 지나지 않는 대중적인 선동연설의 열변과 뭔가를 확립하여 듣는 사람을 납득시키려는 교훈적 수단의 전개와의 차이를 추측하려고도 않는다. 그래서 이런 사람에게는 연구나 반성, 기술은 아무것도 아니다. 즉흥 연설가가 연단에 오르면 완벽하게 무장을 한 팔라스(여신 아테네의 별칭, 무장하고 아버지 주피터의 머리에서 태어났다고 함)는 그 입술에서 나와서 현혹된 청중의 갈채를 얻게 된다. 그리고 보면 이런 사람의 눈으로는 변론가는 두 그룹으로 나뉜다. 밤을 새워 극명한 초고를 제조하는 기능인과, 태어나기만 하면 그것으로 끝나는 신을 빙자하는 사람이다. 아무리 세월이 흘러도 퀸틸리아누스(Quintilianus. 기원 1세기 로마의 변론학자)의 '변론가는 만들어지고, 시인은 태어난다'는 말을 이해하지 못한다.

생산적인 감각은 어쩌면 하나의 광명이겠지만 수용적인 감각은 맹목과 대단히 비슷하다. 후자는 가치를 혼동하고 뉘앙스를 어지럽히며, 모든 신중한 비평을 둔화시키고 판단을 흐리게 한다. '영원히 여성인 사람'은 흥분과 신비 사상, 감상, 서정시의 느낌과 공상을 조장한다. 그것은 명석함과 사물의 고요하고 이성적인 관찰의 적이며 비평 및 과학의 반대자이다. 여자의 우월적인 세력은 종교 및 종교가, 부차적으로는 시인의 이익이 되고, 진리 및 자유의 장해가 된다. 이 세력은 사랑의 황홀이나 핏빛 구름과 비슷한 도취이다. 그래서 아테네는 남자 쪽을 좋아하고, 프루동은 여자의 권력의 대가로서 남자의 여성화를 초래했기 때문에 고대 사회를 파괴했음을 보여주고 있다.

나는 여자의 본성에 대해서 지나친 동감과 나약함을 지녔다. 지금까지 내가 너무 은근했기 때문에 도리어 여자의 약점이 한층 눈에 잘 띄었다. 정의와 과학, 법률과 이성은 남자의 것이며, 상상력, 감정, 몽상, 공상은 그 두 가지의 다음에 온다. 로마교(가톨릭의 미신)가 여자에 의해 지지되고 있다고 생각하면, 여성스런 것에게 영원히 고삐를 넘기고 싶지 않다는 욕망을 느낀다. 그 매력은 위험해서 사람을 속이기 때문이다.

1873년 4월 11일 성금요일

(아침 11시) 예수의 마지막 일주일의 이야기 전부와 부활, 종교적 통일, '신앙'과 '과학'에 관한 많은 논문을 다시 읽었다. 다양한 사상과 의혹이 솟구친다. 고독의 무게를 느낀다. 조수처럼 밀려드는 결단하지 못함. 구름처럼

모이는 의문부호. 나는 내가 얻은 결과를 죄다 잊는다. 한기가 스민다. 쓸쓸하다. 모든 것이 불확실하고, 신앙은 사물의 내적이고 객관적인 진리에 대해서는 무엇 하나 증명하지 않는다. 신앙은 마음을 동경에 의해 헤아린 것에 지나지 않는다.

이 순간에 나는 무엇을 믿고 있는 것일까. 예수가 지닌 마음의 아름다움, 어떤 사람들의 개성의 고귀함. 예를 들면 나는 세리오사의 훌륭한 성격을 믿고 있다. 그러나 내가 그것을 믿는 것은 내가 그것을 보고 경험하기 때문이다. 가능하다면 나도 단테처럼 영감을 받은 여자의 눈 속에서 하늘을 바라보고 싶다. 신앙은 알다시피 사랑에 의해 인정하는 기만이며, 하나의 환상, 꿈, 희망, 이상에 참가하는 것이다. 신앙이 지닌 유일한 사상(事象)성은 윤리적 사상성이며, 욕구 가운데서 서로 아는 마음의 협동이다. 이 사상성은 심리적이다.

종교적 신앙은 자기의 고독에서 밖으로 나와 다른 사람들의 마음과 결부하려는 욕구이다. 종교는 신의 존재를 증명하지 않는다. 종교는 인간의 하나의 능력, 사물의 총체와 조화해 자기가 무한 속에 있음을 느끼려는 욕구를 증명할 뿐이다. 종교는 하나의 의식, 신비에 대한 불안하고 깊은 의식에서 태어났다. 종교는 그 의식을 하나의 본능, 즉 신비의 거짓된 표현인 신앙에 의해, 그리고 또 하나의 행위, 즉 신성한 원리에 대한 복종의 증표인 기도 또는 제례에 의해 만족하게 한다. 신성한 성격을 지닌 어떤 위대한 마음의 행동이나 의식을 좇아서 자기의 동류와 결합하고 영원한 '미지'와 결합하는 것, 이것이 유대교, 불교, 이슬람교 또는 그리스도교를 이루는 것이다. 자기가 지도자, 선구자, 모범이라고 생각하는 사람을 사랑하고 찬미하고, 또는 바라던 바를 사랑하고 찬미하기를 원하는 것, 이것이 종교적 능력의 행위이자 행위의 원천이다. 종교는 자력(磁力)처럼 매개를 거쳐 전해지며, 윤리적 병원체처럼 우리들 자신이 의식하지 않는 불명확한 영역, 알지 못하는 사이에 우리를 동경하게 하는 영역으로부터 정신의 모방적이고 수용적인 능력에 의해 전염되고 만연되고 접종된다. 신앙은 사람이 그것에 몸을 맡기면 증거 없는 확실성을 주는 자력(磁力), 동기를 필요로 하지 않는 평정, 정의할 수 없는 안이함이 된다.

1873년 4월 20일

어젯밤에 누이를 데리고 '성가협회'의 음악회에 갔다. 헨델의 '메시아'를 들었다. 이 우울한 기분. 왜일까? 좀더 좋은 추억이 많이 있기 때문이다. 이어 베를린, 화려했던 시절, 게르비누스 교수를 생각했다. 나아가 정교(正敎) 신앙의 시적 취미와 이 음악의 준엄한 아름다움을 느꼈다. 그럼에도 불구하고 폐허의 인상이 의식을 지배했다. 자기 존재의 폐허, 다양한 신앙과 예술품과의 고고학, 모든 형상의 덧없음과 취약함, 모든 삶을 향유한 자의 피할 수 없는 전락. 벼랑 및 심연의 인상, 모든 것은 꿈이다. 신만이 남는다.

벼랑이여, 나는 너를 느낀다. 음울한 심연이여, 나는 너를 본다.
우리 모두가 위대하고 고귀하며 현저하게 믿고 있는 것
세기(世紀)와 국민, 세계와 신, 이것은 무엇인가.

무엇과도 맞지 않는다. 극히 미미한 것의 메스꺼움
그것이 한순간 하늘의 영원을 가로지르는 것이다. ……
무시무시한 두려움과 장엄한 환각.

굽힐 수 없는 법칙말고는 아무것도 존재하지 않는다.
있는 것은 공상과 환상, 텅 빈 그림자에 불과하다.
공간과 수와 시간, 셋의 무변성
드넓은 묘지는 모든 것을 안으로 삼켜
캄캄한 무한의 바닥을 알 수 없는 대양에 감춘다.
인간은 살아 있다고 믿지만, 오직 신앙으로 산다.

1873년 4월 21일

그동안 헤매고 어슬렁대며 유유자적하면서 멀리 돌아왔다. 가능하다면 무익한 일을 그만두고 반드시 해야만 하는 일에 매달리고, 나의 희망을 단순히 하며, 나를 집중하게 하고 요약하지 않으면 안 된다. 너는 3년 전에 그것을 생각했었다. 일시에 많은 혁명을 일으킬 각오였다. 그러나 그 뒤에 중요한 혁명을 실현할 수가 없었기 때문에 너는 습관에 따라 모든 것을 내팽개쳤다.

그 날이 그 날인 생활이 다시 너를 붙잡았다. 방만함이 너의 현명한 생각이 되었다. 너는 위험과 적을 외면하려고 타조처럼 날개 밑으로 고개를 처박았다. 네가 살아가는데 도움을 준 것은 세 여자의 우정이었고, 특히 그 중 하나는 친밀하고 진심인 것이 되었으며, 너에게 지극히 아름다운 영혼을 알게 했다. 그러나 현재의 느슨함은 너에게 미래의 위협으로부터 눈을 떼게 한다. 너는 지금까지보다도 좋은 집에서 살고, 훌륭한 사람들에게 둘러싸여, 건강회복만을 생각했기 때문에 미래의 분노와 예견하는 방법을 잊고 쾌감을 맛보고 있었다. 예견에 대한 너의 반감은 염치없게 나타났다. ······

진절머리내지 않는 사람. 네가 매우 싫어하는 것은 욕망하는 것, 결심을 하는 것이다. 왜냐하면 너는 늘 너의 식견을 의심하여 무엇이 가장 좋은지 알지 못하기 때문이다. 너의 제2의 본능, 생각만으로도 굴종에 견디지 못할 허약한 본능이 항상 그곳에 너를 데리고 가는 것이다. 너의 제1의 본능은 사랑에 의한 활동, 나아가 미적인 약진에 의한 활동이다. 너에게 없는 것은 바로 의지작용의 남자다운 가혹함과 너 자신의 이해를 따지는 데서 오는 낯두꺼움이다. 너의 불행은 여자도 아니건만 여자의 본성을 가졌다는 점이다. 너는 초대받기를 바라지, 억지로 너를 밀어 넣는 것은 바라지 않는다. 너는 필요한 만큼의 명예심과 투쟁심을 갖지 않았다. 너에게는 배짱, 희망, 용기가 없다. 너는 너의 문체를 학대하고, 운명에 도전하며, 감수성을 청동처럼 단단하게 할 수가 없었다. 유감이다.

1873년 4월 29일

50세까지의 세상은 우리가 자기 초상을 그려가는 액자의 가장자리이다. 50세 이후부터 우리 개체가 퇴색하여 우리를 슬프게 하게 되면, 우리보다 나은 것, 위대한 것, 즉 조국과 과학, 예술, 인류 속에서 자기를 잊지 않으면 안 된다. 그것이 만약 젊음으로 돌아가게 하는 방법이 아니더라도 이른 죽음을 면하게 하고, 침몰하는 배를 떠나 돛을 펼친 배로 옮겨 슬픔을 극복하는 방법이다. 난파한 사람뿐만 아니라 유일한 구조수단에 반감과 모멸을 갖게 하는 불만스런 생각을 경계하라. 본능은 너를 외면하는 자를 외면하는 것이다. 그러나 이 자존심은 우리 주위에 고독한 상태를 만든다. 자기 자신, 자기의 기호, 자기의 포부, 자기의 권리, 자기의 취미를 도외시하고, 사람들의 존중도 정의도, 동감도, 선의도 바라지 않고, 제도 또는 공동체 같은 뭔가 위대하고 영속적인 것의 선 및 행복만을 생각하는 편이 낫다. 다른 말로 하면 이것이 신에게 봉사하는 것이 되지 않겠는가.

1873년 5월 23일

프랑스의 근본적 오류는 그 심리에 있다. 말한 것이 행한 것이라고 항상 믿어와서 마치 말이 행위이며, 변론술이 버릇과 습관, 성격, 실제의 존재보다도 우수하며, 말이 많은 것이 의지, 양심, 교육, 재생을 대신하는 것처럼 생각한다. 프랑스는 늘 웅변이나 포탄, 법령에 호소하여 일을 처리하며, 그렇게 해서 사물의 본성을 바꿀 수 있다고 굳게 믿고 있다. 그것이 만들어낸 것은 폐허와 불만이다. 몽테스키외의 첫 줄, '법률은 사물의 본성으로부터 파생하는 필연적 관계다'라는 글귀를 이해한 적이 없다. 자유를 조직화하기 위한 무능력이 자국의 본성 자체에서, 즉 개인·사회·종교·권리·의무·아이들의 양육방식 등에 대해 가지고 있는 개념에서 온다는 것을 보려고 하지 않는다. 그런 방식은 나무를 거꾸로 심고는 결과에 놀라는 것과 같다. 보통선거는 나쁜 종교 및 나쁜 민중교육과 서로 기대어 무정부와 독재, 적과 흑, 당통과 로욜라 사이의 영원히 멈추지 않는 평행봉을 이루고 있다. 프랑스는 죄를 등에 지고 사막에 버려진 양을 몇 마리나 죽여야 자기 가슴을 치며 후회할 것인가. ……

1873년 7월 15일

(아침 7시) 쓸쓸함, 지독한 기침, 은빛 줄의 증가, 불가능한 것과 돌이킬 수 없는 기분, 광란 및 어리석음의 인상, 생의 권태, 자기혐오, 굴욕, 회한. 나 자신의 죽은 껍데기에 대한 지각. 언제까지나 내게 거부를 당하는 명쾌한 의식. 나는 잊는다. 그러나 나는 체념하기를 바랄 수도 없다. 나는 욕망을 억누르지도 채우지도 못하기 때문에 그 숨을 멈추고 만다. 나의 운명을 탄식하기에는 자존심이 지나치고, 운명과 맞서 싸우기에는 너무 힘이 없으며, 나 또는 세계를 대적하기에는 아는 것이 너무 많고, 운명에 대해 어떤 표정을 지어야 할지 알지 못한다. 나는 행복하지도 불행하지도 않다. 나는 난파를 만났지만 그것을 모르는 인간이다. 나는 마땅함을 벗어난 명예심이며 손상

된 인생이다. 의혹은 나의 희망마저도 스러지게 해버렸다. 내가 저서에 애착을 가지고 있음을 믿는지조차 모를 정도로 모든 것의 위태로움이 나에게 생생하게 보인다. 나는 모든 것이, 진정 모든 것이 사라져 가고 있음을 느낀다. 비록 성실한 여인의 손을 잡고 내 사람이 되어주지 않겠느냐고 말한다 하더라도 끝내는 죽음이 그 손을 나의 손 안에서 차갑게 하리라는 것을 나는 알고 있는 것이다. 생명은 믿을 수 없고 잔혹한 것이어서 나는 그의 압제에서 벗어나고 싶을 뿐 그밖에는 아무것도 바라지 않는다. 나는 생명이 보내준 것은 이용하지만, 좋은 날씨를 바라지 않듯 아무것도 바라지 않는다.

……누군가 문을 두드리고 있다. 가정부가 편지를 가져다 준 것이다. 연극의 속임수이거나 신의 섭리의 답이라고 말하고 싶다. 편지는 셀리느(Céligny. 제네바의 북쪽 레만호 서쪽 기슭에서 조금 떨어진 마을)에서 온 것이다. 우울함에 빠졌을 때는 자기를 생각해 달라고 내게 청한 적이 있는 아주 친한 여자친구에게서 왔다. 이것이야말로 정말 눈시울이 뜨거워지게 하고 또 사람을 생각에 빠지게 한다.

1873년 7월 17일

(밤 10시 반) 맑고 깨끗한 별이 빛나는 하늘. 공허한 기분. 이렇게 절대적으로 고독하다는 것은 자연에 반하는 것은 아닐지. 여하튼 이것은 내 본성에 어긋난다. 나는 사교적이고 붙임성이 있으며 애정도 있는 사람이다. 누가 그것을 알랴. 나는 도움이 없는 상태에서 질식하고 있지만 스토아적인 무관심을 가장하고 있다. 오늘 저녁은 음악회, 불꽃놀이.

그러나 홀로 가서 무엇하랴. 플레느(la Plaine)를 한 바퀴 돌기 위해 갔다. 돌아와서 천천히 내 마음을 돌아보고 있다.

1873년 7월 23일

세 가지 일이 내 마음을 단번에 차갑게 한다. 남이 나를 싫어하고 의심한다는 생각, 남이 이해하지 않는 것, 독립에 대한 요구를 발견하는 것이 그것이다. 첫 번째 것은 나를 분노하게 하고, 두 번째 것은 나를 낙담케 하며, 세 번째 것은 나의 관심을 잃게 한다. 나는 밖으로 나가고 싶어하는 사람에게는 열어 준다. 나를 존중하지 않으려는 사람에게선 몸을 뺀다. 듣지 않게 된 사람에게는 입을 닫는다. 이런 식으로 늘 주위 사람이 우리로 하여금 서로에게 다가가는 교섭을 지배하며, 각자는 씨앗을 뿌리는 방식에 따라 자기 안에서 수확을 발견한다.

　나는 그것을 조금도 바꿀 수가 없으며 결코 바라지도 않는다. 나를 도외시하는 사람들을 나도 도외시하지 않으면 안 된다. 그것이 사람들의 자유 및 내 품위가 요구하는 것이다. 쉽든 어렵든 간에 이 희생은 바쳐져야만 한다. 그것을 쉽게 하는 것은 준비된 냉각이다. 타인의 사랑은 나를 노예로 만들지만, 타인의 부정 또는 모멸은 나를 의리에서 해방한다. 다른 말로 하면 나는 마음이 약하고 자존심은 강하다. 남이 나를 팽개치면 나도 즉각 인연을 끊는다. 그곳에 오해가 있다고 생각하는 동안은 얼마든지 궁리를 하고 해명을 위해 노력한다. 그러나 도망치고 싶은 마음을 억지로 붙잡아 매두는 것은 나의 방식이 아니다.
　이 어이없는 사랑의 비하, 이 거짓되고 생각 없이 엎드리는 것을 나는 다행히도 벗어나 있다. 나는 광란에 쫓기는 무시무시한 격정의 시련에서도 벗어나 있다는 것, 내 행복의 전부, 미래의 전부, 희망의 전부가 단 한 장의 카드, 단 한 명의 사람, 그 사람의 의지, 또는 그 카드의 변덕에만 달려 있다고 느낀 적이 없음을 알고 있다. 이 절대적인 예속은 여러 일의 언어적 해석이 된다. 마찬가지로 남에게 배신을 당했다는 분노도 기억이 없다. 남이 나에게 신의를 지키지 않았던 적은 종종 있지만, 아직 배신이라고 할 만큼 크게 당한 적은 없다.
　따라서 나의 내밀한 생활에는 고뇌가 있기는 해도 가장 지독한 가책, 무시당한 사랑이라든가 배신당한 사랑, 광기로 달린 격정이라든가 소중한 아내나 자식을 빼앗겼다거나 하는 가책을 조금도 경험하지 않았다. 비교적 나는 특권을 누리고 있다. 빈곤함과 오랫동안의 굴욕, 잔혹한 육체적 결함 등의 고난과는 멀리 떨어진 곳을 지나왔다. 내 운명은 활동적이라기보다는 관조적이었지만, 악보다도 많은 선을 받았으므로 그것을 신에게 감사해야 한다.
　결론. 서로에게 무거운 짐을 지운다. 따라서 자기방어보다도 자애를 유념하자. 우리가 누군가의 도움이 될 수가 있다면 크게 희망이나 매력이 없더라도 유익해지리라. 낱알을 따지지 말고 씨앗을 뿌리자.

1873년 7월 25일

너의 체념은 위로받지 못하고 있다. 너는 주위의 상황과 일치하지 않는다. 너는 괴로워하고 있으면서 그것을 인정하지 않는다. 너는 희망도 목적도 신앙도 없기 때문에 조금의 평화도 없다. ……

결국 이것이 오델로가 말하는 혼돈의 순간인 것이다. 마음속이 어두워지기 시작한다. 모든 것은 흐려지고 탁하다. 나에게는 이제 내 생활의 의의가 보이지 않는다. 손에 넣은 결과는 없어지고 있다. 타고난 재능과 습관, 준칙 의식이 없어지고 있다. 나는 허무함과 존재하고 싶지 않은 욕구밖에는 느끼지 않는다. 검은 선풍. 그래서 나에게는 새파란 원자가 문을 투과해 비쳐 드는 광선 속에서 하늘의 별처럼 춤추는 광경이 보인다. 이 야곱의 사다리(야곱이 꿈에서 본 하늘에 이르는 사다리)는 내 정신을 우주의 위대한 사상(事象) 사이로 운반해 간다. 제비가 지저귀고 있다. 아이의 목소리가 회랑에서 들린다. 때는 7월이다. 내 주위 50평방 리(里)에 있는 많은 집들은 내가 찾아가면 반갑이 맞아주리라. 서적, 산악, 여행, 인간의 모습이 내 앞에 펼쳐지고, 나를 손짓해 부르기도 한다. 이 무언의 적막함은 우울증의 발작, 광란, 망은이 아닐까. 그러고 보니 모든 것을 갖지 않는 것은 아무것도 갖지 않은 것일까. 이 의기소침은 내부에 쌓인 명예심이 아닐까. 이 이탈은 불복(不服), 즉 분노와 불순종, 거의 반항심에 가까운 게 아닌가. 현실, 나의 불완전성 및 한계와 타협하고, 나의 탄식을 활발하고 유익한 힘으로 바꾸며, 나의 운명 및 천분을 달게 받는 것. 그리고 주위 사람과도 환경과도 융화하며, 나의 경험을 신성하게 하고, 우리 삶의 가로세로를 이루는 기쁨과 슬픔 속에서 아버지 같은 생각을 발견하는 것, 이것이 힘과 평화를 다시 되돌리는 수단이다.

1873년 8월 14일 스베닝겐

(밤 10시) 멋진 하루. 습포를 했더니 기분이 좋아졌다. 스베닝겐 남쪽의 사구에서 멍하니 3시간을 보내다. 날씨가 좋아져서 바다는 블론드와 에메랄드 빛깔이 되었다. 머리가 상쾌해졌다. 여러 인상과 감상에 빠지다. 우주적, 지리적, 역사적, 시적인 높은 영역에서 놀다. 바닷가, 사구, 대양, 하늘을 관찰하다. 이어 인간 생활, 어부, 핑크(범선), 배의 수선, 등대, 1815년 11월 30일의 기념비 오벨리스크. 밤, 불꽃놀이를 구경하는 엄청난 인파, 사교

계, 음악, 회화.

　바다. 색――회색, 자작나무색, 블론드, 초록. 3지대――파도가 부딪는 곳(포말), 노랑, 초록. 눈에는 둥근 호로 보이는 쪽 곧은 선.

　바다에는 배가 몇 척, 한 대의 돛으로 사다리꼴 및 삼각의 돛이 둘이나 셋. 음영의 섬, 쪼그라든 표면. 남남서풍.

　공기의 대양――구름의 작용, 형상, 질주, 그리고 모든 구름, 또 안개.

　붉게 빛나는 파도, 금빛 물결. 태양이 짧은 축 위에 정지한 달걀 모양을 하고 붉은 기구(氣球)처럼 가라앉아 간다.

　새가 별로 눈에 띄지 않는다. 배가 새하얗고 날개가 검은 커다란 새가 세 마리, 모래사장의 왕이기라도 한 듯 거의 날갯짓도 하지 않고 바람을 향해 무척 빠르게 난다.

　모래언덕 위. 융단처럼 무성해 있다. 키 큰 풀, 이끼, 가시. 하얀 꽃, 노란꽃이 조금. 삼색 오랑캐꽃을 따다. 전체는 지중해와 사해 사이에 있는 팔레스티나의 그림처럼 가죽을 벗긴 불모의 기복 있는 효과이다.
　경치――바닷가의 흐려져 가는 선, 정면의 대양. 넘실대는 파도 사이에서 깎여 구멍이 난 초록색의 구불구불한 사구지대, 풍차와 멀리 종루가 눈에 띄는, 사람이 사는 평원. 모든 것은 헤이그 교회의 높은 탑을 중심으로 하고 있다.

　　1873년 8월 18일 스베닝겐 $^{(Scheveningen\ 네덜란드}_{헤이그\ 옆의\ 해수욕장)}$
　어제 일요일은 '경과'를 기록해 두어야겠다. 정신이 번쩍 들게 하는 공기, 맑고 생생하고 선명한 경치, 이오니아해의 유리색과 남색과는 관련이 없는 하얀 빛, 일종의 청회색을 띤 활기찬 바다. 바닷가, 물결, 멀리 아름다운 효과. 종루의 윤곽이 마치 잘라낸 것처럼 떠올라 있다. 태양이 수평선의 안개에 가려지기 전 하늘 중간의 안개 띠 밑을 떨어져 갈 때, 물결 위로 빛나는 금색의 기다란 빛이 아름답다. 사람들이 무척 많이 나왔다. 스베닝겐과 헤이 그 전체 사람들, 몇 백이나 되는 테이블을 늘어놓고 지표에 넘치고, 외국인과 해수욕객을 부르고 있다.

이 땅의 안주인과 유모, 어린아이, 여자아이가 붉은 색의 안감을 댄 머릿수건을 쓰고, 희거나 검은 앞치마를 두르고, 멜빵을 허리에 고정하고, 나이 차를 없애듯 어깨가 바짝 서고 목에 칼라를 댄 상의를 입고 돌아다닌다. 해군이거나 기병인 장교가 몇 명, 머리는 금발이지만 매부리코에 육감적인 입술을 한 유대 여자. 가지각색의 화장, 프랑스 유행. 파이 모양, 빗물통 모양, 한 자나 되는 절벽 모양, 리본을 매거나 레이스를 늘어뜨린 온갖 종류의 작은 모자. 쥐색과 장미색, 장미색과 파랑, 장미와 검정, 파랑과 하양, 장미색과 자작나무색, 하양과 빨강 등의 온갖 색깔의 배합. 곱고 아름다운 사람도 드물지 않다. 낭창낭창 물결치는 우아한 모습, 여유와 품위가 있는 모습은 그다지 지나치지 않다.

오케스트라는 바그너(로엔그린), 오베르, 그밖의 여러 왈츠를 연주했다. 이 사람들은 무엇을 하고 있었을까. 생활을 즐기고 있었다. 반은 앉아 있고 반은 그 주위를 돌아다니고 있었다.

몇 백 가지의 감상이 머릿속을 헤매고 있었다. 유럽 유행의 권리와 가치, 한가로움, 일요일, 색채의 미학, 화장의 상징학. 내가 보는 것, 일요일, 음악, 화장, 한가함, 사회적 지위, 네덜란드라는 나라, 그리고 사해동포주의(四海同胞主義) 등을 가능하게 하기 위해 어느 정도의 역사를 필요로 했을까를 생각했다. 유대, 이집트, 그리스, 게르만, 갈리아와 모세에서 나폴레옹에 이르는 여러 세기와, 바타비야에서 기아나에 이르는 여러 지대가 협력하여 이 집합을 만들어냈다. 인류 전체의 공학, 과학, 예술, 지리, 상업, 종교는 어떠한 인간의 결합에서나 찾아볼 수 있다. 우리의 눈 밑에 한 점으로 모아져 있는 것은 지금까지 있었던 것을 빼고는 설명이 되지 않는다. 유일한 현상을 만들어내기 위해 필연성이 짜낸 몇천 가닥의 실의 조합은 놀라울 정도이다. 우리는 '법칙'의 앞에 있다고 느끼며, 이시스(자연)의 신비로운 작업장을 본다. 잠깐이 영원을 지각(知覺)한다.

그러니 한 발짝도 물러서지 말라. 공포는 어리석다.
우리의 '아버지'가 시간도 공간도 차지한다면
기쁜 생각이다, 몇 시가 되든
어디에 가든 우리는 신 안에서 산다.

인간의 몇 세대, 몇 세기, 몇 세계 자체가 보편적 교향악을 구성하는 몇 만의 모드와 바리에이션으로 끝없이 인생의 찬가를 반복하기만 하는데, 우리 수명의 짧음에 개의할 것이 무엇 있으랴. 모티프는 항상 동일하다. 모나드는 법칙을 한 가지밖에 갖지 않는다. 모든 진리는 유일한 진리의 다양화에 지나지 않는다.

우주는 '범(梵)'의 기쁨과 '영원한 것'의 의지이다. 모든 가능성을 헛되게 다 써버리려는 '정신'의 무한한 풍부함과, 전능(全能)의 연옥(煉獄)에서 잠자는 모든 것을 존재에 참가시키려 하는 '창조자'의 선의를 표현하고 있다.

관조하고 예배하며, 받아들이고 되돌리고, 자기의 악보를 연주하여 자기의 모래알을 움직이는 그것만이 잠시 존재하는 것에게 필요한 것들이다. 그것만으로도 존재 가운데서 잠깐이라도 나타나 있을 충분한 이유가 된다.

……투명하고 딱딱한 날개를 지닌 무당벌레 한 마리가 이 종이에 달라붙어서 이 줄의 잉크를 마시려 하고 있다. 이 녀석도 자기에게 필요한 것을 발견한 것이다. 더구나 나의 펜이 마실 것을 주고 있다. 1873년 8월 18일 오전 11시에 한 제네바인이 이 벌레를 이렇게 기쁘게 해줄 것이라고 운명서에 예언되어 있었을까. 그런 것 같지는 않다. 그러나 구하면 찾으리라는 말은 쓰여 있다. 모든 존재가 각자의 균형을 찾도록 배려는 되어 있다. 다만 '자연'은 투쟁 이외의 것을 거의 모른다. 그러나 인간은 호의(好意), 나아가 자애(慈愛)도 알고 있다.

인간이 고귀하고
돕기에 인색하지 않으며, 선의를 갖도록. (괴테)

인간이 스스로 나서서 노력의 법칙, 투쟁의 필요, 근로 시간을 달게 받고 나아가 이웃에게 도움을 주며, 우애를 보이고 아까워하지 않으며, 붙임성이 있도록.

(같은 날) 어젯밤 음악회가 끝난 다음 호텔 뒤 벽돌이 깔린 광장과 헤이그로 가는 두 길은 개미떼가 지나는 것처럼 시끌벅적했다. 연극이 끝난 뒤 파리의 한 대로로 나온 것처럼 고급스런 사륜마차, 승합마차, 가두마차가 달리고 있다. 그 흐름은 1시간 가까이나 이어졌다. 사람들의 북적거림이 사라진 다음, 별이 빛나는 하늘의 평화가 왔고, 은하의 꿈꾸는 듯한 빛에 답하는 것은 대양의 머나먼 중얼거림이 되었다.

내일은 여기서 연극. '양배추 수프'(마르크 모니에 작)가 벽에 붙어 있다. 친구 마르크(마르크 모니에(Marc Monnier) 피렌체 태생의 프랑스 문학가. 1829~1885년. 아미엘이 1842년 나폴리에서 병이 났을 때 묵었던 곳이 그의 아버지의 집이다.)는 대륙의 벼랑에 있으면서 나에게 이렇게 인사를 한다. '잘 오셨습니다'. 그 굽힐 줄 모르는 격투사, 고갈되지 않는 문필가는 지금 무엇을 하고 있을까. 〈쥬르날 데 데바〉(Journal des Débars. 지금도 계속되고 있는 파리의 신문), 〈세계문고〉(Bibliothèque universelle. 1786년 Bibliothèque britannique로 창간, 1816년에 표제가 바뀐 제네바의 문학잡지), '두 세계 평론'은 끊임없이 그 사람의 산문을 싣고 있고, 제네바 문학에 관한 저서는 인세가 끝났을 테고, 새로 지은 집은 첫 번째 손님을 맞으려 하고 있다. 그 사람은 생애를 헛되이 하지 않고, 자기 시간이나 세계의 전진 모두를 이용하는 방법을 터득하고 있다. 그 편이 옳다. 그 사람은 모든 것을 빈틈없이 해 나가고, 나는 아무것도 하지 않는다. 그것이 우리의 다른 점이다. 그 때문에 그 사람은 유명해져 기분이 좋고, 나는 고독하고 생산도 못하여 그늘에 숨어 있다. 당연한 이야기이다.

그럼 실생활과 너 사이에 끼어 들어 있는 것은 무엇인가. 말하자면 어떤 유리의 경계가 너에게 사물의 향락과 파악, 접촉을 금하고 그것에 대한 일별 밖에는 허용하지 않는 것인가? 바로 수줍음이다. 너는 욕구하기를 부끄러워한다. 너는 이해에 초연한 태도를 도움이 되지도 않는 의지로 삼았다. 너는 쓸모 없는 체념과 다른 사람에 대한 사랑도 없는 초월을 억눌렀다. 너는 바라탈리야의 의사가 산초(돈 키호테에 나오는 인물)를 다룬 것처럼 호의로써 너를 다루고, 필요도 없건만 금욕과 결핍에 빠졌다. 공상으로 둘레를 친 내성적 성격의 참담한 결과이다. 모든 자연의 명예심을 이렇게 미리 돌아서 내팽개친 것, 모든 탐욕과 욕구를 이렇게 규칙적으로 없앤 것은 어쩌면 잘못된 사상이었으리라. 사려 없는 단절, 광신적 또는 겁쟁이인 신하 기질과 닮았다. 잘못된 이 사상은 또한 공포이기도 하다.

내가 사랑하는 것에 대한 공포는 나의 숙명이다.

그래서 나는 모든 정열에 대한 이 공포가 입으로 나오지 않는 허약한 의식과 결부된 독립성의 요구에서 나온 것이라고 믿고 있다. 배짱 있는 충동이나 승리의 예감이 없을 때는 사람은 위험을 무릅쓰지 않는 법이다.
나는 꽤 오래 전부터 포부를 만족시키기보다는 그것을 포기하는 편이 간단하다는 것을 발견했었다.

실로 허무만이 무한을 잘 감춘다.

그래서 내 본성이 바라고 있었는지도 모르는 것을 모두 손에 넣을 수가 없기 때문에, 나는 나를 유혹했을지도 모르는 것을 상세히 살펴보는 노력도 하지 않고 한꺼번에 단념해 버렸다. 실제로 나의 참담함을 하나하나 되새기고, 손에 닿지 않는 보물을 생각해봤자 무슨 소용이 있으랴. 그런 식으로 나는 스토아파의 방법을 좇아 마음속으로 모든 빗나간 기대를 미리 맛보았다. 다만 슬프게도 논리의 결핍으로 인해 나는 곧잘 회상에 빠졌고, 예외적 원리에 기초한 행위를 통속적인 눈으로 바라보았다. 철저하게 금욕하고, 관조(觀照)에 만족하지 않으면 안 되었던 것이다. 특히 머리칼이 은빛이 될 시기에는 더욱 그래야 했다. 그러나 어떠한가. 나는 인간이지 정해진 논리가 아니다. 체계는 무감정이지만 나는 괴로워한다. 논리는 귀결만을 필요로 하지만, 생활은 몇 백이나 되는 요구를 지닌다. 신체는 건강을 바라고, 상상력은 아름다움을 부르며, 가슴은 사랑을 부르고, 자존심은 존중을 원한다. 영혼은 평화를 동경하며, 양심은 청정함을 연모하고, 우리의 온몸은 행복과 완성을 갈망한다. 더구나 불완전하고 휘청거리는 팔다리가 잘린 우리는 철학자의 무감각을 갖추지 못하며, 두 손을 생활 쪽으로 내뻗고 작은 목소리로 말한다. 왜 너는 나의 기대를 속였는가. 내가 고독의 길을 지나간 것은 나빴는가. 이 체념은 잘못된 것은 아닐까. 예지는 어디에 있는가. 예지는 모순 속에는 없다. 또한 황량한 비애 속에도 없다.

인간은 수고하는 한 방황한다.

1873년 8월 19일 스베닝겐

(아침 8시) 안이한 기분. 방 안은 조용했지만 침실에 바람이 들어와서 잠을 깨다. 아침 산책. 밤에 비가 내렸다. 모래 표면에 천연두 같이 반점이 생겨나 있다. 장엄한 구름. 갈색과 녹색 줄기가 들어간 바다는 진지한 노동의 모습을 보여준다. 위협도 받지 않고 빈둥거리지도 않으면서 자기 할 일을 하고 있다. 구름을 만들고, 모래를 파내고, 모래밭을 찾아와 물거품을 씌운다. 만조 때문에 파도를 높이고, 배를 운반하며, 세계의 생명을 기른다. 나는 어딘가에서 곱고 평평한 모래가 바닷물로 인하여 새끼고양이의 장밋빛을 띤 입 같은 옷을 입고 있는 것을, 또 다른 곳에서는 둥근 구름의 하늘과도 닮아 있는 것을 보았다. 모든 것은 비슷한 것에 의해 반복되고, 지상의 작은 각 구획은 축소되고 개별적인 모양으로 이 유성의 모든 현상을 재현한다. 조금 앞으로 나아가니 가루가 되기 시작한 조개껍데기 층이 눈에 띄었다. 분명 바다의 모래도 앞 시대의 유기적 생명의 파편이 퇴적된 것, 신의 선량한 직공으로 바닷가의 건축에 힘을 다한 무수한 세대에 걸친 연체동물의 1천 년 이상 걸린 피라미드일지도 모른다. 모래언덕과 산악이 우리 앞에 있었던 생물의 먼지라고 한다면, 우리의 죽음도 우리의 삶과 마찬가지로 도움이 되고, 빌려 받은 것은 조금도 잃지 않는다는 것을 어찌 의심하리요. 서로의 대차와 일시적인 봉사가 실제로 존재하는 법칙인 듯이 여겨진다. 다만 강자가 약자를 속여서 빼앗거나 물어뜯기도 한다. 게다가 운명의 추상적 평등에 있어서 배당의 구체적인 불평등은 정의의 의식을 불안하게 한다.

(같은 날) 조카 ***의 편지. 파리의 더위는 참기 힘들다고 썼다. 이런 몇 줄의 편지는 성격을 나타낸다. 타고난 장사꾼으로 애초부터 사물을 표현하거나 사상이나 인상을 전할 수 있으리라고 추측도 하지 않았다. 사실과 숫자를 교환하는 것은 편지 왕래가 아니라 거래이다. 그의 형제 ***는 훨씬 문학적인 본능을 가지고 있다. 그 말에는 마음을 끄는 곳, 묘사해 내는 데가 있다. 사물을 관찰하고 본 대로 나타내는 재주가 있다. 그러나 나를 현혹할 가능성이 없어서 편지를 왕래할 마음이 전혀 일지 않는다. 그 나이 무렵이면

자아도취로 펜을 쥔다. 여하튼 이 시대에 속하는 사람들은 공리(功利)적이다. 그러나 나는 이 시대 사람들이 바라는 것, 성공과 행운에 있어서 도움이 되지 않기 때문에 우리는 서로 아무것도 할 말이 없다. 지극히 단순한 이야기이다. 나는 그래서 기분이 나쁘지도 않거니와 놀라지도 않는다. 있어야 할 것이 있는 것이다.

어쨌든 다른 점에 있어서, 25에서 30세까지의 사상가와 함께 있으면 나는 '국방군'에 들었다고 느낀다. 새로운 정신이 지배하고, 내게 속하는 시대 사람들에게 글의 착상을 주고 있다. 그런 식으로 나의 발 밑에서 풀이 나서 나를 뿌리째 뽑는다고 느끼는 것은 기묘한 현상(인상)이다. 나와 동년배인 사람에게 말하지 않으면 안 된다. 하긴 어린 사람들은 이미 내가 하는 말을 들어주지 않는다. 그들은 나이 먹은 나를 퇴색된, 사라져야 할 사람으로 대한다. 사상은 사랑과 똑같은 취급을 받는다. 게다가 사람은 백발이 한 가닥이라도 나는 것을 싫어한다. 옛날 운명의 여신과 마찬가지로 과학도 청년을 사랑한다. 현대 문명은 노년을 상대하지 않는다. 자연적인 실험을 신성화함에 따라서 정신적 경험을 모멸하기 시작한다. 게다가 다원설의 승리를 인정해야 한다. 이미 전쟁상태이다. 더구나 전쟁은 병사의 젊음을 바란다. 지휘자의 노령을 허용하는 것은 단지 그것이 청동 같은 노병의 실력과 기상을 가진 때에 한한다.

지금은 강해지든가 사라지든가 끊임없이 새로워지든가 죽든가 하는 수밖에 없다. 동요하는 모든 것은 유린을 당하거나 버림을 받는다. 오늘날의 인류는 철새처럼 공간을 지나 끝없는 여행을 하지 않으면 안 된다. 이제 약자를 지지하고 낙오자를 끌어 일으키지 못한다. 미래의 커다란 공략이 인류를 가혹하게 하고, 도중에 정신을 잃는 자에게 연민을 갖지 않게 만든다. 그 모토는 '올 것은 온다.' '진 사람은 어쩔 도리가 없다'이다.

힘의 숭배는 항상 제단(祭壇)을 지녔다. 그러나 사람이 사람의 올바른 길을 말하면 말할수록 하나의 신의 세력이 가로놓여 갔다. 이것은 어쩌면 생리적인 생물과학의 지배력 증대와 관련되어 있을 것이다. '자연'은 힘의 원형을 기초로 축조되고, 근세의 신은 '자연'이다.

1873년 8월 20일 스베닝겐

이곳 바닷가에 밀려드는 바다를 나는 이미 다양한 광경 아래서 볼 수가 있었다. 결국 나는 이 바다를 발트 해와 같은 무리에 넣는다. 색채, 효과, 경치에 있어서, 브르타뉴 또는 바스크에서 보는 대양, 특히 지중해와는 현저하게 다르다. 대서양의 청록색에도 이르지 않고, 이오니아해의 남색에도 이르지 않는다. 그 색조는 부싯돌과 에메랄드 사이에 자리하며, 푸른 기운을 띠었을 때는 납빛이 섞인 터키석의 색을 띤다. 대양은 여기서는 희롱하고 있지 않다. 영국인과 네덜란드인처럼 바쁜 듯하고 성실한 모습을 띠고 있다. 썰물 때에도 문어나 해파리, 바닷말, 게가 보이지 않는다. 생활은 대단히 빈곤하다. 놀라운 것은 이 인색하고 무서운 힘에 대한 인간의 투쟁이다. '자연'은 커다란 일을 해 주지 않지만 이쪽에서 하는 만큼은 한다. 계모이지만 하는 말은 들어준다. 다만 단 한 번이라도 넘치면 몇 만이라는 목숨을 앗아간다.

1873년 8월 21일 스베닝겐

벽돌과 모음은 네덜란드어로는 똑같은 이름 Klinkers(울리는 것)이다. 여기서는 모든 것이 벽돌로 되어 있다. 집도 궁전도, 도로도 운하도. 구워 단단해진 모래는 움직이는 모래, 담수, 바람, 파도와 싸우는 데 도움이 된다. 닮은 것은 닮은 것에 의해 도움을 받는다. 언어는 모음이 없으면 존재하지 않고, 네덜란드어는 이중모음을 애용한다. 벽돌 없는 네덜란드는 생각할 수 없다. 여하튼 이 솔개 색의 벽돌을 굳히는 하얀 시멘트(조개껍데기 가루로 만들었다)는 대리석처럼 단단하고, 30년 동안 비가 와도 이들 작은 집을 유리 물병처럼 청결하게 만들어 준다.

모래언덕의 안팎에서 볼 때, 만약 집이 모래언덕 위에 있다면 그 집 양옆으로는 극단적인 공기의 차이가 난다. 기온이 다를 뿐만 아니라 생리적 효과도 다르다. 바다의 공기는 생기와 힘을 주며 산화해 있다. 안의 공기는 부드럽고 이완되어 있으며, 따뜻하고 늘어져 있다. 나의 작은 방은 부드럽고 편안한 공기 속에 있다. 거기서 스무 발짝 가량 나오면 바닷바람이 분다. 물거품이 비늘빛을 내뿜듯이 바닷바람은 어딘가 전기 같은 데가 있어서 원기를 회복시키지만, 바람그늘이 된 공기를 축 처지게 한다. 결국 각각의 네덜란드인에게는 두 개의 네덜란드가 있다. 간척지 사람은 허옇고 둔중하며 광택이 없고 점액질이고, 더디고 참을성이 강해서 사람의 애를 태운다. 모래언덕, 항구, 바닷가, 바다의 사람은 집요하고 단련되어 있어서 지구력이 있으며, 청동처럼 단단하고 비즈니스 감각이 풍부하다. 이 둘의 종합이 타산적인 사고와 노력의 강함 속에 있다.

1873년 8월 22일 스베닝겐
(아침 8시 반) 어째서(주1) 의사는 저토록 지나치게 잘못된 것을 누누이 권할까. 그것은 의사가 자기들의 진단과 치료법을 충분히 개별화하지 않기 때문이다. 의사는 환자를 자기들의 병리학에 정해진 대로 분류하지만 환자는 각자 '하나뿐(유일한예)인 존재이고,' 그 분류에 꼭 들어맞지 않을 수도 있다. 이런 소홀한(피상적인) 선택을 하면서 어떻게 올바른 판단의 치료가 가능하겠는가.
……의사는 그물로 물을 붙잡고는 미세해서 날아가기 쉬운 것을 비슷한 범주에 가두려 한다. 자기들의 원소적인 수법을 훨씬 복잡한 병증에 집어넣는 용기, 오히려 뻔뻔함을 갖추고 있다. 현미경적인 회중시계를 다루는 기분인 대장장이이고, 라파엘로의 그림을 복원하는 솜씨 있는 베니스 칠장이이며, 파리의 날개를 뗄 수가 있다고 해서 그것을 원래대로 붙일 능력도 있다고 믿는 초등학생이다. 진정한 의사는 보편적인 틀이 열려 개별 병증을 본다. 각각의(주2) 모든 병은 단순한 또는 복잡한 인자이지만, 항상 복잡한 제2의 인자, 즉 그것을 앓는 개인에 의해 배가된다. 그래서 결과는 특수한 문제로서 언제나 특수한 해결을 요구하며, 그것이 특히 유년 시절이나 시골 생활(전원생활 또는 군대생활)에서 멀어지면서 심해진다. 여성, 문학자, 예술가는 45세 또는 50세를 넘기면 극단적으로 복잡하고 다치기 쉬운 기구가 되기 때문에, 이들과 접촉하려면 세심함과 조심스러움으로 하지 않으면 안 된다. 초보자는 특별한 직관을 갖지 않은 이상 이런 사람들에 대해 실수를 하거나 소홀히 다룰 것이 뻔하므로, 큰 문제가 없었다면 다행으로 여기고 조심해야 한다. 티벨리우스의 말은 언제나 참이다. 그러나 뭔가 알지 못할 무반성적인 무관심과 막연한 희망이 우리에게 늘 똑같은 실수를 저지르게 한다. "저기에, 바로 저기에 건강이 있다. 저기에, 저기에" ……그러면서 우리는 멋지게 미끼에 걸려든다. 희망이 있든지 없든지 사람은 칼류브티스

(오디세이에 나)에서 스큐를라(괴물이 사는 동굴이)로 가는 것이다.
(오는 소용돌이)   (있는 바다 위의 바위)

강해져라, 이것이 전부다. 강해지지 않으면 신중하게 체념을 하라. 이것이 라퐁텐의 말을 빌리면 제2의 식탁에 있는 사람들(커다란 집)에게 남겨진 전부이다.
                                                    (의 급사들)

(같은 날) 비오는 하늘. 어디나 회색 그림. 집중과 명상에 적합한 시각. 여기서는 금요일과 월요일이 긴장을 푸는 날이다. 나는 사람이 자신과 오랜만에 대화를 나누고, 자기의 내적 삶으로 돌아가는 이런 날을 좋아한다. 평화롭게 바라보고 플랫으로 울리는 단음계로 노래한다. 지면은 거위털 융단을 깔아놓은 것 같고, 시각은 지나갈 때, 작은 소리도 내지 않고 실크 신발을 끌면서 미끄러져 간다. 인간은 그 때 자기의 모피를 안쪽으로 접고, 마음은 툭 터놓고 응석을 부리도록 다 받아준다. 사람은 사상적이 되긴 하지만 중심까지 자기가 존재하는 것을 느낀다. 감각 자체도 변형하여 몽상이 된다. 이상한 기분이다. 제사 의식에 있어서의 침묵과 비슷하고, 열렬한 믿음의 공허한 순간이 아니라 충실한 시간이며, 더구나 그것은 마음이 특수한 인상 또는 사유 속으로 분극되거나 확산, 국한되지 않고, 자기가 전체를 발휘하고 나아가 그것을 의식하기 때문이다. 마음은 자기 자신의 실체를 음미하고 있다. 이제 물들거나 채색되거나 진동하거나 감정을 띠거나 하지 않고, 균형을 얻고 있다. 그 때, 마음을 열고 스스로를 관조하고 숭배할 수가 있다. 그 순간, 마음은 시간의 모든 현상을 껴안는 불변하고 영원한 것을 본다. 종교적 상태, 질서와의 합일, 적어도 이지적 일치로 들어간다. 왜냐하면 청정심에 이르려면 그것만으로는 부족하고, 의지의 일치, 헌신의 완성, 자아의 사멸, 절대적인 귀의가 필요하기 때문이다.

나는 매우 명료하게 현재의 평화가 제1의 종류에 불과하다는 것, 그것이 고통과 반항의 결여에 의존하고 있고, 그것이 어떤 쾌감, 이를테면 환락임을 느낀다. 따라서 그것은 취약한 것으로 다르게 나타난다. 남자나 여자가, 또는 자연이나 세상이 순간의 육체적인 고통, 순간의 비애를 느끼게 한다면, 나의 평화는 단박에 이런 것에 좌우된다. 그것은 결손 기간이고 숨돌림이다. 나는 그것에 대해 폭풍 때의 잔잔함에 대해서처럼 감사한다. 그러나 나는 그 기간에 대해 환상을 가지지는 않는다.

심리적 평화, 완전하지만 잠재적인 일치는 모든 수의 거듭제곱인 0과 같다. 모든 악을 이겨내고 시련을 거친, 사상(事象)적이고 실질적이며 나아가 덮쳐오는 뇌우를 무릅쓸 수 있는 윤리적인 평화가 아니다. 사실적 평화는 원리적 평화가 아니다. 확실히 두 가지의 행복, 자연의 행복과 정복의 행복이 있다. 두 가지의 균형, 그리스의 것과 나사렛의 것이 있다. 두 왕국, 자연인의 것과 부활한 인간의 것이 있다.

그러면 어째서 이들 행복의 가장 견실한 것을 누누이 경험하고 맛본 뒤에, 알지도 인식하지도 못하고 하나의 행복으로 돌아가는가. 어째서 정신에서 자연으로, 신의 견지에서 인간의 견지로 내려가는가. 의심할 것도 없이 육체의 허약함 때문이다. 그러나 또한 의심할 바 없이 현대의 종교적 위기 때문이다. 편협하고 완고한 신앙이 없었다면 어떻게 자신의 주의나 종교에 대해 동요하지 않을 수 있으랴. 게다가 나는 늘 다시 만들기만 하므로 끊임없이 나를 잃고 있다. 고정할 수 없는 유동성(流動性)은 내 본성의 한 특질이며, 경우에 따라서는 약점이다. 전진적 혹은 후퇴적 변형으로 쉽게 향하는 이것은 나에게서 강한 확신과 단련된 성격을 주는 이익을 빼앗고 있다. 뭐든지 이해할 수가 있으면 인습적인 형식을 고집하기 힘들어진다. 자기의 개성을 의식하지 않고 그것에 대해 자기도취나 존경을 갖지 않으면, 자기의 감정이나 행동에 있어서 긴밀함이나 균형, 초지일관을 유지하는 것이 거의 불가능해진다. 파도의 한가운데에 있는 바위가 아니라 부표이며, 닻으로 멈춰 있기는 하지만 정착점 주위를 조류의 간만(干滿)이나 바람이 부는 대로 떠다니고, 복종하지 않으면 몸을 지탱하지 못하는 형국이다.

(오후 2시) 관측대에서 2시간을 보내다. 바닷바람 때문에 귀가 멍한 채로 돌아왔다. 먼 바다에 떠 있는 커다란 배 몇 척을 보았다. 100개 남짓한 하얀 두건이 늘 그렇듯 초원에 펼쳐진 검은 그물을 깁고 있다. 바닷가에는 하찮은 것, 반쯤 떠 있는 표류물을 건지기 위해 뭍의 여자아이들이 근처에 사람들이 있거나 말거나 아무 거리낌 없이 어깨까지 소매를 걷어올리고 있다. 누구나 저절로 그렇게 되기 때문에 이것이 곧 자연임을 알 수 있다. 물고기가 헤엄치는 것 같다. 우리 문명인이나 도시인의 습관이 유혹적인 신비라고 하는 이런 자잘한 점에 있어서 남녀의 두 성은 훨씬 태연한 것인지도 모른다. 나체가 정숙하게 여겨지거나 아니면 관심 밖에 있고 긴 의상이 오히려 무례하고

도발적인 경우도 있으므로, 수치심이라는 변수는 결코 윤리성을 측정하는 것은 아니다. 무례하다고 정해져 있는 것만 무례한 것이 되지는 않는다. 모든 습관적인 일에 있어서는 생각이 악을 만드는 것이다. 악이라고 전혀 생각지도 않은 사람은 순진한 마음을 가진 것이다. 타히티에 셔츠를 들여 간다고 그것이 덕성을 가진 것이 되지는 않는다. 그렇기는 해도 옷은 인간을 동물과 구별함으로써 자아의 품위를 보이는 첫 단계이다. 의복은 도덕에 속한다기보다 미적인 교양, 인류의 승격과 관계되어 있다. 성욕이란 것은 수도사적 교육이 믿게 하는 바와 같이 그 자체는 추악한 것이 아니다. 그러나 그것은 종속적인 역할만 해서는 안 된다. 어쨌든 신비한 매력을 갖게 해 두는 편이 낫다. 그래서 책을 쓰는 민족은 요소적인 작업 이외의 작업에 전념하고, 공공적, 경제적, 예술적, 종교적 생활을 영위하고자 하므로 신체의 여러 필요나 쾌락을 낮은 위치에 두고 있다. 그럼에도 불구하고 유혹을 느끼는 점은 나체의 민족과 다를 바가 없다. 하지만 그들의 생활은 그다지 육욕적이지 않다는 의미에서 뛰어나다. 인간은 자기의 동물성을 갈고 닦아서 인간적이게 하려 한다. 천사 시늉을 내면서 가끔은 동물 흉내를 내지만, 그것에 실패하는 것이 인간을 낙담하게 하지는 않는다. 인간은 자기의 법칙을 의식하고 있기 때문이다. 자기의 행위, 작업, 욕망, 습관을 이상화하고 정신화하고 숭고하게 하고, 윤리적이게 하는 것은 인간의 경향이자 의무이다.

(같은 날)(주1, 2)
내가 의사에 대해 하고 싶은 주된 불만의 말은, 의사가 치료를 필요로 하는 개인을 통일된 모습으로 파악하는 문제를 생각하지 않는다는 점이다. 그들의 진찰법은 지나치게 원소적이다. 인간의 깊은 바닥까지 읽어내지 않는 의사는 중요한 것을 알지 못한다. 내 마음에 드는 의사란 어떤 사람일까. 생명과 정신에 대한 깊은 이해자로서 인간의 불편함이나 고충이 어떠한 것이든 곧장 추측해 내고, 얼굴을 보이기만 해도 평화를 되찾게 하는 사람. 그런 의사는 있을 수 있지만, 대부분은 우수하지만 내적인 생명이 빠져 있고, 자연의 초월적 실험실을 알지 못한다. 나는 그것을 피상적이고 세속적이며 신의 일과 인연이 없는, 바로 깨닫지도 동감도 하지 못하는 사람들이라고 생각한다. 모범적인 의사는 천재와 성자와 신으로서의 인간을 겸비한 사람이어야 한다.

1873년 8월 30일 스베닝겐

……대양은 아침의 정적 속에서 우렁차다. 예전의 영지를 되돌려서 묵시록이 마지막 날에 허공의 별을 쓰러뜨린 것처럼, 여관도 모래언덕도 넘어뜨릴 것 같다. 오늘 아침에 내가 본 대양은 포말의 작은 산을 다섯이나 넘어뜨리고, 무서운 사자의 용맹스런 기질을 나타내는 폭풍의 빛을 띠고 있었다. 그러나 생활의 번잡스러움, 일의 잡음, '포석' 위를 지나가는 마차의 울림소리, 창 가까이 들려오는 증기기관의 기적이 지금은 파도의 커다란 음성을 제압하고, 오히려 멀리 쫓아내고 있다. 하얀 배경에 거대한 회색 구름이 북쪽을 향해 화살 같은 속도로 날아간다. 모래언덕에는 노란 골담초가, 갈아놓은 지 얼마 되지 않은 밭에는 밀이 살랑대고 있다. 그렇게 고운 모래가 끌고 가는 띠는 화산의 연기나 늪지의 도깨비불처럼 미풍을 받아 춤추고 있다. 몇 가닥의 맑은 광선이 여기저기에 빛의 채찍을 휘두르고 있음에도, 어슴푸레한 회색의 낮은 지평선으로 둘러싸인 경관에는 가을의 쓸쓸함이 있다. 다행히 여기서는 모든 것이 빠르게 변하고, 어제처럼 온통 미쳐 날뛰는 날은 이 계절에는 그리 흔한 일은 아니다.

……이미 하늘은 눈에 띄게 밝아지고 있다. 베일은 얇아진다. 이시스의 몸을 감은 고운 천은 차츰 벗겨진다. 그 미소가 위협 속에 있는 약속처럼 다시 나타난다. 그러나 유리색은 아직 기다리게 하고 있다. 희망을 갖자.

1873년 9월 11일 암스테르담

의사가 돌아갔다. 열 때문에 신중을 기하기 위해 앞으로 사흘 동안은 출발하지 말아야 한다고 한다. ……나는 제네바의 친구에게, 해수욕을 하고 돌아왔을 때보다도 상태가 나빠져서 목이 아프다던가, 나의 시간, 노력, 비용을 쓸데없이 썼다거나 하는 말을 쓸 수가 없다. 게다가 여기서나 스베닝겐에서나 나는 언제나처럼 의사가 보통의 처방으로 약을 짓기 때문에 오히려 나에게 해를 미치는 것을 경험했다. 내내 염려했던 이 젖은 넥타이가 실제로 내 목소리를 쉬게 하고, 폐에 고장난 흔적을 남겼다. 평균적인 방법은 나를 더 상하게 한다.

내가 책임을 두려워 하지 않고, 자신에 대한 불신이 이렇게 심하지 않다면, 나의 본능이 시인하지 않는 처방에는 따르지 말고, 단지 경험에만 의지해야 할 것이다. 불행하게도 나는 병이 나면 도끼 날이 날아갔다면서 도끼자루마저 내던지고(희망을 잃고 내던지는), 과거의 일은 잊고 순진한 신뢰, 타인에 대한 신뢰에 빠진다. 그러나 언제나 이 신뢰는 어긋났다. 나는 순수하게 괜찮았던 권고를 하거나 확실하고 훌륭하며 통찰력 있는 친구였던 의사를 거의 떠올릴 수가 없다.

서로 모순되는 이 두 가지의 사실, 즉 모든 기대에 어긋난 일의 뒤에 솟아나는 순진한 희망과 불리한 결과가 거의 확실한 경험은 모든 착각과 마찬가지로 우리가 속고 있다는 것, 어쩌면 아직도 속고 있는 것처럼 행동하기를 바라는 자연의 의지로 설명할 수 있다. 예를 들면 생물에 대한 어떤 영구적 올가미인 환락의 기대도 똑같지 않을까. 상상력은 기억을 흐리게 하고, 허무하다는 것을 너무도 잘 아는 눈을 현혹시켜 욕망을 태우는 것이다.

회의론은 그보다 현명하지만 오류를 배제하면 이것도 생명을 마비시킨다. 정신의 노숙함이란 속은 척하고 의리의 승부에 가세하는 것이다. 이런 호의를 미소로 받는 것은 역시 가장 교묘한 처치이다. 인간은 어쨌든 눈의 착각이 있기 때문에 자진해서 행하는 이러한 양보가 자유와 닮은 것으로 보인다. 생존의 감옥에 갇힌 이상은 깨끗하게 그 규율을 지키지 않으면 안 된다. 생존에 반항해 보았자 자살을 할 각오가 아니라면 이상은 무익한 격분에 빠질 따름이다.

복종한 겸손, 즉 종교의 입장과 찌르르한 빈정거림을 포함한 방황에 눈뜬 관용, 즉 세상적 근심의 입장. 이 두 가지 태도가 가능하다. 뒷맛이 쓸쓸할 때, 괴로울 때는 두 번째 입장으로 충분하다. 첫 번째 입장은 다분히 인생의 커다란 고통에 당면해 필요할 것이다. 쇼펜하우어의 비관론은 적어도 건강과 사유를 예상하고 다른 것에 대항하게 하려 하고 있다. 그러나 육체, 정신, 마음의 가책에 견딜 수 있으려면 스토아적 또는 그리스도교적 낙관론이 필요하다. 절망을 파악하는 데서 탈피하려면, 적어도 전체는 선이라든가 고통을 아버지의 은혜, 정화하기 위한 시련이라고 믿어야 한다.

죽음을 피할 수 없는 이 생존의 폭풍에 대해 항구 역할을 해서 여객의 충실함과 인내, 순종, 용기의 보상을 주는 더없이 복된 죽지 않는 성질의 사상, 몇 세대에 걸친 사람들의 힘이 되고, 교회의 신앙이 된 이 사상이 심적 수고나 고뇌에 의해 시험을 받고, 무거운 짐에 붙들린 사람들에게 말로는 하지 못할 위안을 주는 것은 확실하다. 문장의 주어로서 나 자신이 신의 감시를 받고, 보호되고 있다고 느끼는 것은 생활에 특수한 품위와 아름다움을 부여하기 마련이다. 일신교는 생존 경쟁을 용이하게 한다. 그러나 자연의 연구는 일신교, 특히 유대교, 그리스도교, 이슬람교로 불리는 국지적인 계시를 쓰러뜨리지 않고 내버려두는가. 유치한 '우주' 및 인류의 공상적인 역사에 바탕한 이들 종교는 현대의 천문학이나 지질학에 대적할 수 있는가. 개체적 영생은 참일까. 더구나 이 영생이 없으면 일신교의 종교적 위안 및 희망에 관한 구원설 전체는 어떻게 되는가. 과학과 신앙. 모든 고대의 신념을 향해 아니라고 말하는 과학과, 검증할 수 없는 초세계적인 사물의 긍정을 받아들이고 있는 신앙을 구별하는데 있어 각자의 몫을 인정하는 요즘의 샛길은 언제까지나 유지되는 것은 아니다. '우주'에 관한 각각의 사고방식은 그것에 상응하는 종교를 요구한다. 우리의 과도기는 서로 융화되지 않는 두 가지의 방법, 즉 과학적 방법과 종교적 방법이라는 서로 모순되는 두 가지 확신 사이에 있어서 어떻게 될지 모른다.

  융화는 스크레탕과 나비유가 채용했던 방향으로, 사실은 사실이더라도 점차 그 설명을 필연성의 '우주'와는 다른 '우주'를 요구하는 윤리적 사실 속에서 추구해야 할 것 같다. 필연성이 자유의 특수한 경우 또는 자유의 조건이 아닌지 누가 알 것인가. 자연이 사유하는 존재를 만들어내기 위한 실험실이고, 거기서 나오는 존재는 자유로운 창조물이 될 것인지 누가 알리요. 생물학은 분노의 외침을 드높이고 있다. 또 실제로 시간과 공간, 물질 외에 예상할 수 있는 정신의 존재는 플라톤의 도그마만큼도 논리적이지 않은 신앙의 의제이다. 그러나 문제는 나와 있는 것 전체이다. 목적의 개념은 그것을 자연에서 배척하더라도 우리 행성의 고등 생물에 있어 중요한 개념이기 때문에 하나의 사실이며, 이 사실은 우주의 역사에 어떤 특정한 의미를 근본적으로 가정한다.

  나는 돛을 경사지게 펼치고 항로에서 벗어났다. 왜인가. 나는 신념을 갖지 않기 때문이다. 내 모든 연구는 의문부호를 달고, 일찍 또는 제멋대로 결론을 내리지 않기 위해서 나는 결론을 내놓지 않았다.

겸손함과 결단을 내리지 않음, 사유의 개방으로 비평적, 의혹적, 관조적, 한마디로 말하면 회의적이 되어 있다. 이것이 나의 현재 상태이다. 거기서 벗어나려면 무엇이 필요한가. 한 권의 책을 쓰는 것. 나에게 없는 것은 집중과 지속이다.

여하튼 모든 것이 똘똘 뭉쳐 나의 기를 흩트린다. 건강의 부족, 가정의 결여, 지배적 흥미나 같은 문제를 욕구하는 인간 단체의 결여. 나는 나를 속이게 할 만한 동료나 정당, 학파, 교회, 군기(軍旗)는 없다고 생각한다.

여기서는 나는 야만인이고, 그 사람들은 이해하지 못한다.

그래서 나의 중심, 지배, 기쁨, 사업을 발견하지 못할 뿐만 아니라 타고난 재능을 발견하지 못하고, 목적도 결정하지 않았던 불특정한 생활의 이러한 불안한 공허가 나오기 시작한다. 대체로 나는 사랑에 의해서만 행동하기를 바랐던 것이다. 나를 방위하고 나의 이해를 따져야만 했기 때문에 그것이 나에게 혐오감을 갖게 했고, 나는 활발하지 않은 상태, 적어도 최소한의 활동만 하기에 이르렀다.

1873년 9월 24일 클라란스
마침내 클라란스에 왔다. 편안한 기분이 든다. 방도 마음에 들었다. 동향이다. 어젯밤에는 놀라울 정도로 많은 별이 떠 있었다. 저렇게 하늘이 빛나는 것을 지금까지 본 적이 없다. 깜박이는 눈 같았다. 어둠 속에 좋아하는 산들의 옆얼굴이 어슴푸레하게 보였다. 오른쪽에는 베르네크스와 몬토르의 흩어놓은 듯한 등불의 빛. 이 호숫가에 있는 왠지 모를 평화로운 기운이 나에게 인사하고 나를 애무한다. 내가 마지막 체류지(묘소)로 고른 곳에서 돌을 던지면 닿을 정도의 곳에 와서야, 내 마음 바닥에서 감사와 함께 희망마저 솟는다. 무덤이 우리의 조국이고, 죽고 싶다고 생각한 곳보다도 좋은 생활은 어디에 가도 불가능한 것인가. 친한 친구들, 전문적인 일, 주위의 아름다운 자연, 이것만 있으면 나에게 충분할 것 같다. 사교, 명예심, 정치, 허영은 나에게 필요없다. 얼마 안 되는 것으로 나의 욕망은 채워지리라. 그러나 그 얼마 되지 않는 것이 나에겐 지나친 것이어서 나는 그것을 얻는 때가 없다.

1873년 9월 26일 클라랑스

창에서 바라보는 안식의 들판으로 가서 두 시간 넘게 명상을 하고 온 참이었다. ……여기서 쉬려는 나의 욕망은 이번 방문으로 인해 더욱 증가했다. ……무덤 위를 떠도는, 이들 모든 죽은 자에게 공통된 사상은 무엇인가. 부활에 대한 신앙, 예수 그리스도에 의한 구원의 안심. 이 희망 속에 잠든 몇만, 몇 억의 사람들은 착각에 속은 것일까. 이 착각에 막대한 희생이 바쳐지고, 죽은 뒤의 공상을 위해 현재의 생활을 상하게 한다면 그것은 생각만 해도 무서운 일이다. 아니, 그렇지 않다. 이 희망은 한층 잘 살아갈 수 있는 힘을 주며 위안을 준다. 그러므로 덫은 아니다. ……

(같은 날) 신앙 없이는 아무것도 할 수 없다. 그런데 나는 알지 못하는 것에는 결코 신앙을 가질 수 없다. 나는 당첨을 혐오하며, 신의 섭리에 의해서 내가 유지되고 있다고도, 지탱되고 있다고도, 영감을 얻는다고도 생각하지 않는다. 즉 나는 내 모든 길에 있어 떠다니고 분열하고 자유로우면서 조금도 책임을 좋아하지 않고, 적당히 고를 것을 강요당하고 그것에 동의하지 않는다. 한마디로 말하면 달리 방법이 없기 때문에 모든 행동을 경계하고 분발하고 있다.

그래서 나의 생활은 오늘의 하늘처럼 어슴푸레하고 회색이고 애매하다. 모든 봉우리는 수평인 안개에 뒤덮이고, 단지 맑은 빛이 산허리와 호숫가를 둘러싸고 있다.

1873년 10월 4일

어두운 신비로 가득 찬 광선을 내 방에 흩뿌리고 있는 달빛 속에서 오랫동안 꿈꾼다. 이 공상적인 빛에 의해 우리가 잠겨드는 기분은 그 자체가 황혼적이어서 분석을 시도해도, 더듬을 수만 있을 뿐 분명한 말은 듣지 못한다. 말하자면 혼합되어 녹아든 무수한 소리로 이루어진 파도소리처럼 정의할 수 없고 파악할 수 없는 것이다. 채워지지 않는 마음의 모든 욕망, 말로 나오지 않는 가슴의 모든 고뇌의 메아리이고, 합쳐져서 희미하게 울려 퍼지다가 마침내 안개 같은 중얼거림으로 사라져 가는 것이다. 의식으로 떠오르지 않는, 이들 귀에 들리지 않는 모든 탄식이 서로 합쳐져 하나의 결과를 낳고, 공허와 동경의 느낌을 나타내며, 우울함이 되어 울린다. 청년시절에 이런 에오리아풍의 진동이 희망으로 울리는 것은, 식별되지 않는 이 무수한 작용이 우리의 기조를 구성하고 우리의 전체적 상황의 음색을 낸다는 증거가 된다. 보름달이 유혹할 때, 램프를 껐을 때, 네가 고독한 방에 있으면서 느끼는 것을 말해보라. 나는 네 나이를 말할 수 있거니와 네가 행복한지 어떤지도 알 수 있다.

이 달빛은 우리 내면 생활의 문에 던져져서 알지 못할 그 깊이를 우리에게 보여주는 빛의 추 같은 것이다. 그것은 우리를 자신에게 보이며 우리의 추함과 결점, 과실보다도 오히려 슬픔을 느끼게 한다. 어쩌면 다른 사람들에게는 그 때 비로소 보이는 의식의 상태이리라. 물론 그것은 태도나 주위의 상태에 의존한다. 연인, 사상가, 야심가, 죄인, 환자는 각자 다른 감정을 품는다.

내 경우는 현재 이 밤의 광선이 나에 대해 무엇을 가르칠까. 내가 질서를 얻고 있지 않다는 것, 참된 평화가 없다는 것, 나의 정신이 암흑임과 함께 탐식하는 불안한 심연과 같다는 것, 내가 삶에 대해서나 죽음에 대해서나 제대로 해내지 못한다는 것을 가르쳐준다.

1873년 10월 7일

(밤 9시) 전보다도 지독한 새로운 벼락. 이 달 5일, 45세를 일기로 *** 사망. 9월 22일에도 29일에도 뷰리에(Burier. 몬토르의 동북쪽)에서 식사를 함께 했다. 코가 없는 여자(죽음)가 내 발꿈치를 따라와 나를 붙들기 전에 내 친구를 덮쳤다고 할 수 있다. 4일 동안에 급격한 죽음이 둘. 기가 막힌다. ……

달이 뜬 뒤에 내리는 발작적인 비, 흐리고 검은 하늘. 정의할 수 없는 공허하고 불안한 기분. 돌연사, 미래의 암흑과 현재의 결함, 생존의 취약함, 모든 물체의 불안정, 내 생활의 얼룩과 내 가슴의 채워지지 않는 동경. 그것이 모두 헛된 환상인 것처럼 내 앞을 오가다가, 잘못된 상상력과 양심의 걱정 같은 것을 낳는다.

"오늘 밤 너의 영혼을 가져가리라."

성서에 있는 이 위협이 내 귀에 울린다. 나의 각오는 괜찮은가. 좋다고 말하기는 어렵다. 나는 실제 행한 것보다도 더 많이 또는 더 잘 할 수가 있었으리라. 그러나 나는 어떠한 것에도 필요하지 않다. 3명이나 4명의 사람들은 확실히 얼마간 슬퍼하지만 그것을 빼면 세상은 내가 없어져도 전혀 아무렇지도 않고, 손실이라고 부르지도 않는다. 그러므로 나는 많은 눈물을 흘리게 하지도 않고, 일을 크게 어지럽히지도 않고 물러날 수가 있다. 내 이름은 내가 죽으면 사라질 것이다. 그러나 연연해 할 것이 무엇 있으랴. 나에게 명예심이 없었다는 것, 지나치게 민감했다는 것, 너무 일찍 낙담했다는 것을 신이 용서한다면, 나는 자애로움과 나의 허무에 대해 충분한 위로를 받을 수 있다. 나는 사람들을 평화롭게 신의 의지에 맡기고 클라랑스로 가서 잠들리라. ……

  삶이 죽음보다도 나를 위협하는 것은, 삶은 책임을 만들어내고 또 증가시키지만 죽음은 자유롭게 하고 책임을 면제하고 허용하기 때문이다. 나의 신념은 녹아 사라졌다. 그러나 나는 神(善)과 윤리적 질서와 구원을 믿고 있다. 나에게 종교라는 것은 신 속에서, 자연과 운명의 깊은 바닥에 있는 청정한 의지에 대한 모든 귀의 속에서 살다가 죽는 것이다. 나는 '복음'도, 즉 죄라든가 죄를 용서하는 '아버지'의 사랑에 대한 신앙에 의해서 신과 함께 은혜로 복귀하는 것도 믿는다.

1873년 10월 15일

  ……좋다, 나는 이대로 몽테뉴처럼 애써서 정면으로 내 얼굴을 바라보고, 필요 이상으로 내 환상을 파괴하고 있다. 나를 채찍질하는 쾌감은 자기도취가 응집된 것이고, 나를 올바르게 재단하면서 나아가 스스로를 걱정하고, 내가 본능에 속고 있지 않다는 것을 스스로에게 증명하기 위해서일까. 양심의 흔적이 나를 이기기보다 벌하기를 좋아하고, 남의 비난에 앞서서 그것을 무력화하려는 것일까. 그렇지는 않다. 전체를 다시 잘 살펴보면 이 방법에는 마키아벨리즘은 그다지 들어 있지 않다. 다만 심리분석의 옛 습관과 윤리적 노력의 폐기가 있을 따름이다. 관조는 나를 잡아끌어 나에게 관심을 갖게 하고, 투쟁은 나를 지치게 하며, 패배는 나에게 혐오감을 일으킨다. 이것도 그것과 마찬가지로 악의는 없다. 기묘한 것은 내가 비생산적이면서 생산적인 사람들에게 동감하고, 윤리적인 생각이 없는데도 강한 마음을 가진 사람들

에게서 사랑을 받고, 실제적인 제례에 참가하지 않는데도 종교적인 본성의 사람들이 나를 찾는다. 나보다도 다른 사람들이 나를 유리하다고 판단하며, 내 친구는 나의 약점과 빈곤의 정도를 모르는 것 같다.

1873년 10월 18일
R***의 집에서 저녁식사를 하고 밤을 새우다. 어린아이들이 떠들어댄다. 오늘 저녁 모임의 정식 손님인 작센의 철학박사에게 춤을 추게 하였다. …… 왠지 모를 익살맞은 감흥이 나를 부추겨 잠자는 듯이 점잔빼는 이런 사람들을 놀리게 한다. 못된 장난을 좋아하는 여자가 체스를 두는 사람에게 장난을 치고 싶게 만드는 그런 기분이다. 농담은 진지하고 무뚝뚝한 얼굴에 비하면 매우 방탕한 마음으로 보인다. 잠자리는 느리고 둔한 커다란 네 발 동물에게 즐겨 장난을 친다. 대조가 방탕한 데를 과장하기 때문이다. 그래도 조심하지 않으면 안 된다. 하얘지기 시작한 머리칼과 철학교수는 얕잡아보기는커녕 밝은 기분이 되는 것만으로도 그냥 넘어가지 않는다. 여하튼 사람은 그것을 품위가 없다거나 거리낌이 없다고 생각하기 쉽다. 너는 이제 웃음기 어린 뉘앙스를 초월해서는 안 된다. 그렇지 않으면 기호를 잊은 듯이 생각되고, 장소를 분간하지 못하는 어릿광대로 간주되기 십상이다. 정말로 똑똑한 사람들을 상대할 때가 아니면 네 나이에는 남이 너의 직업에서 기대하는 체면을 허물 수 없게 되어 있다. 남을 재미있게 하는 것은 대단히 위험하다. 웃었던 사람들은 그 대가라면서 마침내 물어뜯기 시작한다. 농담은 좋은 취미의 농담이라도 친밀한 사람들, 즉 우리의 점잔빼는 모습도 알아주는 사람들을 대상으로 할 때 외에는 권할 수 없다. 다른 사람들은 그것을 허영심, 악취미, 야유로 보고, 우리에게 불평을 하기 십상이다. 이런 사람들 앞에서는 날개를 감춰놓고, 로마풍의 존엄이라는 갑옷을 만들어 보여주어야 한다. 이런 저술에선 미네르바 여신이 나타나도 그것으로 인정하지 않으리라. 세상 사람들은 겉모습을 소홀히 하는 진정한 가치를 믿지 않는다. 즉, 겉모습이 본질이라고 생각하기 때문이다.

잔뜩 굳어 있는 현학풍이나 얼빠진 답답함을 싫어한다면 경박하게 보이지 않도록 조심하라. 반대로 고개를 성체처럼 쳐들고, 누구처럼 조심스럽고 신비로운 모습으로 미소지어라. 경건한 슬픔을 포함하고, 농담을 말하는 녀석은 불쾌하다든지, 말을 잘하는 사람은 어릿광대로 여겨지기보다는 양심이 있는 바보로 생각되는 편이 낫다고 스스로에게 거듭 말해야 한다. 타인의 진정한 모습이 너에게 얼마간 울적함을 달래는 것 같고, 터무니 없이 가소롭게 보여도 상관없다. 그것을 겉으로 나타내지 말라. 그것은 참을성이 강하지도, 사람을 좋아하지도 않기 때문이다. 잘못 이해되고, 잘못 판단되지 않기를 바란다면 네가 말하는 사람들의 분위기를 파악하도록 정신차려라.

생 피에르(제네바 중앙의 커다란 사원)에서 종이 울렸다. 일요일이 왔다. 휴가의 끝. 월요일에는 겨울학기와 함께 제네바 '종합대학'(이 해에 지금까지 Académie로 불리던 대학에 의학부를 신설해 Université가 되었다)의 1년이 시작된다. 이제 웃을 시간, 어슬렁거릴 시간이 없어졌다. 너는 또한 관직과 의무, 근로에 붙들렸다. 너의 날개를 칼집에 거두고 현직 박사의 장엄한 망토를 두르거라.

(날짜 없음)

인생에 있어 가장 좋은 길은 역시 도움이 될 때에 지나는 정규적인 길이다. 예외의 길은 어쩐지 수상쩍고 불안하다. 정상적인 것은 가장 편리하고 가장 확실함과 동시에 가장 건전하다. 사잇길은 다양한 겉보기의 동기로 사람을 유혹하지만 그리로 간 것을 유감스러워하지 않는 경우는 드물다.

(날짜 없음)

각각의 사람은 다시 세계를 시작한다. 최초의 인간의 잘못은 하나라 하더라도 그의 천 명째의 후계자를 피할 수 없었다. 집단적인 경험은 쌓이지만, 개인적인 경험은 개인과 함께 소멸한다. 결론. 제도는 점차 현명해지고 무명의 과학은 증대하지만, 청년은 옛날보다도 지금 쪽이 더 교양을 가지기는 했어도 여전히 건방지며, 옛날 못지않게 잘못을 저지른다. 즉, 절대적으로는 진보가 있지만 상대적으로는 없다. 주위 상황은 좋아지지만 실력은 늘지 않는다. 전체는 어쩌면 좋아져 있을지도 모르지만 인간은 실질적으로 좋아지지 않는다. 다만 다른 것이 되어 있을 따름이다. 인간의 결점과 덕성은 형태를 바꾸지만 전체의 대차대조표는 이익을 보이지 않는다. 1000의 사물은 진보해도 999는 퇴보하고 있다. 그것이 진보이다. 거기에는 특별히 거만한 데는 없지만 확실히 위로 받을 만한 것은 있다.

1874년 1월 22일

이 세상에서 정말이지 싫은 것은 오류가 저절로, 나아가 어디에서나 나타나기 시작하는데도 진리는 의지 때문에 몇만 번이 반복되어도 오류에 대한 신뢰를 흔드는 곳까지 가지 않는다고 하는 것이다.

인간은 진리에 대해서는 얼음,
허위에 대해서는 불이다.

인간은 어린아이가 약에 대해서, 플라톤의 동굴 속 사람이 빛에 대해서 하는 것처럼 진리에 대해 온 힘을 다해 반항한다. 기꺼이 자기의 길을 가지 않고, 뒤를 향해 그곳으로 물러난다. 거짓을 향하는 이 타고난 취미는 다양한 원인에 근거한다. 선입견의 유산, 이것은 무의식인 습관과 노예근성을 낳는다. 이성에 대한 감정의 우월, 이것은 깨달음에 독을 끼친다. 양심에 대한 감정의 우월, 이것은 가슴을 거칠게 한다. 이지에 대한 의욕의 우월, 이것은 성격을 훼손한다. 진리를 향해 열렬하고, 이해에 구애되지 않는 지속적인 성향은 대단히 드물다. 행위와 신앙이 사유를 노예로 하는 것은 둘 다 반성과 비평, 의혹으로 저지되거나 괴롭힘을 당하지 않기 위해서이다. 전체로서 지닌 인간성은 동물성과 마찬가지로 실천적인 것이어서 유리한 것 또는 유쾌한 것에서 멀어질 힘이 없다. 아리스토텔레스가 말한 '관조', 즉 사유의 생활은 소수 특권자의 일이다. 그러나 이 드문 사람들이 인류를 진보적이게 하고, 결국 다른 동물보다 고등한 존재가 되게 한다.

1874년 1월 29일

정의를 도외시하고 '형벌' 이론을 세우는 범죄학자는 가난한 나그네의 식욕 또는 위장을 무시하고 식단을 짜는 요리사와 비슷하다. 벌하는 것이 정의로운 일이 아니라면 벌하는 것은 옳지 않다. 거기서 이론 전부는 공허에 기초하게 된다. 형벌제도가 잘못되어 있으므로 이것을 폐기하지 않으면 안 된다. 바로 어제 나는 이곳 판사와 이야기를 하면서, 우리의 가장 중요한 제도를 지배하는 원리의 결함을 확신했다. 늘 진리의 한 부분이 전체로 받아들여지고, 표면의 여러 점들이 문제의 중심으로 받아들여지며, 부대 사항이 본질로 받아들여진다. 이러한 혼동이 만들어낸 법률이 재판소, 의회, 참사회 및 민중을 지도하고 있다. 콩깍지를 콩이라고 생각하는 것이다. 세 가지의 오류가 하나의 진리와 동등한 가치를 지닌다. 인간 집단은 다수의 측면을 지닌 어떠한 일에 있어서도 동시에 하나 이상은 볼 수 없다. 특히 모든 측면을 참된 상호관계로 볼 수가 없다. 가장 드문 것은 올바르고 객관적이며 공평한 정신이다. 다만 그런 것은 아무도 마음에 담아두지 않으며, 각자는 사유의 올바름보다도 자기의 감정, 선입견, 이익을 선호하고 있다. 그렇기 때문에 역사의 역학이란 것이 있다. 민중은 그 행동 속에 민중 자신이 알지 못하는, 따라서 맹목적이고 저항하기 힘든 여러 가지 힘의 합침을 나타내기에 그친다. 자기 본능의 억압을 느끼지 않으면 민중은 자기가 자유라고 믿는다. 고삐가 하나 망가지면 다른 고삐로부터도 풀려났다고 믿는다. 자유는 하나의 이상이며 현자(賢者)만이 그 자유에 다가간다. 다른 사람들은 모두 알지도 못한 채 노예가 되어 있어서, 동물보다 크게 나을 것이 없다.

1874년 2월 4일

대단히 사교적인 국민은 개인이 웃음거리가 되는 것을 무엇보다 두려워한다. 우스꽝스러워진다는 것은 독특하게 여겨지는 것이다. 누구 한 사람 특별히 동료를 두려 하지 않고, 각자는 모두와 함께 있으려 한다. 이 '모두'가 위대한 세력이며, 주권자이고, '사람'이라 불리고 있다. 이 '사람'은 무엇을 하든 항상 옳다. 파디샤(터키의 술탄), 또는 잘못 없는 교황이라고나 해야 할까. '사람'인 신의 백성은 동방의 노예가 그의 '술탄' 앞에 나왔을 때보다도 더 넙죽 엎드린다. 군주의 생각대로 결정하고 불평을 하지 않는다. 군주의 변덕은 법률이고 예언자이다.

'사람'에게는 얼굴이 셋 있고, 따라서 입도 셋 있다. 첫 번째 입은 '사람'이 말하거나 행동하는 것을 선언하고는 관습이라 불리며, 두 번째 입은 '사람'이 생각하는 것을 선언하고는 여론이라 불린다. 세 번째 입은 '사람'이 아름답다거나 선하다거나 생각하는 것을 선언하고는 유행이라 불린다. 세 개의 입이 말한 뒤에는 각자 알아야 할 것을 모조리 알고 있다. 행복한 (지금 말하고 있는) 국민에게는 '사람'이 모든 이의 양심, 판단력, 기호, 이성이다. 거기서 각자가 손을 내밀지 않아도 모든 일이 정해져 있다. 각자는 어떤 일에 의하지 않고 발견하고자 하는 노력이 면제되어 있다. '사람'이 하는 모범을 흉내내고, 모사하고, 반복하기만 하면 하나도 두려울 것이 없다. 이 세상에서나 저 세상에서도 구원받을 수 있다.

이러한 국민의 본성적 소질이 사회적 규율, 역사적 교육, 국가 및 교회의 영구한 주의(注意)에 강요된 결과, 모든 개성의 완전한 평준화, 평범한 정신에 의한 자아적 정신의 치환(置換), 보통의 모방 습관을 낳았다.

si의 나라말(이탈리아어), yes의 나라말(영어), ja의 나라말(독일어), oïl의 나라말(옛 프랑스 북쪽의 언어)이라는 것이 있다. 그와 마찬가지로 나는 '사람'의 국민이라 해도 된다고 믿는다. 다만 '사람'의 국민은 항상 양심의 국민에 반대가 된다는 것을 덧붙여 두고 싶다. 집단적 세력, 사회적 실력, 어쩌면 애교나 활발함, 재기와 지혜를 나타내게 되지만 개성적인 자유와 심오한 독창성은 아는 일이 없으리라.

(밤 12시) 에르네스트 아베(Ernest Havet. 프랑스의 문헌학자, 1813~1889년)가 지은 《그리스도교의 기원》을 되풀이해서 읽기를 계속하다. 이 저작은 내 마음에 들었지만 또한 마음에 들지 않는 부분도 있다. 마음에 든 것은 독립과 용기 때문이고, 마음에 들지 않았던 것은 근본사상의 불충분함과 범주의 불완전함에 의거한다.

예를 들면 저자는 종교에 대해서 분명한 관념을 갖고 있지 않다. 그의 역사철학은 피상적이다. 단순한 자코뱅파이다. 《공화제와 무신론》에서 한 발짝도 나가 있지 않다. 바르니(Jules Barni. 프랑스의 정치가이자 철학자, 1818~1878년)와 같은 입장이다. 성실 정직하고 건조하며 얄팍한 합리주의여서 지극히 싼값에 만족하고, 지겨우리만큼 반복해서 "파렴치한을 압도하자. 나의 곰을 구해달라(성가신 것을 없애달라)"고 외치고 있다. 이 편협하고 단호한 견해는 울트라몽탕파(산, 즉 알프스의 맞은편을 의미하는 원래의 뜻으로 보아 로마교황에 대한 복종을 인정하는 프랑스의 교파)의 대규모 사기로 기분이 나빠진 자존심 강한 사람들의 도피처이지만, 역사를 이해하게 하기보다는 오히려 저주하게 한다. 결국 부정적인 18세기식의 비평이다. 그런데 볼테르주의는 철학적 정신의 한 면에 불과하다. 헤겔은 더 쉽게 사유를 해방했다.

아베에게는 또 다른 잘못이 있다. 그리스도교=로마가톨릭=교회(그리스도교를 로마가톨릭 및 교회의 동의어)로 했다. 나는 물론 로마 교회도 똑같이 보고 있으므로 그것을 상대로 할 때 이러한 동일시도 괜찮은 시도임은 알지만, 과학적으로는 부정확하다. 뿐만 아니라 그리스도교와 복음, 복음과 종교일반도 동일시해서는 안 된다. 비평적 엄밀함은 근행과 설교 등으로 뻗어나 있는 이들 혼동을 단 한번에 없애야 한다. 다양한 관념을 분리하고 식별하고 한정, 정리하는 것은 과학이 풍습이나 언어 또는 신앙 같은 혼돈으로 복잡한 사물을 파악할 때에 해야만 하는 첫 번째 임무이다. 교착(交錯)이 생명의 조건이다. 질서와 명석함은 승리를 얻는 진지한 사유의 징후이다.

전에는 자연에 관한 관념이 지리멸렬한 상상과 오류의 직물이었다. 지금은 심리적이고 윤리적 관념이 비뚤어진 미신이나 시대에 뒤떨어진 견해의 둥지이다. 현대에 있어 아우게아스(그리스 신화에 나오는 엘리스나라의 왕)의 마구간(매우 지저분한 곳, 그것을 청소하는 것을 영웅 헤라클레스의 12과업의 하나로 따진다)은 종교적, 역사적, 교육학적, 인간학적 개념 속에 있다. 이 《바벨 성(城)》(바벨은 창세기 제11장에 나오는 지명. 하늘까지 닿는 탑을 만들겠다고 모여든 여러 나라의 백성은 신이 그 때까지 하나였던 언어를 하룻밤 새에 각각 다르게 한 때문에 언어의 혼란으로 탑을 쌓는 데 실패했다.)에서 도망칠 최상의 길은 과학으로 인정될 만한, 참으로 과학적인 인간에 관한 과학을 건설하거나 또는 입안하는 것이리라.

1874년 2월 15일

나를 늘 놀라게 하는 것은 여성이 형사상의 피고에 반대하는 태도를 취하는 급격한 기세이다. 결정하지 못하는 자는 여자가 볼 때 유죄이다. 자신의 감정을 경계하기는커녕 그것을 자랑스러워한다. 여자의 반감은 공평, 평정, 정의의 정신으로 쏟아 부어진다. 만일 여자가 법복을 두르고 자리에 앉게 된다면 재판소는 어떻게 될까. 남자든 여자든 한 사람으로서 그 저울에 달리는 것, 완전한 공정함이 지켜지지 않는 사람들의 맹목적이고 격렬한 평결에 자기 명예의 보장을 추구하기를 바라지 않는다. 혐의와 유죄, 기소와 인정, 판결과 집행, 이것들이 이 여자들이 볼 때는 하나가 된다. 자기들의 잘못이 열이든 스물이든 계속해서 나오고 그것이 증명된다 한들, 그 고발에는 조심성이 없으며, 소송에는 참작이 없고, 판결에는 자비가 없다. "여자는 다들 그렇게 한다." 여자는 사랑과 미움밖엔 모르며, 정의의 연고를 생각하려고 하지도 않는다. 이 부드러운 생물체는 공평한 태도를 버리자마자 정말로 흉포해진다. 때문에 여자 신학자, 여자 정치가, 여자 사회주의자를 조심해야 한다. 뜨개질하는 여자(프랑스혁명 때 뜨개질거리를 든 채로 정치적 집회에 나온 여자), 석유를 캐는 여자, 화형에 불을 붙이는 여자를 조심하라. 이성(理性)을 혐오하는 여자는 온갖 지나침에 빠지고, 여러 극단으로 내달리기 십상이다. 여성적 요소가 우세해지면 흥분과 요란스러움이 야기된다. 종교나 예술, 시, 풍습, 신분도 변질되어 퇴폐가 시작된다. 나는 여자를 너무 믿었다. 약간 거리를 두지 않으면 안 된다. 여자의 역할을 유익하게 하려면 종속적으로 해야만 한다. 여자가 우월해지면 불행을 초래할 것이다.

내게는 이미 여성적 요소의 과장이 일어나고 있는 것 같다. 완고하게 여자를 혐오하는 프루동은 반(反)여자십자군(프루동이 지은 《정의》 참조)을 설파했지만 전혀 잘못된 것이라고는 할 수 없다. 과학, 이성, 정의, 우리 인류 자산의 가장 선한 것 전부가 여자의 등장으로 위협받고 있다. 여자는 감정, 상상, 변덕, 정열, 신뢰, 편애를 하고, 일반 이익에는 존경심을 갖지 않는다.

자기의 허약함을 자랑하고 자기의 무기력을 고집하게 되면 "여자는 현자의 근심이다." 그렇기 때문에 여자를 복종하게 할 필요가 있다. 그러나 그럴 방도가 없다. 왜냐하면 그러기 위해서는 역시 여자를 설득하고 회유하고, 그 터무니 없는 논의에 귀를 기울여주지 않으면 안 되기 때문이다. ……

내가 세리오사에게 애정을 갖는 것은 그 사람이 남자다운 장점, 엄밀한 공정성, 진리에 대한 사랑, 정의의 본능, 자애의 실천을 갖추고 있기 때문이며, 짧게 말하면 그 사람이 자기에게 속하는 여성적 장점을 무시하지 않고 그 번거로운 본능에 반항하는 고귀한 인물이기 때문이다.

1874년 2월 16일

쟘 파지(James Fazy. 1846년 제네바에 혁명을 일으키고 그 뒤 20년 동안 급진당 정부의 우두머리였던 스위스의 정치가, 1796~1878년)가 지은 《헌법론 강의》(1873년)를 통독하다. 사회의 집단적 이지의 방법 및 표현으로서 고찰한 급진주의의 변명과 신성시이다. 나는 이 이론의 놀랄 만한 무기력에 어안이 벙벙했다.……

더구나 이 노전사(老戰士)의 한 가지 점이 나의 흥미를 끌었다. 그가 지금 두 개의 파, 바로 학설파와 사회파에게 학술적 논쟁의 도전장을 내밀고 있다는 것이다. 왜 그것을 그 혁명적 생애로 들어가기 전에 하지 않았던 것일까. 만약 그랬더라면 그의 저서에 섞여 있는 오류, 기만, 불합리는 좀더 적었을 텐데. 그러나 늦었지만 이 용기는 다른 사람이 아무리 그의 성의를 의심한다 해도 그를 위해 인정하지 않으면 안 된다. 이 유력한 선동정치가, 우리의 클레옹은 항상 이의가 들리지 않고 자기가 보고 싶은 것만 보는 편리한 능력을 지니고 있었다. 그래서 '민중의 내밀한 감각'이 '사회의 집단적 이지'가 되었다. 그러나 맹목적인, 또는 사람을 맹목적이게 하는 감정의 역할은 그 사실을 알면 곤혹스러웠을 이 이론가를 알아채지 못하고 오히려 인정하지 않고 말았다.

그것 자체가 이미 능력이고, 공화사상에 있어서는 정의마저 되어 있는 다수를 향해 클레옹 (아리스토파네스에 다루어져 있는 / BC 5세기 아테네의 선동정치가)은 늘 여러분을 그 위에 있는 있는 광명과 예지, 사유, 이성이라고 외쳤지만, 이것은 모든 야바위꾼 같은 정치가가 마침내 축제에 올려진 신에게 바라고 명령해야 할 사항을 불어넣기 위한 방법이다. 민중을 자기의 도구로 삼기 위해 민중에게 아첨하는 것은 보통선거의 요술쟁이 사기꾼이 하는 일이다. 모든 협잡꾼 사제처럼 우상 앞에서는 그것을 훔치고, 실로 조종하는 꼭두각시를 숭배하는 체하다가 그 실을 잡아당기는 것이다.

급진주의의 이론은 속임수이다. 자기는 허위임을 알고 있다는 전제를 예상하고, 그 계시에 감사해하는 표정을 지으면서 신탁을 받거나, 또는 받은 것처럼 말을 하면서 법률을 발표한다. 그리고 이 영리한 자가 민중을 대신해서 생각하는 두뇌이며, 민중이 발안하고자 했던 것인 양 최면술을 써서 그것에 암시를 주면서 민중이 직접 두뇌를 만들어 냈다고 선언한다.

지배하기 위해 아첨한다. 이것이 모든 술탄의 신하, 모든 전제정치의 궁정신하, 모든 폭군의 총애자가 남긴 말이다. 예부터 얼마든지 있어 왔다. 그러나 역시 증오해야 하는 것이다. 나는 전제군주 앞에 엎드리는 것은 다수 앞에 엎드리는 것만큼 부끄럽고 창피한 일은 아니라고 생각한다. 왜냐하면 앞의 경우에는 역사적 존엄의 원칙과 진지한 환상의 가능성이 있는데 반해,

위대한 천민과 신성한 악당

은 그같은 현혹을 낳을 수가 없기 때문이다. 그래서 보슈에 (17세기 프랑스의 주교로 위대한 설교가, 왕후에 대한 조사(弔辭)로 걸작이 있다)는 아뉴토스 (Anytos. 소크라테스를 모함한 선동정치가)만큼 타락하지 않은 것 같고, 앗슈에루스 (Assuerus. 구약의 에스더에 나오는 페르시아의 왕) 앞에 나온 아만 (Aman. 유대인의 학살을 꾀하다가 왕비 에스더의 방해로 발각되어 교수형에 처해진 왕이 총애하던 신하)도 파리 코뮌의 비천한 무뢰한만큼 파렴치하지는 않다. 나는 노비는 노비, 머슴은 머슴이라고 해서 리슐리외나 나폴레옹의 잃어버린 영혼 쪽이 평민이나 정치적 클럽

의 분개하는 사람만큼 저급하지 않다고 생각한다. 인간에 대한 우상적 숭배는 아무리 무서운 것이라 하더라도 전체적으로 생각하면 장어나 히드라에 대한 우상 숭배보다는 고등하지만, 헤라클레이토스나 라 퐁텐이 거듭 말한 것처럼 민중은,

    머리가 천 개 달린 괴물이다.

 폭군은 폭군이지만 가장 위험한 것은 생명이 하나, 위가 하나밖에 없는 폭군이 아니라 파괴되지 않고 질리지 않는 폭군, 자기 욕망과 분노에 모든 것을 던져 넣는 천민이다. 그것을 신이라고 듣게 하는 그 신하들은 그것을 야수로 만들 우려가 있다.

 성실하고 곧은 정치는 정의 및 도리만을 존중하고, 평균적으로 보면 성년이 아닌 유년(幼年)을 대표하는 민중에게 이것을 말로써 보여야 한다. 유년에게 너희는 잘못될 염려가 없다거나, 인생에 있어 너희보다 앞서간 사람들보다도 밝은 지식을 가졌다고 말하면 유년을 타락시킨다. 민중에게 여러분은 현명한 생각과 밝은 사고를 지녀 실수하는 일이 없는 천성을 갖추고 있다고 말하면 민중을 타락시킨다.

 빈틈없게도 몽테스키외는 현자를 많이 모을수록 얻을 수 있는 지혜는 적다고 했다. (너무 많은 사람들로 이루어진 협의회에 대한 비평) 급진주의는 배우지 못한 사람, 감정적 또는 반성이 없는 사람, 특히 청년을 많이 모을수록 더욱 빛을 발한다고 칭한다. 확실히 앞의 논의의 반박이기는 하지만 이것은 지나친 농담이다. 대수에서는 $-A$에 $-A$를 곱하면 $+A^2$이 되지만, 암흑을 제곱해서 빛을 낳은 예는 없다.

 민중이 내놓는 것은 본능이나 감정이다. 본능은 좋은 경우도 있지만 감정은 나쁜 경우가 있다. 동시에 본능은 명백한 관념을 낳지 않으며 감정은 올바른 결정을 낳지 않는다.

 민중은 질료적인 힘이며 다수는 제안에 법률의 효력을 부여하지만 모든 것을 고려한, 따라서 진리를 포함하는 현명하고 성숙한 사상은 군중의 격앙에서 나온 예가 없다. 군중은 민주제의 자료이기는 하지만 형상, 즉 도리, 정의, 공익을 나타내는 법률은 현명한 생각에서 나오며, 현명한 생각은 결코

아무에게나 있는 자질은 아니다.

급진적 이론의 근본적 역설은 선을 행할 권리를 선 자체와 혼동하고, 보통선거를 보편적 현명한 사고와 혼동하는 데에 있다. 그 법률적 의제는 그에 의해 선거인으로 선언되는 사람들 사이에 교양과 진가의 사상(事象)적 평등을 인정하는 것이다. 그런데 선거인이 공공을 위한 선을 바라지 않는 경우는 충분히 있을 수 있고, 비록 그것을 바란다 해도 실현 방법에 대해 심각한 잘못을 저지를 수 있다. 보통선거는 도그마가 아니라 도구이다. 그것을 받아들이는 민중 여하에 따라 도구는 주인을 죽이거나, 크게 도움이 되거나 한다.

1874년 2월 24일

'신교회'(Temple Neuf)에서 자유주의적 그리스도교에 관한 V***의 강연. 전문가이며 절도가 있어 재미있다. 텍스트, 《나는 길이요 진리요 생명이니》. 두 개의 길(이교와 유대교)을 논한 제1부는 무력하고 부정확하다. 그리스도교의 본질을 논한 제2부는 훨씬 우수하다. 도그마티즘은 두 번째 의미의 것, 윤리적 생활은 첫 번째 의미의 것. 예수의 정신을 좇아 생활하는, 그것이 그리스도교. ……

종교에 대한 이 해석은 그래도 고귀하고 순수한 것이지만, 그의 약점은 이러하다. 청정성(淸淨性)의 개념이 아직 얼마간 비속하고, 완전한 갱신, 불세례, 제2의 출생에 의한 구원의 요구가 발견되지 않는다. 양심의 심리가 비극적이지 않고, 충분히 심각하지 않다. 그러나 이 점에서 그리스도교는 세계를 정복했던 것이다.

"우리는 잃었다. 우리는 구원될 수가 있다. 하느님은 세상을 사랑했으므로 당신의 아들을 세상에 주셨고, 누구든지 이것을 믿는 자는 멸망하지 않고 영원한 생명을 얻을 수 있게 했다. 우리의 잘못 때문에 죽고, 우리의 죄를 바로잡기 위해 부활했다." 여기에 역사적으로 보아 그리스도교가 지닌 정신적 견인, 매혹, 고양의 힘이 있다. 초자연적이고 초인간적 요소가 인간을 변형했다. 신앙에 의해서 종교는 구제하고, 속죄하고, 정의를 인정하며, 자신(自信)과 기력, 열의와 안심을 부여한다. 속죄의 그리스도교는 경쟁 및 감사의 그리스도교를 대신할 수 있는가. 의심스럽다. 다수는 신을 '신비한 자취'와 '초자연' 속에서만 본다. 모든 이해할 수 있는 것은 자연적이다. 그런데 자연적인 것은 신성하지가 않다. 이것이 다수의 본능적인 추리이다. 쉽고 명백한 종교는 사람들의 영혼에 대한 매력을 잃는다. 쓴맛, 소금기, 기적이 없는 신앙은 가슴이나, 의지에 대해서도 강력한 영향력을 행사하지 못하고 끝난다. 신앙은 이해를 바라지 않으며, 희미한 빛이 그 힘이다. 우리 안의 힘은 빛의 반대이므로 가장 이성이 통하지 않는 종교가 우리에게 가장 많은 기력을 준다. 순수한 신앙은 맹목적인 광신 속에만 있다. 신앙이 빛을 받을수록 강렬한 기운은 줄어든다. 신앙이 완전히 지식으로 변해버리면 행동을 하지 않게 되고, 사람에게 행동을 재촉하지 않게 된다. 그러고 보면 아무래도 선택이 필요할 것 같다. 행동이 중요하면 신앙이 필요하고, 신앙에는 신비가 필요하다. 진리를 모든 것의 위에 두면 신앙을 비판하기 좋은 것이 되고, 이 비판은 신앙, 즉 모든 기성 종교를 없애버린다.

'종교' 철학은 이 기묘한 심리적 사실, '의지'와 '사유' 원심적 에너지와 구심적 에너지 사이에서 반대되는 설명이다. 여러 힘의 변형된 적용이다. 종교가 힘이라는 것은 그것이 빛이 아니기 때문이다. 철학은 빛이고, 그러므로 힘이 아니다.

신앙과 이성의 균형이 개인에게 있어 바람직한 상태, 생명의 가장 강한 정도의 총량을 나타내는 상태라는 것은 생각할 수 있다. 그러나 빛을 바라는 것이 신앙의 본질이라고 할 수 없으며, 신앙과 마주쳐서 스스로 기권하는 것이 이성의 본질이라고 말할 수도 없다. 서로 반대되는 이 두 항의 관계를 표현하는 가장 편리한 범주는 아리스토텔레스의 것과 라이프니츠의 것이다. 신앙은 이성의 질료 또는 잠재적 모습이고, 이성은 신앙의 형상 또는 현실의 모습이다. 다른 말로 하면 종교는 효력을 잃지 않기 위해서는 철학이 되어서는 안 된다. 그 효력은 종교의 잠재적, 암묵적, 불명확한 진리와 관련되어 있다. 광신 없이는 결코 열렬한 신앙이 없는 것처럼, 암묵 없이 진지한 종교란 결코 있을 수 없다.

1874년 2월 27일

'혁명'이란 무엇인가. 자기 깃발에 기록한 어떤 주의의 이름에 근거해 권력을 쥐는데 성공한 폭도를 이른다. 성공하려면 다수를 낚을 훌륭한 착상의 표어와 운동을 이끌어갈 지도자가 필요하다. 일반적으로 '혁명'은 약속한 것의 반대되는 것만을 준다. 왜냐하면 깃발은 어리석은 자를 위해 만든 것이고, 지도자는 보다 자기중심의 책략을 갖고 있기 때문이다. 야심가는 구실을 이용해 군중의 분노를 모으고, 순진한 마음을 부채질하며, 타인의 덕성을 자기 마차의 말로 만드는 방법을 터득하고 있다. 교묘한 혁명가는 모든 시대의 신관(神官)과 닮아 있다. 타인의 신앙에 자기들의 형편에 유리한 달걀을 낳게 한다. '혁명'은 필요한 경우도 있지만, 그렇더라도 정직하게 그의 한쪽 막대를 쥔 사람들에게는 대개 일부분 또는 전부 어긋나게 되어 있다. 정치에 있어서는 악당이 조롱꾼이 되지 않는 한, 기만을 면할 수는 없다. 아무리 시간이 지나도 악이 선으로 옮겨가는 일은 없으며, 단지 불편에서 다른 불편으로 옮겨갈 따름이다. 마지막 불편이 바로 앞의 불편보다도 낫다면 일단은 행복하다. 그것을 진보라고 하는 것이다. 정치적 동물의 병은 낫지 않는다. 다만 그 고통에 대해 마약이나 완화제가 있으며, 어떤 선생보다는 부드럽고 기분좋은 동업자, 모(某) 선생이 있는 것이 된다. 환자는 대개 자기를 즐겁게 해주는 의사를 좋아하지만, 그보다 비록 속임수일지라도 낫는다고 보장해주는 의사를 더 좋아한다.

 사상가, 인도주의자가 최선을 나타내는 말을 찾아내고, 고지식한 사람이 그것을 적용하며, 교활한 자가 그 이익을 차지한다. 벌집을 발명한 것은 신에게 돌리고, 꿀은 꿀벌이 만든다. 그 꿀의 대부분을 먹는 것은 곰이다.

 영리한 자가 어리석은 자를 사취하는 것은 세계의 역사만큼 오래 된 것이고, 다만 가면을 바꿀 뿐이다. 인터내셔널 또는 민중 선동의 우두머리는 바라문의 직계상속인이고, 그 위선은 어쩌면 한층 수치스러워 해야 한다. 왜냐하면 신관은 신의 이름으로 말하기는 해도 끝내는 본심이 나온다. 그러나 정치적 클럽에 드나드는 야바위꾼들은 신실(信實)한 모습으로 예배하고 있는 민중적 정열이라는 우상을 자기가 만들어낸 것임을 끝까지 잊지 않는다. 복종하고 있는 듯한 모습을 보이지만 사실은 이 괴물을 지배하고 있다. "지배를 위해서는 모든 것을 노예적으로."(타키투스 (역사) 1-36) 자신의 꼭두각시에 불과한 신의 우상의 신탁을 공손하고 감명 받은 표정으로 듣는 것처럼 보인다. 요술쟁이일지라도 나는 다른 한 쪽이 좋다. 신관의 의제는 쟈코뱅의 부활술만큼 저급하지 않다. 같은 권위지만 사회의 다리나 장기보다는 두뇌의 지도를 받는 편이 굴욕의 정도가 덜하다.

그러나 미래는 우리에게 두 가지 폭정(종교가의 사회주의와 무신론의 사회주의) 중 하나를 선택하게 하더라도, 현재는 아직 우리에게 개인의 자유에 대해 가능성을 허용하고 있다. 그런데 이 선은 1789년부터 우리가 가지고 있던 것이므로, 동료의 모든 기만이나 속임수에도 불구하고 다양한 '혁명'을 한정 상속인으로서 수용하고, 원칙을 승인하여 자기를 위해 이익을 거둔 요술쟁이를 배척하자.

인간 민중은 손을 뻗치는 것마다 모든 관념을 더럽히는데, 이것은 역사의 조건이다. 그것은 달게 받지 않으면 안 된다. 신의 관념과 정의의 관념은 몇 백이라는 무시무시한 것의 기회가 되고, 몇 백이라는 증오스런 것의 구실이 되었지만, 그것이 없었다면 세계의 모든 것은 더욱 나빠졌을 것이다. 시대의 진보는 단지 이익의 최대치, 선의 힘이 악의 힘에 대해 얻는 얼마 되지 않는 승리에 있다. 때문에 분개하는 것은 유치하다.

사기꾼도 역시 신의 섭리에 의해 그곳에 들여보내져 있다. 악인이 하는 짓이 선한 일이 되어 뜻이 달라지고, 자기의 이익만 좇고 추구했는데 의도하지 않은 사이에 일반의 이익을 위해 힘을 다하는 경우도 있기 때문이다. 다만 아량 있고 고귀하고, 헌신적인 사람은 위대한 사업에 직접 협력하며, 이기심은 그것인 줄 모르고 공헌한다. 전자는 성과를 거두고, 후자는 그것을 창피해한다. 신의 섭리는 악에서 선을 이끌어낸다. 그 의미는 악인이 나쁘지 않다는 것이 아니라 역사의 '주인'은 악인보다 한층 빈틈이 없다는 것이다.

1874년 4월 29일

이상한 상기(想起). 톨레이유의 산책길을 가다가 동쪽으로 비탈 쪽을 바라보니 지금보다 더 무성했던 풀숲을 빠져나가는, 어린 시절에 있었던 작은 오솔길이 상상 속에 다시 나타나는 듯 했다. 그 인상이 사라져버린 지가 적어도 40년은 지났다. 잊혀져 사라진 심상(心像)의 '재생'은 나를 꿈꾸게 했다. 그리고 보면 우리의 의식은 생활에 젖어드는 종잇장이 반투명임에도 차츰 쌓이면서 덮이는 서적이다. 그러나 그 책은 현재의 페이지가 펼쳐져 있어도 바람 때문에 몇 초 동안 처음 부분의 페이지가 다시 눈앞에 나타날 때가 있다. 하루에 한 페이지씩이라고 한다면, 내 일생은 지금 1만 9천 페이지, 즉 9천5백 장째의 곳에 와 있다. 아까 우연히 잠깐 보았던 것은 1천8백 페이지에 해당하는 9살 때의 심상(心象)이었다.

　죽음에 즈음해서는 종이가 넘어가기를 멈추고, 우리는 대번에 과거를 통째로 보는 것일까. 그것은 순차적인 것에서 동시적인 것으로, 즉 시간에서 영원으로의 추이인 것일까. 그 때 우리는 그 때까지 한 구절씩 읽었던 우리 생존의 신비한 시 또는 삽화를 하나로 이해하는 것일까. 방금 죽은 사람들의 이마나 얼굴을 감싸고 있는 광휘의 원인이 그것일까. 이 경우에는 나그네가 높은 산의 봉우리에 도달한 것과 비슷한 데가 있을지도 모른다. 거기서는 예전에 본 것에 의해 단편적으로 알았던 주위의 지형 전체가 눈앞에 펼쳐져 보인다. 자신의 역사를 내려다보고, 우주적 합주와 신성한 경치에서 그 의의를 생각하는 것이 행복의 시작이다. 그 때까지는 질서의 희생이 되어 있었건만 지금은 질서의 아름다움을 음미한다. 오케스트라의 악장 밑에서 많은 고생을 하고 있다가 뜻밖에도 매혹당한 청중이 된다. 안개 속에서 자기의 좁은 오솔길밖에는 보지 못하였거늘 기적적인 전망, 광대한 먼 경치가 갑자기 눈앞에 펼쳐져 현혹된다.

　그렇게 되지 않을 이유가 어디에 있으랴.

　우리가 알았던 바와 같이 아는 것, 이제 괴롭지 않은 것, 이제 생활하지 않는 것, 다만 존재하는 것, 죄 없고 그늘 없고 노력 없이 존재하는 것. 이것은 그리스도교적인 희망이자 낙원이며, 천국이다. 신앙이 바라는 이 피난처를 단념하는 것은 괴로우리라. 시련의 보상이라고 할 이 단계적 승진은 다수 영혼의 지지와 자극과 위안이다. 돌려 받을 수 없는 희생의 관념에는 마음이 반발한다. 내세, 영혼의 영생은 이 생존의 희생이 되어 있는 모든 사람, 모든 종류의 마음 아픈 사람, 비방을 당한 사람, 재산을 빼앗긴 자, 박해를 당했던 자, 천한 대우를 받았던 자, 불운한 자를 절망에서 구원하게 되지 않는가. 더구나 욕구는 증거가 되지 않는다. 이 신앙을 단념하는 것은 괴롭지만, 신이 그렇게 되기를 바라고, 결코 사후의 생활도 영생도 없으며, 이 신앙이 교육적이고 보호적인 환상에 불과하다 해도 역시 뭔가 타협을 해서 이 구상에 적응하지 않으면 안 된다.

　인류는 멸망해야만 하는 것이고, 인류의 출현은 절대 영원하지 않은 행성 역사의 한 삽화에 지나지 않는데, 어떻게 개인이 불멸의 것이 될 것인가. 공간 밖의 생존, 시간 외의 생존은 정신의 직접적 각성에 의해서만 알 수가 있다. 그 가능성은 추측이며, 그의 사상(事象)성이 의심스럽다. 도대체 정신이란 무엇인가 하는 것만이라도 당신은 알고 있는가. 그런데 영원한 정신, 즉 신을 가정한다면 그 결론으로서 인간 개체의 영생이 가능한가. 결코 가능하지 않다. 그런 것이 불변한 존재에 적합하다고 한다면 영생은 있을 수 있다. 만약 영생이 있다면, 영생은 있다. 그러나 사실상 영생은 있는가는 증명되지 않았다.

그러고 보면 소크라테스, 플라톤, 칸트가 그것을 이성으로 받아들여 허용할 수 있는, 인정할 수 있는 것으로 보았기 때문에 영생은 신앙의 대상에 지나지 않는다. 나는 어떤가 하면 임의적 영생 쪽으로 기울어져 있다. 사후에도 생존하고자 하는 열렬한 욕구가 있다면 생존하게 될 것이고, 절멸로 돌아가고 싶다는 열렬한 욕구가 있다면 그것도 마찬가지로 받아들여질 것이다. 각자가 원하는 대로이다. 그렇게 하면 신은 각자에게 제멋대로 자기의 운명을 걷게 하고, 벌하든 상을 주든 각자의 선택에 맡긴다. 인생은 실제로 악도 선도 아니며, 슬픔과 기쁨을 싣는 마차이다. 악인의 영원성은 생각하기조차 싫은 일이고, 선인의 절멸은 실수처럼 보인다. 그런데 신은 올바르기 때문에 사후의 생을 허용한다 해도 복받을 가치가 없는 자에게는 복을 주지 않지만, 존재를 저주하는 자에게는 존재하지 않고 끝나도록 허락할 수가 있다. 이 제도에 따르면 정신의 자유는 존중되고, 신의 정의는 손상되지 않으며, 행복에 대한 창조물의 동경은 채워질 수 있게 될 것이다. 지옥은 닫히고 궁극적인 낙원이 가능해질 것이다. '그렇게 되었으면 좋겠다'.

1874년 5월 31일

아커만 부인(Louise Victoire Ackermann. 독일인과 결혼한 19세기 프랑스의 시인)의 《철학시집》(1874년). 누누이 나에게 엄습했던 쇼펜하우어, 하르트만, 콩트, 다윈의 음울한 쓸쓸함이 여기에는 아름다운 시로 나타나 있다. 얼마나 비극적이고 두려운 천분인가. '사상과 정열'. 신앙의 폐기와 모든 신들의 죽음을 주제로 하고 있지 않은가.

그러므로 너는 행복한가, 하다 못해 만족하는가.
──전에 없이 쓸쓸하다. ──대체 너는 누구냐. ──사탄이다.

비니는 이렇게 말했다. 이 부인은 무척이나 대담하여 가장 커다란 주제를 다루고 있다.

과학은 용서할 곳이 없다. 과학은 모든 종교를 폐기하는가. 거짓으로 자연을 생각하는 모든 종교는 물론 말할 것도 없다. 그러나 이 자연관이 인간에게 균형을 주지 못한다면 무슨 일이 일어날까. 절망은 영속적인 상태가 아니다. 신이 없고 정신의 영생이 없는, 희망이 없는 윤리적 국가를 건설해야만 한다. 불교와 스토아주의가 나타나기 시작한다.

그러나 목적성이 우주와 연고가 없는 것이라고 가정하더라도 인간이 다양한 목표를 갖는 것은 확실하다. 따라서 목표는 한정되어 있기는 해도 사상(事象)적인 현상이다. 어쩌면 자연과학은 정신과학을 한계로 하며, 또 반대로도 말할 수 있을 것이다. 그렇지만 두 세계관이 서로 상반된다면 어떤 것이 양보를 해야 할 것인가.

나는 항상 자연이 정신의 잠재적 모습이며, 영혼이 생명의 열매이고, 자연이 필연의 꽃이며, 모든 것은 서로 의존하고 있지만 어떠한 것도 대신하지는 못한다고 믿는 쪽에 기울어져 있다. 우리의 현대철학은 이오니아인, '자연론자', 자연론적 사상가의 견지로 돌아가고 있다. 그것은 다시 플라톤, 아리스토텔레스, 선과 목적의 철학, 정신의 과학을 통과한다.

1874년 7월 3일

(아침 7시) 더위 때문에 2시에 잠에서 깼다. 미늘창을 여니 오렌지색 달, 고즈넉하고 맑은 밤. 지금은 계획을 세우고, 결심을 다지고, 자유의지를 작동시키는 것이 싫은데 이런 것들이 나를 속박하고 있다.

괴이한 녀석이다. 나는 내 생활을 지배하고 의지를 작동시키는 성가심을 혐오한다. 행동은 나에게 가책이다. 나는 독립도 자유도 좋아하지 않는다. 희망을 가질 수도, 결심할 수도 없다. 나는 존재하지 않고 마칠 수 있게 되기를 바란다. 내가 아니면 좋겠다. 나는 정말이지 내가 질서를 얻고 있다고 느끼지 않으며, 행복을 믿지 않고, 미래에 아무것도 기대하지 않으며, 나침반도 등대도 항구도, 목적지도 없다. 나는 내가 무엇인지, 무엇을 해야하는지, 무엇을 할 수 있는지 알지 못한다. 사실은 사랑하는 것, 생각하는 것이 내 본능이 바라는 것이며, 행동하지 않으면 안 되는데 그것을 나는 싫어하는 것이다.

  (아침 8시) 상식에 대한 반항은, 특히 내가 빠진 어린아이 놀이이기는 하지만, 이 지나친 발작적 유치함은 영속하는 것은 아니다. 나는 마침내 내 입장의 성격과 책무를 인정한다. 나는 보다 평정하게 나를 의식한다. 돌이킬 수 없도록 잃어버린 것, 손이 닿지 않는 것, 언제까지나 거부당하고 금지되고 부인당하는 것은 물론 내 마음에 들지 않는다. 그러나 나는 또한 내 특권을 가늠하고, 특별한 기회를 존중하며, 나에게 없는 것뿐만 아니라 내가 지닌 것도 알고 있다. 그런 때에는 나를 더욱 제2의 선택으로 빠뜨리는 '전부냐, 전무냐'라는 무서운 딜레마를 벗어나고, 나도 무엇인가 하는 것, 누구인가 하는 것에 만족해도 부끄럽지 않을 것 같은 기분이 든다.

  그리 높지도 않고, 그리 낮지도 않으며……

  형태가 없는 것, 결정되지 않은 것을 향한 이 당돌한 복귀는 나의 비평능력에 대한 속죄이다. 이전의 나의 모든 습관은 어느새 액화한다. 나에게는 내가 다시 존재하기 시작하고, 따라서 지금까지 얻은 자본은 전부 단번에 소실될 것 같다. 나는 영원히 영아(嬰兒)이며, 뼈가 정해진 틀에 맞게 잘 굳지 않는다. 나는 정령이며, 육체에도 조국에도, 선입견이나 직업에도, 남녀의 성에도 종류에도 맞지 않았다. 하다 못해 유럽인이고, 지구의 주인이라는 것만이라도 확신하고 있는가. 그것과는 다른 것이라는 것도 지극히 쉽게 생각할 수 있으므로 이 선택은 아무래도 좋을 것 같다. 순수하게 상대적인 가치를 지니는 완전히 우연한 구조를 나는 진정으로 받아들일 수가 없다. 일단 절대적인 것에 닿으면 실제와는 다르더라도 있을 수 있는 것은 모두 '무차별'로 보인다. 특수한 목적물을 추구하는 이들 개미들은 모두를 미소짓게 한다. 자기의 아기를 달에게서 바라고, 지구를 태양의 높이에서 바라보며, 자기의 일생을 인도인의 견지에 서서 범(梵)의 시대를 생각하면서 관찰한다. 유한을 무한의 각도에서 바라보며 중요하다고 생각했던 일들, 만물의 무의미함이 어느새 노력을 웃음거리로 만들고, 정열을 허튼 것으로 만들며 선입견을 익살로 만든다.

1874년 7월 5일

　상(喪)을 당한 듯한 아침……슬픔의 폭풍, 나를 박해하고 억압하고, 무너뜨리려는 내 과거 전체의 부활, 헛되이 써버린 생애와 고갈된 힘, 싹트지 않은 파종과 유산으로 끝난 희망, 수를 알 수 없는 부주의와 과실, 부정, 어리석음의 뼈아픈 인상. 심장은 납처럼 무겁고, 뜨거운 눈물이 내 볼을 흐른다. 깊은 절망. 차라리 태어나지 않은 편이 나았으리라 생각한다. 내 주위에는 이렇게 나의 책이 있고, 내 손에는 산더미 같은 노트가 있으며, 책도 노트도 여러 해에 걸친 고심과 명상, 탐구의 증거이지만, 그것은 모조리 나와는 인연이 없는 것이 되고 말았고 모조리 잊어버렸다. 이 힘든 수고는 결실이 없어지고 말았다. 나는 수치와 슬픔에 싸여 있다. 저렇게 많은 쓸데없는 준비, 쓸모없이 쓴 것들, 외면당한 생각, 이 무슨 낭비인가. 이 얼마나 미친 짓인가. 돌이킬 수 없는 일, 원래대로 돌아오지 않는 것, 그것이 운명이 울리는 조종(弔鐘)처럼 내 귀에 쩌렁쩌렁 울려퍼진다. 그러나 어떤 원인이 이런 한탄스런 결과를 낳은 것일까. 무엇이 내 일생을 수확이 없는 것으로 만들었을까. 내성적인 성격과 자존심, 한마디로 말하면 수치심. 나는 늘 욕구하는 것, 즉 어떤 목적, 내 가슴을 채울 만한 목적, 스스로 인정하고 다른 사람 앞에서 단언할 수 있을 만한 목적을 지닌 것을 창피해했다. 나는 언제나 나에게 어울리는 것, 내가 추구해야 하는 것에 대해 모호한 태도를 가졌고, 나의 이상을 정면에서 바라보거나 소유욕이나 명예심에 호소하기를 두려워했다. 나는 행운도 행복도, 명예도, 무엇 한 가지 특정한 목적도 염두에 두지 않고, 그 '존재'의 여러 양상으로서의 인생을 의식했다. 또한 나 자신에게 격려, 위안, 광명, 동감, 지지를 바라는 모든 사람들에게 선을 베풀고, 모든 사람에게 뭐든지 해 줌으로써 만족하는 정신의 초연한 마음을 고집했다. 주위 사람에 대한 대가 없는 원조와 여러 의미에 있어서의 나의 교양은, 강력한 의지와 투쟁심, 명예심과 욕구가 주는 남자다운 성격을 지니지 않았던 생활에 내가 인정할 수 있었던 유일한 관심이었던 것 같다. 대규모였다가 독립성, 다양성, 호기심, 파동성을 추가한 여자의 생활, 그것이 내 존재 방식이었다. 나는 모든 다른 일에 있어 심리 연구밖엔 하지 않았다. 아무것도 바라지 않고 모든 것을 이해하는 것, 동감과 모방에 의해서 존재하는 모든 사고방식과 느끼는 방식, 자기 민족뿐만 아니라 모든 민족에 속하는 개인의 상상력, 본성, 정신, 이지(理知)로 파고드는 것은 10년, 20년, 30년 전의 내 안에서도 그대로 발견할 수 있는 경향이 아닌가. 이 비판적 경향이 반대의 것, 즉 생산적인 경향을 감소시켜 거의 없앴다는 것이 놀라운 일인가. 어째서 비자아성이 개성을 파괴하지 않고 놔두는 것일까. 누군가가 되려면 모든 이가 되기를 단념해야만 하는 것 아닌가. 나의 천성, 나의 한계, 나의 선입견에 집착해야만 하지 않은가.

아이러니의 법칙. 고독자가 개성을 잃고 세상 사람이 도리어 개성을 발견한다. 명상은 우리에게 허무밖에는 가르치지 않으며, 타인과의 접촉은 우리의 상대적 가치를 보인다. 우리의 비밀스런 본성과 동기에 대해 곧잘 심각한 잘못을 저지르는 주변 사람은 꽤 정당하게 우리의 외적 효용을 평가하며, 상당히 확실하게 우리의 사회적 가치를 측정한다. 은자는 남이 자기를 비판하는 방법이나 남이 자기 안을 존중해 주는 것조차도 생각하지 않는다.

1874년 7월 15일

……Blw.에서 잠깐 밤일. 친절하게도 밤참을 몇 가지 내어주다. 이 부지런함이 나를 기쁘게 한다. 나는 괴로운 기억과 맞서서 싸웠지만 처음처럼 현혹되지는 않는다. 무엇이 그것을 방해하는가. A숙모의 말이다. 더구나 사소하지만 생각나는 것이 너무 많아서 그것을 확인하고 있다. '누군가'에게는 성의가 없고, 그 순진한 태도는 충분히 양심적이지 않다. 나의 신뢰는 절대적인 것이었다. 지금은 그것이 방심, 어수룩함, 망각에 의하지 않으면 절대적이 될 수 없게 되었다. 나는 의심하는 것을 매우 싫어한다. 지금은 맹목적으로 믿을 수가 없게 되었다. 불성실, 허튼 소리, 책략은 나중에 심한 벌을 낳는다. '누군가'의 안에 있는 우수하고 용감하며 빈틈없고 참을성 강한, 충실한 구석을 나는 모두 알고 있다. 나는 진정한 감사와 친구로서 진실된 마음, 편안함마저 느낀다.

그러나 단언에 대한 신념이 흔들렸다. 눈초리도, 말도 솔직하지 않고 깨끗하지 않다. 나는 자주 속았다. 내심의 경계가 무엇이냐고 한다면 가능하다. 나는 '누군가'가 나에 대해 의도적으로 나쁜 짓을 했다고는 믿지 않지만, 그 사람의 본성 속에는 뭔가 늘 나를 불안하게 하고 걱정하게 하며, 가책마저도 덧붙여진 것, 뭔가 불투명하고 꾸불꾸불해서 내다볼 수 없어 미끄러져 빠져

나가는 데가 있었고, 나는 그것에 익숙해질 수가 없었다. 나는 이 낙인을 그 사람의 어린 시절의 비참한 생활 탓으로 보았다. 나는 꽤 오래전부터 이 오점이 곧 사라지리라고 생각했다. 그런데 아무래도 다시 나타날 것 같다. 훌륭한 장점이 몇 가지나 있건만 깊은 바닥은 인격적인 품위도 아니고 영혼의 고귀함도 아니다. 주위에 끼친 작용이 지속되었다. 얼마나 안타까운 이야기인가. 아무래도 내가 모르는 일이 항상 나의 장애가 되었던 것 같다. 그래서 나는 그것을 가장 유리한 방식(예를 들면 아무도 외면하지 않고 배신하지 않으면서 너무 많은 정도로 혐오스런 비밀의 꾸러미를 맡길 의무)으로 증명해 보았지만, 저 쪽에서 나에게 밝힌 것보다도 내가 더 많이 밝혔다는 것, 뭔가 확실히 말할 수 없는 계산이 끝나지 않았다는 것은 은폐할 수 없었다. '누군가'에 대해 도처에서 들리는 비난도 나에 대해서는 칼날이 서지 않고 말았다. 그만큼 나는 부정한 혐의를 두려워하고 있었다. 여하튼 에제리의 취미가 나에게는 말하지 않는 모두의 반감에 대항하는 무게가 되었다.

그러나 진실과 성의에 가해진 틈새, 예를 들면 서류더미 사이에서 편지를 빼낸 것, 급히 서둘러 취소한 것, 어떤 경우에 얼굴이 새파래졌던 것은 나에게 결정타를 먹이는 일이 되었다. 치밀한 취조는 심한 모욕을 두려워하는 한 불가능했다. 이것으로 정리가 되었다 하는 순간에 뭔가 마음을 아프게 하는 일이 일어났고, 그것이 나를 우뚝 멈추게 했다. 그 뒤 나는 그것을 나의 신념에 가해지는 시련이라 생각하고, 일단 통할 구실을 찾아냈다. 그래서 다시 선만 보이도록 했다.

지금은 어떻게 되었는가. 3년 전부터 우리 사이에는 친밀한 사상의 교환은 멈췄다. 그러나 따뜻한 마음은 그대로이고 적어도 내 쪽에서는 계속되고 있다. 나는 X의 가치를 모두 알고 있다. 나는 X가 자신에게 어울리는 사람이 될 권리를 존중한다. 나는 찔리는 구석이 있는 사람의 본심에 있는 덕성을 믿는다. 나는 그 사람이 내 생활에 야기한 여러 성가신 일을 용서했다. 나는 그 사람이 나를 위해서 했던 일, 바랐던 일을 감사하고 있다. 한마디로 말하면 나는 우정이 지속되고 있다고 느낀다. 그래서 한순간이라도, ***가 데릴라(거인 삼손을 배신한 여자)가 되는 일이 있으리라고는 예상하지 않는다. 나는 그 사람에게 돌을 던지지 않는다. 그러나 그 사람의 마음이 투명하고, 그 사람의 말이 늘 정직하다면 모든 것이 좀더 잘 되었으리라 생각한다.

어이, 이보게. 자네의 완전성에 대한 취미는 병적이고 우스꽝스럽지 않은가. 사람은 누구나 약점을 갖고 있어. 우리 주위 사람들, 특히 우리를 사랑하는 사람들은 많이 용서해야 하지 않겠는가. 벌할 권리가 누구에게 있는가. ……물론 너 같은 죄인이나 불쌍한 사내에게는 없다.

X는 너보다도 가치가 뛰어나지 않은가. 이리저리 주위의 상황을 생각해보면, 그 사람은 너의 귀찮은 일을 오히려 훌륭한 것이 되게 하지 않았느냐. 너는 그 사람의 세심한 애정, 시련을 거친 변함 없는 마음, 헌신적인 말만이라도 따라갈 수 있는가. 곤혹이 나를 휘감는다. 나는 나의 냉정함을 추악한 빛 아래 인정하고, 정상적인 방식으로 돌아가고 싶은 바람이 가슴에 벅차 오른다. 남에게 보물을 주는 단계가 되어 몇 개쯤의 메달을 두고 다투는 일은 그만두자. 아무것도 비난하지 말라. 아무도 비판하지 말라. 생활에 힘을 주자. 행복을 주도록 힘쓰자. 사람들의 마음을 측량하는 것은 신만이 하는 일이다. 다른 때라면 우리를 위해 피를 흘려주었을지도 모를 사람에게 눈물을 흘리게 하는 것은 야만스럽다. 선에 대하여 악으로 갚는 것은 싫다.

1874년 8월 7일 클라란스
완전하게 갠, 빛으로 충만한 맑고 푸른 광채가 있는 날씨.
〈세계문고〉 8월호를 무릎에 올려놓고 '오아시스(아미엘이 클라란스의 묘지에 붙인 이름) 묘지'에서 오전을 보내다. 부드럽고 장중한, 장엄하고 마음을 가라앉히는 수많은 느낌. '죽은 자의 사회'. 내 주위에는 큐브리(Cubly, 클라란스 북쪽에 있는 산)의 그늘로 잠을 자러 온 러시아인, 영국인, 스웨덴인, 독일인의 영면(永眠). 그것을 둘러싼 경치의 근사함. 나뭇잎 그늘의 신비. 만개한 장미, 나비들, 날개소리, 새의 지저귐, 구름 사이로 보이는 저 멀리 안개, 황홀했던 산들, 연모하는 쪽빛 호수……. 애도에 잠기게 하는 음악(검은 새, 기어가는 고양이).

부인 둘이서 한 묘지의 나무를 손질하고는 물을 주고 있었다. 두 명의 유모가 아기에게 젖을 주고 있었다. 죽음에 대한 이 두 모습의 항의에는 어딘가 눈시울이 뜨거워지게 하는 시적인 데가 있었다.

"죽은 자는 잠들라. 우리들 살아 있는 자는 죽은 자를 생각한다. 적어도 우리는 이런 종류의 순례를 계속하고 있다."

이것은 나에게 들려오는 것 같았던 목소리이다. …… 최근 오래 알고 지낸 우리 두 사람, 미슐레와 그렐(Ch. G. Gleyre〈잃어버린 환상〉의 화가. 보오 태생, 파리에서 살다가 죽었다. 1806~1874년)의 전기. 유대인의 자연에 대한 감정(푸렐 Konrad Furrer. 취리히의 설교사, 1865 년에《팔레스티나 기행》을 저술했다). 클라란스의 '오아시스'는 내가 잠들고 싶어하는 장소임을 인정했다. 여기서는 추억이 나를 둘러싸고, 죽음은 잠을, 잠은 희망을 닮아 있다.

희망은 금지되어 있지 않다. 그러나 중요한 것은 복종과 평화이다.

1874년 9월 1일 클라란스

잠에서 깰 때 어지러운 눈으로 미래를 바라보았다. 그것은 (의사의 진단이 고통스런 예견을 했던 것) 확실히 나에 관한 것이었을까. 무서운 괴멸(壞滅), 수술의 봉합 자국이 남긴 추악한 얼굴, 건들건들하는 턱, 조각난 인후. 격렬한 일의 불가능성. 전체에 걸친 무기력, 의존. 점점 커지는 끊임없는 굴욕. 나의 노예상태는 더욱 무거워지고 운동장은 한층 좁아진다. 수술은 나를 1개월 정도 감금할 것이다. (턱에 생긴 종양의 제거로 큰 수술은 아니었지만 그 흉터가 남아서 아미엘은 때때로 얼굴 걱정으로 고민한다). 더구나 그런 다음에는 예전처럼 건강하지 못할 것이다. 내 입장에서 밉살맞고 싶은 것은 시간이 흘러도 없어지지 않고, 나쁜 형편이 역마처럼 교대하고, 휴식이란 것은 관망 속에서조차 희망할 수 없는 것이다. 모든 가능성이 차례로 닫혀져 간다. 자연인에게 있어 피치 못할 가책에 대해 겉으로 드러나지 않는 짜증을 피하기는 어렵다.

(정오) 무관심한 자연인가, 사탄의 위력인가. 아니면 선량하고 청정한 신인가. 세 가지 관점. 두 번째의 것은 참되지 않고 진저리가 날 정도로 싫다. 첫 번째는 스토아주의로 불린다. 나의 유기적 결합은 대단한 것이 아니다. 여하튼 가능한 한 계속해 왔다. 각각에 순번이 있다. 체념하지 않으면 안 된다. 단번에 가버릴 수 있는 것은 특권이다. 너는 조금씩 죽어가는 것이다. 복종하라. 짜증을 내는 것도 분별없고 무익한 짓이리라. 너는 그것으로도 충분한 몫을 얻은 반수의 한 사람이다. 네 운명은 평균보다 뛰어나다.

그렇지만 세 번째의 관점만은 기쁨을 줄 수가 있다. 다만 그것을 지지할 수 있을 것인가. 우리 생애의 모든 경우를 지휘하고, 따라서 교육적 목적에서 우리에게 고난을 부과하는 특수한 섭리라는 것이 있는가. 이 씩씩한 신앙은 자연과학에 관한 현재의 지식과 서로 녹아들 것인가. 어렵다. 그러나 이 신앙이 객관적으로 하고 있는 것을 주관할 수는 있다. 윤리적(정신적) 존재는 자연적 사실을 자기의 내적 교육에 이용해 자기의 고뇌를 윤리화(정신화)할 수는 있다. 그 바꿀 수 없는 것을 신의 의지라 부르고, 신이 바라는 것을 바라면 평화가 주어진다. 자연은 우리의 지구성(持久性)과도, 윤리성(정신성)과도 관계가 없다. 그러나 신은, 만약 신이 있다고 한다면 우리의 청정화(淸淨化)를 바랄 것이므로, 고뇌가 우리를 깨끗하게 한다면 우리는 괴로워해도 위안이 주어진다. 이것이 그리스도교 신앙의 대단한 강점이 되어 있다. 이 신앙은 고통에 대한 승전보, 죽음에 대한 승리이다. 필요한 것은 한 가지밖에 없다. 죄를 없애는 것, 자기 의지를 이기는 것, 자기의 욕망을 공손하게 희생하는 것. 악은 자기의 자아, 즉 자기의 허영심, 자존심, 관능성이나 건강을 바라는 것이다. 선은 자기의 천분을 바라고, 자기의 운명을 수용하여 그것을 받아들이고, 신이 명령하기를 바라며, 신이 우리에게 금한 것을 단념하고, 신이 우리에게서 가져가거나 거부하는 것에 동의하는 것이다.

 너 개인의 경우 너에게서 가져갈 수 있는 것은 건강, 즉 네가 가장 좋아하는 것이자 모든 독립의 가장 확실한 기초이다. 그러나 너에게는 물질적 안락함과 우정이 남아 있다. 너에게는 아직 빈궁의 굴종, 절대적인 고독의 지옥도 없다.

 건강이 없으면 여행이나 결혼생활, 연구, 일을 빼앗겨 위태로워진다. 인생의 매력과 이익이 6분의 5나 줄어들게 된다.

 "네 의지가 행해지기를."

1874년 9월 14일 샤르넥스

 (정오) 세리오사 ***와 산책 및 2시간에 걸친 대화, 멋진 조망을 앞에 두고 친밀한 대화. 우리는 오솔길을 따라 높은 곳으로 갔다. 잔디에 앉아 어린 호두나무에 기대어 마음을 열고 이야기하면서 우리의 눈은 파랗고 끝없는 경치와 상냥한 기슭의 윤곽 위를 헤매었다. 남색으로 빛나는 모든 것이 온화하고 정겨웠다. 나는 이 깊고 순수한 영혼 속에 있는 것을 읽고는 늘 깊이 감탄한다. 천국에서는 이런 식으로 산책하는 것이다.

 "15년 전부터 나는 당신을 연구해 와서 당신을 잘 알고 있다고 믿습니다. 사실 당신에게는 그날그날의 보호가 필요합니다. 지나치게 남을 신뢰하지 않도록 주의해야 합니다. 당신 행복의 원천은 당신 안에 있습니다. 다른 사람들을 행복하게 하는 것만으로 충분하다고 생각하기 때문에 당신에게 필요하다거나 당신에게 뭔가 드려야 한다거나 하는 것까지 생각하지 않고, 그저 사랑할 수 있으면 합니다"라고 나는 말한다. 때마침 가벼운 구름이 하늘에 구분을 지었다. 기선은 우리 발 밑의 물에 줄을 긋고, 돛은 널찍널찍한 거리에 점을 찍고, 거대한 나비 같은 갈매기는 떨리는 물을 내려다보며 날갯짓을 하고 있었다.

1874년 9월 21일 샤르넥스

장대한 저녁놀. 그러고 나서 잠깐 동안 안개의 전쟁. 지금은 태양이 승리했다. 회색은 푸른 빛으로 녹아들고, 가을의 밝은 햇볕이 '신에게 사랑받고 있는 땅'을 애무하고 있다. 멋진 하루. 지금까지 호수가 이렇게 푸르고, 경치가 이렇게 유쾌했던 적은 없다. 마법에 걸린 것 같다. ……

세리오사와 함께 짧은 산책. 이 사람은 사흘 전부터 가위에 눌려서 백 걸음쯤 갔다 싶으면 숨이 차고, 거의 날마다 목소리가 쉰다. 한마디로 허약하고 녹초가 되어서 비틀비틀하고, 여기서 얻은 것의 대부분을 지난 일주일 동안에 잃어버렸다. 게다가 이제 곧 그 의무 및 더 크고 무거운 일의 짐을 다시 질지도 모르니 공포에 가까운 유감과 염려를 느끼지 않을 수가 없다. 그런 일을 겪고도 쓰러지지 않는다는 것은 불가능하다고 할 수 있다. 또 한편으로는 이 피로가 다른 계획도 방해한다. 그러나 목가(牧歌) 아래로는 비극적인 것이 감돌고 꽃 밑에는 뱀이 도사리고 있다. 나도 마찬가지로 내 일을 생각하면 다른 걱정거리가 나를 엄습한다. 미래는 탁하다. 어느 것 하나 내 생각대로는 되지 않는다. 에우메니데스(그리스 신화에 나 오는 복수의 여신)가 오레스테스(트로이 정벌의 대장 아가멤논의 아들, 아버지의 원수를 갚고자 어머니의 정부를 살해함과 동시에 어머니도 죽인다)를 엿본 것처럼 2, 3주 전에 쫓아냈던 환영이 문 저편에 엎드려 나를 기다리고 있다. 수술, 기관지염, 연금, 교수직, 지켜지지 않은 채인 문학 방면의 약속, 모두가 나를 번뇌하게 하고, 불안하게 한다.

이제 나의 별은 믿지 않는다.
상(喪)과 화(禍)와 죽음이
막의 저편에 있음을 느낀다.

또 나는 세대를 지녔다는 것, 나와 운명을 함께 한다는 것을 아는 듯한 세 명의 여자 가운데 아무도 행복하게 하지 못한다. 모든 방면에 막다른 길, 게다가 결단을 내리지 못함과 감정 없음, 절망. 나에게는 정면에서 불가능한 일을 바라보거나, 아무도 상관하지 않고 받아들이거나 선택할 수 있는 배짱이 없다.

나는 반쪽의 행복이었다. 그리고 그 행복이 사라져 가는 것을 느낀다.

작은 새는 이미 없지만, 하양이나 파랑 나비들은 있다. 꽃은 드문드문 진다. 초원에 얼마간 보이는 마가레트, 코르시크(사프란 종류), 파랑과 노랑의 시코레(상추의 일종), 오래된 담장 벽을 따라 피어난 야생의 양아욱, 트로엔느(쥐똥나무 종류)의 갈색 열매. 우리의 눈에 띈 것은 그것뿐이다. 감자를 캐고, 호두를 떨어뜨리고, 사과 따기를 시작하고 있다. 그러나 무성한 잎은 환해져서 색이 바뀌기 시작했다. 배나무잎은 빨개지고, 자두나무잎은 회색을 띠며, 호두나무잎은 노래져서 그것이 떨어지는 잔디를 자작나무 색으로 물들이고 있다. 맑게 갠 날씨의 과도기, 늦가을의 색채이다. 아무도 태양을 피하지 않게 되었다. 모든 것이 차츰 어둡게, 얌전하게, 덧없이, 조심스러워지기 시작한다. 위력은 사라졌다. 청춘은 지나갔다. 낭비는 끝났다. 여름은 닫혔다. 올해도 내리막이 되어 겨울 쪽으로 기울어지고 있다. 그것이 일요일에 탄생의 종을 울리려 하는 정도가 되어 내 나이에 이르는 것이다. 이들 모든 것의 화음은 우울한 하모니를 이룬다. 이 마을의 친절한 노파가 얼마 전 세리오사에게 말했다.

"당신은 여기에 와서 건강해졌습니다. 안색도 좋아졌고요. 겨울도 지내고 가십시오."

세리오사가 기분이 좋아서 우리에게 반복했던 이 말은 나의 등골을 오싹하게 했다. 운명적인 것인가. 나는……

1874년 9월 26일

연애는 얼마 안 가서 자가분해의 원리를 포함하고 있다. 사람이 자기의 통일, 자기의 자아, 자기의 자유로 비록 하루라도 자기를 회복하자마자 2인 생활이 거짓 삽화적이며, 일시적인 것에 불과하다는 것, 연애가 끝난다는 것을 느낀다. 이것은 연애의 슬픈 측면이다. 우정이 조금이라도 그런 점을 보이지 않는 것은 시작할 때 환상을 지니지 않으며, 사람들의 의지와 운명의 동일함을 꿈꾸는 일이 없기 때문이다.

다만 이것은 정열적인 연애, 상대가 있는 연애, 감격적인 연애에 대해서만 진실이다. 확실히 어머니의 사랑, 청정한 사랑, 환상도 없고 상호성의 요구도 없이 주는 사랑은 이 죽음의 법칙으로부터 해방되어 있다. 그러나 사마리아인의 자애는 영혼의 기쁨이며, 가슴의 모든 체념 및 환멸과도 서로 녹아들 수 있다. 마음이 다감하고 절대적인 것처럼 그 자애는 용서와 관용에 넉넉하다. 그것은 연애에는 없다.

사람은 가슴속의 희망이 배신당하거나 빼앗긴 때가 아니면 종교에 들어가지 않는다. 인간은 자기 손으로 지상의 완전함에 닿을 수가 없으면 그것을 천국에서 찾는다. 수도원은 난파 당한 사람의 피난처이다.

1874년 10월 29일

페스탈로치의 전기를 다 읽었다. 사람을 경탄하게 하는 이야기이다. 결국 세상을 구하는 자는 숙명적으로 순교자이다. 비통함만이 새로운 사상에 결과를 낳게 한다. 반항을 촉구하는 무서운 법칙이다. 때때로 사람은 타인에 의해서, 또 타인 때문에 괴로워한다. 잘못은 다르더라도 형벌은 본래 상태로 돌아갈 수 있다.

페스탈로치는 타고난 재능이 없는 천재의 표본이다. 모든 재능이 결여되어 있다. 이야기하는 것이나 글 쓰는 것, 관리하는 것이나 지배하는 것, 계산을 하는 것조차 하지 못했다. 그는 위대한 사상과 위대한 가슴을 지녔으면서 자기의 방법을 분명하게 하지도, 자기의 수많은 기획의 어느 것 한 가지도 실행적 조건을 만족시키지 못하고 말았다. 그는 상상할 수 있는 서투름과 어색함을 모조리 경험했다. 무섭도록 불행했다. 그럼에도 근세 교육가 및 민중교육의 아버지이다.

1874년 12월 12일

바란다는 것, 즉 다양한 장애나 저항의 톱니바퀴 속에 들어가 패배를 무릅쓰고, 자기의 약함을 시험하고, 질릴 줄 모르는 욕구의 심연을 여는 것은 상당히 오래 전부터 나를 두렵게 하고 있다. 나의 끊임없는 수행은 단념과 초월, 즉 욕구의 근절이다. 그러나 선의 욕구도 그것이 언제까지나 채워질 수 없는 이상 다른 욕구와 마찬가지로 고통스럽게 한다. 그래서 나는 자연히 관조주의자, 불교도가 되었다. 이것은 그리스도교의 견지는 아니다. ……

신의 존재와 정신의 영생, 종교적 윤리의 두 전제는 과연 너에게 불확실한 논지가 되고, 괴로워하지 않는 것, 괴로움을 줄이는 것이 그런 식으로 잃어버린 모든 생존의 유일한 목적이 되었다.

세리오사는 나에게 내 신념을 묻는다. 공교롭게도 현재 나는 그것을 기술하기가 매우 곤란하다. 왜냐하면 나는 지난 몇 년 동안 이 점을 나에게 질문한 적이 없기 때문이다. 나는 지식이 별로 없고, 내가 무엇을 믿는지도 모른다. 신앙은 주관적인 것이므로 나에게는 내적인 가치가 없는 것처럼 보인다. 그리고 뭔가 하나의 신앙이 나에게 남아 있다 하더라도 나는 남이 꿈을 꾸는 것처럼 재미있어하면서 나의 신앙을 바라보고, 더구나 그것을 진실과 혼동하지 않고 놔둘 수가 있다. 불교도, 스토아파, 몽상가, 비평가로서 중립이 모든 당파를 대신하는 것이 된다. 어쩌면 나는 심리학자에 지나지 않으리라.

1874년 12월 22일 예르 (Hyères. 프랑스 지중해안 가까이의 도시, 툴롱의 동서쪽. 아미엘은 강의를 중지하고 여기서 휴가를 보냈다)

조베르티(Vincenzo Gioberti. 19세기 이탈리아의 반프랑스적 사상가)는 프랑스 정신은 진리의 형식밖에는 취하지 않고, 그것을 고립시켜서 과장하기 마련이므로 자기가 다루는 사상(事象)성을 해소시켜 버린다고 말했다. 나는 같은 것을 형식이라는 말로 표현하겠다. 프랑스 정신은 그림자를 획득물, 언어를 일, 현상을 실재, 추상적 문언(文言)을 진리로 간주한다. 사상적인 아시냐(혁명시대에 나왔던 교환하지 않는 지폐)의 범주를 벗어나지 않는다. 그 황금은 모조 금이며, 그 다이아몬드는 스트러스(모조 다이아몬드)이고, 기교적인 것, 인습적인 것에 만족하고 있다. 누구든지 프랑스인을 상대로 예술, 언어, 종교, 국가, 의무, 가족을 논하면 그 사유가 주제 밖에 머무르고, 주제의 실체, 주제의 중심으로는 들어가지 않는다는 것을 논의 방식에서 느끼게 된다. 주제의 내면으로 들어가서 이해하기를 바라지 않으며, 다만 뭔가 형식이 좋은 것을 말하려고 할 뿐이다. 그 입술 사이에서는 가장 아름다운 말, 예를 들면 정신, 관념, 종교 등이 가볍고 공허한 것이 된다. 이 정신은 표면적이고 더구나 감추지 않는다. 빈틈없이 콕 찌르지만 결코 꿰뚫지 않는다. 사물을 근본적으로 직접 즐기려 하지만, 사물의 있는 모습 그대로를 관조하는데 필요한 존경심, 이해를 초월한 마음, 인내, 자아의 망각을 갖추고 있지 않다. 철학적 정신이 전혀 없고 팔불출의 위조이다. 왜냐하면 어떠한 문제를 해결하는 데 도움도 되지 않고, 살아 있는 복잡하고 구체적인 것을 파악하는 힘이 없기 때문이다. 추상은 프랑스 정신의 원죄이고 허세는 교정이 불가능한 버릇이며, 형식성은 숙명적인 한계이다.

프랑스어는 발생적이고 새 순이 움트는 점을 한 가지도 드러내지 못한다. 어떠한 현상에 대해서든 묘사하는 것은 결과, 성과, '죽은 머리' 뿐이지 원인, 운동, 힘, 생성이 아니다. 분석적이고 기술(記述)적이지만 어떠한 것도 이해시키지 않는다. 현재 어떠한 일에 대해서도 시작이나 형성을 보이지 않는다. 예를 들면 프랑스어의 결정(結晶)은 유동성에서 고체로 옮겨가는 신비스런 작용이 아니라 이미 그 작용의 산물이다. 이 나라의 말은 정신의 활동 전체를 표현할 때에도 마치 가슴속의 음악적 상태가 한 조각의 세공품이기라도 한 듯이 건축술에서 얻은 조잡한 비유에 의한 것이다. 도저히 심리적, 철학적, 시적인 것이 되지 못하고 기계적이고 기하학적이다. 외적이고 형식적이다. 바꿔 말하면 알리려 하는 대상의 세부를 분석하지만 그 영혼에는 닿지 않는다.

진리에 대한 갈망은 프랑스적인 정열은 아니다. 어떠한 일에나 '있는' 것보다 '보이는' 것, 안보다도 바깥, 옷감의 품질보다 만듦새, 도움이 되는 것보다 겉보기에 좋은 것, 양심보다도 여론 쪽을 기뻐한다. 즉, 프랑스인의 중력 중심은 항상 자기의 바깥, 타인의 속, 견본에 있다. 그리고 그 최고 심판자는 '사람'이다. '사람'이 이렇게 말한다, 이렇게 한다, 이렇게 생각한다, '사람'이 이런 식으로 쓴다, '사람'이 이렇게 판단한다. 개인은 0이다. 개인을 하나의 수로 하는 단위는 밖에서 온다. 그것은 주권자, 그 시대의 작가, 역성드는 신문, 한마디로 말하면 유행의 순간적 지배자이다.

고립되어 있는 프랑스인은 아무것도 아니지만 50명이 함께 있으면 한편으로는 어떤 '사람'의 노예가 되고, 다른 한편으로는 폭정을 행사한다. 여론에 대한 프랑스인의 예속의 보상은 자유를 원하는 납득하지 못한 자에 대한 관용이 아니다. 개인의 독립은 '순종적인 가축'의 무리에게 남의 일이 아닌 모욕으로 보인다. 이들 모든 것은 정신에 있어 저항의 용기, 검토 및 자아적 확신 능력, 이상의 직접 숭배 등을 죽이는 과장된 사교성에서 연역(演繹)할 수가 있다. ……

(날짜 없음)

종교에서 종교적인 것은 자유보다도 복종이며, 그 가치는 그것이 개인에게서 얻어낼 수 있는 희생의 수에 의해 가늠된다.

(날짜 없음)

소녀의 연애는 경건한 생각이다. 불경(不敬)에 빠지지 않으려면 경애로서 이것을 바라보고, 이것을 이해하려면 시(詩)로서 바라보아야만 한다. 이상에 대해 입으로 말할 수 없는 유쾌한 인상을 주는 무엇인가가 있다고 한다면, 그것은 이 수치에 전율하는 연애이다. 이것을 속이는 것은 범죄가 되리라. 그것이 꽃을 피우는 것을 보는 것만으로도 신의 기적적인 출현을 목격하는 것인 양 바라보는 사람에게 더 없는 행복이다.

(날짜 없음)

청춘의 꽃다발이 우리 머리 위에서 퇴색할 때는 적어도 성년의 덕성을 지니도록 노력하자. 포도 덩굴이 누래져 잎을 떨어뜨릴 때 수반하여 포도 열매가 맺어 가듯이, 한층 맛있고, 달고, 무거워지리라.

(날짜 없음)

나이 드는 것을 아는 것은 예지의 걸작이고, 위대한 생활술의 가장 어렵고 힘든 부문 가운데 하나이다.

(날짜 없음)

생활에 대해 자기 신체의 개선, 내적 만족 및 종교적 복종의 방향에 있어서 윤리적 완성밖에 추구하지 않는 자는 생활을 손상할 위험이 적다.

1875년 1월 2일 예르

회색빛 날씨. 약의 복용과 상관없이 어젯밤은 불쾌했다. 한때는 숨을 들이쉬지도 내쉬지도 못하고, 얼굴이 충혈되고, 입이 열린 채로 질식할 것만 같은 생각이 들었다. 나는 서둘러서 침상에 걸터앉았다. 이런 상태로 카타르 환자는 죽어갈 것이다. 땀을 흘리고 있지 않았더라면 나는 곧장 펜을 집어서 장례식 지시를 두세 마디 적었으리라. 왜냐하면 나는 역시 클라랑스에서 잠들기를 바라지만, 죽음이 불시에 찾아오면 이 희망이 허사가 될 우려가 있기 때문이다. ……

귓속에서 동맥의 박동이 들린다. 내출혈이나 질식이 내 목숨을 끊게 될 것인가. 어쨌든 나는 한 가닥의 실에 매달려 있다고 느낀다. 어쩌면 나는 호흡을 되찾기 위해, 내 숨을 막는 녹슨 안전관과 싸우기 위해 노력하는 동안에 어딘가의 맥관을 파열시키고 말게 되리라.

나는 어지간히 약하고, 쉽게 느끼고, 상처받기 쉬운 사람일까. 세리오사는 나에게 아직 뭔가 할 힘이 있다고 믿고 있는데, 안 된다. 나는 땅이 내 발밑에서 무너져 내리는 것, 나의 건강을 지키는 것은 이미 가망 없는 일임을 느낀다. 사실을 말하자면 나는 환상의 그림자도 지니지 못하고, 남을 위해 살아주고 있음에 불과하다. 나는 내 욕망을 어느 것 하나 실현하지 못한다는 것을 알고 있으므로 훨씬 전부터 욕망을 갖지 않게 되었다. 나는 작은 새가 나의 창을 찾아오게 하고, 내게로 오는 것을 맞이할 뿐이다. 나는 그것 자체로 미소짓지만, 그 방문자에게는 날개가 있어서 오래 머무르지 않는다는 것을 잘 알고 있다. 절망에 의한 체념에는 슬픈 응석이 있다. 그것은 임종을 맞이한 사람이, 괴로운 심정도 허전함도 없이 같은 눈길로 인생을 판단하는 것과 같은 것이다.

내게는 이미 원기를 회복하거나, 남에게 도움이 되거나 행복해지거나 할 가망이 없다. 나는 나를 사랑해 주었던 사람들이 끝까지 사랑해 주리라고 기대한다. 그런 사람들에게 선을 베풀었다는 즐거운 추억을 남기게 하고 싶다. 나는 반항심도 약한 모습도 없이 사라지길 원한다. 그것이 전부이다. 남은 희망과 욕구가 아직 너무 많은 것일까. 신이 바라는 대로 되면 좋겠다. 나는 신의 손에 나를 맡긴다.

예술에 대하여

작품을 마무리한다는 것은 하나의 군대,
즉 사상과 형상의 군대를
미리 지정된 목적점으로 이끌고 가는 것이다.
하나의 제재 파악은
이 문학적 모든 영역에 필요한 조건의 하나에 지나지 않는다.
운용 방법을 터득해야 하지만,
특히 나의 취지를 분명하게 결정하지 않으면 안된다.
그 취지란 것은 대중 또는 대중의 일부에 적중하고,
대중을 계몽하고, 설득하고, 또는 기쁘게 하는 것이다.

1875년 1월 27일 예르

멋진 날씨이다. 아르카디야(그리스 남부의 산악지방, 티／없는 목동이 살았던 이상향)가 계속되고 있다. 블론드의 바다, 파랗고 둥근 천정, 천국의 카펫 같은 평원. 빛으로 충만하고 맑기만 한 대기의 고요함. 선과 윤곽의 순수한 명확성. 예르 군도는 금의 파도 위에 하얀 새처럼 떠 있다. 신화적인 인상. 내면적인 민활함. 청춘의 부활. 감사와 더 없는 행복. 시에 잠기는 것, 감동. 나는 유쾌한 때가 지나는 것을 바라보면서 그것을 날아가게 할까봐 두려워 미동도 않고 가만히 있었다. 나는 행복이라는, 공상적이고 사람을 겁내는 새를 길들이고 싶다. 특히 다른 사람들과도 즐거움을 나누고 싶어서 제네바의 얼어붙은 안개 속에서 떨면서 고통스런 일로 몸을 굽히고 있는, 나의 슬프고 감수성 있는 여인(세리오사, 즉 화니 메르쉐)을 생각한다. 어째서 그 사람은 여기로 오지 않은 것일까. 나는 지난 3일 동안 편지를 2통이나 써서 향기 좋은 풀잎을 넣어 주었다. 나의 문학상의 약혼녀(베르트 바디에)는 안목이 있으니까 빛의 즐거움과 이 사랑의 마음을 일으키는 경치의 아름다움을 충분히 음미하겠지. ……나는 바닷바람과 아침 햇빛을 함께 혈관으로 들여보내는 이 기쁨을 두 사람에게 주고 싶다.

평원, 바다, 수평선을 안경 너머로 오랫동안 둘러본다. 집집마다 지붕에서 연기가 나오고 있다. 여사제가 사각으로 정리된 채소밭 사이를 양산을 받치고 산책하고 있다. 종려나무와 유칼리 몇 그루가 프로방스(남프랑스)의 녹지 위에 기묘한 날개장식을 드리우고 있다. 멀리에선 예인선이 뱃머리가 평평한 배를 끌고 나아가고, 파도 위의 담황색 평원에는 바다새가 춤추고 있다. 쟁기와 수레바퀴 소리, 호수처럼 잔잔한 후미의 먼 속삭임, 작은 산의 정상에 있는 고요한 은자(隱者)의 집 평화, 풍요로움, 반짝임.

이런 행복한 아침은 한마디로 말하기 힘든 인상을 준다. 그것은 우리를 취하게 하고 피를 끓어 넘치게 한다. 우리는 자기로부터 벗어나 광선, 미풍, 향기, 약동에 녹아든 것처럼 느낀다. 동시에 나는 왠지 알지 못할, 파악할 수 없는 에덴 동산에 대한 향수를 느낀다. 만약 사랑하는 여자가 있다면 무릎 꿇고 함께 기도하고 이윽고 포옹 속에 죽어야 하리라.

라마르틴은 〈서곡〉(1822년에 지은 375행의 장시로 《명상시집》에 수록되어 있다)에서 허약한 인간에게 미치는 행복의 이러한 압박을 근사하게 보여주고 있다. 나는 이 압박의 이유가 유한한 창조물에게 무한이 침입하기 때문은 아닐까 생각한다. 거기에는 무심함을 요구하는 검은 달무리가 있다. 생명의 강렬한 감각은 죽음을 갈망한다. 인간에게 죽음이란 신이 되는 것이다. 가련한 환상. 위대한 신비를 향한 입문서.

(밤 10시) 시작부터 끝까지 오늘은 사랑할 만한 날이었다. 3시에서 5시까지 R.R.과 오후에 보봐론(Beauvallon)을 산책. 이 산책은 나에게 끊임없는 매혹이었다. 남국의 자연은 우리 자연과는 대조되어 내 마음을 빼앗는다. 나는 그 색채, 모양, 면(面), 선(線)의 비밀스런 조화를 연구할 때 한번도 질린 적이 없다. 눈에 대한 이 협주곡에 있는 격렬한 분위기는 바들바들 떠는 마른 잎이 달린 '북(北)쪽의 떡갈나무'뿐이다. 요염한 모임에 나온 촌스런 남자라고도, 쾌활한 사람들에게 나타난 죽은 자의 유령이라고도 할 수 있으리라. 게다가 무척이나 조숙하다. 잔뜩 핀 페르방슈(협죽도의 일종), 빨간 아네모네, 헤리오트로프, 재스민, 국화. 또 갖가지 다른 초록의 색조. 또 몇몇 바위, 숲, 두셋의 언덕, 우거진 관목, 지단(地壇)처럼 단을 이룬 경지 등에서 생겨난 곳, 윤곽, 모습의 변화. 1분마다 배합이 새로워진다.

나는 만화경의 감각 및 이 경치와 그리스의 여러 지방의 경치와의 유사성에 대해 어떤 확신을 가졌다. 그것은 아르카디아 여행이었다. 님프가 나타나기 안성맞춤일 것 같은 들판같고 숲다운 구석이 있고, 호라티우스의 오드(일종의 서정시)와 티부르(Tibur. 로마 근교 마을, 경치가 좋은 곳으로 알려져 호라티우스에 노래되어 있음. 오늘날의 티보리)의 스케치인 줄 알았던 초록의 떡갈나무와 뿌리께의 바위가 있다. 이 유사성을 충분히 입증 하는 것은 보이지 않아도 가까이에 있음을 느낄 수 있는 바다이다. 골짜기의 굽은 모퉁이를 지나면 멋진 경치가 돌연 펼쳐져 나타난다. 우리가 본 어떤 농가에는 개와 고양이와 바퀴가 둘 달린 노란 마차와 우거진 정원이 있었지만 주인은 오디세이에 나오는 시골 남자라고 해야 할 것 같았다. 프랑스어는 거의 하지 못했다(남프랑스의 말은 프로방스어). 하지만 묵직한 자신감을 갖고 있었다. 그곳의 해시계에 기록된 라틴어를 해석해 주었다. '선을 위해야만 할 때이다'라는 훌륭한 문구였으므로 매우 기뻤다. 소설이라도 쓰는 사람에게는 훌륭한 착상을 얻을 만한 장소이다. 다만 그 소박한 집에 내가 지낼 만한 방이 있을지 모르겠다. 산다 하더라도 필레몽처럼 달걀과 우유와 무화과를 먹지 않으면 안 된다.

1875년 2월 15일 예르

맑은 하늘. 작은 새의 지저귐. 알렉상드르 뒤마 및 오손빌 백작(Gabriel—Othenin comte d' Haussonv-ile. 19세기 프랑스의 문인, 학술원 회원)의 최근 학술원 입회 연설을 한 마디 한 마디 음미하고 생각하면서 반복해서 읽다. 이 양식의 작품은 정신의 진미이다. 정말이지 그것은 '진리를 표현하는데 생각할 수 있는 모든 치밀함과 정교함, 아담함을 다한 기술'이며, 뛰어난 품격을 떠나지 않으면서 완전하게 편안하고, 애교를 잃지 않으면서 진지해지고, 비판을 가하는 사람을 기쁘게 하는 재주이다. 군주제의 전통 유산이라고 할 만한 이 특수한 웅변은 가장 매너가 좋은 사교인과 문학적 귀족의 그것이다.

민주제에서는 이것을 생각해내지 못했으리라. 프랑스는 이 섬세한 문체로는 모든 경쟁국에게 이길 수가 있다. 왜냐하면 이 문체는 몇 세기에 걸쳐 계속된 상호 교육에 의해 궁정, 살롱, 문학, 소양이 있는 사람들이 낳은 낭비 없이 세련된 사교성의 꽃이기 때문이다. 이 복잡한 산물은 아테네의 웅변처럼 그런 종류의 것으로는 독특하지만, 그만큼 건전하지 않으며 영속하지도 않는다. 앞으로 프랑스가 미국식이 되는 일이 있다면 이 양식은 사라져 돌아오지 않을 것이다.

1875년 4월 16일 예르

이제 출발의 모든 감동을 경험한다. 자질구레한 도시를 헤아려 정하는 것을 떨치고, 천천히 거리와 성이 있는 언덕을 돌면서 사물의 모양과 기억을 줍고, 소지품을 점검하고, 옷과 가방을 청소한다. 이별의 쓰라린 맛을 한 방울씩 맛본다. 그런데 대체 어째서 가슴이 메이는 것일까. 그것은 사랑이 부족했던 것 같고, 해야 할 일을 여기서 하지 않았기 때문이다. 나는 《우곡집》(les Méandres. 《꾸불꾸불한 강》 몇 개월전부터 아미엘이 간행할 예정이었지만 아직 마치지 않은 시집의 이름)을 펼쳐보지도 않았고, 약속한 논문을 둘이나 쓰지 않았고, 병도 낫지 않았다. 양심과 마음이 모두 탄식하고 있다. 그러나 다행히도, 나는 수많은 봄의 인상에게서 격려를 받았다. 창 밑에서는 건초를 만들고 있고, 정원이라는 정원은 모두 장미와 이리스(꽃창포의 일종)와 비올리에(향스톡) 천지다. 모든 색채가 한꺼번에 언덕 위로 피어났다. 돌 더미 사이에는 아이들이 어른이나 나이든 사람의 모임을 시끄럽게 하듯 어린 초록풀이 나 있고, 온갖 종류의 꽃들은 밭과 길의 가장자리를 뒤덮고 있다. ……후미, 군도, 몰르(Maures. 에르의 동 북쪽에 있는 산맥)와 에스테렐(Estérel. 동 북쪽의 산)의 솟았다가 가라앉는 선, 사랑(Salins. 에르의 동쪽 12마일 가량의 곳), 파스캉(Pasquins), 에르미타주(Ermitage)를 눈으로 더듬는다. 나의 망막에 이 지방의 선, 빛, 전경(全景), 세부(細部)를 간직하고 떠나려 노력한다. 4개월 반이나 지냈던 이 지방을 전혀 보지 않았다는 유감을 지금 느끼고 있다. 마치 친구의 죽음 앞에서 사랑이 너무 적었다거나 잘못되어 있었다면서 스스로를 책망하는 것 같고, 자기의 죽음에 즈음하여 평생을 헛되이 썼다고 느끼는 것과도 같다.

1875년 6월 10일

현대의 비관론은 뼈의 골수까지 나를 기분 나쁘게 한다. 그것은 비통함의 학설이고, 이른바 절망에 대한 보증이다. 마음을 아프게 하는 것은 그 논의의 힘이다. 선입관이 없는 사상가는 모든 학설의 온갖 슬픔에 괴로워한다. 그의 삶은 인류의 모든 정신적인 병독(病毒)을 자신에게 옮겨 심게 된다.

1875년 6월 11일

(아침 8시) 곱슬머리처럼 줄이 쳐진 하늘, 기분 좋은 온도. …… 파란 부분이 조금씩 구름을 먹어 들어가고, 선이 악을 물리친다. 비관론에 대한 파열. 그러나 세부적인 것이 전체 속으로 사라진다. 인생은 결국 선인가. 그곳에 문제가 있다. 세계는 없었던 편이 나은가. 그것이 문제이다.

1875년 6월 17일

(저녁 7시) 오늘 아침 8시 45분에 근처의 R***의 집으로 내려갔다. 나의 새 노래를 들려주었더니 오선지에 기록해 주기에 그것을 호주머니에 넣고 돌아왔다. 세리오사는 잘 만들었다고 하고, 나의 약혼녀는 걸작이라고 한다. 그녀는 내게 악보 기록법의 요소, 기호, 템포, 분위기, 소절, 음표, 쉼,

정지, 음계를 가르쳐 주었다. 하나를 작곡하고 남한테 올바르고 좋다는 말을 들은 뒤, 내가 의미를 모르고 사용했던 플랫, 샤프, 상박음 등을 보는 것은 어지간히 우습다. 결국 오늘 아침에 내가 친구인 R***에게서 받은 것은 바장조, 4분의 4박자, 22소절인 것이 된다. 그것을 배워서 대단히 기쁘다. 이런 식으로 쥬르당(몰리에르의 《시민》 귀족의 주인공)은 하나의 A, 하나의 B에 들어가 있는 모든 것에 감탄하고, 베스트리스(Vestris. 18세기 파리 오페라의 무용가)는 미뉴에트(일종의 춤곡) 속에 들어가 있다는 것에 감동했다.

과학에는 확실히 한 가지 불편한 점이 있다. 그것은 생산적인 순수성을 위협하는 것이다. 운동에 필요한 신경이나 근육, 뼈의 극히 교묘한 구조를 미리부터 계산해 놓는다면 춤출 기분이 날 사람은 없다. 타고난 능력을 갖추었다면 하찮은 농민도 노래의 악보 및 노래 자체를 만들 수 있다. 그러나 우리 같은 도회지 사람이나 문명인은 그것을 매우 귀찮게 생각하기 때문에 그런 일은 전문가에게 맡기는 것이다.

보통 우리는 준비와 걱정에 힘을 다 써버린다. "최선의 일은 그다지 번잡하지 않게 할 수 있다." 조금만 순수한 마음과 신뢰의 마음이 있다면, 그렇게 많은 종류의 성가심과 절차보다도 훨씬 앞으로 나아갈 수 있다. 주도면밀한 조심은 악마에게서 온다. 그것은 각성이 몽유병자의 이해하지 못할 성공을 끊게 하듯이, 우리의 창조적인 감흥을 멈추게 한다. 어떤 일을 어떤 식으로 하는지, 도대체 그것을 왜 하는지, 그것이 가능한지 여부를 생각하기 전에 해버리는 편이 나은 경우가 자주 있다. 이런 사소하고 작은 예는 내 평생 줄곧 저질렀던 실수, 과감히 하지 않고, 지나치게 돌이켜 생각하고, 나의 힘, 타고난 능력, 내가 획득한 지식, 주위 상황 등을 너무 의심했던 실수를 피부로 느끼게 한다. 마르크 모니에의 말은 (옛날 같으면 괴테처럼) 문학적인 시도, 새로운 작품의 참되고 유일한 것 속으로 뛰어들고, 공포와 지체가 주는 위험한 매력을 없앤다는 것이다. 일단 물 속으로 떨어졌으면 몸을 버둥대 헤엄치는 방법을 생각해내야 한다. 중요한 것은 용감하게 시작하는 것이다. 어디서부터 시작해야 할지를 알 때까지 기다리다가는 아무리 시간이 지나도 시작하는 곳까지 가지 못한다. 왜냐하면 연구의 방법 자체가 결국 없는 것이기 때문이다.

1875년 8월 16일

생명은 반항과 복종 사이의 진동이다. 자아가 확산하고 승리를 얻은 임금의 존엄성까지 말하지 않더라도 하다못해 평온한 불가침성을 맛보려 하는 본능과, 정신이 우주의 질서를 따라 신의 의지를 받아들이려 하는 본능 사이에서 매일 일어나는 진동이다.

너의 자기부정을 한층 어렵게 하는 것은 너에게는 필연성이 십중팔구 폭군적, 야수적, 억압적, 맹목적으로 보이고, 신성하고 선하고 아버지다운 청정한 자애가 있는 사람으로 보이지 않기 때문이다. 그러나 힘에 대해서는 그것이 반항할 수 없는 것이었다 해도 너의 양심은 고개를 숙이지 않는다…….

미혹에서 깨어난 이성의 차가운 체념은 평화가 아니다. 운명이 종교적으로 선한 것으로 보였을 때, 즉 인간이 직접 신의 눈앞에 있다고 느꼈을 때, 운명과 화해하는 것밖에 평화는 없다. 다만 그 때에 한해 의지는 흔쾌히 대답한다. 의지는 경애할 때 말고는 흔쾌히 답하지 않는다. 의지에 '공중제비'를 돌게 하는 것은 내면적인 명증성(明證性)이다. 그러므로 신의 사랑 외에는 완전한 체념, 자아의 진지한 폐기, 본심에서 우러나는 복종, 진실의 자기부정이 없다는 것은 만족이 없기 때문이다. 그래서 정신은 '만능자'의 자애라는 위대한 보상을 발견하지 않는 한, 운명의 가혹한 처사에 굴복하지 않는다. 보이는 것을 잃더라도 보이지 않는 것으로 손해를 보상받는다. 다른 말로 하면 정신은 식량의 결핍, 기근에 익숙해질 수 없으며, 공허를 싫어하고, 구체적인 재물, 현세의 복지가 눈앞에서 사라질 때는 희망의 행복 또는 신앙의 행복을 필요로 한다. 정신은 물론 대상을 바꿀 수는 있지만, 어쨌든 대상을 필요로 한다. 지금까지의 우상을 버리는 대신에 다른 제사 의식을 요구한다. 정신은 더 없는 행복에 대한 배고픔과 목마름을 갖고 있어서 아무리 모든 것에게 외면당한다 해도 외면당했다는 것을 인정하지 않는다. …….

너의 가장 볼썽사나운 점은 영원의 고침, 즉 너의 두뇌를 위대한 사상으로, 네 가슴을 지고의 애정으로, 너의 의지를 항구적인 기획으로 고정할 수가 없다는 점이다.

1875년 8월 28일

(아침 6시 반) 뱅자맹 콩스탕(18, 9세기 프랑스의 정치가, 스위스의 로잔에서 출생, 소설 《아돌프》의 저자)에 대해 말한 생트 뵈

브의 한 마디가 내 가슴을 쳤다. '존중'이라는 단어이다. 존중을 받느냐 받지 않느냐 하는 것이 스탈 부인에게는 중요한 일인 것 같고, 그것을 잃는 것은 다시 돌이킬 수 없는 불행이라고 생각하고 있다. 그러면 이 선은 무엇인가. 그것은 대중의 경의이다. 무엇이 존중할 가치가 있는가. 성격 및 생활이 체면을 유지하는 것, 그것에 더하여 어느 정도까지 공익을 도모하고 또한 성공을 거두는 것. 훌륭한 양심은 아니지만 얼마간 그것과 비슷하며, 내면의 표시는 아니라 하더라도 외면의 표시가 되고 있다. 존중은 평판이 아니다. 하물며 명성이나 훈장이나 영광도 아니다. 그것은 처세술과 관련이 있는 것이 아니며, 또한 반드시 재주 있는 사람이나 천재에게 따르는 것도 아니다. 의무에 있어서의 끈기, 행동의 성실함에 주어지는 보상이다. 잘못된 곳이 없다고 인정된 생활에 바쳐지는 존경이다. 경의보다는 조금 무겁지만, 감탄하여 칭찬하는 것과는 거리가 멀다. 존중 받는 사람이 꼭 중요한 사람은 아니며, 중요한 사람이 반드시 존중을 유지해 갈 수 있는 것도 아니다. 대중의 존중은 기분이 좋으며 나아가 힘이 된다. 그것을 잃는 것은 불운이고 날마다의 가책이 된다.

나는 이제 55세가 되었지만 일생 동안 단 한 번도 이 생각에 아주 작은 곁이라도 내준 적이 없다. 기묘하지 않은가. 존중을 바란다는 것은 나에게 거의 원동력이 되지 않았으므로 나는 그 개념조차도 갖지 않은 채로 살아 왔고, 어쩌면 이 단어는 나의 '일기' 1만 3천 쪽 가운데 나오지 않을지도 모른다. 이 현상은 무엇에 의한 것인가. 주위, 관람석, 대중이 나에게 부수적인 것에 지나지 않음에 기인한다. 나는 한 번도 주위로부터 무엇 하나, 정의마저 요구한 적이 없고, 기대한 적도 없다. 나의 입장을 주위에 의존하게 하고, 은혜로운 생각이나 투표를 간청하는 것은 신하 근성에서 나온 행위로 보였으며, 내 자존심은 본능적으로 그것을 거부해 왔다. 주위 사람은 내가 볼 때 해를 끼치고, 슬프게 하며, 괴롭히게 될 것 같았다. 그래서 나는 벌이나 모기, 기타 외부의 성가신 것을 막기 위해 주위 사람의 포학한 간섭을 피하려 했다. 그러나 그것뿐이다. 훌륭한 장례식을 치르게 하기 위해 노력하는 것은 나에겐 역시 인연이 없는 배려이다. 나는 하나의 도당(徒黨), 신문, 한 사람의 선거인의 투표를 나에게 따르게 하려는 노력을 하지 않았다. 그래도 나의 기쁨은 받아들여지고, 사랑받고, 격려받고, 환영받는 것, 나 자신이 아낌없이 주었던 것, 호의와 선의를 얻는 일이었을 것이다. 그렇지만 존중, 명성을 추구하고, 무리하게 경의를 얻으려 하는 것은 나답지도 않은 이야기, 나의 수치심을 손상하는 것, 거의 타락으로까지 생각되었다. 나는 그런 것은 꿈에도 생각하지 않았다.

경우에 따라서 나는 존중이라는 것으로부터 나를 해방시키면서 나 자신에 대한 존중을 잃었던 것일까. 내가 내면적인 울분 때문에 천막 속으로, 옆쪽으로 끌어내리기 위해서 일반의 기대에 어긋난 적은 있을 것 같다. 세상은 누군가가 말을 할 때에는 펄쩍 뛰면서 잠자코 있게 하다가, 말할 의욕을 빼앗은 뒤에는 오히려 잠자코 있다면서 화를 내기 마련임을 나는 안다. 세상은 마치 어떤 배우에게 반감을 가진 경우에 잘됐다고 휘파람을 불면서, 그 배우가 그만두는 것도, 또 그렇다고 계속하는 것도 허용하지 않으려는 심술궂은 관객 같은 것이다.

완전하게 양심을 가라앉히고 침묵하기 위해서는 공직을 가져서는 안 될 것이다. '내심' 나는 교수란 자는 간행물로 자기의 자격이 정당하다는 것을 나타낼 윤리적 의무가 있다는 것, 그것이 학생과 권위, 대중에 대하여 현명하다는 것, 또 그것이 자기의 존중 및 어쩌면 자기의 지위에도 필요하다는 것을 스스로에게 꾸준히 들려주고 있다. 그러나 이러한 견지는 나에게 친숙한 것은 아니었다. 나는 강의를 양심적으로 하려고 노력하고, 모든 부대적인 의무를 가능한 한 잘 해냈다. 그러나 환멸과 처참함을 가슴에 안고, 남이 계량적으로 '내 주위에 공허를 만들고', 나에 대하여 묵살하는 전술과 교묘함으로 결합한 바늘로 콕콕 찌르는 전술을 채용했음을 깨달았다. 한마디로 말하면 우리의 대중과 신문에 혐오감이 일어 그러한 사람들과는 더 이상 관계하고 싶지 않았고, 인기를 얻기 위해 몸을 낮출 수가 없었다.

그리고 보면 나는 두 가지 성(性)의 방식을 서투르게 병행했던 것이 된다. 나는 여성적으로 존중의 상실을 두려워하면서, 남성적으로 대중의 주목과 명성을 바랄 수가 없었다. 나의 공포와 무관심은 모두 나에게 해가 되었다. 동감(同感)하는 최음제.

내가 가졌던 것보다도 더 많은 투쟁심과 명예심, 거칠음, 정력, 야수성이 필요했다. 나는 희망을 쉽게 포기하고 깊이 낙담한다. 가슴을 속이고 찢긴 사랑하는 여자의 천성. 자신을 위해서 타고난 재능에 집중할 수가 없기 때문에, 나의 타고난 재능을 위해서 또한 타고난 재능에 의해 사랑하게 할 수 있다는 희망이 나를 버렸을 때, 나는 모든 것을 죽였다. 내 주위 사람의 냉랭함은 나를 차갑게 했다. 나는 거북이처럼 내 껍질 속으로 고개도 팔다리도 집어넣었다. 싫지만 은자가 된 나는 양심도, 가슴속도 마찬가지로 만족하지 않기 때문에 고독 속에서도 평화를 발견하지 못했다.

이것은 우울한 운명이고, 모든 것을 잃고, 모든 것이 결여된 생활이 아닌가. 나의 타고난 재능, 특수한 처지, 반세기의 생애로부터 무엇을 이끌어낼 수 있었는가. 나의 땅에서 무엇을 생산했는가. 무한한 편지 왕래, 1만 3천 쪽의 일기, 강의, 논문, 시, 다양한 각서, 모든 것들을 모아보아도 그것은 말라 시든 종잇장에 불과한 것이 아닌가. 누구에게, 무엇에 나는 유익했던 것인가. 내 이름은 내가 죽은 뒤에 단 하루라도 남을까. 누군가에게 뭔가 의미를 가질 것인가. 아무것도 되지 않은 일생. 하찮은 일을 위해서 뛰고 걷고 써댄 많은 것들. 요컨대 '아무것도 없다'. 게다가 참혹하게도 이 일생은 누군가 사랑하는 사람을 위해서 소비한 것도 아니고, 미래의 희망을 위한 희생에 바친 것도 아니다. 이 죽어가는 일생은 헛되고, 단념은 쓸모 없으며, 극기는 힘든 고생이고, 가난은 배상을 받지 못하고 만 것이 된다. …… 그렇게 말하는 건 잘못이다. 이 일생도 신비한 부(富), 즐거움, 아름다움을 얻은 것이 된다. 대단히 값비싼 몇몇 애정을 일으키게 하고, 마음에 몇 가지 기쁨을 준 것이 된다. 그 감춰진 생활은 얼마간 가치가 있었던 것이 된다. 여하튼 이 생활이 아무것도 아니었다 하더라도 나는 많은 것을 이해했다. 이 생활이 질서가 없었다 하더라도 질서를 사랑했던 것이 된다. 행복과 의무를 떠났다 하더라도 하다못해 허무하다는 것만은 느끼고 용서를 바랐다.

몇 가지의 타고난 재능, 영혼과 머리로는 가졌지만
약하고 다감한 마음 때문에 입을 다물고 괴로워했다.

(같은 날 아침 9시 반) 내게는 인도(印度)정신, 그 상상력 강하고 경계가 없으며 사랑이 있는, 꿈꾸는 듯 사색적이며 더구나 남성적이고 야수성 있는 명예심 강한 자아와 지배적이고 흡수적인 이기심이 결여되어 있다. 다시 말해 의지가 빠져 있는 인도정신과 유사한 점이 있다. 범신론적인 고요함, 위

대한 전체에 있어서 자아의 소실, 여성다운 부드러움, 살육에 대한 혐오, 행동에 대한 반감이 나라는 사람, 적어도 세월과 함께 만들어진 나라는 사람의 속에도 있다. 나는 너무 작은 방에 갇혀서 여자하고만 생활해 왔기 때문에 바라문이 되지 않을 수는 없다. 그렇기는 하지만 내 안에는 서양인도 있다. 나에게 어려웠던 것은 뭐든 하나의 형식, 국적, 개성을 고수하고, 반대의 권리를 인정하지 않는 것이었다. 그래서 나 자신, 나의 이익, 관심, 그때그때의 내 견해에 대한 냉담한 태도가 나온다. 그렇다고 해도 어쩔 수가 없다. '모든 결정은 부정이다.'(스피노자의 말) 비애는 우리의 장소를 한정하고, 사랑은 우리를 특수하게 하지만 자유로운 사유는 우리를 '비자아적이게' 하고 신보다도 더 넓고 위대한 '전체' 속에서 살게 한다. 이미 신은 정신으로서 물질에 대립하고, 영원한 것으로서 세계에 대립하기 때문이다. 인간이란 것은 참혹하다. 사람이라는 것은 괜찮다. 그 사람이라는 것만이 마음을 끈다.

그렇지만 이 바라문적 동경을 갖고 나면 의무에 대한 개인의 종속은 어떻게 되는가. 개인이 아니게 되는 것은 환락을 물리치는 것이겠지만, 의무는 현미경적인 세밀한 일을 하는 것이다. 문제는 관조하는 둥근 천장 아래서 매일의 의무를 다하고, 신 앞에서 행동하고, 종교적인 마음으로 자기의 하찮은 역할을 연기하는, 즉 동시에 두 가지 일을 하는 것이리라.

  인간이여, 스쳐 지나는 꿈이라고 해야 할 너의 나날을
  이렇게 너의 영원성의 조용한 푸른 하늘로 감싸라.

인간은 이렇게 세세한 것, 스쳐 지나는 것, 일시적인 것, 무의미한 것에 오히려 아름다움과 고귀함을 인정한다. 인간은 가장 보잘것없는 일에 품위를 부여하고 청정하게 한다. 그렇게 해서 우주적인 사업, 영원한 의지에 공물을 바치는 기분이 된다. 인간은 생과 화해하고, 죽음을 두려워하지 않는다. 질서와 평화를 얻는다.

1875년 9월 1일
(아침 8시) 내가 인쇄하기 위해서 글을 쓸 때의 목이 졸리는 듯한 우려를 생각했다. 한 구절마다 나타나는 수많은 가능성 및 적절한 단어에 노심초사

하느라 한 마디, 한 마디에 노력이 들어가고, 펜은 한 줄 한 줄 머뭇거리기만 한다. 일을 매듭지으려 하니 가책이 느껴진다. 왜냐하면 나는 조잡한 계획밖에는 세울 수가 없고, 세세한 부분은 진행하는 도중에 발견되기 때문이다. 우려할 만한 습관이어서 이것을 방법이라 하기가 좀 그렇다.

(밤 11시) 스탈 부인에 관한 나의 논문 때문에 몇 시간 고심을 했다. 겨우 몇 페이지 연마를 가할 수 있었을 뿐이다. 펜을 쥐는 순간마다 결함이 그만큼 눈에 띄는 것이다. (로잔에서 으젠느 스크레탕 Eugène Secrétan이 간행되던 《스위스 문단 (Galerie suisse)》의 제2권에 1876년 게재된 스탈 부인에 관한 각서이다.) 새로운 자료를 발견했다. 독서, 네켈부인 (Suzanne Necker, 스탈부인의 어머니) 및 샤토브리앙 (무덤 저편의 기록) 제8권). ……점심 식사 때에도 저녁 식사 때도 두통. 말할 것도 없이 전혀 나가지 못하고 똑같은 문구 위에서 제자리걸음을 하며 졸작을 향해 꼼짝도 않고 있는 이런 종류의 긴장은 두뇌에 대단한 피로를 준다. 내게는 계획이 없다. 세부적인 것이 없다. 샘솟음도 감흥도 없다. 효과 없이 미적미적 이어지는 노력은 고정관념처럼 나를 긴장시킨다.

작품을 완성하려면 집중하고 결단하고 유동성이 필요하건만 내게는 이제 그런 것이 없다. 나는 내 자료와 사상을 함께 융화시킬 수가 없다. 그런데 어떤 사물에 모양을 지으려 한다면 그 사물을 엄연하게 지배하는 것이 중요하다. 나의 제재(題材)에 지독한 일을 겪게 하더라도 그것을 상처받게 하지 않겠다는 따위의 걱정은 하지 않도록 해야 한다. 그것을 바꾸어 나 자신의 실체로 하지 않으면 안 된다. 그런 종류의 자신 있는 뻔뻔함이 나에게 결여되어 있다. 나의 본성은 대상을 존중하고 그것에 종속하는 비아성(非我性)에 기울어져 있다. 나는 진리를 사랑하는 나머지 결론을, 결단을 두려워한다. 그래서 내가 걸어온 길을 끊임없이 돌아보고, 뛰려 하지 않고 원을 그리면서 돌고 있다. 본질적인 것을 살펴 어림잡아 재단해야만 하는데, 하나의 점을 잊고, 하나의 뉘앙스를 속이고, 하나의 단어를 잘못 놓은 것은 아닌가 걱정하고 있다. 나는 희생에 바치지도 않고, 무엇 한 가지 외면할 수도 없다. 해로운 소심함, 성가신 양심, 숙명적인 집착.

결국 나는 한 번도 논문연구 저작의 기술에 대해 반성한 적이 없고, 진지하게, 나아가 방법적으로 저자가 되는 수행을 계속한 적이 없다. 그러는 편이 유리했겠지만 나는 유리함을 두려워한다. 직업을 목표로 하려면 단계적인 연습이 필요했을 것이다. 나는 대가의 비결을 간파하는 것, 걸작을 분석하는 일에 마음의 가책 같은 것을 지녔다. 내가 글을 쓰는 기술에 대해 진지한 연구를, 그 기술에 대한 두려움과 아름다움에 대한 끈끈한 애정을 위해 줄곧 이루어 왔던 것이라고 생각하면, 나의 우매함과 경의에 화가 치민다. 고난이나 인습이라면 오히려 안이, 확신, 명랑함 같은, 그것이 없으면 감흥이 식어버리는 것을 나에게 주었던 것이리라. 그러나 전혀 거꾸로 대립하는 두 개의 이지적 습관을 얻었다. 재료를 고갈시키는 과학적 분석과 변하기 쉬운 인상의 즉석 기재이다. 작품을 마무리하는 기술은 둘 사이에 있었다. 그것은 사물의 생생한 통일과 사유의 지속적인 잉태를 원한다. 그러면 나는 작품을 마무리하는 능력이 없어졌는가. 55세가 된 뒤로 다시 고쳤는가. 나의 본성과 교육을 변경하였는가.

너는 물에 뛰어들지 않고 수영을 배우고, 모래사장으로 내려가지 않고 힘을 쌓고, 미룸으로써 형벌을 면하며, 패배의 위험을 무릅쓰지 않고 솜씨를 시험하기를 바랐다. 너는 게으르고 겁쟁이에 오만하고 어리석었다. 누구 때문인가. 마차에 올라타기에는 늦었다. 그러면 걸어갈 것인가. 그렇지 않다면 몸을 낮추어라.

1875년 9월 2일

(아침 8시) 작품을 완성하는 것은 그리 힘든 일이 아니다. 너는 산이든 환영이든 만들어낼 수가 있다. 그것에는 단지 약간의 방법과 연습이 필요할 뿐이리라. 뭐든지 그렇지만, 이 기술에 있어서도 너는 힘든 준비에 만족하여 손님을 끌어들이는 말주변(인 것)이나 예비적인 획득물에 힘을 다하고, 이해하기만을 바라지 파악하려 하지 않았다. 예상치 않은 수치심 때문에, 바보 같은 무욕 때문에, 정도를 벗어난 자신감의 결핍 때문에, 나아가 완성에 대한 두려움으로 인해 너는 서곡에서 한 발짝도 내딛지 못했다. 기절을 두려워하는 사람이라서 너무 행복해지는 것이 걱정되어 좋은 운명을 무서워하는 차가운 연인의 근성. 명예는 한 번도 나에게 자극이 된 적이 없다. 나는 훨씬 많은 수치심에 대한 공포를 지녔고, 굴욕에 대한 혐오를 지녔다.

파스칼의 권고대로 내 방에 틀어박혀 있으려니 내가 무엇을 할 수 있는지 모르겠고, 나의 사회적 가치를 조금도 어림할 수 없게 되자 이제 사람들 사이로 나아갈 수 없게 된다.

　작품을 마무리한다는 것은 하나의 군대, 즉 사상과 형상의 군대를 미리 지정된 목적점으로 이끌고 가는 것이다. 하나의 제재 파악은 이 문학적 모든 영역에 필요한 조건의 하나에 지나지 않는다. 운용 방법을 터득해야 하지만, 특히 나의 취지를 분명하게 결정하지 않으면 안 된다. 그 취지란 것은 대중 또는 대중의 일부에 적중하고, 대중을 계몽하고, 설득하고, 또는 기쁘게 하는 것이다.

　현재 나를 저지하고 있는 것은 목적의 불명확함, 주어져 있는 조건 아래서 실현할 수 있는 것에 대한 결단을 내리지 못하는 것임을 나도 알고 있다. 나는 아직 그것에 대해 연구중이며, 사실은 일에 착수해 있지 않다. 내가 일의 수행에 즈음하여 떠다니고, 동요하고, 주저하는 것은 관점과 청중, 표적 및 적당한 배려를 결연하게 선택하지 않았기 때문이다. 나도 마르타처럼 너무 많은 것을 지나치게 걱정했지만 결국 한 가지만이 필요했던 것이다.

　용기 있게 나아가려면 어디로 가는지, 왜 가는지를 알아야만 한다. 자기의 다리를 느끼고, 욕구를 느끼고, 호주머니에 안내서와 여비를 가지고 가볍게 결심을 세우지 않으면 안 된다.

　때문에 작품의 마무리는 성격을 보여주는 것이다. 그것은 너에게는 정신적 위생, 이상적 훈련, 일종의 통한의 수행이며, 거짓이 되지 않는다고 할 수도 없다. 왜냐하면 그것이 자신에 대한 승리가 되고, 게으름과 소심함, 결단을 내리지 못하는 것을 복종하게 하는 것이 되며, 무기력을 강력한 행위로, 비생산적인 산만함을 생산의 동력으로 강제하는 것이 될 것 같아서이다. ......

1875년 10월 25일

　대학의 대강당에서 테느 씨의 강의 '왕정시대' 제1강을 듣다. 매우 실질적이고 명확하며 가르치는 바가 많은, 긴밀하고 농후한 역작. 그러나 단조로운 강의, 별로 기분이 좋지 않다. 그다지 아름답지 않은 목소리. 이 작가의 기량은 프랑스식으로 단순화하여 남의 눈을 끄는 커다란 몇 가지 덩어리로 마무리하는 것이고, 그 결점은 긴장과 난해함이다. 뛰어난 점은(위대한 장점은) 역사적 객관성, 진실을 보는 의욕이다. 여하튼 정신의 광대한 열림, 사유(思惟)의 자유, 용어의 정확성. 강당은 만원이었다.

1875년 10월 26일
여전한 한계, 커지는 장애, 배가하는 결핍. 꽃이 피는 것의 반대이다. ……

이 용서 없는 압축은 누구에게 또 무엇에 도움이 되는가. 단념은 방어수단이지만 이를 하나 빼거나 다리를 하나 자르거나 하는 정도의 실제적 가치밖에 없다. 윤리적 교육은 사후의 생을 바라는 사람들에게는 보상이 된다. 그러나 그 바람을 갖지 않은 나에게는 이 희생도 도움이 되지 않는다. 고작 남아 있는 것은 다음의 것이다. 선망과 반항은 혐오스럽다. 때문에 그것을 억압하는 것이 선이다. 대가를 바라지 않고 선을 행하는 것은 고귀한 마음의 품격이다. 때문에 나는 내 행동을 조금도 바꾸지 않기로 한다. 다만 행복은 날개를 주지만 우울은 날개의 반대이다.

내가 하다못해 개별적인 신의 섭리를 믿는다면 좋겠지만, 나는 그만큼 형편이 좋고, 이만큼 힘을 주는 지지점을 하나도 갖고 있지 않다. 나의 유일한 버팀목은 사람들이 나에게 품고 있는 애정이다. 나의 생존에는 이 기쁨과 이 위안밖에 없다. 즉, 한 올의 머리칼에 달려 있는 것이다.

그것도 없고 생활의 이유도 부착점도 없다면, 그 얼마나 사려가 없는 것이랴. 하나의 병, 아니 거기까지 가지 않더라도 오해를 만들어내 사람들의 마음을 멀어지게 하는 우연이 닥치면, 나는 빈궁과 낙담에 빠지기 십상이다. 나는 운명대로 된다. 나의 현재 상태가 숙명적으로 취약한 것임에 대하여 나를 속일 수는 없다. 내가 고작 할 수 있는 것은 그것을 잊고 망연해하는 것뿐이다. 아주 조금밖에는 남지 않은 건강과 내 생활을 버텨낼 수 있게 해주는 두 우정을 나에게서 빼앗을지도 모른다는 것은 확실하다. 그러나 어떻게 하면 좋은가. 나는 이 보물들을 파멸의 기회로부터 구해낼 수가 있는가. 불가능하다. 선의가 있는 신의 섭리에 맡겨야만 하는가. 그것은 무익한 것이고, 신앙을 위로하기는 하지만 그것의 점 하나도 바꾸지는 못한다. 지금에 와서는 이 절대적인 종속에 만족하고, 그 배후에 아버지다운 의향과 보호적인 지도가 있기라도 한 것처럼, 그것을 포함한 윤리적 교훈을 이끌어내는 것 외엔 불가능하다. 천국, 즉 우리 바깥에 놓여 있는 여러 종류의 종교의 신들은 어쩌면 우리들 자신의 깊은 바다에만 있는 것이리라. 이 신은 선의 음성이며, 덕에 대한 밀접한 감탄이다. 결과 속에 있는 것이 잠재적으로 원인 속에 있어야만 한다는 것은 참이다. 신이 우리들 속에 있다 하더라도 그것은 사물의 기원에 있다. 선(善)이 우리의 목적이라 하더라도, 그것은 또한 우리의 원리이기도 하다. 그러고 보면 적어도 신의 보편적 섭리라는 것은 있을 것이다. 그것은 끊임없는 소란과 사멸에도 불구하고 보편적 생명을 유지하는 회복적이고 치료적인 힘이다. 선을 위해 생을 바라며, 최선을 위해 선을 바라는 것, 이 본원적이고 잘못되지 않은 세력은 인간이 신이라 부르는 것이다. "우리는 신의 안에서 살아 움직이고, 또 존재한다."^(사도행전
17-28) 이 확신은 철학적 종교이고 모든 미신적이며 상상에 호소하는 전설적인 제사의식, 비유로 멀어진 종교보다도 나중까지 남는다. 중요한 것은 인간이 스스로 그 기관이 되고, 대리자가 되며, 관조자가 되고, 새로운 신앙자가 되고 있으며, 나아가 그의 선구가 되고 영웅이 되어야만 하는 높은 질서를 늘 예감했다는 것이다.

이렇게 된 이상은 개인이 행복하거나 그렇지 않거나, 역할에 열심이거나 사라지려 하거나 간에 무슨 상관일 것인가. 보편적인 사업은 그것에 구애되지 않고 이루어져 간다. ……

잃어버리는 힘과 무익한 희생이 늘 많은 것은 인간의 여론 및 행동의 역사에 있어서 오류가 중대한 역할을 하기 때문이다. 눌러 찌그러지는 것, 무시당하는 것에 포함되는 것은 물론 유감이다. 그러나 각자가 항상 할 수 있는 무언의 일이란 것이 있다. 그것은 선의, 정의, 용기, 인내를 갖는 것이다. 사회라는 커다란 기계를 움직이는 것은 기술자나 장교, 사장의 요란한 호령보다 오히려 눈에 띄지 않는 노동과 수수한 덕성, 이름이 드러나지 않는 실력이 모여서이다. 이름이 사라지지 않는 것은 행운으로부터 선택받은 사람들에게 주어진 포상이다. 인간은 그런 특권이 없어도 해 나갈 수 있거니와, 그것을 좇기보다도 그것을 돌아보지 않는 편에 스토아주의가 있다. 평범함과 망각 속에 만족하는 것은 더욱 위대한 것을 낳을 소지가 자기에게 있는 경우에는 얼마간 아름다움을 지닌다. 아보지트^(Firmin Abauzit. 1679~1767년 프랑스의 프로테스
탄트 신학자, 낭트칙령 폐기 후 제네바로 망명했다.)는 루소의 낭랑한 찬사^(루소의 《새로운
엘로이즈》 제1권)를 필요로 하지 않았지만, 루소는 영광 없이는 속이 후련하지 않았다. 루소는 위인(偉人)이었고, 아보지트는 현자(賢

者)였다.

(같은 날) 모든 발생의 기원은 비밀이다. 개체적 생명도 집단적 생명도 그 원리는 신비, 즉 뭔가 비합리적이고 설명되지 않는, 정의할 수 없는 것이다. 마지막까지 가자. 어떠한 개성도 풀지 못하는 수수께끼여서 시작이란 것은 하나도 설명할 수가 없다. 실제로 모든 완성된 것은 거꾸로 설명할 수가 있지만, 어떠한 일의 시작도 이루어지지는 않았다. 그것은 늘 '빛이 있으라'는 처음의 기적, 창조를 나타내고 있다. 실제로 시작은 다른 어떠한 것의 결과도 아니며, 전부터 있는 사물 사이에만 나타나고, 예전의 사물은 시작의 환경, 기회, 주변이 되기는 하지만, 그것이 어디에서 왔는지를 이해하지 않고 그것의 출현을 지켜보는 것이다.

또한 어쩌면 진정한 개체라든가, 이 경우에 있어 시작이라든가 하는 것은 오직 하나, 본원적(本源的)인 손톱 튀기기, 최초의 운동을 빼고는 달리 없는지도 모른다. 모든 인간은 두 가지의 성(性)이 있는 인간밖에는 되지 않을 것이다. 인간은 또 동물로, 동물은 식물로 돌아갈 것이다. 그리하여 유일한 개체는 생명이 있는 물질이나 탈레스의 물활론(物活論)으로 돌아간 살아 있는 자연이 될 것이다. 그러나 절대적인 의미에서 유일한 시작밖에 없다는 이 가설도 다른 다양한 상징인 상대적인 시작은 몇 가지나 남을 것이다. 한 걸음 양보해서 넓은 의미로 개체적이라 불리는 모든 생명은 세계의 역사를 세밀화로 표현하고, 철학자의 눈으로 보면 현미경적 축도가 될 것이다.

(날짜 없음)
사상에서의 형식의 역사는 정신을 자유롭게 한다.

(날짜 없음)
철학적 진리는 웅변적인 정신에 의해 인간미를 띠고, 타고난 재능을 갖춘 인격으로 해석되지 않는 한 민중적이 되지 않는다. 순수한 진리는 대중에 동화할 수 없기 마련이므로 전염되듯이 전해지지 않으면 안 된다.

1876년 1월 3일 (지명이 나타나 있지 않은 경우는 제네바에서 쓴 것임)

국민적 자기도취, 흥미 있는 연구 제목. 이것도 역시 진리에 반항하는 하나의 힘이다. 자기도취도 개인의 자기도취와 마찬가지로 '자기 자신에 대한 도취'이다. 이것도 나만의 정의의 한 변종, 즉 의식적 맹목, 타산적 착각의 한 변종이다. 이 어리석은 허영심은 제멋대로 아름답다고 보고 있는 추악함에 대하여 '신이여, 우리는 당신을 찬양하노라'고 노래한다. 등의 혹과 융기를 찬미하는 꼽추의 합창을 듣는 듯한 기분이 든다. 이 칸타타에서 뭐라고 표현조차 하기 힘든 가소로움을 느끼는 것은 자유로운 정신이 없으면 불가능하다.

나는 이미 어떠한 국적에도, 어떠한 종교에도 속해 있지 않은 것처럼 생각된다. 비판적인 불편 부당함이 내 속에서 해마다 늘어나서 완성되고, 완비된, 조화적이며 우수하고 진실한 인간의 틀이, 그 틀의 특권을 가진 모든 다양한 희화를 비판하는 힘이 되어 준다. 나는 내가 프랑스인이라고도, 영국인이라고도, 러시아인이라고도, 스위스인이라고도, 제네바인이라고도, 유럽인이라고도, 칼뱅교도라고도, 프로테스탄트라고도, 뭔가 특수한 사람이라고도 생각하지 않는다. 나는 내가 인간이며, 인간적인 모든 것에 동감한다고 느낀다. 그러나 나는 이상(理想)에만 속해 있다. 종교, 국어, 국적, 정체, 사회 계급, 정당, 도당의 다양한 선입견은 나를 포로로 만들지 못한다. 나는 그것들을 비판하고, 그것들은 나보다도 밑에 있어서 나는 무관심하다. 나는 사기, 간교한 계책, 허튼 소리에 대해, 그러한 것에서 생겨나는 여러 제도에 대해 반감을 갖고 있다. 그러나 가톨릭교가 나의 존경을 받지 못한다 하더라도 내가 그것을 혐오하는 것은 프로테스탄트로서, 더 나아가 그리스도교도로서가 아니라 그저 인간으로서이다. 이런 의미에서 사제(司祭)에 대한 나의 견해는 티베트에 있으나, 마드리드에 있으나 여전히 재앙으로 생각된다. 사제의 교만하고 분수 넘치는 행동은 나에게는 진리나 윤리로 보아서, 또 인간적인 품위로 보아도 괘씸하게 보인다. 직위는 나에게 이미 위력을 미치지 않는다. 남이 나에게 종교가 같다거나 나라가 같다거나, 동족이라거나, 같은 직업이라거나, 동료라거나, 공동상속인이라거나, 담임 목사라거나, 담당 헌병이라고 한들 그것은 나에게는 아무래도 좋다. 칭호가 나의 눈에 가치가 없는 이유는 그것이 절대적으로 어떤 증명도 되지 않으며, 백 가지 변명을 거듭해도 분에 넘치는 포부는 무의미하기 때문이다. 네가 무엇이냐, 어느 정도 가치가 있느냐, 그것을 직접 나에게 말해 달라. 그것이면 충분하다. 너의 서류, 약식 기장(記帳), 서명, 제복은 길거리 장사꾼의 말이나 신문 광고만큼의 가치밖에 없다. 나는 어떤 사람들을 믿으며, 증거에 비추어 믿는다. 나머지 사항에 대해서는 철학적인 의심 속에 머무른다. 나는 이미 일반적인 남자나 여자, 교회, 조국을 믿지 않는다. 내가 바라는 것은 선택과 구별을 하는 것이다. 인생은 신뢰와 모든 사람에게 열린 무제한의 신용으로 시작되어 당연한 예외를 제외한 보편적인 조심스러움으로 끝난다. 기대에 어긋난 고통이 없어진다 해도, 하다못해 깊은 생각은 남아서 선의도 연민도 그것을 방해하지 않는다. 선량해지기 위해서 미혹에 빠질 필요는 없다. 신중하고 정직함, 성실, 감사, 충실, 과묵, 화합, 정확, 정의, 후의를 기대하지 않게 되더라도 평안한 체념으로서 모든 일을 받을 수 있고 마음을 담을 수 있다.

1876년 1월 30일

식사 뒤 외출. 바로 근처에 있는 마르크 모니에의 집에 가서 프랑수아 코페(François Coppée. 프랑스의 시인, 1842~1908년)가 지은 운문 1막 희극《류티에 드 크레몽 (Luthier de Crémone)》의 낭독을 들었다. 미적인 제사, 문학적인 진수성찬. 이 소품은 진주이다. 테아트르 프랑세(파리의 대극장)에서 공연 중이다. 이것을 듣고 있느라면 시의 한가운데에 빠져서 한 구절 한 구절이 마음을 기쁘게 한다.

자기 자신의 기술에 통달하여 자유의 진정한 즐거움을 느끼게 하는 사람들은 행복하지 않은가. 게다가 시의 구절이 꽃피는 것을 보는 것은, 특히 직접 시도하는 것보다 훌륭하게 꽃피는 경우에는 유쾌한 느낌이 든다. 샴페인이 부글부글 소리내는 것을 바라보고, 동시에 그것을 맛본다. 그것에 이 젊은 대가(大家)는 어떤 식으로 표현할 것인가. 거기에는 타고난 재능이 있는 사람, 명랑한 편안함, 무의식의 질서가 장난치면서 틀과 형식과 취미, 명확성을 발견하고 있음이 느껴진다. 이 사람은 머리카락 끝까지 재능을 갖고 있다. 야위고, 약간 검으며, 신경질적이고, 포르투갈인 같은 얼굴색에 눈빛이 없는, 그 이야기에 나오는 약하고, 울려 퍼지고, 민감한, 정열적인 바이올린을 떠올리게 한다. 게다가 파리 사람다운 시원시원함과 애교와 빈틈없음, 신랄함을 갖고 있고, 그것이 세련된 국민에게 단순하고 순진하며 친밀한 사물을 받아들이게 하는 것 같다.

예술을 다하고 자연으로 돌아온다는 것은 우리나라의 문학처럼 매우 복잡한 문학에 있어서 재미있는 문제이다. 루소도 마찬가지로 글을 쓰는 재주에 온갖 수단을 기울여서 문학을 공격하고, 가장 비뚤어진 문명인의 온갖 기교를 다해 야만의 열락을 찬미했다. 이것에 반대되는 것의 배합이 사람을 기쁘게 한다. 약 맛이 들어간 달콤함, 학식이 있는 순박함, 타산적인 단순함, 그렇다와 아니다, 미친 것 같은 현명한 생각. 결국 더 없는 이 아이러니가 진보되고, 오히려 끝으로 응집된 시대, 조콘다의 미소가 상반하는 두 의미를 합치고 있는 것처럼 동시에 두 감각을 바라는 시대의 기호(嗜好)에 던지는 것이다. 그 경우 만족도 애매한 미소로 표현되어 이렇게 말하고 있다. 나는 매력에 이끌리지만 속고 있지 않다. 나는 착각의 안과 밖에 있다. 나는 당신에게 지지만 당신의 마음을 간파하고 있다. 나는 말하는 대로 되지만, 자존심을 잃지는 않는다. 나는 다양한 감각을 받지만 자유의지를 갖고 있다. 당신에게는 타고난 재주가 있고, 나에게는 재주와 지혜가 있다. 우리는 무승부이고, 서로를 이해한다. '날개 있는 뮤즈의 여신'. 친구 K*** 같은 머리와 코페의 머리, 튜튼의 철학자와 파리의 예술가 사이에 얼마나 놀랄 만한 대비가 있는가. 한편으로는 견실, 항상, 둔중, 추상, 다른 한편으로는 못된 장난, 활발, 경쾌, 색채, 음악. 퀴클롭스(오디세이에 나오는 눈이 하나인 괴물)와 멧새도 이와 다르지는 않다. 둘 다 상대의 역할을 맡을 수 없고, 서로에게 반감을 가지고 있다. 비평가의 본령은 보다 충분하게 심리를 풀어서, 이 상반하는 두 개의 틀과 다른 틀을 똑같은 충실함으로 재현하는 데에 있다.

1876년 2월 1일

'참새의 집'(Passerine 아미엘의 조어, 세리오사가 어머니 및 언니와 살았던 집의 객실에 붙인 이름 '유리의 섬(Ile d'Azur)'이라고도 했다)에서 4부 합창의 야간작업. 오늘 밤 우리는 무한대(無限大) 및 무한소(無限小)에 대해 이야기했다. 세리오사는 아직 1제곱 밀리미터가 수학적 점으로서는 지구가 개미에 대해서만큼이나 광대하다는 것을 이해하지 못한다. 연습을 거치지 않은 머리는 항상 자기 감각적 지각의 한계를 사물의 한계라고 잘못 생각한다. 그런 머리에는(세리오사에게는) 큰 것이 작은 것보다도 명백하다고 생각된다. 왜냐하면 커다란 것은 자신을 크게 한 것이지만, 다른 방법으로 측정해야만 한다는 것을 분석하게 되면 더 이상 알 수 없기 때문이다. 자기의 머리 속에 있는 사상은 설명이 될 것처럼 생각하지만, 1000분의 1이나 작은 두뇌 속이 되면 신비하게 보인다.

여자는 도처에서 이해할 수 없는 것과 맞닥뜨리면 즉각 그것에 순응하여 모든 것을 신앙과 견해의 문제로 바꿔버리는 습관을 갖는다. 인식할 수 있는 것과 인식할 수 없는 것과의 차이는 아무리 시간이 지나도 여자에게는 명확해지지 않는다. 과학적 비판이란 여자가 할 일이 아니다. 여자는 기분상으로 하는 분석 외에는 이를 드러내지 않는다.

모든 견지에 서는 것, 자기의 마음을 모든 측면에서 살아 움직이게 하는 것, 이것은 생각하는 것의 세력 범위에 있는 것이기는 하지만, 이 허가를 이용하는 것이 매우 적다는 것은 인정하지 않으면 안 된다. 인간은 일반적으로 거의 동물과 마찬가지로 자기의 경우에 얽매여 있다. 자기를 비판하지 않기 때문에 거의 그것을 알아채지 못한다. 자기의 모든 상태 속으로 들어가서, 내부에서 자기의 삶과 존재를 의식하는 것은 비평가 및 철학자의 할 일이다.

상상력이 자기가 만들어내는 환영을 두려워한다 해도 화내야 하는 것은 그것이 상상력이기 때문이다. 그러나 정신이 자기가 만들어내는 범주에 지배되고 간혹 위협당하는 것은 잘못이다. 왜냐하면 정신이 비판의 능력인 이상, 속는 것이 허용되지 않기 때문이다.

그런데 두터운 미신은 공간 개념을 만들어내는 정신의 속임수이다. 만들어지는 것도 만들어낸 것과 마찬가지로 존재하지 않으며, 아들은 아버지와 마찬가지로 존재하지 않는다. 여기에는 시정이 필요하다. 정신은 자신에 대한 잘못된 개념을 스스로에게 부여하는 공간이라는 점에서 자기를 해방하지 않으면 안 된다. 그러나 이것을 해방시키려면 완전히 뒤집어 공간 속에서 정신을 보지 말고, 정신 속에서 공간을 보는 것을 배우는 방법 외엔 없다. 그러려면 어떻게 해야 하는가. 공간을 그 잠재적인 모습으로 되돌리는 것이다. 공간은 놓여짐이며 흩어짐이다. 정신은 집중이다.

그렇기 때문에 신은 몇 억 제곱킬로를 차지하지 않고, 그것의 100배나 100분의 1도 차지하지 않고 곳곳에 나타난다.

사유의 상태에서 우주는 한 점밖에 차지하지 않는다. 그러나 제각기 흩어지거나 분석의 상태에서는 우주의 수만큼 우주를 필요로 한다.

공간, 수나 정신 속에서는 마찬가지이다. 거기서 정신의 상태로 돌아간 인간은 시간이나 수보다도 뒤떨어지지 않고 우수하다.

물론 이 자유의 상태에 이르기까지 자기의 신체가 생각하기에 따라 하나의 점으로도, 하나의 세계로도 보여야만 한다. 즉 자기가 자기 신체로부터 독립하지 않으면 안 된다. 자아가 아직 공간적, 방산적(放散的), 신체적으로 느껴지는 한, 자아는 영혼에 지나지 않으며 정신이 아니다. 말하자면 인상을 갖고, 감촉을 받고, 행동하고, 흥분하는 동물의 기분 같은 것을 느낀다.

정신은 현상의 주체이기 때문에 그 자체가 현상은 아니다. 그림자를 비추는 거울은 그것이 그림자라고 한다면 거울일 수가 없다. 반향은 소리 없이는 날 수가 없다. 의식은 무언가를 경험하는 누군가이다. 모든 무엇인가를 모아도 누군가의 대신이 되지는 않는다. 현상은 그 현상이 아닌 한 점, 그것에 대해 그 현상이 대상이 되어 있는 한 점에 대해서만 일어난다. 지각할 수 있는 것은 지각하는 것을 예상한다.

1876년 2월 25일

설교라는 것은 무익한 일이다. 예를 들어보이는 편이 몇 배 낫다. 그러는 편이 훨씬 납득을 잘 시키며 설교사를 희생하지 않아도 된다.

교수직에 대해서도 같은 말을 할 수가 있다. 책을 쓰는 편이 낫다. 학생은 그러는 편을 고마워할 테고, 쓰는 사람도 더 명예를 얻는다.

그리고 보면 헌신이나 자기부정은 어리석은 일이 되는 경우가 있다. 세상은 좋은 의미로 보이는 이기심을 좋아하고, 사회는 거기서 한층 이익을 본다. '자애의 정당한 순서는 자기에게서 시작된다'는 격언의 기묘한 응용.

마음이 연모하고 바라는 것은 각자가 특히 다른 사람을 생각하는 제도, 공통의 선이 보편적인 자기 망각의 결과로 나오게 되는 형제애와 사방으로 내뻗친 동감의 제도이다. 그러나 세상은 다른 계획에 의해서 세워져 있다. 세상은 자아의 이익과 자기도취에 기초해 있다. 각자가 자기의 의무, 직업, 재산, 명성, 신용을 위해 열심히 일하는 것, 자기의 동년배를 능가하고, 경쟁자를 압도하며, 가족, 도시, 조국에 부와 명예와 우월함을 부여하기에 앞서서 그것을 자기가 얻는 것, 이것이 각자에게 요구되고 있는 것이다. 세상은 늘 감격가, 몽상가, 너그러운 사람, 자기 망각자를 조롱하거나 억눌러 왔다.

세상은 그런 사람들을 착취할 뿐 존경하고 받들지 않는다. 다만 이론적으로는, 그가 죽은 뒤 몇 세기를 거친 다음에 존경하고 받들어 자기에게 자존심이 있음을 믿게 하려 한다. 그러나 세상의 실천은 옆쪽을 향하고, 그 간판은 속임수에 불과하다. 윤리라는 것은 껍데기일 뿐이며, 현실은 독특한 행위규범을 지니고 있다. 복음서의 문구는 문에 걸려 있지만, 가게 안으로 들어가면 메르클리우스 신을 제사하고 있다.

　무의식적인 궤변, 타산적인 모순이 이른바 그리스도교 여러 국가의 곳곳에서, 교회 사람들 사이에서조차 발견된다. 우스운 법칙과 행위의 규범이 시끄러울 정도로 내용은 야비하다. 실천적인 저열함은 귀만 대단한 성인인 체하고 말만 무척이나 달콤하다.

　조금은 두려워할 만한 것이 아니면 크게 사랑받는 경우가 없다. 자기의 몸을 방어하지 않는 것은 늘 비난받으며, 그 유화(柔和)함을 칭찬하기는커녕 사람들은 오히려 이것을 경멸한다. 세상은 힘밖엔 존경하지 않고, 자기에게 복종을 강요하는 힘밖에 인정하지 않는다. '세상은 속기를 바란다'고 에라스무스는 말했다. 세상이 착각을 하고 싶어한다는 것은 사실이지만, 세상은 또한 압박당하고 강제당하기를 바라고 있다. 세상은 본래 반항적이어서 제어하기 어렵고 무정부적이고 비생산적이며, 자기를 학대하고 채찍질하고 지휘하고 제어하는 사람들을 본능적으로 허용한다. 다만 비위를 맞춰주기만을 바란다. 선동정치가가 하는 것은 그것이다. 민중은 전체적으로 보면 어리석은 자의 무리이지만, 그것을 현명한 생각과 취미, 정의, 도리라고 믿게 하지 않으면 안 된다. 신문기자나 비평가가 하는 것이 그것이다. 거위 앞에서 봐달라는 듯이 납작 엎드리면서 거위의 여론을 듣게 한다. 그것이 야심을 지닌 신하가 모든 전제군주를 대하는 방법이다. 몇 천이나 되는 머리를 지닌 동물이 어제 오늘의 술탄이며, 머리가 하나밖에 없는 그의 선조에게 했던 것처럼 사람들은 이것을 꽃다발로 장식한다.

1876년 2월 26일

　오늘 저녁엔 나를 '너'라고 칭하며 교수로서의 나를 공격하는 무명의 편지가 와서 '학생들이 너의 강의를 거부할 것이고, 너는 일반개념의 따분한 설득자일 뿐이며, 너의 후임을 요구하는 비밀스런 운동이 이미 시작되었고, 결국 폭풍이 너를 덮칠 것이다' 따위의 말을 했다. 남을 괴롭히고 불안하게 하려는 비열한 쾌감이 이 편지를 쓴 무명인의 동기라고 상상한다. 증오가 항상 우리의 주위, 내 주위에 눈을 부릅뜨고 있음을 모르는 것은 아니다. 그래도 어쩔 수가 없다. 이런 술책은 기분이 나쁘다. 나는 또 내 강의가 나를 만족시키지 않는다는 것, 기억과 여유의 결핍 때문에, 즉흥적인 것을 말하지 못하기 때문에 내가 교육에 맞지 않는다는 것도 간과할 수는 없다. 내 강의의 장점인 엄밀함과 명확성, 질서, 방법, 균형은 강의 도중에 이미 지나간 단계로 다시 돌아가더라도 학생을 깜짝 놀라게 할 만한 것은 아니다. 학생은 한 가지 일, 즉 내가 노트에 고개를 처박고 있다거나, 내 작은 종이조각이 난잡하게 보인다거나 하는 것밖엔 주의하고 있지 않다. 겉모습은 나에게 불리하다. 또 한편으로는 나의 주요한 관심이 지금 다른 곳에 있고, 내 만년을 비생산적이고 무익한 일로 희생할 만큼 바보가 아니기 때문에 나는 생활도, 공부도, 일도 다시 할 수가 없다.

그 때문에 만일 나의 결점이 나의 장점을 이겨서 그것을 잊게 한다면, 차라리 인연을 끊는 편이 낫다. 있는 그대로의 나를 보았으면 한다. 내가 가지고 있는 것을 나에게 기대하기를 원한다. 그렇지 않으면 나를 없애주기 바란다. 즉, 나는 은퇴하려 한다.

무명의 편지를 내내 경멸하면서도 이를 계기로 나의 양심을 검토하지 않으면 안 된다. 그런데 나는 나의 결함과 무능, 무력, 부정을 확실하게 느끼고 있다. 내가 요구하는 것은 오히려 격려의 말이다. 왜냐하면 나는 늘 내가 필요한 인간인지, 부족한 데는 없는지 의심하고 있으므로 내가 아무 도움도 되지 않는다는 것은 누구나 쉽게 나에게 믿게 할 수가 있기 때문이다.

다른 교훈. 나는 강의를 세련되게 하기 위해서 참고서 목록을 할애했다. 어쩌면 학생은 거기에서 내가 무엇에 대해서나 최신 지식을 갖고 있지 않다고 결론지었을 것이다. 나는 박식함의 허영, 문헌 출처를 널리 보이기를 피했다. 그래서 그 벌을 받았다.

권위 있는 듯한 표정을 지으면 유리하다는 것을 잊고, 사실을 중시한 나머지 나의 모습을 지우고 강의 그 자체밖에는 생각하지 않는다. 그 결과, 나는 사실에 매력을 느끼지 않는 청강자의 눈에는 0으로 보이기 시작했다. 이 두 가지 방식은 서로 융화할 수가 없다. 나는 비아적(非我的)이며, 여러분은 자아(自我)의 문제에서 밖으로 나오지 않는다.

여하튼 나는 어느 것 한 가지도 잘 하는 것이 없다. 나는 교수의 옷이나 일로부터 완전히 초탈해 있다. 그런 것은 모두 나에게 무관심하고 관계도 없으며, 저급한 것이다. 나는 나를 위대하게 보이고, 두드러지게 하고, 남을 제압하고, 널리 인기를 얻으며 남을 잡아끄는 솜씨가 없고, 그럴 의향도 없고 능력도 없다.

결국 그것은 늘 본성과 나의 환경과의 적합성의 결여로 귀착한다. 순응할 수 없는 것이다. 사람들은 내가 가진 가장 좋은 맛을 모르며, 이해하지 못하고, 용인할 수 없으며, 집요하게 나를 나와는 다른 것으로 보고 싶어한다.

이것은 나의 옛 울분이 되살아난 것이다. 나는 그것을 잊고 있었지만 저쪽에서는 나를 잊지 않고 있다. 건강, 두뇌의 평정, 쾌활함, 분위기를 필요로 하는 앞으로의 3, 4개월 동안 문학상의 계획을 하고 있는 곳에 아주 잘 부딪친 것이다.

혐오스럽다. …… 누구에 대해서. 뭐 누구랄 것도 없다. 고작 우연성이라는 잔혹함에 대해서이다. 내가 이 성가신 상황을 유감스럽게 여기는 것은 그것이 행복도, 힘도 빼앗고, 쓸쓸함과 비생산밖에는 남기지 않기 때문이다. 나는 아무에게도 싫은 생각이 들게 하지 않도록, 괴롭히지 않도록, 그늘로 밀어 넣지 않도록, 숨을 멈추지 않도록 궁리하고 있다. 그러나 아무리 내가 나의 주위에 깊은 고요함을 만들고, 아무리 내 생활과 세상과의 사이에 넓은 체념의 지대를 설치해 보아도, 독을 바른 화살은 그 공간을 넘어서 역시 내가 있는 곳까지 다다른다. 우울한 기분.

1876년 3월 19일

정신이 똑바른 사람이란 민중, 대중, 일반인을 구분 짓고 있는 몇 백만 명 중에 눈에 띄지 않는 소수이지만, 이들은 선택된 사람들이므로 그들만이 질적으로 문제가 된다. 대중의 아군은 수와 힘, 나아가 권리인데, 이들은 이성도 취미도 우월성도 품위도 갖고 있지 않다. 그 자연적인 성격은 잘못된 위대함, 잘못된 호사, 조야한 평범함에 기울어져 있고, 민주제가 사람들에게 교양의 평등이나 견해의 동일한 가치를 믿게 한 다음에 대중은 자기의 편애(偏愛)나 갈채에 거리낄 것이 없어지고 있다.

교훈. 죽은 뒤에 희화화될 가능성을 적게 하려면, 생전에 자기의 공적인 외관의 특징을 단순하게 해 두어야 한다. 타인에게 추억으로 오래 남길 만한 것을 직접 고르고, 자기가 가진 가장 좋고 뛰어난 점을 부각시키고, '나'라는 사람에 대해 정의(定義)까지는 하지 않더라도 적어도 서명(署名)을 부여하지 않으면 안 된다. 메달이 될 만한 작품에 자기를 집중하고, 자기를 요약해야만 한다. 메달은 기념물이자 자서전적 자료이다.

네가 오늘 죽는다고 한다면 너의 무엇이 남겠는가. 뒤죽박죽인 소도구와 몇몇 시의 문구, 몇 개의 보고서와 교수다운 글이다. 사람들은 너에 대해 뭐라고 할 것인가. 그 사람은 다양한 재능을 가졌지만 다른 사람이라면 그것을 들고 나오기 위해 썼을 인내를 그는 재능을 감추기 위해서 썼다. 명성을 날릴 수도 있었을 텐데 몰래 다니기를 즐겼다. 아멘, 그의 이야기는 그만두자.

너는 갖가지 문장의 정수(특히 스토프(Ferdinand Nathanaël staaff. 스웨덴의 문학자. 1823) (넌~?.《프랑스 문학》파리 1871년 제3권 584쪽))에 나와 있고, 다게(Alexandre Daguet. 스위스의 역사가. 1816~1849년)의 〈스위스 문인잡지(Revue des écrivains suisses)〉에도, 마르크 모니에의 〈제네바와 그 시인(Genève et ses poètes)〉에도 기사(記事)가 실려 있다. 〈학사원(學士院)〉(아미엘이 오랫동안 그곳의 문학부장을 맡았었다)에서도, 〈대학〉에서도, 제네바에서도 너는 몇 달 지나면 잊혀질 것이다. 어쩌면 〈큰북이여 울려라〉(1857년 1월 스위스 연방정부가 프러시아군 격퇴 준비를 진행하던 당시에 아미엘이 작사 작곡하여 나중에 스위스의 애국가가 된 것)와 〈1602년의 성채 탈취(Escalade de 1602)〉(1875년에 지은 역사시)가 아직 몇 년쯤은 민중의 기억에 남으리라. 그뿐이다. 아니, 아직 있다. 나의 약혼녀(베르트 바디에)는 그의 장편소설에 아름다운 분묘를 세우려 노력해 줄 것이다. 그러나 모든 것을 다 생각해 보아도 이것뿐인 결과가 반세기에 걸친 연구, 경험, 명상, 행동에 대한 보상이 되는가. "우리는 티끌과 그림자이다."

1876년 4월 15일 부활절 전날

절망과 사랑, 제논(BC 3세기 그리스의 철학자로 스토아파의 창시자)과 예수, 나의 전생과 가장 훌륭한 자아 사이의 이 윤리적 동요는 모든 시기에 내 가슴에 되살아난다. 생활의 경험은 꾸준하게 나를 비관설로 다시 이끌지만, 마침내 이상이 항의를 일으켜 그것을 극복한다. 나는 현실의 황량하고 차가운 조망과 운명의 종교적인 조망 사이를 왕복하고 있다. 가슴과 양심은 이성에게 복수한다. 그것은 통일이 없는 모순적이고 비논리적인 존재인가. 이 두 가지 본능, 두 경향, 두 원리는 양쪽 다 인간적이지 않은가. 우리의 생명이 그곳에 포함되어 무릇 죽어야 하는 것, 사라져야 하는 것을 봤을 때 일어나는 우울은 자연적이지 않은가. 죽음이나 악, 슬픔을 정복하는 것으로 복귀하는 것은 정당하고 건전하지 않은가.

쉼 없이 내 안에 뛰어난 경향, 신적(神的)인 것, 사라지지 않는 것의 의식, 신성한 불꽃을 지키는 것을 알고 있는 정신은 물론 행복하다. 나 같은 사람은 사람이 없는 환경을 오랫동안 방황한 다음이 아니면 그곳으로 돌아올 수 없으며, 긴 실신상태가 지난 뒤가 아니면 그것에 점화할 수가 없다.

우리의 안에 있는 신적인 것이란 희생의 세력, 헌신의 능력, 청정한 사랑, 자비, 타인을 구하기 위한 또는 '선'의 영광을 위해 자진해서 죽음에 이르게 하는 것이다. 인류의 존엄과 정화(精華)이다. 그것은 결코 개체적 영생을 만들어내지 않지만 죽지 않는 것은 초자연적, 초인간적, 나아가 인간적인 것이다. 세계가 예수를 '신인(神人)'이라고 했던 것은 이 불꽃이 예수의 가슴에 타고 있었기 때문이다. 희생이 저토록 크고, 순교가 그처럼 고상한 것은 인간성이 예수의 희생에 따라갈 수 없기 때문이다. 인간은 우리에게 상호성 및 정의의 권리밖엔 갖고 있지 않다. 그러나 원인 없이 사랑하고, 은근과 연민, 관용, 선의에 넘치는 것은 하늘의 자식, 우리가 표상하는 신, '나사렛 사람'을 모방하는 것이다.

1876년 4월 16일 부활절

나에게 없는 것은 응집, 강인함, 굳음, 저항이다. 즉 자아성(自我性) 속에 스스로를 긍정하고 확장하기 위해 가능한 것은 모조리 획득하고, 나의 자아와 관심, 의지를 중심으로 사물과 인간, 인상, 사상을 유지하는 존재의 이기적인 기력(氣力)이다. 나는 그보다는 비물질적이고 욕심이 없으며, 청정하다. 나라는 미묘한 존재는 모든 실체를 내 그물코의 복잡한 방해물로서 배제한다. 비판적이고 관조적인 본성을 지닌 나는 순수정신, 질료(質料)가 없는 형상에 근접한다. 나의 짐, 나의 소득 전부는 하나의 능력 및 방법에 머무르며, 더구나 그것은 또 원래의 단순하고 잠재된 모습으로 돌아가고 만다. 내게는 이제 아무것도 없다. 그래도 나는 존재한다. 나에게는 이제 넓이가 없다. 그래도 넓이는 가능형으로서 내 안에 있다. 이 에테르적인 미묘성이 내 외견상의 수동성(受動性)을 이루고 있다. 나는 잠재적 상태로 돌아간 힘처럼 가능적, 흡수적, 암묵적인 것에 불과하다. 나는 부정형의 능력이며, 행사 및 운용에 설정되고 시행되고 단련된 타고난 능력이 아니다. ……

확실히 내 안에는 뭔가 파악할 수 없고 강제할 수 없는, 정의하지 못할 섬세하고 미묘한 것, 타산에 도전하고 분류학자를 조롱하는 수단과 변형과 변덕을 갖춘 재기와 지혜가 있다. 이 경쾌한 불꽃의 옆으로 다가가면 모두가 괴롭고, 미라가 되고, 결정(結晶)이 된, 하나같이 짙고 불투명한 학자 냄새가 나는 것으로 보인다. 재기와 지혜는 도깨비불이고, 얼간이나 가난한 학자, 속물, 인습적 동물이나 반추하는 종류나 갑각류로 오인하게 하며, 나에게 날개가 있다는 것을 증명할 마음은 티끌만큼도 없다. 그런 사람들의 바보스러움에 웃고, 얼간이 짓을 재미있어하고 있다. 모든 틀에 박힌 것, 한정된 것은 나에게는 자유이며, 자유로운 사람들을 터무니 없는 노예로 간주한다. 그 정도의 재미는 허용해 주지 않으면 안 된다.

잠깐 기다려라. 이런 정신의 절대적 자유에는 부적합한 것이 두 가지 있다. 기를 쓰며 자기는 우수하다고 믿고 싶어하는 저급한 사람들에 대한 몰인정, 그리고 인간이 신에게 의존하는 것, 죄가 있음을 잊게 된다. 자유로운 인간은 선의와 비하로 자기의 기쁨을 억누르지 않으면 안 된다. 모든 우월한 점은 의무를 만들어내고 책임을 낳는다. 재기와 지혜도 선한 모범을 보여야만 한다. 평범한 것, 다수의 것이 가진 극단적으로 곧잘 화내는 성질을 되도록 가라앉혀야 한다. 관대함과 선의, 겸손에 의해 선망하는 것, 질투하는 것, 꼽추, 백치의 용서를 구하지 않으면 안 된다. 그렇게 하지 않으면 모두의 먼 곳을 돌게 되므로 타인을 위해 다할 수가 없고, 결국 자기의 천직을 손상하는 것이다.

1876년 4월 19일

(정오) 비는 그쳤다. 참새가 왠지 쓸쓸하게 지저귀고 있다. 지금까지 써온 일기를 설렁설렁 넘겨보는 동안, 즉 나 자신과 연락을 취하는 동안에 오전이 다 지나가고 말았다. 일기는 이렇게 나의 자아성을 빼앗기 때문에, 내가 나에게 타인이 되고, 그 타인의 전기적 윤리적 인식을 내가 다시 하지 않으면 안 된다. 이러한 객관화 능력이 망각의 원인이 된다. 나의 이전 상태, 나의 형태 및 변형은 추이적인 부수성으로서 나에게서 멀어져 간다. 그것은

나와 무관한 것, 호기심이나 관조, 연구의 대상이 되었다. 그것은 나의 내밀한 실체에는 작용을 미치지 않는다. 나는 그것을 내 안의 것, 내 것으로는 느끼지 않는다. 그것은 내가 아니다. 때문에 나는 계속하는 의지, 쌓고 모으는 활동, 풍부해지는 의식이 아니다. 나는 차츰 유연해지는 유연성, 속도를 더하는 탈피, 부정의 부정, 마주보는 두 개의 거울처럼 서로 반사하는 반사(반성)이다. 그 거울의 각각 얼마 되지 않는 가장자리만이 무제한으로 끼워져 있는 서로의 영상(暎像)을 측정하는 것이 된다. 나의 자동성(自同性)은 나와 너 사이에도 인정되지만, 그것은 극히 유동적이다.

이것은 배꼽을 응시(14세기 그리스정교에 속하는 아토스 수도사의 명상 수행)하는 것과 관계가 있다. 나라는 존재의 소실(消失)은 그것으로 확실히 쉬워진다. 지금 나는 자신을 노을 속의 망령처럼, 이미 투명하고 부정형의 안개 같은 환각적인 것으로 지각하고 있다. 나의 각성 의식은 나를 꿈의 꿈으로 의식하고 있다. 나에게는 중량도 강한 성질도 고정성도 없고, 인간의 눈에 끼는 불투명한 선입견, 생존의 선입견도 없다. 비아성은 사유의 원리마저도, 자아마저도 기화시켜 버렸다.

이 부처의 상태는 각각의 개체로부터 벗어날 수가 없는데, 자기 다리를 붙들 손을 갖기를 바라는 것을 의식하기 때문에 자기는 실질적으로 사상적(事象的)이라고 믿고 있는 모든 갇힌 자에게는 이해시키기가 불가능하다.

나는 인간을 생존에 묶어놓고 있는 것은 고통이라고 생각한다. 괴로워하는 자는 자기가 괴로워하고 있지 않다고는 상상할 수가 없다. 상상해 보아도 특수한 점으로 이끌려 돌아가서 원래대로 주관적이 된다. 그리고 보면 객관성의 한계는 번뇌이다. 사유에 의하면 우리는 신이 될 수 있거니와, 분해하여 정령이 될 수도 있을 것이다. 우리를 우리 인간성으로 떨어뜨리는 것은 고통인 것이다.

1876년 4월 20일

세리오사의 집에서 밤을 새고, 청을 받아들여 이 일기의 최근 두 권에서 몇 십 쪽을 읽어 주었다. …… 그러는 도중에 나의 문체에서 부주의에서 오는 버릇을 알아챘다. 동의어적인 의미가 지나치게 풍부하다. 관념 속에 세심한 모색과 완비가 요구된다. 나쁜지 좋은지 나는 모르겠다. 중심에 해당하는 단 한 번의 발사가 아니라 산탄(霰彈)을 사용하는 것은 다분히 내가 성찰적, 즉 탐구적이기 때문이리라. 하고 싶은 말을 안다면 간단한 글귀에 의존할 수가 있겠지만, 펜을 손에 들고 생각하느라면 나는 주제 주위를 빙빙 맴돈다. 거기서 완전히 다른 두 가지 문제가 나온다.

1876년 4월 30일

교수는 학생을 위해 생겨난 것이다. 그 반대로 말할 수 없는 것은 의사가 환자를 위해서 있고, 안식일이 인간을 위해서 있는 것과 같은 이치이다. 그렇게 보면 학생의 말로 학생에게 말하고, 학생의 방식으로 그들의 마음을 포착하고, 학생의 방법이 되지 않으면 안 된다. 학생은 결코 너의 방식을 좇기를 바라지 않으며, 또한 가능하지도 않을 것이 뻔하기 때문이다. 실질적으로 그렇기 때문에 강의가 나빠지고 균형이 깨져 완전해지지 않게 되더라도, 교수는 사물보다 인간을 생각해야 한다. 교수의 임무는 교육적인 것이다. 교수가 부주의나 탈선을 방임한다면, 강의 자체의 깊이야 어찌 되었든 간에 목적을 벗어나고 만다. 국가가 교수에게 봉급을 주는 것은 교수가 강의를 듣는 자에게 흥미를 갖게 하여 연구하도록 이끌게 하기 위해서이다. 어떻게 하느냐 하는 것이 그가 할 일이다. 그러나 이 직업이 참으로 나에게 반감을 갖게 하는 것은 즉 방법이나 웅변적 타산, 미문적(美文的) 아첨이나 나를 위대하게 보이기 위한 궁리나 조미료, 풍유(諷喩) 등의 필요, 한마디로 말하면 프랑스풍 교수 기질의 요리와 기교이다. ……

나는 문제가 순수한 교육이 되면 웅변을 그대로 놔두지 않는다. 그것은 기만이고 사기이다. 나에게는 그것이 내용적으로 불충실이고, 그것을 이용하는 자에게는 뒤떨어진 행위이며, 그것을 받는 사람들에게는 경멸이라고 생각한다. 그러나 이 준엄한 성의는 아첨을 바라는 속인에게 무능력으로 취급된다. '세상은 속기를 바란다.' 이 존경의 생각은 냉혹이라 명명된다. 사상은 이러한 게으르고 우쭐대고, 실질적인 이지(理知)에는 공허한 것으로밖에는 보이지 않는다. 민중은 돈의 노예(부의 숭배), 미신, 나쁜 폐단을 바라고 외치며, 지도자를 강요해 자기가 좋아하는 것, 머리로 오르는 술과 거칠고 커다란 찌꺼기를 부여하게 한다. 우리의 우상을 되돌려라. 우리를 짐승 취급하라. 그리하면 우리는 만족한다. 다만 우리가 신이다. 신을 만드는 자라고 말해달라. 저급한 본능, 옛날의 버릇, 깊이 스민 습관을 불러내는 것이 성공의 방법임은 확실하다. 옛것이 항상 가장 좋은 것이 된다.

그러나 문제는 이러하다. 너는 자신의 방법을 고집하려 하는가. 아니면 너의 강의를 듣는 자의 고집에 양보하려 하는 것인가. 양보하는 것이 마음 편하리라고 인정하는 편이 나을 것이다. 다만 네가 그렇게 할 수 있는가. 특수한 제재를 뽑아내고, 그것을 해설하고, 더욱 자유롭고 즉흥적인 의견을 토하는 것이 어쩌면 이 떨어져 나가는 학생을 다시 부르는 하나의 수단일지도 모른다. 그러나 그것은 힘만 들 뿐 아무것도 되지 않는다. 이미 만들어진 평판이나 굳어진 혐오감은 나중에 일어나는 변화의 지각을 모두 방해한다. 인기 없음이 사라지지 않는 것은 그 판단을 없애는 것도, 고치는 것도 전혀 불가능하기 때문이다. 이미 된 일은 된 것이고, 말한 것은 말한 것이다. 미움받는 교수 무리에 들어가게 된 이상, 이 대학 내부의 금령(禁令)을 향해 어떻게 해 본다 한들 그것은 그대로이다. 때문에 귀먹고 눈 먼 이 선고에 항변하는 것은 정말 어린애 장난이다. 주먹을 쥐고 벽을 치는 것과 같다.

다른 출구가 둘, 결실 없고 은혜를 모르는 신세를 내버리는 것, 또는 되어 가는 대로 맡기고 이 지위를 퇴직급여로 생각하고 당분간은 문학적 저작에 힘을 쏟는 것이다. 나중의 방법은 대부분의 노교수들의 태도이며, 그것은 극히 보수가 적은 일에 엄청난 세월을 보낸 대가이다. 나는 26년 동안 일했다. 그리하여 풍족하지 못한 신세이면서도 가장 귀중한 것, 결혼, 명성, 좀더 내 기호에 맞는 생활 등을 희생했다. 비록 나의 일이 제값 이상의 보수를 받고 있다 하더라도 공정한 생각이라면 불평을 말하지 않을 것이다. 오히려 나의 자존심이 그로 인해 상처를 입게 되리라. 그래도 앞의 출구 쪽이 한층 나를 유혹할 것이다. …… 그러나 나는 도망자로서가 아니라 전쟁의 명예를 지고 훌륭한 문으로 나가고 싶다.

나는 막다른 길이나 굴욕밖엔 생각나지 않는다. 이래서는 기분이 좋아질 수 없다. 그렇기 때문에 나는 미래를 생각하기 싫어하는 것이다. 심지어 현재의 시간을 걱정이나 고민, 절망으로부터 구하기 위해 눈을 감고 뒷걸음질 친다. 일은 몸을 지키는 방패에 지나지 않는다. 항상 유의하고 있는 것은 심연을 덮고, 채워지지 않는 굶주림을 속이고, 가슴의 슬픔을 얼버무리고, 승부에 지고 빙글빙글 웃을 따름이다. 건강, 친구, 기억, 환상, 신앙 등 모든 것이 물 속으로 가라앉을 때, 사람은 아직 물에 잠기지 않은 존재의 여러 점으로 차례차례 달아난다. 그렇게 해서 나는 이렇게 경우에 따라서는 시를 쓰는 사람, 체스를 두는 사람이 되었다. 내가 침입을 받고 있는 성벽의 깨진 곳만을 바라본다면 미쳐버릴 것이다.

1876년 5월 13일

(밤 9시)《이국의 여인(Les Etrangères)》(1876.《여러 나라 문학 번역시집》, 새로운 리듬의 시도를 보였다)이라는 제목으로 번역시 61편을 완성했다. 아직 부록과 주석을 수정해야 한다. 나는 안도감, 기쁨, 자랑스러움, 희망을 느끼고 있는가. 아니, 느끼지 않는다. 나는 아무것도 느끼고 있지 않다. 적어도 감각이 혼돈스러워서 분석할 수가 없다. 오히려 나는 이런 나에게 말하고 싶다. 이런 별것 아닌 결과를 위해 뭐 그리 애를 쓰느냐고. '거짓 법석'. 새로운 리듬은 나를 차가운 채로 있게 한다. 말은 그렇게 하지만 이 작품은 성공했다. 그런데 운문 번역이 이게 뭔가. 나의 흥미는 이미 거기에서 떠나 있다. 내 정신은 다른 것을 바라며, 내 활동도 마찬가지이다. ……

에드몽 세레르는 이 책에 대해 뭐라고 할까. 그것이 나에게 이런저런 생각을 하게 하리라. 정말이지 그 녀석의 비판은 혹독하다.

1876년 5월 15일

오늘 아침에 《이국의 여인》 마지막 교정을 했다. 이로써 한 가지 일의 가능성이 생겼다. 권말의 산문으로 쓴 이론은 나를 기쁘게 했다. 이것은 제2부(나의 새로운 리듬)보다도 마음에 들었다. 저작 전체가 특수한 기술로 생각했던 프랑스어 운문번역이라는 문제가 해결되었다. 이것은 과학을 시로 응용한 것이다. 전체적으로 철학자의 품위를 떨어뜨리는 성질의 것은 아니다. 왜냐하면 그것이 응용심리학과 같은 것이기 때문이다.

머릿속의 생각을 말하자면 나의 시도는 내게 있어 아무래도 좋은 것이며 소인국의 일인 것처럼 생각된다. 자신을 다른 사람과 비교하면 나는 상대적 만족감을 느끼지만, 나로서는 이런 이타적이지 않은 일은 무익하며, 이런 일의 성공 여부는 무의미하다고 생각한다. 나는 세상 사람들을 믿지 않는다. 나의 작품을 믿고 싶다. 내게는 진정한 의미의 명예심이 없다. 나는 뭔가 할 생각으로 비눗방울을 일으키고 있다.

완전한 허무만이 무한을 감출 수 있다.

자기에 대한 빈정거림, 환멸, 각성은 자유지만 능력은 아니다.

1876년 5월 21일

지난해 9월부터 나는 무엇을 했는가. '스탈 부인'에 대한 저술. 《이국의 여인》약 2천 행(行). 《1602년의 성채 탈취》 450행. 《대담한 샤를르 후작》(15세기 프랑스 왕에게 반항하여 스위스 군과도 싸웠던 부르고뉴의 마지막 영주) 1천 2백행.

나는 몇몇 모임에서 회장을 맡고, 문학 콩쿠르를 하나 열고, 교정을 마치고, 라퐁텐을 다시 읽고, 편지를 많이 썼다. 그러나 그것뿐이다. 나는 많은 시간을 허비하고, 게으름을 피우고, 꿈꾸고, 제자리걸음을 하고, 하찮은 일을 했음이 틀림없다. 그렇다, 잊었었다. 연대기나 《민요》를 사용하고, 역사가 요하네스 폰 뮐러(Johannes von Müller. 18세기 스위스 사람으로 《스위스 역사》의 저자), 바랑트(Guillaume-Prosper de Barante. 19세기 프랑스의 정치가 《부르고뉴 역사》의 저자), 뷰리망(Louis Vulliemin. 19세기 스위스 사람, 《스위스 역사》의 저자), 드 쟝쟝스(Fréric-Charles-Jean de Gingins. 19세기 스위스 사람), 다게(Alexandre Daguet. 19세기 스위스 사람), 롤랑(Laurent. 19세기 베르지크의 법률가, Francois Laurent), 제르베거(Johann Gaspar Zellweger. 19세기의 스위스 사람, 본바탕 아펜젤의 역사를 씀), 코미느(Comines 또는 Commines. 15세기 프랑스의 유명한 역사가), 드라마르슈(Charles-Francois Delamarche. 18세기 프랑스의 지리학자), 캉투(Cantù. 19세기 이탈리아의 정치가), 라봐레(Lavalée. 19세기 프랑스의 지리학자), 미슈레(Michelet. 19세기 프랑스의 유명한 역사가)를 읽고 15세기를 연구하고, 《이국의 여인》에 견본으로 61편을 채집할 때까지 여러 나라말의 많은 시를 여러 번 읽었다. 빅토르 위고, 코페, 슈리 프류돔을 다시 읽었고, 《철학비평(Critique philosophique)》(1872년에 창간된 주간잡지. 1885년부터 월간이 되었다가 1889년에 폐간, 다음해에 창간된 l'Année philosophique는 그의 후신으로 보여짐) 제4년을 읽었다.

그런데 왜 잠자고 있는 듯한 기분이 드는 것일까. 전체가 모두 무(無)와 크게 다르지 않고, 사라진 9개월이 나의 의식에는 가벼운 연기에 불과하기 때문이다. 나를 진정으로 진지하게 보는 것은 불가능하다. 내가 하고 있는 모든 일은 허무, 장난, 내 안에서 느끼는 기분 나쁜 공허함을 속이는 한 방법으로밖에 보이지 않는다. 내게는 포기도 차분함도 희망도 없다.

1876년 5월 31일

우주의 운동 전체는 사유(思惟)의 소재에 지나지 않는다. 때문에 정신은 그것을 종속시키기 위해 그로부터 이탈하기를 원한다. 성찰은 자기에게 틀어박히는 것이며, 지은 것이 보이지 않는 작은 방은 관측소 및 실험실이라 불러야 하고, 다양하게 소용돌이치는 현상은 그곳에서 체로 걸러지고 선택되고 분석되어 보편적 법칙, 관념, 정신의 양상으로 바뀐다. 성찰은 두 가지, 즉 세계와의 교통과 세계로부터 자기를 추출하는 능력을 예상한다.

우리는 세계를 원할 필요는 없다. 왜냐하면 세계는 저절로 우리에게 온다. 오히려 곤란한 것은 방어이다. 놓이고 흩어지는 것은 자연의 사실이지만, 유익한 집중은 많은 기술, 규율, 주의, 배려를 예상한다. 공간으로 폭주하고 진동하는 직사광선과 반사광선이 있는 경우에 개인이 형상, 물체, 색채, 거리를 의식하기 위해서 사용하는 광학기계를 우리는 모방하지 않으면 안 된다. 우리는 동공(瞳孔), 수정체, 망막과 닮은 것을 만들어내야 한다. 우리의 정신은 정신의 활동을 위해 가장 좋은 장치, 정신의 현상인 진리를 파악할 수 있을 만한 램프의 갓, 렌즈, 컴퍼스, 프리즘을 발견하지 않으면 안 된다.

1876년 7월 12일

비참함에 이어지는 비참함. …… 잠이 깼을 때 감각기관의 느리고 둔함과 지독한 기침 발작, 무거운 눈꺼풀, 무능력, 애수(哀愁). 세수와 아침 식사와 마찰과 신선한 공기가 얼마간 힘을 주어 무기력이 줄었다. 그러나 역시 가라앉은 상태이다. 건강이라는 것. 활발하고 경쾌하며 기운이 좋아서 식욕이 있고, 밝고 힘이 넘치는 것은 얼마나 큰 축복인가. 그러나 지금 내게는 음식을 먹을 이도 없어지고, 수면도, 소화도, 일도, 여행도, 모든 것이 어렵게 되었다. 나는 밝고 화창한 빛, 땀, 깃털 베개, 뜨거운 침상, 차가운 침상 등에 견딜 수가 없다. 결국 나는 싫어질 정도로 민감하고 유약하며, 다치기 쉽고 섬세하다. 모든 것이 나를 다치게 한다. 나는 이제 거의 아무것에도 순응하지 않는다. 이대로는 해나갈 수가 없다. 건강해지거나 아니면 사라지거나이다. 기력이 빠진 사람은 불행하다. 노력을 하거나 궁리하지 않으면 균형을 되찾아 이겨낼 수가 없다. 그런 사람은 파멸이 다가오는 것을 조금씩 경험한다.

내 신경 일반의 마멸을 보이는 다른 증거는 쇠약이다. 머리칼도, 이도, 기억도, 의지도, 모든 것이 나에게서 떠나간다. 나의 심지가 떨어져 나가는 것을 눈으로 보고 있다. 물통의 판자가 차츰 느슨해지고, 너덜너덜해진 가련한 물통은 속에 아무것도 담을 수가 없게 되었다. 낙담과 무관심은 이 붕괴에 가속도를 더한다. 실제로 나에게서 멀어져 가는 것으로부터는 나도 멀어진다. 결국 타고난 모든 부속물, 의존물, 내가 나중에 얻은 모든 부는 차츰 사라져갔다. 아름다운 계절과 일의 중단이 조금이라도 내 건강을 개선했다고는 할 수 없다. 붕괴는 오히려 빨라지고 있다. 때이른 낙엽, 고통스러운 번뇌.

이렇게 불행이 계속된 뒤에 그대에게 무엇이 남으랴. 나라는 것이.
(후반 코르네이유《메데아》제1막 제5장)

이 나라고 하는 것은 중심에 있는 의식, 품에 안은 모든 가지[枝]의 축, 모든 절단의 버팀대이다. 나는 그것밖엔, 알몸의 사유밖에는 갖지 않게 된다. 죽음은 우리를 수학적인 한 점으로 돌아가게 한다. 죽음에 앞선 파괴는 우리를 점점 더 좁아지는 동심원을 지나 뺄 수 없는 최후의 베이스로 압박한다. 그곳에서 모든 형상, 모든 양상이 소멸하는 0이라는 숫자를 나는 미리 맛보고 있다. 나는 인간이 어둠으로 돌아가는 모습을 보고 거꾸로 인간이 어둠에서 나오는 모습을 발견한다. 인생은 하나의 유성에 지나지 않으며, 더구나 나는 그 중의 짧은 기간을 차지하는 것이다. 태어나고, 살고, 죽는 것은 우리의 생존이라는 하나 하나의 면에 있어 새로운 의미를 얻는다. 자신을 불꽃으로 의식하고, 자기 자신의 도망치기 쉬운 현상을 지켜보는 것은 실천적인 심리학이다. 물론 나는 그보다도 더욱 대규모의, 더욱 훌륭한 불꽃 장치인 세계를 바라보기를 좋아했다. 만약 병이 나의 시계(視界)를 좁혀 비참한 상태로 돌아가게 하더라도, 그 비참함은 여전히 나의 호기심에게는 하나의 구경거리이다. 내가 느끼는 혐오에도 불구하고 특히 흥미를 느끼는 것은, 내가 그곳에서 인간 본성의 진정한 실례, 따라서 보편적 가치를 갖는 표본을 보는 것이다. 내 식사는 한 접시밖에 없지만, 그래도 역시 식사이다. 견본은 그것과 유사한 무수한 경우와 똑같은 무수한 인간을 나에게 이해시킨다.

가령 나라는 사람이 현재 유기체의 해소 뒤에도 존속한다고 할 경우에 다른 의식과 사유의 방식, 예를 들면 화성이나 목성, 그밖에 우리 태양계 유성의 생물, 또는 시리우스, 그 밖의 태양의 주민의 의식이나 사유의 방식을 비교하는 것은 나에게 재미있는 일이리라.

존재의 모든 가능한 양상을 의식하는 것은 세기의 수만큼 세기를 거듭한 시대에도 흔한 일이 되리라. 적어도 시간에 속하는 유한한 의식에게는 그렇다고 할 수 있다. 물론 그 의식들은 한꺼번에 절대자 및 전부를 포착하려는 포부로 오히려 이 점진적인 복에 독을 끼칠지도 모른다. 그러나 갈망이 필연적으로 예언의 성격을 띤다는 증거로, 갈망은 결국 그것을 성취하게 하는 원인의 작용으로 생겨날 수가 있었던 것이다. 정신이 절대자를 꿈꿀 수 있는 것은 절대자가 있기 때문이다. 가능성인 완전함의 의식은 완전한 것이 나타나기 위한 보증이다.

사유(思惟)는 영원한 것이다. 다양한 시대, 인종, 문화를 통해 차츰 이루어지는 것은 사유의 의식이다. 이것이 헤겔의 학설이다. 정신의 역사는 절대자를 향해 접근하는 것이 되고, 이 역사의 양끝에서 절대자는 서로 다르다. 출발점에는 '있었다'. 도착점에는 '스스로를 안다'. 오히려 절대자는 창조작용의 전개와 함께 자기를 파악해 간다. 아리스토텔레스도 똑같이 생각했었다.

정신과 의식의 역사가 존재의 정수 자체 및 본질이라면, 심리학 아니 자아의 심리로 틀어박힌다는 것은 문제에서 밖으로 나오지 않는 것이며 주관, 즉 우주적 비극의 중심에 있는 것이다. 이 사상은 위안을 준다. 우리에게서 모든 것을 빼앗아도 좋다. 사유가 우리에게 남아 있는 한 우리는 마법의 실로 세계의 축과 이어져 있는 것이다. 그렇지만 우리는 사유나 언어를 잃는 경우가 있다. 그래도 단순한 의식, 신의 나타남과 신의 죽음의 의식은 남아 있다. 이것은 인간 특권의 마지막 흔적, 전체에 참여하고 절대와 교통하는 특권이다.

너의 일생은 구름으로 사라지는 번갯불이다.
그래서 하늘이 보였다면 너는 구원된 것이다.

1876년 7월 14일

《시의 반향(로잔 연방 사격모임의 대표적인 시집)》 입수. ……맥주의 거품, 삼류품(三流品). 민중은 시라고 생각할지도 모르지만 부정확한 각운(脚韻)과 맛없는 진부함을 쌓은 술통을 닦아낸 물. 보석과 혼동되는 조잡한 놋쇠 단추.

군대 매점의 애국심이 서툰 솜씨로 만지작거린 것은 어느 것이나 혐오감을 일으킨다. 더러운 마부의 입술이 닿은 잔으로는 마실 마음이 나지 않는 것처럼 이런 애국심의 뒤에 붙어서 조국과 자유, 철포(鐵砲)를 노래하는 마음은 사라져 없어진다. 그런데 어째서 이렇게 혐오감이 일어나는 것일까.

　　우리가 있는 이 세상에선
　　가장 아름다운 것이
　　나쁜 운명을 갖는다.

위대한 모든 사상은 낮고 천한 그룹에 들어갈 운명을 지닌다. 신이라는 더없이 높은 단어가 끝내는 모든 매도(罵倒)의 문구에 들어가는 것처럼, 가장 고귀한 단어는 선술집을 어슬렁거리지 않으면 안 된다. 가장 맑고 깨끗하고 위대한, 가장 호기롭고 신비한 것은 이 피하기 힘든 타락을 선고받고 있다. 여신 또는 성모의 외투도 전락에 전락을 거듭하여 먼지덩어리에 도달한다. 하수(下水)는 역사의 모든 장엄한 경치의 포괄적 상속자이다. 그래도 어쩔 수가 없다. 이번엔 다수의 더없이 높은 것이 과거 사상가나 영웅, 성자에게 감격을 일으켰던 것을 얻을 권리를 갖는다. 백치는 천재의 침상에 누워 자아도취의 망상에 빠지는 것이다.

섬세한 사물은 언젠가 검고 무거운 손에 뒤덮인다는 이 예상에 익숙해져야 한다. 그러나 나는 그런 것에게 책략이나 위선자, 기만자의 먹이가 되는 운명보다는 이 운명 쪽이 오히려 낫다고 생각한다. 이 두 가지 악의 어느 한 쪽을 선택하지 않으면 안 된다. 진리가 그것을 이해하고, 존경할 만한 자격을 가진 마음에 깃들기를 바라는 것은 공상이다. 민중은 진리를 천하게 하고, 교활한 무리는 진리로부터 사기와 지배의 방편을 이끌어낸다.

포기하자. 술에 취해 쉰 목소리가 '진보'를 절규하고, '자유'를 포효하며, '우애'를 소리쳐 부르짖고 있다. 조형미술의 걸작은 그로테스크한 모습이 되어 제삿날에 나온다. 무슨 상관이랴. 모조품이 추악하더라도 점점 무지해진 눈과 마주치기 때문에 적합할 것이다. 어린아이와 야만인을 유혹하는 판화는 예술가를 물러서게 하지만, 매수자는 나타난다. 하이네는 자기의 구두장이와 동일한 무신론을 신봉하려고는 하지 않았다. 그랬다 한들 얼마만큼 득이 있었겠는가. 사람이 아무리 똑같은 구호를 외쳐도 각자 자기의 척도, 교양, 정도에 의해서밖엔 이해되지 않는다.

세련된 사람들은 모두 영국 여자와 똑같은 미신, 즉 신분 차별이라는 미신을 갖고 있다. 반평민주의자, 반평등주의자이며, 자기들과 같은 부류 속에서만 평등한 상대를 인정한다. 교양, 교육, 식견, 취미의 차이가 없다고 간주하고, 막되고 무취미한 평민들을 대등하게 다루려는 결심을 하지 않는다. 그의 눈으로 보면 유리구슬이나 양철세공, 남은 것을 섞은 술을 다이아몬드나 강철, 진한 리큐르와 한데 취급할 수는 없다. 다시 말해 무슨 일이 있어도 차이와 정도는 없어지지 않는 것이다. 민주적 정신 쪽은 유사한 것밖엔 보려 하지 않는다. 참된 비평은 동시에 양쪽을 보는 것에 있다. 민중적인 작가란 사회의 모든 계층에 있어 공통된 점을 지적하고, 특수한 잡다성에 영향을 받지 않는 평균된 선입견과 견해, 정열에 호소하는 작가이다.

개인적으로 말하면 네 주위의 것과 너의 두 조국, 제네바 및 스위스와의 관계는 대단히 애매하지만, 네가 좀 더 동감, 환영, 정의와 만난다면 민중적이 되고, 국민적이 되는 것도 가능할 것이다. 그러나 뭐라고 해도 비아적인 태도는 너에게 그만큼 쉽다. 다만 남이 너를 인정하기를 거부하면 방어의 필요 때문에 너는 냉담함에 빠지고, 여러 대비를 과장하여 잊혀지지 않게 하려는 것이다. 너라는 어수룩한 사람은 자기의 권리를 주장하는 자가 없으면 그대로 잠자게 놔두지만, 무례한 부정과 마주치면 그것을 주장하지 않을 수 없다. 자기가 지닌 가장 좋은 것을 스스로 부인하는 것은 비겁하다. 대수롭지 않은 자의 오류와 저급한 자의 오만에 굴복하는 것은 저급한 것이다. 그런 것은 나에겐 가능할 것 같지도 않다.

모멸은 분노보다 낫고, 연민은 모멸보다 나으며, 관용은 연민보다 낫고, 선의는 관용보다 낫다.

1876년 7월 16일

1만 4천 쪽의 이 일기에서 5백 쪽만 건진다고 한다면 상당히 많다. 경우에 따라서는 딱 좋은 정도라고 말할 수 있을지도 모른다. 항아리가 하나뿐이라면 재를 충분히 거두어서 아름다운 것을 지닌 사람들의 경우에는 그 이름을 몇 대에 걸쳐 보존할 수가 있다. 지금까지 살았던 수많은 사람들 가운데 명예 있는 흔적을 남긴 사람이 얼마나 있는가. 1억 명 중 1명이다. 나머지는 모두 세기가 쌓아올린 이름 없는 역사의 토양 속에 들어간다. 우리 가운데 이 망각의 구덩이에 빠지지 않는 자는 적다. '기억의 글'에는 조금밖에 자리가 없어서 특권이 있는 사람들이나 차지할 수 있다. 사랑을 지닌 둘이나 셋 이상의 마음에 영속적인 추억을 남기기가 거의 힘들다.

1876년 7월 22일

독서, 테프펠을 50쪽《숙부의 문고(Bibliothèque de mon oncle)》(1832년에 나온 자서전적 소설). 예상이 나쁜 쪽으로 어긋나다. 현혹된 것이 잘못이었다. 나는 옛 인상만으로 이 사람을 지나치게 높이 샀었다. 걸작이라고 믿었던 것 속에서 많은 결점이 눈에 띄기 시작했다. (앞뒤의 모순, 트릭, 겉치장, 글쓰는 습관, 심리적 통일의 결여) 너무 얼룩이 있는 가치. 상당히 고심했을 독창성. 10년이나 20년의 거리를 두고 이렇게 다시 하는 비평은 상대적인 가치를 한쪽으로 제쳐놓게 한다. '경우에 따른다'(스콜라의 구호 가운데 하나. 긍정과 부정의 중간을 가리킴)는 생각이, 그것도 자주 일어나기 시작한다. 완성된 부분은 저항을 계속하지만 모조대리석의 모조 줄[條], 사람이 불어넣은 대사, 모든 기교적인 곳은 단계가 떨어진다. 테프펠 중에 의외인 것은 사상, 분위기, 문체에 있어서 등질성(等質性)의 결핍이다. 각각의 페이지가 서로 받쳐주어 하나가 되지 않고, 같은 연령의 것이라도 같은 방법으로 보이지도 않는다. 용어의 부적절한 사용과 프랑스어의 오류도 드물지 않다. 상당히 비속한 조롱의 한 맥이 회화적 묘사로 길며, 심술이 섞인 신랄한 감수성과 상식으로 사람을 매료시키는 타고난 재주로 일관하고 있다.

1876년 7월 23일

(밤 10시)《숙부의 문고》제1부를 끝내고《방의 일주일 간의 여행(Voyage autour de ma chambre)》(프랑스의 문학가 그자비에 드 메스트르 Xavier de Maistre(1763~1852)의 소설(1749년))을 시작하다.

이 쪽이 그것보다 글이 깔끔하고 얼룩이 적다. 그러나 부탁과 아첨이 너무 많은 것 같다. 그 제네바인의 저서 쪽이 물기가 많고, 마음이 담긴 데가 많으며, 그림 같은 묘사가 많고, 진심어린 것이 많아서 한층 강하게 우리를 붙잡으며, 더구나 다양하다는 점에 있어 좋은 관심거리가 된다. 다만 나는 쥬르

(Jules, 《숙부의 문고》의 인물)의 최초의 연인 둘, 즉 엘로이즈(Héloïse)와 미스 루시(Miss Lucy)의 애기만 다시 읽고 있다. 유대 아가씨는 한층 다소곳하지만 이것은 내 기억이 잘못된 것인지도 모른다.

이 기분 좋은 소설은 조금 순진하고 사실다운 데가 있다면 한층 아름다운 것이 되겠지만, 곳곳의 페이지나 여러 분위기가 뒤죽박죽인 것이 이 소설의 결점이다. 자기의 이야기를 하고 자기의 일을 판단하는 것이 동일 인물이기만 하다면, 15세의 눈과 50세의 눈으로 동시에 본다는 것이 불가능하지는 않다. 그러나 작자라는 제3자가 개인적인 심술로 개입하기 시작했기 때문에 이야기의 사실성이 훼손되고 만다.

유머의 매력은 어디에 있는가. 우리에게 일시에 다양한 삶의 방식을 살게 하는 데에 있다. 우리는 슬픈 동시에 기쁘고, 착각을 함과 동시에 착각에서 깨어나며, 나이가 어림과 동시에 나이가 들고 있고, 애정이 있는 동시에 조롱적이 된다. 그러나 유머 소설가의 기술은 그것들에도 불구하고 인물의 통일을 유지해 어디까지나 자기가 지어낸 이야기의 정해진 조건 속에 머물러야 한다. 이 규칙에 어긋나면 관심은 순식간에 소멸해 우리가 작자와 함께 기꺼이 부풀린 무지갯빛 비눗방울은 터지고 만다. 이런 부주의는 우리를 화나게 하고 심통나게 해서 꿈은 곧 사라진다. 마술사는 실수로 우리를 마술에서 깨어나게 하며 우리는 그것을 원망한다.

원만히 진행되어 가는 이야기의 비결은 그러고 보면 역시 하나의 논리, 공상이나 착각, 감정의 논리인데, 그래도 여하튼 중요한 것은 논리이다. 바꿔 말하면 여러 부분의 연결, 효과의 집중, 인상의 통일이다. 이 비결은 마찬가지로 문체의 비결, 연극의 비결이기도 하다. 몇 백이라는 자잘한 관심의 집중, 대조 자체의 일치, 이 문제를 끊임없이 해결해가는 인생의 모의이다.

이야기는 실제로 일어난 것처럼 보이지 않으면 안 되고, 말하는 사람은 누구보다도 먼저 그것을 믿어야만 한다. 그렇지 않으면 우리는 이미 시(詩) 안에 있을 수가 없게 되고 산문 속으로 옮겨간다. 야유는 우리 가슴을 차갑게 하고, 진짜처럼 보이지 않는 것은 우리를 무관심하게 한다. 그래서 시인은 자기의 관객도, 기술도 조롱하지 않는 진정한 마술사여야 한다. 조롱은 아무리 하여도 결과가 없으며 생산이 없기 마련이다. 모든 것을 파괴하여 아무것도 창조하지 않는다. 그래서 소설가는 적어도 펜을 손에 들고 있는 동안은 순수하지 않으면 안 된다.

내 눈물을 보려면 당신도 울지 않으면 안 된다.

이런 식으로 광기마저도 그 방법이 있으며, 공상에도 나름의 독특한 이치가 있고, 생명의 겉모습에도 생명과 마찬가지로 신비함이 있다. 이것은 결국 모든 제작이 다 마찬가지로 깊은 법칙을 지닌다는 의미가 된다. 제작이란 생산이다. 존재의 불꽃은 사랑 속에서만 전해진다. 사랑 속에는 언제나 환상이 있다. 왜냐하면 그곳에 이상이 있기 때문이다.

1876년 7월 24일
(오전 8시) 일기의 부적합한 점이 우리를 지나치게 탄식하게 한다. 불행한 일을 씀으로써 치유 작용을 대신한다. 대개의 경우 도리에서 벗어나 변명으로 향한다. 적어도 윤리에서 심리로 옮겨가고, 청정화 대신에 관조를, 파스칼 대신에 몽테뉴를 두었을 때에는 규율보다 오히려 에피쿠로스적 사상이 된다.
일기는 하나의 꿈꾸는 방식, 따라서 빈둥거리는 방식이다. 바쁜 안일(安逸)이며 일을 가장한 휴양이다. 유용한 목적 없이, 노력 없이, 지구력 없이 일이란 것은 없다. 그러나 나는 여기에 아무 목적도 없이, 사상의 연결도 없이, 정해진 방향도 없이 쓰고 있다. 이 끝없는 혼잣말이 나에게 무슨 도움이 될 것인가. 생각하는 것, 쓰는 것. 그보다는 오히려 반성하는 힘과 표현력이 완전히 마비되는 것을 막는데 도움이 된다. 그러나 동시에 이 지나치게 즐거운 수법은 나에게 책을 쓰고, 이론을 세우는 것을 방해하고 있다. 게으름은 기력을 기르지 않는다. 방임은 어떠한 능력도 날카롭게 하거나 신장시키지 않는다. 언제까지나 뜬 공만을 동경하고 있다가는 당구의 승부에서 이기지 못한다.

한없이 전주(前奏)만 구상하고 있다가는 작품은 완성되지 않는다.

속박 없고 한계 없고, 의향 없는 독백은 비록 멸망을 막기는 해도 역시 힘을 약하게 한다. 말의 반복으로 무기력에 이르고, 무익한 쇠약으로 인해 피폐함에 도달한다. 이것은 보양액의 유실과 건강을 파괴하는 고름관, 물통의 구멍이다. …… 이 아둔한 장난은 아무에게도 유익함을 주지 않고, 생명을 용해하고, 침식하고, 탐하고, 소모한다. 이것은 자식을 낳지 않는 여신, 쓸모없는 신에게 바친 번제(燔祭)이다.

결국 너는 평생 돌 달걀을 품고 있었던 것이 된다. 처음엔 의무를 좇아서 결과 없는 일과 은혜를 모르는 사람들을 위해 몸을 바치고, 다음에는 자신을 위해 전주를 기대하며 절망의 탄식을 끝도 없이 계속하고, 마지막에는 교만 때문에 너에게 남은 것을(흡사 그것이 너의 척도, 네 최초의 능력 또는 향상심의 척도를 보일 수 있기라도 한 것처럼) 발휘하기를 거부하고, 뒤떨어지지 않는 일로 도망쳐 들어가고 있다. 자기 환경에 대한 불순응, 주위 상황과의 절연, 자기 운명에 대한 혐오, 상처받은 마음, 강하게 욕망을 죽이는 것, 마음을 분산시켜 달래는 것. …… 이 이야기는 우울하다. 그것은 실패한 인생이라고도 할 수 있겠다.

정말 그렇다. 그러나 누구에게 잘못이 있는가. 너는 벌해야 하는가, 가련하게 여겨야 하는가. …… 너의 정신적인 풍토는 너의 마음, 타고난 능력, 성격을 주눅들게 했다. 너는 남들이 받아들이기를 바라겠지만 그러려면 무리를 해서라도 나서지 않으면 안 된다. 이 필요가 너를 혐오감으로 채운다. 주위 사람이 보이는 나아지지 않는 적의, 증오, 혐오, 배신, 또는 단순한 오해 및 몰이해는 너의 능력을 움츠러들게 했다. 그래서 고요한 절망이 너에게서 투쟁의 마음마저 빼앗고 말았다. 이 세상은 다원적이며, 너는 이 세상 사람이 아니다. 불일치는 근본적이다.

1876년 7월 26일

다음 일기장을 철하기 전에 141호("1876년 6월 20일~7월 25일, 한 달에 100매, 이 숫자는 평균을 훨씬 초과하고 있다"고 표지에 있다)를 다시 읽다. 일기는 게으름의 베개이다. 문제를 골고루 논하지 않고 끝나며, 반복을 그대로 놓아두거니와 내적 생활의 모든 변덕을 보이며 비뚤어지고, 아무것도 목적을 세우지 않고 있다. 이 일기는 300쪽씩 총 46권의 많은 수의 서적에 해당하는 내용을 나타내고 있다. 이 얼마나 놀랄 만한 시간과 사상과 힘의 낭비이랴. 이것은 아무에게도 도움이 되지 않거니와, 나에게도 생활을 영위하기보다는 오히려 생활에서 달아나게 하는 것 외엔 도움이 되지 않았던 것이리라. 일기는 털어놓을 사람을 대신하는 것, 즉 친구를 대신하고 아내를 대신하는 것이 된다. 그것은 창작을 대신하고, 조국 및 독자를 대신한다. 일시적인 진통제, 안정제, 타개책이다. 그러나 이 모든 것들에 대신하는 팔방미인은 결과적으로 말하자면 아무것도 보이지 않는다. 테프펠이 말하는 도구, 동시에 우산이나 지팡이, 의자가 되기도 하지만, 어떤 것에도 충분한 도움이 되지 않는 도구를 떠올리게 한다. 일기가 임시변통이란 것은 알고 있었다. 그러나 여행 중에는 휴대품을 간단히 해야 한다. 그래서 나의 여가 생활은 여행의 범위를 벗어나지 않는다. ……

(밤11시) 정신의 역사를 구성하는 것은 무엇인가. 정신 진보의 성층작용(成層作用), 정신 취득의 일람표, 정신 운명의 진행이다. 너의 역사가 누군가에게 무엇을 가르치고, 자신에게 흥미를 일으키기 위해서는 그것이 자료에서 벗어나 단순화되고 증류되지 않으면 안 된다. 이 1만 4천 쪽은 나뭇잎과 나무껍질을 쌓아올린 것에 지나지 않지만, 열매는 그 나무에서 기름을 짜내는 것이 중요하다. 키나나무 숲은 한 통의 키나 가치밖에 없다. 스미르나의 장미원 전체는 응집하면 한 병의 향수가 된다.

29년에 걸친 헛소리는 어쩌면 전혀 의미없는 것이 될지도. 사람은 각자 자기의 소설, 자신의 생애 외에는 거의 흥미를 갖지 않기 때문이다. 어쩌면 너도 앞으로 스스로 다시 그것을 읽을 짬이 없으리라. 그렇게 본다면…… 그렇다면 무엇인가. 너는 생활한 것이기는 하다. 다만 생활이라는 것은 너 같은 녀석이 몇 만명이나 몇 세기에 걸쳐서 해 왔던 것처럼, 하고 있는 것처럼, 또 앞으로 해나갈 것처럼 인간적인 유형과 인간적인 틀에 박힌 문구를 반복하는 것이다. 이 틀에 박힌 문구와 유형을 의식하는 것은 얼마간은 의미가 있는 일이며, 사실 우리에게는 그것 이상의 것은 거의 불가능하다. 주위 사정이 유리하고 온화하다면, 유형의 실현은 한층 잘 되어서 틀에 박힌 문구도 기분 좋은 것이 되겠지만, 꼭두각시가 이렇게 한다든가 저렇게 한다든가 한다면, ……

세 번을 돌아서 끌어들이는 것이다.

그것은 모두 같은 심연으로 떨어져 결국 모두가 똑같이 되고 만다.

운명에 대해 몸을 지키고, 피하기 힘든 결과를 모면하려고 발버둥치는 것은 아무래도 어린애 같은 짓이다. 백 년의 세월과 찰나가 거의 같은 가치를 지닌다고 한다면――지질학 또는 천문학은 우리에게 이 두 기간을 이러한 관점에서 바라보게 한다――눈에 들어오지도 않을 정도의 우리의 소동, 노력, 분노, 명예심, 희망은 무엇을 의미하는가. 꿈속의 꿈에 대해 한 차례 폭풍을 휘감아 일으키는 것은 우스운 일이다. 1제곱 센티의 넓이에 사는 4천만의 갈리오넬 적충(赤蟲)은 우리에게 커다란 가치를 지니는가. 프랑스를 이루고 있는 4천만의 인간도 달의 주민 또는 목성의 주민에게 그것 이상의 가치를 지니는가. 의식적인 단일체인 것, 자기가 우주의 현미경적인 환영임을 아는 것이 우리에게 가능한 전부이다.

1876년 7월 28일

(밤 11시) 독서, 테프펠《목사관(*Le Presbytère*)》(1839년/1846년) 제1부. 이 책의 분위기는 약간 모호하고 이야기의 줄거리에도 사실 같지 않은 부분이 많다. 그렇지만 청년의 공상에 대한 묘사는 세세한 데까지 이르러 있다. 집오리도, 개도, 페르네트(Pernette)도 귀엽다. 프레베르(Prévère)와 레바즈(Reybaz), 샤를르와 루이스는 생기와 실재성으로 가득 차 있다. 물론 비범한 것이 예술에 없어서 안 되는 것은 아니다. 일상적인 일이나 인간이 충분하게 재료가 된다. 다만 그것들을 사실처럼 만들고, 나아가 아름답게 재현하여 각각의 성격과 색채를 유지하게 하고, 무엇보다도 그것들을 보아야만 한다. 우리를 둘러싼, 우리에게 접촉하는 모든 것 속에서 회화적이고 시적인 것을 보는 것이 독창적인 재능으로, 그것은 타인이 쓴 문학적 형식을 통해서만 사물을 보고, 다른 자석에서만 자기의 자기를 이끌어내는 파생적인 재능과는 전혀 다른 것이다. 자연에서 직접 이끌어내는 사람은 새로움의 특권을 보존해 간다. 그 사람은 부정확할지도 모르지만 적어도 발명적이어서, 그 방면에서는 뭔가 영속적인 점을 지니고 있다. 모방한 문체, 반발의 반동과 본원(本源)의 문체에 대한 관계는 이중으로 떠 있는 무지개의 딸린 무지개에 대한 주인공 무지개, 반영에 대한 광채의 관계이다.

세상도 인간도 도처에 있다. 우리가 있는 곳에는 어디에나 예술에 필요한 모든 것들이 있다. 즉, 재료가 없는 것이 아니라 기술자, 착상이 좋은 관찰자와 근면한 문장가가 없는 것이다. 나무, 벽, 일화(逸話), 인상(印象), 광선과 주위 상황과의 특수한 협력을 어떤 식으로 이용할 것인가. 그것이 문제이다. 타고난 재주를 갖춘 사람들은 하찮은 일에도 중요한 의미를 부여해 사물의 진가를 발휘하게 한다. 루소의 샤르메트(Charmettes. 사보아의 샹베리(Chambéry) 가까이에 있는 경치 좋은 마을. 루소는 1736년에서 40년까지 그곳의 바른스 부인의 집에 있었다)보다 뛰어난 경치나 별장은 몇 천이나 있지만, 그것들은 루소라는 사람에게 거부당하고 있다. 결국 제재는 풍부하지만 그것을 써내는 사람이 없는 것이다. 위대한 정신은 모든 것을 위대하게 한다. 발명가는 무(無)를 무엇인가로 만든다. 생각하는 사람은 한 알의 모래에서도, 생각 없는 사람이 하나의 섬 전체에서 캐내는 것 이상의 보석을 캐낸다.

그렇게 보면 최고의 예술은 모든 제재에 열매를 맺게 하는 기술, 모든 것에 감춰져 있는 불꽃이나 다이아몬드의 작은 알갱이, 표현력이 강한 악보, 특징적인 선, 악센트, 또는 읽는 방법을 이끌어내는 혁신적이고 창조적인 방법이다.

그가 만진 것은 모조리 황금으로 변한다.

1876년 8월 8일

여자란 사상이나 불꽃을 빨아들이는 자석 같은 수동성을 지니지만, 자기 독자적으로는 전기를 띠지 않는다. 남자만이 자발적으로 뭔가를 시작하고 기원이 되고 '시발점'이 된다. 그렇기 때문에 여성적 원리는 종속적인 것이어서 그에 수반해 뒤따라 온다. 예술에 있어서나 입법에 있어서, 과학에 있어서, 산업에 있어서도 본래 주인은 남자이고, 여자는 학생이자 제자이고 심부름꾼이요 모방자이다. 기사적인 예절이 얼마간 그것을 은폐하려고 해도 남녀 사이에는 평등한 데가 없다. 서로에게 없어서는 안 되는 것이지만, 한 쪽은 지도자이고 다른 한 쪽은 이끌리는 자이다. 숫양은 암양의 우두머리이다. 그것이 반대가 되는 것은 잘못된 길이고 기괴하다. 아메리카 여자의 오만은 이제 반동을 불러일으킬 것이다. 그 부인들이 지금처럼 된 것은 모두 남자 덕택이다. 남자가 자기의 관대한 태도에 질리기 시작해 여자를 본래의 가치로 돌아가게 하면, 여자는 속죄에 뛰어듦으로써 어느 정도나 은혜를 몰랬는지를 알게 될 것이다.

  자연은 여자의 종속을 바랐다. 문명인인 남자는 자기의 상대에게 품위를 부여하고, 자진해서 여자의 애교와 부드러움과 약함에 굴복하고, 여자를 위해 보호권을 설정하고, 여자에게 특권적인 지위를 인정하고 있다. 그러나 그 은혜를 받은 자가 은혜를 부정하고, 받은 것을 스스로 알고 누구의 은덕도 입지 않았다고 하게 된다면, 은혜를 베푼 자는 단박에 발길을 멈출 수가 있다.

  착각은 다음과 같다. 우월성은 뒤떨어진 자에 대하여 우월자의 윤리적 의무를 구성하지만, 열악성은 우월자에 대한 열악자의 동등한 권리를 전혀 구성하지 않는다. 관대성은 아름답고 고귀한 것이지만 그것은 자신의 뜻대로 할 뿐이다. 절름발이가 짐을 져달라고 요구한다면 도와주고 싶은 마음이 사라져버린다. 남자는 기꺼이 여자를 보호하겠지만, 여자가 남자에게 명령하여 자기에게 봉사하고 자기를 보호하라고 강제하면, 부탁하면 마음을 누그러뜨릴 사람도 이내 그럴 마음이 사라지고 만다.

  윤리적 영역 대신에 법률적 영역을 설정함으로써 여성의 해방이 사회를 마르고 시들게 하는 것은, 마치 법률적 은혜가 참된 은혜를 파괴하고 규율적인 사랑이 부부생활을 결실 없는 것으로 만드는 것과 같다. 여성이 민법적 평등 및 경제적 평등 이상의 것을 요구하는 것은 커다란 도박을 하는 것이 된다. 그러다가 결국 여자에게도 의무의 평등을 요구하게 된다면 그것 참 고소한 일일 것이다.

1876년 8월 14일

  남을 신용하는 순진한 점, 즉 마음을 맡기는 것이 선량한 독일인 기질이 보이는 두드러진 특징이다. 이들을 상대하고 있으면 다른 어떠한 것보다 훨씬 마음을 놓을 수 있다. 왜냐하면 다른 사람들보다도 숨기거나 가리지 않아 성실하고 단순하기 때문이다. 여기서는 사람이 사람에게 한층 가까우며, 손이 손에 닿고, 가슴이 가슴에게 말하여 베일에 가리거나 에둘러서 하는 말이나 빈틈없는 곳, 또는 조심스러운 점이 적다. '성의'는 지금도 줄곧 지켜지고 있는 덕이다. 그 결과, 조롱하는 자에게는 화를 내고, 약삭빠른 사람에게는 약삭빠르지 못함을 보이고, 교활한 인간에게는 반감을 품으며, 기품 있는 취미에 대해서는 소박한 감탄을 하고, 나아가 고귀하고 우아한 행동을 어색하게 과장한다. 독일 사람이 그 사람 좋은 태도에서 멀어지게 된다면 어떤 표정을 지어야 할지 모르게 된다. 기품의 결핍은 내게 싫은 기분이 들게 하지만, 서로에게 호의를 갖는 사이가 아니면 익숙해지지 않는 이 애정으로 가득 찬 솔직함, 이 '심정'의 충실함에 대해서는 나도 거센 말을 할 수가 없다. 사람끼리 교섭의 '직접성'의 대가로서 약간 비속하고 허물없는 태도를 내보이는 것은 그것을 지나치게 높게 사는 일이 되지는 않는다. 몹시 정직하고도 좋은 데가 있다.

그러나 이 언저리에선 싸움에 조심해야 한다. 그 생생한 점은 이윽고 조야함으로 바뀐다. 장갑을 끼고 있지 않으면 이내 손톱이 나타난다. 그런 경우에 예의, 품위, 염치의 가치를 알 수 있는 것이다. 마찬가지로 독일식의 과장된 너스레도 못 봐줄 만큼 뒤떨어진다. 천성이 이미 지면과 닿을락말락하기 때문에 한 단, 두 단 내려가면 진부함, 거칠고 막되고, 낮고 열등함에 도달하는 것은 명백하다.

이런 식으로 모든 것은 보상을 받는다. 그렇기 때문에 한 국민을 다른 국민보다도 위에 둘 수가 없다. 그러나 개인의 경우에도 차이가 있다. 개인은 여러 국민의 장점을 모아서 제각각 지닌 결점을 완화할 수 있다. 예를 들면 독일, 프랑스, 이탈리아, 영국, 제네바의 결점을 좋아하지 않는다 하더라도 곳곳에 우수한 인물이 있기 때문에 나는 그것을 사랑할 수도, 존경할 수도 있다. 사람들은 곧잘 내가 독일 편을 든다고 생각하는데, 그것은 대단한 오해이다. 나는 다만 독일의 가치를 아는 것이다. 로잔에서는 나를 굉장히 제네바적이라고 말하는데, 신께선 제네바 정신이 나의 취미에 맞는지 어떤지를 알고 계신다.

1876년 8월 21일

현대사상가의 점점 강해지는 경향은 자유와 영생, 유신론을 배척하는 것이다. 진화론은 다른 이론을 대신하려 하고 있다. 그것을 막는 것은 이원론이나 계시, 윤리적 자유인데 이들은 모두 맹렬한 공격을 받고 있다. 분명 여러 오해가 있다. 신앙은 신비에 기초하는 것이고, 그 신비를 설명하지 않고 수용하고 있다. 과학은 검증, 조사, 실증, 설명하며, 보증이 없는 것은 인정하지 않는다. 만약 신앙이 그 믿는 바를 조금도 알지 못한다고 인정할 수 있고, 나아가 그것을 바란다고 한다면 과학은 미지의 것이 무제한으로 있으며, 알 수 없는 것이 미지의 것보다도 훨씬 넓다는 것을 한층 쉽게 인정할 것이다.

신앙은 인식의 사상적 예지, 잠정적이고 가설적인 설명이며 의식은 그것을 발견 또는 수용하지만, 동시에 또 그것을 증거를 수반하는, 나아가 논증을 거친 진리와 혼동한다. 어떤 경우 신앙은 연구의 자극제가 되며, 따라서 발견의 수단이 되지만, 또 어떤 경우 모든 탐구 및 모든 혁신에 있어서 차단이 되기도 하고 장애가 되기도 한다. 앞의 경우에는 진리에 대한 철학적 신앙이고, 뒤의 경우는 도그마, 문언, 체계에 대한 교회적 신앙이다. 전자는 감춰져 있는 사상적(事象的) 진리를 믿고, 후자는 나타나 있는 일반에 인정된 진리를 믿는다. 정통한 신앙이 공격을 받는 것은 역설에 대한 신앙에 의한다. 과학에 대한 신앙은 종교적 신앙과 싸운다. 아니, 그렇다기보다 오히려 두 개의 종교가 서로 싸우고 있다. '전통'과 '혁신', 옛 것과 새 것, 보수적 정신과 혁신적 정신이 서로 어지럽게 다투고 있는 것이다.

1876년 8월 29일

내 생활은 건전하지 않고 정상적이지도 않다. 모든 내적인 소용돌이에 휘말려 어느 것 하나 계획을 실현하지 못한다. 나는 그 날의 삶으로 살아 있을 뿐만 아니라 모든 견해나 느끼는 방식을 거쳐 고정된 규칙도 없고, 일정한 목표도 없으며, 성격이나 태도의 통일도 없다. 아무것도 바라지 않는다. 말하자면 나는 나 자신을 의식하는 특성을 지닌 한 장의 낙엽처럼 모든 바람과 물결에 몸을 맡겨 떠다니게 하고 있다. 나는 심리학적 의식, 다양한 현상이 일어나는 환경에 지나지 않으며, 그 현상을 쓰는데 그칠 뿐 그것을 결코 이끌지 않는다. 나는 꿈을 꾸듯이 강요된 호기심으로 내가 살아가는 것을 바라보고 있다. 이것은 하나의 의식이라는 것, 아니 그보다 덧없는 하나의 내부 지각, 자기적 맥박계인 것이지 한 사람의 인간이 되지는 않는다. 인간은 자기의 생활을 사업으로 하며 사업을 남긴다. 인간의 활동은 목적을 지니고 있어서 일이 된다. 인간의 다양한 경향은 분류되고 선택된다. 인간은 하나의 성격, 한 개인, 누군가 어떤 사람이 된다. 그러나 너는 결정되지 않고 잠재적인 상태에 머물러 있다. 너는 약속과 희망, 관망 속에만 있다. …… 너는 구름처럼 바람이 너를 밀거나, 태양이 너를 금빛으로 물들이고, 열이 너를 들어올리기를 기다리고 있다.

너는 윤리학에서 심리학으로, 책임을 느끼는 의지적 활동에서 명상적인 수동성으로, 남자다운 생활에서 식물적인 생존으로, 각성에서 몽상으로 옮아갔다. 사회는 투기장과 다름 없으므로 너는 이제 이 세상 사람이 아니고, 이제 이 세상의 말을 쓰지 않으며, 이 세상 사람은 이제 아무도 너를 이해하지 않는다. ……

그리스도교도나 유대교도, 회교도, 유물론자, 스토아파 사람, 에피쿠로스파 사람도 너를 어떻게 다루어야 좋을지 알지 못한다. 경제학자도 마찬가지이다. 너의 불교적인 관조주의는 우리의 수도원에서도 배척당하리라. 진화론자도 너를 운석이나 기괴하고 이상한 표본, 요술 같은 기형물로 생각할 것이다. 이 기괴한 태도에 수반하는 위험은 절대적인 고립이다. 자기의 시대와 연을 끊어서는 안 된다. 끊는다 한들 시대는 태연하다. 시대는 수수께끼 같은 인물 따위를 개의치 않으며, 그것을 아무렇지도 않게 무가치 속으로 집어넣어 버린다. 이 세상에 속하려면 뭔가 도움이 되지 않으면 안 된다. 모양, 자취, 무게, 색, 성질, 고유의 세력을 지니며, 사회를 구성하고 있는 감정이나 선입견, 이해관계, 여러 시설이나 직무로 구성된 톱니바퀴 속으로 들어가야 한다. 인간 군집 속으로 떨어진 달세계 사람이나 토성 사람이 무엇이 되랴. 그런 것은 걷지도, 말하지도, 이해하지도 못해, 우물쭈물하지 말고 죽는 것보다 나은 것은 하나도 없으리라.

나는 내가 얻은 교양이 나와 하나가 되지 않고, 내가 그 내부에 있다가 막상 때가 되면 나비가 고치에서 나오듯이 거기서 나오리란 것을 알고 있다. 남자라는 것, 제네바인이라는 것, 유럽 사람이라는 것, 19세기의 인간이라는 것, 이것을 안다 그것을 안다는 것은 표면적이고 부수적인 것에 불과하다. 이러한 모든 특별한 것은 우연적인 것이어서 나에게는 까닭도 없이 벗겨져 떨어지는 포피처럼 여겨진다. 나는 나와 의식을 지닌 어떤 형태와의 사이에서는 이내 양다리를 걸칠 수 있는 거리밖에 느끼지 않는다. 나는 잠에서 깨었을 때 일본인이 되어 있거나 여자가 되었거나, 미쳐 있거나, 어린아이가 되었거나, 낙타가 되어 있거나, 목성인이 되어 있거나, 달나라 사람이 되어 있어도 있을 수 없는 일이라고 절규하지 않는다. 시간과 공간은 나에게 확실한 실재를 지니지 않으며, 따라서 모든 변형이 쉽다. 이미 지금부터 30년 전인 1846년에 나는 2주일 동안이나 내 신체가 정말로 나의 바깥에 있다고 느끼고, 그것을 타인의 것인 양 호기심으로 바라보고, 바닥을 걷는 내 발소리가 나를 뒤돌아보게 했던 적이 있다. 즉, 나의 현상과 실재, 형상과 실체 사이에는 강력한 점착성이 없다. 나의 중심적 모나드는 일시적인 표현으로 이러이러한 집합을 허용하고는 있지만, 그 형태의 취약성에는 현혹당하지 않고 있다. 그의 본질은 다형적이며, 따라서 순간적으로는 결정되어 있어도 그 바탕에 있어서는 결정되어 있지 않다. ……

나의 개성은 조금도 개성을 갖지 않았다는 것, 모든 개성을 잠재적으로 포함하고 그것을 느끼고, 그것을 의식하고 있는 것이다. 나를 정의하려면 정의 방법을 거꾸로 해서, 나를 특수화함으로써 분류하는 대신에 나를 부(部)나 유(類), 형(型)으로 분류 함으로써 도리어 특수화하지 않으면 안 된다. 나라는 개체는 오디세우스(호메로스의 시의 중요인물)처럼 그 누구도 아니라는 것, 비개성적인 인격, 보편적인 인격이라는 데에 있다. 어떠한 이름을 갖다 대어도 나의 특징을 나타낼 수가 없기 때문에 나는 이름이 없다. 정해진 형태를 부여하면 모두 일종의 허위가 되기 때문에 나는 형태가 없다. 나는 모든 것(전체라고 하지 않겠다)이 될 수 있기 때문에 특수한 어떤 것도 아니다. 불행한 달세계의 주민이여, 여러 부적합에 조심하기를.

프로메테우스적 정신이기 때문에 어딘가에서 활동하려면 나는 유충 상태에 머무를 각오를 하지 않으면 안 된다. 다른 사람들에게 필요한 것이 너에게는 양보되고 완화되고 용인되어야 한다. 사상성(事象性)이 나타나기 위해서는 영원한 것이 역사적인 것이 되고, 정신이 육체가 되고, 가능성이 그의 대수적인 다양한 경우의 하나로 틀어박히지 않으면 안 된다. 이리하여 육체에 머무는 것은 의심 없이 떨어져 낮아진 상태고, 신성한 상태에 비하면 실추이다. 그러나 이 형이상학적인 실추는 그것이 동의를 거친 희생인 이상, 윤리적인 고귀함이다. 세계가 있다는 것은 어쩌면 성가신 일인지도 모른다. 그러나 일단 인류가 실재한 이상, 그 다음에서 다음으로 진행되는 속죄는 먼저 간 사람들이 집단적 작업을 남기고 간 장소에서 일하고 있는, 자기들의 갇힌 상태에 안주하고 있는 사람들의 몇 세기에나 걸친 정신의 일에 기초하는 것이다. ……

윤리적인 면에서 본다면 너도 육체에 머무는 것, 저하, 결정, 연대, 무한에 아주 적은 분량이기는 하나 집단적 사업에 참가할 것을 인정하고, 겸손과 억제 및 종교에 의해 일할 것이다. 너도 모두처럼 적어도 가장 선한 영혼인 것처럼 할 것이다.

이것이야말로 그리스 사상에서 복음으로, 올림포스에서 겟세마네로, 기쁨의 예배에서 슬픔의 종교로 옮겨가는 통로가 아닌가. 아름다움의 추구는 자애로 변했다. 신의 아들은 심부름꾼이 되고, 의인은 잃어버린 것을 구하기 위해 몸을 십자가에 던지고, 행복한 사람은 모든 고뇌를 위로하기 위해 고뇌를 받아들이고 있다. 아름다움을 숭고함보다 우월하다고 여겼었다. 지금은 숭고함이 아름다움보다 아름다운 것으로 보이고 있다. 죄는 보편적인 병으로 보이기 시작해, 먼저 자기를 깨끗하게 함으로써 다른 사람들을 치유하는 것이 모든 사람의 의무로 여겨지고 있다. 그런데 방임과, 게으름, 무감정, 소침, 부주의는 죄에 대한 투쟁의 반대이다. 자기에 대한 관용이 악과 공모하는 것임을 안다면, 인간은 기권이 허용되지 않는다는 것, 선한 실례(實例)가 의무라는 것을 납득한다. 절망은 반향의 행위는 아니더라도 역시 잘못이다. 왜냐하면 절망이 아무에게도 선을 베풀지 않고 악의 총량을 늘리기 때문이다. 우리는 모두 비통, 절단, 사멸을 벗어날 수 없다. 남보다도 많은 것을 받은 사람, 따라서 많은 것을 잃어야만 하는 사람은 또한 모범을 보일 의무가 있다.

1876년 9월 8일

(아침 8시) 회색의 춥고 찌뿌둥한 날씨. 기침 발작이 나의 눈에 식초라도 넣은 것 같다. 우울.

상상의 작용은 병고의 끝을 넘어서 미리 그것을 느끼고 묘사한다. 때문에 병고가 닥쳐와도 갑작스런 느낌을 줄인다. 불의의 습격은 좋지만 고통은 싫다. 기묘하게도 인간은 병고가 돌아와 자기가 입은 희생에 결정타를 먹이는 것을 잔혹하다고까지 말한다. 결국 인간은 미리 상상에 의해 괴로워해 두면 그것으로 병고도 면한다고 믿는다. 우리의 상상작용에는 어딘가 반추적인 데가 있어서 자기의 고통을 두 번 소화한다. 자기의 잔에 먼저 입을 댄 다음에 그 앙금을 맛본다. 앞으로 잃게 될 것에 마음을 상한 뒤에 마침내 그 잃은 것을 한탄하고 슬퍼한다.

그러나 나에게는 이런 모든 것이 방어의 노력, 활동, 반항을 촉구하지 않는다. 결국 그것은 나의 주의 깊은 수동성의 이중 바닥으로 되어 있는 꿈과 같은 것이다. 자기의 운명을 벗어나고, 자기 운명을 만들려는 생각은 나에게 전혀 일어나지 않는다. 나는 동양적인 감수성을 지니고 있다. 나는 숙명의 바퀴가 도는 것을 보고, 듣고 있다. 나의 숙명인지 모른다. 아마도 그러하리라. 그러나 그 바퀴를 세우거나 피하려고 하는 것은 나에게는 어린아이 같아 보인다. 노력이란 것은 희망을 전제로 한다. 그런데 나는 이제 희망을 가질 수 없다. 나에게 남아 있는 최소한의 의지는 용인과 체념에 소비된다.

나는 꼼짝도 않고 나의 해체를 눈으로 보고 있다. 이 불교적인 타성은 이 지주의의 증거이며, 인간의 모든 힘을 단순한 반성적 의식으로 전환시키는 것의 증거이다. 영(零)이 영 자체를 명상하는 것, 모든 현상이 자아의 실체 속에, 자아가 공허 속으로 소실되는 것, 이것이야말로 진정으로 심리적인 열반(涅槃)이다. 자각하는 허무, 이것이야말로 순수 사유이다.

1876년 9월 12일

어떤 일에 대해서나 비평가는 그 정신을 파악하고, 얼마간의 전문적인 지식과 겸손함을 가져야 할 것이다. 확실히 이런 장점은 오히려 방해가 되기 때문에 명쾌해지기 위해서는 이것을 버리는 편이 나을지도 모른다. 그러나 총명한 사람도 자기의 한계를 의식하지 않으면 그 총명함을 잃는다. 자기를 비평하지 못하는 비평가는 참된 비평가가 아니다. 이해하는 것은 비판하는 것보다 4배나 어렵다. 비판한다는 것은 단순히 개인적인 의견을 기술하는 것에 머물지만, 이해한다는 것은 일 자체의 다양한 사건 속으로 객관적으로 들어가는 것이다.

이것은 나에게 또한 에드몽 세레르(Edmond Scherer. 아미엘의 친구로 비평가, 1815~1889년)를 생각하게 한다. 세레르는 개인적인 취미와 공평한 판단의 차이를 항상 인식하고 있었던 것은 아니다. 시학에 있어서나 미학에 있어서도 가끔 예단적(豫斷的)인 견해와 무반성적인 습관을 품고 있어서 그것의 주관성을 느끼지 않는다. 비평가로서의 그의 우수성을 감소시키는 것은 성격적인 특징, 자기에 대한 신뢰이다. 명쾌한 회의론은 드문 독자성이다. 나는 이것을 다른 많은 일에 대해서와 마찬가지로 야유의 법칙으로 설명한다. 인간은 모든 것을 의심해도 자기의 총명함만은 의심하지 않는다. 그와 마찬가지로 성 에르망다드(Santa Hermandad. 15세기 스페인에서 도적 범죄자에 대비해 구성된 결사. 그것의 명령을 행하기 위해 군대를 갖고 있었다.)는 인자한 신의 이름으로 형벌을 가했고, 태연하게 무자비한 행동을 했다. 또 자기는 빈궁한 생활을 바랐어도 자기의 종단을 위해서는 탐욕스런 행동을 한다. 뭔가 어떤 덕성을 자랑해 보았자 아무것도 되지 않는다. 이미 희극적인 메움이 늘 우리가 모르는 사이에 어딘가에서 이루어지고 있기 때문이다. 우리는 아무리 세월이 흘러도 웃음거리가 된다. 특히 너의 우스운 점은 무엇인가. 생각할 것까지도 없다.

수도 없이 격언을 주절거리면서 그 중 한 가지도 지키지 못하고 힘을 다해 예지의 이해에 노력하면서도 실행은 하지 못하며, 늘 사라질 준비를 하고, 보람도 없이 살고 있다는 것. 순수하게 관조적이 될 수 없는 관조, 깨끗하게 체념하지 못하는 체념, 만성적 모순, 이것이 너의 구호이다. 일관되지 않는 회의론, 확신은 수반하지 않지만 치유될 가망이 없는 결단성의 결여, 그대로는 곤란하지만 그렇다고 해서 능력이 달라질 수 없는 무기력, 이런 것이 너의 불행이다. 희극적인 면은 다른 사람을 지도하는 능력이 나를 지도하지 않는 무능력이 되어 있다는 것, 무한대를 바라는 꿈이 무한소에 의해 저지되고 있다는 것, 다양하게 타고난 능력이 완전하게 쓸모 없게 보이는 것이다. 과도한 운동으로 정지에 이르고, 과다한 기량으로 무기력에 이르고, 수의 과잉 때문에 0에 도달하는 것은 기묘한 익살이고 쓸쓸한 해학이다. 이래가지고는 극히 하찮은 수다쟁이 노파에게 야유를 당해도 어쩔 도리가 없다.

감정에 있어서는 극단적으로 주관적이고, 사유에 있어서는 극단적으로 객관적인 너의 개성은 비아적인 점에 있고, 너의 약점은 개성적이 될 수 없다는 점에 있다. 너의 결함은 의지작용에 있고, 너의 부작위의 원리는 의혹에 있으며, 그 의혹은 모든 것을 보는 것이 불가능하다는 것과 선입견 및 제멋대로인 결단을 배척하는 성실함이 이어진 점에서 출발하고 있다. 다른 말로 하면 너는 인간의 분수에 원만하게 적응해 있지 않으며, 실제로 가게를 열어 보기도 전에 죽게 된다. 왜냐하면 네 주위의 것은 너를 적합하게 할 수도, 너에게 적합할 수도 없기 때문이다.

너의 자아는 자아 자체에 불과하지만 그 속의 깊은 본능이 비아라는 점은, 참으로 네가 탈출하지 못할 가책이다. 자기를 한정해야만 하는데 그것은 어쩌면 너에게는 불가능할 것이다. 네 마음이 그것에 동의하지 않기 때문이라고도 할 수 있고, 너의 머리가 무엇을 선택해야 할지 모르기 때문이라고도 할 수 있다. 절망 속에 있는 결정하지 못함, 이것이 너의 중심적 존재가 유지되고 있는 점이며, 네가 늘 의식 속에서 자신의 국부적인 방심이나 계획, 회피보다도 한 단계 높은 것으로 인정하고 있는 점이다.

나의 마음은 지금까지 어떤 것에 의해서도 욕구가 채워지지 않는 심연이었고, 욕구의 사라짐이 아직 내 가슴을 진정시킨 적이 없다. 나의 가슴은 사랑과 신앙과 감격으로 집중할 수 있으면 좋겠다고 바라건만, 어떠한 대상도 그것을 흡수하지 못하고 환상을 주는 것조차 불가능하다. 이 광대하고 불명확한 욕망은 결코 사라지지 않는 갈증이다. 이것과 영원한 가책을 받는 것의 고뇌와의 차이를 묻는 사람이 있을지도 모른다. 후자의 고뇌는 영원한 회한이며, 전자는 막연하기는 하지만 행복과 허무를 희망할 수 있는 것이라고 할 수 있겠다.

때문에 나는 반항자도 아니고 귀순자도 아니다. 또 다른 애매한 점. 불안하고 불안정한, 정의할 수 없는 걱정스러운 상태가 나의 상태이다. 스스로 수수께끼임을 알고 있는 수수께끼, 자기를 인식하고 있는 혼돈, 알면서도 정돈하지 않고 있는 무질서, 이런 것이 나의 입장이다. 어쨌거나 직접적인 깨달음의 폭넓은 섬광이 심연을 관통해 비춘다 해도 그 광경은 잊혀지고, 마침내 혼합되어 다시 노력해야 하는 것이 된다. 개성적인 정신이 자기의 본질을 파악하는 시도에 성공하지 못하는 이유는 어쩌면 그 본질이 개성적이지 않기 때문이리라.

1876년 9월 19일

독서, 두당(Ximénès Doudan. 프랑스의 문학가, 1800~1872년) 《서간 및 잡찬(雜纂)》(1876년) 제1권 250쪽. 썩 훌륭하다. 기지와 애교, 정교함과 치밀함, 상상, 사유, 모든 것이 이 편지 안에 갖춰져 있다. 이 사람과 친분을 맺지 못한 것이 꽤나 유감이다. 이 사람이야말로 세련된 형식의 프랑스인이고 숭고하게 태어난 섬세한 사람이다. (생트 뵈브의 말) 완성이란 것을 너무 격렬하게 사랑했기 때문에 일반인의 눈에 띄지 않고 말았지만, 생전에 그의 동료들 사이에선 가장 훌륭한 작가로 평가받았던 섬세한 사람이다. 빠진 것은 단지 양지에서 자리를 차지하기에 필요한 정도의 내용과 야성, 명예심뿐이다. 그러나 당사자는 파리의 가장 뛰어난 사교계(드 브로이 de Broglie가의 패들)에서 존중을 받았기 때문에 그 이상의 것을 바라지 않았다. 그는 나에게 쥬베르(Joseph Joubert. 1754~1824년. 프랑스의 사상가, 그가 남긴 《수상록》은 1838년에 친구인 샤토브리앙이 출판했다)를 떠올리게 한다.

1876년 9월 20일

(아침 8시) 두당의 제129 편지까지 나아가다. 당시 42세였으나 이미 죽어가고 있었다고 하며, 끊이지 않는 두통을 호소하면서 극단적인 정도까지 흠칫거려 집에만 틀어박혀 있었다고 한다. 그러면서도 그 뒤로 30년이나 살아 있었다. 나의 미래도 이러할 것인가. 그렇게는 생각하지 않는다. 그러려면 흉곽이 튼튼하고 식물적 기능(영양 및 생식작용)이 건강한 상태가 아니면 안 된다. 그러나 나는 호흡기가 손상되어 있다. 기관지에 혹이 나 있다. 그것이 신경성 고장인 것 같아 나를 괴롭힌다.

옅은 햇빛이 아침의 광선으로 정면의 재판소 건물을 곧장 가르고 있다. 그 광선은 뜨겁지도 않고, 반짝이지도 않아 노인처럼 미소짓고 있다. 그것은 두당이 비네(Alexandre Vinet. 스위스의 문학자, 신학자 1797~1847년)에게 인정했던 '거인의 미소'는 아니다. 쓸쓸한 체념의 미소, 흔적도 없이 사라지고 마는 구름의 틈새이다.

(같은 날) 이지(理知)라는 것은 타인의 이지에 두 가지의 쾌감을 동시에 부여하고 그것을 만족시키는 데에 있다. 즉, 한 가지를 듣고 다른 것을 추측하는 쾌감, 바꿔 말하면 일거양득의 쾌감을 준다. 그래서 두당은 거의 한 번도 직접적으로는 자기의 사상을 말하지 않고, 비유나 암시, 과장, 내적인 이야기 방식, 가벼운 빈정거림이나 거짓된 분노, 지어낸 겸손, 호의를 가장한 심술로 자기의 사상을 내보이고 주입한다.

추측해야 할 것이 말로 표현된 것과 다르면 다를수록 회화나 편지 왕래의 상대에게는 유쾌한 놀라움이 생겨난다. 이 미묘한 매력을 지닌 표현방법에 따르면 무엇을 가르치든 현학적이 되지 않으며, 무슨 얘기를 꺼내도 상대의 마음을 다치게 하지 않는다. 이런 이야기 방식은 본심과 농담, 지어낸 것과 진실을 라퐁텐이나 아르키비아데스라도 감탄할 만한 묘한 수법을 뒤섞어서 어딘가 공기 같은 또는 아티카풍을 지닌다. 이 소크라테스적인 다변은 병이

나 불쾌함을 극복하는 심적 자유를 예상한다. 이 묘미의 자잘한 즐거움은 세련된 천성(天性)에만 속하는 법이어서, 이런 사람들의 우월성은 정교함과 치밀함으로 감춰진 취미를 통해 나타난다. 천성과 교양의 평형을 요구하는 것이다. 그것은 독특한 품격을 보이고 있다. 어쩌면 남성적인 사상이 여성적인 고집과 결부된 이런 식의 부드러운 촉감은 병든 사람이 아니면 가질 수 없을지도 모른다. 지나친 데가 있다 하더라도 그것은 다분히 여성적인 심리 때문일 것이다. 두당은 완전한 것, 완전하게 조화된 것 말고는 견디지 못하며, 조야하고 신랄하며 강력한, 갑작스럽거나 난폭한 것은 모두 이 사람에게 경련을 일으키게 한다. 어떠한 종류의 대담성이든 이 사람을 조마조마하게 한다. 이 로마 시대의 아테네인은 귀와 눈과 마음의 에피쿠로스주의를 고수하고 있다. 장미 꽃봉오리를 보고도 전율한다. 12장의 요를 겹쳐 놓아도 침대 밑에 들어 있는 콩 한 톨의 딱딱함을 느꼈다고 하는 그 동화 속의 공주를 떠올리게 한다.

하나의 그림자, 숨결, 아무것도 아닌 것이 이 사람에게는 열이 나게 한다.

이 부드러운 남자에게 없는 것은 힘이다. 근육의 힘과 함께 창조적인 힘이다. 이 사람의 관심 범위는 내가 추측했던 것만큼 넓지 않다. 고전적 세계와 르네상스, 라퐁텐의 한계가 이 사람의 한계이다. 게르만이나 슬라브 문학 속에서는 나라를 떠난 사람 같은 심정이 되어 있다. 아시아에 이르러서는 들여다보지도 않는다. 이 사람에게 인류의 문화는 프랑스보다도 현저하게 넓지 않다. 이 사람이 볼 때 자연은 성경이 아니다. 음악 및 회화에 있어서도 꽤나 배타적이다. 철학으로는 칸트에 머물러 있다. 다만 이 서간집의 제1권은 1843년까지밖엔 가 있지 않다. 요컨대 보통 이상으로 정교하고 치밀하며, 지극히 머리가 좋은 사람이기는 하지만 완전한 비평가는 아니다. 하물며 시인도 아니고 철학자도 아니며 예술가도 아니다. 듣는 사람을 사로잡을 정도로 말을 잘 하고 기분 좋은 편지를 쓸 수 있는 사람이므로 조금 더 집중하면 작가도 될 수 있었을 것이다.

이런 인상을 다시 떠올리면서 그것을 수정하기 위해 제2권을 기다리기로 하겠다. 이 사람은 폴 로와이얼 (파리 교외에 있어 17세기에 얀센파 사람들이 모였던 수도원, 아르노와 파스칼이 있었던 곳)을 매우 싫어하고, 비네에 대해서는 재주밖엔 인정하지 않는다. 그것만으로도 대강 짐작이 간다.

(정오) 전체를 다시 읽다. 아티카풍을 맛보면서 그 정도로 독특하고, 그 정도로 탁월한 기질을 다시 생각했다. 두당은 꿰뚫어 생각하는 힘이 날카롭고, 호기심이 강한 심리학자, 다양한 능력의 연구자, 다양한 지능의 계발자, 취미와 기지를 지닌 무한히 섬세한 감수성과 배려심이 있는 사람이었다. 그러나 그의 결함은 지속적인 사고력, 인내력, 실행력의 부족에 있다. 그는 생식자라기보다는 오히려 산과 의사였다. 그는 일생을 통해 열매가 많은 새싹을 뿌리는 것에 만족했지, 그것을 육성하고 성숙시키려고는 하지 않았다. 내성적이고 욕심이 없으며, 게으름과 냉담함이 이 사람을 문학적인 권고자 및 시합의 심판자 역할에 집어넣고 말았지만, 사실은 스스로 싸울 힘도 있었다. 그러나 나는 이 사람을 비난해도 되는 것일까. 아무래도 그렇지는 않다. 첫째, 그렇게 하면 나의 아군에게 활을 당기는 것이 된다. 나아가 그 사람으로서는 나름대로 유리한 쪽을 선택한 것이 틀림없을 것이다.

괴테는 모든 유명한 사람에게 그의 명성까지는 도달하지 않은 사람들이 있으며, 더구나 전자는 후자를 자기와 동등하거나 자기보다 뛰어난 사람으로 간주했었다는 일반적인 고찰을 말하지 않았던가. 데카르트도 분명 똑같은 말을 했던 것 같다. 명성은 그것을 두려워하는 사람들에게는 찾아오지 않는다. 명성이라는 여자는 호의를 가지고 있으면서도 자신을 획득하려 애쓰지 않거나, 은근하기는 하지만 막상 때가 되면 말을 하지 못하는 남자들을 비웃는다. 명성은 귀찮게 따라다닐 뿐만 아니라 힘을 가하지 않으면 말을 듣지 않는다.

연인이 자기 팔을 세차게 붙들면 좋겠다고 생각하는 여장부이다.

일반 민중은 대담하고 위엄이 있는 인물, 모험가 기질이 있는 사람, 솜씨가 좋은 사람에게만 복종한다. 겸손한 태도는 신용하지 않으며, 그것을 다만 무능력을 가장하는 것이라 간주한다. 결론. 귀족 명부는 참된 천재의 이름을 일부분밖에는 게재하고 있지 않다. 그곳에 이름이 열거되어 있는 것은 자진해서 명예라는 것에 가택침입을 한 사람들이다. 다른 의미이기는 하지만 복음서도 천국에 들어가는 것은 대담한 사람들에게 허용된 것이며, 그것을 얻을 수 있는 것은 성질이 격한 사람들이라고 말하고 있다.

1876년 11월 15일

라블레(Emile de Laveleye. 베르지크의 법률학자, 경제학자, 1822~1892년)의 소책자 《여러 문명국민의 종교적 미래(L'avenir religieux des peuples civilisés, 1876년)》를 읽다. 전에 이 사람의 책을 읽었을 때와 마찬가지로 그의 의견에 찬성한다. 내가 호의를 가질 수 있는 저자이다. 그의 논지는 순수한 '복음'이 미래의 종교를 가질 수 있다는 것, 현재의 사회주의가 요구하는 모든 종교적 원리의 폐기는 가톨릭의 미신과 마찬가지로 유해하다는 것이다. 이것은 롤랑(아마도 Francois Laurent. 베르지크의 역사가, 법률학자 (1810~1887년)를 가리키는 듯)의 결론인 《미래의 종교(Religion de l'avenir)》. 프로테스탄트의 방법은 이런 식으로 사제적인 그리스도교를 단순한 '복음'으로 바꾸기 위한 것이리라. 라블레는 문명이 신과 내세에 대한 신앙 없이 계속될 수 있다고는 생각하지 않는다. 경우에 따라서는 일본이나 중국은 그 반대의 증명이 된다는 것을 잊고 있는지도 모른다. 그러나 일반적인 무신론은 평균적인 윤리의 저하를 초래한다는 것을 증명한다면, 무신론에서 마음을 바꾸는 편이 나은 것이 된다. 그렇지만 이것은 공리적인 종교에 지나지 않는다. 신앙은 유익하기 때문이라고 해서 진리가 되지는 않는다. 오늘날 모든 계급에 걸쳐 환멸을 느끼고 있는 사람들을 만족시키는 것은 진리, 확정되고 증명되어 있는 합리적인 과학적 진리뿐이다. 어쩌면 이렇게 말해야만 할 것이다. 신앙은 세계를 지배한다. 그러나 요즘의 신앙은 이미 계시 속에서도, 사제 속에서도 찾아볼 수가 없다. 그것은 이성과 과학 안에 있다. 선과 행복에 관한 과학은 있는가. 그것이 문제인 것이다. 정의 및 선의는 특수한 일정 종교에 의존하고 있는가. 어떻게 하면 자유롭고 솔직하며 올바르고 선량한 사람을 만들어낼 수 있는가. 그것이 요점이다. 종교를 정화하는 방법은 이 고급스러운 관심에 종속한다.

내 야유의 법칙의 새로운 적용을 서서히 발견했다. 어느 시대에나 상반되는 두 흐름이 있고, 그것이 논리적으로는 서로 반발하지만 사실상 서로 결합하고 있다. 예를 들면 18세기의 철학적 유물론은 자유의 신봉자였다. 현재의 다윈파 사람들은 평등주의자이건만 다윈설은 최강자의 권리를 증명하고 있다. 허망함은 생의 특질이다. 현실의 사상(事象)은 활동 중인 모순이며,

살아 움직이고 돌아다니는 불합리성이다. 자신과의 일치가 있었다고 한다면 그것은 평화이고 고요함이며, 어쩌면 부동일 것이다. 인간의 총체는 활동이라는 것을 생각하거나 행하는 데 있어 대부분 싸움의 형식으로 비롯된다. 생존경쟁의 내적인 싸움, 국민과 국민의 외적인 피투성이 싸움, 마지막으로 자기 자신과 싸운다. 결국 생명은 영원한 투쟁이며, 그것은 자기가 바라지 않는 것을 바라고 바라는 것을 바라지 않는다. 여기서 내가 명명한 야유의 법칙, 즉 무의식적인 기만과 자기에 의한 자기의 배격, 허망함의 구체적인 실현이 나온다.

이 결론은 필연적일까. 나는 그렇게는 생각하지 않는다. 투쟁은 조화의 희화이며, 상반하는 것의 결합이라 해야 할 조화도 역시 운동의 원리이다. 싸움은 거칠고 막되며, 흉악한 반란을 진정시키는 것, 패자의 멸망 또는 굴종에 의한 저항을 제거하는 것이다. 상호 존중 쪽이 훨씬 낫다. 투쟁은 다른 것의 힘 이외에 한계를 인정하려 하지 않는 이기심에서 생겨난다.

동물성의 법칙은 역사의 대부분을 지배하고 있다. 인류의 역사는 본질적으로 동물학적이다. 그것은 나중이 된 다음에, 그것도 정의와 선의, 감격, 헌신으로 불타는 아름다운 마음속에서만 인간적인 것이 된다. 천사는 고등한 동물에게도 그리 쉽사리 얼굴을 내밀지 않는다. 신성한 후광(後光)은 지상을 지배하고 있는 인류의 머리 주위에 덧없는 빛으로 나타나고 있음에 지나지 않는다.

그리스도교를 신봉하는 여러 국민은 충분히 야유의 법칙을 나타내고 있다. 천국의 시민이라는 신분, 영원한 재물에 대한 배타적인 예배를 공언하고는 있어도 마땅히 사라질 재물에 대한 격렬한 추구, 토지에 대한 집착, 정복에 대한 갈망은 이들 여러 국민에게 이보다 강렬했던 적이 없다. 그 공적인 모토는 실제적인 욕구와 정반대이다. 거짓 국기를 휘날리면서 웃어 마땅한 견고한 양심으로 밀수와 약탈을 자행하고 있다. 그것은 위선적인 사기일까. 그렇지는 않다. 그것은 야유의 법칙을 적용한 것이다. 기만이 지극히 흔해져서 그것을 저지르는 사람은 알아채지도 못한다. 그래서 모든 국민은 그 날의 일이 끝나면 입을 닦고, 아무도 자기가 어느 정도로 우스꽝스러운지를 느끼지 않는다. 그리스도교 문명의 요술 같은 모순을 깨닫기 위해서는 일본인이 되지 않으면 안 된다. 인간의 어리석음과 그 끊임없는 환상을 밑바탕에서부터 이해하려면 달세계의 주민이 되어야 한다.

  철학자도 역시 야유의 법칙에 복종한다. 현재 이지적으로는 모든 선입견으로부터 해방되어, 즉 밑바탕이 비아적이 되어도 자기의 누더기와 자기의 허물 속으로 되돌아가 마시거나, 먹거나, 배가 고프거나, 목이 마르거나, 한기가 스미는 등, 잠깐은 인간답게 행동해도 결국은 다른 모든 동물처럼 하지 않으면 안 되기 때문이다. 희극시인은 그것을 기다리고 있다. 동물적인 욕구는 이 하늘을 나는 것에게 복수를 가하고 인간을 비웃으며 이렇게 외친다. 너는 쓰레기다, 허무다, 인간이다.

1876년 11월 26일

  독서. 쉐르뷰리에(Victor Cherbuliez. 스위스 태생의 프랑스 소설가 1829~1899년, 아미엘의 친구)의 장편소설 《생모르양의 허혼자 (Le fiancé de Mademoiselle de Saint-Maur, 1876년)》 제2부를 다 읽다. 역량도, 기지도, 지식도, 문체도 풍부하다. 몇 백이나 되는 불꽃의 찬란하고 섬세한 돌의 보석세공이다. 그런데도 우리의 가슴은 만족을 느끼지 않는다. 이런 메피스토펠레스적인 소설은 읽은 뒤의 느낌이 쓸쓸하다. 기교를 응집한 여자들은 제국 말기의 취미를 갖고 있다. 이 세련된 세계는 눈에 띄게 부패에 빠져 있다. 누구나 내다버리고 싶을 정도로 많은 기지를 갖지 않은 사람은 없고, 자기의 양심을 기지로 바꾸지 않은 사람은 없다. 이런 고급스러운 취미는 부도덕의 가면이다. 이미 가슴이 없어진 이런 마음의 이야기는 묘하게 괴로운 인상을 준다.

  빅토르는 감동시킬 수가 없으므로 마법을 쓰기 시작했다. 그가 묘사하는 여자들은 남자를 파멸로 이끄는 물의 요정(마녀)이다. 그 매력은 유해함이다. 결국 이 문학은 불건전하다. 독자는 현혹되면서도 자기가 거짓 속에 있음을 느끼면서 키르케(호메로스의 오디세이에 나오는 마녀)의 술을 마신다. 기만과 마법을 알아차리면서도 그것에 넘어가는데, 그것에 대해 불쾌감과 수치심을 느낀다. 그렇기 때문에 이것을 읽고 맛보는 쾌감은 죄 있는 쾌감과 비슷하다. 상상력과 감각이 정신을 마비시키고 있다. 좋지 않은 성공이다. 실제로 이것은 임페리어(Imperia, 이탈리아 여자. 1455~1511년경. 르네상스의 문학자가 그의 아름다움과 재주를 칭송하고 있다)의 성공과 취미와 같다. 빅토르는 마법사이다. 그러나 채찍을 남용하여 오로지 퇴폐한 사람들을 기쁘게 하는 것만 생각한다.

1876년 12월 4일

빅토르 쉐르뷰리에를 이것저것 깊이 생각하다. 소설, 정치론, 미술평론도 쓰고 있으므로 《두 세계 평론》을 채우고 있는 것이 된다. 이것은 작가로서의 극치이며, 루소 이후 스위스 제일의 작가이다. 소설은 어쩌면 그의 작품 가운데에서 가장 불만스러운 부분일지도 모른다. 왜냐하면 여기에는 소박성, 은밀함, 환상이 결여되어 있기 때문이다. 그러나 지식, 문체, 섬세한 맛, 기지가 풍부하며, 도처에 사상이 넘치고, 나아가 국어를 완전히 체득하고 있다. 이 점은 나를 놀라게 하고 나를 감탄하게 한다. 이 사람에게서 내가 가장 좋아하지 않는 것은 프랑스 국수주의에 영합하는 수법이다. 쉐르뷰리에에게는 선입견이 딱 한 가지 있다. 게다가 그것은 필요한 선입견이다. 그보다도 나는 남자다운 무모함, 이해득실을 따지지 않는 과감성 쪽이 좋다. 그는 훌륭한 사람이다. 그러나 높은 자존심, 따뜻한 마음, 깊은 양심은 아니다. 그 범주는 선의가 아니라 사유이다. 이것은 넓고 섬세하며 빈틈없는, 얼마든지 궁리할 수 있는 머리이다. 알렉산드리아의 멋쟁이이고 모든 의미에 있어서 일류의 교양을 가졌지만, 어떤 것에도 헌신하지 않고 사람을 진지하게 하는 '가슴' 대신에 사람을 자유롭게 해 주는 야유를 갖추고 있다. 파스칼이라면 이렇게 말하리라. 이 사람은 사유의 세계에서 자애의 세계로 올라서 있지 않다. 그러나 결코 감사를 게을리 하지 않는다. 루키아노스(기원 2세기에 나왔던 그리스의 작가)는 성 아우구스티누스에게는 미치지 못해도 루키아노스만의 것이 있다. 사람들의 마음을 자유롭게 하는 것에도 사람들의 영혼을 설득하는 것과 마찬가지로 공적이 있다. 해방자(解放者)는 지도자 다음으로 중요한 임무를 지닌다. 부정론자나 비평가도 확신자, 영감자(靈感者), 긍정론자와 나란히 의무를 행한다. 쉐르뷰리에에게 있는 실질적인 점은 선이나 윤리생활, 종교생활이 아니라 아름다움이다. 그의 본질적인 것은 미학이며 그가 존중하고 있는 것은 언어이다. 결국 쉐르뷰리에는 사명을 다하고 있는 것이다. 왜냐하면 작가, 나아가 미묘하고 정교하고 치밀한, 전형적 작가이기 때문이다. 우리에게 사랑을 일으키지는 않지만 이 사람에게는 경의를 표하지 않으면 안 된다.

(날짜 없음)

어떤 사회에나 신비가 있고, 눈에 보이지 않는 일정한 매듭이 있어 그것에 손을 대서는 안 된다. 이 생명에 관한 매듭은 부모자식 사이에선 존경, 친구 사이에선 존중, 부부 사이에선 친밀, 집단생활에 있어서는 애국심, 종교생활에는 신앙이다. 이 점들은 말로 하지 않는 것이 현명하다고도 할 수 있다. 말로 하는 것은 꽃을 흩뜨리는 일이다.

1877년 1월 5일
불운에 불운이 겹친다. 나는 어제 여기서 감기에 걸렸음이 틀림없다. 게다가 잠자리가 바뀐 탓인지 무릎이 약간 흔들린다. 오늘 아침은 이렇게 참혹한 모습이다. 콧물과 염증(기관지염)으로 반쯤 숨이 막히고 보행 상태가 나쁘며, 오른쪽 귀가 아프고 머리는 당긴다. 나는 이것이 가장 두렵다. 왜냐하면 나는 명상으로 다른 불쾌함을 막기 때문이다. 체력의 격렬한 쇠약, 고등한 기관의 눈에 보이지 않는 소모, 뇌의 퇴폐, 이 얼마나 지독한 가책이랴. 더구나 아무도 그것을 모른다. 다른 사람들은 나의 머리칼이 하얘지고, 이가 빠지고, 주름살이 생기고, 겉으로 나이가 드는 것을 가여워한다. 그러나 무엇하랴. 자기의 기능만 무사하다고 느끼면 곧 관심에서 멀어진다. 이 은혜는 학문을 하는 많은 사람들에게 주어져 있으므로 나도 얼마간 그것을 기대하고 있었다. 아뿔사, 이것도 희생하지 않으면 안 되는 것인가. 희생도 아버지 하느님과 특수한 섭리에 의해 부과된 것, 오히려 요구된 것이라 믿는 경우에는 우선 쉽다고 말할 수 있겠다. 그러나 나에게는 그런 종교적인 기쁨이 없다. 나 자신의 절단은 나를 감소시킬 뿐, 누구를 위해서도 아니다. 내가 맹목적이 된다 한들 대체 누가 득을 볼 것인가. 나에게는 하나밖에 동기가 남아 있지 않다. 즉, 불가피한 것에 대한 남자다운 체념, 나아가 타인에 대한 모범. 단순한 스토아파의 윤리.

그러고 보면 개인에게 있어 영혼의 이러한 정신적인 교육은 소용이 없는가. 우리 지구가 그 다양한 운명의 나선(주기)을 끝냈을 경우에 그것이 하늘의 누구에게, 또 무엇에게 도움이 되는가. 창조의 교향악에 하나의 악보를 부여할 것. 우리는 전체성과 불역성을 의식한 다음에 개별적 원자(原子), 명쾌한 통찰력이 있는 모나드로서 소멸한다. 그것으로 충분하지 않은가. 아니, 충분하지 않다. 실제로 만약 모든 것이 다시 사라진다면, 진보·성장·이익이 없다면 화학작용과 다양한 화합의 같은 결과밖에 없다. '바라문'은 일단 창조한 다음에 다 받아들인다. 우리가 정신의 실험실이라고 한다면 그나마 정신을 우리 힘으로 증대시키고 싶다. 우리가 지고의 의지를 실현하는 자라고 한다면 신에게 그 기쁨을 주고 싶다. 영혼의 신뢰로 가득한 겸허함이 사상의 위대함보다도 신을 기쁘게 한다면 신의 설계, 신의 의도 속으로 들어가자. 이것이야말로 신학의 말을 사용하면 신의 영광으로 사는 것이다. 종교란 신의 의지가 어떠한 것이든 그것을 분명하게 인식하기만 한다면, 자식이 아버지를 대하는 마음으로 그것을 받아들이는 것이다. 그런데 쇠약, 병, 사멸이 우리의 생존 프로그램에 들어 있다는 것을 의심할 수 있는가. 불가피한 것이 운명이 아닌가. 나아가 운명은 여러 종교가 신이라 이름하는 것의 이름 없는 호칭 방식이 아닌가. 불평을 하지 않고 자기의 여러 운명의 강을 내려가, 반항심을 품지 않고 계속해 나가는 탈피의 비밀, 0 이외에 한계가 없는 축소의 비밀을 받아들이는 것이 필요하다. 포장은 전개와 마찬가지로 자연이다. 어둠 속에서 나왔던 것처럼 어둠 속으로 차츰 돌아간다. 능력과 기관의 작용, 생명의 웅대한 기구는 한 조각씩 상자에 수납된다. 본능으로 시작하더라도 명쾌한 통찰로 끝나는 마음가짐이 없으면 안 된다. 자기가 쇠약해 숨을 거두는 것을 지켜보아야 한다. 음악의 주제가 일단 끝나면 정지를 찾아내 침묵 속으로 도망치는 것이 마땅하다.

1877년 1월 19일

(아침 10시) 멋진 날씨, 파랑과 은색. 사형(死刑)에 대해 학생과 면담. 그 다음에 산책. 바스티온과 트레이유(제네바의 거리 이름)의 나무는 엷게 서리를 맞아 기쁜 빛을 띠고 있었다. 탄력 있는 건전한 공기는 이리저리 돌아다니고 싶은 마음이 들게 했다. 이것이 겨울의 호의가 가득한 미적인 모습이다. 감상 때문에 무기력에 빠진 뒤에 정의롭고 남자다운 아름다움과 마주친 것처럼 느껴졌다. 한 조각의 준엄함에도 특유의 매력이 있다. 명확한 양식은 오히려 막연하고 몽상적인 뒤섞임의 피로를 멈추게 한다. 훌륭한 교육과 규율이 바로 선 교제도 걱정 없이는 되지 않는다. 가벼운 정도라면 추위로 인해 아파하고 비난 때문에 억눌리며, 솔직함에 의해 자극을 받는 것도 좋은 일이다. 게으름과 약함을 조심하라. 이런 생각은 모두 사형에 반대하는 속이 메스꺼워질 듯한 핑계, 궤변과 말뿐인 감동이 뒤섞여 진리와 정의의 의식을 약화시

키려는 토론 뒤에 나에게 생겨났다. 이런 논의는 어째서 이런 쓰레기 만들기가 되는 것일까. 잘못된 분석, 가치 없는 공리, 4분의 3의 오류 속에 뒤덮인 4분의 1의 진리. 외눈박이에 절름발이, 꼽추에 다리가 휜 이론이 미소년 안티노우스인 체하고 있다. 그런 바보 같은 일이 인기를 끄는 것이다. 반성이라는 것도 하지 않고, 여러 면을 가진 문제의 한 면밖에는 보지 않는 대중에게 그런 이론의 단순한 면이 받아들여진다. 여론을 끄는 방법은 진리 탐구와는 반대이며 거짓 외관을 갖추는 기술이다. 감상과 상상은 사기라는 수법을 쓴다. 사형반대에 대한 논쟁은 빅토르 위고 이래로 충분하게 그것을 증명하고 있다.

1877년 1월 21일

(아침 11시) 파란 하늘, 아름다운 태양. 나는 귀족정치, 군주정치, 전제정치를 좋아하는가. 결코 그런 일은 없다. 만약 내 뜻대로 된다면 민주정치를 파괴할 것인가. 전혀 아니다. 제도는 그 자체로서는 선도 악도 아니다. 민주제도에는 이론상 인간의 품위를 인정한다는 장점이 있다. 인간의 어리석음은 나를 조급하게 한다. 그러나 나를 내버려 둬주기만 한다면, 나는 어리석은 사람들에 대해서 존재할 권리, 팔다리를 뻗을 권리, 자반뒤집기를 할 권리를 인정하겠다. 나의 불쾌함은 자기 보존의 한 단면에 불과하다. 나는 내가 가진 타고난 능력을 이용하려고 하지 않으며, 또 그것이 모르는 사람들에게는 측은하게 보이는 모양이다. 나는 내가 남에게 주고 있는 것밖에, 즉 자유밖에 바라지 않는다.

어쨌든 나는 차츰 '도움이 되지 않게' 되어간다. 실제로 나는 늑대들과 함께 짖을 수가 없으며, 나의 사람 좋은 점이 오히려 나를 비사교적이게 한다. 내가 상대하는 동안에 조화와 정신적 협화를 느끼고, 교환이 쉽고 유쾌하고 확실하여 감사할 가치가 있을 만한 개인이 몇 사람이겠는가. 그런 사람이 몇 있는가. 10명 있는가, 7명인가, 3명인가, 2명인가. 셀 마음은 없다. 하나의 점으로는 서로 일치해도 4개의 점에선 다르다. 그보다 오히려 서로 일치하지는 않아도 내 쪽에서 존중하는 사람을 세는 편이 낫다. 그거라면 더 많이 남아 있으리라. 때문에 나는 나에게 타인과 서로 녹아들지 않는 성질이 있다고 인정하지 않는다. 그보다 나는 클럽이나 모임, 공적인 회합을 피하고 있어서 그런 성질로 태어날 기회를 주지 않는 것이다.
　나는 조화, 일치, 양해, 방임을 필요로 한다. 내가 거리를 유지하거나 또는 늘리고 있는 것은 호의가 있는 온화한 태도를 계속하기 위해서이다. 내가 막을 수 없는 연못은 파지 않는 편이 낫다. 사람들과 싸움이나 투쟁을 하기보다 무시하는 쪽을 바라고 있다. 논쟁은 결과가 없는 허무한 것으로 보인다.

　평화를 지키기 위해 나는 침묵을 지킨다.

　어쩌다가 내가 언짢은 기분이 들어도 하나나 다섯, 열이나 스물의 글과 나의 일기라면 충분히 그 기분을 없애버린다. 그런 기분은 혼잣말 속으로 흘려버리기 때문에 아무에게도 해를 주지 않고 나의 내적인 균형을 되돌려 준다.

1877년 2월 3일
　시렐이 말한 것처럼 나는 함대와 함께 출발했지만 판자 한 장을 붙들고 항구로 돌아왔다. 이 무슨 희망의 무너짐이며, 환상의 살육이랴. 나에게는 모든 것이 개방되어 있어 가능했다. 지금은 나는 구석에 숨어서 자연으로부터 건강을 지키고, 인간에게서 평정을 지키려 애쓰고 있다. 나는 꿈꾸는 사람의 생애를 보내왔고, 사상의 흔적을 하나도 남기지 않은 것 같다. 나는 살았다고는 할 수 있으리라. 공포시대라면 그것만으로도 상당한 의미가 있었다. 그러나 지금으로선 크게 가치가 없다. 나는 평판도, 사건도, 결과나 발자취도 없이 신중함이라고 말할 수도 없는 생애, 지극히 보잘것없는 생애를 마치게 된다.

1877년 2월 6일
　'참새 여관' ***에서 밤새도록 사상의 무정부 상태, 일반적인 교양의 결핍, 세계를 순수하게 지키고 있는 것, 도처에서 볼 수 있는 미신이나 고질적 습관의 한가운데를 나아가는 과학의 확고한 발걸음 등에 대해 이야기했다.
　가장 드문 것은 정신의 올바름, 질서, 방법, 비평, 균형, 뉘앙스이다. 다양한 사상의 공통된 상태는 어수선함과 혼란, 불합리, 부당한 요구이며, 심정의 공통된 상태는 감정으로 달리고 있는 상태, 공정함, 편협되지 않고 친근한, 개방적이 될 수 없는 것이다. 의지는 항상 이지에 앞서며, 욕구는 의지에 앞서고, 우연은 욕구를 낳는다. 그 결과, 사람들이 나타내는 그때그때의 견해는 진지하게 받아들일 만한 가치가 없고, 내가 있기 때문에 내가 있다는 유치한 논의 이외의 이유를 부여할 수가 없다. 진리에 도달하는 방법은 거의 행해지지 않고, 알려져 있지도 않다. 왜냐하면 자아적인 겸손이 없고, 진리에 대한 사랑도 없기 때문이다. 우리 손이나 혀를 무장하고 우리의 허영과 권력욕에 도움이 되는 지식은 바라지만, 우리 자신이나 선입견, 성격에 대한 비판은 우리에게 반감을 일으킨다.

인간이라는 의지적이고 탐욕스런 동물은 외부에 자기를 투영해 자기의 성향을 만족시키기 위해서 생각을 이용하지만, 진리에 투자하지 않고 자기의 규율을 싫어하며 이해관계를 떠난 관조나 자기에게 미치는 작용을 싫어하기 마련이다. 지혜가 인간을 화나게 하는 것은 그것이 인간을 곤혹스럽게 하고, 있는 그대로의 자기를 바라보기를 원치 않기 때문이다.

대부분의 인간은 엉킨 실타래와 한결같지 않은 건반, 활발하지 않거나 격렬하거나 침체된 또는 미처 날뛰는 혼돈, 웃어 마땅한 순정한 종류의 표본, 이상의 가공할 희화라 할 것이다. 나아가 사람들은 대부분 그래도 괜찮다고 생각하기 때문에 교정이 필요하다. 스스로 완전하게 건강하다고 믿는 병자는 나을 수가 없다.

1877년 2월 7일

사물은 각각의 본성에 따라 다루어지지 않으면 안 된다. 나는 점점 객관성, 비아성(非俄性)이 나라는 사람의 바람이자 타고난 재능임을 확인하게 되었다. 어떤 일에서나 그 입장에 서며, 어떠한 과학, 예술, 작품, 존재든 그 고유한 조건을 추측한다. 따라서 법률은 법률학자로서, 신학은 신학자로서, 실무는 실무자로서, 교육학은 교육학자로서 수련하고자 하는 편한 마음, 융통성은 조금밖에 보이지 않는다. 사람은 제각각 감옥에 들어가 있다. 즉, 각자의 버릇, 한계, 마음의 응어리를 가지고 있다. 자기의 전문적인 사항에 대해서는 올바른 견해를 갖지만 관할 범위는 좁다. 전체 관할이라는 것이 있다고 한다면, 그것은 모든 방향에 조화가 이루어진, 교양을 지닌 완전하게 올바른 정신의 일이 되리라. 어떤 일도 혼란하게 하지 않고, 어떤 일도 속성을 꾀하지 않으며, 어떤 일도 무시하지 않고, 사물에 있어야 할 곳과 몫을 인정하는 것, 각각의 가치와 척도, 독자성, 지위를 식별해 사물을 분류하고 측정하는 것은 비평가, 철학적 비평가의 일이다. 사물을 다시 만들 힘을 갖는 것은 사물의 본질까지 철저하게, 사물을 결과로서 낳은 원인과 하나가 되는 재능의 본령이다. 이해(理解)와 재현(再現)은 서로 제어한다. 이 두 작용은 정신이 지닌 객관화 능력의 두 증거이다. 상반하는 것의 결합으로 실재의 중심을 향하며, 각 사물에 관해 모든 존재의 방식, 결합, 사유의 형식을 다 퍼내려는 이 욕구와 습관, 한마디로 말하면 나의 특성을 나타내는 구형적 전체성에 대한 기호를 나에게 전한 것은 철학적 교양이라고 생각한다.

모든 부분적인 또는 편파적인 것은 허위이고, 있을 곳을 얻지 못하는, 불균형적인 것과 마찬가지로 나에게 싫은 느낌을 준다. 다른 사물을 상상하는 것, 다른 것처럼 될 수 있는 것은 나에게 조금도 권위를 갖지 않는다. 절대성과 완전함, 이상, 충실의 의식이 내가 알지 못하는 사이에도 늘 나를 따르고 있다. 때문에 사람들이 현저하다거나 중요하다거나 긴요하다고 하는 것은 나에게는 극히 사소한 일 정도로밖에는 보이지 않는다. 또 반대로 나는 사소한 일이란 없다고 생각하기도 한다. 지구는 한 알의 모래에 불과하지만, 한 알의 모래는 작은 세계이다. 보는 방식에 따라 여러 가지가 된다.

결국 나는 두께, 크기 등의 미신에서 해방되고, 공간과 시간으로부터 일탈하고, 역사로부터 자유롭다. 나는 어느 것 하나도 국민적, 지방적, 직업적인 구분 속에 틀어박혀 있지 않다. 이것은 비아성의 특권이다.

이 내적인 자유는 사슬에 매이고도 기분이 좋은 죄수, 날개가 없는 것을 자랑하는 파충류에게는 생각할 수조차 없는 침울한 환락이다. 이런 사람들은 일반적으로 정신이 무엇인지조차 모른다. 천국이니 내세니, 영혼이 어쩌고 하는 것에 구애되어 이 지식을 뒷전으로 미루고 있다. 그러나 이 지식은 결코 사유에 이를 수 없는 것은 아니다. 다만 이해관계에 얽매이지 않는 자세가 필요하다. 어쨌든 나는 그밖에 없어서는 안 될 많은 조건이 대부분의 인간에게 갖춰져 있지 않고, 동물적 욕구나 정열, 무지, 걱정, 분노, 병 때문에 높은 세계에서 추방되어 있음을 인정한다.

너를 특권을 지닌 사람으로 생각하라. 겸손해져라. 감사하라. 마음을 넓게 가져라. 네가 가진 것을 퍼뜨리고, 너 나름으로 자유를 얻을 방법을 알리도록 힘써라.

1877년 2월 11일
(밤 11시) 체스와 체커를 몇 번이나 두다.
여러 궁리를 하게 하는 승부에서 느끼는 흥미는 두 가지이다. 하나는 기하학적 연습이요, 다른 하나는 심리학적 실험이다. 나의 계산능력을 기르고, 상대의 성격 및 마음의 작용을 연구하는 것은 대단한 즐거움이자 이익이기도 하다. 약한 사람을 상대로 되도록 커다란 이득을 주면서 할 때에도 유익한 데가 있다. 그런 승부를 하고 있노라면 얼마쯤 기운이 빠지기는 하지만 사람을 다루는 방법을 익힐 수 있다. 왜냐하면 상대가 저지를 만한 종류의 잘못을 알고, 이러이러한 사람에 대해서는 단행을 하더라도 지장이 없을 만한 수를 감행할 범위를 가늠하지 않으면 안 되기 때문이다. 그 확률의 끊임없고 미묘한 계산은 정확한 승부의 단순한 계산보다도 학문적이고 수확이 많다. 전자는 실생활에도 도움이 되지만, 후자는 수학 문제에 불과하다. 서로 실력이 엇비슷한 승부에선 모든 조건이 체스판 위에 있다. 차등이 있는 승부에선 커다란 미지수가 다른 곳에 있다. 즉, 상대방의 마음이다. 그 무의식적인 방법, 저지를 법한 착각, 통찰의 정도, 걸려들 만한 돌부리의 성질을 추측해야만 한다. 몇 수 앞을 내다보아 상대를 지배하고 그의 변덕까지도 미리 알고, 욕망과 불안, 맹공, 가장을 예감하지 않으면 안 된다. 결국 이쪽에서 상대를 모두 이해해야 한다. 나는 열 아홉살 시절에 함께 왈츠를 추었던 사람의 기질을 장갑을 꼈던 손으로도 속속들이 느꼈던 일을 기억한다. 자기적(磁氣的)인 예고, 접촉에 의한 직관이 있었다. 그것은 방금 말했던 차등이 있는 승부에서 내가 느끼는 것과 비슷하다. 거기에도 지적인 촉진(觸診), 심적인 측정, 심리적인 직관, 인간적인 연구, 개성의 개괄적 계산, 상형문자의 판독, 보이지 않는 것의 통찰이 있다. 이 미묘한 분석에 의해 투시력은 날카로워지고 세밀해지며, 빨라지고 증가하기 시작한다.
심리적 추측은 나의 타고난 능력, 어쩌면 가장 분명한 천분일 것이다. 사람들은 있는 그대로 내 마음에 비치기 때문에, 그것을 알려면 내 안에서 풀어 보기만 하면 된다. 같은 감정으로 사람들은 나에게 감정을 일으키게 하고, 나를 압박하고 침입하며, 놀라게 하고 어지럽힌다. 그런 다음에 나는 반성과 분석에 의해 나로 돌아오고, 사람들이 이해하기만 하면 자유로워져 원래의 무관심과 탄력성으로 복귀한다. 이 추측 방법은 두 가지이다. 전기적인 감수성과 뉘앙스를 해석하는 습관이 그것이다. 이 예선적(豫先的) 조건을 이루는 것은 보편적 호의를 동반하고, 활발하지도 배타적이지도 않고, '은혜도 원한도 없는' 내적인 균형, 한마디로 말하면 냉담함이다.

1877년 3월 14일

하룻밤에 세 번의 수면이 한 차례의 숙면만 같지 못하다는 것은 세 조각으로 깨진 거울 조각을 맞추어도 쓸 만한 거울 하나가 되지 않는 것과 같다. 3분의 1을 세 개 합쳐 하나가 되는 것은 수학에서의 이야기이다. 실제 개체를 이루고 있는 것은 모두 분할과 분열을 허락하지 않는다. 생명은 살아 있는 조각을 모은 것이 아니다. 용모는 얼굴의 각 요소의 단순한 결합이 아니다. 하나의 전체는 단지 부분의 집합일 뿐만 아니라 또 다른 것이 더해져 있다. 개개의 부분에 없는 무엇인가를 포함하고 있다. 그것은 관계, 조직, 종합, 조합 문자, 분해하면 더 이상 존재하지 않는 무엇이다. 각각의 세 음을 듣는다 해도 화음이 어떤 것인지 전혀 알 수가 없다. 남이 되어 갈라선 남자와 여자는 부부의 반이 아니다. 화음에는 3분의 1이 없으며, 부부에게는 반이 없다.

그러므로 결합과 결사, 집합은 각각 죽은 세계나 추상적 분량에 속하지 않는 한, 확실하고 특성적이며 치환할 수 없는 통일체로서 직관에 의해 파악하지 않으면 안 된다. 실제로 분석에 의해서는 그 본질을 알 수 없으며, 가치도 효과도 나타나지 않는 것이다. 인간의 화학분석을 시도해 인간이라는 유기체를 구성하는 산소와 수소와 탄소, 질소를 조합한다 한들 인간 일반에 대해서나 그 사람만의 특별한 점에 대해서 무엇을 알리요. 모든 유기체에 대해 사실이라는 것밖엔 알 수가 없다. 인간의 본질에 대해서도, 그 사람의 인격에 대해서도 아무것도 알지 못한다. 거울이 부스러진 분말은 거울과 공통점이 거의 없다. 사물의 분쇄는 사물을 설명하는 예비적 방법에 불과하다. 썩고 파괴된 정신은 세부적인 것에서 헤매느라 나무의 전모를 바라보지 못한다. 하물며 숲이 표현하는 아름다움을 느끼겠는가. 분해적인 미세 측량 방법은 사유와 철학의 사멸이다.

1877년 4월 5일

기분 좋은 어젯밤의 일을 다시 생각한다. 우정의 편안함, 상호 이해의 매력, 미적 감동의 유쾌함, 안이한 즐거움이 서로 짜여 꽤 잘 어우러져 있다. 장미 꽃잎에는 한 줄기의 주름도 없었다. 왜일까. 그것은 '모든 순수한 것, 실제적인 것, 우수한 것, 사랑하고 칭송할 만한 것'이 모아져 있기 때문이다. '무너지지 않는 온후하고 평화로운 마음', 천진난만한 웃음, 의무에 대한 충실, 고상한 취미, 정성스런 대접의 상상력이 마음을 끌어 쉬게 하는 건전한 환경을 만들고 있다. '마음속에서' 나는 '유리의 섬'을 축복했다. '삼엽회' (세리오사(Seriosa)라 불렸던 아미엘의 여자친구 화니 메르쉐(Fanny Mercier, 1836~1918년)와 언니 폴린느(Pauline)와 그의 어머니를 가리킴. 제네바의 Place de Bourg-de-Four에 Maison de la Bourse Francaise라는 여학교를 열고 있었다.) 의 휴가 마지막은 모두에게 축제일이었던 것 같다.

인간을 행복하게 하는 것은 역시 가장 확실한 행복이 아닌가.

내가 기쁨을 느꼈던 곳에 가면 거의 확실하게 기쁨을 얻을 수 있다.

공은 적고 보상은 크다.

세리오사 같은 깊은 영혼을 한 순간이라도 만나는 것은 나에게 종교에 대한 사랑, 자선, 도덕적인 행위인 듯 여겨진다. 이렇게나 많이 괴로워하는 마음과 이처럼 많은 괴로운 생명의 무거운 짐을 동정으로 짊어지는 천국의 여인, 그가 사람들에게 주는 축복의 기쁨과 특권의 가치를 나는 잘 안다. 고귀한 성격의 힘과 용기를 단련해 주는 것은 일종의 종교적인 행복이다. 그녀로서는 과분할 정도의 힘을 가졌음에 놀라지만, 살며시 그 힘을 쓰기를 희망하는 것이다.

인간은 모두 자신이 하는, 또는 할 수 있는 아름답고 훌륭하고 선한 일에 있어 자기보다도 높은 무언가, 또는 누군가의 기관이나 탈 것에 불과하다는 것을 나는 강렬하게 경험하고 있다. 이 의식은 종교이다. 종교는 소유의 포기이다. 종교적인 인간은 신성한 환희의 전율로써 자기가 기원(起源)이 아니라 매개가 되어 있는 현상, 자기가 작자, 시인이 아니라 오히려 무대가 되어 있는 현상을 지켜보고 있다. 그 현상들에 자기의 목소리, 손, 의지, 협력을 부여하면서 자기는 조심스럽게 그림자를 지우고, 일시적으로 자기를 사용하고 있는 정령의 우수한 작품을 되도록 상처 입히지 않으려 노력하고 있다. 그 자아는 비아적(非我的)이 되고, 감탄으로 스스로를 소멸시킨다. 성령이 말할 때, 신이 일할 때, 즉 이해가 미치지 않는 기적이 실현될 때에 이 자아는 소멸하지 않으면 안 된다. 그런 식으로 예언자는 부름의 목소리를 듣고, 그런 식으로 어머니는 자기의 과실(果實)이 움직이는 것을 느끼며, 그런 식으로 설교자는 자기 청중들이 눈물을 흘리는 것을 본다. 우리가 자아를 느끼는 한, 우리는 속박되고 한정되고, 이기적이 되고 갇혀 있다. 우리가 우주의 질서와 일치하고 신과 화합하여 진동할 때, 우리의 자아는 흩어져 사라진다. 그런 식으로 완전한 교향악을 연주하는 합창으로 우리가 자신의 목소리를 듣고자 한다면, 멜로디를 벗어나야 한다. 종교적인 상태는 평온하고 고요한 황홀, 차분한 감격, 감동한 관조, 평온한 열애이다. 그러나 그런 상태는 필요에 의해, 심술궂은 세상에 의해, 죄에 의해, 병에 의해, 의무 때문에 가책을 받는 가련한 자에게는 극히 드물다. 그것은 숙연한 행복의 상태로 생존의 밑바닥이며 우리의 하루 하루 보편적인 짜임은 투쟁과 활동, 노력, 따라서 불협화음이다. 거듭 일어나는 전투, 짧아서 항상 위협을 당하는 휴전, 그것이 인간의 처지를 나타내는 그림이다.

그렇기 때문에 이렇게 완전하게 일치한 덧없는 순간을, 이러한 두 폭풍 사이의 바람을 천국의 반향으로, 바람직한 섭리의 접촉으로 맞아들이자. 평화는 그 자체로서 공상이나 불가능한 것은 아니지만, 이 지상에서는 불안정한 평형, 즉 부수적인 사상(事象)에 불과하다.

"평화를 갖는 자는 행복하다. 신의 아들이라 불릴지니."

1877년 4월 26일

빅토르 위고의 《파리(1867년)》를 군데군데 다시 읽다. 10년 전부터 이 예언자에 대한 불신임으로 불만이 잔뜩 쌓여 있는데, 자기의 상상력에 대해 이 예언자가 가진 신념은 전혀 줄어들지 않는다. 그게 어쨌다고? 겸손이나 상식은 소인국의 녀석들에게나 어울린다. 걸리버는 단 한 번도 자기 의견을 고치려고도, 자기 말을 취소하려고도 하지 않았다. 빅토르 위고는 여태까지 단 한 번도 자기에게 방해가 되는 것을 보지 않았고, 자기가 예견하지 않았던 것은 오만하게 모두 무시해 버렸다. 오만은 정신의 한계였고, 끝간데 없는 오만은 마음의 크기가 작은 것임을 모른다. 자기를 다른 사람들 속에, 프랑스를 다른 나라들 속에 놓고 생각했더라면 보다 올바른 견해가 나와서, 그 사려 없는 과장이나 터무니 없는 견해에 빠지지 않았을 것이다. 명쾌한 통찰력, 균형, 정확성은 아무리 세월이 흘러도 그 사람의 가락에는 실리지 않는다. 거인적이고 상식을 벗어난, 착각에 몰두하고 있는 것이다. 그 사람의 금에는 항상 납이 섞여 있고, 직관에는 어린애 장난이, 이성에는 광기와 어리석음이 뒤섞여 있다. 단순함과 자연스러움, 명징(明澄)과 투철함, 명랑함과 거리가 멀다. 마치 불처럼 사람의 눈을 어둡게 하지 않고는 비출 수가 없다. 한마디로 말하면 '짜증나게 한다.' 우리의 가슴을 움직이게 하기는 하지만 고통을 준다. 늘 반 또는 3분의 2가 허위에 빠져 있고, 그것은 끊임없이 불쾌감을 느끼게 하는 원인이 된다. 이 위대한 시인은 그 속에 있는 야바위꾼과 인연을 끊지 못한다. 늘 목소리를 드높여 외치고, 과장을 하고, 몸을 팽팽히 부풀리고는 진실해지는 기쁨, 진리와 만나는 기쁨을 모른다. 볼테르식의 야유로 조금 심하게 찌른다면 풍선처럼 되어버린 천재의 팽만함을 없애고, 상식과 화해보다 분별을 갖게 함으로써 좀더 강해질 수 있을 것이다. …… 그 국민의 가장 유력한 시인이 보다 자기의 역할을 잘 이해하지 않고, 사랑으로 사람을 징계했던 유대인의 예언자와는 반대로 일단 세운 주의대로 오만한 마음으로 자기 나라 사람들을 추켜올리고 있는 것은, 말하자면 일반 국민의 불행이다. 프랑스가 세계이고, 파리가 프랑스이며, 위고가 파리이다. 자기는 알파요 오메가이며, 시나이(홍해에 닿은 반도의 산, 모세가 신에게서 율법을 받은 곳)이자 타보르(북팔레스티나의 산, 그리스도의 모습 변화가 있었던 곳)이다. 여러 나라 사람들이여, 꿇어 엎드려라.

1877년 5월 2일

넓은 세계에서 온 소식. 영국은 러시아와 터키의 전쟁에서 중립을 선언하고 있지만 이집트에 손을 뻗치기 시작해 그곳의 세관, 해군, 철도, 재정, 운하를 장악하고, 마침내 점령을 위한 군대를 그곳에 주둔시키려고 한다. 2만 5천 명의 인도 병사가 봄베이에서 출발 명령이 떨어지기만을 기다리고 있다.

영국은 항상 이익을 원리와 동일시하며, 자기의 이해(利害)를 정당하고 충분한 이유라고 생각해 왔다. 영국에선 이기심의 뻔뻔함이 공명정대한 태도가 되어 있다. 세계는 아르비온(영국의 옛 이름)에게 유리하게 돌아가는 그런 일에 대해서는 고개를 숙이지 않으면 안 된다. '먼저 나에게'라고 말하는 것이 이 섬나라 사람의 영원한 율법이다.

그 사내의 정의란
그의 이익, 욕구, 변덕이다.

나는 늘 그저 실력에 호소하는 것, 다른 말로 하자면 거친 폭력, 즉 야만을 기초로 하는 이 정책의 자조주의(自嘲主義)에 질렸다. 가장 강한 것, 자기의 욕구를 잔뜩 채우는 것, 남에게는 자기 몫에서 남은 것 외엔 주지 않는 것, 이것이 영국의 이론과 실제이다. 그리스도교적인 덕성은 국민적 경향을 속이기 위해 개인이 수놓은 무늬이다. 이 경향은 반그리스도교적, 아니 반인간적이다. 이것은 다원적 동물의 경향, 강자에 의한 약자의 억압, 가장 힘센 자의 승리에 의한 생존이다.

영국은 욕구이다. 바깥에서 보면 이 나라의 국민은 다른 나라 국민에 대해 마치 맹금(猛禽)이나 맹수이며, 자기 일과 자기의 이익밖에는 생각하지 않는다. 자기를 또래 중에서 가장 부유하고 강하며 가장 독립된, 가장 튼튼한 것으로 유지하기 위해서는 공업도, 상업도, 정복도, 즉 온갖 수단도 마다하지 않는다. 거기에는 너그럽고 고귀한, 한마디로 말하면 이해에 얽매이지 않는 개인이 있지만, 국민으로서의 이상은 조잡하고 야비하며, 다른 민족에 대한 국민의 역할은 반감을 부추기는 것이다. 탐욕스런 오만과 끝없는 이기심은 매력도 존경도 느끼게 하지 않는다. 영국이 비참한 운명에 빠져도 누구 하나 슬퍼하는 자는 없으리라. 그들의 이익이 인류의 이익이 되었던 적이 없기 때문이다. 그들의 승리는 역사상의 악의 예로까지 회자된다. 사람은 정의의 승리를 보기 원한다. 그런데 영국이 가장 마음에 들지 않는 것은 영국이 아닌 것에 대해 정의를 지키는 것이다. 이해관계를 떠난 일을 위해서 했던 유일한 희생은 노예매매의 폐지인데, 그 폐지도 어쩌면 자신들의 해군력을 증가하고, 현장조사 권리를 요구하려는 수단이었는지도 모른다. 비록 의도

한 것은 아니었지만, 영국이 인류의 문명에 기여한 공적은 미개지방을 개척하고, 사람이 없던 토지에 국민을 살게 하고, 경쟁으로 일반 생산을 장려하고, 정치적 자유를 실행해 보인 점이다. 그러나 영국인은 온갖 종류의 사치로 인간의 본성에 상처를 입혔다. 경주용 말이나 격투사처럼 예정된 목적을 위해 훈련된 인간이다. 그것은 항상 쓸모가 있고 부분적인, 긴장하고 있는 인상을 주며, 그런 천성이 그들의 국력을 신장시키는 원인이 된다. 껍질을 벗겨 보라. 그곳에선 스칸디나비아인, 전율할 버서커(berserker. 북방전설에 나오는 용사로 야수의 모습을 띤다)가 나온다. 그들의 국민적인 즐거움은 결국 스포츠로 귀착한다. 그러나 영국인은 이탈리아의 음악적인 유약함이나 동방의 게으름, 프랑스의 겉멋과 호색적인 배려에 반항하고 있다. 그리스도교적이고 섬세한 감수성을 호되게 몰아세우는 것이, 적어도 원기로 가득 차고 건전한 생활의 모범을 보이고 있다. 교양을 갈고 닦은 야만인이며, 그들의 진짜 신이 무엇인가 하는 점만 다르다. 왜냐하면 그 신이 토어(망치를 들고 있는 북유럽의 신)이지 십자가에 걸린 신은 아니기 때문이다.

그것은 그렇고, 가장 훌륭한 국민은 누구인가. 악이 선을 상쇄하고 있지 않은 국민은 하나도 없다. 각각의 국민은 인간의 희화이다. 그것이 어느 국민이나 다른 국민을 멸망시켜 버릴 만한 가치는 없으며, 다른 국민이 모든 국민에게서 배우지 않으면 안 된다는 증거가 된다. 나는 각 국민의 장점 및 단점에 주목하고 있다. 어쩌면 이것은 비평가에게 좋은 기회가 되리라. 나는 결점이라도 북국이라면 괜찮고, 남국이라면 나쁘다거나, 서양이라면 좋지만 동양이라면 안 된다거나 하는 식으로 역성들 마음은 추호도 없다. 내가 좋고 싫어하는 것을 보여달라고 한다면 나도 난처할 것이다. 여하튼 그것은 나에게는 아무래도 상관없는 일이다. 문제는 좋다거나 싫다거나가 아니라 이해하는 것에 있기 때문이다. 내 입장은 철학적이다. 즉 편협되지 않고 비아적이다. 내 마음에 드는 유일한 형태는 완성이며, 오직 '인간'이라는 것이고, 또 이상적인 인간이다. 국민으로서의 인간은 나도 인정하거니와 연구도 하지만 그것을 찬미하지는 않는다. 나는 인류의 훌륭한 표본, 위인, 천재, 숭고한 성격, 고귀한 정신밖에 찬미할 수가 없다. 더구나 이들 표본은 민족학적인 모든 부문 속에서 찾아볼 수 있다. 스탈 부인의 말을 빌리자면, 나의 '선택에 의한 조국'은 선택된 개인이 있는 곳이다. 나는 프랑스인, 독일인,

스위스인, 영국인, 폴란드인, 이탈리아인에 대해서도, 브라질인이나 중국인에 대해서와 마찬가지로 아무렇지도 않은 관대한 태도를 취할 수가 없다. 애국적이고 국수적인, 가족적인, 직업적인 착각은 나에게는 존재하지 않는다. 도리어 나는 내가 속해 있는 단체의 결함이나 추악함, 불완전함을 한층 격렬하게 느낀다. 나의 비평적인 비아성은 우선 나 자신부터 이러한 미신적인 선입견이나 기만적 자기도취를 배제했다. 나는 나의 성(性)에조차 속해 있지 않다. 나의 이해가 내 견해를 명령하는 것이 아니라, 오히려 반대 방향으로 기울어지게 하고 있다. 성격적 버릇이 나의 개체를 도외시하고, 모든 욕구나 의지를 교정하고, 사물을 있는 그대로 보는 것이다. 특수한 자아 속에 유폐당하는 것은 싫어서 견딜 수가 없다. 내가 바라는 것은 객관성이다. 그러므로 나의 반감은 이 사람이나 저 사람에게는 향하지 않고, 오류, 성심, 선입견, 우매함, 편협, 과장으로 향한다. 나는 정의와 정확밖엔 좋아하지 않는다. 인상, 활기, 분개, 변덕은 나에게는 표면으로만 존재한다. 근본적인 경향은 공평과 초월이다. 내적인 자유와 진실 속에 머무르려는 열망, 이것이 나의 기호이자 쾌락이다.

1877년 5월 22일

누구든지 나를 의심하는 사람은 반드시 내 안에서 자신과 공감하는 자를 발견한다. 실제로 나는 나를 진심으로 생각하기보다 농담으로 얼버무려서 생각하는 편을 좋아하기도 하고, 또 편하기도 하다. 내가 나의 《시론(試論)》 (1876년 파리 Sandoz et Fischbacher에서 출판한 《이국의 여자, 여러 국가의 문학변 역시집》의 권말 부록으로 《운문번역 및 시에 대한 새로운 몇 가지 궁리에 대하여》) 에 중요한 의의를 인정한 것은 흥미를 일으키기 위해서이고, 또 어느 정도까지 약혼녀 ('문학상의 약혼녀'. 우라니아(Urania)라 불리던 아미엘의 애제자. 본명은 셀레스틴 브노아(Célestine Benoit). 베르트 바디에(Berthe Vadier)라는 필명으로 스위스의 문단에 알려져 있었다. 아미엘의 사후 전기를 썼다. 1836~1921) 를 기쁘게 하기 위한 속세적인 태도이다. 머릿속에서 나부끼고 있는 기분으로 말하자면 이런 것은 나에게는 아무래도 상관없는 일이고, 소인국 이야기나 마찬가지다. 나를 남과 비교할 경우에는 나도 상대적인 만족감을 느끼지만, 이런 사소한 일들은 그 자체로는 쓸모없으며, 이것들의 성공 여부는 무의미하다고 생각한다. 여하튼 뭔가 승부를 내지 않으면 안 되기 때문에 승부를 할 때는 체면 때문에라도 잘 해내야 한다. 나는 내기에 이기는 것을 좋아한다. 그러나 그것은 완전히 플라토닉한 욕구이다.

뭔가에 애착을 갖는다는 것은 성가신 일이지만 나는 세상이라는 주인을 두려워해 벌벌 떠는 것에도, 생활을 위해 세상의 찬성을 구하는 것에도 만족하지는 않는다. 마치 인간이 강물에 지푸라기를 던지듯이 나는 세상을 향해 내 마음에 드는 것을 던진다. 그러나 그 지푸라기가 가라앉든 둥둥 떠서 흘러가든, 그것이 실패하든 성공하든 그런 것은 나에게 한낱 기분전환이나 흥미에 지나지 않는다. 나의 상상력만 관련되어 있지 내 가슴과는 아무런 관계가 없다. 나는 세상을 믿지 않으며, 나의 작품도 믿지 않는다. 나는 이른바 명예심을 갖고 있지 않다. 나는 뭔가 하고 있지 않으면 안 되기 때문에 비눗방울을 갖고 있는 것이다.

1877년 5월 30일

(정오) 유대인 및 유대 정신에 관한 강의. 나는 동정(同情)을 가질 수는 없지만 이것에 대해 올바른 태도를 취하려 시도했다. 이 부수적인 특권과 선택의 백성은 그 모든 본능, 호색, 잔혹, 탐욕, 배신, 체면 및 자존심의 포기에 있어 반감을 갖게 했다. 그러나 예수는 유대인이었다. 이것으로 모든 것의 속죄가 된다. 인류를 사랑했던 철학자는 유대인에 대해 호감을 갖지 않았다(볼테르, 헤겔, 르낭). 이렇게 터무니 없이 매도되고 있는, 더구나 호감을 주지도 않고 창조적이지도, 발명적이지도, 헌신적이지도, 기지적이지도 않은 소민족에게 우리 교육이 준 현혹적인 후광을 이 사람들은 싫어하고 있다.

종교에 대한 유대의 견해는 종교 자체에 혐오감을 일으킨다. 신이 유대인이라고 상상해 보는 것은 얼마나 음침하고 참담한 연극이랴. 모든 국민은 똑같은 사상을 품고 있었다. 그렇지만 다른 국민은 결국에는 융화와 관용을 보여 올림포스와 판테온을 인정하게 되었다. 그들 국민에게는 타인의 권리라는 것이 작용했다. 그러나 완고하고 이기적인 유대인은 자기의 신앙이 멸망할 정도라면 오히려 인류 전체가 멸망하도록 말했다. 유대인의 신앙은 늘 도리를 따르고 정의를 이겨냈다. 열광적인 고루함이 제2의 천성이 되었다. 그러나 유대인의 신앙은 지금까지 있었던 신앙 중 가장 위대한 전형이다. 지금 그 신앙은 바빌론에서 복귀한 이래, 즉 24세기를 거친 뒤에도 여전히 구세주를 고대하고 있다. 이런 의미의 신앙은 더 이상 뒤로 돌아갈 수 없는 영혼의 화석, 미라이다. 이 심리학적으로 특이한 예에 주의할 가치는 있지만 찬미할 필요는 없다. 찬미는 숭고한 위대함에 바쳐야 하는 것이지 편집적인 완강함에 바치는 것은 아니기 때문이다. 그것은 아무래도 좋다. 유대교는 결국 인류의 일부에게 그 틀을 억압하게 되었다. 실제로 그리스도 교회를 지배하는 종교정신은 여전히 부수성, 예외, 신의 지방적이고 초자연적, 임의적인 간섭, 선택 및 특권, 기적 및 은혜에 대한 신앙, 즉 어린애 같은 사고이다. 유대인은 이 견지보다 위로 나올 수가 없다. 그 신은 편협하고 경계가 엄중한 교사이며, 개별적 경우에 대해서만 처치하고, 보편적인 법칙에는 기대지 않는다. 유대인은 자연법칙도 윤리적 법칙도 인정하지 않아 본능적으로 반철학적이다. 법칙은 존재하지 않는다. 신의 창의에서 나오는 자아적인 명령밖에 없다. 유대인은 순수하게 권위적이다. 진리는 이것에 대해 털끝만큼도 직접적인 증거를 주지 않는다. 신이 보낸 개개의 사람에 대한 복종 또는 인정만이 문제가 된다. 일단 신용장이 진짜임을 알면 어떤 일이 있어도 믿어야만 하며, 복종하지 않으면 안 된다. 사물을 이해하는 이성, 또는 시인하는 양심의 내적인 확신은 사족에 불과하다. 이것은 어린아이의 종교, 정신적인 노예의 종교이다. 여기서 인간은 항상 맹신하고, 자기의 지도자가 지금의 사제이든 옛날의 예언자이든 항상 그의 후견에 의지하고, 그의 권력에 복종하고 있다. 이런 의미의 종교는 원칙적으로 인간의 자유를 빼앗는다. 그리고 인간을 영원히 미성년인 상태로 놓아두려 힘쓴다.

1877년 6월 3일

여자와의 사귐. 플라토닉하고 청정한 사귐은 종종 있지만, 늘 둘 중의 하나에게, 엄밀하게 말하면 둘 다에게 슬픔의 근원이 되곤 하였다. 그러나 어떻게 하면 좋은가. 죽는 것이 처음에는 살리는 것이었다. 쓴맛은 꿀에서 나온다. 자연은 언제나 반만, 게다가 겉으로만 관대하다. 우리는 기쁨 속에서 가책을 발견하며, 우리의 특권 속에서 형벌을 본다. 결혼하려면 나는 나와 비슷한 여자, 나의 보충재, '나' 전체를 만족시켜 줄 사람을 찾지 않으면 안 되었을 것이다. 그러나 나는 여태껏 함께 일생을 보내고 영원한 시간을 보내는 것에 대해 조금도 두려움을 느끼지 않을 만한 여자를 만난 적이 없다. 나는 늘 그늘 쪽, 한계, 불충분함과 장애, 우려가 되는 점으로 눈을 향했지, 신념에 필요한 환상을 가질 수 없었다. 이러한 비평적인 지각은 우정, 즉 용서와 격려, 다독임, 지지, 선하게 만드는 애정은 전혀 방해하지는 않지만, 한 여자를 그 여자, 바라던 여자, 유일한 여자, 만족스러운 여자, 한마디로 말하면 아내로 여기게 하는 현혹적인 찬미는 방해한다.

1877년 6월 4일

'종교개혁 기념 강당'에서 대음악회. 엑토르 베를리오즈의 〈로미오와 줄리엣〉을 듣다. 이 작품에는 합창이 딸린 오케스트라를 위한 희곡적 교향악이라는 이름이 붙어 있다. 연주는 매우 훌륭했고, 작품은 조금도 언어학적인 이식(移植)을 가장하고 있지 않아서, 있는 그대로를 직접 비평할 수가 있다. 베를리오즈는 독창성의 습관과 관현악의 지식을 갖고 있다. 그러면 무엇을 만들어 냈는가. 그 작품은 흥미가 많고 짜릿하며 정성이 담긴 진기한 것이지만, 전체적으로는 듣는 사람을 냉담하게 한다. 내가 받은 인상을 돌이켜보면 나는 그렇게 설명할 수 있다. 인간을 사물에 종속시키고, 성악을 오케스트라의 보조로 첨부하는 것은 잘못된 사상이다. 희곡의 재료를 단순한 이야기로 변질시키는 것은 마음을 즐겁게 한다고 해도 규칙 위반이다. 즉, 이 양식은 잘못되어 있다. 줄리엣도 보이지 않거니와 로미오도 없는 '로미오와 줄리엣'은 기형인 것이다. 말을 할 수 있는 사람들의 마음을 몸짓만으로 표현하게 하고, 유화를 그저 연필로 재현하고, 고상하고 명료한 것 대신에 하등하고 불명확하고, 막연한 것을 놓는 것은 상식에 어긋난 모험이다. 사물의 자연적인 계급 이해를 침해해 놓고 우러름이 있을 리 없다. 이 음악가가 제조한 일련의 교향악적 묘사는 조금도 내면적인 연결이 없으며, 마치 수수께끼를 뒤섞어놓은 것 같고, 산문으로 쓴 텍스트만이 실마리를 주고, 정리를 하고 있다. 이것은 자기만의 환상을 그리는 금속의 장식예술에 속한다.

기악이 성악의 위치를 빼앗은 결과 우스꽝스럽게 끝나고 있다. 이 작품 속에 나타나 있는 오직 한 가지 뜻을 알 수 있는 사람은 로렌조 신부뿐이다. 그의 설교는 화음 속으로 녹아들지 못한 때문에 확실하게 노래되고 있다. 그러나 희곡의 윤리성이 곧 희곡이 되지는 않는다. 그래서 이 희곡은 레시타티브(서곡)로 기만하고 있다.

가련한 작곡가다. 실제의 무능력, 즉 자기의 자연스런 언어로 감정을 표현하지 못하는 무능력을 감추기 위해 꽤나 이리저리 빙빙 돌아다닌다. 천재적인 것을 추구하는 듯한 모습이 실제로는 세상을 속이기 위한 기교에 불과하다. 아름다움에 도달할 수가 없으므로 새로움을 보이기 위해 무리를 하고 있다. 거짓 독창, 거짓 위대함, 거짓 천재. 이런 식으로 격을 벗어난 음악가가 '카프리스(기상곡)'라 칭하고, 염증이 날 정도로 뒤죽박죽 잡탕을 내놓고, 그것으로 우리에게 내용과 사상의 공허함을 알아채지 못하게 하려 한다. 갈겨 쓰고, 둘러댄, 야심 차고, 수선스런 예술은 나에게 반감을 일으킨다. 천재의 가면을 쓴 학식은 야바위꾼의 한마디 구호에 지나지 않는다.

베를리오즈는 재기가 넘치는 비평가이며 학식과 창의와 발명력으로 가득 찬 음악가이지만 자기 직업의 요소적 능력이 없고, 매우 많은 일을 하고 있다고 생각하지만 실은 가장 몇 가지 일도 해내지 못하고 있다. 그는 생성(生成) 능력이 없는 별난 사람이다. 30년 전 베를린에서 나는 그 사람의 지휘 아래 연주된 〈그리스도의 어린 시절〉을 들은 뒤에도 똑같은 인상을 받았다. 나는 그 사람에게서 건전하고 풍부한 예술, 굳건한 진실의 아름다움을 찾을 수가 없다.

리스트도 그 사람의 혈통임에 틀림없다.

다만 오늘 밤, 청중이 매우 만족한 것 같다는 것만큼은 기록해두지 않으면 안 되겠다.

1877년 6월 9일

말할 것도 없는 일이지만 행복하지 않다. 나는 단념이 되지 않는다. 내게는 평화가 없다. 나는 게으름, 걱정과 함께 세월을 보낸다. 안정의 중심은 절망 속에 있다. 나는 내 마음을 상하게 하는 것을 결코 용인하지 않는다. 내 마음을 아프게 할 만한 것을 결코 쳐다보려 하지 않는다. 나는 내 폐부를 찌르는 손톱을 다른 사람이 보지 못하도록 감추고, 스스로도 무시하려 애쓰고 있다. 나는 스토아파의 태도를 취하고 있지만, 그에 따르는 긍지도 기력도 갖고 있지 않다. 치유될 수 없는 쓸쓸함이 겉으로 보이는 안정의 바닥에 있다. 나는 파괴에 대해서는 온화하지만, 잃어버린 생애를 느끼고 그의 회복을 기대하지 않기 때문에 우울하다. 아무것도 없다. 아무것도 없다.

1877년 6월 11일

　체념하는 것은 비겁함이 아니다. 그곳에 기쁨의 마음을 첨가하면 굴욕도 아니다. 병, 필요, 강제는 우리의 운명이다. 우리의 존엄에 상처를 입히는 모욕에 대해서처럼 이런 불행을 향해 발버둥치며 반항하기보다 장난을 치면서 그곳에 양보하는 편이 낫다. 돌이킬 수 없는 일을 잊고, 원래대로 돌아오지 않는 일을 받아들이며, 피할 수 없는 것을 향해 나아가는 편이 헛된 투쟁 속에 애를 태우거나 안달하는 것보다 훨씬 현명하다.

1877년 7월 2일

　문학가에게 건강은 왜 이렇게 드문 것인가. 더구나 건강 없이 무엇을 할 수 있는가. 문학가란 병약한 사람, 건강에 얼룩이 있는 사람, 건강을 해치고 있는 사람, 체구가 빈약한 사람, 초췌한 사람 등을 가리키는 말과 거의 동의어이다. 문학에 있어서는 안 된 이야기이다. 쇠약한 사람, 몸이 아픈 사람, 병든 사람, 허약한 사람, 아프고 지친 사람은 약자이다. 약자도 무기력자와 마찬가지로 정상인 사람이고 건전한 사람도 자연, 즉 다치지 않은 것을 대표하지 않는다. 윤리적인 발전은 정신의 영원한 시련인 쇠약상태와 타협이 되지만, 예술적인 발전은 하나의 아름다움, 힘, 조화, 기쁨인 건강을 요구한다. 고통에 의한 교육은 선한 사람을 낳고 시흥(詩興)을 불러일으키지만, 건전한 작품은 역시 건강에 의해 탄생되어야만 한다. 검은 담즙질의 사람, 우울증인 사람, 금욕자, 고민하는 사람, 괴로워하는 사람은 활기 없는 작품밖엔 만들지 못한다. 고통은 부수물로서는 좋은 점을 갖지만, 생활의 기초가 될 때에는 해롭다. 인간적이 되기 위해서는 고통을 깊이 느끼고 이것을 관통하는 것이 필요하지만, 창작적이 되기 위해서는 고통의 바깥에 있어야 한다. 의사가 병자여서는 곤란하다. 병을 올바르게 진단하고 그것을 공격하려면 자기가 온전해야 한다. 예술가, 작가는 좋은 작품을 만들기 위해서는 자기가 힘과 감흥, 넘침 속에 있다고 느끼지 않으면 안 된다. 이것은 슬픔에서 나오는 소침이나 낙담, 쇠약, 무기력의 반대이다.

1877년 7월 3일

　정신은 굴곡과 진동에 의해서만 나아간다. 내적 생활은 무한한 모순이 합쳐진 힘이다. 감정은 파도나 구름처럼 움직이기 쉽다. 어느 것 하나 만드는 것도 훼손하는 것도 바라지 않고, 단지 바라보고 이해하려 하는 비아적인 관조자는 기한도 없고 쉼도 없는 반복을 보고 있어야만 한다. 실제로 모든 상태, 양상, 진동을 통과해 언제까지나 이들 불안한 변모를 거듭하는 마음은, 역시 자기의 둥지로 돌아가는 것처럼 자기의 근본적인 결점, 습관으로 돌아가기 시작한다.

너의 결점은 아무것도 바라지 않고, 어떤 것에도 도달하지 않으면서 빙빙 돌고 있는 몽상이다. 너는 네 안에서 움직이는 것을 쓰는 것에 만족하여 과거와 미래를 잊고, 실행을 벗어나고, 끌어들이거나 먹혀들거나 얽히거나 하는 것을 두려워하여 침체만을 목적으로 자기 안으로 침잠한다. 바꿔 말하면 너는 명상을 아편, 일종의 마비이며 의무로부터의 도망길, 무의식적인 책략으로서 양심의 검열을 면하려 하고 있다. 펜을 손에 들고서 하는 이 몽상은 자신에 대한 탐구처럼 보이지만, 사실은 자신으로부터의 도피이다. 그것은 너를 견고하게 하는 것처럼 보이겠지만 사실은 너를 유약하게 만든다. 그것은 금욕의 연극을 하고 있는 쾌락주의적 공상이며, 사유를 가장하고 있는 막연한 공상이다. 그것은 너의 진면목(眞面目)을 가리고, 너의 배고픔을 속이고 있지만, 너에게 도움을 주어 인생의 넓은 무인경(無人境)을 가로지르게 한다. 가정도, 아이도, 아내도, 중대한 이해도, 영광에 관한 환상도, 영달 및 명예심도 없는 것, 아무에게도 격려 받지 않고, 부름 받지 않고, 지지 받지 않고, 내가 차츰 조국에도, 학문에도, 교회에도, 인류에게도 쓸모가 없어져 가는 것을 느끼건만, 어떻게 마비되는 것을 바라지 않을 수 있으랴. 나에게 없는 것을 모른 척 하거나 내 불행의 묘사를 농락하지 않으면 그나마 기분좋은 상태가 유지되지 않는 것이다.

1877년 7월 4일

그러나 이 '빙빙 도는 몽상'에는 어제 내가 썼던 것 외에 더 중대한 부적절한 것이 있다. 그것은 나에게 사리에 맞는 사고, 합리적인 건설, 철학적인 사색의 습관을 잃게 했다. 나는 이제 얽혀 있는 문제를 멀리서 바라보는 것도, 그곳에 포함되어 있는 특수한 관념을 서로 한정하는 것도, 강의나 저서는커녕 수업이나 한 편의 논문 뼈대조차 세울 수가 없게 되었다. 히타노

(스페인
의 집시)적인 방랑이 방법적인 탐험을 대신했다. 에오리아풍 현악기를 타는 것이 나에게서 교향악을 작곡할 능력을 거의 빼앗고 말았다. 한마디로 말하면 일기가 나를 예술적으로나 학문적으로나 해치고 있다. 이것은 바쁜 게으름, 사상적 활동의 망령에 지나지 않는다. 그것 자체가 작품이 아닌데다가 다른 다양한 작품을 방해하고, 더구나 그것의 대리물이 되어 있는 듯한 표정을 짓고 있다. …… 그러나 어떠한가. 나와는 다른 사람이 될 수 있는가. 나는 지금껏 나를 다른 것의 수단 또는 도구로 취급한 적이 없다. 나는 내 안에서 돈버는 기계, 법칙을 만드는 기계, 책을 쓰는 기계를 결코 보지 못했다. 인간의 본성을 의식한다는 것이 나의 가장 오래되고 가장 강한 기호였다. 이 드물지만 부당하지 않은 기호를 이제 와서 어떻게 나쁘게 말하거나 비난할 수 있겠는가.

1877년 7월 15일

기묘한 인상, 모든 것이 나를 자유롭고 한가하며 제멋대로 움직일 수 있는 신체로 만들어주고 있다. 나는 나를 어떤 방향으로든 정할 수가 있고, 나에게 붙어다니는 충동을 조금도 느끼지 않는다. 나는 실 끝에 매달려 있는, 또는 움직이지 않는 공기 속에 떠 있는 공처럼 균형과 냉담함의 중립상태에 있다. 나는 사라질까 머무를까, 북쪽으로 갈까 남으로 갈까, 일을 할까 놀까. 모든 결정을 내릴 수 있는 것처럼 여겨진다. …… 그러나 내가 지역을 이동해야만 한다는 것, 인후 치료를 해야 한다는 것, 편의나 이익 외에 여러 정해진 의무를 고려하지 않으면 안 된다는 것을 잊고 있다. 그리고 보면 결정하지 못하는 것은 순간적인 겉모습에 지나지 않는다. 이것은 내가 가진 잊기 쉬운 무사태평 및 아무것도 나를 몰아세우거나 비좁은 방에 있는 나를 성가시게 하거나 하지 않고, 방문을 할 일도, 편지를 쓸 일도, 수업을 할 필요도 없이, 아무것도 아무도 기다리지 않고, 무엇 한 가지 나를 일로 다시 부르거나 하지 않고 공상에 빠져 있을 수 있다는 사실에서 오는 것이다. 이 순수하고 완전한 한가함은 다른 사람의 생활에는 매우 드문 것이기 때문에, 나는 그 존재와 쾌감을 확실하게 정하지 않으면 안 된다. 그것은 즐기기를 바랄 수 있는 불편 및 번뇌의 최소한, 또는 사람이 경험하고 파악할 수 있는 관조 및 무위(無爲)의 최대한을 나타내고 있다. 내 주인이 되어 어떤 것에도 복종하지 않고, 내 자유와 평정을 맛보는 것은 실로 기분 좋은 일이다. 물론 이 행복감은 에피쿠로스적이기는 하지만 극히 짧은 것이기 때문에 크게 해가 되지는 않는다.

(저녁 7시) 빛나는 일몰. 네덜란드적인 빛의 효과. 맑고 깨끗한 공기, 강한 음영(陰影), 나뭇잎의 강렬한 색채, 촉촉하고 거의 우울하다시피 한 광휘. 해는 이제 작아지고 있는 것처럼 보인다. 어딘가 모르게 시간이 짧아지고, 여름이 지나간다고 경고하는 듯 하다.

여전히 나 자신을 새롭게 하고, 내 일상적 습관의 원운동적 진행을 바꾸고, 새로운 것을 보고 새로운 것을 할 필요를 느꼈다. 스스로가 필요도 없는데 단지 어리석음 때문에 바보처럼 얽매이고 매몰된 것처럼 느껴진다. 미라의 껍질을 벗겨내고 내 눈과 상상력에도 신선한 양분을 주고, 사람들과 다시 이야기를 나누고, 내 자유의지를 사용하지 않으면 안 된다. 어렵사리 날개를 가졌음에도 그것을 사용하지 않는 것은 죄악이다. 돈을 갖고 있을 때는 써야 한다. 배를 저어야 하는 갇혀 있는 자가 아니라면, 자리에서 일어나 노를 버리고 등산용 지팡이를 짚고, 책을 끼고 자연과 친해지고, 굴 같은 서재에서 기어 나와 '허영의 도시'로 나가야 한다. 신이 만든 경치, 외국의 사물, 살아 있는 인류를 찾아가라. 너는 바라보고, 이야기를 하고, 여행을 해서 근육의 나태함을 떨쳐버릴 필요를 느끼고 있다.

힘을 되찾고 젊음을 길러라. 갱신(更新)은 다시 젊어지는 것이다. 너의 생활은 전환과 혁명, 다른 취미의 사상과 소생하는 신경을 요구하고 있다. 너를 다시 정상적인 상태로 되돌리기 위해서는 온갖 종류의 사물을 새롭게 하지 않으면 안 된다.

결국 정신은 변화에 대해 갑자기 격렬한 식욕을 느낄 때가 있는데 그런 기분이 들면 익숙한 일이나 낯익은 표정이 싫어지고 만다. 말하자면 정신은 배가 불러서 식욕을 되찾기 위한 다른 먹을 것, 다른 요리법을 주문하고 싶어지는 것이다.

미지의 것을 두려워하는 사람조차 어느 정도까지는 그것을 바란다. 따라서 절대적인 '현상유지'는 자연에 어긋나는 것이다. 움직이지 않는 보수주의, 수도원 생활은 잘못이다. 고정은 그 반대의 것으로 보충된다는 조건으로 비로소 건전해진다. 생활의 기술은 연속과 새로 고침, 지구(持久)와 진보, 동일과 변화를 결합하는 데에 있다. 시간은 우리의 얼굴을 변하게 하지만, 그것을 서서히 하기 때문에 우리는 변화를 느낄 수 없다. 그처럼 얼굴이 똑같으면서도 다른 것이 되어 가는 것을 모방하도록 하자. 잘 정돈된 생활은 그 조직 속에 하나나 둘의 상수와 서넛의 변수를 조합시키지 않으면 안 된다. 네가 느끼고 있는 순간적인 포만은 네가 위생의 법칙을 위반하고, 그곳에 획일성이 상당히 들어가기 시작했다는 증거이다. 균형을 찾아라. 공기와 일과 환경, 시야를 바꿔라. 그리하면 너는 마침내 더 한층 즐거움으로 일상의 관심, 네 평생의 동료, 습관적인 생활법으로 돌아갈 것이다.

　이상한 일이다. 너의 생활은 대체로 상상할 수 있는 가장 단조로운 생활 가운데 하나이다. 거기서는 어느 달이든, 어느 주든, 어느 요일이든 서로 비슷하다. 기계적인 습관이 그것을 지배하고 있다. 그렇기 때문에 영원한 반복도, 매일의 단조로움도 너를 위협할 수는 없는 것처럼 보이지만, 그래도 네가 결혼을 생각할 때 받는 걱정의 하나는 포만, 어쩌면 반감에 대한 공포이다. 몇 개월 동안 한 발짝도 밖에 나가지 않는 그런 사람이라도 몇 주일 동안 투옥되거나 감금 당하는 것을 생각하면 전율한다. 우리는 이론상 자유라는 것, 바꿔 말하면 우리가 자기의 종속상태에 식상하거나 싫어지거나 했을 경우에 그것을 팽개칠 수가 있기를 바라고 있다. 즉, 돌이키지 못하는 것은 우리를 불안하게 한다. 설령 천국이라 할지라도 갇힌다는 것은 불쾌한 일이다. 금으로 된 사슬이나 꽃의 사슬이라도 우리를 영구히 묶는 데 사용된다면 매우 위협적이다. 자기의 의지가 움직이기 쉽고 불순종한 것임을 알면서도 이것을 미리 묶고 언제까지나 남의 손에 맡기는 것은 우리에게는 무모함이나 거의 미친 짓으로 생각된다. 맹세가 사람을 두려워하게 하는 것은 그것이 우리에게 알지 못하는 것을 단언하기 때문이며, 우리의 생각대로 되지 않을 것을 약속하기 때문이다. 사랑이 사라지지 않는 것, 변치 않는 애착, 차가운 정열이 그것이다. 우리가 군기를 위해 죽는 것, 충실하게 명예를 지키는 것, 우리의 십자가를 질 것을 맹세할 수 있는 것은, 우리가 그것을 원함으로써 행할 수 있기 때문이다. 그러나 우리가 끝없이 사랑한다고 맹세할 수 없는 것은 의지로 사랑하는 것이 아니라 감정이 우리의 명령을 비웃기 때문이다. 50을 넘긴 지금이 되어서도 나는 앞으로 10년 또는 20년 동안, 적어도 개개의 경우에 대해 나를 미리 알 수 있는 정도로 나 자신을 알지는 못한다. 나는 언제까지나 완전성, 즉 선의와 건강, 아름다움, 정의, 조화, 진리, 덕성을 사랑해가리란 것은 잘 안다. 그것에 대해서는 맹세를 해도 괜찮을 것 같다. 그러나 이러이러한 것에 관한 나의 현재의 생각, 이러이러한 사람에 대한 현재의 심정은 언제까지나 똑같을 것인가. 나는 모르겠다.

다른 사람들은 어떻게 하는 것일까. 다른 사람들은 악의 없이 잘못되어 있다. 영원을 무심코 취급하고, 자기 약속의 효력이나 본성의 불변을 해명하는 수고는 미래에게 맡기고 있다. 감동하거나 감명을 받거나 하면 미래를 걸고 약속한다. 그 경우에 본심인 것이다. 그러나 가능한 한계 안의 것을 하고 있음에 불과하다. 맹세를 했다 한들 그것은 냉각도, 후회도, 반감이나 증오도, 과실이나 정신적인 이별도, 어느 것 한 가지도 방해하지 않는다. 맹세는 죄를 무겁게 하는 것에 그친다. 사물의 본성을 무시하고 무엇이 될 것인가. 부정 또는 이치에 어긋난 약관은 무효다. 맹세에 의해서 지금 사랑하고 있다고 단언할 수는 있어도, 앞으로도 사랑한다고는 단언할 수 없다. 그렇기 때문에 성실과 온화함, 인내, 충실, 보호, 지지에 대해서는 약속하기 나름이고, 맹세도 나름대로 하게 하라. 그것은 지극히 좋다. 그렇지만 영원한 사랑에 대해서는 약속이나 맹세를 하게 하지 않도록 하라. 그것은 잡지도 않은 곰의 가죽을 파는 일이요, 미래의 권리를 빼앗는 일이자 상대를 기만하는 속임수이다.

우리의 생각대로 되는 일, 올바른 일만을 약속하기로 하자. 말뿐인 사랑, 용서, 영웅심에 이르러서는 아무도 우리에게 그것을 요구할 권리를 갖고 있지 않다. 그것은 남에게 양도할 수 없는 우리가 소중히 간직해야 할 것들이다.

1877년 7월 17일

어제는 나의 라퐁텐을 다시 읽었다. 그것의 결점을 알았다. 이 사람은 나비도, 장미도, 꾀꼬리도 갖고 있지 않다. 학도, 메추라기도, 낙타도, 도마뱀도 사용하지 않는다. 기사도의 추억을 하나도 갖지 않았다. 이 사람에게 프랑스의 역사는 루이14세부터 시작되고 있다. 그의 사실상의 지리학은 몇 평방 킬로밖에 없으며, 라인강에도 로아르강에도, 산에도 바다에도 이르러 있지 않다. 이야깃거리를 하나도 궁리해 내지 않고 이미 만들어진 화제만 나태하게 들고 있다. 그러나 그럼에도 불구하고 그는 찬미해야만 하는 작가요 화가이며 관찰자, 희극작가, 풍자시인, 이야기꾼이다. 나는 이 사람의 우화를 반은 암기하고 있지만, 그것을 다시 읽고도 질린 적이 없다. 그는 프랑스 작가 가운데 한 권만 있으면 다른 모든 것을 대신하고, 공(公)과 사(私)의 모든 경우에 적절한 인용구를 공급하며, 모든 월보에 도움이 되는 신랄한 말을 가르치는 유일한 사람이다. 어휘와 에둘러 말하기, 가락, 고유의 어법으로 보아도 이 사람의 말은 그 아름다운 시대에 가장 풍부하다. 실제 그것은 옛 방식과 고전풍, 갈리아어와 프랑스어를 교묘하게 결합하고 있다. 많은 재미와 기교와 치밀함, 야유와 민감함, 간단 명료, 감미로움, 우아, 쾌활, 필요에 따라서는 기품과 엄숙, 위대함 등 이 우화시인에게는 모든 것이 있다. 적절한 형용사도, 짜릿하게 만드는 경구도, 발빠른 스위치도, 생각지도 못할 대담한 말도, 머리에 남는 특징도 모조리 갖추고 있으며, 무엇이 결여되어 있는지 모를 만큼 이 사람에게는 다양한 능력이 있다.

《나무꾼과 죽음의 신》을 나중에 지은 보아로의 것과 비교해 보면, 이 예술가와 그것을 비난하려 하는 이 비평가와의 놀랄 만한 차이를 알 수 있다. 라퐁텐은 왕정시대의 가난한 농부의 모습을 묘사하고 있는데, 보아로가 보여주고 있는 것은 땀투성이 짐꾼의 발이다. 전자는 역사의 증인이지만 후자는 시를 지을 줄 아는 학생에 지나지 않는다. 한쪽은 회화적이고 구체적이어서 생생하게 감동을 전하는데, 다른 쪽은 차갑고 야위어 있으며, 알몸이고 모가 나 있다. 그렇기 때문에 라퐁텐을 읽으면 그 시대 사회 전체를 다시 구성할 수가 있고, 동물을 거느린 이 샴파뉴의 아저씨는 프랑스 유일의 호머가 된다. 이 사람은 라브뤼엘과 비슷한 정도로 많은 인간 초상을 그리고 있는데 몰리에르도 이만큼 희극적이지는 않다.

그의 약점은 무엇인가. 어쩌면 그것은 지나치게 이상적이라고 하기는 좀 부족한 에피쿠로스주의일 것이다. 의심할 바 없이 거기서 라퐁텐은 라마르틴에게 반감을 가진다. 종교적인 현(弦)은 라퐁텐의 악기와는 인연이 없다. 게다가 이 사람은 그리스도교도, 영혼의 숭고한 비극도 몰랐던 것 같다. 호라티우스는 그의 예언자이고, 니농(Ninon de Lenclos. 1620~1705년. 파리 사교계의 중심이 되었던 미인)은 그의 에게리아(Egeria. 고대 로마의 왕 누마에게 비책을 전수한 물의 요정)이다. 호의가 있는 자연은 그의 여신이고, 몽테뉴는 그의 복음서이다. 다른 말로 하자면 그의 한계는 르네상스의 천지였고, 보슈에나 페느롱, 교황, 가리칸 교회(1682년 보슈에의 '4개조 선언'으로 요약된 설교에 의해 교황뿐만 아니라 사제 단체 전부의 잘못이 없음을 주장하는 프랑스 교회) 등은 한 번도 들은 적이 없다. 가톨릭 사회의 한가운데에 있는 이 이교적인 작은 섬은 꽤나 기이하게 여겨지기에 충분하다. 이 이교는 완전하게 소박하다. 어쨌든 라브레, 몰리에르, 상테브르몽(Charles de Sains-Évremont. 프랑스의 문학가. 1610~1703년)은 볼테르보다도 훨씬 이교적이다. 완전히 프랑스적인 프랑스인이 볼 때, 그리스도교는 인습적인 나무붙이기 공작이고 피부에 딱 붙지 않으며, 대체로 마음도, 인간의 중심, 깊은 본성과도 전혀 관계가 없는 어떤 것, 저작물에 불과한 것 같다. 이 이중성은 샤토브리앙에게선 생생하게 보이며, 이탈리아에선 흔하디 흔한 것이 되어 있다. 이것은 정치적인 종교의 결과이다. 거기서는 사제는 속인(俗人)과 멀어지고, 신자는 인간과 멀어지며, 예배는 성의(誠意)와 멀어져 있다. 인위적인 양심을 제조하는 것은 다제리오(Massimo d'Azeglio. 이탈리아의 정치가, 문학가 1798~1866년)가 말한 것처럼 로마 교회의 결과이다. 이 경우에 예술가가 복면에 지나지 않는 종교를 무시하고, 자연적 종교 속에 머무르는 것은 좋은 일이다. 신심 있는 사람인 척하고 점잔을 뺀 얼굴은 아름다움뿐만 아니라 시에도 반대된다. 프란체스코파 사람만큼 추한 것은 없고, 타르튜프만큼 반감을 일으키는 것이 없으며, 위선적으로 꾸민 일만큼 불쾌한 것은 없다. 시원시원하고 정직한 이교 쪽이 훨씬 가치가 있다. 나는 전통적인 의장(擬裝), 즉 양심의 반의지적인 이중성은 그리스도교의 백 년, 천 년을 거친 흠이라고 믿는 쪽으로 기울어 있다. 자연적인 인간은 거기서는 예수 수난의 십자가 휘장을 달고 있지만, 십자가에는 신념밖에 실려 있지 않다. 인간은 자랑스레 하나의 종교를 공공연히 믿고 있지만, 다른 주의에 의해 생활하고 있다. 진정한 신은 공인된 신과는 전혀 별개이다. 기만은 위대한 정치를 채우고, 신자의 사적 생활을 채우고 있다. 일반에게 행해지고 있는 제사 의식은 겉보기의 의식이다. 위선은 '악이 덕에게 바치는 경의'이지만, 나는 라퐁텐 쪽을 좋아한다. 이 변함 없는 조작은 서양의 인간을 타락시켰다. 그리스도교도를 이슬람교도와 비교했을 경우에 그리스도교도는 열에 아홉은 기만자, 신앙상의 기만자, 종교적 희극배우이다.

1877년 7월 18일

(밤 11시) 독서, 수자 부인(Adélaïde de Souza-Botheло. 프랑스의 소설가. 1761~1836년)의 《아델 드 세낭쥬(Adèle de

Sénange)》 …… 어떤 소설을 읽고 무턱대고 동의어를 구사하는 버릇이 있는 사람과 만났다. 나는 스스로에게 말했다. 너야말로 조심해. 너는 이리로 기울어져 있어. "이건 네 이야기야."(호라티우스《서간시》1-18-84) 너는 네 사상의 올바른 뉘앙스를 추구하는 가운데 동의어의 건반을 연달아 두드린다. 그것도 대개의 경우에 너의 펜은 3박자로 진행된다. 정신을 차려라. 모든 버릇, 기울어짐, 습관을 피하라. 그런 것은 약점이다. 문제와 경우에 따라서 하나든 둘이든 셋이든 넷이든 다섯이든, 다양한 틀이나 짜임에 구애되지 말고 사용해야만 한다. 단 한 마디의 말로는 기력을 낳고, 두 마디 말로는 한 꾸러미의 양끝을 지명해 명료함을 낳으며, 세 마디 말로는 사상의 시작과 중간과 끝을 나타내 완전히 갖추고, 넷 또는 다섯 마디의 말로는 열거해서 풍부함을 낳을 수 있다.

너의 주된 결함은 모색이어서 너는 고쳐 말하는 것이나 다음 말의 어림짐작 같은 단어 수가 많은 것에 호소한다. 적어도, 특히 일기에서는 그 수법을 풍부하게 사용하고 있다. 네가 사물에 천착(穿鑿)할 때는 오히려 두 번째 쪽이 너의 범주가 되고 있다. 대체로 너는 단 한 마디의 말을, 즉 정정하지 않는 자유자재의 묘사 방식을 익혀 두어야 할 것이다. 그러려면 너의 주저함을 고치지 않으면 안 된다. 너에게는 표현 방식이 지나치게 많아 보인다. 보다 단호한 정신은 갑작스레 올바른 박자에 끼워진다. 유일한 표현은 자신감과 명료함을 포함하는 과감한 행위이다. 몽유병자와 동물은 망설이지 않는다. 본능은 거의 잘못이 없기 마련이다. 오직 한 가지로 쓸 수 있게 되려면 의심해서는 안 된다. 그런데 너는 언제나 의심한다.

늑대라면 늑대답게 행동하라.
그것이 가장 확실하다.

나는 나와는 다른 성격을 갖고자 할 경우에 무슨 이득이 있을까 생각해 본다. 세심함과 배려를 타고난 나의 파동적인 방식은 적어도 있는 힘을 다한다는 것과, 내 사상의 모든 뉘앙스를 마음을 다해 쓴다는 두 가지 장점을 지닌다. 그것이 짧고 단언적이고 결연한 것이 되면 옛것으로 여겨지지는 않을까. 답. 주관적이고 획일적인 문체는 너의 것이 아니다. 너의 본성은 유연하다. '사실에 입각한 문체'를 써라. 다만 네 문체의 분위기나 돌려말하기, 끊는 방식이나 리듬, 보조를 변화시키기 위해 다양한 방식을 선택하라.

　일기란 꿈꾸는 명상, 시간에 얽매이지 않는 혼잣말이므로 일정한 목적지를 향하지 않고 붓 가는 대로 덤불 속을 빠져나온다. 자아를 상대로 하는 자아의 회담은 사유의 점차적인 해명에 지나지 않는다. 거기서 동의어, 고쳐말하기, 반복, 물결의 넘실거림이 생겨난다. 단언하는 것은 짧게, 바라는 것은 길게, 고백하는 것은 꼬불꼬불 돌아서, 꿈꾸는 것은 불규칙한 선을 그리며 나아간다.

　올바른 표현은 하나밖에 없음을 느끼지만 그것을 찾아내려면 그와 비슷한 모든 것 가운데서 고르려 하기 때문에, 나의 본능은 가장 정확하게 사상을 표현하는 뉘앙스를 발견하기 위해서 다양한 용어의 계열을 동원한다. 나의 사상도 그것을 가장 잘 인식하고 의식하기 위해서 모든 방향으로 돌거나, 뒤집거나 하는 것이다.

　글자 그대로 나는 펜을 손에 들고 사색하며, 순수한 호기심에서 내 생각의 타래를 풀고, 그 실을 잣는다. 이 장난삼아 해보는 형식의 문체가 이미 분명하게 파악되어 있는데, 다만 명확한 권위로써 신속하게 다른 사람들에게 전해지기를 바라는 사상의 장점을 갖추지 못했다는 것은 분명하다. 일기는 관찰하고, 해부하고, 분석하고, 관조하고, 모색한다. 논설은 반성하게 할 목적을 지닌다. 저서는 논증하지 않으면 안 된다.

　결론. 일기는 강의 준비도 아니고, 구상 연습도 아니다. 그것은 말하는 것도, 쓰는 것도, 줄거리와 방법을 세워서 생각하는 것도 가르치지 않는다. 그것은 심리적인 편안함이고 휴양이며 식도락, 그냥 하는 활동이고 일의 곁보기이다. 일기는 정신적인 회계장부가 될 때도 있다. 그러나 오래 전부터 이 규율적인 생각은 나와는 인연이 없는 것이 되었다. 나는 나를 이해하려 노력하고 있다. 그러나 이미 본심으로는 나를 지배하지 않으며, 꾸짖지 않는다. 나는 이제 금욕이란 무엇인지, 나날의 청정함을 행하는 것이 무엇인지, 무엇이든 하나의 목적에 대한 열렬한 추구가 무엇인지 알 수 없게 되었다. 나는 내가 생활하고, 느끼고, 연구하고 사색하는 대로 놔두고 있다. 나는 내 마음을 '현상 상자'를 들여다보듯이 바라볼 뿐, 어떤 것도 내 의지작용의 조야(粗野)하고 현학적인 간섭으로 어지럽히려 하지 않는다. 낙담은 초월을 가져오고, 초월은 관조로 변했다. 나는 지금도 타인의 행복 및 완성을 위해 일할 수는 있다. 나는 욕망도 없고, 진보도 없고, 대상도 없이 스스로를 중심으로 돌고 있는 것 같은 기분이 든다. 나는 이제 이루지 않는다. 나는 있다. 나는 의식과 애정을 갖는 것, 고통을 느끼지 않는 것밖엔 바라지 않는다. 말하자면 나는 나를 실현 원인과 목적 원인 사이에서 철거시키고, 인간사회에서 배제하며, 욕구와 노력, 효과, 사물 또는 인간에 대한 작용에 의해서만, 한마디로 말하면 의지로만 가치 없는 개체적 생존의 껍데기로부터 말살시킨 것 같다.

나는 자연 또는 인간의 학정이 미치지 않을 만한 고통이나 쾌락, 눈물, 웃음보다도 높은 곳에 있는 순수한 정신이 되기를 마쳤을까. 슬프게도 그렇지가 않다. 인간이 스스로 만족하게 되면 신이 될 것이다. 나는 신이 될 마음도 없었고, 일관되고 무감각하며 청정한, 또는 유명한 사람이 될 생각도 없었다. 나에게는 아무런 목적이 없었다. 나는 내가 호흡하고, 성장하고, 생활하고, 몽상하는 대로 놔두었다. 이상한 신체, …… '정체를 알 수 없는 괴물'.

1877년 7월 21일

(밤 11시) 멋진 밤. 별이 빛나는 하늘. 창문 정면에 목성과 달의 회담. 칼뱅적인 안뜰에 어둠과 빛의 웅대한 효과. 만테냐(Mantegna. 15세기 이탈리아의 화가), 렘브란트, 도레(Gustave Doré. 19세기 프랑스의 화가)가 여기 있었다면 눈이 즐거웠으리라. 회한의 기도가 가책의 장소에서 흘러나오듯 깊고 캄캄한 곳에서 소나타가 솟아오르기 시작한다. 회화적인 것이 시로 녹아들고, 감탄과 찬미가 감동과 융화한다.

1877년 7월 30일

오귀스트 사바티에(Auguste Sabatier. 프랑스의 프로테스탄트 신학자. 1839~1901년) ***씨가 《복음서》(《복음서와 그리스도교의 제2시대》 des Evangiles et la seconde génération Chrétienne)라는 제목의 저서를 읽고 르낭에 대해 상당히 옳은 비평을 내리고 있다. (1877년 7월 29일자 〈제네바 신문〉의 논설) 정교하고 치밀하며 독특하고 확실한 이 예술가의 문학적 취미와, 낡고 동요하는 이 비평가의 견해와의 모순을 지적하고 있다. 아름다움과 진실, 시와 산문, 예술과 학식 사이에서 볼 수 있는 이 망설임은 매우 특징적인 것이기 때문이다. 르낭은 생생하게 과학을 음미하고 있지만 역시 그는 작가이며, 여차하면 정확한 논설 방식을 능숙한 논설 방식에 희생시키곤 한다. 과학은 그의 목적이라기보다는 재료이다. 그의 목적은 문체이다. 아름다운 한 페이지는 르낭에게 어떤 사실의 발견이나 어떤 연대의 정정보다도 10배나 가치가 있다. 이 점에서 나는 똑같이 느끼고 있다. 실제로 아름다운 한 페이지는 진정한 자료(사실)의 기재보다는 한층 진실한 진리로 아름답기 때문이다. 루소도 이런 생각을 가지고 있었다. 역사가는 타키투스(기원1세기 로마의 역사가)에게서 고쳐야 할 곳을 찾아낼 수가 있겠지만, 타키투스는 모든 역사가보다 오래 기억된다. 나는 미적인 유혹이 프랑스적인 유혹임을 안다. 그것을 누구이 한탄한 적도 있다. 그래도 내가 뭔가가 되고 싶어했다고 한다면 작가, 위대한 작가가 되는 것이었으리라. '청동보다도 오랜'(호라티우스 〈오드〉 30-1) 기념 건조물, 뒤를 잇는 많은 세대를 통해 생각하게 하고, 느끼게 하고, 꿈꾸게 할 만한 불멸의 작품을 남기는 것, 이 영광만큼은 내가 바라는 유일한 것이었던 것 같은데, 나는 이 소망마저도 잃어버리고 말았다. 명예심이 허영이나 헛된 것이 아니라고 한다면 나의 명예심은 이런 서책(書冊)을 향해 있을 것이다.

(같은 날) 몇 세기를 거쳤음에도 불구하고 독일에선 정신만이 이탈하고, 조각상은 받침돌에서 나오지 않으며 머리부분도 이마만이 형태를 드러내고 있다. 독일 사람은 얼굴뼈에서 발바닥까지 야만스럽다. 파우누스(전원의 반 짐승신)는 독일 사람의 귀밑에까지 이르러 있다. 비스마르크나 모르토케, 황제 빌헬름 등 현대 독일 위인의 얼굴상을 쳐다보기만 하면 조잡하고 망가진 도자기 흙, 힘은 있지만 둔중한, 타산적이기는 하지만 거칠고 조야한 종족임을 알아볼 수 있다. 미학적으로 말하면 독일 사람은 고통을 느끼게 한다. 남자든 여자든 겉모습이나 걸음걸이, 생김새, 행동거지가 하나같이 다 불완전하다. 취미나 기품, 고귀함도, 품위나 아름다움도 똑같이 결여되어 있다. 게르만의 비속성은 다른 나라보다 10배나 비속하고, 게르만적인 매수(買收), 독일적인 강탈은 10배나 나쁘다. 독일 사람이 정직하고 견실하고 본심이 될 수밖에 없는 것은 그것을 잃으면 아무것도 없기 때문이다. 그 점은 수치심을 잃음으로써 모든 것을 잃는 여자와 닮아 있다.

어렸을 적에 나는 독일의 추한 면을 외면했다. 나는 그것을 동감(同感)으로 가리고 호의 속에 묻어놓고 있었다. 지금은 옛날처럼 말할 수 없게 되었다. 내가 좋아하는 독일인이 많고, 내가 좋아하는 것들이 독일에는 많이 있기 때문이다. 그러나 나는 조금도 눈을 가리고 있지 않다. 그곳의 다양한 결함이 다른 사람에게 못지않게 나에게 불쾌해 보이는 것이다.

1877년 8월 9일 바드 에무스 *(라인강 오른쪽 기슭 코블렌츠 근교의 온천)*

(밤) 정의란 타인의 권리, 다른 나라의 국민, 여러 국가, 여러 사회의 상호 동등한 권리, 인간성의 권리를 인정하는 것이다. 오히려 작은 나라가 국제적 정의의 여러 개념을 가장 잘 완성할 수 있지 않은가. 큰 나라는 모두가 강렬한 욕망과 한층 열정적인 이해관념을 갖고 있다. 큰 나라는 커다란 육식 동물에 비유된다.

정의는 정신의 고귀함과 이해에 초연한 태도를 예상한다. 독립만을 추구하는 자유로운 소국(小國)의 연맹은 한층 인간적이고 역사적인 사상의 자연적 조국, 문명에 관한 정화된 이론의 국토이다. 영국인, 독일인, 프랑스인, 러시아인, 미국인은 늘 자국민의 우월권이나 패권에 관한 속셈을 품고 있다. 자기도 모른 채 자국의 영광을 바라고, 자기의 우월성을 믿고 있다. 네덜란드인, 덴마크인, 스위스인은 이 유혹과 착각에서 벗어나 있다. 이 사람들은 결코 유럽을 미국식, 프랑스식, 독일식, 러시아식으로 하려고 하지 않을 것이다. 그보다 먼저 다양성의 이익과 권리를 느끼고 있다. 큰 나라 사람보다도 국민, 종족, 종교, 언어의 선입관에서 해방되어 있다.

게다가 스위스인은 어쩌면 가장 특권적인 지위를 차지하고 있으리라. 현재 스위스는 4개의 국어를 말하며, 3개의 종교를 가지며, 25개의 정치단체로 이루어져 있다. 그래서 스위스인은 어떤 조건 아래서 인간이 서로 남을 침범하지 않고 연합하며 공동생활을 영위할 수 있을까 하는 것을 다른 어떤 나라 사람보다도 잘 안다.

과연 철학에 있어서 다원설, 즉 유물론 또는 힘의 승리가 커져가고 있는 것은 정의의 개념을 위협한다. 그러나 정의에도 이제 차례가 돌아온다. 고등한 인간의 법칙을 동물성에서 빌려올 리 없다. 그런데 정의란 타인에 대한 동등한 자유와, 서로 인정하는 개인적인 최대한의 독립성에 대한 권리이다. 다른 말로 하면 인간과 미성년자, 성인, 약자, 비천한 사람, 결사라든가 신분, 국민이라는 인간 집단에 대한 존경이다. 선의 총량을 늘리고, 인간의 바람을 만족시킬 수 있을 만한 자발적이거나 반성적인 모든 집단에 주어진 보장이다. 서로간의 착취는 정의를 손상한다. 따라서 가장 강한 자의 권리는 권리가 아니며, 이의나 반항이 일어나지 않는 동안에만 권리를 갖는 단순한 사실이다. 인간이 연료, 불, 기계를 발견하기까지의 기간 동안 복종을 요구하는 추위, 밤, 무게와 비슷하다. 인간의 공업 전체는 소박한 자연으로부터의 해방이다. 마찬가지로 정의의 다양한 진보는 최강자의 학정(虐政)이 받는 잇따른 퇴각이다. 의학이 병을 극복하는 것인 것처럼 선이란 인간이라는 동물의 맹목적인 맹악성(猛惡性)과 끝없는 욕구를 이겨내는 것이다. 그러므로 나는 똑같은 법칙을 본다. 즉, 개인의 증진적 해방, 인간이 생활, 행복, 정의, 지혜를 향해 상승하는 것이다. 걸신들린 식탐이 출발점이고, 이지를 갖춘 관용이 도달점이다. 애벌레는 나비가 되고, 어린아이는 현자 및 미인이 되지 않으면 안 된다.

1877년 8월 11일 바드 에무스

넓은 방에 있던 사람들은 〈로렐라이〉와 그 밖의 몇몇 민요를 합창했다. 우리나라에서는 제례 때에나 행해지는 일이 독일에서는 시나 음악에 대해서도 행해진다. 다양한 음성이 뒤섞였는데도 아취가 없는 무질서로 추락하지 않는다. 예술은 종교의 특권을 나누어 갖고 있다. 이것은 프랑스의 느낌도 영국 분위기도 아니며, 이탈리아식인 것 같지도 않다. 이 예술적인 신앙심, 이름을 내세우지 않는 협력, 이해에 구애되지 않는 공동일치의 정신이 조화를 나타내는 점은 게르만적인 것이다. 이것은 감상적인, 그러나 또한 관능적인 이 민족의 어떤 산문적인 괴로움의 보상이라고 생각한다.

1877년 8월 13일 에무스

자연의 기만 및 성욕이 개인을 속박하기 위한 모든 계략을 가장 노골적으로 드러낸 것은 쇼펜하우어와 하르트만이라고 나는 믿는다. 비관론은 이 색욕적 경향의 사기적 학정(虐政)을 모면하고 있다. 이 경우에 누구를 속이게 될까.

연애는 자살 본능을 가진다. 연애는 포옹을 향하게 하지만 최상의 포옹은 연애를 죽인다. 그래서 만약 포옹이 거부당하면 포옹은 연인을 죽인다. 그렇기 때문에 이것은 태우는 것, 자기의 양분을 없애는 것, 즉 자신을 멸망시키기를 바라는 함정이다. 예지는 하루뿐인 불꽃을 바꾸어 빛으로 만들고, 계속 아궁이이게 하는 것, 즉 연애와 함께 계속되는 생명을 만드는 것이다. 왜냐하면 차가운 마음도 타오르는 마음과 마찬가지로 인간을 멸망시키기 때문이다.

자연에 대하여

'자연'은 자기의 법칙을 따르는 것이 좋다.
우리가 증기로 바람에 역행하고,
전기로 증기를 대신하며,
화학과 역학으로
외계의 힘을 전혀 개의치 않는 힘을 다룰 수 있게 된다면,
바람아, 불 테면 불어라.
폭풍은 우리에게 사납게 날뛰는 말에 지나지 않는다.

멀리서 들려오는 소리까지도 젊은 봄의 느낌을 준다.
실로 부활이다.
인간의 '구세주'의 승천은 하늘을 향해 나아가는
자연의 이러한 개화로 상징되고 있다.

1877년 8월 14일 에무스

교육을 잘 받은 인간이란 무엇인가. 예의의 모든 세세한 의무를 알고 실행하는 사람이다. 그런 사람은 습관, 처세법, 형식, 작법, 절차를 안다. 모든 경우에 따라 적당한 조치를 간파해 내기 때문에 마음 씀씀이를 여러 가지로 바꿀 수가 있다. 드나들 때에도, 작별인사를 할 때에도, 무엇을 묻거나 대답할 때에도, 돈을 지불할 때에나 청구할 때, 제공할 때에도 보통의 비속한 인간과는 다르다. 그 다양한 태도, 침묵, 앉는 방식 또는 먹는 방식은 상류사회의 습관을 나타낸다. 이렇게 다 셀 수 없는 다양한 결과의 원리는 자기 및 타인에 대한 존경심을 주위 사정이나 상대방에 따라서 여러 뉘앙스로 나타낸 것이다.

교양 있는 마음이란 어떤 것인가. 그것은 반성이라는 무수한 수행을 거친 결과, 여러 입장에서 바라볼 수 있는 마음이다. 교양은 이지가 자유롭게 사용할 수 있는 범주의 양에 비례한다. 가능한 존재의 방식, 양상, 틀, 형식, 방법, 습득한 수단을 자기 안에 많이 갖고 있을수록 그 사람에게는 많은 교양이 있다. 교양 있는 사람은 많은 것들을 이해하지만 반드시 발명적이거나, 배려심이 있고, 영리한 사람인 것은 아니다. 다만 연습을 쌓아서 포용적이고 개방적이 되면 그뿐이다. 그가 본래 타고난 것은 빈약해도 상관없지만, 그러한 것들을 노력을 통해 가치있는 것으로 만드는 것이다. 어중띤 교양은 천성을 해칠 때가 있다. 세계의 모든 도시민, 속인, 출세가, 어설픈 지식인, 현학자(衒學者)가 그것이다. 그러나 우수한 천분을 가진 자가 완전한 교양을 얻으면 진정한 딜레탕트, 안목 있는 아마추어, 총명한 감식가, 어떠한 예술가나 작가도 자기에게 매혹당하게 하고 싶은 감상자, 독자를 낳는다. 순수하게 과학적인 교양만으로는 교양 있는 마음을 만들지 못한다. 거기에는 또한 인간의 마음을 아는 것, 즉 다양한 언어의 습득과 여행, 문학이 필요하다. 그

중에서도 가장 교양을 주는 것은 문학, 바로 인간적인 문학이다.

학식이 있는 사람은 그의 다양한 능력을 연마하여 형성할 뿐만 아니라 구체적인 지식을 축적한다. 교양이 있는 사람은 어떠한 것이든 배울 수 있다. 학식이 있는 사람은 이미 저축을 하고 있다.

교육을 잘 받고, 교양이 있고 학식이 있는 사람은 박식한 사람이나 전문적인 학자보다 훨씬 유쾌하다. 박식한 사람 중에는 영리하지 않은 사람도 있다. 전문적인 학자는 그 분야 이외에는 쓸모가 없다.

1877년 9월 23일 클라란스(레만호 동쪽/기슭의 마을)

푸른빛이 감도는 안개가 덮인 아름다운 아침. 한 시간 내내 베르몽 도로(몬토르로 통하/는 산 옆 도로)를 걷다. 샤르넥스(클라란/스의 숲)의 도로를 소규모로 만든 것 같은 아름다운 전망대이다. …… 나는 눈과 귀와 폐로 맑은 공기, 이 상쾌한 아침의 경치에서 솟아오르는 온갖 종류의 감각을 빨아들였다. 경사지게 비추는 광선의 다발, 커다란 깃처럼 안개 속에서 솟아올라 있는 순백의 당 듀 미디(la Dent du Midi. 레만호 남쪽의 로/느강 상류의 왼쪽 기슭에 있는 산). 나무가 우거져 파도처럼 물결치는 경사면, 거울처럼 맑고 시시각각 변화하는 호수, 초록 구슬과 자수정의 산들, 호두나무 레이스, 길게 새나오는 그림자, 익어 가는 포도, 빨간 사과, 나비들, 교회로 향하는 몇 무리의 남녀, 물 위의 돛, 연기를 내뿜는 조용한 기차, 장미와 노송나무와 버드나무가 있는 '오아시스'.(아미엘이 클라란스의/묘지에 붙인 이름) 그 모든 것들이 프레이아드(les Pléiades. 클라/란스 동북쪽의 산), 큐브리(le Cubly. 클라/란스 북쪽의 산), 코우(le Caux. 몬토/르 북쪽의 산), 손쇼(le Sonchoz. 그/의 동남쪽의 산), 아르베르(l'Arvel. 레만호 동남쪽 비르/누브(Villeneuve) 뒤쪽의 산), 당 듀 미디, 그라몽(le Grammont. 클라란스의 맞은편 기슭 로느/강 상류가 호수로 흘러드는 곳에 있는 산)으로 한정되어 있는 이 아름다운 원형무대 안에 있다. 이 지방 전체가 나에게는 향로처럼 여겨지고, 이런 오전 시간은 기도하는 듯한 느낌을 준다. 여기서 관조하고 생활하고, 몽상하고, 사멸하는 것은 유쾌한 일이다.

가벼운 바람이 발코니를 덮은 천을 물결치게 하고 있다. 새의 노랫소리, 차바퀴 소리, 여자의 목소리가 창을 연 나의 방까지 올라온다. 그러나 이들의 친근하고 작은 소리를 감싸고 있는, 뭔지 모를 한층 넓은 침묵에서는 일요일의 안식이 느껴진다. 남들이 뭐라고 해도 이 차분함에는 독특한 아름다움이 있고, 끝없는 활동이란 노예의 냄새가 난다. 정신도 자기 안으로 돌아와서 변하지 않는 것의 음성을 듣고, 그 영원한 부분으로 살고, 운동을 벗어나 평화를 경험하기를 바라고 있다. 정신은 일요일을 요구한다. 이것은 예배 시간이며, 종교적인 일이고, 신성한 장소이다.

1877년 10월 31일

이것은 성숙의 징표인가, 쇠약의 징표인가. 나는 철학적인 간행물의 급류에 버티고 서서 그 수준에 머물러야 하는 의무에 대해 상당한 정신적 권태를 느낀다. 그것이 나에게는 불쾌감마저 느끼게 한다. 새로운 사실에 대한 나의 호기심은 결코 고갈되지 않는다. 그러나 사물에 관한 다양한 사상의 끝없는 말살과 고쳐쓰기는 나를 질리게 하고 억압한다.

요컨대 나는 쇼펜하우어와 마찬가지로 시를 고취하는 것이나 종교를 가르치는 것과 함께 철학을 가르치는 것을 크게 좋아하지 않는다. 나의 천직은 더 이상 내 취미에 맞지 않는다. 자신감의 결핍, 결과에 대한 의혹, 무관심, 게으름, 회의감이 어쩌면 나를 이렇게 만들었는지도 모른다. 비평적 정신은 모든 것을 탐해버렸다. 어쨌든 3개월에 걸친 방심이 나를 이런 존재의 양상 전체와 무관한 것이 되게 하고 말았다. 나는 문학자, 에피쿠로스파, 병든 몸, 게으른 사람이 되었다. 나의 옛 자아는 이제 내가 아니게 되었다. 나는 원래의 나를 거의 인정하지 않는다. 이탈이 원래의 나로부터 평생의 획득물을 빼앗았다. 내 턱뼈가 이를 잃은 것처럼 자아는 원래의 몸을 벗어나 있다. 이러한 내적인 빈궁, 비참, 공허, 불확실, 태평한 상태는 이상한 시련이다. 나에게 이 상태는 긴 병, 아니 무덤에서 나온 것처럼 여겨진다.

그래서 나는 지금의 내 몸에게 너는 누구냐, 네가 무엇을 할 수 있느냐, 너는 무엇을 아느냐고 묻는 것이다. 나는 스스로 조금도 의지를 느끼지 않는다. 나는 단순한 표류물인 것처럼 떠 있다. 나는 이 이상한 경우를 두려워하지 않으면 안 되는가. 이것은 병적인 상태인가. 나는 그렇게 생각한다. 실제로 이대로라면 나에게나 남에게나 유익할 수가 없다. 남자다운 삶은 끝났다. 나는 닳아 문드러져 못쓰게 되어버린 인간이다. 체면은 중얼대고, 자존심은 얼굴을 붉히며, 양심은 항의를 한다. 사람에게는 뭔가를 한다는 일반적인 의무 이외에 특별한 의무가 있다. 너는 진정한 교수여야만 한다. 너는 뭔가 중요한 연구에 전념하지 않으면 안 된다. 너는 도끼날을 빠뜨렸다고 도끼자루마저 강물에 내던지는 (자포자기하게 되는) 대신에 남아 있는 너의 힘을 절약해야 한다. 그런데 네가 선택에 유의해야 할 것은 무엇인가 하면, 아무도 너보다 잘 하지 못하는, 또는 너를 대신하지 못하는, 또는 빨리 해내지 못하는 것을 고르지 않으면 안 된다. 너는 타인의 승부가 아닌 너의 승부를 하고, 네가 쥐지 않은 카드가 아니라 너의 카드로 승부하고, 승부할 작정이라고 어벙하게 말하지 말고 우물쭈물하지 말고 승부를 해야 한다.

　네 생활의 지배, 시간 관리와 개척, 자신에 관한 책임, 활동, 의지를 되돌려라. 너의 용무, 시간, 일, 휴양, 연구를 정리해라. 단호하게 휴가와 안일에 종말을 고하라. 잠들어 있지 말고 눈을 떠라. 죽은 자 사이에서 나와라. 너는 아직 쓸모없는 인간이 아니다. 마음속 속셈, 결단을 내리지 못함, 무관심은 문 바깥으로 내다 버리지 않으면 안 된다.

1877년 11월 6일

　(아침 8시 반) 나는 내 본능을 현장에서 억눌렀다. 위에 걸린 4줄의 시 (여기서 말하는 4행시는 간밤의 음울한 감상 끝에 쓴 것이다. "어쩌서 또 나의 불쾌한 기분의 음계를 다시 더듬는가. 나의 슬픔을 되씹는 것은 그 때문에 두 배나 괴로워진다. 모든 단념에 우리를 길들이자, 반항심 없이 포기하고 죽을 각오를 하자." 이것의 두 번째 구절을 맨 처음에 썼는데 나중에 아미엘은 4행시의 순서를 바꿨다.)는 그것을 낳았다고 생각되는 기회와는 거의 관계가 없다. '단념'이라는 단어가 나의 펜을 달리게 했지만, 마침내 한 줄이 다른 세 줄을 낳았다. 느끼지 못할 정도의 불쾌감이 그보다 훨씬 커다란 불쾌한 일을 생각하게 했기 때문에, 자아의 인상이 확대되어 보편화했던 것이다. 《우곡집(*Méandres*)》(아미엘이 자기의 시집에 붙일 요량으로 오랫동안 생각했던 표제. 그 시집은 《그 날 그 날(*Jour à Jour*)》이라는 제목이 되어 1879년 파리 Fischbacher에서 나왔다)도 그런 식으로 나왔다. 이것은 내 개인적인 경우를 나타낸다기보다 오히려 그것을 이용하고 있다. 일시적인 인상이 보다 고급한, 또는 영속적인 고찰에 대한 단순한 텍스트가 된다. 시는 닿는 모든 것뿐만 아니라 반영하는 모든 것을 바꾸며, 아무 것도 아닌 것에 형태를 부여 한다. 실제로 그것은 부수성에서 법칙으로, 특수한 경우에서 유형으로, 사실에서 관념으로, 현실에서 이상으로 거슬러 올라간다. 더구나 이러한 경향은 단지 한 줄의 시구(詩句)뿐만 아니라 한 편의 시 전체, 온전히 주관적인 감정의 표현뿐만 아니라 관조적인 시각, 하나의 행동에 대한 이야기 또는 서경적(敍景的)인 묘사에서도 볼 수 있다. 언어는 이미 강제적으로 보편화한 것이며, 시는 보편화를 체현하고, 사상에 활기를 준다. 바꿔 말하면 우수한 실재, 실제의 세계보다도 고귀한, 나아가 선택을 거친 세계를 낳는다. 시는 신자의 눈으로 보아 종교적 신앙이 부활에서 기대

하는 그러한 효능을 사물에게 부여한다. 시는 사물을 한층 아름답고 순수하고 위대한 것으로 표현하며, 영생의 후광으로 이것을 감싼다. 그렇기 때문에 시인은 다른 생활양식의 예언자, 변용(變容)을 거친 자연 및 인간의 직관자이지만, 산문은 이 세상의 언어이다. 시인은 올림포스의 주민이 잠깐 아래세상의 삶을 영위하고 있는 것이며, 아도메이토스(테살리아의 페레스 왕)의 땅에 있는 아폴론(하늘에서 쫓겨나 아도메이토스의 허락 아래 양치기를 하고 있었다)이다. 그래서 시를 신들의 언어라 부르는 것은 글자 그대로 옳은 표현이다.

유추에 의한 이해는 거의 언제나 내적이고 자아적인 경험에 앞선다. 그래서 우리는 사랑을 알기보다 몇 년쯤 전부터 사랑에 대해 이야기하고, 사랑이라는 말을 사용하기 때문에, 또는 사람들이 그것에 대해 이야기하거나 글로써 표현하기를 반복하기 때문에 우리는 그것을 안다고 굳게 믿는다. 즉, 무지에는 여러 단계가 있으며, 지식에도 완전한 착각의 여러 단계가 있다. 사실은 그것이 헛된 울림, 겉모습, 공허, 지껄임에 지나지 않는데도 사물에 대해 말하기 때문에 그 사물을 아는 척, 믿고 생각하고 사랑을 바라는 척 하는 위세 좋고, 고갈되지 않는 능변에 맞서는 이 싸움은 사회의 항구적인 번뇌라고도 할 수 있다. 가장 곤란한 것은 자아도취가 이 지껄임의 배후에 있기 때문에 이러한 무지가 일반적으로 광포한 단언을 무릅쓰며, 이런 지껄임이 의견이라 인정되고, 이런 선입견이 원리로 수립되는 것이다. 앵무새가 사유한다고 생각되고, 모방이 원작으로 통하며, 관념의 환상은 실체로 다루어지기를 원하고, 예의는 이 협정에 참가할 것을 요구한다. 참으로 성가시다.

언어는 이 혼잡의 탈것이고, 무의식적인 이 사고의 도구이다. 바벨성(바벨탑의 전설에 나오는 언어의 혼란). 이런 폐해들은 보편적인 교육에 의해 신문, 잡지, 현재 보급되고 있는 모든 통속화의 방법에 의해 엄청나게 증가하고 있다. 개나 소나 지폐 다발을 자유롭게 만지고 있지만, 돈을 손에 쥔 사람은 적다. 사람은 부호, 아니 부호의 부호로 살지, 사물을 파악하고 확증하고, 감지하고 실험하지 않는다. 어느 것에 대해서나 비평을 내리지만 아무것도 모른다.

독특하고 개성적이며 진정(진지)한, 그런 말을 듣기에 충분한 사람들이 얼마나 적은가. 그 참된 자아는 빌린 물건의 분위기 속에 휩쓸리고 말았다. 그 자아는 이런 사람들의 의지작용 속에서만 나타난다. 거기서만큼은 진지하며, 그 점에서만 이 사람들의 참된 본성과 접촉할 수가 있다. 힘으로, 성격으로 보여진 모든 인간은 이것을 바라보기에 충분하다. 그러나 이러한 성격 이외의 사람, 언어와 두 다리로 섬으로써 고등한 본성을 내보이고 있는, 니스를 바른 동물 이외의 사람은 얼마나 드문 것이랴. 이런 사람들에게도 양심이 있어서 그런 존재 방식에 항의를 하고, 이성이 있어서 그 지껄임의 헛되고 무력한 것을 안다는 점만이 이런 인간들을 동물성보다 조금 높은 곳에 두고 있다.

사실상 우리 인간 모두는 인간성에 대한 후보자의 지위를 나타내는 데 그친다. 잠재적인 의미에서 우리는 인간이다. 우리는 인간이 될 수 있는 자, 인간이 되어야 하는 자이다. 그러나 우리는 천사가 아닐 뿐만 아니라 인류의 전형을 실현하는 곳까지도 가 있지 않다. 인간과 닮은 것, 인간을 복사하고 희화하고 위조하는 것이 땅을 채우고, 섬들에도 대륙에도 시골에도 도시에도 무리지어 있다. 인간을 존경하려 하는 경우에는 인간의 있는 그대로를 잊고, 인간이 부정하고 있음에도 불구하고, 안에 숨긴 채 품고 있는 이상, 올바르고 고귀하며 위대한, 총명하고 선량하며 발명적인, 또 착상이 풍부하고 창작적인, 진실되고 공정하며 신의가 있는 확실한 인간, 한마디로 말하면 뛰어난 인간이고, 우리가 정신이라 부르는 신성하고 모범적인 것을 생각하지 않으면 안 된다. 인간이라는 이름에 걸맞은 인간은 오직 영웅과 천재, 성자, 조화적이고 힘이 있는 완비된 인간뿐이다. 금이 가고 현이 끊어진 바이올린이 바이올린일 것인가. 자루도 없고 칼날도 없는 검이 검일까. 목소리가 갈라진 가수가 가수일까. 다리가 셋인 말이 말일까. 그리고 보면 우리는 자격을 상실한 견본, 열등한 상품, 고착, 쓰레기, 깨진 병조각, 광물 조각, 또는 거친 조각도 끝내지 않은 돌덩이, 한마디로 말하면 단순히 인간의 부품에 지나지 않는다.

그 말을 듣기에 충분한 개인은 매우 적다. 그러나 모든 사람은 동정 섞인 호기심과 겸손한 통찰력으로 바라보기에 충분하다. 우리는 모두 난파선에 탄 사람, 팔다리가 잘린 사람, 환자, 미친 사람, 사형에 처해진 사람은 아닐까. 사람은 각자 자기의 완성을 위해 노력하고 자신만을 비난했으면 좋겠다. 그리하면 만사가 모두에게 조금은 나아진다. 타인이 우리를 아무리 참을 수 없는 기분이 들게 하든, 인류가 우리에게 어떠한 분개심을 일으키든 우리는 한데 이어져 있다. 같은 배를 저어야만 하는 갇힌 자끼리는 서로 욕하거나 비난을 하거나, 비난을 갚거나 하게 되면 모든 것을 잃게 된다. 침묵하자. 서로 돕자. 용서하자. 뿐만 아니라 서로 사랑하자. 감격, 애정이 없는 경우에는 연민의 감정을 갖자. 풍자의 채찍, 분노로 시뻘겋게 된 쇳덩이를 버리자. 도움에 인색하지 않은 사마리아인(누가복음 제10장 30절 이하)의 기름과 포도주가 도움이 된다. 이상(理想)에서도 모멸을 이끌어낼 수가 있다. 그러나 거기서 호의를 이끌어내는 편이 아름답다.

(오전 11시) 고독한 사람은 자기가 가진 타고난 재능의 상대적인 가치를 판단하는데 무척이나 서툴다. 그것을 배우려면 시장에 가지 않으면 안 된다. 은거지에 있는 고독한 사람에게는 다이아몬드도 작은 돌맹이의 가치밖에 없다. 자기에게는 보잘것 없는 잡동사니라고 생각되는 것이 다른 사람들이 볼 때는 가치가 있는 경우도 있을 수 있다. 그런 의미에서 네 눈에는 1만 4천 쪽의 이 일기가 리토르넬리나 반복으로 보인다. 왜냐하면 내적 생명은 원을 그리며 돌기 때문이다. 그러나 거기서 다른 사람들이 보다 진정한 매력, 지식, 아니 교훈을 발견하지 않는다고는 아무도 말하지 못한다. 《아프리카》의 저자는 사랑을 노래한 작은 소네트에 크게 애착을 갖지 않았지만, 그 작은 소네트들이 그 사람의 명성을 높였다. 대부분의 명사들은 어쩌면 자기가 타고난 가장 훌륭한 재능과는 다른 것으로 유명해졌을 것이다. 세상에는 타고난 척도가 있다. 나는 그것을 최상의 척도라고는 말하지 않겠지만, 역사적으로는 그것이 유일하게 쓰이는 척도이다. 너는 자신을 공중 및 여론의 눈으로 바라보거나, 너를 그런 외적인 판단에 복종하게 하거나 하는 것을 한 번도 알지 못했다. 그것은 기민한 사람들, 이익을 도모하는 사람들의 방식이기 때문이다. 너는 자신을 광산처럼, 공장처럼, 숲처럼, 양떼처럼 이용해 문학적 또는 사회적인 시장에 내놓고, 팔리기를, 성공을 거두기를 바라지 않았다. 자존심 때문이라고는 하지만 너는 그것에 너무 무관심 했다. 물론 자신을 존중해야 한다. 그렇지만 일반의 기호, 대중의 취미, 유행에 대한 완전한 경멸은 신중하지 않다. 너는 자신의 가치를 더 이상 알지 못하게 되어 점점 겁이 생겨난다. 냄새를 잘 맡는 코를 지니고, 완강한 점착력을 가진 모든 보이오티아인(문중하고 폭력적인 종족으로 널리 알려져 있다)에게 저지당하는 것이 된다. 그것은 결국 유감스런 일이다.

1877년 11월 19일

 쓴 텍스트를 정정하면서 서로 다른 것이 상상력을 위축시키고 감흥을 마비시킨다는 것을 느꼈다. 연필을 손에 쥐고 베껴 쓰는 사람으로서 오랫동안 탐구한 뒤에 일어나서 방 안을 세 번 돌았더니, 시구가 저절로 자유롭게 나왔다. 시라는 것은 노래하거나 입으로 전하지 않으면 안 된다. 책상에 앉아만 있는 사람의 근면한 노력은 시를 두려워하게 해 시가 달아나게 한다. 눈이 써놓은 글자에 연연하는 한, 정신은 날 수가 없게 되어 그저 땅 위를 기어다니게 된다. 자기의 생각을 말로 해야만 하며, 자기의 꿈은 노래하지 않으면 안 된다. 바로 일어나는 감흥과 말로 가르쳐 주는 것을 받아들이는 것은 타고난 재주를 열어놓는 것이다. 나는 이것을 조금 늦게 알았다.

1877년 12월 9일

 오늘 저녁에 반빌(Théodore de Banville. 파르나스파에 속하는 프랑스 시인, 1823~1891년)의 《카리아티드》(Cariatides. 기둥이 되어 있는 입상, 반빌의 시집, 1842년)를 읽었다. 시에 대한 이런 이해 방식은 아무리 애를 써도 좋아지지 않는다. 파르나스파 사람들은 마노(瑪瑙 : 보석의 일종)나 줄무늬 마노의 항아리에 조각을 하지만, 그런 항아리에 무엇이 들어 있는가. 재뿐이다. 그곳에는 진정한 감정이나 정신과 윤리적 생활과 본심, 비장함, 고양된 생활 및 성의가 없다. 기량은 사람을 강요하지만 내용은 공허하다. 상상력이 모든 것을 대신하려 하고 있다. 그곳에는 비유도 있고, 각운도 있고, 음악도 있고, 색채도 눈에 띈다. 보이지 않는 것은 인간이다. 이 표면적인 시는 스무 살 시절에는 사람을 매료시키지만, 쉰 살이 되면 그것을 어떻게 할 수 있겠는가. 반빌의 이 시는 나에게 페르가몽, 알렉산드리아, 형식미가 사상의 결핍과 가슴의 고갈을 감추고 있는 퇴폐시기를 떠올리게 한다. 나는 이 파의 시인이 선량한 사람들에게 일으키는 혐오감을 날카롭게 경험한다. 이 파의 시인은 방탕자, 마비된 것, 세련된 것, 부패한 것 같은 마음에 드는 것만 염두에 두고, 건전한 생활, 착실한 태도, 순수한 애정, 정연한 근로, 정직 및 의무를 무시한다고 할 수 있을 것이다. 이 타락한 집시 여인은 음탕한 집시 여자와 다를 것이 없다. 이것은 웃음을 파는 여자의 예술이다. 이것은 패덕의 호언장담이다. 그것은 겉치레이고, 겉치레이기 때문에 생산력을 잃은 유파이다. 독자는 시인에 대해 각운의 곡예사나 마술사 이상의 것을 요구한다. 독자는 시인에게서 환락의 구슬을 쥔 단순한 마술사가 아니라 생활의 화가, 관조자, 친구, 동료, 생각하고, 사랑하고, 양심과 정열과 회한을 지닌 사람을 찾아내기를 바란다. '예술을 위한 예술'이라는 기치를 세우고 있는 유파는 그 열매를 보면 정체를 알 수 있다. 이 파의 시인은 그 신들과 제례로 독자에게 혐오감을 일으킨다. 왜냐하면 그런 위대한 말의 이면에 가볍고 방정맞은 태도가 보이기 때문이다. 이 가짜 이교(異敎)는 껍데기에 지나지 않는다. 그것은 현실의 인간을 파악하지 않는다. 그것은 시체 위에 뿌린 금가루와 같다.

1877년 12월 29일

　세상과 너는 서로 남남인 것 같은 눈길로 바라보고 있다. 세상은 너를 이해하지 않거니와 너도 세상을 이해하지 않는다. 마침내 너희들 사이에는 조금도 공통된 구석이 없어질 것이다. 백 살이 된 사람은 자기가 사랑하던 모든 것이 무덤 속으로 가 버렸을 때 그런 기분을 느낄 것이 틀림없다. 그것은 푸석푸석한 건조함, 모래 속의 매몰, 화석이며, 규듈(Gudule, 화니 메르쉐에게 붙인 별명의 하나)은 그것과 싸우고 있는 것이다. 이 사람은 그것을 죽음의 침입으로 보고 있다. 그것이 생명에 대한 반대임은 확실하다. 그러면서 나는 극히 조금밖에는 공허함, 권태 또는 불쾌감을 느끼지 않는다. 그것이 쇠약의 징후라 해도 그리 심한 고통은 아니다. 육체의 반항은 이제 거기서는 나타나지 않는다. 그보다는 오히려 의지의 조용한 폐병, 정신의 완만한 초조함이라고 할 수 있을지도 모른다. 나는 오랜 기절에서 깨어난 듯한 기분이 든다. 동굴에서 나온 에피메니데스(BC 7세기 크레타의 철학자, 반(半)전설적인 인물, 물의 요정의 아들로 동굴 속에서 57년 동안 잠을 잤다고 전해진다)는 이것과 비슷한 인상을 가졌었음이 틀림없다.

　관조의 두 단계의 강도. 첫 단계에서는 세계가 흩어지고 사라져 단순한 꿈이 된다. 두 번째 단계에서는 우리의 자아가 그림자, 꿈의 꿈에 불과한 것이 된다. 바라문이 환영(幻影)으로 변한다.

(날짜 없음)

　단순한 위대함은 예술가에게나 대중에게나 가장 많은 숭고함을 예상하는 법이다.

(날짜 없음)

쾌활이란 것을 정당하게 인정하는 것은 누구인가. 쓸쓸한 마음이다. 쓸쓸한 마음은 쾌활이 탄력이고 기력이라는 것, 대개의 경우는 겉으로 보이지 않는 선의에서 나온다는 것, 비록 그것이 기질이나 성분만의 것이라 하더라도 쾌활은 하나의 축복임을 안다.

(날짜 없음)

생각을 잘 해내는 인간의 지혜는 어느 정도까지 어리석음을 받아들일 수 있을까. 그것은 말하기 어렵다. 가장 잘 착상해 내는 사람은 타인의 경험을 이용하는 방법을 재빨리 발견하고, 일찍이 자기의 포부를 버리는 사람들이다.

(날짜 없음)

사물의 정신을 파악하는 것, 올바르게 보는 것, 상황에 적합한 이야기를 하는 것, 적절한 처치를 권고하는 것, 상황에 따라 행동을 취하는 것, 시간에 맞게 도착하는 것, 가장 좋은 시기에 그만두는 것에 힘쓰자. '적절함'을 기르자. '절도(節度)'와 '기회'를 존중하자.

1878년 3월 24일

정의보다 부정, 지혜보다 미신, 지식보다 억지 의견, 진리보다 오류를 좋아하는 성격의 여자는 중대한 문제와 중대한 역사적 결의에서 멀리 하지 않으면 안 된다. 이 성(性)에게는 부관(副官)의 자격만 있지 장군의 자격이 없다. 아직 여성중에 재판관, 입법자, 혁명가, 건설자, 발명가는 없지만, 일단 그렇게 되면 두려운 일이 될 것이다. 어떤 일에나 여성을 이용해야만 하지만, 무슨 일에 대해서도 여성에게 최고의 지배권을 맡겨서는 안 된다. 여성에게 남성과 완전하게 평등한 직무 및 권리를 부여했다가는 문화 및 문명을 완전히 저지(沮止)하는 일이 될 것이다. 분명한 몇 가지 예외는 전혀 증명이 되지 않는다. 비범한 여자가 몇 사람쯤 나왔다고는 하나 평균적으로 여자는 여전히 사회에 감상적이고 감정적이고 퇴폐적, 인습적, 수동적인 요소이다. 진보는 여자에 의해 이루어지지 않고 여자의 뜻에 반하여 이루어진다. 진보라는 것은 본질적으로 진리에 있어서의 진보이다. 발명하는 것, 찾아내는 것, 발견하고 혁신하고 기획하고 시도하는 것, 창조하고 정복하는 것은 남자이다. "각자에게는 자기의 직분이 있다." 남성에게도 많은 약점, 많은 부정이 있다. 그러나 남성이 주인이 아니게 되면 전체는 더욱 나빠질 것이다. 여권 제도는 슬픈 시대의 산물이었음에 틀림없다. 여권의 복귀는 바람직하지 않다. 한 민족이 여성적이 된다는 것만으로도 퇴폐가 시작되는 것이다.

민주제 시대가 마침내는 여성의 전면적 해방에 이르고, 그것이 민주제의 다양한 습관을 없애게 된다는 것은 기묘하다. 여자는 모두 귀족적인 결함을 지니고 있어서 비속함과 평등을 기피하고 싫어한다. 여자가 좋아하는 것은 차별과 제멋대로 편들기, 진정한 가치의 불평등을 향해 있다. 여자가 가장 염두에 두는 것은 자기의 취향에 맞아 마음에 드는 전제정치, 사제와 예술가의 독재정치를 펴는 것이리라. 보복이 이상한 것이 된다.

정치와 종교에 있어서의 자유주의는 도저히 여자가 좋아질 수 없는 것, 실행 불가능한 것이다. 과학에 대한 존경은 여자의 성격적 버릇과는 정반대의 위치에 있다.

1878년 3월 25일

여성적 경향은 신속하게 무언가를 빼앗는 데 동화한다. 생각난 것을 재빨리 자기의 발견으로 해버린다. 그것이 정말로 있었던 일이라 굳게 믿는다. …… 자기의 자료를 보이고, 차용을 인정하며, 빌려준 사람의 이름을 말하고, 타인의 권리를 존중하는 비판적 요구는 본래 여성적인 것이 아니다. 남의 것을 거의 베껴쓴 것인데도 자기의 독창성을 주장한다. 재구성의 사소한 부가요소가 원래의 창작과 동등하다고 스스로 칭한다. 제자의 역량이 스승의 천재성과 똑같은 가치를 지니는 줄 안다. 더구나 이 착각은 나름대로 본심이어서 적어도 자기를 불안하게 할 만한 양심의 검열은 모두 삼가기로 한다. 낳는 것과 잉태하는 것, 이용하는 것과 발명하는 것, 모방력과 쇄신력 사이의 차이를 인정하려 하지 않는다. 빛을 반사하는 달은 스스로도 역시 빛이라고 믿고, '마음속으로는' 자기가 작은 태양이라고 생각한다. 그러나 수용적으로 탐하는 것과 재현적 용이성은 이지(理知)의 2차적인 성질에 지나지 않는다. 남성만이 사물에 작용하여 새로운 것을 만든다. 여성적 정신은 남자의 사상을 펌프로 퍼올려서, 그것을 자연 자체에서 이끌어낸 것이라 굳게 믿는다. 모른 척하면서 줄곧 하고 있는 도둑질은 교양시대의 희극이다. 어느 부인이 다른 사람들의 끊임없는 노동으로 얻은 금화를 집사가 가져오면, 받아서 자기의 금고에 넣고, 그것을 가져가는 사람이 자기들이니 가져오는 사람들보다 위라고 생각하는 것과 닮아 있다. 이지의 벌집에 있는 수펄은 꿀을 모으는 일벌을 바보 취급해 협력자보다 자기가 훌륭하다고 믿는다.

상상 능력이 온전히 상상의 작용이라고 할 수는 없다. 여자는 결과가 많은 사상을 낳지 않지만, 세부적인 것을 찾아내고, 정리하고, 갈고, 마무리하고, 완성하고, 빠진 것을 알며, 겉을 장식한다. 여자는 수법과 취미, 치밀함과 정교함과 주의를 대표한다. 한마디로 말해 잘 만들어진 작품은 남자가 창작해서 애벌 깎이를 하고, 여자가 마무리를 하게 된다. 한편에는 건축, 다른 한편에는 화장이 적합하다. 실제로 걸작은 타고난 재능을 예상하는 것이어서 한쪽은 재료와 비율을 공급하고, 다른 쪽은 접목과 결함을 제거한다. 그 정도가 아닌 작품이라도 두 힘의 협조를 예상하는 것에 변함은 없으며, 그 둘 다 예술가에게 구비되어 있지만 일반적으로는 한쪽의 힘이, 특히 한쪽 성이 우월적으로 지배한다. 그래서 나는 몇 년 전부터 내가 하는 모든 일을 두 사람의 눈으로 다시 바라보게 된 것을 대단히 행복하고, 축복받은 상태라고 생각한다. 이러한 보조, 이러한 감독(Berthe Vadier라는 필명으로 프랑스어계 스위스의 문단에 다소 알려져 있던 아미엘의 여제자 '문학상의 약혼녀' Valentine Bonoît를 가리킨다)은 나에게 무척 유용할 뿐만 아니라, 그가 평범하게 그저 베껴 쓰는 사람이 아니라 이해와 동정과 열의가 있는 비서라는 커다란 장점을 지닌다.

1878년 3월 27일

(밤 12시) 루소(이 해 초에 아미엘은 루소의 저서 대부분을 다시 읽고 7월에 있는 백년제에서 할 강연 준비를 했다. 그것은 1879년 제네바 및 파리 Sandoz에서 출판된 《현대 제네바인이 본 루소(J.-J. Rousseau jugé par les Genevois d'aujourdhui)》의 안에 들어 있다)를 줄곧 읽다. 《편지》, 《불평등의 기원》, 그밖에 이와 관계가 있는 논쟁. 모든 반감을 도발하고 더구나 그것을 시인했던 사람, 삶이 그의 주의에 어긋나고, 그의 모토와 타고난 재능이 서로 모순되는 사람 등에 대해 결정적인 판단을 내리는 것은 곤란하다. 날마다 나는 상반되는 인상을 거쳐서 이 사람을 번갈아 경멸하거나 찬탄하거나 한다. 타고난 재능과 성격, 소행과 사상, 인간과 작자 사이의 괴리는 고통스런 느낌을 준다. 수수께끼같이 불일치하는 인물은 보기에 괴롭다. 그다지 날카롭지 않은 양심과 막대한 자존심,

불같은 재능과 잘난 척하는 데 대한 기호, 모든 것에 대해 나타나는 부조화. 인상과 상상으로 지배를 당하며, 상상과 감정이 시키는 대로 되어 있다. 어쩌면 그의 생활과 저서의 밑바탕에 있는 애매함, '자연'의 희생이 된 것이리라.

인간의 자연(自然)은 성격, 욕구, 본능인가. 역설적이고 모든 선입견을 등지며, 반항적이고 폭발적이고 모든 강제에 적대하고, 일생을 통해 내기를 했던 사람. 쇼펜하우어 체계의 논거가 되는 견본, 그것에 따르면 이지(理知)는 자기 자신도 모르는 채, 무의식적인 의지, 맹목적이고 무반성한 악동의 노예가 된다. 스토아파인 척하는 에피쿠로스파, 엄숙한 인간의 연극을 하고 있는 음탕한 인간, 이런 사람의 중심을 이루고 있는 것은 상상력이다. 항상 다른 사람들이(여차하면 사회가) 나쁜 것이다. 자기만큼은 올바른 사람, 선량한 사람, 정의로운 사람이어서 최후의 심판 나팔이 언제 울려도 상관없다. ……그 다음은 누구나 알고 있는 대로이다. 그리스도교적 심리의 정반대. 겸허함도 없고, 회한도 없고, 전향도 없고, 신성화도 없다. 자연인이 자연인을 신에게 제사해 올리고 있다. 죄인이 그 죄에서, 자기가 인간 가운데서 가장 선량하다는 증거를 끌어내고 있다.

로마의 세리(稅吏)와는 정반대로 다른 사람들의 등 가운데를 채찍으로 쳐서 회한의 마음을 보이고 있다. 잘못을 고백할 때에도 이웃, 또는 주위 사정이 첫 번째 원인이므로, 자기는 희생된 것이지 죄인은 아닌 것이 된다. 그래서 악 또는 악의 잘못된 개념, 모든 굴욕에 대한 자아의 저항에서 얻은 개념이 이 사람의 삶의 주축이고, 온갖 오류의 기원이다. 이 사람의 자아는 체념이나 고행, 수난을 경험한 적이 없다. 새로운 탄생이라는 현상을 이 사람은 알지 못한다. 이 사람은 마지막까지 자기를 사랑하고, 자기를 시인하고, 자기에게 너그러웠다. 처음엔 동시대인의 옳지 못한 책망을 분개하여 물리쳤으나, 나중에는 자기 양심의 올바른 비난을 되돌아보지 않았다. 양심 자체, 나아가서는 신의 준엄한 눈마저도 자기 변명의 마력으로 기만하려 했다. 이것은 진리를 추구하는 현인이 아니라 맡은 소송을 이기게 하려는 유력한 변호사이다. 철학자인 체할 뿐이지 밑바닥에는 자기의 논지를 위해 감격할 줄을 알고, 궤변을 자기 감정에 도움이 되도록 자신을 속이고 있기 때문에 궤변가가 아닌 변설가이다. 이것이 상상력의 위험한 놀라움이며, 제정신으로 착각에 빠지는 데까지 이르렀다.

1878년 4월 14일

때에 따라서는 스스로 생각하여 원리에 거스르는 요구는 게르만 정신 고유의 것은 아닐지도 모른다. 슬라브민족이나 라틴민족은 오히려 기꺼이 집단적인 예지, 전통, 풍습, 습관, 선입견, 유행에 지배당하고 있다. 또는 그런 것들을 분쇄한다 해도 사물의 안에 있는 법칙, 쓰여 있지 않고, 임의가 아닌, 강제된 것이 아닌 참된 규칙을 알지 못하고 반항하는 노예로서 분쇄하는 것이다. 독일 사람은 자연에 접촉하는 것까지 바라지만 프랑스 사람, 스페인 사람, 러시아 사람은 인습에 그치고 만다. 여전히 그리스 철학자의 문제는 '인위인가 자연인가'이다. 이 문제의 밑바탕은 신과 세계와의 관계라는 문제 속에 있다. 내재(內在)냐 초월이냐, 이것이 점차 다른 모든 것의 의의를 결정해 나간다. 정신이 사물의 바깥에 있다고 한다면, 사물에 적합할 필요가 없다. 정신이 진리를 갖추고 있지 않다면 그것을 계시자에게서 받지 않으면 안 된다. 그것이 자연을 경멸하고 교회에 종속되어 있는 사상이며, 이것이 라틴적 세계이다.

1878년 4월 22일

사촌누이 줄리의 편지. …… 이렇게 나이가 들고 선량한 친척 여인을 만족시키는 것은 바쁜 사람에게는 좀처럼 불가능하다. 편지를 하지 않으면 불평을 한다. 편지가 짧아도 불만이다. 일이나 걱정거리를 써서 알리려 하면 또 뭐라고 한다. 내가 일하는 것을 기뻐하거나 자잘한 사정에 간섭하거나 하지 않고, 불평뿐만 아니라 거의 비난을 가하기 시작한다. 남자, 특히 연구를 하는 남자의 생활을 이해하지 못하고, 또 그것을 바라지 않아 무척이나 어렵다. 몽상 속에 숨어사는 이런 사람들은 세상으로부터 위협을 당하고, 실행 속에서는 따돌림을 당한다. 이런 어리석은 닭은 알이었던 시절에 알았던 사람들을 항상 떨리는 가슴으로 바라보며, 동료의 누군가가 공중으로 날아오르려 하거나 다른 누가 물 위를 헤엄치려 하는 것을 보고 비명을 지른다. 불쌍한 독수리, 가련한 백조, 가여운 집오리, 딱한 카나리아, 너희는 무모하게도 홰와 닭장을 떠나려 하는가. 그런 탄식은 무척 듣기 싫고, 그런 잔소리는 왠지 어릿광대 같다. 그러나 기다려라. 70살쯤 되면, 반쯤 눈먼 시골에 사는 노파의 신심 깊고 선량한 마음은 더 이상 그 입장을 넓히지도, 자기의 삶과는 관계없는 여러 삶을 상상하지도 못한다.

일상생활의 사소한 일이 둘러싸고 있는 이런 마음은 어느 점에서 이상과 결부되어 있을까. 종교적인 갈망에서이다. 신앙은 구원의 발판이다. 이런 사람들은 고귀한 삶을 알며, 그 마음은 천국을 애타게 기다리고 있다. 유럽의 몇 만이나 되는 지리적인 특수성은 모르지만 유럽을 모를 리는 없다. 그 모든 견해는 불완전하지만 윤리적인 경험은 위대하다. 그 머리는 암흑으로 가득 차 있지만, 영혼은 광명으로 차 있다. 이 사람들에게 지상의 이야기를 할 수는 없지만, 가슴과 관계되는 일에 대해서는 잘 알고 있다. 이런 사람들이 우리를 이해할 수 없다고 한다면 우리 쪽에서 이들을 향해 가서, 그들이 알아듣는 말로 말하고, 그들 사상의 범주, 느끼는 방식 속으로 들어가야 한다. 이런 사람들에게는 그들의 위대한 측면으로 접촉해야 하며, 한층 존경심을 나타내기 위해서는 가장 친숙한 사상의 막을 열게 해야만 한다. 포도나무 잎이 주름지고 마르면 포도 열매는 한층 달고, 더욱 붉어진다. 모든 존경해야 할 노년의 밑바닥에는 항상 얼마간의 자연적 금덩이가 있다. 그것을 밝은 곳으로 내놓도록 힘쓰자. 그것이 애정을 가진 사람의 눈에 닿을 기회를 주자. 이것은 가능한 이야기이다.

1878년 5월 10일

나는 고독한 산책에서 돌아왔다. 나는 꾀꼬리 소리를 듣고, 하얀 백합꽃이 피어 있는 과수원을 보았다. 내 가슴은 귀뚜라미, 로리오(작은 새의 이름. loriot), 앵초, 나무 등걸 같은 인상이 넘칠 뿐이다. 둔한, 잿빛 솜 같은 하늘이 그 우울함으로 식물의 결혼식의 빛을 뒤덮고 있었다. 슬픈 추억에 빠진다. 프레레베크(Pré l'Evêque. 제네바 동부의 오비브(Les Eaux-Vives)의 산책로), 자르고낭(Jargonnant. 그 동쪽에 있는 광장), 비르즈(Villereuse. 그곳에서 서남으로 달리는 길)에서는 청년 시절의 환영이 쓸쓸한 표정으로 나에게 인사했다. 벽은 바뀌어 버렸다. 그 옛날 으슥하리만치 울창하여 꿈꾸는 것 같았던 골목길은 황폐해졌다. 그러나 꾀꼬리의 낭랑한 지저귐을 듣자 이내 달콤한 감동이 내 가슴으로 들어오기 시작해, 내가 차분함, 감사, 감동, 고요한 관조로 향하는 것을 느꼈다. 한 작은 골목, 초록의 왕국, 그리고 분수, 덤불, 땅의 기복, 목소리가 예쁜 수많은 작은 새는 나를 멍하니 넋잃게 해 아무 말도 할 수 없는 심정이 되게 했다. 그 고즈넉한 한 구석은 내 가슴을 다시 하늘을 나는 양탄자 같게 했다. 나는 그것을 바라고 있었던 것이다.

1878년 5월 19일

비평은 과학인가. 예비적 조건과 전단계적 연습 목록을 작성할 수 있는 것을 보면, 어떤 의미에서는 과학이라고 할 수 있다. 그러나 뭐니 뭐니해도 타고난 재능·기능·후각·직관·본능이 중요하고, 이런 의미에선 가르칠 수 있는 것도, 논증이 가능한 것도 아니며 하나의 예술이다. 비평의 천재란 진리를 사람의 눈에서 감추고 있는 겉모습 아래 혼란 속에서 식별하고, 자료의 오류, 전통의 기만, 시간의 더께, 텍스트의 멸망 또는 변경에도 불구하고 이것을 발견하는 능력이다. 무엇으로든 오래도록 속일 수는 없으며, 어떠한 책략에 의해서도 종적을 감추지 못하는 사냥꾼 같은 것이다. 그 때의 상황을 신문하여 몇 백이라는 헛소리의 감옥에서 미지의 비밀을 캐내는 기술을 터득한 예심판사의 수완이다. 참된 비평가는 모든 것을 이해할 수 있으며, 어떤 일에도 속는 것을 긍정하지 않고, 진상을 찾아내 그것을 말하는 자기의 의무를 어떠한 타협에 대해서도 희생하지 않는다. 살아 있는 사람들, 현재의 제도, 복수를 하는 자, 무장하고 있는 자, 협박하는 자, 화내는 자를 상대로 할 때는 배려나 조심, 주의, 삼가는 말을 강요당해 난처할 때가 있지만, 분명하게 보게 하지를 않거나 할 수 없는 경우에도 확실하게 보고자 한다. 겉치레나 그런 체하거나, 가면, 야바위 기질이나 효능에서, 기만을 극도로 싫어한다. 허위(虛僞)에 대해서는 전설에 나오는 갈대에게 말하게 했다는 무서운 목소리 같은 것이 아니면 안 된다. (손으로 만지는 것이 모조리 황금이 되는 능력을 가졌다고 하는 프리기아의 왕 미다스가 아폴로의 노여움을 사서 당나귀 귀를 갖게 되었고, 그것을 본 이발사가 침묵을 끝내 지키지 못하고 그만 땅을 파고 그 구덩이에 대고 말해 버렸다. 그곳에 난 갈대가 바람이 불 때마다 다음의 말을 반복했다는 전설)

임금님 미다스, 미다스의 귀는 당나귀 귀.

개방적이고 관용적인, 그러나 매수되지 않고 잘못한 적이 없는 비평가, 결점도 없고 불쾌함에 빠지지 않는 문학상의 아이아코스(정의로써 들었던 아이기나의 왕, 죽은 뒤에 지옥에 가서 3판관의 하나가 됨), 루소의 모토인 '생애를 진리에 바친다'를 채택한 자는 어디에 있는가, 누구인가.

1878년 5월 20일

충분한 학식, 일반적 교양, 절대적 성실, 관찰의 정확성, 인간적 동감, 기술적 능력 등 얼마나 다양한 것들이 비평가에게 필요한가. 그밖에 고상한 취미, 자잘한 마음씀씀이, 사교술, 날카로운 필력은 말할 것도 없다.

재주와 지혜가 정확할 수 있기는 드물다.

완전한 비평가는 존재하지 않는다. 상당한, 즉 학식이 있고 정직한 비평가로 만족하기로 하자.

1878년 6월 20일

(아침 9시) 내 연구나 사상이 얼마나 무서운 속도로 나와 무관한 미지의 것이 되는 것인가. 나는 지금 그 증거를 잡았다. 나는 시험문제의 표지를 만들지 않으면 안 되었다. 그러나 강의는 고사하고 논할 사항을 생각해 내는데 엄청난 고생을 했다. 기껏 자잘한 계획으로 나의 본질을 흐려 왔던 것이다. 푸닥거리라도 해 두지 않았더라면 내 다리와 머리도 잃었을 것이다. 남이 내 노트를 훔치거나 그것을 망가뜨리거나 해버리면, 29년 동안의 교수생활을 처음부터 다시 하지 않으면 안 된다. 이러한 응집 및 섭취는 엄청나게 비참한 일이다. 나는 날마다 본래의 궁핍과 흠결로 돌아간다. 나는 지식에 대해 공허한 권한, 상상의 권한밖엔 갖고 있지 않다. 나는 가난하고 공허하다. 루소에 관한 연구가 끝나기 전에 그 목적에서 읽었던 2만 쪽은 내 기억에서 사라져 버리고 말리라. 나는 내 머리가 빙하처럼 내부로부터 흙과 바윗덩이를 없애는 것을 느낀다. 내 머리는 외부에서 온 것을 모조리 땀으로 발산한다. 그것은 자기의 형식적인 순수성을 유지해 간다. 그것은 유연성을 원해 부와 재료, 사실도 내던져 버린다. 사소한 병, 충격, 타락으로 내 이지의 서적은 빈 서적이 되고 말리라. 어쩌면 끊임없는 비평으로 나를 외부의 것이게 하고, 자신에게서 이탈시키는 경향이, 형상이나 기호, 사항 등 모든 학식을 구성하는 이들 허섭쓰레기를 생각할 수 없는 내 머리의 결함을 만들어냈던 것이리라. 피히테의 유명한 방정식(나=나)은 거의 나의 공식이 되었다. 내 의식은 모든 특수한 지식의 열반이다. 일시적인 것, 부수적인 것, 우연한

것, 상대적인 것에 대한 무관심이 끝내는 뭔가 저장할 수 있는 것에 대한 반(半)무능력을 낳게 되었다. 그런 식으로 빛은 색을 잠식한다. …… 잠깐 기다려라. 바라보고 있느라면 점점 자라나는 해악이란 것이 있다. 이 해악도 그와 한 패이다. 철학은 나를 모두 양상적이고 중립적인 것이게 하고, 내 기억능력을 사라지게 해 버렸다. 철학은 나를 무덤을 향하는 입장에 놓았다. 거기서는 세계가 막연한 추억에 지나지 않으며, 모든 현상이 그것을 지배하는 법칙 속에 녹아들어 있다.

1878년 7월 15일

안도하는 기분. 펜을 손에 들고 명상에 잠기자마자 그것은 나를 정신적인 고뇌에서 구제해 준다. 나는 실생활에서 싫어하는 다양한 것들을 잊고 관조적인 상태로 돌아간다. 사유는 거의 비아적이고, 잔잔한 영역을 넓힌다. 괴물마저도 그것에 대해 사유하는 인간에 대해서는 진기한 것, 형상에 지나지 않는 것이 된다. 그 사람은 이미 괴물의 세력에 굴복해 있지 않다.

1878년 7월 20일

(아침 7시 반) 기품이 있는 문체의 좋은 점, 그것은 감상이나 비교의 평범함을 눈에 띄게 하지 않는다. '개의 더위'라고 하면 꽤나 시답잖게 들리지만, '작열하는 듯한 삼복더위'라고 하면 서사시의 느낌을 준다. 그런데 삼복은 개가 지배하는 달이고, 개란 곧 시리우스(큰 개 별자리의 알파 별)이다. 그것은 시리우스가 태양과 동시에 떴다가 지는 달(7월 24일에서 8월 24일까지)이다. 마침 이 달은 한여름이어서 가장 덥기 때문에 개가 그 원인인 줄로 알았다. '이것과 함께, 따라서 이것 때문에' 혀를 빼물고 있는 개는 갈증을 나타낸다. 하늘에 있는 개는 갈증을 일으킨다. 민간의 상상력은 이런 식으로 작용하고, 천문학은 모든 것을 품위 있게 했다. 이집트 덕분에 개의 더위는 아름다운 문제에 속하는 것이 되었다. 그래서 보편적인 규칙은 흔하고 가까운 것이라도 상상력이 역사적, 또는 자연적 나름의 뭔가 고급한 추억을 통과하면 숭고해진다는 것이다. 그 예로 사냥이나 승마술의 술어는 동물의 분뇨에 이르기까지 그것을 썼던 기사도와 귀족 덕분에 프랑스어에선 훌륭한 문체에 속한다. 과학에 대한 술어가 현학적이라는 평판을 듣고, 직업에 대한 술어가 천하다고 간주되는 것은

귀족이 그것을 사용하지 않았기 때문이다. 이러한 전통적인 반감은 민주제가 된 뒤에도 보존되어 그것을 낳은 사회제도보다도 더 오래 남아 있다. 이른바 취미라는 것도 창출하고자 하는 효과와 잘 맞고, 거기서 일어난 인상을 흩트리지 않으면서, 가능하다면 그 인상을 증가시킬 만한 관념만을 환기시키는 데에 있다. 그래서 취미는 뒤죽박죽인 것이나 모든 어려울 듯한 배합을 피하기 때문에, 유념하여 색, 소리, 단어, 비유를 선택한다. 취미는 기초가 되는 악보 주위에 다양한 조화음을, 전개하는 모티프의 주위로 끌어들일 만한 암시를 많이 첨가한다. 취미라는 것은 문학적인 수단이다. 변론가, 시인, 작곡가는 꽃집 주인 같은 수법을 쓴다. 즉 가장 표정 있고 가장 매력 있는 꽃다발을 만들면 되는 것이다. 아름다운 작품은 모두가 의미를 지닌 꽃다발이며, 의미를 지닌 꽃다발은 모두 사람을 설복시키려 한다. 취미는 사람을 기쁘게 하기 위한 본능적인 방법이다.

(밤) 닥터……Z는 솔직하게 말해 주었다. 내 병은 어쩌면 질식사, 기종(氣腫), 갑상선 연골의 비대 및 후두점액이라는 질식의 세 가지 원인에 의한 죽음으로 끝을 맺을 것 같다. 나에게는 내 목에 밧줄을 걸고 그것을 쥐고 있는 사형집행인이 세 명이나 있는 셈이다. 내가 이 세 사람 모두에게서 도망치기는 힘들다.

1878년 7월 26일

매일 아침 일어날 때마다 내가 닳아 없어지고, 나를 삼키려는 밀물에 저항해도 아무 소용없는 듯한 똑같은 느낌이 든다. 나는 질식으로 죽지 않으면 안 된다. 질식시키는 자가 세 명이나 일하고 있고, 그것들은 성장하기 때문에 점점 계속 힘을 내고 있다. 1명은 밑에서 기도를 막고, 다른 1명은 호흡의 바람구멍을 조르고, 다른 1명은 출구에 마개를 닫으려 시도하고 있다. 게다가 이 마지막 녀석은 경련을 일으키려 노력하면서 어느 한 기관이 내부에서 파열하기를 기다리고 있다. 이런 식으로 시바(파괴를 주관하는 인도의 신)의 부하에 의해 자기의 파괴가 이루어지고 있는 것을 느끼는 것은 인간으로서 왠지 싫다. 안으로부터 잠식을 당하면서 이 살인을 돕고, 더구나 그것을 남들 앞에서 선전하는 것은 자연에 반하는 일이다. 이것은 종교재판의 가책과 비슷하다.

어차피 도움도 되지 않는 신음소리를 내서 다른 사람들에게 혐오감을 줄 수는 없다. 그날그날, 뭔가 새로운 싫은 생각이 들 때는 아무것도 기도(企圖)할 수가 없다. 앞으로 또 몇 년 또는 몇 개월만이라도 바랄 수 있을 것인가. 원만한 죽음이 올까, 급속한 파멸이 올까. 만약 내 방에서 나가지 못하고 바닥에서 움직이지 못하게 되면 어떻게 하면 좋단 말인가. 결국 누가 내 간호를 할까. 어디에서 나의 만년을 보낼 수 있을까. 앞으로 매일 어떻게 인내하고, 어떻게 채워 갈 것인가. 어떻게 하면 안정과 품위를 잃지 않고 생명을 마칠 수 있을까. 모르겠다. 나는 뭐든 처음으로 하는 것을 제대로 하지 못한다. 그리고 이 경우도 모든 것이 새롭다. 어느 것 한 가지도 준비나 연습, 실험이 되어 있지 않다. 사람이 끝마치는 것은 우연에 의한다. 자유를 지나치게 소중하게 여겼던 자에게는 얼마나 굴욕적이랴. 몇 백 가지나 되는 생각지도 않은 일에 얽혀 있다. 내가 앞으로 무엇을 할 것인지, 무엇이 될지 알지 못한다. 아무것도 예견할 수가 없다. 그런 것을 상식과 분별이 있는 친구에게 이야기할까 싶지만 이대로는 결코 알지 못하리라. 나에게 가장 충실한 두 사람의 애정을 위협하는 것은 바라지 않는다. 감히 하지 않는다. 다른 사람들은 나를 달랠 궁리를 해 줄 뿐, 이 상황의 진상으로 다가서지 않으려는 것은 거의 확실하다.

그래서 이렇게 기다리는 동안에 (기다리다니 무엇을 기다리는 것인가. 건강인가, 확신인가.) 한 주 한 주가 유수처럼 흘러가고, 나의 기력은 불붙은 양초처럼 다해 간다. 명쾌한 통찰력은 병의 진행에 따라 맑아져만 가는데 병을 낫게 하려고는 하지 않는다. 이슬람교도의 숙명론적인 게으름과 본질적인 염세주의자의 순수한 우유부단함을 갖추고 있다. 결심의 대상이 모조리 나쁜 것이어서 이것으로 할까, 저것으로 할까 크게 집착을 가질 수 없는 경우에 무엇에 매진할 수가 있으랴. 나쁜 가운데서도 그나마 가장 나은 것으로 만족하는 것이 확실히 현명하다. 그러나 동기로는 빈약하다.

저항을 시도하지 않고 죽음 쪽으로 떠밀려 갈 자유가 있을까. 자기보존은 의무인가. 우리는 사랑해 주는 사람들을 위해 이 절망적인 투쟁을 되도록 오래 끌어야만 하는 것인가. 나는 그렇다고 생각한다. 그러나 이것도 역시 하나의 강제이다. 그렇다면 내가 갖지 않은 희망을 가장하고, 내가 느끼는 지독한 소침함을 감추지 않으면 안 된다. 그것이 어째서 나쁜가. 죽어 가는 자가 싸우고 있는 사람들, 또는 즐거워하는 사람들의 원기를 저해하지 않도록 하는 것은 훌륭한 태도이다. 위에서 아래까지 단계는 있더라도 우리는 모두 사형을 선고받은 것이다.

얼마쯤 빠르거나 얼마쯤 늦거나
그것은 크게 다르지 않다.

(같은 날) 결국 두 개의 평행한 길이 나를 똑같은 결과로 이끌어 간다. 명상은 나를 마비시키고 생리는 나를 돌아보지 않는다. 내 마음은 죽어가고 있고 내 몸도 죽어가고 있다. 어떻게 해보아도 나는 마지막에 도달한다. 나 혼자만 놓아두면 나는 쓸쓸함 때문에 아파진다. 의학도 나에게 '너는 이미 그다지 소용이 없다'고 말한다. 이 두 가지 판결은 같은 것을 나타내는 것 같다. 나에게는 이제 미래가 없기 때문에 내 짐을 정리해야 한다고 하는 것이다. 그것을 악몽이라고 생각하고 싶어하는 내 의심 많은 마음에는 이것은 허망한 듯이 보인다. 정신이 아무리 그렇다고 말해도 내적인 동의는 그것을 거부한다. 이것도 또한 하나의 모순이다. 나에게는 희망을 가질 기력이 없고 포기할 기력도 없다. 나는 이제 믿을 수 없건만, 그런데도 또 믿고 있다. 나는 내가 이제 끝장이라고 느끼건만, 그래도 여전히 내가 끝장이라고는 생각할 수가 없다. 이것은 이미 광기인 것일까. 그렇지는 않다. 이것은 진상을 붙잡힌 인간의 본성이다. 실제의 모순은 생명이다. 현재의 생명은 끊임없는 죽음과 매일의 부활이며, 긍정함과 동시에 부정하고 파괴함과 동시에 건설하며, 모음과 동시에 흩트리고, 내려감과 동시에 올라가기 때문이다. 산다는 것은 부분적으로 죽고, 부분적으로 살아나는 것이다. 상반되는 양면을 가진 이 소용돌이 속에서 견뎌야 하는 것이다.

들어가는 것과 나가는 것, 반대 방향을 취하는 이 두 가지 흐름에 의해 그려진 눈에 보이지 않는 형태, 너의 변형을 지배하는 이 형식이 그것 자체로서 하나의 보편적인 독자적 가치를 지닌다고 한다면, 그 형식의 활동이 이제 몇 달 계속될지, 몇 년 계속될지는 전혀 상관없는 것이다. 그것은 자기가 해야 할 것을 하고 어떤 독특한 결합, 그런 종류의 특수한 표현을 나타낸 것이 된다.

그런 형태들은 그림자, 영혼이다. 어느 세기든 그것의 제조에 종사한 것처럼 보인다. 영광이란 것은 하나의 틀이 다른 틀보다 한층 새롭고 드문, 한층 아름다운 것인 양 다른 틀에게 보였다는 증거이다. 비속한 인간도 역시 정신이다. 다만 그것은 창조주와 극히 소수의 개인에게만 의의를 갖는다.

자기의 취약함을 느끼는 것은 좋은 일이다. 그러나 그것에 무관심한 편이 더 좋은 방법이다. 자기의 비참함을 아는 것은 유익하다. 그러나 자기의 존재 이유를 아는 편이 더 유익하다. 자기의 죽음에 복종하는 것 역시 하나의 허영이다. 가치가 있는 사람을 잃었을 때만 애도해야 한다. 자신을 애도하는 것은 자기에게 중대한 의의를 인정하고 있음을 자기도 모르게 증명하는 것이다. 동시에 그것은 자기의 진정한 가치를 무시하는 것이다. 살아가는 것은 급하지 않다. 그러나 자기의 틀을 손상하지 않고, 자기의 이상을 충실하게 지키고, 자기라는 단위를 변질 및 실추로부터 보호하는 것은 중요하다. 그것이 가능하지 않다면 '열반'이 바람직한 것이 된다. 그러나 그것은 불가능할 것인가.

너는 네 꿈을 실현할 수가 없었다. 이것은 문제가 아니다. 실제로 우리의 꿈은 우리의 주위, 환경, 인간 사회, 즉 우리의 자유로는 완성되지 않는 많은 것들을 포함하기 때문이다. 그러나 너는 자신의 틀을 보호하고, 독자성을 실현할 수가 없는가. 이것은 너의 자유만으로도 가능하다. 너는 어쩌면 심리학적 체험자인 것이리라. 그렇다고 한다면 이 일기 1만 4천8백 쪽은 네 천직의 결과이다. 너는 사과나무가 사과를 맺도록 네 '자아'를 상대로 대화를 했다. 그것은 과학을, 자산을 늘리지는 않는다. 그러나 어쩌면 뭔가를 증명하는 것이 되리라. 내적 생활은 궁여지책에 지나지 않는다거나 이 수도원의 변종은 진정한 수도원과 마찬가지로 가치가 없다거나, 의지 결핍은 보편적 전쟁의 계획에 기초하여 건설한 세계에선 크게 도움이 되지 않는다거나, 여성적인 덕은 남자에게는 가장 유해하다거나, 내성적이고 수줍어하는 것은 가장 훌륭한 천분을 무익한 것이게 한다거나, 결단하지 못하는 것이 세월과 함께 증대한다거나, 오랫동안 의지를 쓰지 않으면 의지작용이 무력해진다거나 하는 것을 증명하는가. 그러나 그 결과는 지독한 것이리라.

조금은 쓸모가 있는 너의 독자성이란 무엇인가. 어쩌면 그것은 극히 다양한 기분과 의식상태를 너에게 이해시키고 재현시키는 심리적 융통성일 것이다. 복잡한 의문을 해결하고, 생각지도 못할 법칙을 발견하는 것. 너는 오래도록 산만한 연구를 시도했으니 앞으로는 그런 것에 힘을 제한해야만 할 것이다. 그러므로 오이디푸스(스핑크스의 수수께끼를 푼 그리스의 왕)의 역할에 집중하라. 그만한 시간이 너에게 남아 있는지 어떤지조차 의심스러울 지경이다. 그 다음은 힘들일 보람이 있는 문제, 최소한의 학식과 기억밖엔 요구하지 않는 문제에 착수하고 전념하라. 두통거리가 될 만한 종합적 건축, 즉 저술도 잠재워 놓고, 분석에 적합한 너의 기질을 이용하라. 가장 마음에 드는 일, 가장 성공할 일을 하라. 그리하면 이중의 이익이 된다. 너는 사물에 적합한 것을 하기 위해 정력을 소모했다. 앞으로는 네 주위 상황을 이해하기 위한 사물에만 마음을 써라. 너의 직관 및 개인적 경험의 카파르나움(고대 유대의 큰 상업도시, 큰 집산지) 중에서 가장 흥미가 있는 것을 보존하도록 생각하라. 사람은 가장 소중한 일에 의해서만 오랫동안 남는다.

나도 가능하다면 고통 없이 사유의 비아성 속에서 나를 유지해 가고 싶다. 제1의 입장, 동감적인 환경과의 상호적인, 나아가 애정을 동반한 조화의 입장이 일단 상실된 뒤, 이것이 나의 제2의 입장이다. 그러나 이 제2의 입장도 역시 잃었다. 욕구의 사멸은 안식을 주지 않는다.

    욕구가 없는 마음의 무서운 공허.
    그것을 느끼고 다시 지속할 수가 있을 것인가.
    목적, 꿈, 미래를 좇지 않고
    호흡을 계속할 수가 있을 것인가.

제3의 입장은 지키기가 좀 더 쉬울까? 체념하고 조락(凋落)에 맡기고, 나의 모든 난파에 위로를 하고, 일행이 있든 없든 자진해서 작은 섬의 밭을 갈려는 순순히 복종하는 겸손의 입장과, '하느님' 마음대로 내리는 생명의 기간. 충실한 행복과 허무의 부동(不動) 쪽이 나의 자존심을 기쁘게 했었다. 이 두 가지 방법으로는 '자아'가 극복되지 않는다. 가장 힘든 것은 절단, 저하, 티끌과 먼지와 진부함으로의 복귀를 수용하는 것이다. 총괄적인 단념은 아직 뭔지 모르겠지만 장엄한 데가 있다. 그러나 마디마디 잘리는 것은 굴욕적이다. 수염을 한 가닥씩 뽑힌다면 사자라도 견디지 못한다. 박탈의 끝없는 모욕에 대해 온화한 태도를 취하는 것보다도 죽음을 향해 부드러운 얼굴을 하는 편이 자기 억제를 요구하지 않는다. 야유의 법칙, 25년쯤 전에 사람들은 나에게 단념을 말했지만 나는 많은 것들을 단념했음에도 불구하고 아직 자신을 단념하지 않은 것 같다. 이것도 결국 시비라의 이야기(고대의 여(女)예언자. 로마 초기의 왕 다르퀴누스 수페르부스의 허가 아래 로마의 운명에 관한 예언집을 9권 가져왔는데 왕이 값을 깎자 3권을 불에 태웠다. 다시 깎자 또 3권을 불에 태웠으므로 결국 처음의 가격으로 나머지를 샀다는 전설)이다. 불에 태우기 전에 다른 모든 책에 대해서 원했던 것과 똑같은 가격을 마지막 권에 대해서도 요구한다.

1878년 8월 11일

정령이 하는 일, 즉 구상 및 문체의 어려움을 다시 생각한다. 까다로운 조건이 무수히 있고, 더구나 그것이 서로 모순되고 있다. 내 안에서는 활력의 거의 전부가 알력에 의해, 즉 마음의 탄력을 방해해 내 감흥을 마비시킬 만한 반성과 걱정, 고뇌와 의구심에 의해 흡수되고 만다. 나라는 사람의 모든 부분은 왕의 손에 달려 있어서 조화를 바라지만 움직일 수 없게 되어 있다. 구상이란 깨어 있는 인간의 주도면밀함으로 몽유병자처럼 행동하는 문제를 해결하는 것, 의심하지 않고 의심하며, 마음속은 분열하고 불안해서 걱정하면서 말로는 확신을 갖고 기분 좋게 대담해지는 것이다. 똑바로 서서 가로눕고, 냉정하게 흥분하는 것, 배리(背理)를 실현하고, 상식을 경악케 하는 것이다.

너무 일찍 와버린 내적인 비판이 나를 속박하는 것임은 분명하다.

내가 보는 것을 바라보는 것은 방해가 되기 때문이다.

사람이 고려할 경우에는 모든 의심도 당연하겠지만, 실행에 즈음해서는 자기의 의견을 세우고, 갈가마귀가 호두를 떨어뜨리듯이(열심이기는 하지만 서툰 일) 세차게 후려치지 않으면 안 된다. 끝없이 자신에게 분석을 가하고, 싸움을 걸고, 논의를 들이대는 것은 마음의 탄력을 꺾는다. 문장, 용어, 사상, 내용, 형식에 대한 주저는 감흥을 죽인다. 공포는 기쁨을 없애며 기쁨이 사라지면 타고난 재능이 식는다. ……

양심, 내향성, 주저, 기억의 부족은 구상을 거의 불가능하게 한다. 생산은 한층 많은 혈기와 신뢰를 요구한다. 그러므로 너의 문체는 전등과도 같다. 있었던 것이지 태어난 것이 아니다. 홰를 치는 것, 우아한 아름다움, 밝음, 행복, 자연스러움이 없다. 쓰기 기술의 연습을 계속해 갔더라면 너의 유연함이 늘어났겠지만, 너는 여태껏 좋은 방법, 즉 자기의 말을 쓰기 전에 입으로 말해 보는 것, 살아 있는 것에서 살아 있는 것으로, 대충 쓴 것에서 결정적인 것으로 나아가기를 시도한 적이 없다. 너는 그와는 달리 교수적(敎授的)이고 교훈적인 습관으로 나아간다. 너는 네 견해를 그 자체를 위해 분석하지만, 스스로도 기뻐할 만한 개인적인 희열이나, 독자를 기쁘게 할 만한 독자와의 대화를 하는 것까지는 가지 않는다. 너는 너무 초연하고, 너무 진지하며, 지나치게 긴장하고, 너무 독선적이다. 남을 생각하지 않는 딱딱함 때문에 너는 타인의 불쾌감밖엔 얻지 못한다. 네가 노력을 하면 할수록 더욱 더 성공과 멀어진다. 그것이 법칙이다. ……

맙소사, 너에게는 구상에 대해서나 다른 모든 것에 대해서도 마찬가지이다. 너는 어느 것 한 가지도 줍거나 끝낼 줄을 모른다. 너는 단단히 마음먹고 하지 않는다. 네 결핍이 너를 질식시킨다.

(같은 날) 구상에 있어 내가 가장 어렵다고 생각하는 것은 '어떤 것도 잊지 않겠다. 아무것도 반복하지 않겠다. 어떤 것도 잘못된 곳에 놓지 않겠다'고 생각할 때의 여러 부분의 엄밀한 관련이다. 학술적 문체에 있어 효과의 집중은 연극에서의 사건의 통일과 같다. 모든 새는 것, 빗나간 것, 박자를 벗어난 것, 불명확한 것은 좋지 않다.

1878년 8월 12일

최근의 이 경험 (《루소의 일반적 특질(*Caractéristique générale de J.-J. Rousseau*)》 몇 주일 뒤의 일기에 이렇게 썼다. "나의 저술 가운데 1978년에 확실하게 읽힐 것은 이것 한 가지이다. ……내가 아미엘로 태어나지 않고 루소였을 경우에 이런 비판을 받았으면 하고 비판했다. 인물, 이론, 재능의 비판을 줄곧 하는 이 사람 작품의 위대한 점을 이해하게 했다고 생각한다. 40쪽 내에서 이것 이상의 것을 말하기는 어렵다고 생각한다.")에서 얻은 교훈.

(1) 너는 모든 것을 읽고 모든 것을 조사하려 한 때문에,

(2) 결단을 내려서 결론을 내리고, 단정하고 결심하지 않기 때문에,

(3) 너무 높은 곳, 너무 먼 곳에서 문제에 접근하기 때문에,

(4) 너의 서술, 문체, 스스로에게 너무 많은 것을 요구하기 때문에 너는 일을 어렵게 했다.

80권 분량을 간결한 격언 같은 문체로 30쪽으로 정리한 이러한 백과사전적인 특수연구는 두통(頭痛)의 근원이다. 거기에 소모한 노력은 아무리 시간이 지나도 아무도 보상해 주지 않는다. 여기에는 '상세하고 면밀하다'라는 그다지 환영받지 못하는 두 단어가 해당될 따름이다. 양심상 너는 자신이 '죽은 자의 법정'이고, 마음의 운명을 잰다고 상상했다. ……

나는 상식이 결여되어 있었다. 바꿔 말하면 한 다발의 아스파라거스를 얻기 위해 1만 프랑이나 들인 셈이다. 이 한 다발은 훌륭한 것인지도 모르지만 터무니없이 비싸다. 나는 완전한 바보였다. 가령 이 한 편이 상당히 잘 된 것이라고 한들 결국 그것은 비평의 견본에 지나지 않으며, 루소에게도 도움이 되지 않거니와 나에게도 도움이 되지 않고, 제네바 사람들의 흥미도 끌지 못하고, 다른 나라에 지기(知己)를 얻게 되지도 않는다. 나에게 고마워해 주는 20명 남짓한 사람들을 위해 몇 달이나 소비한 것이 된다. 자기의 고심을 이보다 더 어리석게 낭비하기는 어렵다.

그런데 사정의 압박이 없었더라면 나는 이 일을 하지 않았으리란 것, 이 일은 없느니만 못하다는 것, 다양한 문제에 가장 커다란 측면에서 접근하는 것이 나의 본성이라는 것, 정의를 추구한 자에게는 항상 회한이 일어나지 않는다는 것, 괜찮은 문체로 30쪽 써보는 것은 얼굴을 붉히기에 미치지 못한다는 것을 인정하지 않으면 안 된다. 그렇게 생각하고 자신을 용서하자. 다만 앞으로는 더 이상 공적인 의뢰를 맡지 말아라. 모든 공적인 강연을 단념해. 이제 너는 목소리가 나오지 않는다. 동정도 역성도 받지 못한다. 너는 청중과 인연이 없다. 너에게는 청중을 기쁘게 하려는 욕망조차 없다. 쓰는 것만으로 그쳐라. 나아가 그것이 너에게 즐거운 일이라 하더라도 초조해하거나 억지로 하지 말고 생각이 떠올랐을 때, 너의 취미와 기호에 맞는 것에 대해서 써라. 어쨌든 쓴다는 것은 공표하는 것은 아니다. 자신의 만족을 위해 정리해라. 도움이 되는, 또는 환영받을 가망이 있는 것만을 공표해라. 너는 루소의 영광 전부를 얻기 위해 루소의 불행까지 이어받지는 않을 것이다. 그러므로 명예심이 없는데도 우매함 또는 솔직함 때문에 자신을 괴롭히지 말아라.

(오전 11시) 하나의 작품에서 얻는 참된 효용은 예술과의 접촉이 계시하

는 무수한 감상을 즉각 이용하기 위해서 다른 작품을 시작하는 일일 것이다. 이런 의미에서 사람은 자기의 유파를 이용하고, 경험을 자본으로 하고, 기능을 증진할 수 있으리라. 내가 늘 글을 쓰는 기술에 대한 공포 때문에, 더구나 그 아름다움에 대한 은밀한 동경 때문에 그 연구를 연장해 왔다고 생각할 때, 나는 내 어리석음과 경의에 화가 난다. 나는 대가의 비결을 간파하거나, 효용을 위해 걸작을 조각내거나 하는 것에 양심의 가책 같은 것을 가졌다. 그래서 꼭 써야 할 때는 나오는 대로 더듬더듬, 겁쟁이 초보자로서, 공손한 학생으로서 그것을 다해 왔다. 나에게는 교수로서, 철학자로서, 시인으로서, 저술가로서도 직업이 없다. 나는 어디서나 초심자이지 결코 권위도 자신도 없다. 이러한 결함의 이유는 무능력보다 오히려 결단을 내리지 못하기 때문이다. 내성적이기 때문에 어떤 영역을 나의 것으로 하고, 이것은 내 것이라고 말할 기력이 없었다. 나의 능력은 어느 한 가지도 대가의 영역, 내적인 확신에 도달해 있지 않다. 나는 나의 특수한 재능, 개성, 독자성을 발견하는 곳까지 가 있지 않다. 나는 결단하는 것, 뭐든 괜찮으니 온 힘을 다하는 것 이외의 행위 규범을 지키지 않았다. 그래서 나는 재산과 마찬가지로 타고난 재능을 운용하지 않았다. 나는 기사도적인 방만으로 인해, 수법에 대한 혐오감으로 인해 차츰 모든 것을 잃어버렸다. 불쌍한 녀석, 너는 얼마나 얼간이인가. …… 가슴속 일에 대해서도 마찬가지였다. 너는 운명의 선물을 무엇 한 가지도 이용하지 않았다.

1878년 8월 27일

유기체는 경제적인 신용과 마찬가지로 모험적이다. 생명의 변덕에 의해 일시적으로 짜맞춰진 기체와 재에 지나지 않는다. 이 세포를 쌓아올린 산은 원래의 요소로 돌아가려는 경향에 침식되어 있다. 개체적 생존은 나타났다가 사라지는 유성(流星), 끓어 넘침, 비늘빛에 불과하다. 그림자의 그림자, 공허한 자취, 눈에 보이지 않는 환영. 그 사상(事象)을 구성하는 것은 파괴에 대한 일시적인 저항이고, 외계의 작용에 대한 반응이다. 산다는 것은 반응하는 것, 특히 복사하는 것이다. 수동성은 부수적인 상태이다. 감정 없이 죽음을 예상한다면 구태여 삶을 영위할 필요는 없다. …… 잠자는 것, 꿈꾸는 것, 생각하는 것, 행동하는 것, 이것이 존재하는 것의 4단계이다. 이것은 식물, 동물, 관조자(觀照者), 인간이다. ……

앞에서 말한 단계는 확실하게 들어맞을 것인가. 아리스토텔레스는 관조를 실행보다도 신성하다고 보았다. 실행은 모든 생산적 창조처럼 맹목적이고 충동적인 데를 다분히 갖고 있다. 분명 견해가 뛰어난가. 의지적이고 의식적인 생산이 가능하다고 한다면, 그것은 두 가지 특권을 모은 것이 된다. 우리는 순수정신, 신은 행동하면서 자기가 행하는 바를 아는 자라고 상상한다. 그러나 우리의 영감자(靈感者), 발명자, 천재는 자기가 알지 못하는 일을 행하고, 비밀스런 힘에 이끌리고 떠밀리므로 자신은 그 힘의 주인이기보다는 오히려 대리인, 마부이기보다는 마차가 되어 있다.

어쨌든 사상의 산출력이란 것도 있다. 두뇌의 능력은 뭔가를 결합하고 생산하는 데에 있다. 맺음이 풀리고, 산산이 흩어진, 혼잡한 것은 모두 생산이 아니라 물질에 지나지 않으며, 작품이 아닌 재료에 불과하다. 작품은 사상적인 실행이다. 그러므로 서재에 틀어박힌 사색가도 자기의 목적을 정하고, 관념을 해명하고, 그런 종류의 노작에 힘을 다한다는 조건 아래 역시 실행하고 있는 것이 된다. 시간이 낭비되는 일은 이렇다 할 것 없이 하찮은 일이며, 배척해야 하는 것은 쓸데없이 일을 훼손하고 다니는 것이다.

예를 들면 이 1만 4천906쪽은 누군가에게, 또는 뭔가에 도움이 될 것인가. 하나의 문제라도 분명하게 하고 있는가. 어떤 과학에 뭔가 재료를 제공하는가. 의심스럽다. 이것은 내 삶에 도움이 되었다. 그러나 나의 삶은 무엇에 도움이 되었는가. 가련하고 미미한 교수, 견습 작가, 학자의 4분의 1, 시인의 8분의 1, 이것으로는 조금도 가치가 없다. 이래서는 어느 한 가지도 자취가 남지 않는다.

1878년 8월 30일

철학에 있어서 언어의 중요한 의의. 쇼펜하우어는 말한다. 모든 생명은 작용이며, 모든 작용은 노력이고, 모든 노력은 고통이다. 그러므로 생명은 악이라고 말이다. 비관론. 그러나 모든 작용이 노력이라고 하는 것은 참이 아니다. 수많은 작용은 약동, 즉 기쁨과 능력의 의식이다. 하늘을 나는 새가 날 때에도, 산책하는 사람이 산책할 때에도 고통을 느끼고 있지 않다. 말 한마디를 잘못 하기만 해도 능력과 노력, 흘러넘침과 의지, 작용과 피로의 혼동이 생겨난다. 의식적 활동을 둘로 구별하지 않으면 안 된다. 자발적 활동과 의지적 활동이 그것이다. 전자는 무의식적 활동과 거의 같은 정도로 가볍다. 쾌감으로, 사랑으로, 감격으로 하는 것은 모두 즐겁게 행해진다.

1878년 8월 31일

계절은 딱 좋다. 빛도 기온도, 울림도 상쾌하다. 어느 것 하나 괴롭히는 것이 없다. 만끽하자. 우리의 괴로움이나 고통과는 접촉하지 말고 즐거움을 누리자. 우리는 타인에게는 관용을 베풀면서 어째서 자신을 너그럽게 받아들이지 못하는 것일까. 끊임없이 스스로를 비웃고, 자기의 가장 나쁜 면을 관찰하는 것은 죄를 저지르는 일이다. 초상화가는 모델의 모든 선을 발휘하게 할 만한 태도와 자세를 발견하고자 온 힘을 집중한다. 그런데 어째서 너는 언제까지나 자신을 적대시하고 너의 잘못, 약점, 결함, 실신(失神), 쇠약함에 정색을 하고 화내어 글을 쓰는가. 이제는 자신을 자애로서 바라보고, 자신에 대해 인격을 인정할 수는 없는가. 물론 너는 이제 젊지 않다. 너는 아름답지도, 차림이 단정하지도 않다. 너의 연구능력은 빈약하다. 네가 재주와 지혜를 가졌는지 어떤지 확실하게 말할 수 없게 되었다. 그러나 제네바에서는 너도 완전하게 대중에게 묻혀 있는 것은 아니다. 너는 얼마간의 교육도 받았고, 타고난 재능도 있고 조금은 취미도 있다. 너는 약간의 공적도 세웠다. 너는 제네바의 문학자나 사상가 사이에서 찬란하다고는 할 수 없어도 상당한 지위를 차지하고 있다. 이 나라의 문학사에 네 이름이 한 줄 가량의 기사를 차지할 것은 거의 확실하다. 이 '황금의 범용'에도 그만한 가치는 있다.

1878년 9월 23일

(오전 11시) ……필린에게 생일을 축하하는 편지. 그 사람의 친구 에제리(Egérie. 1860년 9월 27일 제2책 109쪽에 '귀여운 요정'이라고 나와 있는 아미엘의 여자친구)를 만나 기분 나쁜 표정을 보인 이후로 나는 냉담함이 의지에서 비롯된 것임을 이해하고, 우정은 소멸한 것으로 가정하고 있다. 어쨌든 올해는 편지를 한 번 보내고, 책을 한 번 보낸 뒤로 전혀 답장이 없었다. 나는 필요 이상으로 하는 쪽, 또는 버리기보다는 버림을 당하는 쪽을 선택한다. 다만 이런 말을 사용한 편지 왕래는 부역에 불과하므로 뭐라고 해야 좋을지 모르겠다. 나는 힘든 생각을 하게 하거나, 이런저런 추측을 해

서 절교하거나 하는 것은 질색이다. 그러나 약속이란 것에 얼마만한 가치가 있는지를 안다. …… La Chatre가 갖고 있는 훌륭한 편지.

감정은 원래 그 자체가 어떻게 되는지 모르며, 의지에 의존하지 않기 때문에 아무것도 약속할 수 없다. 사랑의 맹세는 주피터의 장부에는 기록되지 않는다. 그러면 부부의 맹세에 얼마만한 이점이 있을까. 정조와 순종은 약속할 수 있다. 그러나 사랑의 지속을 약속할 수 있을까. 맹세는 비록 본심이었다 하더라도 어리석다. 그렇기 때문에 지킬 수 있는 경우는 극히 드물며, 맹세를 하지 않았던 것과 똑같게 된다. 인간은 자기의 약점을 부정해 나가면 그것을 줄일 수 있다고 생각한다. 공포감을 감추기 위해 강한 척해 보인다. 서명으로 자기의 들뜬 마음을 속박하려 시도한다. 그러나 가망 없는 책략이다. 차라리 그보다는 우리의 자유로 되는 것, 즉 성심성의만을 약속하는 편이 나으리라. 마음속은 어떠한 법률적인 수단으로도 묶어놓지 못한다. 그러나 서로의 매혹이나 끄는 힘이 소멸한 뒤에도 부부의 의무는 존속한다. 사람은 가능한 한 오래 사랑하며, 사랑하지 않게 된 뒤에는 진심으로 돕는다.

그렇기는 해도 이것은 순환 논증이 된다. 본래대로라면 사랑을 일으켜야 할 텐데 오히려 사랑을 요구하는 남편은 사랑에 대해 권리를 가졌더라도 그렇게 되면 역시 우습다. 이 경우에 맹세가 법률적 의제, 모양새를 얼버무리는 수단에 불과하다는 것을 이보다 더 잘 나타내는 증거가 어디 있는가. 또 다른 측면에서 보면 기쁘게 줄 때 가치가 있는 것을 강제로 손에 넣는 것은 실망하게 한다. 아니 오히려 구토를 일으킨다.

그래서 나는 결혼생활은 부득이한 경우가 아니라면 권할 수 없다는 결론을 얻는다. 필요한 사람만이 배우자를 가져야 한다. 이 경우에는 '결과가 어찌 되든 이것은 정해져 있었다. 이것은 운명이다. 신이 그렇게 되기를 바랐다. 포기하자'라고 스스로에게 말할 수 있다. 예술작품은 영감이 없으면 가치가 없는 것처럼, 돌이키지 못할 결정은 초자연적인 유인이 없으면 전혀 가치가 없다. 신이 그것에 착수했다. 섭리의 암시에 따르는 것이라는 환상이 우리에게는 필요하다. 우리의 개략적 계산과 돌이키지 못할 결의 사이에는 약분할 수 없는 관계가 있다. 항구적인 바람은 인간의 허약함에 대한 배신이다. 인간의 허약함은 방자하게도 그것 자체를 속박할 수는 있지만, 인간은 이것을 자신의 언어로 속박해서는 안 된다. 왜냐하면 그것이 후회할 권리를 가지며, 그 자유는 전혀 타인에게 양도할 수 없기 때문이다.

―― 《필린》 끝

1878년 10월 25일

직관적인 착상의 연습, 메타그램(métagramme. 단어 속의 글자를 하나만
바꿔서 만든 다른 단어를 맞추게 함), 로고그리프(logo-
griphe.
어떤 단어와 그 글자를 일부분 빼고
만든 다른 단어를 맞추게 하는 수수께끼), 성형문자(星形文字), 정방형(正方形) 실라브(mots carrés
en syllabes.
같은 수의 철자의 단어 몇 개를 한 묶음씩 끌어서 정방형으로
늘어놓고 세로로나 가로로도 의미가 있는 단어를 만드는 것), 점점판(點點判 : problèmes
pointés), 알파벳판(Problème
alphabétique),
각운 맞추기(나와 있는 운으로
시를 짓는 것), 그것의 반대(시의 구절의 후
반을 채우는 것). 《소년신문》(아예트, 파리의
출판사 1878년)에는 그것이 풍부하게 모아져 있다. 그런 연습은 도움이 되는가. 두뇌의 회전을 날카롭게 하고, 모든 방향으로 정신을 단련하며, 한층 주의 깊고 신속하게, 한층 유연하고 정교하고 치밀하게 하는 데 도움이 된다. 샤라드(charade. 부분이 각각 의미
를 갖고 있는 말 수수께끼), 아나그램(anagramme. 단어 속의 글자를
바꿔서 다른 단어를 만드는 것), 수수께끼들도 쓸모가 없지는 않다. 목적은 모두 같아서 추측, 통찰력, 은어적 본능을 기르는 점에 있다. 우리 안에 잠들어 있는 오이디푸스를 발전시키는데 해롭지는 않다. 되돌아보기, 발자취를 발견하고, 단서를 상상하고, 방법을 발명하고, 수단을 바꿔 새롭게 하고, 가능한 경우를 다하는 마음이 필요하다. 사물을 파고들어 그의 비밀을 캘 수 있는 자는 연구에도 실천에도 적합하다. 어쨌든 그것은 모든 일에 정성을 다하는 마음가짐이라든가 모든 것에 마음을 쏟거나 하는 나의 신념에 속한다. 이지(理知)는 보편적인 도구이며, 모든 틀, 모든 양상을 포함한다. 심리학자는 어떤 것도 경멸하지 않는다. 유희는 심리학자가 무시하지 않도록 조심하고 있는 광산이다.

1878년 11월 4일

(오전 10시) 꽤나 참혹한 하룻밤. 기관지염 때문에 서너 차례 잠을 깼다. 내장의 장해. 우울, 불안. 어쩌면 이런 겨울밤에 나는 질식할 것이다. 각오를 하고 서류 사이에 끼워져 있는 몇 편의 저작에 마지막으로 손댈 필요를 희미하게나마 느낀다. 클라란스(레만호의 동북 기슭에
아미엘이 묘지를 정한 곳)의 수속, 유언, 용무, 편지왕래의 정리를 해야 한다. 내가 죽은 뒤에 어려운 일도, 곤혹스러움도, 성가심이나 비난거리를 남기지 않기 위해, 하다못해 비난을 당연하다고 느끼지 않게 하기 위해 늘 정리해 둘 것. 좋은 추억과 안타까운 마음이 일어나지 않도

록 힘써라.

먼저 너의 불평과 울분을 없애라. 모든 사람을 용서해라. 아무도, 너를 무시했던 사람이나 너를 힘들게 했던 사람에게도 비평을 가하지 말아라. 악의나 적의에서 비롯된 오해만을 인정해라. "우리가 생각하는 대로 되는 한, 모든 사람들과 평화를 지켜라." 죽음의 침상에서 정신은 영원한 사물만을 보아야 한다. 시간에 얽힌 사소한 일은 모두 흩어져 없어진다. 투쟁은 끝났다. 받았던 호의만을 떠올리고, 신이 가리킨 길을 애모하는 것은 상관없다. 겸손과 자애라는 그리스도교적 감정에 집중하는 것은 당연하다.

"아버지여, 우리가 우리에게 죄지은 자를 용서한 것처럼 우리의 죄를 용서해 주소서."

요번 부활절이 마지막 부활절이 될지 모른다는 각오를 해라. 앞으로의 너의 나날은 짧고 나빠지며, 전조는 불길하기 때문이다.

1878년 11월 7일

오늘 나의 문학적 약혼녀와 회화에 있어서 사진화(寫眞畵)를 논하고, 그로 인해 시와 예술적인 환각을 실재하는 것 자체와 혼동해서는 안 된다는 이야기를 했다. 사진화는 감각을 속이려 한다. 진정한 예술은 눈을 속이지 않고 상상력을 매료시키기만을 바란다. 우리가 훌륭한 초상화를 보면 이것은 살아 있다고 말한다. 다른 말로 하자면 우리는 그것에서 또한 생명을 보는 것이다. 그러나 밀랍인형을 보면 일종의 공포를 느낀다. 그 움직이지 않는 생명은 우리에게 죽음의 인상을 주기 때문에 우리는 '이것은 망령이다. 유령이다'라고 말한다. 이 경우 우리는 그곳에 없는 것을 인정하고 그것을 과장한다. 앞의 경우 우리는 인간이 우리에게 주는 것을 보고 우리 쪽에서도 준다. 그러므로 예술은 상상력에 말을 거는 것이다. 감각에만 말을 거는 것은 거의 모두 예술 이하, 예술 이외이다. 예술작품은 우리 안의 시적 능력을 작동하게 하고, 우리를 이끌어 상상하고 지각을 만족스런 것으로 하지 않으면 안 된다. 다만 우리는 그것을 예술가의 모방 및 자극에 의해서 할 수밖에 없다. 모사로서의 회화, 사실적 재현, 순수한 모방은 그것의 작자가 기계, 거울, 감광판이지 정신이 아니기 때문에 우리에게 열을 일으키게 하지 않는다.

예술은 나타내는 것만으로도 살아 있다. 그러나 그 나타냄은 정신적 환각,

고정된 꿈이다. 시는 감동적인 기억, 동요하는 형상, 무게감 없는 형태, 짧게 말하면 정신의 양상에 불과하기 때문에 정신과 마찬가지로 실체적이 된 자연을 우리에게 표현한다. 가장 객관적인 창작은 다른 정신보다도 자기를 잘 객관화하는 정신, 바꿔 말하면 사물을 향해 자기를 잊는 정신의 표현이다. 그러나 여전히 하나의 정신 표현이다. 그래서 이른바 작풍(作風), 또는 문체가 나오는 것이다. 작풍은 예술가가 그가 속한 사회를 대변하는 동안은 집단적이고 종파적이며 국민적인 것에 불과한 경우도 있다. 그러나 사회가 차츰 개성과 원만히 조화해 개성의 발휘를 바라게끔 되면 작풍은 차츰 개인적이 된다.

독창이란 것은 작풍의 개성이다. 그 경우에 작풍은 표현해야 할 대상의 심리적인 틀, 아니 오히려 틀을 만드는 사람의 무의식적인 손의 자취가 된다.

1878년 12월 6일

(밤 11시) 독서, 구스타프 폰 뢰퍼(Gustav von Loeper, 독일의 괴테 연구가, 1822~1891년)의 《괴테의 파우스트》. 이 책에서 괴테는 고대인 또는 단테처럼 취급되고 있다. 사람도 작품도 떠받들려지고 있다. 서론, 주석(註釋), 서지. 다른 책. 더구나 파우스트만큼 모든 것이 서로 떠받쳐 하나가 되어 있는, 단숨에 쓴 창작에 비할 만한 것은 없다. 오히려 당초의 계획도, 엄밀한 통일도 없이 60년이나 걸려서 지어진 사원이다. 비극이 아니라 '신비극(神秘劇)'이다. 더구나 인간의 삶과 무한에 대한 유한의 투쟁을 표현해야만 하는 이 '신비극'은 결함의 인상을 남긴다. 파우스트는 중심적인 인간이 아니다. 그러기에는 마음이 부족하고, 양심이 부족하다. 그 감격은 머리에서 나온 것이다. 이것은 강력한 이지였지 위대한 영혼도 아니고, 아름다운 성격도 아니고, 영웅도 아니고 순교자도 아니다. 이 사유하는 유기체 속에 건조와 이기심이 들여다보인다. 그것이 그리스도교의 천국에서 받아들여지는 것은 논리에 가해진 폭행, 제멋대로인 결론, '기계장치인 신'이다. 파우스트는 여자들의 중재로 구원을 받지만 그럴싸하지 않다. 파우스트는 아베라르두스(12세기 프랑스의 신학자, 헬로와 이사와의 사랑 이야기가 있다), 페라케르수스(16세기 스위스의 의사, 연금술사), 브루노, 마법사, 탐구자이지만 겸손과 희생, 연애, 청정함을 알지 못한다. 종교적 영역의 바깥, 뿐만 아니라 윤리생활의 바깥에 있다. 자기의 의무를 염두에 두고 있지 않다. 이것이 이 천재적 작품의 차가운 측면이다. 파우스트

는 고민한 것이므로 이것에 관심을 가질 수는 있지만, 이상은 순결하지도 친절하지도 않기 때문에 이 사람을 사랑할 수는 없다.

1878년 12월 24일

(정오) 빛이 있는 단호하고 좋은 날씨. 스피노자에 관한 마지막 강의. 명확하고 간결하게, 게다가 납득시킬 만하게 한 것 같다. 학생들은 이렇게나 단순한 것을 만들기 위해, 즉 철학의 한 문제를 45분 동안에 빠짐 없이 해설한 다음에 그것에 대한 평가와 그 뒤의 역사와 그 영향의 이유를 논하기 위해 얼마만큼 많은 것들이 필요한가 하는 것을 꿈에도 알지 못한다. 경험이 없는 자에게는 모든 것이 자연스럽고 쉬우며, 아무것도 아닌 것처럼 보이고, 한 강의의 단순하고 간결한 명료함을 낮 동안의 빛만큼이나 고맙게 생각하지 않는다. 정당하게 판단하기 위해서는 비교가 필요하고, 문제가 예상하고 있는 주석(註釋), 압축, 건설, 측량, 조사를 추측하고 헤아리지 않으면 안 된다. 그런데 학생들은 무엇을 생각하는가. 학생은 초등학교 어린이와 마찬가지로 어린아이들이 부모에 대해, 개인이 사회에 대해, 신자가 교회에 대해, 인간이 신에 대해서와 마찬가지로 멍하니 있으면서 은공을 모른다. 우리는 자기들의 가치나 포부만 의식하지 아무런 대가 없이 주어지는 것을 의식하지 않는다. 응석을 부리고 있는 사람들은 은혜가 멈춰서 부자유스럽지 않으면 그것을 깨닫지 못한다.

1878년 12월 28일

어제는 베이컨의 말로 하자면 '철학적 충격'을 시도했다. 그것은 삼각형의 모양을 바꿈으로써 수학적인 '무한(無限)'으로 던진 단 한번의 시선이다. 이에 따르면 4차 무한에 손쉽게 도달한다. 잠깐의 이 수업은 머리에 쓸모가 없다고 할 수는 없다. 실제로 그것은 머리를 어떤 문제의 정확한 결정, 완결적 분석, 있는 힘을 다하는 개척에 익숙하게 하기 때문이다.

만일 유한한 형태의 가장 요소적인 것이 무한에 대해 먼저 23개의 문을 열고, 그 다음에 더 많이 연다고 한다면 우리는 다음과 같이 말할 수 있다.

무한은 우리를 둘러싸고 있다. 우리의 바로 옆에 있기 때문에 어린아이라도 무한의 음성을 들을 수가 있다.

용어의 의미를 의식하는 것은 대체로, 대강 보지 말고 모든 것을 자기의 잣대로 압축하려는 일반적 조잡성에서 벗어나는 것이다.
결국 시적인 것, 변치 않는 것, 숭고한 것은 어디에나 있지만, 그것이 보이는 사람은 드물다. 예를 들면 유대인은 신성한 수를 둘이나 셋(7, 12, 40) 밖에는 모르지만, 피타고라스는 수, 즉 모든 수가 신적인 의미, 상징적인 가치를 가지며, 신성한 비밀을 포함하고 있음을 간파했다. 예를 들면 라이프니츠는 물질의 궁극적 분자 속에서 단일체를 보고, 그 단일체가 신학 자체의 열쇠가 되었다. 인생을 평범하게 하는 것은 우리의 평범성이다. ……

(날짜 없음)
다양한 진리로서 진리 자체를 죽이는 방법이 있다. 하나의 상을 세밀하게 고찰한다는 구실 아래 가루를 내는 것은 어리석은 일이지만, 엄밀성에 대한 우리의 오만함도 그런 일을 저지른다. 나는 파편밖엔 인식하지 않는 사람도, 파편 자체의 본성을 보지 못하는 사람도 헛다리를 짚은 것이라 부른다. 사물이나 인간의 있는 그대로의 모습을 보는 것이나 있을 수 있는 모습을 보는 것, 응당 있어야만 하는 모습을 보는 것. 올바른 비평가는 이 세 가지를 동시에 행하고, 이 세 능력을 하나로 융화시키지 않으면 안 된다.

(날짜 없음)
근대적인 교양은 상반하는 풍미를 가졌다. 들여다보면 색이 다른, 무척이나 결이 곱게 개어 만든 약이어서 느낌은 알지만 정의할 수도, 조합할 수도 없다. 복합성, 반대의 결합, 어려운 혼합이 그의 우수성을 이루고 있다. 현대인은 20개국 및 30세기에 걸친 역사적, 지리적 영향으로 훼손되고, 모든 과학과 기술로 연마되고 변경되며, 모든 문학으로 유화되어 있지만 전혀 새로운 산물이다. 어디서나 비슷한 것, 유사성을 발견하지만, 다르게는 산재해 있는 것을 응집시키고 요약하고 있다. 그것은 조콘다[모나리자]의 웃음과 비슷해서 보는 사람에게 마음을 여는 모습을 보이는가 싶다가도 어느새 한층 신비적이 된다. 현대인은 그 정도로 다양한 것을 한꺼번에 말한다.

(날짜 없음)

사물을 이해한다는 것은 일단 그 사물 속으로 들어갔다가 나왔다는 것이다. 따라서 먼저 사로잡혔다가 풀려나고, 환각과 환멸, 심취와 실망이 필요하다. 아직 매력을 받지 않은 것도, 매력에 걸리지 않은 것도 그 자격이 없다. 일단 믿은 다음에 비판을 가한 것이 아니면 올바른 인식은 불가능하다. 이해하려면 자유를 가져야 한다. 더구나 한 번은 자유를 잃을 필요가 있다. 이것은 연애에 대해서나 예술에 대해서도, 종교에 대해서도, 애국심에 대해서도 참이다. 동감은 비평의 첫째 조건이다. 이성과 정의(正義)는 먼저 감동을 전제로 한다.

(날짜 없음)

분석은 자발성을 죽인다. 가루로 빻은 밀 알갱이는 더 이상 싹을 틔우지도, 뿌리를 내리지도 못한다.

1879년 1월 5일

너 자신을 밖에서, 더구나 멀리서 바라보는 일에 힘쓰고, 다음의 질문에 대답해라. 어째서 그렇게 많은 여자의 손이 너에게 뻗쳐졌느냐? 왜 너를 향해 그렇게 다방면으로 동정을 보였느냐? 아무것도 놀랄 것은 없다. 첫째, 너는 여자를 이해하고 또 사랑하고 있다. 다음으로 너는 여자를 필요로 하고 있다. 너는 여자에게 선을 베풀고 있다. 여자는 그것을 갚는 것이다. 서로 은혜가 베풀어질 때에 서로를 끌어당기는 것은 전혀 이상할 것이 없다. 친근함은 조화의 표현이라 할 수 있다. 다만 너의 버릇은 미적이고 욕심 없고, 마음에서 나온 것이지만, 남자의 사랑은 일반적으로 혼자 독차지하는 형식이며, 그 사랑하는 것을 소유하고 종속시키고, 속박하고 독점하기를 바란다. 너의 방식이 까닭을 알 수 없는 것으로 보이는 것은 일반의 흐름이 천박하고 상스럽기 때문이다. 플라토닉 러브, 정신적 연애는 그래도 하나의 가능성, 오히려 하나의 사상성(事象性)이지만, 매우 드문 일인 것 같다.

사람들은 남녀 사이에 성적인 연애밖에 인정하지 않으며, 거기에 배타적인 질투가 깃들게 되면 품격이 생긴다고 여긴다. 청정한 사랑, 천사 같은 매력, 즉 찬탄과 아름다움에 기초한 매력은 내세(來世)로 보류하고 있다. 어째서 그렇게 미루는 것일까. 완전성에 비례하는 애착은 신성한 법칙은 아닌가. 신성한 법칙은 영원이 아닌가. 영원한 법칙은 유예 없이 적용할 수가 없는 것인가.

1879년 1월 10일

나는 정말이지 쉽사리 자아성을 벗어나는 사람이기 때문에 일시적으로는 나와 타인을 혼동할 때가 있다. 나의 독특한 존재 방식은 다수 속에서 길을 잃었고, 내가 개체로서 어떤 사람인지 알 수 없게 되고 만다. 왜냐하면 나라는 개체는 그것과 닮은 것이나 동족인 것과 마찬가지로 나의 관심을 끌지 않기 때문이다. 나는 모든 삶을 의식하기를 좋아한다. 내 삶이 나의 호기심에 대해 얼마간 매력을 갖는 것은 다만 그것이 다른 것보다도 내 자유로 되고, 또 내 연구가 미치기 때문이다. 나는 나에게 현상의 실험실, 인간성의 심리학적 표본에 불과하다. 나를 실험과 관찰의 대상으로서 곁에 두고 있다는 것은 괜찮은 일이다. 그러나 내 하찮은 '자아'를 사람들이나 사물보다 위에 놓고, 그 지배력과 소유권의 범위를 확대하고, 그것에 훌륭한 일생을 보내게 하고, 그것을 중요하고 유력한, 유명한 것이게 하려는 본능은 나와는 거의 인연이 없다. 나는 그것을 부정적인 형식, 즉 본능이나 독립성을 침해하는 것에 대한 혐오, 부정과 교활과 압박에 대한 반항이라는 형식으로밖엔 알지 못한다. 인류 전체의 고유한 것으로 믿어지고 있는 '자아'의 이러한 침략적이고 정복적인 열의는, 탐식이나 색욕과 마찬가지로 매우 일반적인 사실일 뿐이다. 그것은 인류의 본질 속에도, 이상 속에도 존재하지 않는다. 죽음에 대한 갈망도 있기는 하다. 나보다도 위대한 누군가에게 몸을 바치고자 하는 열망도 그리 드문 일은 아니다. 진정으로 종교적인 사람들은 그것을 잘 알고 있거니와 스스로가 그 증거이기도 하다.

1879년 1월 13일

신문을 하나 찾기 위해서, 책상 위의 책이나 글을 정리하기 위해서 많은 시간을 허비한다. 슬픈 기분. 나는 항상 난잡함과 지연, 망각, 게으름에서 오는 결점, 박약한 기억력, 실행력이 없는 마음을 안다. 나는 굴욕과 고뇌를 느끼고 있다. 어제 어떤 편지를 썼던가를 떠올리는 것조차 불가능하다. 하룻

밤이 어제의 나와 오늘의 나 사이에 심연을 연다. 나는 같은 방향을 향해 의지와 노력을 집중해 나아가는 연속성이란 것을 모른다. 나는 굳은 인내, 항상심, 집요함이란 것을 단어로밖에는 알지 못한다. 나의 삶은 술기가 풀어져 있고, 줄기의 통일성이 없다. 이것은 내 행위 자체가 나를 벗어나가기 때문이다. …… 어쩌면 나의 정신적인 힘은 의식이라는 형식 아래서 스스로를 파악하기 위해 행사되고 있으므로, 보통 깨달음을 충족하는 것은 마치 빙하가 순수한 얼음이기 위해 그 틈새로 떨어진 돌멩이나 바윗덩이를 없애는 것처럼 모조리 흘려 버리는 것이리라. 철학적 정신은 물질적 사실이나 의미 없는 기억에 괴로워하는 것을 싫어한다. 사유는 사유에만, 즉 자기 자신에게만, 심리적인 운동에만 집착한다. 경험을 풍부하게 하는 것이 그의 유일한 포부이다. 사유의 다양한 능력과 작용을 내부로부터 연구하는 것은 그의 즐거움일 뿐만 아니라 가장 잘 하는 것이자 습관이다. 반성은 정신을 가로지르는 인상이나 감정, 관념의 기억장치에 불과하다. 탈피가 힘차게 이루어지기 위해 정신은 알몸이 될 뿐만 아니라 자기 자신도 잃는, 말하자면 실체가 소실된다. 바퀴가 너무 빨리 돌기 때문에 수학적인 축 주변에서 녹아버리고, 축만은 두께를 지니지 않고 닿을 수가 없기 때문에 차가운 채로 있다.

위의 것은 대단히 좋으면서도 꽤나 위험하다.

살아 있는 사람 속에 있는 한, 즉 여러 다양한 신체(인간), 이해(利害), 투쟁, 허영, 정열, 나아가 의무의 한가운데에 빠져 있는 한, 이 미묘한 상태를 단념하지 않으면 안 된다. 하나의 자기 이름, 지위, 나이, 신체, 특별한 활동범위를 지닌 개인이 되는 것을 승인해야 한다. 비자아성이 아무리 유혹을 보인다 해도 지속성과 공간의 어떤 조건에 틀어박힌 존재, 자기의 동족, 주위, 자기 편, 적, 직업, 조국을 가지며, 음식물을 섭취하고, 집에 살며, 세탁물을 고르고, 세금이나 감정을 처러 계산을 마치며, 업무를 감독하고, 한마디로 말해 주변의 동물 또는 지나가는 사람처럼 해나갈 수밖에 없는 개인이라는 존재가 다시 될 수밖에 없다. 시기에 따라서는 그런 세세한 일들이 꿈처럼 보여서 자기의 수하에 있는 책상이나 자기의 신체에 놀라고, 자기 집 앞에 길이 있는지, 이 지리적이고 장소적인 환영이 정말로 실재하는 것인지 의심하게 되는 경우도 있다. 그런 때에는 공간도 시간도 다시 단순한 것이 된다. 나는 순수정신의 실재를 생생하게 느끼며, 나 자신을 '영원한 형상의 아래에서' 본다.

정신은 유한한 현실을 무한수의 가능한 것으로 용해시키는 능력이 아니겠는가. 다른 말로 하면 정신은 보편적으로 숨겨진 모습, 또는 숨겨진 우주가 아니겠는가. 정신은 무한의 시작이며, 수학에 있어서는 접합한 두 개의 0 (∞)으로 표현할 수 있다.

결론. 정신은 자기 안에 무한이란 것을 경험할 수 있다. 인간이라는 개체 속에는 때때로 신의 불꽃이 흩어지며, 그것이 인간에게 '원천으로서의 존재', '기초로서의 존재', '원리로서의 존재', 즉 마치 급수가 그것을 나타내는 식에 기초하는 것처럼 모든 것이 기초하고 있는 존재가 있음을 항상 보게 한다. 우주는 정신의 복사(輻射)와 같다. 신적인 '정신'의 복사는 우리에게 현상에 불과하며, 우리의 실재와 평행인 현실을 갖고 있다. 우리 정신의 복사는 '범(梵)'이 올린 폭죽이 거울에 비친 불완전한 그림자이다. 그렇지만 우리의 과학은 현상을 예언하는 것(천문학), 새로운 현상을 낳는 것(화학), 또는 과거를 설명하고 재구성하는 것(언어학, 역사철학)이 가능하다. 우리의 오류, 몽상, 공상은 우리만의 것이다. 이것들도 또한 뭔가를 낳는다. 즉 미신이나 괴물로 이루어진 주관적인 세계를 낳는다. 위대한 예술이 위대한 것은 그것이 신적인 질서, 있는 그대로의 것과 일치하는 점을 가졌기 때문이다. (음악, 조형미술, 시)

이상(理想)이란 정신이 질서를 예견하는 것이다. 정신은 정신이기 때문에, 즉 영원을 늘 볼 수 있기 때문에 이상을 가질 수 있다. 이에 반해 실재는 단편적이고 가변적(可變的)이다. 법칙만이 영원이다. 즉 이상은 파괴하지 말아야 할 최선의 희망, 현재에 대한 무의미한 항의, 미래의 효모(酵母)이다. 이상은 우리 속에 있어서의 초자연, 오히려 초동물(超動物), 인간적 완전성의 이유이다. 이상을 조금도 갖지 않은 인간은 있는 그대로의 것으로 만족한다. 그 사람에게는 현실이 정의나 선, 아름다움과 완전히 똑같기 때문에 이것에 대항해 싸우려 하지 않는다.

그렇지만 어째서 신적인 복사(輻射)가 완전한 것이 아닐까. 그것이 여전히 존속하기 때문이다. 예를 들면 지구는 그 경험의 중간에 있다. 그곳의 식물계나 동물계도 계속해 간다. 인류의 진화는 종결보다도 기원에 가깝다. 그런데 동물성의 정신화는 특히 어려운 듯이 생각되지만, 그것이 우리 인류의 사업이다. 그것을 방해하려고 오류, 죄악, 병, 악, 이기심, 죽음뿐만 아니라 지상의 커다란 이변이 일어난다. 모든 사람에 대한 안락, 과학, 윤리, 정의의 구성을 도모하고 있지만 그것으로 그치고 있다. 이것을 새나가게 하고, 어지럽게 흩어놓는 몇 백 가지의 원인은 다양한 국민, 민족, 대륙이 참가하는 거대한 사업을 방해하고 있다. 현재 인류는 아직 물질적 통일로서 구성되어 있지 않거니와 그 전체로서의 교육은 아직 시작도 되어 있지 않다. 모두 지금부터 하지 않으면 안 된다.

질서를 세우기 위한 모든 시도는 지방적인 결정(結晶), 일시적인 조직의 초보였다. 현재 점차 다양한 가능성이 다가오고 있다. (우편전신동맹, 세계박람회, 세계일주여행, 국제회의 등) 과학 및 이해관계는 언어나 종교가 떼어놓고 있는 인류의 여러 부분을 결부시키고 있다. 해안에서 오지에 이르고, 대서양과 지중해와 인도양을 육로로 연결시키는 아프리카 철도망의 계획이 세워진 해는 새 시대의 특징을 충분하게 나타낸 것이다. 공상적이었던 것이 실현을 생각할 수 있는 것이 되었다. 가능한 것이 실재적인 것이 되려 하고 있다. 지구는 인간의 낙원이 된다. 인간은 같은 종에 속하는 개체와 함께 사는 것을 가능하게 하는 것, 즉 새 시대의 균형, 권리, 질서를 발견하는 것을 주된 문제로 삼고 있다. 분업은 인간에게 모든 것을 일시에 추구하는 것을 허용한다. 공업, 과학, 예술, 법률, 교육, 도덕, 종교, 정치, 경제 관계 등 모든 것이 태어나려 하고 있다.

이렇게 생각하면 모든 것은 정신에 의해서 0으로 돌아올 수가 있다. 다만 이 0은 풍부해서 우주, 특히 인류를 포함한다. 정신은 수(數)로 잴 수 없는 것 속에 실재적인 것을 추구할 즈음에, 가능한 것을 의식할 때와 마찬가지로 피로를 느끼지 않는가. ∞은 0에서 나올 수도, 0으로 돌아갈 수도 있다.

1879년 1월 14일

지독한 두통. 모든 것이 서로 다투어 나를 거꾸로 빗질하고, 안달하게 한다. 받아든 편지, 아직 되어 있지 않은 강의 준비, 타지 않은 장작, 이번 주에 의장을 맡아야만 하는 불쾌한 회의의 느낌, 내 '입으로 말할 수 없는 것'(보통은 복수로 해서 바지를 가리킴. 여기서는 단수)의 고장, 특히 치욕이라기보다 굴욕, 돌이킬 수 없는 고통의 의식. 이것들을 돌이켜 생각하는 동안에 2년 전부터 내가 편지를 쓰거나 뭔가 보내거나 했던 파리 사람 중에 반빌 (Théodore de Banville. 파르나스파에 속하는 프랑스의 시인, 1823~1891년) 말고는 단 한 사람도 받았다는 통지마저 보내지 않았음을 떠올렸다. 에드몽 세레르, 빅토르 쉐르뷰리에, 코페, 테느, 페르탕 (Eugène Pelletan. 프랑스의 문인이자 정치가, 1813~1884년) 같은 지인마저도 같은 태도를 보였다. 랑베르 (Eugène Rambert. 스위스의 비평가. 문학 사가. 취리히대학 교수. 1830~1886년) 마저도, 타리쉐 (Edouard Tallichet. 로잔 일반 도서관장. 1828~1911년) 마저도 이제 나에게 관심을 갖지 않는다. 이 정도로 한물 갔으면 충분한 것인가. 아무래도 나는 이 선거의 득표 결과로 보면 백치가 된 것 같고, 제로인 것 같다. 물론 이 발견은 기쁜 일은 아니다. 24시간 동안은 내 재판관의 욕을 할 수가 있으므로 조금은 반항해도 지장이 없다. 그러나 이것도 영원히 계속되지는 않는다.

나는, 불쾌함이란 것이 어떤 식으로 지독한 결과를 낳을 수 있는가 하는 것을 호기심을 갖고 줄곧 보았다. 이것은 모욕을 받은 자아가 복수하는 간접적인 방법이다. 자아는 침울한 상태에 머물기를 바라지 않으며, 화풀이로 쉽게 화내는 폭군적인 발작을 잠깐 일으킨다. 자아는 괴로워하기 마련이어서 남을 괴롭히려 한다. 기분이 나빴으므로 기분 나쁘게 한다. 더구나 그럴 때, 본능적으로 반사운동에 의해 하는 것이다. 불쾌함을 어떻게 극복하면 좋을까. 우선은 겸손과 억제에 의한다. 자기의 약점을 아는 경우에 다른 사람들이 그것을 지적했다고 어떻게 화를 낼 수 있으랴. 그런 사람에게는 물론 헤아림이 없는 것이지만 옳기는 하다. 두 번째로는 반성에 의한다. 결국 사람들의 있는 그대로의 것은 변하지 않는다. 만약 자기를 과대평가하고 있는 것이라면 의견을 한 가지 변경하기만 한 것이다. 타인이 불미스런 태도를 보이면 우리는 그의 본성을 알 수 있다. 그러나 무엇보다 용서로 극복한다. 우리에게 해악과 부정을 가한 사람들을 미워하는 마음을 없애는 방법은 한 가지밖에 없다. 그것은 거꾸로 선을 베푸는 것이다. 호의를 베풀다 보면 자기의 분노를 극복할 수 있다. 이러한 자기 마음에 대한 승리에 의해 그런 사람들의 마음을 바꿀 수는 없지만, 자신을 제어할 수는 있다. 자기의 일로 분개하는 것은 비겁하다. 훌륭한 일을 위해서만 분개해야 한다. 상처에서 독화살을 빼내려면 묵묵히 애쓰는 자애의 약으로 하지 않으면 안 된다. 인간의 악의가 우리를 분노하게 하고, 배은망덕이나 질투 또는 배신이 우리를 화나게 하는 것을 어떻게 그냥 놔둘 것인가. 반박이나 불평, 징벌을 내밀면 끝이 없다.

가장 간단한 것은 그러한 모든 것을 훑어내는 것이다. 불평이나 원한, 짜증은 마음을 어지럽힌다. 인간은 정의를 좇기 마련이지만 직접 벌하기에는 벅찬 악이 있다. 그것은 자기가 그 희생이 되어 있는 악이다. 그런 악에 대해서는 치료법을 터득하지 않으면 안 된다. 불은 모든 것을 정화한다.

내 마음은 불과 같다.
연약하기 때문에 던져진 것도 다 태우고 냄새를 뿜는다.

1879년 1월 19일
세계는 우리 모두에게 자신을 주장하는 기회에 지나지 않는다. 그런 의미에서 모든 정신은 주관적이다. 그러나 그 차이는 어떤 것은 피아노보다 훨씬 많은 건반을 갖고 있어서 외계의 멜로디를 손상하지 않으면서 재현하는데, 다른 것은 종이나 큰북, 트라이앵글처럼 강약은 있어도 단음의 똑같은 음으로 울린다는 데에 있다. 다음성(多音性), 다색성(多色性)은 비평적 천직의 징후이다. 치밀하고 충실한 한 음(音), 한 색깔의 정신은 비록 독창적이고 그 자체가 가치를 갖는 경우에도 분류하기 위해서라기보다는 분류되기 위해서, 이해하기 위해서보다는 속기 위해서 만들어져 있다.

개에게도 주교님이 공손히 절한다.(다른 사람이 볼 때는 기분이 나빠지는 사람에 대해서임) 이것은 유동적인 머리를 비판하려 시도하는 모든 둔중한 머리의 구실이다. 빅토르 쉐르뷰리에에 대한 바보 같은 비평을 나도 꽤 들었다. 그러나 보이오티아적 성격(편협하고 느리고 둔한 성격)이 자신을 반성하는 때가 있을까. 자기가 그런 분수가 아님을 깨달을 만한 수치심, 침묵을 지키는 본능을 갖는 때가 있을 것인가. 없다. 만일 있다면 이미 아티카의 끝까지 와 있어서 분명 키타이론(Kithairon. 보이오티아와 아티카 경계의 산)의 공기를 호흡하고 있을 것이다. 자기의 우매함을 아는 것은 그것에서 반은 벗어난 것이다. 자기를 꾸짖는 것은 전향을 시작한 것이다. 얼굴이 붉어지는 것은 지금까지의 자기가 아니게 되는 것이다. 철면조가 잔뜩 뽐내면서 웃음거리가 되는 버릇을 부끄럽게 생각한다는 이야기를 들어 보았는가.

선의는 빈틈없는 날카로움을 자진해서 제한한다. 재기와 지혜는 그대로 내버려 두면 무자비가 된다. 현재 이지적인 사람의 집회는 동물원이나 야수떼와 닮아 있다. 정교하고 치밀한 두뇌에는 모든 것이 평민이다. 올림푸스적인 정신에게는 모든 것이 진흙탕이고 번뇌이다. 선의는 명쾌한 통찰력이 내뿜는 지나치게 날카로운 전기 광선에 덮개를 씌운다. 지적 능력의 병원이 가진 추악함이나 참혹함을 비춰내기를 마다하지 않는다. 우매함의 원리, 아니 도리어 차별의 원리에 기초한 이 분류를 배척한다. 자기에게 특권을 인정하기를 두려워하고, 겸손으로 자애를 베풀기를 즐기며, 눈을 문드러지게 하는 것, 즉 정신적인 불완전함과 허약, 탈선, 류머티즘, 외눈은 보지 않으려 애쓴다. 무익하게 다른 사람들을 괴롭히지 않게 하기 위해서 총명에는 두건을 씌운다. 그래도 총명을 보고 말았을 때 선의는 총명보다 먼저 말하고, 마른 모래 속의 아름다운 조개껍질, 하찮은 돌덩이에 든 금 알갱이, 시들어 냄새도 없는 짚더미에 든 마요라나 잎사귀 조각을 알게 한다. 선의가 보이는 연민에는 시인하는 모습을 볼 수 있다. 남을 격려하고 일어서게 하기 위해서는 혐오에 대한 자기의 생각을 극복해야 한다.

  사람들은 곧잘 비네가 무력한 사물을 칭찬했음을 지적했다. 이것은 비네의 비평 감각의 착각이 아니라 자애심이다. "아직 타고 있는 등불은 결코 꺼지게 하지 말자." 여기에 덧붙여 나는 말한다. 어떤 때에라도 남을 슬프게 하지 않도록 하자. 귀뚜라미는 꾀꼬리가 아니다. 그것을 구태여 말할 까닭이 있을까. 귀뚜라미의 마음이 되자. 그러는 편이 새롭고 현명하다. 이것이 선의가 주는 권고이다.

  재기와 지혜는 귀족적이고, 선의는 민중적이다. 민주제에서는 실력의 불평등에 따르는 자기도취에 불과한 평등이 실제로 커다란 어려움을 야기한다. 어떤 사람은 신중한 마음으로 생각한 대로 말하지 않도록 조심을 하고, 어떤 사람은 뛰어난 말솜씨로 자기의 통찰력을 보기 좋게 하고, 각각 어떻게든 정리를 한다. 호의 쪽이 삼가는 것보다 확실한 것 같다. 기분을 나쁘게 하지 않거니와 아무것도 죽이지 않는다. 나는 이쪽을 택하겠다.

  보아로가 했던 것처럼 남을 박살내는 것은 통쾌하지만, 그래서는 자기에게 있지도 않은 권리를 주장하는 것이 된다. 사람과 동물이 제각기 종류에 따라서 생활할 것을 인정하지 않으면 안 된다. 경우에 따라서는 개개인이 자기 본성에 따라서 발전하는 데 힘을 빌려주어야 한다. 가장 친밀한 사이라도 마음속 깊은 애기를 하기는 힘들다. 타인의 비밀을 직접 듣지 않고 알게 되었을 경우라도 그것은 지킬 의무가 있다. 진정한 의미에서는 자신의 비밀만을 마음대로 할 수 있다. 그것은 마음먹은 대로 다룰 수 있다. 자기의 어리석음, 결함, 미비, 부정은 폭로해도 상관없다. 다만 그것도 상대에게 힘을 북돋우거나 광명을 주거나 하기 위해서가 아니면 안 된다. 왜냐하면 상대에게 자기의 허점을 밝힘으로써 그가 앞으로 그것을 이용하지 않는다는 보장이 없기 때문이다. 자애심은 희떠운 마음이다. 자진해서 모험을 무릅쓴다. 인간은 선의를 가지는 동시에 빈틈이 없을 수가 없으며, 이기심과 사랑이라는 두 주인을 섬기지는 못한다. 자기의 이해를 잊는 때가 없으며, 그것밖엔 생각하지 않는 이 세상의 영리한 자와 닮지 않으려면 일부러 위험을 무릅써야 한다. 속고자 하는 마음이 없으면 안 된다. 이것은 재주와 지혜와 자기도취가 양심에 바쳐야만 하는 희생이다. 영혼에 대해 열어야만 하는 신용이며, 신의 자식들이 행하는 일이다.

보슈에 페늘롱이 말하지 않았는가. 아름다운 영혼만이 선의에 들어 있는 모든 위대한 점을 알고 있다.

1879년 1월 21일

부비에(Auguste Bouvier. 제네바대학 신학부 교수, 소설가, 저술가, 1826~1893년, 아미엘은 깊은 존경심으로 이 사람과 교류했으며, 제네바대학의 역사에 관한 간행물을 공동으로 집필했다)의 성서에 관한 제1차 강연을 듣다. 언제나처럼 과학과 신앙, 현상적 우주론과 모세의 창세기와의 융화를 시도하고 있다. 신학자란 '자연의 성서'만이 과학에 대해 권위를 갖는 것을 보고 위로를 받지 않는다. 그러나 과학은 이상을 부여하는 것은 아니다. 종교가 민중적 이상을 부여하는 것이다. 인생에 관한 민중적 이상은 없어서는 안 되는 것이다. 우리에게 가장 좋은 종교는 가장 많은 힘과 위로를 주는 종교일 것이다.

종교는 처음 과학과 철학을 대신했지만, 마침내 그 고유의 입장만을 지키게 된다. 즉 양심의 깊은 곳에 있는 감동, 신의 의지 및 우주의 질서와 교통하여 그 비의에 맡기는 영혼의 비밀스런 생활이 그것이다. 신앙심은 날마다의 이상(理想)의 쇄신이며, 일상생활의 사건으로 어지럽고 탁해지고, 소외되고 분노하고 애타는 우리 내면의 균형 회복이다. 기도는 정신적인 향의 연기이며 우리에게 평화와 용기를 되돌려 주는 귀한 위로이다. 기도는 우리에게 용서와 의무를 떠올리게 한다. 기도는 우리에게 말한다. 너는 사랑받고 있다. 그러니 사랑하라. 너는 받았다. 그러니 주어라. 너는 죽지 않으면 안 된다. 그러니 네가 할 일을 다하라. 관용으로 너의 분노를 이겨내라. 선으로 악을 극복하라. 세상 사람들이 눈이 멀었어도, 네 성격이 오해를 받아도, 배은망덕한 처사를 당해도 상관없다. 너는 평범하고 속된 예를 좇을 의무도, 성공할 의무도 없다. 무슨 일이 일어나든 해야 할 일을 해라. 너에게는 양심이라는 증인이 따라다닌다. 그 양심은 너에게 말을 거는 신이다.

1879년 2월 1일

(오후 4시) 몽블랑 다리(le pont du Mont-Blanc, 레만호 물이 떨어지는 곳 가까이의 론 강에 있는 제네바의 다리)께에서 진기한 광경이 나를 기다리고 있었다. 몇백 마리나 되는 갈매기의 소용돌이가 다리에서 강 아래로 휘감고 있어서 강 속으로 자맥질을 하기도 하고, 폭죽처럼 솟아오르기도 하고, 소리치기도, 날갯짓을 하기도, 사람들이 던져주는 빵 부스러기를 허공에서 받아먹기도 한다. 쉼도 짬도 없는 공중의 회전목마처럼 눈이 핑핑 돈다. 10상팀의 빵을 사면 반시간은 즐길 수 있다. 열 마리 가량의 당당한 백조가 이 물 위의 천민들 한가운데를 헤엄치고 있는데, 열에 들뜨고 무례한 탐식과 잡스러운 향에 괴로워하고 있다. 대담한 몇 마리의 참새는 선택받지 못한 빵 부스러기를 줍기 위해 다리 난간께까지 나가 있다. 그 무리로 들어간 갈매기는 눈구름처럼 보여서 노르웨이의 협곡으로 상상을 몰아간다. 날개의 위쪽은 조금 회색이고, 아래는 검정이다. 그러나 하얀색이 대부분이다. 서리가 날고 있는 것 같았다.

1879년 2월 25일

밤새도록 세찬 북풍, 지금은 눈. 요즘 자연은 계속 지독한 경련을 일으켜 광란으로 빠져들고 있다. 2월 20일 같은 폭풍이 내일 다시 시작될 것이 틀림없다. 뉴욕의 관측소가 예보하고 있다. 이 난폭자는 버뮤다섬(the Bermuda. 뉴욕의 동남쪽에 있는 대서양의 영국령섬)에서 오는 것이다. 학자는 지금 지구 감시를 하고 있다. 그러나 탈옥을 지적하기는 해도 아직 그것을 원래의 감옥으로 되돌리지는 못한다. '전방(前方)주의, 경계필요'라고 해주는 것만으로도 약간은 도움이 된다. 해악은 예견하고 있으면 일부 완화하고 고칠 수가 있다. 선창의 입구를 닫고 돛을 감는 것은 폭풍에게서 발톱을 없애는 것과 같다. 중요한 것은 외적인 현상을 방해하는 것이 아니라 그것을 방어하는 것이다. 수확물을 지붕 밑에 들여놓는다면, 또는 단순히 손해 자체가 보험으로 변상된다면 서리가 내려도 걱정은 없다. 바람을 무릅쓰고도 노를 저을 수 있다면 바람을 지배할 필요는 없다. 인간이 자연법칙을 서로 중화시켜서 자기의 의지를 보호하고 자기의 목적에 맞추기만 한다면, '자연'은 자기의 법칙을 따르는 것이 좋다. 우리가 증기로 바람에 역행하고, 전기로 증기를 대신하며, 화학과 역학으로 외계의 힘을 전혀 개의치 않는 힘을 다룰 수 있게 된다면, 바람아, 불 테면 불어라. 폭풍은 우리에게 사납게 날뛰는 말에 지나지 않는다. 전신은 대서양의 폭 정도의 비교적 가까운 거리라면 3, 4일 먼저 도착한다. 샌프란시스코에 있으면서 런던에서 있었던 연설을 런던 사람이 알기 8시간 전에 인쇄할 수 있다. 아프가니스탄의 최근 소식은 뉴욕 경유, 즉 3배나 가까운 직통 노선을 통해 우리에게 온다.

1879년 3월 3일

판단이 올바른 정치는 사회적 복리, 공익, 실현할 수 있는 최대의 선을 표준으로 하지만, 내용이 공허하고 호언장담하며 머리가 둔한 정치는 개인의 권리라는 사상에서 출발한다. 그러나 이것은 추상적인 권리이고, 그 범위는 주장하는 것에 머무르며, 논증을 거치지 않는다. 실제로 문제가 되는 것은 개인의 참정권이기 때문이다. 혁명론자는 의무를 수반하지 않는 권리가 다리가 하나밖에 없는 컴퍼스와 같다는 것을 늘 잊고 있다. 개인에게 자신의 일과 타인이 자기에게 베푸는 은혜만을 생각하게 할 뿐, 상호관계에 대해서는 일언반구도 없으며, 개인이 일반적인 사업에 헌신하고자 하는 능력을 소멸시켜서 개인을 부풀린다. 국가는 점포가 되고, 이해관계가 국가의 원리가 된다. (영국의 공리주의) 또는 각자의 격투사(전투원)가 자기의 명예를 위해서만 싸우는 투기장이 된다. (프랑스의 급진주의) 두 경우 모두 이기심이 개인의 원동력(동기)이 되어 있다.

교회와 국가는 개인에 대해 상반하는 2개의 진로를 열어야만 하리라. 국가에 있어서 개인은 실력을 발휘하는, 바꿔 말하면 공적(功績)에 의해 자기의 권리를 획득하지 않으면 안 된다. 교회에 있어서는 자발적인 겸손과 억제로 자기의 실력을 속속 없애고 선을 행해야 한다.

미국식은 모든 것을 자신에게 종속시키는 개인, 즉 세계도 사회도, 국가도 개인을 위해 존재하는 것이라고 믿는 개인의 윤리적 실체를 선(善)으로 여긴다. 이 우스운 유랑인의 입장에는 싫은 데가 있다. 이 인간적인 감사나 공손한 정신, 연대성의 본능에 대한 결핍은 나를 오싹하게 한다. 이것은 아름다운 곳도 고상한 데도 없는 이상이다.

위안. 평등주의가 다원설의 보상이 되는 것은 늑대 한 마리가 다른 늑대를 존중하는 것과도 같다. 그러나 양쪽 다 의무와는 관계가 없다. 평등주의는 자기의 이웃에게 먹히지 않을 권리를 주장하고, 다원설은 큰 것이 작은 것을 먹는다는 사실을 검증했으므로 그것도 괜찮다고 덧붙일 수 있다. 둘 다 사랑, 우애, 선의, 연민, 자발적 복종, 자기희생을 모른다.

세계에서는 모든 힘과 원리가 한꺼번에 작용한다. 그 합친 힘은 오히려 양호하다. 그러나 전쟁은 모든 진리를 해체하고, 오류에 대한 오류, 당파에 대한 당파, 즉 어중간한 인간과 괴물을 다른 괴물에 대항해 싸우게 하기 때문에 추악하다. 미적인 성질의 사람은 이 광경을 볼 마음이 내키지 않으며, 항상 불협화음의 삐거덕대는 것만이 아닌 다른 화음을 듣고 싶어한다. 이 결합은 늘 미루어지기 때문에 견딜 수 없게 된다. 악사를 싫어하면서 연극의 환상을 바란다. 식사를 요구하면서 부엌일에서 떠나기를 바란다. 신문은 사상이나 이해, 경향에 있어서의 이 바벨의 혼란의 사진이다. 소란, 증오, 사기, 범죄, 이해의 격렬한 부딪침, 완강한 선입견 같은 인간 사회의 조건을 인정하지 않으면 안 된다. 그러나 철학자는 그 때문에 탄식하여 그곳에 마음을 들여놓을 수가 없다.

볼봉(volvon 또는 volvox)(미생물의 일종)과 비브리옹(vibrion 미생)(물의 일종)의 투쟁

이것을 보면 구역질이 난다. 그래서 높은 곳에서 역사를 내려다보고, 영원한 천체의 여러 음악을 종종 듣고자 하는 마음이 든다.

1879년 3월 13일
독서, 헤르만 그림(Hermann Grimm. 독일의 미술사가, 문학사가. 1828~1901년) 《시적 창조력의 위대한 한 전형으로서의 괴테 연구》.
천재에 대한 이러한 화학적 분석은 늘 나를 웃게 만든다. 그것은 분해되는

물체를 원래대로 만들 수 있다는 가능성을 암묵적으로 가정하고 있기 때문이다. 그러나 천재뿐만 아니라 생명의 고유한 점은 화학으로는 분리할 수 없는 원소의 응결, 융합이다. 분량적이고 무게를 재는, 척도를 재는 사물의 영역에서는 경탄할 만한 과학도 정신, 마음, 취미의 사물일 때는 이상하리만큼 서투르다. 대장장이가 나비의 날개나 파리의 눈알을 만들려는 것과 같다고 할 수 있다. 이 현학적인 무게는 누구보다도 독일의 이론가에게 어울린다.

어찌하여, 어찌하여 여러분, 나는
내가 그렇게까지 이상한 놈인 줄은 몰랐습니다.

설명하기로 되어 있는 현상을 스스로 부숴 없애면서 여전히 연구를 계속한다고 생각하는 것은 꽤나 어리석은 일이다. 토끼의 위장에서 생명의 비결을 발견하기 위해 토끼를 죽이는 것과도 같다. 재능의 제조를 도모하고 있는 사람도 역시 같다. 사람을 가르치는 일은 이차적인 일에 지나지 않으며, 사람이 배우는 것은 재능이 아니라 재능을 쓰는 기술이다. 아무도 자기가 발견한 것 외에는 확실하게 알지 못한다. 성숙한 재능은 타고난 재능에 불을 지피지만, 그것은 실제적 예에 의한 것이지 가르침에 의한 것은 아니다.

인간은 자기가 마음속으로 거듭하고 있는 것, 자신의 본성 속에서 언제든지 발견할 수 있는 것밖엔 이해하지 못한다. 심리적인 짓시늉은 안으로 파고들어가는 기술이다. 각오, 직관은 무엇으로도 대신할 수 없다. 바보 같은 자가 맞지 않는 열쇠나 사다리, 희미한 등불로 어디든지 들어갈 수 있다고 믿는 것은 당치도 않은 착각이다. 그렇기는커녕 우연히 찾아온 소녀, 유모의 옷자락에 매달리는 어린아이가 하는 말조차 이해하지 못한다.

둔감한 사람은 비록 안경이나 저울이나 메스를 갖춘다 해도 역시 둔감하다. 시인의 작품을 여기저기서 모으는 문법학자는 마술사의 수법을 보이는 것이 아니겠는가. 한마디로 말하면 잘못된 전문(專門)을 어디서나 볼 수 있는 것은 아둔한 사람들의 자기도취에 한계가 없기 때문이다. 어떤 일에 대해서든 서툰 말이나 남을 배려하지 않는 지껄임에 빠지지 않으려면 자기 가족, 집, 직업을 벗어나지 말고 사물에 대한 본능과 헤아림을 갖지 않으면 안 된다.

1879년 3월 15일

독서, 스탈(Stahl. 프랑스의 작가 Pierre Jules Hetzel 1814~1886년의 필명)의 《대부 이야기(Les histoires de mon parrain)》와 르구베(Ernest Wilfred Legouvé. 프랑스의 극작가, 비평가 1807~1903년)의 《내 아들들과 딸들(Nos fils et nos filles)》을 성큼성큼 읽다. 이 작가들은 재기와 지혜, 우아한 아름다움과 쾌활함, 취미를 굳센 기풍 쪽에 두고, 덕성이 그다지 맛이 없는 것도 아니고, 상식이 그리 성가신 것도 아님을 보이려 하고 있다. 이 사람들은 어떻게든 납득시키는 도덕주의자, 사람의 마음을 붙잡는 능숙한 이야기꾼이다. 프랑스의 융성으로 인해 힘을 다해 선에 대한 욕구를 격려한다. 그러나 이 우수성에도 위험이 있다. 사탕발림의 윤리는 확실히 행해지기는 하지만 그것이 행해지는 것은 사탕 때문이므로 윤리적 의의는 전혀 얻지 못할 수도 있다. 시바리스 사람(Sybaris는 이탈리아 남부의 도시, 주민의 문약(文弱)에 의해 알려져 있다)은 문학적인 관능성을 기뻐하지 않아도 만족한다. 섬세한 설교라면 허용하지만 취미가 쾌감을 느끼는 것이어서 양심이 눈뜰 리는 없다. 결국 기분을 좋게 할 뿐, 감동은 하지 않는다. 허영심은 만족을 얻지만 행동의 원리에는 영향이 없다.

웃게 하면서 윤리를 말하는 것, 기뻐하게 하면서 교훈을 주는 것, 이것은 무기력의 시대에 특히 선호되었던 두 가지 방법인데, 어쩌면 두 가지 망상일 수도 있다. 유쾌하게 하는 것, 교훈을 주는 것, 윤리를 말하는 것, 이것은 물론 섞거나 결합시키거나 할 수 있는 양식이기는 하지만, 실제 바람직한 효과를 얻기 위해서는 이것들을 분리하는 요령이 있어야 한다. 어쨌든 머리가 좋은 아이는 기교나 속임수의 기미가 있는 혼합물을 좋아하지 않는다. 의무는 복종을 요구하며, 연구는 전심전력을 요구하고, 유희는 무엇보다도 유쾌함을 요구한다.

복종이나 전심전력을 유쾌한 유희로 바꾸는 것은 의지와 지력을 여성스럽게 만든다. 자연은 어린아이에게 뼈나 이를 주고 있다. 그렇건만 어째서 무엇을 씹거나 고생을 하거나 할 기회를 거부하는가. 그렇다면 그 어린아이가 어른이 되기를 바라지 않는 것인가.

결론. 덕성을 유행시키기 위해 이런 노력은 칭찬할 가치가 있지만, 그것이 작가의 명예가 된다는 것은 사회의 윤리적 빈혈을 입증하는 것이다. 고장나지 않은 위장에 빵 맛을 들이기 위해 그렇게 이것저것 궁리할 필요는 없다.

1879년 3월 17일

(밤 11시) 실증주의에 관한 강의를 다시 만들다. 자칭 이 학설은 새로운 감상으로도, 재미있는 결과로도 마땅치가 않아서 마주할 때마다 불쾌한 인상이 든다. 이 콩트라는 사람에게는 감흥이나 기지, 창조력의 흔적마저도 없다. 그가 갖고 있는 것은 오직 끝도 없는 지껄임으로 주절주절 늘어놓은 사상에 불과하며, 그것이 또한 정당하거나 참신하지도, 위대하지도 않다. 콩트가 흄이나 브룻세(Francois Broussais. 프랑스의 의사로 '생리학파'의 창시자)나 생시몽, 튜르고에게서 가져온 것을 빼면 비속한 경험론의 방자하고 산만한 허섭스레기밖에 남지 않는다. 이 거짓 공작에게서 깃을 떼어내면, 저 혼자서 잔뜩 깃털을 부풀린 그냥 닭에 지나지 않는다. 정말 짜증나는 이야기다. 사물이나 인간에 대한 사람들의 칭찬과 상은 모두 어처구니 없는 과장과 마찬가지로 짜증나게 한다.

1879년 3월 23일

(정오) 이 페이지(며칠부터인지 명확하지 않음)를 다시 읽다. 반복이 많아서 불쾌해진다. 그러나 이런 반복에는 유익한 측면이 있다. 그것은 검증이 되고 제어가 된다. 남을 기쁘게 하려는 사람은 이것을 피하지만, 진실만을 문제삼는 사람은 이것을 허용한다. 기압계나 습도계의 표기는 가능한 만큼의 것을 표시한다. 시간의 변화와 그 변화의 한결같음을 좇아간다. 있는 그대로밖에는 표시하지 않으며, 존재하는 것의 곡선을 그리지 않는다. 예술은 포만을 두려워해 뭔가 새로운 것을 만들어내려 궁리한다. 관찰은 보이는 대로의 사실을 기록해 나간다. 어쩌면 이런 사유나 감정의 날마다의 변화에도 하나 또는 여러 개의 상수(常數)가 있을 것이다. 이것은 나중에 분명히 하도록 하자. 계절이나 해, 시대의 변화가 있는가. 답이 나오지 않는 문제다. 도대체 이 1만 5천 페이지를 다시 읽는다든지, 거기에서 몇 가지 과학적 이익을 이끌어낼 시간이 있기나 할 것인가. 의심스럽다. 그러나 적어도 나에게는 마찰이나 목욕, 수면이나 영양, 산책 등 기타의 모든 위생적 습관처럼 생활에 도움이 되고 있다. '일기'의 주요한 효용은 정신의 보전과 양심의 균형, 즉 내면적 건강을 회복시키는 것이다. 그것 이외에 또 가르치는 것, 즐겁게 하는 것이 있다면 좋겠지만, 그것은 여분의 내기이다. 분석적 정신을 날카롭게 하고, 표현 기술을 기르는 데는 지극히 좋은 방법이다. 그러나 이런 이익이 없어도 지장

없다. 전기(傳記)의 각서로서 도움이 된다면 이것도 역시 덤으로 얻는 이익이다.

1879년 3월 31일

(밤 11시) 일과 태도를 갑자기 바꿔서 역사 강의에서 이론 강의로 옮기는 것은 어째 상황이 좋지 않다. 이미 얻은 속도와 타성의 힘이 이 정신적 변화에 장애가 된다. 나는 위기를 뛰어넘기 위해서 올 겨울 학기에 썼던 책을 모조리 방에서 내가고, 이번에 끝낸 강의의 재료가 되었던 낱장의 종이들을 2시간이나 걸려 정돈했다. 나는 옛 기억을 모조리 쓸어버리고 여름 학기의 강의에 관계가 있는 노트와 책을 다시 펼쳤다. 그러나 이렇게 해보아도 언제나처럼 마음을 아프게 하는 인상, 궁핍과 부족과 공허, 늙었다는 인상을 받는다. 내가 이제 아무것도 모르기 때문에 모든 것을 뒤집고, 모든 것을 고치고, 잔뜩 있는 천으로 새롭게 꿰매지 않으면 안 될 것 같다. 그러나 다른 한편으로는 그런 것은 무모하고 허망한 이야기이고, 나에게는 그럴 만한 시간이 없으므로 있는 것을 이용하고, 밑그림을 완성하고, 모험적으로 시도했던 것을 정정하고, 결함이 있는 것을 보충하는 편이 나을 것 같기도 하다. 어쩌면 나는 개개의 논문이 서로 관계가 없다고 해도 몇몇 새로운 연구를 기획하고 싶었겠지만, 강의라는 것은 그 내용을 통일적으로, 전체로 보여야만 하기 때문에 다시 이대로, 전혀 별개의 계획으로 끝날 이 두 가지 방법 사이에 서서 결정을 하지 못하고 있다. 어떻게 해야 좋을까. 한 방법은 학문을 진보시킬 테지만, 다른 방법은 오히려 학생에게 필요할 것 같다. 한 쪽을 택하면 발견을 향하는 것이고, 다른 쪽을 택하면 획득한 지반을 더욱 굳게 해서 지도를 만들고 그것을 일로 삼게 된다.

1879년 4월 1일

(저녁 6시) 종일 '심리(心理)하다'. 위기에 수술을 하고, 이런 양상의 사유로 들어가 이런 종류의 연구에 필요한 능력과 관심, 기억을 내 안에서 눈뜨게 한다. 이 위기는 회심(回心) 현상과 비슷하다. 자기의 습관을 버리고 새로운 인간을 옷으로 입는다. 한마디로 하자면 불가능한 것 또는 불가능하다고 생각되던 것을 하는 것이다. 이 변형은 표면의 탈모나 활동을 책략적으

로 겉과 속을 뒤집는 이상의 것이며, 우리의 깊은 바닥 전체를 뒤흔드는 격렬한 진동이다. 곤충이 탈바꿈에 즈음하여 통과하는 위기와 비교할 수 있다.

이것은 어쩌면 윤리적 시련이다. 필요는 덕성이 된다. 성향은 지독한 일을 겪으며, 욕구는 의지작용에 의해 반박되고 제어당하고, 타성은 의무에 의해 극복된다. 열이나 전기로 변하는 역학적인 일보다도 훨씬 낫다. 애벌레가 나비가 되는 것이다.

1879년 4월 7일

어쩌면 인기척 없는 공허한 삶보다는 분열해 있더라도 충실한 삶 쪽이 나을지도 모른다. …… 그러나 내 삶은 인기척이 없지도 공허하지도 않다. 전체적으로 본다면 의무에 대해 다양한 희생을 치르고 많은 애정을 경험해 온 관조자의 삶이다. 자식으로서, 아버지로서, 남편으로서의 애정은 줄 수 없었지만 다분히 그 때문에 애정과 우정을 한층 잘 알게 되었을 것이다. 사랑은 문턱에서 멈췄지만 동감, 호의, 이해관계를 잊고 도움을 주는 자애, 플라토닉 러브, 인간적 은근함은 삶에 펼쳐져 있었다. 나의 운명을 탄식하는가. 한탄은 하지 않는다. 이보다 매력이 많은, 더 부러운 운명이 있다 해도 이 사람의 운명은 현자(賢者)가 동경하는 운명이었다. 욕심 없는 활동, 부드러운 애정, 한가함과 자유, 명상적 평화, 그런 것을 가졌다. 그 실제의 자유는 누구의 것보다도 컸다. 타인의 의지의 힘을 거절한 적은 한 번도 없고, 14살이던 해 (1834년 11월 28일에 아버지를 잃다. 어머니는 그 보다 2년 전인 1832년 12월 20일에 돌아가셨다)부터 내 생각대로 할 수 있다고 느꼈다. 나의 공상력과 시간의 자유로운 사용 방법에 허용된 범위는 대단히 넓었다. 내적 삶은 그 모든 길을 이 사람에게 개방했다. 나의 휴양을 위해 1만 5천 쪽이나 쓸 수 있었거니와 거기서는 마음껏 꿈꾸는 버릇이 침잠해 있었다. 이러한 모든 일들은 마음 속에 넣어두지 않으면 안 된다.

1879년 4월 14일 부활의 월요일

(아침 8시 반) 기분이 너무 좋다. 푹 자고 거의 정상적인 상태로 돌아왔다. 다시 겨울이 와서 지붕이 하얘졌다. 그러나 그것이 어쨌다는 것인가. 건강이야말로 태양이다. 지난 3일 동안에 걸친 괴로운 경험에서 얻은 몇 가지 교훈을 빨리 꺼내자.

나는 현저하게 취약하다. 한 가지 사소한 고장은 순식간에 기계 전체를 위험에 빠뜨린다. 결국 나에게는 저항력, 진정한 의미의 생활력이 아주 조금밖엔 없다.

나는 일단 고통의 톱니바퀴에 휘말리고 나면 거기서 다시 나올 생각을 하지 않는다. 나는 희망이라 부르는 힘을 극히 조금밖에는 갖고 있지 않다. 나는 미래에 대해 아무것도 기대하지 않는다. 구원의 신은 부르지 않겠다. 나는 이제 의사에게 신뢰를 갖지 않게 되었다. 나는 스토아적인 무감정에 휩싸인다. 그것은 음울한 고통과 매우 닮아 있다. 실제로 나는 모든 것이 소용없다는 생각이 든다.

특히 병은 나에게 수치스러운 생각을 하게 한다. 육체적 결함, 웃음거리, 부어오른 눈이나 움츠린 어깨처럼 굴욕을 준다. 그 의미는 내가 주위 사람들의 동정적인 자비를 목적으로 하지 않을 뿐만 아니라 그런 것이라면 연민을 없애서 두렵기 때문이다.

병은 사람을 무능력하게 한다. 나는 열등한 자 또는 동등한 자가 기회를 틈타 조롱하는 것을 혐오한다.

병은 사람을 의존적이게 한다. 나는 남의 폐가 되는 것이 두렵다. 남에게 신세를 지는 것, 고생을 하게 하는 불쾌하고 성가신 녀석이라 여겨지는 것이 싫다. 내가 추측하는 유일하게 유쾌한 경우는 외과적인 장해 또는 전쟁에서 부상을 입고 애정이 있는 여인에게 간호를 받을 때뿐이다. 이 경우는 고통이 아름다운 것이며, 쾌유 기간도 즐겁다. 그렇지만 추악하고 모습을 망치는 모든 병고, 만성병의 비참함 앞에선 내 본능은 고양이처럼 몸을 숨기고 사라질 것이다.

병은 우리의 자유와 품위에 가해진 침해이다. 이 점에 있어서 특히 한산하고 안락한 사람에게는 무섭다. 병을 질투심 많은, 또는 아버지 같은 신이 보낸 것이라고 믿는 것은 인간의 양심이 부리는 교묘한 책략으로, 마치 기사가 평민의 목을 자르기 위해 그를 무장하게 하는 것처럼, 병과 싸우기 위해 이것을 고귀한 것으로 해놓는 것이다. 실제로 자연에는 내장도 없고, 유쾌함이나 불쾌함도, 명예심도 없다. 자연은 모든 죽음을 상대로 있는 힘을 다해 방어하지 않는 것을 기꺼이 받아들인다.

내 일에 결말을 짓기 위해 병이라는 이 신호를 기다리고 있어서는 안 된다. 왜냐하면 외적인 활동만 저지하는 병도 있지만, 직접 신경뿐만 아니라 뇌수마저도 침해하는 병, 즉 사유와 통찰, 기억, 정의를 중절시키는 병도 있기 때문이다.

병은 또한 통찰이 있는 호의를 가르치지 않으면 안 된다. 생각해 보면 많은 사람들은 병이 들어도 말하지 않으며, 그 가시를 비밀로 하거나 찔린 가시를 모르거나, 고통을 숨기거나 가책의 속옷이나 십자가를 모르기 때문에 그것을 고려하지 않으면 잔혹한 일을 겪을 위험이 있다. 쾌활하고 뛰어난 사람도 늘 그런 것은 아니다. 그 승리는 영속하지 않는지도 모른다. 영원한 영화는 인류가 타고난 것이 아니라 천만 명에 1명 꼴로도 없는 운이다. 그러므로 깨끗하게 인간의 분수에 머무르기로 하자. 우리가 속한 비애의 종족은 끝없는 기아와 추위, 빈곤, 무지, 폭력, 병, 격정, 부정과 싸우며, 각자의 패배와 파멸을 각오하고, 최소의 악, 최소의 진보에 만족해야 한다. 우리도 그에 상응해 연민과 일을 제공하자. 참을성 강한 신앙으로 인류의 사업에 협력하자. 이러한 모든 것들의 생존의 고된 노역자, 이 모든 사형수에게 조금이나마 기쁨을 주자. 그것이 우리의 존재 이유이자 또한 우리의 보수이기도 하다.

1879년 4월 21일

어째서 이 '일기'의 어느 페이지에나 동의어의 버릇이 나오는 것일까. 이런 문제로 나를 몰아가는 본능은 상당히 복잡한 것임이 분명하다. 나는 어휘를 상기하는 나의 욕구, 사물의 모든 세부적인 면을 기술하는 욕구, 진정한 문장이 나올 때까지 가필하는 것 등이 이 용어적 사치의 부수적인 원인이라고 생각한다. 이 사치는 어쩌면 부적합을 수반한다고 할 수 있겠다. 즉, 정신을 산만하게 해서 정확성을 빼앗는다는 것이다. 경우에 따라서는 한 달에 2주일은 모든 동의어의 버릇에서 벗어난다는 규율을 세울 필요가 있으리라. 대략적인 것을 셋 모아도 그것이 정확한 문장을 대신하지는 않는다. 정확한 문장은 오직 하나이다. 나의 평소 방법은 대상을 둘러싸고 그 주위를 도는 것인데, 다른 한 가지 방법은 중심을 두드려서 특징을 끄집어내는 것이다. 어느 쪽의 노예도 되지 않고, 어떠한 버릇도 들지 않도록 하려면 두 가지 방법을 자유롭게 구사해야 한다. '일기'에서는 과연 펜이 펜 자신을 감시하는 일은 없으므로 자연스럽게 발길 가는 대로 놔두지만, 다양한 발길을 낼 수 있는 편이 낫다. 게다가 이 융통성은 나의 수법, 좀더 분명하게 말하면 나의 기호에 있는 것 같다. 정해진 수법이란 것은 아무래도 싫다. 가끔 그것에 따르는 것은 관심이 없는 탓이다. 내가 좋아하는 오직 하나의 문체는 사실에 입각한 문체이다. 사실이다. 그러나 장애는 과거의 습관에 있다. 본능은 자기가 모르는 것을 피한다. 길을 개척하는 것은 언제나 힘들기 때문이다. 얼마나 다양한 문학적 형식을 나는 무시해 왔던가. 명랑한 설화, 연결이 있는 추리, 날개 달린 즉흥, 경쾌하고 미묘한 비평, 웅변, 즉 실질과 쾌적. 나의 형식은 늘 띄엄띄엄 넘어가거나 고심하느라 힘이 들어서 애교와 감흥이 결여되어 있다. 왜인가. 이런 장점은 대화에서 얻어지는 것인데, 제네바는 나에게 독백의 명상적 침묵을 강요하고 있기 때문이다.

1879년 4월 27일

나의 무심함은 타고난 것이라기보다 살아오면서 생긴 것이다. 나에게 있어 옛것은 절망이며, 실행보다 좋아하는 것은 반성이다. 햄릿의 고민은 나의 고민이기도 하다. 이것은 또한 독일 사상가 대부분의 경향이며, 쇼펜하우어 학설의 불교적 기초이다. 동물적인 충동과 의지는 사유보다도 뒤떨어져 있다.

1879년 5월 5일

남이 나에게 가하는 계획적인 부정한 일 따위를 생각하는 것은 절박한 일이다. 자신을 관찰하지 않으면 나는 불평을 깨끗하게 잊기 때문에, 그래서 권위를 잃게 될 것이다. 방어의 필요성이 나에게 본성을 강요하게 한다. 좋은 걸로 치자면 불리한 비평을 일일이 써놓지 않는 은근한 호인 쪽이 낫다. 겉모습은 반대로 되어 있지만 이 일기는 관용으로 돌아가기 위한 위생적인 처치이다. 나의 펜은 내 고통을 가라앉힌다. 나에게 털어놓고 들려주는 이야기는 내 가슴의 무게를 없앤다.

이들 페이지를 닫은 때만큼 내가 나를 화나게 했던 사람들에 대해 새롭게 다시 생각해 볼 마음이 들었던 적은 없다. 결국 사물이나 인간을 거의 바꾸지 않고 놔두는 것을 목적으로, 무익한 우는 소리도, 악을 불러오는 비난도 좋아하지 않기 때문에 나는 오로지 인상을 바꾸어 평형을 회복하는 데 힘쓰고 있는 것이다. 불쾌한 울분은 마음을 주관적인 상태에 놓는다. 혼잣말은 마음을 비아적인 상태로 데리고 돌아간다. 이것이 매일의 리듬 아닌가. 세상은 나를 어지럽히고 흩어놓지만, 나는 참된 애정과의 접촉이나 때로는 명상으로 되도록 안정을 되찾는다. 나는 아무도 나무라거나 탓하고 싶지 않다. 나는 결코 변명을 할 마음은 없다. 나는 단지 원래의 평정을 얻고 원래의 호의로 돌아가는 것밖에 바라지 않는다. 설령 내가 가끔 논하는 인간이나 사물에 관해 잘못이 있다 하더라도, 또는 고뇌가 착각에 기초하고 부정이 상상에서 나온 것이라 해도 결과가 그러한 아무것도 아닌 불행의 해소와 객관적 상태로의 복귀인 한, 역시 좋은 결과 또는 정당한 결과가 되리라. 즉 고역도 없고 법정도 없는 것이므로 논고도 변론도 문제가 되지 않는다. 매일의 치료 또는 단순한 입욕(入浴)이란 것이 된다. 누구든지 자기 신체에 낀 여행의 때를 닦아낸다. 어째서 인간적이고 비루한 일과 접촉한 자기 마음의 더러움을 깨끗이 씻어버려서는 안 되는가. 기억할 만한 가치가 없는 것은 모두 등 뒤로 내던져버린 뒤에 사람은 그렇게 다시 앞으로 나아가기 시작한다. 성서에도 이런 말이 있다. "너희는…… 분한 일을 해가 지기 전까지 다 잊어라." (에베소서 4장 26절) 이것은 가르침에 대한 간접적인 적용이며 보다 산문적인 형식의 저녁기도이다.

1879년 5월 6일

멋진 하루. 팔라스 누브(Place Neuve. 제네바 중 앙의 서쪽에 있는 광장)를 지날 때 아테네 같은 인상을 받다. 빛의 범람, 눈의 즐거움, 아름다운 건축. 그 위에는 투명한 유리색의 둥근 천장. 존재의 가벼움, 신경의 살아 움직임, 날개 달린 사유. 나는 젊어진 것 같았다. 그리스 같은 느낌이 들었다.

나는 휴메토스(아테네의 동쪽에 솟아 있는 산, 벌꿀과 대리석으로 유명)에서 벌의 잠에서 깨어났다.
거기서, 정말 거기서 나는 죽고 싶다.

팔라스 아테네의 신이여, 그대는 모습을 드러냈다. 나는 최고의 환희를 느꼈다고 말하리라.

1879년 5월 22일 그리스도 승천일

(아침 8시) 근사하고 기분 좋은 날씨. 존재의 가벼움, 안팎으로 최고의 컨디션. 어루만지는 듯한 빛, 공기의 투명한 푸르름, 작은 새의 지저귐. 멀리서 들려오는 소리까지도 젊은 봄의 느낌을 준다. 실로 부활이다. 인간의 '구세주'의 승천은 하늘을 향해 나아가는 자연의 이러한 개화로 상징되고 있다. …… 일제히 울리는 축하의 종. 아침 햇빛은 안락의자 위에서도, 카펫 위에서도 춤추고, 색채의 밭을 꽃피우게 하고 있다. 나무 바닥, 자수의 뉘앙스, 창가의 벽은 미소짓고, 하늘을 나는 융단처럼 신선하고 생생하고 부드러운 색조의 꽃다발을 바치고, 그것이 눈을 기쁘게 한다. 귀와 폐도 일제히 그 환락의 향응을 누리고 있다. 이들 모든 감각을 합친 것의 특징은 감미로움이다. 나는 내가 오랫동안 맛보지 않았던 미적인 상태로 들어가는 것을 느낀다. 내 마음은 이 모든 것의 창으로 바라보고 있다. 이 모든 형태, 윤곽, 색채, 반영, 음색, 대조와 화음, 작용과 조화는 내 마음을 울리고, 빼앗는다. 때로는 주변에 사는 것도 괜찮은 일이다. 그것은 감사의 마음이다. 대기(大氣)로 녹아드는 기쁨이 있다. 5월은 아름다움을 발휘하고 있다. 그것이 나타내는 호의를 거부하고 내 가슴을 수도원 같은 준엄함 속에 가두는 것은 죄라고 하기에 마땅하다.

집 안뜰에는 담쟁이덩굴 외투가 초록이 되었고, 마로니에는 완전히 잎이 피었고, 작은 분수 옆의 페르시아 라일락은 홍조를 띠며 피기 시작하고 있다. 오래된 칼뱅 중학교의 오른쪽과 왼쪽에 넓게 트여 있는 틈새로 성 앙토와느(Promenade de Sainte Antoine. 시의 중앙 정남쪽의 산책로)의 나무를 뒤편으로 살레브(le Salève. 시의 동남 쪽에 있는 작은 산떼)가, 콜로니(Cologny. 시의 동북쪽에 해당) 구릉을 넘어서 브와롱(le Voirons. 시의 동서로 약간 북 쪽에 있는 프랑스령 사보아 산)이 자태를 보이고 있다. 2개의 높다란 벽 사이로 뻗어 있는 베르데느 거리(rue Verdaine. 시의 중앙에 있는 골목길)에서 트랑쉐(Boulevard des Tranchées. 시 동남부의 큰 거리)로 빠지는 곳의 돌계단의 난간 3개는 남국의 어느 옛 거리 페루자(Perugia. 이탈리아 중앙 산지의 도시)나 말라가(Malage. 스페인의 남 부 지중해안의 도시)의 확 트인 시야를 상상하게 한다.

(9시 45분) 도시의 모든 종이 울려 퍼지고 있다. 일제히 울리는 종. 자, 예배 시각이 다가오고 있다. 회화적이고 음악적, 시적인 인상에 역사적이고 종교적인 인상이 더해진다. 그리스도교를 신봉하는 모든 국민, 지구 곳곳에 분포해 있는 모든 교회가 '십자가에 걸린 사람'이 받았던 영광을 축하한다.

모든 종의 홀연한 멈춤. 감동적인 침묵. 기대, 정신의 압박이라고 할까. 예배가 해탈이 되는 순간이다. 교구 전체가 설교자에 속하고, 설교자와 함께 자기의 신에게 몸을 맡긴다. 다른 예언자를 갖고, 다른 방식으로 신을 숭배하는 많은 국민들은 지금 무엇을 하고 있을까. 유대교도, 회교도, 불교도, 비슈느교도, 가부르교도(조로아스터를 신봉하는 페르시아의 배화(拜火)교도에 회교도가 붙인 이름)는 무엇을 하고 있을까. 모두가 다른 축제일, 다른 의식(儀式), 다른 제례, 다른 신앙을 갖고 있다. 나아가 어딘가 공통된 곳을 갖고 있기도 하다. 모두 종교를 갖고, 인생에 이상을 주어 인간이 현재의 순간과 이기적인 생존의 궁핍이나 천박보다 위로 올라가는 것이라고 믿고 있다.

모두들 뭔가 자기들보다 위대한 것에게 신앙을 바치고, 기도하고, 복종하고, 숭배하고 있다. '자연'의 저편에 '정신'을, 악의 저편에 선을 인정하고 있다. 모두 '눈에 보이지 않는 것'이 있다고 증언하고 있다. 이 점에서 모든 민족은 형제이다. 모든 인간은 탄식과 욕구, 불안과 희망의 존재이다. 모든 우주 질서가 원래대로 일치하고, 우주의 '창조자'가 시인하고 축복하고 있다고 느끼기를 바라고 있다. 모두 고뇌를 경험해 행복을 기원하고 있다. 모두 죄를 알고 용서를 바라고 있다.

다양한 종교의 경쟁에 있어서 그리스도교는 얼마간 강한 데가 있다. 즉, 자신을 정화하고 정신화할 수가 있다. 그 본래의 단순한 형태로 돌아가서 보면 그리스도교는 신은 무슨 일이 있어도 우리를 사랑하며, 신이 벌하는 것은 단지 사랑의 마음에서라는 확신에 바탕하는 죄인과 신과의 화해이다. 윤리를 창조하지 않았지만 완전한 윤리를 성취하기 위해 새로운 동기와 힘을 공급했다. 신성성(神聖性)을 자식이 아버지에 대한 감사와 비슷한 것으로 정의하여 그 맛을 알 수 있도록 했다.

1879년 5월 23일
……나라는 인간은 마음의 깊은 곳을 읽고 내적 생활에 눈을 뜨는 것 이상으로 매력이 있는 정신적인 향응을 알지 못한다. 이것은 인간이 천국에 기대하는 기쁨이다. 어째서 지상에선 이 기쁨을 거의 얻지 못하는 것일까. 윤리적 우애는 성에 무관심하고 환락과 인연이 없는 신의 사랑을 허락하지 않는 것일까. 나는 이런 사랑의 방식을 늘 자연스럽고 쉬운 것으로 생각해 왔

다. 그러나 세상은 자기를 위해 아무것도 요구하지 않고, 독점적인 파악을 목적으로 하지 않으며, 폭군적 또는 배타적인 연애를 배척하는 사람들을 '마음을 먹이로 삼는 녀석', 질릴 줄 모르는 돈 후안이라 부른다. 마음의 애정은 분류가 되지 않고, 사람이 알지 못하는, 허용할 수 없는 것인 양 생각한다. 이성간의 친밀하고 욕정 없는 우정은 허망하고 불가능하다고 한다. 불가능한 것일까. 그렇지는 않다. 이미 나는 그것을 열 번, 스무 번 경험하고 있다. 허망한 것일까. 나는 그렇게는 생각하지 않는다. 지금 인간은 미래를 위해 이것을 꿈꾸고 있다.

1879년 6월 28일

(정오) 대학의 학기 및 학년 강의의 마지막 수업. 원만히 끝나다. 학생들은 열렬하게 갈채를 보냈다. 나는 무거운 짐을 내려놓은 기분이 든다. 56과 분량의 내용을 45과분으로 압축해 나의 강의를 모두 정리하고, 문제를 전체적 통일성에 두고, 수학적 중심으로 끝냈다.

이 간명하고 실질적이고 긴밀한 연구는 학생에게 유익했을 것인가. 모르겠다. 이번 학년, 학생에게 재미있었을까. 확실히는 알 수 없지만 그렇기를 바라고 있다. 나는 그렇게 생각한다. 다만 내가 학생의 마음에 들었다 해도 그것은 어찌 됐든 나에게는 존경을 얻었다는 의미밖에 없다. 나는 웅변가의 영예의 관을 목표로 했던 적이 없다. 내가 바라는 것은 복잡하고 곤란한 문제에 대해 학생을 위해 빛을 주는 것뿐이다. 나는 자신을 존경하고 학생을 존경하기 때문에 웅변 따위는 상관하지 않는다. 내 역할은 학생의 이해를 돕는 것이다.

학문적인 강의는 무엇보다도 명료하고 교시적(教示的)이며, 연결이 잘 되어 듣는 사람을 납득시키지 않으면 안 된다. 학생의 비위를 맞추거나, 선생의 학식을 자랑해 보이는 것이 아니라 진지한 연구와 자아를 뛰어넘는 해탈이 필요하다. 이 점에 있어서 양보는 나에게는 공리적인 비굴함인 것처럼 보인다. 나는 인기를 얻는 것이나 모든 회유를 무척 싫어한다. 이런 것들은 교태(嬌態)이며 책략이다. 교수는 자기의 연구 제목의 사제(司祭)이다. 무겁고 차분하게 그 임무를 다해 나간다.

1879년 8월 6일

  그렇기 때문에 유한한 존재는 자기를 긍정하고 확장하는 경향을 갖지만, 그것은 또한 자기 부정이라는 반대의 경향을 갖는다. 생존의 갈망은 파괴의 갈망을 포함한다. 생산의 욕구는 상관적 요소로서 사멸의 기호(嗜好)를 갖고 있다. 따라서 멸망에도 틀림없이 환락이 있다. 철저한 이기심은 반(反)이기심, 자기혐오, 자기에 대한 반감에 의해 보상된다. 즉, 건반을 갖추고 있는 개인은 자기의 적, 박해자, 테렌티우스(기원전 2세기 로마의 희극시인)의 말을 빌리면 '자기를 벌하는 자'가 된다. 인간은 이것을 기괴하고 허망하고 불가능한 것으로 간주한다. 보는 방식이 나쁜 것이다. 우리의 겉으로 나오지 않은 충동의 일람표를 너무 서둘러서 완성한다. 인간이란 것은 상상 이상으로 복잡하다. 다만 자기에 대한 사랑은 우리의 의식으로 나타나지만, 자기에 대한 증오는 훨씬 불분명한 영역에 속한다. 이 증오는 우리를 기다리지 않고 우리 안에서 활동한다. 이 수법에 의해 자연은 이기심이라는 부적합과 싸운다. 이 증오가 상당히 완화되어 의식적이 되면 무욕(無欲)이나 초탈(超脫)이라 불린다. 이 초탈이 힘이 드는 것이고 그것이 노력의 결과인 경우는 단념과 체념, 자기희생이 된다. 이것들이 덕성인데 반해 자기에 대한 증오는 위험이다. 그러나 어느 덕성이나 본능을 출발점으로 한다. 여기서 말하는 본능은 자아의 유린이나 한정(限定), 또는 자아의 소멸을 목표로 한다. 그것은 부정의 원리, 죽음에 대한 갈망이다.

1879년 8월 23일

  운문을 쓰는 사람은 시인이 아니며, 예술을 애호하는 사람이 예술가는 아니다. 자기의 직업에 뛰어나려면 그것을 배우자로 삼지 않으면 안 된다. 합주에 참가하려면 자기 악기를 자유자재로 다룰 수 있어야 한다. 너는 어느 한 가지 잘 하는 것이 없다. 너는 재미 삼아 뭔가 조금 해보지만 방법을 터득해 사람들의 수법을 이해하고 나면 서곡, 시작 부분에서 끝나고 만다. 너의 욕구는 생산하는 것이 아니라 이해하는 것, 하는 것이 아니라 하도록 될 수 있는 것이다. 네 능력을 보이려 하지 않고 그것을 느끼고 싶어하고 있다. 그 때문에 모든 활동, 그뿐만 아니라 너의 저작은 심리적 연습이나 정신의 분석, 능력의 조작에 불과하다. 내 포부의 '정점(頂點)'은 인간 본성을 통달한 사람이 되어서 이 미지의 국토에 있는 온갖 미로에 익숙해지는 것이다. 되도록 유동적이고 비아적인 나의 정신은 어디서나 살 수 있다는 것에 만족하겠지만, 어느 곳도 소유자가 될 마음은 없다.

그러고 보면 나는 시인도 철학자도, 교육가도 학자도, 작가도 아니다. 나는 조금은 비평가이고, 약간은 심리학자라고 할 수 있을 뿐이다. 그런데 나는 남에게 복종을 강요하는 것이 너무 싫기 때문에 타인과 통하는 바가 없으면 보자마자 나의 진정한 천분, 진정한 욕구를 남의 눈에 보이지 않게 감추고, 알려져도 지장 없는 습관만을 꺼내게 된다.

1879년 9월 9일

F***의 집에 그의 아버지와 어머니의 편지 다발을 들고 가다. 종이도 거칠고, 편지 내용도 고귀한 것이 아니기 때문에 그다지 그 사람의 흥미를 끌지 않았음이 내 눈에도 보였다. 자기도취는 신분이 높아진 것을 확인하면 득을 보는 경우가 있는 것 같다. 그러나 귀족적인 선입견에 따라 집안이 비천함을 부끄러워한다.

어떤 박물학자는 옳은 말을 했다. "나는 타락한 아담이 되기보다는 완전한 원숭이가 되고 싶다." 민중의 의견은 그렇지 않다. 벼락출세한 사람을 부러워하면서도 비웃는다. 벼락출세한 사람 자신도 대개는 어리석게도 자기의 집안을 수치스럽게 생각한다. 요컨대 두 개의 세계관, 유대교 또는 그노시스파(기원 2세기의 이단파)의 세계관과 현대과학의 세계관이 여기서 싸우고 있다. 전자는 정신적 창조를 계속되는 퇴폐로 보며, 후자는 이것을 끊임없는 진화로 본다. 전자는 가설적 완성에서 출발하고, 후자는 이것을 향해 나아간다. 탁월성은 우리의 전방에 있는가, 후방에 있는가. 이미 있었던 것인가, 앞으로 나타나는 것인가. 최선의 것은 과거인가, 미래인가. 이것이 문제로다. 갓 태어난 어린아이는 노인보다도 뛰어난가. 떡갈나무 열매는 떡갈나무보다, 독수리의 알은 독수리 자체보다 우월한가. 이 허망한 가정은 무의식적인 전제, 결함도 오류도 없는 무는 오류나 결함을 수반하는 유(有)보다도 낫다는 전제에 기초하고 있다.

허무는 완전하고, 존재는 불완전하다. 이 바보 같은 궤변은 플라톤의 학설에서만 아름다운 것이 된다. 왜냐하면 거기서는 허무가 '이데아'에 의해 치환되고, 이데아는 존재하며, 신성한 것이기 때문이다.

　이상, 공상, 허무를 이 정도로 현실보다 위에 놓아서는 안 된다. 현실은 '존재한다'라는 비교되지 않을 만큼 중대한 장점을 갖는다. 누구나 손쉽게 상상하는 백만 프랑에 내가 '저축은행'에 맡긴 천 프랑의 지폐만큼이라도 가치가 있는가. 이상적인 여자는 의심할 바 없이 요염하겠지만 환상에 불과하다. 자기를 사랑해주는 여자에게는 갖가지 불완전함이 있기는 하지만 적어도 품에 안을 수는 있다. 꿈에서 본 쇠고기, 배경으로 그린 빵, 희망에 그치는 애정, 손으로 잡을 수 없는 그림자와는 함께 살수 없다. 이상은 현재 및 현실을 우롱하게 해서 향락 및 만족을 죽인다. 그것은 메피스토펠레스처럼 '아니'라는 목소리이다. 아니, 너는 성공하지 않았다. 아니, 이 여자(작품)는 아름답지 않다. 아니, 너는 행복하지 않다. 아니, 너는 안식을 찾지 못했다. 네가 보는 모든 것, 네가 하는 모든 일은 불충분하고 무의미하며 과대평가한 것, 흉내낸 것이어서 불완전하다. 이상에 대한 갈망은 시바의 채찍이며, 죽음을 재촉하기 위해 생을 서두른다. 손에 닿지 않는 이 욕구는 개인의 고뇌와 인류의 진보를 낳는다. 그것은 품위를 높이기 위해 행복을 죽인다. 그것은 개인을 인류의 희생양이 되게 한다. 의지적인 자살은 반종교적으로 간주되고 있지만, 무의식적인 자살은 신성한 법칙이다. 왜냐하면 고귀한 사람들은 이해와 상관없는 주의를 위해 자기를 희생하기 때문이다. 다른 말로 하자면 신은 확실히 자살을 바라고 있지만, 신 자신을 위해서만 바란다. 제 멋대로 자살하는 것은 신의 눈으로 보자면 탈주자이다. 그렇지만 각 시대 사람들이 다음 시대를 위해 몸을 망가뜨려 간다는 사실은 법칙이다. 다만 최후의 시대는 인류 전체가 신을 위해 희생되었다는 것, 오히려 희생을 당한 것이 되므로 오로지 이기적일 뿐, 행복이라고는 할 수 없다. 그러고 보면 세계 역사는 거대한 기만에 지나지 않으리라. 사유는 불운의 원인, 불길함일 뿐만 아니라 배신의 하사품인 것이다. ……

　그러면 어떻게 되는가. 오직 한 가지 실질적인 선(善)은 질서이며, 따라서 질서로 복귀하는 것이고, 균형으로 복귀하는 것이다. 실행을 수반하지 않는 사유도, 사유를 수반하지 않는 실행도 악이다. 이상은 현실과 합체하지 않으면 독이고, 거꾸로 현실도 이상의 냄새를 띠지 않으면 악화한다. 특수한 것은 모두가 그의 보충 또는 반대를 얻지 않으면 선이 되지 않는다. 자기 검토가 자기 소진(消盡)으로까지 뻗치면 위험하다. 몽상이 의지를 잠재우면 해로워진다. 유화(柔和)가 힘을 빼앗기면 좋지 않다. 관조가 성격을 파괴하면 치명적이다. 지나치게 많은 것이나 지나치게 적은 것도 지혜에 대해 똑같이 죄를 범한다. 과도함은 악이지만 무감정은 다른 악이다. 절도를 잃지 않는 세력, 이것이 의무이다. 평정을 지킨 인력(引力), 이것이 행복이다.

1879년 9월 24일

(오후 3시) 1시간 전에 이상한 현상을 목격했다. 우리는 나의 '약혼녀'와 비눗방울을 불고 있었다. (1880년 6월 18일의 일기에 '식사 후 방울이 매우 잘 불어졌다. 부채로 방울 하나에서 40개 내지 50개까지 작은 방울이 나왔다. 이 놀이는 정말로 시적이다. 이것에는 상당한 기술이 필요하다'고 나와 있고, 시집 《그날그날》의 제40장도 제목이 《비눗방울》로 되어 있다.) 비눗물을 새로 만들었는데 물이 너무 많았는지 부채를 사용해도 방울이 잘 나뉘지 않는다. 그러나 지름 1센티미터 가량으로 나뉜 방울 하나는 내가 지금까지 한번도 본적이 없는 것을 보여 주었다. 그것은 오랫동안 천장 가까이를 헤매면서 좀처럼 내려오지 않았다. 마침내 진주색을 띠었다가 이어 곳곳에 혹과 주름이 생기더니 끝내는 그 내용을 잃지 않고 표면에 회전을 하지 않는 실크 기구(氣球)가 된 것처럼 보였다. 우리의 입술과 숨쉬기 운동으로 그것이 조금 내려오는가 싶더니 다시 조용히 떠올랐다. 결국 그것은 고체가 되어 고치 또는 기구로 변한 것이다. 우리는 셋에서 그것을 보고 있었다.

약 15분이 지난 뒤에 우리는 이 가벼운 공[球] 조직을 보려 했다. 내가 그것을 부채 위로 받으니 그곳에 터지지 않고 올라왔지만 이미 형태는 완전한 구(球)는 아니었다. 검사뿐만 아니라 만져보기까지 한 다음에 나는 그것을 다시 날려보내려 했다. 부채에는 니스가 칠해져 있었다. 공은 한 점으로 달라붙어 있었다. 가여워질 정도로 세밀하고 실크 같은 주름이 생긴 짜임새는 완전하게 말라 있었다. 손으로는 만질 수 없는 것이 되었다. 현미경으로 연구할 수 있었으면 하는 생각이 간절했다.

요컨대 수분은 증발해 버렸고, 구멍도 없는 방울의 막이 그대로 구(球)를 이루었던 것이다. 결국 비눗방울이 고체가 되어 있었다. 이 변형은 일종의 기적처럼 우리를 감동에 젖게 했다. 우리는 '거품'의 비밀을 다 알고 있는 줄 알았는데, 두 달 동안이나 엄청나고 다양한 시도를 한 뒤에 이와 같이 새로운 것, 이러한 기적이 생겨난 것이다. 이것은 종교적 신비와 상통하는 데가 있다.

우리는 감동하여 바라문의 신을 보았다고 생각했다.
온 세상을 주름잡고 있는 그 바라문의 신을.

비유적으로는 형태를 가진 꿈이라고 하겠지만, 이 경우 변형은 글자 그대로의 의미이다. 비눗방울이 고체가 되었다. 그 존재양식을 바꿈과 동시에 무지갯빛도, 구의 형태도, 취약함도, 투명함도 잃었다. 태어난다는 것은 유체를 고체화하는 것이다. 이러한 현상의 경이를 더욱 깊게 만든 것은 마침 그것이 나타나기 바로 전에 베르트가 나에게 "아, 그 예쁜 방울을 하나만 고체로 만들어 주세요"라고 말했다는 것이다. 그 때문에 이 갑작스런 실현은 환상적인 성격을 띠었다. 요정이 하는 일이 이것과 인연이 있다고 믿을 수 있을 정도였다. 얼마 안 있어 나는 내 시가

빛이 꿰뚫는 진주

라는 구절로 시작된 것, 거기에는 '조직'이라든가 '짜임새'라든가 '기구' 등이 나와 있음을 떠올렸다. 시인은 환각자인가. 형상만을 채용한다고 믿었건만 그 형상이 사실이 된다. 그 비유는 진리이다. 시인은 모른 채 예언을 한다. 몽유병자처럼 자연을 표현한다. 우리가 현실이라고 간주하는 세계는 마야의 꿈에 지나지 않는다. 영감을 받은 자는 이 우주발생론적인 꿈의 무의식적 반향이다. 직관적 상상은 인식의 한 양상이다.

1879년 11월 5일
당파, 지도자, 선동자를 비판하고 주위에 시끄럽게 외쳐대는 연단의 궤변에 현혹되지 않고 독자의 견해를 모으는 것은 개인과 공민(公民)의 본분이다. 연설이나 신문은 사실을 분명하게 보기 위한 보탬이 되기는커녕 사람들을 뒤틀고 왜곡해 눈을 흐리게 하려고 온갖 궁리를 다하고 있다. 실제적이고 곧은 것은 공평함과 마찬가지로 드물다. 인간은 올바르게 행동하려 하지 않는다. 감정은 그것을 방해할 만한 것을 은밀하게 증오하고 있다. 이지가 의

욕을 지배하고, 윤리적 의식이 사유를 감독하는 것이 아니라 의욕이 이지를 지휘하고, 감정이 의욕을 이끈다. 이지(理知)는 수단, 도구, 노예, 가축이며, 그의 주인은 인간의 본성이라 불리는 인간의 어둡고 반성 없는 부분이다. 대다수 인간의 자유는 동물의 자유와 거의 차이가 없다. 무의식적인 충동, 스스로는 인정하지 않는 동기를 좇는 자유이다. 라퐁텐(17세기 프랑스의 시인으로 이솝 같은 동물 우화의 작자)은 그것을 제대로 알고 있었다. 인간은 이지를 추진하는 의지를 더욱 더 움직이게 하는 감정이기 때문에 이지에 봉사하는 척하고 있는 기관(器官)은 감정의 노예나 마찬가지이다.

모든 비속한 인간에게는 결정론이 옳다. 내면적 자유는 예외적으로만, 자기에 대한 승리라는 사실에 의해서만 성립한다. 자유의 맛을 안 사람도 간헐적 계기에 의해서만 자유를 갖는다. 따라서 현실적 자유는 지속적인 상태는 아니다. 결여되어서는 안 되는, 항상 동일한 성질은 아니다. 이 견해는 널리 행해지고 있음에도 어리석다. 인간은 자신, 자기의 구실, 본능, 자기의 천성에 속지 않을 정도로만 자유롭다. 비판과 세력, 즉 자아를 초탈하고 지배하는 것에 의해서만 자유이다. 더구나 이것은 자아 속에 같은 중심을 가진 구를 몇 개나 예상하고, 가장 중심적인 구는 자아보다도 뛰어나고, 우리들 자신의 한층 순수한 본질, 초개인적인 형상, 의심할 바 없는 미래의 형상, 신성한 전형이 되어 있다. 즉, 우리는 예속되어 있어도 해방의 여지가 있으며, 속박되어 있더라도 벗어날 능력이 있다. 정신은 바구니에 담겨 있지만 그 바구니 주위를 날 수가 있다. 플라톤의 학설은 이 해방의 사실을 매우 잘 설명한다.

(날짜 없음)
생명이 우리에게 몇 년쯤 주어져 있기는 하지만, 우리 안에 갖고 있지 않은 것과 마찬가지로 우리의 안에 있는 선도 우리 것은 아니다. 이러한 내면적인 초탈로 자기를 고찰하는 것은 힘들지 않다. 약간의 자기 인식, 이상의 직관이 조금, 종교성이 조금만 있으면 충분하다. 우리는 혼자서는 아무것도 아니지만, 서로 생명과 기쁨, 시, 신성성을 나누는 것은 상당히 후하게 허용되어 있다고 할 수 있다.

(날짜 없음)

빈정거림의 법칙. 이론적으로는 숙명론자 제논(기원전 4세기 사람으로 스토아파의 시조)이 제자들을 영웅으로 만들고 있다. 자유를 주장했던 에피쿠로스는 제자들을 무심하고 유약한 사람으로 만들고 있다. 결정적인 점은 언제나 이상(理想)이다. 스토아파의 이상은 의무이며, 에피쿠로스파의 이상은 이해이다. 두 가지 경향, 두 가지 윤리, 두 개의 세계. 그것과 마찬가지로 얀센파(17세기 네덜란드의 신학자 얀센의 설을 받드는 파, 프랑스에서는 폴로와이알에 모였던 사람들이 유명하다), 그에 앞서는 위대한 종교개혁파는 노예의지론을 택하고, 예수이트파는 자유의지론을 택하면서 전자는 자유를 건설하고, 후자는 양심의 예속을 수립했다. 그러고 보면 중요한 것은 이론적 원리가 아니다. 본질은 내밀한 경향, 갈망, 목적이다.

(날짜 없음)

어느 시대든 인간이 알고 있는 것 저편에 미지의 영역이 있으며, 신앙이 그곳에서 움직이고 있다. 신앙은 증명될 수 있는 것이 아니라 제기될 수 있는 것이다. 그것은 어떤 계시적인 사람들의 마음에 자발적으로 생겨나며, 모방과 감염에 의해 다른 사람들에게 확대되어 간다. 커다란 신앙은 커다란 희망이나 마찬가지이며, 계시자에게서 멀어짐에 따라 그것은 확신이 되는 것이다. 멀어짐과 오래됨이 차츰 증대해 가다가 마지막에는 지식의 요구가 그것을 질문하고 검열한다. 그렇게 되면 지금까지 그의 능력이었던 것이 오히려 약점이 된다. 검증 불가능성, 높이 받듦, 멀리 동떨어짐.

(날짜 없음)

인간은 어느 시기에 사물을 가장 올바르게 볼까. 노년에 들어선 뒤이고, 갖가지 병이 인간을 박약하게 하거나 쉽게 화내게 하기 이전임이 틀림없다. 고대 사람들은 진정한 입장을 지키고 있었다. 같은 감정을 갖고 있고 욕심이 없는 노인은 관조한다. 그 관조야말로 사물의 상대적, 비례적인 가치를 인정하고, 사물을 가장 올바르게 볼 것이 분명하다.

1880년 1월 2일

안식뿐만 아니라 정숙의 터득. 집 안에서나 밖에서도 침묵. 조용한 불. 안락. 어머니의 초상이 나에게 미소짓는 것처럼 보인다. 나는 이 오전의 평화에 마음을 흩트리지 않고 행복을 느끼고 있다. 다양한 감동의 매력이 어떠한 것이든 천국의 관조적인 평온이 펼치는 이 몇 시간의 말없는 몰두의 감미로움에 따르지는 못하리라. 욕구와 걱정, 비애와 근심은 이제 존재하지 않는다. 나 자신이 존재의 순수한 형상, 가장 호기로운 양상, 즉 자아의 인식으로 존재하는 것이라고 느낀다. 내가 어떤 동요도 긴장도 없이 행복하고 조화롭다고 느낀다. 이것은 일요일의 상태, 어쩌면 영혼이 무덤 저편에 있는 상태이리라. 동양인이 의미하는 것 같은 행복, 더 이상 다투지도 욕심내지도 않고 예배하고 향락하는 은자(隱者)의 환희이다.

 어떤 말로 이 정신적 상황을 나타내야 할지 모르겠다. 왜냐하면 우리의 혀(언어)가 생명의 특수한 진동밖에는 경험하지 못하며, 움직이지 않는 집중, 신성한 정숙, 하늘을 반영하고 자기의 깊이를 파악하는 대양의 잔잔한 상태를 표현하기에 부적당하기 때문이다. 그 때 사물은 원래대로 그 원리에 흡수되고, 다양한 기억은 다시 하나의 기억이 되며, 정신은 오로지 정신 자체가 되어 자기의 개성, 자기의 분리를 의식하지 않게 된다. 정신은 우주적 생명을 느끼는 보이지 않는 존재이며, 신의 감성적인 하나의 점이다. 정신은 더 이상 아무것도 자기의 소속으로 인정하지 않으며, 결코 공허함을 느끼지 않는다. 유(有)와 무(無)의 기쁨을 합친 이 조심스러운 환락의 상태, 더 이상 반성도 의지도 없고, 윤리적 실재 및 오성적(悟性的) 실재 위에 서서 통일로의 복귀, '충만'(그노시스파의 현실적이고 구체적 생명적인 신)으로의 환원, 프로티노스 및 프로크로스의 직관, 바람직한 열반이라는 상태를 경험한 사람은 어쩌면 요가나 수피(페르시아의 신비 금욕가) 외에는 없을지도 모른다.

 서양인, 특히 미국인은 확실히 전혀 다른 느낌 방식을 갖는다. 이 사람들에게는 생명이 '탐함을 다하는 끝없는 활동(생명의 동의어)'이다. 황금, 지배, 권력을 획득하고, 인간을 억누르고, 자연을 복종시키지 않고는 못 배긴다. 양(量), 세부적인 것, 운동을 필요로 한다. 숫자에 집착하고, 무한은 생각조차 않는다. 갖가지 수단에 집착하고 한순간도 목적에 대해 생각하지 않는다. 존재를 개성적 존재와 혼동하며, 자아의 확장을 행복과 혼동한다. 이것은 미국인 및 유럽인이 정신에 의해 살지 않고, 변하지 않는 것, 영원한 것을 무시하며, 자기 생존의 축마저도 철두철미할 수가 없기 때문에 주위에 악착을 떤다는 뜻이 된다.

　피상적이기 때문에 흥분하고 열을 내며, 격앙하고 실제적이다. 이렇게 격동과 소란, 탐욕, 전투를 거듭해 무엇하랴. 이것들은 모조리 방심(放心)이다. 죽음의 침상에서도 이것을 알아채지 못할 것인가. 그러면 어째서 좀더 일찍 알지 못하는가. 활동이 아름다운 것은 청정한 경우, 즉 변화하지 않는 것을 위해 쓰이는 경우에 한한다. 개미 같은 인간, 벌 같은 인간은 인간의 하찮은 견본에 불과하다.

1880년 1월 3일

샤를르 리테르 (Charles Ritter. 1859~1905년, 아미엘의 학생. 스스로 그의 '제자'라 칭하고 가장 신실한 친구의 한 사람에 들어가 있었다. 아미엘은 한 때 이 사람에게 '일기'의 자필본을 유품으로 남기고, 유언집행인의 한 사람으로 지명할 생각이었다. 1883년 에두아르 슈레(Edouard Schuré)에게 보낸 리테르의 편지에는 "한 가지 더 말씀드리겠습니다. 그것은 아미엘의 일기에 대한 대단한 탐복과 칭찬입니다. 누가 뭐라 하든 이것은 계시입니다. 누가 그것을 믿겠습니까. 당신은 어쩌면 그것을 추측하고 있는지도 모릅니다. 저는 전혀 생각지도 않은 일이었습니다. 이것이야말로 제가 지금까지 읽은 것 가운데 가장 아름답고 가장 즐거운 책 가운데 하나입니다"라고 쓰여 있다. 아미엘의 이름은 샤를르의 형제인 외제니 리테르 Eugène Ritter가 1911년 로잔의 파이오(Paillot)에서 출판한 《샤를르 리테르와 그의 친구 및 스승(Charles Ritter, ses amis et ses maitres)》라는 제목의 서간집에) 의 편지.
자주 나와 있다

　이 온화한 친구는 가식적인 데가 없다. 내 감사의 말을 곧이곧대로 받아들이지 않는다. 여전히 이번에 발표한 시집 (1880년 정초에 파리의 피쉬바쉐르에서 나온 아미엘의 시집 《그날그날(Jour à Jour, poésies intimes)》) 보다도 1874년의 시집 (이 시기에 아미엘이 간행을 뜻하고 있어서 아직 완성하지 않았던 《우곡집(les Méandres)》인 듯) 쪽이 좋다고 한다. 출판인에게 양보한다는 것은 시의 성령에 대해 죄를 범하는 것이라고 한다. 기타. 여자처럼 다감하고, 자기의 인상에 구애되고, 편지 교환에 있어서는 약간 까다로운 사람이다. 나는 리테르의 지나치게 섬세한 감수성을 가져보려 시도했다. 고독한 생활에는 매우 부적합한 것이 둘 있다. 도를 벗어나 즐거운 생각을 하게 하는 것과 상식을 무디게 하는 것이다. 샤를르 리테르군은 초월에 의해 현자가 되었지만 너무 민중과 세상으로부터 동떨어져 있다. 그렇기 때문에 마침내, 아니 이미 그 사람의 취미는 나빠지고 사람들과 어긋나는 쪽, 인간을 혐오하는 쪽으로 나아가고 있다. 내가 삭제했던 '잔소리 편지'와 그 밖의 '어두운' 시에 매달려 있는 것을 보면 나는 걱정이 된다. 리테르는 나의 원고 가운데 내가 가장 좋지 않다고 생각하는 것에 애착을 갖고 있다. 그 사람과 나는 어디가 다른 것일까. 내가 나의 작품에 행한 문학적인 음미는 잘못일까. 시적으로는 내가 옳다고 믿지만, 어쩌면 그 사람도 심리적으로는 잘못되지 않은 것이리라. ……

　내 제자들에 대해 방어자세를 취해야만 한다니 기묘하다는 생각이 든다.

내 편지를 확대경으로 샅샅이 세심하게 살핀다거나, 한 글자 한 글자를 깊이 생각하여 영원한 생명을 갖기 위해 파낸 금석문(金石文)이기라도 한 것처럼 다룬다고 생각하면, 그것을 아무렇게나 쓴다는 것은 아무래도 기분이 좋지 않다. 단어와 주석, 날개가 달린 듯한 기세와 엄격한 해부 사이의 이 불균형은 편안한 기분을 주지 않는다. 무슨 일에나 잘난 체를 하고 싶어하는 진지한 사람 앞에서는 사심 없이 행동할 마음이 없어지고 만다. 하나 하나의 문장이든, 단어든 경계가 필요하다면 편안해지기가 어렵다. 기지란 사물이 마땅히 가져야 할 의미를 갖는 것, 사람들의 상태나 상황의 수준에 바탕을 두는 것이다. 기지는 빠르고 가볍게, 더구나 올바르게 생각하고 비교하고 평가하는 정확성이다. 아테네 사람은 그것을 알고 있었다. 기지는 유희이고, 시상(詩想)은 날개를 갖는다. 소크라테스는 농담을 아주 잘했다.

1880년 2월 3일

베르소(Ernest Bersot. 프랑스의 철학자)의 죽음에 대해 에드몽 세레르의 감동에 찬 논설.(탱. 파리 의 신문) 안면과 목에 생긴 암 때문이다. 이 철학자는 꺼림칙한 병고를 스토아적으로 참고 인내하여 마지막까지 불평을 하지 않고 연구를 계속했다. 고등사범학교의 교장으로 1816년생이다.

1880년 2월 6일

에르네스트 베르소의 무덤 앞에서 낭독되었던 애도사를 넷 읽다. 눈에 눈물이 차 올랐다. 이 스토아적인 사람의 마지막에는 교회의 모든 미신적인 의식이나 사제가 자기의 신용 및 위엄을 지키기 위한 어린애 같은 주문 따위로 둘러싸인 신자의 마지막보다도 훨씬 훌륭한 데가 있다. 가톨릭교는 임종 때 장사꾼 근성을 너무 많이 보인다. 그러나 이 경우에는 모든 것이 남자답고 고상하며, 윤리적이고 정신적이었다. 문교장관 페리(Jules Ferry. 프랑스의 정치가. 1832~1893년), 윤리정치(倫理政治)학사원 르봐수르(Emile Levasseur. 프랑스의 경제학자, 지리학자. 1828~1911년), 고등사범학교 가스통 포아쉐(Gaston Poissier. 프랑스의 문학자, 사학자. 1823~1908년), 문하생 미쉘. 각 연설자는 고인의 인격, 헌신, 강한 인내심, 고매함에 대해 경의를 표했다. "고인에게서 사는 것과 죽는 것을 배웁시다." 이 장례식은 고대풍의 존엄성을 갖추고 있다. 교회의 '짖는 개'가 되어 있는 그 《우주(l'Univers)》(1833년 미뉴(Migne)의 창간에 관계된 가톨릭 신문)는 이 의식에 침을 흘리고 있음이 틀림없다. 교회지기는 물을 뿌리는 막대밖에 모르며 다른 것을 뭐든지 나쁘게 말한다. 꼴도 보기 싫다.

1880년 2월 7일

끊일 새 없는 서리와 안개. 게다가 경치는 동화 같아서 신문이 전하는 파리나 런던의 음울한 광경과는 비슷하지도 않다.

이 은빛 풍경에는 태양의 나라들도, 석탄의 나라들도 모르는 꿈 같은 아름다움, 공상적인 정취가 있다. 나무들은 초록 대신에 하얀색이 들어가 다른 세계에 속했음을 내보이고 싶어한다. 이들 가로수길, 덤불, 숲, 연속된 아치, 레이스풍의 나무들, 분수를 보고 있노라면 다른 것을 바라는 마음이 말끔히 사라진다. 이들의 아름다움은 독특하며 스스로 만족하고 있다. 설탕을 뿌린 지면, 안개로 흐려진 하늘, 너무도 은밀하고 거의 얼룩이 없는 먼 풍경이 눈에 즐거운 음계와 조화로 가득 찬 전체를 이루고 있어서 그런 생각이 든다. 경직된 곳은 조금도 없고, 모든 것이 벨벳 같다. 그 매력에 끌린 나는 식사 전과 식사를 마친 뒤에도 산책에 나섰다. 축제일 같은 인상이다. 연기가 더해진 색채는 태양 없이 뭔가를 그려내고, 그런데도 역시 감상하는 사람을 즐겁게 하려고 약속한 겨울의 교태를 드러낸다. 적어도 나는 그렇게 생각한다.

1880년 2월 9일

잠 못 드는 밤. …… 점액 과다로 인후의 지독한 장해. 그 결과, 평소보다 늦게 일어나 건강상의 치료를 위한 다른 식사, 난잡의 연속이 생겨났다. 지금 온몸에 오한이 난다. 머리가 아프고 손이 마비되어 있다. 윗입술의 근육이 빠진 말〔馬〕처럼 기침이 나온다. …… 인생은 너무하다. 손해를 입은 자에게는 안됐지만 어쩔 수가 없다. 아킬레스건이 풀리고, 허리의 탄력이 없어지고, 기억이 둔해지자마자 어린 사람, 치아가 있는 사람, 탐하는 사람, 능숙한 사람의 파도에 휩쓸린다. "패배한 자, 나약한 자는 비참하다"라는 말은 늘 땅 위의 재물을 겨냥해 밀려드는 군중의 분노에 찬 외침이다. 사람이 아무리 작아져도 역시 얼마간의 공간을 차지하며, 아무리 남을 부러워하지 않고 가진 것이 없어도 누군가의 부러움을 받을 것이 분명하므로 늘 누군가의 방해가 된다. 추악한 세계, 추악한 자의 세계. 위로를 얻기 위해 예외의 것, 고귀한 관용의 마음, 우리의 지속을 바라지 소멸을 원치 않으며, 우리를 필요로 하지만 우리를 위한 것을 바라는 사람을 생각해야 한다. 그런 사람들은 분명 있다. 다른 사람들은 상관없다. 사막을 가로지르는 나그네는 그 피를 갈망하는 맹수에게 둘러싸여 있다고 느낀다. 낮에는 매가 머리 위를 날고, 밤엔 도마뱀이 텐트로 기어든다. 도처에 협박, 적의 광포함이 있다. 그러나 지평선 저쪽, 적대하는 종족 및 모든 무리 가운데 가장 악한 인간의 무리가 어슬렁거리는 바싹 마른 모래 저편에서 나그네는 몇몇 친숙한 얼굴, 꿈속에서까지 자기를 따라오는 눈길과 마음을 떠올리며 미소짓는다. 어쩌면 우리는 길고 짧은 차이는 있어도 몇 년인가 몸을 지키다가 결국은 져서 먹히고 만다. 무덤의 구더기는 우리를 둘러싼다. 우리를 사랑하는 사람들은 우리보다도 먼저 죽는다. 파괴가 우리의 운명이며, 망각이 우리의 몫이다. ……

우리는 잔혹한 죽음을 면하기 위해 모든 것을 예견했다.
그러나 하늘의 평원에서 제비는 녹아 없어지려 하고 있다. ……
가련한 잠자리여. 오, 그것을 부러워 말지니.

심연이 이렇게 가까이에 있다. 건강을 해쳤다고 생각하자 이내 진정한 상황을 의식한다. 내 작은 배는 호두껍질처럼, 어쩌면 달걀껍질처럼 얇다. 손상이 조금이라도 늘어나면 이 항해자는 이제 끝이라고 나는 느끼고 있다. 나와 백치, 나와 광기, 나와 죽음과의 간격은 거의 없다고 해도 된다. 아주 작은 틈새가 생기기만 해도 나의 몸, 생명이라 불리는 이 정교하고 망가지기 쉬운 발판은 위험에 빠진다. 잠자리는 아직 취약함의 상징이라 하기에 부족하다. 우리 안에 있는 작은 자아의 이 환영적 모습, 변화하는 현상을 가장 잘 나타내는 것은 비눗방울이다.

1880년 2월 11일
빅토르 드 라프라드(Victor de Laprade. 프랑스의 시인. 1812~1883년)는 고매함, 위대함, 조화, 고귀함을 갖추고 있다. 그러면 무엇이 빠져 있을까. 자연적인 것과 어쩌면 기지(機智)도. 거기서 그 단조로운 장엄함, 약간은 과장된 긴장, 사제 같은 모습, 서 있는 조각상 같은 태도가 나온다. 확실히 그 사람은 지나치게 진지하다. 이

시의 여신은 신발을 벗는 일이 없으며, 이 왕자는 관을 벗는 일이 없다. 잘 때조차도 벗지 않는다. 농담, 허물없는 친숙함, 단순함을 전혀 볼 수 없다는 것은 하나의 결함이다. 라프라드는 그 갑옷 속에 못으로 박혀 있다. 소크라테스나 플라톤도 남들을 웃게 할 이야기를 갖고 있었다.

빅토르 드 라프라드와 고대인은 마치 프랑스의 비극과 에우리피데스의 비극, 루이 14세의 머리칼과 아폴로의 머리칼로 비교할 수 있다. 그 존엄성은 만들어진 것이어서 쉬 식상해 진다. 천사 같은 시인은 귀찮은 존재가 될 위험이 있다. "니콜, 실내화를 갖다주렴" 따위의 말은 하지 못한다. 이런 시인을 상대로 하면 틀에 박힌 말만 하고, 구름 위에서 내려온 것 같아서 현실과 닿을 수가 없다. 오직 숭고하기만 한 그는 사람을 숨막히게 하고, 끝내는 초조하게 한다. 거기에는 진정한 의미의 자랑할 점은 없지만, 적어도 연극같이 사제 흉내를 내거나 직업적인 태도가 있으며, 미학적으로는 부적합을 낳는다. 사실은 그다지 아름답지 않지만 보다 생생하고 감동적이고 좀더 변화에 풍부하다. 대리석 인간은 차갑다. "라프라드가 시인이라면 나는 시인이 아니다"라고 말한 것은 뮈세가 아닌가. 감정이 없는 시인(뮈세 이후에 나온 이른 바 파르나스파 사람들)은 다분히 회화적이다.

1880년 2월 23일

모든 종교적 또는 정치적으로 위대한 건축은 기초에 죄악, 석재(石材)에 부정(不正)과 사기, 시멘트에 인간의 피를 갖고 있다. 그 다음엔 늘 이미 얻은 결과에 대해 호산나가 노래된다. 자기의 과거에 대해 공정한 배상을 치르고, 훔친 땅을 되돌릴 만한 국민은 어느 세상에서도 볼 수 없다. 국가든 교회든 수치심과 양심을 갖고 있지 않다. 자기의 성공은 신이 준 것이므로 그것에 의해 죄가 사라진다고 생각한다. 이기심과 감정, 허위와 두꺼운 낯이 세계 역사를 지배한다. 정의, 이상, 선을 말하고, 자기 희생을 하는 사람은 이 다음의 인물이다. 먹는 자는 통치하고, 먹히는 자는 고생한다. 강자는 주인이며, 순결한 자는 희생이다. 한쪽의 덕성은 다른 쪽에 의해 발굴된 광산이다. 큰 손이든, 게으른 출자사원이든 모든 사업가에게 윤택함을 누리게 하는 것은 주주의 규율이다. 사자와 여우가 세상의 주인이다.

1880년 2월 27일

페퇴피 (Petőfi Sándor. 헝가리의 서정시인 1823~1849년)의 작은 시를 열두어 편 번역했다. 이상한 느낌을 지녔다. 채찍으로 때린 듯한 이 노래에는 스텝, 동양, 마젭파 (Mazeppa. 유명한 코사크의 우두머리 1644~1709년, 바이런이 노래하고 있다), 광란이 들어가 있다. 엄청난 감정의 격앙, 너무도 광포한 광채. 웅대하고 야만스런 자태. 이 마자르인은 반인반마(半人半馬)였고, 그것이 유럽에 태어나 그리스도교를 신봉하고 있는 것은 우연의 장난이라는 느낌이 든다. 이 사람 속에 있는 흉노는 아라비아인으로 변해 있다.

1880년 3월 20일

독서, 카앙 (déon Cahun. 《1405년까지의 터키인》《몽골인의 역사서론》(1896년)의 저자)의 《푸른 깃발》, 칭기즈 칸 시대의 세계를 '기록'풍으로 쓴 이야기를 읽다. 한 사람의 위구르 터키인이 이야기하고 있다. 문명의 이면, 반대면을 볼 수 있다. 유목민은 이 부패를 일소하는 역할을 맡고 있다.

칭기즈 칸은 또한 '신의 채찍'으로도 여겨졌다. 청해(靑海)에서 발트해, 시베리아에서 신성한 갠지스강에 걸쳐 역사가 아는 한 가장 광대한 제국을 실현했다. 옛 세계의 강하고 견고한 여러 제국을 군마의 발굽과 사수의 화살 아래 전복시켰다. 역사상의 지극히 큰 사건들이 그가 서양문화에 끼친 동요로부터 시작되었다. 비잔틴 제국의 실추, 따라서 문예부흥, 지구의 양쪽, 즉 바스코 다 가마 및 콜럼버스가 기도했던 아시아를 향한 발견의 여행, 터키 제국의 형성과 러시아 제국의 준비. 아시아의 고원에서 내려온 이 놀랄 만한 폭풍은 옛 대륙의 썩은 쇠사슬과 벌레 먹은 건물을 무너뜨렸다. 코가 낮은 황색인종 몽고인의 하강(下降)은 우리의 13세기를 침범해 들어왔고, 대륙의 양끝, 즉 옛 '중국'을 가렸던 벽과, 그리스도교의 작은 세계를 무지와 미신 속에 가두었던 벽, 이 두 장성(長城)을 파괴한 역사의 선풍이다.

앗틸라, 칭기즈 칸, 티무르는 시저, 샤를마뉴, 나폴레옹처럼 인간의 기억 속에 남아 있지 않으면 안 된다. 모두 여러 민족의 깊은 집단을 집어 올려 어지럽히고, 민족학을 혼란시키며, 피의 강이 흐르게 하고, 사물의 표면을 바꾸어 놓았다. 퀘이커파는 역사에도 자연처럼 폭풍의 법칙이 있다는 것을 무시하고 있다. 전쟁을 저주하는 사람은 벼락, 소나기, 분화(噴火)를 저주하는 사람과 비슷하다. 자기가 하고 있는 일을 모른다. 문명은 대도시가 공기를 나쁘게 하는 것처럼 인간을 부패시키는 경향이 있다.

   우리는 오랜 평화의 해악을 입고 있다.

   재해는 균형을 난폭하게 회복시키고, 무시된 질서를 거칠게 상기시킨다. 악은 자신을 벌하며, 붕괴는 아직 발견되지 않은 조정기를 대신하게 된다. 어떠한 문명도 일정량의 남용, 부정, 부패, 치욕, 범죄밖에는 견디지 못한다. 그 정량에 달하면 기관은 파열하고, 궁전은 붕괴하며, 발판은 무너지고, 제도, 도시, 국가, 제국은 파멸에 빠진다. 유기체를 포함하는 악은 그것을 좀먹어 가며, 제거하지 않으면 마지막에 그것을 죽이고 마는 병원체이다. 그런데 완전한 것은 없으므로 아무것도 죽음을 면하지는 못한다.

  1880년 3월 24일
   바다의 모래알을 세고, 어원(語源)을 파헤치며, 곤충을 해부하는 것, 즉 실제의 사물을 상대하여 견해의 공허함이나 신앙의 무력함에서 벗어나는 것이 얼마나 도움이 되는지 알 수 없다. 이러한 모든 종교가는 진리, 증명을 거친 비아적이고 항구적인 진리가 무엇인지를 알지 못한다. 모두가 자기들의 자아도취에 갇혀서 환영과 실물, 환각과 실증을 구별하지 못하는 몽유병자이다. 인간은 이 사람들을 상대로 논쟁하지는 않는다. 이 사람들을 피하고, 그들의 대화, 발톱과 이, 파문(破門)을 피한다. 이 사람들을 설득하는 것은 불가능하거니와 서로 교제하지도 못하며, 반박하는 것은 위험하다.

  1880년 3월 28일
   여기서는, 즉 우리 민주국가에서는 어떤 종류의 지도자와 사귀어 그들을 가늠해 보아도 매우 놀라게 되는데, 그것은 존경스러워서가 아니다. 그들을 지배하고 있는 것은 역량이 아니라 강한 야심과 집요한 평범함, 거드름 피우는 모습으로 위장하고 있는 사상의 빈약함이다. 그 비법은 공적인 휘장, 국가의 인장, 대포, 종, 관청의 장부에 손을 대는 것이다. 한순간에 왜소한 사람이 거인이 되며, 전체의 힘, 신용, 권리를 끌어 모아 자기의 가치를 백 배로 한다. 국가, 교회, 조국, 사회뿐만 아니라 어떠한 조합의 이름으로 말을 할 수 있게 되면, 마법을 사용하고 면제나 특권의 후광을 뿜어내며, 책임을 피하고 범접하지 못할 보호를 몸에 두른다. 지극히 하찮은 의학생이 대학의 옷을 입고 과학의 그늘에 숨어서 살육을 자행한다. 가장 무지한 배석판사, 가장 부적격한 배심원이 '정의'의 외투를 몸에 감는다. 무명기자 가운데서 가장 능력없는 자가 신문을 배후에 두고 한 마디 할 수 있다는 표정을 짓는다. 인간은 겉모습, 여론, 당파, 단체를 자기 쪽에 댄다. 깃발, 성유 항아리, 신성한 우상, 왕관, 교황의 관을 손에 넣는 것이 항상 결정적인 한 방을 의미하는 것은 언어가 인간을 지배하고, 어떤 말이 회유와 권위를 마음대로 하기 때문이다. "병력은 의복에 뒤따른다."(테프펠). 허리띠, 어깨띠, 인끈, 견장을 가진 자가 그의 적대자의 힘을 빼앗는 것은 권리 및 법률로 간주되기 때문이다.

거기서 법칙이 두 가지 나온다. 인간을 공격할 때는 관복의 허리에 차는 칼을 갖도록 힘쓸 것. 자기가 공격을 당할 때는 즉각 상대와 그의 관직을 분리하고 칼에는 입을 맞추지만, 찬탈자에게는 수치심을 갖게 할 것. 관직, 과학, 입법자, 권위, 정부는 '아피스의 소'(고대 이집트의 신우 神牛)로 취급해야만 한다. 그것들에게 존경하고 숭배해야 하는 이름을 제멋대로 붙이는 개인에게만 먹게 해야 한다. 마찬가지로 정복자, 침입자는 침입한 땅의 사람에 대해 그가 그들을 폭군에게서 해방하고 방어하기 위해 왔다는 것을 확신시키는 배려를 항상 게을리하지 않는다. 내가 이겨내지 못하는 것, 나를 언제까지나 용서하려 하지 않는 자, 즉 추상물의 허물어지지 않은 성격을 띠고 태어났다는 자기도취를 가진 단체, 보편적 사상(事象)을 결코 저쪽으로 돌려서는 안 된다. 대학이나 원로원은 영원한 원한을 품는다. 나아가 국민적 허영심이야말로 벼락 같은 실체이므로 그것에 닿지 않도록 조심할 필요가 있다. 왜냐하면 만약 내가 잘못하면 나를 깔아뭉개고, 내 말이 옳다 해도 거듭 나를 가루로 만들기 때문이다.

요컨대 승산을 반이 되게 하려면 싸우기 전에 유념하여 상대에게서 본래 갖고 있지 않은 바를 모조리 박탈하고, 상대를 고립시키지 않으면 안 된다. 분노는 그것과 반대의 처치를 하고, 그 원한의 개인을 계기로 세상을 적으로 돌리도록 한다. 그러나 분노는 많은 사람들을 자기의 싸움에 휘말리게 하려는 교활함의 역할을 다한다. 이런 올가미에 빠지는 것은 너무나 어리석다.

1880년 4월 18일

이미 다음 시대의 사람들에 의해 밖으로 내몰려 있다고 느끼는데 죽는 것이 괴롭다는 따위의 말을 어찌 할 수 있으랴. 두셋의 개인적인 끈을 제외하면 나는 어떤 일에도 필요하지 않다. 나의 가족, 대학, 조국, 과학, 문학은 나의 소멸을 거의 알지 못한다. 애착의 언어도 의례나 체재에 불과할 뿐, 슬픔의 증거가 되지는 않으리라. 잡지도, 신문도, 동료도, 당파도 나의 죽음을 위대한 손실이라고 하지 않는다. 내가 죽고 나면 오직 두 개의 마음만이 진심으로 공허해하고 슬퍼할 것이다.

나는 해야 할 큰 일이 하나도 없으며, 키워야 할 어린애도, 옹호하지 않으면 안 될 주의(主義)도 남아 있지 않다. 세상은 내가 없어도 잘 돌아간다. 나는 지금껏 사물을 내 것으로 하여 '자아'를 신성화하는 위세 좋은 생활력을 지녔던 적이 없다. 죽음을 향해 어른스럽게 나아가는 것은 나에게는 누구보다도 쉽다.

어쨌든 60세는 훌륭하게 남 앞에 나설 수 있는 연령이고, 평균 수명을 두드러지게 넘어 있다. 주위 사람은 내가 상당한 몫을 얻었다고 생각할 것이다. 타인의 눈으로 너를 보아라. 어떻게 남이 빌려주는 것 이상으로 나를 빌리는 일이 있으랴. 확실히 너는 네 안에 있는 것을 완전히 '꺼내어 보일' 수가 없었고, 환경에 적응하여 그곳에서 행복을 찾을 수도, 그것의 마음에 들 만한 것을 줄 수도 없었다. 그러나 이 적합하지 못한 것이 너의 생활이었다고 한다면, 그것은 적어도 너의 물러남을 쉽게 한다. 충실한 삶을 영위하고, 너의 머리와 가슴의 온힘을 다하며, 남은 날이 충분히 있는 동안에 물러나는 편이 나았을지도 모른다. 그렇지만 각자에게 중요한 것은 자기의 운명을 달게 받고, 자기의 결핍을 용인하는 것이다.

운명은 너를 속였고, 때때로 너는 네 운명을 탄식했다. 이제 서로의 비난은 그만두자. 화해하고 잠들지 않으면 안 된다.

1880년 4월 25일

내 의식의 저 아래 바닥에는 마음껏 밝은 곳에 내놓거나 바라보거나 할 수 없는 암묵의 불만, 비애, 반항심, 고뇌, 의혹이 있다. 말로 하는 것은 고사하고 알아채는 것만으로도 부끄러운 자존심의 아픔, 가슴의 무너짐, 불순종

등을 나는 안다. 어쩌면 나는 용기도 없고 체념도 하지 않고, 위로도 받지 못하고 있는 것이리라. 나에게는 희망이 없다. 나는 운명에 반항하는 것도, 타인에게 좋지 않은 예를 보이는 것도, 불가능한 일에 몸을 던지는 일도, 돌이킬 수 없는 일에 몸을 사르거나 하는 것도 바라지 않는다. 한마디로 말하면 나는 자신과도 세상과도 신(神)과도 일치하지 않는다. 때문에 나에게는 평화가 없이 겉으로 평화를 내보일 뿐이다. 나의 평정, 나의 초월 밑에는 자백한 적 없는 번민, 말없는 가슴아픔, 확연치 않은 우울이 있다. 그러고 보면 인생은 나와의 약속을 깬 것일까. 나는 행복을 놓치고, 나의 운명에 있어 파산에 빠진 것일까. 누가 알랴. 내가 죽은 뒤의 생존이나 현재의 승부의 복원 같은 것에 완강한 신앙을 가졌는가. 거의, 아니 전혀 없다.

　나는 모든 것이 나에게서 달아나 이 세상에서도, 저 세상에서도 행복해지는 일은 없을 것 같은 느낌이 든다. 나는 어디서 기쁨을 퍼 올리고, 또 새롭게 할 것인가. 나의 기쁨은 오로지 나와 마찬가지로 허약한 몇몇 사람의 애정에 바탕하고 있다. 그리스도교도는 자신이 '영원한 자'이므로 사랑을 받으며, 지상의 행복을 누릴 것이 확실하다고 믿는다. 그리스도교도는 불행, 가까운 사람의 죽음, 자기의 죽음을 무릅쓸 수가 있다.

　신앙은 어쩌면 진리보다도 가치가 있을 것이다. 진리는 임시로 빌리거나 하지 않는다. 신앙은 어머니의 마음을 지닌다. 과학은 우리의 갈망에 대해 냉담하지만 신앙은 그것을 받아들여 우리를 격려한다.

　하지만 가장 아름다운 영혼은 가장 오류에 빠지기 쉬웠던 것일까.

죽음에 대하여

죽음에 이르른 현자처럼, 우리도 차분하게 이렇게 말하고 싶다.
나는 너무 오래 헤메었다, 원했다. 그것은 잘못되어 있었다.
모든 것이 잘 되어간다. 신은 나를 감싸 안는다.

1880년 5월 10일

이 독백이 의미하는 바는 무엇인가. 몽상이 꿈처럼 한 곳에서 빙빙 맴돈다는 것, 목적 없는 혼잣말이 시간의 손실이라는 것, 인상은 아무리 더해봤자 공정한 판단도 엄밀한 사상도 되지 않는다는 것, 일기는 훌륭한 군주이며, 지껄임, 중언부언, 속내 드러내기, 우는 소리를 들어준다는 것. …….

이런 쓸데없는 말에는 불만을 발산시키고, 중립의 상태와 속마음의 평형을 회복시키는 이점밖에 없다. 다른 효용은 어쩌면 피아니스트가 하는 음계 연습처럼 손가락을 풀어 문학적 운지법(運指法)을 유지하는 것이리라. 목격자도 대상도 없는 이런 진심의 토로는 사유(思惟)와 사유 자체와의 회담이며, 우리가 자기 안에 지니고 있는 에오리아의 거문고의 무의식적인 아르페지오이다. 이 진동은 이렇다 할 작품을 연주하지 못하며, 테마를 다하지 못하고 선율을 마치지 못하며, 프로그램을 실행하지 못하고 그저 생활의 밑바닥을 드러낸다. 의지작용을 표현하지 않고 감성, 이성적인 의식을 표현한다. 의지는 피로하게 하는데 반해 이 지껄임은 휴양하게 한다. 피로는 일과 노력에서 생겨난다. 휴양은 유희와 방임에서 온다.

그러나 둘 다 도를 지나치는 것은 좋지 않다. 그렇다면 그만. 자, 일을 해라.

1880년 5월 19일

……사람들은 내가 가정생활에 적합하고 남편으로서 이상적이라고 말했지만 나는 전혀 그렇지 않았다. 사실은 애정에 적합했을 뿐이며, 그것도 자유로운 우정에 한해서였다. 나는 지금껏 돌이키지 못할 일을 저지를 정도의 착각이나 매혹을 가졌던 적이 단 한 번도 없다. 영겁에 걸친 약속이 내게 미소지은 적은 한 번도 없다. 결국 나를 안심시키는 것은 완전성뿐이라고도 할

수 있겠으나, 또한 다른 면에서 나는 완전성의 가치가 없었다. ……나는 모든 현실적인 포위를 피하기 위해 이상 자체를 이용했다. ……모든 비속한 사물에 대해서는 상식만으로 충분하다고 생각했다. 그러나 결혼생활에 관해 나는 그 이상의 것, 기다리지 않는 일격, 저항 불가능성, 견인, 매력, 독촉이 필요하다는 것을 알았다. 순진함. 신비사상. 나를 산문(散文)에서 떼어낸 것은 시(詩)이고, 나에게 결혼할 마음을 저버리게 한 것은 내가 보아왔던 결혼생활이다. 신비사상이나 융통성이 없는 것이나 세심한 배려, 모멸 등에 기초한 부적응은 내 일생의 불행, 적어도 특질이다. 나는 어떤 것에도 적응하지 못했고, 어떤 것도 적응하게 할 수가 없었다. 다만 나는 사물을 어지럽히는 것도 내가 어지럽힘을 당하는 것도 좋아하지 않기 때문에, 내 취미에 맞지 않는 일은 모두 묵묵히 삼갔다. 고립이 나의 집이고, 초탈이 나의 성채였다. 사물은 나를 만족시킬 수 없었다. 나는 사물이 우리를 굴복시키기 위한 단서가 될 만한 욕망을 절멸시키려 시도했다. 나는 이 세상 사람이기도 하고, 이 세상 사람이 아니기도 하며, 많이 생각해 무엇 한 가지 바라지 않고, 자유 이외의 것은 모두 포기하고 비아적(非我的)인 삶을 살았다.

이런 기분은 여자에게 있어 찢어진 마음이라고 부르기에 적합하다. 실제로 그것과 비슷하다는 것은 공통된 성질로서 절망이라는 것이 있기 때문이다. 사랑하기 원했던 것을 언제까지나 가질 수 없다는 것, 뭔가 그 이하의 것으로 만족할 수 없음을 아는 경우에는 수도원에 들어가든지 아킬레스의 힘줄이나 황금 머리카락을 잘라버리거나 한다. 이런 것들이 인생, 즉 미망(迷妄)이고, 도달할 수 있다고 믿는 목적을 향한 끊임없는 노력이 되어 있다. 우연히 살고 있을 뿐, 이미 삶의 갈망을 갖지 않으며, 생활의 동기, 행동의 자극을 잃었다. 꿈의 상태, 관조의 상태에 있다. 은자이자 망령이다. 바닷가에서 바다를 바라보며 바람과 싸우는 선원을 보고 있다. 이제 이 세상 사람이 아니게 되어서, 환멸을 예측하지 않고 그날 그날의 정열의 영원성을 믿는 전투자의 순진한 마음조차도 그렇게 잘은 이해하지 못하게 되었다.

1880년 5월 26일

조국, 교회, 국민, 인류, 과학, 문명, 예술 같은 모든 관념적 사상(事象)은 그것들을 대표하는 개인을 식별할 수가 없을 정도로 멀리 떨어지지 않으면 의식하지 못한다. 상상력과 감격은 현실과 현재의 개인의 모든 비참함, 불완전, 결함을 웅대한 총체(總體) 속에 빠뜨리기 때문에, 그것을 개인이 구성하는 듯이 간주되는 것이다. '후세'라든가 '대중' 같은 것도 역시 정신이 의인화한 그런 아름다운 공상과 다르지 않다. 현실은 우리를 비웃거나 경멸 또는 쓴맛으로 채우지만, 우리는 현실을 견딜 만한 것으로 만들기 위해 시화(詩化)하지 않으면 안 된다. 그리스도교를 보고자 한다면 거의 모든 그리스도교도를 잊어야 한다. 조금이나마 신앙을 가지려면 경험에 의해 분해되고 분산되는 후광을 복원하여 환각을 갖지 않으면 안 된다.

너의 경우에는 비평적 의식이 굉장히 격렬하기 때문에, 인간의 모든 추악함, 빈곤, 잘못, 불충분이 너무 눈에 많이 띄어서 목을 조른다. 완전하지 않은 것은 모두 너를 고통스럽게 한다. 그래서 균형을 회복하고 관대한 태도로 돌아오려면 너에게 고독이 필요하다. 그것은 또 대개의 경우 꼬리가 머리를 이끌고, 체력이 정신을 이기며, 의지가 이지에 앞서고, 가장 권위 있는 자, 가장 노련한 자가 지도하고 선고하고, 조직하고 집행하는 것이 극히 드문 이 세상을 잊기 위해서도 유리하다. 너는 불행하게도 여론, 신문, 보통선거, 민주제에 예를 표할 수가 없다. 왜냐하면 악의 정도가 적은 것이 선이 아니며, 의제(擬制)는 진리가 아니기 때문이다. 이 모든 것들의 원리는 거의 유익한 동시에 유해하며, 참인 동시에 거짓이다. 즉, 너는 개인적인 우월성밖엔 인정하지 않는다. 집단은 결코 과학의 기관도, 현명한 생각의 기관도 아니다. 너는 모든 물신숭배(物神崇拜)를 혐오한다. 그러나 너는 이 미혹에서 깨어나는 것이 불행임을 알고 있다.

인간은 어떠한 경우든 자기의 시대와 멀어져서는 안 된다. 오히려 거꾸로 입법자나 의사, 행정관, 교육가, 신문기자 등의 사람들에게 감사하고, 그런 사람들이 없으면 만사가 보다 나빠진다고 생각해야 한다. 어떠한 수든 무한대와 비교하면 0이지만, 0과 비교하면 얼마가 된다. 무엇이든 활동이 있는 것을 무시하는 것은 좋지 않다.

1880년 5월 28일

상상력과 이성의 시소게임은 무척 재미있다. 나는 늘 감각의 과장에서, 사물을 어둡게 보는 데서 시작한다. 최악의 경우를 생각하고 극단적인 결과를 예상한다. 이것은 너무 희망을 바라보지 않는 성격, 조금 병적인 감수성의 결과이다. 그렇지만 외출이나 어떤 기분전환, 강으로의 산책, 식사를 하면 내부에서 균형을 회복한다. 사물을 다른 면으로 다시 봄으로써 내 인상은 보충되고, 판단은 안정된다. 거기서 나는 고독한 생활이나 무기력, 취약한 성격 따위의 불편을 느낀다. 그래서 나는 신기함에 대한 공포든, 진찰의 거부든, 방해를 받는 울화든, 싫은 일의 예감이든 뭐든 마음의 움직임에 대해 경계를 계속하지 않으면 안 된다.

세 번 검열한 뒤가 아니면 판결을 내리지 말라. 최초의 검열에서의 비관과 두 번째 검열의 낙관을 신용하지 말라. 뒤이어 상반되는 두 개의 지나침을 제거하고 진상에 도달하라.

1880년 5월 30일

내 독립성을 과장하지는 않았는가. 무너지는 가슴을 피하기 위해 내 마음의 안뜰 벽에 닿는 것, 나의 장애, 의무, 호기를 정면에서 바라보기를 피하고, 신중한 생각의 권리와 예지의 절도를 넘어서지는 않았는가. 너는 무익한 노력뿐만 아니라 일반적 노력도 두려워하고 있다. 너는 기한도 없고 희망도 없는 투쟁이 싫어지고 있다. 너는 이미 운명에 대해서도, 병에 대해서도, 사람들에 대해서도, 너의 본성에 대해서도 싸우지 않는다. 너는 가능한 한 마찰을 적게 하여 생존하려 하고 있다. 병든 인간, 용기를 잃은 인간에게는 우선 그 이상의 것이 불가능하리라. 그러나 죽음을 향해서나, 살아 있는 사람들을 향해서나 부드럽게 대한다는 것은 영웅적이지 않다. 그것은 수도원의 입장에서 사는 것이다. 테베 지방(고행을 일로 하는 그리스도교도가 많이 은둔했던 이집트의 지방)으로 들어가는 것이다. 방주나 수피(페르시아의 신비적 고행자)가 되는 것이다. 되도록 드러나지 않게 생존하는 것이다. 열반으로 이행하는 것을 쉽게 하기 위해 살아 생전부터 죽어 두는 것이다. 좋다. 그렇지만 거기에는 선택이 없다. 힘이 사라졌을 때, 힘에 대한 갈망을 갖고 있어서는 안 된다. 오히려 그보다 먼저 기권하는 편이 낫다. 장 자크 루소는 말했다. "자포자기한 상태를 스스로 버리는 각오는 운명에 관계없이 인간성을 잃지 않는 것이다."

그보다는 죄에 의해 죽는 편이 나으리라. 죄라는 것은 바라야만 할 것을 바라지 않는 것인 동시에, 또 선이 아닌 것을 바라는 것이다. 어쩌면 자신에 대한 탐구를 단념해야 한다. 자존심은 경우에 따라서는 벌받아 마땅한 쾌감일지도 모른다. 신은 우리의 전면적 단념보다도 우리의 의지에 대한 단념을 원한다. 신은 우리가 우리의 길, 우리의 방법보다도 오히려 신의 길, 신의 방법에 의하는 것, 우리 자신이 기뻐하는 일이 아니라 신이 기뻐하는 일을 행할 것을 요구한다.

신은 나의 양심 바닥에 사는가. 아니다. 거기에는 나도 감히 휘두르지 못하는 불만, 치욕, 회한, 비애가 있다. 어수선하게 입 밖에 내지 못할 의혹과 고뇌, 공포가 있다. 우리 덕성의 밑뿌리는 덕성에 속하지 않는다. 나는 내 생애의 저주가 성(性)의 문제, 모든 수치나 환락에 관한 것이었다고 믿는다. 이것은 나의 낮과 밤, 내가 깨어 있을 때와 꿈꿀 때, 나의 유년기, 청년기, 성숙기를 괴롭게 했다. 이것은 나의 양심을 흐리게 하고, 내 상상력을 뜨겁게 하며, 내 속마음을 위협하고, 내 가슴을 어지럽히며, 출세를 방해했다. 이 생리적 기능은 나에게 끊일 새 없는 비참이었다. 조혼뿐만 아니라 방탕 쪽이 금욕이나 독신보다 나았을지도 모른다. 우리를 더러움에서 구하는 것은 여자이다. 왜냐하면 여자는 욕망과 몽상, 유혹에서 해방시키기 때문이다. 남자이건만 천사 흉내를 낸다든지, 남자인데 처녀 행세를 하는 것은 어쩌면 위험하다. '자연'은 그것에 대해 인간이 비겁함에서, 또는 신중한 생각에서 부여한 정의(正義)의 부인(否認)에 대해 지독하게 복수한다.

1880년 5월 31일

(아침 8시) 너무 섬세해지지 않도록 하자. 섬세하고 치밀한 눈은 칭찬할 것이 못된다. 어쨌든 살지 않으면 안 된다. 가장 간단한 것은 어떤 착각에도 불평을 하지 않고, 불가피한 일은 어른스럽게 수용하는 것이다. 연극을 구경하러 갔을 때는 깨달은 척 하거나 따분한 표정을 짓지 않는 것이 좋다. 인간 생활에 결여된 것에는 비극적인 혐오나 쓰디쓴 조롱, 장소에 맞지 않는 불평이나 지나친 요구를 내놓지 말고, 있는 그대로의 생활을 인정해야 한다. 유쾌함과 명랑한 인내 쪽이 부드럽다. 할아버지의 손녀에 대한 태도, 할머니의 손자에 대한 태도를 생활에 대해서도 취하도록 하자. 우리가 상당한 나이에 이르러 있더라도 유년시절이나 청년시절로 들어가자. 신도 인류의 환상이 죄가 없는 경우에는 부드러운 눈길로 봐줄 것 같은 기분이 든다. 죄, 즉 이

기심과 반항심 외에 나쁜 것은 없다. 인간은 잘못을 종종 바꾸어 저지르지만 거기에서 벗어나는 때는 오지 않는다. 인간은 끊임없이 여행을 할 수 있다 해도 반드시 어딘가에 있지 않으면 안 된다. 인간은 지구 위의 어느 한 점에 있는 것처럼 진리 위의 어느 한 점에 있다. 편재(遍在)와 전지(全知)는 인간의 속성이 아니다. 위대한 정신은 모든 것을 보고, 모든 것을 알며, 모든 것을 감싸는 '공 모양의 정신'을 예감하고 나아가 예감하게 한다. '신의 정신'은 한꺼번에 모든 양상을 취하며, 한꺼번에 모든 가능성을 수용한다. 그렇기 때문에 신은 잘못을 하지 않는다.

개체적 정신은 부채가 비눗방울을 나누어 내놓는 작은 방울과 비슷한 것이 아닐까. 작은 방울은 원래의 방울을 고쳐 프리즘의 색, 주위 세계의 모습을 재현하려 한다. 그것은 겉모습에 불과하며, 또한 겉모습으로 만족하지만 법칙을 실현하고 있다. 그것이 포함하는 실체적인 곳은 거의 무와 같다. 그것은 비누의 분자를 얼마간 지닌 한 방울의 물이다. 그 법칙은 희망의 숨결 밑에서 동그랗게 되는 것, 공상과 환각의 모든 방향으로 확대된 한 조각의 진리로서 하나의 구를 짜내는 것이다. 기포는 성공을 거두고, 개인은 거두지 않는다. 기포는 공 모양이지만 개인은 상상할 수 있는 모든 찌그러짐을 보이고 있다. 식물이든 동물이든, 어쨌든 모든 유한한 존재는 기포의 공허한 구와 정신이 충실한 구, 0과 무한대, 0과 ∞사이의 특수한 경우이다. 개별화는 원래의 덩어리에서 떨어지는 것뿐만 아니라 유기적 조직을 구성하는 세포로 보여지는 대로, 대개는 공 모양에 주름을 모으거나 당기거나 하는 것이다.

얼마간 만족스런 통일을 나타내는 것은 사회뿐이다. 개인은 건물에 있어 하나의 돌, 거대한 기계의 하나의 톱니바퀴, 시의 한 단어로서 만족해야 한다. 개인은 가족, 국가, 인류 및 모든 이해나 신앙, 동경, 노동이 형태짓는 특수한 집단의 점차 줄어드는 부분이다. 가장 우수한 마음은 우주의 교향악을 의식하고, 문명이라 불리는 광대하고 복잡한 음악에 기뻐하는 마음이다.

개인이라는 한 점은 원, 세포, 유기체, 생명, 사유가 되며, 작용에 의해서 필연적으로 야기되는 모든 순간적인 특수화를 통해 구(球), 전체성, 조화를 결코 잃지 않는다. 개인에게 자기 안에서 모든 산업적, 미적, 윤리적, 종교적, 과학적, 법률적 계열을 심리적으로 다시 만드는 것, 즉 자기의 유성(遊星)뿐만 아니라 우주까지도 빠르게 다시 짜는 것이 허락되어 있다.

아기를 낳는 여자 한 사람 한 사람은 무수한 어머니의 삶의 계열을 짧게 고친다. 사색가의 정신은 자기 종족의 진화를 짤막하게 고치고, 자기 안에 화강암이나 에오존(éozoon, 암석 속에서 볼 수 있는 원시적 동물), 태양 상태나 성운물질을 다시 찾아낼 수가 있다. 그 정신이 자기에게 집중하는 순간에 인류의 업적, 세기에 세기를 거듭한 결과가 그 명상의 소재가 되고, 그 꿈의 밑그림이 된다. 그 무력(無力)의 정도에 따른 신의 전능의 동일성이다. 그러므로 '신의 모습에 따라 창조된 인간'이라는 고대의 표현방식은 상당한 진리를 포함하고 있다. 정신은 정령의 축소판이다. 반지름 1밀리미터의 구도 천구(天球)와 마찬가지로 구이다. 갓난아기와 아버지에 대한 관계는 평범한 인간인 아버지와 천재에 대한 관계, 천재 인간과 천사에 대한 관계, 또는 세미티크어, 즉 경건한 언어를 사용하여 말한다면 '시리우스의 지배자'와 신에 대한 관계이다.

정신은 원칙적으로 자기 안에서 발견하는 모든 한계, 언어, 국적, 종교, 민족, 시대의 한계를 폐기할 수 있다. 그러나 정신은 정신적이 되고, 총 양상적이 되면 될수록 정신화하고, 보편화하면 할수록 다른 정신에 대한 실마리가 없어져서 다른 정신은 이것을 이해할 수가 없고, 이것을 어떻게 해야 좋을지 모르게 된다. 작용을 미치는 것은 실행가의 본분이며, 작용하기 위해서는 의지의 세력과 결부된 사상의 편협만큼 유리한 것은 없다. 인간을 움직이게 하고, 목적에 도달하기 위해서는 칼이나 망치, 폭탄이 되어라. 야심가나 탐식가는 우롱을 연민으로 갚는 몽상가를 우롱한다. 꿈은 거대하지만 실행은 왜소하다. 갇혀 있는 정신에게 성공이나 명성, 이익을 줘버려라. 그것으로 충분하다. 그러나 이 사람들은 자유의 달콤함이나 무한 속의 여행의 기쁨은 모른다. 여하튼 나는 한쪽이 다른 쪽보다 뛰어나다는 말을 할 마음은 없다. 실제 각자가 행복한 것은 오로지 그 본성에 의한 것이다. 게다가 역사는 특수성이나 전투자에 의해서만 만들어진다. 다만, 서양 역사의 게걸스런 활동의 한가운데에 있는 몇 사람의 마음이, 약간은 바라문적이라는 것이 어쩌면 나쁘지는 않으리라. 유럽 사람, 특히 미국인은 인간이기는 하지만 인간 자체는 아니다. 구(球)에 대해 명상한 현자(賢者)는 완전한 인간을 의식하기를 바라고 있다. 그러나 그리스도교 문명 전체는 현자가 볼 때는 아직 하나의 방식, 참고할 만한 견본에 지나지 않는, 인간 문화는 아니다.

(오전 11시) 이런 엠퓨리아(Empyria. 최고의 천구로 영원의 불 또는 별이 있는 곳, 또는 가장 행복한 자가 사는 곳)를 거니는 것은 학교를 게을리하고 들판을 걷는 것일까. 그렇기도 하고, 또 그렇지 않기도 하다. 거기서 '어리석은' 나에 대한 일시적인 안식만이 가능하다고 한다면 꾀를 부려 쉬는 것이 된다. 하지만 내 직무가 목적 없는 사색을 허락하는 것이 나의 수업과 펜이 나중에 그것을 이용하기 때문이라고 한다면, 꾀를 피워 쉬는 것은 아니다. 목적 없는 사색은 나에게도 게으름, 에피쿠로스풍으로 생각되는데, 더구나 몽상은 시의 어머니, 때로는 발견의 어머니가 된다. 그것은 기도의 한 형식, 영혼을 위해 호흡하는 하나의 방식이며, 존재의 확장, 사색의 유희, 정신의 환락이다. 즉, 몽상은 일과 교대로 행해지지만 일 대신이 되지는 않는다는 의미이다. 너는 쓸데없는 것을 좋아하는 버릇이 있고, 사람들 사이에 있으면서 형제의 사귐에 대해 질리지 않는 굶주림을 느끼므로 아무래도 몽상을 남용하는 데 기울어져 있다. 독백은 대화의 보충이다. 너의 천성에 있는 사교성은 갈겨쓰는 유폐(幽閉)로 변형하지 않으면 안 되었다. 사랑하는 남자는 말없이 있기보다는 차라리 자기의 괴로움을 벽에다 말할 것이다. 아내나 털어놓을 상대나 친구가 없으면 사람은 기도한다. 기도할 수 없을 때는 일기를 편다. 젊은 시절을 인내하는 여자의 눈물이 눈물을 좇는 것처럼 소리 없이, 보는 사람도 없이, 억압도 없고 흥분도 없이, 페이지가 페이지로 이어져 간다.

때때로 나는 다친 사람이 자기의 혈관에서 피가 흘러나오는 것을 바라보듯이 내 삶이 흘러나가는 것을 바라보는 것 같은 기분이 든다. 운명에 대해 버둥거리지 않고 존재의 파멸을 지켜보는 이 체념한 상태는 자기 양에게 설교당한 양치기, 루마니아의 미오리차(Mioritza)를 떠올리게 한다. 이것이야말로 부적합한 몽상이다. 그것은 결국 인간을 마비시킨다. 경험은 용기를 꺾는다. 인간은 이제 희망에 속지 않게 된다. 회교도처럼 숙명론을 믿으며, 양처럼 부드러워진다. 끝내는 모든 것이 싫어지고 자기의 게으름에도 지긋지긋해져서 이번엔 실행, 의무, 절박함이 우리를 다시 부른다. 설탕 다음에는 소금이 필요하며, 부동 자세 다음에는 보행이나 체조가 필요하다. 고독 뒤에는 무리에게로 돌아가지 않으면 안 된다. 균형을 위한 교제, 이것이 법칙이다.

이야기하는 것도 좋지만 잠자코 있는 편이 더 낫다.
그러나 둘 다 지나친 것은 좋지 않다.

1880년 6월 1일

　독서. 스탕달《파르마의 수도원》. 이 작품은 훌륭하다. 하나의 전형, 기점(起點)이라고도 할 수 있다. 스탕달은 윤리감의 개입을 배제하고 이른바 자유를 비웃는 자연주의 소설의 계열을 열었다. 개인은 모두가 책임을 지지 않으며, 각자의 감정에 지배당하고 있다. 인간의 감정 묘사가 관찰자의 기쁨, 예술가의 양분이 되고 있다. 스탕달은 테느의 마음에 적합한 소설가, 감동도 분개도 않고 부끄러움을 모르는 남녀, 선량한 남자, 정결한 여자 모두에게 흥미를 느끼며, 신앙도, 좋고 나쁨도, 이상도 갖지 않은 충실한 화가이다. 여기서는 문학이 박물학, 과학에 예속되어 있다. 문학은 이제 '인문(人文)'의 일부가 아니며, 인간에 대해 특별한 지위를 인정하지 않게 되어 있다. 인간을 개미나 바다사자나 원숭이의 무리에 넣고 있다. 이 윤리적 무관심은 그 기호에 따라 비윤리성으로 향한다. 실제로 비루함은 덕성보다도 아름다운 맛이다. 황산염 쪽이 설탕보다도 흥미가 있고, 독약이 그냥 먹을거리보다 다양한 현상을 야기한다.

　이 파(派) 전체의 폐해는 시니즘, 즉 동물의 수준으로 떨어진 인간에 대한 경멸이며, 힘의 숭배, 정신에 대한 무관심, 모든 반대에 대한 항의에도 불구하고 여전히 눈에 띄는 관용과 존경과 고귀함의 결핍, 다른 말로 하자면 비(非)인문이다. 유물론자가 되면 그대로는 지나치지 않는다. 비록 세련된 교양을 가졌어도 거칠고 천해진다. 정신의 자유는 확실히 훌륭한 것이지만 마음의 고매함, 선에 대한 신앙, 감격과 헌신의 능력, 완성과 청정(淸淨)의 갈망은 더 한층 아름다운 법이다.

1880년 6월 7일

　네케르 드 소쉬르 부인(Madame Necker de Saussure. 제네바에서 태어난 프랑스의 작가, 교육가, 1766~1846년, 스탈 부인의 사촌)을 다시 읽다. ……《진보적 교육》은 칭찬할 만한 작품이다. 얼마나 절도와 정확성, 이성을 지녔으며 존경스러운가. 얼마나 잘 관찰하고, 깊이 생각하고, 잘 쓰인 것인지. 이 과학과 이상, 철학과 종교, 심리와 윤리의 조화는 은혜를 베푸는 것이다. 그것은 건전하기 때문이다. 이 책은 아름다운 책, 고전적 논문이다. 제네바는 이 정도로 높은 교양과 이만큼 확실한 지혜를 요약한 이런 작품을 자랑해도 된다. 이것이야말로 참된 제네바 문학, 이 나라의 중심적 전통이다.

1880년 6월 21일

(오전 11시) 나의 약혼녀는 이 작고 푸른 방에 나의 거처를 마련해 주었다. 나는 거기서 2시간을 보내고서 완전히 안정되었다. 우선 거기서 나는 고요함을 발견했고, 이어 미적인 조화를 알아챘다. 귀여운 모습과 작품으로 가득 차 있는 (실제로 하나 하나의 회화, 가구, 서적, 애완품, 색채가 뭔가 어떤 의미를 지니고 있고, 선택의 결과이며, 취미의 표시이고, 노작의 성과이다) 이 방은 나에게 시적이고 친밀하며 안정되고 기분이 좋은, 편안한 집이라는 인상을 주었다. 여자의 방에서 홀로 보내는 시간은 여자의 생활에 대한 입문서이다. 여자의 꿈의 역사, 여자의 마음을 잠깐 볼 수가 있다. 남자인 친구를 자기 진영에 들이는 젊은 사람은 자기 사상의 일기를 빌려주는 것과 같은 은혜를 부여하는 것이다. 남의 눈에 띄지 않는 개인적 공간에 기만(欺瞞)으로 들어온 침입자, 천민, 악인, 호색한이 그곳에 사는 사람에게 모독의 기분을 줄 것은 확실하다. 이런 종류의 오욕을 받은 뒤에는 일종의 정화 의식을 바랄 것이다. 처녀로서의 부끄러움은 젊은 여인의 집 안으로 확대되고, 그 몸에 속하는 모든 특수한 것에 미친다. 비천한 사람들의 숨결뿐만 아니라 눈길이 스치듯이 닿은 물건을 상하게 한다. 마음이 섬세한 사람이라면 식탁에서 옆에 앉은 사람이 썼던 컵으로 마시는 것을 거부할 정도니, 그런 꺼림칙한 익숙함은 받아들이지 않는다. 자기에 대한 존중은 외부의 거칠고 막된 호기심과 내부의 신비한 아름다움을 경계짓는 막이 올려지지 않기를 바란다. 상상력, 가슴속 순진함은 에르민느(더러움을 극도로 싫어한다고 전해지는 족제비의 일종)와 비슷하다. '나에게 닿지 말라'는 것이 모토이다. 순결함은 그의 이상(理想)이다. 모독적인 접근에 대한 이 여성적인 혐오는 여성의 뿌리깊은 본능이었고, 그것이 정절의 참신함과 가벼운 필치를 지키고 있다. 처녀가 그의 매력과 아름다움을 유지하려면 모든 접촉을 피하고 후광으로 몸을 감싸지 않으면 안 된다. 더러움이 없는 것이 그의 의무이며, 또한 그의 위력이 된다. 그렇게 처녀는 사랑을 위해 몸을 지키는 것이다.

그가 생활하는 방, 그가 자는 방은 꽃을 보호하는 겉껍질, 누에고치 같은 것이다. 그 조직에 손대지 말고 놓아두어야 한다. 섬세함을 위한 방어를 신비스러울 정도까지 추진하는 것은 좋은 일이다. 이 반발력은 겸손과 정조의 수호자이다. 신성함과 비밀에는 거의 간격이 없다. 신비함은 보물이다.

1880년 6월 25일

어제 오후는 무시무시한 소나기. 천둥, 번개, 싸라기가 섞인 세찬 소나기. 마지막 2회 강의 준비. 강의 시간이 부족해서 요약하고 단축한 형태로 모든 것을 나타내기 위해 궁리를 하다. 나는 이 교육상의 문제 해결에서 상당한 매력을 발견한다. 내용을 조금도 희생하지 않을 것, 프로그램 전부를 다 채울 것, 이 날의 정해진 시각에 마칠 것. 이것은 두뇌에 '결점이 없는' 소네트(14행의 시)와 마찬가지로 만족을 준다. 이것은 기념건조물에 놓은 화환이며, 교수로서의 체면이고, 직업에 있어 명예이다. 내가 크게 잘못하지 않는 한, 나는 내 강의의 결말 및 판별의 말에 모든 실을 매듭짓고, 모든 가닥을 다 모은 다음에 예정한 곳에서 마칠 생각이다. 조짐은 괜찮은 것 같다.

1880년 6월 26일

(정오) 바라던 대로 정확하게 강의를 마치다. 일이 정리되었다. 이 증언 부언하는 문제에 있어서 (여름학기 매주 4시간의 이 강의는 1861년에 처음으로 시도했던 '국민성의 심리학'이었다) 나는 어느 한 가지도 빠짐없이, 각각의 사항을 적당한 장소에서 펼쳤다. 원이 한 바퀴 돌기를 마쳤다. 불만을 느끼지 않는다. 그것에 성공하기 위해서 나는 시간을 분 단위까지 나누고, 재료의 높이를 재고, 짜임의 코와 바늘땀의 수를 세었다. 이 변설적 자수는 나도 뭔가를 배울 때 쓰는 방법이다. 그러나 이 방법은 가르치는 기술의 아주 작은 부분에 지나지 않는다. 내용을 일정 수의 수업으로 배분하는 것은 좀더 어렵다. 여러 부분의 비례와 해설의 정상 속도를 찾는 것도 쉬운 일은 아니다. 강의자라면 하나씩 정리된 강연을 차례로 하면 된다. 이 경우에 통일이 한 회, 한 회이기 때문이다. 그러나 학술적인 강의는 그보다 커다란 목적, 제재와 강의의 통일에 뜻을 두어야 한다. 그러한 관점은 객관적이다. 변론적 성공도 호기심을 받지 못하고 자기 제목의 사제(司祭)가 되어, 엄숙하고 차분하게 그것을 두드러지게 한다. 듣는 사람이 학문에 대한 존경과 사랑을 가졌다고 예상해 모든 기교와 웅변가적 책략을 모멸한다. 그것은 순수한 이지, 이해하고 관조하고자 하는 요구를 기쁘게 하려 한다. 착각일지도 모르지만 나는 내 강의가 이 기쁨을 줄 수 있을 것이라 생각한다. 다양한 시간과 다양한 사람의 증언이 나를 감독하고 도움을 준다. 내 강의를 투명한 대사원에 비교해 전체와 선(線), 세부에 이르기까지 비례를 분명하게 인정

하고, 빛 속에 잠겨 있는 것 같다고 말해준 사람이 있다. 플라톤 같은 청랑(晴朗)함은 진리에 적합하고, 또 철학적 서술에 적합하다.

1880년 6월 27일

　과학에 있어 개인적 견해는 조금도 가치가 없다. 그런데도 윤리, 교육, 정치, 신학의 문제에서는 어째서 가치가 있는 것처럼 보이는 것일까. 이 경우 견해자가 어리석다는 증거를 제시하기가 한층 어렵기 때문이다. 아무리 낯이 두꺼운 사람이라도 그곳에 나오는 술어조차 이해하지 못하는 화학, 천문학, 지질학, 대수학 같은 문제에 대해 의견을 내놓으려 하지는 않을 것이다. 그런데도 훨씬 어렵고 보다 복잡한 일에 대해서는 자신감을 회복하고 유일한 전문가나 되는 양 식자인 체를 한다. …… 이것은 어쩌면 수학이나 자연과학은 있지만 정신과학이란 것은 없다는 의미가 된다. 예를 들면 '국가'나 '교회'는 시계나 솔로 연주보다 훨씬 알기 쉬운 장난감이다. 자물쇠나 실내화를 만들려면 일정의 수련이 필요하다. 법률을 만드는 데는 사전 의논이나 반성 없이도 저절로 진행된다. 보급된 과학은 누구의 손에나 들어가며, 불량배나 무뢰한이 자기 몫을 하는 사람으로 통한다. 소크라테스적 야유가 항상 이 그로테스크한 심취에 나타나기 시작한다. 각자가 교육을 받아서 제각기 올바른 견해를 가지려 노력하는 것은 좋다. 그러나 일반적으로 견해라는 것은 검토에 앞서서 나오며, 의혹이나 심사숙고를 거치지 않고 결정, 재단, 선고한다. 그것은 우스울정도로 슬픈 일이다. 가장 오만한 것은 가장 어린 것이다. 건방짐은 지위나 신분과는 반대 방향을 택한다. 민주제가 늘 이러한 결과를 향해 전진해 온 것은 나이, 경험, 교육, 실력의 차이를 조직적으로 말살하고 오로지 다양한 견해 및 견해자만을 안중에 두도록 했기 때문이다. 민주제는 존재한다. 그 폐해와 우스꽝스러움을 적는 것은 쓸데없는 짓이다. 어느 제도에나 그런 것은 있다. 이 제도의 해로움은 아직 그다지 크지 않다. 이 제도에 있어서의 전제는 모든 사람이 진리를 사랑하고, 빛을 추구하며, 올바른 도리에 복종한다는 것이다. 이 가설 아래서 행동하지 않으면 안 된다. 뭐든 공중과 군중, 대중을 향해 변호해야 한다. 승리는 가장 현명한 생각을 많이 가진 사람에게, 가장 교묘하게 설득하는 사람에게 온다.

　겉모습을 솜씨 좋게 치장하는 것은 소피스트의 재주였다. 그것이 역시 민주제에 있어서 성공하는 사람들의 기량이다. "소피스트가 다른 사람보다도 훌륭한 것은 진리를 많이 파악하고 있어서가 아니라 (어떤 견해든 다른 견해와 동등하게 참이다) 사람들의 마음을 자기의 의견으로 끌어들이는 기술, 자기에게 유리해질 일로 사람들을 설득하는 기술을 터득하고 있기 때문이다." 아테네 사람은 그것을 솔직하게 말했다. 인기가 있는 변론가는 유쾌한 망상의 대가이다. 다양한 감정을 사랑하고, 여러 주의를 마음대로 갖고 노는 마술사이다. 그 실력은 성공으로 가늠된다. 이 제도는 사물에는 불리하지만 그 대신 인간에게는 유리하다. 왜냐하면 각 개인을 강제해 무수한 문제에 관심을 갖게 함으로써 개인의 발전을 가져오기 때문이다. 조악한 작품을 만들지만, 시민을 만들어낸다. 이것이 그 해석이며, 박애가의 눈에는 진품의 자격으로 보인다. 결국 사회제도는 인간을 위해 만들어진 것이지 그 반대는 아니기 때문이다.

(같은 날) 친구 S***를 방문해 어제의 대화를 계속하다. 민주제를 기초로 하고 있는 법률적 의제에서 출발한 것이면서 민주제를 위협하는 다양한 병폐에 관해 이야기했다. 그의 구제법은 민주제가 조직적으로 무시하고 있지만 대등한 추(錘)가 되는 진리, 즉 재능이나 덕성, 실력의 불평등, 연령이나 능력, 공적에 대한 당연한 존경 등을 도처에서 역설하는 것이리라. 나이 어린 사람의 오만이나 질투에서 오는 배은망덕에 대해서는 제도가 법률적으로, 또 사회적 형식이 그것들을 조장할 때마다, 낙인을 찍으면 찍을수록 가능한 한 점점 더 공격해야 한다. 제도가 개인의 권리만을 말할 때는 의무를 역설할 필요가 있다. 일방적으로 편향된 사람들에 대해서는 영합하지 않도록 할 필요가 있다. 과연 이것은 모든 일시적인 진정제에 지나지 않겠지만 인간 사회에 있어서는 그것 이상의 것을 기대할 수가 없다. 인간의 행동은 상반되는 오류의 연속이다. 가끔 진리를 가로지르지만 진자(振子)가 수직선을 가로지르듯이 이내 다시 벗어나고 만다.

1880년 6월 28일

독서. 네켈 드 소쉬르 부인의 제3권 《여성의 삶 연구(Etude sur la vie des femmes)》를 다 읽다. 아름답고 중후하며 사려 있는, 또 고상하고 섬세하며 완성된 책이다. 말이 어색한 곳, 부정확한 데가 약간 있기는 하지만 읽는 데 지장이 있지는 않다. 저자에 대해 존경과 함께 감동을 느끼며, '이것이야말로 드문 책이다. 모든 것이 진심이고 모든 것이 진실이다'라고 외치고 싶어진다.

1880년 7월 1일

(3시) 답답한 기온. 불쾌. 권태. 노트를 다시 보고 내일의 시험을 생각하지 않으면 안 될 터이다. 내적인 혐오와 불만, 공허. 양심이 중얼거리는 것일까. 가슴이 지껄이는 것일까. 영혼이 스스로를 꾸짖는 것일까. 능력이 달아나고, 시간을 잃어버리는 느낌일까. 이 혼돈스런 불안은 어디에서 오는 것일까. 비애에서인가, 애착에서인가, 걱정에서인가. 모르겠다. 그러나 이 어슴푸레한 부식(腐蝕)은 위험하다. 이것은 나를 급격하고도 미치광이 같은 결심으로 내몬다. 이러는 동안 나에게서 도망쳐 검은 나비와 파란 악마를 쫓아내고, 우리에게 없는 성가신 목소리를 제압하고 싶다. 불만은 다양한 유혹의 아버지이다. 나는 환락, 파시슈(인도의 마에서 채취하는 흥분마취제), 알코올 음료 따위의 온갖 광란을 잘 안다. 우리의 우물 깊은 곳에 숨어 있어 눈에 보이지 않는 뱀을 배가 터지도록 먹이는 것, 먹여서 재우는 것이 중요하다.

그런데 이 모든 무익한 격앙은 무엇을 나타내는가. 하나의 동경을 나타낸다. 우리는 무한, 사랑, 무엇인지 나로서는 알지 못하는 것을 갈망하고 있다. 거기에는 채워지지 않는 요구가 있다. 부르는 신, 또는 복수하는 신이다. 심연의 바닥에서 신음하는 행복이다.

1880년 7월 3일

'참새의 집(*la Passerine*)'(아미엘이 세리오사의 집 객실에 붙인 이름. '유리의 섬(*l'Ile d'Azur*)'라고도 했다)에서 밤을 새웠다. 내일의 국민투표(교회와 국가의 분리에 관한 법안이 최고의회를 통과해 7월 4일 제네바 시민투표에 붙여졌다. 그 결과 9,305 대 4,044의 다수로 부결되었다)에 관해서만 이야기하다.

1880년 7월 4일 일요일

(아침 8시 반) 큰 비에 이어서 태양이 나타나다. 이 장엄한 날의 전조일까. 지금 막 '클레망스(*la Clémence*. 생피엘 교회에 있는 종의 이름. '관용과 어짊'을 의미한다)'의 커다란 울림소리가 들려왔다.

강력하게 울리는 그 소리는 나의 폐부에 격렬하게 응답했다. 15분 동안 비통한 외침을 계속했다. "제네바여, 제네바여, 상기하라. 내 이름은 클레망스다. 민중의 바람은 시간에 의해 부서진 나를 다시 살아나게 했다. 나는 '교회' 및 '조국'의 음성이다. 제네바인이여, 신에게 봉사하라, 단결하라."

(저녁 7시) 클레망스는 투표가 끝나고 30분에 걸쳐서 다시 울려퍼졌다. 5시 5분 전에 그것이 멈추었을 때, 그 침묵은 엄청난 무게를 지녔었다. 마치 재판관의 착석과 극형 선고를 기다리는 민중을 내리누르는 침묵 같았다. 제네바 '교회'와 '국가'의 운명은 막 투표가 끝난 함 속에 있다. 개표가 시작되고 있음이 분명하다.

(밤 11시) 전체에 걸친 승리. 찬성은 투표자 1만 3천2백이라는 다수 투표 가운데 전체의 7분의 2밖에 얻지 못했다. 곳곳에 안도의 기분. '참새의 집'에서도 샤를르 보네 거리(rue Charles Bonnet. 오귀스트 부비에 교수 Auguste Bouvier의 집)에서도 모두 감동하고 환희하고 감사하고 있었다. 모두 제네바가 원만히 타개하고, 조국이 다시 살아났다고 느끼고 있다.

안에서는 나의 약혼녀가 결과를 듣고 기쁨의 눈물을 흘리고 있었다.

1880년 7월 5일 강한 감동의 날
클레망스가 두 번 울었다. 한 번은 국민투표 결과의 공식 발표 뒤, 또 한 번은 정오가 지나 사람들을 기도하도록 부르기 위해서였다.

도시 전체가 들떠 있어서 마치 축제일 같았다. 국기가 사방의 창에 나와 있었다. 사람들은 모라르(Place du Molard. 호숫가의 대 로인 Grand Quai에 접한 광장)에 모여서 생피에르(Cathédrale Saint-Pierre. 도시 중앙의 대사원)까지 올라갔다. 감사의 의식, 음악에 1813년(라이프치히에서 있었던 나폴레옹의 패전 뒤 12 월 31일에 제네바에서는 다시 독립을 선언했다)의 깃발을 흔들며 도시를 누비는 행렬. 모라르로 돌아가니 또다시 연설이 두 차례 있었다. 전체적으로 쾌활.

가장 감동적인 순간은 생피에르에서 볼 수 있었다. 모자를 벗은 사람이 4천, 5천이나 대사원의 앞뜰을 채우고, 쿠냐르(John Cougnard. 제네바의 종교가)는 이 술렁대는 군중을 향해 기대했던 대로 애국적이고 군국적인 격려의 연설을 했다. 옛 제네바의 영혼과 선조의 마음은 아테네와 아르고스의 시절처럼 국가 전체를 뒤덮고 있는 전당의 둥근 천장 아래에 모인 것이다.

성스러운 곳에 모여 있는 듯한 경건한 인상. 역사와 신의 섭리와의 무대 뒤를 힐끗 본 듯한 느낌이 든다.

지금도 여전히 사람들에게 마력을 지닌 말이 있다. 그것은 '국가', '공화국', '조국', '국민', '국기' 같은 말로서 '교회'라는 것도 그것에 들어갈 것 같다. 회의적이고 조롱적인 교양에는 이런 말들이 단순한 사람들의 마음에 환기하는 감동, 흥분, 또는 도취를 맛볼 수 없게 되어 있다. 감각이 마비된 사람들은 냉정하기 때문에, 이런 외침소리를 듣고 민중의 마음에 일어나는 설렘을 생각해 보지도 않는다. 그것은 벌이며, 또한 약점이기도 하다. 모두 비아냥대고, 개인주의이며, 고립되어 있고 창작력이 없다.

나는 과거 루소의 백년제 때 겪었던 일을 지금 다시 경험하고 있다. 그것은 고상하게 행동하고 작은 일에 얽매이는 '신사 여러분'이나 신심가(信心家)인 금융업자, 또는 소양 있는 계급 등과 같이 제도적 틀을 만들어 민중에게서 떼어놓는 사람들이 나의 가슴, 나의 상상력을 오싹하게 하는 것이다.

그것은 그렇다 치고, 나는 내적인 모순에 사로잡혀 있다. 나는 본능적인 두 개의 반감에 괴로워하고 있다. 온갖 종류의 격이 낮고 속된 것에 대한 미적인 반감과, 마음의 깨끗함이 없음에 대한 윤리적인 반감이 그것이다. 그런 의미에서 나는 개인적으로는 완전하게 교양이 있는 우수하고 똑똑한 사람들에게만 끌린다. 그러나 다른 한편으로는 국민의 의식, 민중의 마음과 하나가 되어 가슴이 두근거리는 것 만큼 즐거운 일은 없다. 결국 나는 두 가지 극단 밖에는 맛보지 않으며, 그렇기 때문에 그 둘에게서 떨어져 있다. 세련된 사람들은 나를 속되다고 생각하며, 민중은 나를 타락자로 본다.

1880년 7월 6일

멋진 날씨. 중학교의 진급식. 큰북과 음악 신호가 들렸다. …… 나는 학교 축제에 나가기에 필요한 감흥을 갖지 않았었다. …… 게다가 아직껏 남아 있는, 어제 받은 여러 인상의 잔상에서 깨어나고 싶었다. 평정함과 동요되지 않는 상태, 침체의 요구 쪽이 이겼다.

해가 저물 무렵, 나는 세 명의 부인들과 함께 프랑파레 들판까지 갔다. 엄청난 인파, 사람들의 기쁜 듯한 얼굴 표정. 축제는 별이 잔뜩 떠 있는 고요한 하늘 아래서 폭죽으로 끝났다. 돌아오는 길에 나는 생각했다. 역시 이것이 공화국이다. 1주일 전부터 민중은 들떠 있다. 아고라(시장)에 모였던 아테네 사람들처럼 진을 치고 있다. 수요일 이후 강연이나 민중 집회가 끊이지 않고 이어졌다. 집으로 돌아오니 또 신문과 팸플릿이 있다. 사람들과 다시 토론을 한다. 일요일엔 국민투표, 월요일엔 쾌활한 행렬, 생피에르에서 찬송가, 모라르에서 연설, 남자의 축제. 화요일에는 젊은 남자의 축제. 수요일은 초등학교 축제, 기타 등등.

제네바는 언제나 끓어오르는 솥단지이다. 불을 떨어뜨릴 새 없는 용광로이다. 이 끓어 넘침과 소용돌이 속에서 평화를 지키려면 은신처를 갖고 있으면서 그 입구를 잠글 수 있어야 한다.

불카누스(로마 신화에 나오는 대장간의 신)는 여러 개의 화로를 갖고 있었다. 제네바는 확실히 유럽 정신의 통풍구이고, 가장 많은 계획이 벼려지는 모루이며, 정부에서 특허를 받지 않은 새로운 고안이 가장 많이 시도되는 공장 가운데 하나이다. 여러 주의의 망명자가 여기서 활동하고 있다고 생각하면 그 신비로움이 조금은 설명된다. 그러나 가장 좋은 설명은 공화적, 프로테스탄트적, 민주적, 학자적, 계획적인 제네바가 몇 세기 전부터 일종의 전위(前衛)가 되어 있어서 미지의 국토를 개척하고, 자기들끼리 잘도 타개해 나가는 습관을 갖고 있다는 것이다. 종교혁명 시기 이래의 제네바는 경계를 게을리 하지 않고 왼손에 등불을, 오른손에 칼을 들고 나아가고 있다. 그 과감성은 신중해서 도끼를 떨어뜨렸다고 도끼자루까지 내던지는 일은 없으며, 결코 가진 돈 전부를 걸거나 하지 않는다.

내 마음에 드는 것은 제네바가 아직 모방에 빠지지 않고 스스로 결심을 해 나가는 것이다. 제네바를 향해 뉴욕처럼 해라, 파리처럼 해라, 로마처럼 해라, 베를린처럼 하라고 말하는 사람에게는 아직도 열등감이 있다. 앵무새나 원숭이는 이해하지 못한다. 제네바는 그것을 분산시킬 만한 당파주의에게는 사막에서 설교하게 놔두고, 발굽의 냄새를 맡아보고 거기서 멀어진다. 나는 이 생활력의 징후를 좋아한다. 독창적인 것만이 생존의 충족 이유를 갖는다. 신호가 다른 곳에서 오는 것 같으면 하나의 주(州)에 지나지 않게 된다. …
… 내용이 공허한 코스모폴리탄적 표어는 예술이나 문학을 파멸시킴과 동시에 소국민성을 침식한다. 주의는 모두 생명이 있는 구체적인 것을 분해하는

산(酸)이다. 리얼리즘, 리베랄리즘, 로만티시즘으로는 걸작이 불가능할 뿐만 아니라 작품 자체가 불가능하다. 마치 생리학 이론만으로는 아이가 생겨나지 않는 것과 같다.

세파라티즘(^{분립}_{주의})은 다른 주의보다도 한층 효력이 없다. 왜냐하면 그것이 부정의 추상, 그림자의 그림자이기 때문이다. 주의는 결코 결과가 많은 원리는 아니다. 그것이 과연 설명적인 표어인지 아닌지도 수상쩍을 정도이다. 오히려 갖가지 병의 이름이라고 하는 편이 나을 것이다. 실제로 그것은 지나친 요소, 사람을 혼미하게 하는 위험한 과장이다. 예를 들면 엔피리즘(경험), 생큐로티즘(프랑스 혁명 때의 공화주의), 아이디얼리즘, 볼티리얼리즘, 라디칼리즘. 성공한 사물이나 환영받는 인간의 본령은 이러한 병명학적 범주에서 벗어난 곳에 있다. 완전하게 건강한 사람은 다혈질도, 담즙질도, 신경질도 아니다. 정상적인 공화국은 상반하는 정당과 견지를 포함하지만 조화로운 상태이다. 하나의 광선도 모든 색을 포함하지만 빨강은 완전한 빛의 6분의 1밖엔 포함하지 않는다.

1880년 7월 8일

30년 전에 내가 읽었던 바겐(Gustav Friedrich Waagen. 독일의 미술역사학자, 1794~1868년)의 《박물관》을 친구인 로돌프 레이(Rodolphe Rey. 1824~1882년 《제네바와 레만호숫가(Genève et les bords du Léman)》 1868년의 저자. 아미엘은 1874년 겨울을 이 사람과 함께 에르(Hyères)에서 보냈다. 레이는 허약해서 추위와 안개가 있는 계절에는 제네바에 있을 수가 없었다. 그래서 아미엘과 편지 왕래가 있었다)가 지금 읽고 있다. 해마다 똑같은 얘기를 하게 되는데, 이 사람은 내가 걸었던 길을 나보다 한 시대 늦게 걷고 있다. 1842년에 나는 회화에 푹 빠져 있었고, 1845년에는 클라우제의 철학을 연구했으며, 1850년에는 미학 강의를 했다. 그 외에도 많이 있다. '다시 태어난 나(로돌프 레이)'는 사실 나와 연배이지만 나에게는 옛날 이야기가 되어버린 단계에 이제야 이르러 있다. 이 머나먼 인상은 기묘하다. 나는 거기서 내 기억의 구멍과 지금의 지면 아래에 묻혀 있는 역사적으로 재가 되어버린 층을 인식한다.

정신의 생활은 오래된 버드나무나 시들지 않는 바오밥(baobab. 아프리카의 나무로 세계 최대의 식물이라고 한다)나무와 비슷한 것일까. 의식이 생활하고 있는 층이 몇 백, 몇 천이라는 사멸한 층 위에 거듭되는 것일까. 사멸했다고 하면 의심할 바 없이 지나친 표현이겠지만, 기억이 모호할 때는 과거는 거의 전부 소멸해 있다. 알고 있었음을 떠올리는 것은 자산이 아니라 손실의 지표이다. 이제는 못에 걸려 있지 않은 판화의 번호, 이제는 서가에 꽂혀 있지 않은 서적의 표제이다. 기억의 오랜 허물, 마음을 상하게 하는 씨앗의 접합점이다. 그것이 나의 정신이다. 몇 천 개의 사라진 모습을 담은 공허한 액자의 틀이다. 그런 무수한 연습으로 가지가 난 내 정신의 밭을 빈틈 없이 갈고 있지만 그 밭의 이랑에는 거의 아무것도 머물러 있지 않다. 질료를 구비하고 있지 않고 형상만으로 되어 있다. 어느 것에나 적합하지만, 무엇 한 가지 고수하고 있지 않다. 지식은 없어져 방법이 되었다. 의기양양해지고 대수화(代數化)했다. 죽음이 다른 사람들을 다루는 방식으로 삶은 나의 정신을 다루었다.

  삶은 이미 앞으로의 변형에 대한 준비를 했다. 16살이던 해부터 나는 막 수술을 끝내고 새롭게 눈뜬 맹인의 눈으로 볼 수 있었다. 그 의미는 나는 내 안에서 시각적 교육없이 거리를 조절할 수가 있었다는 것이다. 지금은 나는 삶을 거의 무덤 맞은편에서인 것처럼, 피안(彼岸)에서인 것처럼 영원의 바탕 아래서 바라볼 수가 있다. 다시 살아난 사람처럼 느낄 수가 있다. 모든 것이 나에게는 관계가 없다. 나는 신체 및 내 개체의 바깥에 있을 수가 있다. 나는 '비자아화'되고, 이탈하고, 날아오르고 있다. 나의 의식(意識)은 승려, 수피, 바라문의 의식이 될 수 있다. 나에게 그다지 자연스럽지 않은 형상이 오직 하나 있다. 바로 나의 형상이다. 이것은 광기일까. 그렇지 않다. 광기는 본 적도 없는 다양한 형상 속을 방랑한 뒤에, 단테처럼 눈에 보이지 않는 여러 세계를 여행한 뒤에, 사바트(Sabbat. 마법사의 밤의 모임)에서 어슬렁거림을 시도한 뒤에 원래의 균형을 회복할 수 없는 상태이다. 광기는 자신을 비판하고, 자신을 정지시키지 못한다. 그러나 나의 심리적 변형은 철학적 경험에 속한다. 나는 어떠한 변형으로도 고착하지 않는다. 나는 심리를 연구한다. 그러나 이러한 시도들이 나의 선입견이나 관심을 해소하는 점으로 보아, 그것이 상식의 실을 가늘게 한다는 것을 인정하지 않는 것은 아니다. 사람들 사이로 돌아가서 내 의지를 굳게 하지 않는 한, 자기 변호는 하기 어렵다. 순수한 관조는 개성을 흩어버린다. 꿈에서 빠져나오려면 괴로워해야 하고, 행해야 한다.

  너는 줄에 매달린 기구(氣球)이다. 너를 땅에 잡아 매 놓고 있는 밧줄이 닳아 끊어지지 않게 해라. 너는 남자다. 남자다워져라. 과연 육체적인 고통은 네가 대단한 정신적 존재가 아님을 자주, 그것도 틀림없이 떠올리게 한다. 그러나 네가 다른 능력으로 실재적인 것에 달라붙는 것도 당연하다. 너와 같은 부류의 사람들을 위해 일하고, 인간이란 것의 무거운 짐을 네 몫만큼은 자진해서 지지 않으면 안 된다. 너의 선을 나누는 것, 즉 사상을 넓히는 것도, 타인의 악을 떠맡는 것, 즉 커다란 배의 운전에 관여하는 것도 필요하다.

너는 그것을 다했다. 현재 너는 교수로서, 또 시민으로서 행동할 참이다. 반작용이 일어나고 있다. 너는 다시 법열적(法悅的)인 명상, 고독자의 평정에 빠진다. 크게 해는 없다. 배꼽의 응시에도 올바른 데가 있다.

그것은 아무래도 좋다. 근육을 단련해라. 또 그보다 확고한 생활력을 되찾아라. 여성화에 주의해라. 그것은 여하튼 무기력과 비생산, 우울로 기울어지게 한다.

1880년 7월 14일

내가 제네바 문단에 나오기를 잘했다고 생각하는 책은 어떤 것일까. 어쩌면 네케르 드 소쉬르 부인의 책이나 스탈 부인의 《독일론(De l'Allemagne, 1835년)》일 것이다. 그렇게 생각하면 역시 윤리철학이 제네바 사람에게 가장 가치가 있다는 이야기가 된다. 사상적인 무거움은 우리에게 너무 어울리지 않는다. 역사, 정치, 경제학, 교육, 실천철학이 우리에게 열려 있다. 우리가 프랑스화하거나 파리화해서는 본전도 이자도 잃고 만다. 그렇게 하는 것은 센 강에 일부러 물을 나르는 것이 되기 때문이다. 독자적이고 당당한 비평은 어쩌면 파리보다도 제네바 쪽이 쉬울 것이다. 제네바는 자기의 선(善)을 유지해서, 파리처럼 취미의 폭정이라고 할 만한 유행이나, 현재 지배하고 있는 여론이나 가톨릭교, 자코뱅주의에 굴종하지 않도록 해야만 한다. 제네바는 이 커다란 나라의 국민에 대해 디오게네스가 알렉산더에게 했던 것처럼 위력에 굴복하지 않고 진리를 흐리게 하지 않는 독립된 사상과 자유로운 언론이 되지 않으면 안 된다. 물론 이 역할은 보람이 없다거나 나쁘게 보인다고 조롱을 받기는 하겠지만, 무슨 상관할 것이 있으랴. …… 이런 종류의 일에 있어서는 홀로 있는 것에 만족하지 않으면 안 된다.

네가 함으로써 다른 사람도 할 수 있다는 것을 보여라.

아무에게도 권하지 말라. 네가 해라. 네가 하지 않을 것이라면 비밀을 지켜라. 독자성은 쫓아내지 못한다. 할 수 있는 사람은 그것을 실현한다.

1880년 7월 25일

　M***의 저택에 들러서 예술품에 경의를 표하다. 〈머뭇거리고 있는 비너스〉는 이곳의 수집품 가운데서 가장 아름다운 작품이다. 선의 대조, 윤곽의 우아한 아름다움, 운동의 변화, 형상의 충실, 청정한 유혹, 성공한 외관이라는 점에서 이것 이상으로 완성된 것을 바랄 수는 없다. 미의 조화, 여체의 시, 조형적 완성의 노래이다. 머리끝에서 발끝까지 모든 것이 벨벳 같아서 촉감이 좋고, 산뜻하고 쾌적하며 감미롭다. 아프로디테는 일반투표를 하더라도 여신이 될 것이다. 금사과 (가장 아름다운 여신의 것이라고 해서 싸움의 신 엘리스가 던진 사과. 헤라, 아테네, 아프로디테의 싸움에서 나중에는 트로이 전쟁의 빌미가 되었다) 는 이 여신의 것이다. 아무리 해도 볼 수 없는 곳, 가장 미치지 않는 가장 솟아오른 부분, 허리띠와 무릎 사이에서 볼 수 있는 눈을 빼앗을 듯한 조각적 세련됨과 굴곡, 면과 면의 경계, 웃는 얼굴 같은 요철이 표면을 살리고 속을 떨게 하고 있다. 막 태어나는 생명을 완성하는 은신처는 어디에서 보아도 아름답고 귀중한 일에 대한 용기이다. 이 모든 것들의 부분을 나타내는 말에는 어딘가 비속한 데가 있기는 하지만, 눈이 그곳에서 발견할 수 있는 것은 대단히 훌륭한 살집과 헤아릴 수 없는, 생각도 못할 섬세한 매력 외에는 없다. 조각가는 소리 없는 말로 이 폭넓은 아름다움의 단계를 섬세하게 '사랑으로' 표현하고, 허리에서 무릎, 상반신에서 옆구리, 옆구리에서 허리, 허리에서 등에 걸쳐 반죽해 내고 있다. 그러나 보는 사람은 나체상의 이런 여러 부분이나 큐테라 여신 (아프로디테의 다른 이름. Cythera는 현재 Cerigo라 불리는 그리스 남부의 섬) 의 토르소 (목과 팔다리 없이 몸통만으로 된 조각상) 에서 이러한 부분을 잘 나타내는 방법을 알지 못한다. 귀 쪽이 눈보다도 지장이 많다. 그러나 눈도 상상 때문인지 수치감을 갖기 시작한다. 눈은 얇은 실오라기 하나도 걸치지 않은 아프로디테 전체를 보고 탄성을 지를 수가 있다. …… 발칙하다는 생각을 떠올리게 하는 것은 나체와 결부된 부수적인 사상이다. 한낮의 에덴동산의 풀밭에 있는 나체의 이브에게는 어딘가 감동하게 하는 데가 있다. 침실의 어슴푸레함 속에 있는 나체의 여자는 그저 에로틱하다. 그러나 환락의 여신의 나체는 순박하고 순결한 경우가 있다. 실없고 경솔한 미인이라면 음탕과 문란뿐이고, 관능적인 추녀는 우리를 역겹게 만든다. …… 유

행에는 단 하나의 수치심, 타산적 수치심밖에 없다. 유행은 목적을 벗어나게 할 만한 것밖엔 거부하지 않는다. 못생긴 다리는 긴 치맛자락을 즐기고, 불완전한 몸통은 초승달 모양으로 깎아지른 상의나 몸에 꼭 맞는 옷을 싫어한다. 즉, 아름다움은 보이기 위해서이지만 의복은 보는 것을 방해한다. 그래서 예술 전체가 의복을 아름다움의 보조자로 삼으며, 그것을 사람의 마음에 들도록 투명하게, 또는 없애려고 노력하게 된다.

조각(彫刻)은 앞으로 더 나아간다. 왜냐하면 미적인 관심을 위해 자연이 보존하고 있는 내밀한 생성물을 여자의 아름다움에서 없앨 뿐만 아니라 현실적인 물체의 마지막 흔적, 즉 살아 있는 신체로는 이미 거의 그림자를 감추어 신비로운 곳에 감춰져 있는 아래 두 개의 접합점을 없애버린다. 한마디로 말하면 조각은 모든 내재적 암시를 배제하며, 생리학적 실험소(實驗所)를 덮고, 반감을 일으킬 만한 것은 모조리 얼버무리고, 사람을 매료하는 것만을 밖으로 표현한다. 자연에는 다른 수단이 있다. 자연은 사랑을 바라지만 아름다움은 종종 없을 때가 있기 때문에 욕망에 의해 눈멀게 한다. 성(性)은 그것만으로도 끌어당기는 힘이 되고, 두 성은 어둠 속에서 서로를 원하고, 감각에 의해 불붙은 상상력은 빠진 부분을 모조리 공급한다. 거기서 고릴라의 암컷은 수컷에게 키프로스의 여신(Cyprus는 소아시아 연안의 섬. 아프로디테의 다른 이름)이 되고, 고릴라 수컷은 암컷이 볼 때는 아폴로처럼 보이며, 자연적인 목적에는 실물은 없어도 일시적인 현혹이면 충분하다.

만약 검열이 행해진다면 예술은 자연에게 절망의 씨앗이 될 것이다. 그러나 사람들은 제각기 눈을 감고 대접받는 생선에 이상(理想)이라는 즙을 끼얹어 먹는다. 그러는 편이 현명하고 실제적이며 인간적이다. 완전함을 꿈꾸면서 불완전에 맞추지 않으면 안 된다. 게다가 가슴이나 정신의 불완전에 비하면 선이나 육체의 불완전은 아무것도 아니다. 잘생긴 신체에 깃든 못된, 또는 잘못 배운 악한 마음은 잠깐의 기쁨밖엔 주지 않는다. 예술에는 적어도 완전성의 환상뿐만 아니라 종종 그 환상을 현실로 바꾸어 놓는다. 바꿔 말하면 신성한 감각을 기쁘게 하고, 항상 불완전한 현실의 위로를 순간적으로 부여하는 것이 있다. 예술은 우리의 동경에 응답할 만한 사물을 포함하는 높은 세계를 잠깐 보는 것이다. 그래서 우리는 '이거야'라고 말하는 것이다.

1880년 7월 28일

　오후, 태양을 맞으며 긴 산책, 공기는 건강에 좋고 힘을 북돋아 주는 것 같다. 나는 내 뼈대에 만족을 느끼고, 자연과 다시 서로 교통할 수 있게 된 것을 기쁘게 여기면서 돌아왔다. 론강과 아르부 강(시의 남단을 흘러 론강으로 들어간다)의 물, 물결의 속삭임, 바위의 험준함, 초록의 휘황함, 나뭇잎의 살랑거림, 7월의 눈부신 빛, 밭의 윤기 나는 풍요로움, 산들의 먼 밝음, 맑고 파란 하늘 아래 빙하의 새하얀 빛, '아우내'(la Jonction, 제네바의 하류에서 론강과 아르부강이 만나는 곳)의 상쾌함, 바티(la Bâtie, 아르부강의 왼쪽 기슭에 있는 숲) 숲, 성 조르주(Saint-Georges, 바티의 남쪽으로 이어지는 묘지)의 어두운 숲, 모든 것이 내 눈과 감각과 상상력을 사로잡았다. 몸에 기운이 있을 때로 돌아간 듯한 기분이 들었다. 나는 여러 감각에 잠기고 현혹되었다. 의외이기는 했지만 고맙게 생각되었다. 우주의 생명이 나를 떠메고 있었다. 여름의 애무가 내 가슴에 미쳤다. 나는 끝없는 한계, 마음껏 솟아오른 산봉우리, 푸른 호수, 꾸불꾸불한 골짜기, 옛날의 온갖 자유를 다시 보았다. 그렇지만 그것은 향수는 아니었다. 희망도 욕구도 애석함도 아닌 정의할 수 없는 기분, 찬탄과 고뇌가 뒤섞인 일종의 반동이나 동경이다. 환희와 공허를 동시에 느끼고, 내가 가진 능력으로는 불가능한 것과 아예 실현 불가능한 것을 인정하고, 나의 풍요로움과 빈곤함을 동시에 고려하는, 한마디로 말하면 내가 존재함과 동시에 존재하지 않는 가변적인 상태에 있으므로 내적인 모순에 빠져 있는 것이다. 이 표현 불가능한 모호함은 애매한 인간 본성의 고유한 것이다. 인간 본성은 정신이 된 육체, 사유로 바뀐 넓이, 줄곧 무한을 보는 유한, 사랑과 슬픔에서 벗어난 이지이기 때문이다.

　인간은 '자연'의 '감각중추'이며, 모든 가치가 교환되는 곳이다. 정신은 조형적 매체이며, 모든 것의 원리 및 결과, 재료, 실험실, 생산물, 공식, 감각, 표현, 법칙, 존재하는 것, 만드는 것, 아는 것이다. 모든 것이 정신은 아니지만 정신은 모든 것의 안에 있으며, 모든 것을 포함한다. 정신은 존재의 의식, 즉 존재의 제곱이다. 우주가 존속하는 것은 '정신'이 그 내용의 풍부함과 확장, 특히 준비를 인정하기 때문이다. 우리도 우리들의 초상이나 어린 시절의 장면을 보고 어느 정도 매력을 느낀다. 그리고 신은 이기주의자가 아니며, 그의 그늘 밑에서 억의 몇억 배라는 태양이 날아다니는 것을 허락하고, 자연이나 존재에 참가하는 무수한 창조물에게 생명과 의식을 부여하며, 이러한 모든 생명을 갖춘 모나드는 이른바 신성(神性)을 배가하고 있다.

1880년 8월 4일

〈조팡그 중앙회보〉(la Feuille centrale de Zofingue. 스위스 북쪽 국경의 소도시 조팡그에 해마다 모이는 '스위스 여러주 학생연맹'의 신문. 아미엘은 1838년부터 1843년에 걸쳐 열성적인 회원이었다), 그 20년 가운데 최근에 나온 제10호를 받아들다. 여전히 청춘을 다시 시작하고 있고, 늘 똑같은 것을 반복하면서 새로운 것을 하는 줄 안다. 포플러나 멧새, 재스민이 신문을 내지 않는 것은 다행이다. 봄이 올 때마다 똑같은 잎과 똑같은 노래, 똑같은 향기를 거듭하면서 진보라고 칭하게 될 것 같기 때문이다.

자연을 지배하는 것은 연속성, 바로 복귀의 연속성이다. 모든 것을 고쳐 말하고, 다시 하고, 뒤집고, 반복하고, 새로운 것은 생각보다 이상할 정도로 드물다. 장미나무는 질리지 않고 장미꽃을 피우며, 새는 둥지를 만들고, 젊은 마음은 사랑을 하며, 젊은 입술은 옛 입술에게 도움이 되었던 사상과 감정을 몇만 편이나 노래한다. 보편적인 흐름에 있어서의 깊은 단조로움이야말로 세계의 광경이 공급하는 가장 간단한 공식이다. 모든 원은 서로 비슷하지만, 모든 생활은 그 원을 그리는 기울기를 갖는다.

이 '맛없음'을 어떻게 피하면 좋을까. 획일성에 눈을 감고, 작고 섬세한 차이를 찾으며, 그런 다음 거듭 기호(嗜好)를 갖도록 한다. 모든 표정은 동일하지 않거니와, 매일 식사하는 것이, 질리는 원인이 되지는 않는다. 그러나 누가 뭐래도 포만과 감각의 마비에 대한 가장 좋은 예방법은 일이다. 자기가 하고 있는 일은 다른 사람들을 권태롭게 할지도 모르지만 자기의 노력은 적어도 그것을 하는 당사자에게는 유익하다. 색을 칠하는 것은 어린아이를 기쁘게 한다. 먼지를 일으키거나 바보 같은 일을 하거나 하는 것이 어린아이에게는 위대한 일이나 똑똑한 일을 하는 듯한 착각을 일으킨다. 그러므로 각자가 일을 하면 세계의 생활은 비록 똑같은 노래, 똑같은 바람, 똑같은 선입견, 똑같은 한숨을 영원히 반복한다 해도 얼마간은 맛을 지니게 될 것이다. '각자에게 차례가 온다'는 말은 언젠가는 죽어야만 하는 인간의 모토이다. 오래된 일을 하고 있어도 하는 사람 자신은 항상 새롭다. 모방하고 있으면서도 발명을 하는 줄 안다. 계승은 전하는 것이다. '언제나 좋다'.

1880년 8월 8일

밤에 커다란 목소리로 독서를 하다. 입으로 나온 말을 이해하고, 마음에 떠오른 의향을 알아주는 총명한 사람들을 상대하는 것은 즐겁다. 그러나 낭독술은 어떠한가. 다른 기술을 서너 가지 합친 것인데다가 그 중 가장 쉬운 한 가지에도 어려움과 배울 것이 많이 있다. 내가 손댔을 경우에 낭독술이 줄 수 있는 효과와, 지금 나를 방해하고 있는 각종 장애(인후염, 기관지염, 기침 등)를 생각하면 탄식하지 않을 수 없다.

1880년 8월 9일

내 약혼녀는 어젯밤의 낭독 애기를 다시 꺼내면서 격찬했다. 그러고서 둘이서 이 기술에 대해 이야기했다. 그녀는 내가 모든 유형, 모든 문체에 있어 똑같이 성공하고 있다는 것, 그것을 연극보다도 재미있게 느꼈다는 것, 동물이든 인간이든 그곳에 나오는 모든 인물, 그곳에 나오는 경치가 생생하고 분명하다는 것, 마법의 지팡이로 만들어낸 이 모든 것들의 역할은 진짜라고 생각될 만큼 자연스러우며, 시의 작용 같은 인상을 주는 것, 대체 내가 모든 직업과 성격에 대해서 어떻게 그렇게 잘 알고 있는지 자기는 알 수가 없다는 것 등을 지적했다. 한마디 재미있는 말, "선생님이 인간과 세계를 만드셨거나 아니면 만들고 있는 곳을 보셨다고 할 수 있어요. 뭐든 자기 것으로 하고 계신걸요." 실제로 직관이란 것에는 사물의 마음을 추측해서 그것과 공명하고 진동하는 동감적인 힘이 있다. 자기적(磁氣的) 명찰력(明察力)은 공허한 말이 아니다. 모든 것은 모든 것 속에 있으므로 우리는 모든 존재와 '같은 마음이 될' 수 있다. 정신이 정신적이 되면 될수록 '양상적(樣相的)'이 된다. '프로테우스성'은 정신의 특권이고 척도이다. 이것은 비교적 진보가 더딘 사람들에게는 한계도 없고 형상도 없는 것으로 보인다. 갇힌 정신은 자유로운 정신을 사랑하지 않는 한 그것을 따라가지도, 시인하지도 못하는 병아리이다. 그러나 그런데도 기슭에서 파도를 무릅쓰고 바다로 나온 백조나 넓은 하늘을 정복하는 독수리를 바라보면서, 서로 '우리가 알에서 나온 진짜 새끼이며, 저 녀석들은 무모하다'고 말한다. 그보다 오히려 갇힌 정신은 자기의 특별한 형식에 틀어 박혀 있는 갑각류이며, 꼬리 잘린 여우가 긴 꼬리에 대해 하는 것처럼 형태의 변화에 대해 울부짖는 것이라고 하는 편이 나을 것이다. 무기력은 자발적인 금욕으로 전향하기를 좋아하며, 열등성은 우월자의 가면을 쓰기를 좋아하고, 무능력자는 현자로 보이기를 좋아한다.

말 잘하는 비평가의 얼굴을 하고 모든 것을 맛보는 것은 딜레탕티슴에 지나지 않는다. 딜레탕트는 20명이 모여도 단 한 명의 예술가와도 맞먹지 못한다. 한 가지 일을 하는 것이 천 가지 일을 이야기하는 것보다 가치가 있다. 사과나무 한 그루 분량의 잎에는 사과 열매 하나만큼의 가치도 없다. 영속(永續)하는 것, 죽음에 반항할 수 있는 것, 특히 열매를 거두는 것, 그것이 중요하다. 그러고 보면 1만 6,300쪽의 이 '일기'가 무엇이 되랴. 메리메의 단편 하나, 생트 뵈브의 평론 한 편, 두당(Ximénès Doudan. 프랑스의 문학자 1800~1872년)의 편지 한 통 쪽이 훨씬 가치가 있다. 그것들은 쓰여진 것, 공적 인정을 받은 것, 문체가 완성된 것이기 때문이다.

1880년 8월 20일

쇠약은 종말에 이르게 하지만 능동적인 의미에서 끝나게 하는 것은 아니다. 죽음 자체는 동의(同意)이며, 따라서 하나의 행위, 윤리적 행위가 될 때가 있다. 동물은 숨을 거두지만 인간은 자기의 영혼을 그 창조자에게 반환하고, 훌륭하게 자기 역할을 사임하고, 신이 바라는 것을 바라지 않으면 안 된다. 그렇게 하면 인간은 순수하게 자연적 필연성을 고귀하게 하고, 생리학을 윤리화하고, 단순히 불길한 것, 진부한 것을 장엄하게 한다. 그렇게 하면 노쇠와 파괴는 우수한 생활의 영역으로 돌아가고, 영혼은 비천함을 이겨내고 자기의 고귀한 점을 입증하며, 신성한 것이 영혼의 타락과 남루함을 통해 빛난다.

"걸음걸이로 여신임을 알았다." (비너스를 가리킴. 아르길리우스 《아에네이스》 제1권 405행)

1880년 8월 24일

(아침 9시) 움직이고 싶어서 기다리고 있었지만 활동은 불가능하다. 쉬고 싶어서 기다리고 있으면 휴식을 하지 못한다. 현명한 생각, 쾌락, 반성을 미루면 그 때가 오지 않는다. 아무것도 자랑 말고 현재를 이용하며, 미래를 겨냥하지 않는 편이 낫다. 그것이 에피쿠로스의 윤리이다. 각각의 순간에 그 의무를 다할 것. 그것이 제논(스토아파의 시조)의 윤리이다. 자기의 경향을 따르거나 어길 것. 그것이 행복과 품위 사이에서 동요하는 정신의 영원한 왕복이다. 왜냐하면 정신은 양 방향을 필요로 하기 때문이다. 확실히 나는 스토아주의에서 멀어져 몽테뉴의 무관심 쪽으로 서서히 움직이고 있다. 명예심이나 희

망이 끊어져버리고 모든 것이 불확실하고 덧없어지면 인간은 호의로 가득 찬 차분함, 고요함의 경지로 도망친다. 인간은 스스로 괴로워하지 않기를 바라고, 타인의 괴로움을 줄이기를 바란다. 천재, 영웅심, 영광을 바라지 않게 되고, 평온함과 고요함으로 만족한다. 은신처에서 느끼고 생각한다는 것, 거기에 모든 바람이 들어 있다. 욕망하는 것은 청년이나 욕망을 가진 사람들에게 맡긴다. 노년의 이러한 체념은 힘이 이미 사라져 허약함이 찾아왔을 때는 아주 자연스러운 것이다. 늙음은 연령의 문제가 아니라 있었던 것의 없음과 관계의 단절이다. ……

나는 나이기 들면서 숭고함보다도 아름다움을, 울퉁불퉁한 것보다도 평탄함을, 예레미야의 거칠고 막된 청정함보다도 플라톤의 기품을 좋아하게 되었다. 야만족의 온갖 폭력은 나에게는 소크라테스의 유쾌함이나 예수의 맑은 마음보다도 열등하게 여겨진다. 최근에 갓 해방된 노예처럼 날뛰는 자유가 아니라 기분 좋은 자유를 갖추고 균형을 이룬 정신과 예의바른 마음을 귀하게 여긴다. 나를 기쁘게 하는 것은 어떤 종류의 덕에 의해 다른 종류의 덕을 완화하는 것이다. 마치 모든 섬세한 뉘앙스의 융합이 여자의 얼굴에 비할 데 없는 아름다움을 이루는 것과 같은 것이다. 배타적이고 칼로 자른 듯이 확연한 성질은 불완전함을 나타낼 뿐이다. 못생긴 얼굴에 외눈, 더구나 아름다운 단 하나의 눈이 있다고 해보자. 그 눈은 나머지 부분의 추함을 두드러지게 하는 것이다.

1880년 8월 29일

생생한 회복의 느낌. 그래서 잠깐 제쳐 두었던 운동과 중단되었던 습관을 되돌리려 했으나, 조심조심 몸을 움직이는 동안에 예상했던 대로 이번의 지독한 마찰로 내 수명의 실타래가 짧아졌음을 알았다. 나는 1주일 동안에 몇 달은 더 늙어버렸다. 머리카락을 보면 금세 알 수 있다. 주위 사람들은 나에 대한 애정 때문에 모른 체하고 있지만 거울은 정직하다. 그렇다고 그것 때문에 병후(病後)의 회복이 가치를 잃지는 않는다. 그러나 역시 운명의 준엄한 소리가 들리고, 때때로 내 발걸음이 멈추기도 하지만, 내가 죽음을 향해 나아가는 것이 느껴진다. 가장 아름다운 생애는 급류나 폭포를 근원 가까이에서 뛰어넘어 유량(流量)이 많아지면 차츰 풍부한 유역을 이루고, 각각의 것들이 속속 정취를 바꾸어도 여전히 회화적인 경치의 호수로 모이다가, 마침내는 노년의 평야를 가로질러서 모든 지친 것이 안식을 원하는 큰바다로 흘러드는 강의 생애일 것이다. 그처럼 충실하고 풍부하고 감미로운 일생은 드물다. 그런 일생을 바라거나 아쉬워한들 무엇하랴. 자기의 운명을, 또 자기가 가질 수 있는 최상의 운명을 보면서 결국은 아무리 솜씨 좋은 재봉사라도 우리의 피부보다 더 정확한 속옷을 만들지는 못한다고 중얼거리는 편이 현명하기는 하겠지만, 그것은 한층 어려운 일이다.

행복이란 것의 참된 이름은 만족이다.

1880년 8월 30일
(2시) 멀리서 무거운 천둥소리. 하늘은 회색인데 비는 내리지 않는다. 새가 불안한 목소리로 지저귀고 있다. 심포니의 서곡 또는 최후의 막의 시작이라고나 할까.

우수로 가득 찬 내 가슴을 가로지르는 것은 무슨 번개인가.

기묘한 일이 하나 있다. 바로 근처에서 갖가지 직업, 즉 양철가게, 양복장이, 초등학교 교사가 일을 계속하고 있다. 그곳에 판(板)을 내리는 소리나 그 밖의 이상한 소음, 움직임이 더해진다. 더구나 그 소리들은 침묵의 한가운데에 감돌고 있고, 그 소리들은 막을 수 없는 불투명한 응답이 있는 침묵, 평소 마을에서 활동하는 벌들의 둔한 소리를 대신하는 침묵 속을 감도는 것이다. 이 침묵은 지금 이 시각에는 드문 일이다. 덥지는 않기 때문이다. 그것은 기대와 침체, 근심과 비슷하다. '욥의 미미한 숨결'이 폭풍 이상의 효과를 낳는 날에 지평선에서 들리는 낮은 신음이, 밤이 된 뒤에 사막에서 울려 퍼지는 사자의 포효처럼 모든 사람들이 내는 소리의 합주를 멈출 수가 있을까. ……

1880년 9월 2일
(아침 9시) 눈의 기쁨. 황홀한 색채가 내 앞에 펼쳐져 있다. 꽃 모양이 있

는 카펫, 자수를 놓은 가구, 폼페이의 가리개, 검정과 금색의 병풍, 새빨간 깃털 빗자루. 그리고 난로 위에는 히이드의 초록, 복숭아 열매의 벨벳, 무지갯빛으로 반짝이는 유리그릇과 공. 어머니의 초상화 밑에는 갖가지 색깔의 국화 다발, 갖가지 양식의 안락의자가 4개. 그 모든 것들이 자아내는 팔레트의 색조는 서로 배합하고, 대비하고, 융화하여 눈을 즐겁게 한다. 귀의 감각도 그에 못지않게 변화가 있는데, 더구나 그것은 은근하기까지 하다. 이야기 소리, 물건소리, 웅성거림, 발소리, 노랫소리, 공장 소리들이 어울려서 가벼운 음악이 되고 사람을 꿈꾸게 한다. 이 청각을 분석하는 것만으로도 하나의 환락이라고 할 수 있다. 우주적 생명의 모든 맥박은 마치 대기의 모든 진동이 거미줄의 한가운데에 있는 '거미'를 전율하게 하는 것처럼, 나의 의식으로 들어와 반향을 일으킨다. 좋은 기분이다. 방의 창으로 내다보이는 무한한 양의 공기가 소리를 동반한 만화경의 사치를 이루어, 그곳에는 어떤 고뇌나, 비참, 병, 우수를 떠올리게 하는 것이 없다.

  9월의 목요일은 행운의 날이다. 기력에 은혜를 베풂과 동시에 쇠약에 대해서도 호의를 보인다. 내가 세계 정복에 나서지 않아도 세계는 나의 독방까지 와서 인사를 한다. 나에게도 유산이 없었을 리는 없다.

1880년 9월 3일

  자는 사람의 자아는 깨어 있는 사람의 자아와 똑같은 축(軸)을 갖고 있지만, 당사자는 그 성질이나 속성의 대부분을 잃고, 이성·의지·윤리성·인간성이 결여되어 있다. 남아 있는 것은 동물과 그의 욕망, 나아가 거기에 기억이 부가될 뿐이다. 더구나 그것은 모두 상상력이 생각하는 대로 되고, 또 어쩌면 내장이 생각하는 대로 되며, 간장, 폐, 신장, 위, 혈액, 허리의 상태를 번역하는 것밖엔 하지 않는다. 아니, 이것으로는 아직 충분하지가 않다. 꿈은 내부의 십자로이며, 그곳으로 생명의 잡다한 동요가 울려 퍼진다. 마음의 꿈, 정신의 꿈, 나아가 이성의 꿈이라는 것마저도 있다. 나는 오래전에 이런 분류를 했다. 그것을 조각조각 낸다 한들 무엇이 되랴. 우리는 힘들여 잘 해낸 일을 다시 엉망으로 만들고, 옛날의 모습을 망가뜨리며 나날을 보낸다.

  어쨌거나 인류는 예술 및 유행에 있어서, 사상에 있어서, 제도에 있어서 그런 진행 방식을 취하고 있다. 인류가 바라는 바는 변화이다. 상대적인 균형을 얻어도 끝내 혼란으로 다시 돌아간다. 훌륭한 양식에 이르러도 이내 평범함과 타협한다. "나아가라, 전진해라. 고쳐라, 바꿔라. 너에게 금지된 것은 선(善)에게, 이미 얻은 것에, 경험에 집착하는 것이다. 진보는 허락되어 있다. 그러나 그와 마찬가지로 퇴폐도 허락되어 있다. 자신을 부추겨라. 그것이 자연이 바라는 것이며, 운명의 명령이다." '선한 것에서 더욱 선한 것으로'라는 말은 훌륭한 모토이다. 그러나 개선은 기회와 마찬가지이며, 완성은 가능성에 지나지 않는다. 숙명적이고 불가피한 것은 변화이지 진보가 아니다.

  개인이 한 가지 점에서 완전해지기 위해 다른 많은 것을 희생하지 않으면 안 된다는 것(예를 들면 자발적인 헌신에 의한 신성화)은 분명하다. 인류 전체라 해서 그것이 어찌 다르랴. 일시적인 우월성을 나타내는 속성에 어딘가 가치 또는 진기함이 있다면 진화는 충족된다.

1880년 9월 9일

  활동력의 쇠퇴에 따라서 내가 점점 정신적이 되어 가는 것을 느낀다. 내게는 모든 것이 투명해지고, 어떤 공통적인 것끼리 묶은 하나의 틀과 어머니들(괴테의 파우스트에 있는 말), 존재의 밑바탕, 그리고 사물의 의미가 보이기 시작한다.

  내 본래의 경향은 모든 것을 사상으로 바꾸는 것이다. 모든 개인적인 사건, 특수한 경험이 나에게는 명상의 구실이고, 보편화하고 법칙화해야만 하는 사실이며, 관념으로 돌아가야만 하는 현상이 된다. 이 변형은 뇌수(腦髓)의 업적, 철학적인 일, 정신적 증류기인 의식의 작업이다. 우리의 생활은 해석해야만 하는 자료, 정신화해야 할 물질, 소우주적 약도로 바꿔야만 하는, 또 차례로 일어나는 달아나기 쉬운 현상이다. 적어도 그것이 사색가의 삶이다. 사색가는 매일의 '자아성을 잃어'간다. 경험하고 행동하는 것에 동의한다 해도 그것은 더 잘 이해하기 위해서이며, 의지를 작용하게 한다 해도 그것은 의지를 알기 위해서이다. 사색가는 자기를 현상의 실험실로 간주하며, 인생에 대해서는 예지만을 바란다. 그러나 또한 기쁨을 주고, 위로하고, 행복하게 하는 것도 바란다.

  사색가를 다른 사람과 구별하는 것은 소유를 포기하는 것이다. 사색가도 남에게서 사랑받는 것을 기뻐하고, 그만큼 기쁜 일은 달리 없다는 것을 알지만, 그래도 역시 자기는 현상(現象)의 기회가 될 뿐이지 현상의 목적은 아닌 것으로 생각한다. 사색가는 사랑의 광경을 관조하고, 사랑은 사색가에게는 어디까지나 하나의 광경이다. 자기의 신체마저 자기의 것으로는 믿지 않는다. 생명의 소용돌이가 자기 안을 통과하는 것을 느끼지만, 그것은 우주의 진동을 인정하게 하기 위해 잠깐 빌려준 것이다. 자기 자신은 생각하는 주체에 불과하며, 사물의 형식밖엔 유지하지 못하고, 어떤 것에 대해서도 실질적 파악을 주장하지 못한다.

이런 마음가짐이 있기 때문에 사색가는 모든 향락적이고 지배적이며 독점적인 것에 대해 이해하지 않는다. 실제로 사색가는 환영(幻影) 같은 것이며, 보이기는 하지만 붙잡지는 않는다. 왜냐하면 그 개체성과 불투명성이 외견상의 것이기 때문이다. 소유에 대한 포기가 사색가를 허물 벗은 공허한 것이게 한다. 그것이 인간과 닮았다 해도 아킬레우스(호메로스에 나오는 그리스의 용사)의 망령이나 크레우사(Creusa 아르길리우스의 시에 나오는 트로이의 용사, 아에네우스의 첫 번째 아내)의 그림자가 살아 있는 사람과 비슷한 것과 마찬가지다. 나는 똑바로 선 채로, 분명히 깨어 있는 상태로 꿈을 꾸고 있다. 다른 사람들이 나에게 꿈처럼 보이며, 나는 다른 사람들에게 꿈처럼 보이고 있다. 이것은 반쯤 환시(幻視) 상태이다. 병이나 고뇌가 없다면, 나는 실제로 살아 있는지 아닌지를 의심했을지도 모른다. 그리스도가 되살아나 가끔 나타난 것도 나를 그다지 놀라게 하지 않는다. 중력에서 벗어나 물체와 정신 사이를 떠다니고 있는 이러한 존재형식이 나에게는 거의 일상적인 일이기 때문이다.

……이 사람(Berthe Vadier라는 필명으로 스위스 문단에 조금 알려져 있었던 아미엘의 여제자 '문학상의 약혼녀' Valentine Benoit)은 나의 새로운 신자, 나의 제자, 내가 학문의 깊은 뜻을 전해준 사람이다.

1880년 9월 11일

둘이서 함께 읽은 성서, 학술서 또는 문학서에 대한 오랜 대화. 내 '약혼녀'는 다른 많은 사람들이 열심히 추구하던 것을 수확하고 있다. 이 사람은 나를 위해 건강에도, 병에도, 또 일에나 휴양에도 적합한 둥지와 은신처를 마련해 줌으로써, 그 수확을 가능하게 할 만한 용기를 갖고 있었다. 게다가 이 사람은 나를 이해하고, 내 생각대로 하게 하는 것밖엔 바라지 않는다. …

… 어머니는 어머니대로 어머니의 역할을 다해 주신다. 한마디로 말하면 이것은 편안히 머물 수 있는 하숙이 아니라 돌아가신 형님과 아버지에게 했던 만큼 나를 보살펴주는 가정이다. 그렇기 때문에 병도 여기서는 안락이지 공포가 아니다.

1880년 9월 15일

알프레도 드 비니의 《르노 대위(*Le Capitaine Renaud*)》(Servitude et grandeur militaires 중의 1편)를 읽다. 그는 느낌이 좋은 작가이며 명상적인 사상과 유연하고 강력한 기량을 지녔다. 고상함, 진지함, 고귀함, 독창성, 기품, 굳센 마음, 취미, 모든 것을 갖췄다. 잘 묘사하고, 솜씨 좋게 말하며, 올바르게 판단하고, 생각하고, 감행한다. 그의 결점은 자기에 대한 존중이 약간 지나치다는 것과 익숙한 것을 포기하기를 두려워하는 순수한 영국적인 조심성과 거만함이다. 그러나 그런 것은 한쪽으로 치우친 것이라고까지 할 것은 없고, 성격의 특징, 또는 품위의 극치이다. 다만 작가가 독자를 조심성 없는 대중, '범속한 민중'으로 다루어 접근하지 못하게 했기 때문에 '평판을 나쁘게 한다'는 부적합성을 초래했다. 알프레도 드 비니는 모레(Louis-Mathieu Molé. 19세기 전반에 프랑스 정계에서 활약했던 정치가. 1781~1855년)나 생트 뵈브류의 우롱으로 끝난 것은 아닐까. 갈리아 민족(프랑스의 선주민)은 과거 자아적 양심의 불가침성이라는 원리를 맛본 적이 없다. 탑 속에 갇힌 것처럼 자기의 품위 속에 갇혀서 신, 의무, 또는 신념 이외의 주인을 인정하지 않으려는 스토아파의 방식을 좋아하지 않는다. 그런 강성(剛性)은 이 민족을 융통성이 없게 할 뿐만 아니라 화나게 한다. 그런 삼엄함은 이 민족에게 굴욕을 느끼게 하고, 참을 수 없게 만든다. 프로테스탄티즘을 배척했던 것도 바로 그 때문이다. 여러 위기에 즈음하여 여론의 열광적인 흐름에 물러서지 않았던 사람들을 내리누르기 시작하고 있다. 이 민족은 사회가 개인을 굴복시킨다. 모든 이에게 규율이 되는 것은 유행, 분위기, 취미, 지배적인 선입견이다. 자유란 반항의 동의어이다. 아무에게도 조롱을 당하지 않기 위해, 막힘을 당하지 않기 위해서 모두가 하는 대로 되고 싶어한다. 국가, 교회, 관례가 처세의 모든 사항을 결정한다. 개인에게는 쓸데없고 하찮은 일밖에 남지 않는다. 극단적인 사교성은 비싼 대가를 치르게 한다.

1880년 9월 17일

12년, 아니 그보다 전부터 나는 이미 '성(性)'의 현혹을 느끼지 않게 되었음을 스스로에게 속일 수가 없다. 나는 점차 우상의 결함과 약점을 알게 되었다. 전에는 그것을 너무 높은 곳에 두었기 때문에 남성으로서의 남자를 잃고 있었다. 나는 여자를 지나치게 사랑했고, 지나치게 교제했다. 이미 편파적이지 않은 것이 찾아왔다. 현명해지는 데 시기가 너무 늦은 것은 아니다. 내가 또 가장 사랑이 많은 '성'에 대해 가벼운 애호를 잃지 않는다 해도 옛날에 비해 순진하지 않고, 맹목적이지 않으며, 쉽게 믿지 않고, 쉽게 감동하지 않게 되었다. '마야'의 베일이 얇아져서 환각이 나에게는 그다지 필요하지 않게 되었다. 친구와의 교제 덕분에 진실을 보는 눈이 생겼다. 나는 여자를 여자끼리 보는 눈으로, 어머니, 아버지, 형제가 보는 듯한 눈으로, 의사가 보는 듯한 눈으로, 즉 연애나 환상과는 다른 여러 방식으로 볼 수가 있다. 나는 여자의 매력을 느끼지만 과대평가하지는 않는다. 나는 눈물이 글썽해지고, 감동하고, 감사하고, 강한 인상을 받거나 하지만 유혹당하지는 않는다. 그래서 이 상태를 가장 좋아하는 것이다.

1880년 9월 19일

자기도취에는 끊임없이 따라다니는 수법이 둘 있다. 자기가 한 일에 대한 완강한 변명과 손을 내리지도, 입밖에 내지도 않았으면서 손을 내리려 했다거나 말하려고 생각하고 있었다는 자부심이 그것이다. 자기도취는 어떤 일이든 몰랐다거나 잊었다거나, 실수했다거나 하는 것은 인정하려 하지 않는다. 자기는 잘못한 예가 없는 것이다. 그뿐만 아니라 자기가 주지 않았던 충고, 내놓지 않았던 의견, 갖지 않았던 사상마저도 자기의 공적으로 하고 싶어한다. 부인하지 못할 잘못이 자기에게 있었다 해도, 그것은 그밖에는 어쩔 도리가 없었을 뿐인 것이며, 인간으로서는 무리도 아닌 일에 속한다. 한마디로 말해서 자기도취는 언제나 모든 가능한 일 및 상상할 수 있는 일, 기대하고 요구할 수 있는 일을 모조리 해왔던 것이며, 그 가치를 감소시킬 만한 고백을 모조리 거절한다. 결국 자기도취는 뒤통수가 간지러운 자기 변호이며, 어떤 것을 희생해서라도 크게 확대하고, 우선 자기는 정당하다고 주장하는 요구이다. 때문에 이것은 지극히 자연스런 것이다. 그러나 자기도취에 대한 양심의 승리는 그 때문에 점점 더 훌륭한 것이 된다.

　……남성과 여성의 자기도취는 양적으로, 또는 질적으로 다른가. 아무래도 약한 쪽의 성에 있어서는 한층 민감할 것 같다. 그런데 자부심은 하나의 약점이다. 그래서 자기가 잘못되어 있음을 인정하지 못하는 것은 자부심이다. 그러고 보면 가장 자주 잘못을 하는 사람이란 가장 결정권을 갖고 싶어 하는 사람이라는 것이 된다. 어디까지나 물고 늘어지고, 자기가 옳다고 주장하고, 즉 도리에 있어서 우월성의 이익, 외관(外觀), 외면(外面)을 가지려 고집하는 사람들 쪽이 잘못되어 있다. 올바른 데가 가장 적고, 자기 내면의 당혹감을 감추기 위해 싸우는 사람은 가장 약하다. 자기도취는 사람을 책략으로 내몰고, 약점은 말싸움을 하게 한다. 자기가 잘못했을 때, 말이나 구실로 대신하는 것은 그나마 형편이 괜찮은 것이다.

1880년 9월 21일 클라란스

　병약함이라는 수행은 나에게는 쓰라리다. 해마다 내 자유의 범위가 줄어들고 있음을 느낀다. 아무리 애를 써봐도 나는 그것이 싫어서 견딜 수가 없다. 아무래도 나는 다른 사람과 혼동되어 있어서 거기에 오해가 있지만 앞으로 모든 것이 설명되리라 생각한다. 아니, 그렇지는 않다. 도리깨질을 당하고, 십자가를 지고 있는 것은 바로 나이다. 이 골격은 확실히 나의 것이다. 나에게는 매달아 없앨 것은 없다. '악법도 법이다.'

　다른 경험. 위대한 우주에 도달하려면 우선 물리적 경계를 넘어서지 않으면 안 된다. 원래대로 자연과 조화하려면 자아가 유기체에 갇혀서는 안 된다. 막연한 공통감각이 경치와 사유 사이에 불투명한 안개를 만들고 있다. 내부감각 때문에 질식해 있는 정신에게는 이미 외부 세계의 지각에 매달릴 여유가 없다. 베일은 보이지만 그 앞의 것은 보이지 않는다. 비아성(非我性), 관조적인 객관성은 불가능해진다. 그래서 그것이 내 마음을 아프게 한다. 광기란 무엇인가. 개인을 실재의 세계로부터 떼어놓는 주관적이고 특이질적(特異質的)인 이 막이 두터워지는 것이다. 신경질은 사람을 이 외부 세계에 무관한 것이게 하고, 외부 세계를 잘못 보게 하기 때문에 광기로 향하는 길이 된다.

1880년 9월 22일 클라란스

(오전 11시) 멋진 하루. 우선 한숨 푹 자고, 그 다음에 태양과 푸른 하늘을 보았다. 지금까지 4시간, 햇빛을 쐬어 눈과 귀와 코와 폐를 기쁘게 한다. 들판을 미끄러져 가며 물들기 시작하는 오솔길과 경치, 호수, 산허리, 과수원, 산들을 바라보았다. 그리고 부지(Baugy. 클라란스 북쪽의 마을)의 봉우리(les Crêtes 성이 있는 전망대), 플랑샴(Planchamp. 부지의 동쪽에 있는 마을), 타벨(Tavel. 클라란스와 부지의 중간 마을), 르 샤투라르(le Châtelard. 타벨과 플랑샴의 중간에 있는 성). '휘장을 매단 숲'에서 오랫동안 공상에 잠기고, 카토뉴(Catogne. 론강 상류의 지류인 들랑스의 남쪽에 있어 몽블랑의 북북동에 해당하는 산)에서 쥬라(Jura. 스위스 서쪽 국경의 산맥), 시용(Chillon. 레만호 기슭 몽토르의 동남쪽에 있는 유명한 성), 코페(Coppet. 제네바 북쪽 4리 정도에 있는 레만 호숫가의 항구), 에비앙(Evian. 레만 해안에서 로잔느를 마주보고 있는 항구), 브로네(Blonay. 에비앙의 동쪽 2리 아래에 있는 성), 그라몽(Grammont. 레만호의 남쪽 기슭 론강 상류 근처의 산)에서 풀리(Fully. 론강 상류의 오른쪽 기슭에 있는 산, 생 모리스의 동남쪽)에 걸쳐서 레만호 기슭의 근사한 파노라마를 바라보았다. 현혹, 감동, 도취. 산의 옆모습, 기슭의 윤곽을 더듬고, 여러 작은 마을, 종루, 성채, 별장을 찾아내고, 빛과 그림자, 달아나는 안개와 깎아낸 듯한 바위, 하나 하나의 장소를 활기차게 하는 몇 천의 세세한 요소들, 예를 들면 그리브(grive. 새의 종류)나 파리, 꿀벌, 나비, 울창한 밤나무 숲과 시골집을 둘러싸고 있는 작은 섬 같은 덤불과 작은 개울과 꽃이 피어 있는 벽, 선명한 색채로 빛나는 화원(글라디올러스, 제라늄, 월계수, 능소화)과 기선, 기관차, 마차, 아침해를 받아 빛나고 있는 장기판 같은 슬레이트 지붕과 금가루를 흩뿌려 놓은 사파이어의 호수, 보이지 않게 된 배가 남긴 파문, 오리와 기러기, 멀리의 돛 그림자, 기분 좋은 초록과 빨강의 사과, 황금 포도, 그림처럼 눈을 즐겁게 하는 땅의 기복, 생기를 주는 미풍과 온갖 것들의 쾌활함, 솟아나는 아름다움, 그런 모든 것들의 효과를 내 기억에 새겨 넣었다. 다양한 인상에 잠겼으나 결국 그것을 이겨내고 나는 노래했다. 초원과 그늘진 숲의 오솔길을 지나면서 지치지도 않고, 젊은 시절로 돌아가게 하는 가슴의 환락이라고 말하고 싶은 기분으로 새처럼 노래했다.

1880년 9월 24일 클라란스

당 듀 미디(la Dent du Midi. 레만호의 남쪽 론강 상류의 왼쪽 기슭을 따라 있는 산)가 눈앞에 눈의 톱니바퀴를 솟게 하고, 각이 둘인 창에는 햇빛이 아낌없이 쏟아져 들어와 오전의 산책으로 젖은 옷을 마르게 하고 있다. 이 광선에는 건강이 있고, 이 경치에는 평화가 있다. 기분이 서서히 고양되었다. 어느 정도 기력이 돌아왔다. 식욕도 생겨났다. 꽤 많이 잘 수 있었고, 산책도 기분 좋았다. 컨디션도 좋고 따뜻해서 지금 글을 쓰는데 셔츠만 입고 있다. 이탈리아의 감각, 도마뱀의 기쁨, 게다가 또 독립의 기쁨, 완전한 한가로움의 기쁨. 순수한 명상의 기쁨. 말하자면 침묵이 들려온다. 아무도 내 방 문을 넘는 사람은 없다. 인간은 이런 것이다. 마음의 고립을 두려워하면서도 방해받지 않는 잠처럼 몇 시간 계속해서 고독을 즐긴다. 자기의 사유(思惟)와 그 사유의 고리를 끊는 것은 불쾌하게 느껴진다. 감각의 피가 몰리는 것은 스스로 그것을 바라던 때가 아니면 마음에 들지 않는다. 그렇기 때문에 안락이라는 것은 안과 밖이 어떠한 대립에 의해서도 그 존재를 의식하게 하지 않는 듯한, 작은 배가 소리 없이 시간의 흐름을 나아가는 듯한, 속박되지 않은 생존의 의식이다. 이 유쾌한 항해는 어디를 향한다는 목적지가 없을 때에도 확실히 즐겁다.

1880년 10월 9일 클라란스

산책. 감동과 감탄. 매우 아름답고, 기분이 좋고, 시적이며, 어머니의 품속 같았다. 나는 용서받았다고 느꼈다. 햇빛, 잎 그늘, 하늘, 종(鐘)이 나에게 말했다. "상처받은 자여, 기력과 용기를 회복하라." 호의(好意)의 시기이다. 여기에는 망각과 평안, 휴식이 있다. 많은 잘못과 형벌, 불안과 후회, 걱정과 부정이 단 하나의 무거운 짐만을 이루고 있다. 우리는 구별을 하지 않고, 모든 비참함을 누그러뜨린다. 우리는 평화를 넓힌다. 우리는 위로이다. 지친 자, 무거운 짐을 지는 자에게 구원이 있으라. 우리는 자애의 근원이다. 마시고 살아라. 신은 옳은 자에게도, 부정한 자에게도 태양을 뜨게 한다. 신의 관용은 은혜를 에누리하지 않는다. 환전상처럼 저울에 달지 않는다. 회계원처럼 숫자를 기록하지 않는다. 다가가라. 은혜는 모든 사람을 위해 있다.

1880년 10월 14일 클라란스

(오전 11시) 세월은 연속되건만 서로 비슷하지 않다. 어제는 음습한 회색과 눅눅한 추위, 즉 가장 싫고 우울한 날씨였다. 오늘 아침은 경치가 원래대로의 매력을 완전히 되찾았다. 나는 그림 같은 감각에 빠져서 감동하고, 전기에 감전되고, 환희하며, 3시간의 산책에서 돌아왔다. 나는 1킬로미터 가

량을 계속 노래하며 걸었다. 타베르에서 프랑샴, 프랑샴에서 샤르넥스(Charnex 또는 Chernex. 클라란스의 동북쪽에 있는 마을), 샤르넥스에서 손지에(Sonzier. 샤르넥스의 동남쪽의 마을)로 꾸불꾸불 더듬어 올라가는 동안에 뭐라고 형언하지 못할 유쾌한 느낌, 30년을 거슬러 오르는 추억, 그밖에 수없이 많은 생각이 마음에 떠올랐다. 훌륭한 조망, 호수와 산들의 멋진 효과, 탁 트인 시야. 호수가 하나의 커다란 미소였다. 그늘과 광선, 푸른빛이 감도는 열기, 풀밭의 이슬, 물줄기의 반짝임, 푸른빛의 짙고 옅음. 나뭇잎의 무지개색, 기슭의 윤곽, 눈을 싣고 알프스의 띠를 이루고 있는 눈앞의 열두 덩이의 뾰족한 산. 샤르넥스, 샤일리(Chailly. 클라란스 동북쪽의 마을) 타베르에 있는 양 떼의 교향악. 그리고 나비가 한두 마리. 포도를 실은 마차, 통, 바구니. 기묘한 현상이 둘. 하나는 하늘 높이 뜬 100마리 가량의 까마귀 무리, 지상에서 까악까악 우는 소리를 하고는 비슷하지도 않게 기쁜 듯 작은 소리로 지저귀고 있었다. 그것은 아침의 찬가였다. 나는 내 눈과 귀를 믿을 수가 없었다. 이렇게 날짐승 흉내를 내고 있지만 틀림없는 까마귀였던 것이다. 그 노랫소리는 참새가 비둘기처럼 지저귀는 소리라고 할 수 있겠다. 또 하나는 8마리 가량 떼지어 있던 암소. 아직 새끼를 낳지 않은 암소인 것 같은데, 풀뜯기를 멈추고 산책하는 사람의 노래에 귀를 기울이고 내 길을 가로막았다. 이 호기심 많은 암컷들의 담을 넘기 위해서 나는 양산으로 위협할 수밖에 없었다. 이것은 샤투라르 위에서 생긴 일이다. 이 두 가지 경우에 있어 동물은 아름다움의 경지에 들어가 있었다. 까마귀는 오랜만에 나타난 태양을 축하하고, 암소는 음악을 환대했다. 인도의 혹소는 바라문의 승려에게 달려갔다. 이런 에덴의 추억이 나타나려면 이 목가적인 지방이 아니면 안될 것이다.

1880년 10월 29일

나는 남자에게는 대단한 인상을 주지 않았는지도 모르지만 여자에게서는 다분히 사랑을 받은 것 같다. 그 증거는 확실하다. 어째서 여자는 나를 사랑했을까. 그것은 여자가 자기들에게 필요한 것, 두뇌의 힘, 마음의 섬세함, 부드러움, 비밀의 엄수, 마음 약함을 나에게서 발견하기 때문이다. 여자는 자기들이 이해받고, 포용받고, 보호받고 있다고 느낀다. 내가 이처럼 무관심한 태도를 취하지 않고 보다 배타적이 되어 주었으면 좋겠다고 바랄지도 모르지만, 그런데도 여자들은 나에게 안심하고 의지하며, 내가 진정한 친구임을 느끼고 있다. 털어놓는 이야기를 듣거나, 싫어하면서, 더구나 자기가 애정의 대상이 되어 있음에도 지도자 또는 털어놓는 상대로 생각되는 이 역할은 누구에게 닥쳐왔는가. 내게는 그것이 몇 번이나, 적어도 여섯 차례는 일어났다. 이 정도면 전공(專攻)이라고 할 수밖에 없다.

스무 살 시절에 이탈리아를 여행할 때부터 나는 늘 누군가의 고백을 듣게 되었고, 여자의 마음속 깊은 곳에서 살아 왔다. 부인, 아가씨, 할머니가 제각기 비밀스런 생각의 신전을 나에게 공개했다. 국적의 차이는 조금도 문제되지 않았다. 나로서는 바라지 않던 천직이 이탈리아의 여자들로부터 시작되어 남부 독일, 북부 독일, 동스위스, 서스위스까지 이어졌다. 나는 참회하는 여자들이 자진해서 선택한 속세의 지도자가 되었다. 그 때문에 나는 여자들의 마음 바닥에 대해서는 거의 수도원장의 수준에 올라 있다. 그뿐만 아니라 나는 여배우, 신구교의 수녀, 여류작가의 속마음을 알고 있다. 나는 여자가 말하는 것도, 감추고 있는 것도, 장점이나 단점도, 선한 일과 악한 일도 죄다 알고 있다. 때문에 나는 여자의 심리에 대해서는 귀중한 지식과 일류의 관찰을 갖고 있다. 그렇지만 나는 나에게 털어놓는 여자를 위해 히포크라스와 프리메이슨처럼 비밀을 지키고 있다. 나는 그것을 그 사람들을 위해서 밖으로 내놓지 않는다.

다른 남자들도 그것을 바라며, 그럴 자격이 있다고 생각한다면 스스로 행하는 것이 좋다. 어떤 일에 있어서든 가장 좋은 점은 가르침으로 전해지지 않는다. 타고난 재능, 본능, 천재, '신의 축복'은 어디까지나 개인의 특질이다. 전달되는 지식 저편에 추측할 수밖에 없는 비밀이 있다. 그렇기 때문에 모방자는 앵무새에 지나지 않는다. 교육은 훌륭한 상속재산이지만, 취미, 지혜, 창의, 통찰은 그 안에 들어 있지 않다. 한 인간이 알고 있는 것은 남에게서 받은, 또는 스스로 얻은 부(富)이다. 그러나 그 인간은 이 부를 무(無)로 만들어 버린다. 왜냐하면 그 인간이 저급한 성격, 비속한 마음, 황폐해진 가슴을 가졌다고 한다면 다른 부분에 무수한 도장을 찍기 때문이다. 그 부를 0배로 만든다. 그렇지만 1만의 0배, 또는 0의 1만 배는 무이다.

한 개인의 이상은 아직 그 개인의 참된 척도가 되지는 않는다. 여기서 이상이라는 것은 그 개인이 가진, 또는 추구하려는 이상이다. 그 이상이 과시와 상상, 기교인 경우도 있다. 몇 천이라는 개인이 스스로 그리스도교도라

칭하며, 의심할 바 없이 그리스도교도라고 믿고 있다. 그러나 결국 그것이 무슨 소용인가. 그 개인의 있는 그대로의 모습, 그것이 중요하다.

친구여, 고상한 바가지에는 돈을 쓰는 것 외에 도리가 없다.

공공연하게 내걸린 이상은 아직 겉모습이다. 그것은 타인에 대해서는 그들로부터 멀어지는 길이며, 훈장을 받으면 실력이 없어진다고 믿는 사람의 신념에 대해서는 걸림돌이 될 때도 있다. 그러나 대개의 경우 일어나는 것은 그의 정반대이다. 훈장이 훌륭할수록 훈장을 찬 사람의 가치는 내려간다. 그렇게 생각하면 틀림이 없다. 보통의 경우 추기경은 신부에 미치지 못하고, 신부는 사제에 미치지 못하며, 바리새인은 단순한 신자에 미치지 못하고, 그리스인은 터키인에 미치지 못한다. 어떤 것이든 윤리적이고 종교적인 칭호를 내세워 자랑하는 것은 지극히 위험하다. 말로 양보를 하는 사제의 오만만큼 못 봐줄 만한 것이 있겠는가. 종교가의 세계만큼 진정한 사랑이 없는 곳이 있을까. 수도원만큼 통일이 없는 곳, 영혼구원 선택설이나 영혼구원 예정설을 신봉하는 광신도들보다 인간다운 마음이 없는 곳이 있을까. 네가 자랑 삼는 것을 말해봐라. 그것으로 네가 어떤 사람인지를 가르쳐 주겠다.

그러나 한 개인이 어떤 사람인지를 어떻게 알 수 있을까. 우선 그 행위에 의해 알 수 있지만, 또한 다른 것으로도 알 수 있다. 다만 그것은 직관에 의하지 않으면 인정할 수 없다. 마음은 마음을, 언어와 침묵, 행동과 눈초리로 선택적 친화력에 의해서 판단한다.

역시 이 표준은 주관적인 것이어서 오류에 빠지기 쉽다. 그러나 우선 이것 이상으로 확실한 표준이 없으며, 두 번째로 비슷한 평가의 올바름은 판단하는 사람의 정신적 교양과 비례한다. 용기는 용기의 점에서, 친절은 친절의 점으로, 고귀함은 고귀함으로, 충실함은 방정(方正)한 점으로 자기 판단이 가능하다. 인간이 진정으로 알 수 있는 것은 자기가 가진 것, 또는 자기가 잃은 것, 즉 자기가 아끼는 것, 예를 들면 어린아이의 솔직함, 처녀의 수치심, 명예의 보전 등과 같은 것이다. 그리고 보면 참된 비판자는 무한한 선의를 가진 자이며, 그에 이어서 재생한 죄인 또는 성자, 시련을 거친 사람 또는 현자이다. 우리의 악한 성질이 적으면 적을수록 우리의 시금석이 치밀하다는 것은 정당하다.

세상은 현상의 비판자이지만, 선인(善人)은 실체를 간파한다. 그러므로 여론은 잠정적이고 경박한 평가에 지나지 않으며, 죽은 자의 심판은 다른 재판소에 속해 있다.

1880년 10월 31일

S***(세리오사를 말함)의 편지. 그 사람이 날마다 하는 일을 생각하기만 해도 내 머리는 온통 뒤죽박죽이 된다. 날마다 레슨이 5개나 있는데다가 그처럼 많은 책을 읽고, 게다가 세속적인 할 일이 잔뜩이다. 확실히 기억력이 굉장히 좋기 때문에 그 사람의 시간은 사용 방법에 따라 머릿속에서 몇 개로 나뉘어 있다. 그러나 나는 1주일 또는 한 달 동안에 내가 했거나 생각한 것들이 모조리 뒤섞여서 하나가 되고, 그것이 빠르게 지나가서 아무것도 남지 않는다. 생활 자체가 나에게는 공허하게 보인다. 시간의 범주는 내 의식에 있어서는 성립하지 않는다. 따라서 하나의 생활을 몇 백 개의 방이 있는 궁전으로 만들려는 시도는 내가 볼 때는 죽은 것과 마찬가지여서, 나는 원시적인 단세포의 상태를 벗어나지 않고 있다. 나는 자연히 무형체 및 유체, 가능성 및 '모든 가능성'(무엇이든지 될 수 있다는 의미)이라는 막연한 양상, '깨달음의 깨달음' 속으로 돌아간다. 그것은 허무인 것일까. 그렇지는 않다. 긴장 상태에 있는 순수정신이다. 잠재적 실재이다. 구(球)의 상태이다. 나는 스스로를 모나드의 상태, 자아의 상태로만 파악한다. 내 능력 자체가, 말하자면 아메바가 일시적인 포착기관을 체내로 끌어들이는 것처럼, 그것에 의해 개별화된 실체 속으로 원래대로 흡수되는 것을 느낀다. 동물성이 지니는 이익은 배척된다. 연구와 교양의 소산도 마찬가지로 폐기된다. 결정은 모조리 원래의 액체로 용해된다. 무지개의 신 이리스의 띠는 이슬방울 속으로 다시 거두어진다. 결론은 원리 속으로, 결과는 원인 속으로, 새는 알 속으로, 유기체는 싹 속으로 돌아간다.

이러한 심리적 '재포장'은 죽음보다 먼저 얻는 것이며, 무덤 저편의 생활, '흑암'(구약성서의 시편 88장 12절에 나오는 죽은 자의 나라)으로의 복귀, 망령 사이로의 소멸, '어머니들'(파우스트) 영역으로의 추락을 나타내기보다는 오히려 자기의 모든 부수성을 발산시켜버리고 전형의 상태, 플라톤적 이데아의 상태, 다른 말로 하자면 나눌 수 없는 점 같은 상태, 세력의 상태, 생산적인 0으로만 존재하는 개체의 단순화를 나타내는 것이다. 이것이야말로 정신의 정의가 아닌가. 공간 및 시간으로부터 벗어난 정신이 이것이 아닐까. 그것의 과거 또는 미래의 전개는 마치 곡선이 대수식에 포함되어 있는 것처럼 그곳에 포함되어 있다. 이 무(無)는 하나의 전체이다. 넓이가 없는 이 '점'은 '발생점'이다. 소나무의 열매라는 것은 그것의 나뭇가지, 잎, 줄기, 뿌리, 즉 모든 장비(裝備)와 형상, 특수성을 잃고, 그것의 본질로 모든 것을 다시 획득할 수 있는 형상적 형식으로 집중된 또 하나의 완전한 소나무가 아닌가.

그리고 보면 이 빈곤은 표면적인 축소와 같다. 인간은 사지를 잃고, 다섯 가지 감각 기관 중에 넷을 잃어도 머리와 심장을 갖고 있는 한, 아니 의식이 있는 한은 역시 인간이다. 그러므로 자기의 영원성으로 복귀한다는 것은 확실히 죽는 일이기는 하지만 소멸하는 것은 아니다. 다시 잠재적이 되는 것이다.

1880년 11월 2일

독서. 마르크 모니에. …… 지금 읽은 나폴리를 제재로 한 모니에의 소설은 어떤 인상을 주었는가. 잡다한 인상이다. 이것은 이성과 지성을 즐겁게 하기는 하지만 상상력에는 기쁨을 주지 않는다. 왜일까. 사람을 속이는 부류나 인형극의 유혹을 채 벗어나지 못한 이 작가는 너무 비꼬는데다가 우롱만 하고 있다. 게다가 이 사람이 토지나 상황, 풍속을 알고자 하는 것이 다 들여다보이기 때문에 이야기의 구실에 불과한 인물을 유리(遊離)시키고 있다. 거기서는 쾌활함이 쾌활함이 아니며, 감수성이 감동하고 있지 않다. 빅토르 쉐르뷰리에의 유파와 볼테르식의 전통을 읽을 수 있다. 즉, 심술궂음과 기지는 많고 열의는 적은데다가 순박함은 전혀 없다. 풍자, 저널리즘, 붓싸움에 적합한 이러한 결합은 장편소설이나 단편소설 모두에 맞지 않는다. 기지(機智)는 시가 아니고, 소설은 시의 한계에 있다 해도 역시 시 속에 속하기 때문이다. 이런 경구(警句)적인 작품이 주는, 뭐라고 표현하기조차 힘든 불편함은 어쩌면 문예류의 혼동에서 생겨난 것이리라. 우리는 두 가지 양상으로 받아들여질 수 있는 표현에는 반감을 갖기 때문에 여자가 남자 흉내를 내는 것이나 그 반대를 좋아하지 않으며, 애매한 것을 상대할 때 조금도 안심할 수가 없다. 남녀의 합체성(合體性)은 예술에 있어 권하고 장려할 만한 것은 아니다. 조롱은 애정이라는 빌려 입은 옷이 되어서는 안 된다. 조소적 정신은 유머에 도달하지 못한다. 나는 해학에는 비아성도, 깊은 맛도 없기 때문에 좀처럼 희극적인 데까지 오르지 못한다고 믿는다. 사물이나 사람들을 비웃는다는 것은 진정한 기쁨이 아니라 차가운 위로, 윤기 없는 날뜀이다. 하다못해 마술이라면 자기 내장의 여러 기관을 요동시켜 연극에 참가할 수가 있다. 마술 연극은 약간은 선의를 포함하기 때문에 보다 건전하다. 끊임없는 비아냥이 우리를 반발하게 하는 이유는, 그것이 인간미와 본심이라는 두 가지의 것이 결여되어 있기 때문이다. 비아냥은 늘 다른 사람보다도 높은 곳에 서기 마련이어서 일종의 오만이며, 양심에 의해서도 원만히 잠재울 수가 없는 것이어서 일종의 경솔함이다. 빈정거림은 이기심이라고 할 수 있을까. 그러나 이기심은 생산적인 것이 아니다. 아니면 다른 면에 있어 빈정거림은 잘난 체하는 것일까. 그러나 이 잘난 체는 불쾌감을 준다. 요컨대 용해제나 부식제는 염료로서는 유익할지도 모르지만 음식물이 되지는 않는다. 비꼬는 책은 읽는 사람이 책장을 그저 넘기거나 할 뿐, '정'이 담긴 책이 아니면 애착을 느끼지 않는다.

1880년 12월 5일

그 사람의 재미난 관찰. "여자는 날 때부터 비극을 좋아하지만, 남자는 그다지 흥미를 갖지 않아요. 적어도 내 집에선 그렇답니다." 그러면 남자는 우는 것보다 웃는 쪽을 좋아하는가. 여자가 자기들의 인색한 도회풍 생활을 위대하게 하는 것에 이끌리는 경우도 있을 법하다. 여자는 자기 주위에서는 어디서도 발견되지 않을 듯한 왕자나 공주의 세계, 장엄하고 화려한 말, 위대한 감정, 묵직한 위엄, 말과 태도의 기품을 좋아한다. 여자의 이상은 늘 예법이나 상류사회, 남 앞에 나서서 부끄럽지 않을 뿐만 아니라 두드러지게 부드러운 것이다. 여자의 상상력은 귀족적이고, 여자의 가슴은 다양한 감정을 갈망하고 있다. 여왕님은 양치기 여인의 역할을 좋아하지만, 양치기 여인은 훨씬 더 여왕님 역할을 하고 싶어한다. 모자를 만드는 가장 초라한 여자도 '가슴속으로는' 후작부인이나 성주의 부인을 꿈꾼다. 신분이나 칭호가 높다는 것 이외에는 위대하다는 것을 거의 알지 못한다. 장식이 달린 옷자락이나 왕관에서만 숭고한 인상을 받는다. 이상이 그런 특수한 형태를 취하는 경우도 있다. 여자는 열정으로 미를 사랑하며, 항상 계급적 우월성에 대해서는 사족을 쓰지 못한다. 귀족 남자는 평민 여자에게 싫다고 말하지 못했다. 국왕은 가장 높은 태생의 귀부인에게 싫다고 말하지 못했다. 결국 여자의 마음은 2개의 매력에 사로잡혀 있다. 그것은 진정한 감정으로 달리는 동시에 겉으로 보이는 모습에 내달린다. 여자의 마음은 애정과 허영심, 정열과 자기도취 사이를 동요한다. 자기가 공주님이 되었다고 줄곧 믿으며, 더구나 영웅 또는 임금님에게서 진짜로 사랑을 받기라도 하면 상반되는 두 경향이 동시에 만족한다. 이 때문에 아가씨들은 비극을 보고 기분이 좋아지는 것이다. 거기서는 모든 것이 마음을 기쁘게 하고, 치켜세우고, 즐겁게 한다. 거기에는 산문적인 곳도, 비속한 데도 없다. 이것은 여자들의 올림포스이다.

남자가 웃는 쪽을 기뻐하는 것은 웃음이 상식을 굳세게 하여 생활을 돕기 때문이다. 인위적이고 인습적인 세계에서는 코트르노스(cothurnus. 배우가 신는 굽 높은 신발), 가면, 에샤스(신발 바닥에 달린 기다란 봉으로 죽마처럼 사용한다)가 상상을 드높인다. 그러나 남자는 그보다도 진실을 좋아한다. 신화적 비극보다도 역사적 비극 쪽이 남자의 취향에 맞다. 또 고전적 비극은 프랑스어로는 여섯이나 일곱 차례 걸작으로 만들어졌고, 그 뒤에 남은 것은 모방과 진부함, 반복, 따분함에 지나지 않는다고 말해야만 한다. 부득이한 단조로움과 반복의 인상은 마침내 남자의 취미를 돌려놓고 말았지만, 귀부인들은 여전히 이러한 야단스런 기적에서 매력을 느끼고 있다.

1880년 12월 8일

《사학 문학 평론》 제49호 읽기를 마치다. 인간은 진정한 의미에서 학식이나 일류 과학에 접촉하게 되면, 측량할 수 없는 자기의 무지를 알게 된다. 이 논집에 실려 있는 글 하나 하나가 차마 나를 입 밖에 내지 못할 혼란으로 채웠다. 그러나 이 경탄할 만한 지식의 집적이 무슨 도움이 될까. 그것이 내 것이었다 한들 그것을 어떻게 할 것인가. 이 비료가 하나의 꽃을 피우지 못하고, 하나의 낟알을 내지 못하고, 하나의 사상을 낳지 못한다면 그것은 무엇이 될까. 마음은 다른 것을 요구하고 있다. 이성과 지성은 보다 좋은 것을 바라고 있다. 이 잡동사니는 수단에 지나지 않는다. 그것 자체로서는 가치가 없으며, 거기서 이끌어내는 것으로 가치를 지닌다. 책이 삶을 살찌우지 못하고 종이를 소화시키지 못하는 것은 어딘가 불건전하고 기만적인 데마저 있다. 순수한 학식은 두뇌가 탐하는 식사이다. 라브레에 나온 대식가처럼 사람을 질리게 하지만 감탄할 만한 것은 아니다. 이런 밥 주머니나 기억력에 대해서는 삼가기로 하자. 부러워하지 않도록 하자. 하나의 뇌수(腦髓)가 한 도서관의 모든 책의 모든 낱장을 포함하고 있는 경우, 그 뇌수는 이 방면에 있어서 정신적이고 윤리적인 자본에 무엇을 더할까. 아무것도 더하지 않는다. '먹보'가 추억을 남기지 않는 것은 당연하다. 그러므로 발명과 창작, 발견, 독창, 사상은 바보 같은 학식보다도 훨씬 가치가 있거니와 총명한 학식에 비해서도 훨씬 낫다. 학자는 다른 사람들이 쓰거나 말하거나 한 것을 알고 있다. 대단한 우월이다. 거울은 경치는 아니다. 메아리는 음성이 아니다. 앵무새는 사람이 아니다.

그런 것은 아무래도 좋다. 각자에게는 자기의 역할이 있다. 예술가는 애초부터 박물관을 만들지는 않으므로 수집가에게도 공적이 있다. 수집의 보존자뿐만 아니라 진열실의 청소부도 도움이 되고 있다. 이런 사람들은 다른 사람의 천재성 및 역량 덕분에 생활하고 있지만, 그래도 자기의 밥벌이를 하고 있다. 여러 등급을 위아래 순서로 늘어놓아 보면, 모든 활동이 들어가는 장소가 있다. 그러나 호메로스와 호메로스를 인쇄하는 직공, 또는 호메로스를 오역(誤譯)하는 교사와의 사이에는 몇 단계나 비어 있다. 학식은 지식의 사다리 맨 아래에 있지만, 거기에서 시작하지 않으면 안 된다.

(같은 날) 교수는 단순화시키지 않으면 안 된다. 그러나 교수는 학생이 자기 무지의 정도에 대해 오해를 하지 않도록 사물의 무한한 풍부함과 복잡성에 관한 의식을 학생에게 줘야만 한다. 강의는 도식일 뿐이다. 필요 불가결한 점만을 서술한다. 그러나 그것은 또한 커다란 줄기밖엔 그리지 않은 모든 문제에 대해서 출구를 열어두지 않으면 안 된다. 학생이 요약을 과학 자체와 혼동해서, 개론의 끝까지 이르렀으니 연구의 궁극에 달한 것이라고 믿지 않도록 해야 한다. 능숙한 강의는 설명적인 도식일 뿐만 아니라 암시적인 프로그램이다. 그것은 교양의 첫 번째 요구를 채움과 동시에 새로운 욕망을 자극하지 않으면 안 된다. 이것이야말로 강의가 기억을 혼동시키지 않고 두뇌를 길러줬다는 증거이다.

1880년 12월 10일

독서. 구스타프 모아니에(Gustave Moynier. 1826~1910년 / 적십자사 창설자의 한 사람) 《전쟁의 법칙》 및 보고 2편, 모두 3권.

찬사를 보내기 위해 저자에게 편지를 쓰다. 문제의 제기 방식도 좋고, 해결도 올바르다. 실천적인 정신의 성공은 예술 또는 과학의 성공과 마찬가지로 내 마음을 울리며, 결국 모든 방법은 하나의 방법으로 귀착한다. 사물의 정신을 파악하려는 나의 주의는 온갖 종류의 활동에서 나를 즐거운 입장에 둔다. 어떠한 일이든 하나도 나무랄 데가 없다는 점이 나에게 같은 만족을 준다. 로마법의 조문(條文)이든, 작전이든, 저서를 싣는 방식이든, 베란제(Pierre-Jean de Béranger. 1780~1857년 / 프랑스의 유명한 유행가사의 작자)의 찬송가이든, 다빈치의 데생이든, 올바른 낭독 또는 노래이든 미적인 인상은 같은 성질의 것이며, 방법이 목적에 적합했다는 인상, 힘이 행위와 균형을 이루고 있다는 인상이다. 성과가 나왔을 때, 이루어져야만 하는 일이 이루어졌을 때 정신은 만족을 느끼지만, 대부분의 것, 평범한 것, 옆으로 벗어난 것, 겉날린 일이 세상을 채우고 있다. 어제 H***는 시를 비평할 때 백치처럼 보였다. 오늘 구스타프 모아니에는 야전병원이나 폭격 이야기로 나를 즐겁게 했다. 결국 화제는 말하자면 아무래도 상관없으며, 중요한 것은 그것을 다루는 방식이다. 타고난 재능은 실행으로 가늠된다. 네가 무엇으로 성공하고 있는지를 말하라. 그리하면 나는 네가 미적으로 얼마만큼 가치가 있는지 말해 주겠노라. 윤리에는 전혀 다른 표준이 있다. 윤리에는 의도가 중요한 사항이다. 예술에 있어서는 그와 반대로 의도는 아무런 의의가 없다.

1880년 12월 13일

장해가 생기기 시작했을 때는 어떤 태도를 취해야 할까. 가만히 있을 것, 그리하여 초심자처럼 뭐든지 자기가 하는 일에 참을성 있는 부드러움으로 전심할 것, 다른 말로 하자면 가나다부터 다시 할 것. 원만히 진행되는 운동을 다시 기억하고, 용기를 다시 길들이는 것이다. 실패는 방향을 어지럽히고 혼란을 초래한다. 아주 작은 일이라도 괜찮으니 뭔가에 성공을 거두어 자신감을 회복하지 않으면 안 된다. 줄여서 말하면, 동시에 이루어지는 두 가지의 처치, 우리의 자유로 되지 않는 일에 대해서는 평정한 체념을 하고, 우리에게 남아 있는 힘으로 퇴각한다. 이것은 역경에 처한 부대를 이끄는 장수의 대처가 아닐까. 즉 이리저리 흩어진 부대를 진지 안으로 모은 다음에 몇 차례의 소규모 전투로 병사들을 전투에 익숙하게 한다. 마찬가지로 서커스에서도 넘어진 말과 실수한 기사는 차츰 자신감을 회복하게 해야만 한다. 그렇게 하지 않으면 못쓰게 된다. 이제 나는 못한다고 믿게 되면 정말로 할 수가 없게 된다. 그렇다, 이런 낙담은 의지를 꺾는 것이므로 빨리 단념을 하지 않으면 안 된다.

1880년 12월 25일 크리스마스

(오전 10시) 《공관(共觀) 복음서》(예수의 생애를 줄여 똑같은 순서로 기술한 마태복음, 마가복음 및 누가복음)를 읽다. (예수의 생애와 유년시절) 그리스도에 관한 기적이 시적(詩的)이라는 것과, 동시에 그것이 참된 역사와 다르다는 것을 느꼈다. 그렇지만 역사적이라고 '믿기' 시작한 일의 역사도 역시 하나의 역사이며, 종교적 역사이다. 전설이라는 것은 실제 사건이 소박한 감동을 가진 마음의 거울에 비추는 방식이다. 그러나 이 거울은 아무래도 평면은 아니기 때문에 영상을 변경한다. 전통은 사물이 연이어 계속되는 사람들의 상상력, 정신, 가슴속에 떠오르는 모든 것을 그 사물에 덧붙이는 하나의 번역이다. 호교론자(護敎論者)의 착각은 신앙의 역사성을 사실의 역사성과 혼동하는 데에 있다. 말하자면 이것은 롯시니가 작곡한 〈빌헬름 텔〉의 웅대한 가락을 1308년에 알도르프에서 들었다고 믿는 것 같은 일이며, 또는 그류토리의 맹세가 진정이라고 하는 증거에 그 카바티나를 들이대는 것 같은 일이다. 전통, 전설, 신화는 각각 형성의 법칙을 지니며, 비록 비평으로 역사성이 부정된다 해도 여전히 가장 흥미 있는 심리현상을 이루고 있다. 신앙은 무의식적인 시의 원천이다. 인간이 이 시를 의식하자마자 신앙은 곧 사라져 흩어진다. 그것이 그리스도교 여러 국민 사이에서 일어났다. 그것은 기적이 과연 이루어졌는지 어떤지를 문제삼으면 바로 모든 기적에 대해서 일어난다.

과학은 모든 공기의 요정, 물의 요정을 죽이고 말았다. 과학은 또한 신들을 죽인다. 그리하여 그리스도에 관한 초자연적 요소도 똑같은 운명에 위협을 당하고 있다. 예수의 경우, 복음서에 관한 자료를 주의 깊게 읽기만 해도 역사는 그의 등장과 함께 시작되며, 그에 앞선 모든 것이 나중의 창작이고,

신자의 그룹 속에서 태어난 찬미적 전설이라는 것을 충분히 알 수 있다. 전통이 하지 못하는 단 한 가지의 것은 적나라한 진리, 즉 역사적 진리를 전하는 것이다. 전설의 임무는 미화하는 것, 이상화하는 것, 설명하는 것이다. 특수한 경우에 있어서는 모든 것이 이스라엘 예언자에 의해 예고되고 예언되어 있다는 점을 나타내는 것이었다. 그 역할은 가장 상세하게 기록되어 있다(마태복음 참조). 예수는 그것을 알고 있었고 성취했다. 그렇기 때문에 예수는 구세주인 것이다. 그런 식으로 유대인은 신성을 이해하고, 그에 이어서 초기 그리스도교도는 그것을 이해했다. 이 어린아이 같은 '글자를 좇는 성질'은 유대인의 특징이다. 그러나 이 유대적인 인상이 아직 서양정신에서는 소멸되지 않았음을 인정하지 않으면 안 된다. 정통적 그리스도교는 깨달음의 포로였고, 이것은 좀처럼 끝날 것 같지도 않다. 유심론적 신학자는 항상 비유를 글자 그대로 받아들여 모든 것을 자료화하는 편협한 인간, 고집스런 인간, 작은 일에 매달리는 인간과 부딪친다. 그리스도교도 모든 종교의 숙명을 면할 수는 없었다. 즉, 처음엔 해방하고 계몽하는 일에 힘썼으나 나중에는 광명과 자유의 장애가 되었다.

1880년 12월 27일

내가 어제 《공관 복음서》를 읽고 받은 인상이 근세의 위대한 연구 결과와 일치하고 있다는 점을 확인하고 대단히 기뻤다. 비더만(A.E.Biedermann. 1819~1885년. 취리히대학 신학교수)은 말한다. '슈트라우스(David Strauss. 1808~1874년. 독일 뷔르템베르크의 신학자, 《예수전》의 저자)는 복음서에 쓰여 있는 사건이 실제의 사실이 아니라 종교적 상상력의 소산이며, 이 상상력은 구세주가 예수로 출현했다는 신앙의 사상을 무의식적인 사실로 질료화(質料化)한 것이다.' ──이것은 내가 앞에서 말했던 것과 같다. 더구나 나는 역사 자체를 발산시켜서 단순한 사상으로 치부해버리지 않는 내 뉘앙스 쪽이 옳다고 생각한다.

지금 읽은 논문 가운데서 비더만은 슈트라우스에 대해 지나치게 부정적인 점, 그리스도교와 인연을 끊은 점을 비난하고 있다. 비더만에 따르면 바라는 목적은 1. 종교에서 모든 신화적 요소를 없앨 것, 2. 정교의 낡은 이원론 대신에 다른 관점, 즉 신의 아들이라는 의식에 의해 갖게 된 속세에 대한 승리라는 것을 확립하는 것이다.

물론 다른 문제도 생겨난다. 특수한 기적, 지방적 초자연성, 확증되지 않는 비의(祕儀)를 포함하지 않는 종교는 그 맛과 공덕을 잃지는 않을까. 교양 있는 평계를 생각하는 사람들을 만족시키기 위해서 대중에게 미치는 세력을 희생하는 것이 현명할 것인가.

아아, 내가 이처럼 하늘을 몰랐더라면
좀더 좀더 노을을 칭송했으련만.

답. 신앙을 위한 의제(擬制)도 역시 하나의 의제이다. 역시 진리 쪽이 우월한 승리를 갖고 있다. 진리와 융화하여 그 반대로 나아가지 않는 것이 세상 사람의 할 일이다. 코페르니쿠스는 중세의 천문학을 교란시켰다. 그것도 어쩔 수 없다. 영원한 '복음'은 모든 교회에 혁명을 일으킨다. 무슨 상관인가. 상징이 의미를 분명히 나타내면 이미 사람의 마음을 속박하지 않게 된다. 사람은 그곳에서 시, 풍자, 비유를 볼 뿐, 그것을 더 이상 믿지 않게 된다.

사실이다. 그러나 결국 거기서는 깊은 뜻을 피할 수 없게 된다. 왜냐하면 비평적이고 과학적, 철학적인 교양이 소수가 이해하는 범위에 머무르기 때문이다. 새로운 신앙은 그 독특한 상징과 교수법을 발견해내지 않으면 안 된다. 당분간 오히려 신앙심이 깊은 사람들에게 속세적인 효과를 미치고, 불경하고 불신하며, 가볍고 들뜬 모습을 보여서 전통적인 도그마에서 사람들을 해방시켜도, 단지 양심에서 본심인 곳을 없애기만 하는 것처럼 여겨진다. 이렇게 오랫동안 버팀목 또는 양의 수단으로서 도움이 되어 왔던 다양한 오류를 배제하면서 어떤 식으로 하면 내심의 전율, 죄의식, 용서의 요구, 청정함의 갈망을 유지할 수 있을까. 착각은 없어서는 안 되는 것인가. 그것은 교육의 용의주도한 조치는 아닐까. 인간은 옛이야기를 그만둬 버릴 것인가.

이 경우 취해야 하는 방법은 어쩌면 세상적인 생각을 신앙으로부터, 신앙을 과학에서 확실히 구별하는 일일 것이다. 이러한 다양한 단계를 식별하는 두뇌는 앞으로 한층 높은 진보에서 제외되지 않고 상상하고 신앙할 수 있다. 이집트, 인도, 신플라톤주의, 가톨릭교는 비의(祕儀)에 달하는 수행에 단계를 몇 가지나 인정했었다. 그러나 '복음'은 그것들의 막을 찢었다고 칭하며,

민주제는 지식 계급을 평준화한다는 포부를 갖는다. 어떻게 하면 이 어려움에서 벗어날 것인가. 지극히 간단하다. 과학은 스스로를 모든 사람에게 제공하고 있다. 각자는 거기에서 받아들여야 할 것은 가능한 한 받아들여 소화하고, 다른 사람들과 똑같은 정도로 파악한 줄 안다. 허영심이 채워짐과 동시에 정의감도 충족되고 있다.

1880년 12월 28일

우리가 알고 있는 사람들을 분류하는 방식에는 두 가지가 있다. 하나는 공리적인 분류로 우리 자신을 표준으로 채용하고 적, 우리편, 느낌이 나쁜 사람, 아무래도 상관없는 사람, 우리에게 이익 또는 손해를 주는 사람 등으로 구별한다. 두 번째는 이해와 관계가 없는 분류로서 내면적 가치, 고유의 장점 또는 단점에 의해 서열을 매기고 사람들이 우리에 대해서 갖는 감정, 또는 우리가 사람들에 대해서 품는 감정을 문제삼지 않는다.

내 경향은 두 번째 분류에 있다. 나는 사람들을 평가할 때, 사람들이 나에게 보이는 특수한 애정보다 오히려 그의 인격적 우수성에 의하기 때문에 감사와 존경을 혼동할 수가 없다. 원만히 진행되는 경우는 이 두 가지 마음을 병행할 수 있을 때이다. 마음이 괴로운 경우는 존경이나 신뢰감을 느끼지 않는데도 감사하지 않으면 안 되는 때이다.

나는 우연적 상태의 영속을 믿지는 않는다. 인색한 사람의 분발, 이기주의자의 은근함, 신경질적인 사람의 유화(柔和), 쌀쌀맞은 사람의 애정, 산문적인 사람의 동정, 아니꼬운 자기도취의 겸양은 흥미 있는 현상으로서 내 주의를 끌며, 내가 대상이 되는 경우에는 그 때문에 눈물이 글썽해지는 일마저 있다. 그러나 이런 것은 장래에 대해서는 그다지 신뢰감을 일으키게 하지 않는다. 나는 그 결말을 지금도 너무 잘 알고 있다. 아무래도 기적은 믿을 수가 없다. 어떠한 예외도 소멸하고 법칙으로 돌아오는 경향이 있다. 어떠한 특권도 일시적이다. 여하튼 나에게는 특권을 받는 것이 기쁘다기보다는 걱정이다.

본래의 특질은 교양이나 수련으로 얻는 퇴적물을 아무리 거듭 쌓아도 덮어지지 않기 마련이다. 세월이 부속물이나 외래물(外來物)을 마멸시켜 버리면 반드시 표면으로 나타나기 시작한다. 나는 종종 정신에 혁명을 일으키는 커다란 윤리적 위기라는 것을 인정하지만, 그것을 목표로 하지는 않는다. 그것은 있을지도 모르는 일이다. 그러나 있을 법한 일은 아니다. 친구를 고른다면 타고난 장점과 기질적 덕성을 지닌 사람들이 아니면 안 된다. 부가적이고 빌린 덕성에 의지하는 것은 매립지에 집을 짓는 것과도 같다.

누구에게나 결점이 있고, 늘 그것이 얼굴을 내밀며
부끄러움도 두려움도 그것을 고치지 못한다.

예외라는 것은 걸림돌이다. 특히 그것이 우리의 허영심을 기쁘게 할 때는 이것을 경계해야만 한다. 바람기 있는 남자를 바로잡아 보고 싶은 기분은 어느 여성에게나 있다. 오만한 여자에게 정(情)에 못이겨 눈물을 쏟게 하는 것은 남자로서 상당히 흥미를 끄는 일이다. 그러나 이런 유혹은 속임수이다. 이상적인 믿음에 바탕하고, 정신의 완전성에 비례하는 천성의 비슷함만이 가치 있는 것이다. 진정한 사랑은 인격을 고귀하게 하고, 마음을 견고하게 하며, 생활을 청정하게 하는 그런 사랑이다. 사랑받는 대상은 스핑크스여서는 안 된다. 투명한 다이아몬드가 아니면 안 된다. 그 경우에 찬탄과 애착은 인식과 함께 증가한다. 그렇지만 지상의 사랑에는 환상이 없어서는 안 된다. 사람이 있는 그대로 보이게 되면 사랑은 없어진다. 남는 것은 오직 습관과 관용, 또는 체념뿐이다.

오오 야바위꾼 기질이여. 그것이 어디서든 파고든다.

독일의 격언은 말한다. "정직함이 가장 오래 몸을 지킨다."

친구여, 품위 있는 바가지에는 돈을 쓸 수밖에 없느니.

1880년 12월 30일
내가 얼마간 다른 사람들을 이해할 수 있는 것은 충동이 나와는 전혀 관계가 없기 때문이며, 내가 내 안에서 지극히 잡다한 생활을 차례로 재생하고 있기 때문이다. 나는 책상 위에서 모든 인간적인 감정을 차례로 느낄 수가 있다. 그러나 어떤 감정도 나를 사로잡지 않는다. 그 점이 나를 구하고 있다. 사물을 이해한다는 것은 일단 사물 속으로 들어간 다음에 거기에서 나오는 것이다.

그러므로 우선 포로가 되고, 그리고 다음으로 해방이 필요하다. 환상과 환멸, 자기도취와 각성이 필요하다. 아직 매력과 관계되어 있는 것, 매력에 관계된 적이 없는 것은 같이 말하기에 부족하다. 내가 먼저 믿고, 그 다음에 비판한 것이 아니면 올바르게 인식할 수가 없다. 파악하기 위해서는 일단 파악당했다가 다시 자기의 독립을 획득하지 않으면 안 된다. 이해하기 위해서는 자유롭지 않으면 안 되지만, 자유였던 것만으로는 안 된다. 이것은 연애나 예술에 대해서도, 종교나 애국심, 그 밖의 것에 대해서도 마찬가지다. 동감은 비평의 첫째 조건이다. 감동은 이성의 받침돌이며, 정의의 선행조건이다. 그리스도교에 있어 아버지인 신보다도 오히려 예수가 숭배되고, 그 다음 마리아가 숭배되어 온 것은 이 때문이다. 신자가 바라는 것은 생활과 비애를 겪은, 시련을 거치고 십자가를 졌던, 또는 자기 가슴에서 일곱 개의 칼을 느낀 인간적인 신이다. 그 경우 인간은 자기의 궁지와 비통함을 한층 잘 이해하는 듯이 느끼기 때문이다. 감정을 움직이지 않는 재판관은 우리를 두렵게 한다.

1880년 12월 31일

자기의 최후를 예견하고 방책을 강구하는 것은 유쾌한 일은 아니다. '갑작스레 덮치는 공포의 왕'(죽음을 이름)에게서 무기를 빼앗고, 교활하게도 미래를 지배하려 하는 것이라고도 할 수 있다. 그러나 이것은 미신적인 선입견이다. 자기의 가족이나 친구, 세상 사람, 자기의 기억을 상대로 빚 정리를 하는 것은 현자에게 매우 적절한 일이다. 이것은 신에게 거스르는 일이 되지 않을뿐더러 아무에게도 폐가 되지 않는다. 그렇기는커녕 다른 사람을 가능한 한 괴롭히지 않도록 최후의 몸치장을 하고 자기 손으로 스스로를 묻는다. 결코 잘난 체하거나 과시가 아니라 타인에 대한 배려, 자기에 대한 존경이다. ——이상은 이론이다. 성가신 것은 실천이다. 이 공증인과 무덤을 파는 일에 있어 적당한 시기라는 것은 언제까지나 발견되지 않는다.

(날짜 없음)

질투는 무서운 것이다. 그것은 사랑과 비슷하지만, 그와 정반대이다. 질투는 자기가 사랑하는 사람의 선(善)을 바라지 않고, 사랑하는 사람의 종속과 자기의 승리를 바란다. 사랑은 자아의 망각이다. 그러나 질투는 이기심의 가장 정열적인 형식이며, 자기를 잊고 자기를 종속시킬 수 없는 전제적(專制的)이고 까다롭고 허영심 강한 자아의 억제이다. 이 둘의 대비는 변명의 여지가 없다.

(날짜 없음)

양심의 둔함은 분개할 수 없는 일에 있어 인정할 수 있다. 다만 이것은 자애의 관용이나 겸양의 망설임과 혼동해서는 안 된다.

(날짜 없음)

50세의 관조자(觀照者)가 볼 때, 세상은 새로운 맛을 제공하지만 개선보다는 천 배나 더 새것과 옛것을 합한 맛, 표절, 변화를 준다. 거의 모든 것은 모사의 모사, 반대의 반대이다. 정말로 성공한 사람들은 지금도 옛날과 마찬가지로 드물다. 그것에 대해 불평은 하지 말라. 이것이 세상을 유지하는 것이니까. 인류는 단번에 좋아지지 않는다. 역사가 오래 지속되는 것은 그 때문이다.

진보는 어쩌면 시바의 채찍이리라. 횃불의 연소를 재촉하고, 죽을 때를 앞당긴다. 변화가 빠른 사회는 전복(顚覆)에 일찍 도달하는 것과 마찬가지이다. 지나치게 조숙한 아이는 성숙에 도달하지 않는다. 진보는 인생의 향기가 아니면 안 된다. 인생의 실체여서는 안 된다.

(날짜 없음)

물질적 결과는 눈에 보이지 않는 활동이 느리게 나타나는 징후에 지나지 않는다. 발사 소리가 우리 귀에 들어올 때, 탄환은 이미 훨씬 앞으로 날아가고 있다. 결정적인 사건은 의식 속에서 행해진다.

(날짜 없음)

고통은 감성계(感性界)의 사물과 현상 속에서 가장 넓은 것이다. 그러나 그리스도가 행했던 것 같은 고통의 변형은 석가모니의 방법에 의한 고통의 소멸보다도 훨씬 아름다운 문제 해결이다.

(날짜 없음)

생활은 정신의 출산(出産), 한층 우수한 실재 양상의 발현이어야 한다. 동물은 인간적이 되어야 한다. 육체는 정신이 되지 않으면 안 된다. 횃불이 빛과 열이 되는 것처럼 생리적 활동은 사유, 의식, 이성, 정의, 관용으로 바뀌어야 한다. 맹목적이고 탐욕적이고, 이기적인 자연은 모습을 바꾸어 아름다워지고 고귀해지지 않으면 안 된다. 이 초월적인 연금술이 지상에 있어서 우리의 존재를 정당한 것이게 한다. 이것이 우리의 사명이자 품위이다.

(날짜 없음)

행복을 단념하고 의무만 생각할 것, 감정 대신에 양심을 놓을 것, 이 자발적인 순교에는 독특한 기품이 있다. 우리 안의 자연은 이것에 반항하여 발버둥을 치지만, 가장 훌륭한 자아는 그것에 복종한다. 정의를 기대하는 것은 병적 감수성의 증거이다. 그런 것은 없어도 되게 해야만 한다. 남자다운 성격은 이 독립성에 존재한다. 세상은 우리에 대해 제멋대로 생각해도 좋다. 그것은 저쪽의 일이다. 세상이 우리가 죽은 뒤에나, 또는 아무리 시간이 지나도 우리에게 정당한 위치를 인정하고 싶어하지 않는다 해도 그것은 저쪽의 권리이다. 우리의 권리는 조국이 감사의 마음을 갖기라도 하는 것처럼, 세상이 공정하기라도 한 것처럼, 여론이 총명하기라도 한 것처럼, 인생이 정의롭기라도 한 것처럼, 인간이 선량하기라도 한 것처럼 행동하는 것이다.

1881년 1월 5일

(이 해에, 더구나 1월부터 아미엘의 병세는 최후의 시기로 들어선다. 아미엘은 평생 해 온 것처럼 자기의 의무를 다했으며, 마지막까지 일기의 펜을 놓지 않았다. 다만 마지막 무렵에는 병세의 진행을 쓰고, 여러 사람에게서 받은 호의의 증거를 기록하는 데 그치고 있다.)

아무래도 나는 죽음보다 수치를 두려워하는 것 같다. 타키투스는 말했다. "지배권을 얻으려면 몸을 굽혀서라도 모든 것을 참는다." (로마황제 오토에 관한 타키투스의 말) 나는 그와 정반대이다. 세계의 지배조차도 나에게는 자유만큼 소중하지 않다. 자발적인 종속이라도 종속은 나에게 거추장스러운 것이 된다. 나는 이해관계에 의해 결정된 것, 강제로 부담하는 것, 어떤 의지의 노예가 되는 것을 수치스러워하는 것이리라. 허영심은 나에게는 노예상태로 보이며, 자기도취는 인색하게 보이고, 공명심은 열등하게 보인다. 나는 뭔가, 또는 누군가의 집안 대대로 내려오는 명예심이라는 것을 혐오한다. 나는 다만 나의 주인이 되어서, 나의 취향에 따라서만 행동하기를 바란다.

그래서 나는 건강하기만 하다면 내가 아는 한 가장 자유로운 인간이 되리라. 다만 나의 독립성을 증대하기 위해서는 약간의 매정함이 필요할 것이다.

과장하는 것은 그만두자. 내가 말하는 자유는 부정적인 자유에 지나지 않는다. 아무도, 남자도 여자도, 외국인도 같은 나라 사람도, 지상의 어느 누구도 나에게 명령을 내리거나 복종을 요구하거나 하지 못한다. 그렇게 할 수 있는 사람들이 몇 사람 있을 것이다. 하지만 나에게는 채권자도 후견인도, 상관도, 아내도, 장인도, 공동사업자도, 관리위원도, 가정부도, 즉 나를 굴복시키는 것, 뭔가에 대해 내가 동의하거나 승인, 또는 허가를 받고자 하는 것이 없다. 내가 누군가에게 의논할 마음이 생겼다 하더라도 그것은 내 마음이 향했기 때문이며, 나는 전제군주처럼 '그것이 짐의 바람이다'라고 말할 수가 있다. 그런데 교수직은 어떠한가. 나에게는 행정상의 장관(문교부)이 있기는 하다. 그러나 그 장관은 나를 파면하지도 해고하지도 못한다. 오히려 형편에 따라서는 내 쪽이 사표를 낼 뿐이다. 나에게는 지원하여 얻은 직업이다. 그러나 그것은 내 뜻에 반하면서까지 나를 붙들어 놓지는 않는다. 실제로 나는 봉급을 받지 않아도 되기 때문이다. 내게는 현재 반년이나 앞서서 나를 속박하는 임대차 계약도 없다. 그러나 나에게는 이제는 할 수 없게 된 일들이 많다. 그래서 만약 내가 어리석게도 그런 일들을 원했다고 한다면, 내 자유의 한계는 명백해지고, 자존심에 상처를 입었을 것이다. 그 때문에 나는 그런 일을 바라지 않으려고, 그것을 나의 마음에 환기시키지 않기 위해서 조심하고 있다. 나는 내가 할 수 있는 것밖엔 바라지 않는다. 그렇게 나가면 나는 결코 벽에 부딪치지 않는다. 나는 장애물에 부딪치지만 않도록, 나아가 굴욕을 당하지 않도록, 오히려 내가 할 수 있는 것보다도 조금은 삼간다. 단념은 품위에 대한 보장이다. 입고 있는 것을 벗자. 그리하면 벗김을 당하지 않아도 된다. 자기 생명을 내던진 사람은 죽음을 마주볼 수가 있다.

그것 이상으로 죽음이 무엇을 없앨 수 있으랴. 욕망의 폐기와 자비의 실행, 이것만이 부처의 방법이며, 이것만이 '해탈'의 방법이다.

(같은 날)
 목이 나를 괴롭힌다. 눈이 내리고 있다. 이런 식으로 나는 '자연'과 신에게 의존하고 있다. 그러나 나는 인간의 변덕에는 의존하고 있지 않다. 이 점이 중요하다. 내 약제사가 얼간이 짓을 해서 나를 독살하고, 내 은행가가 야반도주를 하여 나를 거지로 만들어 버릴지도 모른다. 나아가 지진이 내 집을 파괴하여 배상금도 받을 수 없게 할지도 모른다. 그러고 보면 절대적인 독립성이란 것은 순수한 공상에 불과하다. 그렇지만 나에게도 상대적인 독립성, 내 의지 속에 틀어박혀 그 성채의 문을 닫고 있는 스토아파 사람의 독립성이 있다.

 신 말고는 주인을 갖지 않겠다고 맹세하자.

옛날 제네바의 맹세는 나의 모토가 되어 있다. 그래서 유리(有利)한 주위 상황의 협력이 나에게 그 실현을 허락했다.

1881년 1월 7일
 갑자기 친구와 부모, 친척에게서 모습을 감추고 어디론가 아무도 모르는 곳으로 가서 일을 하고자 했던 데카르트의 실종이, 인간이 자기의 사색에 전념하고, 자신을 상대로 해서만 말하며, 자기 성채의 문을 굳게 잠그려고 해 멈추려 해도 멈출 수 없는 요구를 자주 느낀다는 것의 증거가 된다. 그런 경우에는 사교(社交)가 자아 생활의 파괴인 듯이 보이기 시작한다. 그래서 사교를 모기나 식인귀나 흡혈귀같이 인간의 피를 빨아먹는 것이기라도 한 것처럼 두려워하여 도망친다. 자기 방어권을 행사한다. 언제나 쓸데없는 얘기를 주절주절하거나 변명을 하거나 핑계를 대는 등, 즉 표면적으로만 사는 것은 번거로워서 견딜 수 없어한다. 사람들에 대한 허영심이나 호기심, 아집에 대한 이 끝없는 반응은 사람을 지치게 한다. 도리어 사물에 몰두하고 싶어진다. 사물은 말이 없어 조용하다. 사물은 기다린다. 사람들을 상대로 하고 있으면 정력을 소모하게 되지만, 사물을 상대로 하면 기력이 회복된다. 평화와 침묵은 고맙다. 하루 밤낮의 4분의 3을 갇혀 지내는 작은 방은 고맙다. 그곳에 있으면 힘이 전처럼 회복된다.

1881년 1월 10일

타인의 악의, 배은망덕, 무관심으로 괴로움을 당하는 것은 특히 내가 빠지기 쉬운 약점이다. 무시당하는 것, 잘못된 비판을 받는 것은 나에게는 쓰라리다. 나에게는 남자다운 난폭함이 없다. 나의 가슴은 얼마간 여성적이며, 따라서 필요 이상으로 상처받기 쉽다. 그렇지만 나는 꽤나 전쟁에 익숙해서 마음이 단련된 듯한 기분이 든다. 세상의 악의도 옛날에 비하면 훨씬 나를 괴롭히지 않게 되었다. 이것은 철학 덕택일까. 아니면 세월 때문일까. 어쩌면 그 원인은 단순히 내가 상당한 존경과 애착, 동정의 표시를 받고 나서 애초의 자신감을 회복했기 때문일 것이다. 악의를 품는 사람들이 우리에게 미치는 해는 우리에게 자기의 힘을 의심케 하는 것이다. 우리는 겸손해짐으로 인해 그런 사람들이 경우에 따라서는 올바를지도 모른다고 생각한다. 그러나 그런 사람들이 잘못되어 있다고 생각될 때에는 모든 것이 구원된다. 우리는 그런 사람들의 잘못을 안타까워한다. 우리는 이제 미혹되는 일도, 슬퍼하는 일도 없어진다. 나에게는 내 가치의 의식을 얻고, 스스로에 대한 존경을 얼마간 일으키기 위해서 외부에서 와서 가끔 반복되는 그런 증거가 필요했다. 그렇지 않으면 나는 쉽게 내 실력의 무능함과 내 모든 시도의 무의미성을 믿고 있었을 것이다. 내성적인 사람에게는 성공이 필요하며, 찬사가 원기를 주고, 감탄이 강장제가 된다. 사람은 자기를 의식한다고 믿지만, 비교적인 가치 및 사회적인 위치를 알지 못하는 이상 충분하게 자기를 인식한다고 할 수는 없다. 행동하기 위해서는 남 앞에 나가서도 얼마간 가치를 갖고, 극복해야만 하는 저항에 비례하는 노력이 가능한 만큼의 무게와 신용을 지니고 있다고 느끼지 않으면 안 된다. 우리가 여론을 경멸하는 한, 자신에 대한 척도가 없어서 자기의 상대적인 능력을 알 수 없게 된다. 나는 부정(不正)에 대해서는 과민하면서도 여론을 지나치게 경멸했다. 이 두 가지 과실은 나에게 커다란 희생을 치르게 했다. 나는 나를 남에게 밀어붙이고 나를 발휘하기를 포기했다. 나에게는 내적인 자유 이외에 목적이 없어지고 말았다.

각자는 씨를 뿌린 대로 자기 안에서 수확한다.

가능하다면 나도 사람들의 호의, 동정, 공정한 태도를 얻고 싶다. 그러나 나의 자존심은 간절한 기원, 기교, 타산을 스스로에게 금지했다. 남들은 지금껏 나에게 나의 진정한 입장을 이해한 적도 없거니와 나의 진정한 가치를 인정한 적도 없다. 나는 그것을 참는 것을 나의 의지로 삼아 왔다. 그러나 내가 그것을 알아채지 못했던 것은 아니다. 나는 애당초 나 자신과는 일치해 있었으므로 길을 잘못 들었다고는 생각하지 않는다. 그러나 나의 환경에 대한 방어 자세가 내 힘을 3분의 2나 마모시켜버렸다. 내 본성에 적합할 듯한 환경에 놓여 있었더라면 나는 지금까지 제네바에게 주었던 것의 10배는 더 줄 수 있었을 것이다. 순응성의 결핍은 짓궂게도 나를 마멸시켰다. 내가 죽으면 이곳 사람들은 '안타까운 일'이라고 할 것이다. 그리고 나도 '안타까운 일'이라고 생각할 것이다. 다만 같은 말에도 여러 가지 의미가 들어 있다. 사람들은 나에게 부정(不正)을 뒤집어씌울 것이다. 그러나 나는 사람들이 나에게 부정을 가했다는 느낌이 든다. 좋은 일이 많은 방해를 받았다. 그것이 사실이다. 그러나 누구의 탓인가. 그것이 중요한 점이다.

지금은 평화가 내 안에 깃들어 있다. 그러나 내가 걷는 길은 끝났다. 나의 기력은 다했다. 나의 생명은 종말에 가까웠다.

이제 죽기 위한 것 외에는 아무것에도 도움이 되지 않는 시간이다.

내가 그런 것을 역사가이기라도 한 듯이 바라볼 수 있는 것은 그 때문이다.

1881년 1월 15일
(밤 11시) 오랜만에 파스칼을 번역하다. 《수상록》 아베판, 1852년).
푸제르와 아베(Fougère ; Havet. 파스칼의 간행자)의 총명함으로도 해내지 못했던 작은 문제의 해결을 나는 우연찮게 발견했다. 이 두 사람의 학자에게 기가 질려서 결국 낙담하게 했던 Salomon de Tultie는 하나의 가명, 즉 Louis de Montalte의 아나그램에 지나지 않는다. 그래서 이 이름도 《시골 친구에게 보내는 편지》의 저자(파스칼)가 이것을 한 권으로 정리할 때 고른 이름이다. 15통의 편지가 이 두 사람의 이름을 쓰기 위해 사용되어 있다.

나는 또한 파스칼의 호교론(護敎論)에서 결정적인 결함을 발견했다. 이것은 금니 이야기(불명)에서 보았던 것과 똑같은 결함이다. 파스칼은 문제가 되어 있는 일, 즉 가톨릭의 전통적인 도그마를 주어진 것으로 보고 있다. 그러나 이 도그마가 그리스도교의 표현인지, 계시된 것인지의 여부, 종교적 계시가 온통 그대로 하늘에서 내려온 자료인지 여부를 아는 것이 문제이다. 더구나 파스칼은 무엇을 검토해야만 했는지도 알지 못하고 있다. 파스칼에게는 비평적이고 역사적인 의식이 극히 작은 불꽃만큼도 없다. 파스칼에게 가톨릭교는 신성한 일체(一體)였기 때문에 그것에 분석도 설명도 가하고 있지 않다. 이렇게 절대적이고 결단적이고, 기하학적인 사람들은 이런 종류의 문제에는 전혀 적합하지가 않다. 이런 사람들은 백과 흑, 참과 거짓밖엔 모른다. 이 모든 원리적인 논리는 살아 있는 것, 변형하고 생성하는 것, 역사적 구체화 및 정신적 형성에 대해 무력하다.

종교역사와 종교철학, 해석학과 고고학의 진보는 사물의 면모, 문제의 의의, 연구의 방법, 해답의 정신을 새롭게 했다. 파스칼은 진지하다. 그러나 그의 강력한 이지는 근본적인 선입견의 그물에서 벗어날 수 없었다.

1881년 1월 23일

지극히 평온한 밤. 그러나 오늘 아침은 점액 덩이가 좀처럼 토해져 나오지 않았다. 몸에 대답하는 듯한 기침. 멋진 날씨. 창 가득히 쏟아지고 있는 태양. 스토브에 다리를 쬐면서 신문을 다 읽다.

지금은 기분이 좋다. 나의 기한이 가까워졌다고 알려주는 것이 나에게는 이상하게 여겨진다. 생(生)은 죽음에 대해서 아무런 친근함을 느끼지 않는다. 어떤 기계적이고 본능적인 희망이 언제까지나 우리 안에서 다시 살아나고, 이성의 빛을 어둡게 하며, 과학적인 판결을 의심하게 하는 것은 바로 그 때문이다. 생은 생물 속에서 지속하고자 애쓴다. 생은 우화에 나오는 앵무새처럼 목이 졸리는 순간에도,

그거냐? 그건 아무것도 아니다.

라고 반복한다.
 의식(意識)은 매사를 나쁜 쪽으로만 생각하건만 동물성은 그것에 반항한다.

 정말로 와버릴 때까지는 화(禍)를 믿지 않는다.

 이것이 그렇게 나쁜 것일까. 어쩌면 그렇지도 않다. '자연'은 생물이 죽음에 대해 스스로를 지키기를 바라고 있다. 희망은 생명의 사랑과 동일하다. 이것은 유기체의 충동이며, 나중에는 종교의 비호 아래 놓였던 것이다. 인간은 모르지만 신은 우리를 구할 수도 있고, 기적을 행할 수도 있다. 나아가 우리에게는 구제될 방법이 결코 없다는 것을 한 번이라도 확신한 적이 있던 것일까. 불확실함은 희망의 은거지이다. 의심스러운 일은 좋은 기회 가운데 하나로 생각되고 있다. 우리에게 반대가 아닌 것은 찬성이다. 치명적인 취약함은 모든 지장에 붙들린다. 그것을 나쁘게 생각할 필요가 무엇이 있겠는가. 구원을 얻어도 그 취약함은 가슴 아픔과 고뇌를 거의 벗어나지 못한다.
 최상의 해결은 항상 필연성에 복종하여 이것을 아버지인 신의 의지라 부르고, 용감하게 십자가를 등에 지고 운명의 독재자에게 제공하는 것이다. 병사는 명령에 군말을 붙이지 않는다. 불평을 하지 않고 복종하고 죽는다. 만약 병사가 자기 희생이 무엇에 도움되는가를 확인하고자 한다면 복종을 하지 않게 될 것이다.
 런던에 눈이 두 자나 쌓이고 템즈강이 얼었다. 벨기에, 카라브리야(이탈리아의 장화의 끝에 해당하는 부분), 에스파냐에 홍수가 났다. 우리는 좋지 않은 철을 보내고 있다. 오늘 아침에 나는 집안의 두세 사람을 제외하고는 아무도 나의 육체적인 참혹함을 알아주지 않는다고 생각했다. 가까운 사람이나 가장 친밀한 친구들조차 우리와 '공포의 왕'(죽음)과의 대화를 모른다. 털어놓을 상대가 없다는 생각이 드는 데다가 남이 알아주지 않는 슬픔이 있다. 그뿐 아니라 가벼운 마음으로 그것들을 감추지 않으면 안 된다. 우리는 홀로 꿈꾸며, 홀로 괴로워하고, 홀로 죽으며, 혼자서 6장 판자로 된 작은 방에서 산다. 그러나 신에게 이 고독을 여는 것은 금지되어 있지 않다. 그래서 준엄한 독백은 대화가 되고, 반감(反感)은 순종이 된다. 단념은 평화가 된다. 슬픔에 좌절하는 것이 원래대로의 자유가 된다.

>신이 바라는 대로 바라는 것이
>우리를 안정시키는 유일한 지식이다.

우리 각자는 서로 다른 많은 충동에 의해 가로막힌다. 그러나 어디에 명령이 있는지를 인정하고, 그 명령에 복종하면 이내 모든 것이 순조롭게 흘러간다.

>죽음에 이르른 현자처럼 우리도 차분하게 이렇게 말하고 싶다.
>나는 너무 오래 헤매었다, 원했다. 그것은 잘못되어 있었다.
>모든 것이 잘 되어간다. 신은 나를 감싸 안는다.

샤를르 하임(Charles Heim. 아미엘의 죽마고우, 1868년 12월 26일에 사망)은 에픽테투스처럼, 스피노자처럼 죽었다. 나도 그렇게 죽고 싶다. 중개나 조정에 의한 죄의 용서는 그보다도 특수한, 또 그만큼 높지 않은 신앙이다. 그것이 전통적인 그리스도교의 신앙이다. 그렇지만 그것은 예수 자신의 신앙, 신이 사랑이라는 것을 선언했던 높은 자존심의 영웅적 신앙은 아니다. 신이 사랑이라고 한다면 신은 속죄를 하기 위한 희생을 필요로 하지 않을 테고, 신의 존엄성은 아무런 대가를 요구하지 않는다. 정통파의 비속한 그리스도교는 예수를 신보다도 나은 것으로 하고 있다. 그 증거로 예수는 죄가 없는데도 죄인을 위해 자기 생명을 포기하고 있건만, 신은 죄가 없는 피를 흘리게 해서 비로소 죄인을 용서하고 있기 때문이다. 신앙이 이 결론을 아무리 공경과 신비의 구름으로 감싼다 해도 이 결론은 남아서 도그마를 비난한다. 도그마에 의한 교육에는 그 필연성과 장점이 있었는지도 모른다. 그러나 모순이란 것은 결국 쌍을 이룬다. 나아가 그렇게나 많은 자유로운 정신이 '교회'를 버린 것은 '교회'가 진리보다도 도그마를, 영원한 것보다도 시간적인 것을, 견실한 것보다도 겉모습을, 합리적인 신앙보다도 비논리적인 신앙을 택한 때문이다.

내 학생들은 어떤 괴로움을 통해 사상이 자신을 자유롭게 했는지, 어떠한 대가를 치르고 과학과 철학이 노예상태로부터 스스로를 대속하지 않으면 안 되었는지, 종교란 무엇인지, 다른 종파설 사이에서의 그리스도교의 지위는 어떠한 것인지를 알 수가 있다. 나는 결코 논쟁은 하지 않는다. 나는 이야기를 들려준다. 나는 결코 말다툼을 하지 않는다. 나는 광명을 준다.

나는 광명이 선입견을 거의 망가뜨리지 않는다는 것을 안다. 그러나 나는 사도(바울)와 함께 사람들을 향해 반복한다. "내가 말하는 바를 판단하라." (고린도전서 10-15) 나는 어떠한 인습도, 어떠한 확신도 난폭하게 다루거나 폭력을 가하거나 하는 것을 좋아하지 않는다. 나는 이렇게 말한다. "자유롭게 하십시오. 그러나 나도 자유롭게 해 주십시오." 나는 결코 학설을 세우지 않는다. 내 의견을 나타내기 위한 방법을 전할 뿐이다. 나는 공평할 것, 올바르게 거역하는 것에 힘쓰고 있다. 이 목적에는 분명한 가치가 있다고 나는 생각한다. 그래서 이 가르침에도 그에 상당하는 이익이 있다.

1881년 1월 25일

(정오) 무서운 밤. 3, 4시간 계속해서 나를 목 졸라 죽이려 하는 자와 싸우면서 죽음을 지척에서 보았다. 적의 연속적인 공격은 맹렬하기 짝이 없다. 가래가 차서 죽는다니 대체 무슨 굴욕이란 말인가.

새벽 3시부터 6시까지 중간 휴식과 수면. 그럼에도 강의를 했는데, 내 목소리는 쉬어 있었다. 그런데 상태가 이럴 때에 계속해서 말을 하는 것은 폐를 더욱 지치게 한다. 나는 간신히 5층에 있는 내 방까지 돌아왔다. 마치 쇠막대로 맞기라도 한 것처럼 폐가 좋지 않다. 바지의 허리띠가 쇠로 된 칼 같은 느낌이 든다.

나에게는 그 4시간에 걸친 밤의 질책을 분명하게 설명할 길이 없다. 그것은 일종의 악몽이었고, 그 현상이 내게는 분명하지 않았던 것처럼 느껴진다. 과연 사실일까. 내가 놀라움으로 인해, 배반으로 인해, 부주의로 인해 숨이 끊어졌던 것일까.

1881년 1월 29일

……나를 기다리는 것이 호흡 곤란, 질식이란 것은 분명하다. 나는 숨이 막혀서 죽을 것이다.

나는 가능하다면 그런 죽음 쪽을 택하지 않을 것이다. 그러나 선택의 여지가 없는 경우에는 간단하게 포기하는 수밖에 도리가 없다.

스피노자는 자기가 부른 의사 앞에서 숨이 끊어졌다. 너는 어느 날 밤, 홀로 인후염 때문에 숨이 막혀서 죽을지 모른다는 생각에 익숙해지지 않으면 안 된다. 이것은 기도하고 있는 가족들에게 둘러싸여서 죽은 족장(族長)의 마지막 숨결에는 비할 수 없다. 이것엔 아름다움이나 위대함이나 시(詩)가 빠져 있다. 그러나 스토아주의는 체념 속에 있다. '삼가라. 참아라.' 그런데 너는 너에게 충실한 친구가 있다는 것을 안다. 그 친구가 괴로워하지 않도록 하는 것이 좋다. 울음소리나 흥분은 소중한 통과를 한층 고통스럽게 한다. 다른 모든 말을 대신하는 한 마디는 "내 뜻대로 마시고 아버지의 뜻대로 하소서"(마태복음 26–39)이다.

라이프니츠에게는 그의 하인만이 묘지까지 함께 했다(사실과 다름). 죽음의 침상과 관(棺)의 고독은 혐오스런 것이 아니다. 신비는 나뉘어 부여되지 않는다. 영혼과 '공포의 왕'과의 대화는 증인을 요구하지 않는다.

떠나는 자에게 이별을 고하고 싶어하는 것은 살아 있는 사람들이다. 떠나는 자가 그 뒤에 어떤 일을 겪는지는 결국 정확하게는 아무도 모른다. 일어날 일이 일어난다. 우리는 아멘밖에는 달리 말할 도리가 없다.

1881년 2월 4일

경우에 따라서는 내일을 볼 수 없을지도 모른다는 생각을 하면서 잠자리에 드는 것은 기묘한 느낌을 준다. 나는 어제 그런 느낌이 상당히 강하게 들었다. 그런데도 아직 이렇게 살아 있다. 그렇지만 목숨이 가래와 점액에 달려 있다는 것은 모든 계획에 대한 열의를 말살한다. 극단적인 취약함을 의식하는 것은 쉽사리 겸손하게 만들지만, 그것은 모든 명예심을 저해한다.

기나긴 희망과 널찍한 사상을 버리시오.

기간이 오래 걸리는 일은 바보 같은 일인 듯 여겨진다. 이제 하루하루를 보내는 것에 불과하다.

우리의 것도 아닌 미래를 깊게 고민하여
평생을 그늘지게 한들 무엇이 되랴.

앞으로 5년, 1년, 한 달, 자유로운 시간이 있다고 공상하지 않으면, 또한 12시간마다 시간을 확인하고, 다음에 올 밤이 이미 위협적이고 미지(未知)인 것이 된다면 예술이나 과학, 정치를 단념하고, 자신과의 대화로서 만족해야 하는 것은 분명하다. 이것이라면 마지막까지 할 수 있다. 내적인 독백은 처형이 연기되어 있는 사형수가 취할 수 있는 유일한 방책이다. 갇힌 자는 자기의 내부 깊은 곳에 집중한다. 밖으로 빛나기를 멈추고 내면화(內面化)한다. 행동은 멈추고 관조한다. 그래도 여전히 기대를 가져주는 사람들에게는 편지를 쓰지만, 세상 사람들의 일은 단념하고 자기에게로 침잠한다. 죽을 때는 토끼처럼 자기 집으로 돌아온다. 그 집이란 자기의 양심이고 의식이다. 그 '자기 앞의 집'은 또한 자기의 일기이다. 손에 펜을 들 수 있는 동안, 잠깐이라도 고독한 시간이 주어지는 동안은 자신의 반향(反響)에 대해 마음을 가라앉히고, 자기의 신과 대화를 나눌 수 있다.

그러나 이것은 윤리적인 시험, 통한(痛恨), 양심의 외침이 아니다. 굴복의 아멘에 불과하다. 공통된 신앙의 유일한 방법인 죄악에 대한 걱정이 나에게는 거의 없다는 것은 확실히 내 의지의 광란이 나와 관계가 없기 때문이다. "내 아들아, 네 마음을 내게 주어라."(잠언 23장 26절)

나에게 단념과 승낙은 다른 사람만큼 힘이 드는 일은 아니다. 왜냐하면 나는 아무것도 바라지 않기 때문이다. 나는 오직 고통스럽지 않기만을 바란다. 그러나 겟세마네에서 예수는 같은 기도를 할 수 있다고 믿었다. 그러니 예수처럼 "그러나 나의 원대로 마옵시고 아버지의 뜻대로 하옵소서"(마태복음 26장 39절)라는 말을 덧붙이고 기다리기로 하자.

나는 신성화를 실행해 왔던가. 수행적(修行的)이고 엄격한 의미에서는 실행하고 있지 않다. 나는 항상 내적인 자유와 선의를 되돌리려고 시도했지만, 그것은 외적인 계율에 따르기 위해서라기보다는 오히려 인간의 본성에 대한 존경에서였다. 여러 해 전부터 내게는 내재적인 신 쪽이 초월적인 신보다 한층 현실적이었다. 야곱의 종교는 칸트나 스피노자의 종교보다도 한층 거리가 먼 것이었다. 유대의 연기술(演技術)은 상상의 작품인 것처럼 보이기 시작했다. 사도의 글은 내 눈으로 볼 때 가치와 의의가 변했다. 신앙과 진리는 점점 더 명확하게 식별되기 시작했다. 종교심리는 단순한 현상이 되었고, 고정적이고 본체적(本體的)인 가치를 상실했다. 파스칼, 라이프니츠, 스크레탕의 그리스도교적 호교론도 중세의 호교론과 마찬가지로 증명의 힘이 없는 것처럼 보인다. 지금 그것은 문제가 되어 있다는 점, 즉 계시된 학설, 확정적이고 불변하는 그리스도교를 전제로 하고 있다. 내 모든 연구 가운데서 지금도 나에게 남아 있는 것처럼 생각되는 것은 새로운 정신현상론, 보편적 변형의 직관이다. 모든 특수한 확신, 명쾌한 원리, 현저한 문언(文言), 틀림없는 사상은 실용에 유리한 선입견에 지나지 않으며, 정신의 편협함을 말하는 것이다. 세부적인 것에 걸친 절대적인 것은 이치에 어긋나는 것이자 모순이다. 정치적, 종교적, 미적, 문학적 당파는 스스로는 우월한 줄 알지만 사실은 사상의 관절이 마음대로 움직이지 않는다. 모든 특수한 신앙은 경직되고 둔감한데, 이러한 응고성은 경우에 따라 필요하다. 사유하는 자로서 우리의 모나드는 시간, 공간, 역사적 환경의 한계를 벗어난다. 그러나 개별적인 것으로서 뭔가를 행하기 위해서는 지금 하고 있는 망상에 적용하여 결정된 목표를 지닌다. 인간인 것에는 지장이 없지만, 동시에 하나의 인간, 하나의 개체인 것도 필요하다. 따라서 우리의 역할은 이중이 된다. 다만 철학자는 거의 모든 인간이 특히 무시하고 있는 첫 번째 역할을 전개할 것을 허락받았다.

1881년 2월 7일

오늘은 태양이 아름답다. 그러나 나에게는 그것을 알아챌 만큼의 기력이 거의 없다. 감탄과 기쁨은 약간의 여유를 전제로 한다. 그러나 내 머리의 무게는 머리를 지치게 하고, 생활의 무게는 내 가슴을 억누른다. 이래서는 미적(美的)인 상태라고 말할 수 없다.

하나의 생각이 떠나지 않는다. 내 유언은 형식대로 되어 있지 않다. 나는 그것을 수도 없이 떠올렸다. 그러나 생각하는 것만으론 아무것도 되지 않는다. 나는 미리 생각해 둘 걸 그랬다는 생각이 드는 여러 일들을 떠올렸다. 그렇지만 우리들 속에서 가장 독창적이고 훌륭한 것을 우리는 가장 자주 잃어버리는 법이다. 그렇게 해서 우리는 앞으로 오지 않을 미래를 위해 자신을 보류해 둔다. "개인 전체가 죽어 버려라."

1881년 2월 8일

(오전 10시) 무시무시한 밤. 새벽 3시에 아즈라엘(Azraël. 이슬람교에서 말하는 죽음의 천사)이 내 위를 지나갔다. 나는 15분 동안 생(生)과 사(死)의 중간에 있으면서 1초, 1초 질식을 기다리고 있었다. 그 전에 몇 시간 동안 죽음의 고통이 이어졌다. 목구멍의 중간에 털 같은 것이 있었는데, 그것을 없애려고 하는 경련의 폭발이 소용없었기 때문에 내 숨을 멈추게 했을 뿐만 아니라 힘을 송두리째 빼앗았다. 나는 따뜻한 잠옷을 입고 안락의자를 끌어다가 불가에 앉기도 전에 쓰러져 죽는 것은 아닌가 두려웠다. 구원을 요청하는 것이 불가능했고, 게다가 우선은 나에게 도움이 될 만한 구원은 있을 수 없었다. 주위 사람들이 야단스럽게 나서서 돌보아 주었거나, 내가 설명을 한다든지 말을 한다든지 했다면 나는 파멸해버렸을 것이다. 지금까지 이 정도로 최후의 숨에 다가갔던 적은 없었다. 오싹할 만한 것이었다. 나를 구한 것은 거의 기계적인 시도였다. 나는 기침을 멈추게 하는 약을 한 방울씩 삼켰다. 그것이 목구멍의 순형부(唇形部)에서 방해물을 없앤 것 같다. 호흡은 원상태로 되었다. 그렇지만 중단이 해방이라고는 할 수 없다. 이 휴전의 순간에 친구의 손을 잡고 무기를 지키게 할 수가 있으면 좋겠다는 생각이 들었다. 그것은 장엄한 시각이었다. 나는 아침을 볼 수 있을 것 같지가 않았다.

1881년 2월 9일

(오전 10시) 아, 기분 좋다. 기침도 줄어들었고, 숨을 쉴 수가 있어서 그나마 좀 낫다. 그렇기는 해도 이 안락의자에 앉은 채로 하룻밤을 새운다는 것은, 건강한 상태에 있는 사람이라면 일단 부러운 일이라고 생각하지는 않을 것이다. 그러나 단 몇 시간이든 서그스(Thugs. 인도에 있었던 종교 암살단)에게서 도망쳤다는 것이 안도감을 주었기 때문에 보는 것 모두가 예전과 다르게 느껴졌다. 어제와 오늘을 비교하면 같은 기분이라고는 거의 믿을 수가 없다. 잠깐 다시 살아난, 또는 수혈을 받은 빈사 상태의 병자 같은 것이었다.

(같은 날) 이 일기장을 보면 1월 17일 이후로 이 서그스를 상대로 펼쳤던 야간전투는 거의 끊임이 없다. 고통스런 밤, 참혹한 밤, 파멸을 초래하는 밤, 잔혹한 밤, 무서운 밤, 이것이 그날 그날의 기사이다. 지난 1월 25일,

즉 2주일 전에 썼던 다음의 말을 읽었다. "죽음을 지척에서 보았다. 기절할 것 같았다" 등. 그러고 보면 이것은 꿈은 아니다. 나는 오래 전부터 검은 천사를 상대로 서로 멱살을 쥐고 격투를 해 왔다. 야곱은 신비로운 싸움을 한 번 한 것으로 끝났다. 그러나 나에게는 싸움이 거의 매일 밤 시작된다. 그렇기 때문에 이번처럼 휴식이 있으면 그것은 축복이고 할렐루야다. 죽음의 고통이 사라지는 것은 다시 살아난다는 생각이 들게 한다. 휴식의 날은 감사하다. 그것을 허락받은 남자에게나, 그것을 얻게 한 여자에게도.

1881년 2월 14일

……너의 남은 날을 주(週)로 셀 수 있다고 가정할 경우, 세상에 대한 정리를 위해 무엇을 해야만 하는가. 각자에게 응당 받은 만큼의 것을 되돌릴 것, 내가 받았던 정의와 깊은 배려, 선의를 베풀 것, 기분 좋은 추억을 남길 것. 그러므로 모든 유리한 일, 너에게 기대하고 있는 모든 사람을 잊지 않도록 힘써라.

너의 자리를 무한한 단계 위에서 구하지 말라.
할 일을 하는 자는 최후가 되는 일은 없다.

1881년 2월 15일

오늘 아침에 나의 남은 날을 셀 수 있다는 생각은 쓸데없는 일인 듯이 여겨졌다. 이 웅대한 태양은 죽음에 관한 걱정을 우스운 것으로 만든다. 게다가 내가 조금이라도 즐거워지면 나는 이내 내가 병들지 않은 것 같은 기분이 든다. 이런 느낌은 늘 나를 실제보다도 건장하고 쾌활하다고 생각하게 하지만, 의사의 얼굴을 대하면 아무래도 딱 들어맞지는 않는 것 같다.

어쨌든 마음이 얼마간 괴롭기는 했지만 대학의 강의를 단념하고 아스클레피오스(고대의 술의 신)를 부르러 갔다. 청산(淸算)과 정리의 요구. 어제 피다 메모르(Fida Memor. '충실한 여자, 깨어 있는 여자'라는 뜻의 라틴어. Berthe Vadier의 필명. Fanny Mercier의 가명, 이 사람은 달리 또 Seriosa, Stoica, Gudule, Galvinia라고도 불리고 있다.)가 몇 절의 시를 붙이고 ***가 보내준 두 송이의 동백꽃을 컵에 꽂아서 난로 위에 올려놓는다. 미스 제시(Miss Jessie H. 1863년 제네바에 온 아미엘의 여제자, 아미엘에게 대단히 경도되어 자기의 '사상과 시'라고 말했었다. 1878년에도 제네바에 들렀다. 그 때 이후로 편지 왕래가 있다.) (런던), 샤를르 파르넬(Charles Fournel. 1878년에 아미엘이 유작으로 '연극논집'을 간행해 주었던 시인의 아들) (파리), 런던, 파리, 로잔, 누샤텔에서 온 편지. 구스타프 르비이오 (Gustave Revilliod. 제네바의 귀족으로 부자. 여행중에 입수한 수집품을 호화로운 '아리아나 미술관'에 모아놓고 제네바시에 기부했던 사람)는 '100개의 문이 있는 테베'(이집트의 테베)에서 인사를 보내왔다(소인은 룩소르). 피다의 작고 친절한 편지. ……그것이 나에게는 무덤 위에 던져진 꽃다발처럼 생각된다.

나는 마음속으로 이제는 만날 수 없는 먼 친구에게 결별을 한다.

1881년 2월 18일

안개 낀 날씨. 꽤 기분이 좋은 하룻밤. ……그럼에도 쇠약함이 계속되어 간다. ……결국 대머리 독수리는 나에게 유예를 주고 있기는 하지만, 여전히 먹이 위를 날고 있다. ……나의 관직(官職)을 전처럼 다하고, 안정된 균형을 되찾을 가능성은 꿈인 것처럼 생각된다.

지금 당장 무덤 저편의 느낌을 갖고 있지는 않지만, 나는 무기한적인 포로, 만성병 환자인 듯이 여겨진다. 죽은 것도 아니고 산 것도 아니면서 이렇게 힘없이 비틀거리는 상태는, 체념을 했다고는 하나 사색을 허락하기 때문에 독특한 즐거움을 갖는다. 고통 없는 몽상, 평화로운 안정이다. 사람들의 애정과 책으로 둘러싸여서, 적어도 내 방의 공간은 자유이므로 나는 옛날 네덜란드의 운하 위를 흔들림도 없이, 소리도 없이 미끄러져 갔던 것처럼 시간의 흐름에 얹혀 나아간다. 또한 나는 지금도 트렉스호이트(Treckschoit. 네덜란드의 운하를 다니는 말이 끄는 배)에 탄 듯한 기분이 든다. 배가 가르는 고요한 물소리, 또는 모래땅의 좁은 길을 가는 말발굽 소리가 때때로 약하게 들려올 정도이다. 이런 상태의 여행에는 어딘가 환상적인 데가 있다. 내가 아직 살아 있고, 땅에 발을 딛고 있다는 확신을 가질 수 없다. '공허의 왕국'의 어슴푸레함에서 헤매는 망령과 그림자를 떠올린다.

"무엇을 짓는 중입니까? 무엇을 쓰고 있습니까?"라고 오귀스트 부비에가 자주 물었다. "난처하군요. 아무것도 하고 있지 않습니다."

나는 모든 것을 단념한 사람처럼 인상, 꿈, 사상, 추억이 지나가는 것을 바라보고 있다. 나는 최후의 관측소라고 할 심리학적 의식 속에 틀어박혀 있다. 나는 자신의 현상을 불러일으키지도 못하고, 또 거기에서 도망치지도 못한 채 그저 지켜보고 있다. 이 정관적(靜觀的)인 부동성(不動性)은 천사의 부동성에 가깝다. 그것과 관계를 갖는 것은 개체적인 자아가 아니라 모나드의 표본이며, 정신의 일반적 역사의 본보기이다. 모든 것은 모든 것 속에 포함되고, 의식은 자기 앞에 있는 것을 받아들인다. 모든 것은 크지도 작지도 않다. 정신은 온갖 양상을 띠며, 어떠한 것이든 이것에 맞는다.

이 상태에서는 물체나 외계(外界), 다른 개체와의 관계는 사라진다. '자의식(自意識)'은 비아적인 '의식' 속으로 돌아간다. 우주는 '일체삼분(一體三分)'(비슈누, 시바, 인도라를 합친 바라문의 삼위일체) 속에 해소되며, '일체삼분'은 '상(上)바라문'(베단타의 사상에 있는 속성이 없는 바라문, 최고 아(我)로서의 정신적 존재) 속에 해소된다.

자아적인 것과 비아적인 것, 범신론과 유신론, 스피노자와 라이프니츠 사이의 이러한 동요를 깨닫지 않으면 안 되는가. 깨닫는 데까지 미치지 않는다. 지금 이것은 한 쪽이 다른 쪽을 의식하게 하는 상태의 하나이기 때문이다. 인간은 이 두 영역을 찾아갈 능력을 가졌지만 몸이 불구인데 무슨 소용이 있으랴.

(같은 날) 아, 기분 좋다. 가슴 위가 30근이나 가벼워졌다. 나는 산책에서 돌아왔다. ……호흡이 편해졌고, 체력도 늘어났다. 거의 숨이 끊어지지 않고 5층까지 올라갔다. 내 모습이라고 생각되지 않았다. 이것은 하루 전의 인간이 아니었다. 회복기라 해도 좋으리라. 놀라움 못지않게 감사의 마음이 솟는다. 대머리 독수리는 먹이를 놓아준 것일까. 나는 전처럼 강의를 할 수 있을까. 진정한 회복이 계속되고 있는 것일까, 아니면 두 개의 고통 사이에 있는 맑게 갠 고마운 하루인 것일까. 상관없다. 추측은 그만두자.

행복을 맛보자. 봄을 느끼자.

내일의 100보다 오늘의 50. 그곳에 있는 것이 좋은 것이다. 나머지는, 이내 다가올 미래마저도 신에게 맡기자.

1881년 2월 22일
정신의 전형적인 진행은 천문학 속에 있다. 부동(不動)이라는 것은 결코 없지만 촉진이란 것도 절대 없다. 궤도, 주기, 약동과 함께 조화가 있다. 운동과 함께 질서가 있다. 모든 것은 중력을 가지면서 또한 그 반대의 힘을 가지며, 빛을 받음과 동시에 빛을 준다. 이 우주적이고 신성한 활동이 우리의 것이 될 수는 없을까. 만인의 만인에 대한 전쟁의 '서로 먹고 먹히는' 것은 고등(高等)한 형태의 균형일까. 나는 그렇게 믿을 마음이 없다. 잔학성의 시기는 어느 이론가에 의해 궁극적 형식으로 나타나고 있다. 거기에는 오류가 있음이 틀림없다. 정의가 우위를 차지할 것이다. 더구나 정의는 이기심이 아니다. 독립과 선의는 협력을 보일 것이 분명하다. 그것이 우리가 추구해야 할 방향이다.

우리는 이 용서를 번갈아 가며 구하거나 베풀거나 한다. (호라티우스)《시학》148

1881년 3월 1일

나는 지금 신문(Le Journal de Genève.)(제네바 신문)을 읽고 세계의 사건에 잠깐 눈길을 주었다. 이것은 바벨의 시끄러운 소리(하늘에 닿는 탑을 만들겠다고 모여든 여러 국민의 언어가 하룻밤 새에 나뉘어 서로 통하지 않게 되었다는 구약성서의 이야기를 가리킴)이다. 그러나 1시간 내로 지구를 한 바퀴 돌아 인류 전체를 돌아볼 수 있는 것은 무척 재미있다. 이것은 편재성(遍在性)의 의식을 환기시킨다. 20세기에는 신문이 매일의 보고, 즉 정치, 종교, 과학, 문학, 예술, 상업, 기상, 군사, 경제, 사회, 재판, 재정에 관한 매일의 보고로 성립하겠지만, 그것에 포함되는 부분은 '도시와 세계', 국가와 세계의 두 가지만이 될 것이다. 총괄과 단순화의 요구는 화보적(畫報的) 기술을 보급시켜서 연재와 비교를 가능하게 한다. 끝내는 병자의 맥을 짚는 것과 마찬가지로 손쉽게 인류와 지구의 맥을 짚게 되고, 들풀이 나고, 태양의 흑점이 소리를 내고, 또는 화산의 동요가 시작되는 것을 듣는 것처럼 우주생명의 맥박을 모조리 기록한다. 활동은 의식으로 전환되고, 게어(그리스어로 대지)는 자기의 모습을 확인한다. 그 때 대지는 또한 자기의 무질서, 추악함, 비참함, 죄악을 부끄러워하고, 어쩌면 정의를 위해 힘찬 결심을 한다. 인간에게 사랑니가 나게 되면 부끄러움을 느끼고 죄를 뉘우치는 마음이 들며, 방책을 강구하여 악의 분량을 줄이려 한다. '세계정신'은 본능 상태에서 윤리적 상태로 옮겨간다. 전쟁, 증오, 이기심, 기만, 최강자의 권리는 옛 시대의 야만성, 발육기의 병으로 간주된다. 문명인은 포부 대신에 진정한 덕성을 갖는다. 사람들은 형제가 되고, 여러 국민은 친구가 되며, 여러 민족은 동감하고, 사람들은 지금까지 이해관계의 거친 자극이 공급되고 있었던 것과 마찬가지로 강한 경쟁과 발명과 노력의 원리를 사랑에서 이끌어내게 된다. 이 '1천년기'(최후의 심판 전에 구세주가 1천 년 동안 세상에 군림하는 시기)는 도래할 것인가. 그것을 믿는 것이 경건함이다.

1881년 3월 4일

기조는 한 번도 웃을 수가 없었다. 그 진면목은 딱딱한 틀을 벗어나는 적이 없었다. 그 때문에 존경을 받을 수 있었지만 현학적이고, 교육가적이고 도덕적인 취미인의 느낌을 주었다. 환상, 시, 예술, 잡담, 쾌활함, 어수룩함은 기조에게 존재하지 않았다. 영원히 엄숙한 하나의 불완전성이다. '장소에 따라 바보스런 흉내를 낼 것'(호라티우스 《오드》 4-12-28)은 하나의 지혜이다. 기조는 아리스티데스(Aristides. 기원전 5, 6세기 아테네의 준엄한 정치가)나 그란디슨(Sir Charles Grandisson. 영국의 소설가, Richardson이 1753년에 쓴 동명의 장편소설의 주인공으로 도덕적인 인간의 이상적인 전형)과 같은 정치의 선생이나 정리론(正理論. 나폴레옹 이후의 왕정 복고시대에 르와이에 코랄 일파가 주장했던 정치학설로 중용의 깊은 민권설과 국왕신권설 사이에 있다는 것)의 교사처럼 프랑스인으로서는 참을 수가 없었다. 그 칼뱅적인 경직성은 끝내 사람들을 초조하게 했다. 우리는 사람들에게 갑옷을 입은 채로 자게 하고 싶은 생각은 없다. 티에르는 언젠가 말했다. "기조는 위대한 변론가지만, 정치에 있어서는 어리석은 자이다." 즉, 기조에게는 일반적인 격식은 있지만 사상은 없고, 성격은 있지만 창작은 없다고 한 것이다. 이런 장엄한 나무인형은 정치학 교수가 될 수는 있어도 정치가가 되지는 못한다. 정신의 자유를 부여하는 일정량의 기교와 회의(懷疑)를 갖지 않았다. 그 대신 쇠막대를 가지고 있다.

1881년 3월 10일

(정오) '주사위는 던져졌다.' 나는 지금 샤를르 리테르에게 지령을 내리고 수속을 마치기 위해 증서 1통, 편지 1통, 소개장 3통을 보냈다. 어떠한 수속인가. 클라란스의 오아시스(아미엘이 정해 놓았던 묘지)에 몇 자의 땅을 확보하는 수속이다. 그것을 제네바에서 정해야만 하니 역시 쉽게 되지는 않는다. 내 육체도 자유롭지는 않다. 모든 기호나 의지를 유린하는 이 땅의 인습의 톱니바퀴 장치에서 벗어나려면 온갖 종류의 주의가 필요하다. 그래도 결국 나는 가슴속에 줄곧 전부터 품었던 이 소망, 추악한 제네바의 묘지 문제로 인해 차츰 강해진 이 소망의 실현을 위해 온힘을 다했을 것이다. 나는 여러 추억으로 채워진 아름다운 장소에서 잠들 수 있다. 내 이름으로 어떤 의미를 인정하는 사람들은

40년 동안 나를 떠올릴 때마다 생각을 어디로 달리게 하면 좋을지를 알리라. 이 지방에서 잠드는 것은 특별한 편안함을 갖는다. 찾아오는 사람들로서도 침잠하기 쉽다. 온갖 다양한 인간의 회색 빛 혼란, 대도시의 어수선함은 클라랑스에 잠든 사람들한테까지는 이르지 않는다. '이 사람들은 평화 가운데 쉰다.'

1881년 3월 14일
메리메의 파니티 앞으로 보내는 편지 읽기를 마치다.

당신의 죽음은 나에게 내 운명을 예언한다.

메리메도 나를 괴롭히고 있는 바로 이 병으로 죽었다. '기침이 나와서 숨이 막힌다.' 기관지염과 천식, 그에 따른 식사 불능, 그리고 쇠약. 메리메도 비소, 칸느(Cannes, 프랑스 동남쪽의 지중해안 도시)로 추위를 피해 옮겨갔고, 압착공기욕을 시도했다. 그러나 어떤 것도 소용이 없었다. 질식과 영양부족이 《코롬바》의 저자를 데려갔다. '여기서 연기(演技)하는 것은 당신의 일입니다.'

그래서 떨어져 가는 하나 하나의 잎에서
나는 죽음의 예언을 읽는다.
....

잔뜩 찌푸린 회색 하늘은 내 생각의 색깔을 띠고 있다. 그러나 돌이킬 수 없는 일에도 달콤함과 고요함이 있다. 환상의 왕래, 욕구의 불확실, 희망의 전율은 고요한 체념에게 자리를 내주었다. 무덤 저편의 경지로 들어섰다. 어차피 이번 주는 '오아시스'에 나의 작은 땅을 살 수 있을 터이다. 모든 것이 결론으로 나아간다. '결말을 향해 서두르고 있다.'(호라티우스 《시학》 148)

1881년 3월 15일
'신문'은 페테르부르크의 무시무시한 흉사(러시아 황제 알렉산더 2세의 암살)에 관한 보도로 끓어 넘치기만 할 뿐이다. 트란스발에 관한 역사적인 논문은 아프리카에서 영국의 정책 배신을 증명하고 있다. 다만 사람들은 부정(不正)이 겹치면 대사변을 낳고, 그것이 죄가 없는 것을 덮친다는 것도 안다. 역사적 정의(正義)는 대개의 경우 늦게 온다. 너무 늦기 때문에 부정(不正)해진다. 다만 터키식으로, 범죄가 있었던 경우에 누군가를 치고 나서 '이 자가 죄인이 아니라면 안됐지만 어쩔 수 없다'는 말을 인정한다면 얘기는 다르다. 섭리론은 연대성을 근거로 한다. 루이 16세는 루이 15세를 위해, 알렉산더 2세는 니콜라스를 위해 대가를 치렀다.

우리는 아버지 때문에 죄를 속죄하고, 우리 자손은 우리 때문에 벌을 받으리라. 개인주의는 그것이 이중의 부정이라고 하여 공격할 것이다. 만약 그 원리가 참이라면 그 주장은 올바른 것이겠지만, 그 원리가 참일 것인가. 그것이 문제이다. 각자에게 운명의 개인적 부분은 그 운명의 일부분에 지나지 않는 것 같다. 윤리적으로 우리는 자기가 바랐던 일에 대해 책임이 있다. 그러나 사회적으로는 우리의 행복이나 불행도 우리의 의지와는 독립된 원인에 의존하고 있다. 종교는 대답하기를 '기적, 불분명, 복종, 신앙'이라고 한다. 네 의무를 다하여라. 나머지는 신께 맡겨라.

(밤 10시) 몇 사람이 찾아오다. 베르나르 부비에(Bernard Bouvier. 아미엘의 친척으로 당시 학생으로서 이 '일기'를 보관하고 있는 사람)는 학교 친구들을 대표해서 병 문안을 와주었다. ……

1881년 3월 16일

(오전 11시) 슬픈 밤. 우울한 오전. 내 '약혼녀'는 밤 12시까지 베개맡에 있어 주었지만, 다시 오전 1시부터 4시까지 내가 '힘든 곳'을 통과하는데 힘을 빌려 주었다. 의심할 것도 없이 나는 특권을 받고 있다. 나는 감사함을 잊지 않는다. 그러나 때때로 사라졌다가도 금세 다시 나타나 사람을 갖고 노는 일관성 없는 이 '붕괴'는 사내에게 잔혹하다. 의사가 쓰는 두 필의 군마(軍馬), 디기탈리스와 브롬은 나에게는 소용이 없는 것 같다. 나는 피로와 불쾌감을 줄곧 느끼면서 나의 파멸을 지켜보고 있다. 죽지 않도록 하기 위해서 얼마나 큰 노력을 치른 것이랴. 이 방어는 나를 기진맥진하게 한다.

끊일 새 없는 무익한 투쟁은 남자의 본성에 굴욕을 준다. 사자가 질색하는 것은 모기에게 괴롭힘당하여 죽는 것, 벼룩과 싸우는 것이다. 자연적인 인간도 똑같은 생각을 한다. 그러나 정신적인 인간은 인내 속에 고통과 인고를 배우지 않으면 안 된다. 불가피한 것은 신의 의지이다. 가능하다면 다른 쪽이 바람직할지도 모른다. 그러나 지금 받아들이기로 되어 있는 것은 우리에게 할당된 몫이다.

죽음에 이르른 현자처럼, 우리도 차분하게 이렇게 말하고 싶다.
나는 너무 오래 헤매었다, 원했다. 그것은 잘못되어 있었다.
모든 것이 잘 되어간다. 신은 나를 감싸 안는다.

……어쨌거나 필요한 것은 오직 한 가지이다.

내 마음속에 신의 맑은 의지를 담고
신이 나를 그가 바라는 대로 하기를 원한다.

(밤 10시) 같은 날. 내 학생 하나가 꽃과 꽃봉오리가 잔뜩 맺힌 철쭉 화분을 보내주었다. 피다는 니스(Nice. 프랑스의 동남 지중해안의 도시)에서 장미와 오랑캐꽃을 가져다주었다. 모두가 나를 떠받든다. 내가 아프다는 증거이다. ……날씨는 훌륭했다. 그러나 나는 산책할 기력도 없어서 곧 돌아왔다.

1881년 3월 19일
불쾌, 소침. 심장이 쇠약해져 간다. 매일 아침마다 뭔지 모를 새로운 고장(故障)을 인정하지 않으면 안 된다. 나도 인내엔 일가견이 있건만, 그런 인내도 닳아 없어진다.
그럼에도 얼마나 부드러운 간호와 정성스러운 배려가 나를 감싸고 있는가. ……집안의 모든 것이 나의 안락함을 위해 마련되어 있고, 나를 감싸고 있는 것은 애무와 안정의 감각뿐이다. 햇빛이 들어오고 있고 아무 소리도 나지 않는다. 베스타의 제단처럼 불타고 있는 불, 훌륭한 식탁, 풍부한 책. '에피카우레스(Epicaurès)다'라고 자주 되뇌었다. 그렇지만 건강이 없으면 다른 것이 모두 있어도 소용이 없다. 나에게 허락된 모든 것이 무슨 도움이 되랴. 욥의 시련은 무슨 도움이 되었던가. 인내를 성숙하게 하고, 복종을 연마하는 데 도움이 되었다.

어떤가, 우리 자신에게서 나오자. 이 우울함과 불쾌함을 털어 내자. 잃어버린 모든 것이 아니라 앞으로 잃어버릴지도 모르는 것을 생각하자. 우리의 특권을 다시 의식하자. 응석을 부리던 아이야, 헤아려 정하라. ……그렇지만 나는 내가 불쌍할 정도로 인색한 인간임을 안다. 이런 은혜에 보답하도록 노력하자.

1881년 3월 21일

이런 환자 생활은 너무 에피쿠로스적이다. 5, 6주 전부터 지금까지 나는 그저 참거나 정신을 차리거나, 변덕을 부리거나 할 뿐이었는데 눈앞에는 포만이 있다. 나에게 부족한 것은 일이다. 일은 생존을 위한 약이다. 목적 없는 삶, 노력이 수반되지 않는 삶에는 어딘가 무미건조한 데가 있다. 게으름은 권태를 이끌고, 권태는 맛없음을 낳는다. 어쨌든 봄의 향수가 시작되고 있다. 공허한 소망과 바닥에 찬 불안, 막연한 동경, 목적 없는 한숨의 계절이다. 모두들 눈을 뜬 채로 꿈을 꾸고 있다. 뭔지도 모르는 것을 더듬어 찾고 있다. 이름 없는 것을 부르고 있다. 가끔 이름이 있다면 그것은 행복이나 죽음이리라. 침상 위에서 어느 쪽을 향해도 전혀 편안한 자세를 찾지 못하는 열병환자처럼 되어 있다. 확실하게 알 수 없는 이 고뇌는 소생하는 봄의 효과이다.

피는 떨리는 이마로 오르고
늙은 말은 박차를 느꼈다.

이런 위험한 독기를 막으려면 복대를 두르고, 자기에 집중하고, 특히 일에 매달리지 않으면 안 된다. 너는 도끼 날을 떨어뜨렸기 때문이라며 도끼자루까지 내던져버렸다. 이제 큰 일은 할 수 없게 되었다며 아무것도 하지 않았다. 결과는 참으로 공허하고 꺼림칙하다. 너에게는 의도도 없고, 계획도 없으며 창작중인 작품도 없다. 너는 그날 그날의 우연에 몸을 맡기고 있다. 그것은 인내와 온화함과 닮아 있다. 그러나 사실은 오히려 무감정에 가깝다. 좀더 의지가 있고, 명예심이 있고, 용기가 있다면 너는 주위의 환경으로부터 훨씬 더 이익을 얻고 있을 것이다.

1881년 3월 28일

내게는 일을 할 힘이 없다. 존재하는 것이 힘들다. 몇 달 더 친구에게 의지하기로 하자. 지금의 상태는 괜찮다. 그러나 그 다음은 어떻게 되나. 그보다는 역시 활발하고 활동적이고 생산적인 것에게 자리를 양보하는 편이 낫다.

티르키스여(Tircis. 아르길리우스의 《목가》 제7에 나오는 양치기), 그 사람을 데려올 때가 왔다.

나는 아직도 사는 것에 강한 집착을 갖고 있을까. 그런 것 같지는 않다. 내가 바라는 것은 건강이다. 고통이 없는 것이다. 그러나 이 욕구는 이루어질 수 없는 것이기 때문에 나는 살아갈 의욕이 없다. 포만. 권태. 단념. 기권. 사라지는 의욕은 단절과 무력함으로 이어져 온다. "인내로 우리 마음을 제어하자."

1881년 4월 3일

(밤 11시). 독서. 루핀 표트로프스키(Rufin Piotrowski)의 《시베리아인의 수기》. 줄리안 크라츠코(Julien Kladsko)의 초역, 1870년.

이르티슈 강가로 추방되었다가 1846년에 간신히 시베리아에서 도망쳐 나온 이 폴란드 정치범의 추억만큼 감동을 주는 것은 없다. 이 탈출은 기적에 속한다. 시베리아에 대한 묘사에 이르러서는 러시아의 제도를 혐오하게 하고, 대대로 차르가 쌓아 올린 죄업의 산을 가늠하기에 충분하다. 로마노프가에 대한 반역 음모가 거듭 일어나도 역대의 부정을 잊어서는 안 된다. 모스크바 왕조는 흉악이라는 말과 동의어였고, 군주가 신하에게 실제적 예를 보여 왔다.

'늑대가 늑대 무리에 대하여'이다. 괴물은 괴물을 낳는다. 보복적 법률은 윤리적 야만성을 벗어나지 못하는 이 저급한 사회의 수준에 적합한 유일한 법률이다. 역사적 복수는 정의의 한 형식이라고도 할 수 있다. 그러나 러시아 역사는 얼마나 흉측한 역사랴. 허무주의자당(虛無主義者黨)의 암살자에 대한 세계의 분개는 윤리를 향해 보인 경의이다. 그러나 차르의 정치는 윤리를 초월한 것이고, 무수한 희생자만을 윤리에 따르게 하려 한다. 그러나 패배한 자에게 하나, 이긴 자에게 하나, 이런 식으로 두 개의 규칙이 있어서는 안 된다. 산적떼의 정의도 그 나름대로 행해지고 있다. 단체와 수령, 그 어느 쪽에 붙어야 좋을지를 생각한다면 구경꾼도 지극히 경사스런 일이다. 러시아의 세계는 힘의 세계이다. 권력이 음모자를 억누르든, 음모자가 권력을 뒤엎든 그것은 전쟁의 행위이다. 독재정치와 그의 적대자는 공통의 법률을 갖지 않으며, 서로 용서하지 않는다.

1881년 4월 10일 일요일

30시간 전부터 몇 백이나 되는 잡다한 인상을 떠올렸다. 의술이 맞지 않고, 잠 못 이루는 밤, 쇠약에 대한 의식, 위 손상, 모든 것에 대한 혐오감, 나를 홀로 놔두지 않는 간호에 대한 싫은 마음, 무기력, 권태, 불쾌감. 피다와 몇 시간을 보내다. '유리의 섬'을 방문. ***는 1844년부터 1845년의 편지, 내 손으로 쓴 편지를 읽어 주었다. 그렇게나 많이 약속해 놓았건만 도달한 결과가 이렇게 참담한 것이라니. 인간이란 것은 이런 것일까. 나는 라인 강처럼 모래 속에 파묻혀 버린다. 나의 가느다란 물줄기가 보이지 않게 되어 버릴 시각도 가까워졌다. 들어오는 햇빛을 받아 잠깐 산보. 흩어지는 광선과 천둥소리와 함께 내리는 비가 연출한 구름의 효과. 초록의 얇은 천이 모든 나무를 감싸고 있다.

그렇게 모든 것은 살아난다. 벌써 치자나무는
꿀벌이 꽃에 들르는 것을 보았다.

나는 그것이 이제 모두 무관하게 생각된다.

(같은 날) 욕망이 얼마나 사람을 속이는가. ……
운명이 우리를 좌절하게 만드는 방법은 두 가지가 있다. 우리의 욕망을 거부하는 것과 그것을 달아나게 하는 것이다. 그러나 신이 바라는 것만을 바라는 사람은 이 두 가지 파멸에서 벗어날 수 있다. '모든 것이 그 사람을 위해서 된다.'

1881년 4월 13일

(아침 9시) 유리한 전환. 전보다 나은 하룻밤. 식욕, 체력의 회복. 그 변화가 시작된 것은 어제 오후이다. 나는 뜻밖의 일에 대단히 기뻤으나 그것을 믿어도 되는지 어떤지 알 수가 없었다. 어째서 수면이 부족한데도 새벽녘부터 어릿광대 같은 기분이 되었을까. 아마도 위가 제 기능을 회복했기 때문이리라. 정말이지 남이 나의 위를 상하지 않게 해 주었더라면, 위는 아직 자진해서 자기의 의무를 다할 것이다. 그러나 그렇기는 해도 모든 것은 한 가닥 운명의 실에 달려 있다. 지금 현재 나는 등에 하나, 심장에 하나, 이렇게 찌르는 듯한 통증을 두 군데서 느끼고 있다. 현재의 순간을 즐기자. 미래는 신의 것이다.

오오, 내일이라는 것은 위대한 것이다.
내일은 대체 무엇에서 나오는 것일까?

슬픈 소식이 도착했다. 로렌느의 친절한 사제(l'abbé Roussel. 돔레미(Domrémy)의 사제, 《보쥬의 꽃(Fleurs des Vosges)》이라는 시집의 저자, 아미엘의 시집 《그날 그날》에 감격했다고 써보낸 것이 있다)가 치명적인 병을 앓고 있다. 의사는 두 달밖에 살지 못한다고 한다. 젊은 사람도 이런 식으로 사라져 가는 것이므로 늙은이는 발버둥칠 일이 아니다.

(밤 10시) 독서. 《그랑도르쥬(Vie et Opinions de M. Frédéric-Thomas Graindorge.)》(Notes sur Paris. 테느가 1867년에 낸 일종의 평론집)를 몇 장(章) 읽다. 카르(Alphonse Karr. 프랑스의 풍자작가, 1808~1890년)의 소설 《클로비스 고슬랑(Clovis Gosselin)》(1856년)의 일부분. 《비평잡지(Revue Critique)》를 한 권.

루세르 선생, 아메나이드(Aménaïde A. 아미엘의 사촌누이), 외제느(Eugène A. 아미엘의 사촌동생), P.V.(제네바대학의 동료)에게 편지를 쓰다.

의사 B의 왕진. 나는 전혀 만족하지 않는다. 병세의 경감도 지식도 얻을 수 없기 때문이다. B는 나의 정신에도 육체에도 선을 베풀지 않으며, 낮과 밤의 살인적인 발작에 즈음하여 결국은 나를 홀로 방치한다. 브롬이니 클로랄이니 하는 말을 쉽게 하지만, 그것은 막아야 할 표면의 한 점, 제각기 진행되는 전쟁의 한 난관에만 응답한다.

1881년 4월 14일

무시무시한 밤. 수면부족으로 고통을 당하는 밤이 14일째 계속된다. ……

(오후 3시) 18시간이 지나서야 겨우 고통이 완화된 순간이 왔다. 번뇌의 밤, 고통스런 밤, 잔혹한 아침, 이것이 시간표이다. 나는 지칠 대로 지쳐서 어찌할 바를 모르고 있다. 온갖 종류의 시도를 열 번, 스무 번이나 해 본 뒤인데도, 2월 무렵의 호흡 곤란이 다시 돌아왔다. 불길한 새가 다시 내 머리 위를 날고 있다. 기대에 벗어난 것들 가운데 가장 나쁜 것은 의사에 관한 것이다. 그 의사는 인간이 아니다. 적어도 나에게 맞는 인간은 아니다. 나는 3개월 기한을 두고 신용을 부여해 주었다. 그랬건만 자질구레한 사항만 완강하게 고집하고, 중요한 점에선 아무것도 얻은 바가 없었다. 자주 경고를 했는데도 자기의 방식을 바로잡으려 하지 않았다. 진리보다 자기의 의견, 환자보다도 자기의 기술을 소중하게 여기고 있다. 유감스럽기 짝이 없다.

독서. 카르의 《클로비스 고슬랑》.

조금 편안해졌다. 언뜻 돌아보니 20편째 정도 읽었는데, 어색함이란 것이 얼마나 빠르게 나와 관계없는 것이 되어 가는지 생각해보았다. 시련, 답답함, 고뇌, 병약이 옛날의 일시적인 기분이나 악몽인 듯 여겨진다. 그것은 나의 것은 아니다. 그것은 내가 아니다. 보이지 않게 되면 이내 잊는다.

이것은 내 본성이 이러한 찌푸린 얼굴, 존재의 빈틈을 혐오한다는 의미이다. 내 본성은 고통을 인내하지만, 나중에 그것을 인정하지 않는다. 내가 모욕을 당했다고 믿더라도 그 인상의 사물과 현상을 믿지 않는다. 빙하가 그것을 탁하게 하는 불순물을 받아들이지 않는 것처럼 나의 본성은 자유에 대한 모든 침해를 배제한다. 돌이킬 수 없는 일에 대한 이 본능적인 반발은 자기 보존 본능, 보전의 요구와 관계가 있다. 어쩌면 이것은 희망과 동일한 것이고, 생활력의 동의어이리라.

1881년 4월 15일

오늘은 성(聖)금요일, 슬픈 날이다. 나는 연이어 고뇌의 날과 고민의 밤을 경험하고 있다. 겸양의 마음으로 우리의 십자가를 등에 지고 가자. …… 너에게는 이제 미래가 없다. 너의 의무는 현재를 규정하고, 자기의 일을 정리하는 것이다. 마지막을 잘 매듭짓도록 힘써라. 이미 너는 계획은커녕 하던 일도 계속 못하게 되지 않았는가.

1881년 4월 16일

(밤 10시) 알퐁스 카르의 《린덴의 나무숲에서》를 다시 읽다. 실망과 불만. 소설로서 구성이 이루어져 있지 않다. 풍속의 묘사로서는 장소도, 시대도, 진실성도 없다. 마음씀씀이가 빠져 있을 뿐만 아니라 신중함이 부족한 장면이 많다. 무익한 길가의 잡초가 너무 많다. 그러나 자연적인 곳, 한가로운 곳만으로는 어떠한 것도 대신하지 못한다. 위세, 기지, 유머, 풍자, 또는 정열 등의 장점만으로는 소설로서 충분하지 않다. 소설은 서사적이고 객관적인 것이다.

즉, 스스로 줄거리를 진행해 나가는 인물과 행동을 요구한다. 사실다운 점이 소설의 법칙이다. 그러나 카르는 물질적, 정신적, 사회적인 사실다움을 심하게 침해하고 있다. 거기다가 공상력만 터무니 없이 펼쳐져 있다. 한마디로 말해 구성도 없고, 연결도 없는 이 긴 소설은 재주 있는 사람의 손으로 만든 실패작이다. 《린덴의 나무숲에서》의 성공은 시대를 잘 타고난 때문이며, 오늘날이라면 철저히 실패한 것이리라.

1881년 4월 17일 부활제

밖은 매우 좋은 날씨였다. 그러나 이 날은 나에게는 상당히 무겁게 느껴졌다. 어젯밤에도, 오늘 아침에도, 지금까지 한 시간도 기분 좋은 때가 없었다. 마침 생피에르에서 10시의 종이 울리고 있다. 나의 참혹한 육체는 온갖 방식으로 나에게 자기를 의식하게 했다. ……오늘은 간호를 받는 것이 귀찮다는 생각이 절실하게 들었다. 사람들은 이렇게 할까, 저렇게 할까 연이어서 말을 거는 친절함으로, 오히려 환자를 압도하고 녹초가 되게 할 때도 있다. 평화, 침묵은 내 본성이 바라는 강력한 요구이며, 끊임없는 개선은 일종의 가혹함이다.

사람을 보양하는 것은 소화이지 삼키는 행위가 아닌 것처럼, 사람을 기쁘게 하는 것은 배려의 횟수가 많은 것이 아니라 환자에게 정말로 유익하고 신중하게 주어지는 마음이다. 정확함과 절도는 간호사에게도 모토여야만 한다. 환자는 계속해서 극진한 보살핌을 받기 때문에 힘이 빠져버릴 때가 있다. 환자로서 기쁜 일은 관찰을 잘 해주는 것이지 타인의 뜨거운 마음의 장난감이 되는 것은 아니다.

1881년 4월 18일

(오후 2시) 잔혹한 밤. 치명적인 질식의 '간격'이 차츰 좁아지기 시작한다. 낮이나 밤이나 똑같이 무겁고 날카로워진다. 육체와 정신의 게으름. 빠져나갈 길이 없는 비참함과 쉼 없는 박해.

나는 편지를 소중하게 해야 한다는 것에 대해 더없이 잘못된 태도를 취하는 파니를 두 사람 알고 있다. (아미엘의 누이 Fanny는 몇 주일 전에 아미엘의 편지를 태워버렸다고 알려져 왔다. 다른 한 사람의 파니는 여제자 Fanny Mercier, 즉 Fida이다). 한 파니는 더구나 오늘 편지를 보내와, 자신이 가지고 있는 내 편지를 이해하고 있는 방식과 경건한 비서의 의무에 대해 쓰고 있다. "선생님의 경우에는 자신을 좀더 소중하게 다루지 않으면 안 됩니다. 선생님은 자기 보호를 소홀히 하십니다. 자존심이 강하기 때문에 변호는 하지 않으며, 속을 조금도 보이지 않을 때도 있는데, 때에 따라서는 속이 빤히 보이기도 합니다. 어쨌든 인상에 대해 지나치게 민감하시기 때문에 편지의 글귀 속에도 앞뒤 문구를 필요로 하지 않고 사실을 있는 그대로 나타내는 경우가 있을 정도입니다."

내 소중한 피다는 어떤 점에서는 스토아적이지만, 역시 여자이니만큼 항상 다른 사람의 소문이나 의견에 크게 신경을 쓴다. 그 입장에서 본다면 올바른 것이겠지만, 아무리 말해도 내가 싫어하는 것을 좋아하게 한다든지 경멸하는 것을 존경하게 한다든지 하지는 못한다. 구태여 피하거나 추구하거나 하지 않아도 아무 영향을 주지 못하는 비난이나 시인이 있다. 일단 독립성의 맛을 안 사람은 다시 세상이 말하는 대로는 되려 하지 않는다. 그것은 세상이 경박하고 부정하고 의심 깊고, 비속하기 때문이다.

하루 종일 허무한 자신이라는 것과 덧없음을 느꼈다. 나는 옛날의 나의 10분의 1이 되고 말았다. 나는 아주 조금 무게가 나가는 것을 들지도 못하고, 팔이나 머리, 목소리에 작디작은 힘조차 쓰지 못한다. 얼마나 참혹한 이야기인가. 10주 동안에 병, 특히 의사가 나를 이러한 절멸의 상태로 밀어 넣었다.

(밤 10시) 독서. 그레빌 (Henry Gréville. 본명이 Alice Durand인 프랑스의 여류소설가. 1842~1920년) 《메나르의 도시》. ……오귀

스트 부비에(Auguste Bouvier, 아미엘의 친구)가 찾아왔다. 나를 꽉 끌어안는 바람에 아팠다.

1881년 4월 19일
(오전 10시) 소침. 졸음. 사실은 한 시간밖엔 자지 못했다. 호흡곤란이 다시 시작되었다.

나의 지친 마음이여, 산다는 것은 얼마나 힘든 것인가.

(오후 3시) 내가 중태라는 간접적인 증거는 온갖 방면에서 나에게 쏟아지는 배려이다. 인간은 죽어 가는 것을 달랜다. E.L.이나 C.L.의 얼굴, H.나 F.B.의 편지에서 이제 가망이 없다고 믿는 사람에게 향하는 동정의 뉘앙스를 읽어내기는 어렵지 않다. 오늘은 옛 지인인 S.D.부인이 매우 과장된 동정의 편지를 보내와 자기와 자기 가족들이 사랑하는 병든 시인을 명랑하게 하거나, 또는 마음을 단단히 먹게 하기 위해서 꽃이니 음악이니, 기도 같은 것을 준비하고 있음을 알려왔다. 만약 여자 독자 사이에 뜨거운 경쟁이 시작된다면, 앞으로 나는 어떻게 될까. 실제로 일하고 싶다고 허락을 요청하는 이 감동적인 동정은 여자들 마음의 매우 귀한 증거 가운데 하나이다. 그러나 정말 이상한 것은 여자들은 각자 자기만이 그런 감동할 만한 마음 씀씀이를 가졌다고 믿으며, 자기가 마음을 쓰고 있는 남자를 구하기 위해 배타적이고 독점적인 사명을 가진 사람이라고 상상한다. 협동, 종속, 하위의 관념은 자기에게 굴욕이 되기 때문에 전혀 고려하지 않는다. 그 열의는 질투적이고, 그 친절은 독점적이며, 그 포부는 지배적이다. 여자의 뜨거운 마음에는 어머니다운 데가 없다. 그들에게 필요한 것은 선이 행해지는 것이 아니라, 선이 자기의 손으로 행해진다는 점이다. …….

(밤 10시) 하루 온종일 비참했다. 독서. 두당의 《감상과 단편》.

1881년 4월 20일
……이렇게 아직도 살아 있다는 것이 놀라울 따름이다. 목욕, 마찰, 점심 식사 뒤에 약간 기운이 났다. 역마차의 말은 편자를 갈아 끼우고 다시 일어

섰다. 그러나 이 기력과 용기에 맞지 않는 겉모습만으로는 쇠약함은 결코 멈추지 않는다. 나는 녹아가고, 사라져 간다. 모든 기본적인 기능이 망가져 있다. 파산은 피하기 어렵다.

(오후 4시) 내 '약혼녀'가 매우 공을 들여 간호와 배려, 기분전환(독서와 유희)에 힘써 준 덕분에 한 시간에서 두 시간 숨을 돌렸다. …….
독서. 두 당을 모두 끝내다. 솜씨는 좋은 것 같으나 품위가 없고, 빤질빤질하고, 너무나 세밀하고, 지나치게 잘난 체할 뿐인 책이다. 이 사람의 《취미의 변천(*Révolutions du Goût*)》은 그의 수법에서 벗어나 있다. 리바롤(Antoine de Rivarol. 프랑스의 문학자. 1753~1801년)의 《프랑스어론》과 비교해야만 할 것이다. 그러나 얼마나 공을 들인 보석사(寶石師)이고, 얼마나 정교하고 치밀하고 맛이 있는 비평가이며, 얼마나 영리한 표현방식을 좋아하는 사람인가.

(밤 10시) 독서. 《모팡가(家)의 세 사람(*Les trois Maupin*)》 스크리브(Eugène Scribe. 프랑스의 극작가. 1791~1861년)와 브와소(Boisseau)의 합작.

1881년 4월 21일
평범한 하루였지만 그 다음의 밤이 견딜 수 없었다. 잠이 없는 20번째의 밤.
독서. 로아즐르(Jules Loiseleur. 프랑스의 문학사가. 1816~1900년) 《성 바르테르미(1572년 8월 23일 밤 파리에서 있었던 신교도 학살 사건)에 관한 논쟁》, 바리에르(Théodore Barrière. 프랑스의 극작가. 1823~1877년) 《가짜 호인(*Les faux bonshommes*)》.

1881년 4월 22일
장엄한 하루. 나는 새벽녘에 죽어가고 있었다. 아기처럼 몸을 씻고, 빗질을 하고, 마찰하고, 옷을 입혀 주었다. 그러나 시간이 짧기 때문에 나는 오전에 걸쳐 내 일들을 정리했다. 한 걸음 한 걸음, 일거수 일투족, 본의 아니게 한숨을 쉬었다. 식탁과 책상 위를 정리하고, 여섯 과목의 대학 강의 노트를 적당히 정리하고, 편지를 묶고, 반환할 책을 따로 놓고, 유언장을 다시 보고 보충하는, 한마디로 말하면 마치 오늘이 마지막 날이기라도 한 것처럼 나 자신을 정리했다. 극도의 피로, 그러나 안도한 마음. 이런 청소는 정신의 정화이다. 그래도 이렇게 급히 서두르는 대비에는 대단한 결함이 있다. 그러나 펜을 놓지 않으면 안 된다. 쓰고 있으면 구토가 날 것 같다.

읽어주는 편지를 몇 통 들었다. …….

밤이나 낮이나 내 곁을 떠나지 않는 '약혼녀'의 손으로 나는 더할 나위 없는 간호와 보살핌을 받아 왔다.

피다에게서 꽃다발과 훌륭한 편지를 받아들다. 많은 친구들이 용태를 살피러 와주었다.

나는 파니 메르쉐에게 남긴다. 1. 왕복 편지. 2. '일기'(이제 곧 1만 6900쪽) 3. 강의안, 이것은 가장 먼저 정리해야만 하는 것임. 4. 청년시절 및 연구의 회상록.

1881년 4월 23일

비콘스필드경, 벤자민 디즈레일리를 죽게 한 것은 기관지염이다. 그러나 그 사람은 조용히 숨을 거두었다. 오전을 헛되이 보내다. 공기를 들이마시고, 잠을 쫓고, 잠깐 의자에서 의자로 몸을 옮겼을 뿐이다.

1881년 4월 25일

(아침 9시) 나는 죽음을 벗어났다. 그러나 위험이 줄었을 리 없고, 승부는 원점으로 돌아가지 않는다. 나는 아직 잠을 자지도, 호흡을 하지도, 먹지도, 이야기하지도 못한다. 나는 그림자처럼 존재하고 있다.

어제 일요일엔 이번이 마지막이 될 방문객이 뒤를 이었다. 누구나 내가 이제 가망이 없다고 믿고 있다. 두 누이들도, 피다도 두 번이나 왔다. 눈길과 말, 마음 속 생각이 이미 상복을 입고 있었다. 나 자신도 똑같은 의견이었다. 나는 옷을 입을 수도, 침실을 나갈 수도 없었다. 동료가 여럿 문병을 왔다.

나는 그 날 중으로 끝낼 각오였다. 나는 평화롭게 죽기 위한 준비를 해 두었다. 모두들 더할 나위 없이 계속해서 나를 보살피고, 간호하고, 둘러싸고도왔다. 아직 이렇게 살아 있는 것은 역시 자연에 대한 승리의 힘이다. 그러나 제대로 된 힘이 없어지고 하루 중 기분이 좋은 순간이 단 한 시간도 없는 구슬픈 환자에게는 얼마나 인고의 수행인지.

1881년 4월 26일

가혹함은 계속되고 있다. 통증이 밀려오는 밤, 초조하게 하는 낮. 잠도 없고 식욕도 없다.

내 입장에서 오직 한 가지 좋은 측면은 긴장이 풀리는 증거가 많아져 간다는 점이다. ……

나는 이제 아무것도 할 힘이 없다. 어디에 앉아야 좋을지를 모르며, 펜을 쥐고 있을 수도 없다. 목소리가 나오지 않게 되었고, 근육도 없어졌다.

1881년 4월 27일

(오전 10시) 말로는 표현하지 못할 무기력. 12주일 전부터 이렇게 되풀이되는 처형에 걸려 있어서 고뇌도, 가슴 울렁거림도 나에게서 떨어지지 않게 되었다. 뼈 위에는 가죽밖에 없다.

어젯밤은 장엄한 밤이었다. 아직 살아 있다는 것이 놀라웠다. 그것이 무엇이 되랴. '약혼녀'는 바지런하고 충실하게 밤샘 간호를 해냈다. 여기에 있는 세 사람은 오로지 내 병시중을 하기 위해서만 생활하고 있다.

그러나 쇠약함은 큰 걸음으로 나아가고, 살아 있다는 것은 어딘가 지옥 같은 데가 있는 가혹한 것이 되었다. 나는 피로감과 졸음 때문에 죽을 것 같으면서도 체념과 인내로 지속하고 있다. 신경 흥분의 원인은 한 순간의 중단도 어떠한 휴식도 허용하지 않는 몸통의 전체적인 응결이다.

(오후 4시) 극도의 가혹함은 그것을 풀어 없애게 했다. 적의 복병, 실은 '잠옷'의 허리띠에 달린 커다랗고 둥근 단추와 조끼의 커다란 버클, 내가 야위기 시작한 뒤로 거듭되고 있는 바지 허리의 단추 2개의 교차 등으로 나의 마른 등이 파먹혀 들어가고 있음을 발견했다. 이 5개의 구멍이 나의 등을 긁고, 그 아픈 새 상처를 내고, 그것이 나에게 숨을 쉴 수 없게 했다.

이것에 대해 의사는 유익한 가설조차 내놓지 않았다. 그러나 감춰져 있던 작은 원인을 발견한 것은 히포크라테스의 총명함의 증거이다.

만약 아라비아인 의사가 있어서 이 가슴에 찰싹 달라붙어 있는 듯한 기침을 벗겨 없애주었다면, 12주일에 걸친 가혹한 처분과 몇 병이나 되는 약, 또 그것들이 심장이라든가 위, 횡격막이라든가 하는 보조적 기관에 끼쳤던 무서운 생명의 마멸을 절약해 주었으리라고 나는 확신한다.

1881년 4월 28일, 29일
한 자루의 펜의 무게에도 견딜 수 없게 된 참혹한 날이 이어지다. 그 대신에 동정과 걱정의 표시는 풍성해졌다. 사람들은 내게 꽃이나 젤리, 편지, 우정의 표시를 보내준다. 더구나 그것이 때때로 꽤 멀리 떨어져 있는 친구에게서 온다.
'약혼녀'는 방문객의 명단을 만들어 주었다. 이 사람은 집사, 비서, 낭독자의 일을 해 준다. 어머니와 딸이 3개월 전부터 정성을 다해 나를 간호했고 지금껏 그 누구의 어떠한 도움도 받아들이지 않았다.

('일기'는 이 날짜에, 우정에 대한 찬사로 끝맺고 있다. 이만큼의 고민과 고뇌 뒤에 아미엘은 완만하고 고요한 임종으로 들어갔다. 극도의 쇠약함이 차츰 덮쳐 왔고 마침내 1881년 5월 11일 아침 6시 무렵에 조용히 숨을 거두었다.)

아미엘과 일기문학

　일기는 고독한 사람의 마음의 친구, 위로의 손길, 의사다. 날마다의 이 독백은 축도(祝禱)의 한 형식, 혼과 그 본체와의 대화, 신과의 이야기다. 우리들의 전체를 되찾아주고, 우리들을 혼란에서 밝음 속으로, 오뇌에서 고요로, 우연에서 영원으로, 특수화에서 조화로 이끌어 간다. 그것은 마치 자력처럼 우리들을 평행상태로 끌어당긴다. 그것은 일종의 의식적인 수면이며, 우주의 질서 속으로 되돌아가 평화를 찾는 것이고, 그로 인해 우리들은 유한(有限)한 것으로부터 빠져나간다. 자기의 일기라는 것은 꿈꾸기 위한 하나의 방법이다. 그것은 방황이기도 하고 간단한 놀이며 일을 가장한 휴식이다.　〈아미엘 일기/1872년 1월 28일〉

　주관적이고 개성적인 진술이 주가 되는 일기는 자전적인 기록의 성격을 띠게 되고, 그만큼 진솔한 내면의 표현이 이루어지는 문체적 특성을 가진다. 남에게 보이거나 출판하려는 의도가 없이 쓰는 점에서, 문체나 표현상의 어떠한 제약이나 격식에 구애받지 않는다. 표현상의 제약이 없기 때문에 기록자의 내면의식이 형식에 의하여 제약을 받지 않고, 총체적으로 자연스럽게 표출될 수 있다. 따라서 일기를 〈산문 중에서 가장 자유스러운 체제〉, 〈문학의 핵심〉이라고 한다. 일기는 의도적 개변(改變)이 가해지지 않는 기록으로서 사회사적·정치사적으로 중요한 자료적 가치를 가지게 되기도 한다.
　동양문화권에서 일기는 비교적 늦게 발생한 문학 양식이다. 조선시대 일기의 경우, 사건의 순차성과 시간성이 중시되는 편년체기사(編年體記事) 기록방식이 보편적으로 중시된다. 편년체기사 기록방식은 여행일기·진중일기(陣中日記)에 많다. 한국 최초의 이역 기행문이라고 할 수 있는 혜초의 《왕오천축국전》, 바다에서 풍랑을 만나 표류하면서 겪은 체험과 견문을 일기체로 엮은 《표해록》, 그 외 김창업의 《노가재연행록》, 박지원의 《열하일기》도 이 범주에 들어간다고 할 수 있다. 또한 전쟁상황을 기록한 진중일기는 본격적으로 날마다의 상황을 기록한다는 점에서 일기의 형식을 완전하게 갖추고 있다. 이순신의 《난중일기》가 그 대표적인 예다. 일기는 규범적이고 정식적인 문장으로 담을 수 없는 자유로운 사고를 포용하고, 풍속과 사회현상 제반에 관한 사실이 자연스럽게 드러나서 문화사적·사회사적·역사적 가치가 높이 평가된다.

서양에서 회상록과 구별되는 〈일기〉가 문학적 가치를 가지게 된 것은 르네상스 후기부터다. 최초로 공개 출판된 일기는 존 이브린의 《70년의 세월의 기록(1818)》이다. 영어로 쓰여진 일기 가운데서는 《사뮤엘 피프스의 일기(1825)》가 최고의 명성을 얻고 있다. 이 작품은 저자 자신의 성격묘사에 매우 충실한 점이 독자적 가치를 지닌다. 20세기에 들어서부터 많은 일기가 작가의 생전에 출판되었다. 그 중에서도 《캐서린 맨스필드의 일기(1927)》만큼 높은 문학적 향기를 지닌 것은 없을 것이다.

앙리 프레데릭 아미엘의 《아미엘의 일기(초록 1883~1884 간행)》는 불후의 철학적·문학적 가치를 지닌다고 평가받고 있다. 프랑스계 스위스인인 그는 1821년 주네브에서 태어났다. 베를린 대학에서 공부하고, 귀국하여 제네바 대학에서 미학(美學)과 철학을 가르쳤다. 시집 여러 권과 문예평론서를 집필, 출판했고 스위스 문학인으로 활동했다. 그의 대표작은 《로망계 스위스의 문학운동과 그 장래》, 《스탈부인》, 《장 자크 루소의 일반적 특성》, 시집으로는 《사색에 잠기다》, 《그날 그날》을 꼽을 수 있다.

아미엘의 일생은 성공과는 거리가 멀었다. 평생을 기관지염으로 고생했고, 여자를 사랑하면서도 이성(異性)과 공존하는 것을 두려워하는 특이한 성격으로 인해 결혼을 하지 않았다. 철학교수면서도 학계의 인정을 받지 못했고, 항상 빈곤하여 누이 집에 얹혀살거나 다락방에서 생활해야 했다. 일찍 부모를 여읜 그는 숙부 밑에서 자랐다. 어린시절의 고독한 환경이 그의 일생에 큰 영향을 끼쳤으리라 생각된다. 그는 평생을 세상과 등진 듯, 고독과 고요함에 몸을 맡겼지만 결코 그 생활을 즐기지는 않았다. 오히려 그의 내면에는 세상에 다가가고 싶은 마음과 세상에 대한 두려움이 공존하여 매우 혼란스러웠으며, 스스로도 그로 인한 갈등으로 매우 괴로워했다.

아미엘은 그의 복잡한 내면의 성찰과 명상을 글로 옮기기 시작했다. 18세 때부터 죽음에 이르는 60세에 이르기까지 그의 일생 모두가 담긴 《아미엘의 일기》는 오늘날까지 '세계일기문학의 정수'라고 불리며 널리 읽히고 있다.

아미엘은 죽은 뒤에 이 일기가 발견됨으로써 뒤늦게 주목받기 시작했다. 1883년과 1923년에 발간된 《아미엘의 일기》는 전쟁이 끊이지 않고 인간과 생명, 윤리와 도덕에 대한 존엄성이 퇴색되어 가던 혼란기의 유럽에 큰 반향과 각성을 불러일으켰다. 많은 찬사가 이어졌고, 러시아의 대문호 톨스토이도 이 일기를 읽고 아우렐리우스나 파스칼에 견줄 만한 문학이라고 평했다.

아미엘의 일기는 누군가에게 보이려고 쓴 것이 아니어서 오히려 더욱 인간적이다. 그가 가졌던 인생과 인간에 대한 의문, 사상과 행복, 고독과 비애 등 자신을 숨김없이, 가감없이 모두 드러내고 있다. 이것이 이 일기가 한 세기가 지난 오늘날에도 독자들에게 큰 감동과 교훈을 주는 가장 큰 이유다.

아미엘은 깊이 있는 관찰력과 뛰어난 판단력으로 어떠한 것이라도 냉정히 바라보았다. 호평을 받은 문학작품이나 작가, 또는 사회제도일지라도 잘못된 것은 과감히 비판하고 거침없는 독설도 서슴지 않았다. 이것은 객관적인 입장을 고수하면서 자신의 견해를 밝히는 곧은 성품에서 비롯된 것이었다. 비록 그것이 세상과 거리를 둔 그의 생활방식에서 비롯된 것일지라도, 어떤 경우라도 중심을 잃지 않는 학자로서 그의 마음과 의지는 인정받아 마땅하다.

그는 고독한 생활을 고집하기는 했지만, 외톨이로 지내면서도 가족과 친척, 자신을 사랑해주는 사람과 절친한 친구들의 안위를 생각하고 매사 긍정적으로 걱정하고 보살펴주었다. 그리고 다른 국민들과 마찬가지로, 스위스의 국가정책과 사회 문제를 항상 깊은 관심을 가지고 바라보고 고민하고 기뻐했다.

아미엘이 '내면의 일기'를 쓴 것은 사과나무에 사과가 달리듯 자기와 대화하는 것, 배타적이고 거친 남자 속에 있는 여성적 성질의 악을 자기의 체험을 통해 증명한 것이다. 즉, 아미엘은 활동적인 생활방식보다는 명상적인 생활방식을 중요시했다. 그리고 그것을 무거운 짐으로 받아들였다. 그는 이러한 생활방식의 원인이 현실생활의 결함, 자기포기의 두려움에서 온다는 것을 알고 있었다. 그에게는 참다운 삶 앞에서의 두려움, 글을 쓰는 두려움, 사랑하는 여성 앞에서의 두려움이 모두 똑같은 것이었다.

"산다는 것은 결국 자기를 지키는 일인 동시에 자기를 이겨내는 것이다."

아미엘은 이 일기를 통해 우리에게 인간의 가치, 인생의 의미, 삶의 고뇌에 대한 여러 가지 질문을 던진다. 정답은 없다. 그것에 대한 해답을 찾는 것은 모두 독자들의 몫이다.

파리사회과학고등연구원 EHESS 연구실에서 이희영

이희영
성균관대학교 국사학과 졸업
성균관대학교 대학원 사학과 졸업
파리사회과학고등연구원 EHESS 역사인류학 박사과정
지은책「유대인 공부 잘하는 방법」
옮긴책「불굴의 5000년 지혜 세계최강성공집단」「솔로몬 탈무드」

1956

FRAGMENTS D'UN JOURNAL INTIME
1846~1881

세계인생론
아미엘 인생일기
앙리 프레데릭 아미엘/이희영 옮김
1판 1쇄 발행/2006년 1월 1일
발행인 고정일
발행처 동서문화사
창업 1956. 12. 12. 등록 16-345(윤)
서울강남구신사동 540-22 ☎ 546-0331~6 (FAX) 545-0331
www.epascal.co.kr
잘못 만들어진 책은 바꾸어 드립니다.
*
편찬·필름·제작 일체 동서문화사「동판」자본으로 이루어짐에 따라
출판권 소유권자「동판」에서 제조출판판매 세무일체를 전담합니다.
사업자등록번호 211-90-02201
ISBN 89-497-0338-6   03860